NUEVO TESTAMENTO
NUEVA VERSIÓN INTERNACIONAL®

NEW TESTAMENT
NEW INTERNANTIONAL VERSION®

N.T. BILINGÜE ESPAÑOL/INGLÉS • SPANISH/ENGLISH BILINGUAL N.T.

Biblica™

COLORADO SPRINGS • HYDERABAD • MANILA • MIAMI • NAIROBI

Por vidas transformadas con la Palabra de Dios
Transforming lives through God's Word
1820 Jet Stream Drive, Colorado Springs, CO 80921-3696

Span/Eng NT NVI/NIV 11106/11997   4/10
20000/10000   Printed in U.S.A.
11106: ISBN 978-1-56320-644-3
11997: ISBN 978-1-56320-615-3

Índice / Contents

Tabla de abreviaturas

Libros de la Biblia en orden alfabético

Abdías	Abd	2 Juan	2Jn
Amós	Am	3 Juan	3Jn
Apocalipsis	Ap	Judas	Jud
Cantares	Cnt	Jueces	Jue
Colosenses	Col	Lamentaciones	Lm
1 Corintios	1Co	Levítico	Lv
2 Corintios	2Co	Lucas	Lc
1 Crónicas	1Cr	Malaquías	Mal
2 Crónicas	2Cr	Marcos	Mr
Daniel	Dn	Mateo	Mt
Deuteronomio	Dt	Miqueas	Mi
Eclesiastés	Ec	Nahúm	Nah
Efesios	Ef	Nehemías	Neh
Esdras	Esd	Números	Nm
Ester	Est	Oseas	Os
Éxodo	Éx	1 Pedro	1P
Ezequiel	Ez	2 Pedro	2P
Filemón	Flm	Proverbios	Pr
Filipenses	Fil	1 Reyes	1R
Génesis	Gn	2 Reyes	2R
Gálatas	Gá	Romanos	Ro
Habacuc	Hab	Rut	Rt
Hageo	Hag	Salmos	Sal
Hebreos	Heb	1 Samuel	1S
Hechos	Hch	2 Samuel	2S
Isaías	Is	Santiago	Stg
Jeremías	Jer	Sofonías	Sof
Job	Job	1 Tesalonicenses	1Ts
Joel	Jl	2 Tesalonicenses	2Ts
Jonás	Jon	1 Timoteo	1Ti
Josué	Jos	2 Timoteo	2Ti
Juan	Jn	Tito	Tit
1 Juan	1Jn	Zacarías	Zac

Otras abreviaturas

alt.	traducción alterna	lit.	traducción literal
aprox.	aproximadamente	LXX	Septuaginta
cap(s).	capítulo(s)	m.	metro(s)
cm.	centímetro(s)	ms(s).	manuscrito(s)
d.C.	después de Cristo	p.ej.	por ejemplo
gr.	gramo(s)	TM	Texto Masorético
heb.	hebreo	var.	variante textual
Kg.	kilogramo(s)	v(v).	versículo(s)

Prefacio

La **Nueva Versión Internacional** es una traducción de las Sagradas Escrituras elaborada por un grupo de expertos biblistas que representan a una docena de países de habla española, y que pertenecen a un buen número de denominaciones cristianas evangélicas. La traducción se hizo directamente de los textos hebreos, arameos y griegos en sus mejores ediciones disponibles. Se aprovechó, en buena medida, el trabajo de investigación y exégesis que antes efectuaron los traductores de la *New International Version*, traducción de la Biblia al inglés, ampliamente conocida.

Claridad, fidelidad, dignidad y elegancia son las características de esta nueva versión de la Biblia, cualidades que están garantizadas por la cuidadosa labor de los traductores, reconocidos expertos en las diferentes áreas del saber bíblico. Muchos de ellos son pastores o ejercen la docencia en seminarios e institutos bíblicos a lo largo y ancho de nuestro continente. Más importante aún, son todos ellos fervientes creyentes en el valor infinito de la Palabra, como revelación infalible de la verdad divina y única regla de fe y de vida para todos.

La alta calidad de esta **Nueva Versión Internacional** está, además, garantizada por el minucioso proceso de traducción, en el que se invirtieron miles de horas de trabajo de los traductores a quienes se asignaron determinados libros; de los revisores, que cuidadosamente cotejaron los primeros borradores producidos por los traductores; de los diferentes comités que, a su vez, revisaron frase por frase y palabra por palabra el trabajo de los traductores y revisores; y de los lectores que enviaron sus observaciones al comité de estilo. A este comité le correspondió, en última instancia, velar por que la versión final fuera no sólo exacta, clara y fiel a los originales, sino digna y elegante, en conformidad con los cánones del mejor estilo de nuestra lengua.

Claridad y exactitud en la traducción y fidelidad al sentido y mensaje de los escritores originales fueron la preocupación fundamental de los traductores. Una traducción es clara, exacta y fiel cuando reproduce en la lengua de los lectores de hoy lo que el autor quiso transmitir a la gente de su tiempo, en su propia lengua. Claridad, exactitud y fidelidad no significan necesariamente traducir palabra por palabra o, como se dice ordinariamente, hacer una traducción literal del texto. Las estructuras fonológicas, sintácticas y semánticas varían de una lengua a otra. Por eso una traducción fiel y exacta tiene que tomar en cuenta no sólo la lengua original sino también la lengua receptora. Esto significa vaciar el contenido total del mensaje en las nuevas formas gramaticales de la lengua receptora, cuidando de que no se pierda «ni una letra ni una tilde» de ese mensaje (Mt 5:18). Para lograrlo los traductores de esta **Nueva Versión Internacional** han procurado emplear el lenguaje más fresco y contemporáneo posible, a fin de que el mensaje de la Palabra divina sea tan claro, sencillo y natural como lo fue cuando el Espíritu Santo inspiró el texto original. A la vez han cuidado de que el lenguaje de esta **Nueva Versión Internacional** conserve la dignidad y belleza que se merece la Palabra inspirada. Términos y expresiones que ya han hecho carrera entre el pueblo cristiano evangélico, y que son bien entendidos por los lectores familiarizados con la Biblia, se han dejado en lo posible intactos. Se han buscado al mismo tiempo nuevos giros y expresiones para comunicar aquello que en otras versiones no parecía tan evidente. Se ha añadido además un **glosario** que explica el significado de términos que en el texto están precedidos por un asterisco; se trata de términos poco conocidos o difíciles de traducir. Esperamos que todo esto, más un buen número de notas explicativas al pie de página, sea de gran ayuda al lector.

En las notas al pie de página aparecen las siguientes abreviaturas:

Lit. (traducción literal): indica una posible representación más exacta, aunque no necesariamente más clara, del texto original, la cual puede ser de ayuda para algunos lectores.

Alt. (traducción alterna): indica que existen otras posibles traducciones o interpretaciones del texto, las cuales cuentan con el apoyo de otras versiones o de otros eruditos.

Var. (variante textual): se usa solamente en el Nuevo Testamento, e indica que hay diferencias entre los manuscritos neotestamentarios. La traducción se basa en el **texto crítico griego** actual, que da preferencia a los manuscritos más antiguos. Cuando se dan diferencias sustanciales entre este texto crítico y el texto tradicional conocido como *Textus Receptus*, la lectura tradicional se incluye en una nota, como variante textual. Otras variantes importantes también se incluyen en esta clase de notas.

En el Antiguo Testamento, las diferencias textuales se indican de otro modo. La base de la traducción es el *Texto Masorético* (TM), pero en algunos pasajes se ha aceptado una lectura diferente. En estos casos, la nota incluye entre paréntesis la evidencia textual (principalmente en las versiones antiguas) que apoya tal lectura; luego se indica lo que dice el TM.

Además, en el Antiguo Testamento se ha usado el vocablo SEÑOR para representar las cuatro consonantes hebreas que constituyen el nombre de Dios, es decir, *YHVH*, que posiblemente se pronunciaba *Yahvé*. La combinación de estas cuatro consonantes con la forma reverencial *Adonay* («Señor» sin versalitas) dieron como resultado el nombre «Jehová», que se ha usado en las versiones tradicionales. En pasajes donde *YHVH* y *Adonay* aparecen juntos, se ha variado la traducción (p.ej. «SEÑOR mi Dios»).

Otra diferencia entre la **Nueva Versión Internacional** y las versiones tradicionales tiene que ver con la onomástica hebrea. En el caso de nombres propios bien conocidos, esta versión ha mantenido las formas tradicionales, aun cuando no correspondan con las del hebreo (p.ej. *Jeremías*, aunque el hebreo es *Yirmeyahu*). En otros casos se ha hecho una revisión moderada para que los nombres no sólo reflejen con mayor exactitud el texto original (p.ej., la consonante *jet* se ha representado con *j* en vez de *h*), sino también para que se ajusten a la fonología castellana (p.ej., se ha evitado usar la consonante *m* en posición final).

Como todas las traducciones de la Biblia, la **Nueva Versión Internacional** que hoy colocamos en manos de nuestros lectores es susceptible de perfeccionarse. Y seguiremos trabajando para que así ocurra en sucesivas ediciones de la misma. Con todo, estamos muy agradecidos al Señor por el gran trabajo que nos ha permitido realizar, en el cual todos los integrantes del comité de traducción bíblica de la Sociedad Bíblica Internacional hemos puesto el mayor empeño, amor y fe, a fin de entregar a los lectores de este siglo la mejor versión posible del texto bíblico. Que todo sea para la mayor gloria de Dios y el más amplio conocimiento de su Palabra. Dedicamos este trabajo a Aquel, cuyo nombre debe ser honrado por todos los que lean su Palabra. Y oramos para que, a través de esta edición de la **Nueva Versión Internacional,** muchos puedan entender, asimilar y aceptar el mensaje de salvación que, por medio de Jesucristo, tiene el Dios de la Biblia para cada uno de ellos.

Comité de Traducción Bíblica
Biblica
P.O. Box 522241
Miami, Florida 33152-2241
EE.UU.

Septiembre de 1998

Preface

THE NEW INTERNATIONAL VERSION is a completely new translation of the Holy Bible made by over a hundred scholars working directly from the best available Hebrew, Aramaic and Greek texts. It had its beginning in 1965 when, after several years of exploratory study by committees from the Christian Reformed Church and the National Association of Evangelicals, a group of scholars met at Palos Heights, Illinois, and concurred in the need for a new translation of the Bible in contemporary English. This group, though not made up of official church representatives, was transdenominational. Its conclusion was endorsed by a large number of leaders from many denominations who met in Chicago in 1966.

Responsibility for the new version was delegated by the Palos Heights group to a self-governing body of fifteen, the Committee on Bible Translation, composed for the most part of biblical scholars from colleges, universities and seminaries. In 1967 the New York Bible Society (now the International Bible Society) generously undertook the financial sponsorship of the project—a sponsorship that made it possible to enlist the help of many distinguished scholars. The fact that participants from the United States, Great Britain, Canada, Australia and New Zealand worked together gave the project its international scope. That they were from many denominations—including Anglican, Assemblies of God, Baptist, Brethren, Christian Reformed, Church of Christ, Evangelical Free, Lutheran, Mennonite, Methodist, Nazarene, Presbyterian, Wesleyan and other churches—helped to safeguard the translation from sectarian bias.

How it was made helps to give the New International Version its distinctiveness. The translation of each book was assigned to a team of scholars. Next, one of the Intermediate Editorial Committees revised the initial translation, with constant reference to the Hebrew, Aramaic or Greek. Their work then went to one of the General Editorial Committees, which checked it in detail and made another thorough revision. This revision in turn was carefully reviewed by the Committee on Bible Translation, which made further changes and then released the final version for publication. In this way the entire Bible underwent three revisions, during each of which the translation was examined for its faithfulness to the original languages and for its English style.

All this involved many thousands of hours of research and discussion regarding the meaning of the texts and the precise way of putting them into English. It may well be that no other translation has been made by a more thorough process of review and revision from committee to committee than this one.

From the beginning of the project, the Committee on Bible Translation held to certain goals for the New International Version: that it would be an accurate translation and one that would have clarity and literary quality and so prove suitable for public and private reading, teaching, preaching, memorizing and liturgical use. The Committee also sought to preserve some measure of continuity with the long tradition of translating the Scriptures into English.

In working toward these goals, the translators were united in their commitment to the authority and infallibility of the Bible as God's Word in written form. They believe that it contains the divine answer to the deepest needs of humanity, that it sheds unique light on our path in a dark world, and that it sets forth the way to our eternal well-being.

The first concern of the translators has been the accuracy of the translation and its fidelity to the thought of the biblical writers. They have weighed the significance of

the lexical and grammatical details of the Hebrew, Aramaic and Greek texts. At the same time, they have striven for more than a word-for-word translation. Because thought patterns and syntax differ from language to language, faithful communication of the meaning of the writers of the Bible demands frequent modifications in sentence structure and constant regard for the contextual meanings of words.

A sensitive feeling for style does not always accompany scholarship. Accordingly the Committee on Bible Translation submitted the developing version to a number of stylistic consultants. Two of them read every book of both Old and New Testaments twice—once before and once after the last major revision—and made invaluable suggestions. Samples of the translation were tested for clarity and ease of reading by various kinds of people—young and old, highly educated and less well educated, ministers and laymen.

Concern for clear and natural English—that the New International Version should be idiomatic but not idiosyncratic, contemporary but not dated—motivated the translators and consultants. At the same time, they tried to reflect the differing styles of the biblical writers. In view of the international use of English, the translators sought to avoid obvious Americanisms on the one hand and obvious Anglicisms on the other. A British edition reflects the comparatively few differences of significant idiom and of spelling.

As for the traditional pronouns "thou," "thee" and "thine" in reference to the Deity, the translators judged that to use these archaisms (along with the old verb forms such as "doest," "wouldest" and "hadst") would violate accuracy in translation. Neither Hebrew, Aramaic nor Greek uses special pronouns for the persons of the Godhead. A present-day translation is not enhanced by forms that in the time of the King James Version were used in everyday speech, whether referring to God or man.

For the Old Testament the standard Hebrew text, the Masoretic Text as published in the latest editions of *Biblia Hebraica,* was used throughout. The Dead Sea Scrolls contain material bearing on an earlier stage of the Hebrew text. They were consulted, as were the Samaritan Pentateuch and the ancient scribal traditions relating to textual changes. Sometimes a variant Hebrew reading in the margin of the Masoretic Text was followed instead of the text itself. Such instances, being variants within the Masoretic tradition, are not specified by footnotes. In rare cases, words in the consonantal text were divided differently from the way they appear in the Masoretic Text. Footnotes indicate this. The translators also consulted the more important early versions—the Septuagint; Aquila, Symmachus and Theodotion; the Vulgate; the Syriac Peshitta; the Targums; and for the Psalms the *Juxta Hebraica* of Jerome. Readings from these versions were occasionally followed where the Masoretic Text seemed doubtful and where accepted principles of textual criticism showed that one or more of these textual witnesses appeared to provide the correct reading. Such instances are footnoted. Sometimes vowel letters and vowel signs did not, in the judgment of the translators, represent the correct vowels for the original consonantal text. Accordingly some words were read with a different set of vowels. These instances are usually not indicated by footnotes.

The Greek text used in translating the New Testament was an eclectic one. No other piece of ancient literature has such an abundance of manuscript witnesses as does the New Testament. Where existing manuscripts differ, the translators made their choice of readings according to accepted principles of New Testament textual criticism. Footnotes call attention to places where there was uncertainty about what the original text was. The best current printed texts of the Greek New Testament were used.

There is a sense in which the work of translation is never wholly finished. This applies to all great literature and uniquely so to the Bible. In 1973 the New Testament

in the New International Version was published. Since then, suggestions for corrections and revisions have been received from various sources. The Committee on Bible Translation carefully considered the suggestions and adopted a number of them. These were incorporated in the first printing of the entire Bible in 1978. Additional revisions were made by the Committee on Bible Translation in 1983 and appear in printings after that date.

As in other ancient documents, the precise meaning of the biblical texts is sometimes uncertain. This is more often the case with the Hebrew and Aramaic texts than with the Greek text. Although archaeological and linguistic discoveries in this century aid in understanding difficult passages, some uncertainties remain. The more significant of these have been called to the reader's attention in the footnotes.

In regard to the divine name *YHWH*, commonly referred to as the *Tetragrammaton,* the translators adopted the device used in most English versions of rendering that name as "LORD" in capital letters to distinguish it from *Adonai,* another Hebrew word rendered "Lord," for which small letters are used. Wherever the two names stand together in the Old Testament as a compound name of God, they are rendered "Sovereign LORD."

Because for most readers today the phrases "the LORD of hosts" and "God of hosts" have little meaning, this version renders them "the LORD Almighty" and "God Almighty." These renderings convey the sense of the Hebrew, namely, "he who is sovereign over all the 'hosts' (powers) in heaven and on earth, especially over the 'hosts' (armies) of Israel." For readers unacquainted with Hebrew this does not make clear the distinction between *Sabaoth* ("hosts" or "Almighty") and *Shaddai* (which can also be translated "Almighty"), but the latter occurs infrequently and is always footnoted. When *Adonai* and *YHWH Sabaoth* occur together, they are rendered "the Lord, the LORD Almighty."

As for other proper nouns, the familiar spellings of the King James Version are generally retained. Names traditionally spelled with "ch," except where it is final, are usually spelled in this translation with "k" or "c," since the biblical languages do not have the sound that "ch" frequently indicates in English—for example, in *chant*. For well-known names such as Zechariah, however, the traditional spelling has been retained. Variation in the spelling of names in the original languages has usually not been indicated. Where a person or place has two or more different names in the Hebrew, Aramaic or Greek texts, the more familiar one has generally been used, with footnotes where needed.

To achieve clarity the translators sometimes supplied words not in the original texts but required by the context. If there was uncertainty about such material, it is enclosed in brackets. Also for the sake of clarity or style, nouns, including some proper nouns, are sometimes substituted for pronouns, and vice versa. And though the Hebrew writers often shifted back and forth between first, second and third personal pronouns without change of antecedent, this translation often makes them uniform, in accordance with English style and without the use of footnotes.

Poetical passages are printed as poetry, that is, with indentation of lines with separate stanzas. These are generally designed to reflect the structure of Hebrew poetry. This poetry is normally characterized by parallelism in balanced lines. Most of the poetry in the Bible is in the Old Testament, and scholars differ regarding the scansion of Hebrew lines. The translators determined the stanza divisions for the most part by analysis of the subject matter. The stanzas therefore serve as poetic paragraphs.

As an aid to the reader, italicized sectional headings are inserted in most of the books. They are not to be regarded as part of the NIV text, are not for oral reading, and are not intended to dictate the interpretation of the sections they head.

The footnotes in this version are of several kinds, most of which need no explanation. Those giving alternative translations begin with "Or" and generally introduce the alternative with the last word preceding it in the text, except when it is a single-word alternative; in poetry quoted in a footnote a slant mark indicates a line division. Footnotes introduced by "Or" do not have uniform significance. In some cases two possible translations were considered to have about equal validity. In other cases, though the translators were convinced that the translation in the text was correct, they judged that another interpretation was possible and of sufficient importance to be represented in a footnote.

In the New Testament, footnotes that refer to uncertainty regarding the original text are introduced by "Some manuscripts" or similar expressions. In the Old Testament, evidence for the reading chosen is given first and evidence for the alternative is added after a semicolon (for example: Septuagint; Hebrew *father*). In such notes the term "Hebrew" refers to the Masoretic Text.

It should be noted that minerals, flora and fauna, architectural details, articles of clothing and jewelry, musical instruments and other articles cannot always be identified with precision. Also measures of capacity in the biblical period are particularly uncertain (see the table of weights and measures following the text).

Like all translations of the Bible, made as they are by imperfect man, this one undoubtedly falls short of its goals. Yet we are grateful to God for the extent to which he has enabled us to realize these goals and for the strength he has given us and our colleagues to complete our task. We offer this version of the Bible to him in whose name and for whose glory it has been made. We pray that it will lead many into a better understanding of the Holy Scriptures and a fuller knowledge of Jesus Christ the incarnate Word, of whom the Scriptures so faithfully testify.

The Committee on Bible Translation
June 1978
(Revised August 1983)

Names of the translators and editors may be secured from Biblica,
translation sponsors of the *New International Version*,
1820 Jet Stream Drive, Colorado Springs, Colorado
80921-3696 U.S.A.

Evangelio según Mateo

Matthew

Genealogía de Jesucristo

1 Tabla genealógica de *Jesucristo, hijo de David, hijo de Abraham:

2 Abraham fue el padre de*ᵃ* Isaac;
   Isaac, padre de Jacob;
   Jacob, padre de Judá y de sus hermanos;
3 Judá, padre de Fares y de Zera, cuya madre fue Tamar;
   Fares, padre de Jezrón;
   Jezrón, padre de Aram;
4 Aram, padre de Aminadab;
   Aminadab, padre de Naasón;
   Naasón, padre de Salmón;
5 Salmón, padre de Booz, cuya madre fue Rajab;
   Booz, padre de Obed, cuya madre fue Rut;
   Obed, padre de Isaí;
6 e Isaí, padre del rey David.

   David fue el padre de Salomón, cuya madre había sido la esposa de Urías;
7 Salomón, padre de Roboán;
   Roboán, padre de Abías;
   Abías, padre de Asá;
8 Asá, padre de Josafat;
   Josafat, padre de Jorán;
   Jorán, padre de Uzías;
9 Uzías, padre de Jotán;
   Jotán, padre de Acaz;
   Acaz, padre de Ezequías;
10 Ezequías, padre de Manasés;
   Manasés, padre de Amón;
   Amón, padre de Josías;
11 y Josías, padre de Jeconías*ᵇ* y de sus hermanos en tiempos de la deportación a Babilonia.

12 Después de la deportación a Babilonia,
   Jeconías fue el padre de Salatiel;
   Salatiel, padre de Zorobabel;
13 Zorobabel, padre de Abiud;
   Abiud, padre de Eliaquín;

The Genealogy of Jesus

1 A record of the genealogy of Jesus Christ the son of David, the son of Abraham:

2 Abraham was the father of Isaac,
   Isaac the father of Jacob,
   Jacob the father of Judah and his brothers,
3 Judah the father of Perez and Zerah, whose mother was Tamar,
   Perez the father of Hezron,
   Hezron the father of Ram,
4 Ram the father of Amminadab,
   Amminadab the father of Nahshon,
   Nahshon the father of Salmon,
5 Salmon the father of Boaz, whose mother was Rahab,
   Boaz the father of Obed, whose mother was Ruth,
   Obed the father of Jesse,
6 and Jesse the father of King David.

   David was the father of Solomon, whose mother had been Uriah's wife,
7 Solomon the father of Rehoboam,
   Rehoboam the father of Abijah,
   Abijah the father of Asa,
8 Asa the father of Jehoshaphat,
   Jehoshaphat the father of Jehoram,
   Jehoram the father of Uzziah,
9 Uzziah the father of Jotham,
   Jotham the father of Ahaz,
   Ahaz the father of Hezekiah,
10 Hezekiah the father of Manasseh,
   Manasseh the father of Amon,
   Amon the father of Josiah,
11 and Josiah the father of Jeconiah*ᵃ* and his brothers at the time of the exile to Babylon.

12 After the exile to Babylon:
   Jeconiah was the father of Shealtiel,
   Shealtiel the father of Zerubbabel,
13 Zerubbabel the father of Abiud,
   Abiud the father of Eliakim,

---

*ᵃ*1:2 *fue el padre de.* Lit. *engendró a*; y así sucesivamente en el resto de esta genealogía.   *ᵇ*1:11 *Jeconías.* Es decir, Joaquín; también en v. 12.

*ᵃ*11 That is, Jehoiachin; also in verse 12

Eliaquín, padre de Azor;
14 Azor, padre de Sadoc;
Sadoc, padre de Aquín;
Aquín, padre de Eliud;
15 Eliud, padre de Eleazar;
Eleazar, padre de Matán;
Matán, padre de Jacob;
16 y Jacob fue padre de José, que fue el
esposo de María, de la cual nació
Jesús, llamado el *Cristo.

17Así que hubo en total catorce generaciones desde Abraham hasta David, catorce desde David hasta la deportación a Babilonia, y catorce desde la deportación hasta el Cristo.

Nacimiento de Jesucristo

18El nacimiento de Jesús, el *Cristo, fue así: Su madre, María, estaba comprometida para casarse con José, pero antes de unirse a él, resultó que estaba encinta por obra del Espíritu Santo. 19Como José, su esposo, era un hombre justo y no quería exponerla a vergüenza pública, resolvió divorciarse de ella en secreto.

20Pero cuando él estaba considerando hacerlo, se le apareció en sueños un ángel del Señor y le dijo: «José, hijo de David, no temas recibir a María por esposa, porque ella ha concebido por obra del Espíritu Santo. 21Dará a luz un hijo, y le pondrás por nombre Jesús,c porque él salvará a su pueblo de sus pecados.»

22Todo esto sucedió para que se cumpliera lo que el Señor había dicho por medio del profeta: 23«La virgen concebirá y dará a luz un hijo, y lo llamarán Emanuel»d (que significa «Dios con nosotros»).

24Cuando José se despertó, hizo lo que el ángel del Señor le había mandado y recibió a María por esposa. 25Pero no tuvo relaciones conyugales con ella hasta que dio a luz un hijo,e a quien le puso por nombre Jesús.

Visita de los sabios

2 Después de que Jesús nació en Belén de Judea en tiempos del rey Herodes, llegaron a Jerusalén unos sabiosf procedentes del Oriente.

2—¿Dónde está el que ha nacido rey de los judíos? —preguntaron—. Vimos levantarseg su estrella y hemos venido a adorarlo.

3Cuando lo oyó el rey Herodes, se turbó, y toda Jerusalén con él. 4Así que convocó de entre

Eliakim the father of Azor,
14 Azor the father of Zadok,
Zadok the father of Akim,
Akim the father of Eliud,
15 Eliud the father of Eleazar,
Eleazar the father of Matthan,
Matthan the father of Jacob,
16 and Jacob the father of Joseph, the husband of Mary, of whom was born Jesus, who is called Christ.

17Thus there were fourteen generations in all from Abraham to David, fourteen from David to the exile to Babylon, and fourteen from the exile to the Christ.b

The Birth of Jesus Christ

18This is how the birth of Jesus Christ came about: His mother Mary was pledged to be married to Joseph, but before they came together, she was found to be with child through the Holy Spirit. 19Because Joseph her husband was a righteous man and did not want to expose her to public disgrace, he had in mind to divorce her quietly.

20But after he had considered this, an angel of the Lord appeared to him in a dream and said, "Joseph son of David, do not be afraid to take Mary home as your wife, because what is conceived in her is from the Holy Spirit. 21She will give birth to a son, and you are to give him the name Jesus,c because he will save his people from their sins."

22All this took place to fulfill what the Lord had said through the prophet: 23"The virgin will be with child and will give birth to a son, and they will call him Immanuel"d—which means, "God with us."

24When Joseph woke up, he did what the angel of the Lord had commanded him and took Mary home as his wife. 25But he had no union with her until she gave birth to a son. And he gave him the name Jesus.

The Visit of the Magi

2 After Jesus was born in Bethlehem in Judea, during the time of King Herod, Magie from the east came to Jerusalem 2and asked, "Where is the one who has been born king of the Jews? We saw his star in the eastf and have come to worship him."

3When King Herod heard this he was disturbed, and all Jerusalem with him. 4When he

---

c1:21 Jesús es la forma griega del nombre hebreo Josué, que significa el SEÑOR salva.   d1:23 Is 7:14   e1:25 un hijo. Var. su hijo primogénito.   f2:1 sabios. Lit. magos; también en vv. 7, 16.   g2:2 levantarse. Alt. en el oriente; también en v. 9.

b17 Or Messiah. "The Christ" (Greek) and "the Messiah" (Hebrew) both mean "the Anointed One."   c21 Jesus is the Greek form of Joshua, which means the LORD saves.   d23 Isaiah 7:14   e1 Traditionally Wise Men   f2 Or star when it rose

el pueblo a todos los jefes de los sacerdotes y *maestros de la ley, y les preguntó dónde había de nacer el *Cristo.

5—En Belén de Judea —le respondieron—, porque esto es lo que ha escrito el profeta:

> 6»"Pero tú, Belén, en la tierra de Judá,
> de ninguna manera eres la menor entre
> los principales de Judá;
> porque de ti saldrá un príncipe
> que será el pastor de mi pueblo Israel." *h*

7Luego Herodes llamó en secreto a los sabios y se enteró por ellos del tiempo exacto en que había aparecido la estrella. 8Los envió a Belén y les dijo:

—Vayan e infórmense bien de ese niño y, tan pronto como lo encuentren, avísenme para que yo también vaya y lo adore.

9Después de oír al rey, siguieron su camino, y sucedió que la estrella que habían visto levantarse iba delante de ellos hasta que se detuvo sobre el lugar donde estaba el niño. 10Al ver la estrella, se llenaron de alegría. 11Cuando llegaron a la casa, vieron al niño con María, su madre; y postrándose lo adoraron. Abrieron sus cofres y le presentaron como regalos oro, incienso y mirra. 12Entonces, advertidos en sueños de que no volvieran a Herodes, regresaron a su tierra por otro camino.

La huida a Egipto

13Cuando ya se habían ido, un ángel del Señor se le apareció en sueños a José y le dijo: «Levántate, toma al niño y a su madre, y huye a Egipto. Quédate allí hasta que yo te avise, porque Herodes va a buscar al niño para matarlo.»

14Así que se levantó cuando todavía era de noche, tomó al niño y a su madre, y partió para Egipto, 15donde permaneció hasta la muerte de Herodes. De este modo se cumplió lo que el Señor había dicho por medio del profeta: «De Egipto llamé a mi hijo.» *i*

16Cuando Herodes se dio cuenta de que los sabios se habían burlado de él, se enfureció y mandó matar a todos los niños menores de dos años en Belén y en sus alrededores, de acuerdo con el tiempo que había averiguado de los sabios. 17Entonces se cumplió lo dicho por el profeta Jeremías:

> 18«Se oye un grito en Ramá,
> llanto y gran lamentación;
> es Raquel, que llora por sus hijos

had called together all the people's chief priests and teachers of the law, he asked them where the Christ*g* was to be born. 5"In Bethlehem in Judea," they replied, "for this is what the prophet has written:

> 6"'But you, Bethlehem, in the land of Judah,
> are by no means least among the rulers
> of Judah;
> for out of you will come a ruler
> who will be the shepherd of my people
> Israel.'*h*"

7Then Herod called the Magi secretly and found out from them the exact time the star had appeared. 8He sent them to Bethlehem and said, "Go and make a careful search for the child. As soon as you find him, report to me, so that I too may go and worship him."

9After they had heard the king, they went on their way, and the star they had seen in the east*i* went ahead of them until it stopped over the place where the child was. 10When they saw the star, they were overjoyed. 11On coming to the house, they saw the child with his mother Mary, and they bowed down and worshiped him. Then they opened their treasures and presented him with gifts of gold and of incense and of myrrh. 12And having been warned in a dream not to go back to Herod, they returned to their country by another route.

The Escape to Egypt

13When they had gone, an angel of the Lord appeared to Joseph in a dream. "Get up," he said, "take the child and his mother and escape to Egypt. Stay there until I tell you, for Herod is going to search for the child to kill him." 14So he got up, took the child and his mother during the night and left for Egypt, 15where he stayed until the death of Herod. And so was fulfilled what the Lord had said through the prophet: "Out of Egypt I called my son."*j*

16When Herod realized that he had been outwitted by the Magi, he was furious, and he gave orders to kill all the boys in Bethlehem and its vicinity who were two years old and under, in accordance with the time he had learned from the Magi. 17Then what was said through the prophet Jeremiah was fulfilled:

> 18"A voice is heard in Ramah,
> weeping and great mourning,
> Rachel weeping for her children

---

*h*2:6 Mi 5:2   *i*2:15 Os 11:1   *g*4 Or *Messiah*   *h*6 Micah 5:2   *i*9 Or *seen when it rose*   *j*15 Hosea 11:1

y no quiere ser consolada;
¡sus hijos ya no existen!»^j

El regreso a Nazaret

19Después de que murió Herodes, un ángel del Señor se le apareció en sueños a José en Egipto 20y le dijo: «Levántate, toma al niño y a su madre, y vete a la tierra de Israel, que ya murieron los que amenazaban con quitarle la *vida al niño.»

21Así que se levantó José, tomó al niño y a su madre, y regresó a la tierra de Israel. 22Pero al oír que Arquelao reinaba en Judea en lugar de su padre Herodes, tuvo miedo de ir allá. Advertido por Dios en sueños, se retiró al distrito de Galilea, 23y fue a vivir en un pueblo llamado Nazaret. Con esto se cumplió lo dicho por los profetas: «Lo llamarán nazareno.»

Juan el Bautista prepara el camino

3 En aquellos días se presentó Juan el Bautista predicando en el desierto de Judea. 2Decía: «*Arrepiéntanse, porque el reino de los cielos está cerca.» 3Juan era aquel de quien había escrito el profeta Isaías:

«Voz de uno que grita en el desierto:
"Preparen el camino para el Señor,
   háganle sendas derechas." »^k

4La ropa de Juan estaba hecha de pelo de camello. Llevaba puesto un cinturón de cuero y se alimentaba de langostas y miel silvestre. 5Acudía a él la gente de Jerusalén, de toda Judea y de toda la región del Jordán. 6Cuando confesaban sus pecados, él los bautizaba en el río Jordán.

7Pero al ver que muchos fariseos y saduceos llegaban adonde él estaba bautizando, les advirtió: «¡Camada de víboras! ¿Quién les dijo que podrán escapar del castigo que se acerca? 8Produzcan frutos que demuestren arrepentimiento. 9No piensen que podrán alegar: "Tenemos a Abraham por padre." Porque les digo que aun de estas piedras Dios es capaz de darle hijos a Abraham. 10El hacha ya está puesta a la raíz de los árboles, y todo árbol que no produzca buen fruto será cortado y arrojado al fuego.

11»Yo los bautizo a ustedes con^l agua para que se arrepientan. Pero el que viene después de mí es más poderoso que yo, y ni siquiera merezco llevarle las sandalias. Él los bautizará con el Espíritu Santo y con fuego. 12Tiene el rastrillo en la mano y limpiará su era, recogiendo el trigo en su granero; la paja, en cambio, la quemará con fuego que nunca se apagará.»

The Return to Nazareth

19After Herod died, an angel of the Lord appeared in a dream to Joseph in Egypt 20and said, "Get up, take the child and his mother and go to the land of Israel, for those who were trying to take the child's life are dead."

21So he got up, took the child and his mother and went to the land of Israel. 22But when he heard that Archelaus was reigning in Judea in place of his father Herod, he was afraid to go there. Having been warned in a dream, he withdrew to the district of Galilee, 23and he went and lived in a town called Nazareth. So was fulfilled what was said through the prophets: "He will be called a Nazarene."

John the Baptist Prepares the Way

3 In those days John the Baptist came, preaching in the Desert of Judea 2and saying, "Repent, for the kingdom of heaven is near." 3This is he who was spoken of through the prophet Isaiah:

"A voice of one calling in the desert,
'Prepare the way for the Lord,
   make straight paths for him.'"^l

4John's clothes were made of camel's hair, and he had a leather belt around his waist. His food was locusts and wild honey. 5People went out to him from Jerusalem and all Judea and the whole region of the Jordan. 6Confessing their sins, they were baptized by him in the Jordan River.

7But when he saw many of the Pharisees and Sadducees coming to where he was baptizing, he said to them: "You brood of vipers! Who warned you to flee from the coming wrath? 8Produce fruit in keeping with repentance. 9And do not think you can say to yourselves, 'We have Abraham as our father.' I tell you that out of these stones God can raise up children for Abraham. 10The ax is already at the root of the trees, and every tree that does not produce good fruit will be cut down and thrown into the fire.

11"I baptize you with^m water for repentance. But after me will come one who is more powerful than I, whose sandals I am not fit to carry. He will baptize you with the Holy Spirit and with fire. 12His winnowing fork is in his hand, and he will clear his threshing floor, gathering his wheat into the barn and burning up the chaff with unquenchable fire."

---

j2:18 Jer 31:15   k3:3 Is 40:3   l3:11 con. Alt. en.   k18 Jer. 31:15   l3 Isaiah 40:3   m11 Or in

Bautismo de Jesús

13 Un día Jesús fue de Galilea al Jordán para que Juan lo bautizara. **14** Pero Juan trató de disuadirlo.

—Yo soy el que necesita ser bautizado por ti, ¿y tú vienes a mí? —objetó.

15 —Dejémoslo así por ahora, pues nos conviene cumplir con lo que es justo —le contestó Jesús. Entonces Juan consintió.

16 Tan pronto como Jesús fue bautizado, subió del agua. En ese momento se abrió el cielo, y él vio al Espíritu de Dios bajar como una paloma y posarse sobre él. **17** Y una voz del cielo decía: «Éste es mi Hijo amado; estoy muy complacido con él.»

Tentación de Jesús

4 Luego el Espíritu llevó a Jesús al desierto para que el diablo lo sometiera a *tentación. **2** Después de ayunar cuarenta días y cuarenta noches, tuvo hambre. **3** El tentador se le acercó y le propuso:

—Si eres el Hijo de Dios, ordena a estas piedras que se conviertan en pan.

4 Jesús le respondió:

—Escrito está: "No sólo de pan vive el hombre, sino de toda palabra que sale de la boca de Dios." *m*

5 Luego el diablo lo llevó a la ciudad santa e hizo que se pusiera de pie sobre la parte más alta del *templo, y le dijo:

6 —Si eres el Hijo de Dios, tírate abajo. Porque escrito está:

"Ordenará que sus ángeles
    te sostengan en sus manos,
para que no tropieces con piedra alguna." *n*

7 —También está escrito: "No pongas a prueba al Señor tu Dios" *ñ* —le contestó Jesús.

8 De nuevo lo tentó el diablo, llevándolo a una montaña muy alta, y le mostró todos los reinos del mundo y su esplendor.

9 —Todo esto te daré si te postras y me adoras.

10 —¡Vete, Satanás! —le dijo Jesús—. Porque escrito está: "Adora al Señor tu Dios y sírvele solamente a él." *o*

11 Entonces el diablo lo dejó, y unos ángeles acudieron a servirle.

Jesús comienza a predicar

12 Cuando Jesús oyó que habían encarcelado a Juan, regresó a Galilea. **13** Partió de Nazaret y se fue a vivir a Capernaúm, que está junto al lago

The Baptism of Jesus

13 Then Jesus came from Galilee to the Jordan to be baptized by John. **14** But John tried to deter him, saying, "I need to be baptized by you, and do you come to me?"

15 Jesus replied, "Let it be so now; it is proper for us to do this to fulfill all righteousness." Then John consented.

16 As soon as Jesus was baptized, he went up out of the water. At that moment heaven was opened, and he saw the Spirit of God descending like a dove and lighting on him. **17** And a voice from heaven said, "This is my Son, whom I love; with him I am well pleased."

The Temptation of Jesus

4 Then Jesus was led by the Spirit into the desert to be tempted by the devil. **2** After fasting forty days and forty nights, he was hungry. **3** The tempter came to him and said, "If you are the Son of God, tell these stones to become bread."

4 Jesus answered, "It is written: 'Man does not live on bread alone, but on every word that comes from the mouth of God.' *n* "

5 Then the devil took him to the holy city and had him stand on the highest point of the temple. **6** "If you are the Son of God," he said, "throw yourself down. For it is written:

" 'He will command his angels concern-
        ing you,
    and they will lift you up in their hands,
    so that you will not strike your foot
        against a stone.' *o* "

7 Jesus answered him, "It is also written: 'Do not put the Lord your God to the test.' *p* "

8 Again, the devil took him to a very high mountain and showed him all the kingdoms of the world and their splendor. **9** "All this I will give you," he said, "if you will bow down and worship me."

10 Jesus said to him, "Away from me, Satan! For it is written: 'Worship the Lord your God, and serve him only.' *q* "

11 Then the devil left him, and angels came and attended him.

Jesus Begins to Preach

12 When Jesus heard that John had been put in prison, he returned to Galilee. **13** Leaving Nazareth, he went and lived in Capernaum, which

---

m 4:4 Dt 8:3   *n* 4:6 Sal 91:11,12   *ñ* 4:7 Dt 6:16
o 4:10 Dt 6:13

n 4 Deut. 8:3   *o* 6 Psalm 91:11,12   *p* 7 Deut. 6:16
q 10 Deut. 6:13

en la región de Zabulón y de Neftalí, 14para cumplir lo dicho por el profeta Isaías:

15«Tierra de Zabulón y tierra de Neftalí,
    camino del mar, al otro lado del Jordán,
    Galilea de los *gentiles;
16el pueblo que habitaba en la oscuridad
    ha visto una gran luz;
    sobre los que vivían en densas tinieblas*P*
    la luz ha resplandecido.»*q*

17Desde entonces comenzó Jesús a predicar: «*Arrepiéntanse, porque el reino de los cielos está cerca.»

Llamamiento de los primeros discípulos

18Mientras caminaba junto al mar de Galilea, Jesús vio a dos hermanos: uno era Simón, llamado Pedro, y el otro Andrés. Estaban echando la red al lago, pues eran pescadores. 19«Vengan, síganme —les dijo Jesús—, y los haré pescadores de hombres.» 20Al instante dejaron las redes y lo siguieron.

21Más adelante vio a otros dos hermanos: *Jacobo y Juan, hijos de Zebedeo, que estaban con su padre en una barca remendando las redes. Jesús los llamó, 22y dejaron en seguida la barca y a su padre, y lo siguieron.

Jesús sana a los enfermos

23Jesús recorría toda Galilea, enseñando en las sinagogas, anunciando las buenas *nuevas del reino, y sanando toda enfermedad y dolencia entre la gente. 24Su fama se extendió por toda Siria, y le llevaban todos los que padecían de diversas enfermedades, los que sufrían de dolores graves, los endemoniados, los epilépticos y los paralíticos, y él los sanaba. 25Lo seguían grandes multitudes de Galilea, *Decápolis, Jerusalén, Judea y de la región al otro lado del Jordán.

Las bienaventuranzas

5 Cuando vio a las multitudes, subió a la ladera de una montaña y se sentó. Sus discípulos se le acercaron, 2y tomando él la palabra, comenzó a enseñarles diciendo:

3 «*Dichosos los pobres en espíritu,
    porque el reino de los cielos les pertenece.
4Dichosos los que lloran,
    porque serán consolados.
5Dichosos los humildes,

was by the lake in the area of Zebulun and Naphtali— 14to fulfill what was said through the prophet Isaiah:

15 "Land of Zebulun and land of Naphtali,
    the way to the sea, along the Jordan,
    Galilee of the Gentiles—
16 the people living in darkness
    have seen a great light;
    on those living in the land of the shadow
        of death
    a light has dawned." *r*

17From that time on Jesus began to preach, "Repent, for the kingdom of heaven is near."

The Calling of the First Disciples

18As Jesus was walking beside the Sea of Galilee, he saw two brothers, Simon called Peter and his brother Andrew. They were casting a net into the lake, for they were fishermen. 19"Come, follow me," Jesus said, "and I will make you fishers of men." 20At once they left their nets and followed him.

21Going on from there, he saw two other brothers, James son of Zebedee and his brother John. They were in a boat with their father Zebedee, preparing their nets. Jesus called them, 22and immediately they left the boat and their father and followed him.

Jesus Heals the Sick

23Jesus went throughout Galilee, teaching in their synagogues, preaching the good news of the kingdom, and healing every disease and sickness among the people. 24News about him spread all over Syria, and people brought to him all who were ill with various diseases, those suffering severe pain, the demon-possessed, those having seizures, and the paralyzed, and he healed them. 25Large crowds from Galilee, the Decapolis,*s* Jerusalem, Judea and the region across the Jordan followed him.

The Beatitudes

5 Now when he saw the crowds, he went up on a mountainside and sat down. His disciples came to him, 2and he began to teach them saying:

3 "Blessed are the poor in spirit,
    for theirs is the kingdom of heaven.
4Blessed are those who mourn,
    for they will be comforted.
5Blessed are the meek,

---

p 4:16 *vivían en densas tinieblas*. Lit. *habitaban en tierra y sombra de muerte.*   *q* 4:16 Is 9:1,2   *r* 16 Isaiah 9:1,2   *s* 25 That is, the Ten Cities

porque recibirán la tierra como herencia.

6 Dichosos los que tienen hambre y sed de justicia,
    porque serán saciados.

7 Dichosos los compasivos,
    porque serán tratados con compasión.

8 Dichosos los de corazón limpio,
    porque ellos verán a Dios.

9 Dichosos los que trabajan por la paz,
    porque serán llamados hijos de Dios.

10 Dichosos los perseguidos por causa de la justicia,
    porque el reino de los cielos les pertenece.

11»Dichosos serán ustedes cuando por mi causa la gente los insulte, los persiga y levante contra ustedes toda clase de calumnias. 12Alégrense y llénense de júbilo, porque les espera una gran recompensa en el cielo. Así también persiguieron a los profetas que los precedieron a ustedes.

La sal y la luz

13»Ustedes son la sal de la tierra. Pero si la sal se vuelve insípida, ¿cómo recobrará su sabor? Ya no sirve para nada, sino para que la gente la deseche y la pisotee.

14»Ustedes son la luz del mundo. Una ciudad en lo alto de una colina no puede esconderse. 15Ni se enciende una lámpara para cubrirla con un cajón. Por el contrario, se pone en la repisa para que alumbre a todos los que están en la casa. 16Hagan brillar su luz delante de todos, para que ellos puedan ver las buenas obras de ustedes y alaben al Padre que está en el cielo.

El cumplimiento de la ley

17»No piensen que he venido a anular la ley o los profetas; no he venido a anularlos sino a darles cumplimiento. 18Les aseguro que mientras existan el cielo y la tierra, ni una letra ni una tilde de la ley desaparecerán hasta que todo se haya cumplido. 19Todo el que infrinja uno solo de estos mandamientos, por pequeño que sea, y enseñe a otros a hacer lo mismo, será considerado el más pequeño en el reino de los cielos; pero el que los practique y enseñe será considerado grande en el reino de los cielos. 20Porque les digo a ustedes, que no van a entrar en el reino de los cielos a menos que su justicia supere a la de los fariseos y de los *maestros de la ley.

El homicidio

21»Ustedes han oído que se dijo a sus antepasados: "No mates,ʳ y todo el que mate quedará

for they will inherit the earth.

6 Blessed are those who hunger and thirst for righteousness,
    for they will be filled.

7 Blessed are the merciful,
    for they will be shown mercy.

8 Blessed are the pure in heart,
    for they will see God.

9 Blessed are the peacemakers,
    for they will be called sons of God.

10 Blessed are those who are persecuted because of righteousness,
    for theirs is the kingdom of heaven.

11"Blessed are you when people insult you, persecute you and falsely say all kinds of evil against you because of me. 12Rejoice and be glad, because great is your reward in heaven, for in the same way they persecuted the prophets who were before you.

Salt and Light

13"You are the salt of the earth. But if the salt loses its saltiness, how can it be made salty again? It is no longer good for anything, except to be thrown out and trampled by men.

14"You are the light of the world. A city on a hill cannot be hidden. 15Neither do people light a lamp and put it under a bowl. Instead they put it on its stand, and it gives light to everyone in the house. 16In the same way, let your light shine before men, that they may see your good deeds and praise your Father in heaven.

The Fulfillment of the Law

17"Do not think that I have come to abolish the Law or the Prophets; I have not come to abolish them but to fulfill them. 18I tell you the truth, until heaven and earth disappear, not the smallest letter, not the least stroke of a pen, will by any means disappear from the Law until everything is accomplished. 19Anyone who breaks one of the least of these commandments and teaches others to do the same will be called least in the kingdom of heaven, but whoever practices and teaches these commands will be called great in the kingdom of heaven. 20For I tell you that unless your righteousness surpasses that of the Pharisees and the teachers of the law, you will certainly not enter the kingdom of heaven.

Murder

21"You have heard that it was said to the people long ago, 'Do not murder,ᵗ and anyone

---

ʳ 5:21 Éx 20:13   ᵗ 21 Exodus 20:13

sujeto al juicio del tribunal." 22Pero yo les digo que todo el que se enoje^s con su hermano quedará sujeto al juicio del tribunal. Es más, cualquiera que insulte^t a su hermano quedará sujeto al juicio del *Consejo. Pero cualquiera que lo maldiga^u quedará sujeto al juicio del infierno.^v

23»Por lo tanto, si estás presentando tu ofrenda en el altar y allí recuerdas que tu hermano tiene algo contra ti, 24deja tu ofrenda allí delante del altar. Ve primero y reconcíliate con tu hermano; luego vuelve y presenta tu ofrenda.

25»Si tu adversario te va a denunciar, llega a un acuerdo con él lo más pronto posible. Hazlo mientras vayan de camino al juzgado, no sea que te entregue al juez, y el juez al guardia, y te echen en la cárcel. 26Te aseguro que no saldrás de allí hasta que pagues el último centavo.^w

El adulterio

27»Ustedes han oído que se dijo: "No cometas adulterio."^x 28Pero yo les digo que cualquiera que mira a una mujer y la codicia ya ha cometido adulterio con ella en el corazón. 29Por tanto, si tu ojo derecho te hace *pecar, sácatelo y tíralo. Más te vale perder una sola parte de tu cuerpo, y no que todo él sea arrojado al infierno.^y 30Y si tu mano derecha te hace pecar, córtatela y arrójala. Más te vale perder una sola parte de tu cuerpo, y no que todo él vaya al infierno.

El divorcio

31»Se ha dicho: "El que repudia a su esposa debe darle un certificado de divorcio."^z 32Pero yo les digo que, excepto en caso de infidelidad conyugal, todo el que se divorcia de su esposa, la induce a cometer adulterio, y el que se casa con la divorciada comete adulterio también.

Los juramentos

33»También han oído que se dijo a sus antepasados: "No faltes a tu juramento, sino cumple con tus promesas al Señor." 34Pero yo les digo: No juren de ningún modo: ni por el cielo, porque es el trono de Dios; 35ni por la tierra, porque es el estrado de sus pies; ni por Jerusalén, porque es la ciudad del gran Rey. 36Tampoco jures por tu cabeza, porque no puedes hacer que ni uno solo de tus cabellos se vuelva blanco o negro. 37Cuando ustedes digan "sí", que sea realmente sí; y cuando digan "no", que sea no. Cualquier cosa de más, proviene del maligno.

who murders will be subject to judgment.' 22But I tell you that anyone who is angry with his brother^u will be subject to judgment. Again, anyone who says to his brother, 'Raca,^v' is answerable to the Sanhedrin. But anyone who says, 'You fool!' will be in danger of the fire of hell.

23"Therefore, if you are offering your gift at the altar and there remember that your brother has something against you, 24leave your gift there in front of the altar. First go and be reconciled to your brother; then come and offer your gift.

25"Settle matters quickly with your adversary who is taking you to court. Do it while you are still with him on the way, or he may hand you over to the judge, and the judge may hand you over to the officer, and you may be thrown into prison. 26I tell you the truth, you will not get out until you have paid the last penny.^w

Adultery

27"You have heard that it was said, 'Do not commit adultery.'^x 28But I tell you that anyone who looks at a woman lustfully has already committed adultery with her in his heart. 29If your right eye causes you to sin, gouge it out and throw it away. It is better for you to lose one part of your body than for your whole body to be thrown into hell. 30And if your right hand causes you to sin, cut it off and throw it away. It is better for you to lose one part of your body than for your whole body to go into hell.

Divorce

31"It has been said, 'Anyone who divorces his wife must give her a certificate of divorce.'^y 32But I tell you that anyone who divorces his wife, except for marital unfaithfulness, causes her to become an adulteress, and anyone who marries the divorced woman commits adultery.

Oaths

33"Again, you have heard that it was said to the people long ago, 'Do not break your oath, but keep the oaths you have made to the Lord.' 34But I tell you, Do not swear at all: either by heaven, for it is God's throne; 35or by the earth, for it is his footstool; or by Jerusalem, for it is the city of the Great King. 36And do not swear by your head, for you cannot make even one hair white or black. 37Simply let your 'Yes' be 'Yes,' and your 'No,' 'No'; anything beyond this comes from the evil one.

^s5:22 se enoje. Var. se enoje sin causa. ^t5:22 insulte. Lit. le diga: "Raca" (estúpido en arameo). ^u5:22 lo maldiga. Lit. le diga: "Necio." ^v5:22 del infierno. Lit. de la *Gehenna del fuego. ^w5:26 centavo. Lit. cuadrante. ^x5:27 Ex 20:14 ^y5:29 al infierno. Lit. a la *Gehenna; también en v. 30. ^z5:31 Dt 24:1

^u22 Some manuscripts brother without cause ^v22 An Aramaic term of contempt ^w26 Greek kodrantes ^x27 Exodus 20:14 ^y31 Deut. 24:1

Ojo por ojo

38»Ustedes han oído que se dijo: "Ojo por ojo y diente por diente." *a* **39**Pero yo les digo: No resistan al que les haga mal. Si alguien te da una bofetada en la mejilla derecha, vuélvele también la otra. **40**Si alguien te pone pleito para quitarte la capa, déjale también la *camisa. **41**Si alguien te obliga a llevarle la carga un kilómetro, llévasela dos. **42**Al que te pida, dale; y al que quiera tomar de ti prestado, no le vuelvas la espalda.

El amor a los enemigos

43»Ustedes han oído que se dijo: "Ama a tu prójimo*b* y odia a tu enemigo." **44**Pero yo les digo: Amen a sus enemigos y oren por quienes los persiguen,*c* **45**para que sean hijos de su Padre que está en el cielo. Él hace que salga el sol sobre malos y buenos, y que llueva sobre justos e injustos. **46**Si ustedes aman solamente a quienes los aman, ¿qué recompensa recibirán? ¿Acaso no hacen eso hasta los *recaudadores de impuestos? **47**Y si saludan a sus hermanos solamente, ¿qué de más hacen ustedes? ¿Acaso no hacen esto hasta los *gentiles? **48**Por tanto, sean *perfectos, así como su Padre celestial es perfecto.

El dar a los necesitados

6 »Cuídense de no hacer sus obras de justicia delante de la gente para llamar la atención. Si actúan así, su Padre que está en el cielo no les dará ninguna recompensa.

2»Por eso, cuando des a los necesitados, no lo anuncies al son de trompeta, como lo hacen los *hipócritas en las sinagogas y en las calles para que la gente les rinda homenaje. Les aseguro que ellos ya han recibido toda su recompensa. **3**Más bien, cuando des a los necesitados, que no se entere tu mano izquierda de lo que hace la derecha, **4**para que tu limosna sea en secreto. Así tu Padre, que ve lo que se hace en secreto, te recompensará.

La oración

5»Cuando oren, no sean como los *hipócritas, porque a ellos les encanta orar de pie en las sinagogas y en las esquinas de las plazas para que la gente los vea. Les aseguro que ya han obtenido toda su recompensa. **6**Pero tú, cuando te pongas a orar, entra en tu cuarto, cierra la puerta y ora a tu Padre, que está en lo secreto. Así tu Padre, que ve lo que se hace en secreto,

An Eye for an Eye

38"You have heard that it was said, 'Eye for eye, and tooth for tooth.'*z* **39**But I tell you, Do not resist an evil person. If someone strikes you on the right cheek, turn to him the other also. **40**And if someone wants to sue you and take your tunic, let him have your cloak as well. **41**If someone forces you to go one mile, go with him two miles. **42**Give to the one who asks you, and do not turn away from the one who wants to borrow from you.

Love for Enemies

43"You have heard that it was said, 'Love your neighbor*a* and hate your enemy.' **44**But I tell you: Love your enemies*b* and pray for those who persecute you, **45**that you may be sons of your Father in heaven. He causes his sun to rise on the evil and the good, and sends rain on the righteous and the unrighteous. **46**If you love those who love you, what reward will you get? Are not even the tax collectors doing that? **47**And if you greet only your brothers, what are you doing more than others? Do not even pagans do that? **48**Be perfect, therefore, as your heavenly Father is perfect.

Giving to the Needy

6 "Be careful not to do your 'acts of righteousness' before men, to be seen by them. If you do, you will have no reward from your Father in heaven.

2"So when you give to the needy, do not announce it with trumpets, as the hypocrites do in the synagogues and on the streets, to be honored by men. I tell you the truth, they have received their reward in full. **3**But when you give to the needy, do not let your left hand know what your right hand is doing, **4**so that your giving may be in secret. Then your Father, who sees what is done in secret, will reward you.

Prayer

5"And when you pray, do not be like the hypocrites, for they love to pray standing in the synagogues and on the street corners to be seen by men. I tell you the truth, they have received their reward in full. **6**But when you pray, go into your room, close the door and pray to your Father, who is unseen. Then your Father, who sees what is done in secret, will reward you.

a **5:38** Éx 21:24; Lv 24:20; Dt 19:21   *b* **5:43** Lv 19:18
c **5:44** *Amen ... persiguen.* Var. *Amen a sus enemigos,
bendigan a quienes los maldicen, hagan bien a quienes los
odian, y oren por quienes los ultrajan y los persiguen* (véase
Lc 6:27,28).

z 38 Exodus 21:24; Lev. 24:20; Deut. 19:21   *a* 43 Lev. 19:18
b 44 Some late manuscripts *enemies, bless those who curse
you, do good to those who hate you*

te recompensará. **7**Y al orar, no hablen sólo por hablar como hacen los *gentiles, porque ellos se imaginan que serán escuchados por sus muchas palabras. **8**No sean como ellos, porque su Padre sabe lo que ustedes necesitan antes de que se lo pidan.

9»Ustedes deben orar así:

> »"Padre nuestro que estás en el cielo,
> *santificado sea tu nombre,
> **10**venga tu reino,
> hágase tu voluntad
> en la tierra como en el cielo.
> **11**Danos hoy nuestro pan cotidiano.*d*
> **12**Perdónanos nuestras deudas,
> como también nosotros hemos perdona-
> do a nuestros deudores.
> **13**Y no nos dejes caer en *tentación,
> sino líbranos del maligno." *e*

14»Porque si perdonan a otros sus ofensas, también los perdonará a ustedes su Padre celestial. **15**Pero si no perdonan a otros sus ofensas, tampoco su Padre les perdonará a ustedes las suyas.

El ayuno

16»Cuando ayunen, no pongan cara triste como hacen los *hipócritas, que demudan sus rostros para mostrar que están ayunando. Les aseguro que éstos ya han obtenido toda su recompensa. **17**Pero tú, cuando ayunes, perfúmate la cabeza y lávate la cara **18**para que no sea evidente ante los demás que estás ayunando, sino sólo ante tu Padre, que está en lo secreto; y tu Padre, que ve lo que se hace en secreto, te recompensará.

Tesoros en el cielo

19»No acumulen para sí tesoros en la tierra, donde la polilla y el óxido destruyen, y donde los ladrones se meten a robar. **20**Más bien, acumulen para sí tesoros en el cielo, donde ni la polilla ni el óxido carcomen, ni los ladrones se meten a robar. **21**Porque donde esté tu tesoro, allí estará también tu corazón.

22»El ojo es la lámpara del cuerpo. Por tanto, si tu visión es clara, todo tu ser disfrutará de la luz. **23**Pero si tu visión está nublada, todo tu ser estará en oscuridad. Si la luz que hay en ti es oscuridad, ¡qué densa será esa oscuridad!

24»Nadie puede servir a dos señores, pues menospreciará a uno y amará al otro, o querrá

7And when you pray, do not keep on babbling like pagans, for they think they will be heard because of their many words. **8**Do not be like them, for your Father knows what you need before you ask him.

9"This, then, is how you should pray:

> "'Our Father in heaven,
> hallowed be your name,
> **10**your kingdom come,
> your will be done
> on earth as it is in heaven.
> **11**Give us today our daily bread.
> **12**Forgive us our debts,
> as we also have forgiven our
> debtors.
> **13**And lead us not into temptation,
> but deliver us from the evil one.*c*'

14For if you forgive men when they sin against you, your heavenly Father will also forgive you. **15**But if you do not forgive men their sins, your Father will not forgive your sins.

Fasting

16"When you fast, do not look somber as the hypocrites do, for they disfigure their faces to show men they are fasting. I tell you the truth, they have received their reward in full. **17**But when you fast, put oil on your head and wash your face, **18**so that it will not be obvious to men that you are fasting, but only to your Father, who is unseen; and your Father, who sees what is done in secret, will reward you.

Treasures in Heaven

19"Do not store up for yourselves treasures on earth, where moth and rust destroy, and where thieves break in and steal. **20**But store up for yourselves treasures in heaven, where moth and rust do not destroy, and where thieves do not break in and steal. **21**For where your treasure is, there your heart will be also.

22"The eye is the lamp of the body. If your eyes are good, your whole body will be full of light. **23**But if your eyes are bad, your whole body will be full of darkness. If then the light within you is darkness, how great is that darkness!

24"No one can serve two masters. Either he will hate the one and love the other, or he will

---

*d*6:11 *nuestro pan cotidiano.* Alt. *el pan que necesitamos.*
*e*6:13 *del maligno.* Alt. *del mal.* Var. *del maligno, porque tuyos son el reino y el poder y la gloria para siempre. Amén.*

*c*13 Or *from evil*; some late manuscripts *one, / for yours is the kingdom and the power and the glory forever. Amen.*

mucho a uno y despreciará al otro. No se puede servir a la vez a Dios y a las riquezas.

De nada sirve preocuparse

25»Por eso les digo: No se preocupen por su *vida, qué comerán o beberán; ni por su cuerpo, cómo se vestirán. ¿No tiene la vida más valor que la comida, y el cuerpo más que la ropa? **26**Fíjense en las aves del cielo: no siembran ni cosechan ni almacenan en graneros; sin embargo, el Padre celestial las alimenta. ¿No valen ustedes mucho más que ellas? **27**¿Quién de ustedes, por mucho que se preocupe, puede añadir una sola hora al curso de su vida?*f*

28»¿Y por qué se preocupan por la ropa? Observen cómo crecen los lirios del campo. No trabajan ni hilan; **29**sin embargo, les digo que ni siquiera Salomón, con todo su esplendor, se vestía como uno de ellos. **30**Si así viste Dios a la hierba que hoy está en el campo y mañana es arrojada al horno, ¿no hará mucho más por ustedes, gente de poca fe? **31**Así que no se preocupen diciendo: "¿Qué comeremos?" o "¿Qué beberemos?" o "¿Con qué nos vestiremos?" **32**Porque los *paganos andan tras todas estas cosas, y el Padre celestial sabe que ustedes las necesitan. **33**Más bien, busquen primeramente el reino de Dios y su justicia, y todas estas cosas les serán añadidas. **34**Por lo tanto, no se angustien por el mañana, el cual tendrá sus propios afanes. Cada día tiene ya sus problemas.

El juzgar a los demás

7 »No juzguen a nadie, para que nadie los juzgue a ustedes. **2**Porque tal como juzguen se les juzgará, y con la medida que midan a otros, se les medirá a ustedes.

3»¿Por qué te fijas en la astilla que tiene tu hermano en el ojo, y no le das importancia a la viga que está en el tuyo? **4**¿Cómo puedes decirle a tu hermano: "Déjame sacarte la astilla del ojo", cuando ahí tienes una viga en el tuyo? **5**¡*Hipócrita!, saca primero la viga de tu propio ojo, y entonces verás con claridad para sacar la astilla del ojo de tu hermano.

6»No den lo sagrado a los *perros, no sea que se vuelvan contra ustedes y los despedacen; ni echen sus perlas a los cerdos, no sea que las pisoteen.

Pidan, busquen, llamen

7»Pidan, y se les dará; busquen, y encontrarán; llamen, y se les abrirá. **8**Porque todo el que

be devoted to the one and despise the other. You cannot serve both God and Money.

Do Not Worry

25"Therefore I tell you, do not worry about your life, what you will eat or drink; or about your body, what you will wear. Is not life more important than food, and the body more important than clothes? **26**Look at the birds of the air; they do not sow or reap or store away in barns, and yet your heavenly Father feeds them. Are you not much more valuable than they? **27**Who of you by worrying can add a single hour to his life*d*?

28"And why do you worry about clothes? See how the lilies of the field grow. They do not labor or spin. **29**Yet I tell you that not even Solomon in all his splendor was dressed like one of these. **30**If that is how God clothes the grass of the field, which is here today and tomorrow is thrown into the fire, will he not much more clothe you, O you of little faith? **31**So do not worry, saying, 'What shall we eat?' or 'What shall we drink?' or 'What shall we wear?' **32**For the pagans run after all these things, and your heavenly Father knows that you need them. **33**But seek first his kingdom and his righteousness, and all these things will be given to you as well. **34**Therefore do not worry about tomorrow, for tomorrow will worry about itself. Each day has enough trouble of its own.

Judging Others

7 "Do not judge, or you too will be judged. **2**For in the same way you judge others, you will be judged, and with the measure you use, it will be measured to you.

3"Why do you look at the speck of sawdust in your brother's eye and pay no attention to the plank in your own eye? **4**How can you say to your brother, 'Let me take the speck out of your eye,' when all the time there is a plank in your own eye? **5**You hypocrite, first take the plank out of your own eye, and then you will see clearly to remove the speck from your brother's eye.

6"Do not give dogs what is sacred; do not throw your pearls to pigs. If you do, they may trample them under their feet, and then turn and tear you to pieces.

Ask, Seek, Knock

7"Ask and it will be given to you; seek and you will find; knock and the door will be opened

pide, recibe; el que busca, encuentra; y al que llama, se le abre.

9»¿Quién de ustedes, si su hijo le pide pan, le da una piedra? 10¿O si le pide un pescado, le da una serpiente? 11Pues si ustedes, aun siendo malos, saben dar cosas buenas a sus hijos, ¡cuánto más su Padre que está en el cielo dará cosas buenas a los que le pidan! 12Así que en todo traten ustedes a los demás tal y como quieren que ellos los traten a ustedes. De hecho, esto es la ley y los profetas.

La puerta estrecha y la puerta ancha

13»Entren por la puerta estrecha. Porque es ancha la puerta y espacioso el camino que conduce a la destrucción, y muchos entran por ella. 14Pero estrecha es la puerta y angosto el camino que conduce a la vida, y son pocos los que la encuentran.

El árbol y sus frutos

15»Cuídense de los falsos profetas. Vienen a ustedes disfrazados de ovejas, pero por dentro son lobos feroces. 16Por sus frutos los conocerán. ¿Acaso se recogen uvas de los espinos, o higos de los cardos? 17Del mismo modo, todo árbol bueno da fruto bueno, pero el árbol malo da fruto malo. 18Un árbol bueno no puede dar fruto malo, y un árbol malo no puede dar fruto bueno. 19Todo árbol que no da buen fruto se corta y se arroja al fuego. 20Así que por sus frutos los conocerán.

21»No todo el que me dice: "Señor, Señor", entrará en el reino de los cielos, sino sólo el que hace la voluntad de mi Padre que está en el cielo. 22Muchos me dirán en aquel día: "Señor, Señor, ¿no profetizamos en tu nombre, y en tu nombre expulsamos demonios e hicimos muchos milagros?" 23Entonces les diré claramente: "Jamás los conocí. ¡Aléjense de mí, hacedores de maldad!"

El prudente y el insensato

24»Por tanto, todo el que me oye estas palabras y las pone en práctica es como un hombre prudente que construyó su casa sobre la roca. 25Cayeron las lluvias, crecieron los ríos, y soplaron los vientos y azotaron aquella casa; con todo, la casa no se derrumbó porque estaba cimentada sobre la roca. 26Pero todo el que me oye estas palabras y no las pone en práctica es como un hombre insensato que construyó su casa sobre la arena. 27Cayeron las lluvias, crecieron los ríos, y soplaron los vientos y azotaron aquella casa, y ésta se derrumbó, y grande fue su ruina.»

28Cuando Jesús terminó de decir estas cosas, las multitudes se asombraron de su enseñanza,

to you. 8For everyone who asks receives; he who seeks finds; and to him who knocks, the door will be opened.

9"Which of you, if his son asks for bread, will give him a stone? 10Or if he asks for a fish, will give him a snake? 11If you, then, though you are evil, know how to give good gifts to your children, how much more will your Father in heaven give good gifts to those who ask him! 12So in everything, do to others what you would have them do to you, for this sums up the Law and the Prophets.

The Narrow and Wide Gates

13"Enter through the narrow gate. For wide is the gate and broad is the road that leads to destruction, and many enter through it. 14But small is the gate and narrow the road that leads to life, and only a few find it.

A Tree and Its Fruit

15"Watch out for false prophets. They come to you in sheep's clothing, but inwardly they are ferocious wolves. 16By their fruit you will recognize them. Do people pick grapes from thornbushes, or figs from thistles? 17Likewise every good tree bears good fruit, but a bad tree bears bad fruit. 18A good tree cannot bear bad fruit, and a bad tree cannot bear good fruit. 19Every tree that does not bear good fruit is cut down and thrown into the fire. 20Thus, by their fruit you will recognize them.

21"Not everyone who says to me, 'Lord, Lord,' will enter the kingdom of heaven, but only he who does the will of my Father who is in heaven. 22Many will say to me on that day, 'Lord, Lord, did we not prophesy in your name, and in your name drive out demons and perform many miracles?' 23Then I will tell them plainly, 'I never knew you. Away from me, you evildoers!'

The Wise and Foolish Builders

24"Therefore everyone who hears these words of mine and puts them into practice is like a wise man who built his house on the rock. 25The rain came down, the streams rose, and the winds blew and beat against that house; yet it did not fall, because it had its foundation on the rock. 26But everyone who hears these words of mine and does not put them into practice is like a foolish man who built his house on sand. 27The rain came down, the streams rose, and the winds blew and beat against that house, and it fell with a great crash."

28When Jesus had finished saying these things, the crowds were amazed at his teaching,

29porque les enseñaba como quien tenía autoridad, y no como los *maestros de la ley.

Jesús sana a un leproso

8 Cuando Jesús bajó de la ladera de la montaña, lo siguieron grandes multitudes. 2Un hombre que tenía *lepra se le acercó y se arrodilló delante de él.

—Señor, si quieres, puedes *limpiarme —le dijo.

3Jesús extendió la mano y tocó al hombre.

—Sí quiero —le dijo—. ¡Queda limpio!

Y al instante quedó sanog de la lepra.

4—Mira, no se lo digas a nadie —le dijo Jesús—; sólo ve, preséntate al sacerdote, y lleva la ofrenda que ordenó Moisés, para que sirva de testimonio.

La fe del centurión

5Al entrar Jesús en Capernaúm, se le acercó un centurión pidiendo ayuda.

6—Señor, mi siervo está postrado en casa con parálisis, y sufre terriblemente.

7—Iré a sanarlo —respondió Jesús.

8—Señor, no merezco que entres bajo mi techo. Pero basta con que digas una sola palabra, y mi siervo quedará sano. 9Porque yo mismo soy un hombre sujeto a órdenes superiores, y además tengo soldados bajo mi autoridad. Le digo a uno: "Ve", y va, y al otro: "Ven", y viene. Le digo a mi siervo: "Haz esto", y lo hace.

10Al oír esto, Jesús se asombró y dijo a quienes lo seguían:

—Les aseguro que no he encontrado en Israel a nadie que tenga tanta fe. 11Les digo que muchos vendrán del oriente y del occidente, y participarán en el banquete con Abraham, Isaac y Jacob en el reino de los cielos. 12Pero a los súbditos del reino se les echará afuera, a la oscuridad, donde habrá llanto y rechinar de dientes.

13Luego Jesús le dijo al centurión:

—¡Ve! Todo se hará tal como creíste.

Y en esa misma hora aquel siervo quedó sanó.

Jesús sana a muchos enfermos

14Cuando Jesús entró en casa de Pedro, vio a la suegra de éste en cama, con fiebre. 15Le tocó la mano y la fiebre se le quitó; luego ella se levantó y comenzó a servirle.

16Al atardecer, le llevaron muchos endemoniados, y con una sola palabra expulsó a los espíritus, y sanó a todos los enfermos. 17Esto sucedió para que se cumpliera lo dicho por el profeta Isaías:

29because he taught as one who had authority, and not as their teachers of the law.

The Man With Leprosy

8 When he came down from the mountainside, large crowds followed him. 2A man with leprosye came and knelt before him and said, "Lord, if you are willing, you can make me clean."

3Jesus reached out his hand and touched the man. "I am willing," he said. "Be clean!" Immediately he was curedf of his leprosy. 4Then Jesus said to him, "See that you don't tell anyone. But go, show yourself to the priest and offer the gift Moses commanded, as a testimony to them."

The Faith of the Centurion

5When Jesus had entered Capernaum, a centurion came to him, asking for help. 6"Lord," he said, "my servant lies at home paralyzed and in terrible suffering."

7Jesus said to him, "I will go and heal him."

8The centurion replied, "Lord, I do not deserve to have you come under my roof. But just say the word, and my servant will be healed. 9For I myself am a man under authority, with soldiers under me. I tell this one, 'Go,' and he goes; and that one, 'Come,' and he comes. I say to my servant, 'Do this,' and he does it."

10When Jesus heard this, he was astonished and said to those following him, "I tell you the truth, I have not found anyone in Israel with such great faith. 11I say to you that many will come from the east and the west, and will take their places at the feast with Abraham, Isaac and Jacob in the kingdom of heaven. 12But the subjects of the kingdom will be thrown outside, into the darkness, where there will be weeping and gnashing of teeth."

13Then Jesus said to the centurion, "Go! It will be done just as you believed it would." And his servant was healed at that very hour.

Jesus Heals Many

14When Jesus came into Peter's house, he saw Peter's mother-in-law lying in bed with a fever. 15He touched her hand and the fever left her, and she got up and began to wait on him.

16When evening came, many who were demon-possessed were brought to him, and he drove out the spirits with a word and healed all the sick. 17This was to fulfill what was spoken through the prophet Isaiah:

---

g8:3 *sano.* Lit. *limpio.*

e2 The Greek word was used for various diseases affecting the skin—not necessarily leprosy. f3 Greek *made clean*

«Él cargó con nuestras enfermedades
y soportó nuestros dolores.»[h]

Lo que cuesta seguir a Jesús

18Cuando Jesús vio a la multitud que lo rodeaba, dio orden de pasar al otro lado del lago. 19Se le acercó un *maestro de la ley y le dijo:

—Maestro, te seguiré a dondequiera que vayas.

20—Las zorras tienen madrigueras y las aves tienen nidos —le respondió Jesús—, pero el Hijo del hombre no tiene dónde recostar la cabeza.

21Otro discípulo le pidió:

—Señor, primero déjame ir a enterrar a mi padre.

22—Sígueme —le replicó Jesús—, y deja que los muertos entierren a sus muertos.

Jesús calma la tormenta

23Luego subió a la barca y sus discípulos lo siguieron. 24De repente, se levantó en el lago una tormenta tan fuerte que las olas inundaban la barca. Pero Jesús estaba dormido. 25Los discípulos fueron a despertarlo.

—¡Señor —gritaron—, sálvanos, que nos vamos a ahogar!

26—Hombres de poca fe —les contestó—, ¿por qué tienen tanto miedo?

Entonces se levantó y reprendió a los vientos y a las olas, y todo quedó completamente tranquilo.

27Los discípulos no salían de su asombro, y decían: «¿Qué clase de hombre es éste, que hasta los vientos y las olas le obedecen?»

Liberación de dos endemoniados

28Cuando Jesús llegó al otro lado, a la región de los gadarenos,[i] dos endemoniados le salieron al encuentro de entre los sepulcros. Eran tan violentos que nadie se atrevía a pasar por aquel camino. 29De pronto le gritaron:

—¿Por qué te entrometes, Hijo de Dios? ¿Has venido aquí a atormentarnos antes del tiempo señalado?

30A cierta distancia de ellos estaba paciendo una gran manada de cerdos. 31Los demonios le rogaron a Jesús:

—Si nos expulsas, mándanos a la manada de cerdos.

32—Vayan —les dijo.

Así que salieron de los hombres y entraron en los cerdos, y toda la manada se precipitó al lago por el despeñadero y murió en el agua. 33Los que cuidaban los cerdos salieron corriendo al pueblo y dieron aviso de todo, incluso de lo que les había sucedido a los endemoniados. 34Enton-

"He took up our infirmities
and carried our diseases."[g]

The Cost of Following Jesus

18When Jesus saw the crowd around him, he gave orders to cross to the other side of the lake. 19Then a teacher of the law came to him and said, "Teacher, I will follow you wherever you go."

20Jesus replied, "Foxes have holes and birds of the air have nests, but the Son of Man has no place to lay his head."

21Another disciple said to him, "Lord, first let me go and bury my father."

22But Jesus told him, "Follow me, and let the dead bury their own dead."

Jesus Calms the Storm

23Then he got into the boat and his disciples followed him. 24Without warning, a furious storm came up on the lake, so that the waves swept over the boat. But Jesus was sleeping. 25The disciples went and woke him, saying, "Lord, save us! We're going to drown!"

26He replied, "You of little faith, why are you so afraid?" Then he got up and rebuked the winds and the waves, and it was completely calm.

27The men were amazed and asked, "What kind of man is this? Even the winds and the waves obey him!"

The Healing of Two Demon-possessed Men

28When he arrived at the other side in the region of the Gadarenes,[h] two demon-possessed men coming from the tombs met him. They were so violent that no one could pass that way. 29"What do you want with us, Son of God?" they shouted. "Have you come here to torture us before the appointed time?"

30Some distance from them a large herd of pigs was feeding. 31The demons begged Jesus, "If you drive us out, send us into the herd of pigs."

32He said to them, "Go!" So they came out and went into the pigs, and the whole herd rushed down the steep bank into the lake and died in the water. 33Those tending the pigs ran off, went into the town and reported all this, including what had happened to the demon-possessed men. 34Then the whole town went out to

ces todos los del pueblo fueron al encuentro de Jesús. Y cuando lo vieron, le suplicaron que se alejara de esa región.

Jesús sana a un paralítico

9 Subió Jesús a una barca, cruzó al otro lado y llegó a su propio pueblo. 2Unos hombres le llevaron un paralítico, acostado en una camilla. Al ver Jesús la fe de ellos, le dijo al paralítico:

—¡Ánimo, hijo; tus pecados quedan perdonados!

3Algunos de los *maestros de la ley murmuraron entre ellos: «¡Este hombre *blasfema!»

4Como Jesús conocía sus pensamientos, les dijo:

—¿Por qué dan lugar a tan malos pensamientos? 5¿Qué es más fácil, decir: "Tus pecados quedan perdonados", o decir: "Levántate y anda"? 6Pues para que sepan que el Hijo del hombre tiene autoridad en la tierra para perdonar pecados —se dirigió entonces al paralítico—: Levántate, toma tu camilla y vete a tu casa.

7Y el hombre se levantó y se fue a su casa. 8Al ver esto, la multitud se llenó de temor, y glorificó a Dios por haber dado tal autoridad a los *mortales.

Llamamiento de Mateo

9Al irse de allí, Jesús vio a un hombre llamado Mateo, sentado a la mesa de recaudación de impuestos. «Sígueme», le dijo. Mateo se levantó y lo siguió.

10Mientras Jesús estaba comiendo en casa de Mateo, muchos *recaudadores de impuestos y *pecadores llegaron y comieron con él y sus discípulos. 11Cuando los fariseos vieron esto, les preguntaron a sus discípulos:

—¿Por qué come su maestro con recaudadores de impuestos y con pecadores?

12Al oír esto, Jesús les contestó:

—No son los sanos los que necesitan médico sino los enfermos. 13Pero vayan y aprendan lo que significa: "Lo que pido de ustedes es misericordia y no sacrificios."ʲ Porque no he venido a llamar a justos sino a pecadores.

Le preguntan a Jesús sobre el ayuno

14Un día se le acercaron los discípulos de Juan y le preguntaron:

—¿Cómo es que nosotros y los fariseos ayunamos, pero no así tus discípulos?

Jesús les contestó:

15—¿Acaso pueden estar de luto los invitados del novio mientras él está con ellos? Llegará el día en que se les quitará el novio; entonces sí

meet Jesus. And when they saw him, they pleaded with him to leave their region.

Jesus Heals a Paralytic

9 Jesus stepped into a boat, crossed over and came to his own town. 2Some men brought to him a paralytic, lying on a mat. When Jesus saw their faith, he said to the paralytic, "Take heart, son; your sins are forgiven."

3At this, some of the teachers of the law said to themselves, "This fellow is blaspheming!"

4Knowing their thoughts, Jesus said, "Why do you entertain evil thoughts in your hearts? 5Which is easier: to say, 'Your sins are forgiven,' or to say, 'Get up and walk'? 6But so that you may know that the Son of Man has authority on earth to forgive sins...." Then he said to the paralytic, "Get up, take your mat and go home." 7And the man got up and went home. 8When the crowd saw this, they were filled with awe; and they praised God, who had given such authority to men.

The Calling of Matthew

9As Jesus went on from there, he saw a man named Matthew sitting at the tax collector's booth. "Follow me," he told him, and Matthew got up and followed him.

10While Jesus was having dinner at Matthew's house, many tax collectors and "sinners" came and ate with him and his disciples. 11When the Pharisees saw this, they asked his disciples, "Why does your teacher eat with tax collectors and 'sinners'?"

12On hearing this, Jesus said, "It is not the healthy who need a doctor, but the sick. 13But go and learn what this means: 'I desire mercy, not sacrifice.'ⁱ For I have not come to call the righteous, but sinners."

Jesus Questioned About Fasting

14Then John's disciples came and asked him, "How is it that we and the Pharisees fast, but your disciples do not fast?"

15Jesus answered, "How can the guests of the bridegroom mourn while he is with them? The time will come when the bridegroom will be taken from them; then they will fast.

ayunarán. 16Nadie remienda un vestido viejo con un retazo de tela nueva, porque el remiendo fruncirá el vestido y la rotura se hará peor. 17Ni tampoco se echa vino nuevo en odres viejos. De hacerlo así, se reventarán los odres, se derramará el vino y los odres se arruinarán. Más bien, el vino nuevo se echa en odres nuevos, y así ambos se conservan.

Una niña muerta y una mujer enferma

18Mientras él les decía esto, un dirigente judío llegó, se arrodilló delante de él y le dijo:

—Mi hija acaba de morir. Pero ven y pon tu mano sobre ella, y vivirá.

19Jesús se levantó y fue con él, acompañado de sus discípulos. 20En esto, una mujer que hacía doce años padecía de hemorragias se le acercó por detrás y le tocó el borde del manto. 21Pensaba: «Si al menos logro tocar su manto, quedaré *sana.» 22Jesús se dio vuelta, la vio y le dijo:

—¡Ánimo, hija! Tu fe te ha sanado.

Y la mujer quedó sana en aquel momento.

23Cuando Jesús entró en la casa del dirigente y vio a los flautistas y el alboroto de la gente, 24les dijo:

—Váyanse. La niña no está muerta sino dormida.

Entonces empezaron a burlarse de él. 25Pero cuando se les hizo salir, entró él, tomó de la mano a la niña, y ésta se levantó. 26La noticia se divulgó por toda aquella región.

Jesús sana a los ciegos y a los mudos

27Al irse Jesús de allí, dos ciegos lo siguieron, gritándole:

—¡Ten compasión de nosotros, Hijo de David!

28Cuando entró en la casa, se le acercaron los ciegos, y él les preguntó:

—¿Creen que puedo sanarlos?

—Sí, Señor —le respondieron.

29Entonces les tocó los ojos y les dijo:

—Se hará con ustedes conforme a su fe.

30Y recobraron la vista. Jesús les advirtió con firmeza:

—Asegúrense de que nadie se entere de esto.

31Pero ellos salieron para divulgar por toda aquella región la noticia acerca de Jesús.

32Mientras ellos salían, le llevaron un mudo endemoniado. 33Así que Jesús expulsó al demonio, y el que había estado mudo habló. La multitud se maravillaba y decía: «Jamás se ha visto nada igual en Israel.»

34Pero los fariseos afirmaban: «Éste expulsa a los demonios por medio del príncipe de los demonios.»

16"No one sews a patch of unshrunk cloth on an old garment, for the patch will pull away from the garment, making the tear worse. 17Neither do men pour new wine into old wineskins. If they do, the skins will burst, the wine will run out and the wineskins will be ruined. No, they pour new wine into new wineskins, and both are preserved."

A Dead Girl and a Sick Woman

18While he was saying this, a ruler came and knelt before him and said, "My daughter has just died. But come and put your hand on her, and she will live." 19Jesus got up and went with him, and so did his disciples.

20Just then a woman who had been subject to bleeding for twelve years came up behind him and touched the edge of his cloak. 21She said to herself, "If I only touch his cloak, I will be healed."

22Jesus turned and saw her. "Take heart, daughter," he said, "your faith has healed you." And the woman was healed from that moment.

23When Jesus entered the ruler's house and saw the flute players and the noisy crowd, 24he said, "Go away. The girl is not dead but asleep." But they laughed at him. 25After the crowd had been put outside, he went in and took the girl by the hand, and she got up. 26News of this spread through all that region.

Jesus Heals the Blind and Mute

27As Jesus went on from there, two blind men followed him, calling out, "Have mercy on us, Son of David!"

28When he had gone indoors, the blind men came to him, and he asked them, "Do you believe that I am able to do this?"

"Yes, Lord," they replied.

29Then he touched their eyes and said, "According to your faith will it be done to you"; 30and their sight was restored. Jesus warned them sternly, "See that no one knows about this." 31But they went out and spread the news about him all over that region.

32While they were going out, a man who was demon-possessed and could not talk was brought to Jesus. 33And when the demon was driven out, the man who had been mute spoke. The crowd was amazed and said, "Nothing like this has ever been seen in Israel."

34But the Pharisees said, "It is by the prince of demons that he drives out demons."

Son pocos los obreros

35Jesús recorría todos los pueblos y aldeas enseñando en las sinagogas, anunciando las buenas *nuevas del reino, y sanando toda enfermedad y toda dolencia. **36**Al ver a las multitudes, tuvo compasión de ellas, porque estaban agobiadas y desamparadas, como ovejas sin pastor. **37**«La cosecha es abundante, pero son pocos los obreros —les dijo a sus discípulos—. **38**Pídanle, por tanto, al Señor de la cosecha que envíe obreros a su campo.»

Jesús envía a los doce

10 Reunió a sus doce discípulos y les dio autoridad para expulsar a los *espíritus malignos y sanar toda enfermedad y toda dolencia.

2Éstos son los nombres de los doce apóstoles: primero Simón, llamado Pedro, y su hermano Andrés; *Jacobo y su hermano Juan, hijos de Zebedeo; **3**Felipe y Bartolomé; Tomás y Mateo, el *recaudador de impuestos; Jacobo, hijo de Alfeo, y Tadeo; **4**Simón el Zelote y Judas Iscariote, el que lo traicionó.

5Jesús envió a estos doce con las siguientes instrucciones: «No vayan entre los *gentiles ni entren en ningún pueblo de los samaritanos. **6**Vayan más bien a las ovejas descarriadas del pueblo de Israel. **7**Dondequiera que vayan, prediquen este mensaje: "El reino de los cielos está cerca." **8**Sanen a los enfermos, resuciten a los muertos, *limpien de su enfermedad a los que tienen *lepra, expulsen a los demonios. Lo que ustedes recibieron gratis, denlo gratuitamente. **9**No lleven oro ni plata ni cobre en el cinturón, **10**ni bolsa para el camino, ni dos mudas de ropa, ni sandalias, ni bastón; porque el trabajador merece que se le dé su sustento.

11»En cualquier pueblo o aldea donde entren, busquen a alguien que merezca recibirlos, y quédense en su casa hasta que se vayan de ese lugar. **12**Al entrar, digan: "Paz a esta casa." *k* **13**Si el hogar se lo merece, que la paz de ustedes reine en él; y si no, que la paz se vaya con ustedes. **14**Si alguno no los recibe bien ni escucha sus palabras, al salir de esa casa o de ese pueblo, sacúdanse el polvo de los pies. **15**Les aseguro que en el día del juicio el castigo para Sodoma y Gomorra será más tolerable que para ese pueblo. **16**Los envío como ovejas en medio de lobos. Por tanto, sean astutos como serpientes y sencillos como palomas.

The Workers Are Few

35Jesus went through all the towns and villages, teaching in their synagogues, preaching the good news of the kingdom and healing every disease and sickness. **36**When he saw the crowds, he had compassion on them, because they were harassed and helpless, like sheep without a shepherd. **37**Then he said to his disciples, "The harvest is plentiful but the workers are few. **38**Ask the Lord of the harvest, therefore, to send out workers into his harvest field."

Jesus Sends Out the Twelve

10 He called his twelve disciples to him and gave them authority to drive out evil*j* spirits and to heal every disease and sickness.

2These are the names of the twelve apostles: first, Simon (who is called Peter) and his brother Andrew; James son of Zebedee, and his brother John; **3**Philip and Bartholomew; Thomas and Matthew the tax collector; James son of Alphaeus, and Thaddaeus; **4**Simon the Zealot and Judas Iscariot, who betrayed him.

5These twelve Jesus sent out with the following instructions: "Do not go among the Gentiles or enter any town of the Samaritans. **6**Go rather to the lost sheep of Israel. **7**As you go, preach this message: 'The kingdom of heaven is near.' **8**Heal the sick, raise the dead, cleanse those who have leprosy,*k* drive out demons. Freely you have received, freely give. **9**Do not take along any gold or silver or copper in your belts; **10**take no bag for the journey, or extra tunic, or sandals or a staff; for the worker is worth his keep.

11"Whatever town or village you enter, search for some worthy person there and stay at his house until you leave. **12**As you enter the home, give it your greeting. **13**If the home is deserving, let your peace rest on it; if it is not, let your peace return to you. **14**If anyone will not welcome you or listen to your words, shake the dust off your feet when you leave that home or town. **15**I tell you the truth, it will be more bearable for Sodom and Gomorrah on the day of judgment than for that town. **16**I am sending you out like sheep among wolves. Therefore be as shrewd as snakes and as innocent as doves.

---

*k*10:12 *Al entrar ... casa"*. Lit. *Al entrar en la casa, salúdenla.*

*j*1 Greek *unclean*   *k*8 The Greek word was used for various diseases affecting the skin—not necessarily leprosy.

17»Tengan cuidado con la gente; los entregarán a los tribunales y los azotarán en las sinagogas. 18Por mi causa los llevarán ante gobernadores y reyes para dar testimonio a ellos y a los gentiles. 19Pero cuando los arresten, no se preocupen por lo que van a decir o cómo van a decirlo. En ese momento se les dará lo que han de decir, 20porque no serán ustedes los que hablen, sino que el Espíritu de su Padre hablará por medio de ustedes.

21»El hermano entregará a la muerte al hermano, y el padre al hijo. Los hijos se rebelarán contra sus padres y harán que los maten. 22Por causa de mi nombre todo el mundo los odiará, pero el que se mantenga firme hasta el fin será salvo. 23Cuando los persigan en una ciudad, huyan a otra. Les aseguro que no terminarán de recorrer las ciudades de Israel antes de que venga el Hijo del hombre.

24»El discípulo no es superior a su maestro, ni el *siervo superior a su amo. 25Basta con que el discípulo sea como su maestro, y el siervo como su amo. Si al jefe de la casa lo han llamado *Beelzebú, ¡cuánto más a los de su familia!

26»Así que no les tengan miedo; porque no hay nada encubierto que no llegue a revelarse, ni nada escondido que no llegue a conocerse. 27Lo que les digo en la oscuridad, díganlo ustedes a plena luz; lo que se les susurra al oído, proclámenlo desde las azoteas. 28No teman a los que matan el cuerpo pero no pueden matar el alma.[l] Teman más bien al que puede destruir alma y cuerpo en el infierno.[m] 29¿No se venden dos gorriones por una monedita?[n] Sin embargo, ni uno de ellos caerá a tierra sin que lo permita el Padre; 30y él les tiene contados a ustedes aun los cabellos de la cabeza. 31Así que no tengan miedo; ustedes valen más que muchos gorriones.

32»A cualquiera que me reconozca delante de los demás, yo también lo reconoceré delante de mi Padre que está en el cielo. 33Pero a cualquiera que me desconozca delante de los demás, yo también lo desconoceré delante de mi Padre que está en el cielo.

34»No crean que he venido a traer paz a la tierra. No vine a traer paz sino espada. 35Porque he venido a poner en conflicto

"al hombre contra su padre,
    a la hija contra su madre,
    a la nuera contra su suegra;
36los enemigos de cada cual
    serán los de su propia familia".[ñ]

17"Be on your guard against men; they will hand you over to the local councils and flog you in their synagogues. 18On my account you will be brought before governors and kings as witnesses to them and to the Gentiles. 19But when they arrest you, do not worry about what to say or how to say it. At that time you will be given what to say, 20for it will not be you speaking, but the Spirit of your Father speaking through you.

21"Brother will betray brother to death, and a father his child; children will rebel against their parents and have them put to death. 22All men will hate you because of me, but he who stands firm to the end will be saved. 23When you are persecuted in one place, flee to another. I tell you the truth, you will not finish going through the cities of Israel before the Son of Man comes.

24"A student is not above his teacher, nor a servant above his master. 25It is enough for the student to be like his teacher, and the servant like his master. If the head of the house has been called Beelzebub,[l] how much more the members of his household!

26"So do not be afraid of them. There is nothing concealed that will not be disclosed, or hidden that will not be made known. 27What I tell you in the dark, speak in the daylight; what is whispered in your ear, proclaim from the roofs. 28Do not be afraid of those who kill the body but cannot kill the soul. Rather, be afraid of the One who can destroy both soul and body in hell. 29Are not two sparrows sold for a penny[m]? Yet not one of them will fall to the ground apart from the will of your Father. 30And even the very hairs of your head are all numbered. 31So don't be afraid; you are worth more than many sparrows.

32"Whoever acknowledges me before men, I will also acknowledge him before my Father in heaven. 33But whoever disowns me before men, I will disown him before my Father in heaven.

34"Do not suppose that I have come to bring peace to the earth. I did not come to bring peace, but a sword. 35For I have come to turn

" 'a man against his father,
    a daughter against her mother,
    a daughter-in-law against her
        mother-in-law—
36 a man's enemies will be the members of
        his own household.'[n]

[l]10:28 alma. Este vocablo griego también puede significar *vida.   [m]10:28 infierno. Lit. *Gehenna.   [n]10:29 una monedita. Lit. un *asarion.   [ñ]10:36 Mi 7:6

[l]25 Greek Beezeboul or Beelzeboul   [m]29 Greek an assarion   [n]36 Micah 7:6

37»El que quiere a su padre o a su madre más que a mí no es digno de mí; el que quiere a su hijo o a su hija más que a mí no es digno de mí; **38**y el que no toma su cruz y me sigue no es digno de mí. **39**El que encuentre su *vida, la perderá, y el que la pierda por mi causa, la encontrará.

40»Quien los recibe a ustedes, me recibe a mí; y quien me recibe a mí, recibe al que me envió. **41**Cualquiera que recibe a un profeta por tratarse de un profeta, recibirá recompensa de profeta; y el que recibe a un justo por tratarse de un justo, recibirá recompensa de justo. **42**Y quien dé siquiera un vaso de agua fresca a uno de estos pequeños por tratarse de uno de mis discípulos, les aseguro que no perderá su recompensa.»

Jesús y Juan el Bautista

11 Cuando Jesús terminó de dar instrucciones a sus doce discípulos, se fue de allí a enseñar y a predicar en otros pueblos.

2Juan estaba en la cárcel, y al enterarse de lo que *Cristo estaba haciendo, envió a sus discípulos a que le preguntaran:

3—¿Eres tú el que ha de venir, o debemos esperar a otro?

4Les respondió Jesús:

—Vayan y cuéntenle a Juan lo que están viendo y oyendo: **5**Los ciegos ven, los cojos andan, los que tienen *lepra son sanados, los sordos oyen, los muertos resucitan y a los pobres se les anuncian las buenas *nuevas. **6***Dichoso el que no *tropieza por causa mía.

7Mientras se iban los discípulos de Juan, Jesús comenzó a hablarle a la multitud acerca de Juan: «¿Qué salieron a ver al desierto? ¿Una caña sacudida por el viento? **8**Si no, ¿qué salieron a ver? ¿A un hombre vestido con ropa fina? Claro que no, pues los que usan ropa de lujo están en los palacios de los reyes. **9**Entonces, ¿qué salieron a ver? ¿A un profeta? Sí, les digo, y más que profeta. **10**Éste es de quien está escrito:

> »"Yo estoy por enviar a mi mensajero delante de ti,
> el cual preparará tu camino." *o*

11Les aseguro que entre los mortales no se ha levantado nadie más grande que Juan el Bautista; sin embargo, el más pequeño en el reino de los cielos es más grande que él. **12**Desde los días de Juan el Bautista hasta ahora, el reino de los cielos ha venido avanzando contra viento y marea, y los que se esfuerzan logran aferrarse a él.*p* **13**Porque todos los profetas y la ley profetizaron

37"Anyone who loves his father or mother more than me is not worthy of me; anyone who loves his son or daughter more than me is not worthy of me; **38**and anyone who does not take his cross and follow me is not worthy of me. **39**Whoever finds his life will lose it, and whoever loses his life for my sake will find it.

40"He who receives you receives me, and he who receives me receives the one who sent me. **41**Anyone who receives a prophet because he is a prophet will receive a prophet's reward, and anyone who receives a righteous man because he is a righteous man will receive a righteous man's reward. **42**And if anyone gives even a cup of cold water to one of these little ones because he is my disciple, I tell you the truth, he will certainly not lose his reward."

Jesus and John the Baptist

11 After Jesus had finished instructing his twelve disciples, he went on from there to teach and preach in the towns of Galilee.*o*

2When John heard in prison what Christ was doing, he sent his disciples **3**to ask him, "Are you the one who was to come, or should we expect someone else?"

4Jesus replied, "Go back and report to John what you hear and see: **5**The blind receive sight, the lame walk, those who have leprosy*p* are cured, the deaf hear, the dead are raised, and the good news is preached to the poor. **6**Blessed is the man who does not fall away on account of me."

7As John's disciples were leaving, Jesus began to speak to the crowd about John: "What did you go out into the desert to see? A reed swayed by the wind? **8**If not, what did you go out to see? A man dressed in fine clothes? No, those who wear fine clothes are in kings' palaces. **9**Then what did you go out to see? A prophet? Yes, I tell you, and more than a prophet. **10**This is the one about whom it is written:

> " 'I will send my messenger ahead of you,
> who will prepare your way before you.'*q*

11I tell you the truth: Among those born of women there has not risen anyone greater than John the Baptist; yet he who is least in the kingdom of heaven is greater than he. **12**From the days of John the Baptist until now, the kingdom of heaven has been forcefully advancing, and forceful men lay hold of it. **13**For all the

---

o **11:10** Mal 3:1   *p* **11:12** *ha venido … aferrarse a él.* Alt. *sufre violencia y los violentos quieren arrebatarlo.*

o 1 Greek *in their towns*   *p 5* The Greek word was used for various diseases affecting the skin—not necessarily leprosy.   *q 10* Mal. 3:1

hasta Juan. 14Y si quieren aceptar mi palabra, Juan es el Elías que había de venir. 15El que tenga oídos, que oiga.

16»¿Con qué puedo comparar a esta generación? Se parece a los niños sentados en la plaza que gritan a los demás:

17»"Tocamos la flauta,
    y ustedes no bailaron;
    Cantamos por los muertos,
    y ustedes no lloraron."

18»Porque vino Juan, que no comía ni bebía, y ellos dicen: "Tiene un demonio." 19Vino el Hijo del hombre, que come y bebe, y dicen: "Éste es un glotón y un borracho, amigo de *recaudadores de impuestos y de *pecadores." Pero la sabiduría queda demostrada por sus hechos.»

Ayes sobre ciudades no arrepentidas

20Entonces comenzó Jesús a denunciar a las ciudades en que había hecho la mayor parte de sus milagros, porque no se habían *arrepentido. 21«¡Ay de ti, Corazín! ¡Ay de ti, Betsaida! Si se hubieran hecho en Tiro y en Sidón los milagros que se hicieron en medio de ustedes, ya hace tiempo que se habrían arrepentido con muchos lamentos.q 22Pero les digo que en el día del juicio será más tolerable el castigo para Tiro y Sidón que para ustedes. 23Y tú, Capernaúm, ¿acaso serás levantada hasta el cielo? No, sino que descenderás hasta el *abismo. Si los milagros que se hicieron en ti se hubieran hecho en Sodoma, ésta habría permanecido hasta el día de hoy. 24Pero ter digo que en el día del juicio será más tolerable el castigo para Sodoma que para ti.»

Descanso para los cansados

25En aquel tiempo Jesús dijo: «Te alabo, Padre, Señor del cielo y de la tierra, porque habiendo escondido estas cosas de los sabios e instruidos, se las has revelado a los que son como niños. 26Sí, Padre, porque esa fue tu buena voluntad.

27»Mi Padre me ha entregado todas las cosas. Nadie conoce al Hijo sino el Padre, y nadie conoce al Padre sino el Hijo y aquel a quien el Hijo quiera revelarlo.

28»Vengan a mí todos ustedes que están cansados y agobiados, y yo les daré descanso. 29Carguen con mi yugo y aprendan de mí, pues yo soy apacible y humilde de corazón, y encontrarán descanso para su alma. 30Porque mi yugo es suave y mi carga es liviana.»

Prophets and the Law prophesied until John. 14And if you are willing to accept it, he is the Elijah who was to come. 15He who has ears, let him hear.

16"To what can I compare this generation? They are like children sitting in the marketplaces and calling out to others:

17 " 'We played the flute for you,
    and you did not dance;
    we sang a dirge
    and you did not mourn.'

18For John came neither eating nor drinking, and they say, 'He has a demon.' 19The Son of Man came eating and drinking, and they say, 'Here is a glutton and a drunkard, a friend of tax collectors and "sinners." ' But wisdom is proved right by her actions."

Woe on Unrepentant Cities

20Then Jesus began to denounce the cities in which most of his miracles had been performed, because they did not repent. 21"Woe to you, Korazin! Woe to you, Bethsaida! If the miracles that were performed in you had been performed in Tyre and Sidon, they would have repented long ago in sackcloth and ashes. 22But I tell you, it will be more bearable for Tyre and Sidon on the day of judgment than for you. 23And you, Capernaum, will you be lifted up to the skies? No, you will go down to the depths.r If the miracles that were performed in you had been performed in Sodom, it would have remained to this day. 24But I tell you that it will be more bearable for Sodom on the day of judgment than for you."

Rest for the Weary

25At that time Jesus said, "I praise you, Father, Lord of heaven and earth, because you have hidden these things from the wise and learned, and revealed them to little children. 26Yes, Father, for this was your good pleasure.

27"All things have been committed to me by my Father. No one knows the Son except the Father, and no one knows the Father except the Son and those to whom the Son chooses to reveal him.

28"Come to me, all you who are weary and burdened, and I will give you rest. 29Take my yoke upon me and learn from me, for I am gentle and humble in heart, and you will find rest for your souls. 30For my yoke is easy and my burden is light."

---

q 11:21 con muchos lamentos. Lit. en saco y ceniza.
r 11:24 te. Lit. les.   r 23 Greek Hades

Señor del sábado

12 Por aquel tiempo pasaba Jesús por los sembrados en *sábado. Sus discípulos tenían hambre, así que comenzaron a arrancar algunas espigas de trigo y comérselas. ²Al ver esto, los fariseos le dijeron:

—¡Mira! Tus discípulos están haciendo lo que está prohibido en sábado.

³Él les contestó:

—¿No han leído lo que hizo David en aquella ocasión en que él y sus compañeros tuvieron hambre? ⁴Entró en la casa de Dios, y él y sus compañeros comieron los panes consagrados a Dios, lo que no se les permitía a ellos sino sólo a los sacerdotes. ⁵¿O no han leído en la ley que los sacerdotes en el *templo profanan el sábado sin incurrir en culpa? ⁶Pues yo les digo que aquí está uno más grande que el templo. ⁷Si ustedes supieran lo que significa: "Lo que pido de ustedes es misericordia y no sacrificios",ˢ no condenarían a los que no son culpables. ⁸Sepan que el Hijo del hombre es Señor del sábado.

⁹Pasando de allí, entró en la sinagoga, ¹⁰donde había un hombre que tenía una mano paralizada. Como buscaban un motivo para acusar a Jesús, le preguntaron:

—¿Está permitido sanar en sábado?

¹¹Él les contestó:

—Si alguno de ustedes tiene una oveja y en sábado se le cae en un hoyo, ¿no la agarra y la saca? ¹²¡Cuánto más vale un hombre que una oveja! Por lo tanto, está permitido hacer el bien en sábado.

¹³Entonces le dijo al hombre:

—Extiende la mano.

Así que la extendió y le quedó restablecida, tan sana como la otra. ¹⁴Pero los fariseos salieron y tramaban cómo matar a Jesús.

El siervo escogido por Dios

¹⁵Consciente de esto, Jesús se retiró de aquel lugar. Muchos lo siguieron, y él sanó a todos los enfermos, ¹⁶pero les ordenó que no dijeran quién era él. ¹⁷Esto fue para que se cumpliera lo dicho por el profeta Isaías:

¹⁸«Éste es mi siervo, a quien he escogido,
　mi amado, en quien estoy muy complacido;
　sobre él pondré mi Espíritu,
　y proclamará justicia a las *naciones.
¹⁹No disputará ni gritará;
　nadie oirá su voz en las calles.
²⁰No acabará de romper la caña quebrada

Lord of the Sabbath

12 At that time Jesus went through the grainfields on the Sabbath. His disciples were hungry and began to pick some heads of grain and eat them. ²When the Pharisees saw this, they said to him, "Look! Your disciples are doing what is unlawful on the Sabbath."

³He answered, "Haven't you read what David did when he and his companions were hungry? ⁴He entered the house of God, and he and his companions ate the consecrated bread—which was not lawful for them to do, but only for the priests. ⁵Or haven't you read in the Law that on the Sabbath the priests in the temple desecrate the day and yet are innocent? ⁶I tell you that oneˢ greater than the temple is here. ⁷If you had known what these words mean, 'I desire mercy, not sacrifice,'ᵗ you would not have condemned the innocent. ⁸For the Son of Man is Lord of the Sabbath."

⁹Going on from that place, he went into their synagogue, ¹⁰and a man with a shriveled hand was there. Looking for a reason to accuse Jesus, they asked him, "Is it lawful to heal on the Sabbath?"

¹¹He said to them, "If any of you has a sheep and it falls into a pit on the Sabbath, will you not take hold of it and lift it out? ¹²How much more valuable is a man than a sheep! Therefore it is lawful to do good on the Sabbath."

¹³Then he said to the man, "Stretch out your hand." So he stretched it out and it was completely restored, just as sound as the other. ¹⁴But the Pharisees went out and plotted how they might kill Jesus.

God's Chosen Servant

¹⁵Aware of this, Jesus withdrew from that place. Many followed him, and he healed all their sick, ¹⁶warning them not to tell who he was. ¹⁷This was to fulfill what was spoken through the prophet Isaiah:

¹⁸"Here is my servant whom I have chosen,
　the one I love, in whom I delight;
　I will put my Spirit on him,
　and he will proclaim justice to the nations.
¹⁹He will not quarrel or cry out;
　no one will hear his voice in the streets.
²⁰A bruised reed he will not break,

ˢ12:7 Os 6:6   ˢ6 Or *something*; also in verses 41 and 42   ᵗ7 Hosea 6:6

ni apagará la mecha que apenas arde,
hasta que haga triunfar la justicia.
²¹ Y en su nombre pondrán las naciones su
esperanza.»ᵗ

Jesús y Beelzebú

²²Un día le llevaron un endemoniado que
estaba ciego y mudo, y Jesús lo sanó, de modo
que pudo ver y hablar. ²³Toda la gente se quedó
asombrada y decía: «¿No será éste el Hijo de
David?»
²⁴Pero al oírlo los fariseos, dijeron: «Éste no
expulsa a los demonios sino por medio de *Beelzebú, príncipe de los demonios.»
²⁵Jesús conocía sus pensamientos, y les dijo:
«Todo reino dividido contra sí mismo quedará
asolado, y toda ciudad o familia dividida contra sí misma no se mantendrá en pie. ²⁶Si Satanás expulsa a Satanás, está dividido contra
sí mismo. ¿Cómo puede, entonces, mantenerse
en pie su reino? ²⁷Ahora bien, si yo expulso
a los demonios por medio de Beelzebú, ¿los
seguidores de ustedes por medio de quién los
expulsan? Por eso ellos mismos los juzgarán
a ustedes. ²⁸En cambio, si expulso a los demonios por medio del Espíritu de Dios, eso
significa que el reino de Dios ha llegado a
ustedes.
²⁹»¿O cómo puede entrar alguien en la casa
de un hombre fuerte y arrebatarle sus bienes, a
menos que primero lo ate? Sólo entonces podrá
robar su casa.
³⁰»El que no está de mi parte, está contra mí;
y el que conmigo no recoge, esparce. ³¹Por eso
les digo que a todos se les podrá perdonar todo
pecado y toda *blasfemia, pero la blasfemia
contra el Espíritu no se le perdonará a nadie. ³²A
cualquiera que pronuncie alguna palabra contra
el Hijo del hombre se le perdonará, pero el que
hable contra el Espíritu Santo no tendrá perdón
ni en este mundo ni en el venidero.
³³»Si tienen un buen árbol, su fruto es bueno; si tienen un mal árbol, su fruto es malo.
Al árbol se le reconoce por su fruto. ³⁴Camada
de víboras, ¿cómo pueden ustedes que son malos decir algo bueno? De la abundancia del
corazón habla la boca. ³⁵El que es bueno, de
la bondad que atesora en el corazón saca el
bien, pero el que es malo, de su maldad saca
el mal. ³⁶Pero yo les digo que en el día del
juicio todos tendrán que dar cuenta de toda
palabra ociosa que hayan pronunciado. ³⁷Por-
que por tus palabras se te absolverá, y por tus
palabras se te condenará.»

and a smoldering wick he will not snuff
out,
till he leads justice to victory.
²¹ In his name the nations will put their
hope." ᵘ

Jesus and Beelzebub

²²Then they brought him a demon-possessed
man who was blind and mute, and Jesus healed
him, so that he could both talk and see. ²³All the
people were astonished and said, "Could this be
the Son of David?"
²⁴But when the Pharisees heard this, they said,
"It is only by Beelzebub,ᵛ the prince of demons,
that this fellow drives out demons."
²⁵Jesus knew their thoughts and said to them,
"Every kingdom divided against itself will be
ruined, and every city or household divided
against itself will not stand. ²⁶If Satan drives out
Satan, he is divided against himself. How then
can his kingdom stand? ²⁷And if I drive out
demons by Beelzebub, by whom do your people
drive them out? So then, they will be your
judges. ²⁸But if I drive out demons by the Spirit
of God, then the kingdom of God has come upon
you.
²⁹"Or again, how can anyone enter a strong
man's house and carry off his possessions unless
he first ties up the strong man? Then he can rob
his house.
³⁰"He who is not with me is against me, and
he who does not gather with me scatters. ³¹And
so I tell you, every sin and blasphemy will be
forgiven men, but the blasphemy against the
Spirit will not be forgiven. ³²Anyone who
speaks a word against the Son of Man will be
forgiven, but anyone who speaks against the
Holy Spirit will not be forgiven, either in this
age or in the age to come.
³³"Make a tree good and its fruit will be
good, or make a tree bad and its fruit will be
bad, for a tree is recognized by its fruit. ³⁴You
brood of vipers, how can you who are evil say
anything good? For out of the overflow of the
heart the mouth speaks. ³⁵The good man
brings good things out of the good stored up
in him, and the evil man brings evil things out
of the evil stored up in him. ³⁶But I tell you
that men will have to give account on the day
of judgment for every careless word they have
spoken. ³⁷For by your words you will be ac-
quitted, and by your words you will be condemned."

ᵗ12:21 Is 42:1-4

ᵘ21 Isaiah 42:1-4   ᵛ24 Greek Beezeboul or Beelzeboul; also
in verse 27

La señal de Jonás

38Algunos de los fariseos y de los *maestros de la ley le dijeron:

—Maestro, queremos ver alguna señal milagrosa de parte tuya.

39Jesús les contestó:

—¡Esta generación malvada y adúltera pide una señal milagrosa! Pero no se le dará más señal que la del profeta Jonás. 40Porque así como tres días y tres noches estuvo Jonás en el vientre de un gran pez, también tres días y tres noches estará el Hijo del hombre en las entrañas de la tierra. 41Los habitantes de Nínive se levantarán en el juicio contra esta generación y la condenarán; porque ellos se *arrepintieron al escuchar la predicación de Jonás, y aquí tienen ustedes a uno más grande que Jonás. 42La reina del Sur se levantará en el día del juicio y condenará a esta generación; porque ella vino desde los confines de la tierra para escuchar la sabiduría de Salomón, y aquí tienen ustedes a uno más grande que Salomón.

43»Cuando un *espíritu maligno sale de una persona, va por lugares áridos, buscando descanso sin encontrarlo. 44Entonces dice: "Volveré a la casa de donde salí." Cuando llega, la encuentra desocupada, barrida y arreglada. 45Luego va y trae a otros siete espíritus más malvados que él, y entran a vivir allí. Así que el estado postrero de aquella persona resulta peor que el primero. Así le pasará también a esta generación malvada.

La madre y los hermanos de Jesús

46Mientras Jesús le hablaba a la multitud, se presentaron su madre y sus hermanos. Se quedaron afuera, y deseaban hablar con él. 47Alguien le dijo:

—Tu madre y tus hermanos están afuera y quieren hablar contigo.u

48—¿Quién es mi madre, y quiénes son mis hermanos? —replicó Jesús.

49Señalando a sus discípulos, añadió:

—Aquí tienen a mi madre y a mis hermanos. 50Pues mi hermano, mi hermana y mi madre son los que hacen la voluntad de mi Padre que está en el cielo.

Parábola del sembrador

13 Ese mismo día salió Jesús de la casa y se sentó junto al lago. 2Era tal la multitud que se reunió para verlo que él tuvo que subir a una barca donde se sentó mientras toda la gente estaba de pie en la orilla. 3Y les dijo en parábolas muchas cosas como éstas: «Un sembrador salió a sembrar. 4Mientras iba esparciendo la semilla,

The Sign of Jonah

38Then some of the Pharisees and teachers of the law said to him, "Teacher, we want to see a miraculous sign from you."

39He answered, "A wicked and adulterous generation asks for a miraculous sign! But none will be given it except the sign of the prophet Jonah. 40For as Jonah was three days and three nights in the belly of a huge fish, so the Son of Man will be three days and three nights in the heart of the earth. 41The men of Nineveh will stand up at the judgment with this generation and condemn it; for they repented at the preaching of Jonah, and now onew greater than Jonah is here. 42The Queen of the South will rise at the judgment with this generation and condemn it; for she came from the ends of the earth to listen to Solomon's wisdom, and now one greater than Solomon is here.

43"When an evilx spirit comes out of a man, it goes through arid places seeking rest and does not find it. 44Then it says, 'I will return to the house I left.' When it arrives, it finds the house unoccupied, swept clean and put in order. 45Then it goes and takes with it seven other spirits more wicked than itself, and they go in and live there. And the final condition of that man is worse than the first. That is how it will be with this wicked generation."

Jesus' Mother and Brothers

46While Jesus was still talking to the crowd, his mother and brothers stood outside, wanting to speak to him. 47Someone told him, "Your mother and brothers are standing outside, wanting to speak to you."y

48He replied to him, "Who is my mother, and who are my brothers?" 49Pointing to his disciples, he said, "Here are my mother and my brothers. 50For whoever does the will of my Father in heaven is my brother and sister and mother."

The Parable of the Sower

13 That same day Jesus went out of the house and sat by the lake. 2Such large crowds gathered around him that he got into a boat and sat in it, while all the people stood on the shore. 3Then he told them many things in parables, saying: "A farmer went out to sow his seed. 4As he was scattering the seed, some fell along the

---

u12:47 Var. no incluye v. 47.

w41 Or something; also in verse 42   x43 Greek unclean
y47 Some manuscripts do not have verse 47.

una parte cayó junto al camino, y llegaron los pájaros y se la comieron. 5Otra parte cayó en terreno pedregoso, sin mucha tierra. Esa semilla brotó pronto porque la tierra no era profunda; 6pero cuando salió el sol, las plantas se marchitaron y, por no tener raíz, se secaron. 7Otra parte de la semilla cayó entre espinos que, al crecer, la ahogaron. 8Pero las otras semillas cayeron en buen terreno, en el que se dio una cosecha que rindió treinta, sesenta y hasta cien veces más de lo que se había sembrado. 9El que tenga oídos, que oiga.»

10Los discípulos se acercaron y le preguntaron:

—¿Por qué le hablas a la gente en parábolas?

11—A ustedes se les ha concedido conocer los *secretos del reino de los cielos; pero a ellos no. 12Al que tiene, se le dará más, y tendrá en abundancia. Al que no tiene, hasta lo poco que tiene se le quitará. 13Por eso les hablo a ellos en parábolas:

»Aunque miran, no ven;
    aunque oyen, no escuchan ni entienden.

14En ellos se cumple la profecía de Isaías:

»"Por mucho que oigan, no entenderán;
    por mucho que vean, no percibirán.
15Porque el corazón de este pueblo se ha
        vuelto insensible;
    se les han embotado los oídos,
    y se les han cerrado los ojos.
De lo contrario, verían con los ojos,
    oirían con los oídos,
    entenderían con el corazón
y se convertirían, y yo los sanaría." v

16Pero *dichosos los ojos de ustedes porque ven, y sus oídos porque oyen. 17Porque les aseguro que muchos profetas y otros justos anhelaron ver lo que ustedes ven, pero no lo vieron; y oír lo que ustedes oyen, pero no lo oyeron.

18»Escuchen lo que significa la parábola del sembrador: 19Cuando alguien oye la palabra acerca del reino y no la entiende, viene el maligno y arrebata lo que se sembró en su corazón. Ésta es la semilla sembrada junto al camino. 20El que recibió la semilla que cayó en terreno pedregoso es el que oye la palabra e inmediatamente la recibe con alegría; 21pero como no tiene raíz, dura poco tiempo. Cuando surgen problemas o persecución a causa de la palabra, en seguida se aparta de ella. 22El que recibió la semilla que cayó entre espinos es el que oye la palabra, pero las preocupaciones de esta vida y el engaño de

path, and the birds came and ate it up. 5Some fell on rocky places, where it did not have much soil. It sprang up quickly, because the soil was shallow. 6But when the sun came up, the plants were scorched, and they withered because they had no root. 7Other seed fell among thorns, which grew up and choked the plants. 8Still other seed fell on good soil, where it produced a crop—a hundred, sixty or thirty times what was sown. 9He who has ears, let him hear.".

10The disciples came to him and asked, "Why do you speak to the people in parables?"

11He replied, "The knowledge of the secrets of the kingdom of heaven has been given to you, but not to them. 12Whoever has will be given more, and he will have an abundance. Whoever does not have, even what he has will be taken from him. 13This is why I speak to them in parables:

"Though seeing, they do not see;
    though hearing, they do not hear or understand.

14In them is fulfilled the prophecy of Isaiah:

" 'You will be ever hearing but never understanding;
    you will be ever seeing but never perceiving.
15For this people's heart has become
        calloused;
    they hardly hear with their ears,
    and they have closed their eyes.
Otherwise they might see with their eyes,
    hear with their ears,
    understand with their hearts
and turn, and I would heal them.' z

16But blessed are your eyes because they see, and your ears because they hear. 17For I tell you the truth, many prophets and righteous men longed to see what you see but did not see it, and to hear what you hear but did not hear it.

18"Listen then to what the parable of the sower means: 19When anyone hears the message about the kingdom and does not understand it, the evil one comes and snatches away what was sown in his heart. This is the seed sown along the path. 20The one who received the seed that fell on rocky places is the man who hears the word and at once receives it with joy. 21But since he has no root, he lasts only a short time. When trouble or persecution comes because of the word, he quickly falls away. 22The one who received the seed that fell among the thorns is the man who hears the word,

las riquezas la ahogan, de modo que ésta no llega a dar fruto. **23**Pero el que recibió la semilla que cayó en buen terreno es el que oye la palabra y la entiende. Éste sí produce una cosecha al treinta, al sesenta y hasta al ciento por uno.

Parábola de la mala hierba

24Jesús les contó otra parábola: «El reino de los cielos es como un hombre que sembró buena semilla en su campo. **25**Pero mientras todos dormían, llegó su enemigo y sembró mala hierba entre el trigo, y se fue. **26**Cuando brotó el trigo y se formó la espiga, apareció también la mala hierba. **27**Los siervos fueron al dueño y le dijeron: "Señor, ¿no sembró usted semilla buena en su campo? Entonces, ¿de dónde salió la mala hierba?" **28**"Esto es obra de un enemigo", les respondió. Le preguntaron los siervos: "¿Quiere usted que vayamos a arrancarla?" **29**"¡No! —les contestó—, no sea que, al arrancar la mala hierba, arranquen con ella el trigo. **30**Dejen que crezcan juntos hasta la cosecha. Entonces les diré a los segadores: Recojan primero la mala hierba, y átenla en manojos para quemarla; después recojan el trigo y guárdenlo en mi granero." »

Parábolas del grano de mostaza y de la levadura

31Les contó otra parábola: «El reino de los cielos es como un grano de mostaza que un hombre sembró en su campo. **32**Aunque es la más pequeña de todas las semillas, cuando crece es la más grande de las hortalizas y se convierte en árbol, de modo que vienen las aves y anidan en sùs ramas.»

33Les contó otra parábola más: «El reino de los cielos es como la levadura que una mujer tomó y mezcló en una gran cantidad[w] de harina, hasta que fermentó toda la masa.»

34Jesús le dijo a la multitud todas estas cosas en parábolas. Sin emplear parábolas no les decía nada. **35**Así se cumplió lo dicho por el profeta:

«Hablaré por medio de parábolas;
revelaré cosas que han estado ocultas
desde la creación del mundo.»[x]

Explicación de la parábola de la mala hierba

36Una vez que se despidió de la multitud, entró en la casa. Se le acercaron sus discípulos y le pidieron:

—Explícanos la parábola de la mala hierba del campo.

but the worries of this life and the deceitfulness of wealth choke it, making it unfruitful. **23**But the one who received the seed that fell on good soil is the man who hears the word and understands it. He produces a crop, yielding a hundred, sixty or thirty times what was sown."

The Parable of the Weeds

24Jesus told them another parable: "The kingdom of heaven is like a man who sowed good seed in his field. **25**But while everyone was sleeping, his enemy came and sowed weeds among the wheat, and went away. **26**When the wheat sprouted and formed heads, then the weeds also appeared.

27"The owner's servants came to him and said, 'Sir, didn't you sow good seed in your field? Where then did the weeds come from?'

28"'An enemy did this,' he replied.

"The servants asked him, 'Do you want us to go and pull them up?'

29"'No,' he answered, 'because while you are pulling the weeds, you may root up the wheat with them. **30**Let both grow together until the harvest. At that time I will tell the harvesters: First collect the weeds and tie them in bundles to be burned; then gather the wheat and bring it into my barn.'"

The Parables of the Mustard Seed and the Yeast

31He told them another parable: "The kingdom of heaven is like a mustard seed, which a man took and planted in his field. **32**Though it is the smallest of all your seeds, yet when it grows, it is the largest of garden plants and becomes a tree, so that the birds of the air come and perch in its branches."

33He told them still another parable: "The kingdom of heaven is like yeast that a woman took and mixed into a large amount[a] of flour until it worked all through the dough."

34Jesus spoke all these things to the crowd in parables; he did not say anything to them without using a parable. **35**So was fulfilled what was spoken through the prophet:

"I will open my mouth in parables,
I will utter things hidden since the creation of the world." [b]

The Parable of the Weeds Explained

36Then he left the crowd and went into the house. His disciples came to him and said, "Explain to us the parable of the weeds in the field."

---

[w] **13:33** *una gran cantidad.* Lit. *tres satas* (probablemente unos 22 litros).   [x] **13:35** Sal 78:2

[a] *33* Greek *three satas* (probably about 1/2 bushel or 22 liters)   [b] *35* Psalm 78:2

37—El que sembró la buena semilla es el Hijo del hombre —les respondió Jesús—. 38El campo es el mundo, y la buena semilla representa a los hijos del reino. La mala hierba son los hijos del maligno, 39y el enemigo que la siembra es el diablo. La cosecha es el fin del mundo, y los segadores son los ángeles.

40»Así como se recoge la mala hierba y se quema en el fuego, ocurrirá también al fin del mundo. 41El Hijo del hombre enviará a sus ángeles, y arrancarán de su reino a todos los que *pecan y hacen pecar. 42Los arrojarán al horno encendido, donde habrá llanto y rechinar de dientes. 43Entonces los justos brillarán en el reino de su Padre como el sol. El que tenga oídos, que oiga.

Parábolas del tesoro escondido y de la perla

44»El reino de los cielos es como un tesoro escondido en un campo. Cuando un hombre lo descubrió, lo volvió a esconder, y lleno de alegría fue y vendió todo lo que tenía y compró ese campo.

45»También se parece el reino de los cielos a un comerciante que andaba buscando perlas finas. 46Cuando encontró una de gran valor, fue y vendió todo lo que tenía y la compró.

Parábola de la red

47»También se parece el reino de los cielos a una red echada al lago, que recoge peces de toda clase. 48Cuando se llena, los pescadores la sacan a la orilla, se sientan y recogen en canastas los peces buenos, y desechan los malos. 49Así será al fin del mundo. Vendrán los ángeles y apartarán de los justos a los malvados, 50y los arrojarán al horno encendido, donde habrá llanto y rechinar de dientes.

51—¿Han entendido todo esto? —les preguntó Jesús.

—Sí —respondieron ellos.

Entonces concluyó Jesús:

52—Todo *maestro de la ley que ha sido instruido acerca del reino de los cielos es como el dueño de una casa, que de lo que tiene guardado saca tesoros nuevos y viejos.

Un profeta sin honra

53Cuando Jesús terminó de contar estas parábolas, se fue de allí. 54Al llegar a su tierra, comenzó a enseñar a la gente en la sinagoga.

—¿De dónde sacó éste tal sabiduría y tales poderes milagrosos? —decían maravillados—. 55¿No es acaso el hijo del carpintero? ¿No se llama su madre María; y no son sus hermanos *Jacobo, José, Simón y Judas? 56¿No están con nosotros todas sus hermanas? ¿Así que de dónde sacó todas estas cosas?

37He answered, "The one who sowed the good seed is the Son of Man. 38The field is the world, and the good seed stands for the sons of the kingdom. The weeds are the sons of the evil one, 39and the enemy who sows them is the devil. The harvest is the end of the age, and the harvesters are angels.

40"As the weeds are pulled up and burned in the fire, so it will be at the end of the age. 41The Son of Man will send out his angels, and they will weed out of his kingdom everything that causes sin and all who do evil. 42They will throw them into the fiery furnace, where there will be weeping and gnashing of teeth. 43Then the righteous will shine like the sun in the kingdom of their Father. He who has ears, let him hear.

The Parables of the Hidden Treasure and the Pearl

44"The kingdom of heaven is like treasure hidden in a field. When a man found it, he hid it again, and then in his joy went and sold all he had and bought that field.

45"Again, the kingdom of heaven is like a merchant looking for fine pearls. 46When he found one of great value, he went away and sold everything he had and bought it.

The Parable of the Net

47"Once again, the kingdom of heaven is like a net that was let down into the lake and caught all kinds of fish. 48When it was full, the fishermen pulled it up on the shore. Then they sat down and collected the good fish in baskets, but threw the bad away. 49This is how it will be at the end of the age. The angels will come and separate the wicked from the righteous 50and throw them into the fiery furnace, where there will be weeping and gnashing of teeth.

51"Have you understood all these things?" Jesus asked.

"Yes," they replied.

52He said to them, "Therefore every teacher of the law who has been instructed about the kingdom of heaven is like the owner of a house who brings out of his storeroom new treasures as well as old."

A Prophet Without Honor

53When Jesus had finished these parables, he moved on from there. 54Coming to his hometown, he began teaching the people in their synagogue, and they were amazed. "Where did this man get this wisdom and these miraculous powers?" they asked. 55"Isn't this the carpenter's son? Isn't his mother's name Mary, and aren't his brothers James, Joseph, Simon and Judas? 56Aren't all his sisters with us? Where

⁵⁷Y se *escandalizaban a causa de él. Pero Jesús les dijo:

—En todas partes se honra a un profeta, menos en su tierra y en su propia casa.

⁵⁸Y por la incredulidad de ellos, no hizo allí muchos milagros.

Decapitación de Juan el Bautista

14 En aquel tiempo Herodes el tetrarca se enteró de lo que decían de Jesús, ²y comentó a sus sirvientes: «¡Ése es Juan el Bautista; ha *resucitado! Por eso tiene poder para realizar milagros.»

³En efecto, Herodes había arrestado a Juan. Lo había encadenado y metido en la cárcel por causa de Herodías, esposa de su hermano Felipe. ⁴Es que Juan había estado diciéndole: «La ley te prohíbe tenerla por esposa.» ⁵Herodes quería matarlo, pero le tenía miedo a la gente, porque consideraban a Juan como un profeta.

⁶En el cumpleaños de Herodes, la hija de Herodías bailó delante de todos; y tanto le agradó a Herodes ⁷que le prometió bajo juramento darle cualquier cosa que pidiera. ⁸Instigada por su madre, le pidió: «Dame en una bandeja la cabeza de Juan el Bautista.»

⁹El rey se entristeció, pero a causa de sus juramentos y en atención a los invitados, ordenó que se le concediera la petición, ¹⁰y mandó decapitar a Juan en la cárcel. ¹¹Llevaron la cabeza en una bandeja y se la dieron a la muchacha, quien se la entregó a su madre. ¹²Luego llegaron los discípulos de Juan, recogieron el cuerpo y le dieron sepultura. Después fueron y avisaron a Jesús.

Jesús alimenta a los cinco mil

¹³Cuando Jesús recibió la noticia, se retiró él solo en una barca a un lugar solitario. Las multitudes se enteraron y lo siguieron a pie desde los poblados. ¹⁴Cuando Jesús desembarcó y vio a tanta gente, tuvo compasión de ellos y sanó a los que estaban enfermos.

¹⁵Al atardecer se le acercaron sus discípulos y le dijeron:

—Éste es un lugar apartado y ya se hace tarde. Despide a la gente, para que vayan a los pueblos y se compren algo de comer.

¹⁶—No tienen que irse —contestó Jesús—. Denles ustedes mismos de comer.

¹⁷Ellos objetaron:

—No tenemos aquí más que cinco panes y dos pescados.

¹⁸—Tráiganmelos acá —les dijo Jesús.

¹⁹Y mandó a la gente que se sentara sobre la hierba. Tomó los cinco panes y los dos pescados y, mirando al cielo, los bendijo. Luego partió los panes y se los dio a los discípulos, quienes los repartieron a la gente. ²⁰Todos comieron hasta

then did this man get all these things?" ⁵⁷And they took offense at him.

But Jesus said to them, "Only in his hometown and in his own house is a prophet without honor."

⁵⁸And he did not do many miracles there because of their lack of faith.

John the Baptist Beheaded

14 At that time Herod the tetrarch heard the reports about Jesus, ²and he said to his attendants, "This is John the Baptist; he has risen from the dead! That is why miraculous powers are at work in him."

³Now Herod had arrested John and bound him and put him in prison because of Herodias, his brother Philip's wife, ⁴for John had been saying to him: "It is not lawful for you to have her." ⁵Herod wanted to kill John, but he was afraid of the people, because they considered him a prophet.

⁶On Herod's birthday the daughter of Herodias danced for them and pleased Herod so much ⁷that he promised with an oath to give her whatever she asked. ⁸Prompted by her mother, she said, "Give me here on a platter the head of John the Baptist." ⁹The king was distressed, but because of his oaths and his dinner guests, he ordered that her request be granted ¹⁰and had John beheaded in the prison. ¹¹His head was brought in on a platter and given to the girl, who carried it to her mother. ¹²John's disciples came and took his body and buried it. Then they went and told Jesus.

Jesus Feeds the Five Thousand

¹³When Jesus heard what had happened, he withdrew by boat privately to a solitary place. Hearing of this, the crowds followed him on foot from the towns. ¹⁴When Jesus landed and saw a large crowd, he had compassion on them and healed their sick.

¹⁵As evening approached, the disciples came to him and said, "This is a remote place, and it's already getting late. Send the crowds away, so they can go to the villages and buy themselves some food."

¹⁶Jesus replied, "They do not need to go away. You give them something to eat."

¹⁷"We have here only five loaves of bread and two fish," they answered.

¹⁸"Bring them here to me," he said. ¹⁹And he directed the people to sit down on the grass. Taking the five loaves and the two fish and looking up to heaven, he gave thanks and broke the loaves. Then he gave them to the disciples, and the disciples gave them to the people.

quedar satisfechos, y los discípulos recogieron doce canastas llenas de pedazos que sobraron. 21Los que comieron fueron unos cinco mil hombres, sin contar a las mujeres y a los niños.

Jesús camina sobre el agua

22En seguida Jesús hizo que los discípulos subieran a la barca y se le adelantaran al otro lado mientras él despedía a la multitud. 23Después de despedir a la gente, subió a la montaña para orar a solas. Al anochecer, estaba allí él solo, 24y la barca ya estaba bastante lejos*y* de la tierra, zarandeada por las olas, porque el viento le era contrario.

25En la madrugada,*z* Jesús se acercó a ellos caminando sobre el lago. 26Cuando los discípulos lo vieron caminando sobre el agua, quedaron aterrados.

—¡Es un fantasma! —gritaron de miedo.

27Pero Jesús les dijo en seguida:

—¡Cálmense! Soy yo. No tengan miedo.

28—Señor, si eres tú —respondió Pedro—, mándame que vaya a ti sobre el agua.

29—Ven —dijo Jesús.

Pedro bajó de la barca y caminó sobre el agua en dirección a Jesús. 30Pero al sentir el viento fuerte, tuvo miedo y comenzó a hundirse. Entonces gritó:

—¡Señor, sálvame!

31En seguida Jesús le tendió la mano y, sujetándolo, lo reprendió:

—¡Hombre de poca fe! ¿Por qué dudaste?

32Cuando subieron a la barca, se calmó el viento. 33Y los que estaban en la barca lo adoraron diciendo:

—Verdaderamente tú eres el Hijo de Dios.

34Después de cruzar el lago, desembarcaron en Genesaret. 35Los habitantes de aquel lugar reconocieron a Jesús y divulgaron la noticia por todos los alrededores. Le llevaban todos los enfermos, 36suplicándole que les permitiera tocar siquiera el borde de su manto, y quienes lo tocaban quedaban sanos.

Lo limpio y lo impuro

15 Se acercaron a Jesús algunos fariseos y *maestros de la ley que habían llegado de Jerusalén, y le preguntaron:

2—¿Por qué quebrantan tus discípulos la tradición de los *ancianos? ¡Comen sin cumplir primero el rito de lavarse las manos!

3Jesús les contestó:

—¿Y por qué ustedes quebrantan el mandamiento de Dios a causa de la tradición? 4Dios

20They all ate and were satisfied, and the disciples picked up twelve basketfuls of broken pieces that were left over. 21The number of those who ate was about five thousand men, besides women and children.

Jesus Walks on the Water

22Immediately Jesus made the disciples get into the boat and go on ahead of him to the other side, while he dismissed the crowd. 23After he had dismissed them, he went up on a mountainside by himself to pray. When evening came, he was there alone, 24but the boat was already a considerable distance*c* from land, buffeted by the waves because the wind was against it.

25During the fourth watch of the night Jesus went out to them, walking on the lake. 26When the disciples saw him walking on the lake, they were terrified. "It's a ghost," they said, and cried out in fear.

27But Jesus immediately said to them: "Take courage! It is I. Don't be afraid."

28"Lord, if it's you," Peter replied, "tell me to come to you on the water."

29"Come," he said.

Then Peter got down out of the boat, walked on the water and came toward Jesus. 30But when he saw the wind, he was afraid and, beginning to sink, cried out, "Lord, save me!"

31Immediately Jesus reached out his hand and caught him. "You of little faith," he said, "why did you doubt?"

32And when they climbed into the boat, the wind died down. 33Then those who were in the boat worshiped him, saying, "Truly you are the Son of God."

34When they had crossed over, they landed at Gennesaret. 35And when the men of that place recognized Jesus, they sent word to all the surrounding country. People brought all their sick to him 36and begged him to let the sick just touch the edge of his cloak, and all who touched him were healed.

Clean and Unclean

15 Then some Pharisees and teachers of the law came to Jesus from Jerusalem and asked, 2"Why do your disciples break the tradition of the elders? They don't wash their hands before they eat!"

3Jesus replied, "And why do you break the command of God for the sake of your tradition? 4For God said, 'Honor your father and

y 14:24 *bastante lejos.* Lit. *a muchos* *estadios.*　　*z* 14:25 *la madrugada.* Lit. *la cuarta vigilia de la noche.*　　*c* 24 Greek *many stadia*

dijo: "Honra a tu padre y a tu madre",*ᵃ* y también: "El que maldiga a su padre o a su madre será condenado a muerte." *ᵇ* 5Ustedes, en cambio, enseñan que un hijo puede decir a su padre o a su madre: "Cualquier ayuda que pudiera darte ya la he dedicado como ofrenda a Dios." 6En ese caso, el tal hijo no tiene que honrar a su padre.*ᶜ* Así por causa de la tradición anulan ustedes la palabra de Dios. 7¡*Hipócritas! Tenía razón Isaías cuando profetizó de ustedes:

8»"Este pueblo me honra con los labios,
    pero su corazón está lejos de mí.
9En vano me adoran;
    sus enseñanzas no son más que reglas
        *humanas." *ᵈ*

10Jesús llamó a la multitud y dijo:

—Escuchen y entiendan. 11Lo que *contamina a una persona no es lo que entra en la boca sino lo que sale de ella.

12Entonces se le acercaron los discípulos y le dijeron:

—¿Sabes que los fariseos se *escandalizaron al oír eso?

13—Toda planta que mi Padre celestial no haya plantado será arrancada de raíz —les respondió—. 14Déjenlos; son guías ciegos.*ᵉ* Y si un ciego guía a otro ciego, ambos caerán en un hoyo.

15—Explícanos la comparación —le pidió Pedro.

16—¿También ustedes son todavía tan torpes? —les dijo Jesús—. 17¿No se dan cuenta de que todo lo que entra en la boca va al estómago y después se echa en la letrina? 18Pero lo que sale de la boca viene del corazón y contamina a la persona. 19Porque del corazón salen los malos pensamientos, los homicidios, los adulterios, la inmoralidad sexual, los robos, los falsos testimonios y las calumnias. 20Éstas son las cosas que contaminan a la persona, y no el comer sin lavarse las manos.

La fe de la mujer cananea

21Partiendo de allí, Jesús se retiró a la región de Tiro y Sidón. 22Una mujer cananea de las inmediaciones salió a su encuentro, gritando:

—¡Señor, Hijo de David, ten compasión de mí! Mi hija sufre terriblemente por estar endemoniada.

23Jesús no le respondió palabra. Así que sus discípulos se acercaron a él y le rogaron:

—Despídela, porque viene detrás de nosotros gritando.

mother'*ᵈ* and 'Anyone who curses his father or mother must be put to death.'*ᵉ* 5But you say that if a man says to his father or mother, 'Whatever help you might otherwise have received from me is a gift devoted to God,' 6he is not to 'honor his father'*ᶠ* with it. Thus you nullify the word of God for the sake of your tradition. 7You hypocrites! Isaiah was right when he prophesied about you:

8"'These people honor me with their lips,
    but their hearts are far from me.
9They worship me in vain;
    their teachings are but rules taught by
        men.'*ᵍ*"

10Jesus called the crowd to him and said, "Listen and understand. 11What goes into a man's mouth does not make him 'unclean,' but what comes out of his mouth, that is what makes him 'unclean.'"

12Then the disciples came to him and asked, "Do you know that the Pharisees were offended when they heard this?"

13He replied, "Every plant that my heavenly Father has not planted will be pulled up by the roots. 14Leave them; they are blind guides.*ʰ* If a blind man leads a blind man, both will fall into a pit."

15Peter said, "Explain the parable to us."

16"Are you still so dull?" Jesus asked them. 17"Don't you see that whatever enters the mouth goes into the stomach and then out of the body? 18But the things that come out of the mouth come from the heart, and these make a man 'unclean.' 19For out of the heart come evil thoughts, murder, adultery, sexual immorality, theft, false testimony, slander. 20These are what make a man 'unclean'; but eating with unwashed hands does not make him 'unclean.'"

21Leaving that place, Jesus withdrew to the region of Tyre and Sidon. 22A Canaanite woman from that vicinity came to him, crying out, "Lord, Son of David, have mercy on me! My daughter is suffering terribly from demon-possession."

23Jesus did not answer a word. So his disciples came to him and urged him, "Send her away, for she keeps crying out after us."

---

*ᵃ*15:4 Éx 20:12; Dt 5:16   *ᵇ*15:4 Éx 21:17; Lv 20:9
*ᶜ*15:6 *padre.* Var. *padre ni a su madre.*   *ᵈ*15:9 Is 29:13
*ᵉ*15:14 *guías ciegos.* Var. *ciegos guías de ciegos.*

*ᵈ*4 Exodus 20:12; Deut. 5:16   *ᵉ*4 Exodus 21:17; Lev. 20:9
*ᶠ*6 Some manuscripts *father or his mother*   *ᵍ*9 Isaiah 29:13
*ʰ*14 Some manuscripts *guides of the blind*

24—No fui enviado sino a las ovejas perdidas del pueblo de Israel —contestó Jesús.

25La mujer se acercó y, arrodillándose delante de él, le suplicó:

—¡Señor, ayúdame!

26Él le respondió:

—No está bien quitarles el pan a los hijos y echárselo a los *perros.

27—Sí, Señor; pero hasta los perros comen las migajas que caen de la mesa de sus amos.

28—¡Mujer, qué grande es tu fe! —contestó Jesús—. Que se cumpla lo que quieres.

Y desde ese mismo momento quedó sana su hija.

Jesús alimenta a los cuatro mil

29Salió Jesús de allí y llegó a orillas del mar de Galilea. Luego subió a la montaña y se sentó. 30Se le acercaron grandes multitudes que llevaban cojos, ciegos, lisiados, mudos y muchos enfermos más, y los pusieron a sus pies; y él los sanó. 31La gente se asombraba al ver a los mudos hablar, a los lisiados recobrar la salud, a los cojos andar y a los ciegos ver. Y alababan al Dios de Israel.

32Jesús llamó a sus discípulos y les dijo:

—Siento compasión de esta gente porque ya llevan tres días conmigo y no tienen nada que comer. No quiero despedirlos sin comer, no sea que se desmayen por el camino.

33Los discípulos objetaron:

—¿Dónde podríamos conseguir en este lugar despoblado suficiente pan para dar de comer a toda esta multitud?

34—¿Cuántos panes tienen? —les preguntó Jesús.

—Siete, y unos pocos pescaditos.

35Luego mandó que la gente se sentara en el suelo. 36Tomando los siete panes y los pescados, dio gracias, los partió y se los fue dando a los discípulos. Éstos, a su vez, los distribuyeron a la gente. 37Todos comieron hasta quedar satisfechos. Después los discípulos recogieron siete cestas llenas de pedazos que sobraron. 38Los que comieron eran cuatro mil hombres, sin contar a las mujeres y a los niños. 39Después de despedir a la gente, subió Jesús a la barca y se fue a la región de Magadán.*f*

Le piden a Jesús una señal

16 Los fariseos y los saduceos se acercaron a Jesús y, para ponerlo a prueba, le pidieron que les mostrara una señal del cielo.

2Él les contestó:*g* «Al atardecer, ustedes dicen

24He answered, "I was sent only to the lost sheep of Israel."

25The woman came and knelt before him. "Lord, help me!" she said.

26He replied, "It is not right to take the children's bread and toss it to their dogs."

27"Yes, Lord," she said, "but even the dogs eat the crumbs that fall from their masters' table."

28Then Jesus answered, "Woman, you have great faith! Your request is granted." And her daughter was healed from that very hour.

Jesus Feeds the Four Thousand

29Jesus left there and went along the Sea of Galilee. Then he went up on a mountainside and sat down. 30Great crowds came to him, bringing the lame, the blind, the crippled, the mute and many others, and laid them at his feet; and he healed them. 31The people were amazed when they saw the mute speaking, the crippled made well, the lame walking and the blind seeing. And they praised the God of Israel.

32Jesus called his disciples to him and said, "I have compassion for these people; they have already been with me three days and have nothing to eat. I do not want to send them away hungry, or they may collapse on the way."

33His disciples answered, "Where could we get enough bread in this remote place to feed such a crowd?"

34"How many loaves do you have?" Jesus asked.

"Seven," they replied, "and a few small fish."

35He told the crowd to sit down on the ground. 36Then he took the seven loaves and the fish, and when he had given thanks, he broke them and gave them to the disciples, and they in turn to the people. 37They all ate and were satisfied. Afterward the disciples picked up seven basketfuls of broken pieces that were left over. 38The number of those who ate was four thousand, besides women and children. 39After Jesus had sent the crowd away, he got into the boat and went to the vicinity of Magadan.

The Demand for a Sign

16 The Pharisees and Sadducees came to Jesus and tested him by asking him to show them a sign from heaven.

2He replied,*i* "When evening comes, you say, 'It will be fair weather, for the sky is red,' 3and

---

*f*15:39 *Magadán.* Var. *Magdala.*   *g*16:2 Var. no incluye el resto del v. 2 y todo el v. 3.

*i*2 Some early manuscripts do not have the rest of verse 2 and all of verse 3.

que hará buen tiempo porque el cielo está rojizo, ³y por la mañana, que habrá tempestad porque el cielo está nublado y amenazante.ʰ Ustedes saben discernir el aspecto del cielo, pero no las señales de los tiempos. ⁴Esta generación malvada y adúltera busca una señal milagrosa, pero no se le dará más señal que la de Jonás.» Entonces Jesús los dejó y se fue.

La levadura de los fariseos y de los saduceos

⁵Cruzaron el lago, pero a los discípulos se les había olvidado llevar pan.

⁶—Tengan cuidado —les advirtió Jesús—; eviten la levadura de los fariseos y de los saduceos.

⁷Ellos comentaban entre sí: «Lo dice porque no trajimos pan.» ⁸Al darse cuenta de esto, Jesús les recriminó:

—Hombres de poca fe, ¿por qué están hablando de que no tienen pan? ⁹¿Todavía no entienden? ¿No recuerdan los cinco panes para los cinco mil, y el número de canastas que recogieron? ¹⁰¿Ni los siete panes para los cuatro mil, y el número de cestas que recogieron? ¹¹¿Cómo es que no entienden que no hablaba yo del pan sino de tener cuidado de la levadura de fariseos y saduceos?

¹²Entonces comprendieron que no les decía que se cuidaran de la levadura del pan sino de la enseñanza de los fariseos y de los saduceos.

La confesión de Pedro

¹³Cuando llegó a la región de Cesarea de Filipo, Jesús preguntó a sus discípulos:

—¿Quién dice la gente que es el Hijo del hombre?

Le respondieron:

¹⁴—Unos dicen que es Juan el Bautista, otros que Elías, y otros que Jeremías o uno de los profetas.

¹⁵—Y ustedes, ¿quién dicen que soy yo?

¹⁶—Tú eres el *Cristo, el Hijo del Dios viviente —afirmó Simón Pedro.

¹⁷—*Dichoso tú, Simón, hijo de Jonás —le dijo Jesús—, porque eso no te lo reveló ningún mortal,ⁱ sino mi Padre que está en el cielo. ¹⁸Yo te digo que tú eres Pedro,ʲ y sobre esta piedra edificaré mi iglesia, y las puertas del reino de la muerteᵏ no prevalecerán contra ella. ¹⁹Te daré las llaves del reino de los cielos; todo lo que ates en la tierra quedará atado en el cielo, y todo lo que desates en la tierra quedará desatado en el cielo.

in the morning, 'Today it will be stormy, for the sky is red and overcast.' You know how to interpret the appearance of the sky, but you cannot interpret the signs of the times. ⁴A wicked and adulterous generation looks for a miraculous sign, but none will be given it except the sign of Jonah." Jesus then left them and went away.

The Yeast of the Pharisees and Sadducees

⁵When they went across the lake, the disciples forgot to take bread. ⁶"Be careful," Jesus said to them. "Be on your guard against the yeast of the Pharisees and Sadducees."

⁷They discussed this among themselves and said, "It is because we didn't bring any bread."

⁸Aware of their discussion, Jesus asked, "You of little faith, why are you talking among yourselves about having no bread? ⁹Do you still not understand? Don't you remember the five loaves for the five thousand, and how many basketfuls you gathered? ¹⁰Or the seven loaves for the four thousand, and how many basketfuls you gathered? ¹¹How is it you don't understand that I was not talking to you about bread? But be on your guard against the yeast of the Pharisees and Sadducees." ¹²Then they understood that he was not telling them to guard against the yeast used in bread, but against the teaching of the Pharisees and Sadducees.

Peter's Confession of Christ

¹³When Jesus came to the region of Caesarea Philippi, he asked his disciples, "Who do people say the Son of Man is?"

¹⁴They replied, "Some say John the Baptist; others say Elijah; and still others, Jeremiah or one of the prophets."

¹⁵"But what about you?" he asked. "Who do you say I am?"

¹⁶Simon Peter answered, "You are the Christ,ʲ the Son of the living God."

¹⁷Jesus replied, "Blessed are you, Simon son of Jonah, for this was not revealed to you by man, but by my Father in heaven. ¹⁸And I tell you that you are Peter,ᵏ and on this rock I will build my church, and the gates of Hadesˡ will not overcome it.ᵐ ¹⁹I will give you the keys of the kingdom of heaven; whatever you bind on earth will beⁿ bound in heaven, and whatever you loose on earth will beᵒ loosed in heaven."

ʰ16:3 *amenazante.* Lit. *rojizo.* ⁱ16:17 *ningún mortal.* Lit. *carne y sangre.* ʲ16:18 *Pedro* significa *piedra.* ᵏ16:18 *del reino de la muerte.* Lit. *del *Hades.*

ʲ16 Or *Messiah;* also in verse 20 ᵏ18 *Peter* means *rock.* ˡ18 Or *hell* ᵐ18 Or *not prove stronger than it* ⁿ19 Or *have been* ᵒ19 Or *have been*

20Luego les ordenó a sus discípulos que no dijeran a nadie que él era el Cristo.

Jesús predice su muerte

21Desde entonces comenzó Jesús a advertir a sus discípulos que tenía que ir a Jerusalén y sufrir muchas cosas a manos de los *ancianos, de los jefes de los sacerdotes y de los *maestros de la ley, y que era necesario que lo mataran y que al tercer día resucitara. **22**Pedro lo llevó aparte y comenzó a reprenderlo:

—¡De ninguna manera, Señor! ¡Esto no te sucederá jamás!

23Jesús se volvió y le dijo a Pedro:

—¡Aléjate de mí, Satanás! Quieres hacerme *tropezar; no piensas en las cosas de Dios sino en las de los hombres.

24Luego dijo Jesús a sus discípulos:

—Si alguien quiere ser mi discípulo, tiene que negarse a sí mismo, tomar su cruz y seguirme. **25**Porque el que quiera salvar su *vida, la perderá; pero el que pierda su vida por mi causa, la encontrará. **26**¿De qué sirve ganar el mundo entero si se pierde la vida? ¿O qué se puede dar a cambio de la vida? **27**Porque el Hijo del hombre ha de venir en la gloria de su Padre con sus ángeles, y entonces recompensará a cada persona según lo que haya hecho. **28**Les aseguro que algunos de los aquí presentes no sufrirán la muerte sin antes haber visto al Hijo del hombre llegar en su reino.

La transfiguración

17 Seis días después, Jesús tomó consigo a Pedro, a *Jacobo y a Juan, el hermano de Jacobo, y los llevó aparte, a una montaña alta. **2**Allí se transfiguró en presencia de ellos; su rostro resplandeció como el sol, y su ropa se volvió blanca como la luz. **3**En esto, se les aparecieron Moisés y Elías conversando con Jesús. **4**Pedro le dijo a Jesús:

—Señor, ¡qué bien que estemos aquí! Si quieres, levantaré tres albergues: uno para ti, otro para Moisés y otro para Elías.

5Mientras estaba aún hablando, apareció una nube luminosa que los envolvió, de la cual salió una voz que dijo: «Éste es mi Hijo amado; estoy muy complacido con él. ¡Escúchenlo!»

6Al oír esto, los discípulos se postraron sobre su rostro, aterrorizados. **7**Pero Jesús se acercó a ellos y los tocó.

—Levántense —les dijo—. No tengan miedo.

8Cuando alzaron la vista, no vieron a nadie más que a Jesús.

9Mientras bajaban de la montaña, Jesús les encargó:

—No le cuenten a nadie lo que han visto hasta que el Hijo del hombre *resucite.

20Then he warned his disciples not to tell anyone that he was the Christ.

Jesus Predicts His Death

21From that time on Jesus began to explain to his disciples that he must go to Jerusalem and suffer many things at the hands of the elders, chief priests and teachers of the law, and that he must be killed and on the third day be raised to life.

22Peter took him aside and began to rebuke him. "Never, Lord!" he said. "This shall never happen to you!"

23Jesus turned and said to Peter, "Get behind me, Satan! You are a stumbling block to me; you do not have in mind the things of God, but the things of men."

24Then Jesus said to his disciples, "If anyone would come after me, he must deny himself and take up his cross and follow me. **25**For whoever wants to save his life*p* will lose it, but whoever loses his life for me will find it. **26**What good will it be for a man if he gains the whole world, yet forfeits his soul? Or what can a man give in exchange for his soul? **27**For the Son of Man is going to come in his Father's glory with his angels, and then he will reward each person according to what he has done. **28**I tell you the truth, some who are standing here will not taste death before they see the Son of Man coming in his kingdom."

The Transfiguration

17 After six days Jesus took with him Peter, James and John the brother of James, and led them up a high mountain by themselves. **2**There he was transfigured before them. His face shone like the sun, and his clothes became as white as the light. **3**Just then there appeared before them Moses and Elijah, talking with Jesus.

4Peter said to Jesus, "Lord, it is good for us to be here. If you wish, I will put up three shelters—one for you, one for Moses and one for Elijah."

5While he was still speaking, a bright cloud enveloped them, and a voice from the cloud said, "This is my Son, whom I love; with him I am well pleased. Listen to him!"

6When the disciples heard this, they fell facedown to the ground, terrified. **7**But Jesus came and touched them. "Get up," he said. "Don't be afraid." **8**When they looked up, they saw no one except Jesus.

9As they were coming down the mountain, Jesus instructed them, "Don't tell anyone what

p 25 The Greek word means either *life* or *soul*; also in verse 26.

10Entonces los discípulos le preguntaron a Jesús:

—¿Por qué dicen los *maestros de la ley que Elías tiene que venir primero?

11—Sin duda Elías viene, y restaurará todas las cosas —respondió Jesús—. 12Pero les digo que Elías ya vino, y no lo reconocieron sino que hicieron con él todo lo que quisieron. De la misma manera va a sufrir el Hijo del hombre a manos de ellos.

13Entonces entendieron los discípulos que les estaba hablando de Juan el Bautista.

Jesús sana a un muchacho endemoniado

14Cuando llegaron a la multitud, un hombre se acercó a Jesús y se arrodilló delante de él.

15—Señor, ten compasión de mi hijo. Le dan ataques y sufre terriblemente. Muchas veces cae en el fuego o en el agua. 16Se lo traje a tus discípulos, pero no pudieron sanarlo.

17—¡Ah, generación incrédula y perversa! —respondió Jesús—. ¿Hasta cuándo tendré que estar con ustedes? ¿Hasta cuándo tendré que soportarlos? Tráiganme acá al muchacho.

18Jesús reprendió al demonio, el cual salió del muchacho, y éste quedó sano desde aquel momento.

19Después los discípulos se acercaron a Jesús y, en privado, le preguntaron:

—¿Por qué nosotros no pudimos expulsarlo?

20—Porque ustedes tienen tan poca fe —les respondió—. Les aseguro que si tienen fe tan pequeña como un grano de mostaza, podrán decirle a esta montaña: "Tráslàdate de aquí para allá", y se trasladará. Para ustedes nada será imposible.*l*

22Estando reunidos en Galilea, Jesús les dijo: «El Hijo del hombre va a ser entregado en manos de los hombres. 23Lo matarán, pero al tercer día resucitará.» Y los discípulos se entristecieron mucho.

El impuesto del templo

24Cuando Jesús y sus discípulos llegaron a Capernaúm, los que cobraban el impuesto del *templo*m* se acercaron a Pedro y le preguntaron:

—¿Su maestro no paga el impuesto del templo?

25—Sí, lo paga —respondió Pedro.

Al entrar Pedro en la casa, se adelantó Jesús a preguntarle:

—¿Tú qué opinas, Simón? Los reyes de la tierra, ¿a quiénes cobran tributos e impuestos: a los suyos o a los demás?

you have seen, until the Son of Man has been raised from the dead."

10The disciples asked him, "Why then do the teachers of the law say that Elijah must come first?"

11Jesus replied, "To be sure, Elijah comes and will restore all things. 12But I tell you, Elijah has already come, and they did not recognize him, but have done to him everything they wished. In the same way the Son of Man is going to suffer at their hands." 13Then the disciples understood that he was talking to them about John the Baptist.

The Healing of a Boy With a Demon

14When they came to the crowd, a man approached Jesus and knelt before him. 15"Lord, have mercy on my son," he said. "He has seizures and is suffering greatly. He often falls into the fire or into the water. 16I brought him to your disciples, but they could not heal him."

17"O unbelieving and perverse generation," Jesus replied, "how long shall I stay with you? How long shall I put up with you? Bring the boy here to me." 18Jesus rebuked the demon, and it came out of the boy, and he was healed from that moment.

19Then the disciples came to Jesus in private and asked, "Why couldn't we drive it out?"

20He replied, "Because you have so little faith. I tell you the truth, if you have faith as small as a mustard seed, you can say to this mountain, 'Move from here to there' and it will move. Nothing will be impossible for you." *q*

22When they came together in Galilee, he said to them, "The Son of Man is going to be betrayed into the hands of men. 23They will kill him, and on the third day he will be raised to life." And the disciples were filled with grief.

The Temple Tax

24After Jesus and his disciples arrived in Capernaum, the collectors of the two-drachma tax came to Peter and asked, "Doesn't your teacher pay the temple tax*r*?"

25"Yes, he does," he replied.

When Peter came into the house, Jesus was the first to speak. "What do you think, Simon?" he asked. "From whom do the kings of the earth collect duty and taxes—from their own sons or from others?"

---

*l*17:20 *imposible.* Var. *imposible. 21 Pero esta clase no sale sino con oración y ayuno. m*17:24 *el impuesto del templo.* Lit. *las dos *dracmas.*

q 20 Some manuscripts you. 21 But this kind does not go out except by prayer and fasting. r 24 Greek the two drachmas

26—A los demás —contestó Pedro.

—Entonces los suyos están exentos —le dijo Jesús—. 27Pero, para no *escandalizar a esta gente, vete al lago y echa el anzuelo. Saca el primer pez que pique; ábrele la boca y encontrarás una moneda.*n Tómala y dásela a ellos por mi impuesto y por el tuyo.

El más importante en el reino de los cielos

18 En ese momento los discípulos se acercaron a Jesús y le preguntaron:

—¿Quién es el más importante en el reino de los cielos?

2Él llamó a un niño y lo puso en medio de ellos. 3Entonces dijo:

—Les aseguro que a menos que ustedes cambien y se vuelvan como niños, no entrarán en el reino de los cielos. 4Por tanto, el que se humilla como este niño será el más grande en el reino de los cielos.

5»Y el que recibe en mi nombre a un niño como éste, me recibe a mí. 6Pero si alguien hace *pecar a uno de estos pequeños que creen en mí, más le valdría que le colgaran al cuello una gran piedra de molino y lo hundieran en lo profundo del mar.

7»¡Ay del mundo por las cosas que hacen pecar a la gente! Inevitable es que sucedan, pero ¡ay del que hace pecar a los demás! 8Si tu mano o tu pie te hace pecar, córtatelo y arrójalo. Más te vale entrar en la vida manco o cojo que ser arrojado al fuego eterno con tus dos manos y tus dos pies. 9Y si tu ojo te hace pecar, sácatelo y arrójalo. Más te vale entrar tuerto en la vida que con dos ojos ser arrojado al fuego del infierno.*ñ

Parábola de la oveja perdida

10»Miren que no menosprecien a uno de estos pequeños. Porque les digo que en el cielo los ángeles de ellos contemplan siempre el rostro de mi Padre celestial.*o

12»¿Qué les parece? Si un hombre tiene cien ovejas y se le extravía una de ellas, ¿no dejará las noventa y nueve en las colinas para ir en busca de la extraviada? 13Y si llega a encontrarla, les aseguro que se pondrá más feliz por esa sola oveja que por las noventa y nueve que no se extraviaron. 14Así también, el Padre de ustedes que está en el cielo no quiere que se pierda ninguno de estos pequeños.

26"From others," Peter answered.

"Then the sons are exempt," Jesus said to him. 27"But so that we may not offend them, go to the lake and throw out your line. Take the first fish you catch; open its mouth and you will find a four-drachma coin. Take it and give it to them for my tax and yours."

The Greatest in the Kingdom of Heaven

18 At that time the disciples came to Jesus and asked, "Who is the greatest in the kingdom of heaven?"

2He called a little child and had him stand among them. 3And he said: "I tell you the truth, unless you change and become like little children, you will never enter the kingdom of heaven. 4Therefore, whoever humbles himself like this child is the greatest in the kingdom of heaven.

5"And whoever welcomes a little child like this in my name welcomes me. 6But if anyone causes one of these little ones who believe in me to sin, it would be better for him to have a large millstone hung around his neck and to be drowned in the depths of the sea.

7"Woe to the world because of the things that cause people to sin! Such things must come, but woe to the man through whom they come! 8If your hand or your foot causes you to sin, cut it off and throw it away. It is better for you to enter life maimed or crippled than to have two hands or two feet and be thrown into eternal fire. 9And if your eye causes you to sin, gouge it out and throw it away. It is better for you to enter life with one eye than to have two eyes and be thrown into the fire of hell.

The Parable of the Lost Sheep

10"See that you do not look down on one of these little ones. For I tell you that their angels in heaven always see the face of my Father in heaven.*s

12"What do you think? If a man owns a hundred sheep, and one of them wanders away, will he not leave the ninety-nine on the hills and go to look for the one that wandered off? 13And if he finds it, I tell you the truth, he is happier about that one sheep than about the ninety-nine that did not wander off. 14In the same way your Father in heaven is not willing that any of these little ones should be lost.

---

*n 17:27 una moneda. Lit. un estatero (moneda que equivale a cuatro *dracmas). *ñ 18:9 al fuego del infierno. Lit. a la *Gehenna del fuego. *o 18:10 celestial. Var. celestial. 11 El Hijo del hombre vino a salvar lo que se había perdido.

*s 10 Some manuscripts heaven. 11 The Son of Man came to save what was lost.

El hermano que peca contra ti

15»Si tu hermano peca contra ti,*p* ve a solas con él y hazle ver su falta. Si te hace caso, has ganado a tu hermano. **16**Pero si no, lleva contigo a uno o dos más, para que "todo asunto se resuelva mediante el testimonio de dos o tres testigos".*q* **17**Si se niega a hacerles caso a ellos, díselo a la iglesia; y si incluso a la iglesia no le hace caso, trátalo como si fuera un incrédulo o un renegado.*r*

18»Les aseguro que todo lo que ustedes aten en la tierra quedará atado en el cielo, y todo lo que desaten en la tierra quedará desatado en el cielo.

19»Además les digo que si dos de ustedes en la tierra se ponen de acuerdo sobre cualquier cosa que pidan, les será concedida por mi Padre que está en el cielo. **20**Porque donde dos o tres se reúnen en mi nombre, allí estoy yo en medio de ellos.

Parábola del siervo despiadado

21Pedro se acercó a Jesús y le preguntó:

—Señor, ¿cuántas veces tengo que perdonar a mi hermano que peca contra mí? ¿Hasta siete veces?

22—No te digo que hasta siete veces, sino hasta setenta y siete veces*s* —le contestó Jesús—.

23»Por eso el reino de los cielos se parece a un rey que quiso ajustar cuentas con sus *siervos. **24**Al comenzar a hacerlo, se le presentó uno que le debía miles y miles de monedas de oro.*t* **25**Como él no tenía con qué pagar, el señor mandó que lo vendieran a él, a su esposa y a sus hijos, y todo lo que tenía, para así saldar la deuda. **26**El siervo se postró delante de él. "Tenga paciencia conmigo —le rogó—, y se lo pagaré todo." **27**El señor se compadeció de su siervo, le perdonó la deuda y lo dejó en libertad.

28»Al salir, aquel siervo se encontró con uno de sus compañeros que le debía cien monedas de plata.*u* Lo agarró por el cuello y comenzó a estrangularlo. "¡Págame lo que me debes!", le exigió. **29**Su compañero se postró delante de él. "Ten paciencia conmigo —le rogó—, y te lo pagaré." **30**Pero él se negó. Más bien fue y lo hizo meter en la cárcel hasta que pagara la deuda. **31**Cuando los demás siervos vieron lo ocurrido, se entristecieron mucho y fueron a contarle a su señor todo lo que había sucedido.

A Brother Who Sins Against You

15"If your brother sins against you,*t* go and show him his fault, just between the two of you. If he listens to you, you have won your brother over. **16**But if he will not listen, take one or two others along, so that 'every matter may be established by the testimony of two or three witnesses.'*u* **17**If he refuses to listen to them, tell it to the church; and if he refuses to listen even to the church, treat him as you would a pagan or a tax collector.

18"I tell you the truth, whatever you bind on earth will be*v* bound in heaven, and whatever you loose on earth will be*w* loosed in heaven.

19"Again, I tell you that if two of you on earth agree about anything you ask for, it will be done for you by my Father in heaven. **20**For where two or three come together in my name, there am I with them."

The Parable of the Unmerciful Servant

21Then Peter came to Jesus and asked, "Lord, how many times shall I forgive my brother when he sins against me? Up to seven times?"

22Jesus answered, "I tell you, not seven times, but seventy-seven times.*x*

23"Therefore, the kingdom of heaven is like a king who wanted to settle accounts with his servants. **24**As he began the settlement, a man who owed him ten thousand talents*y* was brought to him. **25**Since he was not able to pay, the master ordered that he and his wife and children and all that he had be sold to repay the debt.

26"The servant fell on his knees before him. 'Be patient with me,' he begged, 'and I will pay back everything.' **27**The servant's master took pity on him, canceled the debt and let him go.

28"But when that servant went out, he found one of his fellow servants who owed him a hundred denarii.*z* He grabbed him and began to choke him. 'Pay back what you owe me!' he demanded.

29"His fellow servant fell to his knees and begged him, 'Be patient with me, and I will pay you back.'

30"But he refused. Instead, he went off and had the man thrown into prison until he could pay the debt. **31**When the other servants saw what had happened, they were greatly distressed and went and told their master everything that had happened.

---

p **18:15** *peca contra ti.* Var. *peca.*   *q* **18:16** Dt 19:15
r **18:17** *un incrédulo o un renegado.* Lit. *un *gentil o un *recaudador de impuestos.*   *s* **18:22** *setenta y siete veces.* Alt. *setenta veces siete.*   *t* **18:24** *miles y miles de monedas de oro.* Lit. *una miríada de *talentos.*   *u* **18:28** *monedas de plata.* Lit. **denarios.*

t 15 Some manuscripts do not have *against you.*   *u 16* Deut. 19:15   *v 18* Or *have been*   *w 18* Or *have been*   *x 22* Or *seventy times seven*   *y 24* That is, millions of dollars *z 28* That is, a few dollars

32Entonces el señor mandó llamar al siervo. "¡Siervo malvado! —le increpó—. Te perdoné toda aquella deuda porque me lo suplicaste. **33**¿No debías tú también haberte compadecido de tu compañero, así como yo me compadecí de ti?" **34**Y enojado, su señor lo entregó a los carceleros para que lo torturaran hasta que pagara todo lo que debía.

35»Así también mi Padre celestial los tratará a ustedes, a menos que cada uno perdone de corazón a su hermano.

El divorcio

19 Cuando Jesús acabó de decir estas cosas, salió de Galilea y se fue a la región de Judea, al otro lado del Jordán. **2**Lo siguieron grandes multitudes, y sanó allí a los enfermos.

3Algunos fariseos se le acercaron y, para ponerlo a *prueba, le preguntaron:

—¿Está permitido que un hombre se divorcie de su esposa por cualquier motivo?

4—¿No han leído —replicó Jesús— que en el principio el Creador "los hizo hombre y mujer",*v* **5**y dijo: "Por eso dejará el hombre a su padre y a su madre, y se unirá a su esposa, y los dos llegarán a ser un solo cuerpo"?*w* **6**Así que ya no son dos, sino uno solo. Por tanto, lo que Dios ha unido, que no lo separe el hombre.

7Le replicaron:

—¿Por qué, entonces, mandó Moisés que un hombre le diera a su esposa un certificado de divorcio y la despidiera?

8—Moisés les permitió divorciarse de su esposa por lo obstinados que son*x* —respondió Jesús—. Pero no fue así desde el principio. **9**Les digo que, excepto en caso de infidelidad conyugal, el que se divorcia de su esposa, y se casa con otra, comete adulterio.

10—Si tal es la situación entre esposo y esposa —comentaron los discípulos—, es mejor no casarse.

11—No todos pueden comprender este asunto —respondió Jesús—, sino sólo aquellos a quienes se les ha concedido entenderlo. **12**Pues algunos son *eunucos porque nacieron así; a otros los hicieron así los hombres; y otros se han hecho así por causa del reino de los cielos. El que pueda aceptar esto, que lo acepte.

Jesús y los niños

13Llevaron unos niños a Jesús para que les impusiera las manos y orara por ellos, pero los discípulos reprendían a quienes los llevaban.

32"Then the master called the servant in. 'You wicked servant,' he said, 'I canceled all that debt of yours because you begged me to. **33**Shouldn't you have had mercy on your fellow servant just as I had on you?' **34**In anger his master turned him over to the jailers to be tortured, until he should pay back all he owed.

35"This is how my heavenly Father will treat each of you unless you forgive your brother from your heart."

Divorce

19 When Jesus had finished saying these things, he left Galilee and went into the region of Judea to the other side of the Jordan. **2**Large crowds followed him, and he healed them there.

3Some Pharisees came to him to test him. They asked, "Is it lawful for a man to divorce his wife for any and every reason?"

4"Haven't you read," he replied, "that at the beginning the Creator 'made them male and female,'*a* **5**and said, 'For this reason a man will leave his father and mother and be united to his wife, and the two will become one flesh'*b*? **6**So they are no longer two, but one. Therefore what God has joined together, let man not separate."

7"Why then," they asked, "did Moses command that a man give his wife a certificate of divorce and send her away?"

8Jesus replied, "Moses permitted you to divorce your wives because your hearts were hard. But it was not this way from the beginning. **9**I tell you that anyone who divorces his wife, except for marital unfaithfulness, and marries another woman commits adultery."

10The disciples said to him, "If this is the situation between a husband and wife, it is better not to marry."

11Jesus replied, "Not everyone can accept this word, but only those to whom it has been given. **12**For some are eunuchs because they were born that way; others were made that way by men; and others have renounced marriage*c* because of the kingdom of heaven. The one who can accept this should accept it."

13Then little children were brought to Jesus for him to place his hands on them and pray for them. But the disciples rebuked those who brought them.

v19:4 Gn 1:27   *w19:5* Gn 2:24   *x19:8 por lo obstinados que son.* Lit. *por su dureza de corazón.*

a4 Gen. 1:27   *b5* Gen. 2:24   *c12* Or *have made themselves eunuchs*

14Jesús dijo: «Dejen que los niños vengan a mí, y no se lo impidan, porque el reino de los cielos es de quienes son como ellos.» 15Después de poner las manos sobre ellos, se fue de allí.

El joven rico

16Sucedió que un hombre se acercó a Jesús y le preguntó:

—Maestro, ¿qué de bueno tengo que hacer para obtener la vida eterna?

17—¿Por qué me preguntas sobre lo que es bueno? —respondió Jesús—. Solamente hay uno que es bueno. Si quieres entrar en la vida, obedece los mandamientos.

18—¿Cuáles? —preguntó el hombre.

Contestó Jesús:

—"No mates, no cometas adulterio, no robes, no presentes falso testimonio, 19honra a tu padre y a tu madre",y y "ama a tu prójimo como a ti mismo" z.

20—Todos ésos los he cumplido —dijo el joven—. ¿Qué más me falta?

21—Si quieres ser *perfecto, anda, vende lo que tienes y dáselo a los pobres, y tendrás tesoro en el cielo. Luego ven y sígueme.

22Cuando el joven oyó esto, se fue triste porque tenía muchas riquezas.

23—Les aseguro —comentó Jesús a sus discípulos— que es difícil para un rico entrar en el reino de los cielos. 24De hecho, le resulta más fácil a un camello pasar por el ojo de una aguja, que a un rico entrar en el reino de Dios.

25Al oír esto, los discípulos quedaron desconcertados y decían:

—En ese caso, ¿quién podrá salvarse?

26—Para los hombres es imposible —aclaró Jesús, mirándolos fijamente—, mas para Dios todo es posible.

27—¡Mira, nosotros lo hemos dejado todo por seguirte! —le reclamó Pedro—. ¿Y qué ganamos con eso?

28—Les aseguro —respondió Jesús— que en la renovación de todas las cosas, cuando el Hijo del hombre se siente en su trono glorioso, ustedes que me han seguido se sentarán también en doce tronos para gobernar a las doce tribus de Israel. 29Y todo el que por mi causa haya dejado casas, hermanos, hermanas, padre, madre,a hijos o terrenos, recibirá cien veces más y heredará la vida eterna. 30Pero muchos de los primeros serán últimos, y muchos de los últimos serán primeros.

14Jesus said, "Let the little children come to me, and do not hinder them, for the kingdom of heaven belongs to such as these." 15When he had placed his hands on them, he went on from there.

The Rich Young Man

16Now a man came up to Jesus and asked, "Teacher, what good thing must I do to get eternal life?"

17"Why do you ask me about what is good?" Jesus replied. "There is only One who is good. If you want to enter life, obey the commandments."

18"Which ones?" the man inquired.

Jesus replied, " 'Do not murder, do not commit adultery, do not steal, do not give false testimony, 19honor your father and mother,'d and 'love your neighbor as yourself.'e"

20"All these I have kept," the young man said. "What do I still lack?"

21Jesus answered, "If you want to be perfect, go, sell your possessions and give to the poor, and you will have treasure in heaven. Then come, follow me."

22When the young man heard this, he went away sad, because he had great wealth.

23Then Jesus said to his disciples, "I tell you the truth, it is hard for a rich man to enter the kingdom of heaven. 24Again I tell you, it is easier for a camel to go through the eye of a needle than for a rich man to enter the kingdom of God."

25When the disciples heard this, they were greatly astonished and asked, "Who then can be saved?"

26Jesus looked at them and said, "With man this is impossible, but with God all things are possible."

27Peter answered him, "We have left everything to follow you! What then will there be for us?"

28Jesus said to them, "I tell you the truth, at the renewal of all things, when the Son of Man sits on his glorious throne, you who have followed me will also sit on twelve thrones, judging the twelve tribes of Israel. 29And everyone who has left houses or brothers or sisters or father or motherf or children or fields for my sake will receive a hundred times as much and will inherit eternal life. 30But many who are first will be last, and many who are last will be first.

---

y19:19 Éx 20:12-16; Dt 5:16-20   z19:19 Lv 19:18
a19:29 madre. Var. madre, esposa.

d19 Exodus 20:12-16; Deut. 5:16-20   e19 Lev. 19:18
f29 Some manuscripts mother or wife

Parábola de los viñadores

20 »Así mismo el reino de los cielos se parece a un propietario que salió de madrugada a contratar obreros para su viñedo. ²Acordó darles la paga de un día de trabajo*ᵇ* y los envió a su viñedo. ³Cerca de las nueve de la mañana,*ᶜ* salió y vio a otros que estaban desocupados en la plaza. ⁴Les dijo: "Vayan también ustedes a trabajar en mi viñedo, y les pagaré lo que sea justo." ⁵Así que fueron. Salió de nuevo a eso del mediodía y a la media tarde, e hizo lo mismo. ⁶Alrededor de las cinco de la tarde, salió y encontró a otros más que estaban sin trabajo. Les preguntó: "¿Por qué han estado aquí desocupados todo el día?" ⁷"Porque nadie nos ha contratado", contestaron. Él les dijo: "Vayan también ustedes a trabajar en mi viñedo."

⁸»Al atardecer, el dueño del viñedo le ordenó a su capataz: "Llama a los obreros y págales su jornal, comenzando por los últimos contratados hasta llegar a los primeros." ⁹Se presentaron los obreros que habían sido contratados cerca de las cinco de la tarde, y cada uno recibió la paga de un día. ¹⁰Por eso cuando llegaron los que fueron contratados primero, esperaban que recibirían más. Pero cada uno de ellos recibió también la paga de un día. ¹¹Al recibirla, comenzaron a murmurar contra el propietario. ¹²"Estos que fueron los últimos en ser contratados trabajaron una sola hora —dijeron—, y usted los ha tratado como a nosotros que hemos soportado el peso del trabajo y el calor del día." ¹³Pero él le contestó a uno de ellos: "Amigo, no estoy cometiendo ninguna injusticia contigo. ¿Acaso no aceptaste trabajar por esa paga? ¹⁴Tómala y vete. Quiero darle al último obrero contratado lo mismo que te di a ti. ¹⁵¿Es que no tengo derecho a hacer lo que quiera con mi dinero? ¿O te da envidia de que yo sea generoso?"*ᵈ*

¹⁶»Así que los últimos serán primeros, y los primeros, últimos.

Jesús predice de nuevo su muerte

¹⁷Mientras subía Jesús rumbo a Jerusalén, tomó aparte a los doce discípulos y les dijo: ¹⁸«Ahora vamos rumbo a Jerusalén, y el Hijo del hombre será entregado a los jefes de los sacerdotes y a los *maestros de la ley. Ellos lo condenarán a muerte ¹⁹y lo entregarán a los *gentiles para que se burlen de él, lo azoten y lo crucifiquen. Pero al tercer día resucitará.»

The Parable of the Workers in the Vineyard

20 "For the kingdom of heaven is like a landowner who went out early in the morning to hire men to work in his vineyard. ²He agreed to pay them a denarius for the day and sent them into his vineyard.

³"About the third hour he went out and saw others standing in the marketplace doing nothing. ⁴He told them, 'You also go and work in my vineyard, and I will pay you whatever is right.' ⁵So they went.

"He went out again about the sixth hour and the ninth hour and did the same thing. ⁶About the eleventh hour he went out and found still others standing around. He asked them, 'Why have you been standing here all day long doing nothing?'

⁷"'Because no one has hired us,' they answered.

"He said to them, 'You also go and work in my vineyard.'

⁸"When evening came, the owner of the vineyard said to his foreman, 'Call the workers and pay them their wages, beginning with the last ones hired and going on to the first.'

⁹"The workers who were hired about the eleventh hour came and each received a denarius. ¹⁰So when those came who were hired first, they expected to receive more. But each one of them also received a denarius. ¹¹When they received it, they began to grumble against the landowner. ¹²'These men who were hired last worked only one hour,' they said, 'and you have made them equal to us who have borne the burden of the work and the heat of the day.'

¹³"But he answered one of them, 'Friend, I am not being unfair to you. Didn't you agree to work for a denarius? ¹⁴Take your pay and go. I want to give the man who was hired last the same as I gave you. ¹⁵Don't I have the right to do what I want with my own money? Or are you envious because I am generous?'

¹⁶"So the last will be first, and the first will be last."

Jesus Again Predicts His Death

¹⁷Now as Jesus was going up to Jerusalem, he took the twelve disciples aside and said to them, ¹⁸"We are going up to Jerusalem, and the Son of Man will be betrayed to the chief priests and the teachers of the law. They will condemn him to death ¹⁹and will turn him over to the Gentiles to be mocked and flogged and crucified. On the third day he will be raised to life!"

---

*ᵇ*20:2 *la paga de un día de trabajo.* Lit. *un *denario por el día;* también en vv. 9,10,13.   *ᶜ*20:3 *las nueve de la mañana.* Lit. *la hora tercera;* en v. 5 *la hora sexta y novena;* en vv. 6 y 9 *la hora undécima.*   *ᵈ*20:15 *¿O ... generoso?* Lit. *¿O es tu ojo malo porque yo soy bueno?*

La petición de una madre

20Entonces la madre de *Jacobo y de Juan,ᵉ junto con ellos, se acercó a Jesús y, arrodillándose, le pidió un favor.

21—¿Qué quieres? —le preguntó Jesús.

—Ordena que en tu reino uno de estos dos hijos míos se siente a tu *derecha y el otro a tu izquierda.

22—No saben lo que están pidiendo —les replicó Jesús—. ¿Pueden acaso beber el trago amargo de la copa que yo voy a beber?

—Sí, podemos.

23—Ciertamente beberán de mi copa —les dijo Jesús—, pero el sentarse a mi derecha o a mi izquierda no me corresponde concederlo. Eso ya lo ha decididoᶠ mi Padre.

24Cuando lo oyeron los otros diez, se indignaron contra los dos hermanos. **25**Jesús los llamó y les dijo:

—Como ustedes saben, los gobernantes de las *naciones oprimen a los súbditos, y los altos oficiales abusan de su autoridad. **26**Pero entre ustedes no debe ser así. Al contrario, el que quiera hacerse grande entre ustedes deberá ser su servidor, **27**y el que quiera ser el primero deberá ser *esclavo de los demás; **28**así como el Hijo del hombre no vino para que le sirvan, sino para servir y para dar su *vida en rescate por muchos.

Dos ciegos reciben la vista

29Una gran multitud seguía a Jesús cuando él salía de Jericó con sus discípulos. **30**Dos ciegos que estaban sentados junto al camino, al oír que pasaba Jesús, gritaron:

—¡Señor, Hijo de David, ten compasión de nosotros!

31La multitud los reprendía para que se callaran, pero ellos gritaban con más fuerza:

—¡Señor, Hijo de David, ten compasión de nosotros!

32Jesús se detuvo y los llamó.

—¿Qué quieren que haga por ustedes?

33—Señor, queremos recibir la vista.

34Jesús se compadeció de ellos y les tocó los ojos. Al instante recobraron la vista y lo siguieron.

La entrada triunfal

21 Cuando se acercaban a Jerusalén y llegaron a Betfagué, al monte de los Olivos, Jesús envió a dos discípulos **2**con este encargo: «Vayan a la aldea que tienen enfrente, y ahí mismo encontrarán una burra atada, y un burrito con ella. Desátenlos y tráiganmelos. **3**Si

A Mother's Request

20Then the mother of Zebedee's sons came to Jesus with her sons and, kneeling down, asked a favor of him.

21"What is it you want?" he asked.

She said, "Grant that one of these two sons of mine may sit at your right and the other at your left in your kingdom."

22"You don't know what you are asking," Jesus said to them. "Can you drink the cup I am going to drink?"

"We can," they answered.

23Jesus said to them, "You will indeed drink from my cup, but to sit at my right or left is not for me to grant. These places belong to those for whom they have been prepared by my Father."

24When the ten heard about this, they were indignant with the two brothers. **25**Jesus called them together and said, "You know that the rulers of the Gentiles lord it over them, and their high officials exercise authority over them. **26**Not so with you. Instead, whoever wants to become great among you must be your servant, **27**and whoever wants to be first must be your slave— **28**just as the Son of Man did not come to be served, but to serve, and to give his life as a ransom for many."

Two Blind Men Receive Sight

29As Jesus and his disciples were leaving Jericho, a large crowd followed him. **30**Two blind men were sitting by the roadside, and when they heard that Jesus was going by, they shouted, "Lord, Son of David, have mercy on us!"

31The crowd rebuked them and told them to be quiet, but they shouted all the louder, "Lord, Son of David, have mercy on us!"

32Jesus stopped and called them. "What do you want me to do for you?" he asked.

33"Lord," they answered, "we want our sight."

34Jesus had compassion on them and touched their eyes. Immediately they received their sight and followed him.

The Triumphal Entry

21 As they approached Jerusalem and came to Bethphage on the Mount of Olives, Jesus sent two disciples, **2**saying to them, "Go to the village ahead of you, and at once you will find a donkey tied there, with her colt by her. Untie them and bring them to me. **3**If anyone says anything to you, tell him that the

---

ᵉ**20:20** *de Jacobo y de Juan.* Lit. *de los hijos de Zebedeo.*
ᶠ**20:23** *concederlo. Eso ya lo ha decidido.* Lit. *concederlo, sino para quienes lo ha preparado.*

alguien les dice algo, díganle que el Señor los necesita, pero que ya los devolverá.»

⁴Esto sucedió para que se cumpliera lo dicho por el profeta:

⁵«Digan a la hija de Sión:
  "Mira, tu rey viene hacia ti,
  humilde y montado en un burro,
    en un burrito, cría de una bestia de carga." »ᵍ

⁶Los discípulos fueron e hicieron como les había mandado Jesús. ⁷Llevaron la burra y el burrito, y pusieron encima sus mantos, sobre los cuales se sentó Jesús. ⁸Había mucha gente que tendía sus mantos sobre el camino; otros cortaban ramas de los árboles y las esparcían en el camino. ⁹Tanto la gente que iba delante de él como la que iba detrás, gritaba:

—¡Hosannaʰ al Hijo de David!

—¡Bendito el que viene en el nombre del Señor!ⁱ

—¡Hosanna en las alturas!

¹⁰Cuando Jesús entró en Jerusalén, toda la ciudad se conmovió.

—¿Quién es éste? —preguntaban.

¹¹—Éste es el profeta Jesús, de Nazaret de Galilea —contestaba la gente.

Jesús en el templo

¹²Jesús entró en el *temploʲ y echó de allí a todos los que compraban y vendían. Volcó las mesas de los que cambiaban dinero y los puestos de los que vendían palomas. ¹³«Escrito está —les dijo—: "Mi casa será llamada casa de oración";ᵏ pero ustedes la están convirtiendo en "cueva de ladrones".ˡ»

¹⁴Se le acercaron en el templo ciegos y cojos, y los sanó. ¹⁵Pero cuando los jefes de los sacerdotes y los *maestros de la ley vieron que hacía cosas maravillosas, y que los niños gritaban en el templo: «¡Hosanna al Hijo de David!», se indignaron.

¹⁶—¿Oyes lo que ésos están diciendo? —protestaron.

—Claro que sí —respondió Jesús—; ¿no han leído nunca:

Lord needs them, and he will send them right away."

⁴This took place to fulfill what was spoken through the prophet:

⁵"Say to the Daughter of Zion,
  'See, your king comes to you,
  gentle and riding on a donkey,
    on a colt, the foal of a donkey.'"ᵍ

⁶The disciples went and did as Jesus had instructed them. ⁷They brought the donkey and the colt, placed their cloaks on them, and Jesus sat on them. ⁸A very large crowd spread their cloaks on the road, while others cut branches from the trees and spread them on the road. ⁹The crowds that went ahead of him and those that followed shouted,

"Hosannaʰ to the Son of David!"

"Blessed is he who comes in the name of the Lord!"ⁱ

"Hosannaʲ in the highest!"

¹⁰When Jesus entered Jerusalem, the whole city was stirred and asked, "Who is this?"

¹¹The crowds answered, "This is Jesus, the prophet from Nazareth in Galilee."

Jesus at the Temple

¹²Jesus entered the temple area and drove out all who were buying and selling there. He overturned the tables of the money changers and the benches of those selling doves. ¹³"It is written," he said to them, "'My house will be called a house of prayer,'ᵏ but you are making it a 'den of robbers.'ˡ"

¹⁴The blind and the lame came to him at the temple, and he healed them. ¹⁵But when the chief priests and the teachers of the law saw the wonderful things he did and the children shouting in the temple area, "Hosanna to the Son of David," they were indignant.

¹⁶"Do you hear what these children are saying?" they asked him.

"Yes," replied Jesus, "have you never read,

ᵍ21:5 Zac 9:9   ʰ21:9 Expresión hebrea que significa «¡Salva!», y que llegó a ser una exclamación de alabanza; también en v. 15.   ⁱ21:9 Sal 118:26   ʲ21:12 Es decir, en el área general del templo; también en vv. 14,15,23.   ᵏ21:13 Is 56:7   ˡ21:13 Jer 7:11

ᵍ5 Zech. 9:9   ʰ9 A Hebrew expression meaning "Save!" which became an exclamation of praise; also in verse 15   ⁱ9 Psalm 118:26   ʲ9 A Hebrew expression meaning "Save!" which became an exclamation of praise; also in verse 15   ᵏ13 Isaiah 56:7   ˡ13 Jer. 7:11

»"En los labios de los pequeños
y de los niños de pecho
has puesto la perfecta alabanza"?*m*

17Entonces los dejó y, saliendo de la ciudad, se fue a pasar la noche en Betania.

Se seca la higuera

18Muy de mañana, cuando volvía a la ciudad, tuvo hambre. 19Al ver una higuera junto al camino, se acercó a ella, pero no encontró nada más que hojas.

—¡Nunca más vuelvas a dar fruto! —le dijo.

Y al instante se secó la higuera.

20Los discípulos se asombraron al ver esto.

—¿Cómo es que se secó la higuera tan pronto? —preguntaron ellos.

21—Les aseguro que si tienen fe y no dudan —les respondió Jesús—, no sólo harán lo que he hecho con la higuera, sino que podrán decirle a este monte: "¡Quítate de ahí y tírate al mar!", y así se hará. 22Si ustedes creen, recibirán todo lo que pidan en oración.

La autoridad de Jesús puesta en duda

23Jesús entró en el *templo y, mientras enseñaba, se le acercaron los jefes de los sacerdotes y los *ancianos del pueblo.

—¿Con qué autoridad haces esto? —lo interrogaron—. ¿Quién te dio esa autoridad?

24—Yo también voy a hacerles una pregunta. Si me la contestan, les diré con qué autoridad hago esto. 25El bautismo de Juan, ¿de dónde procedía? ¿Del cielo o de la tierra?*n*

Ellos se pusieron a discutir entre sí: «Si respondemos: "Del cielo", nos dirá: "Entonces, ¿por qué no le creyeron?" 26Pero si decimos: "De la tierra"… tememos al pueblo, porque todos consideran que Juan era un profeta.» Así que le respondieron a Jesús:

27—No lo sabemos.

—Pues yo tampoco les voy a decir con qué autoridad hago esto.

Parábola de los dos hijos

28»¿Qué les parece? —continuó Jesús—. Había un hombre que tenía dos hijos. Se dirigió al primero y le pidió: "Hijo, ve a trabajar hoy en el viñedo." 29"No quiero", contestó, pero después se *arrepintió y fue. 30Luego el padre se dirigió al otro hijo y le pidió lo mismo. Éste contestó: "Sí, señor"; pero no fue. 31¿Cuál de los dos hizo lo que su padre quería?

" 'From the lips of children and infants
you have ordained praise'*m*?"

17And he left them and went out of the city to Bethany, where he spent the night.

The Fig Tree Withers

18Early in the morning, as he was on his way back to the city, he was hungry. 19Seeing a fig tree by the road, he went up to it but found nothing on it except leaves. Then he said to it, "May you never bear fruit again!" Immediately the tree withered.

20When the disciples saw this, they were amazed. "How did the fig tree wither so quickly?" they asked.

21Jesus replied, "I tell you the truth, if you have faith and do not doubt, not only can you do what was done to the fig tree, but also you can say to this mountain, 'Go, throw yourself into the sea,' and it will be done. 22If you believe, you will receive whatever you ask for in prayer."

The Authority of Jesus Questioned

23Jesus entered the temple courts, and, while he was teaching, the chief priests and the elders of the people came to him. "By what authority are you doing these things?" they asked. "And who gave you this authority?"

24Jesus replied, "I will also ask you one question. If you answer me, I will tell you by what authority I am doing these things. 25John's baptism—where did it come from? Was it from heaven, or from men?"

They discussed it among themselves and said, "If we say, 'From heaven,' he will ask, 'Then why didn't you believe him?' 26But if we say, 'From men'—we are afraid of the people, for they all hold that John was a prophet."

27So they answered Jesus, "We don't know."

Then he said, "Neither will I tell you by what authority I am doing these things.

The Parable of the Two Sons

28"What do you think? There was a man who had two sons. He went to the first and said, 'Son, go and work today in the vineyard.'

29"I will not,' he answered, but later he changed his mind and went.

30"Then the father went to the other son and said the same thing. He answered, 'I will, sir,' but he did not go.

31"Which of the two did what his father wanted?"

---

*m*21:16 Sal 8:2   *n*21:25 *la tierra*. Lit. *los hombres*; también en v. 26.

*m*16 Psalm 8:2

—El primero —contestaron ellos.

Jesús les dijo:

—Les aseguro que los *recaudadores de impuestos y las prostitutas van delante de ustedes hacia el reino de Dios. 32Porque Juan fue enviado a ustedes a señalarles el camino de la justicia, y no le creyeron, pero los recaudadores de impuestos y las prostitutas sí le creyeron. E incluso después de ver esto, ustedes no se arrepintieron para creerle.

Parábola de los labradores malvados

33»Escuchen otra parábola: Había un propietario que plantó un viñedo. Lo cercó, cavó un lagar y construyó una torre de vigilancia. Luego arrendó el viñedo a unos labradores y se fue de viaje. 34Cuando se acercó el tiempo de la cosecha, mandó sus *siervos a los labradores para recibir de éstos lo que le correspondía. 35Los labradores agarraron a esos siervos; golpearon a uno, mataron a otro y apedrearon a un tercero. 36Después les mandó otros siervos, en mayor número que la primera vez, y también los maltrataron.

37»Por último, les mandó a su propio hijo, pensando: "¡A mi hijo sí lo respetarán!" 38Pero cuando los labradores vieron al hijo, se dijeron unos a otros: "Éste es el heredero. Matémoslo, para quedarnos con su herencia." 39Así que le echaron mano, lo arrojaron fuera del viñedo y lo mataron.

40»Ahora bien, cuando vuelva el dueño, ¿qué hará con esos labradores?

41—Hará que esos malvados tengan un fin miserable —respondieron—, y arrendará el viñedo a otros labradores que le den lo que le corresponde cuando llegue el tiempo de la cosecha.

42Les dijo Jesús:

—¿No han leído nunca en las Escrituras:

»"La piedra que desecharon los constructores
ha llegado a ser la piedra angular;
esto es obra del Señor,
y nos deja maravillados"?[n]

43»Por eso les digo que el reino de Dios se les quitará a ustedes y se le entregará a un pueblo que produzca los frutos del reino. 44El que caiga sobre esta piedra quedará despedazado, y si ella cae sobre alguien, lo hará polvo.[o]

45Cuando los jefes de los sacerdotes y los fariseos oyeron las parábolas de Jesús, se dieron cuenta de que hablaba de ellos. 46Buscaban la manera de arrestarlo, pero temían a la gente porque ésta lo consideraba un profeta.

"The first," they answered.

Jesus said to them, "I tell you the truth, the tax collectors and the prostitutes are entering the kingdom of God ahead of you. 32For John came to you to show you the way of righteousness, and you did not believe him, but the tax collectors and the prostitutes did. And even after you saw this, you did not repent and believe him.

The Parable of the Tenants

33"Listen to another parable: There was a landowner who planted a vineyard. He put a wall around it, dug a winepress in it and built a watchtower. Then he rented the vineyard to some farmers and went away on a journey. 34When the harvest time approached, he sent his servants to the tenants to collect his fruit.

35"The tenants seized his servants; they beat one, killed another, and stoned a third. 36Then he sent other servants to them, more than the first time, and the tenants treated them the same way. 37Last of all, he sent his son to them. 'They will respect my son,' he said.

38"But when the tenants saw the son, they said to each other, 'This is the heir. Come, let's kill him and take his inheritance.' 39So they took him and threw him out of the vineyard and killed him.

40"Therefore, when the owner of the vineyard comes, what will he do to those tenants?"

41"He will bring those wretches to a wretched end," they replied, "and he will rent the vineyard to other tenants, who will give him his share of the crop at harvest time."

42Jesus said to them, "Have you never read in the Scriptures:

"'The stone the builders rejected
has become the capstone[n];
the Lord has done this,
and it is marvelous in our eyes'[o]?

43"Therefore I tell you that the kingdom of God will be taken away from you and given to a people who will produce its fruit. 44He who falls on this stone will be broken to pieces, but he on whom it falls will be crushed."[p]

45When the chief priests and the Pharisees heard Jesus' parables, they knew he was talking about them. 46They looked for a way to arrest him, but they were afraid of the crowd because the people held that he was a prophet.

---

n21:42 Sal 118:22,23 o21:44 Var. no incluye v. 44.

n42 Or *cornerstone* o42 Psalm 118:22,23 p44 Some manuscripts do not have verse 44.

Parábola del banquete de bodas

22 Jesús volvió a hablarles en parábolas, y les dijo: 2«El reino de los cielos es como un rey que preparó un banquete de bodas para su hijo. 3Mandó a sus *siervos que llamaran a los invitados, pero éstos se negaron a asistir al banquete. 4Luego mandó a otros siervos y les ordenó: "Digan a los invitados que ya he preparado mi comida: Ya han matado mis bueyes y mis reses cebadas, y todo está listo. Vengan al banquete de bodas." 5Pero ellos no hicieron caso y se fueron: uno a su campo, otro a su negocio. 6Los demás agarraron a los siervos, los maltrataron y los mataron. 7El rey se enfureció. Mandó su ejército a destruir a los asesinos y a incendiar su ciudad. 8Luego dijo a sus siervos: "El banquete de bodas está preparado, pero los que invité no merecían venir. 9Vayan al cruce de los caminos e inviten al banquete a todos los que encuentren." 10Así que los siervos salieron a los caminos y reunieron a todos los que pudieron encontrar, buenos y malos, y se llenó de invitados el salón de bodas.

11»Cuando el rey entró a ver a los invitados, notó que allí había un hombre que no estaba vestido con el traje de boda. 12"Amigo, ¿cómo entraste aquí sin el traje de boda?", le dijo. El hombre se quedó callado. 13Entonces el rey dijo a los sirvientes: "Átenlo de pies y manos, y échenlo afuera, a la oscuridad, donde habrá llanto y rechinar de dientes." 14Porque muchos son los invitados, pero pocos los escogidos.»

El pago de impuestos al césar

15Entonces salieron los fariseos y tramaron cómo tenderle a Jesús una trampa con sus mismas palabras. 16Enviaron algunos de sus discípulos junto con los herodianos, los cuales le dijeron:

—Maestro, sabemos que eres un hombre íntegro y que enseñas el camino de Dios de acuerdo con la verdad. No te dejas influir por nadie porque no te fijas en las apariencias. 17Danos tu opinión: ¿Está permitido pagar impuestos al *césar o no?

18Conociendo sus malas intenciones, Jesús replicó:

—¡*Hipócritas! ¿Por qué me tienden *trampas? 19Muéstrenme la moneda para el impuesto. Y se la enseñaron.ᵖ

20—¿De quién son esta imagen y esta inscripción? —les preguntó.

21—Del césar —respondieron.

—Entonces denle al césar lo que es del césar y a Dios lo que es de Dios.

The Parable of the Wedding Banquet

22 Jesus spoke to them again in parables, saying: 2"The kingdom of heaven is like a king who prepared a wedding banquet for his son. 3He sent his servants to those who had been invited to the banquet to tell them to come, but they refused to come.

4"Then he sent some more servants and said, 'Tell those who have been invited that I have prepared my dinner: My oxen and fattened cattle have been butchered, and everything is ready. Come to the wedding banquet.'

5"But they paid no attention and went off—one to his field, another to his business. 6The rest seized his servants, mistreated them and killed them. 7The king was enraged. He sent his army and destroyed those murderers and burned their city.

8"Then he said to his servants, 'The wedding banquet is ready, but those I invited did not deserve to come. 9Go to the street corners and invite to the banquet anyone you find.' 10So the servants went out into the streets and gathered all the people they could find, both good and bad, and the wedding hall was filled with guests.

11"But when the king came in to see the guests, he noticed a man there who was not wearing wedding clothes. 12'Friend,' he asked, 'how did you get in here without wedding clothes?' The man was speechless.

13"Then the king told the attendants, 'Tie him hand and foot, and throw him outside, into the darkness, where there will be weeping and gnashing of teeth.'

14"For many are invited, but few are chosen."

Paying Taxes to Caesar

15Then the Pharisees went out and laid plans to trap him in his words. 16They sent their disciples to him along with the Herodians. "Teacher," they said, "we know you are a man of integrity and that you teach the way of God in accordance with the truth. You aren't swayed by men, because you pay no attention to who they are. 17Tell us then, what is your opinion? Is it right to pay taxes to Caesar or not?"

18But Jesus, knowing their evil intent, said, "You hypocrites, why are you trying to trap me? 19Show me the coin used for paying the tax." They brought him a denarius, 20and he asked them, "Whose portrait is this? And whose inscription?"

21"Caesar's," they replied.

Then he said to them, "Give to Caesar what is Caesar's, and to God what is God's."

ᵖ22:19 se la enseñaron. Lit. le trajeron un *denario.

22 Al oír esto, se quedaron asombrados. Así
que lo dejaron y se fueron.

El matrimonio en la resurrección

23 Ese mismo día los saduceos, que decían que
no hay resurrección, se le acercaron y le plantearon un problema:
24 —Maestro, Moisés nos enseñó que si un
hombre muere sin tener hijos, el hermano de ese
hombre tiene que casarse con la viuda para que
su hermano tenga descendencia. 25 Pues bien,
había entre nosotros siete hermanos. El primero
se casó y murió y, como no tuvo hijos, dejó la
esposa a su hermano. 26 Lo mismo les pasó al
segundo y al tercer hermano, y así hasta llegar
al séptimo. 27 Por último, murió la mujer. 28 Ahora bien, en la resurrección, ¿de cuál de los siete
será esposa esta mujer, ya que todos estuvieron
casados con ella?
29 Jesús les contestó:
—Ustedes andan equivocados porque desconocen las Escrituras y el poder de Dios. 30 En la
resurrección, las personas no se casarán ni serán
dadas en casamiento, sino que serán como los
ángeles que están en el cielo. 31 Pero en cuanto
a la resurrección de los muertos, ¿no han leído
lo que Dios les dijo a ustedes: 32 "Yo soy el Dios
de Abraham, de Isaac y de Jacob"?[q] Él no es
Dios de muertos, sino de vivos.
33 Al oír esto, la gente quedó admirada de su
enseñanza.

El mandamiento más importante

34 Los fariseos se reunieron al oír que Jesús
había hecho callar a los saduceos. 35 Uno de
ellos, *experto en la ley, le tendió una *trampa
con esta pregunta:
36 —Maestro, ¿cuál es el mandamiento más
importante de la ley?
37 —"Ama al Señor tu Dios con todo tu corazón, con todo tu ser y con toda tu mente"[r] —le
respondió Jesús—. 38 Éste es el primero y el más
importante de los mandamientos. 39 El segundo
se parece a éste: "Ama a tu prójimo como a ti
mismo."[s] 40 De estos dos mandamientos depen-
den toda la ley y los profetas.

¿De quién es hijo el Cristo?

41 Mientras estaban reunidos los fariseos,
Jesús les preguntó:
42 —¿Qué piensan ustedes acerca del *Cristo?
¿De quién es hijo?
—De David —le respondieron ellos.
43 —Entonces, ¿cómo es que David, hablando
por el Espíritu, lo llama "Señor"? Él afirma:

[q] **22:32** Éx 3:6 [r] **22:37** Dt 6:5 [s] **22:39** Lv 19:18

22 When they heard this, they were amazed. So
they left him and went away.

Marriage at the Resurrection

23 That same day the Sadducees, who say
there is no resurrection, came to him with a
question. 24 "Teacher," they said, "Moses told
us that if a man dies without having children,
his brother must marry the widow and have
children for him. 25 Now there were seven
brothers among us. The first one married and
died, and since he had no children, he left his
wife to his brother. 26 The same thing happened
to the second and third brother, right on down
to the seventh. 27 Finally, the woman died.
28 Now then, at the resurrection, whose wife
will she be of the seven, since all of them were
married to her?"
29 Jesus replied, "You are in error because
you do not know the Scriptures or the power
of God. 30 At the resurrection people will neither marry nor be given in marriage; they will
be like the angels in heaven. 31 But about the
resurrection of the dead—have you not read
what God said to you, 32 'I am the God of
Abraham, the God of Isaac, and the God of
Jacob'[q]? He is not the God of the dead but of
the living."
33 When the crowds heard this, they were astonished at his teaching.

The Greatest Commandment

34 Hearing that Jesus had silenced the Sadducees, the Pharisees got together. 35 One of them,
an expert in the law, tested him with this question:
36 "Teacher, which is the greatest commandment in the Law?" 37 Jesus replied: " 'Love the
Lord your God with all your heart and with all
your soul and with all your mind.'[r] 38 This is the
first and greatest commandment. 39 And the second is like it: 'Love your neighbor as yourself.'[s]
40 All the Law and the Prophets hang on these
two commandments."

Whose Son Is the Christ

41 While the Pharisees were gathered together,
Jesus asked them, 42 "What do you think about
the Christ[t]? Whose son is he?"
"The son of David," they replied.
43 He said to them, "How is it then that David,
speaking by the Spirit, calls him 'Lord'? For he
says,

[q] *32* Exodus 3:6 [r] *37* Deut. 6:5 [s] *39* Lev. 19:18
[t] *42* Or *Messiah*

44»"Dijo el Señor a mi Señor:
　'Siéntate a mi *derecha,
　hasta que ponga a tus enemigos
　debajo de tus pies.' " *t*

45Si David lo llama "Señor", ¿cómo puede entonces ser su hijo?

46Nadie pudo responderle ni una sola palabra, y desde ese día ninguno se atrevía a hacerle más preguntas.

Jesús denuncia a los fariseos y a los maestros de la ley

23 Después de esto, Jesús dijo a la gente y a sus discípulos: 2«Los *maestros de la ley y los fariseos tienen la responsabilidad de interpretar a Moisés.*u* 3Así que ustedes deben obedecerlos y hacer todo lo que les digan. Pero no hagan lo que hacen ellos, porque no practican lo que predican. 4Atan cargas pesadas y las ponen sobre la espalda de los demás, pero ellos mismos no están dispuestos a mover ni un dedo para levantarlas.

5»Todo lo hacen para que la gente los vea: Usan filacterias grandes y adornan sus ropas con borlas vistosas;*v* 6se mueren por el lugar de honor en los banquetes y los primeros asientos en las sinagogas, 7y porque la gente los salude en las plazas y los llame "Rabí".

8»Pero no permitan que a ustedes se les llame "Rabí", porque tienen un solo Maestro y todos ustedes son hermanos. 9Y no llamen "padre" a nadie en la tierra, porque ustedes tienen un solo Padre, y él está en el cielo. 10Ni permitan que los llamen "maestro", porque tienen un solo Maestro, el *Cristo. 11El más importante entre ustedes será siervo de los demás. 12Porque el que a sí mismo se enaltece será humillado, y el que se humilla será enaltecido.

13»¡Ay de ustedes, maestros de la ley y fariseos, *hipócritas! Les cierran a los demás el reino de los cielos, y ni entran ustedes ni dejan entrar a los que intentan hacerlo.*w*

15»¡Ay de ustedes, maestros de la ley y fariseos, hipócritas! Recorren tierra y mar para ganar un solo adepto, y cuando lo han logrado lo hacen dos veces más merecedor del infierno*x* que ustedes.

44 " 'The Lord said to my Lord:
　"Sit at my right hand
　until I put your enemies
　under your feet." ' *u*

45If then David calls him 'Lord,' how can he be his son?" 46No one could say a word in reply, and from that day on no one dared to ask him any more questions.

Seven Woes

23 Then Jesus said to the crowds and to his disciples: 2"The teachers of the law and the Pharisees sit in Moses' seat. 3So you must obey them and do everything they tell you. But do not do what they do, for they do not practice what they preach. 4They tie up heavy loads and put them on men's shoulders, but they themselves are not willing to lift a finger to move them.

5"Everything they do is done for men to see: They make their phylacteries*v* wide and the tassels on their garments long; 6they love the place of honor at banquets and the most important seats in the synagogues; 7they love to be greeted in the marketplaces and to have men call them 'Rabbi.'

8"But you are not to be called 'Rabbi,' for you have only one Master and you are all brothers. 9And do not call anyone on earth 'father,' for you have one Father, and he is in heaven. 10Nor are you to be called 'teacher,' for you have one Teacher, the Christ.*w* 11The greatest among you will be your servant. 12For whoever exalts himself will be humbled, and whoever humbles himself will be exalted.

13"Woe to you, teachers of the law and Pharisees, you hypocrites! You shut the kingdom of heaven in men's faces. You yourselves do not enter, nor will you let those enter who are trying to.*x*

15"Woe to you, teachers of the law and Pharisees, you hypocrites! You travel over land and sea to win a single convert, and when he becomes one, you make him twice as much a son of hell as you are.

---

t 22:44 Sal 110:1   *u* 23:2 *tienen ... Moisés.* Lit. *se sientan en la cátedra de Moisés.*   *v* 23:5 *Usan ... vistosas.* Lit. *Ensanchan sus filacterias y engrandecen las borlas.* Las filacterias eran pequeñas cajas en las que llevaban textos de las Escrituras en la frente y en los brazos; las borlas simbolizaban obediencia a los mandamientos (véanse Nm 15:38-39; Dt 6:8; 11:18).   *w* 23:13 *hacerlo.* Var. *hacerlo.* 23:13 *hacerlo.* Var. *hacerlo.* 14 *¡Ay de ustedes, maestros de la ley y fariseos, hipócritas! Ustedes devoran las casas de las viudas y por las apariencias hacen largas plegarias. Por esto se les castigará con más severidad.*   *x* 23:15 *merecedor del infierno.* Lit. *hijo de la* *Gehenna.*

u 44 Psalm 110:1   *v* 5 That is, boxes containing Scripture verses, worn on forehead and arm   *w* 10 Or *Messiah*   *x* 13 Some manuscripts *to.* 14 *Woe to you, teachers of the law and Pharisees, you hypocrites! You devour widows' houses and for a show make lengthy prayers. Therefore you will be punished more severely.*

¹⁶»¡Ay de ustedes, guías ciegos!, que dicen: "Si alguien jura por el templo, no significa nada; pero si jura por el oro del templo, queda obligado por su juramento." ¹⁷¡Ciegos insensatos! ¿Qué es más importante: el oro, o el templo que hace sagrado al oro? ¹⁸También dicen ustedes: "Si alguien jura por el altar, no significa nada; pero si jura por la ofrenda que está sobre él, queda obligado por su juramento." ¹⁹¡Ciegos! ¿Qué es más importante: la ofrenda, o el altar que hace sagrada la ofrenda? ²⁰Por tanto, el que jura por el altar, jura no sólo por el altar sino por todo lo que está sobre él. ²¹El que jura por el templo, jura no sólo por el templo sino por quien habita en él. ²²Y el que jura por el cielo, jura por el trono de Dios y por aquel que lo ocupa.

²³»¡Ay de ustedes, maestros de la ley y fariseos, hipócritas! Dan la décima parte de sus especias: la menta, el anís y el comino. Pero han descuidado los asuntos más importantes de la ley, tales como la justicia, la misericordia y la *fidelidad. Debían haber practicado esto sin descuidar aquello. ²⁴¡Guías ciegos! Cuelan el mosquito pero se tragan el camello.

²⁵»¡Ay de ustedes, maestros de la ley y fariseos, hipócritas! *Limpian el exterior del vaso y del plato, pero por dentro están llenos de robo y de desenfreno. ²⁶¡Fariseo ciego! Limpia primero por dentro el vaso y el plato, y así quedará limpio también por fuera.

²⁷»¡Ay de ustedes, maestros de la ley y fariseos, hipócritas!, que son como sepulcros blanqueados. Por fuera lucen hermosos pero por dentro están llenos de huesos de muertos y de podredumbre. ²⁸Así también ustedes, por fuera dan la impresión de ser justos pero por dentro están llenos de hipocresía y de maldad.

²⁹»¡Ay de ustedes, maestros de la ley y fariseos, hipócritas! Construyen sepulcros para los profetas y adornan los monumentos de los justos. ³⁰Y dicen: "Si hubiéramos vivido nosotros en los días de nuestros antepasados, no habríamos sido cómplices de ellos para derramar la sangre de los profetas." ³¹Pero así quedan implicados ustedes al declararse descendientes de los que asesinaron a los profetas. ³²¡Completen de una vez por todas lo que sus antepasados comenzaron!

³³»¡Serpientes! ¡Camada de víboras! ¿Cómo escaparán ustedes de la condenación del infierno?ʸ ³⁴Por eso yo les voy a enviar profetas, sabios y maestros. A algunos de ellos ustedes los matarán y crucificarán; a otros los azotarán en sus sinagogas y los perseguirán de pueblo en pueblo. ³⁵Así recaerá sobre ustedes la culpa de

---

¹⁶"Woe to you, blind guides! You say, 'If anyone swears by the temple, it means nothing; but if anyone swears by the gold of the temple, he is bound by his oath.' ¹⁷You blind fools! Which is greater: the gold, or the temple that makes the gold sacred? ¹⁸You also say, 'If anyone swears by the altar, it means nothing; but if anyone swears by the gift on it, he is bound by his oath.' ¹⁹You blind men! Which is greater: the gift, or the altar that makes the gift sacred? ²⁰Therefore, he who swears by the altar swears by it and by everything on it. ²¹And he who swears by the temple swears by it and by the one who dwells in it. ²²And he who swears by heaven swears by God's throne and by the one who sits on it.

²³"Woe to you, teachers of the law and Pharisees, you hypocrites! You give a tenth of your spices—mint, dill and cummin. But you have neglected the more important matters of the law—justice, mercy and faithfulness. You should have practiced the latter, without neglecting the former. ²⁴You blind guides! You strain out a gnat but swallow a camel.

²⁵"Woe to you, teachers of the law and Pharisees, you hypocrites! You clean the outside of the cup and dish, but inside they are full of greed and self-indulgence. ²⁶Blind Pharisee! First clean the inside of the cup and dish, and then the outside also will be clean.

²⁷"Woe to you, teachers of the law and Pharisees, you hypocrites! You are like whitewashed tombs, which look beautiful on the outside but on the inside are full of dead men's bones and everything unclean. ²⁸In the same way, on the outside you appear to people as righteous but on the inside you are full of hypocrisy and wickedness.

²⁹"Woe to you, teachers of the law and Pharisees, you hypocrites! You build tombs for the prophets and decorate the graves of the righteous. ³⁰And you say, 'If we had lived in the days of our forefathers, we would not have taken part with them in shedding the blood of the prophets.' ³¹So you testify against yourselves that you are the descendants of those who murdered the prophets. ³²Fill up, then, the measure of the sin of your forefathers!

³³"You snakes! You brood of vipers! How will you escape being condemned to hell? ³⁴Therefore I am sending you prophets and wise men and teachers. Some of them you will kill and crucify; others you will flog in your synagogues and pursue from town to town. ³⁵And so upon you will come all the

---

ʸ 23:33 *del infierno*. Lit. *de la *Gehenna.*

toda la sangre justa que ha sido derramada sobre la tierra, desde la sangre del justo Abel hasta la de Zacarías, hijo de Berequías, a quien ustedes asesinaron entre el *santuario y el altar de los sacrificios. 36Les aseguro que todo esto vendrá sobre esta generación.

37»¡Jerusalén, Jerusalén, que matas a los profetas y apedreas a los que se te envían! ¡Cuántas veces quise reunir a tus hijos, como reúne la gallina a sus pollitos debajo de sus alas, pero no quisiste! 38Pues bien, la casa de ustedes va a quedar abandonada. 39Y les advierto que ya no volverán a verme hasta que digan: "¡Bendito el que viene en el nombre del Señor!" z»

Señales del fin del mundo

24 Jesús salió del *templo y, mientras caminaba, se le acercaron sus discípulos y le mostraron los edificios del templo.

2Pero él les dijo:

—¿Ven todo esto? Les aseguro que no quedará piedra sobre piedra, pues todo será derribado.

3Más tarde estaba Jesús sentado en el monte de los Olivos, cuando llegaron los discípulos y le preguntaron en privado:

—¿Cuándo sucederá eso, y cuál será la señal de tu venida y del fin del mundo?

4—Tengan cuidado de que nadie los engañe —les advirtió Jesús—. 5Vendrán muchos que, usando mi nombre, dirán: "Yo soy el *Cristo", y engañarán a muchos. 6Ustedes oirán de guerras y de rumores de guerras, pero procuren no alarmarse. Es necesario que eso suceda, pero no será todavía el fin. 7Se levantará nación contra nación, y reino contra reino. Habrá hambres y terremotos por todas partes. 8Todo esto será apenas el comienzo de los dolores.

9»Entonces los entregarán a ustedes para que los persigan y los maten, y los odiarán todas las *naciones por causa de mi nombre. 10En aquel tiempo muchos se apartarán de la fe; unos a otros se traicionarán y se odiarán; 11y surgirá un gran número de falsos profetas que engañarán a muchos. 12Habrá tanta maldad que el amor de muchos se enfriará, 13pero el que se mantenga firme hasta el fin será salvo. 14Y este *evangelio del reino se predicará en todo el mundo como testimonio a todas las naciones, y entonces vendrá el fin.

15»Así que cuando vean en el lugar santo "el horrible sacrilegio",a de la que habló el profeta Daniel (el que lee, que lo entienda), 16los que estén en Judea huyan a las montañas. 17El que esté en la azotea no baje a

righteous blood that has been shed on earth, from the blood of righteous Abel to the blood of Zechariah son of Berekiah, whom you murdered between the temple and the altar. 36I tell you the truth, all this will come upon this generation.

37"O Jerusalem, Jerusalem, you who kill the prophets and stone those sent to you, how often I have longed to gather your children together, as a hen gathers her chicks under her wings, but you were not willing. 38Look, your house is left to you desolate. 39For I tell you, you will not see me again until you say, 'Blessed is he who comes in the name of the Lord.'y"

Signs of the End of the Age

24 Jesus left the temple and was walking away when his disciples came up to him to call his attention to its buildings. 2"Do you see all these things?" he asked. "I tell you the truth, not one stone here will be left on another; every one will be thrown down."

3As Jesus was sitting on the Mount of Olives, the disciples came to him privately. "Tell us," they said, "when will this happen, and what will be the sign of your coming and of the end of the age?"

4Jesus answered: "Watch out that no one deceives you. 5For many will come in my name, claiming, 'I am the Christ,z' and will deceive many. 6You will hear of wars and rumors of wars, but see to it that you are not alarmed. Such things must happen, but the end is still to come. 7Nation will rise against nation, and kingdom against kingdom. There will be famines and earthquakes in various places. 8All these are the beginning of birth pains.

9"Then you will be handed over to be persecuted and put to death, and you will be hated by all nations because of me. 10At that time many will turn away from the faith and will betray and hate each other, 11and many false prophets will appear and deceive many people. 12Because of the increase of wickedness, the love of most will grow cold, 13but he who stands firm to the end will be saved. 14And this gospel of the kingdom will be preached in the whole world as a testimony to all nations, and then the end will come.

15"So when you see standing in the holy place 'the abomination that causes desolation,'a spoken of through the prophet Daniel—let the reader understand— 16then let those who are in Judea flee to the mountains. 17Let no one on the roof of his house go down to take anything out

---

z23:39 Sal 118:26   a24:15 el horrible sacrilegio. Lit. la abominación de la desolación; Dn 9:27; 11:31; 12:11.

y39 Psalm 118:26   z5 Or Messiah; also in verse 23
a15 Daniel 9:27; 11:31; 12:11

llevarse nada de su casa. ¹⁸Y el que esté en el campo no regrese para buscar su capa. ¹⁹¡Qué terrible será en aquellos días para las que estén embarazadas o amamantando! ²⁰Oren para que su huida no suceda en invierno ni en *sábado. ²¹Porque habrá una gran tribulación, como no la ha habido desde el principio del mundo hasta ahora, ni la habrá jamás. ²²Si no se acortaran esos días, nadie sobreviviría, pero por causa de los elegidos se acortarán. ²³Entonces, si alguien les dice a ustedes: "¡Miren, aquí está el Cristo!" o "¡Allí está!", no lo crean. ²⁴Porque surgirán falsos Cristos y falsos profetas que harán grandes señales y milagros para engañar, de ser posible, aun a los elegidos. ²⁵Fíjense que se lo he dicho a ustedes de antemano.

²⁶»Por eso, si les dicen: "¡Miren que está en el desierto!", no salgan; o: "¡Miren que está en la casa!", no lo crean. ²⁷Porque así como el relámpago que sale del oriente se ve hasta en el occidente, así será la venida del Hijo del hombre. ²⁸Donde esté el cadáver, allí se reunirán los buitres.

²⁹»Inmediatamente después de la tribulación de aquellos días,

> »"se oscurecerá el sol
>   y no brillará más la luna;
> las estrellas caerán del cielo
>   y los cuerpos celestes serán sacudidos".ᵇ

³⁰»La señal del Hijo del hombre aparecerá en el cielo, y se angustiarán todas las razas de la tierra. Verán al Hijo del hombre venir sobre las nubes del cielo con poder y gran gloria. ³¹Y al sonido de la gran trompeta mandará a sus ángeles, y reunirán de los cuatro vientos a los elegidos, de un extremo al otro del cielo.

³²»Aprendan de la higuera esta lección: Tan pronto como se ponen tiernas sus ramas y brotan sus hojas, ustedes saben que el verano está cerca. ³³Igualmente, cuando vean todas estas cosas, sepan que el tiempo está cerca, a las puertas. ³⁴Les aseguro que no pasará esta generación hasta que todas estas cosas sucedan. ³⁵El cielo y la tierra pasarán, pero mis palabras jamás pasarán.

Se desconocen el día y la hora

³⁶»Pero en cuanto al día y la hora, nadie lo sabe, ni siquiera los ángeles en el cielo, ni el Hijo,ᶜ sino sólo el Padre. ³⁷La venida del Hijo del hombre será como en tiempos de Noé. ³⁸Porque en los días antes del diluvio

of the house. ¹⁸Let no one in the field go back to get his cloak. ¹⁹How dreadful it will be in those days for pregnant women and nursing mothers! ²⁰Pray that your flight will not take place in winter or on the Sabbath. ²¹For then there will be great distress, unequaled from the beginning of the world until now—and never to be equaled again. ²²If those days had not been cut short, no one would survive, but for the sake of the elect those days will be shortened. ²³At that time if anyone says to you, 'Look, here is the Christ!' or, 'There he is!' do not believe it. ²⁴For false Christs and false prophets will appear and perform great signs and miracles to deceive even the elect—if that were possible. ²⁵See, I have told you ahead of time.

²⁶"So if anyone tells you, 'There he is, out in the desert,' do not go out; or, 'Here he is, in the inner rooms,' do not believe it. ²⁷For as lightning that comes from the east is visible even in the west, so will be the coming of the Son of Man. ²⁸Wherever there is a carcass, there the vultures will gather.

²⁹"Immediately after the distress of those days

> " 'the sun will be darkened,
>   and the moon will not give its light;
> the stars will fall from the sky,
>   and the heavenly bodies will be shaken.'ᵇ

³⁰"At that time the sign of the Son of Man will appear in the sky, and all the nations of the earth will mourn. They will see the Son of Man coming on the clouds of the sky, with power and great glory. ³¹And he will send his angels with a loud trumpet call, and they will gather his elect from the four winds, from one end of the heavens to the other.

³²"Now learn this lesson from the fig tree: As soon as its twigs get tender and its leaves come out, you know that summer is near. ³³Even so, when you see all these things, you know that itᶜ is near, right at the door. ³⁴I tell you the truth, this generationᵈ will certainly not pass away until all these things have happened. ³⁵Heaven and earth will pass away, but my words will never pass away.

The Day and Hour Unknown

³⁶"No one knows about that day or hour, not even the angels in heaven, nor the Son,ᵉ but only the Father. ³⁷As it was in the days of Noah, so it will be at the coming of the Son of Man. ³⁸For in the days before the flood, people were eating and

---

ᵇ24:29 Is 13:10; 34:4   ᶜ24:36 Var. no incluye: ni el Hijo.

ᵇ29 Isaiah 13:10; 34:4   ᶜ33 Or he   ᵈ34 Or race
ᵉ36 Some manuscripts do not have nor the Son.

comían, bebían y se casaban y daban en casamiento, hasta el día en que Noé entró en el
arca; 39y no supieron nada de lo que sucedería
hasta que llegó el diluvio y se los llevó a todos. Así será en la venida del Hijo del hombre. 40Estarán dos hombres en el campo: uno
será llevado y el otro será dejado. 41Dos mujeres estarán moliendo: una será llevada y la
otra será dejada.

42»Por lo tanto, manténganse despiertos, porque no saben qué día vendrá su Señor. 43Pero
entiendan esto: Si un dueño de casa supiera a qué
hora de la noche va a llegar el ladrón, se man-
tendría despierto para no dejarlo forzar la entrada. 44Por eso también ustedes deben estar preparados, porque el Hijo del hombre vendrá
cuando menos lo esperen.

45»¿Quién es el *siervo fiel y prudente a
quien su señor ha dejado encargado de los
sirvientes para darles la comida a su debido
tiempo? 46*Dichoso el siervo cuando su señor,
al regresar, lo encuentra cumpliendo con su
deber. 47Les aseguro que lo pondrá a cargo de
todos sus bienes. 48Pero ¿qué tal si ese siervo
malo se pone a pensar: "Mi señor se está de-
morando", 49y luego comienza a golpear a sus
compañeros, y a comer y beber con los borrachos? 50El día en que el siervo menos lo espere
y a la hora menos pensada el señor volverá.
51Lo castigará severamente y le impondrá la
condena que reciben los *hipócritas. Y habrá
llanto y rechinar de dientes.

Parábola de las diez jóvenes

25 »El reino de los cielos será entonces
como diez jóvenes solteras que tomaron sus lámparas y salieron a recibir al novio.
2Cinco de ellas eran insensatas y cinco prudentes. 3Las insensatas llevaron sus lámparas,
pero no se abastecieron de aceite. 4En cambio,
las prudentes llevaron vasijas de aceite junto
con sus lámparas. 5Y como el novio tardaba
en llegar, a todas les dio sueño y se durmieron.
6A medianoche se oyó un grito: "¡Ahí viene
el novio! ¡Salgan a recibirlo!" 7Entonces todas las jóvenes se despertaron y se pusieron a
preparar sus lámparas. 8Las insensatas dijeron
a las prudentes: "Dennos un poco de su aceite
porque nuestras lámparas se están apagando."
9"No —respondieron éstas—, porque así no
va a alcanzar ni para nosotras ni para ustedes.
Es mejor que vayan a los que venden aceite,
y compren para ustedes mismas." 10Pero
mientras iban a comprar el aceite llegó el novio, y las jóvenes que estaban preparadas entraron con él al banquete de bodas. Y se cerró
la puerta. 11Después llegaron también las
otras. "¡Señor! ¡Señor! —suplicaban—.

drinking, marrying and giving in marriage, up to
the day Noah entered the ark; 39and they knew
nothing about what would happen until the flood
came and took them all away. That is how it will
be at the coming of the Son of Man. 40Two men
will be in the field; one will be taken and the other
left. 41Two women will be grinding with a hand
mill; one will be taken and the other left.

42"Therefore keep watch, because you do not
know on what day your Lord will come. 43But
understand this: If the owner of the house had
known at what time of night the thief was coming, he would have kept watch and would not
have let his house be broken into. 44So you also
must be ready, because the Son of Man will
come at an hour when you do not expect him.

45"Who then is the faithful and wise servant,
whom the master has put in charge of the servants in his household to give them their food at
the proper time? 46It will be good for that servant
whose master finds him doing so when he returns. 47I tell you the truth, he will put him in
charge of all his possessions. 48But suppose that
servant is wicked and says to himself, 'My
master is staying away a long time,' 49and he
then begins to beat his fellow servants and to eat
and drink with drunkards. 50The master of that
servant will come on a day when he does not
expect him and at an hour he is not aware of.
51He will cut him to pieces and assign him a
place with the hypocrites, where there will be
weeping and gnashing of teeth.

The Parable of the Ten Virgins

25 "At that time the kingdom of heaven
will be like ten virgins who took their
lamps and went out to meet the bridegroom.
2Five of them were foolish and five were wise.
3The foolish ones took their lamps but did not
take any oil with them. 4The wise, however,
took oil in jars along with their lamps. 5The
bridegroom was a long time in coming, and they
all became drowsy and fell asleep.

6"At midnight the cry rang out: 'Here's the
bridegroom! Come out to meet him!'

7"Then all the virgins woke up and trimmed
their lamps. 8The foolish ones said to the wise,
'Give us some of your oil; our lamps are going
out.'

9"'No,' they replied, 'there may not be
enough for both us and you. Instead, go to those
who sell oil and buy some for yourselves.'

10"But while they were on their way to buy
the oil, the bridegroom arrived. The virgins who
were ready went in with him to the wedding
banquet. And the door was shut.

11"Later the others also came. 'Sir! Sir!' they
said. 'Open the door for us!'

¡Ábrenos la puerta!" ¹²"¡No, no las conozco!", respondió él.

¹³»Por tanto —agregó Jesús—, manténganse despiertos porque no saben ni el día ni la hora.

Parábola de las monedas de oro

¹⁴»El reino de los cielos será también como un hombre que, al emprender un viaje, llamó a sus *siervos y les encargó sus bienes. ¹⁵A uno le dio cinco mil monedas de oro,ᵈ a otro dos mil y a otro sólo mil, a cada uno según su capacidad. Luego se fue de viaje. ¹⁶El que había recibido las cinco mil fue en seguida y negoció con ellas y ganó otras cinco mil. ¹⁷Así mismo, el que recibió dos mil ganó otras dos mil. ¹⁸Pero el que había recibido mil fue, cavó un hoyo en la tierra y escondió el dinero de su señor.

¹⁹»Después de mucho tiempo volvió el señor de aquellos siervos y arregló cuentas con ellos. ²⁰El que había recibido las cinco mil monedas llegó con las otras cinco mil. "Señor —dijo—, usted me encargó cinco mil monedas. Mire, he ganado otras cinco mil." ²¹Su señor le respondió: "¡Hiciste bien, siervo bueno y fiel! En lo poco has sido fiel; te pondré a cargo de mucho más. ¡Ven a compartir la felicidad de tu señor!" ²²Llegó también el que recibió dos mil monedas. "Señor —informó—, usted me encargó dos mil monedas. Mire, he ganado otras dos mil." ²³Su señor le respondió: "¡Hiciste bien, siervo bueno y fiel! Has sido fiel en lo poco; te pondré a cargo de mucho más. ¡Ven a compartir la felicidad de tu señor!"

²⁴»Después llegó el que había recibido sólo mil monedas. "Señor —explicó—, yo sabía que usted es un hombre duro, que cosecha donde no ha sembrado y recoge donde no ha esparcido. ²⁵Así que tuve miedo, y fui y escondí su dinero en la tierra. Mire, aquí tiene lo que es suyo." ²⁶Pero su señor le contestó: "¡Siervo malo y perezoso! ¿Así que sabías que cosecho donde no he sembrado y recojo donde no he esparcido? ²⁷Pues debías haber depositado mi dinero en el banco, para que a mi regreso lo hubiera recibido con intereses.

²⁸»"Quítenle las mil monedas y dénselas al que tiene las diez mil. ²⁹Porque a todo el que tiene, se le dará más, y tendrá en abundancia. Al que no tiene se le quitará hasta lo que tiene. ³⁰Y a ese siervo inútil échenlo afuera, a la

---

¹²"But he replied, 'I tell you the truth, I don't know you.'

¹³"Therefore keep watch, because you do not know the day or the hour.

The Parable of the Talents

¹⁴"Again, it will be like a man going on a journey, who called his servants and entrusted his property to them. ¹⁵To one he gave five talentsᶠ of money, to another two talents, and to another one talent, each according to his ability. Then he went on his journey. ¹⁶The man who had received the five talents went at once and put his money to work and gained five more. ¹⁷So also, the one with the two talents gained two more. ¹⁸But the man who had received the one talent went off, dug a hole in the ground and hid his master's money.

¹⁹"After a long time the master of those servants returned and settled accounts with them. ²⁰The man who had received the five talents brought the other five. 'Master,' he said, 'you entrusted me with five talents. See, I have gained five more.'

²¹"His master replied, 'Well done, good and faithful servant! You have been faithful with a few things; I will put you in charge of many things. Come and share your master's happiness!'

²²"The man with the two talents also came. 'Master,' he said, 'you entrusted me with two talents; see, I have gained two more.'

²³"His master replied, 'Well done, good and faithful servant! You have been faithful with a few things; I will put you in charge of many things. Come and share your master's happiness!'

²⁴"Then the man who had received the one talent came. 'Master,' he said, 'I knew that you are a hard man, harvesting where you have not sown and gathering where you have not scattered seed. ²⁵So I was afraid and went out and hid your talent in the ground. See, here is what belongs to you.'

²⁶"His master replied, 'You wicked, lazy servant! So you knew that I harvest where I have not sown and gather where I have not scattered seed? ²⁷Well then, you should have put my money on deposit with the bankers, so that when I returned I would have received it back with interest.

²⁸"'Take the talent from him and give it to the one who has the ten talents. ²⁹For everyone who has will be given more, and he will have an abundance. Whoever does not have, even what he has will be taken from him. ³⁰And throw that worthless servant outside, into the darkness,

---

ᵈ25:15 *cinco mil monedas de oro.* Lit. *cinco *talentos* (y así sucesivamente en el resto de este pasaje).

ᶠ15 A talent was worth more than a thousand dollars.

oscuridad, donde habrá llanto y rechinar de dientes."

Las ovejas y las cabras

31»Cuando el Hijo del hombre venga en su gloria, con todos sus ángeles, se sentará en su trono glorioso. **32**Todas las naciones se reunirán delante de él, y él separará a unos de otros, como separa el pastor las ovejas de las cabras. **33**Pondrá las ovejas a su *derecha, y las cabras a su izquierda.

34»Entonces dirá el Rey a los que estén a su derecha: "Vengan ustedes, a quienes mi Padre ha bendecido; reciban su herencia, el reino preparado para ustedes desde la creación del mundo. **35**Porque tuve hambre, y ustedes me dieron de comer; tuve sed, y me dieron de beber; fui forastero, y me dieron alojamiento; **36**necesité ropa, y me vistieron; estuve enfermo, y me atendieron; estuve en la cárcel, y me visitaron." **37**Y le contestarán los justos: "Señor, ¿cuándo te vimos hambriento y te alimentamos, o sediento y te dimos de beber? **38**¿Cuándo te vimos como forastero y te dimos alojamiento, o necesitado de ropa y te vestimos? **39**¿Cuándo te vimos enfermo o en la cárcel y te visitamos?" **40**El Rey les responderá: "Les aseguro que todo lo que hicieron por uno de mis hermanos, aun por el más pequeño, lo hicieron por mí."

41»Luego dirá a los que estén a su izquierda: "Apártense de mí, malditos, al fuego eterno preparado para el diablo y sus ángeles. **42**Porque tuve hambre, y ustedes no me dieron nada de comer; tuve sed, y no me dieron nada de beber; **43**fui forastero, y no me dieron alojamiento; necesité ropa, y no me vistieron; estuve enfermo y en la cárcel, y no me atendieron." **44**Ellos también le contestarán: "Señor, ¿cuándo te vimos hambriento o sediento, o como forastero, o necesitado de ropa, o enfermo, o en la cárcel, y no te ayudamos?" **45**Él les responderá: "Les aseguro que todo lo que no hicieron por el más pequeño de mis hermanos, tampoco lo hicieron por mí."

46»Aquéllos irán al castigo eterno, y los justos a la vida eterna.

La conspiración contra Jesús

26 Después de exponer todas estas cosas, Jesús les dijo a sus discípulos: **2**«Como ya saben, faltan dos días para la Pascua, y el Hijo del hombre será entregado para que lo crucifiquen.»

3Se reunieron entonces los jefes de los sacerdotes y los *ancianos del pueblo en el palacio de Caifás, el sumo sacerdote, **4**y con artimañas buscaban cómo arrestar a Jesús para matarlo. **5**«Pero no durante la fiesta —decían—, no sea que se amotine el pueblo.»

where there will be weeping and gnashing of teeth.'

The Sheep and the Goats

31"When the Son of Man comes in his glory, and all the angels with him, he will sit on his throne in heavenly glory. **32**All the nations will be gathered before him, and he will separate the people one from another as a shepherd separates the sheep from the goats. **33**He will put the sheep on his right and the goats on his left.

34"Then the King will say to those on his right, 'Come, you who are blessed by my Father; take your inheritance, the kingdom prepared for you since the creation of the world. **35**For I was hungry and you gave me something to eat, I was thirsty and you gave me something to drink, I was a stranger and you invited me in, **36**I needed clothes and you clothed me, I was sick and you looked after me, I was in prison and you came to visit me.'

37"Then the righteous will answer him, 'Lord, when did we see you hungry and feed you, or thirsty and give you something to drink? **38**When did we see you a stranger and invite you in, or needing clothes and clothe you? **39**When did we see you sick or in prison and go to visit you?'

40"The King will reply, 'I tell you the truth, whatever you did for one of the least of these brothers of mine, you did for me.'

41"Then he will say to those on his left, 'Depart from me, you who are cursed, into the eternal fire prepared for the devil and his angels. **42**For I was hungry and you gave me nothing to eat, I was thirsty and you gave me nothing to drink, **43**I was a stranger and you did not invite me in, I needed clothes and you did not clothe me, I was sick and in prison and you did not look after me.'

44"They also will answer, 'Lord, when did we see you hungry or thirsty or a stranger or needing clothes or sick or in prison, and did not help you?'

45"He will reply, 'I tell you the truth, whatever you did not do for one of the least of these, you did not do for me.'

46"Then they will go away to eternal punishment, but the righteous to eternal life."

The Plot Against Jesus

26 When Jesus had finished saying all these things, he said to his disciples, **2**"As you know, the Passover is two days away—and the Son of Man will be handed over to be crucified."

3Then the chief priests and the elders of the people assembled in the palace of the high priest, whose name was Caiaphas, **4**and they plotted to arrest Jesus in some sly way and kill him. **5**"But not during the Feast," they said, "or there may be a riot among the people."

Una mujer unge a Jesús en Betania

6Estando Jesús en Betania, en casa de Simón llamado el Leproso, **7**se acercó una mujer con un frasco de alabastro lleno de un perfume muy caro, y lo derramó sobre la cabeza de Jesús mientras él estaba *sentado a la mesa.

8Al ver esto, los discípulos se indignaron. —¿Para qué este desperdicio? —dijeron—. **9**Podía haberse vendido este perfume por mucho dinero para darlo a los pobres.

10Consciente de ello, Jesús les dijo:

—¿Por qué molestan a esta mujer? Ella ha hecho una obra hermosa conmigo. **11**A los pobres siempre los tendrán con ustedes, pero a mí no me van a tener siempre. **12**Al derramar ella este perfume sobre mi cuerpo, lo hizo a fin de prepararme para la sepultura. **13**Les aseguro que en cualquier parte del mundo donde se predique este *evangelio, se contará también, en memoria de esta mujer, lo que ella hizo.

Judas acuerda traicionar a Jesús

14Uno de los doce, el que se llamaba Judas Iscariote, fue a ver a los jefes de los sacerdotes. **15**—¿Cuánto me dan, y yo les entrego a Jesús? —les propuso.

Decidieron pagarle treinta monedas de plata. **16**Y desde entonces Judas buscaba una oportunidad para entregarlo.

La Cena del Señor

17El primer día de la fiesta de los Panes sin levadura, se acercaron los discípulos a Jesús y le preguntaron:

—¿Dónde quieres que hagamos los preparativos para que comas la Pascua?

18Él les respondió que fueran a la ciudad, a la casa de cierto hombre, y le dijeran: «El Maestro dice: "Mi tiempo está cerca. Voy a celebrar la Pascua en tu casa con mis discípulos."» **19**Los discípulos hicieron entonces como Jesús les había mandado, y prepararon la Pascua.

20Al anochecer, Jesús estaba *sentado a la mesa con los doce. **21**Mientras comían, les dijo:

—Les aseguro que uno de ustedes me va a traicionar.

22Ellos se entristecieron mucho, y uno por uno comenzaron a preguntarle:

—¿Acaso seré yo, Señor?

23—El que mete la mano conmigo en el plato es el que me va a traicionar —respondió Jesús—. **24**A la verdad el Hijo del hombre se irá, tal como está escrito de él, pero ¡ay de aquel que lo traiciona! Más le valdría a ese hombre no haber nacido.

25—¿Acaso seré yo, Rabí? —le dijo Judas, el que lo iba a traicionar.

—Tú lo has dicho —le contestó Jesús.

Jesus Anointed at Bethany

6While Jesus was in Bethany in the home of a man known as Simon the Leper, **7**a woman came to him with an alabaster jar of very expensive perfume, which she poured on his head as he was reclining at the table.

8When the disciples saw this, they were indignant. "Why this waste?" they asked. **9**"This perfume could have been sold at a high price and the money given to the poor."

10Aware of this, Jesus said to them, "Why are you bothering this woman? She has done a beautiful thing to me. **11**The poor you will always have with you, but you will not always have me. **12**When she poured this perfume on my body, she did it to prepare me for burial. **13**I tell you the truth, wherever this gospel is preached throughout the world, what she has done will also be told, in memory of her."

Judas Agrees to Betray Jesus

14Then one of the Twelve—the one called Judas Iscariot—went to the chief priests **15**and asked, "What are you willing to give me if I hand him over to you?" So they counted out for him thirty silver coins. **16**From then on Judas watched for an opportunity to hand him over.

The Lord's Supper

17On the first day of the Feast of Unleavened Bread, the disciples came to Jesus and asked, "Where do you want us to make preparations for you to eat the Passover?"

18He replied, "Go into the city to a certain man and tell him, 'The Teacher says: My appointed time is near. I am going to celebrate the Passover with my disciples at your house.'" **19**So the disciples did as Jesus had directed them and prepared the Passover.

20When evening came, Jesus was reclining at the table with the Twelve. **21**And while they were eating, he said, "I tell you the truth, one of you will betray me."

22They were very sad and began to say to him one after the other, "Surely not I, Lord?"

23Jesus replied, "The one who has dipped his hand into the bowl with me will betray me. **24**The Son of Man will go just as it is written about him. But woe to that man who betrays the Son of Man! It would be better for him if he had not been born."

25Then Judas, the one who would betray him, said, "Surely not I, Rabbi?"

Jesus answered, "Yes, it is you." *g*

g 25 Or *"You yourself have said it"*

26Mientras comían, Jesús tomó pan y lo bendijo. Luego lo partió y se lo dio a sus discípulos, diciéndoles:

—Tomen y coman; esto es mi cuerpo. 27Después tomó la copa, dio gracias, y se la ofreció diciéndoles:

—Beban de ella todos ustedes. 28Esto es mi sangre del pacto,e que es derramada por muchos para el perdón de pecados. 29Les digo que no beberé de este fruto de la vid desde ahora en adelante, hasta el día en que beba con ustedes el vino nuevo en el reino de mi Padre.

30Después de cantar los salmos, salieron al monte de los Olivos.

Jesús predice la negación de Pedro

31—Esta misma noche —les dijo Jesús— todos ustedes me abandonarán, porque está escrito:

» "Heriré al pastor,
     y se dispersarán las ovejas del rebaño."f

32Pero después de que yo resucite, iré delante de ustedes a Galilea.

33—Aunque todos te abandonen —declaró Pedro—, yo jamás lo haré.

34—Te aseguro —le contestó Jesús— que esta misma noche, antes de que cante el gallo, me negarás tres veces.

35—Aunque tenga que morir contigo —insistió Pedro—, jamás te negaré.

Y los demás discípulos dijeron lo mismo.

Jesús en Getsemaní

36Luego fue Jesús con sus discípulos a un lugar llamado Getsemaní, y les dijo: «Siéntense aquí mientras voy más allá a orar.» 37Se llevó a Pedro y a los dos hijos de Zebedeo, y comenzó a sentirse triste y angustiado. 38«Es tal la angustia que me invade, que me siento morir —les dijo—. Quédense aquí y manténganse despiertos conmigo.»

39Yendo un poco más allá, se postró sobre su rostro y oró: «Padre mío, si es posible, no me hagas beber este trago amargo.g Pero no sea lo que yo quiero, sino lo que quieres tú.»

40Luego volvió adonde estaban sus discípulos y los encontró dormidos. «¿No pudieron mantenerse despiertos conmigo ni una hora? —le dijo a Pedro—. 41Estén alerta y oren para que no caigan en *tentación. El espíritu está dispuesto, pero el cuerpoh es débil.»

26While they were eating, Jesus took bread, gave thanks and broke it, and gave it to his disciples, saying, "Take and eat; this is my body."

27Then he took the cup, gave thanks and offered it to them, saying, "Drink from it, all of you. 28This is my blood of theh covenant, which is poured out for many for the forgiveness of sins. 29I tell you, I will not drink of this fruit of the vine from now on until that day when I drink it anew with you in my Father's kingdom."

30When they had sung a hymn, they went out to the Mount of Olives.

Jesus Predicts Peter's Denial

31Then Jesus told them, "This very night you will all fall away on account of me, for it is written:

" 'I will strike the shepherd,
     and the sheep of the flock will be scattered.'i

32But after I have risen, I will go ahead of you into Galilee."

33Peter replied, "Even if all fall away on account of you, I never will."

34"I tell you the truth," Jesus answered, "this very night, before the rooster crows, you will disown me three times."

35But Peter declared, "Even if I have to die with you, I will never disown you." And all the other disciples said the same.

Gethsemane

36Then Jesus went with his disciples to a place called Gethsemane, and he said to them, "Sit here while I go over there and pray." 37He took Peter and the two sons of Zebedee along with him, and he began to be sorrowful and troubled. 38Then he said to them, "My soul is overwhelmed with sorrow to the point of death. Stay here and keep watch with me."

39Going a little farther, he fell with his face to the ground and prayed, "My Father, if it is possible, may this cup be taken from me. Yet not as I will, but as you will."

40Then he returned to his disciples and found them sleeping. "Could you men not keep watch with me for one hour?" he asked Peter. 41"Watch and pray so that you will not fall into temptation. The spirit is willing, but the body is weak."

e26:28 del pacto. Var. del nuevo pacto (véase Lc 22:20).
f26:31 Zac 13:7   g26:39 no … amargo. Lit. que pase de mí esta copa.   h26:41 el cuerpo. Lit. la *carne.   h28 Some manuscripts the new   i31 Zech. 13:7

42Por segunda vez se retiró y oró: «Padre mío, si no es posible evitar que yo beba este trago amargo,*i* hágase tu voluntad.»

43Cuando volvió, otra vez los encontró dormidos, porque se les cerraban los ojos de sueño. 44Así que los dejó y se retiró a orar por tercera vez, diciendo lo mismo.

45Volvió de nuevo a los discípulos y les dijo: «¿Siguen durmiendo y descansando? Miren, se acerca la hora, y el Hijo del hombre va a ser entregado en manos de *pecadores. 46¡Levántense! ¡Vámonos! ¡Ahí viene el que me traiciona!»

Arresto de Jesús

47Todavía estaba hablando Jesús cuando llegó Judas, uno de los doce. Lo acompañaba una gran turba armada con espadas y palos, enviada por los jefes de los sacerdotes y los *ancianos del pueblo. 48El traidor les había dado esta contraseña: «Al que le dé un beso, ése es; arréstenlo.» 49En seguida Judas se acercó a Jesús y lo saludó.

—¡Rabí! —le dijo, y lo besó.

50—Amigo —le replicó Jesús—, ¿a qué vienes?*j*

Entonces los hombres se acercaron y prendieron a Jesús. 51En eso, uno de los que estaban con él extendió la mano, sacó la espada e hirió al siervo del sumo sacerdote, cortándole una oreja.

52—Guarda tu espada —le dijo Jesús—, porque los que a hierro matan, a hierro mueren.*k* 53¿Crees que no puedo acudir a mi Padre, y al instante pondría a mi disposición más de doce batallones*l* de ángeles? 54Pero entonces, ¿cómo se cumplirían las Escrituras que dicen que así tiene que suceder?

55Y de inmediato dijo a la turba:

—¿Acaso soy un bandido,*m* para que vengan con espadas y palos a arrestarme? Todos los días me sentaba a enseñar en el *templo, y no me prendieron. 56Pero todo esto ha sucedido para que se cumpla lo que escribieron los profetas.

Entonces todos los discípulos lo abandonaron y huyeron.

Jesús ante el Consejo

57Los que habían arrestado a Jesús lo llevaron ante Caifás, el sumo sacerdote, donde se habían reunido los *maestros de la ley y los *ancianos. 58Pero Pedro lo siguió de lejos hasta el patio del sumo sacerdote. Entró y se sentó con los guardias para ver en qué terminaba aquello.

42He went away a second time and prayed, "My Father, if it is not possible for this cup to be taken away unless I drink it, may your will be done."

43When he came back, he again found them sleeping, because their eyes were heavy. 44So he left them and went away once more and prayed the third time, saying the same thing.

45Then he returned to the disciples and said to them, "Are you still sleeping and resting? Look, the hour is near, and the Son of Man is betrayed into the hands of sinners. 46Rise, let us go! Here comes my betrayer!"

Jesus Arrested

47While he was still speaking, Judas, one of the Twelve, arrived. With him was a large crowd armed with swords and clubs, sent from the chief priests and the elders of the people. 48Now the betrayer had arranged a signal with them: "The one I kiss is the man; arrest him." 49Going at once to Jesus, Judas said, "Greetings, Rabbi!" and kissed him.

50Jesus replied, "Friend, do what you came for."*j*

Then the men stepped forward, seized Jesus and arrested him. 51With that, one of Jesus' companions reached for his sword, drew it out and struck the servant of the high priest, cutting off his ear.

52"Put your sword back in its place," Jesus said to him, "for all who draw the sword will die by the sword. 53Do you think I cannot call on my Father, and he will at once put at my disposal more than twelve legions of angels? 54But how then would the Scriptures be fulfilled that say it must happen in this way?"

55At that time Jesus said to the crowd, "Am I leading a rebellion, that you have come out with swords and clubs to capture me? Every day I sat in the temple courts teaching, and you did not arrest me. 56But this has all taken place that the writings of the prophets might be fulfilled." Then all the disciples deserted him and fled.

Before the Sanhedrin

57Those who had arrested Jesus took him to Caiaphas, the high priest, where the teachers of the law and the elders had assembled. 58But Peter followed him at a distance, right up to the courtyard of the high priest. He entered and sat down with the guards to see the outcome.

---

*i*26:42 *evitar ... amargo.* Lit. *que esto pase de mí.*
*j*26:50 *¿a qué vienes?* Alt. *haz lo que viniste a hacer.*
*k*26:52 *porque ... mueren.* Lit. *Porque todos los que toman espada, por espada perecerán.* *l*26:53 *batallones.* Lit. *legiones.* *m*26:55 *bandido.* Alt. *insurgente.*

*j*50 Or "*Friend, why have you come?*"

59Los jefes de los sacerdotes y el *Consejo en pleno buscaban alguna prueba falsa contra Jesús para poder condenarlo a muerte. 60Pero no la encontraron, a pesar de que se presentaron muchos falsos testigos.

Por fin se presentaron dos, 61que declararon:

—Este hombre dijo: "Puedo destruir el *templo de Dios y reconstruirlo en tres días."

62Poniéndose en pie, el sumo sacerdote le dijo a Jesús:

—¿No vas a responder? ¿Qué significan estas denuncias en tu contra?

63Pero Jesús se quedó callado. Así que el sumo sacerdote insistió:

—Te ordeno en el nombre del Dios viviente que nos digas si eres el *Cristo, el Hijo de Dios.

64—Tú lo has dicho —respondió Jesús—. Pero yo les digo a todos: De ahora en adelante verán ustedes al Hijo del hombre sentado a la *derecha del Todopoderoso, y viniendo en las nubes del cielo.

65—¡Ha *blasfemado! —exclamó el sumo sacerdote, rasgándose las vestiduras—. ¿Para qué necesitamos más testigos? ¡Miren, ustedes mismos han oído la blasfemia! 66¿Qué piensan de esto?

—Merece la muerte —le contestaron.

67Entonces algunos le escupieron en el rostro y le dieron puñetazos. Otros lo abofeteaban 68y decían:

—A ver, Cristo, ¡adivina quién te pegó!

Pedro niega a Jesús

69Mientras tanto, Pedro estaba sentado afuera, en el patio, y una criada se le acercó.

—Tú también estabas con Jesús de Galilea —le dijo.

70Pero él lo negó delante de todos, diciendo:

—No sé de qué estás hablando.

71Luego salió a la puerta, donde otra criada lo vio y dijo a los que estaban allí:

—Éste estaba con Jesús de Nazaret.

72Él lo volvió a negar, jurándoles:

—¡A ese hombre ni lo conozco!

73Poco después se acercaron a Pedro los que estaban allí y le dijeron:

—Seguro que eres uno de ellos; se te nota por tu acento.

74Y comenzó a echarse maldiciones, y les juró:

—¡A ese hombre ni lo conozco!

En ese instante cantó un gallo. 75Entonces Pedro se acordó de lo que Jesús había dicho: «Antes de que cante el gallo, me negarás tres veces.» Y saliendo de allí, lloró amargamente.

59The chief priests and the whole Sanhedrin were looking for false evidence against Jesus so that they could put him to death. 60But they did not find any, though many false witnesses came forward.

Finally two came forward 61and declared, "This fellow said, 'I am able to destroy the temple of God and rebuild it in three days.'"

62Then the high priest stood up and said to Jesus, "Are you not going to answer? What is this testimony that these men are bringing against you?" 63But Jesus remained silent.

The high priest said to him, "I charge you under oath by the living God: Tell us if you are the Christ,k the Son of God."

64"Yes, it is as you say," Jesus replied. "But I say to all of you: In the future you will see the Son of Man sitting at the right hand of the Mighty One and coming on the clouds of heaven."

65Then the high priest tore his clothes and said, "He has spoken blasphemy! Why do we need any more witnesses? Look, now you have heard the blasphemy. 66What do you think?"

"He is worthy of death," they answered.

67Then they spit in his face and struck him with their fists. Others slapped him 68and said, "Prophesy to us, Christ. Who hit you?"

Peter Disowns Jesus

69Now Peter was sitting out in the courtyard, and a servant girl came to him. "You also were with Jesus of Galilee," she said.

70But he denied it before them all. "I don't know what you're talking about," he said.

71Then he went out to the gateway, where another girl saw him and said to the people there, "This fellow was with Jesus of Nazareth."

72He denied it again, with an oath: "I don't know the man!"

73After a little while, those standing there went up to Peter and said, "Surely you are one of them, for your accent gives you away."

74Then he began to call down curses on himself and he swore to them, "I don't know the man!"

Immediately a rooster crowed. 75Then Peter remembered the word Jesus had spoken: "Before the rooster crows, you will disown me three times." And he went outside and wept bitterly.

k 63 Or Messiah; also in verse 68,

Judas se ahorca

27 Muy de mañana, todos los jefes de los sacerdotes y los *ancianos del pueblo tomaron la decisión de condenar a muerte a Jesús. 2Lo ataron, se lo llevaron y se lo entregaron a Pilato, el gobernador.

3Cuando Judas, el que lo había traicionado, vio que habían condenado a Jesús, sintió remordimiento y devolvió las treinta monedas de plata a los jefes de los sacerdotes y a los ancianos.

4—He pecado —les dijo— porque he entregado sangre inocente.

—¿Y eso a nosotros qué nos importa? —respondieron—. ¡Allá tú!

5Entonces Judas arrojó el dinero en el *santuario y salió de allí. Luego fue y se ahorcó.

6Los jefes de los sacerdotes recogieron las monedas y dijeron: «La ley no permite echar esto al tesoro, porque es precio de sangre.» 7Así que resolvieron comprar con ese dinero un terreno conocido como Campo del Alfarero, para sepultar allí a los extranjeros. 8Por eso se le ha llamado Campo de Sangre hasta el día de hoy. 9Así se cumplió lo dicho por el profeta Jeremías: «Tomaron las treinta monedas de plata, el precio que el pueblo de Israel le había fijado, 10y con ellas compraron el campo del alfarero, como me ordenó el Señor.»*n*

Jesús ante Pilato

11Mientras tanto, Jesús compareció ante el gobernador, y éste le preguntó:

—¿Eres tú el rey de los judíos?

—Tú lo dices —respondió Jesús.

12Al ser acusado por los jefes de los sacerdotes y por los *ancianos, Jesús no contestó nada.

13—¿No oyes lo que declaran contra ti? —le dijo Pilato.

14Pero Jesús no respondió ni a una sola acusación, por lo que el gobernador se llenó de asombro.

15Ahora bien, durante la fiesta el gobernador acostumbraba soltar un preso que la gente escogiera. 16Tenían un preso famoso llamado Barrabás. 17-18Así que cuando se reunió la multitud, Pilato, que sabía que le habían entregado a Jesús por envidia, les preguntó:

—¿A quién quieren que les suelte: a Barrabás o a Jesús, al que llaman *Cristo?

19Mientras Pilato estaba sentado en el tribunal, su esposa le envió el siguiente recado: «No te metas con ese justo, pues por causa de él, hoy he sufrido mucho en un sueño.»

Judas Hangs Himself

27 Early in the morning, all the chief priests and the elders of the people came to the decision to put Jesus to death. 2They bound him, led him away and handed him over to Pilate, the governor.

3When Judas, who had betrayed him, saw that Jesus was condemned, he was seized with remorse and returned the thirty silver coins to the chief priests and the elders. 4"I have sinned," he said, "for I have betrayed innocent blood."

"What is that to us?" they replied. "That's your responsibility."

5So Judas threw the money into the temple and left. Then he went away and hanged himself.

6The chief priests picked up the coins and said, "It is against the law to put this into the treasury, since it is blood money." 7So they decided to use the money to buy the potter's field as a burial place for foreigners. 8That is why it has been called the Field of Blood to this day. 9Then what was spoken by Jeremiah the prophet was fulfilled: "They took the thirty silver coins, the price set on him by the people of Israel, 10and they used them to buy the potter's field, as the Lord commanded me."*l*

Jesus Before Pilate

11Meanwhile Jesus stood before the governor, and the governor asked him, "Are you the king of the Jews?"

"Yes, it is as you say," Jesus replied.

12When he was accused by the chief priests and the elders, he gave no answer. 13Then Pilate asked him, "Don't you hear the testimony they are bringing against you?" 14But Jesus made no reply, not even to a single charge—to the great amazement of the governor.

15Now it was the governor's custom at the Feast to release a prisoner chosen by the crowd. 16At that time they had a notorious prisoner, called Barabbas. 17So when the crowd had gathered, Pilate asked them, "Which one do you want me to release to you: Barabbas, or Jesus who is called Christ?" 18For he knew it was out of envy that they had handed Jesus over to him.

19While Pilate was sitting on the judge's seat, his wife sent him this message: "Don't have anything to do with that innocent man, for I have suffered a great deal today in a dream because of him."

---

*n*27:10 Véanse Zac 11:12,13; Jer 19:1-13; 32:6-9.   *l*10 See Zech. 11:12,13; Jer. 19:1-13; 32:6-9.

²⁰Pero los jefes de los sacerdotes y los ancianos persuadieron a la multitud a que le pidiera a Pilato soltar a Barrabás y ejecutar a Jesús.

²¹—¿A cuál de los dos quieren que les suelte? —preguntó el gobernador.

—A Barrabás.

²²—¿Y qué voy a hacer con Jesús, al que llaman Cristo?

—¡Crucifícalo! —respondieron todos.

²³—¿Por qué? ¿Qué crimen ha cometido?

Pero ellos gritaban aún más fuerte:

—¡Crucifícalo!

²⁴Cuando Pilato vio que no conseguía nada, sino que más bien se estaba formando un tumulto, pidió agua y se lavó las manos delante de la gente.

—Soy inocente de la sangre de este hombre —dijo—. ¡Allá ustedes!

²⁵—¡Que su sangre caiga sobre nosotros y sobre nuestros hijos! —contestó todo el pueblo.

²⁶Entonces les soltó a Barrabás; pero a Jesús lo mandó azotar, y lo entregó para que lo crucificaran.

Los soldados se burlan de Jesús

²⁷Los soldados del gobernador llevaron a Jesús al palacio[ñ] y reunieron a toda la tropa alrededor de él. ²⁸Le quitaron la ropa y le pusieron un manto de color escarlata. ²⁹Luego trenzaron una corona de espinas y se la colocaron en la cabeza, y en la mano derecha le pusieron una caña. Arrodillándose delante de él, se burlaban diciendo:

—¡Salve, rey de los judíos!

³⁰Y le escupían, y con la caña le golpeaban la cabeza. ³¹Después de burlarse de él, le quitaron el manto, le pusieron su propia ropa y se lo llevaron para crucificarlo.

La crucifixión

³²Al salir encontraron a un hombre de Cirene que se llamaba Simón, y lo obligaron a llevar la cruz. ³³Llegaron a un lugar llamado Gólgota (que significa «Lugar de la Calavera»). ³⁴Allí le dieron a Jesús vino mezclado con hiel; pero después de probarlo, se negó a beberlo. ³⁵Lo crucificaron y repartieron su ropa echando suertes.[o] ³⁶Y se sentaron a vigilarlo. ³⁷Encima de su cabeza pusieron por escrito la causa de su condena: «ÉSTE ES JESÚS, EL REY DE LOS JUDÍOS.» ³⁸Con él crucificaron a dos bandidos,[p] uno a su derecha y otro a su izquierda. ³⁹Los que

²⁰But the chief priests and the elders persuaded the crowd to ask for Barabbas and to have Jesus executed.

²¹"Which of the two do you want me to release to you?" asked the governor.

"Barabbas," they answered.

²²"What shall I do, then, with Jesus who is called Christ?" Pilate asked.

They all answered, "Crucify him!"

²³"Why? What crime has he committed?" asked Pilate.

But they shouted all the louder, "Crucify him!"

²⁴When Pilate saw that he was getting nowhere, but that instead an uproar was starting, he took water and washed his hands in front of the crowd. "I am innocent of this man's blood," he said. "It is your responsibility!"

²⁵All the people answered, "Let his blood be on us and on our children!"

²⁶Then he released Barabbas to them. But he had Jesus flogged, and handed him over to be crucified.

The Soldiers Mock Jesus

²⁷Then the governor's soldiers took Jesus into the Praetorium and gathered the whole company of soldiers around him. ²⁸They stripped him and put a scarlet robe on him, ²⁹and then twisted together a crown of thorns and set it on his head. They put a staff in his right hand and knelt in front of him and mocked him. "Hail, king of the Jews!" they said. ³⁰They spit on him, and took the staff and struck him on the head again and again. ³¹After they had mocked him, they took off the robe and put his own clothes on him. Then they led him away to crucify him.

The Crucifixion

³²As they were going out, they met a man from Cyrene, named Simon, and they forced him to carry the cross. ³³They came to a place called Golgotha (which means The Place of the Skull). ³⁴There they offered Jesus wine to drink, mixed with gall; but after tasting it, he refused to drink it. ³⁵When they had crucified him, they divided up his clothes by casting lots.[m] ³⁶And sitting down, they kept watch over him there. ³⁷Above his head they placed the written charge against him: THIS IS JESUS, THE KING OF THE JEWS. ³⁸Two robbers were crucified with him, one on his right and one on his left. ³⁹Those who

---

ñ27:27 palacio. Lit. *pretorio.*   *o27:35 suertes.* Var. *suertes, para que se cumpliera lo dicho por medio del profeta: «Se repartieron entre ellos mi manto y sobre mi ropa echaron suertes»* (Sal 22:18; véase Jn 19:24).   *p27:38 bandidos.* Alt. *insurgentes*; también en v. 44.

m 35 A few late manuscripts lots that the word spoken by the prophet might be fulfilled: "They divided my garments among themselves and cast lots for my clothing" (Psalm 22:18)

pasaban meneaban la cabeza y *blasfemaban contra él:

40—Tú, que destruyes el *templo y en tres días lo reconstruyes, ¡sálvate a ti mismo! ¡Si eres el Hijo de Dios, baja de la cruz!

41 De la misma manera se burlaban de él los jefes de los sacerdotes, junto con los *maestros de la ley y los *ancianos.

42—Salvó a otros —decían—, ¡pero no puede salvarse a sí mismo! ¡Y es el Rey de Israel! Que baje ahora de la cruz, y así creeremos en él. **43** Él confía en Dios; pues que lo libre Dios ahora, si de veras lo quiere. ¿Acaso no dijo: "Yo soy el Hijo de Dios"?

44 Así también lo insultaban los bandidos que estaban crucificados con él.

Muerte de Jesús

45 Desde el mediodía y hasta la media tarde*q* toda la tierra quedó en oscuridad. **46** Como a las tres de la tarde,*r* Jesús gritó con fuerza:

—*Eli, Elí,*[s] *¿lama sabactani?* (que significa: "Dios mío, Dios mío, ¿por qué me has desamparado?").[t]

47 Cuando lo oyeron, algunos de los que estaban allí dijeron:

—Está llamando a Elías.

48 Al instante uno de ellos corrió en busca de una esponja. La empapó en vinagre, la puso en una caña y se la ofreció a Jesús para que bebiera. **49** Los demás decían:

—Déjalo, a ver si viene Elías a salvarlo.

50 Entonces Jesús volvió a gritar con fuerza, y entregó su espíritu.

51 En ese momento la cortina del *santuario del templo se rasgó en dos, de arriba abajo. La tierra tembló y se partieron las rocas. **52** Se abrieron los sepulcros, y muchos *santos que habían muerto resucitaron. **53** Salieron de los sepulcros y, después de la resurrección de Jesús, entraron en la ciudad santa y se aparecieron a muchos.

54 Cuando el centurión y los que con él estaban custodiando a Jesús vieron el terremoto y todo lo que había sucedido, quedaron aterrados y exclamaron:

—¡Verdaderamente éste era el Hijo[u] de Dios!

55 Estaban allí, mirando de lejos, muchas mujeres que habían seguido a Jesús desde Galilea para servirle. **56** Entre ellas se encontraban María Magdalena, María la madre de *Jacobo y de José, y la madre de los hijos de Zebedeo.

passed by hurled insults at him, shaking their heads **40** and saying, "You who are going to destroy the temple and build it in three days, save yourself! Come down from the cross, if you are the Son of God!"

41 In the same way the chief priests, the teachers of the law and the elders mocked him. **42** "He saved others," they said, "but he can't save himself! He's the King of Israel! Let him come down now from the cross, and we will believe in him. **43** He trusts in God. Let God rescue him now if he wants him, for he said, 'I am the Son of God.'" **44** In the same way the robbers who were crucified with him also heaped insults on him.

The Death of Jesus

45 From the sixth hour until the ninth hour darkness came over all the land. **46** About the ninth hour Jesus cried out in a loud voice, "Eloi, Eloi,[n] lama sabachthani?"—which means, "My God, my God, why have you forsaken me?"[o]

47 When some of those standing there heard this, they said, "He's calling Elijah."

48 Immediately one of them ran and got a sponge. He filled it with wine vinegar, put it on a stick, and offered it to Jesus to drink. **49** The rest said, "Now leave him alone. Let's see if Elijah comes to save him."

50 And when Jesus had cried out again in a loud voice, he gave up his spirit.

51 At that moment the curtain of the temple was torn in two from top to bottom. The earth shook and the rocks split. **52** The tombs broke open and the bodies of many holy people who had died were raised to life. **53** They came out of the tombs, and after Jesus' resurrection they went into the holy city and appeared to many people.

54 When the centurion and those with him who were guarding Jesus saw the earthquake and all that had happened, they were terrified, and exclaimed, "Surely he was the Son[p] of God!"

55 Many women were there, watching from a distance. They had followed Jesus from Galilee to care for his needs. **56** Among them were Mary Magdalene, Mary the mother of James and Joses, and the mother of Zebedee's sons.

---

q **27:45** *Desde … tarde.* Lit. *Desde la hora sexta hasta la hora novena.*   *r* **27:46** *Como … tarde.* Lit. *Como a la hora novena.*   *s* **27:46** *Eli, Elí.* Var. *Eloi, Eloi.*   *t* **27:46** Sal 22:1   *u* **27:54** *era el Hijo.* Alt. *era hijo.*

n 46 Some manuscripts *Eli, Eli*   *o* 46 Psalm 22:1   *p* 54 Or *a son*

Sepultura de Jesús

57Al atardecer, llegó un hombre rico de Arimatea, llamado José, que también se había convertido en discípulo de Jesús. 58Se presentó ante Pilato para pedirle el cuerpo de Jesús, y Pilato ordenó que se lo dieran. 59José tomó el cuerpo, lo envolvió en una sábana limpia 60y lo puso en un sepulcro nuevo de su propiedad que había cavado en la roca. Luego hizo rodar una piedra grande a la entrada del sepulcro, y se fue. 61Allí estaban, sentadas frente al sepulcro, María Magdalena y la otra María.

La guardia ante el sepulcro

62Al día siguiente, después del día de la preparación, los jefes de los sacerdotes y los fariseos se presentaron ante Pilato. 63—Señor —le dijeron—, nosotros recordamos que mientras ese engañador aún vivía, dijo: "A los tres días resucitaré." 64Por eso, ordene usted que se selle el sepulcro hasta el tercer día, no sea que vengan sus discípulos, se roben el cuerpo y le digan al pueblo que ha *resucitado. Ese último engaño sería peor que el primero.

65—Llévense una guardia de soldados —les ordenó Pilato—, y vayan a asegurar el sepulcro lo mejor que puedan. 66Así que ellos fueron, cerraron el sepulcro con una piedra, y lo sellaron; y dejaron puesta la guardia.

La resurrección

28 Después del *sábado, al amanecer del primer día de la semana, María Magdalena y la otra María fueron a ver el sepulcro. 2Sucedió que hubo un terremoto violento, porque un ángel del Señor bajó del cielo y, acercándose al sepulcro, quitó la piedra y se sentó sobre ella. 3Su aspecto era como el de un relámpago, y su ropa era blanca como la nieve. 4Los guardias tuvieron tanto miedo de él que se pusieron a temblar y quedaron como muertos.

5El ángel dijo a las mujeres:

—No tengan miedo; sé que ustedes buscan a Jesús, el que fue crucificado. 6No está aquí, pues ha resucitado, tal como dijo. Vengan a ver el lugar donde lo pusieron. 7Luego vayan pronto a decirles a sus discípulos: "Él se ha *levantado de entre los muertos y va delante de ustedes a Galilea. Allí lo verán." Ahora ya lo saben.

8Así que las mujeres se alejaron a toda prisa del sepulcro, asustadas pero muy alegres, y corrieron a dar la noticia a los discípulos. 9En eso Jesús les salió al encuentro y las saludó. Ellas se le acercaron, le abrazaron los pies y lo adoraron.

The Burial of Jesus

57As evening approached, there came a rich man from Arimathea, named Joseph, who had himself become a disciple of Jesus. 58Going to Pilate, he asked for Jesus' body, and Pilate ordered that it be given to him. 59Joseph took the body, wrapped it in a clean linen cloth, 60and placed it in his own new tomb that he had cut out of the rock. He rolled a big stone in front of the entrance to the tomb and went away. 61Mary Magdalene and the other Mary were sitting there opposite the tomb.

The Guard at the Tomb

62The next day, the one after Preparation Day, the chief priests and the Pharisees went to Pilate. 63"Sir," they said, "we remember that while he was still alive that deceiver said, 'After three days I will rise again.' 64So give the order for the tomb to be made secure until the third day. Otherwise, his disciples may come and steal the body and tell the people that he has been raised from the dead. This last deception will be worse than the first."

65"Take a guard," Pilate answered. "Go, make the tomb as secure as you know how." 66So they went and made the tomb secure by putting a seal on the stone and posting the guard.

The Resurrection

28 After the Sabbath, at dawn on the first day of the week, Mary Magdalene and the other Mary went to look at the tomb. 2There was a violent earthquake, for an angel of the Lord came down from heaven and, going to the tomb, rolled back the stone and sat on it. 3His appearance was like lightning, and his clothes were white as snow. 4The guards were so afraid of him that they shook and became like dead men.

5The angel said to the women, "Do not be afraid, for I know that you are looking for Jesus, who was crucified. 6He is not here; he has risen, just as he said. Come and see the place where he lay. 7Then go quickly and tell his disciples: 'He has risen from the dead and is going ahead of you into Galilee. There you will see him.' Now I have told you."

8So the women hurried away from the tomb, afraid yet filled with joy, and ran to tell his disciples. 9Suddenly Jesus met them. "Greetings," he said. They came to him, clasped his feet and worshiped him. 10Then Jesus said to them, "Do not be afraid. Go and

10—No tengan miedo —les dijo Jesús—. Vayan a decirles a mis hermanos que se dirijan a
Galilea, y allí me verán.

El informe de los guardias

11Mientras las mujeres iban de camino, algunos de los guardias entraron en la ciudad e
informaron a los jefes de los sacerdotes de todo
lo que había sucedido. 12Después de reunirse
estos jefes con los *ancianos y de trazar un plan,
les dieron a los soldados una fuerte suma de
dinero 13y les encargaron: «Digan que los discípulos de Jesús vinieron por la noche y que,
mientras ustedes dormían, se robaron el cuerpo.
14Y si el gobernador llega a enterarse de esto,
nosotros responderemos por ustedes y les evita-
remos cualquier problema.»

15Así que los soldados tomaron el dinero e
hicieron como se les había instruido. Esta es la
versión de los sucesos que hasta el día de hoy ha
circulado entre los judíos.

La gran comisión

16Los once discípulos fueron a Galilea, a la
montaña que Jesús les había indicado. 17Cuando
lo vieron, lo adoraron; pero algunos dudaban.
18Jesús se acercó entonces a ellos y les dijo:

—Se me ha dado toda autoridad en el cielo y
en la tierra. 19Por tanto, vayan y hagan discípulos de todas las *naciones, bautizándolos en el
nombre del Padre y del Hijo y del Espíritu Santo,
20enseñándoles a obedecer todo lo que les he
mandado a ustedes. Y les aseguro que estaré con
ustedes siempre, hasta el fin del mundo.[v]

[v]**28:20** *el fin del mundo.* Lit. *la consumación del siglo.*

tell my brothers to go to Galilee; there they
will see me."

The Guards' Report

11While the women were on their way, some
of the guards went into the city and reported
to the chief priests everything that had happened. 12When the chief priests had met with
the elders and devised a plan, they gave the
soldiers a large sum of money, 13telling them,
"You are to say, 'His disciples came during
the night and stole him away while we were
asleep.' 14If this report gets to the governor,
we will satisfy him and keep you out of trouble." 15So the soldiers took the money and did
as they were instructed. And this story has
been widely circulated among the Jews to this
very day.

The Great Commission

16Then the eleven disciples went to Galilee,
to the mountain where Jesus had told them to
go. 17When they saw him, they worshiped
him; but some doubted. 18Then Jesus came to
them and said, "All authority in heaven and
on earth has been given to me. 19Therefore go
and make disciples of all nations, baptizing
them in[q] the name of the Father and of the
Son and of the Holy Spirit, 20and teaching
them to obey everything I have commanded
you. And surely I am with you always, to the
very end of the age."

[q]*19* Or *into*; see Acts 8:16; 19:5; Romans 6:3; 1 Cor. 1:13; 10:2 and Gal. 3:27.

Evangelio según Marcos

Mark

Juan el Bautista prepara el camino

1 Comienzo del *evangelio de *Jesucristo, el Hijo de Dios.ᵃ

²Sucedió como está escrito en el profeta Isaías:

«Yo estoy por enviar a mi mensajero delante de ti,
el cual preparará tu camino.»ᵇ
³«Voz de uno que grita en el desierto:
"Preparen el camino del Señor,
háganle sendas derechas." »ᶜ

⁴Así se presentó Juan, bautizando en el desierto y predicando el bautismo de *arrepentimiento para el perdón de pecados. ⁵Toda la gente de la región de Judea y de la ciudad de Jerusalén acudía a él. Cuando confesaban sus pecados, él los bautizaba en el río Jordán. ⁶La ropa de Juan estaba hecha de pelo de camello. Llevaba puesto un cinturón de cuero, y comía langostas y miel silvestre. ⁷Predicaba de esta manera: «Después de mí viene uno más poderoso que yo; ni siquiera merezco agacharme para desatar la correa de sus sandalias. ⁸Yo los he bautizado a ustedes conᵈ agua, pero él los bautizará con el Espíritu Santo.»

Bautismo y tentación de Jesús

⁹En esos días llegó Jesús desde Nazaret de Galilea y fue bautizado por Juan en el Jordán. ¹⁰En seguida, al subir del agua, Jesús vio que el cielo se abría y que el Espíritu bajaba sobre él como una paloma. ¹¹También se oyó una voz del cielo que decía: «Tú eres mi Hijo amado; estoy muy complacido contigo.»

¹²En seguida el Espíritu lo impulsó a ir al desierto, ¹³y allí fue *tentado por Satanás durante cuarenta días. Estaba entre las fieras, y los ángeles le servían.

Llamamiento de los primeros discípulos

¹⁴Después de que encarcelaron a Juan, Jesús se fue a Galilea a anunciar las buenas *nuevas de Dios. ¹⁵«Se ha cumplido el tiempo —de-

John the Baptist Prepares the Way

1 The beginning of the gospel about Jesus Christ, the Son of God.ᵃ
²It is written in Isaiah the prophet:

"I will send my messenger ahead of you,
who will prepare your way"ᵇ—
³"a voice of one calling in the desert,
'Prepare the way for the Lord,
make straight paths for him.'"ᶜ

⁴And so John came, baptizing in the desert region and preaching a baptism of repentance for the forgiveness of sins. ⁵The whole Judean countryside and all the people of Jerusalem went out to him. Confessing their sins, they were baptized by him in the Jordan River. ⁶John wore clothing made of camel's hair, with a leather belt around his waist, and he ate locusts and wild honey. ⁷And this was his message: "After me will come one more powerful than I, the thongs of whose sandals I am not worthy to stoop down and untie. ⁸I baptize you withᵈ water, but he will baptize you with the Holy Spirit."

The Baptism and Temptation of Jesus

⁹At that time Jesus came from Nazareth in Galilee and was baptized by John in the Jordan. ¹⁰As Jesus was coming up out of the water, he saw heaven being torn open and the Spirit descending on him like a dove. ¹¹And a voice came from heaven: "You are my Son, whom I love; with you I am well pleased."

¹²At once the Spirit sent him out into the desert, ¹³and he was in the desert forty days, being tempted by Satan. He was with the wild animals, and angels attended him.

The Calling of the First Disciples

¹⁴After John was put in prison, Jesus went into Galilee, proclaiming the good news of God. ¹⁵"The time has come," he said. "The kingdom

---

ᵃ1:1 Var. no incluye: *el Hijo de Dios.*   ᵇ1:2 Mal 3:1
ᶜ1:3 Is 40:3   ᵈ1:8 *con.* Alt. *en.*

ᵃ1 Some manuscripts do not have *the Son of God.*
ᵇ2 Mal. 3:1   ᶜ3 Isaiah 40:3   ᵈ8 Or *in*

cía—. El reino de Dios está cerca. ¡*Arrepiéntanse y crean las buenas *nuevas!»

16Pasando por la orilla del mar de Galilea, Jesús vio a Simón y a su hermano Andrés que echaban la red al lago, pues eran pescadores. 17«Vengan, síganme —les dijo Jesús—, y los haré pescadores de hombres.» 18Al momento dejaron las redes y lo siguieron.

19Un poco más adelante vio a *Jacobo y a su hermano Juan, hijos de Zebedeo, que estaban en su barca remendando las redes. 20En seguida los llamó, y ellos, dejando a su padre Zebedeo en la barca con los jornaleros, se fueron con Jesús.

Jesús expulsa a un espíritu maligno

21Entraron en Capernaúm, y tan pronto como llegó el *sábado, Jesús fue a la sinagoga y se puso a enseñar. 22La gente se asombraba de su enseñanza, porque la impartía como quien tiene autoridad y no como los *maestros de la ley. 23De repente, en la sinagoga, un hombre que estaba poseído por un *espíritu maligno gritó:

24—¿Por qué te entrometes, Jesús de Nazaret? ¿Has venido a destruirnos? Yo sé quién eres tú: ¡el Santo de Dios!

25—¡Cállate! —lo reprendió Jesús—. ¡Sal de ese hombre!

26Entonces el espíritu maligno sacudió al hombre violentamente y salió de él dando un alarido. 27Todos se quedaron tan asustados que se preguntaban unos a otros: «¿Qué es esto? ¡Una enseñanza nueva, pues lo hace con autoridad! Les da órdenes incluso a los espíritus malignos, y le obedecen.» 28Como resultado, su fama se extendió rápidamente por toda la región de Galilea.

Jesús sana a muchos enfermos

29Tan pronto como salieron de la sinagoga, Jesús fue con *Jacobo y Juan a casa de Simón y Andrés. 30La suegra de Simón estaba en cama con fiebre, y en seguida se lo dijeron a Jesús. 31Él se le acercó, la tomó de la mano y la ayudó a levantarse. Entonces se le quitó la fiebre y se puso a servirles.

32Al atardecer, cuando ya se ponía el sol, la gente le llevó a Jesús todos los enfermos y endemoniados, 33de manera que la población entera se estaba congregando a la puerta. 34Jesús sanó a muchos que padecían de diversas enfermedades. También expulsó a muchos demonios, pero no los dejaba hablar porque sabían quién era él.

Jesús ora en un lugar solitario

35Muy de madrugada, cuando todavía estaba oscuro, Jesús se levantó, salió de la casa y se fue a un lugar solitario, donde se puso a orar. 36Simón y sus compañeros salieron a buscarlo.

of God is near. Repent and believe the good news!"

16As Jesus walked beside the Sea of Galilee, he saw Simon and his brother Andrew casting a net into the lake, for they were fishermen. 17"Come, follow me," Jesus said, "and I will make you fishers of men." 18At once they left their nets and followed him.

19When he had gone a little farther, he saw James son of Zebedee and his brother John in a boat, preparing their nets. 20Without delay he called them, and they left their father Zebedee in the boat with the hired men and followed him.

Jesus Drives Out an Evil Spirit

21They went to Capernaum, and when the Sabbath came, Jesus went into the synagogue and began to teach. 22The people were amazed at his teaching, because he taught them as one who had authority, not as the teachers of the law. 23Just then a man in their synagogue who was possessed by an evil[e] spirit cried out, 24"What do you want with us, Jesus of Nazareth? Have you come to destroy us? I know who you are—the Holy One of God!"

25"Be quiet!" said Jesus sternly. "Come out of him!" 26The evil spirit shook the man violently and came out of him with a shriek.

27The people were all so amazed that they asked each other, "What is this? A new teaching—and with authority! He even gives orders to evil spirits and they obey him." 28News about him spread quickly over the whole region of Galilee.

Jesus Heals Many

29As soon as they left the synagogue, they went with James and John to the home of Simon and Andrew. 30Simon's mother-in-law was in bed with a fever, and they told Jesus about her. 31So he went to her, took her hand and helped her up. The fever left her and she began to wait on them.

32That evening after sunset the people brought to Jesus all the sick and demon-possessed. 33The whole town gathered at the door, 34and Jesus healed many who had various diseases. He also drove out many demons, but he would not let the demons speak because they knew who he was.

Jesus Prays in a Solitary Place

35Very early in the morning, while it was still dark, Jesus got up, left the house and went off to a solitary place, where he prayed. 36Simon and his companions went to look for him, 37and

---

e23 Greek *unclean*; also in verses 26 and 27

37Por fin lo encontraron y le dijeron:

—Todo el mundo te busca.

38Jesús respondió:

—Vámonos de aquí a otras aldeas cercanas donde también pueda predicar; para esto he venido.

39Así que recorrió toda Galilea, predicando en las sinagogas y expulsando demonios.

Jesús sana a un leproso

40Un hombre que tenía *lepra se le acercó, y de rodillas le suplicó:

—Si quieres, puedes *limpiarme.

41Movido a compasión, Jesús extendió la mano y tocó al hombre, diciéndole:

—Sí quiero. ¡Queda limpio!

42Al instante se le quitó la lepra y quedó sano.^e **43**Jesús lo despidió en seguida con una fuerte advertencia:

44—Mira, no se lo digas a nadie; sólo ve, preséntate al sacerdote y lleva por tu *purificación lo que ordenó Moisés, para que sirva de testimonio.

45Pero él salió y comenzó a hablar sin reserva, divulgando lo sucedido. Como resultado, Jesús ya no podía entrar en ningún pueblo abiertamente, sino que se quedaba afuera, en lugares solitarios. Aun así, gente de todas partes seguía acudiendo a él.

Jesús sana a un paralítico

2 Unos días después, cuando Jesús entró de nuevo en Capernaúm, corrió la voz de que estaba en casa. **2**Se aglomeraron tantos que ya no quedaba sitio ni siquiera frente a la puerta mientras él les predicaba la palabra. **3**Entonces llegaron cuatro hombres que lo llevaban un paralítico. **4**Como no podían acercarlo a Jesús por causa de la multitud, quitaron parte del techo encima de donde estaba Jesús y, luego de hacer una abertura, bajaron la camilla en la que estaba acostado el paralítico. **5**Al ver Jesús la fe de ellos, le dijo al paralítico:

—Hijo, tus pecados quedan perdonados.

6Estaban sentados allí algunos *maestros de la ley, que pensaban: **7**«¿Por qué habla éste así? ¡Está *blasfemando! ¿Quién puede perdonar pecados sino sólo Dios?»

8En ese mismo instante supo Jesús en su espíritu que esto era lo que estaban pensando.

—¿Por qué razonan así? —les dijo—. **9**¿Qué es más fácil, decirle al paralítico: "Tus pecados son perdonados", o decirle: "Levántate, toma tu camilla y anda"? **10**Pues para que sepan que el Hijo del hombre tiene autoridad en la tierra para

when they found him, they exclaimed: "Everyone is looking for you!"

38Jesus replied, "Let us go somewhere else—to the nearby villages—so I can preach there also. That is why I have come." **39**So he traveled throughout Galilee, preaching in their synagogues and driving out demons.

A Man With Leprosy

40A man with leprosy^f came to him and begged him on his knees, "If you are willing, you can make me clean."

41Filled with compassion, Jesus reached out his hand and touched the man. "I am willing," he said. "Be clean!" **42**Immediately the leprosy left him and he was cured.

43Jesus sent him away at once with a strong warning: **44**"See that you don't tell this to anyone. But go, show yourself to the priest and offer the sacrifices that Moses commanded for your cleansing, as a testimony to them." **45**Instead he went out and began to talk freely, spreading the news. As a result, Jesus could no longer enter a town openly but stayed outside in lonely places. Yet the people still came to him from everywhere.

Jesus Heals a Paralytic

2 A few days later, when Jesus again entered Capernaum, the people heard that he had come home. **2**So many gathered that there was no room left, not even outside the door, and he preached the word to them. **3**Some men came, bringing to him a paralytic, carried by four of them. **4**Since they could not get him to Jesus because of the crowd, they made an opening in the roof above Jesus and, after digging through it, lowered the mat the paralyzed man was lying on. **5**When Jesus saw their faith, he said to the paralytic, "Son, your sins are forgiven."

6Now some teachers of the law were sitting there, thinking to themselves, **7**"Why does this fellow talk like that? He's blaspheming! Who can forgive sins but God alone?"

8Immediately Jesus knew in his spirit that this was what they were thinking in their hearts, and he said to them, "Why are you thinking these things? **9**Which is easier: to say to the paralytic, 'Your sins are forgiven,' or to say, 'Get up, take your mat and walk'? **10**But that you may know that the Son of Man has

perdonar pecados —se dirigió entonces al paralítico—: 11A ti te digo, levántate, toma tu camilla y vete a tu casa.

12Él se levantó, tomó su camilla en seguida y salió caminando a la vista de todos. Ellos se quedaron asombrados y comenzaron a alabar a Dios.

—Jamás habíamos visto cosa igual —decían.

Llamamiento de Leví

13De nuevo salió Jesús a la orilla del lago. Toda la gente acudía a él, y él les enseñaba. 14Al pasar vio a Leví hijo de Alfeo, donde éste cobraba impuestos.

—Sígueme —le dijo Jesús.

Y Leví se levantó y lo siguió.

15Sucedió que, estando Jesús a la mesa en casa de Leví, muchos *recaudadores de impuestos y *pecadores se *sentaron con él y sus discípulos, pues ya eran muchos los que lo seguían. 16Cuando los *maestros de la ley, que eran *fariseos, vieron con quién comía, les preguntaron a sus discípulos:

—¿Y éste come con recaudadores de impuestos y con pecadores?

17Al oírlos, Jesús les contestó:

—No son los sanos los que necesitan médico sino los enfermos. Y yo no he venido a llamar a justos sino a pecadores.

Le preguntan a Jesús sobre el ayuno

18Al ver que los discípulos de Juan y los *fariseos ayunaban, algunos se acercaron a Jesús y le preguntaron:

—¿Cómo es que los discípulos de Juan y de los fariseos ayunan, pero los tuyos no?

19Jesús les contestó:

—¿Acaso pueden ayunar los invitados del novio mientras él está con ellos? No pueden hacerlo mientras lo tienen con ellos. 20Pero llegará el día en que se les quitará el novio, y ese día sí ayunarán. 21Nadie remienda un vestido viejo con un retazo de tela nueva. De hacerlo así, el remiendo fruncirá el vestido y la rotura se hará peor. 22Ni echa nadie vino nuevo en odres viejos. De hacerlo así, el vino hará reventar los odres y se arruinarán tanto el vino como los odres. Más bien, el vino nuevo se echa en odres nuevos.

Señor del sábado

23Un *sábado, al cruzar Jesús los sembrados, sus discípulos comenzaron a arrancar a su paso unas espigas de trigo.

24—Mira —le preguntaron los *fariseos—, ¿por qué hacen ellos lo que está prohibido hacer en sábado?

25Él les contestó:

authority on earth to forgive sins . . . ." He said to the paralytic, 11"I tell you, get up, take your mat and go home." 12He got up, took his mat and walked out in full view of them all. This amazed everyone and they praised God, saying, "We have never seen anything like this!"

The Calling of Levi

13Once again Jesus went out beside the lake. A large crowd came to him, and he began to teach them. 14As he walked along, he saw Levi son of Alphaeus sitting at the tax collector's booth. "Follow me," Jesus told him, and Levi got up and followed him.

15While Jesus was having dinner at Levi's house, many tax collectors and "sinners" were eating with him and his disciples, for there were many who followed him. 16When the teachers of the law who were Pharisees saw him eating with the "sinners" and tax collectors, they asked his disciples: "Why does he eat with tax collectors and 'sinners'?"

17On hearing this, Jesus said to them, "It is not the healthy who need a doctor, but the sick. I have not come to call the righteous, but sinners."

Jesus Questioned About Fasting

18Now John's disciples and the Pharisees were fasting. Some people came and asked Jesus, "How is it that John's disciples and the disciples of the Pharisees are fasting, but yours are not?"

19Jesus answered, "How can the guests of the bridegroom fast while he is with them? They cannot, so long as they have him with them. 20But the time will come when the bridegroom will be taken from them, and on that day they will fast.

21"No one sews a patch of unshrunk cloth on an old garment. If he does, the new piece will pull away from the old, making the tear worse. 22And no one pours new wine into old wineskins. If he does, the wine will burst the skins, and both the wine and the wineskins will be ruined. No, he pours new wine into new wineskins."

Lord of the Sabbath

23One Sabbath Jesus was going through the grainfields, and as his disciples walked along, they began to pick some heads of grain. 24The Pharisees said to him, "Look, why are they doing what is unlawful on the Sabbath?"

25He answered, "Have you never read what David did when he and his companions were

—¿Nunca han leído lo que hizo David en aquella ocasión, cuando él y sus compañeros tuvieron hambre y pasaron necesidad? 26Entró en la casa de Dios cuando Abiatar era el sumo sacerdote, y comió los panes consagrados a Dios, que sólo a los sacerdotes les es permitido comer. Y dio también a sus compañeros.

27»El sábado se hizo para el hombre, y no el hombre para el sábado —añadió—. 28Así que el Hijo del hombre es Señor incluso del sábado.

3 En otra ocasión entró en la sinagoga, y había allí un hombre que tenía la mano paralizada. 2Algunos que buscaban un motivo para acusar a Jesús no le quitaban la vista de encima para ver si sanaba al enfermo en *sábado. 3Entonces Jesús le dijo al hombre de la mano paralizada:

—Ponte de pie frente a todos.

4Luego dijo a los otros:

—¿Qué está permitido en sábado: hacer el bien o hacer el mal, salvar una *vida o matar?

Pero ellos permanecieron callados. 5Jesús se les quedó mirando, enojado y entristecido por la dureza de su corazón, y le dijo al hombre:

—Extiende la mano.

La extendió, y la mano le quedó restablecida. 6Tan pronto como salieron los fariseos, comenzaron a tramar con los herodianos cómo matar a Jesús.

La multitud sigue a Jesús

7Jesús se retiró al lago con sus discípulos, y mucha gente de Galilea lo siguió. 8Cuando se enteraron de todo lo que hacía, acudieron también a él muchos de Judea y Jerusalén, de Idumea, del otro lado del Jordán y de las regiones de Tiro y Sidón. 9Entonces, para evitar que la gente lo atropellara, encargó a sus discípulos que le tuvieran preparada una pequeña barca; 10pues como había sanado a muchos, todos los que sufrían dolencias se abalanzaban sobre él para tocarlo. 11Además, los *espíritus malignos, al verlo, se postraban ante él, gritando: «¡Tú eres el Hijo de Dios!» 12Pero él les ordenó terminantemente que no dijeran quién era él.

Nombramiento de los doce apóstoles

13Subió Jesús a una montaña y llamó a los que quiso, los cuales se reunieron con él. 14Designó a doce, a quienes nombró apóstoles,f para que lo acompañaran y para enviarlos a predicar 15y ejercer autoridad para expulsar demonios. 16Éstos son los doce que él nombró: Simón (a quien llamó Pedro); 17*Jacobo y su hermano Juan, hijos de Zebedeo (a quienes llamó Boanerges, que significa: Hijos del trueno); 18Andrés, Feli-

hungry and in need? 26In the days of Abiathar the high priest, he entered the house of God and ate the consecrated bread, which is lawful only for priests to eat. And he also gave some to his companions."

27Then he said to them, "The Sabbath was made for man, not man for the Sabbath. 28So the Son of Man is Lord even of the Sabbath."

3 Another time he went into the synagogue, and a man with a shriveled hand was there. 2Some of them were looking for a reason to accuse Jesus, so they watched him closely to see if he would heal him on the Sabbath. 3Jesus said to the man with the shriveled hand, "Stand up in front of everyone."

4Then Jesus asked them, "Which is lawful on the Sabbath: to do good or to do evil, to save life or to kill?" But they remained silent.

5He looked around at them in anger and, deeply distressed at their stubborn hearts, said to the man, "Stretch out your hand." He stretched it out, and his hand was completely restored. 6Then the Pharisees went out and began to plot with the Herodians how they might kill Jesus.

Crowds Follow Jesus

7Jesus withdrew with his disciples to the lake, and a large crowd from Galilee followed. 8When they heard all he was doing, many people came to him from Judea, Jerusalem, Idumea, and the regions across the Jordan and around Tyre and Sidon. 9Because of the crowd he told his disciples to have a small boat ready for him, to keep the people from crowding him. 10For he had healed many, so that those with diseases were pushing forward to touch him. 11Whenever the evilg spirits saw him, they fell down before him and cried out, "You are the Son of God." 12But he gave them strict orders not to tell who he was.

The Appointing of the Twelve Apostles

13Jesus went up on a mountainside and called to him those he wanted, and they came to him. 14He appointed twelve—designating them apostlesh—that they might be with him and that he might send them out to preach 15and to have authority to drive out demons. 16These are the twelve he appointed: Simon (to whom he gave the name Peter); 17James son of Zebedee and his brother John (to them

---

g11 Greek unclean; also in verse 30   h14 Some manuscripts do not have designating them apostles.

pe, Bartolomé, Mateo, Tomás, Jacobo, hijo de Alfeo; Tadeo, Simón el Zelote ¹⁹y Judas Iscariote, el que lo traicionó.

Jesús y Beelzebú

²⁰Luego entró en una casa, y de nuevo se aglomeró tanta gente que ni siquiera podían comer él y sus discípulos. ²¹Cuando se enteraron sus parientes, salieron a hacerse cargo de él, porque decían: «Está fuera de sí.»

²²Los *maestros de la ley que habían llegado de Jerusalén decían: «¡Está poseído por *Beelzebú! Expulsa a los demonios por medio del príncipe de los demonios.»

²³Entonces Jesús los llamó y les habló en parábolas: «¿Cómo puede Satanás expulsar a Satanás? ²⁴Si un reino está dividido contra sí mismo, ese reino no puede mantenerse en pie. ²⁵Y si una familia está dividida contra sí misma, esa familia no puede mantenerse en pie. ²⁶Igualmente, si Satanás se levanta contra sí mismo y se divide, no puede mantenerse en pie, sino que ha llegado su fin. ²⁷Ahora bien, nadie puede entrar en la casa de alguien fuerte y arrebatarle sus bienes a menos que primero lo ate. Sólo entonces podrá robar su casa. ²⁸Les aseguro que todos los pecados y *blasfemias se les perdonarán a todos por igual, ²⁹excepto a quien blasfeme contra el Espíritu Santo. Éste no tendrá perdón jamás; es culpable de un pecado eterno.»

³⁰Es que ellos habían dicho: «Tiene un *espíritu maligno.»

La madre y los hermanos de Jesús

³¹En eso llegaron la madre y los hermanos de Jesús. Se quedaron afuera y enviaron a alguien a llamarlo, ³²pues había mucha gente sentada alrededor de él.

—Mira, tu madre y tus hermanosᵍ están afuera y te buscan —le dijeron.

³³—¿Quiénes son mi madre y mis hermanos? —replicó Jesús.

³⁴Luego echó una mirada a los que estaban sentados alrededor de él y añadió:

—Aquí tienen a mi madre y a mis hermanos. ³⁵Cualquiera que hace la voluntad de Dios es mi hermano, mi hermana y mi madre.

Parábola del sembrador

4 De nuevo comenzó Jesús a enseñar a la orilla del lago. La multitud que se reunió para verlo era tan grande que él subió y se sentó en una barca que estaba en el lago, mientras toda la gente se quedaba en la playa. ²Entonces se puso a enseñarles muchas cosas por medio de parábolas y, como

he gave the name Boanerges, which means Sons of Thunder); ¹⁸Andrew, Philip, Bartholomew, Matthew, Thomas, James son of Alphaeus, Thaddaeus, Simon the Zealot ¹⁹and Judas Iscariot, who betrayed him.

Jesus and Beelzebub

²⁰Then Jesus entered a house, and again a crowd gathered, so that he and his disciples were not even able to eat. ²¹When his family heard about this, they went to take charge of him, for they said, "He is out of his mind."

²²And the teachers of the law who came down from Jerusalem said, "He is possessed by Beelzebub͎! By the prince of demons he is driving out demons."

²³So Jesus called them and spoke to them in parables: "How can Satan drive out Satan? ²⁴If a kingdom is divided against itself, that kingdom cannot stand. ²⁵If a house is divided against itself, that house cannot stand. ²⁶And if Satan opposes himself and is divided, he cannot stand; his end has come. ²⁷In fact, no one can enter a strong man's house and carry off his possessions unless he first ties up the strong man. Then he can rob his house. ²⁸I tell you the truth, all the sins and blasphemies of men will be forgiven them. ²⁹But whoever blasphemes against the Holy Spirit will never be forgiven; he is guilty of an eternal sin."

³⁰He said this because they were saying, "He has an evil spirit."

Jesus' Mother and Brothers

³¹Then Jesus' mother and brothers arrived. Standing outside, they sent someone in to call him. ³²A crowd was sitting around him, and they told him, "Your mother and brothers are outside looking for you."

³³"Who are my mother and my brothers?" he asked.

³⁴Then he looked at those seated in a circle around him and said, "Here are my mother and my brothers! ³⁵Whoever does God's will is my brother and sister and mother."

The Parable of the Sower

4 Again Jesus began to teach by the lake. The crowd that gathered around him was so large that he got into a boat and sat in it out on the lake, while all the people were along the shore at the water's edge. ²He taught them many

---

ᵍ3:32 tus hermanos. Var. tus hermanos y tus hermanas.   ͎22 Greek Beezeboul or Beelzeboul

parte de su instrucción, les dijo: ³«¡Pongan atención! Un sembrador salió a sembrar. ⁴Sucedió que al esparcir él la semilla, una parte cayó junto al camino, y llegaron los pájaros y se la comieron. ⁵Otra parte cayó en terreno pedregoso, sin mucha tierra. Esa semilla brotó pronto porque la tierra no era profunda; ⁶pero cuando salió el sol, las plantas se marchitaron y, por no tener raíz, se secaron. ⁷Otra parte de la semilla cayó entre espinos que, al crecer, la ahogaron, de modo que no dio fruto. ⁸Pero las otras semillas cayeron en buen terreno. Brotaron, crecieron y produjeron una cosecha que rindió el treinta, el sesenta y hasta el ciento por uno.

⁹»El que tenga oídos para oír, que oiga», añadió Jesús.

¹⁰Cuando se quedó solo, los doce y los que estaban alrededor de él le hicieron preguntas sobre las parábolas. ¹¹«A ustedes se les ha revelado el *secreto del reino de Dios —les contestó—; pero a los de afuera todo les llega por medio de parábolas, ¹²para que

»"por mucho que vean, no perciban;
　y por mucho que oigan, no entiendan;
no sea que se conviertan y sean
　perdonados." ʰ

¹³»¿No entienden esta parábola? —continuó Jesús—. ¿Cómo podrán, entonces, entender las demás? ¹⁴El sembrador siembra la palabra. ¹⁵Algunos son como lo sembrado junto al camino, donde se siembra la palabra. Tan pronto como la oyen, viene Satanás y les quita la palabra sembrada en ellos. ¹⁶Otros son como lo sembrado en terreno pedregoso: cuando oyen la palabra, en seguida la reciben con alegría, ¹⁷pero como no tienen raíz, duran poco tiempo. Cuando surgen problemas o persecución a causa de la palabra, en seguida se apartan de ella. ¹⁸Otros son como lo sembrado entre espinos: oyen la palabra, ¹⁹pero las preocupaciones de esta vida, el engaño de las riquezas y muchos otros malos deseos entran hasta ahogar la palabra, de modo que ésta no llega a dar fruto. ²⁰Pero otros son como lo sembrado en buen terreno: oyen la palabra, la aceptan y producen una cosecha que rinde el treinta, el sesenta y hasta el ciento por uno.»

Una lámpara en una repisa

²¹También les dijo: «¿Acaso se trae una lámpara para ponerla debajo de un cajón o debajo de la cama? ¿No es, por el contrario, para ponerla en una repisa? ²²No hay nada escondido que no esté destinado a descubrirse; tampoco hay

things by parables, and in his teaching said: ³"Listen! A farmer went out to sow his seed. ⁴As he was scattering the seed, some fell along the path, and the birds came and ate it up. ⁵Some fell on rocky places, where it did not have much soil. It sprang up quickly, because the soil was shallow. ⁶But when the sun came up, the plants were scorched, and they withered because they had no root. ⁷Other seed fell among thorns, which grew up and choked the plants, so that they did not bear grain. ⁸Still other seed fell on good soil. It came up, grew and produced a crop, multiplying thirty, sixty, or even a hundred times."

⁹Then Jesus said, "He who has ears to hear, let him hear."

¹⁰When he was alone, the Twelve and the others around him asked him about the parables. ¹¹He told them, "The secret of the kingdom of God has been given to you. But to those on the outside everything is said in parables ¹²so that,

" 'they may be ever seeing but never perceiving,
　and ever hearing but never understanding;
otherwise they might turn and be
　forgiven!'ʲ"

¹³Then Jesus said to them, "Don't you understand this parable? How then will you understand any parable? ¹⁴The farmer sows the word. ¹⁵Some people are like seed along the path, where the word is sown. As soon as they hear it, Satan comes and takes away the word that was sown in them. ¹⁶Others, like seed sown on rocky places, hear the word and at once receive it with joy. ¹⁷But since they have no root, they last only a short time. When trouble or persecution comes because of the word, they quickly fall away. ¹⁸Still others, like seed sown among thorns, hear the word; ¹⁹but the worries of this life, the deceitfulness of wealth and the desires for other things come in and choke the word, making it unfruitful. ²⁰Others, like seed sown on good soil, hear the word, accept it, and produce a crop—thirty, sixty or even a hundred times what was sown."

A Lamp on a Stand

²¹He said to them, "Do you bring in a lamp to put it under a bowl or a bed? Instead, don't you put it on its stand? ²²For whatever is hid-

nada oculto que no esté destinado a ser revelado. 23El que tenga oídos para oír, que oiga.

24»Pongan mucha atención —añadió—. Con la medida que midan a otros, se les medirá a ustedes, y aún más se les añadirá. 25Al que tiene, se le dará más; al que no tiene, hasta lo poco que tiene se le quitará.»

Parábola de la semilla que crece

26Jesús continuó: «El reino de Dios se parece a quien esparce semilla en la tierra. 27Sin que éste sepa cómo, y ya sea que duerma o esté despierto, día y noche brota y crece la semilla. 28La tierra da fruto por sí sola; primero el tallo, luego la espiga, y después el grano lleno en la espiga. 29Tan pronto como el grano está maduro, se le mete la hoz, pues ha llegado el tiempo de la cosecha.»

Parábola del grano de mostaza

30También dijo: «¿Con qué vamos a comparar el reino de Dios? ¿Qué parábola podemos usar para describirlo? 31Es como un grano de mostaza: cuando se siembra en la tierra, es la semilla más pequeña que hay, 32pero una vez sembrada crece hasta convertirse en la más grande de las hortalizas, y echa ramas tan grandes que las aves pueden anidar bajo su sombra.»

33Y con muchas parábolas semejantes les enseñaba Jesús la palabra hasta donde podían entender. 34No les decía nada sin emplear parábolas. Pero cuando estaba a solas con sus discípulos, les explicaba todo.

Jesús calma la tormenta

35Ese día al anochecer, les dijo a sus discípulos:
—Crucemos al otro lado.

36Dejaron a la multitud y se fueron con él en la barca donde estaba. También lo acompañaban otras barcas. 37Se desató entonces una fuerte tormenta, y las olas azotaban la barca, tanto que ya comenzaba a inundarse. 38Jesús, mientras tanto, estaba en la popa, durmiendo sobre un cabezal, así que los discípulos lo despertaron.
—¡Maestro! —gritaron—, ¿no te importa que nos ahoguemos?

39Él se levantó, reprendió al viento y ordenó al mar:
—¡Silencio! ¡Cálmate!

El viento se calmó y todo quedó completamente tranquilo.

40—¿Por qué tienen tanto miedo? —dijo a sus discípulos—. ¿Todavíai no tienen fe?

41Ellos estaban espantados y se decían unos a otros:
—¿Quién es éste, que hasta el viento y el mar le obedecen?

den is meant to be disclosed, and whatever is concealed is meant to be brought out into the open. 23If anyone has ears to hear, let him hear."

24"Consider carefully what you hear," he continued. "With the measure you use, it will be measured to you—and even more. 25Whoever has will be given more; whoever does not have, even what he has will be taken from him."

The Parable of the Growing Seed

26He also said, "This is what the kingdom of God is like. A man scatters seed on the ground. 27Night and day, whether he sleeps or gets up, the seed sprouts and grows, though he does not know how. 28All by itself the soil produces grain—first the stalk, then the head, then the full kernel in the head. 29As soon as the grain is ripe, he puts the sickle to it, because the harvest has come."

The Parable of the Mustard Seed

30Again he said, "What shall we say the kingdom of God is like, or what parable shall we use to describe it? 31It is like a mustard seed, which is the smallest seed you plant in the ground. 32Yet when planted, it grows and becomes the largest of all garden plants, with such big branches that the birds of the air can perch in its shade."

33With many similar parables Jesus spoke the word to them, as much as they could understand. 34He did not say anything to them without using a parable. But when he was alone with his own disciples, he explained everything.

Jesus Calms the Storm

35That day when evening came, he said to his disciples, "Let us go over to the other side." 36Leaving the crowd behind, they took him along, just as he was, in the boat. There were also other boats with him. 37A furious squall came up, and the waves broke over the boat, so that it was nearly swamped. 38Jesus was in the stern, sleeping on a cushion. The disciples woke him and said to him, "Teacher, don't you care if we drown?"

39He got up, rebuked the wind and said to the waves, "Quiet! Be still!" Then the wind died down and it was completely calm.

40He said to his disciples, "Why are you so afraid? Do you still have no faith?"

41They were terrified and asked each other, "Who is this? Even the wind and the waves obey him!"

i4:40 Todavía. Var. Cómo es que.

Liberación de un endemoniado

5 Cruzaron el lago hasta llegar a la región de los gerasenos.ʲ ²Tan pronto como desembarcó Jesús, un hombre poseído por un *espíritu maligno le salió al encuentro de entre los sepulcros. ³Este hombre vivía en los sepulcros, y ya nadie podía sujetarlo, ni siquiera con cadenas. ⁴Muchas veces lo habían atado con cadenas y grilletes, pero él los destrozaba, y nadie tenía fuerza para dominarlo. ⁵Noche y día andaba por los sepulcros y por las colinas, gritando y golpeándose con piedras.

⁶Cuando vio a Jesús desde lejos, corrió y se postró delante de él.

⁷—¿Por qué te entrometes, Jesús, Hijo del Dios Altísimo? —gritó con fuerza—. ¡Te ruego por Dios que no me atormentes!

⁸Es que Jesús le había dicho: «¡Sal de este hombre, espíritu maligno!»

⁹—¿Cómo te llamas? —le preguntó Jesús.

—Me llamo Legión —respondió—, porque somos muchos.

¹⁰Y con insistencia le suplicaba a Jesús que no los expulsara de aquella región.

¹¹Como en una colina estaba paciendo una manada de muchos cerdos, los demonios le rogaron a Jesús:

¹²—Mándanos a los cerdos; déjanos entrar en ellos.

¹³Así que él les dio permiso. Cuando los espíritus malignos salieron del hombre, entraron en los cerdos, que eran unos dos mil, y la manada se precipitó al lago por el despeñadero y allí se ahogó.

¹⁴Los que cuidaban los cerdos salieron huyendo y dieron la noticia en el pueblo y por los campos, y la gente fue a ver lo que había pasado. ¹⁵Llegaron adonde estaba Jesús, y cuando vieron al que había estado poseído por la legión de demonios, sentado, vestido y en su sano juicio, tuvieron miedo. ¹⁶Los que habían presenciado estos hechos le contaron a la gente lo que había sucedido con el endemoniado y con los cerdos. ¹⁷Entonces la gente comenzó a suplicarle a Jesús que se fuera de la región.

¹⁸Mientras subía Jesús a la barca, el que había estado endemoniado le rogaba que le permitiera acompañarlo. ¹⁹Jesús no se lo permitió, sino que le dijo:

—Vete a tu casa, a los de tu familia, y diles todo lo que el Señor ha hecho por ti y cómo te ha tenido compasión.

²⁰Así que el hombre se fue y se puso a proclamar en *Decápolis lo mucho que Jesús había

The Healing of a Demon-possessed Man

5 They went across the lake to the region of the Gerasenes.ᵏ ²When Jesus got out of the boat, a man with an evilˡ spirit came from the tombs to meet him. ³This man lived in the tombs, and no one could bind him any more, not even with a chain. ⁴For he had often been chained hand and foot, but he tore the chains apart and broke the irons on his feet. No one was strong enough to subdue him. ⁵Night and day among the tombs and in the hills he would cry out and cut himself with stones.

⁶When he saw Jesus from a distance, he ran and fell on his knees in front of him. ⁷He shouted at the top of his voice, "What do you want with me, Jesus, Son of the Most High God? Swear to God that you won't torture me!" ⁸For Jesus had said to him, "Come out of this man, you evil spirit!"

⁹Then Jesus asked him, "What is your name?"

"My name is Legion," he replied, "for we are many." ¹⁰And he begged Jesus again and again not to send them out of the area.

¹¹A large herd of pigs was feeding on the nearby hillside. ¹²The demons begged Jesus, "Send us among the pigs; allow us to go into them." ¹³He gave them permission, and the evil spirits came out and went into the pigs. The herd, about two thousand in number, rushed down the steep bank into the lake and were drowned.

¹⁴Those tending the pigs ran off and reported this in the town and countryside, and the people went out to see what had happened. ¹⁵When they came to Jesus, they saw the man who had been possessed by the legion of demons, sitting there, dressed and in his right mind; and they were afraid. ¹⁶Those who had seen it told the people what had happened to the demon-possessed man—and told about the pigs as well. ¹⁷Then the people began to plead with Jesus to leave their region.

¹⁸As Jesus was getting into the boat, the man who had been demon-possessed begged to go with him. ¹⁹Jesus did not let him, but said, "Go home to your family and tell them how much the Lord has done for you, and how he has had mercy on you." ²⁰So the man went away and began to tell in the Decapolisᵐ how much Jesus

---

ᵏ1 Some manuscripts *Gadarenes*; other manuscripts *Gergesenes*   ˡ2 Greek *unclean*; also in verses 8 and 13   ᵐ20 That is, the Ten Cities

ʲ5:1 *gerasenos*. Var. *gadarenos*; otra var. *gergesenos*.

hecho por él. Y toda la gente se quedó asombrada.

Una niña muerta y una mujer enferma

21 Después de que Jesús regresó en la barca al otro lado del lago, se reunió alrededor de él una gran multitud, por lo que él se quedó en la orilla. 22 Llegó entonces uno de los jefes de la sinagoga, llamado Jairo. Al ver a Jesús, se arrojó a sus pies, 23 suplicándole con insistencia:

—Mi hijita se está muriendo. Ven y pon tus manos sobre ella para que se *sane y viva.

24 Jesús se fue con él, y lo seguía una gran multitud, la cual lo apretujaba. 25 Había entre la gente una mujer que hacía doce años padecía de hemorragias. 26 Había sufrido mucho a manos de varios médicos, y se había gastado todo lo que tenía sin que le hubiera servido de nada, pues en vez de mejorar, iba de mal en peor. 27 Cuando oyó hablar de Jesús, se le acercó por detrás entre la gente y le tocó el manto. 28 Pensaba: «Si logro tocar siquiera su ropa, quedaré sana.» 29 Al instante cesó su hemorragia, y se dio cuenta de que su cuerpo había quedado libre de esa aflicción.

30 Al momento también Jesús se dio cuenta de que de él había salido poder, así que se volvió hacia la gente y preguntó:

—¿Quién me ha tocado la ropa?

31 —Ves que te apretuja la gente —le contestaron sus discípulos—, y aun así preguntas: "¿Quién me ha tocado?"

32 Pero Jesús seguía mirando a su alrededor para ver quién lo había hecho. 33 La mujer, sabiendo lo que le había sucedido, se acercó temblando de miedo y, arrojándose a sus pies, le confesó toda la verdad.

34 —¡Hija, tu fe te ha sanado! —le dijo Jesús—. Vete en paz y queda sana de tu aflicción.

35 Todavía estaba hablando Jesús, cuando llegaron unos hombres de la casa de Jairo, jefe de la sinagoga, para decirle:

—Tu hija ha muerto. ¿Para qué sigues molestando al Maestro?

36 Sin hacer caso de la noticia, Jesús le dijo al jefe de la sinagoga:

—No tengas miedo; cree nada más.

37 No dejó que nadie lo acompañara, excepto Pedro, *Jacobo y Juan, el hermano de Jacobo. 38 Cuando llegaron a la casa del jefe de la sinagoga, Jesús notó el alboroto, y que la gente lloraba y daba grandes alaridos. 39 Entró y les dijo:

—¿Por qué tanto alboroto y llanto? La niña no está muerta sino dormida.

40 Entonces empezaron a burlarse de él, pero él los sacó a todos, tomó consigo al padre y a la madre de la niña y a los discípulos que estaban con él, y entró adonde estaba la niña. 41 La tomó de la mano y le dijo:

had done for him. And all the people were amazed.

A Dead Girl and a Sick Woman

21 When Jesus had again crossed over by boat to the other side of the lake, a large crowd gathered around him while he was by the lake. 22 Then one of the synagogue rulers, named Jairus, came there. Seeing Jesus, he fell at his feet 23 and pleaded earnestly with him, "My little daughter is dying. Please come and put your hands on her so that she will be healed and live." 24 So Jesus went with him.

A large crowd followed and pressed around him. 25 And a woman was there who had been subject to bleeding for twelve years. 26 She had suffered a great deal under the care of many doctors and had spent all she had, yet instead of getting better she grew worse. 27 When she heard about Jesus, she came up behind him in the crowd and touched his cloak, 28 because she thought, "If I just touch his clothes, I will be healed." 29 Immediately her bleeding stopped and she felt in her body that she was freed from her suffering.

30 At once Jesus realized that power had gone out from him. He turned around in the crowd and asked, "Who touched my clothes?"

31 "You see the people crowding against you," his disciples answered, "and yet you can ask, 'Who touched me?'"

32 But Jesus kept looking around to see who had done it. 33 Then the woman, knowing what had happened to her, came and fell at his feet and, trembling with fear, told him the whole truth. 34 He said to her, "Daughter, your faith has healed you. Go in peace and be freed from your suffering."

35 While Jesus was still speaking, some men came from the house of Jairus, the synagogue ruler. "Your daughter is dead," they said. "Why bother the teacher any more?"

36 Ignoring what they said, Jesus told the synagogue ruler, "Don't be afraid; just believe."

37 He did not let anyone follow him except Peter, James and John the brother of James. 38 When they came to the home of the synagogue ruler, Jesus saw a commotion, with people crying and wailing loudly. 39 He went in and said to them, "Why all this commotion and wailing? The child is not dead but asleep." 40 But they laughed at him.

After he put them all out, he took the child's father and mother and the disciples who were with him, and went in where the child was. 41 He took her by the hand and said to her,

—*Talita cum*[k] (que significa: Niña, a ti te digo, ¡levántate!).

42La niña, que tenía doce años, se levantó en seguida y comenzó a andar. Ante este hecho todos se llenaron de asombro. 43Él dio órdenes estrictas de que nadie se enterara de lo ocurrido, y les mandó que le dieran de comer a la niña.

Un profeta sin honra

6 Salió Jesús de allí y fue a su tierra, en compañía de sus discípulos. 2Cuando llegó el *sábado, comenzó a enseñar en la sinagoga.

—¿De dónde sacó éste tales cosas? —decían maravillados muchos de los que le oían—. ¿Qué sabiduría es ésta que se le ha dado? ¿Cómo se explican estos milagros que vienen de sus manos? 3¿No es acaso el carpintero, el hijo de María y hermano de *Jacobo, de José, de Judas y de Simón? ¿No están sus hermanas aquí con nosotros?

Y se *escandalizaban a causa de él. Por tanto, Jesús les dijo:

4—En todas partes se honra a un profeta, menos en su tierra, entre sus familiares y en su propia casa.

5En efecto, no pudo hacer allí ningún milagro, excepto sanar a unos pocos enfermos al imponerles las manos. 6Y él se quedó asombrado por la incredulidad de ellos.

Jesús envía a los doce

Jesús recorría los alrededores, enseñando de pueblo en pueblo. 7Reunió a los doce, y comenzó a enviarlos de dos en dos, dándoles autoridad sobre los *espíritus malignos.

8Les ordenó que no llevaran nada para el camino, ni pan, ni bolsa, ni dinero en el cinturón, sino sólo un bastón. 9«Lleven sandalias —dijo—, pero no dos mudas de ropa.» 10Y añadió: «Cuando entren en una casa, quédense allí hasta que salgan del pueblo. 11Y si en algún lugar no los reciben bien o no los escuchan, al salir de allí sacúdanse el polvo de los pies, como un testimonio contra ellos.»

12Los doce salieron y exhortaban a la gente a que se *arrepintiera. 13También expulsaban a muchos demonios y sanaban a muchos enfermos, ungiéndolos con aceite.

Decapitación de Juan el Bautista

14El rey Herodes se enteró de esto, pues el nombre de Jesús se había hecho famoso. Algunos decían:[l] «Juan el Bautista ha *resucitado, y por eso tiene poder para realizar milagros.» 15Otros decían: «Es Elías.» Otros, en fin, afir-

"Talitha koum!" (which means, "Little girl, I say to you, get up!"). 42Immediately the girl stood up and walked around (she was twelve years old). At this they were completely astonished. 43He gave strict orders not to let anyone know about this, and told them to give her something to eat.

A Prophet Without Honor

6 Jesus left there and went to his hometown, accompanied by his disciples. 2When the Sabbath came, he began to teach in the synagogue, and many who heard him were amazed.

"Where did this man get these things?" they asked. "What's this wisdom that has been given him, that he even does miracles! 3Isn't this the carpenter? Isn't this Mary's son and the brother of James, Joseph,[n] Judas and Simon? Aren't his sisters here with us?" And they took offense at him.

4Jesus said to them, "Only in his hometown, among his relatives and in his own house is a prophet without honor." 5He could not do any miracles there, except lay his hands on a few sick people and heal them. 6And he was amazed at their lack of faith.

Jesus Sends Out the Twelve

Then Jesus went around teaching from village to village. 7Calling the Twelve to him, he sent them out two by two and gave them authority over evil[o] spirits.

8These were his instructions: "Take nothing for the journey except a staff—no bread, no bag, no money in your belts. 9Wear sandals but not an extra tunic. 10Whenever you enter a house, stay there until you leave that town. 11And if any place will not welcome you or listen to you, shake the dust off your feet when you leave, as a testimony against them."

12They went out and preached that people should repent. 13They drove out many demons and anointed many sick people with oil and healed them.

John the Baptist Beheaded

14King Herod heard about this, for Jesus' name had become well known. Some were saying,[p] "John the Baptist has been raised from the dead, and that is why miraculous powers are at work in him."

15Others said, "He is Elijah."

---

[k]5:41 *cum*. Var. *cumi*.   [l]6:14 *Algunos decían*. Var. *Él decía*.

[n]3 Greek *Joses*, a variant of *Joseph*   [o]7 Greek *unclean*
[p]14 Some early manuscripts *He was saying*

maban: «Es un profeta, como los de antes.»
16Pero cuando Herodes oyó esto, exclamó: «¡Juan, al que yo mandé que le cortaran la cabeza, ha resucitado!»

17En efecto, Herodes mismo había mandado que arrestaran a Juan y que lo encadenaran en la cárcel. Herodes se había casado con Herodías, esposa de Felipe su hermano, 18y Juan le había estado diciendo a Herodes: «La ley te prohíbe tener a la esposa de tu hermano.» 19Por eso Herodías le guardaba rencor a Juan y deseaba matarlo. Pero no había logrado hacerlo, 20ya que Herodes temía a Juan y lo protegía, pues sabía que era un hombre justo y *santo. Cuando Herodes oía a Juan, se quedaba muy desconcertado, pero lo escuchaba con gusto.

21Por fin se presentó la oportunidad. En su cumpleaños Herodes dio un banquete a sus altos oficiales, a los comandantes militares y a los notables de Galilea. 22La hija de Herodías entró en el banquete y bailó, y esto agradó a Herodes y a los invitados.

—Pídeme lo que quieras y te lo daré —le dijo el rey a la muchacha.

23Y le prometió bajo juramento:

—Te daré cualquier cosa que me pidas, aun cuando sea la mitad de mi reino.

24Ella salió a preguntarle a su madre:

—¿Qué debo pedir?

—La cabeza de Juan el Bautista —contestó.

25En seguida se fue corriendo la muchacha a presentarle al rey su petición:

—Quiero que ahora mismo me des en una bandeja la cabeza de Juan el Bautista.

26El rey se quedó angustiado, pero a causa de sus juramentos y en atención a los invitados, no quiso desairarla. 27Así que en seguida envió a un verdugo con la orden de llevarle la cabeza de Juan. El hombre fue, decapitó a Juan en la cárcel 28y volvió con la cabeza en una bandeja. Se la entregó a la muchacha, y ella se la dio a su madre. 29Al enterarse de esto, los discípulos de Juan fueron a recoger el cuerpo y le dieron sepultura.

Jesús alimenta a los cinco mil

30Los apóstoles se reunieron con Jesús y le contaron lo que habían hecho y enseñado. 31Y como no tenían tiempo ni para comer, pues era tanta la gente que iba y venía, Jesús les dijo:

—Vengan conmigo ustedes solos a un lugar tranquilo y descansen un poco.

32Así que se fueron solos en la barca a un lugar solitario. 33Pero muchos que los vieron salir los reconocieron y, desde todos los poblados, corrieron por tierra hasta allá y llegaron antes que ellos. 34Cuando Jesús desembarcó y vio tanta

And still others claimed, "He is a prophet, like one of the prophets of long ago."

16But when Herod heard this, he said, "John, the man I beheaded, has been raised from the dead!"

17For Herod himself had given orders to have John arrested, and he had him bound and put in prison. He did this because of Herodias, his brother Philip's wife, whom he had married. 18For John had been saying to Herod, "It is not lawful for you to have your brother's wife." 19So Herodias nursed a grudge against John and wanted to kill him. But she was not able to, 20because Herod feared John and protected him, knowing him to be a righteous and holy man. When Herod heard John, he was greatly puzzledq; yet he liked to listen to him.

21Finally the opportune time came. On his birthday Herod gave a banquet for his high officials and military commanders and the leading men of Galilee. 22When the daughter of Herodias came in and danced, she pleased Herod and his dinner guests.

The king said to the girl, "Ask me for anything you want, and I'll give it to you." 23And he promised her with an oath, "Whatever you ask I will give you, up to half my kingdom."

24She went out and said to her mother, "What shall I ask for?"

"The head of John the Baptist," she answered.

25At once the girl hurried in to the king with the request: "I want you to give me right now the head of John the Baptist on a platter."

26The king was greatly distressed, but because of his oaths and his dinner guests, he did not want to refuse her. 27So he immediately sent an executioner with orders to bring John's head. The man went, beheaded John in the prison, 28and brought back his head on a platter. He presented it to the girl, and she gave it to her mother. 29On hearing of this, John's disciples came and took his body and laid it in a tomb.

Jesus Feeds the Five Thousand

30The apostles gathered around Jesus and reported to him all they had done and taught. 31Then, because so many people were coming and going that they did not even have a chance to eat, he said to them, "Come with me by yourselves to a quiet place and get some rest."

32So they went away by themselves in a boat to a solitary place. 33But many who saw them leaving recognized them and ran on foot from all the towns and got there ahead of them.

q 20 Some early manuscripts he did many things

gente, tuvo compasión de ellos, porque eran como ovejas sin pastor. Así que comenzó a enseñarles muchas cosas.

35Cuando ya se hizo tarde, se le acercaron sus discípulos y le dijeron:

—Éste es un lugar apartado y ya es muy tarde. 36Despide a la gente, para que vayan a los campos y pueblos cercanos y se compren algo de comer.

37—Denles ustedes mismos de comer —contestó Jesús.

—¡Eso costaría casi un año de trabajo!m —objetaron—. ¿Quieres que vayamos y gastemos todo ese dinero en pan para darles de comer?

38—¿Cuántos panes tienen ustedes? —preguntó—. Vayan a ver.

Después de averiguarlo, le dijeron:

—Cinco, y dos pescados.

39Entonces les mandó que hicieran que la gente se sentara por grupos sobre la hierba verde. 40Así que ellos se acomodaron en grupos de cien y de cincuenta. 41Jesús tomó los cinco panes y los dos pescados y, mirando al cielo, los bendijo. Luego partió los panes y se los dio a los discípulos para que se los repartieran a la gente. También repartió los dos pescados entre todos. 42Comieron todos hasta quedar satisfechos, 43y los discípulos recogieron doce canastas llenas de pedazos de pan y de pescado. 44Los que comieron fueron cinco mil.

Jesús camina sobre el agua

45En seguida Jesús hizo que sus discípulos subieran a la barca y se le adelantaran al otro lado, a Betsaida, mientras él despedía a la multitud. 46Cuando se despidió, fue a la montaña para orar.

47Al anochecer, la barca se hallaba en medio del lago, y Jesús estaba en tierra solo. 48En la madrugada,n vio que los discípulos hacían grandes esfuerzos para remar, pues tenían el viento en contra. Se acercó a ellos caminando sobre el lago, e iba a pasarlos de largo. 49Los discípulos, al verlo caminar sobre el agua, creyeron que era un fantasma y se pusieron a gritar, 50llenos de miedo por lo que veían. Pero él habló en seguida con ellos y les dijo: «¡Cálmense! Soy yo. No tengan miedo.»

51Subió entonces a la barca con ellos, y el viento se calmó. Estaban sumamente asombrados, 52porque tenían la mente embotada y no habían comprendido lo de los panes.

53Después de cruzar el lago, llegaron a tierra en Genesaret y atracaron allí. 54Al bajar ellos de

34When Jesus landed and saw a large crowd, he had compassion on them, because they were like sheep without a shepherd. So he began teaching them many things.

35By this time it was late in the day, so his disciples came to him. "This is a remote place," they said, "and it's already very late. 36Send the people away so they can go to the surrounding countryside and villages and buy themselves something to eat."

37But he answered, "You give them something to eat."

They said to him, "That would take eight months of a man's wagesr! Are we to go and spend that much on bread and give it to them to eat?"

38"How many loaves do you have?" he asked. "Go and see."

When they found out, they said, "Five—and two fish."

39Then Jesus directed them to have all the people sit down in groups on the green grass. 40So they sat down in groups of hundreds and fifties. 41Taking the five loaves and the two fish and looking up to heaven, he gave thanks and broke the loaves. Then he gave them to his disciples to set before the people. He also divided the two fish among them all. 42They all ate and were satisfied, 43and the disciples picked up twelve basketfuls of broken pieces of bread and fish. 44The number of the men who had eaten was five thousand.

Jesus Walks on the Water

45Immediately Jesus made his disciples get into the boat and go on ahead of him to Bethsaida, while he dismissed the crowd. 46After leaving them, he went up on a mountainside to pray.

47When evening came, the boat was in the middle of the lake, and he was alone on land. 48He saw the disciples straining at the oars, because the wind was against them. About the fourth watch of the night he went out to them, walking on the lake. He was about to pass by them, 49but when they saw him walking on the lake, they thought he was a ghost. They cried out, 50because they all saw him and were terrified.

Immediately he spoke to them and said, "Take courage! It is I. Don't be afraid." 51Then he climbed into the boat with them, and the wind died down. They were completely amazed, 52for they had not understood about the loaves; their hearts were hardened.

53When they had crossed over, they landed at Gennesaret and anchored there. 54As soon

---

m 6:37 casi un año de trabajo. Lit. doscientos *denarios.
n 6:48 En la madrugada. Lit. Alrededor de la cuarta vigilia de la noche.

r 37 Greek take two hundred denarii

la barca, la gente en seguida reconoció a Jesús. 55 Lo siguieron por toda aquella región y, adonde oían que él estaba, le llevaban en camillas a los que tenían enfermedades. 56 Y dondequiera que iba, en pueblos, ciudades o caseríos, colocaban a los enfermos en las plazas. Le suplicaban que les permitiera tocar siquiera el borde de su manto, y quienes lo tocaban quedaban *sanos.

Lo puro y lo impuro

7 Los *fariseos y algunos de los *maestros de la ley que habían llegado de Jerusalén se reunieron alrededor de Jesús, 2 y vieron a algunos de sus discípulos que comían con manos *impuras, es decir, sin habérselas lavado. 3 (En efecto, los fariseos y los demás judíos no comen nada sin primero cumplir con el rito de lavarse las manos, ya que están aferrados a la tradición de los *ancianos. 4 Al regresar del mercado, no comen nada antes de lavarse. Y siguen otras muchas tradiciones, tales como el rito de lavar copas, jarras y bandejas de cobre.[ñ]) 5 Así que los fariseos y los maestros de la ley le preguntaron a Jesús:

—¿Por qué no siguen tus discípulos la tradición de los ancianos, en vez de comer con manos impuras?

6 Él les contestó:

—Tenía razón Isaías cuando profetizó acerca de ustedes, *hipócritas, según está escrito:

»"Este pueblo me honra con los labios,
pero su corazón está lejos de mí.
7 En vano me adoran;
sus enseñanzas no son más que reglas
*humanas."[o]

8 Ustedes han desechado los mandamientos divinos y se aferran a las tradiciones humanas.

9 Y añadió:

—¡Qué buena manera tienen ustedes de dejar a un lado los mandamientos de Dios para mantener[p] sus propias tradiciones! 10 Por ejemplo, Moisés dijo: "Honra a tu padre y a tu madre",[q] y: "El que maldiga a su padre o a su madre será condenado a muerte".[r] 11 Ustedes, en cambio, enseñan que un hijo puede decirle a su padre o a su madre: "Cualquier ayuda que pudiera haberte dado es corbán" (es decir, ofrenda dedicada a Dios). 12 En ese caso, el tal hijo ya no está obligado a hacer nada por su padre ni por su madre. 13 Así, por la tradición que se transmiten entre ustedes, anulan la palabra de Dios. Y hacen muchas cosas parecidas.

[ñ] **7:4** *bandejas de cobre.* Var. *bandejas de cobre y divanes.*
[o] **7:6,7** Is 29:13 [p] **7:9** *mantener.* Var. *establecer.*
[q] **7:10** Éx 20:12; Dt 5:16 [r] **7:10** Éx 21:17; Lv 20:9

as they got out of the boat, people recognized Jesus. 55 They ran throughout that whole region and carried the sick on mats to wherever they heard he was. 56 And wherever he went—into villages, towns or countryside—they placed the sick in the marketplaces. They begged him to let them touch even the edge of his cloak, and all who touched him were healed.

Clean and Unclean

7 The Pharisees and some of the teachers of the law who had come from Jerusalem gathered around Jesus and 2 saw some of his disciples eating food with hands that were "unclean," that is, unwashed. 3 (The Pharisees and all the Jews do not eat unless they give their hands a ceremonial washing, holding to the tradition of the elders. 4 When they come from the marketplace they do not eat unless they wash. And they observe many other traditions, such as the washing of cups, pitchers and kettles.[s])

5 So the Pharisees and teachers of the law asked Jesus, "Why don't your disciples live according to the tradition of the elders instead of eating their food with 'unclean' hands?"

6 He replied, "Isaiah was right when he prophesied about you hypocrites; as it is written:

" 'These people honor me with their lips,
but their hearts are far from me.
7 They worship me in vain;
their teachings are but rules taught by
men.'[t]

8 You have let go of the commands of God and are holding on to the traditions of men."

9 And he said to them: "You have a fine way of setting aside the commands of God in order to observe[u] your own traditions! 10 For Moses said, 'Honor your father and your mother,'[v] and, 'Anyone who curses his father or mother must be put to death.'[w] 11 But you say that if a man says to his father or mother: 'Whatever help you might otherwise have received from me is Corban' (that is, a gift devoted to God), 12 then you no longer let him do anything for his father or mother. 13 Thus you nullify the word of God by your tradition that you have handed down. And you do many things like that."

[s] *4* Some early manuscripts *pitchers, kettles and dining couches* [t] *7* Isaiah 29:13 [u] *9* Some manuscripts *set up*
[v] *10* Exodus 20:12; Deut. 5:16 [w] *10* Exodus 21:17; Lev. 20:9

14De nuevo Jesús llamó a la multitud.

—Escúchenme todos —dijo— y entiendan esto: **15**Nada de lo que viene de afuera puede *contaminar a una persona. Más bien, lo que sale de la persona es lo que la contamina.ˢ

17Después de que dejó a la gente y entró en la casa, sus discípulos le preguntaron sobre la comparación que había hecho.

18—¿Tampoco ustedes pueden entenderlo? —les dijo—. ¿No se dan cuenta de que nada de lo que entra en una persona puede contaminarla? **19**Porque no entra en su corazón sino en su estómago, y después va a dar a la letrina.

Con esto Jesús declaraba *limpios todos los alimentos. **20**Luego añadió:

—Lo que sale de la persona es lo que la contamina. **21**Porque de adentro, del corazón humano, salen los malos pensamientos, la inmoralidad sexual, los robos, los homicidios, los adulterios, **22**la avaricia, la maldad, el engaño, el libertinaje, la envidia, la calumnia, la arrogancia y la necedad. **23**Todos estos males vienen de adentro y contaminan a la persona.

La fe de una mujer sirofenicia

24Jesús partió de allí y fue a la región de Tiro.ᵗ Entró en una casa y no quería que nadie lo supiera, pero no pudo pasar inadvertido. **25**De hecho, muy pronto se enteró de su llegada una mujer que tenía una niña poseída por un *espíritu maligno, así que fue y se arrojó a sus pies. **26**Esta mujer era extranjera,ᵘ sirofenicia de nacimiento, y le rogaba que expulsara al demonio que tenía su hija.

27—Deja que primero se sacien los hijos —replicó Jesús—, porque no está bien quitarles el pan a los hijos y echárselo a los *perros.

28—Sí, Señor —respondió la mujer—, pero hasta los perros comen debajo de la mesa las migajas que dejan los hijos.

29Jesús le dijo:

—Por haberme respondido así, puedes irte tranquila; el demonio ha salido de tu hija.

30Cuando ella llegó a su casa, encontró a la niña acostada en la cama. El demonio ya había salido de ella.

Jesús sana a un sordomudo

31Luego regresó Jesús de la región de Tiro y se dirigió por Sidón al mar de Galilea, internándose en la región de *Decápolis. **32**Allí le llevaron un sordo tartamudo, y le suplicaban que pusiera la mano sobre él.

33Jesús lo apartó de la multitud para estar a solas con él, le puso los dedos en los oídos y le

14Again Jesus called the crowd to him and said, "Listen to me, everyone, and understand this. **15**Nothing outside a man can make him 'unclean' by going into him. Rather, it is what comes out of a man that makes him 'unclean.'"ˣ

17After he had left the crowd and entered the house, his disciples asked him about this parable. **18**"Are you so dull?" he asked. "Don't you see that nothing that enters a man from the outside can make him 'unclean'? **19**For it doesn't go into his heart but into his stomach, and then out of his body." (In saying this, Jesus declared all foods "clean.")

20He went on: "What comes out of a man is what makes him 'unclean.' **21**For from within, out of men's hearts, come evil thoughts, sexual immorality, theft, murder, adultery, **22**greed, malice, deceit, lewdness, envy, slander, arrogance and folly. **23**All these evils come from inside and make a man 'unclean.'"

The Faith of a Syrophoenician Woman

24Jesus left that place and went to the vicinity of Tyre.ʸ He entered a house and did not want anyone to know it; yet he could not keep his presence secret. **25**In fact, as soon as she heard about him, a woman whose little daughter was possessed by an evilᶻ spirit came and fell at his feet. **26**The woman was a Greek, born in Syrian Phoenicia. She begged Jesus to drive the demon out of her daughter.

27"First let the children eat all they want," he told her, "for it is not right to take the children's bread and toss it to their dogs."

28"Yes, Lord," she replied, "but even the dogs under the table eat the children's crumbs."

29Then he told her, "For such a reply, you may go; the demon has left your daughter."

30She went home and found her child lying on the bed, and the demon gone.

The Healing of a Deaf and Mute Man

31Then Jesus left the vicinity of Tyre and went through Sidon, down to the Sea of Galilee and into the region of the Decapolis.ᵃ **32**There some people brought to him a man who was deaf and could hardly talk, and they begged him to place his hand on the man.

33After he took him aside, away from the crowd, Jesus put his fingers into the man's ears.

ˢ 7:15 *contamina.* Var. *contamina.* ¹⁶*El que tenga oídos para oír, que oiga.* ᵗ 7:24 *de Tiro.* Var. *de Tiro y Sidón.* ᵘ 7:26 *extranjera.* Lit. *helénica* (es decir, de cultura griega).

ˣ*15 Some early manuscripts *'unclean.'* ¹⁶*If anyone has ears to hear, let him hear.* ʸ*24 Many early manuscripts *Tyre and Sidon* ᶻ*25 Greek *unclean* ᵃ*31 That is, the Ten Cities

tocó la lengua con saliva.ᵛ ³⁴Luego, mirando al cielo, suspiró profundamente y le dijo: «¡*Efatá!*» (que significa: ¡Ábrete!). ³⁵Con esto, se le abrieron los oídos al hombre, se le destrabó la lengua y comenzó a hablar normalmente.

³⁶Jesús les mandó que no se lo dijeran a nadie, pero cuanto más se lo prohibía, tanto más lo seguían propagando. ³⁷La gente estaba sumamente asombrada, y decía: «Todo lo hace bien. Hasta hace oír a los sordos y hablar a los mudos.»

Jesús alimenta a los cuatro mil

8 En aquellos días se reunió de nuevo mucha gente. Como no tenían nada que comer, Jesús llamó a sus discípulos y les dijo:

²—Siento compasión de esta gente porque ya llevan tres días conmigo y no tienen nada que comer. ³Si los despido a sus casas sin haber comido, se van a desmayar por el camino, porque algunos de ellos han venido de lejos.

⁴Los discípulos objetaron:

—¿Dónde se va a conseguir suficiente pan en este lugar despoblado para darles de comer?

⁵—¿Cuántos panes tienen? —les preguntó Jesús.

—Siete —respondieron.

⁶Entonces mandó que la gente se sentara en el suelo. Tomando los siete panes, dio gracias, los partió y se los fue dando a sus discípulos para que los repartieran a la gente, y así lo hicieron. ⁷Tenían además unos cuantos pescaditos. Dio gracias por ellos también y les dijo a los discípulos que los repartieran. ⁸La gente comió hasta quedar satisfecha. Después los discípulos recogieron siete cestas llenas de pedazos que sobraron. ⁹Los que comieron eran unos cuatro mil. Tan pronto como los despidió, ¹⁰Jesús se embarcó con sus discípulos y se fue a la región de Dalmanuta.

¹¹Llegaron los *fariseos y comenzaron a discutir con Jesús. Para ponerlo a *prueba, le pidieron una señal del cielo. ¹²Él lanzó un profundo suspiro y dijo:ʷ «¿Por qué pide esta generación una señal milagrosa? Les aseguro que no se le dará ninguna señal.» ¹³Entonces los dejó, volvió a embarcarse y cruzó al otro lado.

La levadura de los fariseos y la de Herodes

¹⁴A los discípulos se les había olvidado llevar comida, y sólo tenían un pan en la barca. ¹⁵Tengan cuidado —les advirtió Jesús—; ¡ojo con la levadura de los *fariseos y con la de Herodes!

Then he spit and touched the man's tongue. ³⁴He looked up to heaven and with a deep sigh said to him, "Ephphatha!" (which means, "Be opened!"). ³⁵At this, the man's ears were opened, his tongue was loosened and he began to speak plainly.

³⁶Jesus commanded them not to tell anyone. But the more he did so, the more they kept talking about it. ³⁷People were overwhelmed with amazement. "He has done everything well," they said. "He even makes the deaf hear and the mute speak."

Jesus Feeds the Four Thousand

8 During those days another large crowd gathered. Since they had nothing to eat, Jesus called his disciples to him and said, ²"I have compassion for these people; they have already been with me three days and have nothing to eat. ³If I send them home hungry, they will collapse on the way, because some of them have come a long distance."

⁴His disciples answered, "But where in this remote place can anyone get enough bread to feed them?"

⁵"How many loaves do you have?" Jesus asked.

"Seven," they replied.

⁶He told the crowd to sit down on the ground. When he had taken the seven loaves and given thanks, he broke them and gave them to his disciples to set before the people, and they did so. ⁷They had a few small fish as well; he gave thanks for them also and told the disciples to distribute them. ⁸The people ate and were satisfied. Afterward the disciples picked up seven basketfuls of broken pieces that were left over. ⁹About four thousand men were present. And having sent them away, ¹⁰he got into the boat with his disciples and went to the region of Dalmanutha.

¹¹The Pharisees came and began to question Jesus. To test him, they asked him for a sign from heaven. ¹²He sighed deeply and said, "Why does this generation ask for a miraculous sign? I tell you the truth, no sign will be given to it." ¹³Then he left them, got back into the boat and crossed to the other side.

The Yeast of the Pharisees and Herod

¹⁴The disciples had forgotten to bring bread, except for one loaf they had with them in the boat. ¹⁵"Be careful," Jesus warned them. "Watch out for the yeast of the Pharisees and that of Herod."

ᵛ7:33 *con saliva.* Lit. *escupiendo.*   ʷ8:12 *lanzó ... dijo.* Lit. *suspirando en su espíritu dijo.*

16Ellos comentaban entre sí: «Lo dice porque no tenemos pan.» 17Al darse cuenta de esto, Jesús les dijo:

—¿Por qué están hablando de que no tienen pan? ¿Todavía no ven ni entienden? ¿Tienen la mente embotada? 18¿Es que tienen ojos, pero no ven, y oídos, pero no oyen? ¿Acaso no recuerdan? 19Cuando partí los cinco panes para los cinco mil, ¿cuántas canastas llenas de pedazos recogieron?

—Doce —respondieron.

20—Y cuando partí los siete panes para los cuatro mil, ¿cuántas cestas llenas de pedazos recogieron?

—Siete.

21Entonces concluyó:

—¿Y todavía no entienden?

Jesús sana a un ciego en Betsaida

22Cuando llegaron a Betsaida, algunas personas le llevaron un ciego a Jesús y le rogaron que lo tocara. 23Él tomó de la mano al ciego y lo sacó fuera del pueblo. Después de escupirle en los ojos y de poner las manos sobre él, le preguntó:

—¿Puedes ver ahora?

24El hombre alzó los ojos y dijo:

—Veo gente; parecen árboles que caminan.

25Entonces le puso de nuevo las manos sobre los ojos, y el ciego fue curado: recobró la vista y comenzó a ver todo con claridad. 26Jesús lo mandó a su casa con esta advertencia:

—No vayas a entrar en el pueblo.x

La confesión de Pedro

27Jesús y sus discípulos salieron hacia las aldeas de Cesarea de Filipo. En el camino les preguntó:

—¿Quién dice la gente que soy yo?

28—Unos dicen que Juan el Bautista, otros que Elías, y otros que uno de los profetas —contestaron.

29—Y ustedes, ¿quién dicen que soy yo?

—Tú eres el *Cristo —afirmó Pedro.

30Jesús les ordenó que no hablaran a nadie acerca de él.

Jesús predice su muerte

31Luego comenzó a enseñarles:

—El Hijo del hombre tiene que sufrir muchas cosas y ser rechazado por los *ancianos, por los jefes de los sacerdotes y por los *maestros de la ley. Es necesario que lo maten y que a los tres días resucite.

32Habló de esto con toda claridad. Pedro lo llevó aparte y comenzó a reprenderlo. 33Pero

16They discussed this with one another and said, "It is because we have no bread."

17Aware of their discussion, Jesus asked them: "Why are you talking about having no bread? Do you still not see or understand? Are your hearts hardened? 18Do you have eyes but fail to see, and ears but fail to hear? And don't you remember? 19When I broke the five loaves for the five thousand, how many basketfuls of pieces did you pick up?"

"Twelve," they replied.

20"And when I broke the seven loaves for the four thousand, how many basketfuls of pieces did you pick up?"

They answered, "Seven."

21He said to them, "Do you still not understand?"

The Healing of a Blind Man at Bethsaida

22They came to Bethsaida, and some people brought a blind man and begged Jesus to touch him. 23He took the blind man by the hand and led him outside the village. When he had spit on the man's eyes and put his hands on him, Jesus asked, "Do you see anything?"

24He looked up and said, "I see people; they look like trees walking around."

25Once more Jesus put his hands on the man's eyes. Then his eyes were opened, his sight was restored, and he saw everything clearly. 26Jesus sent him home, saying, "Don't go into the village.b"

Peter's Confession of Christ

27Jesus and his disciples went on to the villages around Caesarea Philippi. On the way he asked them, "Who do people say I am?"

28They replied, "Some say John the Baptist; others say Elijah; and still others, one of the prophets."

29"But what about you?" he asked. "Who do you say I am?"

Peter answered, "You are the Christ.c"

30Jesus warned them not to tell anyone about him.

Jesus Predicts His Death

31He then began to teach them that the Son of Man must suffer many things and be rejected by the elders, chief priests and teachers of the law, and that he must be killed and after three days rise again. 32He spoke plainly about this, and Peter took him aside and began to rebuke him.

b 26 Some manuscripts Don't go and tell anyone in the village
c 29 Or Messiah. "The Christ" (Greek) and "the Messiah" (Hebrew) both mean "the Anointed One."

x8:26 pueblo. Var. pueblo, ni a decírselo a nadie en el pueblo.

Jesús se dio la vuelta, miró a sus discípulos, y reprendió a Pedro.

—¡Aléjate de mí, Satanás! —le dijo—. Tú no piensas en las cosas de Dios sino en las de los hombres.

³⁴Entonces llamó a la multitud y a sus discípulos.

—Si alguien quiere ser mi discípulo —les dijo—, que se niegue a sí mismo, lleve su cruz y me siga. ³⁵Porque el que quiera salvar su *vida, la perderá; pero el que pierda su vida por mi causa y por el *evangelio, la salvará. ³⁶¿De qué sirve ganar el mundo entero si se pierde la vida? ³⁷¿O qué se puede dar a cambio de la vida? ³⁸Si alguien se avergüenza de mí y de mis palabras en medio de esta generación adúltera y pecadora, también el Hijo del hombre se avergonzará de él cuando venga en la gloria de su Padre con los santos ángeles.

9 Y añadió:
—Les aseguro que algunos de los aquí presentes no sufrirán la muerte sin antes haber visto el reino de Dios llegar con poder.

La transfiguración

²Seis días después Jesús tomó consigo a Pedro, a *Jacobo y a Juan, y los llevó a una montaña alta, donde estaban solos. Allí se transfiguró en presencia de ellos. ³Su ropa se volvió de un blanco resplandeciente como nadie en el mundo podría blanquearla. ⁴Y se les aparecieron Elías y Moisés, los cuales conversaban con Jesús. Tomando la palabra, ⁵Pedro le dijo a Jesús:

—Rabí, ¡qué bien que estemos aquí! Podemos levantar tres albergues: uno para ti, otro para Moisés y otro para Elías.

⁶No sabía qué decir, porque todos estaban asustados. ⁷Entonces apareció una nube que los envolvió, de la cual salió una voz que dijo: «Éste es mi Hijo amado. ¡Escúchenlo!»

⁸De repente, cuando miraron a su alrededor, ya no vieron a nadie más que a Jesús.

⁹Mientras bajaban de la montaña, Jesús les ordenó que no contaran a nadie lo que habían visto hasta que el Hijo del hombre se *levantara de entre los muertos. ¹⁰Guardaron el secreto, pero discutían entre ellos qué significaría eso de «levantarse de entre los muertos».

¹¹—¿Por qué dicen los *maestros de la ley que Elías tiene que venir primero? —le preguntaron.

¹²—Sin duda Elías ha de venir primero para restaurar todas las cosas —respondió Jesús—. Pero entonces, ¿cómo es que está escrito que el Hijo del hombre tiene que sufrir mucho y ser rechazado? ¹³Pues bien, les digo que Elías ya ha venido, y le hicieron todo lo que quisieron, tal como está escrito de él.

³³But when Jesus turned and looked at his disciples, he rebuked Peter. "Get behind me, Satan!" he said. "You do not have in mind the things of God, but the things of men."

³⁴Then he called the crowd to him along with his disciples and said: "If anyone would come after me, he must deny himself and take up his cross and follow me. ³⁵For whoever wants to save his life^d will lose it, but whoever loses his life for me and for the gospel will save it. ³⁶What good is it for a man to gain the whole world, yet forfeit his soul? ³⁷Or what can a man give in exchange for his soul? ³⁸If anyone is ashamed of me and my words in this adulterous and sinful generation, the Son of Man will be ashamed of him when he comes in his Father's glory with the holy angels."

9 And he said to them, "I tell you the truth, some who are standing here will not taste death before they see the kingdom of God come with power."

The Transfiguration

²After six days Jesus took Peter, James and John with him and led them up a high mountain, where they were all alone. There he was transfigured before them. ³His clothes became dazzling white, whiter than anyone in the world could bleach them. ⁴And there appeared before them Elijah and Moses, who were talking with Jesus.

⁵Peter said to Jesus, "Rabbi, it is good for us to be here. Let us put up three shelters—one for you, one for Moses and one for Elijah." ⁶(He did not know what to say, they were so frightened.)

⁷Then a cloud appeared and enveloped them, and a voice came from the cloud: "This is my Son, whom I love. Listen to him!"

⁸Suddenly, when they looked around, they no longer saw anyone with them except Jesus.

⁹As they were coming down the mountain, Jesus gave them orders not to tell anyone what they had seen until the Son of Man had risen from the dead. ¹⁰They kept the matter to themselves, discussing what "rising from the dead" meant.

¹¹And they asked him, "Why do the teachers of the law say that Elijah must come first?"

¹²Jesus replied, "To be sure, Elijah does come first, and restores all things. Why then is it written that the Son of Man must suffer much and be rejected? ¹³But I tell you, Elijah has come, and they have done to him everything they wished, just as it is written about him."

---

d35 The Greek word means either *life* or *soul*; also in verse 36.

Jesús sana a un muchacho endemoniado

14Cuando llegaron adonde estaban los otros discípulos, vieron[y] que a su alrededor había mucha gente y que los *maestros de la ley discutían con ellos. **15**Tan pronto como la gente vio a Jesús, todos se sorprendieron y corrieron a saludarlo.

16—¿Qué están discutiendo con ellos? —les preguntó.

17—Maestro —respondió un hombre de entre la multitud—, te he traído a mi hijo, pues está poseído por un espíritu que le ha quitado el habla. **18**Cada vez que se apodera de él, lo derriba. Echa espumarajos, cruje los dientes y se queda rígido. Les pedí a tus discípulos que expulsaran al espíritu, pero no lo lograron.

19—¡Ah, generación incrédula! —respondió Jesús—. ¿Hasta cuándo tendré que estar con ustedes? ¿Hasta cuándo tendré que soportarlos? Tráiganme al muchacho.

20Así que se lo llevaron. Tan pronto como vio a Jesús, el espíritu sacudió de tal modo al muchacho que éste cayó al suelo y comenzó a revolcarse echando espumarajos.

21—¿Cuánto tiempo hace que le pasa esto? —le preguntó Jesús al padre.

—Desde que era niño —contestó—. **22**Muchas veces lo ha echado al fuego y al agua para matarlo. Si puedes hacer algo, ten compasión de nosotros y ayúdanos.

23—¿Cómo que si puedo? Para el que cree, todo es posible.

24—¡Sí creo! —exclamó de inmediato el padre del muchacho—. ¡Ayúdame en mi poca fe!

25Al ver Jesús que se agolpaba mucha gente, reprendió al *espíritu maligno.

—Espíritu sordo y mudo —dijo—, te mando que salgas y que jamás vuelvas a entrar en él.

26El espíritu, dando un alarido y sacudiendo violentamente al muchacho, salió de él. Éste quedó como muerto, tanto que muchos decían: «Ya se murió.» **27**Pero Jesús lo tomó de la mano y lo levantó, y el muchacho se puso de pie.

28Cuando Jesús entró en casa, sus discípulos le preguntaron en privado:

—¿Por qué nosotros no pudimos expulsarlo?

29—Esta clase de demonios sólo puede ser expulsada a fuerza de oración[z] —respondió Jesús.

30Dejaron aquel lugar y pasaron por Galilea. Pero Jesús no quería que nadie lo supiera, **31**porque estaba instruyendo a sus discípulos. Les decía: «El Hijo del hombre va a ser entregado en manos de los hombres. Lo matarán, y a los tres días de muerto resucitará.»

The Healing of a Boy with an Evil Spirit

14When they came to the other disciples, they saw a large crowd around them and the teachers of the law arguing with them. **15**As soon as all the people saw Jesus, they were overwhelmed with wonder and ran to greet him.

16"What are you arguing with them about?" he asked.

17A man in the crowd answered, "Teacher, I brought you my son, who is possessed by a spirit that has robbed him of speech. **18**Whenever it seizes him, it throws him to the ground. He foams at the mouth, gnashes his teeth and becomes rigid. I asked your disciples to drive out the spirit, but they could not."

19"O unbelieving generation," Jesus replied, "how long shall I stay with you? How long shall I put up with you? Bring the boy to me."

20So they brought him. When the spirit saw Jesus, it immediately threw the boy into a convulsion. He fell to the ground and rolled around, foaming at the mouth.

21Jesus asked the boy's father, "How long has he been like this?"

"From childhood," he answered. **22**"It has often thrown him into fire or water to kill him. But if you can do anything, take pity on us and help us."

23" 'If you can'?" said Jesus. "Everything is possible for him who believes."

24Immediately the boy's father exclaimed, "I do believe; help me overcome my unbelief!"

25When Jesus saw that a crowd was running to the scene, he rebuked the evil[e] spirit. "You deaf and mute spirit," he said, "I command you, come out of him and never enter him again."

26The spirit shrieked, convulsed him violently and came out. The boy looked so much like a corpse that many said, "He's dead." **27**But Jesus took him by the hand and lifted him to his feet, and he stood up.

28After Jesus had gone indoors, his disciples asked him privately, "Why couldn't we drive it out?"

29He replied, "This kind can come out only by prayer.[f]"

30They left that place and passed through Galilee. Jesus did not want anyone to know where they were, **31**because he was teaching his disciples. He said to them, "The Son of Man is going to be betrayed into the hands of men. They will kill him, and after three days he will rise."

---

y9:14 *Cuando llegaron ... vieron.* Var. *Cuando llegó ... vio.*
z9:29 *oración.* Var. *oración y ayuno.*

e25 Greek *unclean*   f29 Some manuscripts *prayer and fasting*

32Pero ellos no entendían lo que quería decir con esto, y no se atrevían a preguntárselo.

¿Quién es el más importante?

33Llegaron a Capernaúm. Cuando ya estaba en casa, Jesús les preguntó:

—¿Qué venían discutiendo por el camino?

34Pero ellos se quedaron callados, porque en el camino habían discutido entre sí quién era el más importante.

35Entonces Jesús se sentó, llamó a los doce y les dijo:

—Si alguno quiere ser el primero, que sea el último de todos y el servidor de todos.

36Luego tomó a un niño y lo puso en medio de ellos. Abrazándolo, les dijo:

37—El que recibe en mi nombre a uno de estos niños, me recibe a mí; y el que me recibe a mí, no me recibe a mí sino al que me envió.

El que no está contra nosotros está a favor de nosotros

38—Maestro —dijo Juan—, vimos a uno que expulsaba demonios en tu nombre y se lo impedimos porque no es de los nuestros.ᵃ

39—No se lo impidan —replicó Jesús—. Nadie que haga un milagro en mi nombre puede a la vez hablar mal de mí. **40**El que no está contra nosotros está a favor de nosotros. **41**Les aseguro que cualquiera que les dé un vaso de agua en mi nombre por ser ustedes de *Cristo no perderá su recompensa.

El hacer pecar

42»Pero si alguien hace *pecar a uno de estos pequeños que creen en mí, más le valdría que le ataran al cuello una piedra de molino y lo arrojaran al mar. **43**Si tu mano te hace pecar, córtatela. Más te vale entrar en la vida manco, que ir con las dos manos al infierno,ᵇ donde el fuego nunca se apaga.ᶜ **45**Y si tu pie te hace pecar, córtatelo. Más te vale entrar en la vida cojo, que ser arrojado con los dos pies al infierno.ᵈ **47**Y si tu ojo te hace pecar, sácatelo. Más te vale entrar tuerto en el reino de Dios, que ser arrojado con los dos ojos al infierno, **48**donde

»"su gusano no muere,
   y el fuego no se apaga".ᵉ

49La sal con que todos serán sazonados es el fuego.

32But they did not understand what he meant and were afraid to ask him about it.

Who is Greatest?

33They came to Capernaum. When he was in the house, he asked them, "What were you arguing about on the road?" **34**But they kept quiet because on the way they had argued about who was the greatest.

35Sitting down, Jesus called the Twelve and said, "If anyone wants to be first, he must be the very last, and the servant of all."

36He took a little child and had him stand among them. Taking him in his arms, he said to them, **37**"Whoever welcomes one of these little children in my name welcomes me; and whoever welcomes me does not welcome me but the one who sent me."

Whoever Is Not Against Us Is for Us

38"Teacher," said John, "we saw a man driving out demons in your name and we told him to stop, because he was not one of us."

39"Do not stop him," Jesus said. "No one who does a miracle in my name can in the next moment say anything bad about me, **40**for whoever is not against us is for us. **41**I tell you the truth, anyone who gives you a cup of water in my name because you belong to Christ will certainly not lose his reward.

Causing to Sin

42"And if anyone causes one of these little ones who believe in me to sin, it would be better for him to be thrown into the sea with a large millstone tied around his neck. **43**If your hand causes you to sin, cut it off. It is better for you to enter life maimed than with two hands to go into hell, where the fire never goes out.ᵍ **45**And if your foot causes you to sin, cut it off. It is better for you to enter life crippled than to have two feet and be thrown into hell.ʰ **47**And if your eye causes you to sin, pluck it out. It is better for you to enter the kingdom of God with one eye than to have two eyes and be thrown into hell, **48**where

" 'their worm does not die,
   and the fire is not quenched.'ⁱ

49Everyone will be salted with fire.

ᵃ9:38 *no es de los nuestros.* Lit. *no nos sigue.*   ᵇ9:43 *al infierno.* Lit. *a la* *Gehenna*; también en vv. 45 y 47.   ᶜ9:43 *apaga.* Var. *apaga,* ⁴⁴*donde "su gusano no muere, y el fuego no se apaga".*   ᵈ9:45 *infierno.* Var. *infierno,* ⁴⁶*donde "su gusano no muere, y el fuego no se apaga".*   ᵉ9:48 Is 66:24

ᵍ43 Some manuscripts *out,* ⁴⁴*where / " 'their worm does not die, / and the fire is not quenched.'*   ʰ45 Some manuscripts *hell,* ⁴⁶*where / " 'their worm does not die, / and the fire is not quenched.'*   ⁱ48 Isaiah 66:24

⁵⁰»La sal es buena, pero si deja de ser salada, ¿cómo le pueden volver a dar sabor? Que no falte la sal entre ustedes, para que puedan vivir en paz unos con otros.

El divorcio

10 Jesús partió de aquel lugar y se fue a la región de Judea y al otro lado del Jordán. Otra vez se le reunieron las multitudes, y como era su costumbre, les enseñaba.

²En eso, unos *fariseos se le acercaron y, para ponerlo a *prueba, le preguntaron:

—¿Está permitido que un hombre se divorcie de su esposa?

³—¿Qué les mandó Moisés? —replicó Jesús.

⁴—Moisés permitió que un hombre le escribiera un certificado de divorcio y la despidiera —contestaron ellos.

⁵—Esa ley la escribió Moisés para ustedes por lo obstinados que son*f* —aclaró Jesús—. ⁶Pero al principio de la creación Dios "los hizo hombre y mujer".*g* ⁷"Por eso dejará el hombre a su padre y a su madre, y se unirá a su esposa,*h* ⁸y los dos llegarán a ser un solo cuerpo."*i* Así que ya no son dos, sino uno solo. ⁹Por tanto, lo que Dios ha unido, que no lo separe el hombre.

¹⁰Vueltos a casa, los discípulos le preguntaron a Jesús sobre este asunto.

¹¹—El que se divorcia de su esposa y se casa con otra, comete adulterio contra la primera —respondió—. ¹²Y si la mujer se divorcia de su esposo y se casa con otro, comete adulterio.

Jesús y los niños

¹³Empezaron a llevarle niños a Jesús para que los tocara, pero los discípulos reprendían a quienes los llevaban. ¹⁴Cuando Jesús se dio cuenta, se indignó y les dijo: «Dejen que los niños vengan a mí, y no se lo impidan, porque el reino de Dios es de quienes son como ellos. ¹⁵Les aseguro que el que no reciba el reino de Dios como un niño, de ninguna manera entrará en él.» ¹⁶Y después de abrazarlos, los bendecía poniendo las manos sobre ellos.

El joven rico

¹⁷Cuando Jesús estaba ya para irse, un hombre llegó corriendo y se postró delante de él.

—Maestro bueno —le preguntó—, ¿qué debo hacer para heredar la vida eterna?

¹⁸—¿Por qué me llamas bueno? —respondió Jesús—. Nadie es bueno sino sólo Dios. ¹⁹Ya sabes los mandamientos: "No mates, no cometas adulterio, no robes, no presentes falso testi-

⁵⁰"Salt is good, but if it loses its saltiness, how can you make it salty again? Have salt in yourselves, and be at peace with each other."

Divorce

10 Jesus then left that place and went into the region of Judea and across the Jordan. Again crowds of people came to him, and as was his custom, he taught them.

²Some Pharisees came and tested him by asking, "Is it lawful for a man to divorce his wife?"

³"What did Moses command you?" he replied.

⁴They said, "Moses permitted a man to write a certificate of divorce and send her away."

⁵"It was because your hearts were hard that Moses wrote you this law," Jesus replied. ⁶"But at the beginning of creation God 'made them male and female.'*j* ⁷'For this reason a man will leave his father and mother and be united to his wife,*k* ⁸and the two will become one flesh.'*l* So they are no longer two, but one. ⁹Therefore what God has joined together, let man not separate."

¹⁰When they were in the house again, the disciples asked Jesus about this. ¹¹He answered, "Anyone who divorces his wife and marries another woman commits adultery against her. ¹²And if she divorces her husband and marries another man, she commits adultery."

The Little Children and Jesus

¹³People were bringing little children to Jesus to have him touch them, but the disciples rebuked them. ¹⁴When Jesus saw this, he was indignant. He said to them, "Let the little children come to me, and do not hinder them, for the kingdom of God belongs to such as these. ¹⁵I tell you the truth, anyone who will not receive the kingdom of God like a little child will never enter it." ¹⁶And he took the children in his arms, put his hands on them and blessed them.

The Rich Young Man

¹⁷As Jesus started on his way, a man ran up to him and fell on his knees before him. "Good teacher," he asked, "what must I do to inherit eternal life?"

¹⁸"Why do you call me good?" Jesus answered. "No one is good—except God alone. ¹⁹You know the commandments: 'Do not murder, do not commit adultery, do not steal, do not

---

f 10:5 *por lo obstinados que son.* Lit. *por su dureza de corazón.*   *g* 10:6 Gn 1:27   *h* 10:7 Var. no incluye: *y se unirá a su esposa.*   *i* 10:8 Gn 2:24

j 6 Gen. 1:27   *k* 7 Some early manuscripts do not have *and be united to his wife.*   *l* 8 Gen. 2:24

monio, no defraudes, honra a tu padre y a tu madre."ʲ

20—Maestro —dijo el hombre—, todo eso lo he cumplido desde que era joven.

21Jesús lo miró con amor y añadió:

—Una sola cosa te falta: anda, vende todo lo que tienes y dáselo a los pobres, y tendrás tesoro en el cielo. Luego ven y sígueme.

22Al oír esto, el hombre se desanimó y se fue triste porque tenía muchas riquezas.

23Jesús miró alrededor y les comentó a sus discípulos:

—¡Qué difícil es para los ricos entrar en el reino de Dios!

24Los discípulos se asombraron de sus palabras.

—Hijos, ¡qué difícil es entrarᵏ en el reino de Dios! —repitió Jesús—. 25Le resulta más fácil a un camello pasar por el ojo de una aguja, que a un rico entrar en el reino de Dios.

26Los discípulos se asombraron aún más, y decían entre sí: «Entonces, ¿quién podrá salvarse?»

27—Para los hombres es imposible —aclaró Jesús, mirándolos fijamente—, pero no para Dios; de hecho, para Dios todo es posible.

28—¿Qué de nosotros, que lo hemos dejado todo y te hemos seguido? —comenzó a reclamarle Pedro.

29—Les aseguro —respondió Jesús— que todo el que por mi causa y la del *evangelio haya dejado casa, hermanos, hermanas, madre, padre, hijos o terrenos, 30recibirá cien veces más ahora en este tiempo (casas, hermanos, hermanas, madres, hijos y terrenos, aunque con persecuciones); y en la edad venidera, la vida eterna. 31Pero muchos de los primeros serán últimos, y los últimos, primeros.

Jesús predice de nuevo su muerte

32Iban de camino subiendo a Jerusalén, y Jesús se les adelantó. Los discípulos estaban asombrados, y los otros que venían detrás tenían miedo. De nuevo tomó aparte a los doce y comenzó a decirles lo que le iba a suceder. 33«Ahora vamos rumbo a Jerusalén, y el Hijo del hombre será entregado a los jefes de los sacerdotes y a los *maestros de la ley. Ellos lo condenarán a muerte y lo entregarán a los *gentiles. 34Se burlarán de él, le escupirán, lo azotarán y lo matarán. Pero a los tres días resucitará.»

give false testimony, do not defraud, honor your father and mother.'ᵐ"

20"Teacher," he declared, "all these I have kept since I was a boy."

21Jesus looked at him and loved him. "One thing you lack," he said. "Go, sell everything you have and give to the poor, and you will have treasure in heaven. Then come, follow me."

22At this the man's face fell. He went away sad, because he had great wealth.

23Jesus looked around and said to his disciples, "How hard it is for the rich to enter the kingdom of God!"

24The disciples were amazed at his words. But Jesus said again, "Children, how hard it isⁿ to enter the kingdom of God! 25It is easier for a camel to go through the eye of a needle than for a rich man to enter the kingdom of God."

26The disciples were even more amazed, and said to each other, "Who then can be saved?"

27Jesus looked at them and said, "With man this is impossible, but not with God; all things are possible with God."

28Peter said to him, "We have left everything to follow you!"

29"I tell you the truth," Jesus replied, "no one who has left home or brothers or sisters or mother or father or children or fields for me and the gospel 30will fail to receive a hundred times as much in this present age (homes, brothers, sisters, mothers, children and fields—and with them, persecutions) and in the age to come, eternal life. 31But many who are first will be last, and the last first."

Jesus Again Predicts His Death

32They were on their way up to Jerusalem, with Jesus leading the way, and the disciples were astonished, while those who followed were afraid. Again he took the Twelve aside and told them what was going to happen to him. 33"We are going up to Jerusalem," he said, "and the Son of Man will be betrayed to the chief priests and teachers of the law. They will condemn him to death and will hand him over to the Gentiles, 34who will mock him and spit on him, flog him and kill him. Three days later he will rise."

La petición de Jacobo y Juan

35Se le acercaron *Jacobo y Juan, hijos de Zebedeo.

—Maestro —le dijeron—, queremos que nos concedas lo que te vamos a pedir.

36—¿Qué quieren que haga por ustedes?

37—Concédenos que en tu glorioso reino uno de nosotros se siente a tu *derecha y el otro a tu izquierda.

38—No saben lo que están pidiendo —les replicó Jesús—. ¿Pueden acaso beber el trago amargo de la copa que yo beba, o pasar por la prueba del bautismo con el que voy a ser probado?[l]

39—Sí, podemos.

—Ustedes beberán de la copa que yo beba —les respondió Jesús— y pasarán por la prueba del bautismo con el que voy a ser probado, **40**pero el sentarse a mi derecha o a mi izquierda no me corresponde a mí concederlo. Eso ya está decidido.[m]

41Los otros diez, al oír la conversación, se indignaron contra Jacobo y Juan. **42**Así que Jesús los llamó y les dijo:

—Como ustedes saben, los que se consideran jefes de las *naciones oprimen a los súbditos, y los altos oficiales abusan de su autoridad. **43**Pero entre ustedes no debe ser así. Al contrario, el que quiera hacerse grande entre ustedes deberá ser su servidor, **44**y el que quiera ser el primero deberá ser *esclavo de todos. **45**Porque ni aun el Hijo del hombre vino para que le sirvan, sino para servir y para dar su *vida en rescate por muchos.

El ciego Bartimeo recibe la vista

46Después llegaron a Jericó. Más tarde, salió Jesús de la ciudad acompañado de sus discípulos y de una gran multitud. Un mendigo ciego llamado Bartimeo (el hijo de Timeo) estaba sentado junto al camino. **47**Al oír que el que venía era Jesús de Nazaret, se puso a gritar:

—¡Jesús, Hijo de David, ten compasión de mí!

48Muchos lo reprendían para que se callara, pero él se puso a gritar aún más:

—¡Hijo de David, ten compasión de mí!

49Jesús se detuvo y dijo:

—Llámenlo.

Así que llamaron al ciego.

—¡Ánimo! —le dijeron—. ¡Levántate! Te llama.

50Él, arrojando la capa, dio un salto y se acercó a Jesús.

The Request of James and John

35Then James and John, the sons of Zebedee, came to him. "Teacher," they said, "we want you to do for us whatever we ask."

36"What do you want me to do for you?" he asked.

37They replied, "Let one of us sit at your right and the other at your left in your glory."

38"You don't know what you are asking," Jesus said. "Can you drink the cup I drink or be baptized with the baptism I am baptized with?"

39"We can," they answered. Jesus said to them, "You will drink the cup I drink and be baptized with the baptism I am baptized with, **40**but to sit at my right or left is not for me to grant. These places belong to those for whom they have been prepared."

41When the ten heard about this, they became indignant with James and John. **42**Jesus called them together and said, "You know that those who are regarded as rulers of the Gentiles lord it over them, and their high officials exercise authority over them. **43**Not so with you. Instead, whoever wants to become great among you must be your servant, **44**and whoever wants to be first must be slave of all. **45**For even the Son of Man did not come to be served, but to serve, and to give his life as a ransom for many."

Blind Bartimaeus Receives His Sight

46Then they came to Jericho. As Jesus and his disciples, together with a large crowd, were leaving the city, a blind man, Bartimaeus (that is, the Son of Timaeus), was sitting by the roadside begging. **47**When he heard that it was Jesus of Nazareth, he began to shout, "Jesus, Son of David, have mercy on me!"

48Many rebuked him and told him to be quiet, but he shouted all the more, "Son of David, have mercy on me!"

49Jesus stopped and said, "Call him." So they called to the blind man, "Cheer up! On your feet! He's calling you." **50**Throwing his cloak aside, he jumped to his feet and came to Jesus.

---

[l]**10:38** *beber … probado?* Lit. *beber la copa que yo bebo, o ser bautizados con el bautismo con que yo soy bautizado?*
[m]**10:40** *concederlo. Eso ya está decidido.* Lit. *concederlo, sino para quienes está preparado.*

⁵¹—¿Qué quieres que haga por ti? —le preguntó.

—Rabí, quiero ver —respondió el ciego.

⁵²—Puedes irte —le dijo Jesús—; tu fe te ha *sanado.

Al momento recobró la vista y empezó a seguir a Jesús por el camino.

La entrada triunfal

11 Cuando se acercaban a Jerusalén y llegaron a Betfagué y a Betania, junto al monte de los Olivos, Jesús envió a dos de sus discípulos ²con este encargo: «Vayan a la aldea que tienen enfrente. Tan pronto como entren en ella, encontrarán atado un burrito, en el que nunca se ha montado nadie. Desátenlo y tráiganlo acá. ³Y si alguien les dice: "¿Por qué hacen eso?", díganle: "El Señor lo necesita, y en seguida lo devolverá."»

⁴Fueron, encontraron un burrito afuera en la calle, atado a un portón, y lo desataron. ⁵Entonces algunos de los que estaban allí les preguntaron: «¿Qué hacen desatando el burrito?» ⁶Ellos contestaron como Jesús les había dicho, y les dejaron desatarlo. ⁷Le llevaron, pues, el burrito a Jesús. Luego pusieron encima sus mantos, y él se montó. ⁸Muchos tendieron sus mantos sobre el camino; otros usaron ramas que habían cortado en los campos. ⁹Tanto los que iban delante como los que iban detrás, gritaban:

—¡Hosanna![n]

—¡Bendito el que viene en el nombre del Señor![ñ]

¹⁰—¡Bendito el reino venidero de nuestro padre David!

—¡Hosanna en las alturas!

¹¹Jesús entró en Jerusalén y fue al *templo. Después de observarlo todo, como ya era tarde, salió para Betania con los doce.

Jesús purifica el templo

¹²Al día siguiente, cuando salían de Betania, Jesús tuvo hambre. ¹³Viendo a lo lejos una higuera que tenía hojas, fue a ver si hallaba algún fruto. Cuando llegó a ella sólo encontró hojas, porque no era tiempo de higos. ¹⁴«¡Nadie vuelva jamás a comer fruto de ti!», le dijo a la higuera. Y lo oyeron sus discípulos.

The Triumphal Entry

11 As they approached Jerusalem and came to Bethphage and Bethany at the Mount of Olives, Jesus sent two of his disciples, ²saying to them, "Go to the village ahead of you, and just as you enter it, you will find a colt tied there, which no one has ever ridden. Untie it and bring it here. ³If anyone asks you, 'Why are you doing this?' tell him, 'The Lord needs it and will send it back here shortly.'"

⁴They went and found a colt outside in the street, tied at a doorway. As they untied it, ⁵some people standing there asked, "What are you doing, untying that colt?" ⁶They answered as Jesus had told them to, and the people let them go. ⁷When they brought the colt to Jesus and threw their cloaks over it, he sat on it. ⁸Many people spread their cloaks on the road, while others spread branches they had cut in the fields. ⁹Those who went ahead and those who followed shouted,

"Hosanna![o]"

"Blessed is he who comes in the name of the Lord!"[p]

¹⁰"Blessed is the coming kingdom of our father David!"

"Hosanna in the highest!"

¹¹Jesus entered Jerusalem and went to the temple. He looked around at everything, but since it was already late, he went out to Bethany with the Twelve.

Jesus Clears the Temple

¹²The next day as they were leaving Bethany, Jesus was hungry. ¹³Seeing in the distance a fig tree in leaf, he went to find out if it had any fruit. When he reached it, he found nothing but leaves, because it was not the season for figs. ¹⁴Then he said to the tree, "May no one ever eat fruit from you again." And his disciples heard him say it.

---

[n] **11:9** Expresión hebrea que significa «¡Salva!», y que llegó a ser una exclamación de alabanza; también en v. 10.
[ñ] **11:9** Sal 118:25,26

[o] 9 A Hebrew expression meaning "Save!" which became an exclamation of praise; also in verse 10   [p] 9 Psalm 118:25,26

15Llegaron, pues, a Jerusalén. Jesús entró en el *templo[o] y comenzó a echar de allí a los que compraban y vendían. Volcó las mesas de los que cambiaban dinero y los puestos de los que vendían palomas, 16y no permitía que nadie atravesara el templo llevando mercancías. 17También les enseñaba con estas palabras: «¿No está escrito:

» "Mi casa será llamada
      casa de oración para todas las *naciones"?[p]

Pero ustedes la han convertido en "cueva de ladrones".»[q]

18Los jefes de los sacerdotes y los *maestros de la ley lo oyeron y comenzaron a buscar la manera de matarlo, pues le temían, ya que toda la gente se maravillaba de sus enseñanzas.

19Cuando cayó la tarde, salieron[r] de la ciudad.

La higuera seca

20Por la mañana, al pasar junto a la higuera, vieron que se había secado de raíz. 21Pedro, acordándose, le dijo a Jesús:

—¡Rabí, mira, se ha secado la higuera que maldijiste!

22—Tengan fe en Dios —respondió Jesús—. 23Les aseguro[s] que si alguno le dice a este monte: "Quítate de ahí y tírate al mar", creyendo, sin abrigar la menor duda de que lo que dice sucederá, lo obtendrá. 24Por eso les digo: Crean que ya han recibido todo lo que estén pidiendo en oración, y lo obtendrán. 25Y cuando estén orando, si tienen algo contra alguien, perdónenlo, para que también su Padre que está en el cielo les perdone a ustedes sus pecados.[t]

La autoridad de Jesús puesta en duda

27Llegaron de nuevo a Jerusalén, y mientras Jesús andaba por el *templo, se le acercaron los jefes de los sacerdotes, los *maestros de la ley y los *ancianos.

28—¿Con qué autoridad haces esto? —lo interrogaron—. ¿Quién te dio autoridad para actuar así?

29—Yo voy a hacerles una pregunta a ustedes —replicó él—. Contéstenmela, y les diré con qué autoridad hago esto: 30El bautismo de Juan, ¿procedía del cielo o de la tierra?[u] Respóndanme.

15On reaching Jerusalem, Jesus entered the temple area and began driving out those who were buying and selling there. He overturned the tables of the money changers and the benches of those selling doves, 16and would not allow anyone to carry merchandise through the temple courts. 17And as he taught them, he said, "Is it not written:

" 'My house will be called
      a house of prayer for all nations'[q]?

But you have made it 'a den of robbers.'[r]"

18The chief priests and the teachers of the law heard this and began looking for a way to kill him, for they feared him, because the whole crowd was amazed at his teaching.

19When evening came, they[s] went out of the city.

The Withered Fig Tree

20In the morning, as they went along, they saw the fig tree withered from the roots. 21Peter remembered and said to Jesus, "Rabbi, look! The fig tree you cursed has withered!"

22"Have[t] faith in God," Jesus answered. 23"I tell you the truth, if anyone says to this mountain, 'Go, throw yourself into the sea,' and does not doubt in his heart but believes that what he says will happen, it will be done for him. 24Therefore I tell you, whatever you ask for in prayer, believe that you have received it, and it will be yours. 25And when you stand praying, if you hold anything against anyone, forgive him, so that your Father in heaven may forgive you your sins."[u]

The Authority of Jesus Questioned

27They arrived again in Jerusalem, and while Jesus was walking in the temple courts, the chief priests, the teachers of the law and the elders came to him. 28"By what authority are you doing these things?" they asked. "And who gave you authority to do this?"

29Jesus replied, "I will ask you one question. Answer me, and I will tell you by what authority I am doing these things. 30John's baptism—was it from heaven, or from men? Tell me!"

---

[o]11:15 Es decir, en el área general del templo; también en v. 16.   [p]11:17 Is 56:7   [q]11:17 Jer 7:11   [r]11:19 salieron. Var. salió.   [s]11:22-23 Tengan fe … Les aseguro. Var. Si tienen fe … les aseguro.   [t]11:25 pecados. Var. pecados. Pero si ustedes no perdonan, tampoco su Padre que está en el cielo les perdonará a ustedes sus pecados.   [u]11:30 la tierra. Lit. los hombres; también en v. 32.

[q]17 Isaiah 56:7   [r]17 Jer. 7:11   [s]19 Some early manuscripts he   [t]22 Some early manuscripts If you have   [u]25 Some manuscripts sins. 26But if you do not forgive, neither will your Father who is in heaven forgive your sins.

31Ellos se pusieron a discutir entre sí: «Si respondemos: "Del cielo", nos dirá: "Entonces, ¿por qué no le creyeron?" 32Pero si decimos: "De la tierra" ... » Es que temían al pueblo, porque todos consideraban que Juan era realmente un profeta. 33Así que le respondieron a Jesús:

—No lo sabemos.

—Pues yo tampoco les voy a decir con qué autoridad hago esto.

Parábola de los labradores malvados

12 Entonces comenzó Jesús a hablarles en parábolas: «Un hombre plantó un viñedo. Lo cercó, cavó un lagar y construyó una torre de vigilancia. Luego arrendó el viñedo a unos labradores y se fue de viaje. 2Llegada la cosecha, mandó un *siervo a los labradores para recibir de ellos una parte del fruto. 3Pero ellos lo agarraron, lo golpearon y lo despidieron con las manos vacías. 4Entonces les mandó otro siervo; a éste le rompieron la cabeza y lo humillaron. 5Mandó a otro, y a éste lo mataron. Mandó a otros muchos, a unos los golpearon, a otros los mataron.

6»Le quedaba todavía uno, su hijo amado. Por último, lo mandó a él, pensando: "¡A mi hijo sí lo respetarán!" 7Pero aquellos labradores se dijeron unos a otros: "Éste es el heredero. Matémoslo, y la herencia será nuestra." 8Así que le echaron mano y lo mataron, y lo arrojaron fuera del viñedo.

9»¿Qué hará el dueño? Volverá, acabará con los labradores, y dará el viñedo a otros. 10¿No han leído ustedes esta Escritura:

»"La piedra que desecharon los constructores
　ha llegado a ser la piedra angular;
11esto es obra del Señor,
　y nos deja maravillados"?»v

12Cayendo en la cuenta de que la parábola iba dirigida contra ellos, buscaban la manera de arrestarlo. Pero temían a la multitud; así que lo dejaron y se fueron.

El pago de impuestos al césar

13Luego enviaron a Jesús algunos de los *fariseos y de los herodianos para tenderle una trampa con sus mismas palabras. 14Al llegar le dijeron:

—Maestro, sabemos que eres un hombre íntegro. No te dejas influir por nadie porque no te fijas en las apariencias, sino que de verdad enseñas el camino de Dios. ¿Está permitido pagar

31They discussed it among themselves and said, "If we say, 'From heaven,' he will ask, 'Then why didn't you believe him?' 32But if we say, 'From men'...." (They feared the people, for everyone held that John really was a prophet.)

33So they answered Jesus, "We don't know." Jesus said, "Neither will I tell you by what authority I am doing these things."

The Parable of the Tenants

12 He then began to speak to them in parables: "A man planted a vineyard. He put a wall around it, dug a pit for the winepress and built a watchtower. Then he rented the vineyard to some farmers and went away on a journey. 2At harvest time he sent a servant to the tenants to collect from them some of the fruit of the vineyard. 3But they seized him, beat him and sent him away empty-handed. 4Then he sent another servant to them; they struck this man on the head and treated him shamefully. 5He sent still another, and that one they killed. He sent many others; some of them they beat, others they killed.

6"He had one left to send, a son, whom he loved. He sent him last of all, saying, 'They will respect my son.'

7"But the tenants said to one another, 'This is the heir. Come, let's kill him, and the inheritance will be ours.' 8So they took him and killed him, and threw him out of the vineyard.

9"What then will the owner of the vineyard do? He will come and kill those tenants and give the vineyard to others. 10Haven't you read this scripture:

" 'The stone the builders rejected
　has become the capstonev;
11the Lord has done this,
　and it is marvelous in our eyes'w?"

12Then they looked for a way to arrest him because they knew he had spoken the parable against them. But they were afraid of the crowd; so they left him and went away.

Paying Taxes to Caesar

13Later they sent some of the Pharisees and Herodians to Jesus to catch him in his words. 14They came to him and said, "Teacher, we know you are a man of integrity. You aren't swayed by men, because you pay no attention to who they are; but you teach the way of God

impuestos al *césar o no? 15¿Debemos pagar o no?

Pero Jesús, sabiendo que fingían, les replicó:

—¿Por qué me tienden *trampas? Tráiganme una moneda romanaᵂ para verla.

16Le llevaron la moneda, y él les preguntó:

—¿De quién son esta imagen y esta inscripción?

—Del césar —contestaron.

17—Denle, pues, al césar lo que es del césar, y a Dios lo que es de Dios.

Y se quedaron admirados de él.

El matrimonio en la resurrección

18Entonces los saduceos, que dicen que no hay resurrección, fueron a verlo y le plantearon un problema:

19—Maestro, Moisés nos enseñó en sus escritos que si un hombre muere y deja a la viuda sin hijos, el hermano de ese hombre tiene que casarse con la viuda para que su hermano tenga descendencia. 20Ahora bien, había siete hermanos. El primero se casó y murió sin dejar descendencia. 21El segundo se casó con la viuda, pero también murió sin dejar descendencia. Lo mismo le pasó al tercero. 22En fin, ninguno de los siete dejó descendencia. Por último, murió también la mujer. 23Cuando resuciten, ¿de cuál será esposa esta mujer, ya que los siete estuvieron casados con ella?

24—¿Acaso no andan ustedes equivocados? —les replicó Jesús—. ¡Es que desconocen las Escrituras y el poder de Dios! 25Cuando resuciten los muertos, no se casarán ni serán dados en casamiento, sino que serán como los ángeles que están en el cielo. 26Pero en cuanto a que los muertos resucitan, ¿no han leído en el libro de Moisés, en el pasaje sobre la zarza, cómo Dios le dijo: "Yo soy el Dios de Abraham, de Isaac y de Jacob"?ˣ 27Él no es Dios de muertos, sino de vivos. ¡Ustedes andan muy equivocados!

El mandamiento más importante

28Uno de los *maestros de la ley se acercó y los oyó discutiendo. Al ver lo bien que Jesús les había contestado, le preguntó:

—De todos los mandamientos, ¿cuál es el más importante?

29—El más importante es: "Oye, Israel. El Señor nuestro Dios es el único Señor.ʸ —contestó Jesús—. 30Ama al Señor tu Dios con todo tu corazón, con toda tu alma, con toda tu mente y con todas tus fuerzas."ᶻ 31El segundo es: "Ama

in accordance with the truth. Is it right to pay taxes to Caesar or not? 15Should we pay or shouldn't we?"

But Jesus knew their hypocrisy. "Why are you trying to trap me?" he asked. "Bring me a denarius and let me look at it." 16They brought the coin, and he asked them, "Whose portrait is this? And whose inscription?"

"Caesar's," they replied.

17Then Jesus said to them, "Give to Caesar what is Caesar's and to God what is God's."

And they were amazed at him.

Marriage at the Resurrection

18Then the Sadducees, who say there is no resurrection, came to him with a question. 19"Teacher," they said, "Moses wrote for us that if a man's brother dies and leaves a wife but no children, the man must marry the widow and have children for his brother. 20Now there were seven brothers. The first one married and died without leaving any children. 21The second one married the widow, but he also died, leaving no child. It was the same with the third. 22In fact, none of the seven left any children. Last of all, the woman died too. 23At the resurrectionˣ whose wife will she be, since the seven were married to her?"

24Jesus replied, "Are you not in error because you do not know the Scriptures or the power of God? 25When the dead rise, they will neither marry nor be given in marriage; they will be like the angels in heaven. 26Now about the dead rising—have you not read in the book of Moses, in the account of the bush, how God said to him, 'I am the God of Abraham, the God of Isaac, and the God of Jacob'ʸ? 27He is not the God of the dead, but of the living. You are badly mistaken!"

The Greatest Commandment

28One of the teachers of the law came and heard them debating. Noticing that Jesus had given them a good answer, he asked him, "Of all the commandments, which is the most important?"

29"The most important one," answered Jesus, "is this: 'Hear, O Israel, the Lord our God, the Lord is one.ᶻ 30Love the Lord your God with all your heart and with all your soul and with all your mind and with all your strength.'ᵃ 31The

---

ᵂ12:15 *una moneda romana.* Lit. *un *denario.*
ˣ12:26 Éx 3:6   ʸ12:29 *Dios es el único Señor.* Alt. *Dios, el Señor es uno.*   ᶻ12:30 Dt 6:4,5

ˣ23 Some manuscripts *resurrection, when men rise from the dead,*   ʸ26 Exodus 3:6   ᶻ29 Or *the Lord our God is one Lord*   ᵃ30 Deut. 6:4,5

a tu prójimo como a ti mismo." *a* No hay otro mandamiento más importante que éstos.

32—Bien dicho, Maestro —respondió el hombre—. Tienes razón al decir que Dios es uno solo y que no hay otro fuera de él. 33 Amarlo con todo el corazón, con todo el entendimiento y con todas las fuerzas, y amar al prójimo como a uno mismo, es más importante que todos los holocaustos y sacrificios.

34 Al ver Jesús que había respondido con inteligencia, le dijo:

—No estás lejos del reino de Dios.

Y desde entonces nadie se atrevió a hacerle más preguntas.

¿De quién es hijo el Cristo?

35 Mientras enseñaba en el *templo, Jesús les propuso:

—¿Cómo es que los *maestros de la ley dicen que el *Cristo es hijo de David? 36 David mismo, hablando por el Espíritu Santo, declaró:

» "Dijo el Señor a mi Señor:
　'Siéntate a mi *derecha,
　hasta que ponga a tus enemigos
　debajo de tus pies.' " *b*

37 Si David mismo lo llama "Señor", ¿cómo puede ser su hijo?

La muchedumbre lo escuchaba con agrado. 38 Como parte de su enseñanza Jesús decía:

—Tengan cuidado de los *maestros de la ley. Les gusta pasearse con ropas ostentosas y que los saluden en las plazas, 39 ocupar los primeros asientos en las sinagogas y los lugares de honor en los banquetes. 40 Se apoderan de los bienes de las viudas y a la vez hacen largas plegarias para impresionar a los demás. Éstos recibirán peor castigo.

La ofrenda de la viuda

41 Jesús se sentó frente al lugar donde se depositaban las ofrendas, y estuvo observando cómo la gente echaba sus monedas en las alcancías del *templo. Muchos ricos echaban grandes cantidades. 42 Pero una viuda pobre llegó y echó dos moneditas de muy poco valor. *c*

43 Jesús llamó a sus discípulos y les dijo: «Les aseguro que esta viuda pobre ha echado en el tesoro más que todos los demás. 44 Éstos dieron de lo que les sobraba; pero ella, de su pobreza, echó todo lo que tenía, todo su sustento.»

second is this: 'Love your neighbor as yourself.' *b* There is no commandment greater than these."

32 "Well said, teacher," the man replied. "You are right in saying that God is one and there is no other but him. 33 To love him with all your heart, with all your understanding and with all your strength, and to love your neighbor as yourself is more important than all burnt offerings and sacrifices."

34 When Jesus saw that he had answered wisely, he said to him, "You are not far from the kingdom of God." And from then on no one dared ask him any more questions.

Whose Son Is the Christ

35 While Jesus was teaching in the temple courts, he asked, "How is it that the teachers of the law say that the Christ*c* is the son of David? 36 David himself, speaking by the Holy Spirit, declared:

" 'The Lord said to my Lord:
　"Sit at my right hand
　until I put your enemies
　under your feet." ' *d*

37 David himself calls him 'Lord.' How then can he be his son?"

The large crowd listened to him with delight.

38 As he taught, Jesus said, "Watch out for the teachers of the law. They like to walk around in flowing robes and be greeted in the marketplaces, 39 and have the most important seats in the synagogues and the places of honor at banquets. 40 They devour widows' houses and for a show make lengthy prayers. Such men will be punished most severely."

The Widow's Offering

41 Jesus sat down opposite the place where the offerings were put and watched the crowd putting their money into the temple treasury. Many rich people threw in large amounts. 42 But a poor widow came and put in two very small copper coins,*e* worth only a fraction of a penny.*f*

43 Calling his disciples to him, Jesus said, "I tell you the truth, this poor widow has put more into the treasury than all the others. 44 They all gave out of their wealth; but she, out of her poverty, put in everything—all she had to live on."

---

a 12:31 Lv 19:18　b 12:36 Sal 110:1　c 12:42 dos moneditas de muy poco valor. Lit. dos *lepta, que es un cuadrante.

b 31 Lev. 19:18　c 35 Or Messiah　d 36 Psalm 110:1
e 42 Greek two lepta　f 42 Greek kodrantes

Señales del fin del mundo

13 Cuando salía Jesús del *templo, le dijo uno de sus discípulos:

—¡Mira, Maestro! ¡Qué piedras! ¡Qué edificios!

2—¿Ves todos estos grandiosos edificios? —contestó Jesús—. No quedará piedra sobre piedra; todo será derribado.

3Más tarde estaba Jesús sentado en el monte de los Olivos, frente al templo. Y Pedro, *Jacobo, Juan y Andrés le preguntaron en privado:

4—Dinos, ¿cuándo sucederá eso? ¿Y cuál será la señal de que todo está a punto de cumplirse?

5—Tengan cuidado de que nadie los engañe —comenzó Jesús a advertirles—. 6Vendrán muchos que, usando mi nombre, dirán: "Yo soy", y engañarán a muchos. 7Cuando sepan de guerras y de rumores de guerras, no se alarmen. Es necesario que eso suceda, pero no será todavía el fin. 8Se levantará nación contra nación, y reino contra reino. Habrá terremotos por todas partes; también habrá hambre. Esto será apenas el comienzo de los dolores.

9»Pero ustedes cuídense. Los entregarán a los tribunales y los azotarán en las sinagogas. Por mi causa comparecerán ante gobernadores y reyes para dar testimonio ante ellos. 10Pero primero tendrá que predicarse el *evangelio a todas las *naciones. 11Y cuando los arresten y los sometan a juicio, no se preocupen de antemano por lo que van a decir. Sólo declaren lo que se les dé a decir en ese momento, porque no serán ustedes los que hablen, sino el Espíritu Santo.

12»El hermano entregará a la muerte al hermano, y el padre al hijo. Los hijos se rebelarán contra sus padres y les darán muerte. 13Todo el mundo los odiará a ustedes por causa de mi nombre, pero el que se mantenga firme hasta el fin será salvo.

14»Ahora bien, cuando vean "el horrible sacrilegio" *d* donde no debe estar (el que lee, que lo entienda), entonces los que estén en Judea huyan a las montañas. 15El que esté en la azotea no baje ni entre en casa para llevarse nada. 16Y el que esté en el campo no regrese para buscar su capa. 17¡Ay de las que estén embarazadas o amamantando en aquellos días! 18Oren para que esto no suceda en invierno, 19porque serán días de tribulación como no la ha habido desde el principio, cuando Dios creó el mundo,*e* ni la habrá jamás. 20Si el Señor no hubiera acortado esos días, nadie sobreviviría. Pero por causa de los que él ha elegido, los ha acortado. 21Enton-

Signs of the End of the Age

13 As he was leaving the temple, one of his disciples said to him, "Look, Teacher! What massive stones! What magnificent buildings!"

2"Do you see all these great buildings?" replied Jesus. "Not one stone here will be left on another; every one will be thrown down."

3As Jesus was sitting on the Mount of Olives opposite the temple, Peter, James, John and Andrew asked him privately, 4"Tell us, when will these things happen? And what will be the sign that they are all about to be fulfilled?"

5Jesus said to them: "Watch out that no one deceives you. 6Many will come in my name, claiming, 'I am he,' and will deceive many. 7When you hear of wars and rumors of wars, do not be alarmed. Such things must happen, but the end is still to come. 8Nation will rise against nation, and kingdom against kingdom. There will be earthquakes in various places, and famines. These are the beginning of birth pains.

9"You must be on your guard. You will be handed over to the local councils and flogged in the synagogues. On account of me you will stand before governors and kings as witnesses to them. 10And the gospel must first be preached to all nations. 11Whenever you are arrested and brought to trial, do not worry beforehand about what to say. Just say whatever is given you at the time, for it is not you speaking, but the Holy Spirit.

12"Brother will betray brother to death, and a father his child. Children will rebel against their parents and have them put to death. 13All men will hate you because of me, but he who stands firm to the end will be saved.

14"When you see 'the abomination that causes desolation'*g* standing where it*h* does not belong—let the reader understand—then let those who are in Judea flee to the mountains. 15Let no one on the roof of his house go down or enter the house to take anything out. 16Let no one in the field go back to get his cloak. 17How dreadful it will be in those days for pregnant women and nursing mothers! 18Pray that this will not take place in winter, 19because those will be days of distress unequaled from the beginning, when God created the world, until now—and never to be equaled again. 20If the Lord had not cut short those days, no one would survive. But for the sake of the elect, whom he has chosen, he has shortened them. 21At that

---

*d***13:14** *el horrible sacrilegio.* Lit. *la abominación de desolación;* Dn 9:27; 11:31; 12:11.   *e***13:19** *desde … mundo.* Lit. *desde el principio de la creación que creó Dios hasta ahora.*

*g*14 Daniel 9:27; 11:31; 12:11   *h*14 Or *he*; also in verse 29

ces, si alguien les dice a ustedes: "¡Miren, aquí está el *Cristo!" o "¡Miren, allí está!", no lo crean. 22Porque surgirán falsos Cristos y falsos profetas que harán señales y milagros para engañar, de ser posible, aun a los elegidos. 23Así que tengan cuidado; los he prevenido de todo.

24»Pero en aquellos días, después de esa tribulación,

»"se oscurecerá el sol
    y no brillará más la luna;
25las estrellas caerán del cielo
    y los cuerpos celestes serán sacudidos".ʃ

26»Verán entonces al Hijo del hombre venir en las nubes con gran poder y gloria. 27Y él enviará a sus ángeles para reunir de los cuatro vientos a los elegidos, desde los confines de la tierra hasta los confines del cielo.

28»Aprendan de la higuera esta lección: Tan pronto como se ponen tiernas sus ramas y brotan sus hojas, ustedes saben que el verano está cerca. 29Igualmente, cuando vean que suceden estas cosas, sepan que el tiempo está cerca, a las puertas. 30Les aseguro que no pasará esta generación hasta que todas estas cosas sucedan. 31El cielo y la tierra pasarán, pero mis palabras jamás pasarán.

Se desconocen el día y la hora

32»Pero en cuanto al día y la hora, nadie lo sabe, ni siquiera los ángeles en el cielo, ni el Hijo, sino sólo el Padre. 33¡Estén alerta! ¡Vigilen!ᵍ Porque ustedes no saben cuándo llegará ese momento. 34Es como cuando un hombre sale de viaje y deja su casa al cuidado de sus siervos, cada uno con su tarea, y le manda al portero que vigile.

35»Por lo tanto, manténganse despiertos, porque no saben cuándo volverá el dueño de la casa, si al atardecer, o a la medianoche, o al canto del gallo, o al amanecer; 36no sea que venga de repente y los encuentre dormidos. 37Lo que les digo a ustedes, se lo digo a todos: ¡Manténganse despiertos!

Una mujer unge a Jesús en Betania

14 Faltaban sólo dos días para la Pascua y para la fiesta de los Panes sin levadura. Los jefes de los sacerdotes y los *maestros de la ley buscaban con artimañas cómo arrestar a Jesús para matarlo. 2Por eso decían: «No durante la fiesta, no sea que se amotine el pueblo.»

3En Betania, mientras estaba él *sentado a la mesa en casa de Simón llamado el leproso, llegó

time if anyone says to you, 'Look, here is the Christⁱ!' or, 'Look, there he is!' do not believe it. 22For false Christs and false prophets will appear and perform signs and miracles to deceive the elect—if that were possible. 23So be on your guard; I have told you everything ahead of time.

24"But in those days, following that distress,

" 'the sun will be darkened,
    and the moon will not give its light;
25the stars will fall from the sky,
    and the heavenly bodies will be shaken.'ʲ

26"At that time men will see the Son of Man coming in clouds with great power and glory. 27And he will send his angels and gather his elect from the four winds, from the ends of the earth to the ends of the heavens.

28"Now learn this lesson from the fig tree: As soon as its twigs get tender and its leaves come out, you know that summer is near. 29Even so, when you see these things happening, you know that it is near, right at the door. 30I tell you the truth, this generationᵏ will certainly not pass away until all these things have happened. 31Heaven and earth will pass away, but my words will never pass away.

The Day and Hour Unknown

32"No one knows about that day or hour, not even the angels in heaven, nor the Son, but only the Father. 33Be on guard! Be alertˡ! You do not know when that time will come. 34It's like a man going away: He leaves his house and puts his servants in charge, each with his assigned task, and tells the one at the door to keep watch.

35"Therefore keep watch because you do not know when the owner of the house will come back—whether in the evening, or at midnight, or when the rooster crows, or at dawn. 36If he comes suddenly, do not let him find you sleeping. 37What I say to you, I say to everyone: 'Watch!'"

Jesus Anointed at Bethany

14 Now the Passover and the Feast of Unleavened Bread were only two days away, and the chief priests and the teachers of the law were looking for some sly way to arrest Jesus and kill him. 2"But not during the Feast," they said, "or the people may riot."

3While he was in Bethany, reclining at the table in the home of a man known as Simon the

---

ʃ13:25 Is 13:10; 34:4   ᵍ13:33 ¡Vigilen! Var. ¡Vigilen y oren!

ⁱ21 Or Messiah   ʲ25 Isaiah 13:10; 34:4   ᵏ30 Or race
ˡ33 Some manuscripts alert and pray

una mujer con un frasco de alabastro lleno de un perfume muy costoso, hecho de nardo puro. Rompió el frasco y derramó el perfume sobre la cabeza de Jesús.

4Algunos de los presentes comentaban indignados:

—¿Para qué este desperdicio de perfume? 5Podía haberse vendido por muchísimo dinero*h* para darlo a los pobres.

Y la reprendían con severidad.

6—Déjenla en paz —dijo Jesús—. ¿Por qué la molestan? Ella ha hecho una obra hermosa conmigo. 7A los pobres siempre los tendrán con ustedes, y podrán ayudarlos cuando quieran; pero a mí no me van a tener siempre. 8Ella hizo lo que pudo. Ungió mi cuerpo de antemano, preparándolo para la sepultura. 9Les aseguro que en cualquier parte del mundo donde se predique el *evangelio, se contará también, en memoria de esta mujer, lo que ella hizo.

10Judas Iscariote, uno de los doce, fue a los jefes de los sacerdotes para entregarles a Jesús. 11Ellos se alegraron al oírlo, y prometieron darle dinero. Así que él buscaba la ocasión propicia para entregarlo.

La Cena del Señor

12El primer día de la fiesta de los Panes sin levadura, cuando se acostumbraba sacrificar el cordero de la Pascua, los discípulos le preguntaron a Jesús:

—¿Dónde quieres que vayamos a hacer los preparativos para que comas la Pascua?

13Él envió a dos de sus discípulos con este encargo:

—Vayan a la ciudad y les saldrá al encuentro un hombre que lleva un cántaro de agua. Síganlo, 14y allí donde entre díganle al dueño: "El Maestro pregunta: ¿Dónde está la sala en la que pueda comer la Pascua con mis discípulos?" 15Él les mostrará en la planta alta una sala amplia, amueblada y arreglada. Preparen allí nuestra cena.

16Los discípulos salieron, entraron en la ciudad y encontraron todo tal y como les había dicho Jesús. Así que prepararon la Pascua.

17Al anochecer llegó Jesús con los doce. 18Mientras estaban *sentados a la mesa comiendo, dijo:

—Les aseguro que uno de ustedes, que está comiendo conmigo, me va a traicionar.

19Ellos se pusieron tristes, y uno tras otro empezaron a preguntarle:

—¿Acaso seré yo?

20—Es uno de los doce —contestó—, uno que moja el pan conmigo en el plato. 21A la verdad,

Leper, a woman came with an alabaster jar of very expensive perfume, made of pure nard. She broke the jar and poured the perfume on his head.

4Some of those present were saying indignantly to one another, "Why this waste of perfume? 5It could have been sold for more than a year's wages*m* and the money given to the poor." And they rebuked her harshly.

6"Leave her alone," said Jesus. "Why are you bothering her? She has done a beautiful thing to me. 7The poor you will always have with you, and you can help them any time you want. But you will not always have me. 8She did what she could. She poured perfume on my body beforehand to prepare for my burial. 9I tell you the truth, wherever the gospel is preached throughout the world, what she has done will also be told, in memory of her."

10Then Judas Iscariot, one of the Twelve, went to the chief priests to betray Jesus to them. 11They were delighted to hear this and promised to give him money. So he watched for an opportunity to hand him over.

The Lord's Supper

12On the first day of the Feast of Unleavened Bread, when it was customary to sacrifice the Passover lamb, Jesus' disciples asked him, "Where do you want us to go and make preparations for you to eat the Passover?"

13So he sent two of his disciples, telling them, "Go into the city, and a man carrying a jar of water will meet you. Follow him. 14Say to the owner of the house he enters, 'The Teacher asks: Where is my guest room, where I may eat the Passover with my disciples?' 15He will show you a large upper room, furnished and ready. Make preparations for us there."

16The disciples left, went into the city and found things just as Jesus had told them. So they prepared the Passover.

17When evening came, Jesus arrived with the Twelve. 18While they were reclining at the table eating, he said, "I tell you the truth, one of you will betray me—one who is eating with me."

19They were saddened, and one by one they said to him, "Surely not I?"

20"It is one of the Twelve," he replied, "one who dips bread into the bowl with me. 21The

---

*h*14:5 *muchísimo dinero.* Lit. *más de trescientos* *denarios.*　　　　　*m*5 Greek *than three hundred denarii*

el Hijo del hombre se irá tal como está escrito de él, pero ¡ay de aquel que lo traiciona! Más le valdría a ese hombre no haber nacido.

22Mientras comían, Jesús tomó pan y lo bendijo. Luego lo partió y se lo dio a ellos, diciéndoles:
—Tomen; esto es mi cuerpo.

23Después tomó una copa, dio gracias y se la dio a ellos, y todos bebieron de ella.

24—Esto es mi sangre del pacto,[i] que es derramada por muchos —les dijo—. 25Les aseguro que no volveré a beber del fruto de la vid hasta aquel día en que beba el vino nuevo en el reino de Dios.

26Después de cantar los salmos, salieron al monte de los Olivos.

Jesús predice la negación de Pedro

27—Todos ustedes me abandonarán —les dijo Jesús—, porque está escrito:

»"Heriré al pastor,
    y se dispersarán las ovejas."[j]

28Pero después de que yo resucite, iré delante de ustedes a Galilea.

29—Aunque todos te abandonen, yo no —declaró Pedro.

30—Te aseguro —le contestó Jesús— que hoy, esta misma noche, antes de que el gallo cante por segunda vez,[k] me negarás tres veces.

31—Aunque tenga que morir contigo —insistió Pedro con vehemencia—, jamás te negaré.

Y los demás dijeron lo mismo.

Getsemaní

32Fueron a un lugar llamado Getsemaní, y Jesús les dijo a sus discípulos: «Siéntense aquí mientras yo oro.» 33Se llevó a Pedro, a *Jacobo y a Juan, y comenzó a sentir temor y tristeza. 34«Es tal la angustia que me invade que me siento morir —les dijo—. Quédense aquí y vigilen.»

35Yendo un poco más allá, se postró en tierra y empezó a orar que, de ser posible, no tuviera él que pasar por aquella hora. 36Decía: «*Abba, Padre, todo es posible para ti. No me hagas beber este trago amargo,[l] pero no sea lo que yo quiero, sino lo que quieres tú.»

37Luego volvió a sus discípulos y los encontró dormidos, «Simón —le dijo a Pedro—, ¿estás dormido? ¿No pudiste mantenerte despierto ni una hora? 38Vigilen y oren para que no caigan en *tentación. El espíritu está dispuesto, pero el cuerpo[m] es débil.»

Son of Man will go just as it is written about him. But woe to that man who betrays the Son of Man! It would be better for him if he had not been born."

22While they were eating, Jesus took bread, gave thanks and broke it, and gave it to his disciples, saying, "Take it; this is my body."

23Then he took the cup, gave thanks and offered it to them, and they all drank from it.

24"This is my blood of the[n] covenant, which is poured out for many," he said to them. 25"I tell you the truth, I will not drink again of the fruit of the vine until that day when I drink it anew in the kingdom of God."

26When they had sung a hymn, they went out to the Mount of Olives.

Jesus Predicts Peter's Denial

27"You will all fall away," Jesus told them, "for it is written:

" 'I will strike the shepherd,
    and the sheep will be scattered.'[o]

28But after I have risen, I will go ahead of you into Galilee."

29Peter declared, "Even if all fall away, I will not."

30"I tell you the truth," Jesus answered, "today—yes, tonight—before the rooster crows twice[p] you yourself will disown me three times."

31But Peter insisted emphatically, "Even if I have to die with you, I will never disown you." And all the others said the same.

Gethsemane

32They went to a place called Gethsemane, and Jesus said to his disciples, "Sit here while I pray." 33He took Peter, James and John along with him, and he began to be deeply distressed and troubled. 34"My soul is overwhelmed with sorrow to the point of death," he said to them. "Stay here and keep watch."

35Going a little farther, he fell to the ground and prayed that if possible the hour might pass from him. 36"Abba,[q] Father," he said, "everything is possible for you. Take this cup from me. Yet not what I will, but what you will."

37Then he returned to his disciples and found them sleeping. "Simon," he said to Peter, "are you asleep? Could you not keep watch for one hour? 38Watch and pray so that you will not fall into temptation. The spirit is willing, but the body is weak."

---

i14:24 del pacto. Var. del nuevo pacto (véase Lc 22:20).
j14:27 Zac 13:7   k14:30 Var. no incluye: por segunda vez.
l14:36 No … amargo. Lit. Quita de mí esta copa.
m14:38 el cuerpo. Lit. la *carne.

n24 Some manuscripts the new   o27 Zech. 13:7
p30 Some early manuscripts do not have twice.
q36 Aramaic for Father

39Una vez más se retiró e hizo la misma oración. **40**Cúando volvió, los encontró dormidos otra vez, porque se les cerraban los ojos de sueño. No sabían qué decirle. **41**Al volver por tercera vez, les dijo: «¿Siguen durmiendo y descansando? ¡Se acabó! Ha llegado la hora. Miren, el Hijo del hombre va a ser entregado en manos de *pecadores. **42**¡Levántense! ¡Vámonos! ¡Ahí viene el que me traiciona!»

Arresto de Jesús

43Todavía estaba hablando Jesús cuando de repente llegó Judas, uno de los doce. Lo acompañaba una turba armada con espadas y palos, enviada por los jefes de los sacerdotes, los *maestros de la ley y los *ancianos. **44**El traidor les había dado esta contraseña: «Al que yo le dé un beso, ése es; arréstenlo y llévenselo bien asegurado.» **45**Tan pronto como llegó, Judas se acercó a Jesús.

—¡Rabí! —le dijo, y lo besó.

46Entonces los hombres prendieron a Jesús. **47**Pero uno de los que estaban ahí desenfundó la espada e hirió al siervo del sumo sacerdote, cortándole una oreja.

48—¿Acaso soy un bandido[n] —dijo Jesús—, para que vengan con espadas y palos a arrestarme? **49**Día tras día estaba con ustedes, enseñando en el *templo, y no me prendieron. Pero es preciso que se cumplan las Escrituras.

50Entonces todos lo abandonaron y huyeron. **51**Cierto joven que se cubría con sólo una sábana iba siguiendo a Jesús. Lo detuvieron, **52**pero él soltó la sábana y escapó desnudo.

Jesús ante el Consejo

53Llevaron a Jesús ante el sumo sacerdote y se reunieron allí todos los jefes de los sacerdotes, los *ancianos y los *maestros de la ley. **54**Pedro lo siguió de lejos hasta dentro del patio del sumo sacerdote. Allí se sentó con los guardias, y se calentaba junto al fuego.

55Los jefes de los sacerdotes y el *Consejo en pleno buscaban alguna prueba contra Jesús para poder condenarlo a muerte, pero no la encontraban. **56**Muchos testificaban falsamente contra él, pero sus declaraciones no coincidían. **57**Entonces unos decidieron dar este falso testimonio contra él:

58—Nosotros le oímos decir: "Destruiré este *templo hecho por hombres y en tres días construiré otro, no hecho por hombres."

59Pero ni aun así concordaban sus declaraciones.

60Poniéndose de pie en el medio, el sumo sacerdote interrogó a Jesús:

n **14:48** bandido. Alt. *insurgente*.

39Once more he went away and prayed the same thing. **40**When he came back, he again found them sleeping, because their eyes were heavy. They did not know what to say to him. **41**Returning the third time, he said to them, "Are you still sleeping and resting? Enough! The hour has come. Look, the Son of Man is betrayed into the hands of sinners. **42**Rise! Let us go! Here comes my betrayer!"

Jesus Arrested

43Just as he was speaking, Judas, one of the Twelve, appeared. With him was a crowd armed with swords and clubs, sent from the chief priests, the teachers of the law, and the elders. **44**Now the betrayer had arranged a signal with them: "The one I kiss is the man; arrest him and lead him away under guard." **45**Going at once to Jesus, Judas said, "Rabbi!" and kissed him. **46**The men seized Jesus and arrested him. **47**Then one of those standing near drew his sword and struck the servant of the high priest, cutting off his ear.

48"Am I leading a rebellion," said Jesus, "that you have come out with swords and clubs to capture me? **49**Every day I was with you, teaching in the temple courts, and you did not arrest me. But the Scriptures must be fulfilled." **50**Then everyone deserted him and fled.

51A young man, wearing nothing but a linen garment, was following Jesus. When they seized him, **52**he fled naked, leaving his garment behind.

Before the Sanhedrin

53They took Jesus to the high priest, and all the chief priests, elders and teachers of the law came together. **54**Peter followed him at a distance, right into the courtyard of the high priest. There he sat with the guards and warmed himself at the fire.

55The chief priests and the whole Sanhedrin were looking for evidence against Jesus so that they could put him to death, but they did not find any. **56**Many testified falsely against him, but their statements did not agree. **57**Then some stood up and gave this false testimony against him: **58**"We heard him say, 'I will destroy this man-made temple and in three days will build another, not made by man.'" **59**Yet even then their testimony did not agree.

60Then the high priest stood up before them and asked Jesus, "Are you not going to answer?

—¿No tienes nada que contestar? ¿Qué significan estas denuncias en tu contra?
61Pero Jesús se quedó callado y no contestó
nada.

—¿Eres el *Cristo, el Hijo del Bendito? —le
preguntó de nuevo el sumo sacerdote.

62—Sí, yo soy —dijo Jesús—. Y ustedes verán al Hijo del hombre sentado a la *derecha del
Todopoderoso, y viniendo en las nubes del cielo.

63—¿Para qué necesitamos más testigos?
—dijo el sumo sacerdote, rasgándose las vestiduras—. **64**¡Ustedes han oído la *blasfemia!
¿Qué les parece?

Todos ellos lo condenaron como digno de
muerte. **65**Algunos comenzaron a escupirle; le
vendaron los ojos y le daban puñetazos.

—¡Profetiza! —le gritaban.

Los guardias también le daban bofetadas.

Pedro niega a Jesús

66Mientras Pedro estaba abajo en el patio,
pasó una de las criadas del sumo sacerdote.
67Cuando vio a Pedro calentándose, se fijó en él.

—Tú también estabas con ese nazareno, con
Jesús —le dijo ella.

68Pero él lo negó:

—No lo conozco. Ni siquiera sé de qué estás
hablando.

Y salió afuera, a la entrada.ñ

69Cuando la criada lo vio allí, les dijo de
nuevo a los presentes:

—Éste es uno de ellos.

70Él lo volvió a negar.

Poco después, los que estaban allí le dijeron a
Pedro:

—Seguro que tú eres uno de ellos, pues eres
galileo.

71Él comenzó a echarse maldiciones.

—¡No conozco a ese hombre del que hablan!
—les juró.

72Al instante un gallo cantó por segunda vez.o
Pedro se acordó de lo que Jesús le había dicho:
«Antes de que el gallo cante por segunda vez,p
me negarás tres veces.» Y se echó a llorar.

Jesús ante Pilato

15 Tan pronto como amaneció, los jefes de
los sacerdotes, con los *ancianos, los
*maestros de la ley y el *Consejo en pleno,
llegaron a una decisión. Ataron a Jesús, se lo
llevaron y se lo entregaron a Pilato.

2—¿Eres tú el rey de los judíos? —le preguntó
Pilato.

—Tú mismo lo dices —respondió.

What is this testimony that these men are bringing against you?" **61**But Jesus remained silent
and gave no answer.

Again the high priest asked him, "Are you the
Christ,r the Son of the Blessed One?"

62"I am," said Jesus. "And you will see the
Son of Man sitting at the right hand of the
Mighty One and coming on the clouds of heav-
en."

63The high priest tore his clothes. "Why do
we need any more witnesses?" he asked.
64"You have heard the blasphemy. What do you
think?"

They all condemned him as worthy of death.
65Then some began to spit at him; they blindfolded him, struck him with their fists, and said,
"Prophesy!" And the guards took him and beat
him.

Peter Disowns Jesus

66While Peter was below in the courtyard, one
of the servant girls of the high priest came by.
67When she saw Peter warming himself, she
looked closely at him.

"You also were with that Nazarene, Jesus,"
she said.

68But he denied it. "I don't know or understand what you're talking about," he said, and
went out into the entryway.s

69When the servant girl saw him there, she
said again to those standing around, "This fellow is one of them." **70**Again he denied it.

After a little while, those standing near said to
Peter, "Surely you are one of them, for you are
a Galilean."

71He began to call down curses on himself,
and he swore to them, "I don't know this man
you're talking about."

72Immediately the rooster crowed the second
time.t Then Peter remembered the word Jesus
had spoken to him: "Before the rooster crows
twiceu you will disown me three times." And he
broke down and wept.

Jesus Before Pilate

15 Very early in the morning, the chief
priests, with the elders, the teachers of
the law and the whole Sanhedrin, reached a
decision. They bound Jesus, led him away and
handed him over to Pilate.

2"Are you the king of the Jews?" asked
Pilate.

"Yes, it is as you say," Jesus replied.

ñ **14:68** *entrada*. Var. *entrada; y cantó el gallo*.
o **14:72** Var. no incluye: *por segunda vez.*   p **14:72** Var. no
incluye: *por segunda vez.*

r 61 Or *Messiah*   s 68 Some early manuscripts *entryway and
the rooster crowed*   t 72 Some early manuscripts do not
have *the second time.*   u 72 Some early manuscripts do not
have *twice.*

3Los jefes de los sacerdotes se pusieron a acusarlo de muchas cosas.

4—¿No vas a contestar? —le preguntó de nuevo Pilato—. Mira de cuántas cosas te están acusando.

5Pero Jesús ni aun con eso contestó nada, de modo que Pilato se quedó asombrado.

6Ahora bien, durante la fiesta él acostumbraba soltarles un preso, el que la gente pidiera. **7**Y resulta que un hombre llamado Barrabás estaba encarcelado con los rebeldes condenados por haber cometido homicidio en una insurrección. **8**Subió la multitud y le pidió a Pilato que le concediera lo que acostumbraba.

9—¿Quieren que les suelte al rey de los judíos? —replicó Pilato, **10**porque se daba cuenta de que los jefes de los sacerdotes habían entregado a Jesús por envidia.

11Pero los jefes de los sacerdotes incitaron a la multitud para que Pilato les soltara más bien a Barrabás.

12—¿Y qué voy a hacer con el que ustedes llaman el rey de los judíos? —les preguntó Pilato.

13—¡Crucifícalo! —gritaron.

14—¿Por qué? ¿Qué crimen ha cometido?

Pero ellos gritaron aún más fuerte:

—¡Crucifícalo!

15Como quería satisfacer a la multitud, Pilato les soltó a Barrabás; a Jesús lo mandó azotar, y lo entregó para que lo crucificaran.

Los soldados se burlan de Jesús

16Los soldados llevaron a Jesús al interior del palacio (es decir, al pretorio) y reunieron a toda la tropa. **17**Le pusieron un manto de color púrpura; luego trenzaron una corona de espinas, y se la colocaron.

18—¡Salve, rey de los judíos! —lo aclamaban.

19Lo golpeaban en la cabeza con una caña y le escupían. Doblando la rodilla, le rendían homenaje. **20**Después de burlarse de él, le quitaron el manto y le pusieron su propia ropa. Por fin, lo sacaron para crucificarlo.

La crucifixión

21A uno que pasaba por allí de vuelta del campo, un tal Simón de Cirene, padre de Alejandro y de Rufo, lo obligaron a llevar la cruz. **22**Condujeron a Jesús al lugar llamado Gólgota (que significa: Lugar de la Calavera). **23**Le ofrecieron vino mezclado con mirra, pero no lo tomó. **24**Y lo crucificaron. Repartieron su ropa, echando suertes para ver qué le tocaría a cada uno.

25Eran las nueve de la mañana*q* cuando lo crucificaron. **26**Un letrero tenía escrita la causa de

q 15:25 Eran … mañana. Lit. *Era la hora tercera.*

3The chief priests accused him of many things. **4**So again Pilate asked him, "Aren't you going to answer? See how many things they are accusing you of."

5But Jesus still made no reply, and Pilate was amazed.

6Now it was the custom at the Feast to release a prisoner whom the people requested. **7**A man called Barabbas was in prison with the insurrectionists who had committed murder in the uprising. **8**The crowd came up and asked Pilate to do for them what he usually did.

9"Do you want me to release to you the king of the Jews?" asked Pilate, **10**knowing it was out of envy that the chief priests had handed Jesus over to him. **11**But the chief priests stirred up the crowd to have Pilate release Barabbas instead.

12"What shall I do, then, with the one you call the king of the Jews?" Pilate asked them.

13"Crucify him!" they shouted.

14"Why? What crime has he committed?" asked Pilate.

But they shouted all the louder, "Crucify him!"

15Wanting to satisfy the crowd, Pilate released Barabbas to them. He had Jesus flogged, and handed him over to be crucified.

The Soldiers Mock Jesus

16The soldiers led Jesus away into the palace (that is, the Praetorium) and called together the whole company of soldiers. **17**They put a purple robe on him, then twisted together a crown of thorns and set it on him. **18**And they began to call out to him, "Hail, king of the Jews!" **19**Again and again they struck him on the head with a staff and spit on him. Falling on their knees, they paid homage to him. **20**And when they had mocked him, they took off the purple robe and put his own clothes on him. Then they led him out to crucify him.

The Crucifixion

21A certain man from Cyrene, Simon, the father of Alexander and Rufus, was passing by on his way in from the country, and they forced him to carry the cross. **22**They brought Jesus to the place called Golgotha (which means The Place of the Skull). **23**Then they offered him wine mixed with myrrh, but he did not take it. **24**And they crucified him. Dividing up his clothes, they cast lots to see what each would get.

25It was the third hour when they crucified him. **26**The written notice of the charge against him read: THE KING OF THE JEWS.

su condena: «EL REY DE LOS JUDÍOS.» 27Con él crucificaron a dos bandidos,ʳ uno a su derecha y otro a su izquierda.ˢ 29Los que pasaban meneaban la cabeza y *blasfemaban contra él.

—¡Eh! Tú que destruyes el *templo y en tres días lo reconstruyes —decían—, 30¡baja de la cruz y sálvate a ti mismo!

31De la misma manera se burlaban de él los jefes de los sacerdotes junto con los maestros de la ley.

—Salvó a otros —decían—, ¡pero no puede salvarse a sí mismo! 32Que baje ahora de la cruz ese *Cristo, el rey de Israel, para que veamos y creamos.

También lo insultaban los que estaban crucificados con él.

Muerte de Jesús

33Desde el mediodía y hasta la media tarde quedó toda la tierra en oscuridad. 34A las tres de la tardeᵗ Jesús gritó a voz en cuello:

—Eloi, Eloi, ¿lama sabactani? (que significa: "Dios mío, Dios mío, ¿por qué me has desamparado?").ᵘ

35Cuando lo oyeron, algunos de los que estaban cerca dijeron:

—Escuchen, está llamando a Elías.

36Un hombre corrió, empapó una esponja en vinagre, la puso en una caña y se la ofreció a Jesús para que bebiera.

—Déjenlo, a ver si viene Elías a bajarlo —dijo.

37Entonces Jesús, lanzando un fuerte grito, expiró.

38La cortina del *santuario del templo se rasgó en dos, de arriba abajo. 39Y el centurión, que estaba frente a Jesús, al oír el grito yᵛ ver cómo murió, dijo:

—¡Verdaderamente este hombre era el Hijoʷ de Dios!

40Algunas mujeres miraban desde lejos. Entre ellas estaban María Magdalena, María la madre de *Jacobo el menor y de José, y Salomé. 41Estas mujeres lo habían seguido y atendido cuando estaba en Galilea. Además había allí muchas otras que habían subido con él a Jerusalén.

Sepultura de Jesús

42Era el día de preparación (es decir, la víspera del *sábado). Así que al atardecer, 43José de Arimatea, miembro distinguido del *Consejo, y que también esperaba el reino de Dios, se atrevió

27They crucified two robbers with him, one on his right and one on his left.ᵛ 29Those who passed by hurled insults at him, shaking their heads and saying, "So! You who are going to destroy the temple and build it in three days, 30come down from the cross and save yourself!"

31In the same way the chief priests and the teachers of the law mocked him among themselves. "He saved others," they said, "but he can't save himself! 32Let this Christ,ʷ this King of Israel, come down now from the cross, that we may see and believe." Those crucified with him also heaped insults on him.

The Death of Jesus

33At the sixth hour darkness came over the whole land until the ninth hour. 34And at the ninth hour Jesus cried out in a loud voice, "Eloi, Eloi, lama sabachthani?"—which means, "My God, my God, why have you forsaken me?" ˣ

35When some of those standing near heard this, they said, "Listen, he's calling Elijah."

36One man ran, filled a sponge with wine vinegar, put it on a stick, and offered it to Jesus to drink. "Now leave him alone. Let's see if Elijah comes to take him down," he said.

37With a loud cry, Jesus breathed his last.

38The curtain of the temple was torn in two from top to bottom. 39And when the centurion, who stood there in front of Jesus, heard his cry andʸ saw how he died, he said, "Surely this man was the Sonᶻ of God!"

40Some women were watching from a distance. Among them were Mary Magdalene, Mary the mother of James the younger and of Joses, and Salome. 41In Galilee these women had followed him and cared for his needs. Many other women who had come up with him to Jerusalem were also there.

The Burial of Jesus

42It was Preparation Day (that is, the day before the Sabbath). So as evening approached, 43Joseph of Arimathea, a prominent member of the Council, who was himself waiting for the kingdom of God, went boldly to Pilate and asked for Jesus' body. 44Pilate was surprised to hear

---

ʳ15:27 bandidos. Alt. insurgentes.   ˢ15:27 izquierda. Var. izquierda. 28Así se cumplió la Escritura que dice: «Fue contado con los malhechores.» (Is 53:12)   ᵗ15:33-34 Desde … tarde. Lit. Y llegando la hora sexta vino oscuridad sobre toda la tierra hasta la hora novena. 34 Y en la hora novena.   ᵘ15:34 Sal 22:1   ᵛ15:39 Var. no incluye: oír el grito y.   ʷ15:39 era el Hijo. Alt. era hijo.

ᵛ27 Some manuscripts left, 28and the scripture was fulfilled which says, "He was counted with the lawless ones" (Isaiah 53:12)   ʷ32 Or Messiah   ˣ34 Psalm 22:1   ʸ39 Some manuscripts do not have heard his cry and.   ᶻ39 Or a son

a presentarse ante Pilato para pedirle el cuerpo de Jesús. 44Pilato, sorprendido de que ya hubiera muerto, llamó al centurión y le preguntó si hacía mucho que*x* había muerto. 45Una vez informado por el centurión, le entregó el cuerpo a José. 46Entonces José bajó el cuerpo, lo envolvió en una sábana que había comprado, y lo puso en un sepulcro cavado en la roca. Luego hizo rodar una piedra a la entrada del sepulcro. 47María Magdalena y María la madre de José vieron dónde lo pusieron.

La resurrección

16 Cuando pasó el *sábado, María Magdalena, María la madre de *Jacobo, y Salomé compraron especias aromáticas para ir a ungir el cuerpo de Jesús. 2Muy de mañana el primer día de la semana, apenas salido el sol, se dirigieron al sepulcro. 3Iban diciéndose unas a otras: «¿Quién nos quitará la piedra de la entrada del sepulcro?» 4Pues la piedra era muy grande.

Pero al fijarse bien, se dieron cuenta de que estaba corrida. 5Al entrar en el sepulcro vieron a un joven vestido con un manto blanco, sentado a la derecha, y se asustaron.

6—No se asusten —les dijo—. Ustedes buscan a Jesús el nazareno, el que fue crucificado. ¡Ha resucitado! No está aquí. Miren el lugar donde lo pusieron. 7Pero vayan a decirles a los discípulos y a Pedro: "Él va delante de ustedes a Galilea. Allí lo verán, tal como les dijo."

8Temblorosas y desconcertadas, las mujeres salieron huyendo del sepulcro. No dijeron nada a nadie, porque tenían miedo.*y*

Apariciones y ascensión de Jesús

9Cuando Jesús resucitó en la madrugada del primer día de la semana, se apareció primero a María Magdalena, de la que había expulsado siete demonios. 10Ella fue y avisó a los que habían estado con él, que estaban lamentándose y llorando. 11Pero ellos, al oír que Jesús estaba vivo y que ella lo había visto, no lo creyeron.

12Después se apareció Jesús en otra forma a dos de ellos que iban de camino al campo. 13Éstos volvieron y avisaron a los demás, pero no les creyeron a ellos tampoco.

14Por último se apareció Jesús a los once mientras comían; los reprendió por su falta de fe y por su obstinación en no creerles a los que lo habían visto *resucitado.

---

*x*15:44 *hacía mucho que.* Var. *ya.*　*y*16:8 Los mss. más antiguos y otros testimonios de la antigüedad no incluyen Mr 16:9-20. En lugar de este pasaje, algunos mss. incluyen una conclusión más breve.

that he was already dead. Summoning the centurion, he asked him if Jesus had already died. 45When he learned from the centurion that it was so, he gave the body to Joseph. 46So Joseph bought some linen cloth, took down the body, wrapped it in the linen, and placed it in a tomb cut out of rock. Then he rolled a stone against the entrance of the tomb. 47Mary Magdalene and Mary the mother of Joses saw where he was laid.

The Resurrection

16 When the Sabbath was over, Mary Magdalene, Mary the mother of James, and Salome bought spices so that they might go to anoint Jesus' body. 2Very early on the first day of the week, just after sunrise, they were on their way to the tomb 3and they asked each other, "Who will roll the stone away from the entrance of the tomb?"

4But when they looked up, they saw that the stone, which was very large, had been rolled away. 5As they entered the tomb, they saw a young man dressed in a white robe sitting on the right side, and they were alarmed.

6"Don't be alarmed," he said. "You are looking for Jesus the Nazarene, who was crucified. He has risen! He is not here. See the place where they laid him. 7But go, tell his disciples and Peter, 'He is going ahead of you into Galilee. There you will see him, just as he told you.'"

8Trembling and bewildered, the women went out and fled from the tomb. They said nothing to anyone, because they were afraid.

[The most reliable early manuscripts and other ancient witnesses do not have Mark 16:9-20.]

9When Jesus rose early on the first day of the week, he appeared first to Mary Magdalene, out of whom he had driven seven demons. 10She went and told those who had been with him and who were mourning and weeping. 11When they heard that Jesus was alive and that she had seen him, they did not believe it.

12Afterward Jesus appeared in a different form to two of them while they were walking in the country. 13These returned and reported it to the rest; but they did not believe them either.

14Later Jesus appeared to the Eleven as they were eating; he rebuked them for their lack of faith and their stubborn refusal to believe those who had seen him after he had risen.

15He said to them, "Go into all the world and preach the good news to all creation. 16Whoever

15Les dijo: «Vayan por todo el mundo y anuncien las buenas *nuevas a toda criatura.ᶻ 16El que crea y sea bautizado será salvo, pero el que no crea será condenado. 17Estas señales acompañarán a los que crean: en mi nombre expulsarán demonios; hablarán en nuevas lenguas; 18tomarán en sus manos serpientes; y cuando beban algo venenoso, no les hará daño alguno; pondrán las manos sobre los enfermos,.y éstos recobrarán la salud.»

19Después de hablar con ellos, el Señor Jesús fue llevado al cielo y se sentó a la *derecha de Dios. 20Los discípulos salieron y predicaron por todas partes, y el Señor los ayudaba en la obra y confirmaba su palabra con las señales que la acompañaban.

believes and is baptized will be saved, but whoever does not believe will be condemned. 17And these signs will accompany those who believe: In my name they will drive out demons; they will speak in new tongues; 18they will pick up snakes with their hands; and when they drink deadly poison, it will not hurt them at all; they will place their hands on sick people, and they will get well."

19After the Lord Jesus had spoken to them, he was taken up into heaven and he sat at the right hand of God. 20Then the disciples went out and preached everywhere, and the Lord worked with them and confirmed his word by the signs that accompanied it.

ᶻ16:15 *criatura.* Lit. *creación.*

Evangelio según Lucas

Luke

Prólogo

1 Muchos han intentado hacer un relato de las cosas que se han cumplido[a] entre nosotros, ²tal y como nos las transmitieron los que desde el principio fueron testigos presenciales y servidores de la palabra. ³Por lo tanto, yo también, excelentísimo Teófilo, habiendo investigado todo esto con esmero desde su origen, he decidido escribírtelo ordenadamente, ⁴para que llegues a tener plena seguridad de lo que te enseñaron.

Anuncio del nacimiento de Juan el Bautista

⁵En tiempos de Herodes, rey de Judea, hubo un sacerdote llamado Zacarías, miembro del grupo de Abías. Su esposa Elisabet también era descendiente de Aarón. ⁶Ambos eran rectos e intachables delante de Dios; obedecían todos los mandamientos y preceptos del Señor. ⁷Pero no tenían hijos, porque Elisabet era estéril; y los dos eran de edad avanzada.

⁸Un día en que Zacarías, por haber llegado el turno de su grupo, oficiaba como sacerdote delante de Dios, ⁹le tocó en suerte, según la costumbre del sacerdocio, entrar en el *santuario del Señor para quemar incienso. ¹⁰Cuando llegó la hora de ofrecer el incienso, la multitud reunida afuera estaba orando. ¹¹En esto un ángel del Señor se le apareció a Zacarías a la derecha del altar del incienso. ¹²Al verlo, Zacarías se asustó, y el temor se apoderó de él. ¹³El ángel le dijo:

—No tengas miedo, Zacarías, pues ha sido escuchada tu oración. Tu esposa Elisabet te dará un hijo, y le pondrás por nombre Juan. ¹⁴Tendrás gozo y alegría, y muchos se regocijarán por su nacimiento, ¹⁵porque él será un gran hombre delante del Señor. Jamás tomará vino ni licor, y será lleno del Espíritu Santo aun desde su nacimiento.[b] ¹⁶Hará que muchos israelitas se vuelvan al Señor su Dios. ¹⁷Él irá primero, delante del Señor, con el espíritu y el poder de Elías, para reconciliar a[c] los padres con los hijos y guiar a los desobedientes a la sabiduría de los

Introduction

1 Many have undertaken to draw up an account of the things that have been fulfilled[a] among us, ²just as they were handed down to us by those who from the first were eyewitnesses and servants of the word. ³Therefore, since I myself have carefully investigated everything from the beginning, it seemed good also to me to write an orderly account for you, most excellent Theophilus, ⁴so that you may know the certainty of the things you have been taught.

The Birth of John the Baptist Foretold

⁵In the time of Herod king of Judea there was a priest named Zechariah, who belonged to the priestly division of Abijah; his wife Elizabeth was also a descendant of Aaron. ⁶Both of them were upright in the sight of God, observing all the Lord's commandments and regulations blamelessly. ⁷But they had no children, because Elizabeth was barren; and they were both well along in years.

⁸Once when Zechariah's division was on duty and he was serving as priest before God, ⁹he was chosen by lot, according to the custom of the priesthood, to go into the temple of the Lord and burn incense. ¹⁰And when the time for the burning of incense came, all the assembled worshipers were praying outside.

¹¹Then an angel of the Lord appeared to him, standing at the right side of the altar of incense. ¹²When Zechariah saw him, he was startled and was gripped with fear. ¹³But the angel said to him: "Do not be afraid, Zechariah; your prayer has been heard. Your wife Elizabeth will bear you a son, and you are to give him the name John. ¹⁴He will be a joy and delight to you, and many will rejoice because of his birth, ¹⁵for he will be great in the sight of the Lord. He is never to take wine or other fermented drink, and he will be filled with the Holy Spirit even from birth.[b] ¹⁶Many of the people of Israel will he bring back to the Lord their God. ¹⁷And he will go on before the Lord, in the spirit and power of Elijah, to turn the hearts of the fathers to their

---

[a] 1:1 *se han cumplido*. Alt. *se han recibido con convicción.*
[b] 1:15 *desde su nacimiento*. Alt. *antes de nacer*. Lit. *desde el vientre de su madre.* [c] 1:17 *reconciliar a*. Lit. *hacer volver los corazones de*; véase Mal 4:6.

[a] 1 Or *been surely believed* [b] 15 Or *from his mother's womb*

justos. De este modo preparará un pueblo bien dispuesto para recibir al Señor.

18—¿Cómo podré estar seguro de esto? —preguntó Zacarías al ángel—. Ya soy anciano y mi esposa también es de edad avanzada.

19—Yo soy Gabriel y estoy a las órdenes de Dios —le contestó el ángel—. He sido enviado para hablar contigo y darte estas buenas *noticias. 20Pero como no creíste en mis palabras, las cuales se cumplirán a su debido tiempo, te vas a quedar mudo. No podrás hablar hasta el día en que todo esto suceda.

21Mientras tanto, el pueblo estaba esperando a Zacarías y les extrañaba que se demorara tanto en el santuario. 22Cuando por fin salió, no podía hablarles, así que se dieron cuenta de que allí había tenido una visión. Se podía comunicar sólo por señas, pues seguía mudo.

23Cuando terminaron los días de su servicio, regresó a su casa. 24Poco después, su esposa Elisabet quedó encinta y se mantuvo recluida por cinco meses. 25«Esto —decía ella— es obra del Señor, que ahora ha mostrado su bondad al quitarme la vergüenza que yo tenía ante los demás.»

Anuncio del nacimiento de Jesús

26A los seis meses, Dios envió al ángel Gabriel a Nazaret, pueblo de Galilea, 27a visitar a una joven virgen comprometida para casarse con un hombre que se llamaba José, descendiente de David. La virgen se llamaba María. 28El ángel se acercó a ella y le dijo:

—¡Te saludo,d tú que has recibido el favor de Dios! El Señor está contigo.

29Ante estas palabras, María se perturbó, y se preguntaba qué podría significar este saludo.

30—No tengas miedo, María; Dios te ha concedido su favor —le dijo el ángel—. 31Quedarás encinta y darás a luz un hijo, y le pondrás por nombre Jesús. 32Él será un gran hombre, y lo llamarán Hijo del Altísimo. Dios el Señor le dará el trono de su padre David, 33y reinará sobre el pueblo de Jacob para siempre. Su reinado no tendrá fin.

34—¿Cómo podrá suceder esto —le preguntó María al ángel—, puesto que soy virgen?e

35—El Espíritu Santo vendrá sobre ti, y el poder del Altísimo te cubrirá con su sombra. Así que al santo niño que va a nacer lo llamarán Hijo de Dios. 36También tu parienta Elisabet va a tener un hijo en su vejez; de hecho, la que decían que era estéril ya está en el sexto mes de embarazo. 37Porque para Dios no hay nada imposible.

children and the disobedient to the wisdom of the righteous—to make ready a people prepared for the Lord."

18Zechariah asked the angel, "How can I be sure of this? I am an old man and my wife is well along in years."

19The angel answered, "I am Gabriel. I stand in the presence of God, and I have been sent to speak to you and to tell you this good news. 20And now you will be silent and not able to speak until the day this happens, because you did not believe my words, which will come true at their proper time."

21Meanwhile, the people were waiting for Zechariah and wondering why he stayed so long in the temple. 22When he came out, he could not speak to them. They realized he had seen a vision in the temple, for he kept making signs to them but remained unable to speak.

23When his time of service was completed, he returned home. 24After this his wife Elizabeth became pregnant and for five months remained in seclusion. 25"The Lord has done this for me," she said. "In these days he has shown his favor and taken away my disgrace among the people."

The Birth of Jesus Foretold

26In the sixth month, God sent the angel Gabriel to Nazareth, a town in Galilee, 27to a virgin pledged to be married to a man named Joseph, a descendant of David. The virgin's name was Mary. 28The angel went to her and said, "Greetings, you who are highly favored! The Lord is with you."

29Mary was greatly troubled at his words and wondered what kind of greeting this might be. 30But the angel said to her, "Do not be afraid, Mary, you have found favor with God. 31You will be with child and give birth to a son, and you are to give him the name Jesus. 32He will be great and will be called the Son of the Most High. The Lord God will give him the throne of his father David, 33and he will reign over the house of Jacob forever; his kingdom will never end."

34"How will this be," Mary asked the angel, "since I am a virgin?"

35The angel answered, "The Holy Spirit will come upon you, and the power of the Most High will overshadow you. So the holy one to be born will be calledc the Son of God. 36Even Elizabeth your relative is going to have a child in her old age, and she who was said to be barren is in her sixth month. 37For nothing is impossible with God."

---

d1:28 ¡Te saludo. Alt. ¡Alégrate.   e1:34 soy virgen? Lit. no conozco a hombre?

c35 Or So the child to be born will be called holy,

38—Aquí tienes a la sierva del Señor —contestó María—. Que él haga conmigo como me has dicho.

Con esto, el ángel la dejó.

María visita a Elisabet

39A los pocos días María emprendió el viaje y se fue de prisa a un pueblo en la región montañosa de Judea. 40Al llegar, entró en casa de Zacarías y saludó a Elisabet. 41Tan pronto como Elisabet oyó el saludo de María, la criatura saltó en su vientre. Entonces Elisabet, llena del Espíritu Santo, 42exclamó:

—¡Bendita tú entre las mujeres, y bendito el hijo que darás a luz!ᶠ 43Pero, ¿cómo es esto, que la madre de mi Señor venga a verme? 44Te digo que tan pronto como llegó a mis oídos la voz de tu saludo, saltó de alegría la criatura que llevo en el vientre. 45¡*Dichosa tú que has creído, porque lo que el Señor te ha dicho se cumplirá!

El cántico de María

46Entonces dijo María:

—Mi alma glorifica al Señor,
47 y mi espíritu se regocija en Dios mi
      Salvador,
48porque se ha dignado fijarse en su
      humilde sierva.
   Desde ahora me llamarán *dichosa todas
      las generaciones,
49 porque el Poderoso ha hecho grandes
      cosas por mí.
   ¡Santo es su nombre!
50De generación en generación
   se extiende su misericordia a los que le
      temen.
51Hizo proezas con su brazo;
   desbarató las intrigas de los soberbios.ᵍ
52De sus tronos derrocó a los poderosos,
   mientras que ha exaltado a los humildes.
53A los hambrientos los colmó de bienes,
   y a los ricos los despidió con las manos
      vacías.
54-55Acudió en ayuda de su siervo Israel
   y, cumpliendo su promesa a nuestros pa-
      dres,
   mostróʰ su misericordia a Abraham
   y a su descendencia para siempre.

56María se quedó con Elisabet unos tres meses y luego regresó a su casa.

Mary Visits Elizabeth

39At that time Mary got ready and hurried to a town in the hill country of Judea, 40where she entered Zechariah's home and greeted Elizabeth. 41When Elizabeth heard Mary's greeting, the baby leaped in her womb, and Elizabeth was filled with the Holy Spirit. 42In a loud voice she exclaimed: "Blessed are you among women, and blessed is the child you will bear! 43But why am I so favored, that the mother of my Lord should come to me? 44As soon as the sound of your greeting reached my ears, the baby in my womb leaped for joy. 45Blessed is she who has believed that what the Lord has said to her will be accomplished!"

Mary's Song

46And Mary said:

"My soul glorifies the Lord
47 and my spirit rejoices in God my
      Savior,
48for he has been mindful
   of the humble state of his servant.
   From now on all generations will call
      me blessed,
49 for the Mighty One has done great
      things for me—
   holy is his name.
50His mercy extends to those who fear
      him,
   from generation to generation.
51He has performed mighty deeds with
      his arm;
   he has scattered those who are proud
      in their inmost thoughts.
52He has brought down rulers from their
      thrones
   but has lifted up the humble.
53He has filled the hungry with good
      things
   but has sent the rich away empty.
54He has helped his servant Israel,
   remembering to be merciful
55to Abraham and his descendants
      forever,
   even as he said to our fathers."

56Mary stayed with Elizabeth for about three months and then returned home.

ᶠ1:42 el hijo que darás a luz! Lit. el fruto de tu vientre!
ᵍ1:51 desbarató … soberbios. Lit. dispersó a los orgullosos en el pensamiento del corazón de ellos.   ʰ1:54-55 mostró. Lit. recordó.

Nacimiento de Juan el Bautista

57Cuando se le cumplió el tiempo, Elisabet dio a luz un hijo. 58Sus vecinos y parientes se enteraron de que el Señor le había mostrado gran misericordia, y compartieron su alegría.

59A los ocho días llevaron a circuncidar al niño. Como querían ponerle el nombre de su padre, Zacarías, 60su madre se opuso.

—¡No! —dijo ella—. Tiene que llamarse Juan.

61—Pero si nadie en tu familia tiene ese nombre —le dijeron.

62Entonces le hicieron señas a su padre, para saber qué nombre quería ponerle al niño. 63Él pidió una tablilla, en la que escribió: «Su nombre es Juan.» Y todos quedaron asombrados. 64Al instante se le desató la lengua, recuperó el habla y comenzó a alabar a Dios. 65Todos los vecinos se llenaron de temor, y por toda la región montañosa de Judea se comentaba lo sucedido. 66Quienes lo oían se preguntaban: «¿Qué llegará a ser este niño?» Porque la mano del Señor lo protegía.

El cántico de Zacarías

67Entonces su padre Zacarías, lleno del Espíritu Santo, profetizó:

68«Bendito sea el Señor, Dios de Israel,
    porque ha venido a redimir^i a su pueblo.
69Nos envió un poderoso salvador^j
    en la casa de David su siervo
70(como lo prometió en el pasado por
    medio de sus *santos profetas),
71para librarnos de nuestros enemigos
    y del poder de todos los que nos aborrecen;
72para mostrar misericordia a nuestros
    padres
    al acordarse de su santo pacto.
73 Así lo juró a Abraham nuestro padre:
74nos concedió que fuéramos libres del temor,
    al rescatarnos del poder de nuestros ene-
    migos,
    para que le sirviéramos 75con *santidad y
    justicia,
    viviendo en su presencia todos nuestros
    días.

76Y tú, hijito mío, serás llamado profeta del
    Altísimo,
    porque irás delante del Señor para prepa-
    rarle el camino.
77Darás a conocer a su pueblo la salvación
    mediante el perdón de sus pecados,

The Birth of John the Baptist

57When it was time for Elizabeth to have her baby, she gave birth to a son. 58Her neighbors and relatives heard that the Lord had shown her great mercy, and they shared her joy.

59On the eighth day they came to circumcise the child, and they were going to name him after his father Zechariah, 60but his mother spoke up and said, "No! He is to be called John."

61They said to her, "There is no one among your relatives who has that name."

62Then they made signs to his father, to find out what he would like to name the child. 63He asked for a writing tablet, and to everyone's astonishment he wrote, "His name is John." 64Immediately his mouth was opened and his tongue was loosed, and he began to speak, praising God. 65The neighbors were all filled with awe, and throughout the hill country of Judea people were talking about all these things. 66Everyone who heard this wondered about it, asking, "What then is this child going to be?" For the Lord's hand was with him.

Zechariah's Song

67His father Zechariah was filled with the Holy Spirit and prophesied:

68"Praise be to the Lord, the God of Israel,
    because he has come and has redeemed
    his people.
69He has raised up a horn^d of salvation for
    us
    in the house of his servant David
70(as he said through his holy prophets of
    long ago),
71salvation from our enemies
    and from the hand of all who hate us—
72to show mercy to our fathers
    and to remember his holy covenant,
73the oath he swore to our father Abraham:
74to rescue us from the hand of our enemies,
    and to enable us to serve him without
    fear
75in holiness and righteousness before him
    all our days.

76And you, my child, will be called a
    prophet of the Most High;
    for you will go on before the Lord to
    prepare the way for him,
77to give his people the knowledge of
    salvation
    through the forgiveness of their sins,

---

^{i}1:68 *ha venido a redimir*. Lit. *ha visitado y ha redimido.*
^{j}1:69 *envió un poderoso salvador*. Lit. *levantó un cuerno de salvación.*

^{d}69 *Horn* here symbolizes strength.

78 gracias a la entrañable misericordia de nuestro Dios.

Así nos visitará desde el cielo el sol naciente,

79 para dar luz a los que viven en tinieblas, en la más terrible oscuridad,^k

para guiar nuestros pasos por la senda de la paz.»

80 El niño crecía y se fortalecía en espíritu; y vivió en el desierto hasta el día en que se presentó públicamente al pueblo de Israel.

Nacimiento de Jesús

2 Por aquellos días Augusto *César decretó que se levantara un censo en todo el imperio romano.^l 2(Este primer censo se efectuó cuando Cirenio gobernaba en Siria.) 3Así que iban todos a inscribirse, cada cual a su propio pueblo.

4También José, que era descendiente del rey David, subió de Nazaret, ciudad de Galilea, a Judea. Fue a Belén, la ciudad de David, 5para inscribirse junto con María su esposa.^m Ella se encontraba encinta 6y, mientras estaban allí, se le cumplió el tiempo. 7Así que dio a luz a su hijo primogénito. Lo envolvió en pañales y lo acostó en un pesebre, porque no había lugar para ellos en la posada.

Los pastores y los ángeles

8En esa misma región había unos pastores que pasaban la noche en el campo, turnándose para cuidar sus rebaños. 9Sucedió que un ángel del Señor se les apareció. La gloria del Señor los envolvió en su luz, y se llenaron de temor. 10Pero el ángel les dijo: «No tengan miedo. Miren que les traigo buenas *noticias que serán motivo de mucha alegría para todo el pueblo. 11Hoy les ha nacido en la ciudad de David un Salvador, que es *Cristo el Señor. 12Esto les servirá de señal: Encontrarán a un niño envuelto en pañales y acostado en un pesebre.»

13De repente apareció una multitud de ángeles del cielo, que alababan a Dios y decían:

14«Gloria a Dios en las alturas, y en la tierra paz a los que gozan de su buena voluntad.»ⁿ

15Cuando los ángeles se fueron al cielo, los pastores se dijeron unos a otros: «Vamos a Be-

78 because of the tender mercy of our God, by which the rising sun will come to us from heaven

79 to shine on those living in darkness and in the shadow of death, to guide our feet into the path of peace."

80And the child grew and became strong in spirit; and he lived in the desert until he appeared publicly to Israel.

The Birth of Jesus

2 In those days Caesar Augustus issued a decree that a census should be taken of the entire Roman world. 2(This was the first census that took place while Quirinius was governor of Syria.) 3And everyone went to his own town to register.

4So Joseph also went up from the town of Nazareth in Galilee to Judea, to Bethlehem the town of David, because he belonged to the house and line of David. 5He went there to register with Mary, who was pledged to be married to him and was expecting a child. 6While they were there, the time came for the baby to be born, 7and she gave birth to her firstborn, a son. She wrapped him in cloths and placed him in a manger, because there was no room for them in the inn.

The Shepherds and the Angels

8And there were shepherds living out in the fields nearby, keeping watch over their flocks at night. 9An angel of the Lord appeared to them, and the glory of the Lord shone around them, and they were terrified. 10But the angel said to them, "Do not be afraid. I bring you good news of great joy that will be for all the people. 11Today in the town of David a Savior has been born to you; he is Christ^e the Lord. 12This will be a sign to you: You will find a baby wrapped in cloths and lying in a manger."

13Suddenly a great company of the heavenly host appeared with the angel, praising God and saying,

14"Glory to God in the highest, and on earth peace to men on whom his favor rests."

15When the angels had left them and gone into heaven, the shepherds said to one another, "Let's go to Bethlehem and see this thing that

---

k 1:79 *en la más terrible oscuridad.* Lit. *y en sombra de muerte.* *l* 2:1 *el imperio romano.* Lit. *el mundo.* *m* 2:5 *María su esposa.* Lit. *María, que estaba comprometida para casarse con él.* *n* 2:14 *paz ... voluntad.* Lit. *paz a los hombres de buena voluntad.* Var. *paz, buena voluntad a los hombres.*

e 11 Or *Messiah.* "The Christ" (Greek) and "the Messiah" (Hebrew) both mean "the Anointed One"; also in verse 26.

lén, a ver esto que ha pasado y que el Señor nos ha dado a conocer.»

16Así que fueron de prisa y encontraron a María y a José, y al niño que estaba acostado en el pesebre. 17Cuando vieron al niño, contaron lo que les habían dicho acerca de él, 18y cuantos lo oyeron se asombraron de lo que los pastores decían. 19María, por su parte, guardaba todas estas cosas en su corazón y meditaba acerca de ellas. 20Los pastores regresaron glorificando y alabando a Dios por lo que habían visto y oído, pues todo sucedió tal como se les había dicho.

Presentación de Jesús en el templo

21Cuando se cumplieron los ocho días y fueron a circuncidarlo, lo llamaron Jesús, nombre que el ángel le había puesto antes de que fuera concebido.

22Así mismo, cuando se cumplió el tiempo en que, según la ley de Moisés, ellos debían *purificarse, José y María llevaron al niño a Jerusalén para presentarlo al Señor. 23Así cumplieron con lo que en la ley del Señor está escrito: «Todo varón primogénito será consagradoñ al Señor».o 24También ofrecieron un sacrificio conforme a lo que la ley del Señor dice: «un par de tórtolas o dos pichones de paloma».p

25Ahora bien, en Jerusalén había un hombre llamado Simeón, que era justo y devoto, y aguardaba con esperanza la redenciónq de Israel. El Espíritu Santo estaba con él 26y le había revelado que no moriría sin antes ver al *Cristo del Señor. 27Movido por el Espíritu, fue al *templo. Cuando al niño Jesús lo llevaron sus padres para cumplir con la costumbre establecida por la ley, 28Simeón lo tomó en sus brazos y bendijo a Dios:

29«Según tu palabra, Soberano Señor,
    ya puedes despedir a tu *siervo en paz.
30Porque han visto mis ojos tu salvación,
31 que has preparado a la vista de todos los
      pueblos:
32luz que ilumina a las *naciones
    y gloria de tu pueblo Israel.»

33El padre y la madre del niño se quedaron maravillados por lo que se decía de él. 34Simeón les dio su bendición y le dijo a María, la madre de Jesús: «Este niño está destinado a causar la caída y el levantamiento de muchos en Israel, y a crear mucha oposición,r 35a fin de que se manifiesten

has happened, which the Lord has told us about."

16So they hurried off and found Mary and Joseph, and the baby, who was lying in the manger. 17When they had seen him, they spread the word concerning what had been told them about this child, 18and all who heard it were amazed at what the shepherds said to them. 19But Mary treasured up all these things and pondered them in her heart. 20The shepherds returned, glorifying and praising God for all the things they had heard and seen, which were just as they had been told.

Jesus Presented in the Temple

21On the eighth day, when it was time to circumcise him, he was named Jesus, the name the angel had given him before he had been conceived.

22When the time of their purification according to the Law of Moses had been completed, Joseph and Mary took him to Jerusalem to present him to the Lord 23(as it is written in the Law of the Lord, "Every firstborn male is to be consecrated to the Lord"f), 24and to offer a sacrifice in keeping with what is said in the Law of the Lord: "a pair of doves or two young pigeons."g

25Now there was a man in Jerusalem called Simeon, who was righteous and devout. He was waiting for the consolation of Israel, and the Holy Spirit was upon him. 26It had been revealed to him by the Holy Spirit that he would not die before he had seen the Lord's Christ. 27Moved by the Spirit, he went into the temple courts. When the parents brought in the child Jesus to do for him what the custom of the Law required, 28Simeon took him in his arms and praised God, saying:

29"Sovereign Lord, as you have promised,
    you now dismissh your servant in peace.
30For my eyes have seen your salvation,
31 which you have prepared in the sight of
      all people,
32a light for revelation to the Gentiles
    and for glory to your people Israel."

33The child's father and mother marveled at what was said about him. 34Then Simeon blessed them and said to Mary, his mother: "This child is destined to cause the falling and rising of many in Israel, and to be a sign that will be spoken against, 35so that the thoughts of

---

ñ2:23 Todo ... consagrado. Lit. Todo varón que abre la matriz será llamado santo. o2:23 Éx 13:2,12 p2:24 Lv 12:8 q2:25 redención. Lit. consolación. r2:34 a crear mucha oposición. Lit. a ser una señal contra la cual se hablará.

f23 Exodus 13:2,12 g24 Lev. 12:8 h29 Or promised, / now dismiss

las intenciones de muchos corazones. En cuanto a ti, una espada te atravesará el alma.»

36Había también una profetisa, Ana, hija de Penuel, de la tribu de Aser. Era muy anciana; casada de joven, había vivido con su esposo siete años, **37**y luego permaneció viuda hasta la edad de ochenta y cuatro.ˢ Nunca salía del *templo, sino que día y noche adoraba a Dios con ayunos y oraciones. **38**Llegando en ese mismo momento, Ana dio gracias a Dios y comenzó a hablar del niño a todos los que esperaban la redención de Jerusalén.

39Después de haber cumplido con todo lo que exigía la ley del Señor, José y María regresaron a Galilea, a su propio pueblo de Nazaret. **40**El niño crecía y se fortalecía; progresaba en sabiduría, y la gracia de Dios lo acompañaba.

El niño Jesús en el templo

41Los padres de Jesús subían todos los años a Jerusalén para la fiesta de la Pascua. **42**Cuando cumplió doce años, fueron allá según era la costumbre. **43**Terminada la fiesta, emprendieron el viaje de regreso, pero el niño Jesús se había quedado en Jerusalén, sin que sus padres se dieran cuenta. **44**Ellos, pensando que él estaba entre el grupo de viajeros, hicieron un día de camino mientras lo buscaban entre los parientes y conocidos. **45**Al no encontrarlo, volvieron a Jerusalén en busca de él. **46**Al cabo de tres días lo encontraron en el *templo, sentado entre los maestros, escuchándolos y haciéndoles preguntas. **47**Todos los que le oían se asombraban de su inteligencia y de sus respuestas. **48**Cuando lo vieron sus padres, se quedaron admirados.

—Hijo, ¿por qué te has portado así con nosotros? —le dijo su madre—. ¡Mira que tu padre y yo te hemos estado buscando angustiados!

49—¿Por qué me buscaban? ¿No sabían que tengo que estar en la casa de mi Padre?

50Pero ellos no entendieron lo que les decía.

51Así que Jesús bajó con sus padres a Nazaret y vivió sujeto a ellos. Pero su madre conservaba todas estas cosas en el corazón. **52**Jesús siguió creciendo en sabiduría y estatura, y cada vez más gozaba del favor de Dios y de toda la gente.

Juan el Bautista prepara el camino

3 En el año quince del reinado de Tiberio *César, Poncio Pilato gobernaba la provincia de Judea, Herodesᵗ era tetrarca en Galilea, su hermano Felipe en Iturea y Traconite, y Lisanias en Abilene; **2**el sumo sacerdocio lo ejercían Anás y Caifás. En aquel entonces, la palabra de

many hearts will be revealed. And a sword will pierce your own soul too."

36There was also a prophetess, Anna, the daughter of Phanuel, of the tribe of Asher. She was very old; she had lived with her husband seven years after her marriage, **37**and then was a widow until she was eighty-four.ⁱ She never left the temple but worshiped night and day, fasting and praying. **38**Coming up to them at that very moment, she gave thanks to God and spoke about the child to all who were looking forward to the redemption of Jerusalem.

39When Joseph and Mary had done everything required by the Law of the Lord, they returned to Galilee to their own town of Nazareth. **40**And the child grew and became strong; he was filled with wisdom, and the grace of God was upon him.

The Boy Jesus at the Temple

41Every year his parents went to Jerusalem for the Feast of the Passover. **42**When he was twelve years old, they went up to the Feast, according to the custom. **43**After the Feast was over, while his parents were returning home, the boy Jesus stayed behind in Jerusalem, but they were unaware of it. **44**Thinking he was in their company, they traveled on for a day. Then they began looking for him among their relatives and friends. **45**When they did not find him, they went back to Jerusalem to look for him. **46**After three days they found him in the temple courts, sitting among the teachers, listening to them and asking them questions. **47**Everyone who heard him was amazed at his understanding and his answers. **48**When his parents saw him, they were astonished. His mother said to him, "Son, why have you treated us like this? Your father and I have been anxiously searching for you."

49"Why were you searching for me?" he asked. "Didn't you know I had to be in my Father's house?" **50**But they did not understand what he was saying to them.

51Then he went down to Nazareth with them and was obedient to them. But his mother treasured all these things in her heart. **52**And Jesus grew in wisdom and stature, and in favor with God and men.

John the Baptist Prepares the Way

3 In the fifteenth year of the reign of Tiberius Caesar—when Pontius Pilate was governor of Judea, Herod tetrarch of Galilee, his brother Philip tetrarch of Iturea and Traconitis, and Lysanias tetrarch of Abilene— **2**during the high

---

ˢ**2:37** *hasta la edad de ochenta y cuatro.* Alt. *durante ochenta y cuatro años.* ᵗ**3:1** Es decir, Herodes Antipas, hijo del rey Herodes (1:5).

ⁱ**37** Or *widow for eighty-four years*

Dios llegó a Juan hijo de Zacarías, en el desierto. ³Juan recorría toda la región del Jordán predicando el bautismo de *arrepentimiento para el perdón de pecados. ⁴Así está escrito en el libro del profeta Isaías:

«Voz de uno que grita en el desierto:
"Preparen el camino del Señor,
  háganle sendas derechas.
⁵Todo valle será rellenado,
  toda montaña y colina será allanada.
Los caminos torcidos se enderezarán,
  las sendas escabrosas quedarán llanas.
⁶Y todo *mortal verá la salvación de
  Dios."»ᵘ

⁷Muchos acudían a Juan para que los bautizara.
—¡Camada de víboras! —les advirtió—. ¿Quién les dijo que podrán escapar del castigo que se acerca? ⁸Produzcan frutos que demuestren arrepentimiento. Y no se pongan a pensar: "Tenemos a Abraham por padre." Porque les digo que aun de estas piedras Dios es capaz de darle hijos a Abraham. ⁹Es más, el hacha ya está puesta a la raíz de los árboles, y todo árbol que no produzca buen fruto será cortado y arrojado al fuego.

¹⁰—¿Entonces qué debemos hacer? —le preguntaba la gente.

¹¹—El que tiene dos *camisas debe compartir con el que no tiene ninguna —les contestó Juan—, y el que tiene comida debe hacer lo mismo.

¹²Llegaron también unos *recaudadores de impuestos para que los bautizara.

—Maestro, ¿qué debemos hacer nosotros? —le preguntaron.

¹³—No cobren más de lo debido —les respondió.

¹⁴—Y nosotros, ¿qué debemos hacer? —le preguntaron unos soldados.

—No extorsionen a nadie ni hagan denuncias falsas; más bien confórmense con lo que les pagan.

¹⁵La gente estaba a la expectativa, y todos se preguntaban si acaso Juan sería el *Cristo.

¹⁶—Yo los bautizo a ustedes conᵛ agua —les respondió Juan a todos—. Pero está por llegar uno más poderoso que yo, a quien ni siquiera merezco desatarle la correa de sus sandalias. Él los bautizará con el Espíritu Santo y con fuego. ¹⁷Tiene el rastrillo en la mano para limpiar su era y recoger el trigo en su granero; la paja, en cambio, la quemará con fuego que nunca se apagará.

¹⁸Y con muchas otras palabras exhortaba Juan

priesthood of Annas and Caiaphas, the word of God came to John son of Zechariah in the desert. ³He went into all the country around the Jordan, preaching a baptism of repentance for the forgiveness of sins. ⁴As is written in the book of the words of Isaiah the prophet:

"A voice of one calling in the desert,
'Prepare the way for the Lord,
  make straight paths for him.
⁵Every valley shall be filled in,
  every mountain and hill made low.
The crooked roads shall become straight,
  the rough ways smooth.
⁶And all mankind will see God's
  salvation.'"ʲ

⁷John said to the crowds coming out to be baptized by him, "You brood of vipers! Who warned you to flee from the coming wrath? ⁸Produce fruit in keeping with repentance. And do not begin to say to yourselves, 'We have Abraham as our father.' For I tell you that out of these stones God can raise up children for Abraham. ⁹The ax is already at the root of the trees, and every tree that does not produce good fruit will be cut down and thrown into the fire."

¹⁰"What should we do then?" the crowd asked.

¹¹John answered, "The man with two tunics should share with him who has none, and the one who has food should do the same."

¹²Tax collectors also came to be baptized. "Teacher," they asked, "what should we do?"

¹³"Don't collect any more than you are required to," he told
them. ¹⁴Then some soldiers asked him, "And what should we do?"

He replied, "Don't extort money and don't accuse people falsely—be content with your pay."

¹⁵The people were waiting expectantly and were all wondering in their hearts if John might possibly be the Christ.ᵏ ¹⁶John answered them all, "I baptize you withˡ water. But one more powerful than I will come, the thongs of whose sandals I am not worthy to untie. He will baptize you with the Holy Spirit and with fire. ¹⁷His winnowing fork is in his hand to clear his threshing floor and to gather the wheat into his barn, but he will burn up the chaff with unquenchable fire." ¹⁸And with many other words John exhorted the people and preached the good news to them.

ᵘ3:6 Is 40:3-5 ᵛ3:16 con. Alt. en.   ʲ6 Isaiah 40:3-5 ᵏ15 Or Messiah ˡ16 Or in

a la gente y le anunciaba las buenas *nuevas. **19**Pero cuando reprendió al tetrarca Herodes por el asunto de su cuñada Herodías,ʷ y por todas las otras maldades que había cometido, **20**Herodes llegó hasta el colmo de encerrar a Juan en la cárcel.

Bautismo y genealogía de Jesús

21Un día en que todos acudían a Juan para que los bautizara, Jesús fue bautizado también. Y mientras oraba, se abrió el cielo, **22**y el Espíritu Santo bajó sobre él en forma de paloma. Entonces se oyó una voz del cielo que decía: «Tú eres mi Hijo amado; estoy muy complacido contigo.»

23Jesús tenía unos treinta años cuando comenzó su ministerio. Era hijo, según se creía, de José,

hijo de Elí, **24**hijo de Matat,
hijo de Leví, hijo de Melquí,
hijo de Janay, hijo de José,
25hijo de Matatías, hijo de Amós,
hijo de Nahúm, hijo de Eslí,
hijo de Nagay, **26**hijo de Máat,
hijo de Matatías, hijo de Semeí,
hijo de Josec, hijo de Judá,
27hijo de Yojanán, hijo de Resa,
hijo de Zorobabel, hijo de Salatiel,
hijo de Neri, **28**hijo de Melquí,
hijo de Adí, hijo de Cosán,
hijo de Elmadán, hijo de Er,
29hijo de Josué, hijo de Eliezer,
hijo de Jorín, hijo de Matat,
hijo de Leví, **30**hijo de Simeón,
hijo de Judá, hijo de José,
hijo de Jonán, hijo de Eliaquín,
31hijo de Melea, hijo de Mainán,
hijo de Matata, hijo de Natán,
hijo de David, **32**hijo de Isaí,
hijo de Obed, hijo de Booz,
hijo de Salmón,ˣ hijo de Naasón,
33hijo de Aminadab, hijo de Aram,ʸ
hijo de Jezrón, hijo de Fares,
hijo de Judá, **34**hijo de Jacob,
hijo de Isaac, hijo de Abraham,
hijo de Téraj, hijo de Najor,
35hijo de Serug, hijo de Ragau,
hijo de Péleg, hijo de Éber,
hijo de Selaj, **36**hijo de Cainán,
hijo de Arfaxad, hijo de Sem,
hijo de Noé, hijo de Lamec,
37hijo de Matusalén, hijo de Enoc,
hijo de Jared, hijo de Malalel,
hijo de Cainán, **38**hijo de Enós,

19But when John rebuked Herod the tetrarch because of Herodias, his brother's wife, and all the other evil things he had done, **20**Herod added this to them all: He locked John up in prison.

The Baptism and Genealogy of Jesus

21When all the people were being baptized, Jesus was baptized too. And as he was praying, heaven was opened **22**and the Holy Spirit descended on him in bodily form like a dove. And a voice came from heaven: "You are my Son, whom I love; with you I am well pleased."

23Now Jesus himself was about thirty years old when he began his ministry. He was the son, so it was thought, of Joseph,

the son of Heli, **24**the son of Matthat,
the son of Levi, the son of Melki,
the son of Jannai, the son of Joseph,
25the son of Mattathias, the son of Amos,
the son of Nahum, the son of Esli,
the son of Naggai, **26**the son of Maath,
the son of Mattathias, the son of Semein,
the son of Josech, the son of Joda,
27the son of Joanan, the son of Rhesa,
the son of Zerubbabel, the son of Shealtiel,
the son of Neri, **28**the son of Melki,
the son of Addi, the son of Cosam,
the son of Elmadam, the son of Er,
29the son of Joshua, the son of Eliezer,
the son of Jorim, the son of Matthat,
the son of Levi, **30**the son of Simeon,
the son of Judah, the son of Joseph,
the son of Jonam, the son of Eliakim,
31the son of Melea, the son of Menna,
the son of Mattatha, the son of Nathan,
the son of David, **32**the son of Jesse,
the son of Obed, the son of Boaz,
the son of Salmon,ᵐ the son of Nahshon,
33the son of Amminadab, the son of Ram,ⁿ
the son of Hezron, the son of Perez,
the son of Judah, **34**the son of Jacob,
the son of Isaac, the son of Abraham,
the son of Terah, the son of Nahor,
35the son of Serug, the son of Reu,
the son of Peleg, the son of Eber,
the son of Shelah, **36**the son of Cainan,
the son of Arphaxad, the son of Shem,
the son of Noah, the son of Lamech,
37the son of Methuselah, the son of Enoch,
the son of Jared, the son of Mahalalel,
the son of Kenan, **38**the son of Enosh,

ʷ**3:19** Esposa de Felipe, hermano de Herodes Antipas.
ˣ**3:32** *Salmón.* Var. *Sala.*   ʸ**3:33** *Aminadab, hijo de Aram.*
Var. *Aminadab, el hijo de Admin, el hijo de Arni;* los mss. varían mucho en este versículo.

ᵐ *32* Some early manuscripts *Sala*   ⁿ *33* Some manuscripts *Amminadab, the son of Admin, the son of Arni;* other manuscripts vary widely.

hijo de Set, hijo de Adán,
hijo de Dios.

Tentación de Jesús

4 Jesús, lleno del Espíritu Santo, volvió del
Jordán y fue llevado por el Espíritu al desierto. 2Allí estuvo cuarenta días y fue *tentado
por el diablo. No comió nada durante esos días,
pasados los cuales tuvo hambre.

3—Si eres el Hijo de Dios —le propuso el
diablo—, dile a esta piedra que se convierta en
pan.

4Jesús le respondió:

—Escrito está: "No sólo de pan vive el hombre." z

5Entonces el diablo lo llevó a un lugar alto y le
mostró en un instante todos los reinos del mundo.
6—Sobre estos reinos y todo su esplendor
—le dijo—, te daré la autoridad, porque a mí me
ha sido entregada, y puedo dársela a quien yo
quiera. 7Así que, si me adoras, todo será tuyo.

Jesús le contestó:

8—Escrito está: "Adora al Señor tu Dios y
sírvele solamente a él." a

9El diablo lo llevó luego a Jerusalén e hizo que
se pusiera de pie en la parte más alta del *templo,
y le dijo:

—Si eres el Hijo de Dios, ¡tírate de aquí!
10Pues escrito está:

»"Ordenará que sus ángeles te cuiden.
    Te sostendrán en sus manos
11para que no tropieces con piedra alguna." b

12—También está escrito: "No pongas a prueba al Señor tu Dios" c —le replicó Jesús.

13Así que el diablo, habiendo agotado todo
recurso de tentación, lo dejó hasta otra oportunidad.

Rechazan a Jesús en Nazaret

14Jesús regresó a Galilea en el poder del Espíritu, y se extendió su fama por toda aquella
región. 15Enseñaba en las sinagogas, y todos lo
admiraban.

16Fue a Nazaret, donde se había criado, y un
*sábado entró en la sinagoga, como era su cos-
tumbre. Se levantó para hacer la lectura, 17y le
entregaron el libro del profeta Isaías. Al desen-
rollarlo, encontró el lugar donde está escrito:

18«El Espíritu del Señor está sobre mí,
    por cuanto me ha ungido
    para anunciar buenas *nuevas a los pobres.

The Temptation of Jesus

4 Jesus, full of the Holy Spirit, returned from
the Jordan and was led by the Spirit in the
desert, 2where for forty days he was tempted by
the devil. He ate nothing during those days, and
at the end of them he was hungry.

3The devil said to him, "If you are the Son of
God, tell this stone to become bread."

4Jesus answered, "It is written: 'Man does not
live on bread alone.' o"

5The devil led him up to a high place and
showed him in an instant all the kingdoms of
the world. 6And he said to him, "I will give
you all their authority and splendor, for it has
been given to me, and I can give it to anyone
I want to. 7So if you worship me, it will all
be yours."

8Jesus answered, "It is written: 'Worship the
Lord your God and serve him only.' p"

9The devil led him to Jerusalem and had him
stand on the highest point of the temple. "If you
are the Son of God," he said, "throw yourself
down from here. 10For it is written:

" 'He will command his angels concern-
        ing you
    to guard you carefully;
11 they will lift you up in their hands,
    so that you will not strike your foot
        against a stone.' q"

12Jesus answered, "It says: 'Do not put the
Lord your God to the test.' r"

13When the devil had finished all this tempting, he left him until an opportune time.

Jesus Rejected at Nazareth

14Jesus returned to Galilee in the power of the
Spirit, and news about him spread through the
whole countryside. 15He taught in their synagogues, and everyone praised him.

16He went to Nazareth, where he had been
brought up, and on the Sabbath day he went into
the synagogue, as was his custom. And he stood
up to read. 17The scroll of the prophet Isaiah was
handed to him. Unrolling it, he found the place
where it is written:

18 "The Spirit of the Lord is on me,
    because he has anointed me
    to preach good news to the poor.

z4:4 Dt 8:3   a4:8 Dt 6:13   b4:10-11 Sal 91:11,12
c4:12 Dt 6:16

o4 Deut. 8:3   p8 Deut. 6:13   q11 Psalm 91:11,12
r12 Deut. 6:16

Me ha enviado a proclamar libertad a los
   cautivos
   y dar vista a los ciegos,
   a poner en libertad a los oprimidos,
19 a pregonar el año del favor del Señor.»*d*

20Luego enrolló el libro, se lo devolvió al
ayudante y se sentó. Todos los que estaban en la
sinagoga lo miraban detenidamente, 21y él comenzó a hablarles: «Hoy se cumple esta Escritura en presencia de ustedes.»

22Todos dieron su aprobación, impresionados
por las hermosas palabras*e* que salían de su boca.
«¿No es éste el hijo de José?», se preguntaban.

23Jesús continuó: «Seguramente ustedes me
van a citar el proverbio: "¡Médico, cúrate a ti
mismo! Haz aquí en tu tierra lo que hemos oído
que hiciste en Capernaúm." 24Pues bien, les
aseguro que a ningún profeta lo aceptan en su
propia tierra. 25No cabe duda de que en tiempos
de Elías, cuando el cielo se cerró por tres años y
medio, de manera que hubo una gran hambre en
toda la tierra, muchas viudas vivían en Israel.
26Sin embargo, Elías no fue enviado a ninguna
de ellas, sino a una viuda de Sarepta, en los
alrededores de Sidón. 27Así mismo, había en
Israel muchos enfermos de *lepra en tiempos del
profeta Eliseo, pero ninguno de ellos fue sanado,
sino Naamán el sirio.»

28Al oír esto, todos los que estaban en la
sinagoga se enfurecieron. 29Se levantaron, lo
expulsaron del pueblo y lo llevaron hasta la
cumbre de la colina sobre la que estaba construido el pueblo, para tirarlo por el precipicio. 30Pe-
ro él pasó por en medio de ellos y se fue.

Jesús expulsa a un espíritu maligno

31Jesús pasó a Capernaúm, un pueblo de Galilea, y el día *sábado enseñaba a la gente.
32Estaban asombrados de su enseñanza, porque
les hablaba con autoridad.

33Había en la sinagoga un hombre que estaba
poseído por un *espíritu maligno, quien gritó
con todas sus fuerzas:

34—¡Ah! ¿Por qué te entrometes, Jesús de
Nazaret? ¿Has venido a destruirnos? Yo sé quién
eres tú: ¡el Santo de Dios!

35—¡Cállate! —lo reprendió Jesús—. ¡Sal de
ese hombre!

Entonces el demonio derribó al hombre en
medio de la gente y salió de él sin hacerle ningún
daño.

36Todos se asustaron y se decían unos a otros:
«¿Qué clase de palabra es ésta? ¡Con autoridad

He has sent me to proclaim freedom for
   the prisoners
   and recovery of sight for the blind,
   to release the oppressed,
19 to proclaim the year of the Lord's
   favor." *s*

20Then he rolled up the scroll, gave it back to
the attendant and sat down. The eyes of everyone in the synagogue were fastened on him,
21and he began by saying to them, "Today this
scripture is fulfilled in your hearing."

22All spoke well of him and were amazed at
the gracious words that came from his lips.
"Isn't this Joseph's son?" they asked.

23Jesus said to them, "Surely you will quote
this proverb to me: 'Physician, heal yourself! Do
here in your hometown what we have heard that
you did in Capernaum.'"

24"I tell you the truth," he continued, "no
prophet is accepted in his hometown. 25I assure
you that there were many widows in Israel in
Elijah's time, when the sky was shut for three
and a half years and there was a severe famine
throughout the land. 26Yet Elijah was not sent to
any of them, but to a widow in Zarephath in the
region of Sidon. 27And there were many in Israel
with leprosy*t* in the time of Elisha the prophet,
yet not one of them was cleansed—only Naa-
man the Syrian."

28All the people in the synagogue were furious when they heard this. 29They got up, drove
him out of the town, and took him to the brow
of the hill on which the town was built, in order
to throw him down the cliff. 30But he walked
right through the crowd and went on his way.

Jesus Drives Out an Evil Spirit

31Then he went down to Capernaum, a town
in Galilee, and on the Sabbath began to teach the
people. 32They were amazed at his teaching,
because his message had authority.

33In the synagogue there was a man possessed
by a demon, an evil*u* spirit. He cried out at the
top of his voice, 34"Ha! What do you want with
us, Jesus of Nazareth? Have you come to destroy us? I know who you are—the Holy One of
God!"

35"Be quiet!" Jesus said sternly. "Come out
of him!" Then the demon threw the man down
before them all and came out without injuring
him.

36All the people were amazed and said to each
other, "What is this teaching? With authority

---

*d*4:19 Is 61:1,2   *e*4:22 *Todos … palabras.* Lit. *Todos daban
testimonio de él y estaban asombrados de las palabras de
gracia.*

s *19* Isaiah 61:1,2   *t* *27* The Greek word was used for various
diseases affecting the skin—not necessarily leprosy.
u *33* Greek *unclean;* also in verse 36

y poder les da órdenes a los espíritus malignos, y salen!» ³⁷Y se extendió su fama por todo aquel lugar.

Jesús sana a muchos enfermos

³⁸Cuando Jesús salió de la sinagoga, se fue a casa de Simón, cuya suegra estaba enferma con una fiebre muy alta. Le pidieron a Jesús que la ayudara, ³⁹así que se inclinó sobre ella y reprendió a la fiebre, la cual se le quitó. Ella se levantó en seguida y se puso a servirles.

⁴⁰Al ponerse el sol, la gente le llevó a Jesús todos los que padecían de diversas enfermedades; él puso las manos sobre cada uno de ellos y los sanó. ⁴¹Además, de muchas personas salían demonios que gritaban: «¡Tú eres el Hijo de Dios!» Pero él los reprendía y no los dejaba hablar porque sabían que él era el *Cristo.

⁴²Cuando amaneció, Jesús salió y se fue a un lugar solitario. La gente andaba buscándolo, y cuando llegaron adonde él estaba, procuraban detenerlo para que no se fuera. ⁴³Pero él les dijo: «Es preciso que anuncie también a los demás pueblos las buenas *nuevas del reino de Dios, porque para esto fui enviado.»

⁴⁴Y siguió predicando en las sinagogas de los judíos.ᶠ

Llamamiento de los primeros discípulos

5 Un día estaba Jesús a orillas del lago de Genesaret,ᵍ y la gente lo apretujaba para escuchar el mensaje de Dios. ²Entonces vio dos barcas que los pescadores habían dejado en la playa mientras lavaban las redes. ³Subió a una de las barcas, que pertenecía a Simón, y le pidió que la alejara un poco de la orilla. Luego se sentó, y enseñaba a la gente desde la barca.

⁴Cuando acabó de hablar, le dijo a Simón:

—Lleva la barca hacia aguas más profundas, y echen allí las redes para pescar.

⁵—Maestro, hemos estado trabajando duro toda la noche y no hemos pescado nada —le contestó Simón—. Pero como tú me lo mandas, echaré las redes.

⁶Así lo hicieron, y recogieron una cantidad tan grande de peces que las redes se les rompían. ⁷Entonces llamaron por señas a sus compañeros de la otra barca para que los ayudaran. Ellos se acercaron y llenaron tanto las dos barcas que comenzaron a hundirse.

⁸Al ver esto, Simón Pedro cayó de rodillas delante de Jesús y le dijo:

—¡Apártate de mí, Señor; soy un pecador!

⁹Es que él y todos sus compañeros estaban

Jesus Heals Many

³⁸Jesus left the synagogue and went to the home of Simon. Now Simon's mother-in-law was suffering from a high fever, and they asked Jesus to help her. ³⁹So he bent over her and rebuked the fever, and it left her. She got up at once and began to wait on them.

⁴⁰When the sun was setting, the people brought to Jesus all who had various kinds of sickness, and laying his hands on each one, he healed them. ⁴¹Moreover, demons came out of many people, shouting, "You are the Son of God!" But he rebuked them and would not allow them to speak, because they knew he was the Christ.ᵛ

⁴²At daybreak Jesus went out to a solitary place. The people were looking for him and when they came to where he was, they tried to keep him from leaving them. ⁴³But he said, "I must preach the good news of the kingdom of God to the other towns also, because that is why I was sent." ⁴⁴And he kept on preaching in the synagogues of Judea.ʷ

The Calling of the First Disciples

5 One day as Jesus was standing by the Lake of Gennesaret,ˣ with the people crowding around him and listening to the word of God, ²he saw at the water's edge two boats, left there by the fishermen, who were washing their nets. ³He got into one of the boats, the one belonging to Simon, and asked him to put out a little from shore. Then he sat down and taught the people from the boat.

⁴When he had finished speaking, he said to Simon, "Put out into deep water, and let downʸ the nets for a catch."

⁵Simon answered, "Master, we've worked hard all night and haven't caught anything. But because you say so, I will let down the nets."

⁶When they had done so, they caught such a large number of fish that their nets began to break. ⁷So they signaled their partners in the other boat to come and help them, and they came and filled both boats so full that they began to sink.

⁸When Simon Peter saw this, he fell at Jesus' knees and said, "Go away from me, Lord; I am a sinful man!" ⁹For he and all his companions were astonished at the catch of fish they had

---

ᶠ4:44 *los judíos*. Lit. *Judea*. Var. *Galilea*.   ᵍ5:1 Es decir, el mar de Galilea.

ᵛ41 Or *Messiah*   ʷ44 Or *the land of the Jews*; some manuscripts *Galilee*   ˣ1 That is, Sea of Galilee   ʸ4 The Greek verb is plural.

asombrados ante la pesca que habían hecho, 10como también lo estaban *Jacobo y Juan, hijos de Zebedeo, que eran socios de Simón.

—No temas; desde ahora serás pescador de hombres —le dijo Jesús a Simón.

11Así que llevaron las barcas a tierra y, dejándolo todo, siguieron a Jesús.

Jesús sana a un leproso

12En otra ocasión, cuando Jesús estaba en un pueblo, se presentó un hombre cubierto de *lepra. Al ver a Jesús, cayó rostro en tierra y le suplicó:

—Señor, si quieres, puedes *limpiarme.

13Jesús extendió la mano y tocó al hombre.

—Sí quiero —le dijo—. ¡Queda limpio!

Y al instante se le quitó la lepra.

14—No se lo digas a nadie —le ordenó Jesús—; sólo ve, preséntate al sacerdote y lleva por tu *purificación lo que ordenó Moisés, para que sirva de testimonio.

15Sin embargo, la fama de Jesús se extendía cada vez más, de modo que acudían a él multitudes para oírlo y para que los sanara de sus enfermedades. 16Él, por su parte, solía retirarse a lugares solitarios para orar.

Jesús sana a un paralítico

17Un día, mientras enseñaba, estaban sentados allí algunos *fariseos y *maestros de la ley que habían venido de todas las aldeas de Galilea y Judea, y también de Jerusalén. Y el poder del Señor estaba con él para sanar a los enfermos. 18Entonces llegaron unos hombres que llevaban en una camilla a un paralítico. Procuraron entrar para ponerlo delante de Jesús, 19pero no pudieron a causa de la multitud. Así que subieron a la azotea y, separando las tejas, lo bajaron en la camilla hasta ponerlo en medio de la gente, frente a Jesús.

20Al ver la fe de ellos, Jesús dijo:

—Amigo, tus pecados quedan perdonados.

21Los fariseos y los maestros de la ley comenzaron a pensar: «¿Quién es éste que dice *blasfemias? ¿Quién puede perdonar pecados sino sólo Dios?»

22Pero Jesús supo lo que estaban pensando y les dijo:

—¿Por qué razonan así? 23¿Qué es más fácil decir: "Tus pecados quedan perdonados", o "Levántate y anda"? 24Pues para que sepan que el Hijo del hombre tiene autoridad en la tierra para perdonar pecados —se dirigió entonces al paralítico—: A ti te digo, levántate, toma tu camilla y vete a tu casa.

25Al instante se levantó a la vista de todos, tomó la camilla en que había estado acostado, y se fue a su casa alabando a Dios. 26Todos quedaron asombrados y ellos también alababan a

taken, 10and so were James and John, the sons of Zebedee, Simon's partners.

Then Jesus said to Simon, "Don't be afraid; from now on you will catch men." 11So they pulled their boats up on shore, left everything and followed him.

The Man With Leprosy

12While Jesus was in one of the towns, a man came along who was covered with leprosy.[z] When he saw Jesus, he fell with his face to the ground and begged him, "Lord, if you are willing, you can make me clean."

13Jesus reached out his hand and touched the man. "I am willing," he said. "Be clean!" And immediately the leprosy left him.

14Then Jesus ordered him, "Don't tell anyone, but go, show yourself to the priest and offer the sacrifices that Moses commanded for your cleansing, as a testimony to them."

15Yet the news about him spread all the more, so that crowds of people came to hear him and to be healed of their sicknesses. 16But Jesus often withdrew to lonely places and prayed.

Jesus Heals a Paralytic

17One day as he was teaching, Pharisees and teachers of the law, who had come from every village of Galilee and from Judea and Jerusalem, were sitting there. And the power of the Lord was present for him to heal the sick. 18Some men came carrying a paralytic on a mat and tried to take him into the house to lay him before Jesus. 19When they could not find a way to do this because of the crowd, they went up on the roof and lowered him on his mat through the tiles into the middle of the crowd, right in front of Jesus.

20When Jesus saw their faith, he said, "Friend, your sins are forgiven."

21The Pharisees and the teachers of the law began thinking to themselves, "Who is this fellow who speaks blasphemy? Who can forgive sins but God alone?"

22Jesus knew what they were thinking and asked, "Why are you thinking these things in your hearts? 23Which is easier: to say, 'Your sins are forgiven,' or to say, 'Get up and walk'? 24But that you may know that the Son of Man has authority on earth to forgive sins...." He said to the paralyzed man, "I tell you, get up, take your mat and go home." 25Immediately he stood up in front of them, took what he had been

---

z 12 The Greek word was used for various diseases affecting the skin—not necessarily leprosy.

Dios. Estaban llenos de temor y decían: «Hoy hemos visto maravillas.»

Llamamiento de Leví

27Después de esto salió Jesús y se fijó en un *recaudador de impuestos llamado Leví, sentado a la mesa donde cobraba.

—Sígueme —le dijo Jesús.

28Y Leví se levantó, lo dejó todo y lo siguió.

29Luego Leví le ofreció a Jesús un gran banquete en su casa, y había allí un grupo numeroso de recaudadores de impuestos y otras personas que estaban comiendo con ellos. 30Pero los *fariseos y los *maestros de la ley que eran de la misma secta les reclamaban a los discípulos de Jesús:

—¿Por qué comen y beben ustedes con recaudadores de impuestos y *pecadores?

31—No son los sanos los que necesitan médico sino los enfermos —les contestó Jesús—. 32No he venido a llamar a justos sino a pecadores para que se *arrepientan.

Le preguntan a Jesús sobre el ayuno

33Algunos dijeron a Jesús:

—Los discípulos de Juan ayunan y oran con frecuencia, lo mismo que los discípulos de los *fariseos, pero los tuyos se la pasan comiendo y bebiendo.

34Jesús les replicó:

—¿Acaso pueden obligar a los invitados del novio a que ayunen mientras él está con ellos? 35Llegará el día en que se les quitará el novio; en aquellos días sí ayunarán.

36Les contó esta parábola:

—Nadie quita un retazo de un vestido nuevo para remendar un vestido viejo. De hacerlo así, habrá rasgado el vestido nuevo, y el retazo nuevo no hará juego con el vestido viejo. 37Ni echa nadie vino nuevo en odres viejos. De hacerlo así, el vino nuevo hará reventar los odres, se derramará el vino y los odres se arruinarán. 38Más bien, el vino nuevo debe echarse en odres nuevos. 39Y nadie que haya bebido vino añejo quiere el nuevo, porque dice: "El añejo es mejor."

Señor del sábado

6 Un *sábado, al pasar Jesús por los sembrados, sus discípulos se pusieron a arrancar unas espigas de trigo, y las desgranaban para comérselas. 2Por eso algunos de los *fariseos les dijeron:

—¿Por qué hacen ustedes lo que está prohibido hacer en sábado?

3Jesús les contestó:

—¿Nunca han leído lo que hizo David en aquella ocasión en que él y sus compañeros tuvieron hambre? 4Entró en la casa de Dios y,

lying on and went home praising God. 26Everyone was amazed and gave praise to God. They were filled with awe and said, "We have seen remarkable things today."

The Calling of Levi

27After this, Jesus went out and saw a tax collector by the name of Levi sitting at his tax booth. "Follow me," Jesus said to him, 28and Levi got up, left everything and followed him.

29Then Levi held a great banquet for Jesus at his house, and a large crowd of tax collectors and others were eating with them. 30But the Pharisees and the teachers of the law who belonged to their sect complained to his disciples, "Why do you eat and drink with tax collectors and 'sinners'?"

31Jesus answered them, "It is not the healthy who need a doctor, but the sick. 32I have not come to call the righteous, but sinners to repentance."

Jesus Questioned About Fasting

33They said to him, "John's disciples often fast and pray, and so do the disciples of the Pharisees, but yours go on eating and drinking."

34Jesus answered, "Can you make the guests of the bridegroom fast while he is with them? 35But the time will come when the bridegroom will be taken from them; in those days they will fast."

36He told them this parable: "No one tears a patch from a new garment and sews it on an old one. If he does, he will have torn the new garment, and the patch from the new will not match the old. 37And no one pours new wine into old wineskins. If he does, the new wine will burst the skins, the wine will run out and the wineskins will be ruined. 38No, new wine must be poured into new wineskins. 39And no one after drinking old wine wants the new, for he says, 'The old is better.'"

Lord of the Sabbath

6 One Sabbath Jesus was going through the grainfields, and his disciples began to pick some heads of grain, rub them in their hands and eat the kernels. 2Some of the Pharisees asked, "Why are you doing what is unlawful on the Sabbath?"

3Jesus answered them, "Have you never read what David did when he and his companions were hungry? 4He entered the house of God, and taking the consecrated bread, he ate what is lawful only for priests to eat. And he

tomando los panes consagrados a Dios, comió lo que sólo a los sacerdotes les es permitido comer. Y les dio también a sus compañeros.

5Entonces añadió:

—El Hijo del hombre es Señor del sábado.

6Otro sábado entró en la sinagoga y comenzó a enseñar. Había allí un hombre que tenía la mano derecha paralizada; 7así que los *maestros de la ley y los fariseos, buscando un motivo para acusar a Jesús, no le quitaban la vista de encima para ver si sanaría en sábado. 8Pero Jesús, que sabía lo que estaban pensando, le dijo al hombre de la mano paralizada:

—Levántate y ponte frente a todos.

Así que el hombre se puso de pie. Entonces Jesús dijo a los otros:

9—Voy a hacerles una pregunta: ¿Qué está permitido hacer en sábado: hacer el bien o el mal, salvar una *vida o destruirla?

10Jesús se quedó mirando a todos los que lo rodeaban, y le dijo al hombre:

—Extiende la mano.

Así lo hizo, y la mano le quedó restablecida. 11Pero ellos se enfurecieron y comenzaron a discutir qué podrían hacer contra Jesús.

Los doce apóstoles

12Por aquel tiempo se fue Jesús a la montaña a orar, y pasó toda la noche en oración a Dios. 13Al llegar la mañana, llamó a sus discípulos y escogió a doce de ellos, a los que nombró apóstoles: 14Simón (a quien llamó Pedro), su hermano Andrés, *Jacobo, Juan, Felipe, Bartolomé, 15Mateo, Tomás, Jacobo hijo de Alfeo, Simón, al que llamaban el Zelote, 16Judas hijo de Jacobo, y Judas Iscariote, que llegó a ser el traidor.

Bendiciones y ayes

17Luego bajó con ellos y se detuvo en un llano. Había allí una gran multitud de sus discípulos y mucha gente de toda Judea, de Jerusalén y de la costa de Tiro y Sidón, 18que habían llegado para oírlo y para que los sanara de sus enfermedades. Los que eran atormentados por *espíritus malignos quedaban liberados; 19así que toda la gente procuraba tocarlo, porque de él salía poder que sanaba a todos.

20Él entonces dirigió la mirada a sus discípulos y dijo:

«*Dichosos ustedes los pobres,
porque el reino de Dios les pertenece.
21Dichosos ustedes que ahora pasan hambre,
porque serán saciados.
Dichosos ustedes que ahora lloran,
porque luego habrán de reír.
22Dichosos ustedes cuando los odien,

also gave some to his companions." 5Then Jesus said to them, "The Son of Man is Lord of the Sabbath."

6On another Sabbath he went into the synagogue and was teaching, and a man was there whose right hand was shriveled. 7The Pharisees and the teachers of the law were looking for a reason to accuse Jesus, so they watched him closely to see if he would heal on the Sabbath. 8But Jesus knew what they were thinking and said to the man with the shriveled hand, "Get up and stand in front of everyone." So he got up and stood there.

9Then Jesus said to them, "I ask you, which is lawful on the Sabbath: to do good or to do evil, to save life or to destroy it?"

10He looked around at them all, and then said to the man, "Stretch out your hand." He did so, and his hand was completely restored. 11But they were furious and began to discuss with one another what they might do to Jesus.

The Twelve Apostles

12One of those days Jesus went out to a mountainside to pray, and spent the night praying to God. 13When morning came, he called his disciples to him and chose twelve of them, whom he also designated apostles: 14Simon (whom he named Peter), his brother Andrew, James, John, Philip, Bartholomew, 15Matthew, Thomas, James son of Alphaeus, Simon who was called the Zealot, 16Judas son of James, and Judas Iscariot, who became a traitor.

Blessings and Woes

17He went down with them and stood on a level place. A large crowd of his disciples was there and a great number of people from all over Judea, from Jerusalem, and from the coast of Tyre and Sidon, 18who had come to hear him and to be healed of their diseases. Those troubled by evil*a* spirits were cured, 19and the people all tried to touch him, because power was coming from him and healing them all.

20Looking at his disciples, he said:

"Blessed are you who are poor,
for yours is the kingdom of God.
21Blessed are you who hunger now,
for you will be satisfied.
Blessed are you who weep now,
for you will laugh.
22Blessed are you when men hate you,
when they exclude you and insult you

a18 Greek *unclean*

cuando los discriminen, los insulten y
los desprestigien[h]
por causa del Hijo del hombre.

23»Alégrense en aquel día y salten de gozo,
pues miren que les espera una gran recompensa
en el cielo. Dense cuenta de que los antepasados
de esta gente trataron así a los profetas.

24»Pero ¡ay de ustedes los ricos,
porque ya han recibido su consuelo!
25¡Ay de ustedes los que ahora están saciados,
porque sabrán lo que es pasar hambre!
¡Ay de ustedes los que ahora ríen,
porque sabrán lo que es derramar lágrimas!
26¡Ay de ustedes cuando todos los elogien!
Dense cuenta de que los antepasados de
esta gente trataron así a los falsos
profetas.

El amor a los enemigos

27»Pero a ustedes que me escuchan les digo:
Amen a sus enemigos, hagan bien a quienes
los odian, 28bendigan a quienes los maldicen,
oren por quienes los maltratan. 29Si alguien te
pega en una mejilla, vuélvele también la otra.
Si alguien te quita la *camisa, no le impidas
que se lleve también la capa. 30Dale a todo el
que te pida, y si alguien se lleva lo que es tuyo,
no se lo reclames. 31Traten a los demás tal y
como quieren que ellos los traten a ustedes.
32»¿Qué mérito tienen ustedes al amar a quienes los aman? Aun los *pecadores lo hacen así.
33¿Y qué mérito tienen ustedes al hacer bien a
quienes les hacen bien? Aun los pecadores actúan así. 34¿Y qué mérito tienen ustedes al dar
prestado a quienes pueden corresponderles?
Aun los pecadores se prestan entre sí, esperando
recibir el mismo trato. 35Ustedes, por el contrario, amen a sus enemigos, háganles bien y denles
prestado sin esperar nada a cambio. Así tendrán
una gran recompensa y serán hijos del Altísimo,
porque él es bondadoso con los ingratos y malvados. 36Sean compasivos, así como su Padre es
compasivo.

El juzgar a los demás

37»No juzguen, y no se les juzgará. No con-
denen, y no se les condenará. Perdonen, y se les
perdonará. 38Den, y se les dará: se les echará en
el regazo una medida llena, apretada, sacudida
y desbordante. Porque con la medida que midan
a otros, se les medirá a ustedes.»
39También les contó esta parábola: «¿Acaso

and reject your name as evil, because of
the Son of Man.

23"Rejoice in that day and leap for joy, because great is your reward in heaven. For that is
how their fathers treated the prophets.

24"But woe to you who are rich,
for you have already received your comfort.
25 Woe to you who are well fed now,
for you will go hungry.
Woe to you who laugh now,
for you will mourn and weep.
26 Woe to you when all men speak well of
you,
for that is how their fathers treated the
false prophets.

Love for Enemies

27"But I tell you who hear me: Love your
enemies, do good to those who hate you, 28bless
those who curse you, pray for those who mistreat you. 29If someone strikes you on one
cheek, turn to him the other also. If someone
takes your cloak, do not stop him from taking
your tunic. 30Give to everyone who asks you,
and if anyone takes what belongs to you, do not
demand it back. 31Do to others as you would
have them do to you.
32"If you love those who love you, what credit
is that to you? Even 'sinners' love those who
love them. 33And if you do good to those who
are good to you, what credit is that to you? Even
'sinners' do that. 34And if you lend to those from
whom you expect repayment, what credit is that
to you? Even 'sinners' lend to 'sinners,' expecting to be repaid in full. 35But love your enemies,
do good to them, and lend to them without
expecting to get anything back. Then your reward will be great, and you will be sons of the
Most High, because he is kind to the ungrateful
and wicked. 36Be merciful, just as your Father
is merciful.

Judging Others

37"Do not judge, and you will not be judged.
Do not condemn, and you will not be condemned. Forgive, and you will be forgiven.
38Give, and it will be given to you. A good
measure, pressed down, shaken together and
running over, will be poured into your lap. For
with the measure you use, it will be measured to
you."
39He also told them this parable: "Can a blind
man lead a blind man? Will they not both fall

---

[h]6:22 los desprestigien. Lit. echen su nombre como malo.

puede un ciego guiar a otro ciego? ¿No caerán ambos en el hoyo? **40**El discípulo no está por encima de su maestro, pero todo el que haya completado su aprendizaje, a lo sumo llega al nivel de su maestro.

41»¿Por qué te fijas en la astilla que tiene tu hermano en el ojo y no le das importancia a la viga que tienes en el tuyo? **42**¿Cómo puedes decirle a tu hermano: "Hermano, déjame sacarte la astilla del ojo", cuando tú mismo no te das cuenta de la viga en el tuyo? ¡*Hipócrita! Saca primero la viga de tu propio ojo, y entonces verás con claridad para sacar la astilla del ojo de tu hermano.

El árbol y su fruto

43»Ningún árbol bueno da fruto malo; tampoco da buen fruto el árbol malo. **44**A cada árbol se le reconoce por su propio fruto. No se recogen higos de los espinos ni se cosechan uvas de las zarzas. **45**El que es bueno, de la bondad que atesora en el corazón produce el bien; pero el que es malo, de su maldad produce el mal, porque de lo que abunda en el corazón habla la boca.

El prudente y el insensato

46»¿Por qué me llaman ustedes "Señor, Señor", y no hacen lo que les digo? **47**Voy a decirles a quién se parece todo el que viene a mí, y oye mis palabras y las pone en práctica: **48**Se parece a un hombre que, al construir una casa, cavó bien hondo y puso el cimiento sobre la roca. De manera que cuando vino una inundación, el torrente azotó aquella casa, pero no pudo ni siquiera hacerla tambalear porque estaba bien construida. **49**Pero el que oye mis palabras y no las pone en práctica se parece a un hombre que construyó una casa sobre tierra y sin cimientos. Tan pronto como la azotó el torrente, la casa se derrumbó, y el desastre fue terrible.»

La fe del centurión

7 Cuando terminó de hablar al pueblo, Jesús entró en Capernaúm. **2**Había allí un centurión, cuyo *siervo, a quien él estimaba mucho, estaba enfermo, a punto de morir. **3**Como oyó hablar de Jesús, el centurión mandó a unos dirigentes[i] de los judíos a pedirle que fuera a sanar a su siervo. **4**Cuando llegaron ante Jesús, le rogaron con insistencia:

—Este hombre merece que le concedas lo que te pide: **5**aprecia tanto a nuestra nación, que nos ha construido una sinagoga.

6Así que Jesús fue con ellos. No estaba lejos de la casa cuando el centurión mandó unos amigos a decirle:

into a pit? **40**A student is not above his teacher, but everyone who is fully trained will be like his teacher.

41"Why do you look at the speck of sawdust in your brother's eye and pay no attention to the plank in your own eye? **42**How can you say to your brother, 'Brother, let me take the speck out of your eye,' when you yourself fail to see the plank in your own eye? You hypocrite, first take the plank out of your eye, and then you will see clearly to remove the speck from your brother's eye.

A Tree and Its Fruit

43"No good tree bears bad fruit, nor does a bad tree bear good fruit. **44**Each tree is recognized by its own fruit. People do not pick figs from thornbushes, or grapes from briers. **45**The good man brings good things out of the good stored up in his heart, and the evil man brings evil things out of the evil stored up in his heart. For out of the overflow of his heart his mouth speaks.

The Wise and Foolish Builders

46"Why do you call me, 'Lord, Lord,' and do not do what I say? **47**I will show you what he is like who comes to me and hears my words and puts them into practice. **48**He is like a man building a house, who dug down deep and laid the foundation on rock. When a flood came, the torrent struck that house but could not shake it, because it was well built. **49**But the one who hears my words and does not put them into practice is like a man who built a house on the ground without a foundation. The moment the torrent struck that house, it collapsed and its destruction was complete."

The Faith of the Centurion

7 When Jesus had finished saying all this in the hearing of the people, he entered Capernaum. **2**There a centurion's servant, whom his master valued highly, was sick and about to die. **3**The centurion heard of Jesus and sent some elders of the Jews to him, asking him to come and heal his servant. **4**When they came to Jesus, they pleaded earnestly with him, "This man deserves to have you do this, **5**because he loves our nation and has built our synagogue." **6**So Jesus went with them.

He was not far from the house when the centurion sent friends to say to him: "Lord, don't trouble yourself, for I do not deserve to

[i]**7:3** *dirigentes.* Lit. ***ancianos.**

—Señor, no te tomes tanta molestia, pues no merezco que entres bajo mi techo. 7Por eso ni siquiera me atreví a presentarme ante ti. Pero con una sola palabra que digas, quedará sano mi siervo. 8Yo mismo obedezco órdenes superiores y, además, tengo soldados bajo mi autoridad. Le digo a uno: "Ve", y va, y al otro: "Ven", y viene. Le digo a mi siervo: "Haz esto", y lo hace.

9Al oírlo, Jesús se asombró de él y, volviéndose a la multitud que lo seguía, comentó:

—Les digo que ni siquiera en Israel he encontrado una fe tan grande.

10Al regresar a casa, los enviados encontraron sano al siervo.

Jesús resucita al hijo de una viuda

11Poco después Jesús, en compañía de sus discípulos y de una gran multitud, se dirigió a un pueblo llamado Naín. 12Cuando ya se acercaba a las puertas del pueblo, vio que sacaban de allí a un muerto, hijo único de madre viuda. La acompañaba un grupo grande de la población. 13Al verla, el Señor se compadeció de ella y le dijo:

—No llores.

14Entonces se acercó y tocó el féretro. Los que lo llevaban se detuvieron, y Jesús dijo:

—Joven, ¡te ordeno que te levantes!

15El muerto se incorporó y comenzó a hablar, y Jesús se lo entregó a su madre. 16Todos se llenaron de temor y alababan a Dios.

—Ha surgido entre nosotros un gran profeta —decían—. Dios ha venido en ayuda de^j su pueblo.

17Así que esta noticia acerca de Jesús se divulgó por toda Judea^k y por todas las regiones vecinas.

Jesús y Juan el Bautista

18Los discípulos de Juan le contaron todo esto. Él llamó a dos de ellos 19y los envió al Señor a preguntarle:

—¿Eres tú el que ha de venir, o debemos esperar a otro?

20Cuando se acercaron a Jesús, ellos le dijeron:

—Juan el Bautista nos ha enviado a preguntarte: "¿Eres tú el que ha de venir, o debemos esperar a otro?"

21En ese mismo momento Jesús sanó a muchos que tenían enfermedades, dolencias y *espíritus malignos, y les dio la vista a muchos ciegos. 22Entonces les respondió a los enviados:

—Vayan y cuéntenle a Juan lo que han visto y oído: Los ciegos ven, los cojos andan, los que tienen *lepra son sanados, los sordos oyen, los

have you come under my roof. 7That is why I did not even consider myself worthy to come to you. But say the word, and my servant will be healed. 8For I myself am a man under authority, with soldiers under me. I tell this one, 'Go,' and he goes; and that one, 'Come,' and he comes. I say to my servant, 'Do this,' and he does it."

9When Jesus heard this, he was amazed at him, and turning to the crowd following him, he said, "I tell you, I have not found such great faith even in Israel." 10Then the men who had been sent returned to the house and found the servant well.

Jesus Raises a Widow's Son

11Soon afterward, Jesus went to a town called Nain, and his disciples and a large crowd went along with him. 12As he approached the town gate, a dead person was being carried out—the only son of his mother, and she was a widow. And a large crowd from the town was with her. 13When the Lord saw her, his heart went out to her and he said, "Don't cry."

14Then he went up and touched the coffin, and those carrying it stood still. He said, "Young man, I say to you, get up!" 15The dead man sat up and began to talk, and Jesus gave him back to his mother.

16They were all filled with awe and praised God. "A great prophet has appeared among us," they said. "God has come to help his people." 17This news about Jesus spread throughout Judea^b and the surrounding country.

Jesus and John the Baptist

18John's disciples told him about all these things. Calling two of them, 19he sent them to the Lord to ask, "Are you the one who was to come, or should we expect someone else?"

20When the men came to Jesus, they said, "John the Baptist sent us to you to ask, 'Are you the one who was to come, or should we expect someone else?'"

21At that very time Jesus cured many who had diseases, sicknesses and evil spirits, and gave sight to many who were blind. 22So he replied to the messengers, "Go back and report to John what you have seen and heard: The blind receive sight, the lame walk, those who have leprosy^c are cured, the deaf hear, the dead are raised, and the good news is preached

---

^j 7:16 ha venido en ayuda de. Lit. ha visitado a.
^k 7:17 Judea. Alt. la tierra de los judíos.

^b 17 Or the land of the Jews   ^c 22 The Greek word was used for various diseases affecting the skin—not necessarily leprosy.

muertos resucitan y a los pobres se les anuncian las buenas *nuevas. 23*Dichoso el que no *tropieza por causa mía.

24Cuando se fueron los enviados, Jesús comenzó a hablarle a la multitud acerca de Juan: «¿Qué salieron a ver al desierto? ¿Una caña sacudida por el viento? 25Si no, ¿qué salieron a ver? ¿A un hombre vestido con ropa fina? Claro que no, pues los que se visten ostentosamente y llevan una vida de lujo están en los palacios reales. 26Entonces, ¿qué salieron a ver? ¿A un profeta? Sí, les digo, y más que profeta. 27Éste es de quien está escrito:

» "Yo estoy por enviar a mi mensajero delante de ti,
el cual preparará el camino." *l*

28Les digo que entre los mortales no ha habido nadie más grande que Juan; sin embargo, el más pequeño en el reino de Dios es más grande que él.»

29Al oír esto, todo el pueblo, y hasta los *recaudadores de impuestos, reconocieron que el camino de Dios era justo, y fueron bautizados por Juan. 30Pero los *fariseos y los *expertos en la ley no se hicieron bautizar por Juan, rechazando así el propósito de Dios respecto a ellos.*m*

31«Entonces, ¿con qué puedo comparar a la gente de esta generación? ¿A quién se parecen ellos? 32Se parecen a niños sentados en la plaza que se gritan unos a otros:

» "Tocamos la flauta,
y ustedes no bailaron;
entonamos un canto fúnebre,
y ustedes no lloraron."

33Porque vino Juan el Bautista, que no comía pan ni bebía vino, y ustedes dicen: "Tiene un demonio." 34Vino el Hijo del hombre, que come y bebe, y ustedes dicen: "Éste es un glotón y un borracho, amigo de recaudadores de impuestos y de *pecadores." 35Pero la sabiduría queda demostrada por los que la siguen.»*n*

Una mujer pecadora unge a Jesús

36Uno de los *fariseos invitó a Jesús a comer, así que fue a la casa del fariseo y se *sentó a la mesa.*ñ* 37Ahora bien, vivía en aquel pueblo una mujer que tenía fama de *pecadora. Cuando ella se enteró de que Jesús estaba comiendo en casa del fariseo, se presentó con un frasco de alabastro lleno de perfume. 38Llorando, se arrojó a los

to the poor. 23Blessed is the man who does not fall away on account of me."

24After John's messengers left, Jesus began to speak to the crowd about John: "What did you go out into the desert to see? A reed swayed by the wind? 25If not, what did you go out to see? A man dressed in fine clothes? No, those who wear expensive clothes and indulge in luxury are in palaces. 26But what did you go out to see? A prophet? Yes, I tell you, and more than a prophet. 27This is the one about whom it is written:

" 'I will send my messenger ahead of you,
who will prepare your way before you.'*d*

28I tell you, among those born of women there is no one greater than John; yet the one who is least in the kingdom of God is greater than he."

29(All the people, even the tax collectors, when they heard Jesus' words, acknowledged that God's way was right, because they had been baptized by John. 30But the Pharisees and experts in the law rejected God's purpose for themselves, because they had not been baptized by John.)

31"To what, then, can I compare the people of this generation? What are they like? 32They are like children sitting in the marketplace and calling out to each other:

" 'We played the flute for you,
and you did not dance;
we sang a dirge,
and you did not cry.'

33For John the Baptist came neither eating bread nor drinking wine, and you say, 'He has a demon.' 34The Son of Man came eating and drinking, and you say, 'Here is a glutton and a drunkard, a friend of tax collectors and "sinners." ' 35But wisdom is proved right by all her children."

Jesus Anointed by a Sinful Woman

36Now one of the Pharisees invited Jesus to have dinner with him, so he went to the Pharisee's house and reclined at the table. 37When a woman who had lived a sinful life in that town learned that Jesus was eating at the Pharisee's house, she brought an alabaster jar of perfume, 38and as she stood behind him at his feet weep-

*l*7:27 Mal 3:1   *m*7:29-30 Algunos intérpretes piensan que estos versículos forman parte del discurso de Jesús.
*n*7:35 queda ... siguen. Lit. ha sido justificada por todos sus hijos.   *ñ*7:36 se sentó a la mesa. Lit. se recostó.   *d*27 Mal. 3:1

pies de Jesús,[o] de manera que se los bañaba en
lágrimas. Luego se los secó con los cabellos;
también se los besaba y se los ungía con el
perfume.
39Al ver esto, el fariseo que lo había invitado
dijo para sí: «Si este hombre fuera profeta, sabría
quién es la que lo está tocando, y qué clase de
mujer es: una pecadora.»
40Entonces Jesús le dijo a manera de respuesta:
—Simón, tengo algo que decirte.
—Dime, Maestro —respondió.
41—Dos hombres le debían dinero a cierto
prestamista. Uno le debía quinientas monedas
de plata,[p] y el otro cincuenta. 42Como no tenían
con qué pagarle, les perdonó la deuda a los dos.
Ahora bien, ¿cuál de los dos lo amará más?
43—Supongo que aquel a quien más le perdonó —contestó Simón.
—Has juzgado bien —le dijo Jesús.
44Luego se volvió hacia la mujer y le dijo a
Simón:
—¿Ves a esta mujer? Cuando entré en tu
casa, no me diste agua para los pies, pero ella
me ha bañado los pies en lágrimas y me los
ha secado con sus cabellos. 45Tú no me besas-
te, pero ella, desde que entré, no ha dejado de
besarme los pies. 46Tú no me ungiste la cabeza
con aceite, pero ella me ungió los pies con
perfume. 47Por esto te digo: si ella ha amado
mucho, es que sus muchos pecados le han sido
perdonados.[q] Pero a quien poco se le perdona,
poco ama.
48Entonces le dijo Jesús a ella:
—Tus pecados quedan perdonados.
49Los otros invitados comenzaron a decir entre
sí: «¿Quién es éste, que hasta perdona pecados?»
50—Tu fe te ha salvado —le dijo Jesús a la
mujer—; vete en paz.

Parábola del sembrador

8 Después de esto, Jesús estuvo recorriendo
los pueblos y las aldeas, proclamando las
buenas *nuevas del reino de Dios. Lo acompañaban los doce, 2y también algunas mujeres
que habían sido sanadas de *espíritus malignos
y de enfermedades: María, a la que llamaban
Magdalena, y de la que habían salido siete demonios; 3Juana, esposa de Cuza, el administrador de Herodes; Susana y muchas más que los
ayudaban con sus propios recursos.
4De cada pueblo salía gente para ver a Jesús,
y cuando se reunió una gran multitud, él les

[o]7:38 *se arrojó a los pies de Jesús.* Lit. *se puso detrás junto a sus pies*; es decir, detrás del recostadero.
[p]7:41 *quinientas monedas de plata.* Lit. *quinientos *denarios.* [q]7:47 *te digo … perdonados.* Lit. *te digo que sus muchos pecados han sido perdonados porque amó mucho.*

ing, she began to wet his feet with her tears. Then
she wiped them with her hair, kissed them and
poured perfume on them.
39When the Pharisee who had invited him saw
this, he said to himself, "If this man were a
prophet, he would know who is touching him
and what kind of woman she is—that she is a
sinner."
40Jesus answered him, "Simon, I have something to tell you."
"Tell me, teacher," he said.
41"Two men owed money to a certain mon-
eylender. One owed him five hundred denarii,[e]
and the other fifty. 42Neither of them had the
money to pay him back, so he canceled the debts
of both. Now which of them will love him
more?"
43Simon replied, "I suppose the one who had
the bigger debt canceled."
"You have judged correctly," Jesus said.
44Then he turned toward the woman and
said to Simon, "Do you see this woman? I
came into your house. You did not give me
any water for my feet, but she wet my feet
with her tears and wiped them with her hair.
45You did not give me a kiss, but this woman,
from the time I entered, has not stopped kiss-
ing my feet. 46You did not put oil on my head,
but she has poured perfume on my feet.
47Therefore, I tell you, her many sins have
been forgiven—for she loved much. But he
who has been forgiven little loves little."
48Then Jesus said to her, "Your sins are forgiven."
49The other guests began to say among themselves, "Who is this who even forgives sins?"
50Jesus said to the woman, "Your faith has
saved you; go in peace."

The Parable of the Sower

8 After this, Jesus traveled about from one
town and village to another, proclaiming
the good news of the kingdom of God. The
Twelve were with him, 2and also some wom-
en who had been cured of evil spirits and diseases: Mary (called Magdalene) from whom
seven demons had come out; 3Joanna the wife
of Cuza, the manager of Herod's household;
Susanna; and many others. These women
were helping to support them out of their own
means.
4While a large crowd was gathering and people were coming to Jesus from town after town,

[e]*41* A denarius was a coin worth about a day's wages.

contó esta parábola: **5**«Un sembrador salió a sembrar. Al esparcir la semilla, una parte cayó junto al camino; fue pisoteada, y los pájaros se la comieron. **6**Otra parte cayó sobre las piedras y, cuando brotó, las plantas se secaron por falta de humedad. **7**Otra parte cayó entre espinos que, al crecer junto con la semilla, la ahogaron. **8**Pero otra parte cayó en buen terreno; así que brotó y produjo una cosecha del ciento por uno.»

Dicho esto, exclamó: «El que tenga oídos para oír, que oiga.»

9Sus discípulos le preguntaron cuál era el significado de esta parábola. **10**«A ustedes se les ha concedido que conozcan los *secretos del reino de Dios —les contestó—; pero a los demás se les habla por medio de parábolas para que

» "aunque miren, no vean;
aunque oigan, no entiendan". *r*

11»Éste es el significado de la parábola: La semilla es la palabra de Dios. **12**Los que están junto al camino son los que oyen, pero luego viene el diablo y les quita la palabra del corazón, no sea que crean y se salven. **13**Los que están sobre las piedras son los que reciben la palabra con alegría cuando la oyen, pero no tienen raíz. Éstos creen por algún tiempo, pero se apartan cuando llega la *prueba. **14**La parte que cayó entre espinos son los que oyen, pero, con el correr del tiempo, los ahogan las preocupaciones, las riquezas y los placeres de esta vida, y no maduran. **15**Pero la parte que cayó en buen terreno son los que oyen la palabra con corazón noble y bueno, y la retienen; y como perseveran, producen una buena cosecha.

Una lámpara en una repisa

16»Nadie enciende una lámpara para después cubrirla con una vasija o ponerla debajo de la cama, sino para ponerla en una repisa, a fin de que los que entren tengan luz. **17**No hay nada escondido que no llegue a descubrirse, ni nada oculto que no llegue a conocerse públicamente. **18**Por lo tanto, pongan mucha atención. Al que tiene, se le dará más; al que no tiene, hasta lo que cree tener se le quitará.»

La madre y los hermanos de Jesús

19La madre y los hermanos de Jesús fueron a verlo, pero como había mucha gente, no lograban acercársele. **20**—Tu madre y tus hermanos están afuera y quieren verte —le avisaron.

he told this parable: **5**"A farmer went out to sow his seed. As he was scattering the seed, some fell along the path; it was trampled on, and the birds of the air ate it up. **6**Some fell on rock, and when it came up, the plants withered because they had no moisture. **7**Other seed fell among thorns, which grew up with it and choked the plants. **8**Still other seed fell on good soil. It came up and yielded a crop, a hundred times more than was sown."

When he said this, he called out, "He who has ears to hear, let him hear."

9His disciples asked him what this parable meant. **10**He said, "The knowledge of the secrets of the kingdom of God has been given to you, but to others I speak in parables, so that,

" 'though seeing, they may not see;
though hearing, they may not understand.' *f*

11"This is the meaning of the parable: The seed is the word of God. **12**Those along the path are the ones who hear, and then the devil comes and takes away the word from their hearts, so that they may not believe and be saved. **13**Those on the rock are the ones who receive the word with joy when they hear it, but they have no root. They believe for a while, but in the time of testing they fall away. **14**The seed that fell among thorns stands for those who hear, but as they go on their way they are choked by life's worries, riches and pleasures, and they do not mature. **15**But the seed on good soil stands for those with a noble and good heart, who hear the word, retain it, and by persevering produce a crop.

A Lamp on a Stand

16"No one lights a lamp and hides it in a jar or puts it under a bed. Instead, he puts it on a stand, so that those who come in can see the light. **17**For there is nothing hidden that will not be disclosed, and nothing concealed that will not be known or brought out into the open. **18**Therefore consider carefully how you listen. Whoever has will be given more; whoever does not have, even what he thinks he has will be taken from him."

Jesus' Mother and Brother

19Now Jesus' mother and brothers came to see him, but they were not able to get near him because of the crowd. **20**Someone told him, "Your mother and brothers are standing outside, wanting to see you."

---

r **8:10** Is 6:9   *f* 10 Isaiah 6:9

21Pero él les contestó:

—Mi madre y mis hermanos son los que oyen la palabra de Dios y la ponen en práctica.

Jesús calma la tormenta

22Un día subió Jesús con sus discípulos a una barca.

—Crucemos al otro lado del lago —les dijo.

Así que partieron, 23y mientras navegaban, él se durmió. Entonces se desató una tormenta sobre el lago, de modo que la barca comenzó a inundarse y corrían gran peligro.

24Los discípulos fueron a despertarlo.

—¡Maestro, Maestro, nos vamos a ahogar! —gritaron.

Él se levantó y reprendió al viento y a las olas; la tormenta se apaciguó y todo quedó tranquilo.

25—¿Dónde está la fe de ustedes? —les dijo a sus discípulos.

Con temor y asombro ellos se decían unos a otros: «¿Quién es éste, que manda aun a los vientos y al agua, y le obedecen?»

Liberación de un endemoniado

26Navegaron hasta la región de los gerasenos,s que está al otro lado del lago, frente a Galilea. 27Al desembarcar Jesús, un endemoniado que venía del pueblo le salió al encuentro. Hacía mucho tiempo que este hombre no se vestía; tampoco vivía en una casa sino en los sepulcros. 28Cuando vio a Jesús, dio un grito y se arrojó a sus pies. Entonces exclamó con fuerza:

—¿Por qué te entremetes, Jesús, Hijo del Dios Altísimo? ¡Te ruego que no me atormentes!

29Es que Jesús le había ordenado al *espíritu maligno que saliera del hombre. Se había apoderado de él muchas veces y, aunque le sujetaban los pies y las manos con cadenas y lo mantenían bajo custodia, rompía las cadenas y el demonio lo arrastraba a lugares solitarios.

30—¿Cómo te llamas? —le preguntó Jesús.

—Legión —respondió, ya que habían entrado en él muchos demonios.

31Y éstos le suplicaban a Jesús que no los mandara al *abismo. 32Como había una manada grande de cerdos paciendo en la colina, le rogaron a Jesús que los dejara entrar en ellos. Así que él les dio permiso. 33Y cuando los demonios salieron del hombre, entraron en los cerdos, y la manada se precipitó al lago por el despeñadero y se ahogó.

34Al ver lo sucedido, los que cuidaban los cerdos huyeron y dieron la noticia en el pueblo y por los campos, 35y la gente salió a ver lo que había pasado. Llegaron adonde estaba Jesús y

21He replied, "My mother and brothers are those who hear God's word and put it into practice."

Jesus Calms the Storm

22One day Jesus said to his disciples, "Let's go over to the other side of the lake." So they got into a boat and set out. 23As they sailed, he fell asleep. A squall came down on the lake, so that the boat was being swamped, and they were in great danger.

24The disciples went and woke him, saying, "Master, Master, we're going to drown!"

He got up and rebuked the wind and the raging waters; the storm subsided, and all was calm. 25"Where is your faith?" he asked his disciples.

In fear and amazement they asked one another, "Who is this? He commands even the winds and the water, and they obey him."

The Healing of a Demon-possessed Man

26They sailed to the region of the Gerasenes,g which is across the lake from Galilee. 27When Jesus stepped ashore, he was met by a demon-possessed man from the town. For a long time this man had not worn clothes or lived in a house, but had lived in the tombs. 28When he saw Jesus, he cried out and fell at his feet, shouting at the top of his voice, "What do you want with me, Jesus, Son of the Most High God? I beg you, don't torture me!" 29For Jesus had commanded the evilh spirit to come out of the man. Many times it had seized him, and though he was chained hand and foot and kept under guard, he had broken his chains and had been driven by the demon into solitary places.

30Jesus asked him, "What is your name?"

"Legion," he replied, because many demons had gone into him. 31And they begged him repeatedly not to order them to go into the Abyss.

32A large herd of pigs was feeding there on the hillside. The demons begged Jesus to let them go into them, and he gave them permission. 33When the demons came out of the man, they went into the pigs, and the herd rushed down the steep bank into the lake and was drowned.

34When those tending the pigs saw what had happened, they ran off and reported this in the town and countryside, 35and the people went out

---

s8:26 gerasenos. Var. gadarenos; otra var. gergesenos; también en v. 37.

g26 Some manuscripts Gadarenes; other manuscripts Gergesenes; also in verse 37   h29 Greek unclean

encontraron, sentado a sus pies, al hombre de quien habían salido los demonios. Cuando lo vieron vestido y en su sano juicio, tuvieron miedo. 36Los que habían presenciado estas cosas le contaron a la gente cómo el endemoniado había sido *sanado. 37Entonces toda la gente de la región de los gerasenos le pidió a Jesús que se fuera de allí, porque les había entrado mucho miedo. Así que él subió a la barca para irse.

38Ahora bien, el hombre de quien habían salido los demonios le rogaba que le permitiera acompañarlo, pero Jesús lo despidió y le dijo:

39—Vuelve a tu casa y cuenta todo lo que Dios ha hecho por ti.

Así que el hombre se fue y proclamó por todo el pueblo lo mucho que Jesús había hecho por él.

Una niña muerta y una mujer enferma

40Cuando Jesús regresó, la multitud se alegró de verlo, pues todos estaban esperándolo. 41En esto llegó un hombre llamado Jairo, que era un jefe de la sinagoga. Arrojándose a los pies de Jesús, le suplicaba que fuera a su casa, 42porque su única hija, de unos doce años, se estaba muriendo.

Jesús se puso en camino y las multitudes lo apretujaban. 43Había entre la gente una mujer que hacía doce años padecía de hemorragias,[f] sin que nadie pudiera sanarla. 44Ella se le acercó por detrás y le tocó el borde del manto, y al instante cesó su hemorragia.

45—¿Quién me ha tocado? —preguntó Jesús.

Como todos negaban haberlo tocado, Pedro le dijo:

—Maestro, son multitudes las que te aprietan y te oprimen.

46—No, alguien me ha tocado —replicó Jesús—; yo sé que de mí ha salido poder.

47La mujer, al ver que no podía pasar inadvertida, se acercó temblando y se arrojó a sus pies. En presencia de toda la gente, contó por qué lo había tocado y cómo había sido sanada al instante.

48—Hija, tu fe te ha *sanado —le dijo Jesús—. Vete en paz.

49Todavía estaba hablando Jesús, cuando alguien llegó de la casa de Jairo, jefe de la sinagoga, para decirle:

—Tu hija ha muerto. No molestes más al Maestro.

50Al oír esto, Jesús le dijo a Jairo:

—No tengas miedo; cree nada más, y ella será sanada.

51Cuando llegó a la casa de Jairo, no dejó que nadie entrara con él, excepto Pedro, Juan y

to see what had happened. When they came to Jesus, they found the man from whom the demons had gone out, sitting at Jesus' feet, dressed and in his right mind; and they were afraid. 36Those who had seen it told the people how the demon-possessed man had been cured. 37Then all the people of the region of the Gerasenes asked Jesus to leave them, because they were overcome with fear. So he got into the boat and left.

38The man from whom the demons had gone out begged to go with him, but Jesus sent him away, saying, 39"Return home and tell how much God has done for you." So the man went away and told all over town how much Jesus had done for him.

A Dead Girl and a Sick Woman

40Now when Jesus returned, a crowd welcomed him, for they were all expecting him. 41Then a man named Jairus, a ruler of the synagogue, came and fell at Jesus' feet, pleading with him to come to his house 42because his only daughter, a girl of about twelve, was dying.

As Jesus was on his way, the crowds almost crushed him. 43And a woman was there who had been subject to bleeding for twelve years,[i] but no one could heal her. 44She came up behind him and touched the edge of his cloak, and immediately her bleeding stopped.

45"Who touched me?" Jesus asked.

When they all denied it, Peter said, "Master, the people are crowding and pressing against you."

46But Jesus said, "Someone touched me; I know that power has gone out from me."

47Then the woman, seeing that she could not go unnoticed, came trembling and fell at his feet. In the presence of all the people, she told why she had touched him and how she had been instantly healed. 48Then he said to her, "Daughter, your faith has healed you. Go in peace."

49While Jesus was still speaking, someone came from the house of Jairus, the synagogue ruler. "Your daughter is dead," he said. "Don't bother the teacher any more."

50Hearing this, Jesus said to Jairus, "Don't be afraid; just believe, and she will be healed."

51When he arrived at the house of Jairus, he did not let anyone go in with him except Peter,

---

f8:43 hemorragias. Var. hemorragias y que había gastado en médicos todo lo que tenía.

i43 Many manuscripts years, and she had spent all she had on doctors

*Jacobo, y el padre y la madre de la niña. ⁵²Todos estaban llorando, muy afligidos por ella.

—Dejen de llorar —les dijo Jesús—. No está muerta sino dormida.

⁵³Entonces ellos empezaron a burlarse de él porque sabían que estaba muerta. ⁵⁴Pero él la tomó de la mano y le dijo:

—¡Niña, levántate!

⁵⁵Recobró la vida^u y al instante se levantó. Jesús mandó darle de comer. ⁵⁶Los padres se quedaron atónitos, pero él les advirtió que no contaran a nadie lo que había sucedido.

Jesús envía a los doce

9 Habiendo reunido a los doce, Jesús les dio poder y autoridad para expulsar a todos los demonios y para sanar enfermedades. ²Entonces los envió a predicar el reino de Dios y a sanar a los enfermos. ³«No lleven nada para el camino: ni bastón, ni bolsa, ni pan, ni dinero, ni dos mudas de ropa —les dijo—. ⁴En cualquier casa que entren, quédense allí hasta que salgan del pueblo. ⁵Si no los reciben bien, al salir de ese pueblo, sacúdanse el polvo de los pies como un testimonio contra sus habitantes.» ⁶Así que partieron y fueron por todas partes de pueblo en pueblo, predicando el evangelio y sanando a la gente.

⁷Herodes el tetrarca se enteró de todo lo que estaba sucediendo. Estaba perplejo porque algunos decían que Juan había *resucitado; ⁸otros, que se había aparecido Elías; y otros, en fin, que había resucitado alguno de los antiguos profetas. ⁹Pero Herodes dijo: «A Juan mandé que le cortaran la cabeza; ¿quién es, entonces, éste de quien oigo tales cosas?» Y procuraba verlo.

Jesús alimenta a los cinco mil

¹⁰Cuando regresaron los apóstoles, le relataron a Jesús lo que habían hecho. Él se los llevó consigo y se retiraron solos a un pueblo llamado Betsaida, ¹¹pero la gente se enteró y lo siguió. Él los recibió y les habló del reino de Dios. También sanó a los que lo necesitaban.

¹²Al atardecer se le acercaron los doce y le dijeron:

—Despide a la gente, para que vaya a buscar alojamiento y comida en los campos y pueblos cercanos, pues donde estamos no hay nada.^v

¹³—Denles ustedes mismos de comer —les dijo Jesús.

—No tenemos más que cinco panes y dos pescados, a menos que vayamos a comprar comida para toda esta gente —objetaron ellos, ¹⁴porque había allí unos cinco mil hombres.

John and James, and the child's father and mother. ⁵²Meanwhile, all the people were wailing and mourning for her. "Stop wailing," Jesus said. "She is not dead but asleep."

⁵³They laughed at him, knowing that she was dead. ⁵⁴But he took her by the hand and said, "My child, get up!" ⁵⁵Her spirit returned, and at once she stood up. Then Jesus told them to give her something to eat. ⁵⁶Her parents were astonished, but he ordered them not to tell anyone what had happened.

Jesus Sends Out the Twelve

9 When Jesus had called the Twelve together, he gave them power and authority to drive out all demons and to cure diseases, ²and he sent them out to preach the kingdom of God and to heal the sick. ³He told them: "Take nothing for the journey—no staff, no bag, no bread, no money, no extra tunic. ⁴Whatever house you enter, stay there until you leave that town. ⁵If people do not welcome you, shake the dust off your feet when you leave their town, as a testimony against them." ⁶So they set out and went from village to village, preaching the gospel and healing people everywhere.

⁷Now Herod the tetrarch heard about all that was going on. And he was perplexed, because some were saying that John had been raised from the dead, ⁸others that Elijah had appeared, and still others that one of the prophets of long ago had come back to life. ⁹But Herod said, "I beheaded John. Who, then, is this I hear such things about?" And he tried to see him.

Jesus Feeds the Five Thousand

¹⁰When the apostles returned, they reported to Jesus what they had done. Then he took them with him and they withdrew by themselves to a town called Bethsaida, ¹¹but the crowds learned about it and followed him. He welcomed them and spoke to them about the kingdom of God, and healed those who needed healing.

¹²Late in the afternoon the Twelve came to him and said, "Send the crowd away so they can go to the surrounding villages and countryside and find food and lodging, because we are in a remote place here."

¹³He replied, "You give them something to eat."

They answered, "We have only five loaves of bread and two fish—unless we go and buy food for all this crowd." ¹⁴(About five thousand men were there.)

---

^u8:55 *Recobró la vida.* Lit. *Y volvió el espíritu de ella.*
^v9:12 *donde estamos no hay nada.* Lit. *aquí estamos en un lugar desierto.*

Pero Jesús dijo a sus discípulos:

—Hagan que se sienten en grupos como de cincuenta cada uno.

15Así lo hicieron los discípulos, y se sentaron todos. 16Entonces Jesús tomó los cinco panes y los dos pescados, y mirando al cielo, los bendijo. Luego los partió y se los dio a los discípulos para que se los repartieran a la gente. 17Todos comieron hasta quedar satisfechos, y de los pedazos que sobraron se recogieron doce canastas.

La confesión de Pedro

18Un día cuando Jesús estaba orando para sí, estando allí sus discípulos, les preguntó:

—¿Quién dice la gente que soy yo?

19—Unos dicen que Juan el Bautista, otros que Elías, y otros que uno de los antiguos profetas ha resucitado —respondieron.

20—Y ustedes, ¿quién dicen que soy yo?

—El *Cristo de Dios —afirmó Pedro.

21Jesús les ordenó terminantemente que no dijeran esto a nadie. Y les dijo:

22—El Hijo del hombre tiene que sufrir muchas cosas y ser rechazado por los *ancianos, los jefes de los sacerdotes y los *maestros de la ley. Es necesario que lo maten y que resucite al tercer día.

23Dirigiéndose a todos, declaró:

—Si alguien quiere ser mi discípulo, que se niegue a sí mismo, lleve su cruz cada día y me siga. 24Porque el que quiera salvar su *vida, la perderá; pero el que pierda su vida por mi causa, la salvará. 25¿De qué le sirve a uno ganar el mundo entero si se pierde o se destruye a sí mismo? 26Si alguien se avergüenza de mí y de mis palabras, el Hijo del hombre se avergonzará de él cuando venga en su gloria y en la gloria del Padre y de los santos ángeles. 27Además, les aseguro que algunos de los aquí presentes no sufrirán la muerte sin antes haber visto el reino de Dios.

La transfiguración

28Unos ocho días después de decir esto, Jesús, acompañado de Pedro, Juan y *Jacobo, subió a una montaña a orar. 29Mientras oraba, su rostro se transformó, y su ropa se tornó blanca y radiante. 30Y aparecieron dos personajes —Moisés y Elías— que conversaban con Jesús. 31Tenían un aspecto glorioso, y hablaban de la partidaʷ de Jesús, que él estaba por llevar a cabo en Jerusalén. 32Pedro y sus compañeros estaban rendidos de sueño, pero cuando se despabilaron, vieron su gloria y a los dos personajes que estaban con él. 33Mientras éstos se apartaban de Jesús, Pedro, sin saber lo que estaba diciendo, propuso:

But he said to his disciples, "Have them sit down in groups of about fifty each." 15The disciples did so, and everybody sat down. 16Taking the five loaves and the two fish and looking up to heaven, he gave thanks and broke them. Then he gave them to the disciples to set before the people. 17They all ate and were satisfied, and the disciples picked up twelve basketfuls of broken pieces that were left over.

Peter's Confession of Christ

18Once when Jesus was praying in private and his disciples were with him, he asked them, "Who do the crowds say I am?"

19They replied, "Some say John the Baptist; others say Elijah; and still others, that one of the prophets of long ago has come back to life."

20"But what about you?" he asked. "Who do you say I am?"

Peter answered, "The Christʲ of God."

21Jesus strictly warned them not to tell this to anyone. 22And he said, "The Son of Man must suffer many things and be rejected by the elders, chief priests and teachers of the law, and he must be killed and on the third day be raised to life."

23Then he said to them all: "If anyone would come after me, he must deny himself and take up his cross daily and follow me. 24For whoever wants to save his life will lose it, but whoever loses his life for me will save it. 25What good is it for a man to gain the whole world, and yet lose or forfeit his very self? 26If anyone is ashamed of me and my words, the Son of Man will be ashamed of him when he comes in his glory and in the glory of the Father and of the holy angels. 27I tell you the truth, some who are standing here will not taste death before they see the kingdom of God."

The Transfiguration

28About eight days after Jesus said this, he took Peter, John and James with him and went up onto a mountain to pray. 29As he was praying, the appearance of his face changed, and his clothes became as bright as a flash of lightning. 30Two men, Moses and Elijah, 31appeared in glorious splendor, talking with Jesus. They spoke about his departure, which he was about to bring to fulfillment at Jerusalem. 32Peter and his companions were very sleepy, but when they became fully awake, they saw his glory and the two men standing with him. 33As the men were leaving Jesus, Peter said to him, "Master, it is

---

ʷ **9:31** de la partida. Lit. del éxodo.   ʲ 20 Or Messiah

—Maestro, ¡qué bien que estemos aquí! Podemos levantar tres albergues: uno para ti, otro para Moisés y otro para Elías.

34Estaba hablando todavía cuando apareció una nube que los envolvió, de modo que se asustaron. 35Entonces salió de la nube una voz que dijo: «Éste es mi Hijo, mi escogido; escúchenlo.» 36Después de oírse la voz, Jesús quedó solo. Los discípulos guardaron esto en secreto, y por algún tiempo a nadie contaron nada de lo que habían visto.

Jesús sana a un muchacho endemoniado

37Al día siguiente, cuando bajaron de la montaña, le salió al encuentro mucha gente. 38Y un hombre de entre la multitud exclamó:

—Maestro, te ruego que atiendas a mi hijo, pues es el único que tengo. 39Resulta que un espíritu se posesiona de él, y de repente el muchacho se pone a gritar; también lo sacude con violencia y hace que eche espumarajos. Cuando lo atormenta, a duras penas lo suelta. 40Ya les rogué a tus discípulos que lo expulsaran, pero no pudieron.

41—¡Ah, generación incrédula y perversa! —respondió Jesús—. ¿Hasta cuándo tendré que estar con ustedes y soportarlos? Trae acá a tu hijo.

42Estaba acercándose el muchacho cuando el demonio lo derribó con una convulsión. Pero Jesús reprendió al *espíritu maligno, sanó al muchacho y se lo devolvió al padre. 43Y todos se quedaron asombrados de la grandeza de Dios.

En medio de tanta admiración por todo lo que hacía, Jesús dijo a sus discípulos:

44—Presten mucha atención a lo que les voy a decir: El Hijo del hombre va a ser entregado en manos de los hombres.

45Pero ellos no entendían lo que quería decir con esto. Les estaba encubierto para que no lo comprendieran, y no se atrevían a preguntárselo.

¿Quién va a ser el más importante?

46Surgió entre los discípulos una discusión sobre quién de ellos sería el más importante. 47Como Jesús sabía bien lo que pensaban, tomó a un niño y lo puso a su lado.

48—El que recibe en mi nombre a este niño —les dijo—, me recibe a mí; y el que me recibe a mí, recibe al que me envió. El que es más insignificante entre todos ustedes, ése es el más importante.

49—Maestro —intervino Juan—, vimos a un hombre que expulsaba demonios en tu nombre; pero como no anda con nosotros, tratamos de impedírselo.

50—No se lo impidan —les replicó Jesús—, porque el que no está contra ustedes está a favor de ustedes.

good for us to be here. Let us put up three shelters—one for you, one for Moses and one for Elijah." (He did not know what he was saying.)

34While he was speaking, a cloud appeared and enveloped them, and they were afraid as they entered the cloud. 35A voice came from the cloud, saying, "This is my Son, whom I have chosen; listen to him." 36When the voice had spoken, they found that Jesus was alone. The disciples kept this to themselves, and told no one at that time what they had seen.

The Healing of a Boy With an Evil Spirit

37The next day, when they came down from the mountain, a large crowd met him. 38A man in the crowd called out, "Teacher, I beg you to look at my son, for he is my only child. 39A spirit seizes him and he suddenly screams; it throws him into convulsions so that he foams at the mouth. It scarcely ever leaves him and is destroying him. 40I begged your disciples to drive it out, but they could not."

41"O unbelieving and perverse generation," Jesus replied, "how long shall I stay with you and put up with you? Bring your son here."

42Even while the boy was coming, the demon threw him to the ground in a convulsion. But Jesus rebuked the evilᵏ spirit, healed the boy and gave him back to his father. 43And they were all amazed at the greatness of God.

While everyone was marveling at all that Jesus did, he said to his disciples, 44"Listen carefully to what I am about to tell you: The Son of Man is going to be betrayed into the hands of men." 45But they did not understand what this meant. It was hidden from them, so that they did not grasp it, and they were afraid to ask him about it.

Who Will Be the Greatest

46An argument started among the disciples as to which of them would be the greatest. 47Jesus, knowing their thoughts, took a little child and had him stand beside him. 48Then he said to them, "Whoever welcomes this little child in my name welcomes me; and whoever welcomes me welcomes the one who sent me. For he who is least among you all—he is the greatest."

49"Master," said John, "we saw a man driving out demons in your name and we tried to stop him, because he is not one of us."

50"Do not stop him," Jesus said, "for whoever is not against you is for you."

ᵏ42 Greek unclean

La oposición de los samaritanos

51Como se acercaba el tiempo de que fuera llevado al cielo, Jesús se hizo el firme propósito de ir a Jerusalén. 52Envió por delante mensajeros, que entraron en un pueblo samaritano para prepararle alojamiento; 53pero allí la gente no quiso recibirlo porque se dirigía a Jerusalén. 54Cuando los discípulos *Jacobo y Juan vieron esto, le preguntaron:

—Señor, ¿quieres que hagamos caer fuego del cielo para^x que los destruya?

55Pero Jesús se volvió a ellos y los reprendió. 56Luego^y siguieron la jornada a otra aldea.

Lo que cuesta seguir a Jesús

57Iban por el camino cuando alguien le dijo:

—Te seguiré a dondequiera que vayas.

58—Las zorras tienen madrigueras y las aves tienen nidos —le respondió Jesús—, pero el Hijo del hombre no tiene dónde recostar la cabeza.

59A otro le dijo:

—Sígueme.

—Señor —le contestó—, primero déjame ir a enterrar a mi padre.

60—Deja que los muertos entierren a sus propios muertos, pero tú ve y proclama el reino de Dios —le replicó Jesús.

61Otro afirmó:

—Te seguiré, Señor; pero primero déjame despedirme de mi familia.

62Jesús le respondió:

—Nadie que mire atrás después de poner la mano en el arado es apto para el reino de Dios.

Jesús envía a los setenta y dos

10 Después de esto, el Señor escogió a otros setenta y dos^z para enviarlos de dos en dos delante de él a todo pueblo y lugar adonde él pensaba ir. 2«Es abundante la cosecha —les dijo—, pero son pocos los obreros. Pídanle, por tanto, al Señor de la cosecha que mande obreros a su campo. 3¡Vayan ustedes! Miren que los envío como corderos en medio de lobos. 4No lleven monedero ni bolsa ni sandalias; ni se detengan a saludar a nadie por el camino.

5»Cuando entren en una casa, digan primero: "Paz a esta casa." 6Si hay allí alguien digno de paz, gozará de ella; y si no, la bendición no se cumplirá.^{a} 7Quédense en esa casa, y coman y

Samaritan Opposition

51As the time approached for him to be taken up to heaven, Jesus resolutely set out for Jerusalem. 52And he sent messengers on ahead, who went into a Samaritan village to get things ready for him; 53but the people there did not welcome him, because he was heading for Jerusalem. 54When the disciples James and John saw this, they asked, "Lord, do you want us to call fire down from heaven to destroy them^l?" 55But Jesus turned and rebuked them, 56and^m they went to another village.

The Cost of Following Jesus

57As they were walking along the road, a man said to him, "I will follow you wherever you go."

58Jesus replied, "Foxes have holes and birds of the air have nests, but the Son of Man has no place to lay his head."

59He said to another man, "Follow me."

But the man replied, "Lord, first let me go and bury my father."

60Jesus said to him, "Let the dead bury their own dead, but you go and proclaim the kingdom of God."

61Still another said, "I will follow you, Lord; but first let me go back and say good-by to my family."

62Jesus replied, "No one who puts his hand to the plow and looks back is fit for service in the kingdom of God."

Jesus Sends Out the Seventy-two

10 After this the Lord appointed seventy-two^n others and sent them two by two ahead of him to every town and place where he was about to go. 2He told them, "The harvest is plentiful, but the workers are few. Ask the Lord of the harvest, therefore, to send out workers into his harvest field. 3Go! I am sending you out like lambs among wolves. 4Do not take a purse or bag or sandals; and do not greet anyone on the road.

5"When you enter a house, first say, 'Peace to this house.' 6If a man of peace is there, your peace will rest on him; if not, it will return to you. 7Stay in that house, eating and drinking

---

^{x}9:54 *cielo para.* Var. *cielo, como hizo Elías, para.*
^{y}9:55,56 *reprendió.* 56*Luego.* Var. *reprendió.* /—*Ustedes no saben de qué espíritu son —les dijo—,* 56*porque el Hijo del Hombre no vino para destruir la vida de las personas sino para salvarla.* / *Luego.* ^{z}10:1 *setenta y dos.* Var. *setenta;* también en v. 17. ^{a}10:6 *Si hay ... se cumplirá.* Lit. *Si hay allí un hijo de paz, la paz de ustedes reposará sobre él; y si no, volverá a ustedes.*

^{l}54 Some manuscripts *them, even as Elijah did*
^{m}55,56 Some manuscripts *them. And he said, "You do not know what kind of spirit you are of, for the Son of Man did not come to destroy men's lives, but to save them."* 56*And*
^{n}1 Some manuscripts *seventy;* also in verse 17

beban de lo que ellos tengan, porque el trabajador tiene derecho a su sueldo. No anden de casa en casa.

8»Cuando entren en un pueblo y los reciban, coman lo que les sirvan. **9**Sanen a los enfermos que encuentren allí y díganles: "El reino de Dios ya está cerca de ustedes." **10**Pero cuando entren en un pueblo donde no los reciban, salgan a las plazas y digan: **11**"Aun el polvo de este pueblo, que se nos ha pegado a los pies, nos lo sacudimos en protesta contra ustedes. Pero tengan por seguro que ya está cerca el reino de Dios." **12**Les digo que en aquel día será más tolerable el castigo para Sodoma que para ese pueblo.

13»¡Ay de ti, Corazín! ¡Ay de ti, Betsaida! Si se hubieran hecho en Tiro y en Sidón los milagros que se hicieron en medio de ustedes, ya hace tiempo que se habrían *arrepentido con grandes lamentos.*[b]* **14**Pero en el juicio será más tolerable el castigo para Tiro y Sidón que para ustedes. **15**Y tú, Capernaúm, ¿acaso serás levantada hasta el cielo? No, sino que descenderás hasta el *abismo.

16»El que los escucha a ustedes, me escucha a mí; el que los rechaza a ustedes, me rechaza a mí; y el que me rechaza a mí, rechaza al que me envió.»

17Cuando los setenta y dos regresaron, dijeron contentos:

—Señor, hasta los demonios se nos someten en tu nombre.

18—Yo veía a Satanás caer del cielo como un rayo —respondió él—. **19**Sí, les he dado autoridad a ustedes para pisotear serpientes y escorpiones y vencer todo el poder del enemigo; nada les podrá hacer daño. **20**Sin embargo, no se alegren de que puedan someter a los espíritus, sino alégrense de que sus nombres están escritos en el cielo.

21En aquel momento Jesús, lleno de alegría por el Espíritu Santo, dijo: «Te alabo, Padre, Señor del cielo y de la tierra, porque habiendo escondido estas cosas de los sabios e instruidos, se las has revelado a los que son como niños. Sí, Padre, porque esa fue tu buena voluntad.

22»Mi Padre me ha entregado todas las cosas. Nadie sabe quién es el Hijo, sino el Padre, y nadie sabe quién es el Padre, sino el Hijo y aquel a quien el Hijo quiera revelárselo.»

23Volviéndose a sus discípulos, les dijo aparte: «*Dichosos los ojos que ven lo que ustedes ven. **24**Les digo que muchos profetas y reyes quisieron ver lo que ustedes ven, pero no lo vieron; y oír lo que ustedes oyen, pero no lo oyeron.»

whatever they give you, for the worker deserves his wages. Do not move around from house to house.

8 When you enter a town and are welcomed, eat what is set before you. **9**Heal the sick who are there and tell them, 'The kingdom of God is near you.' **10**But when you enter a town and are not welcomed, go into its streets and say, **11**'Even the dust of your town that sticks to our feet we wipe off against you. Yet be sure of this: The kingdom of God is near.' **12**I tell you, it will be more bearable on that day for Sodom than for that town.

13"Woe to you, Korazin! Woe to you, Bethsaida! For if the miracles that were performed in you had been performed in Tyre and Sidon, they would have repented long ago, sitting in sackcloth and ashes. **14**But it will be more bearable for Tyre and Sidon at the judgment than for you. **15**And you, Capernaum, will you be lifted up to the skies? No, you will go down to the depths.*[o]*

16"He who listens to you listens to me; he who rejects you rejects me; but he who rejects me rejects him who sent me."

17The seventy-two returned with joy and said, "Lord, even the demons submit to us in your name."

18He replied, "I saw Satan fall like lightning from heaven. **19**I have given you authority to trample on snakes and scorpions and to overcome all the power of the enemy; nothing will harm you. **20**However, do not rejoice that the spirits submit to you, but rejoice that your names are written in heaven."

21At that time Jesus, full of joy through the Holy Spirit, said, "I praise you, Father, Lord of heaven and earth, because you have hidden these things from the wise and learned, and revealed them to little children. Yes, Father, for this was your good pleasure.

22"All things have been committed to me by my Father. No one knows who the Son is except the Father, and no one knows who the Father is except the Son and those to whom the Son chooses to reveal him."

23Then he turned to his disciples and said privately, "Blessed are the eyes that see what you see. **24**For I tell you that many prophets and kings wanted to see what you see but did not see it, and to hear what you hear but did not hear it."

---

b **10:13** *con grandes lamentos.* Lit. *sentados en saco y ceniza.*   *o* 15 Greek *Hades*

Parábola del buen samaritano

25En esto se presentó un *experto en la ley y, para poner a prueba a Jesús, le hizo esta pregunta:

—Maestro, ¿qué tengo que hacer para heredar la vida eterna?

26Jesús replicó:

—¿Qué está escrito en la ley? ¿Cómo la interpretas tú?

27Como respuesta el hombre citó:

—"Ama al Señor tu Dios con todo tu corazón, con todo tu ser, con todas tus fuerzas y con toda tu mente",^{c} y: "Ama a tu prójimo como a ti mismo."^{d}

28—Bien contestado —le dijo Jesús—. Haz eso y vivirás.

29Pero él quería justificarse, así que le preguntó a Jesús:

—¿Y quién es mi prójimo?

30Jesús respondió:

—Bajaba un hombre de Jerusalén a Jericó, y cayó en manos de unos ladrones. Le quitaron la ropa, lo golpearon y se fueron, dejándolo medio muerto. **31**Resulta que viajaba por el mismo camino un sacerdote quien, al verlo, se desvió y siguió de largo. **32**Así también llegó a aquel lugar un levita, y al verlo, se desvió y siguió de largo. **33**Pero un samaritano que iba de viaje llegó adonde estaba el hombre y, viéndolo, se compadeció de él. **34**Se acercó, le curó las heridas con vino y aceite, y se las vendó. Luego lo montó sobre su propia cabalgadura, lo llevó a un alojamiento y lo cuidó. **35**Al día siguiente, sacó dos monedas de plata^e y se las dio al dueño del alojamiento. "Cuídemelo —le dijo—, y lo que gaste usted de más, se lo pagaré cuando yo vuelva." **36**¿Cuál de estos tres piensas que demostró ser el prójimo del que cayó en manos de los ladrones?

37—El que se compadeció de él —contestó el experto en la ley.

—Anda entonces y haz tú lo mismo —concluyó Jesús.

En casa de Marta y María

38Mientras iba de camino con sus discípulos, Jesús entró en una aldea, y una mujer llamada Marta lo recibió en su casa. **39**Tenía ella una hermana llamada María que, sentada a los pies del Señor, escuchaba lo que él decía. **40**Marta, por su parte, se sentía abrumada porque tenía mucho que hacer. Así que se acercó a él y le dijo:

—Señor, ¿no te importa que mi hermana me haya dejado sirviendo sola? ¡Dile que me ayude!

The Parable of the Good Samaritan

25On one occasion an expert in the law stood up to test Jesus. "Teacher," he asked, "what must I do to inherit eternal life?"

26"What is written in the Law?" he replied. "How do you read it?"

27He answered: " 'Love the Lord your God with all your heart and with all your soul and with all your strength and with all your mind'^{p}; and, 'Love your neighbor as yourself.'^{q}"

28"You have answered correctly," Jesus replied. "Do this and you will live."

29But he wanted to justify himself, so he asked Jesus, "And who is my neighbor?"

30In reply Jesus said: "A man was going down from Jerusalem to Jericho, when he fell into the hands of robbers. They stripped him of his clothes, beat him and went away, leaving him half dead. **31**A priest happened to be going down the same road, and when he saw the man, he passed by on the other side. **32**So too, a Levite, when he came to the place and saw him, passed by on the other side. **33**But a Samaritan, as he traveled, came where the man was; and when he saw him, he took pity on him. **34**He went to him and bandaged his wounds, pouring on oil and wine. Then he put the man on his own donkey, took him to an inn and took care of him. **35**The next day he took out two silver coins^r and gave them to the innkeeper. 'Look after him,' he said, 'and when I return, I will reimburse you for any extra expense you may have.'

36"Which of these three do you think was a neighbor to the man who fell into the hands of robbers?"

37The expert in the law replied, "The one who had mercy on him."

Jesus told him, "Go and do likewise."

At the Home of Martha and Mary

38As Jesus and his disciples were on their way, he came to a village where a woman named Martha opened her home to him. **39**She had a sister called Mary, who sat at the Lord's feet listening to what he said. **40**But Martha was distracted by all the preparations that had to be made. She came to him and asked, "Lord, don't you care that my sister has left me to do the work by myself? Tell her to help me!"

---

^{c} **10:27** Dt 6:5 ^{d} **10:27** Lv 19:18 ^{e} **10:35** *monedas de plata.* Lit. *denarios.* ^{p} 27 Deut. 6:5 ^{q} 27 Lev. 19:18 ^{r} 35 Greek *two denarii*

41—Marta, Marta —le contestó Jesús—, estás inquieta y preocupada por muchas cosas, 42pero sólo una es necesaria.ᶠ María ha escogido la mejor, y nadie se la quitará.

Jesús enseña sobre la oración

11 Un día estaba Jesús orando en cierto lugar. Cuando terminó, le dijo uno de sus discípulos:

—Señor, enséñanos a orar, así como Juan enseñó a sus discípulos.

2Él les dijo:

—Cuando oren, digan:

»"Padre,ᵍ
*santificado sea tu nombre.
Venga tu reino.ʰ
3Danos cada día nuestro pan cotidiano.ⁱ
4Perdónanos nuestros pecados,
　　porque también nosotros perdonamos a
　　　todos los que nos ofenden.ʲ
Y no nos metas en *tentación."ᵏ

5»Supongamos —continuó— que uno de ustedes tiene un amigo, y a medianoche va y le dice: "Amigo, préstame tres panes, 6pues se me ha presentado un amigo recién llegado de viaje, y no tengo nada que ofrecerle." 7Y el que está adentro le contesta: "No me molestes. Ya está cerrada la puerta, y mis hijos y yo estamos acostados. No puedo levantarme a darte nada." 8Les digo que, aunque no se levante a darle pan por ser amigo suyo, sí se levantará por su impertinencia y le dará cuanto necesite.

9»Así que yo les digo: Pidan, y se les dará; busquen, y encontrarán; llamen, y se les abrirá la puerta. 10Porque todo el que pide, recibe; el que busca, encuentra; y al que llama, se le abre.

11»¿Quién de ustedes que sea padre, si su hijo le pideˡ un pescado, le dará en cambio una serpiente? 12¿O si le pide un huevo, le dará un escorpión? 13Pues si ustedes, aun siendo malos, saben dar cosas buenas a sus hijos, ¡cuánto más el Padre celestial dará el Espíritu Santo a quienes se lo pidan!

Jesús y Beelzebú

14En otra ocasión Jesús expulsaba de un hombre a un demonio que lo había dejado mudo. Cuando salió el demonio, el mudo habló, y la

41"Martha, Martha," the Lord answered, "you are worried and upset about many things, 42but only one thing is needed.ˢ Mary has chosen what is better, and it will not be taken away from her."

Jesus' Teaching on Prayer

11 One day Jesus was praying in a certain place. When he finished, one of his disciples said to him, "Lord, teach us to pray, just as John taught his disciples."

2He said to them, "When you pray, say:

" 'Father,ᵗ
hallowed be your name,
your kingdom come.ᵘ
3Give us each day our daily bread.
4Forgive us our sins,
　for we also forgive everyone who sins
　　against us.ᵛ
And lead us not into temptation.ʷ' "

5Then he said to them, "Suppose one of you has a friend, and he goes to him at midnight and says, 'Friend, lend me three loaves of bread, 6because a friend of mine on a journey has come to me, and I have nothing to set before him.'

7"Then the one inside answers, 'Don't bother me. The door is already locked, and my children are with me in bed. I can't get up and give you anything.' 8I tell you, though he will not get up and give him the bread because he is his friend, yet because of the man's boldnessˣ he will get up and give him as much as he needs.

9"So I say to you: Ask and it will be given to you; seek and you will find; knock and the door will be opened to you. 10For everyone who asks receives; he who seeks finds; and to him who knocks, the door will be opened.

11"Which of you fathers, if your son asks forʸ a fish, will give him a snake instead? 12Or if he asks for an egg, will give him a scorpion? 13If you then, though you are evil, know how to give good gifts to your children, how much more will your Father in heaven give the Holy Spirit to those who ask him!"

Jesus and Beelzebub

14Jesus was driving out a demon that was mute. When the demon left, the man who had been mute spoke, and the crowd was amazed.

ᶠ10:42 sólo una es necesaria. Var. se necesitan pocas cosas, o una sola.　ᵍ11:2 Padre. Var. Padre nuestro que estás en el cielo (véase Mt 6:9).　ʰ11:2 reino. Var. reino. Hágase tu voluntad en la tierra como en el cielo (véase Mt 6:10).　ⁱ11:3 nuestro pan cotidiano. Alt. el pan que necesitamos.　ʲ11:4 nos ofenden. Lit. nos deben.　ᵏ11:4 tentación. Var. tentación, sino líbranos del maligno (véase Mt 6:13).　ˡ11:11 le pide. Var. le pide pan, le dará una piedra; o si le pide.

ˢ42 Some manuscripts but few things are needed—or only one　ᵗ2 Some manuscripts Our Father in heaven　ᵘ2 Some manuscripts come. May your will be done on earth as it is in heaven.　ᵛ4 Greek everyone who is indebted to us　ʷ4 Some manuscripts temptation but deliver us from the evil one　ˣ8 Or persistence　ʸ11 Some manuscripts for bread, will give him a stone; or if he asks for

gente se quedó asombrada. **15**Pero algunos dijeron: «Éste expulsa a los demonios por medio de *Beelzebú, príncipe de los demonios.» **16**Otros, para ponerlo a *prueba, le pedían una señal del cielo.

17Como él conocía sus pensamientos, les dijo: «Todo reino dividido contra sí mismo quedará asolado, y una casa dividida contra sí misma se derrumbará.*m* **18**Por tanto, si Satanás está dividido contra sí mismo, ¿cómo puede mantenerse en pie su reino? Lo pregunto porque ustedes dicen que yo expulso a los demonios por medio de Beelzebú. **19**Ahora bien, si yo expulso a los demonios por medio de Beelzebú, ¿los seguidores de ustedes por medio de quién los expulsan? Por eso ellos mismos los juzgarán a ustedes. **20**Pero si expulso a los demonios con el poder*n* de Dios, eso significa que ha llegado a ustedes el reino de Dios.

21»Cuando un hombre fuerte y bien armado cuida su hacienda, sus bienes están seguros. **22**Pero si lo ataca otro más fuerte que él y lo vence, le quita las armas en que confiaba y reparte el botín.

23»El que no está de mi parte, está contra mí; y el que conmigo no recoge, esparce.

24»Cuando un *espíritu maligno sale de una persona, va por lugares áridos buscando un descanso. Y al no encontrarlo, dice: "Volveré a mi casa, de donde salí." **25**Cuando llega, la encuentra barrida y arreglada. **26**Luego va y trae otros siete espíritus más malvados que él, y entran a vivir allí. Así que el estado final de aquella persona resulta peor que el inicial.»

27Mientras Jesús decía estas cosas, una mujer de entre la multitud exclamó:

—¡*Dichosa la mujer que te dio a luz y te amamantó!*ñ*

28—Dichosos más bien —contestó Jesús— los que oyen la palabra de Dios y la obedecen.

La señal de Jonás

29Como crecía la multitud, Jesús se puso a decirles: «Ésta es una generación malvada. Pide una señal milagrosa, pero no se le dará más señal que la de Jonás. **30**Así como Jonás fue una señal para los habitantes de Nínive, también lo será el Hijo del hombre para esta generación. **31**La reina del Sur se levantará en el día del juicio y condenará a esta gente; porque ella vino desde los confines de la tierra para escuchar la sabiduría de Salomón, y aquí tienen ustedes a uno más grande que Salomón. **32**Los ninivitas se levantarán en el día del juicio y condenarán a esta

15But some of them said, "By Beelzebub,*z* the prince of demons, he is driving out demons." **16**Others tested him by asking for a sign from heaven.

17Jesus knew their thoughts and said to them: "Any kingdom divided against itself will be ruined, and a house divided against itself will fall. **18**If Satan is divided against himself, how can his kingdom stand? I say this because you claim that I drive out demons by Beelzebub. **19**Now if I drive out demons by Beelzebub, by whom do your followers drive them out? So then, they will be your judges. **20**But if I drive out demons by the finger of God, then the kingdom of God has come to you.

21"When a strong man, fully armed, guards his own house, his possessions are safe. **22**But when someone stronger attacks and overpowers him, he takes away the armor in which the man trusted and divides up the spoils.

23"He who is not with me is against me, and he who does not gather with me, scatters.

24"When an evil*a* spirit comes out of a man, it goes through arid places seeking rest and does not find it. Then it says, 'I will return to the house I left.' **25**When it arrives, it finds the house swept clean and put in order. **26**Then it goes and takes seven other spirits more wicked than itself, and they go in and live there. And the final condition of that man is worse than the first."

27As Jesus was saying these things, a woman in the crowd called out, "Blessed is the mother who gave you birth and nursed you."

28He replied, "Blessed rather are those who hear the word of God and obey it."

The Sign of Jonah

29As the crowds increased, Jesus said, "This is a wicked generation. It asks for a miraculous sign, but none will be given it except the sign of Jonah. **30**For as Jonah was a sign to the Ninevites, so also will the Son of Man be to this generation. **31**The Queen of the South will rise at the judgment with the men of this generation and condemn them; for she came from the ends of the earth to listen to Solomon's wisdom, and now one*b* greater than Solomon is here. **32**The men of Nineveh will stand up at the judgment with this generation and condemn it; for they

---

m **11:17** *y una casa … derrumbará.* Alt. *y sus casas se derrumbarán unas sobre otras.*   *n* **11:20** *poder.* Lit. *dedo.*
ñ **11:27** *¡Dichosa … amamantó!* Lit. *¡Dichoso el vientre que te llevó y los pechos que te criaron!*

z **15** Greek *Beezeboul* or *Beelzeboul*; also in verses 18 and 19   *a* **24** Greek *unclean*   *b* **31** Or *something*; also in verse 32

generación; porque ellos se *arrepintieron al escuchar la predicación de Jonás, y aquí tienen ustedes a uno más grande que Jonás.

La lámpara del cuerpo

33»Nadie enciende una lámpara para luego ponerla en un lugar escondido o cubrirla con un cajón, sino para ponerla en una repisa, a fin de que los que entren tengan luz. 34Tus ojos son la lámpara de tu cuerpo. Si tu visión es clara, todo tu ser disfrutará de la luz; pero si está nublada, todo tu ser estará en la oscuridad.º 35Asegúrate de que la luz que crees tener no sea oscuridad. 36Por tanto, si todo tu ser disfruta de la luz, sin que ninguna parte quede en la oscuridad, estarás completamente iluminado, como cuando una lámpara te alumbra con su luz.»

Jesús denuncia a los fariseos y a los expertos en la ley

37Cuando Jesús terminó de hablar, un *fariseo lo invitó a comer con él; así que entró en la casa y se *sentó a la mesa. 38Pero el fariseo se sorprendió al ver que Jesús no había cumplido con el rito de lavarse antes de comer.

39—Resulta que ustedes los fariseos —les dijo el Señor—, *limpian el vaso y el plato por fuera, pero por dentro están ustedes llenos de codicia y de maldad. 40¡Necios! ¿Acaso el que hizo lo de afuera no hizo también lo de adentro? 41Den más bien a los pobres de lo que está dentro,ᴾ y así todo quedará limpio para ustedes.

42»¡Ay de ustedes, fariseos!, que dan la décima parte de la menta, de la ruda y de toda clase de legumbres, pero descuidan la justicia y el amor de Dios. Debían haber practicado esto, sin dejar de hacer aquello.

43»¡Ay de ustedes, fariseos!, que se mueren por los primeros puestos en las sinagogas y los saludos en las plazas.

44»¡Ay de ustedes!, que son como tumbas sin lápida, sobre las que anda la gente sin darse cuenta.

45Uno de los *expertos en la ley le respondió:

—Maestro, al hablar así nos insultas también a nosotros.

46Contestó Jesús:

—¡Ay de ustedes también, expertos en la ley! Abruman a los demás con cargas que apenas se pueden soportar, pero ustedes mismos no levantan ni un dedo para ayudarlos.

47»¡Ay de ustedes!, que construyen monumentos para los profetas, a quienes los antepa-

repented at the preaching of Jonah, and now one greater than Jonah is here.

The Lamp of the Body

33"No one lights a lamp and puts it in a place where it will be hidden, or under a bowl. Instead he puts it on its stand, so that those who come in may see the light. 34Your eye is the lamp of your body. When your eyes are good, your whole body also is full of light. But when they are bad, your body also is full of darkness. 35See to it, then, that the light within you is not darkness. 36Therefore, if your whole body is full of light, and no part of it dark, it will be completely lighted, as when the light of a lamp shines on you."

Six Woes

37When Jesus had finished speaking, a Pharisee invited him to eat with him; so he went in and reclined at the table. 38But the Pharisee, noticing that Jesus did not first wash before the meal, was surprised.

39Then the Lord said to him, "Now then, you Pharisees clean the outside of the cup and dish, but inside you are full of greed and wickedness. 40You foolish people! Did not the one who made the outside make the inside also? 41But give what is inside the dish,ᶜ to the poor, and everything will be clean for you.

42"Woe to you Pharisees, because you give God a tenth of your mint, rue and all other kinds of garden herbs, but you neglect justice and the love of God. You should have practiced the latter without leaving the former undone.

43"Woe to you Pharisees, because you love the most important seats in the synagogues and greetings in the marketplaces.

44"Woe to you, because you are like unmarked graves, which men walk over without knowing it."

45One of the experts in the law answered him, "Teacher, when you say these things, you insult us also."

46Jesus replied, "And you experts in the law, woe to you, because you load people down with burdens they can hardly carry, and you yourselves will not lift one finger to help them.

47"Woe to you, because you build tombs for the prophets, and it was your forefathers who

---

sados de ustedes mataron. 48En realidad[q] aprueban lo que hicieron sus antepasados; ellos mataron a los profetas, y ustedes les construyen los
sepulcros. 49Por eso dijo Dios en su sabiduría:
"Les enviaré profetas y apóstoles, de los cuales
matarán a unos y perseguirán a otros." 50Por lo
tanto, a esta generación se le pedirán cuentas de
la sangre de todos los profetas derramada desde
el principio del mundo, 51desde la sangre de
Abel hasta la sangre de Zacarías, el que murió
entre el altar y el *santuario. Sí, les aseguro que
de todo esto se le pedirán cuentas a esta generación.

52»¡Ay de ustedes, expertos en la ley!, porque
se han adueñado de la llave del conocimiento.
Ustedes mismos no han entrado, y a los que
querían entrar les han cerrado el paso.

53Cuando Jesús salió de allí, los *maestros de
la ley y los fariseos, resentidos, se pusieron a
acosarlo a preguntas. 54Estaban tendiéndole
trampas para ver si fallaba en algo.

Advertencias y estímulos

12 Mientras tanto, se habían reunido millares de personas, tantas que se atropella-
ban unas a otras. Jesús comenzó a hablar, dirigiéndose primero a sus discípulos: «Cuídense de
la levadura de los *fariseos, o sea, de la *hipocresía. 2No hay nada encubierto que no llegue a
revelarse, ni nada escondido que no llegue a
conocerse. 3Así que todo lo que ustedes han
dicho en la oscuridad se dará a conocer a plena
luz, y lo que han susurrado a puerta cerrada se
proclamará desde las azoteas.

4»A ustedes, mis amigos, les digo que no teman
a los que matan el cuerpo pero después no pueden
hacer más. 5Les voy a enseñar más bien a quién
deben temer: teman al que, después de dar muerte, tiene poder para echarlos al infierno.[r] Sí, les
aseguro que a él deben temerle. 6¿No se venden
cinco gorriones por dos moneditas?[s] Sin embargo, Dios no se olvida de ninguno de ellos. 7Así
mismo sucede con ustedes: aun los cabellos de su
cabeza están contados. No tengan miedo; ustedes
valen más que muchos gorriones.

8»Les aseguro que a cualquiera que me reconozca delante de la gente, también el Hijo del
hombre lo reconocerá delante de los ángeles de
Dios. 9Pero al que me desconozca delante de la
gente se le desconocerá delante de los ángeles
de Dios. 10Y todo el que pronuncie alguna palabra contra el Hijo del hombre será perdonado,
pero el que *blasfeme contra el Espíritu Santo
no tendrá perdón.

[q]11:48 *En realidad.* Lit. *Así que ustedes son testigos y.*
[r]12:5 *al infierno.* Lit. *a la *Gehenna.* [s]12:6 *moneditas.* Lit.
asaria.

killed them. 48So you testify that you approve
of what your forefathers did; they killed the
prophets, and you build their tombs. 49Be-
cause of this, God in his wisdom said, 'I will
send them prophets and apostles, some of
whom they will kill and others they will persecute.' 50Therefore this generation will be
held responsible for the blood of all the prophets that has been shed since the beginning of
the world, 51from the blood of Abel to the
blood of Zechariah, who was killed between
the altar and the sanctuary. Yes, I tell you, this
generation will be held responsible for it all.

52"Woe to you experts in the law, because
you have taken away the key to knowledge. You
yourselves have not entered, and you have hindered those who were entering."

53When Jesus left there, the Pharisees and the
teachers of the law began to oppose him fiercely
and to besiege him with questions, 54waiting to
catch him in something he might say.

Warnings and Encouragements

12 Meanwhile, when a crowd of many
thousands had gathered, so that they
were trampling on one another, Jesus began to
speak first to his disciples, saying: "Be on
your guard against the yeast of the Pharisees,
which is hypocrisy. 2There is nothing concealed that will not be disclosed, or hidden
that will not be made known. 3What you have
said in the dark will be heard in the daylight,
and what you have whispered in the ear in the
inner rooms will be proclaimed from the
roofs.

4"I tell you, my friends, do not be afraid of
those who kill the body and after that can do
no more. 5But I will show you whom you
should fear: Fear him who, after the killing of
the body, has power to throw you into hell.
Yes, I tell you, fear him. 6Are not five sparrows sold for two pennies[d]? Yet not one of
them is forgotten by God. 7Indeed, the very
hairs of your head are all numbered. Don't be
afraid; you are worth more than many sparrows.

8"I tell you, whoever acknowledges me before men, the Son of Man will also acknowledge him before the angels of God. 9But he
who disowns me before men will be disowned before the angels of God. 10And everyone who speaks a word against the Son of
Man will be forgiven, but anyone who blasphemes against the Holy Spirit will not be
forgiven.

[d]6 Greek *two assaria*

11»Cuando los hagan comparecer ante las sinagogas, los gobernantes y las autoridades, no se preocupen de cómo van a defenderse o de qué van a decir, 12porque en ese momento el Espíritu Santo les enseñará lo que deben responder.»

Parábola del rico insensato

13Uno de entre la multitud le pidió:

—Maestro, dile a mi hermano que comparta la herencia conmigo.

14—Hombre —replicó Jesús—, ¿quién me nombró a mí juez o árbitro entre ustedes?

15»¡Tengan cuidado! —advirtió a la gente—. Absténganse de toda avaricia; la vida de una persona no depende de la abundancia de sus bienes.

16Entonces les contó esta parábola:

—El terreno de un hombre rico le produjo una buena cosecha. 17Así que se puso a pensar: "¿Qué voy a hacer? No tengo dónde almacenar mi cosecha." 18Por fin dijo: "Ya sé lo que voy a hacer: derribaré mis graneros y construiré otros más grandes, donde pueda almacenar todo mi grano y mis bienes. 19Y diré: Alma mía, ya tienes bastantes cosas buenas guardadas para muchos años. Descansa, come, bebe y goza de la vida." 20Pero Dios le dijo: "¡Necio! Esta misma noche te van a reclamar la *vida. ¿Y quién se quedará con lo que has acumulado?"

21»Así le sucede al que acumula riquezas para sí mismo, en vez de ser rico delante de Dios.

No se preocupen

22Luego dijo Jesús a sus discípulos:

—Por eso les digo: No se preocupen por su *vida, qué comerán; ni por su cuerpo, con qué se vestirán. 23La vida tiene más valor que la comida, y el cuerpo más que la ropa. 24Fíjense en los cuervos: no siembran ni cosechan, ni tienen almacén ni granero; sin embargo, Dios los alimenta. ¡Cuánto más valen ustedes que las aves! 25¿Quién de ustedes, por mucho que se preocupe, puede añadir una sola hora al curso de su vida?ᶠ 26Ya que no pueden hacer algo tan insignificante, ¿por qué se preocupan por lo demás?

27»Fíjense cómo crecen los lirios. No trabajan ni hilan; sin embargo, les digo que ni siquiera Salomón, con todo su esplendor, se vestía como uno de ellos. 28Si así viste Dios a la hierba que hoy está en el campo y mañana es arrojada al horno, ¡cuánto más hará por ustedes, gente de poca fe! 29Así que no se afanen por lo que han de comer o beber; dejen de atormentarse. 30El mundo *pagano anda tras todas estas cosas, pero

11"When you are brought before synagogues, rulers and authorities, do not worry about how you will defend yourselves or what you will say, 12for the Holy Spirit will teach you at that time what you should say."

The Parable of the Rich Fool

13Someone in the crowd said to him, "Teacher, tell my brother to divide the inheritance with me."

14Jesus replied, "Man, who appointed me a judge or an arbiter between you?" 15Then he said to them, "Watch out! Be on your guard against all kinds of greed; a man's life does not consist in the abundance of his possessions."

16And he told them this parable: "The ground of a certain rich man produced a good crop. 17He thought to himself, 'What shall I do? I have no place to store my crops.'

18"Then he said, 'This is what I'll do. I will tear down my barns and build bigger ones, and there I will store all my grain and my goods. 19And I'll say to myself, "You have plenty of good things laid up for many years. Take life easy; eat, drink and be merry." '

20"But God said to him, 'You fool! This very night your life will be demanded from you. Then who will get what you have prepared for yourself?'

21"This is how it will be with anyone who stores up things for himself but is not rich toward God."

Do Not Worry

22Then Jesus said to his disciples: "Therefore I tell you, do not worry about your life, what you will eat; or about your body, what you will wear. 23Life is more than food, and the body more than clothes. 24Consider the ravens: They do not sow or reap, they have no storeroom or barn; yet God feeds them. And how much more valuable you are than birds! 25Who of you by worrying can add a single hour to his lifeᵉ? 26Since you cannot do this very little thing, why do you worry about the rest?

27"Consider how the lilies grow. They do not labor or spin. Yet I tell you, not even Solomon in all his splendor was dressed like one of these. 28If that is how God clothes the grass of the field, which is here today, and tomorrow is thrown into the fire, how much more will he clothe you, O you of little faith! 29And do not set your heart on what you will eat or drink; do not worry about it. 30For the pagan world runs after all such

ᶠ12:25 puede añadir ... su vida. Alt. puede aumentar su estatura siquiera medio metro (lit. un *codo).   ᵉ25 Or single cubit to his height

el Padre sabe que ustedes las necesitan. ³¹Ustedes, por lo contrario, busquen el reino de Dios, y estas cosas les serán añadidas.

³²»No tengan miedo, mi rebaño pequeño, porque es la buena voluntad del Padre darles el reino. ³³Vendan sus bienes y den a los pobres. Provéanse de bolsas que no se desgasten; acumulen un tesoro inagotable en el cielo, donde no hay ladrón que aceche ni polilla que destruya. ³⁴Pues donde tengan ustedes su tesoro, allí estará también su corazón.

La vigilancia

³⁵»Manténganse listos, con la ropa bien ajustada*u* y la luz encendida. ³⁶Pórtense como siervos que esperan a que regrese su señor de un banquete de bodas, para abrirle la puerta tan pronto como él llegue y toque. ³⁷*Dichosos los *siervos a quienes su señor encuentre pendientes de su llegada. Créanme que se ajustará la ropa, hará que los siervos se sienten a la mesa, y él mismo se pondrá a servirles. ³⁸Sí, dichosos aquellos siervos a quienes su señor encuentre preparados, aunque llegue a la medianoche o de madrugada. ³⁹Pero entiendan esto: Si un dueño de casa supiera a qué hora va a llegar el ladrón, estaría pendiente para no dejarlo forzar la entrada. ⁴⁰Así mismo deben ustedes estar preparados, porque el Hijo del hombre vendrá cuando menos lo esperen.

⁴¹—Señor —le preguntó Pedro—, ¿cuentas esta parábola para nosotros, o para todos?

⁴²Respondió el Señor:

—¿Dónde se halla un mayordomo fiel y prudente a quien su señor deja encargado de los siervos para repartirles la comida a su debido tiempo? ⁴³Dichoso el siervo cuyo señor, al regresar, lo encuentra cumpliendo con su deber. ⁴⁴Les aseguro que lo pondrá a cargo de todos sus bienes. ⁴⁵Pero ¡qué tal si ese siervo se pone a pensar: "Mi señor tarda en volver", y luego comienza a golpear a los criados y a las criadas, y a comer y beber y emborracharse! ⁴⁶El señor de ese siervo volverá el día en que el siervo menos lo espere y a la hora menos pensada. Entonces lo castigará severamente y le impondrá la condena que reciben los incrédulos.*v*

⁴⁷»El siervo que conoce la voluntad de su señor, y no se prepara para cumplirla, recibirá muchos golpes. ⁴⁸En cambio, el que no la conoce y hace algo que merezca castigo, recibirá pocos golpes. A todo el que se le ha dado mucho, se le exigirá mucho; y al que se le ha confiado mucho, se le pedirá aun más.

things, and your Father knows that you need them. ³¹But seek his kingdom, and these things will be given to you as well.

³²"Do not be afraid, little flock, for your Father has been pleased to give you the kingdom. ³³Sell your possessions and give to the poor. Provide purses for yourselves that will not wear out, a treasure in heaven that will not be exhausted, where no thief comes near and no moth destroys. ³⁴For where your treasure is, there your heart will be also.

Watchfulness

³⁵"Be dressed ready for service and keep your lamps burning, ³⁶like men waiting for their master to return from a wedding banquet, so that when he comes and knocks they can immediately open the door for him. ³⁷It will be good for those servants whose master finds them watching when he comes. I tell you the truth, he will dress himself to serve, will have them recline at the table and will come and wait on them. ³⁸It will be good for those servants whose master finds them ready, even if he comes in the second or third watch of the night. ³⁹But understand this: If the owner of the house had known at what hour the thief was coming, he would not have let his house be broken into. ⁴⁰You also must be ready, because the Son of Man will come at an hour when you do not expect him."

⁴¹Peter asked, "Lord, are you telling this parable to us, or to everyone?"

⁴²The Lord answered, "Who then is the faithful and wise manager, whom the master puts in charge of his servants to give them their food allowance at the proper time? ⁴³It will be good for that servant whom the master finds doing so when he returns. ⁴⁴I tell you the truth, he will put him in charge of all his possessions. ⁴⁵But suppose the servant says to himself, 'My master is taking a long time in coming,' and he then begins to beat the menservants and maidservants and to eat and drink and get drunk. ⁴⁶The master of that servant will come on a day when he does not expect him and at an hour he is not aware of. He will cut him to pieces and assign him a place with the unbelievers.

⁴⁷"That servant who knows his master's will and does not get ready or does not do what his master wants will be beaten with many blows. ⁴⁸But the one who does not know and does things deserving punishment will be beaten with few blows. From everyone who has been given much, much will be demanded; and from the one who has been entrusted with much, much more will be asked.

---

*u*12:35 *Manténganse … ajustada.* Lit. *Tengan sus lomos ceñidos.* *v*12:46 *lo castigará … incrédulos.* Lit. *lo cortará en dos y fijará su porción con los incrédulos.*

División en vez de paz

⁴⁹»He venido a traer fuego a la tierra, y ¡cómo quisiera que ya estuviera ardiendo! ⁵⁰Pero tengo que pasar por la prueba de un bautismo, y ¡cuánta angustia siento hasta que se cumpla! ⁵¹¿Creen ustedes que vine a traer paz a la tierra? ¡Les digo que no, sino división! ⁵²De ahora en adelante estarán divididos cinco en una familia, tres contra dos, y dos contra tres. ⁵³Se enfrentarán el padre contra su hijo y el hijo contra su padre, la madre contra su hija y la hija contra su madre, la suegra contra su nuera y la nuera contra su suegra.

Señales de los tiempos

⁵⁴Luego añadió Jesús, dirigiéndose a la multitud:

—Cuando ustedes ven que se levanta una nube en el occidente, en seguida dicen: "Va a llover", y así sucede. ⁵⁵Y cuando sopla el viento del sur, dicen: "Va a hacer calor", y así sucede. ⁵⁶¡*Hipócritas! Ustedes saben interpretar la apariencia de la tierra y del cielo. ¿Cómo es que no saben interpretar el tiempo actual?

⁵⁷»¿Por qué no juzgan por ustedes mismos lo que es justo? ⁵⁸Si tienes que ir con un adversario al magistrado, procura reconciliarte con él en el camino, no sea que te lleve por la fuerza ante el juez, y el juez te entregue al alguacil, y el alguacil te meta en la cárcel. ⁵⁹Te digo que no saldrás de allí hasta que pagues el último centavo.ʷ

El que no se arrepiente perecerá

13 En aquella ocasión algunos que habían llegado le contaron a Jesús cómo Pilato había dado muerte a unos galileos cuando ellos ofrecían sus sacrificios.ˣ ²Jesús les respondió: «¿Piensan ustedes que esos galileos, por haber sufrido así, eran más pecadores que todos los demás? ³¡Les digo que no! De la misma manera, todos ustedes perecerán, a menos que se *arrepientan. ⁴¿O piensan que aquellos dieciocho que fueron aplastados por la torre de Siloé eran más culpables que todos los demás habitantes de Jerusalén? ⁵¡Les digo que no! De la misma manera, todos ustedes perecerán, a menos que se arrepientan.»

⁶Entonces les contó esta parábola: «Un hombre tenía una higuera plantada en su viñedo, pero cuando fue a buscar fruto en ella, no encontró nada. ⁷Así que le dijo al viñador: "Mira, ya hace tres años que vengo a buscar fruto en esta higuera, y no he encontrado nada. ¡Córtala! ¿Para qué ha de ocupar terreno?" ⁸"Señor —le contestó el

Not Peace but Division

⁴⁹"I have come to bring fire on the earth, and how I wish it were already kindled! ⁵⁰But I have a baptism to undergo, and how distressed I am until it is completed! ⁵¹Do you think I came to bring peace on earth? No, I tell you, but division. ⁵²From now on there will be five in one family divided against each other, three against two and two against three. ⁵³They will be divided, father against son and son against father, mother against daughter and daughter against mother, mother-in-law against daughter-in-law and daughter-in-law against mother-in-law."

Interpreting the Times

⁵⁴He said to the crowd: "When you see a cloud rising in the west, immediately you say, 'It's going to rain,' and it does. ⁵⁵And when the south wind blows, you say, 'It's going to be hot,' and it is. ⁵⁶Hypocrites! You know how to interpret the appearance of the earth and the sky. How is it that you don't know how to interpret this present time?

⁵⁷"Why don't you judge for yourselves what is right? ⁵⁸As you are going with your adversary to the magistrate, try hard to be reconciled to him on the way, or he may drag you off to the judge, and the judge turn you over to the officer, and the officer throw you into prison. ⁵⁹I tell you, you will not get out until you have paid the last penny.ᶠ"

Repent or Perish

13 Now there were some present at that time who told Jesus about the Galileans whose blood Pilate had mixed with their sacrifices. ²Jesus answered, "Do you think that these Galileans were worse sinners than all the other Galileans because they suffered this way? ³I tell you, no! But unless you repent, you too will all perish. ⁴Or those eighteen who died when the tower in Siloam fell on them—do you think they were more guilty than all the others living in Jerusalem? ⁵I tell you, no! But unless you repent, you too will all perish."

⁶Then he told this parable: "A man had a fig tree, planted in his vineyard, and he went to look for fruit on it, but did not find any. ⁷So he said to the man who took care of the vineyard, 'For three years now I've been coming to look for fruit on this fig tree and haven't found any. Cut it down! Why should it use up the soil?'

ʷ **12:59** *centavo.* Lit. **lepton.*   ˣ **13:1** *le contaron … sacrificios.* Lit. *le contaron acerca de los galileos cuya sangre Pilato mezcló con sus sacrificios.*

ᶠ **59** Greek *lepton*

viñador—, déjela todavía por un año más, para que yo pueda cavar a su alrededor y echarle abono. 9Así tal vez en adelante dé fruto; si no, córtela."»

Jesús sana en sábado a una mujer encorvada

10Un *sábado Jesús estaba enseñando en una de las sinagogas, 11y estaba allí una mujer que por causa de un demonio llevaba dieciocho años enferma. Andaba encorvada y de ningún modo podía enderezarse. 12Cuando Jesús la vio, la llamó y le dijo:

—Mujer, quedas libre de tu enfermedad.

13Al mismo tiempo, puso las manos sobre ella, y al instante la mujer se enderezó y empezó a alabar a Dios. 14Indignado porque Jesús había sanado en sábado, el jefe de la sinagoga intervino, dirigiéndose a la gente:

—Hay seis días en que se puede trabajar, así que vengan esos días para ser sanados, y no el sábado.

15—*¡Hipócritas! —le contestó el Señor—. ¿Acaso no desata cada uno de ustedes su buey o su burro en sábado, y lo saca del establo para llevarlo a tomar agua? 16Sin embargo, a esta mujer, que es hija de Abraham, y a quien Satanás tenía atada durante dieciocho largos años, ¿no se le debía quitar esta cadena en sábado?

17Cuando razonó así, quedaron humillados todos sus adversarios, pero la gente estaba encantada de tantas maravillas que él hacía.

Parábolas del grano de mostaza y de la levadura

18—¿A qué se parece el reino de Dios? —continuó Jesús—. ¿Con qué voy a compararlo? 19Se parece a un grano de mostaza que un hombre sembró en su huerto. Creció hasta convertirse en un árbol, y las aves anidaron en sus ramas.

20Volvió a decir:

—¿Con qué voy a comparar el reino de Dios? 21Es como la levadura que una mujer tomó y mezcló con una gran cantidady de harina, hasta que fermentó toda la masa.

La puerta estrecha

22Continuando su viaje a Jerusalén, Jesús enseñaba en los pueblos y aldeas por donde pasaba. 23—Señor, ¿son pocos los que van a salvarse? —le preguntó uno.

24—Esfuércense por entrar por la puerta estrecha —contestó—, porque les digo que muchos tratarán de entrar y no podrán. 25Tan pronto

8" 'Sir,' the man replied, 'leave it alone for one more year, and I'll dig around it and fertilize it. 9If it bears fruit next year, fine! If not, then cut it down.'"

A Crippled Woman Healed on the Sabbath

10On a Sabbath Jesus was teaching in one of the synagogues, 11and a woman was there who had been crippled by a spirit for eighteen years. She was bent over and could not straighten up at all. 12When Jesus saw her, he called her forward and said to her, "Woman, you are set free from your infirmity." 13Then he put his hands on her, and immediately she straightened up and praised God.

14Indignant because Jesus had healed on the Sabbath, the synagogue ruler said to the people, "There are six days for work. So come and be healed on those days, not on the Sabbath."

15The Lord answered him, "You hypocrites! Doesn't each of you on the Sabbath untie his ox or donkey from the stall and lead it out to give it water? 16Then should not this woman, a daughter of Abraham, whom Satan has kept bound for eighteen long years, be set free on the Sabbath day from what bound her?"

17When he said this, all his opponents were humiliated, but the people were delighted with all the wonderful things he was doing.

The Parables of the Mustard Seed and the Yeast

18Then Jesus asked, "What is the kingdom of God like? What shall I compare it to? 19It is like a mustard seed, which a man took and planted in his garden. It grew and became a tree, and the birds of the air perched in its branches."

20Again he asked, "What shall I compare the kingdom of God to? 21It is like yeast that a woman took and mixed into a large amountg of flour until it worked all through the dough."

The Narrow Door

22Then Jesus went through the towns and villages, teaching as he made his way to Jerusalem. 23Someone asked him, "Lord, are only a few people going to be saved?"

He said to them, 24"Make every effort to enter through the narrow door, because many, I tell you, will try to enter and will not be able to. 25Once the owner of the house gets up and

como el dueño de la casa se haya levantado a cerrar la puerta, ustedes desde afuera se pondrán a golpear la puerta, diciendo: "Señor, ábrenos." Pero él les contestará: "No sé quiénes son ustedes." 26Entonces dirán: "Comimos y bebimos contigo, y tú enseñaste en nuestras plazas." 27Pero él les contestará: "Les repito que no sé quiénes son ustedes. ¡Apártense de mí, todos ustedes hacedores de injusticia!"

28»Allí habrá llanto y rechinar de dientes cuando vean en el reino de Dios a Abraham, Isaac, Jacob y a todos los profetas, mientras a ustedes los echan fuera. 29Habrá quienes lleguen del oriente y del occidente, del norte y del sur, para *sentarse al banquete en el reino de Dios. 30En efecto, hay últimos que serán primeros, y primeros que serán últimos.

Lamento de Jesús sobre Jerusalén

31En ese momento se acercaron a Jesús unos *fariseos y le dijeron:

—Sal de aquí y vete a otro lugar, porque Herodes quiere matarte.

32Él les contestó:

—Vayan y díganle a ese zorro: "Mira, hoy y mañana seguiré expulsando demonios y sanando a la gente, y al tercer día terminaré lo que debo hacer." 33Tengo que seguir adelante hoy, mañana y pasado mañana, porque no puede ser que muera un profeta fuera de Jerusalén.

34»¡Jerusalén, Jerusalén, que matas a los profetas y apedreas a los que se te envían! ¡Cuántas veces quise reunir a tus hijos, como reúne la gallina a sus pollitos debajo de sus alas, pero no quisiste! 35Pues bien, la casa de ustedes va a quedar abandonada. Y les advierto que ya no volverán a verme hasta el día que digan: "¡Bendito el que viene en el nombre del Señor!" z

Jesús en casa de un fariseo

14 Un día Jesús fue a comer a casa de un notable de los *fariseos. Era *sábado, así que éstos estaban acechando a Jesús. 2Allí, delante de él, estaba un hombre enfermo de hidropesía. 3Jesús les preguntó a los *expertos en la ley y a los fariseos:

—¿Está permitido o no sanar en sábado?

4Pero ellos se quedaron callados. Entonces tomó al hombre, lo sanó y lo despidió.

5También les dijo:

—Si uno de ustedes tiene un hijoa o un buey que se le cae en un pozo, ¿no lo saca en seguida aunque sea sábado?

6Y no pudieron contestarle nada.

7Al notar cómo los invitados escogían los

closes the door, you will stand outside knocking and pleading, 'Sir, open the door for us.'

"But he will answer, 'I don't know you or where you come from.'

26"Then you will say, 'We ate and drank with you, and you taught in our streets.'

27"But he will reply, 'I don't know you or where you come from. Away from me, all you evildoers!'

28"There will be weeping there, and gnashing of teeth, when you see Abraham, Isaac and Jacob and all the prophets in the kingdom of God, but you yourselves thrown out. 29People will come from east and west and north and south, and will take their places at the feast in the kingdom of God. 30Indeed there are those who are last who will be first, and first who will be last."

Jesus' Sorrow for Jerusalem

31At that time some Pharisees came to Jesus and said to him, "Leave this place and go somewhere else. Herod wants to kill you."

32He replied, "Go tell that fox, 'I will drive out demons and heal people today and tomorrow, and on the third day I will reach my goal.' 33In any case, I must keep going today and tomorrow and the next day—for surely no prophet can die outside Jerusalem!

34"O Jerusalem, Jerusalem, you who kill the prophets and stone those sent to you, how often I have longed to gather your children together, as a hen gathers her chicks under her wings, but you were not willing! 35Look, your house is left to you desolate. I tell you, you will not see me again until you say, 'Blessed is he who comes in the name of the Lord.' h"

Jesus at a Pharisee's House

14 One Sabbath, when Jesus went to eat in the house of a prominent Pharisee, he was being carefully watched. 2There in front of him was a man suffering from dropsy. 3Jesus asked the Pharisees and experts in the law, "Is it lawful to heal on the Sabbath or not?" 4But they remained silent. So taking hold of the man, he healed him and sent him away.

5Then he asked them, "If one of you has a soni or an ox that falls into a well on the Sabbath day, will you not immediately pull him out?" 6And they had nothing to say.

7When he noticed how the guests picked the places of honor at the table, he told them this

---

z13:35 Sal 118:26   a14:5 hijo. Var. burro.   h35 Psalm 118:26   i5 Some manuscripts donkey

lugares de honor en la mesa, les contó esta parábola:

8—Cuando alguien te invite a una fiesta de bodas, no te sientes en el lugar de honor, no sea que haya algún invitado más distinguido que tú. **9**Si es así, el que los invitó a los dos vendrá y te dirá: "Cédele tu asiento a este hombre." Entonces, avergonzado, tendrás que ocupar el último asiento. **10**Más bien, cuando te inviten, siéntate en el último lugar, para que cuando venga el que te invitó, te diga: "Amigo, pasa más adelante a un lugar mejor." Así recibirás honor en presencia de todos los demás invitados. **11**Todo el que a sí mismo se enaltece será humillado, y el que se humilla será enaltecido.

12También dijo Jesús al que lo había invitado:

—Cuando des una comida o una cena, no invites a tus amigos, ni a tus hermanos, ni a tus parientes, ni a tus vecinos ricos; no sea que ellos, a su vez, te inviten y así seas recompensado. **13**Más bien, cuando des un banquete, invita a los pobres, a los inválidos, a los cojos y a los ciegos. **14**Entonces serás *dichoso, pues aunque ellos no tienen con qué recompensarte, serás recompensado en la resurrección de los justos.

Parábola del gran banquete

15Al oír esto, uno de los que estaban *sentados a la mesa con Jesús le dijo:

—¡*Dichoso el que coma en el banquete del reino de Dios!

16Jesús le contestó:

—Cierto hombre preparó un gran banquete e invitó a muchas personas. **17**A la hora del banquete mandó a su siervo a decirles a los invitados: "Vengan, porque ya todo está listo." **18**Pero todos, sin excepción, comenzaron a disculparse. El primero le dijo: "Acabo de comprar un terreno y tengo que ir a verlo. Te ruego que me disculpes." **19**Otro adujo: "Acabo de comprar cinco yuntas de bueyes, y voy a probarlas. Te ruego que me disculpes." **20**Otro alegó: "Acabo de casarme y por eso no puedo ir." **21**El siervo regresó y le informó de esto a su señor. Entonces el dueño de la casa se enojó y le mandó a su siervo: "Sal de prisa por las plazas y los callejones del pueblo, y trae acá a los pobres, a los inválidos, a los cojos y a los ciegos." **22**"Señor —le dijo luego el siervo—, ya hice lo que usted me mandó, pero todavía hay lugar." **23**Entonces el señor le respondió: "Ve por los caminos y las veredas, y oblígalos a entrar para que se llene mi casa. **24**Les digo que ninguno de aquellos invitados disfrutará de mi banquete."

El precio del discipulado

25Grandes multitudes seguían a Jesús, y él se volvió y les dijo: **26**«Si alguno viene a mí y no

parable: **8**"When someone invites you to a wedding feast, do not take the place of honor, for a person more distinguished than you may have been invited. **9**If so, the host who invited both of you will come and say to you, 'Give this man your seat.' Then, humiliated, you will have to take the least important place. **10**But when you are invited, take the lowest place, so that when your host comes, he will say to you, 'Friend, move up to a better place.' Then you will be honored in the presence of all your fellow guests. **11**For everyone who exalts himself will be humbled, and he who humbles himself will be exalted."

12Then Jesus said to his host, "When you give a luncheon or dinner, do not invite your friends, your brothers or relatives, or your rich neighbors; if you do, they may invite you back and so you will be repaid. **13**But when you give a banquet, invite the poor, the crippled, the lame, the blind, **14**and you will be blessed. Although they cannot repay you, you will be repaid at the resurrection of the righteous."

The Parable of the Great Banquet

15When one of those at the table with him heard this, he said to Jesus, "Blessed is the man who will eat at the feast in the kingdom of God."

16Jesus replied: "A certain man was preparing a great banquet and invited many guests. **17**At the time of the banquet he sent his servant to tell those who had been invited, 'Come, for everything is now ready.'

18"But they all alike began to make excuses. The first said, 'I have just bought a field, and I must go and see it. Please excuse me.'

19"Another said, 'I have just bought five yoke of oxen, and I'm on my way to try them out. Please excuse me.'

20"Still another said, 'I just got married, so I can't come.'

21"The servant came back and reported this to his master. Then the owner of the house became angry and ordered his servant, 'Go out quickly into the streets and alleys of the town and bring in the poor, the crippled, the blind and the lame.'

22"'Sir,' the servant said, 'what you ordered has been done, but there is still room.'

23"Then the master told his servant, 'Go out to the roads and country lanes and make them come in, so that my house will be full. **24**I tell you, not one of those men who were invited will get a taste of my banquet.'"

The Cost of Being a Disciple

25Large crowds were traveling with Jesus, and turning to them he said: **26**"If anyone comes to

sacrifica el amor[b] a su padre y a su madre, a su esposa y a sus hijos, a sus hermanos y a sus hermanas, y aun a su propia *vida, no puede ser mi discípulo. 27Y el que no carga su cruz y me sigue, no puede ser mi discípulo.

28»Supongamos que alguno de ustedes quiere construir una torre. ¿Acaso no se sienta primero a calcular el costo, para ver si tiene suficiente dinero para terminarla? 29Si echa los cimientos y no puede terminarla, todos los que la vean comenzarán a burlarse de él, 30y dirán: "Este hombre ya no pudo terminar lo que comenzó a construir."

31»O supongamos que un rey está a punto de ir a la guerra contra otro rey. ¿Acaso no se sienta primero a calcular si con diez mil hombres puede enfrentarse al que viene contra él con veinte mil? 32Si no puede, enviará una delegación mientras el otro está todavía lejos, para pedir condiciones de paz. 33De la misma manera, cualquiera de ustedes que no renuncie a todos sus bienes, no puede ser mi discípulo.

34»La sal es buena, pero si se vuelve insípida, ¿cómo recuperará el sabor? 35No sirve ni para la tierra ni para el abono; hay que tirarla fuera.

»El que tenga oídos para oír, que oiga.»

Parábola de la oveja perdida

15 Muchos *recaudadores de impuestos y *pecadores se acercaban a Jesús para oírlo, 2de modo que los *fariseos y los *maestros de la ley se pusieron a murmurar: «Este hombre recibe a los pecadores y come con ellos.»

3Él entonces les contó esta parábola: 4«Supongamos que uno de ustedes tiene cien ovejas y pierde una de ellas. ¿No deja las noventa y nueve en el campo, y va en busca de la oveja perdida hasta encontrarla? 5Y cuando la encuentra, lleno de alegría la carga en los hombros 6y vuelve a la casa. Al llegar, reúne a sus amigos y vecinos, y les dice: "Alégrense conmigo; ya encontré la oveja que se me había perdido." 7Les digo que así es también en el cielo: habrá más alegría por un solo pecador que se *arrepienta, que por noventa y nueve justos que no necesitan arrepentirse.

Parábola de la moneda perdida

8»O supongamos que una mujer tiene diez monedas de plata[c] y pierde una. ¿No enciende una lámpara, barre la casa y busca con cuidado hasta encontrarla? 9Y cuando la encuentra, reúne a sus amigas y vecinas, y les dice: "Alégrense

me and does not hate his father and mother, his wife and children, his brothers and sisters—yes, even his own life—he cannot be my disciple. 27And anyone who does not carry his cross and follow me cannot be my disciple.

28"Suppose one of you wants to build a tower. Will he not first sit down and estimate the cost to see if he has enough money to complete it? 29For if he lays the foundation and is not able to finish it, everyone who sees it will ridicule him, 30saying, 'This fellow began to build and was not able to finish.'

31"Or suppose a king is about to go to war against another king. Will he not first sit down and consider whether he is able with ten thousand men to oppose the one coming against him with twenty thousand? 32If he is not able, he will send a delegation while the other is still a long way off and will ask for terms of peace. 33In the same way, any of you who does not give up everything he has cannot be my disciple.

34"Salt is good, but if it loses its saltiness, how can it be made salty again? 35It is fit neither for the soil nor for the manure pile; it is thrown out.

"He who has ears to hear, let him hear."

The Parable of the Lost Sheep

15 Now the tax collectors and "sinners" were all gathering around to hear him. 2But the Pharisees and the teachers of the law muttered, "This man welcomes sinners and eats with them."

3Then Jesus told them this parable: 4"Suppose one of you has a hundred sheep and loses one of them. Does he not leave the ninety-nine in the open country and go after the lost sheep until he finds it? 5And when he finds it, he joyfully puts it on his shoulders 6and goes home. Then he calls his friends and neighbors together and says, 'Rejoice with me; I have found my lost sheep.' 7I tell you that in the same way there will be more rejoicing in heaven over one sinner who repents than over ninety-nine righteous persons who do not need to repent.

The Parable of the Lost Coin

8"Or suppose a woman has ten silver coins[j] and loses one. Does she not light a lamp, sweep the house and search carefully until she finds it? 9And when she finds it, she calls her friends and neighbors together and says, 'Re-

---

[b]14:26 no sacrifica el amor. Lit. no odia.   [c]15:8 monedas de plata. Lit. *dracmas.

[j]8 Greek ten drachmas, each worth about a day's wages

conmigo; ya encontré la moneda que se me había perdido." ¹⁰Les digo que así mismo se alegra Dios con sus ángeles*d* por un pecador que se arrepiente.

Parábola del hijo perdido

¹¹»Un hombre tenía dos hijos —continuó Jesús—. ¹²El menor de ellos le dijo a su padre: "Papá, dame lo que me toca de la herencia." Así que el padre repartió sus bienes entre los dos. ¹³Poco después el hijo menor juntó todo lo que tenía y se fue a un país lejano; allí vivió desenfrenadamente y derrochó su herencia.

¹⁴»Cuando ya lo había gastado todo, sobrevino una gran escasez en la región, y él comenzó a pasar necesidad. ¹⁵Así que fue y consiguió empleo con un ciudadano de aquel país, quien lo mandó a sus campos a cuidar cerdos. ¹⁶Tanta hambre tenía que hubiera querido llenarse el estómago con la comida que daban a los cerdos, pero aun así nadie le daba nada. ¹⁷Por fin recapacitó y se dijo: "¡Cuántos jornaleros de mi padre tienen comida de sobra, y yo aquí me muero de hambre! ¹⁸Tengo que volver a mi padre y decirle: Papá, he pecado contra el cielo y contra ti. ¹⁹Ya no merezco que se me llame tu hijo; trátame como si fuera uno de tus jornaleros." ²⁰Así que emprendió el viaje y se fue a su padre.

»Todavía estaba lejos cuando su padre lo vio y se compadeció de él; salió corriendo a su encuentro, lo abrazó y lo besó. ²¹El joven le dijo: "Papá, he pecado contra el cielo y contra ti. Ya no merezco que se me llame tu hijo."*e* ²²Pero el padre ordenó a sus *siervos: "¡Pronto! Traigan la mejor ropa para vestirlo. Pónganle también un anillo en el dedo y sandalias en los pies. ²³Traigan el ternero más gordo y mátenlo para celebrar un banquete. ²⁴Porque este hijo mío estaba muerto, pero ahora ha vuelto a la vida; se había perdido, pero ya lo hemos encontrado." Así que empezaron a hacer fiesta.

²⁵»Mientras tanto, el hijo mayor estaba en el campo. Al volver, cuando se acercó a la casa, oyó la música del baile. ²⁶Entonces llamó a uno de los siervos y le preguntó qué pasaba. ²⁷"Ha llegado tu hermano —le respondió—, y tu papá ha matado el ternero más gordo porque ha recobrado a su hijo sano y salvo." ²⁸Indignado, el hermano mayor se negó a entrar. Así que su padre salió a suplicarle que lo hiciera. ²⁹Pero él le contestó: "¡Fíjate cuántos años te he servido sin desobedecer jamás tus órdenes, y ni un cabrito me has dado para celebrar una fiesta con mis amigos! ³⁰¡Pero ahora llega ese hijo tuyo, que ha despilfarrado tu

joice with me; I have found my lost coin.' ¹⁰In the same way, I tell you, there is rejoicing in the presence of the angels of God over one sinner who repents."

The Parable of the Lost Son

¹¹Jesus continued: "There was a man who had two sons. ¹²The younger one said to his father, 'Father, give me my share of the estate.' So he divided his property between them.

¹³"Not long after that, the younger son got together all he had, set off for a distant country and there squandered his wealth in wild living. ¹⁴After he had spent everything, there was a severe famine in that whole country, and he began to be in need. ¹⁵So he went and hired himself out to a citizen of that country, who sent him to his fields to feed pigs. ¹⁶He longed to fill his stomach with the pods that the pigs were eating, but no one gave him anything.

¹⁷"When he came to his senses, he said, 'How many of my father's hired men have food to spare, and here I am starving to death! ¹⁸I will set out and go back to my father and say to him: Father, I have sinned against heaven and against you. ¹⁹I am no longer worthy to be called your son; make me like one of your hired men.' ²⁰So he got up and went to his father.

"But while he was still a long way off, his father saw him and was filled with compassion for him; he ran to his son, threw his arms around him and kissed him.

²¹"The son said to him, 'Father, I have sinned against heaven and against you. I am no longer worthy to be called your son.*k*'

²²"But the father said to his servants, 'Quick! Bring the best robe and put it on him. Put a ring on his finger and sandals on his feet. ²³Bring the fattened calf and kill it. Let's have a feast and celebrate. ²⁴For this son of mine was dead and is alive again; he was lost and is found.' So they began to celebrate.

²⁵"Meanwhile, the older son was in the field. When he came near the house, he heard music and dancing. ²⁶So he called one of the servants and asked him what was going on. ²⁷'Your brother has come,' he replied, 'and your father has killed the fattened calf because he has him back safe and sound.'

²⁸"The older brother became angry and refused to go in. So his father went out and pleaded with him. ²⁹But he answered his father, 'Look! All these years I've been slaving for you and never disobeyed your orders. Yet you never gave

---

*d*15:10 *se alegra ... ángeles.* Lit. *hay alegría en la presencia de los ángeles de Dios.* *e*15:21 *hijo.* Var. *hijo; trátame como si fuera uno de tus jornaleros.*

*k*21 Some early manuscripts *son. Make me like one of your hired men.*

fortuna con prostitutas, y tú mandas matar en su honor el ternero más gordo!"

31» "Hijo mío —le dijo su padre—, tú siempre estás conmigo, y todo lo que tengo es tuyo. 32Pero teníamos que hacer fiesta y alegrarnos, porque este hermano tuyo estaba muerto, pero ahora ha vuelto a la vida; se había perdido, pero ya lo hemos encontrado." »

Parábola del administrador astuto

16 Jesús contó otra parábola a sus discípulos: «Un hombre rico tenía un administrador a quien acusaron de derrochar sus bienes. 2Así que lo mandó a llamar y le dijo: "¿Qué es esto que me dicen de ti? Rinde cuentas de tu administración, porque ya no puedes seguir en tu puesto." 3El administrador reflexionó: "¿Qué voy a hacer ahora que mi patrón está por quitarme el puesto? No tengo fuerzas para cavar, y me da vergüenza pedir limosna. 4Tengo que asegurarme de que, cuando me echen de la administración, haya gente que me reciba en su casa. ¡Ya sé lo que voy a hacer!"

5»Llamó entonces a cada uno de los que le debían algo a su patrón. Al primero le preguntó: "¿Cuánto le debes a mi patrón?" 6"Cien barrilesf de aceite", le contestó él. El administrador le dijo: "Toma tu factura, siéntate en seguida y escribe cincuenta." 7Luego preguntó al segundo: "Y tú, ¿cuánto debes?" "Cien bultosg de trigo", contestó. El administrador le dijo: "Toma tu factura y escribe ochenta."

8»Pues bien, el patrón elogió al administrador de riquezas mundanash por haber actuado con astucia. Es que los de este mundo, en su trato con los que son como ellos, son más astutos que los que han recibido la luz. 9Por eso les digo que se valgan de las riquezas mundanas para ganar amigos,i a fin de que cuando éstas se acaben haya quienes los reciban a ustedes en las viviendas eternas.

10»El que es honradoj en lo poco, también lo será en lo mucho; y el que no es íntegrok en lo poco, tampoco lo será en lo mucho. 11Por eso, si ustedes no han sido honrados en el uso de las riquezas mundanas,l ¿quién les confiará las verdaderas? 12Y si con lo ajeno no han sido honrados, ¿quién les dará a ustedes lo que les pertenece?

13»Ningún sirviente puede servir a dos patro-

me even a young goat so I could celebrate with my friends. 30But when this son of yours who has squandered your property with prostitutes comes home, you kill the fattened calf for him!'

31" 'My son,' the father said, 'you are always with me, and everything I have is yours. 32But we had to celebrate and be glad, because this brother of yours was dead and is alive again; he was lost and is found.' "

The Parable of the Shrewd Manager

16 Jesus told his disciples: "There was a rich man whose manager was accused of wasting his possessions. 2So he called him in and asked him, 'What is this I hear about you? Give an account of your management, because you cannot be manager any longer.'

3"The manager said to himself, 'What shall I do now? My master is taking away my job. I'm not strong enough to dig, and I'm ashamed to beg— 4I know what I'll do so that, when I lose my job here, people will welcome me into their houses.'

5"So he called in each one of his master's debtors. He asked the first, 'How much do you owe my master?'

6" 'Eight hundred gallonsl of olive oil,' he replied.

"The manager told him, 'Take your bill, sit down quickly, and make it four hundred.'

7"Then he asked the second, 'And how much do you owe?'

" 'A thousand bushelsm of wheat,' he replied.

"He told him, 'Take your bill and make it eight hundred.'

8"The master commended the dishonest manager because he had acted shrewdly. For the people of this world are more shrewd in dealing with their own kind than are the people of the light. 9I tell you, use worldly wealth to gain friends for yourselves, so that when it is gone, you will be welcomed into eternal dwellings.

10"Whoever can be trusted with very little can also be trusted with much, and whoever is dishonest with very little will also be dishonest with much. 11So if you have not been trustworthy in handling worldly wealth, who will trust you with true riches? 12And if you have not been trustworthy with someone else's property, who will give you property of your own?

13"No servant can serve two masters. Either he will hate the one and love the other, or he will

---

f16:6 *cien barriles.* Lit. *cien* *batos (unos 3.700 litros).
g16:7 *cien bultos.* Lit. *cien* *coros (unos 37.000 litros).
h16:8 *administrador de riquezas mundanas.* Alt. *administrador deshonesto.* Lit. *administrador de injusticia.*
i16:9 *se valgan ... amigos.* Lit. *se hagan amigos por medio del dinero de injusticia.* j16:10 *honrado.* Alt. *digno de confianza.* Lit. *fiel;* también en vv. 11,12. k16:10 *el que no es íntegro.* Lit. *el que es injusto.* l16:11 *las riquezas mundanas.* Lit. *el dinero injusto.*

l 6 Greek *one hundred batous* (probably about 3 kiloliters)
m 7 Greek *one hundred korous* (probably about 35 kiloliters)

nes. Menospreciará a uno y amará al otro, o querrá mucho a uno y despreciará al otro. Ustedes no pueden servir a la vez a Dios y a las riquezas.»

14Oían todo esto los *fariseos, a quienes les encantaba el dinero, y se burlaban de Jesús. 15Él les dijo: «Ustedes se hacen los buenos ante la gente, pero Dios conoce sus corazones. Dense cuenta de que aquello que la gente tiene en gran estima es detestable delante de Dios.

Otras enseñanzas

16»La ley y los profetas se proclamaron hasta Juan. Desde entonces se anuncian las buenas *nuevas del reino de Dios, y todos se esfuerzan por entrar en él.[m] 17Es más fácil que desaparezcan el cielo y la tierra, que caiga una sola tilde de la ley.

18»Todo el que se divorcia de su esposa y se casa con otra, comete adulterio; y el que se casa con la divorciada, comete adulterio.

El rico y Lázaro

19»Había un hombre rico que se vestía lujosamente[n] y daba espléndidos banquetes todos los días. 20A la puerta de su casa se tendía un mendigo llamado Lázaro, que estaba cubierto de llagas 21y que hubiera querido llenarse el estómago con lo que caía de la mesa del rico. Hasta los perros se acercaban y le lamían las llagas.

22»Resulta que murió el mendigo, y los ángeles se lo llevaron para que estuviera al lado de Abraham. También murió el rico, y lo sepultaron. 23En el infierno,[ñ] en medio de sus tormentos, el rico levantó los ojos y vio de lejos a Abraham, y a Lázaro junto a él. 24Así que alzó la voz y lo llamó: "Padre Abraham, ten compasión de mí y manda a Lázaro que moje la punta del dedo en agua y me refresque la lengua, porque estoy sufriendo mucho en este fuego." 25Pero Abraham le contestó: "Hijo, recuerda que durante tu vida te fue muy bien, mientras que a Lázaro le fue muy mal; pero ahora a él le toca recibir consuelo aquí, y a ti, sufrir terríblemente. 26Además de eso, hay un gran abismo entre nosotros y ustedes, de modo que los que quieren pasar de aquí para allá no pueden, ni tampoco pueden los de allá para acá." 27»Él respondió: "Entonces te ruego, padre, que mandes a Lázaro a la casa de mi padre, 28para que advierta a mis cinco hermanos y no vengan ellos también a este lugar de tormento." 29Pero Abraham le contestó: "Ya tienen a Moisés y a los

be devoted to the one and despise the other. You cannot serve both God and Money."

14The Pharisees, who loved money, heard all this and were sneering at Jesus. 15He said to them, "You are the ones who justify yourselves in the eyes of men, but God knows your hearts. What is highly valued among men is detestable in God's sight.

Additional Teachings

16"The Law and the Prophets were proclaimed until John. Since that time, the good news of the kingdom of God is being preached, and everyone is forcing his way into it. 17It is easier for heaven and earth to disappear than for the least stroke of a pen to drop out of the Law.

18"Anyone who divorces his wife and marries another woman commits adultery, and the man who marries a divorced woman commits adultery.

The Rich Man and Lazarus

19"There was a rich man who was dressed in purple and fine linen and lived in luxury every day. 20At his gate was laid a beggar named Lazarus, covered with sores 21and longing to eat what fell from the rich man's table. Even the dogs came and licked his sores.

22"The time came when the beggar died and the angels carried him to Abraham's side. The rich man also died and was buried. 23In hell,[n] where he was in torment, he looked up and saw Abraham far away, with Lazarus by his side. 24So he called to him, 'Father Abraham, have pity on me and send Lazarus to dip the tip of his finger in water and cool my tongue, because I am in agony in this fire.'

25"But Abraham replied, 'Son, remember that in your lifetime you received your good things, while Lazarus received bad things, but now he is comforted here and you are in agony. 26And besides all this, between us and you a great chasm has been fixed, so that those who want to go from here to you cannot, nor can anyone cross over from there to us.'

27"He answered, 'Then I beg you, father, send Lazarus to my father's house, 28for I have five brothers. Let him warn them, so that they will not also come to this place of torment.'

29"Abraham replied, 'They have Moses and the Prophets; let them listen to them.'

---

m 16:16 se esfuerzan por entrar en él. Alt. hacen violencia por entrar en él, o hacen violencia contra él.
n 16:19 lujosamente. Lit. con púrpura y tela fina.
ñ 16:23 infierno. Lit. *Hades.

n 23 Greek Hades

profetas; ¡que les hagan caso a ellos!" **30**"No les harán caso, padre Abraham —replicó el rico—; en cambio, si se les presentara uno de entre los muertos, entonces sí se *arrepentirían." **31**Abraham le dijo: "Si no les hacen caso a Moisés y a los profetas, tampoco se convencerán aunque alguien se *levante de entre los muertos." »

El pecado, la fe y el deber

17 Luego dijo Jesús a sus discípulos:
—Los *tropiezos son inevitables, pero ¡ay de aquel que los ocasiona! **2**Más le valdría ser arrojado al mar con una piedra de molino atada al cuello, que servir de tropiezo a uno solo de estos pequeños. **3**Así que, ¡cuídense!

»Si tu hermano peca, repréndelo; y si se *arrepiente, perdónalo. **4**Aun si peca contra ti siete veces en un día, y siete veces regresa a decirte "Me arrepiento", perdónalo.

5Entonces los apóstoles le dijeron al Señor:
—¡Aumenta nuestra fe!

6—Si ustedes tuvieran una fe tan pequeña como un grano de mostaza —les respondió el Señor—, podrían decirle a este árbol: "Desarráigate y plántate en el mar", y les obedecería.

7»Supongamos que uno de ustedes tiene un *siervo que ha estado arando el campo o cuidando las ovejas. Cuando el siervo regresa del campo, ¿acaso se le dice: "Ven en seguida a sentarte a la mesa"? **8**¿No se le diría más bien: "Prepárame la comida y cámbiate de ropa para atenderme mientras yo ceno; después tú podrás cenar"? **9**¿Acaso se le darían las gracias al siervo por haber hecho lo que se le mandó? **10**Así también ustedes, cuando hayan hecho todo lo que se les ha mandado, deben decir: "Somos siervos inútiles; no hemos hecho más que cumplir con nuestro deber."

Jesús sana a diez leprosos

11Un día, siguiendo su viaje a Jerusalén, Jesús pasaba por Samaria y Galilea. **12**Cuando estaba por entrar en un pueblo, salieron a su encuentro diez hombres enfermos de *lepra. Como se habían quedado a cierta distancia, **13**gritaron:
—¡Jesús, Maestro, ten compasión de nosotros!

14Al verlos, les dijo:
—Vayan a presentarse a los sacerdotes.
Resultó que, mientras iban de camino, quedaron *limpios.

15Uno de ellos, al verse ya sano, regresó alabando a Dios a grandes voces. **16**Cayó rostro en tierra a los pies de Jesús y le dio las gracias, no obstante que era samaritano.

17—¿Acaso no quedaron limpios los diez? —preguntó Jesús—. ¿Dónde están los otros nueve? **18**¿No hubo ninguno que regresara a dar gloria a Dios, excepto este extranjero? **19**Levánta-

30"No, father Abraham,' he said, 'but if someone from the dead goes to them, they will repent.'

31He said to him, 'If they do not listen to Moses and the Prophets, they will not be convinced even if someone rises from the dead.'"

Sin, Faith, Duty

17 Jesus said to his disciples: "Things that cause people to sin are bound to come, but woe to that person through whom they come. **2**It would be better for him to be thrown into the sea with a millstone tied around his neck than for him to cause one of these little ones to sin. **3**So watch yourselves.

"If your brother sins, rebuke him, and if he repents, forgive him. **4**If he sins against you seven times in a day, and seven times comes back to you and says, 'I repent,' forgive him."

5The apostles said to the Lord, "Increase our faith!"

6He replied, "If you have faith as small as a mustard seed, you can say to this mulberry tree, 'Be uprooted and planted in the sea,' and it will obey you.

7"Suppose one of you had a servant plowing or looking after the sheep. Would he say to the servant when he comes in from the field, 'Come along now and sit down to eat'? **8**Would he not rather say, 'Prepare my supper, get yourself ready and wait on me while I eat and drink; after that you may eat and drink'? **9**Would he thank the servant because he did what he was told to do? **10**So you also, when you have done everything you were told to do, should say, 'We are unworthy servants; we have only done our duty.'"

Ten Healed of Leprosy

11Now on his way to Jerusalem, Jesus traveled along the border between Samaria and Galilee. **12**As he was going into a village, ten men who had leprosy*a* met him. They stood at a distance **13**and called out in a loud voice, "Jesus, Master, have pity on us!"

14When he saw them, he said, "Go, show yourselves to the priests." And as they went, they were cleansed.

15One of them, when he saw he was healed, came back, praising God in a loud voice. **16**He threw himself at Jesus' feet and thanked him—and he was a Samaritan.

17Jesus asked, "Were not all ten cleansed? Where are the other nine? **18**Was no one found

---

a 12 The Greek word was used for various diseases affecting the skin—not necessarily leprosy.

te y vete —le dijo al hombre—; tu fe te ha *sanado.

La venida del reino de Dios

20 Los *fariseos le preguntaron a Jesús cuándo iba a venir el reino de Dios, y él les respondió:

—La venida del reino de Dios no se puede someter a cálculos.[o] 21 No van a decir: "¡Mírenlo acá! ¡Mírenlo allá!" Dense cuenta de que el reino de Dios está entre[p] ustedes.

22 A sus discípulos les dijo:

—Llegará el tiempo en que ustedes anhelarán vivir siquiera uno de los días del Hijo del hombre, pero no podrán. 23 Les dirán: "¡Mírenlo allá! ¡Mírenlo acá!" No vayan; no los sigan. 24 Porque en su día[q] el Hijo del hombre será como el relámpago que fulgura e ilumina el cielo de uno a otro extremo. 25 Pero antes él tiene que sufrir muchas cosas y ser rechazado por esta generación.

26 »Tal como sucedió en tiempos de Noé, así también será cuando venga el Hijo del hombre. 27 Comían, bebían, y se casaban y daban en casamiento, hasta el día en que Noé entró en el arca; entonces llegó el diluvio y los destruyó a todos.

28 »Lo mismo sucedió en tiempos de Lot: comían y bebían, compraban y vendían, sembraban y edificaban. 29 Pero el día en que Lot salió de Sodoma, llovió del cielo fuego y azufre y acabó con todos.

30 »Así será el día en que se manifieste el Hijo del hombre. 31 En aquel día, el que esté en la azotea y tenga sus cosas dentro de la casa, que no baje a buscarlas. Así mismo el que esté en el campo, que no regrese por lo que haya dejado atrás. 32 ¡Acuérdense de la esposa de Lot! 33 El que procure conservar su *vida, la perderá; y el que la pierda, la conservará. 34 Les digo que en aquella noche estarán dos personas en una misma cama: una será llevada y la otra será dejada. 35 Dos mujeres estarán moliendo juntas: una será llevada y la otra será dejada.[r]

37 —¿Dónde, Señor? —preguntaron.

—Donde esté el cadáver, allí se reunirán los buitres —respondió él.

Parábola de la viuda insistente

18 Jesús les contó a sus discípulos una parábola para mostrarles que debían orar siempre, sin desanimarse. 2 Les dijo: «Había en cierto pueblo un juez que no tenía temor de Dios

[o] **17:20** *La venida ... cálculos.* Lit. *El reino de Dios no viene con observación.* [p] **17:21** *entre.* Alt. *dentro de.* [q] **17:24** Var. *no incluye: en su día.* [r] **17:35** *dejada.* Var. *dejada. 36 Estarán dos hombres en el campo: uno será llevado y el otro será dejado* (véase Mt 24:40).

to return and give praise to God except this foreigner?" 19 Then he said to him, "Rise and go; your faith has made you well."

The Coming of the Kingdom of God

20 Once, having been asked by the Pharisees when the kingdom of God would come, Jesus replied, "The kingdom of God does not come with your careful observation, 21 nor will people say, 'Here it is,' or 'There it is,' because the kingdom of God is within[p] you."

22 Then he said to his disciples, "The time is coming when you will long to see one of the days of the Son of Man, but you will not see it. 23 Men will tell you, 'There he is!' or 'Here he is!' Do not go running off after them. 24 For the Son of Man in his day[q] will be like the lightning, which flashes and lights up the sky from one end to the other. 25 But first he must suffer many things and be rejected by this generation.

26 "Just as it was in the days of Noah, so also will it be in the days of the Son of Man. 27 People were eating, drinking, marrying and being given in marriage up to the day Noah entered the ark. Then the flood came and destroyed them all.

28 "It was the same in the days of Lot. People were eating and drinking, buying and selling, planting and building. 29 But the day Lot left Sodom, fire and sulfur rained down from heaven and destroyed them all.

30 "It will be just like this on the day the Son of Man is revealed. 31 On that day no one who is on the roof of his house, with his goods inside, should go down to get them. Likewise, no one in the field should go back for anything. 32 Remember Lot's wife! 33 Whoever tries to keep his life will lose it, and whoever loses his life will preserve it. 34 I tell you, on that night two people will be in one bed; one will be taken and the other left. 35 Two women will be grinding grain together; one will be taken and the other left."[r]

37 "Where, Lord?" they asked.

He replied, "Where there is a dead body, there the vultures will gather."

The Parable of the Persistent Widow

18 Then Jesus told his disciples a parable to show them that they should always pray and not give up. 2 He said: "In a certain town there was a judge who neither feared God nor cared about men. 3 And there was a widow

[p] *21* Or *among* [q] *24* Some manuscripts do not have *in his day.* [r] *35* Some manuscripts *left.* *36 Two men will be in the field; one will be taken and the other left.*

ni consideración de nadie. 3En el mismo pueblo había una viuda que insistía en pedirle: "Hágame usted justicia contra mi adversario." 4Durante algún tiempo él se negó, pero por fin concluyó: "Áunque no temo a Dios ni tengo consideración de nadie, 5como esta viuda no deja de molestarme, voy a tener que hacerle justicia, no sea que con sus visitas me haga la vida imposible."»

6 Continuó el Señor: «Tengan en cuenta lo dicho por el juez injusto. 7¿Acaso Dios no hará justicia a sus escogidos, que claman a él día y noche? ¿Se tardará mucho en responderles? 8 Les digo que sí les hará justicia, y sin demora. No obstante, cuando venga el Hijo del hombre, ¿encontrará fe en la tierra?»

Parábola del fariseo y del recaudador de impuestos

9A algunos que, confiando en sí mismos, se creían justos y que despreciaban a los demás, Jesús les contó esta parábola: 10«Dos hombres subieron al *templo a orar; uno era *fariseo y el otro, *recaudador de impuestos. 11El fariseo se puso a orar consigo mismo: "Oh Dios, te doy gracias porque no soy como otros hombres —ladrones, malhechores, adúlteros— ni mucho menos como ese recaudador de impuestos. 12Ayuno dos veces a la semana y doy la décima parte de todo lo que recibo." 13En cambio, el recaudador de impuestos, que se había quedado a cierta distancia, ni siquiera se atrevía a alzar la vista al cielo, sino que se golpeaba el pecho y decía: "¡Oh Dios, ten compasión de mí, que soy pecador!"

14»Les digo que éste, y no aquél, volvió a su casa *justificado ante Dios. Pues todo el que a sí mismo se enaltece será humillado, y el que se humilla será enaltecido.»

Jesús y los niños

15También le llevaban niños pequeños a Jesús para que los tocara. Al ver esto, los discípulos reprendían a quienes los llevaban. 16Pero Jesús llamó a los niños y dijo: «Dejen que los niños vengan a mí, y no se lo impidan, porque el reino de Dios es de quienes son como ellos. 17Les aseguro que el que no reciba el reino de Dios como un niño, de ninguna manera entrará en él.»

El dirigente rico

18Cierto dirigente le preguntó:

—Maestro bueno, ¿qué tengo que hacer para heredar la vida eterna?

19—¿Por qué me llamas bueno? —respondió Jesús—. Nadie es bueno sino sólo Dios. 20Ya sabes los mandamientos: "No cometas adulte-

in that town who kept coming to him with the plea, 'Grant me justice against my adversary.'

4"For some time he refused. But finally he said to himself, 'Even though I don't fear God or care about men, 5yet because this widow keeps bothering me, I will see that she gets justice, so that she won't eventually wear me out with her coming!' "

6 And the Lord said, "Listen to what the unjust judge says. 7And will not God bring about justice for his chosen ones, who cry out to him day and night? Will he keep putting them off? 8 I tell you, he will see that they get justice, and quickly. However, when the Son of Man comes, will he find faith on the earth?"

The Parable of the Pharisee and the Tax Collector

9 To some who were confident of their own righteousness and looked down on everybody else, Jesus told this parable: 10"Two men went up to the temple to pray, one a Pharisee and the other a tax collector. 11 The Pharisee stood up and prayed about *s* himself: 'God, I thank you that I am not like other men—robbers, evildoers, adulterers—or even like this tax collector. 12 I fast twice a week and give a tenth of all I get.'

13"But the tax collector stood at a distance. He would not even look up to heaven, but beat his breast and said, 'God, have mercy on me, a sinner.'

14"I tell you that this man, rather than the other, went home justified before God. For everyone who exalts himself will be humbled, and he who humbles himself will be exalted."

The Little Children and Jesus

15People were also bringing babies to Jesus to have him touch them. When the disciples saw this, they rebuked them. 16But Jesus called the children to him and said, "Let the little children come to me, and do not hinder them, for the kingdom of God belongs to such as these. 17I tell you the truth, anyone who will not receive the kingdom of God like a little child will never enter it."

The Rich Ruler

18A certain ruler asked him, "Good teacher, what must I do to inherit eternal life?"

19"Why do you call me good?" Jesus answered. "No one is good—except God alone. 20You know the commandments: 'Do not commit adultery, do not murder, do not steal, do not

s 11 Or *to*

rio, no mates, no robes, no presentes falso testimonio, honra a tu padre y a tu madre." [s]

21—Todo eso lo he cumplido desde que era joven —dijo el hombre.

22Al oír esto, Jesús añadió:

—Todavía te falta una cosa: vende todo lo que tienes y repártelo entre los pobres, y tendrás tesoro en el cielo. Luego ven y sígueme.

23Cuando el hombre oyó esto, se entristeció mucho, pues era muy rico. 24Al verlo tan afligido, Jesús comentó:

—¡Qué difícil es para los ricos entrar en el reino de Dios! 25En realidad, le resulta más fácil a un camello pasar por el ojo de una aguja, que a un rico entrar en el reino de Dios.

26Los que lo oyeron preguntaron:

—Entonces, ¿quién podrá salvarse?

27—Lo que es imposible para los hombres es posible para Dios —aclaró Jesús.

28—Mira —le dijo Pedro—, nosotros hemos dejado todo lo que teníamos para seguirte.

29—Les aseguro —respondió Jesús— que todo el que por causa del reino de Dios haya dejado casa, esposa, hermanos, padres o hijos, 30recibirá mucho más en este tiempo; y en la edad venidera, la vida eterna.

Jesús predice de nuevo su muerte

31Entonces Jesús tomó aparte a los doce y les dijo: «Ahora vamos rumbo a Jerusalén, donde se cumplirá todo lo que escribieron los profetas acerca del Hijo del hombre. 32En efecto, será entregado a los *gentiles. Se burlarán de él, lo insultarán, le escupirán; 33y después de azotarlo, lo matarán. Pero al tercer día resucitará.»

34Los discípulos no entendieron nada de esto. Les era incomprensible, pues no captaban el sentido de lo que les hablaba.

Un mendigo ciego recibe la vista

35Sucedió que al acercarse Jesús a Jericó, estaba un ciego sentado junto al camino pidiendo limosna. 36Cuando oyó a la multitud que pasaba, preguntó qué acontecía.

37—Jesús de Nazaret está pasando por aquí —le respondieron.

38—¡Jesús, Hijo de David, ten compasión de mí! —gritó el ciego.

39Los que iban delante lo reprendían para que se callara, pero él se puso a gritar aún más fuerte:

—¡Hijo de David, ten compasión de mí!

40Jesús se detuvo y mandó que se lo trajeran. Cuando el ciego se acercó, le preguntó Jesús:

41—¿Qué quieres que haga por ti?

—Señor, quiero ver.

give false testimony, honor your father and mother.' [t]"

21"All these I have kept since I was a boy," he said.

22When Jesus heard this, he said to him, "You still lack one thing. Sell everything you have and give to the poor, and you will have treasure in heaven. Then come, follow me."

23When he heard this, he became very sad, because he was a man of great wealth. 24Jesus looked at him and said, "How hard it is for the rich to enter the kingdom of God! 25Indeed, it is easier for a camel to go through the eye of a needle than for a rich man to enter the kingdom of God."

26Those who heard this asked, "Who then can be saved?"

27Jesus replied, "What is impossible with men is possible with God."

28Peter said to him, "We have left all we had to follow you!"

29"I tell you the truth," Jesus said to them, "no one who has left home or wife or brothers or parents or children for the sake of the kingdom of God 30will fail to receive many times as much in this age and, in the age to come, eternal life."

Jesus Again Predicts His Death

31Jesus took the Twelve aside and told them, "We are going up to Jerusalem, and everything that is written by the prophets about the Son of Man will be fulfilled. 32He will be handed over to the Gentiles. They will mock him, insult him, spit on him, flog him and kill him. 33On the third day he will rise again."

34The disciples did not understand any of this. Its meaning was hidden from them, and they did not know what he was talking about.

A Blind Beggar Receives His Sight

35As Jesus approached Jericho, a blind man was sitting by the roadside begging. 36When he heard the crowd going by, he asked what was happening. 37They told him, "Jesus of Nazareth is passing by."

38He called out, "Jesus, Son of David, have mercy on me!"

39Those who led the way rebuked him and told him to be quiet, but he shouted all the more, "Son of David, have mercy on me!"

40Jesus stopped and ordered the man to be brought to him. When he came near, Jesus asked him, 41"What do you want me to do for you?"

"Lord, I want to see," he replied.

---

[s] 18:20 Éx 20:12-16; Dt 5:16-20   [t] 20 Exodus 20:12-16; Deut. 5:16-20

⁴²—¡Recibe la vista! —le dijo Jesús—. Tu fe te ha *sanado.

⁴³Al instante recobró la vista. Entonces, glorificando a Dios, comenzó a seguir a Jesús, y todos los que lo vieron daban alabanza a Dios.

Zaqueo, el recaudador de impuestos

19 Jesús llegó a Jericó y comenzó a cruzar la ciudad. ²Resulta que había allí un hombre llamado Zaqueo, jefe de los *recaudadores de impuestos, que era muy rico. ³Estaba tratando de ver quién era Jesús, pero la multitud se lo impedía, pues era de baja estatura. ⁴Por eso se adelantó corriendo y se subió a un árbol para poder verlo, ya que Jesús iba a pasar por allí.

⁵Llegando al lugar, Jesús miró hacia arriba y le dijo:

—Zaqueo, baja en seguida. Tengo que quedarme hoy en tu casa.

⁶Así que se apresuró a bajar y, muy contento, recibió a Jesús en su casa.

⁷Al ver esto, todos empezaron a murmurar: «Ha ido a hospedarse con un *pecador.»

⁸Pero Zaqueo dijo resueltamente:

—Mira, Señor: Ahora mismo voy a dar a los pobres la mitad de mis bienes, y si en algo he defraudado a alguien, le devolveré cuatro veces la cantidad que sea.

⁹—Hoy ha llegado la salvación a esta casa —le dijo Jesús—, ya que éste también es hijo de Abraham. ¹⁰Porque el Hijo del hombre vino a buscar y a salvar lo que se había perdido.

Parábola del dinero

¹¹Como la gente lo escuchaba, pasó a contarles una parábola, porque estaba cerca de Jerusalén y la gente pensaba que el reino de Dios iba a manifestarse en cualquier momento. ¹²Así que les dijo: «Un hombre de la nobleza se fue a un país lejano para ser coronado rey y luego regresar. ¹³Llamó a diez de sus *siervos y entregó a cada cual una buena cantidad de dinero.^t Les instruyó: "Hagan negocio con este dinero hasta que yo vuelva." ¹⁴Pero sus súbditos lo odiaban y mandaron tras él una delegación a decir: "No queremos a éste por rey."

¹⁵»A pesar de todo, fue nombrado rey. Cuando regresó a su país, mandó llamar a los siervos a quienes había entregado el dinero, para enterarse de lo que habían ganado. ¹⁶Se presentó el primero y dijo: "Señor, su dinero^u ha producido diez veces más." ¹⁷¡Hiciste bien, siervo bueno! —le respondió el rey—. Puesto que has sido fiel en tan poca cosa, te doy el gobierno de diez

⁴²Jesus said to him, "Receive your sight; your faith has healed you." ⁴³Immediately he received his sight and followed Jesus, praising God. When all the people saw it, they also praised God.

Zacchaeus the Tax Collector

19 Jesus entered Jericho and was passing through. ²A man was there by the name of Zacchaeus; he was a chief tax collector and was wealthy. ³He wanted to see who Jesus was, but being a short man he could not, because of the crowd. ⁴So he ran ahead and climbed a sycamore-fig tree to see him, since Jesus was coming that way.

⁵When Jesus reached the spot, he looked up and said to him, "Zacchaeus, come down immediately. I must stay at your house today." ⁶So he came down at once and welcomed him gladly.

⁷All the people saw this and began to mutter, "He has gone to be the guest of a 'sinner.'"

⁸But Zacchaeus stood up and said to the Lord, "Look, Lord! Here and now I give half of my possessions to the poor, and if I have cheated anybody out of anything, I will pay back four times the amount."

⁹Jesus said to him, "Today salvation has come to this house, because this man, too, is a son of Abraham. ¹⁰For the Son of Man came to seek and to save what was lost."

The Parable of the Ten Minas

¹¹While they were listening to this, he went on to tell them a parable, because he was near Jerusalem and the people thought that the kingdom of God was going to appear at once. ¹²He said: "A man of noble birth went to a distant country to have himself appointed king and then to return. ¹³So he called ten of his servants and gave them ten minas.^u 'Put this money to work,' he said, 'until I come back.' ¹⁴"But his subjects hated him and sent a delegation after him to say, 'We don't want this man to be our king.'

¹⁵"He was made king, however, and returned home. Then he sent for the servants to whom he had given the money, in order to find out what they had gained with it.

¹⁶"The first one came and said, 'Sir, your mina has earned ten more.'

¹⁷"'Well done, my good servant!' his master replied. 'Because you have been trustworthy in a very small matter, take charge of ten cities.'

---

^t**19:13** *y entregó … de dinero.* Lit. *y les entregó diez *minas* (una mina equivalía al salario de unos tres meses).
^u**19:16** *dinero.* Lit. *mina*; también en vv. 18,20,24.

^u *13* A mina was about three months' wages.

ciudades." 18Se presentó el segundo y dijo: "Señor, su dinero ha producido cinco veces más." 19El rey le respondió: "A ti te pongo sobre cinco ciudades."

20»Llegó otro siervo y dijo: "Señor, aquí tiene su dinero; lo he tenido guardado, envuelto en un pañuelo. 21Es que le tenía miedo a usted, que es un hombre muy exigente: toma lo que no depositó y cosecha lo que no sembró." 22El rey le contestó: "Siervo malo, con tus propias palabras te voy a juzgar. ¿Así que sabías que soy muy exigente, que tomo lo que no deposité y cosecho lo que no sembré? 23Entonces, ¿por qué no pusiste mi dinero en el banco, para que al regresar pudiera reclamar los intereses?" 24Luego dijo a los presentes: "Quítenle el dinero y dénselo al que recibió diez veces más." 25"Señor —protestaron—, ¡él ya tiene diez veces más!" 26El rey contestó: "Les aseguro que a todo el que tiene, se le dará más, pero al que no tiene, se le quitará hasta lo que tiene. 27Pero en cuanto a esos enemigos míos que no me querían por rey, tráiganlos acá y mátenlos delante de mí." »

La entrada triunfal

28Dicho esto, Jesús siguió adelante, subiendo hacia Jerusalén. 29Cuando se acercó a Betfagué y a Betania, junto al monte llamado de los Olivos, envió a dos de sus discípulos con este encargo: 30«Vayan a la aldea que está enfrente y, al entrar en ella, encontrarán atado a un burrito en el que nadie se ha montado. Desátenlo y tráiganlo acá. 31Y si alguien les pregunta: "¿Por qué lo desatan?", díganle: "El Señor lo necesita." »

32Fueron y lo encontraron tal como él les había dicho. 33Cuando estaban desatando el burrito, los dueños les preguntaron:
—¿Por qué desatan el burrito?
34—El Señor lo necesita —contestaron.

35Se lo llevaron, pues, a Jesús. Luego pusieron sus mantos encima del burrito y ayudaron a Jesús a montarse. 36A medida que avanzaba, la gente tendía sus mantos sobre el camino.

37Al acercarse él a la bajada del monte de los Olivos, todos los discípulos se entusiasmaron y comenzaron a alabar a Dios por tantos milagros que habían visto. Gritaban:

38—¡Bendito el Rey que viene en el
    nombre del Señor!v

—¡Paz en el cielo y gloria en las alturas!

18"The second came and said, 'Sir, your mina has earned five more.'

19"His master answered, 'You take charge of five cities.'

20"Then another servant came and said, 'Sir, here is your mina; I have kept it laid away in a piece of cloth. 21I was afraid of you, because you are a hard man. You take out what you did not put in and reap what you did not sow.'

22"His master replied, 'I will judge you by your own words, you wicked servant! You knew, did you, that I am a hard man, taking out what I did not put in, and reaping what I did not sow? 23Why then didn't you put my money on deposit, so that when I came back, I could have collected it with interest?'

24"Then he said to those standing by, 'Take his mina away from him and give it to the one who has ten minas.'

25"'Sir,' they said, 'he already has ten!'

26"He replied, 'I tell you that to everyone who has, more will be given, but as for the one who has nothing, even what he has will be taken away. 27But those enemies of mine who did not want me to be king over them—bring them here and kill them in front of me.'"

The Triumphal Entry

28After Jesus had said this, he went on ahead, going up to Jerusalem. 29As he approached Bethphage and Bethany at the hill called the Mount of Olives, he sent two of his disciples, saying to them, 30"Go to the village ahead of you, and as you enter it, you will find a colt tied there, which no one has ever ridden. Untie it and bring it here. 31If anyone asks you, 'Why are you untying it?' tell him, 'The Lord needs it.'"

32Those who were sent ahead went and found it just as he had told them. 33As they were untying the colt, its owners asked them, "Why are you untying the colt?"

34They replied, "The Lord needs it."

35They brought it to Jesus, threw their cloaks on the colt and put Jesus on it. 36As he went along, people spread their cloaks on the road.

37When he came near the place where the road goes down the Mount of Olives, the whole crowd of disciples began joyfully to praise God in loud voices for all the miracles they had seen:

38"Blessed is the king who comes in the
    name of the Lord!" v
"Peace in heaven and glory in the high-
    est!"

39Algunos de los *fariseos que estaban entre la gente le reclamaron a Jesús:

—¡Maestro, reprende a tus discípulos!

40Pero él respondió:

—Les aseguro que si ellos se callan, gritarán las piedras.

Jesús en el templo

41Cuando se acercaba a Jerusalén, Jesús vio la ciudad y lloró por ella. 42Dijo:

—¡Cómo quisiera que hoy supieras lo que te puede traer paz! Pero eso ahora está oculto a tus ojos. 43Te sobrevendrán días en que tus enemigos levantarán un muro y te rodearán, y te encerrarán por todos lados. 44Te derribarán a ti y a tus hijos dentro de tus murallas. No dejarán ni una piedra sobre otra, porque no reconociste el tiempo en que Dios vino a salvarte.w

45Luego entró en el *templox y comenzó a echar de allí a los que estaban vendiendo. 46«Escrito está —les dijo—: "Mi casa será casa de oración";y pero ustedes la han convertido en "cueva de ladrones".z»

47Todos los días enseñaba en el templo, y los jefes de los sacerdotes, los *maestros de la ley y los dirigentes del pueblo procuraban matarlo. 48Sin embargo, no encontraban la manera de hacerlo, porque todo el pueblo lo escuchaba con gran interés.

La autoridad de Jesús puesta en duda

20 Un día, mientras Jesús enseñaba al pueblo en el *templo y les predicaba el *evangelio, se le acercaron los jefes de los sacerdotes y los *maestros de la ley, junto con los *ancianos.

2—Dinos con qué autoridad haces esto —lo interrogaron—. ¿Quién te dio esa autoridad?

3—Yo también voy a hacerles una pregunta a ustedes —replicó él—. Díganme: 4El bautismo de Juan, ¿procedía del cielo o de la tierra?a

5Ellos, pues, lo discutieron entre sí: «Si respondemos: "Del cielo", nos dirá: "¿Por qué no le creyeron?" 6Pero si decimos: "De la tierra", todo el pueblo nos apedreará, porque están convencidos de que Juan era un profeta.»

Así que le respondieron:

7—No sabemos de dónde era.

8—Pues yo tampoco les voy a decir con qué autoridad hago esto.

Parábola de los labradores malvados

9Pasó luego a contarle a la gente esta parábola:

39Some of the Pharisees in the crowd said to Jesus, "Teacher, rebuke your disciples!"

40"I tell you," he replied, "if they keep quiet, the stones will cry out."

41As he approached Jerusalem and saw the city, he wept over it 42and said, "If you, even you, had only known on this day what would bring you peace—but now it is hidden from your eyes. 43The days will come upon you when your enemies will build an embankment against you and encircle you and hem you in on every side. 44They will dash you to the ground, you and the children within your walls. They will not leave one stone on another, because you did not recognize the time of God's coming to you."

Jesus at the Temple

45Then he entered the temple area and began driving out those who were selling. 46"It is written," he said to them, " 'My house will be a house of prayer'w; but you have made it 'a den of robbers.'x"

47Every day he was teaching at the temple. But the chief priests, the teachers of the law and the leaders among the people were trying to kill him. 48Yet they could not find any way to do it, because all the people hung on his words.

The Authority of Jesus Questioned

20 One day as he was teaching the people in the temple courts and preaching the gospel, the chief priests and the teachers of the law, together with the elders, came up to him. 2"Tell us by what authority you are doing these things," they said. "Who gave you this authority?"

3He replied, "I will also ask you a question. Tell me, 4John's baptism—was it from heaven, or from men?"

5They discussed it among themselves and said, "If we say, 'From heaven,' he will ask, 'Why didn't you believe him?' 6But if we say, 'From men,' all the people will stone us, because they are persuaded that John was a prophet."

7So they answered, "We don't know where it was from."

8Jesus said, "Neither will I tell you by what authority I am doing these things."

The Parable of the Tenants

9He went on to tell the people this parable: "A man planted a vineyard, rented it to some

---

w19:44 el tiempo … salvarte. Lit. el tiempo de tu visitación.
x19:45 Es decir, en el área general del templo.
y19:46 Is 56:7   z19:46 Jer 7:11   a20:4 la tierra. Lit. los hombres; también en v. 6.

w46 Isaiah 56:7   x46 Jer. 7:11

—Un hombre plantó un viñedo, se lo arrendó a unos labradores y se fue de viaje por largo tiempo. 10Llegada la cosecha, mandó un *siervo a los labradores para que le dieran parte de la cosecha. Pero los labradores lo golpearon y lo despidieron con las manos vacías. 11Les envió otro siervo, pero también a éste lo golpearon, lo humillaron y lo despidieron con las manos vacías. 12Entonces envió un tercero, pero aun a éste lo hirieron y lo expulsaron.

13»Entonces pensó el dueño del viñedo: "¿Qué voy a hacer? Enviaré a mi hijo amado; seguro que a él sí lo respetarán." 14Pero cuando lo vieron los labradores, trataron el asunto. "Éste es el heredero —dijeron—. Matémoslo, y la herencia será nuestra." 15Así que lo arrojaron fuera del viñedo y lo mataron.

»¿Qué les hará el dueño? 16Volverá, acabará con esos labradores y dará el viñedo a otros.

Al oír esto, la gente exclamó:

—¡Dios no lo quiera!

17Mirándolos fijamente, Jesús les dijo:

—Entonces, ¿qué significa esto que está escrito:

> »"La piedra que desecharon los construc-
> tores
> ha llegado a ser la piedra angular"?b

18Todo el que caiga sobre esa piedra quedará despedazado, y si ella cae sobre alguien, lo hará polvo.

19Los maestros de la ley y los jefes de los sacerdotes, cayendo en cuenta que la parábola iba dirigida contra ellos, buscaron la manera de echarle mano en aquel mismo momento. Pero temían al pueblo.

El pago de impuestos al césar

20Entonces, para acecharlo, enviaron espías que fingían ser gente honorable. Pensaban atrapar a Jesús en algo que él dijera, y así poder entregarlo a la jurisdicción del gobernador. 21—Maestro —dijeron los espías—, sabemos que lo que dices y enseñas es correcto. No juzgas por las apariencias, sino que de verdad enseñas el camino de Dios. 22¿Nos está permitido pagar impuestos al *césar o no?

23Pero Jesús, dándose cuenta de sus malas intenciones, replicó:

24—Muéstrenme una moneda romana.c ¿De quién son esta imagen y esta inscripción?

—Del césar —contestaron.

farmers and went away for a long time. 10At harvest time he sent a servant to the tenants so they would give him some of the fruit of the vineyard. But the tenants beat him and sent him away empty-handed. 11He sent another servant, but that one also they beat and treated shamefully and sent away empty-handed. 12He sent still a third, and they wounded him and threw him out.

13"Then the owner of the vineyard said, 'What shall I do? I will send my son, whom I love; perhaps they will respect him.'

14"But when the tenants saw him, they talked the matter over. 'This is the heir,' they said. 'Let's kill him, and the inheritance will be ours.' 15So they threw him out of the vineyard and killed him.

"What then will the owner of the vineyard do to them? 16He will come and kill those tenants and give the vineyard to others." When the people heard this, they said, "May this never be!"

17Jesus looked directly at them and asked, "Then what is the meaning of that which is written:

> " 'The stone the builders rejected
> has become the capstoney z?

18Everyone who falls on that stone will be broken to pieces, but he on whom it falls will be crushed."

19The teachers of the law and the chief priests looked for a way to arrest him immediately, because they knew he had spoken this parable against them. But they were afraid of the people.

Paying Taxes to Caesar

20Keeping a close watch on him, they sent spies, who pretended to be honest. They hoped to catch Jesus in something he said so that they might hand him over to the power and authority of the governor. 21So the spies questioned him: "Teacher, we know that you speak and teach what is right, and that you do not show partiality but teach the way of God in accordance with the truth. 22Is it right for us to pay taxes to Caesar or not?"

23He saw through their duplicity and said to them, 24"Show me a denarius. Whose portrait and inscription are on it?"

25"Caesar's," they replied.

---

b20:17 Sal 118:22   c20:24 una moneda romana. Lit. un *denario.   y17 Or cornerstone   z17 Psalm 118:22

25—Entonces denle al césar lo que es del césar, y a Dios lo que es de Dios.

26No pudieron atraparlo en lo que decía en público. Así que, admirados de su respuesta, se callaron.

La resurrección y el matrimonio

27Luego, algunos de los saduceos, que decían que no hay resurrección, se acercaron a Jesús y le plantearon un problema:

28—Maestro, Moisés nos enseñó en sus escritos que si un hombre muere y deja a la viuda sin hijos, el hermano de ese hombre tiene que casarse con la viuda para que su hermano tenga descendencia. 29Pues bien, había siete hermanos. El primero se casó y murió sin dejar hijos. 30Entonces el segundo 31y el tercero se casaron con ella, y así sucesivamente murieron los siete sin dejar hijos. 32Por último, murió también la mujer. 33Ahora bien, en la resurrección, ¿de cuál será esposa esta mujer, ya que los siete estuvieron casados con ella?

34—La gente de este mundo se casa y se da en casamiento —les contestó Jesús—. 35Pero en cuanto a los que sean dignos de tomar parte en el mundo venidero por la resurrección: ésos no se casarán ni serán dados en casamiento, 36ni tampoco podrán morir, pues serán como los ángeles. Son hijos de Dios porque toman parte en la resurrección. 37Pero que los muertos resucitan lo dio a entender Moisés mismo en el pasaje sobre la zarza, pues llama al Señor "el Dios de Abraham, de Isaac y de Jacob".d 38Él no es Dios de muertos, sino de vivos; en efecto, para él todos ellos viven.

39Algunos de los *maestros de la ley le respondieron:

—¡Bien dicho, Maestro!

40Y ya no se atrevieron a hacerle más preguntas.

¿De quién es hijo el Cristo?

41Pero Jesús les preguntó:

—¿Cómo es que dicen que el *Cristo es hijo de David? 42David mismo declara én el libro de los Salmos:

»"Dijo el Señor a mi Señor:
'Siéntate a mi *derecha,
43hasta que ponga a tus enemigos
por estrado de tus pies.'"e

44David lo llama "Señor". ¿Cómo puede entonces ser su hijo?

45Mientras todo el pueblo lo escuchaba, Jesús les dijo a sus discípulos:

He said to them, "Then give to Caesar what is Caesar's, and to God what is God's."

26They were unable to trap him in what he had said there in public. And astonished by his answer, they became silent.

The Resurrection and Marriage

27Some of the Sadducees, who say there is no resurrection, came to Jesus with a question. 28"Teacher," they said, "Moses wrote for us that if a man's brother dies and leaves a wife but no children, the man must marry the widow and have children for his brother. 29Now there were seven brothers. The first one married a woman and died childless. 30The second 31and then the third married her, and in the same way the seven died, leaving no children. 32Finally, the woman died too. 33Now then, at the resurrection whose wife will she be, since the seven were married to her?"

34Jesus replied, "The people of this age marry and are given in marriage. 35But those who are considered worthy of taking part in that age and in the resurrection from the dead will neither marry nor be given in marriage, 36and they can no longer die; for they are like the angels. They are God's children, since they are children of the resurrection. 37But in the account of the bush, even Moses showed that the dead rise, for he calls the Lord 'the God of Abraham, and the God of Isaac, and the God of Jacob.'a 38He is not the God of the dead, but of the living, for to him all are alive."

39Some of the teachers of the law responded, "Well said, teacher!" 40And no one dared to ask him any more questions.

Whose Son Is the Christ?

41Then Jesus said to them, "How is it that they say the Christb is the Son of David? 42David himself declares in the Book of Psalms:

" 'The Lord said to my Lord:
"Sit at my right hand
43until I make your enemies
a footstool for your feet." 'c

44David calls him 'Lord.' How then can he be his son?"

45While all the people were listening, Jesus said to his disciples, 46"Beware of the teachers

---

d20:37 Éx 3:6   e20:43 Sal 110:1   a37 Exodus 3:6   b41 Or Messiah   c43 Psalm 110:1

⁴⁶—Cuídense de los *maestros de la ley. Les gusta pasearse con ropas ostentosas y les encanta que los saluden en las plazas, y ocupar el primer puesto en las sinagogas y los lugares de honor en los banquetes. ⁴⁷Devoran los bienes de las viudas y a la vez hacen largas plegarias para impresionar a los demás. Éstos recibirán peor castigo.

La ofrenda de la viuda

21 Jesús se detuvo a observar y vio a los ricos que echaban sus ofrendas en las alcancías del *templo. ²También vio a una viuda pobre que echaba dos moneditas de cobre.ᶠ

³—Les aseguro —dijo— que esta viuda pobre ha echado más que todos los demás. ⁴Todos ellos dieron sus ofrendas de lo que les sobraba; pero ella, de su pobreza, echó todo lo que tenía para su sustento.

Señales del fin del mundo

⁵Algunos de sus discípulos comentaban acerca del *templo, de cómo estaba adornado con hermosas piedras y con ofrendas dedicadas a Dios. Pero Jesús dijo:

⁶—En cuanto a todo esto que ven ustedes, llegará el día en que no quedará piedra sobre piedra; todo será derribado.

⁷—Maestro —le preguntaron—, ¿cuándo sucederá eso, y cuál será la señal de que está a punto de suceder?

⁸—Tengan cuidado; no se dejen engañar —les advirtió Jesús—. Vendrán muchos que usando mi nombre dirán: "Yo soy", y: "El tiempo está cerca." No los sigan ustedes. ⁹Cuando sepan de guerras y de revoluciones, no se asusten. Es necesario que eso suceda primero, pero el fin no vendrá en seguida.

¹⁰»Se levantará nación contra nación, y reino contra reino —continuó—. ¹¹Habrá grandes terremotos, hambre y epidemias por todas partes, cosas espantosas y grandes señales del cielo.

¹²»Pero antes de todo esto, echarán mano de ustedes y los perseguirán. Los entregarán a las sinagogas y a las cárceles, y por causa de mi nombre los llevarán ante reyes y gobernadores. ¹³Así tendrán ustedes la oportunidad de dar testimonio ante ellos. ¹⁴Pero tengan en cuenta que no hay por qué preparar una defensa de antemano, ¹⁵pues yo mismo les daré tal elocuencia y sabiduría para responder, que ningún adversario podrá resistirles ni contradecirles. ¹⁶Ustedes serán traicionados aun por sus padres, hermanos, parientes y amigos, y a algunos de ustedes se les dará muerte. ¹⁷Todo el mundo los odiará por causa de mi nombre. ¹⁸Pero no se

of the law. They like to walk around in flowing robes and love to be greeted in the marketplaces and have the most important seats in the synagogues and the places of honor at banquets. ⁴⁷They devour widows' houses and for a show make lengthy prayers. Such men will be punished most severely."

The Widow's Offering

21 As he looked up, Jesus saw the rich putting their gifts into the temple treasury. ²He also saw a poor widow put in two very small copper coins.ᵈ ³"I tell you the truth," he said, "this poor widow has put in more than all the others. ⁴All these people gave their gifts out of their wealth; but she out of her poverty put in all she had to live on."

Signs of the End of the Age

⁵Some of his disciples were remarking about how the temple was adorned with beautiful stones and with gifts dedicated to God. But Jesus said, ⁶"As for what you see here, the time will come when not one stone will be left on another; every one of them will be thrown down."

⁷"Teacher," they asked, "when will these things happen? And what will be the sign that they are about to take place?"

⁸He replied: "Watch out that you are not deceived. For many will come in my name, claiming, 'I am he,' and, 'The time is near.' Do not follow them. ⁹When you hear of wars and revolutions, do not be frightened. These things must happen first, but the end will not come right away."

¹⁰Then he said to them: "Nation will rise against nation, and kingdom against kingdom. ¹¹There will be great earthquakes, famines and pestilences in various places, and fearful events and great signs from heaven.

¹²"But before all this, they will lay hands on you and persecute you. They will deliver you to synagogues and prisons, and you will be brought before kings and governors, and all on account of my name. ¹³This will result in your being witnesses to them. ¹⁴But make up your mind not to worry beforehand how you will defend yourselves. ¹⁵For I will give you words and wisdom that none of your adversaries will be able to resist or contradict. ¹⁶You will be betrayed even by parents, brothers, relatives and friends, and they will put some of you to death. ¹⁷All men will hate

---

ᶠ21:2 dos moneditas de cobre. Lit. dos *lepta.   ᵈ2 Greek two lepta

perderá ni un solo cabello de su cabeza. ¹⁹Si se mantienen firmes, se salvarán.ᵍ

²⁰»Ahora bien, cuando vean a Jerusalén rodeada de ejércitos, sepan que su desolación ya está cerca. ²¹Entonces los que estén en Judea huyan a las montañas, los que estén en la ciudad salgan de ella, y los que estén en el campo no entren en la ciudad. ²²Ése será el tiempo del juicio cuando se cumplirá todo lo que está escrito. ²³¡Ay de las que estén embarazadas o amamantando en aquellos días! Porque habrá gran aflicción en la tierra, y castigo contra este pueblo. ²⁴Caerán a filo de espada y los llevarán cautivos a todas las naciones. Los *gentiles pisotearán a Jerusalén, hasta que se cumplan los tiempos señalados para ellos.

²⁵»Habrá señales en el sol, la luna y las estrellas. En la tierra, las naciones estarán angustiadas y perplejas por el bramido y la agitación del mar. ²⁶Se desmayarán de terror los hombres, temerosos por lo que va a sucederle al mundo, porque los cuerpos celestes serán sacudidos. ²⁷Entonces verán al Hijo del hombre venir en una nube con poder y gran gloria. ²⁸Cuando comiencen a suceder estas cosas, cobren ánimo y levanten la cabeza, porque se acerca su redención.

²⁹Jesús también les propuso esta comparación:

—Fíjense en la higuera y en los demás árboles. ³⁰Cuando brotan las hojas, ustedes pueden ver por sí mismos y saber que el verano está cerca. ³¹Igualmente, cuando vean que suceden estas cosas, sepan que el reino de Dios está cerca.

³²»Les aseguro que no pasará esta generación hasta que todas estas cosas sucedan. ³³El cielo y la tierra pasarán, pero mis palabras jamás pasarán.

³⁴»Tengan cuidado, no sea que se les endurezca el corazón por el vicio, la embriaguez y las preocupaciones de esta vida. De otra manera, aquel día caerá de improviso sobre ustedes, ³⁵pues vendrá como una trampa sobre todos los habitantes de la tierra. ³⁶Estén siempre vigilantes, y oren para que puedan escapar de todo lo que está por suceder, y presentarse delante del Hijo del hombre.

³⁷De día Jesús enseñaba en el templo, pero salía a pasar la noche en el monte llamado de los Olivos, ³⁸y toda la gente madrugaba para ir al templo a oírlo.

you because of me. ¹⁸But not a hair of your head will perish. ¹⁹By standing firm you will gain life.

²⁰"When you see Jerusalem being surrounded by armies, you will know that its desolation is near. ²¹Then let those who are in Judea flee to the mountains, let those in the city get out, and let those in the country not enter the city. ²²For this is the time of punishment in fulfillment of all that has been written. ²³How dreadful it will be in those days for pregnant women and nursing mothers! There will be great distress in the land and wrath against this people. ²⁴They will fall by the sword and will be taken as prisoners to all the nations. Jerusalem will be trampled on by the Gentiles until the times of the Gentiles are fulfilled.

²⁵"There will be signs in the sun, moon and stars. On the earth, nations will be in anguish and perplexity at the roaring and tossing of the sea. ²⁶Men will faint from terror, apprehensive of what is coming on the world, for the heavenly bodies will be shaken. ²⁷At that time they will see the Son of Man coming in a cloud with power and great glory. ²⁸When these things begin to take place, stand up and lift up your heads, because your redemption is drawing near."

²⁹He told them this parable: "Look at the fig tree and all the trees. ³⁰When they sprout leaves, you can see for yourselves and know that summer is near. ³¹Even so, when you see these things happening, you know that the kingdom of God is near.

³²"I tell you the truth, this generationᵉ will certainly not pass away until all these things have happened. ³³Heaven and earth will pass away, but my words will never pass away.

³⁴"Be careful, or your hearts will be weighed down with dissipation, drunkenness and the anxieties of life, and that day will close on you unexpectedly like a trap. ³⁵For it will come upon all those who live on the face of the whole earth. ³⁶Be always on the watch, and pray that you may be able to escape all that is about to happen, and that you may be able to stand before the Son of Man."

³⁷Each day Jesus was teaching at the temple, and each evening he went out to spend the night on the hill called the Mount of Olives, ³⁸and all the people came early in the morning to hear him at the temple.

ᵍ21:19 Si ... salvarán. Lit. Por su perseverancia obtendrán sus almas.　ᵉ32 Or race

Judas acuerda traicionar a Jesús

22 Se aproximaba la fiesta de los Panes sin levadura, llamada la Pascua. ²Los jefes de los sacerdotes y los *maestros de la ley buscaban algún modo de acabar con Jesús, porque temían al pueblo. ³Entonces entró Satanás en Judas, uno de los doce, al que llamaban Iscariote. ⁴Éste fue a los jefes de los sacerdotes y a los capitanes del *templo para tratar con ellos cómo les entregaría a Jesús. ⁵Ellos se alegraron y acordaron darle dinero. ⁶Él aceptó, y comenzó a buscar una oportunidad para entregarles a Jesús cuando no hubiera gente.

La última cena

⁷Cuando llegó el día de la fiesta de los Panes sin levadura, en que debía sacrificarse el cordero de la Pascua, ⁸Jesús envió a Pedro y a Juan, diciéndoles:

—Vayan a hacer los preparativos para que comamos la Pascua.

⁹—¿Dónde quieres que la preparemos? —le preguntaron.

¹⁰—Miren —contestó él—: al entrar ustedes en la ciudad les saldrá al encuentro un hombre que lleva un cántaro de agua. Síganlo hasta la casa en que entre, ¹¹y díganle al dueño de la casa: "El Maestro pregunta: ¿Dónde está la sala en la que voy a comer la Pascua con mis discípulos?" ¹²Él les mostrará en la planta alta una sala amplia y amueblada. Preparen allí la cena.

¹³Ellos se fueron y encontraron todo tal como les había dicho Jesús. Así que prepararon la Pascua.

¹⁴Cuando llegó la hora, Jesús y sus apóstoles se *sentaron a la mesa. ¹⁵Entonces les dijo:

—He tenido muchísimos deseos de comer esta Pascua con ustedes antes de padecer, ¹⁶pues les digo que no volveré a comerla hasta que tenga su pleno cumplimiento en el reino de Dios.

¹⁷Luego tomó la copa, dio gracias y dijo:

—Tomen esto y repártanlo entre ustedes. ¹⁸Les digo que no volveré a beber del fruto de la vid hasta que venga el reino de Dios.

¹⁹También tomó pan y, después de dar gracias, lo partió, se lo dio a ellos y dijo:

—Este pan es mi cuerpo, entregado por ustedes; hagan esto en memoria de mí.

²⁰De la misma manera tomó la copa después de la cena, y dijo:

—Esta copa es el nuevo pacto en mi sangre, que es derramada por ustedes. ²¹Pero sepan que la mano del que va a traicionarme está con la mía, sobre la mesa. ²²A la verdad el Hijo del hombre se irá según está decretado, pero ¡ay de aquel que lo traiciona!

Judas Agrees to Betray Jesus

22 Now the Feast of Unleavened Bread, called the Passover, was approaching, ²and the chief priests and the teachers of the law were looking for some way to get rid of Jesus, for they were afraid of the people. ³Then Satan entered Judas, called Iscariot, one of the Twelve. ⁴And Judas went to the chief priests and the officers of the temple guard and discussed with them how he might betray Jesus. ⁵They were delighted and agreed to give him money. ⁶He consented, and watched for an opportunity to hand Jesus over to them when no crowd was present.

The Last Supper

⁷Then came the day of Unleavened Bread on which the Passover lamb had to be sacrificed. ⁸Jesus sent Peter and John, saying, "Go and make preparations for us to eat the Passover."

⁹"Where do you want us to prepare for it?" they asked.

¹⁰He replied, "As you enter the city, a man carrying a jar of water will meet you. Follow him to the house that he enters, ¹¹and say to the owner of the house, 'The Teacher asks: Where is the guest room, where I may eat the Passover with my disciples?' ¹²He will show you a large upper room, all furnished. Make preparations there."

¹³They left and found things just as Jesus had told them. So they prepared the Passover.

¹⁴When the hour came, Jesus and his apostles reclined at the table. ¹⁵And he said to them, "I have eagerly desired to eat this Passover with you before I suffer. ¹⁶For I tell you, I will not eat it again until it finds fulfillment in the kingdom of God."

¹⁷After taking the cup, he gave thanks and said, "Take this and divide it among you. ¹⁸For I tell you I will not drink again of the fruit of the vine until the kingdom of God comes."

¹⁹And he took bread, gave thanks and broke it, and gave it to them, saying, "This is my body given for you; do this in remembrance of me."

²⁰In the same way, after the supper he took the cup, saying, "This cup is the new covenant in my blood, which is poured out for you. ²¹But the hand of him who is going to betray me is with mine on the table. ²²The Son of Man will go as it has been decreed, but woe to that man who betrays him." ²³They began to question among themselves which of them it might be who would do this.

23Entonces comenzaron a preguntarse unos a otros quién de ellos haría esto.

24Tuvieron además un altercado sobre cuál de ellos sería el más importante. 25Jesús les dijo:

—Los reyes de las *naciones oprimen a sus súbditos, y los que ejercen autoridad sobre ellos se llaman a sí mismos benefactores. 26No sea así entre ustedes. Al contrario, el mayor debe comportarse como el menor, y el que manda como el que sirve. 27Porque, ¿quién es más importante, el que está a la mesa o el que sirve? ¿No lo es el que está sentado a la mesa? Sin embargo, yo estoy entre ustedes como uno que sirve. 28Ahora bien, ustedes son los que han estado siempre a mi lado en mis *pruebas. 29Por eso, yo mismo les concedo un reino, así como mi Padre me lo concedió a mí, 30para que coman y beban a mi mesa en mi reino, y se sienten en tronos para juzgar a las doce tribus de Israel.

31»Simón, Simón, mira que Satanás ha pedido zarandearlos a ustedes como si fueran trigo. 32Pero yo he orado por ti, para que no falle tu fe. Y tú, cuando te hayas vuelto a mí, fortalece a tus hermanos.

33—Señor —respondió Pedro—, estoy dispuesto a ir contigo tanto a la cárcel como a la muerte.

34—Pedro, te digo que hoy mismo, antes de que cante el gallo, tres veces negarás que me conoces.

35Luego Jesús dijo a todos:

—Cuando los envié a ustedes sin monedero ni bolsa ni sandalias, ¿acaso les faltó algo?

—Nada —respondieron.

36—Ahora, en cambio, el que tenga un monedero, que lo lleve; así mismo, el que tenga una bolsa. Y el que nada tenga, que venda su manto y compre una espada. 37Porque les digo que tiene que cumplirse en mí aquello que está escrito: "Y fue contado entre los transgresores."h En efecto, lo que se ha escrito de mí se está cumpliendo.i

38—Mira, Señor —le señalaron los discípulos—, aquí hay dos espadas.

—¡Basta! —les contestó.

Jesús ora en el monte de los Olivos

39Jesús salió de la ciudad y, como de costumbre, se dirigió al monte de los Olivos, y sus discípulos lo siguieron. 40Cuando llegaron al lugar, les dijo: «Oren para que no caigan en *tentación.» 41Entonces se separó de ellos a una buena distancia,j se arrodilló y empezó a orar: 42«Padre, si quieres, no me hagas beber este trago amargo;k pero no se cumpla mi voluntad, sino la tuya.»

24Also a dispute arose among them as to which of them was considered to be greatest. 25Jesus said to them, "The kings of the Gentiles lord it over them; and those who exercise authority over them call themselves Benefactors. 26But you are not to be like that. Instead, the greatest among you should be like the youngest, and the one who rules like the one who serves. 27For who is greater, the one who is at the table or the one who serves? Is it not the one who is at the table? But I am among you as one who serves. 28You are those who have stood by me in my trials. 29And I confer on you a kingdom, just as my Father conferred one on me, 30so that you may eat and drink at my table in my kingdom and sit on thrones, judging the twelve tribes of Israel.

31"Simon, Simon, Satan has asked to sift youf as wheat. 32But I have prayed for you, Simon, that your faith may not fail. And when you have turned back, strengthen your brothers."

33But he replied, "Lord, I am ready to go with you to prison and to death."

34Jesus answered, "I tell you, Peter, before the rooster crows today, you will deny three times that you know me."

35Then Jesus asked them, "When I sent you without purse, bag or sandals, did you lack anything?"

"Nothing," they answered.

36He said to them, "But now if you have a purse, take it, and also a bag; and if you don't have a sword, sell your cloak and buy one. 37It is written: 'And he was numbered with the transgressors'g; and I tell you that this must be fulfilled in me. Yes, what is written about me is reaching its fulfillment."

38The disciples said, "See, Lord, here are two swords."

"That is enough," he replied.

Jesus Prays on the Mount of Olives

39Jesus went out as usual to the Mount of Olives, and his disciples followed him. 40On reaching the place, he said to them, "Pray that you will not fall into temptation." 41He withdrew about a stone's throw beyond them, knelt down and prayed, 42"Father, if you are willing, take this cup from me; yet not my will, but yours be done." 43An angel from heaven

---

h22:37 Is 53:12   i22:37 En efecto … cumpliendo. Lit. Porque lo que es acerca de mí tiene fin.   j22:41 a una buena distancia. Lit. como a un tiro de piedra.   k22:42 no … amargo. Lit. quita de mí esta copa.

f31 The Greek is plural.   g37 Isaiah 53:12

⁴³Entonces se le apareció un ángel del cielo para fortalecerlo. ⁴⁴Pero, como estaba angustiado, se puso a orar con más fervor, y su sudor era como gotas de sangre que caían a tierra.^l

⁴⁵Cuando terminó de orar y volvió a los discípulos, los encontró dormidos, agotados por la tristeza. ⁴⁶«¿Por qué están durmiendo? —les exhortó—. Levántense y oren para que no caigan en tentación.»

Arresto de Jesús

⁴⁷Todavía estaba hablando Jesús cuando se apareció una turba, y al frente iba uno de los doce, el que se llamaba Judas. Éste se acercó a Jesús para besarlo, ⁴⁸pero Jesús le preguntó:

—Judas, ¿con un beso traicionas al Hijo del hombre?

⁴⁹Los discípulos que lo rodeaban, al darse cuenta de lo que pasaba, dijeron:

—Señor, ¿atacamos con la espada?

⁵⁰Y uno de ellos hirió al siervo del sumo sacerdote, cortándole la oreja derecha.

⁵¹—¡Déjenlos! —ordenó Jesús.

Entonces le tocó la oreja al hombre, y lo sanó. ⁵²Luego dijo a los jefes de los sacerdotes, a los capitanes del *templo y a los *ancianos, que habían venido a prenderlo:

—¿Acaso soy un bandido,^m para que vengan contra mí con espadas y palos? ⁵³Todos los días estaba con ustedes en el templo, y no se atrevieron a ponerme las manos encima. Pero ya ha llegado la hora de ustedes, cuando reinan las tinieblas.

Pedro niega a Jesús

⁵⁴Prendieron entonces a Jesús y lo llevaron a la casa del sumo sacerdote. Pedro los seguía de lejos. ⁵⁵Pero luego, cuando encendieron una fogata en medio del patio y se sentaron alrededor, Pedro se les unió. ⁵⁶Una criada lo vio allí sentado a la lumbre, lo miró detenidamente y dijo:

—Éste estaba con él.

⁵⁷Pero él lo negó.

—Muchacha, yo no lo conozco.

⁵⁸Poco después lo vio otro y afirmó:

—Tú también eres uno de ellos.

—¡No, hombre, no lo soy! —contestó Pedro.

⁵⁹Como una hora más tarde, otro lo acusó:

—Seguro que éste estaba con él; miren que es galileo.

⁶⁰—¡Hombre, no sé de qué estás hablando! —replicó Pedro.

En el mismo momento en que dijo eso, cantó el gallo. ⁶¹El Señor se volvió y miró directamente a Pedro. Entonces Pedro se acordó de lo que el Señor le había dicho: «Hoy mismo, antes de

appeared to him and strengthened him. ⁴⁴And being in anguish, he prayed more earnestly, and his sweat was like drops of blood falling to the ground. ^h

⁴⁵When he rose from prayer and went back to the disciples, he found them asleep, exhausted from sorrow. ⁴⁶"Why are you sleeping?" he asked them. "Get up and pray so that you will not fall into temptation."

Jesus Arrested

⁴⁷While he was still speaking a crowd came up, and the man who was called Judas, one of the Twelve, was leading them. He approached Jesus to kiss him, ⁴⁸but Jesus asked him, "Judas, are you betraying the Son of Man with a kiss?"

⁴⁹When Jesus' followers saw what was going to happen, they said, "Lord, should we strike with our swords?" ⁵⁰And one of them struck the servant of the high priest, cutting off his right ear.

⁵¹But Jesus answered, "No more of this!" And he touched the man's ear and healed him.

⁵²Then Jesus said to the chief priests, the officers of the temple guard, and the elders, who had come for him, "Am I leading a rebellion, that you have come with swords and clubs? ⁵³Every day I was with you in the temple courts, and you did not lay a hand on me. But this is your hour—when darkness reigns."

Peter Disowns Jesus

⁵⁴Then seizing him, they led him away and took him into the house of the high priest. Peter followed at a distance. ⁵⁵But when they had kindled a fire in the middle of the courtyard and had sat down together, Peter sat down with them. ⁵⁶A servant girl saw him seated there in the firelight. She looked closely at him and said, "This man was with him."

⁵⁷But he denied it. "Woman, I don't know him," he said.

⁵⁸A little later someone else saw him and said, "You also are one of them."

"Man, I am not!" Peter replied.

⁵⁹About an hour later another asserted, "Certainly this fellow was with him, for he is a Galilean."

⁶⁰Peter replied, "Man, I don't know what you're talking about!" Just as he was speaking, the rooster crowed. ⁶¹The Lord turned and looked straight at Peter. Then Peter remembered the word the Lord had spoken to him: "Before

^l22:44 Var. no incluye vv. 43 y 44.	^m22:52 *bandido.* Alt. *insurgente.*			^h44 Some early manuscripts do not have verses 43 and 44.

que el gallo cante, me negarás tres veces.» **62**Y saliendo de allí, lloró amargamente.

Los soldados se burlan de Jesús

63Los hombres que vigilaban a Jesús comenzaron a burlarse de él y a golpearlo. **64**Le vendaron los ojos, y le increpaban:

—¡Adivina quién te pegó!

65Y le lanzaban muchos otros insultos.

Jesús ante Pilato y Herodes

66Al amanecer, se reunieron los *ancianos del pueblo, tanto los jefes de los sacerdotes como los *maestros de la ley, e hicieron comparecer a Jesús ante el *Consejo.

67—Si eres el *Cristo, dínoslo —le exigieron.

Jesús les contestó:

—Si se lo dijera a ustedes, no me lo creerían, **68**y si les hiciera preguntas, no me contestarían. **69**Pero de ahora en adelante el Hijo del hombre estará sentado a la *derecha del Dios Todopoderoso.

70—¿Eres tú, entonces, el Hijo de Dios? —le preguntaron a una voz.

—Ustedes mismos lo dicen.

71—¿Para qué necesitamos más testimonios? —resolvieron—. Acabamos de oírlo de sus propios labios.

23 Así que la asamblea en pleno se levantó, y lo llevaron a Pilato. **2**Y comenzaron la acusación con estas palabras:

—Hemos descubierto a este hombre agitando a nuestra nación. Se opone al pago de impuestos al *emperador y afirma que él es el *Cristo, un rey.

3Así que Pilato le preguntó a Jesús:

—¿Eres tú el rey de los judíos?

—Tú mismo lo dices —respondió.

4Entonces Pilato declaró a los jefes de los sacerdotes y a la multitud:

—No encuentro que este hombre sea culpable de nada.

5Pero ellos insistían:

—Con sus enseñanzas agita al pueblo por toda Judea.*n* Comenzó en Galilea y ha llegado hasta aquí.

6Al oír esto, Pilato preguntó si el hombre era galileo. **7**Cuando se enteró de que pertenecía a la jurisdicción de Herodes, se lo mandó a él, ya que en aquellos días también Herodes estaba en Jerusalén.

8Al ver a Jesús, Herodes se puso muy contento; hacía tiempo que quería verlo por lo que oía acerca de él, y esperaba presenciar algún milagro que hiciera Jesús. **9**Lo acosó con muchas preguntas, pero Jesús no le contestaba nada.

The Guards Mock Jesus

the rooster crows today, you will disown me three times." **62**And he went outside and wept bitterly.

63The men who were guarding Jesus began mocking and beating him. **64**They blindfolded him and demanded, "Prophesy! Who hit you?" **65**And they said many other insulting things to him.

Jesus Before Pilate and Herod

66At daybreak the council of the elders of the people, both the chief priests and teachers of the law, met together, and Jesus was led before them. **67**"If you are the Christ,*i*" they said, "tell us."

Jesus answered, "If I tell you, you will not believe me, **68**and if I asked you, you would not answer. **69**But from now on, the Son of Man will be seated at the right hand of the mighty God."

70They all asked, "Are you then the Son of God?"

He replied, "You are right in saying I am."

71Then they said, "Why do we need any more testimony? We have heard it from his own lips."

23 Then the whole assembly rose and led him off to Pilate. **2**And they began to accuse him, saying, "We have found this man subverting our nation. He opposes payment of taxes to Caesar and claims to be Christ,*j* a king."

3So Pilate asked Jesus, "Are you the king of the Jews?"

"Yes, it is as you say," Jesus replied.

4Then Pilate announced to the chief priests and the crowd, "I find no basis for a charge against this man."

5But they insisted, "He stirs up the people all over Judea*k* by his teaching. He started in Galilee and has come all the way here."

6On hearing this, Pilate asked if the man was a Galilean. **7**When he learned that Jesus was under Herod's jurisdiction, he sent him to Herod, who was also in Jerusalem at that time.

8When Herod saw Jesus, he was greatly pleased, because for a long time he had been wanting to see him. From what he had heard about him, he hoped to see him perform some miracle. **9**He plied him with many questions, but Jesus gave him no answer. **10**The chief

---

*n***23:5** toda Judea. Alt. toda la tierra de los judíos.

*i*67 Or Messiah　*j*2 Or Messiah; also in verses 35 and 39
*k*5 Or over the land of the Jews

10Allí estaban también los jefes de los sacerdotes y los *maestros de la ley, acusándolo con vehemencia. 11Entonces Herodes y sus soldados, con desprecio y burlas, le pusieron un manto lujoso y lo mandaron de vuelta a Pilato. 12Anteriormente, Herodes y Pilato no se llevaban bien, pero ese mismo día se hicieron amigos.

13Pilato entonces reunió a los jefes de los sacerdotes, a los gobernantes y al pueblo, 14y les dijo:

—Ustedes me trajeron a este hombre acusado de fomentar la rebelión entre el pueblo, pero resulta que lo he interrogado delante de ustedes sin encontrar que sea culpable de lo que ustedes lo acusan. 15Y es claro que tampoco Herodes lo ha juzgado culpable, puesto que nos lo devolvió. Como pueden ver, no ha cometido ningún delito que merezca la muerte, 16así que le daré una paliza y después lo soltaré.ñ

18Pero todos gritaron a una voz:

—¡Llévate a ése! ¡Suéltanos a Barrabás!

19A Barrabás lo habían metido en la cárcel por una insurrección en la ciudad, y por homicidio. 20Pilato, como quería soltar a Jesús, apeló al pueblo otra vez, 21pero ellos se pusieron a gritar:

—¡Crucifícalo! ¡Crucifícalo!

22Por tercera vez les habló:

—Pero, ¿qué crimen ha cometido este hombre? No encuentro que él sea culpable de nada que merezca la pena de muerte, así que le daré una paliza y después lo soltaré.

23Pero a voz en cuello ellos siguieron insistiendo en que lo crucificara, y con sus gritos se impusieron. 24Por fin Pilato decidió concederles su demanda: 25soltó al hombre que le pedían, el que por insurrección y homicidio había sido echado en la cárcel, y dejó que hicieran con Jesús lo que quisieran.

La crucifixión

26Cuando se lo llevaban, echaron mano de un tal Simón de Cirene, que volvía del campo, y le cargaron la cruz para que la llevara detrás de Jesús. 27Lo seguía mucha gente del pueblo, incluso mujeres que se golpeaban el pecho, lamentándose por él. 28Jesús se volvió hacia ellas y les dijo:

—Hijas de Jerusalén, no lloren por mí; lloren más bien por ustedes y por sus hijos. 29Miren, va a llegar el tiempo en que se dirá: "¡*Dichosas las estériles, que nunca dieron a luz ni amamantaron!" 30Entonces

»"dirán a las montañas: '¡Caigan sobre nosotros!',
y a las colinas: '¡Cúbrannos!'"o

priests and the teachers of the law were standing there, vehemently accusing him. 11Then Herod and his soldiers ridiculed and mocked him. Dressing him in an elegant robe, they sent him back to Pilate. 12That day Herod and Pilate became friends—before this they had been enemies.

13Pilate called together the chief priests, the rulers and the people, 14and said to them, "You brought me this man as one who was inciting the people to rebellion. I have examined him in your presence and have found no basis for your charges against him. 15Neither has Herod, for he sent him back to us; as you can see, he has done nothing to deserve death. 16Therefore, I will punish him and then release him."l

18With one voice they cried out, "Away with this man! Release Barabbas to us!" 19(Barabbas had been thrown into prison for an insurrection in the city, and for murder.)

20Wanting to release Jesus, Pilate appealed to them again. 21But they kept shouting, "Crucify him! Crucify him!"

22For the third time he spoke to them: "Why? What crime has this man committed? I have found in him no grounds for the death penalty. Therefore I will have him punished and then release him."

23But with loud shouts they insistently demanded that he be crucified, and their shouts prevailed. 24So Pilate decided to grant their demand. 25He released the man who had been thrown into prison for insurrection and murder, the one they asked for, and surrendered Jesus to their will.

The Crucifixion

26As they led him away, they seized Simon from Cyrene, who was on his way in from the country, and put the cross on him and made him carry it behind Jesus. 27A large number of people followed him, including women who mourned and wailed for him. 28Jesus turned and said to them, "Daughters of Jerusalem, do not weep for me; weep for yourselves and for your children. 29For the time will come when you will say, 'Blessed are the barren women, the wombs that never bore and the breasts that never nursed!' 30Then

" 'they will say to the mountains, "Fall on us!"
and to the hills, "Cover us!" 'm

31Porque si esto se hace cuando el árbol está verde, ¿qué no sucederá cuando esté seco?

32También llevaban con él a otros dos, ambos criminales, para ser ejecutados. **33**Cuando llegaron al lugar llamado la Calavera, lo crucificaron allí, junto con los criminales, uno a su derecha y otro a su izquierda.

34—Padre —dijo Jesús—, perdónalos, porque no saben lo que hacen.*p*

Mientras tanto, echaban suertes para repartirse entre sí la ropa de Jesús.

35La gente, por su parte, se quedó allí observando, y aun los gobernantes estaban burlándose de él.

—Salvó a otros —decían—; que se salve a sí mismo, si es el *Cristo de Dios, el Escogido.

36También los soldados se acercaron para burlarse de él. Le ofrecieron vinagre **37**y le dijeron:

—Si eres el rey de los judíos, sálvate a ti mismo.

38Resulta que había sobre él un letrero, que decía: «ÉSTE ES EL REY DE LOS JUDÍOS.»

39Uno de los criminales allí colgados empezó a insultarlo:

—¿No eres tú el Cristo? ¡Sálvate a ti mismo y a nosotros!

40Pero el otro criminal lo reprendió:

—¿Ni siquiera temor de Dios tienes, aunque sufres la misma condena? **41**En nuestro caso, el castigo es justo, pues sufrimos lo que merecen nuestros delitos; éste, en cambio, no ha hecho nada malo.

42Luego dijo:

—Jesús, acuérdate de mí cuando vengas en tu reino.

43—Te aseguro que hoy estarás conmigo en el paraíso —le contestó Jesús.

Muerte de Jesús

44Desde el mediodía y hasta la media tarde*q* toda la tierra quedó sumida en la oscuridad, **45**pues el sol se ocultó. Y la cortina del *santuario del templo se rasgó en dos. **46**Entonces Jesús exclamó con fuerza:

—¡Padre, en tus manos encomiendo mi espíritu!

Y al decir esto, expiró.

47El centurión, al ver lo que había sucedido, alabó a Dios y dijo:

—Verdaderamente este hombre era justo.

48Entonces los que se habían reunido para presenciar aquel espectáculo, al ver lo ocurrido, se fueron de allí golpeándose el pecho. **49**Pero todos los conocidos de Jesús, incluso las mujeres que lo habían seguido desde Galilea, se quedaron mirando desde lejos.

31For if men do these things when the tree is green, what will happen when it is dry?"

32Two other men, both criminals, were also led out with him to be executed. **33**When they came to the place called the Skull, there they crucified him, along with the criminals—one on his right, the other on his left. **34**Jesus said, "Father, forgive them, for they do not know what they are doing." *n* And they divided up his clothes by casting lots.

35The people stood watching, and the rulers even sneered at him. They said, "He saved others; let him save himself if he is the Christ of God, the Chosen One."

36The soldiers also came up and mocked him. They offered him wine vinegar **37**and said, "If you are the king of the Jews, save yourself."

38There was a written notice above him, which read: THIS IS THE KING OF THE JEWS.

39One of the criminals who hung there hurled insults at him: "Aren't you the Christ? Save yourself and us!"

40But the other criminal rebuked him. "Don't you fear God," he said, "since you are under the same sentence? **41**We are punished justly, for we are getting what our deeds deserve. But this man has done nothing wrong."

42Then he said, "Jesus, remember me when you come into your kingdom.*o*"

43Jesus answered him, "I tell you the truth, today you will be with me in paradise."

Jesus' Death

44It was now about the sixth hour, and darkness came over the whole land until the ninth hour, **45**for the sun stopped shining. And the curtain of the temple was torn in two. **46**Jesus called out with a loud voice, "Father, into your hands I commit my spirit." When he had said this, he breathed his last.

47The centurion, seeing what had happened, praised God and said, "Surely this was a righteous man." **48**When all the people who had gathered to witness this sight saw what took place, they beat their breasts and went away. **49**But all those who knew him, including the women who had followed him from Galilee, stood at a distance, watching these things.

---

*p***23:34** Var. no incluye esta oración.   *q***23:44** *el mediodía … la media tarde.* Lit. *la hora sexta … la hora novena.*

*n*34 Some early manuscripts do not have this sentence.
*o*42 Some manuscripts *come with your kingly power*

Sepultura de Jesús

50Había un hombre bueno y justo llamado José, miembro del *Consejo, **51**que no había estado de acuerdo con la decisión ni con la conducta de ellos. Era natural de un pueblo de Judea llamado Arimatea, y esperaba el reino de Dios. **52**Éste se presentó ante Pilato y le pidió el cuerpo de Jesús. **53**Después de bajarlo, lo envolvió en una sábana de lino y lo puso en un sepulcro cavado en la roca, en el que todavía no se había sepultado a nadie. **54**Era el día de preparación para el *sábado, que estaba a punto de comenzar.

55Las mujeres que habían acompañado a Jesús desde Galilea siguieron a José para ver el sepulcro y cómo colocaban el cuerpo. **56**Luego volvieron a casa y prepararon especias aromáticas y perfumes. Entonces descansaron el sábado, conforme al mandamiento.

La resurrección

24 El primer día de la semana, muy de mañana, las mujeres fueron al sepulcro, llevando las especias aromáticas que habían preparado. **2**Encontraron que había sido quitada la piedra que cubría el sepulcro **3**y, al entrar, no hallaron el cuerpo del Señor Jesús. **4**Mientras se preguntaban qué habría pasado, se les presentaron dos hombres con ropas resplandecientes. **5**Asustadas, se postraron sobre su rostro, pero ellos les dijeron:

—¿Por qué buscan ustedes entre los muertos al que vive? **6**No está aquí; ¡ha resucitado! Recuerden lo que les dijo cuando todavía estaba con ustedes en Galilea: **7**"El Hijo del hombre tiene que ser entregado en manos de hombres *pecadores, y ser crucificado, pero al tercer día resucitará."

8Entonces ellas se acordaron de las palabras de Jesús. **9**Al regresar del sepulcro, les contaron todas estas cosas a los once y a todos los demás. **10**Las mujeres eran María Magdalena, Juana, María la madre de *Jacobo, y las demás que las acompañaban. **11**Pero a los discípulos el relato les pareció una tontería, así que no les creyeron. **12**Pedro, sin embargo, salió corriendo al sepulcro. Se asomó y vio sólo las vendas de lino. Luego volvió a su casa, extrañado de lo que había sucedido.

De camino a Emaús

13Aquel mismo día dos de ellos se dirigían a un pueblo llamado Emaús, a unos once kilómetros*r* de Jerusalén. **14**Iban conversando sobre

Jesus' Burial

50Now there was a man named Joseph, a member of the Council, a good and upright man, **51**who had not consented to their decision and action. He came from the Judean town of Arimathea and he was waiting for the kingdom of God. **52**Going to Pilate, he asked for Jesus' body. **53**Then he took it down, wrapped it in linen cloth and placed it in a tomb cut in the rock, one in which no one had yet been laid. **54**It was Preparation Day, and the Sabbath was about to begin.

55The women who had come with Jesus from Galilee followed Joseph and saw the tomb and how his body was laid in it. **56**Then they went home and prepared spices and perfumes. But they rested on the Sabbath in obedience to the commandment.

The Resurrection

24 On the first day of the week, very early in the morning, the women took the spices they had prepared and went to the tomb. **2**They found the stone rolled away from the tomb, **3**but when they entered, they did not find the body of the Lord Jesus. **4**While they were wondering about this, suddenly two men in clothes that gleamed like lightning stood beside them. **5**In their fright the women bowed down with their faces to the ground, but the men said to them, "Why do you look for the living among the dead? **6**He is not here; he has risen! Remember how he told you, while he was still with you in Galilee: **7**'The Son of Man must be delivered into the hands of sinful men, be crucified and on the third day be raised again.'" **8**Then they remembered his words.

9When they came back from the tomb, they told all these things to the Eleven and to all the others. **10**It was Mary Magdalene, Joanna, Mary the mother of James, and the others with them who told this to the apostles. **11**But they did not believe the women, because their words seemed to them like nonsense. **12**Peter, however, got up and ran to the tomb. Bending over, he saw the strips of linen lying by themselves, and he went away, wondering to himself what had happened.

On the Road to Emmaus

13Now that same day two of them were going to a village called Emmaus, about seven miles*p* from Jerusalem. **14**They were talking with each

---

*r*24:13 *unos once kilómetros.* Lit. *sesenta *estadios.*   *P 13* Greek *sixty stadia* (about 11 kilometers)

todo lo que había acontecido. ¹⁵Sucedió que, mientras hablaban y discutían, Jesús mismo se acercó y comenzó a caminar con ellos; ¹⁶pero no lo reconocieron, pues sus ojos estaban velados.

¹⁷—¿Qué vienen discutiendo por el camino? —les preguntó.

Se detuvieron, cabizbajos; ¹⁸y uno de ellos, llamado Cleofas, le dijo:

—¿Eres tú el único peregrino en Jerusalén que no se ha enterado de todo lo que ha pasado recientemente?

¹⁹—¿Qué es lo que ha pasado? —les preguntó.

—Lo de Jesús de Nazaret. Era un profeta, poderoso en obras y en palabras delante de Dios y de todo el pueblo. ²⁰Los jefes de los sacerdotes y nuestros gobernantes lo entregaron para ser condenado a muerte, y lo crucificaron; ²¹pero nosotros abrigábamos la esperanza de que era él quien redimiría a Israel. Es más, ya hace tres días que sucedió todo esto. ²²También algunas mujeres de nuestro grupo nos dejaron asombrados. Esta mañana, muy temprano, fueron al sepulcro ²³pero no hallaron su cuerpo. Cuando volvieron, nos contaron que se les habían aparecido unos ángeles quienes les dijeron que él está vivo. ²⁴Algunos de nuestros compañeros fueron después al sepulcro y lo encontraron tal como habían dicho las mujeres, pero a él no lo vieron.

²⁵—¡Qué torpes son ustedes —les dijo—, y qué tardos de corazón para creer todo lo que han dicho los profetas! ²⁶¿Acaso no tenía que sufrir el *Cristo estas cosas antes de entrar en su gloria?

²⁷Entonces, comenzando por Moisés y por todos los profetas, les explicó lo que se refería a él en todas las Escrituras.

²⁸Al acercarse al pueblo adonde se dirigían, Jesús hizo como que iba más lejos. ²⁹Pero ellos insistieron:

—Quédate con nosotros, que está atardeciendo; ya es casi de noche.

Así que entró para quedarse con ellos. ³⁰Luego, estando con ellos a la mesa, tomó el pan, lo bendijo, lo partió y se lo dio. ³¹Entonces se les abrieron los ojos y lo reconocieron, pero él desapareció. ³²Se decían el uno al otro:

—¿No ardía nuestro corazón mientras conversaba con nosotros en el camino y nos explicaba las Escrituras?

³³Al instante se pusieron en camino y regresaron a Jerusalén. Allí encontraron a los once y a los que estaban reunidos con ellos. ³⁴«¡Es cierto! —decían—. El Señor ha resucitado y se le ha aparecido a Simón.»

³⁵Los dos, por su parte, contaron lo que les había sucedido en el camino, y cómo habían reconocido a Jesús cuando partió el pan.

other about everything that had happened. ¹⁵As they talked and discussed these things with each other, Jesus himself came up and walked along with them; ¹⁶but they were kept from recognizing him.

¹⁷He asked them, "What are you discussing together as you walk along?"

They stood still, their faces downcast. ¹⁸One of them, named Cleopas, asked him, "Are you only a visitor to Jerusalem and do not know the things that have happened there in these days?"

¹⁹"What things?" he asked.

"About Jesus of Nazareth," they replied. "He was a prophet, powerful in word and deed before God and all the people. ²⁰The chief priests and our rulers handed him over to be sentenced to death, and they crucified him; ²¹but we had hoped that he was the one who was going to redeem Israel. And what is more, it is the third day since all this took place. ²²In addition, some of our women amazed us. They went to the tomb early this morning ²³but didn't find his body. They came and told us that they had seen a vision of angels, who said he was alive. ²⁴Then some of our companions went to the tomb and found it just as the women had said, but him they did not see."

²⁵He said to them, "How foolish you are, and how slow of heart to believe all that the prophets have spoken! ²⁶Did not the Christ⁹ have to suffer these things and then enter his glory?" ²⁷And beginning with Moses and all the Prophets, he explained to them what was said in all the Scriptures concerning himself.

²⁸As they approached the village to which they were going, Jesus acted as if he were going farther. ²⁹But they urged him strongly, "Stay with us, for it is nearly evening; the day is almost over." So he went in to stay with them.

³⁰When he was at the table with them, he took bread, gave thanks, broke it and began to give it to them. ³¹Then their eyes were opened and they recognized him, and he disappeared from their sight. ³²They asked each other, "Were not our hearts burning within us while he talked with us on the road and opened the Scriptures to us?"

³³They got up and returned at once to Jerusalem. There they found the Eleven and those with them, assembled together ³⁴and saying, "It is true! The Lord has risen and has appeared to Simon." ³⁵Then the two told what had happened on the way, and how Jesus was recognized by them when he broke the bread.

⁹ 26 Or *Messiah*; also in verse 46

Jesús se aparece a los discípulos

36Todavía estaban ellos hablando acerca de esto, cuando Jesús mismo se puso en medio de ellos y les dijo:

—Paz a ustedes.

37Aterrorizados, creyeron que veían a un espíritu.

38—¿Por qué se asustan tanto? —les preguntó—. ¿Por qué les vienen dudas? **39**Miren mis manos y mis pies. ¡Soy yo mismo! Tóquenme y vean; un espíritu no tiene carne ni huesos, como ven que los tengo yo.

40Dicho esto, les mostró las manos y los pies. **41**Como ellos no acababan de creerlo a causa de la alegría y del asombro, les preguntó:

—¿Tienen aquí algo de comer?

42Le dieron un pedazo de pescado asado, **43**así que lo tomó y se lo comió delante de ellos. Luego les dijo:

44—Cuando todavía estaba yo con ustedes, les decía que tenía que cumplirse todo lo que está escrito acerca de mí en la ley de Moisés, en los profetas y en los salmos.

45Entonces les abrió el entendimiento para que comprendieran las Escrituras.

46—Esto es lo que está escrito —les explicó—: que el *Cristo padecerá y *resucitará al tercer día, **47**y en su nombre se predicarán el *arrepentimiento y el perdón de pecados a todas las *naciones, comenzando por Jerusalén. **48**Ustedes son testigos de estas cosas. **49**Ahora voy a enviarles lo que ha prometido mi Padre; pero ustedes quédense en la ciudad hasta que sean revestidos del poder de lo alto.

La ascensión

50Después los llevó Jesús hasta Betania; allí alzó las manos y los bendijo. **51**Sucedió que, mientras los bendecía, se alejó de ellos y fue llevado al cielo. **52**Ellos, entonces, lo adoraron y luego regresaron a Jerusalén con gran alegría. **53**Y estaban continuamente en el *templo, alabando a Dios.

Jesus Appears to the Disciples

36While they were still talking about this, Jesus himself stood among them and said to them, "Peace be with you."

37They were startled and frightened, thinking they saw a ghost. **38**He said to them, "Why are you troubled, and why do doubts rise in your minds? **39**Look at my hands and my feet. It is I myself! Touch me and see; a ghost does not have flesh and bones, as you see I have."

40When he had said this, he showed them his hands and feet. **41**And while they still did not believe it because of joy and amazement, he asked them, "Do you have anything here to eat?" **42**They gave him a piece of broiled fish, **43**and he took it and ate it in their presence.

44He said to them, "This is what I told you while I was still with you: Everything must be fulfilled that is written about me in the Law of Moses, the Prophets and the Psalms."

45Then he opened their minds so they could understand the Scriptures. **46**He told them, "This is what is written: The Christ will suffer and rise from the dead on the third day, **47**and repentance and forgiveness of sins will be preached in his name to all nations, beginning at Jerusalem. **48**You are witnesses of these things. **49**I am going to send you what my Father has promised; but stay in the city until you have been clothed with power from on high."

The Ascension

50When he had led them out to the vicinity of Bethany, he lifted up his hands and blessed them. **51**While he was blessing them, he left them and was taken up into heaven. **52**Then they worshiped him and returned to Jerusalem with great joy. **53**And they stayed continually at the temple, praising God.

Evangelio según Juan

John

El Verbo se hizo hombre

The Word Became Flesh

1 En el principio ya existía el *Verbo,
y el Verbo estaba con Dios,
y el Verbo era Dios. ²Él estaba con Dios en el principio.

³Por medio de él todas las cosas fueron
creadas;

sin él, nada de lo creado llegó a existir.
⁴En él estaba la vida,
y la vida era la luz de la *humanidad.
⁵Esta luz resplandece en las tinieblas,
y las tinieblas no han podido extinguirla.ᵃ

⁶Vino un hombre llamado Juan. Dios lo envió
⁷como testigo para dar testimonio de la luz, a fin
de que por medio de él todos creyeran. ⁸Juan no
era la luz, sino que vino para dar testimonio de
la luz. ⁹Esa luz verdadera, la que alumbra a todo
*ser humano, venía a este mundo.ᵇ

¹⁰El que era la luz ya estaba en el mundo, y el
mundo fue creado por medio de él, pero el mundo
no lo reconoció. ¹¹Vino a lo que era suyo, pero los
suyos no lo recibieron. ¹²Mas a cuantos lo recibieron, a los que creen en su nombre, les dio el
derecho de ser hijos de Dios. ¹³Éstos no nacen de
la sangre, ni por deseos *naturales, ni por voluntad humana, sino que nacen de Dios.

¹⁴Y el Verbo se hizo hombre y habitóᶜ entre
nosotros. Y hemos contemplado su gloria, la
gloria que corresponde al Hijo *unigénito del
Padre, lleno de gracia y de verdad.

¹⁵Juan dio testimonio de él, y a voz en cuello
proclamó: «Éste es aquel de quien yo decía: "El
que viene después de mí es superior a mí, porque
existía antes que yo."» ¹⁶De su plenitud todos
hemos recibido gracia sobre gracia, ¹⁷pues la ley
fue dada por medio de Moisés, mientras que la
gracia y la verdad nos han llegado por medio de
*Jesucristo. ¹⁸A Dios nadie lo ha visto nunca; el
Hijo unigénito, que es Diosᵈ y que vive en unión
íntima con el Padre, nos lo ha dado a conocer.

Juan el Bautista niega ser el Cristo

¹⁹Éste es el testimonio de Juan cuando los
judíos de Jerusalén enviaron sacerdotes y levitas

1 In the beginning was the Word, and the
Word was with God, and the Word was
God. ²He was with God in the beginning.

³Through him all things were made; without
him nothing was made that has been made. ⁴In
him was life, and that life was the light of men.
⁵The light shines in the darkness, but the darkness has not understoodᵃ it.

⁶There came a man who was sent from God;
his name was John. ⁷He came as a witness to
testify concerning that light, so that through him
all men might believe. ⁸He himself was not the
light; he came only as a witness to the light. ⁹The
true light that gives light to every man was
coming into the world.ᵇ

¹⁰He was in the world, and though the world
was made through him, the world did not recognize him. ¹¹He came to that which was his own,
but his own did not receive him. ¹²Yet to all who
received him, to those who believed in his name,
he gave the right to become children of God—
¹³children born not of natural descent,ᶜ nor of
human decision or a husband's will, but born of
God.

¹⁴The Word became flesh and made his
dwelling among us. We have seen his glory, the
glory of the One and Only,ᵈ who came from the
Father, full of grace and truth.

¹⁵John testifies concerning him. He cries out,
saying, "This was he of whom I said, 'He who
comes after me has surpassed me because he
was before me.'" ¹⁶From the fullness of his
grace we have all received one blessing after
another. ¹⁷For the law was given through Moses; grace and truth came through Jesus Christ.
¹⁸No one has ever seen God, but God the One
and Only,ᵉᶠ who is at the Father's side, has
made him known.

John the Baptist Denies Being the Christ

¹⁹Now this was John's testimony when the
Jews of Jerusalem sent priests and Levites to ask

ᵃ1:5 extinguirla. Alt. comprenderla.   ᵇ1:9 Esa … mundo.
Alt. Esa era la luz verdadera que alumbra a todo *ser
humano que viene al mundo.   ᶜ1:14 habitó. Lit. puso su
carpa.   ᵈ1:18 el Hijo unigénito, que es Dios. Lit. Dios
unigénito. Var. el Hijo unigénito.

ᵃ5 Or darkness, and the darkness has not overcome   ᵇ9 Or
This was the true light that gives light to every man who
comes into the world   ᶜ13 Greek of bloods   ᵈ14 Or the
Only Begotten   ᵉ18 Or the Only Begotten   ᶠ18 Some
manuscripts but the only (or only begotten) Son

a preguntarle quién era. **20**No se negó a declararlo, sino que confesó con franqueza:

—Yo no soy el *Cristo.

21—¿Quién eres entonces? —le preguntaron—. ¿Acaso eres Elías?

—No lo soy.

—¿Eres el profeta?

—No lo soy.

22—¿Entonces quién eres? ¡Tenemos que llevar una respuesta a los que nos enviaron! ¿Cómo te ves a ti mismo?

23—Yo soy la voz del que grita en el desierto: "Enderecen el camino del Señor" *e* —respondió Juan, con las palabras del profeta Isaías.

24Algunos que habían sido enviados por los *fariseos **25**lo interrogaron:

—Pues si no eres el Cristo, ni Elías ni el profeta, ¿por qué bautizas?

26—Yo bautizo con *f* agua, pero entre ustedes hay alguien a quien no conocen, **27**y que viene después de mí, al cual yo no soy digno ni siquiera de desatarle la correa de las sandalias.

28Todo esto sucedió en Betania, al otro lado del río Jordán, donde Juan estaba bautizando.

Jesús, el Cordero de Dios

29Al día siguiente Juan vio a Jesús que se acercaba a él, y dijo: «¡Aquí tienen al Cordero de Dios, que quita el pecado del mundo! **30**De éste hablaba yo cuando dije: "Después de mí viene un hombre que es superior a mí, porque existía antes que yo." **31**Yo ni siquiera lo conocía, pero, para que él se revelara al pueblo de Israel, vine bautizando con agua.»

32Juan declaró: «Vi al Espíritu descender del cielo como una paloma y permanecer sobre él. **33**Yo mismo no lo conocía, pero el que me envió a bautizar con agua me dijo: "Aquel sobre quien veas que el Espíritu desciende y permanece, es el que bautiza con el Espíritu Santo." **34**Yo lo he visto y por eso testifico que éste es el Hijo de Dios.»

Los primeros discípulos de Jesús

35Al día siguiente Juan estaba de nuevo allí, con dos de sus discípulos. **36**Al ver a Jesús que pasaba por ahí, dijo:

—¡Aquí tienen al Cordero de Dios!

37Cuando los dos discípulos le oyeron decir esto, siguieron a Jesús. **38**Jesús se volvió y, al ver que lo seguían, les preguntó:

—¿Qué buscan?

—Rabí, ¿dónde te hospedas? (Rabí significa: Maestro.)

39—Vengan a ver —les contestó Jesús.

Ellos fueron, pues, y vieron dónde se hospe-

him who he was. **20**He did not fail to confess, but confessed freely, "I am not the Christ.*g*"

21They asked him, "Then who are you? Are you Elijah?"

He said, "I am not."

"Are you the Prophet?"

He answered, "No."

22Finally they said, "Who are you? Give us an answer to take back to those who sent us. What do you say about yourself?"

23John replied in the words of Isaiah the prophet, "I am the voice of one calling in the desert, 'Make straight the way for the Lord.'" *h*

24Now some Pharisees who had been sent **25**questioned him, "Why then do you baptize if you are not the Christ, nor Elijah, nor the Prophet?"

26"I baptize with *i* water," John replied, "but among you stands one you do not know. **27**He is the one who comes after me, the thongs of whose sandals I am not worthy to untie."

28This all happened at Bethany on the other side of the Jordan, where John was baptizing.

Jesus the Lamb of God

29The next day John saw Jesus coming toward him and said, "Look, the Lamb of God, who takes away the sin of the world! **30**This is the one I meant when I said, 'A man who comes after me has surpassed me because he was before me.' **31**I myself did not know him, but the reason I came baptizing with water was that he might be revealed to Israel."

32Then John gave this testimony: "I saw the Spirit come down from heaven as a dove and remain on him. **33**I would not have known him, except that the one who sent me to baptize with water told me, 'The man on whom you see the Spirit come down and remain is he who will baptize with the Holy Spirit.' **34**I have seen and I testify that this is the Son of God."

Jesus' First Disciples

35The next day John was there again with two of his disciples. **36**When he saw Jesus passing by, he said, "Look, the Lamb of God!"

37When the two disciples heard him say this, they followed Jesus. **38**Turning around, Jesus saw them following and asked, "What do you want?"

They said, "Rabbi" (which means Teacher), "where are you staying?"

39"Come," he replied, "and you will see."

---

g20 Or *Messiah.* "The Christ" (Greek) and "the Messiah" (Hebrew) both mean "the Anointed One"; also in verse 25.
h23 Isaiah 40:3   *i26* Or *in;* also in verses 31 and 33

*e***1:23** Is 40:3   *f***1:26** *con.* Alt. *en*; también en vv. 31 y 33.

daba, y aquel mismo día se quedaron con él. Eran como las cuatro de la tarde.*g*

40Andrés, hermano de Simón Pedro, era uno de los dos que, al oír a Juan, habían seguido a Jesús. **41**Andrés encontró primero a su hermano Simón, y le dijo:

—Hemos encontrado al Mesías (es decir, el *Cristo).

42Luego lo llevó a Jesús, quien mirándolo fijamente, le dijo:

—Tú eres Simón, hijo de Juan. Serás llamado *Cefas (es decir, Pedro).

Jesús llama a Felipe y a Natanael

43Al día siguiente, Jesús decidió salir hacia Galilea. Se encontró con Felipe, y lo llamó:

—Sígueme.

44Felipe era del pueblo de Betsaida, lo mismo que Andrés y Pedro. **45**Felipe buscó a Natanael y le dijo:

—Hemos encontrado a Jesús de Nazaret, el hijo de José, aquel de quien escribió Moisés en la ley, y de quien escribieron los profetas.

46—¡De Nazaret! —replicó Natanael—. ¿Acaso de allí puede salir algo bueno?

—Ven a ver —le contestó Felipe.

47Cuando Jesús vio que Natanael se le acercaba, comentó:

—Aquí tienen a un verdadero israelita, en quien no hay falsedad.

48—¿De dónde me conoces? —le preguntó Natanael.

—Antes de que Felipe te llamara, cuando aún estabas bajo la higuera, ya te había visto.

49—Rabí, ¡tú eres el Hijo de Dios! ¡Tú eres el Rey de Israel! —declaró Natanael.

50—¿Lo crees porque te dije que te vi cuando estabas debajo de la higuera? ¡Vas a ver aun cosas más grandes que éstas!

Y añadió:

51—Ciertamente les aseguro que ustedes verán abrirse el cielo, y a los ángeles de Dios subir y bajar sobre el Hijo del hombre.

Jesús cambia el agua en vino

2 Al tercer día se celebró una boda en Caná de Galilea, y la madre de Jesús se encontraba allí. **2**También habían sido invitados a la boda Jesús y sus discípulos. **3**Cuando el vino se acabó, la madre de Jesús le dijo:

—Ya no tienen vino.

4—Mujer, ¿eso qué tiene que ver conmigo? —respondió Jesús—. Todavía no ha llegado mi hora.

So they went and saw where he was staying, and spent that day with him. It was about the tenth hour.

40Andrew, Simon Peter's brother, was one of the two who heard what John had said and who had followed Jesus. **41**The first thing Andrew did was to find his brother Simon and tell him, "We have found the Messiah" (that is, the Christ). **42**And he brought him to Jesus.

Jesus looked at him and said, "You are Simon son of John. You will be called Cephas" (which, when translated, is Peter*j*).

Jesus Calls Philip and Nathanael

43The next day Jesus decided to leave for Galilee. Finding Philip, he said to him, "Follow me."

44Philip, like Andrew and Peter, was from the town of Bethsaida. **45**Philip found Nathanael and told him, "We have found the one Moses wrote about in the Law, and about whom the prophets also wrote—Jesus of Nazareth, the son of Joseph."

46"Nazareth! Can anything good come from there?" Nathanael asked.

"Come and see," said Philip.

47When Jesus saw Nathanael approaching, he said of him, "Here is a true Israelite, in whom there is nothing false."

48"How do you know me?" Nathanael asked.

Jesus answered, "I saw you while you were still under the fig tree before Philip called you."

49Then Nathanael declared, "Rabbi, you are the Son of God; you are the King of Israel."

50Jesus said, "You believe*k* because I told you I saw you under the fig tree. You shall see greater things than that." **51**He then added, "I tell you*l* the truth, you*m* shall see heaven open, and the angels of God ascending and descending on the Son of Man."

Jesus Changes Water to Wine

2 On the third day a wedding took place at Cana in Galilee. Jesus' mother was there, **2**and Jesus and his disciples had also been invited to the wedding. **3**When the wine was gone, Jesus' mother said to him, "They have no more wine."

4"Dear woman, why do you involve me?" Jesus replied, "My time has not yet come."

---

g **1:39** *Eran … tarde* (si se cuentan las horas a partir de las seis de la mañana, según la hora judía). Lit. *Era como la hora décima*; véase nota en 19:14.

j **42** Both *Cephas* (Aramaic) and *Peter* (Greek) mean *rock.* *k* **50** Or *Do you believe …?* *l* **51** The Greek is plural. *m* **51** The Greek is plural.

5Su madre dijo a los sirvientes:

—Hagan lo que él les ordene.

6Había allí seis tinajas de piedra, de las que usan los judíos en sus ceremonias de *purificación. En cada una cabían unos cien litros.ʰ

7Jesús dijo a los sirvientes:

—Llenen de agua las tinajas.

Y los sirvientes las llenaron hasta el borde.

8—Ahora saquen un poco y llévenlo al encargado del banquete —les dijo Jesús.

Así lo hicieron. 9El encargado del banquete probó el agua convertida en vino sin saber de dónde había salido, aunque sí lo sabían los sirvientes que habían sacado el agua. Entonces llamó aparte al novio 10y le dijo:

—Todos sirven primero el mejor vino, y cuando los invitados ya han bebido mucho, entonces sirven el más barato; pero tú has guardado el mejor vino hasta ahora.

11Ésta, la primera de sus señales, la hizo Jesús en Caná de Galilea. Así reveló su gloria, y sus discípulos creyeron en él.

12Después de esto Jesús bajó a Capernaúm con su madre, sus hermanos y sus discípulos, y se quedaron allí unos días.

Jesús purifica el templo

13Cuando se aproximaba la Pascua de los judíos, subió Jesús a Jerusalén. 14Y en el *temploⁱ halló a los que vendían bueyes, ovejas y palomas, e instalados en sus mesas a los que cambiaban dinero. 15Entonces, haciendo un látigo de cuerdas, echó a todos del templo, juntamente con sus ovejas y sus bueyes; regó por el suelo las monedas de los que cambiaban dinero y derribó sus mesas. 16A los que vendían las palomas les dijo:

—¡Saquen esto de aquí! ¿Cómo se atreven a convertir la casa de mi Padre en un mercado?

17Sus discípulos se acordaron de que está escrito: «El celo por tu casa me consumirá.»ʲ 18Entonces los judíos reaccionaron, preguntándole:

—¿Qué señal puedes mostrarnos para actuar de esta manera?

19—Destruyan este templo —respondió Jesús—, y lo levantaré de nuevo en tres días.

20—Tardaron cuarenta y seis años en construir este templo, ¿y tú vas a levantarlo en tres días?

21Pero el templo al que se refería era su propio cuerpo. 22Así, pues, cuando se *levantó de entre los muertos, sus discípulos se acordaron de lo que había dicho, y creyeron en la Escritura y en las palabras de Jesús.

23Mientras estaba en Jerusalén, durante la fiesta de la Pascua, muchos creyeron en su nom-

5His mother said to the servants, "Do whatever he tells you."

6Nearby stood six stone water jars, the kind used by the Jews for ceremonial washing, each holding from twenty to thirty gallons.ⁿ

7Jesus said to the servants, "Fill the jars with water"; so they filled them to the brim.

8Then he told them, "Now draw some out and take it to the master of the banquet."

They did so, 9and the master of the banquet tasted the water that had been turned into wine. He did not realize where it had come from, though the servants who had drawn the water knew. Then he called the bridegroom aside 10and said, "Everyone brings out the choice wine first and then the cheaper wine after the guests have had too much to drink; but you have saved the best till now."

11This, the first of his miraculous signs, Jesus performed in Cana of Galilee. He thus revealed his glory, and his disciples put their faith in him.

Jesus Clears the Temple

12After this he went down to Capernaum with his mother and brothers and his disciples. There they stayed for a few days.

13When it was almost time for the Jewish Passover, Jesus went up to Jerusalem. 14In the temple courts he found men selling cattle, sheep and doves, and others sitting at tables exchanging money. 15So he made a whip out of cords, and drove all from the temple area, both sheep and cattle; he scattered the coins of the money changers and overturned their tables. 16To those who sold doves he said, "Get these out of here! How dare you turn my Father's house into a market!"

17His disciples remembered that it is written: "Zeal for your house will consume me."ᵒ

18Then the Jews demanded of him, "What miraculous sign can you show us to prove your authority to do all this?"

19Jesus answered them, "Destroy this temple, and I will raise it again in three days."

20The Jews replied, "It has taken forty-six years to build this temple, and you are going to raise it in three days?" 21But the temple he had spoken of was his body. 22After he was raised from the dead, his disciples recalled what he had said. Then they believed the Scripture and the words that Jesus had spoken.

23Now while he was in Jerusalem at the Passover Feast, many people saw the miraculous signs he was doing and believed in his name.ᵖ

ʰ2:6 unos cien litros. Lit. entre dos y tres *metretas.
ⁱ2:14 Es decir, en el área general del templo; en vv. 19-21 el término griego significa *santuario.   ʲ2:17 Sal 69:9

ⁿ6 Greek two to three metretes (probably about 75 to 115 liters)   ᵒ17 Psalm 69:9   ᵖ23 Or and believed in him

bre al ver las señales que hacía. 24En cambio Jesús no les creía porque los conocía a todos; 25no necesitaba que nadie le informara nada*k* acerca de los demás, pues él conocía el interior del *ser humano.

Jesús enseña a Nicodemo

3 Había entre los *fariseos un dirigente de los judíos llamado Nicodemo. 2Éste fue de noche a visitar a Jesús.

—Rabí —le dijo—, sabemos que eres un maestro que ha venido de parte de Dios, porque nadie podría hacer las señales que tú haces si Dios no estuviera con él.

3—De veras te aseguro que quien no nazca de nuevo*l* no puede ver el reino de Dios —dijo Jesús.

4—¿Cómo puede uno nacer de nuevo siendo ya viejo? —preguntó Nicodemo—. ¿Acaso puede entrar por segunda vez en el vientre de su madre y volver a nacer?

5—Yo te aseguro que quien no nazca de agua y del Espíritu, no puede entrar en el reino de Dios —respondió Jesús—. 6Lo que nace del cuerpo es cuerpo; lo que nace del Espíritu es espíritu. 7No te sorprendas de que te haya dicho: "Tienen que nacer de nuevo." 8El viento sopla por donde quiere, y lo oyes silbar, aunque ignoras de dónde viene y a dónde va. Lo mismo pasa con todo el que nace del Espíritu.

9Nicodemo replicó:

—¿Cómo es posible que esto suceda?

10—Tú eres maestro de Israel, ¿y no entiendes estas cosas? —respondió Jesús—. 11Te digo con seguridad y verdad que hablamos de lo que sabemos y damos testimonio de lo que hemos visto personalmente, pero ustedes no aceptan nuestro testimonio. 12Si les he hablado de las cosas terrenales, y no creen, ¿entonces cómo van a creer si les hablo de las celestiales? 13Nadie ha subido jamás al cielo sino el que descendió del cielo, el Hijo del hombre.*m*

Jesús y el amor del Padre

14»Como levantó Moisés la serpiente en el desierto, así también tiene que ser levantado el Hijo del hombre, 15para que todo el que crea en él tenga vida eterna.*n*

16»Porque tanto amó Dios al mundo, que dio a su Hijo *unigénito, para que todo el que cree en él no se pierda, sino que tenga vida eterna. 17Dios no envió a su Hijo al mundo para condenar al mundo, sino para salvarlo por medio de él. 18El que cree en él no es condenado, pero el

24But Jesus would not entrust himself to them, for he knew all men. 25He did not need man's testimony about man, for he knew what was in a man.

Jesus Teaches Nicodemus

3 Now there was a man of the Pharisees named Nicodemus, a member of the Jewish ruling council. 2He came to Jesus at night and said, "Rabbi, we know you are a teacher who has come from God. For no one could perform the miraculous signs you are doing if God were not with him."

3In reply Jesus declared, "I tell you the truth, no one can see the kingdom of God unless he is born again.*q*"

4"How can a man be born when he is old?" Nicodemus asked. "Surely he cannot enter a second time into his mother's womb to be born!"

5Jesus answered, "I tell you the truth, no one can enter the kingdom of God unless he is born of water and the Spirit. 6Flesh gives birth to flesh, but the Spirit*r* gives birth to spirit. 7You should not be surprised at my saying, 'You*s* must be born again.' 8The wind blows wherever it pleases. You hear its sound, but you cannot tell where it comes from or where it is going. So it is with everyone born of the Spirit."

9"How can this be?" Nicodemus asked.

10"You are Israel's teacher," said Jesus, "and do you not understand these things? 11I tell you the truth, we speak of what we know, and we testify to what we have seen, but still you people do not accept our testimony. 12I have spoken to you of earthly things and you do not believe; how then will you believe if I speak of heavenly things? 13No one has ever gone into heaven except the one who came from heaven—the Son of Man.*t* 14Just as Moses lifted up the snake in the desert, so the Son of Man must be lifted up, 15that everyone who believes in him may have eternal life.*u*

16"For God so loved the world that he gave his one and only Son,*v* that whoever believes in him shall not perish but have eternal life. 17For God did not send his Son into the world to condemn the world, but to save the world through him. 18Whoever believes in him is not condemned, but whoever does not believe stands condemned already because he has not

---

*k*2:25 *le informara nada.* Lit. *le diera testimonio.* *l*3:3 *de nuevo.* Alt. *de arriba;* también en v. 7. *m*3:13 *hombre.* Var. *hombre que está en el cielo.* *n*3:15 *todo … eterna.* Alt. *todo el que cree tenga vida eterna en él.*

*q*3 Or *born from above;* also in verse 7   *r*6 Or *but spirit* *s*7 The Greek is plural.   *t*13 Some manuscripts *Man, who is in heaven*   *u*15 Or *believes may have eternal life in him* *v*16 Or *his only begotten Son*

que no cree ya está condenado por no haber creído en el nombre del Hijo unigénito de Dios. ¹⁹Ésta es la causa de la condenación: que la luz vino al mundo, pero la *humanidad prefirió las tinieblas a la luz, porque sus hechos eran perversos. ²⁰Pues todo el que hace lo malo aborrece la luz, y no se acerca a ella por temor a que sus obras queden al descubierto. ²¹En cambio, el que practica la verdad se acerca a la luz, para que se vea claramente que ha hecho sus obras en obediencia a Dios.ⁿ

Testimonio de Juan el Bautista acerca de Jesús

²²Después de esto Jesús fue con sus discípulos a la región de Judea. Allí pasó algún tiempo con ellos, y bautizaba. ²³También Juan estaba bautizando en Enón, cerca de Salín, porque allí había mucha agua. Así que la gente iba para ser bautizada. ²⁴(Esto sucedió antes de que encarcelaran a Juan.) ²⁵Se entabló entonces una discusión entre los discípulos de Juan y un judíoᵒ en torno a los ritos de *purificación. ²⁶Aquéllos fueron a ver a Juan y le dijeron:

—Rabí, fíjate, el que estaba contigo al otro lado del Jordán, y de quien tú diste testimonio, ahora está bautizando, y todos acuden a él.

²⁷—Nadie puede recibir nada a menos que Dios se lo conceda —les respondió Juan—. ²⁸Ustedes me son testigos de que dije: "Yo no soy el *Cristo, sino que he sido enviado delante de él." ²⁹El que tiene a la novia es el novio. Pero el amigo del novio, que está a su lado y lo escucha, se llena de alegría cuando oye la voz del novio. Ésa es la alegría que me inunda. ³⁰A él le toca crecer, y a mí menguar.

El que viene del cielo

³¹»El que viene de arriba está por encima de todos; el que es de la tierra, es terrenal y de lo terrenal habla. El que viene del cielo está por encima de todos ³²y da testimonio de lo que ha visto y oído, pero nadie recibe su testimonio. ³³El que lo recibe certifica que Dios es veraz. ³⁴El enviado de Dios comunica el mensaje divino, pues Dios mismo le da su Espíritu sin restricción. ³⁵El Padre ama al Hijo, y ha puesto todo en sus manos. ³⁶El que cree en el Hijo tiene vida eterna; pero el que rechaza al Hijo no sabrá lo que es esa vida, sino que permanecerá bajo el castigo de Dios.ᵖ

believed in the name of God's one and only Son. ʷ ¹⁹This is the verdict: Light has come into the world, but men loved darkness instead of light because their deeds were evil. ²⁰Everyone who does evil hates the light, and will not come into the light for fear that his deeds will be exposed. ²¹But whoever lives by the truth comes into the light, so that it may be seen plainly that what he has done has been done through God." ˣ

John the Baptist's Testimony About Jesus

²²After this, Jesus and his disciples went out into the Judean countryside, where he spent some time with them, and baptized. ²³Now John also was baptizing at Aenon near Salim, because there was plenty of water, and people were constantly coming to be baptized. ²⁴(This was before John was put in prison.) ²⁵An argument developed between some of John's disciples and a certain Jewʸ over the matter of ceremonial washing. ²⁶They came to John and said to him, "Rabbi, that man who was with you on the other side of the Jordan—the one you testified about—well, he is baptizing, and everyone is going to him."

²⁷To this John replied, "A man can receive only what is given him from heaven. ²⁸You yourselves can testify that I said, 'I am not the Christᶻ but am sent ahead of him.' ²⁹The bride belongs to the bridegroom. The friend who attends the bridegroom waits and listens for him, and is full of joy when he hears the bridegroom's voice. That joy is mine, and it is now complete. ³⁰He must become greater; I must become less.

³¹"The one who comes from above is above all; the one who is from the earth belongs to the earth, and speaks as one from the earth. The one who comes from heaven is above all. ³²He testifies to what he has seen and heard, but no one accepts his testimony. ³³The man who has accepted it has certified that God is truthful. ³⁴For the one whom God has sent speaks the words of God, for Godᵃ gives the Spirit without limit. ³⁵The Father loves the Son and has placed everything in his hands. ³⁶Whoever believes in the Son has eternal life, but whoever rejects the Son will not see life, for God's wrath remains on him." ᵇ

ⁿ3:21 Algunos intérpretes consideran que el discurso de Jesús termina en el v. 15.   ᵒ3:25 un judío. Var. unos judíos.   ᵖ3:36 Algunos intérpretes consideran que los vv. 31-36 son comentario del autor del evangelio.

ʷ18 Or God's only begotten Son   ˣ21 Some interpreters end the quotation after verse 15.   ʸ25 Some manuscripts and certain Jews   ᶻ28 Or Messiah   ᵃ34 Greek he   ᵇ36 Some interpreters end the quotation after verse 30.

Jesús y la samaritana

4 Jesús*q* se enteró de que los *fariseos sabían que él estaba haciendo y bautizando más discípulos que Juan 2(aunque en realidad no era Jesús quien bautizaba sino sus discípulos). 3Por eso se fue de Judea y volvió otra vez a Galilea. 4Como tenía que pasar por Samaria, 5llegó a un pueblo samaritano llamado Sicar, cerca del terreno que Jacob le había dado a su hijo José. 6Allí estaba el pozo de Jacob. Jesús, fatigado del camino, se sentó junto al pozo. Era cerca del mediodía.*r* 7-8Sus discípulos habían ido al pueblo a comprar comida.

En eso llegó a sacar agua una mujer de Samaria, y Jesús le dijo:

—Dame un poco de agua.

9Pero como los judíos no usan nada en común*s* con los samaritanos, la mujer le respondió:

—¿Cómo se te ocurre pedirme agua, si tú eres judío y yo soy samaritana?

10—Si supieras lo que Dios puede dar, y conocieras al que te está pidiendo agua —contestó Jesús—, tú le habrías pedido a él, y él te habría dado agua que da vida.

11—Señor, ni siquiera tienes con qué sacar agua, y el pozo es muy hondo; ¿de dónde, pues, vas a sacar esa agua que da vida? 12¿Acaso eres tú superior a nuestro padre Jacob, que nos dejó este pozo, del cual bebieron él, sus hijos y su ganado?

13—Todo el que beba de esta agua volverá a tener sed —respondió Jesús—, 14pero el que beba del agua que yo le daré, no volverá a tener sed jamás, sino que dentro de él esa agua se convertirá en un manantial del que brotará vida eterna.

15—Señor, dame de esa agua para que no vuelva a tener sed ni siga viniendo aquí a sacarla.

16—Ve a llamar a tu esposo, y vuelve acá —le dijo Jesús.

17—No tengo esposo —respondió la mujer.

—Bien has dicho que no tienes esposo. 18Es cierto que has tenido cinco, y el que ahora tienes no es tu esposo. En esto has dicho la verdad.

19—Señor, me doy cuenta de que tú eres profeta. 20Nuestros antepasados adoraron en este monte, pero ustedes los judíos dicen que el lugar donde debemos adorar está en Jerusalén.

21—Créeme, mujer, que se acerca la hora en que ni en este monte ni en Jerusalén adorarán ustedes al Padre. 22Ahora ustedes adoran lo que

Jesus Talks With a Samaritan Woman

4 The Pharisees heard that Jesus was gaining and baptizing more disciples than John, 2although in fact it was not Jesus who baptized, but his disciples. 3When the Lord learned of this, he left Judea and went back once more to Galilee.

4Now he had to go through Samaria. 5So he came to a town in Samaria called Sychar, near the plot of ground Jacob had given to his son Joseph. 6Jacob's well was there, and Jesus, tired as he was from the journey, sat down by the well. It was about the sixth hour.

7When a Samaritan woman came to draw water, Jesus said to her, "Will you give me a drink?" 8(His disciples had gone into the town to buy food.)

9The Samaritan woman said to him, "You are a Jew and I am a Samaritan woman. How can you ask me for a drink?" (For Jews do not associate with Samaritans.*c*)

10Jesus answered her, "If you knew the gift of God and who it is that asks you for a drink, you would have asked him and he would have given you living water."

11"Sir," the woman said, "you have nothing to draw with and the well is deep. Where can you get this living water? 12Are you greater than our father Jacob, who gave us the well and drank from it himself, as did also his sons and his flocks and herds?"

13Jesus answered, "Everyone who drinks this water will be thirsty again, 14but whoever drinks the water I give him will never thirst. Indeed, the water I give him will become in him a spring of water welling up to eternal life."

15The woman said to him, "Sir, give me this water so that I won't get thirsty and have to keep coming here to draw water."

16He told her, "Go, call your husband and come back."

17"I have no husband," she replied.

Jesus said to her, "You are right when you say you have no husband. 18The fact is, you have had five husbands, and the man you now have is not your husband. What you have just said is quite true."

19"Sir," the woman said, "I can see that you are a prophet. 20Our fathers worshiped on this mountain, but you Jews claim that the place where we must worship is in Jerusalem."

21Jesus declared, "Believe me, woman, a time is coming when you will worship the Father neither on this mountain nor in Jerusalem. 22You

---

q4:1 Jesús. Var. *El Señor.*   *r4:6 del mediodía.* Lit. *de la hora sexta;* véase nota en 1:39.   *s4:9 no usan nada en común.* Alt. *no se llevan bien.*

c9 Or do not use dishes Samaritans have used

no conocen; nosotros adoramos lo que conocemos, porque la salvación proviene de los judíos. 23Pero se acerca la hora, y ha llegado ya, en que los verdaderos adoradores rendirán culto al Padre en espíritu y en verdad,ᶠ porque así quiere el Padre que sean los que le adoren. 24Dios es espíritu, y quienes lo adoran deben hacerlo en espíritu y en verdad.

25—Sé que viene el Mesías, al que llaman el *Cristo —respondió la mujer—. Cuando él venga nos explicará todas las cosas.

26—Ése soy yo, el que habla contigo —le dijo Jesús.

Los discípulos vuelven a reunirse con Jesús

27En esto llegaron sus discípulos y se sorprendieron de verlo hablando con una mujer, aunque ninguno le preguntó: «¿Qué pretendes?» o «¿De qué hablas con ella?»

28La mujer dejó su cántaro, volvió al pueblo y le decía a la gente:

29—Vengan a ver a un hombre que me ha dicho todo lo que he hecho. ¿No será éste el *Cristo?

30Salieron del pueblo y fueron a ver a Jesús. 31Mientras tanto, sus discípulos le insistían:

—Rabí, come algo.

32—Yo tengo un alimento que ustedes no conocen —replicó él.

33«¿Le habrán traído algo de comer?», comentaban entre sí los discípulos.

34—Mi alimento es hacer la voluntad del que me envió y terminar su obra —les dijo Jesús—. 35¿No dicen ustedes: "Todavía faltan cuatro meses para la cosecha"? Yo les digo: ¡Abran los ojos y miren los campos sembrados! Ya la cosecha está madura; 36ya el segador recibe su salario y recoge el fruto para vida eterna. Ahora tanto el sembrador como el segador se alegran juntos. 37Porque como dice el refrán: "Uno es el que siembra y otro el que cosecha." 38Yo los he enviado a ustedes a cosechar lo que no les costó ningún trabajo. Otros se han fatigado trabajando, y ustedes han cosechado el fruto de ese trabajo.

Muchos samaritanos creen en Jesús

39Muchos de los samaritanos que vivían en aquel pueblo creyeron en él por el testimonio que daba la mujer: «Me dijo todo lo que he hecho.» 40Así que cuando los samaritanos fueron a su encuentro le insistieron en que se quedara con ellos. Jesús permaneció allí dos días, 41y muchos más llegaron a creer por lo que él mismo decía.

Samaritans worship what you do not know; we worship what we do know, for salvation is from the Jews. 23Yet a time is coming and has now come when the true worshipers will worship the Father in spirit and truth, for they are the kind of worshipers the Father seeks. 24God is spirit, and his worshipers must worship in spirit and in truth."

25The woman said, "I know that Messiah" (called Christ) "is coming. When he comes, he will explain everything to us."

26Then Jesus declared, "I who speak to you am he."

The Disciples Rejoin Jesus

27Just then his disciples returned and were surprised to find him talking with a woman. But no one asked, "What do you want?" or "Why are you talking with her?"

28Then, leaving her water jar, the woman went back to the town and said to the people, 29"Come, see a man who told me everything I ever did. Could this be the Christᵈ?" 30They came out of the town and made their way toward him.

31Meanwhile his disciples urged him, "Rabbi, eat something."

32But he said to them, "I have food to eat that you know nothing about."

33Then his disciples said to each other, "Could someone have brought him food?"

34"My food," said Jesus, "is to do the will of him who sent me and to finish his work. 35Do you not say, 'Four months more and then the harvest'? I tell you, open your eyes and look at the fields! They are ripe for harvest. 36Even now the reaper draws his wages, even now he harvests the crop for eternal life, so that the sower and the reaper may be glad together. 37Thus the saying 'One sows and another reaps' is true. 38I sent you to reap what you have not worked for. Others have done the hard work, and you have reaped the benefits of their labor."

Many Samaritans Believe

39Many of the Samaritans from that town believed in him because of the woman's testimony, "He told me everything I ever did." 40So when the Samaritans came to him, they urged him to stay with them, and he stayed two days. 41And because of his words many more became believers.

ᶠ4:23 en espíritu y en verdad. Alt. por el Espíritu y la verdad; también en v. 24.   ᵈ29 Or Messiah

42—Ya no creemos sólo por lo que tú dijiste —le decían a la mujer—; ahora lo hemos oído nosotros mismos, y sabemos que verdaderamente éste es el Salvador del mundo.

Jesús sana al hijo de un funcionario

43Después de esos dos días Jesús salió de allí rumbo a Galilea **44**(pues, como él mismo había dicho, a ningún profeta se le honra en su propia tierra). **45**Cuando llegó a Galilea, fue bien recibido por los galileos, pues éstos habían visto personalmente todo lo que había hecho en Jerusalén durante la fiesta de la Pascua, ya que ellos habían estado también allí.

46Y volvió otra vez Jesús a Caná de Galilea, donde había convertido el agua en vino. Había allí un funcionario real, cuyo hijo estaba enfermo en Capernaúm. **47**Cuando este hombre se enteró de que Jesús había llegado de Judea a Galilea, fue a su encuentro y le suplicó que bajara a sanar a su hijo, pues estaba a punto de morir.

48—Ustedes nunca van a creer si no ven señales y prodigios —le dijo Jesús.

49—Señor —rogó el funcionario—, baja antes de que se muera mi hijo.

50—Vuelve a casa, que tu hijo vive —le dijo Jesús—.

El hombre creyó lo que Jesús le dijo, y se fue. **51**Cuando se dirigía a su casa, sus siervos salieron a su encuentro y le dieron la noticia de que su hijo estaba vivo. **52**Cuando les preguntó a qué hora había comenzado su hijo a sentirse mejor, le contestaron:

—Ayer a la una de la tarde^u se le quitó la fiebre.

53Entonces el padre se dio cuenta de que precisamente a esa hora Jesús le había dicho: «Tu hijo vive.» Así que creyó él con toda su familia.

54Ésta fue la segunda señal que hizo Jesús después de que volvió de Judea a Galilea.

Jesús sana a un inválido

5 Algún tiempo después, se celebraba una fiesta de los judíos, y subió Jesús a Jerusalén. **2**Había allí, junto a la puerta de las Ovejas, un estanque rodeado de cinco pórticos, cuyo nombre en arameo es Betzatá.^v **3**En esos pórticos se hallaban tendidos muchos enfermos, ciegos, cojos y paralíticos.^w **5**Entre ellos se encon-

42They said to the woman, "We no longer believe just because of what you said; now we have heard for ourselves, and we know that this man really is the Savior of the world."

Jesus Heals the Official's Son

43After the two days he left for Galilee. **44**(Now Jesus himself had pointed out that a prophet has no honor in his own country.) **45**When he arrived in Galilee, the Galileans welcomed him. They had seen all that he had done in Jerusalem at the Passover Feast, for they also had been there.

46Once more he visited Cana in Galilee, where he had turned the water into wine. And there was a certain royal official whose son lay sick at Capernaum. **47**When this man heard that Jesus had arrived in Galilee from Judea, he went to him and begged him to come and heal his son, who was close to death.

48"Unless you people see miraculous signs and wonders," Jesus told him, "you will never believe."

49The royal official said, "Sir, come down before my child dies."

50Jesus replied, "You may go. Your son will live."

The man took Jesus at his word and departed. **51**While he was still on the way, his servants met him with the news that his boy was living. **52**When he inquired as to the time when his son got better, they said to him, "The fever left him yesterday at the seventh hour."

53Then the father realized that this was the exact time at which Jesus had said to him, "Your son will live." So he and all his household believed.

54This was the second miraculous sign that Jesus performed, having come from Judea to Galilee.

The Healing at the Pool

5 Some time later, Jesus went up to Jerusalem for a feast of the Jews. **2**Now there is in Jerusalem near the Sheep Gate a pool, which in Aramaic is called Bethesda^e and which is surrounded by five covered colonnades. **3**Here a great number of disabled people used to lie—the blind, the lame, the paralyzed.^f **5**One who was

---

^u**4:52** *la una de la tarde.* Lit. *la hora séptima*; véase nota en 1:39.   ^v**5:2** *Betzatá.* Var. *Betesda*; otra var. *Betsaida.*   ^w**5:3** *paralíticos.* Var. *paralíticos, que esperaban el movimiento del agua.* ⁴*De cuando en cuando un ángel del Señor bajaba al estanque y agitaba el agua. El primero que entraba en el estanque después de cada agitación del agua quedaba sano de cualquier enfermedad que tuviera.*

^e*2* Some manuscripts *Bethzatha*; other manuscripts *Bethsaida* ^f*3* Some less important manuscripts *paralyzed—and they waited for the moving of the waters.* ⁴*From time to time an angel of the Lord would come down and stir up the waters. The first one into the pool after each such disturbance would be cured of whatever disease he had.*

traba un hombre inválido que llevaba enfermo treinta y ocho años. 6Cuando Jesús lo vio allí, tirado en el suelo, y se enteró de que ya tenía mucho tiempo de estar así, le preguntó:

—¿Quieres quedar sano?

7—Señor —respondió—, no tengo a nadie que me meta en el estanque mientras se agita el agua, y cuando trato de hacerlo, otro se mete antes.

8—Levántate, recoge tu camilla y anda —le contestó Jesús.

9Al instante aquel hombre quedó sano, así que tomó su camilla y echó a andar. Pero ese día era *sábado. 10Por eso los judíos le dijeron al que había sido sanado:

—Hoy es sábado; no te está permitido cargar tu camilla.

11—El que me sanó me dijo: "Recoge tu camilla y anda" —les respondió.

12—¿Quién es ese hombre que te dijo: "Recógela y anda"? —le interpelaron.

13El que había sido sanado no tenía idea de quién era, porque Jesús se había escabullido entre la mucha gente que había en el lugar.

14Después de esto Jesús lo encontró en el *templo y le dijo:

—Mira, ya has quedado sano. No vuelvas a pecar, no sea que te ocurra algo peor.

15El hombre se fue e informó a los judíos que Jesús era quien lo había sanado.

Vida mediante el Hijo

16Precisamente por esto los judíos perseguían a Jesús, pues hacía tales cosas en *sábado. 17Pero Jesús les respondía:

—Mi Padre aun hoy está trabajando, y yo también trabajo.

18Así que los judíos redoblaban sus esfuerzos para matarlo, pues no sólo quebrantaba el sábado sino que incluso llamaba a Dios su propio Padre, con lo que él mismo se hacía igual a Dios.

19Entonces Jesús afirmó:

—Ciertamente les aseguro que el hijo no puede hacer nada por su propia cuenta, sino solamente lo que ve que su padre hace, porque cualquier cosa que hace el padre, la hace también el hijo. 20Pues el padre ama al hijo y le muestra todo lo que hace. Sí, y aun cosas más grandes que éstas le mostrará, que los dejará a ustedes asombrados. 21Porque así como el Padre resucita a los muertos y les da vida, así también el Hijo da vida a quienes a él le place. 22Además, el Padre no juzga a nadie, sino que todo juicio lo ha delegado en el Hijo, 23para que todos honren al Hijo como lo honran a él. El que se niega a honrar al Hijo no honra al Padre que lo envió.

24»Ciertamente les aseguro que el que oye mi palabra y cree al que me envió, tiene vida eterna y no será juzgado, sino que ha pasado de la

there had been an invalid for thirty-eight years. 6When Jesus saw him lying there and learned that he had been in this condition for a long time, he asked him, "Do you want to get well?"

7"Sir," the invalid replied, "I have no one to help me into the pool when the water is stirred. While I am trying to get in, someone else goes down ahead of me."

8Then Jesus said to him, "Get up! Pick up your mat and walk." 9At once the man was cured; he picked up his mat and walked.

The day on which this took place was a Sabbath, 10and so the Jews said to the man who had been healed, "It is the Sabbath; the law forbids you to carry your mat."

11But he replied, "The man who made me well said to me, 'Pick up your mat and walk.'"

12So they asked him, "Who is this fellow who told you to pick it up and walk?"

13The man who was healed had no idea who it was, for Jesus had slipped away into the crowd that was there.

14Later Jesus found him at the temple and said to him, "See, you are well again. Stop sinning or something worse may happen to you." 15The man went away and told the Jews that it was Jesus who had made him well.

Life Through the Son

16So, because Jesus was doing these things on the Sabbath, the Jews persecuted him. 17Jesus said to them, "My Father is always at his work to this very day, and I, too, am working." 18For this reason the Jews tried all the harder to kill him; not only was he breaking the Sabbath, but he was even calling God his own Father, making himself equal with God.

19Jesus gave them this answer: "I tell you the truth, the Son can do nothing by himself; he can do only what he sees his Father doing, because whatever the Father does the Son also does. 20For the Father loves the Son and shows him all he does. Yes, to your amazement he will show him even greater things than these. 21For just as the Father raises the dead and gives them life, even so the Son gives life to whom he is pleased to give it. 22Moreover, the Father judges no one, but has entrusted all judgment to the Son, 23that all may honor the Son just as they honor the Father. He who does not honor the Son does not honor the Father, who sent him.

24"I tell you the truth, whoever hears my word and believes him who sent me has eternal life and will not be condemned; he has crossed

muerte a la vida. 25Ciertamente les aseguro que ya viene la hora, y ha llegado ya, en que los muertos oirán la voz del Hijo de Dios, y los que la oigan vivirán. 26Porque así como el Padre tiene vida en sí mismo, así también ha concedido al Hijo el tener vida en sí mismo, 27y le ha dado autoridad para juzgar, puesto que es el Hijo del hombre.

28»No se asombren de esto, porque viene la hora en que todos los que están en los sepulcros oirán su voz, 29y saldrán de allí. Los que han hecho el bien resucitarán para tener vida, pero los que han practicado el mal resucitarán para ser juzgados. 30Yo no puedo hacer nada por mi propia cuenta; juzgo sólo según lo que oigo, y mi juicio es justo, pues no busco hacer mi propia voluntad sino cumplir la voluntad del que me envió.

Los testimonios a favor del Hijo

31»Si yo testifico en mi favor, ese testimonio no es válido. 32Otro es el que testifica en mi favor, y me consta que es válido el testimonio que él da de mí.

33»Ustedes enviaron a preguntarle a Juan, y él dio un testimonio válido. 34Y no es que acepte yo el testimonio de un hombre; más bien lo menciono para que ustedes sean salvos. 35Juan era una lámpara encendida y brillante, y ustedes decidieron disfrutar de su luz por algún tiempo.

36»El testimonio con que yo cuento tiene más peso que el de Juan. Porque esa misma tarea que el Padre me ha encomendado que lleve a cabo, y que estoy haciendo, es la que testifica que el Padre me ha enviado. 37Y el Padre mismo que me envió ha testificado en mi favor. Ustedes nunca han oído su voz, ni visto su figura, 38ni vive su palabra en ustedes, porque no creen en aquel a quien él envió. 39Ustedes estudianˣ con diligencia las Escrituras porque piensan que en ellas hallan la vida eterna. ¡Y son ellas las que dan testimonio en mi favor! 40Sin embargo, ustedes no quieren venir a mí para tener esa vida.

41»La gloria *humana no la acepto, 42pero a ustedes los conozco, y sé que no aman realmente a Dios.ʸ 43Yo he venido en nombre de mi Padre, y ustedes no me aceptan; pero si otro viniera por su propia cuenta, a ése sí lo aceptarían. 44¿Cómo va a ser posible que ustedes crean, si unos a otros se rinden gloria pero no buscan la gloria que viene del Dios único?ᶻ

45»Pero no piensen que yo voy a acusarlos delante del Padre. Quien los va a acusar es Moisés, en quien tienen puesta su esperanza.

over from death to life. 25I tell you the truth, a time is coming and has now come when the dead will hear the voice of the Son of God and those who hear will live. 26For as the Father has life in himself, so he has granted the Son to have life in himself. 27And he has given him authority to judge because he is the Son of Man.

28"Do not be amazed at this, for a time is coming when all who are in their graves will hear his voice 29and come out—those who have done good will rise to live, and those who have done evil will rise to be condemned. 30By myself I can do nothing; I judge only as I hear, and my judgment is just, for I seek not to please myself but him who sent me.

Testimonies About Jesus

31"If I testify about myself, my testimony is not valid. 32There is another who testifies in my favor, and I know that his testimony about me is valid.

33"You have sent to John and he has testified to the truth. 34Not that I accept human testimony; but I mention it that you may be saved. 35John was a lamp that burned and gave light, and you chose for a time to enjoy his light.

36"I have testimony weightier than that of John. For the very work that the Father has given me to finish, and which I am doing, testifies that the Father has sent me. 37And the Father who sent me has himself testified concerning me. You have never heard his voice nor seen his form, 38nor does his word dwell in you, for you do not believe the one he sent. 39You diligently studyᵍ the Scriptures because you think that by them you possess eternal life. These are the Scriptures that testify about me, 40yet you refuse to come to me to have life.

41"I do not accept praise from men, 42but I know you. I know that you do not have the love of God in your hearts. 43I have come in my Father's name, and you do not accept me; but if someone else comes in his own name, you will accept him. 44How can you believe if you accept praise from one another, yet make no effort to obtain the praise that comes from the only Godʰ?

45"But do not think I will accuse you before the Father. Your accuser is Moses, on whom your hopes are set. 46If you believed Moses, you

---

ˣ5:39 Ustedes estudian. Alt. Estudien.   ʸ5:42 no aman ... Dios. Lit. no tienen el amor de Dios en sí mismos.   ᶻ5:44 del Dios único. Var. del Único.

ᵍ39 Or Study diligently (the imperative)   ʰ44 Some early manuscripts the Only One

46Si le creyeran a Moisés, me creerían a mí, porque de mí escribió él. 47Pero si no creen lo que él escribió, ¿cómo van a creer mis palabras?

Jesús alimenta a los cinco mil

6 Algún tiempo después, Jesús se fue a la otra orilla del mar de Galilea (o de Tiberíades). 2Y mucha gente lo seguía, porque veían las señales milagrosas que hacía en los enfermos. 3Entonces subió Jesús a una colina y se sentó con sus discípulos. 4Faltaba muy poco tiempo para la fiesta judía de la Pascua.

5Cuando Jesús alzó la vista y vio una gran multitud que venía hacia él, le dijo a Felipe:

—¿Dónde vamos a comprar pan para que coma esta gente?

6Esto lo dijo sólo para ponerlo a *prueba, porque él ya sabía lo que iba a hacer.

7—Ni con el salario de ocho meses*a* podríamos comprar suficiente pan para darle un pedazo a cada uno —respondió Felipe.

8Otro de sus discípulos, Andrés, que era hermano de Simón Pedro, le dijo:

9—Aquí hay un muchacho que tiene cinco panes de cebada y dos pescados, pero ¿qué es esto para tanta gente?

10—Hagan que se sienten todos —ordenó Jesús.

En ese lugar había mucha hierba. Así que se sentaron, y los varones adultos eran como cinco mil. 11Jesús tomó entonces los panes, dio gracias y distribuyó a los que estaban sentados todo lo que quisieron. Lo mismo hizo con los pescados.

12Una vez que quedaron satisfechos, dijo a sus discípulos:

—Recojan los pedazos que sobraron, para que no se desperdicie nada.

13Así lo hicieron, y con los pedazos de los cinco panes de cebada que les sobraron a los que habían comido, llenaron doce canastas.

14Al ver la señal que Jesús había realizado, la gente comenzó a decir: «En verdad éste es el profeta, el que ha de venir al mundo.» 15Pero Jesús, dándose cuenta de que querían llevárselo a la fuerza y declararlo rey, se retiró de nuevo a la montaña él solo.

Jesús camina sobre el agua

16Cuando ya anochecía, sus discípulos bajaron al lago 17y subieron a una barca, y comenzaron a cruzar el lago en dirección a Capernaúm. Para entonces ya había oscurecido, y Jesús todavía no se les había unido. 18Por causa del fuerte viento que soplaba, el lago estaba picado. 19Habrían

would believe me, for he wrote about me. 47But since you do not believe what he wrote, how are you going to believe what I say?"

Jesus Feeds the Five Thousand

6 Some time after this, Jesus crossed to the far shore of the Sea of Galilee (that is, the Sea of Tiberias), 2and a great crowd of people followed him because they saw the miraculous signs he had performed on the sick. 3Then Jesus went up on a mountainside and sat down with his disciples. 4The Jewish Passover Feast was near.

5When Jesus looked up and saw a great crowd coming toward him, he said to Philip, "Where shall we buy bread for these people to eat?" 6He asked this only to test him, for he already had in mind what he was going to do.

7Philip answered him, "Eight months' wages*i* would not buy enough bread for each one to have a bite!"

8Another of his disciples, Andrew, Simon Peter's brother, spoke up, 9"Here is a boy with five small barley loaves and two small fish, but how far will they go among so many?"

10Jesus said, "Have the people sit down." There was plenty of grass in that place, and the men sat down, about five thousand of them. 11Jesus then took the loaves, gave thanks, and distributed to those who were seated as much as they wanted. He did the same with the fish.

12When they had all had enough to eat, he said to his disciples, "Gather the pieces that are left over. Let nothing be wasted." 13So they gathered them and filled twelve baskets with the pieces of the five barley loaves left over by those who had eaten.

14After the people saw the miraculous sign that Jesus did, they began to say, "Surely this is the Prophet who is to come into the world." 15Jesus, knowing that they intended to come and make him king by force, withdrew again to a mountain by himself.

Jesus Walks on the Water

16When evening came, his disciples went down to the lake, 17where they got into a boat and set off across the lake for Capernaum. By now it was dark, and Jesus had not yet joined them. 18A strong wind was blowing and the waters grew rough. 19When they had rowed three or three and a half miles,*j* they saw Jesus approaching the boat, walking on the water; and they were terrified. 20But he said to them,

---

a 6:7 *el salario de ocho meses.* Lit. *doscientos* *denarios.*

i 7 Greek *two hundred denarii* *j* 19 Greek *rowed twenty-five or thirty stadia* (about 5 or 6 kilometers)

remado unos cinco o seis kilómetros[b] cuando vieron que Jesús se acercaba a la barca, caminando sobre el agua, y se asustaron. 20Pero él les dijo: «No tengan miedo, que soy yo.» 21Así que se dispusieron a recibirlo a bordo, y en seguida la barca llegó a la orilla adonde se dirigían.

22Al día siguiente, la multitud que se había quedado en el otro lado del lago se dio cuenta de que los discípulos se habían embarcado solos. Allí había estado una sola barca, y Jesús no había entrado en ella con sus discípulos. 23Sin embargo, algunas barcas de Tiberíades se aproximaron al lugar donde la gente había comido el pan después de haber dado gracias el Señor. 24En cuanto la multitud se dio cuenta de que ni Jesús ni sus discípulos estaban allí, subieron a las barcas y se fueron a Capernaúm a buscar a Jesús.

Jesús, el pan de vida

25Cuando lo encontraron al otro lado del lago, le preguntaron:

—Rabí, ¿cuándo llegaste acá?

26—Ciertamente les aseguro que ustedes me buscan, no porque han visto señales sino porque comieron pan hasta llenarse. 27Trabajen, pero no por la comida que es perecedera, sino por la que permanece para vida eterna, la cual les dará el Hijo del hombre. Sobre éste ha puesto Dios el Padre su sello de aprobación.

28—¿Qué tenemos que hacer para realizar las obras que Dios exige? —le preguntaron.

29—Ésta es la obra de Dios: que crean en aquel a quien él envió —les respondió Jesús.

30—¿Y qué señal harás para que la veamos y te creamos? ¿Qué puedes hacer? —insistieron ellos—. 31Nuestros antepasados comieron el maná en el desierto, como está escrito: "Pan del cielo les dio a comer." [c]

32—Ciertamente les aseguro que no fue Moisés el que les dio a ustedes el pan del cielo —afirmó Jesús—. El que da el verdadero pan del cielo es mi Padre. 33El pan de Dios es el que baja del cielo y da vida al mundo.

34—Señor —le pidieron—, danos siempre ese pan.

35—Yo soy el pan de vida —declaró Jesús—. El que a mí viene nunca pasará hambre, y el que en mí cree nunca más volverá a tener sed. 36Pero como ya les dije, a pesar de que ustedes me han visto, no creen. 37Todos los que el Padre me da vendrán a mí; y al que a mí viene, no lo rechazo. 38Porque he bajado del cielo no para hacer mi voluntad sino la del que me envió. 39Y ésta es la voluntad del que me envió: que yo no pierda nada

"It is I; don't be afraid." 21Then they were willing to take him into the boat, and immediately the boat reached the shore where they were heading.

22The next day the crowd that had stayed on the opposite shore of the lake realized that only one boat had been there, and that Jesus had not entered it with his disciples, but that they had gone away alone. 23Then some boats from Tiberias landed near the place where the people had eaten the bread after the Lord had given thanks. 24Once the crowd realized that neither Jesus nor his disciples were there, they got into the boats and went to Capernaum in search of Jesus.

Jesus the Bread of Life

25When they found him on the other side of the lake, they asked him, "Rabbi, when did you get here?"

26Jesus answered, "I tell you the truth, you are looking for me, not because you saw miraculous signs but because you ate the loaves and had your fill. 27Do not work for food that spoils, but for food that endures to eternal life, which the Son of Man will give you. On him God the Father has placed his seal of approval."

28Then they asked him, "What must we do to do the works God requires?"

29Jesus answered, "The work of God is this: to believe in the one he has sent."

30So they asked him, "What miraculous sign then will you give that we may see it and believe you? What will you do? 31Our forefathers ate the manna in the desert; as it is written: 'He gave them bread from heaven to eat.'[k]"

32Jesus said to them, "I tell you the truth, it is not Moses who has given you the bread from heaven, but it is my Father who gives you the true bread from heaven. 33For the bread of God is he who comes down from heaven and gives life to the world."

34"Sir," they said, "from now on give us this bread."

35Then Jesus declared, "I am the bread of life. He who comes to me will never go hungry, and he who believes in me will never be thirsty. 36But as I told you, you have seen me and still you do not believe. 37All that the Father gives me will come to me, and whoever comes to me I will never drive away. 38For I have come down from heaven not to do my will but to do the will of him who sent me. 39And this is the will of him who sent me, that I shall lose none of all that he has given me,

---

de lo que él me ha dado, sino que lo resucite en el día final. **40**Porque la voluntad de mi Padre es que todo el que reconozca al Hijo y crea en él, tenga vida eterna, y yo lo resucitaré en el día final.

41Entonces los judíos comenzaron a murmurar contra él, porque dijo: «Yo soy el pan que bajó del cielo.» **42**Y se decían: «¿Acaso no es éste Jesús, el hijo de José? ¿No conocemos a su padre y a su madre? ¿Cómo es que sale diciendo: "Yo bajé del cielo"?»

43—Dejen de murmurar —replicó Jesús— **44**Nadie puede venir a mí si no lo atrae el Padre que me envió, y yo lo resucitaré en el día final. **45**En los profetas está escrito: "A todos los instruirá Dios." *d* En efecto, todo el que escucha al Padre y aprende de él, viene a mí. **46**Al Padre nadie lo ha visto, excepto el que viene de Dios; sólo él ha visto al Padre. **47**Ciertamente les aseguro que el que cree tiene vida eterna. **48**Yo soy el pan de vida. **49**Los antepasados de ustedes comieron el maná en el desierto, y sin embargo murieron. **50**Pero éste es el pan que baja del cielo; el que come de él, no muere. **51**Yo soy el pan vivo que bajó del cielo. Si alguno come de este pan, vivirá para siempre. Este pan es mi carne, que daré para que el mundo viva.

52Los judíos comenzaron a disputar acaloradamente entre sí: «¿Cómo puede éste darnos a comer su carne?»

53—Ciertamente les aseguro —afirmó Jesús— que si no comen la carne del Hijo del hombre ni beben su sangre, no tienen realmente vida. **54**El que come*e* mi carne y bebe mi sangre tiene vida eterna, y yo lo resucitaré en el día final. **55**Porque mi carne es verdadera comida y mi sangre es verdadera bebida. **56**El que come mi carne y bebe mi sangre, permanece en mí y yo en él. **57**Así como me envió el Padre viviente, y yo vivo por el Padre, también el que come de mí, vivirá por mí. **58**Éste es el pan que bajó del cielo. Los antepasados de ustedes comieron maná y murieron, pero el que come de este pan vivirá para siempre.

59Todo esto lo dijo Jesús mientras enseñaba en la sinagoga de Capernaúm.

Muchos discípulos abandonan a Jesús

60Al escucharlo, muchos de sus discípulos exclamaron: «Esta enseñanza es muy difícil; ¿quién puede aceptarla?»

61Jesús, muy consciente de que sus discípulos murmuraban por lo que había dicho, les reprochó:

—¿Esto les causa *tropiezo? **62**¿Qué tal si vieran al Hijo del hombre subir adonde antes estaba? **63**El Espíritu da vida; la *carne no vale para nada. Las palabras que les he hablado son

but raise them up at the last day. **40**For my Father's will is that everyone who looks to the Son and believes in him shall have eternal life, and I will raise him up at the last day."

41At this the Jews began to grumble about him because he said, "I am the bread that came down from heaven." **42**They said, "Is this not Jesus, the son of Joseph, whose father and mother we know? How can he now say, 'I came down from heaven'?"

43"Stop grumbling among yourselves," Jesus answered. **44**"No one can come to me unless the Father who sent me draws him, and I will raise him up at the last day. **45**It is written in the Prophets: 'They will all be taught by God.'*l* Everyone who listens to the Father and learns from him comes to me. **46**No one has seen the Father except the one who is from God; only he has seen the Father. **47**I tell you the truth, he who believes has everlasting life. **48**I am the bread of life. **49**Your forefathers ate the manna in the desert, yet they died. **50**But here is the bread that comes down from heaven, which a man may eat and not die. **51**I am the living bread that came down from heaven. If anyone eats of this bread, he will live forever. This bread is my flesh, which I will give for the life of the world."

52Then the Jews began to argue sharply among themselves, "How can this man give us his flesh to eat?"

53Jesus said to them, "I tell you the truth, unless you eat the flesh of the Son of Man and drink his blood, you have no life in you. **54**Whoever eats my flesh and drinks my blood has eternal life, and I will raise him up at the last day. **55**For my flesh is real food and my blood is real drink. **56**Whoever eats my flesh and drinks my blood remains in me, and I in him. **57**Just as the living Father sent me and I live because of the Father, so the one who feeds on me will live because of me. **58**This is the bread that came down from heaven. Your forefathers ate manna and died, but he who feeds on this bread will live forever." **59**He said this while teaching in the synagogue in Capernaum.

Many Disciples Desert Jesus

60On hearing it, many of his disciples said, "This is a hard teaching. Who can accept it?"

61Aware that his disciples were grumbling about this, Jesus said to them, "Does this offend you? **62**What if you see the Son of Man ascend to where he was before! **63**The Spirit gives life; the flesh counts for nothing. The words I have spoken to you are spirit*m* and they are life. **64**Yet

---

d **6:45** Is 54:13   *e* **6:54** *come.* Lit. *masca,* o *casca.*   *l* **45** Isaiah 54:13   *m* **63** Or *Spirit*

espíritu y son vida. 64Sin embargo, hay algunos de ustedes que no creen.

Es que Jesús conocía desde el principio quiénes eran los que no creían y quién era el que iba a traicionarlo. Así que añadió:

65—Por esto les dije que nadie puede venir a mí, a menos que se lo haya concedido el Padre.

66Desde entonces muchos de sus discípulos le volvieron la espalda y ya no andaban con él. Así que Jesús les preguntó a los doce:

67—¿También ustedes quieren marcharse?

68—Señor —contestó Simón Pedro—, ¿a quién iremos? Tú tienes palabras de vida eterna. 69Y nosotros hemos creído, y sabemos que tú eres el Santo de Dios.f

70—¿No los he escogido yo a ustedes doce? —repuso Jesús—. No obstante, uno de ustedes es un diablo.

71Se refería a Judas, hijo de Simón Iscariote, uno de los doce, que iba a traicionarlo.

Jesús va a la fiesta de los Tabernáculos

7 Algún tiempo después, Jesús andaba por Galilea. No tenía ningún interés en ir a Judea, porque allí los judíos buscaban la oportunidad para matarlo. 2Faltaba poco tiempo para la fiesta judía de los Tabernáculos,g 3así que los hermanos de Jesús le dijeron:

—Deberías salir de aquí e ir a Judea, para que tus discípulos vean las obras que realizas, 4porque nadie que quiera darse a conocer actúa en secreto. Ya que haces estas cosas, deja que el mundo te conozca.

5Lo cierto es que ni siquiera sus hermanos creían en él. 6Por eso Jesús les dijo:

—Para ustedes cualquier tiempo es bueno, pero el tiempo mío aún no ha llegado. 7El mundo no tiene motivos para aborrecerlos; a mí, sin embargo, me aborrece porque yo testifico que sus obras son malas. 8Suban ustedes a la fiesta. Yo no voy todavíah a esta fiesta porque mi tiempo aún no ha llegado.

9Dicho esto, se quedó en Galilea. 10Sin embargo, después de que sus hermanos se fueron a la fiesta, fue también él, no públicamente sino en secreto. 11Por eso las autoridades judías lo buscaban durante la fiesta, y decían: «¿Dónde se habrá metido?»

12Entre la multitud corrían muchos rumores acerca de él. Unos decían: «Es una buena persona.» Otros alegaban: «No, lo que pasa es que engaña a la gente.» 13Sin embargo, por temor a los judíos nadie hablaba de él abiertamente.

there are some of you who do not believe." For Jesus had known from the beginning which of them did not believe and who would betray him. 65He went on to say, "This is why I told you that no one can come to me unless the Father has enabled him."

66From this time many of his disciples turned back and no longer followed him.

67"You do not want to leave too, do you?" Jesus asked the Twelve.

68Simon Peter answered him, "Lord, to whom shall we go? You have the words of eternal life. 69We believe and know that you are the Holy One of God."

70Then Jesus replied, "Have I not chosen you, the Twelve? Yet one of you is a devil!" 71(He meant Judas, the son of Simon Iscariot, who, though one of the Twelve, was later to betray him.)

Jesus Goes to the Feast of Tabernacles

7 After this, Jesus went around in Galilee, purposely staying away from Judea because the Jews there were waiting to take his life. 2But when the Jewish Feast of Tabernacles was near, 3Jesus' brothers said to him, "You ought to leave here and go to Judea, so that your disciples may see the miracles you do. 4No one who wants to become a public figure acts in secret. Since you are doing these things, show yourself to the world." 5For even his own brothers did not believe in him.

6Therefore Jesus told them, "The right time for me has not yet come; for you any time is right. 7The world cannot hate you, but it hates me because I testify that what it does is evil. 8You go to the Feast. I am not yetn going up to this Feast, because for me the right time has not yet come." 9Having said this, he stayed in Galilee.

10However, after his brothers had left for the Feast, he went also, not publicly, but in secret. 11Now at the Feast the Jews were watching for him and asking, "Where is that man?"

12Among the crowds there was widespread whispering about him. Some said, "He is a good man."

Others replied, "No, he deceives the people." 13But no one would say anything publicly about him for fear of the Jews.

---

f6:69 el Santo de Dios. Var. el *Cristo, el hijo del Dios viviente.   g7:2 los Tabernáculos. Alt. las *Enramadas.
h7:8 Var. no incluye: todavía.

n8 Some early manuscripts do not have yet.

Jesús enseña en la fiesta

14Jesús esperó hasta la mitad de la fiesta para subir al *templo y comenzar a enseñar. 15Los judíos se admiraban y decían: «¿De dónde sacó éste tantos conocimientos sin haber estudiado?»

16—Mi enseñanza no es mía —replicó Jesús— sino del que me envió. 17El que esté dispuesto a hacer la voluntad de Dios reconocerá si mi enseñanza proviene de Dios o si yo hablo por mi propia cuenta. 18El que habla por cuenta propia busca su vanagloria; en cambio, el que busca glorificar al que lo envió es una persona íntegra y sin doblez. 19¿No les ha dado Moisés la ley a ustedes? Sin embargo, ninguno de ustedes la cumple. ¿Por qué tratan entonces de matarme?

20—Estás endemoniado —contestó la multitud—. ¿Quién quiere matarte?

21—Hice un milagro y todos ustedes han quedado asombrados. 22Por eso Moisés les dio la circuncisión, que en realidad no proviene de Moisés sino de los patriarcas, y aun en *sábado la practican. 23Ahora bien, si para cumplir la ley de Moisés circuncidan a un varón incluso en sábado, ¿por qué se enfurecen conmigo si en sábado lo sano por completo? 24No juzguen por las apariencias; juzguen con justicia.

¿Es éste el Cristo?

25Algunos de los que vivían en Jerusalén comentaban: «¿No es éste al que quieren matar? 26Ahí está, hablando abiertamente, y nadie le dice nada. ¿Será que las autoridades se han convencido de que es el *Cristo? 27Nosotros sabemos de dónde viene este hombre, pero cuando venga el Cristo nadie sabrá su procedencia.»

28Por eso Jesús, que seguía enseñando en el *templo, exclamó:

—¡Con que ustedes me conocen y saben de dónde vengo! No he venido por mi propia cuenta, sino que me envió uno que es digno de confianza. Ustedes no lo conocen, 29pero yo sí lo conozco porque vengo de parte suya, y él mismo me ha enviado.

30Entonces quisieron arrestarlo, pero nadie le echó mano porque aún no había llegado su hora. 31Con todo, muchos de entre la multitud creyeron en él y decían: «Cuando venga el Cristo, ¿acaso va a hacer más señales que este hombre?»

32Los *fariseos oyeron a la multitud que murmuraba estas cosas acerca de él, y junto con los jefes de los sacerdotes mandaron unos guardias del templo para arrestarlo.

33—Voy a estar con ustedes un poco más de tiempo —afirmó Jesús—, y luego volveré al que me envió. 34Me buscarán, pero no me encontrarán, porque adonde yo esté no podrán ustedes llegar.

Jesus Teaches at the Feast

14Not until halfway through the Feast did Jesus go up to the temple courts and begin to teach. 15The Jews were amazed and asked, "How did this man get such learning without having studied?"

16Jesus answered, "My teaching is not my own. It comes from him who sent me. 17If anyone chooses to do God's will, he will find out whether my teaching comes from God or whether I speak on my own. 18He who speaks on his own does so to gain honor for himself, but he who works for the honor of the one who sent him is a man of truth; there is nothing false about him. 19Has not Moses given you the law? Yet not one of you keeps the law. Why are you trying to kill me?"

20"You are demon-possessed," the crowd answered. "Who is trying to kill you?"

21Jesus said to them, "I did one miracle, and you are all astonished. 22Yet, because Moses gave you circumcision (though actually it did not come from Moses, but from the patriarchs), you circumcise a child on the Sabbath. 23Now if a child can be circumcised on the Sabbath so that the law of Moses may not be broken, why are you angry with me for healing the whole man on the Sabbath? 24Stop judging by mere appearances, and make a right judgment."

Is Jesus the Christ?

25At that point some of the people of Jerusalem began to ask, "Isn't this the man they are trying to kill? 26Here he is, speaking publicly, and they are not saying a word to him. Have the authorities really concluded that he is the Christ[o]? 27But we know where this man is from; when the Christ comes, no one will know where he is from."

28Then Jesus, still teaching in the temple courts, cried out, "Yes, you know me, and you know where I am from. I am not here on my own, but he who sent me is true. You do not know him, 29but I know him because I am from him and he sent me."

30At this they tried to seize him, but no one laid a hand on him, because his time had not yet come. 31Still, many in the crowd put their faith in him. They said, "When the Christ comes, will he do more miraculous signs than this man?"

32The Pharisees heard the crowd whispering such things about him. Then the chief priests and the Pharisees sent temple guards to arrest him.

33Jesus said, "I am with you for only a short time, and then I go to the one who sent me. 34You

---

o 26 Or Messiah; also in verses 27, 31, 41 and 42

35«¿Y éste a dónde piensa irse que no podamos encontrarlo? —comentaban entre sí los judíos—. ¿Será que piensa ir a nuestra gente dispersa entre las naciones,^{i} para enseñar a los *griegos? 36¿Qué quiso decir con eso de que "me buscarán, pero no me encontrarán", y "adonde yo esté no podrán ustedes llegar"?»

Jesús en el último día de la fiesta

37En el último día, el más solemne de la fiesta, Jesús se puso de pie y exclamó:

—¡Si alguno tiene sed, que venga a mí y beba! 38De aquel que cree en mí, como dice^j la Escritura, brotarán ríos de agua viva.

39Con esto se refería al Espíritu que habrían de recibir más tarde los que creyeran en él. Hasta ese momento el Espíritu no había sido dado, porque Jesús no había sido glorificado todavía.

40Al oír sus palabras, algunos de entre la multitud decían: «Verdaderamente éste es el profeta.» 41Otros afirmaban: «¡Es el *Cristo!» Pero otros objetaban: «¿Cómo puede el Cristo venir de Galilea? 42¿Acaso no dice la Escritura que el Cristo vendrá de la descendencia de David, y de Belén, el pueblo de donde era David?» 43Por causa de Jesús la gente estaba dividida. 44Algunos querían arrestarlo, pero nadie le puso las manos encima.

Incredulidad de los dirigentes judíos

45Los guardias del *templo volvieron a los jefes de los sacerdotes y a los *fariseos, quienes los interrogaron:

—¿Se puede saber por qué no lo han traído?

46—¡Nunca nadie ha hablado como ese hombre! —declararon los guardias.

47—¿Así que también ustedes se han dejado engañar? —replicaron los fariseos—. 48¿Acaso ha creído en él alguno de los gobernantes o de los fariseos? 49¡No! Pero esta gente, que no sabe nada de la ley, está bajo maldición.

50Nicodemo, que era uno de ellos y que antes había ido a ver a Jesús, les interpeló:

51—¿Acaso nuestra ley condena a un hombre sin antes escucharlo y averiguar lo que hace?

52—¿No eres tú también de Galilea? —protestaron—. Investiga y verás que de Galilea no ha salido ningún profeta.^{k}

53Entonces todos se fueron a casa.

---

^{i}7:35 nuestra ... naciones. Lit. la diáspora de los griegos. ^{j}7:37-38 que venga ... como dice. Alt. que venga a mí! ¡Y que beba ^{38}el que cree en mí! De él, como dice. ^{k}7:52 Los mss. más antiguos y otros testimonios de la antigüedad no incluyen Jn 7:53—8:11. En algunos códices y versiones que contienen el relato de la adúltera, esta sección aparece en diferentes lugares; por ejemplo, después de 7:44, o al final de este evangelio, o después de Lc 21:38.

will look for me, but you will not find me; and where I am, you cannot come."

35The Jews said to one another, "Where does this man intend to go that we cannot find him? Will he go where our people live scattered among the Greeks, and teach the Greeks? 36What did he mean when he said, 'You will look for me, but you will not find me,' and 'Where I am, you cannot come'?"

37On the last and greatest day of the Feast, Jesus stood and said in a loud voice, "If anyone is thirsty, let him come to me and drink. 38Whoever believes in me, as^p the Scripture has said, streams of living water will flow from within him." 39By this he meant the Spirit, whom those who believed in him were later to receive. Up to that time the Spirit had not been given, since Jesus had not yet been glorified.

40On hearing his words, some of the people said, "Surely this man is the Prophet."

41Others said, "He is the Christ."

Still others asked, "How can the Christ come from Galilee? 42Does not the Scripture say that the Christ will come from David's family^q and from Bethlehem, the town where David lived?" 43Thus the people were divided because of Jesus. 44Some wanted to seize him, but no one laid a hand on him.

Unbelief of the Jewish Leaders

45Finally the temple guards went back to the chief priests and Pharisees, who asked them, "Why didn't you bring him in?"

46"No one ever spoke the way this man does," the guards declared.

47"You mean he has deceived you also?" the Pharisees retorted. 48"Has any of the rulers or of the Pharisees believed in him? 49No! But this mob that knows nothing of the law—there is a curse on them."

50Nicodemus, who had gone to Jesus earlier and who was one of their own number, asked, 51"Does our law condemn anyone without first hearing him to find out what he is doing?"

52They replied, "Are you from Galilee, too? Look into it, and you will find that a prophet^r does not come out of Galilee."

[The earliest and most reliable manuscripts and other ancient witnesses do not have John 7:53-8:11.]

53Then each went to his own home.

^{p}38 Or / If anyone is thirsty, let him come to me. / And let him drink, ^{38}who believes in me. / As ^{q}42 Greek seed ^{r}52 Two early manuscripts the Prophet

La mujer sorprendida en adulterio

8 Pero Jesús se fue al monte de los Olivos. ²Al amanecer se presentó de nuevo en el *templo. Toda la gente se le acercó, y él se sentó a enseñarles. ³Los *maestros de la ley y los *fariseos llevaron entonces a una mujer sorprendida en adulterio, y poniéndola en medio del grupo ⁴le dijeron a Jesús:

—Maestro, a esta mujer se le ha sorprendido en el acto mismo de adulterio. ⁵En la ley Moisés nos ordenó apedrear a tales mujeres. ¿Tú qué dices?

⁶Con esta pregunta le estaban tendiendo una *trampa, para tener de qué acusarlo. Pero Jesús se inclinó y con el dedo comenzó a escribir en el suelo. ⁷Y como ellos lo acosaban a preguntas, Jesús se incorporó y les dijo:

—Aquel de ustedes que esté libre de pecado, que tire la primera piedra.

⁸E inclinándose de nuevo, siguió escribiendo en el suelo. ⁹Al oír esto, se fueron retirando uno tras otro, comenzando por los más viejos, hasta dejar a Jesús solo con la mujer, que aún seguía allí. ¹⁰Entonces él se incorporó y le preguntó:

—Mujer, ¿dónde están?[1] ¿Ya nadie te condena?

¹¹—Nadie, Señor.

—Tampoco yo te condeno. Ahora vete, y no vuelvas a pecar.

Validez del testimonio de Jesús

¹²Una vez más Jesús se dirigió a la gente, y les dijo:

—Yo soy la luz del mundo. El que me sigue no andará en tinieblas, sino que tendrá la luz de la vida.

¹³—Tú te presentas como tu propio testigo —alegaron los *fariseos—, así que tu testimonio no es válido.

¹⁴—Aunque yo sea mi propio testigo —repuso Jesús—, mi testimonio es válido, porque sé de dónde he venido y a dónde voy. Pero ustedes no saben de dónde vengo ni a dónde voy. ¹⁵Ustedes juzgan según criterios *humanos; yo, en cambio, no juzgo a nadie. ¹⁶Y si lo hago, mis juicios son válidos porque no los emito por mi cuenta sino en unión con el Padre que me envió. ¹⁷En la ley de ustedes está escrito que el testimonio de dos personas es válido. ¹⁸Uno de mis testigos soy yo mismo, y el Padre que me envió también da testimonio de mí.

¹⁹—¿Dónde está tu padre?

—Si supieran quién soy yo, sabrían también quién es mi Padre.

---

8 But Jesus went to the Mount of Olives. ²At dawn he appeared again in the temple courts, where all the people gathered around him, and he sat down to teach them. ³The teachers of the law and the Pharisees brought in a woman caught in adultery. They made her stand before the group ⁴and said to Jesus, "Teacher, this woman was caught in the act of adultery. ⁵In the Law Moses commanded us to stone such women. Now what do you say?" ⁶They were using this question as a trap, in order to have a basis for accusing him.

But Jesus bent down and started to write on the ground with his finger. ⁷When they kept on questioning him, he straightened up and said to them, "If any one of you is without sin, let him be the first to throw a stone at her." ⁸Again he stooped down and wrote on the ground.

⁹At this, those who heard began to go away one at a time, the older ones first, until only Jesus was left, with the woman still standing there. ¹⁰Jesus straightened up and asked her, "Woman, where are they? Has no one condemned you?"

¹¹"No one, sir," she said.

"Then neither do I condemn you," Jesus declared. "Go now and leave your life of sin."

The Validity of Jesus' Testimony

¹²When Jesus spoke again to the people, he said, "I am the light of the world. Whoever follows me will never walk in darkness, but will have the light of life."

¹³The Pharisees challenged him, "Here you are, appearing as your own witness; your testimony is not valid."

¹⁴Jesus answered, "Even if I testify on my own behalf, my testimony is valid, for I know where I came from and where I am going. But you have no idea where I come from or where I am going. ¹⁵You judge by human standards; I pass judgment on no one. ¹⁶But if I do judge, my decisions are right, because I am not alone. I stand with the Father, who sent me. ¹⁷In your own Law it is written that the testimony of two men is valid. ¹⁸I am one who testifies for myself; my other witness is the Father, who sent me."

¹⁹Then they asked him, "Where is your father?"

"You do not know me or my Father," Jesus replied. "If you knew me, you would know my Father also." ²⁰He spoke these words while

---

[1]8:10 *¿dónde están?* Var. *¿dónde están los que te acusaban?*

20Estas palabras las dijo Jesús en el lugar donde se depositaban las ofrendas, mientras enseñaba en el *templo. Pero nadie le echó mano porque aún no había llegado su tiempo.

Yo no soy de este mundo

21De nuevo Jesús les dijo:

—Yo me voy, y ustedes me buscarán, pero en su pecado morirán. Adonde yo voy, ustedes no pueden ir.

22Comentaban, por tanto, los judíos: «¿Acaso piensa suicidarse? ¿Será por eso que dice: "Adonde yo voy, ustedes no pueden ir"?»

23—Ustedes son de aquí abajo —continuó Jesús—; yo soy de allá arriba. Ustedes son de este mundo; yo no soy de este mundo. **24**Por eso les he dicho que morirán en sus pecados, pues si no creen que yo soy el que afirmo ser,*m* en sus pecados morirán.

25—¿Quién eres tú? —le preguntaron.

—En primer lugar, ¿qué tengo que explicarles?*n* —contestó Jesús—. **26**Son muchas las cosas que tengo que decir y juzgar de ustedes. Pero el que me envió es veraz, y lo que le he oído decir es lo mismo que le repito al mundo.

27Ellos no entendieron que les hablaba de su Padre. **28**Por eso Jesús añadió:

—Cuando hayan levantado al Hijo del hombre, sabrán ustedes que yo soy, y que no hago nada por mi propia cuenta, sino que hablo conforme a lo que el Padre me ha enseñado. **29**El que me envió está conmigo; no me ha dejado solo, porque siempre hago lo que le agrada.

30Mientras aún hablaba, muchos creyeron en él.

Los hijos de Abraham

31Jesús se dirigió entonces a los judíos que habían creído en él, y les dijo:

—Si se mantienen fieles a mis enseñanzas, serán realmente mis discípulos; **32**y conocerán la verdad, y la verdad los hará libres.

33—Nosotros somos descendientes de Abraham —le contestaron—, y nunca hemos sido esclavos de nadie. ¿Cómo puedes decir que seremos liberados?

34—Ciertamente les aseguro que todo el que peca es esclavo del pecado —respondió Jesús—. **35**Ahora bien, el esclavo no se queda para siempre en la familia; pero el hijo sí se queda en ella para siempre. **36**Así que si el Hijo los libera, serán ustedes verdaderamente libres. **37**Yo sé que ustedes son descendientes de Abraham. Sin embargo,

teaching in the temple area near the place where the offerings were put. Yet no one seized him, because his time had not yet come.

21Once more Jesus said to them, "I am going away, and you will look for me, and you will die in your sin. Where I go, you cannot come."

22This made the Jews ask, "Will he kill himself? Is that why he says, 'Where I go, you cannot come'?"

23But he continued, "You are from below; I am from above. You are of this world; I am not of this world. **24**I told you that you would die in your sins; if you do not believe that I am the one I claim to be,*s* you will indeed die in your sins."

25"Who are you?" they asked.

"Just what I have been claiming all along," Jesus replied. **26**"I have much to say in judgment of you. But he who sent me is reliable, and what I have heard from him I tell the world."

27They did not understand that he was telling them about his Father. **28**So Jesus said, "When you have lifted up the Son of Man, then you will know that I am the one I claim to be, and that I do nothing on my own but speak just what the Father has taught me. **29**The one who sent me is with me; he has not left me alone, for I always do what pleases him." **30**Even as he spoke, many put their faith in him.

The Children of Abraham

31To the Jews who had believed him, Jesus said, "If you hold to my teaching, you are really my disciples. **32**Then you will know the truth, and the truth will set you free."

33They answered him, "We are Abraham's descendants*t* and have never been slaves of anyone. How can you say that we shall be set free?"

34Jesus replied, "I tell you the truth, everyone who sins is a slave to sin. **35**Now a slave has no permanent place in the family, but a son belongs to it forever. **36**So if the Son sets you free, you will be free indeed. **37**I know you are Abraham's descendants. Yet you are ready to kill me, because you have no room for my word. **38**I am telling you what I have seen in the Father's presence, and you do what you have heard from your father.*u*"

---

*m*8:24 *el que afirmo ser.* Alt. *aquél;* también en v. 28.
*n*8:25 *En primer … explicarles?* Alt. *Lo que desde el principio he venido diciéndoles.*

*s*24 Or *I am he;* also in verse 28　*t*33 Greek *seed;* also in verse 37　*u*38 Or *presence. Therefore do what you have heard from the Father.*

procuran matarme porque no está en sus planes aceptar mi palabra. ³⁸Yo hablo de lo que he visto en presencia del Padre; así también ustedes, hagan lo que del Padre han escuchado.

³⁹—Nuestro padre es Abraham —replicaron.

—Si fueran hijos de Abraham, harían lo mismo que él hizo. ⁴⁰Ustedes, en cambio, quieren matarme, ¡a mí, que les he expuesto la verdad que he recibido de parte de Dios! Abraham jamás haría tal cosa. ⁴¹Las obras de ustedes son como las de su padre.

—Nosotros no somos hijos nacidos de prostitución —le reclamaron—. Un solo Padre tenemos, y es Dios mismo.

Los hijos del diablo

⁴²—Si Dios fuera su Padre —les contestó Jesús—, ustedes me amarían, porque yo he venido de Dios y aquí me tienen. No he venido por mi propia cuenta, sino que él me envió. ⁴³¿Por qué no entienden mi modo de hablar? Porque no pueden aceptar mi palabra. ⁴⁴Ustedes son de su padre, el diablo, cuyos deseos quieren cumplir. Desde el principio éste ha sido un asesino, y no se mantiene en la verdad, porque no hay verdad en él. Cuando miente, expresa su propia naturaleza, porque es un mentiroso. ¡Es el padre de la mentira! ⁴⁵Y sin embargo a mí, que les digo la verdad, no me creen. ⁴⁶¿Quién de ustedes me puede probar que soy culpable de pecado? Si digo la verdad, ¿por qué no me creen? ⁴⁷El que es de Dios escucha lo que Dios dice. Pero ustedes no escuchan, porque no son de Dios.

Declaración de Jesús acerca de sí mismo

⁴⁸—¿No tenemos razón al decir que eres un samaritano, y que estás endemoniado? —replicaron los judíos.

⁴⁹—No estoy poseído por ningún demonio —contestó Jesús—. Tan sólo honro a mi Padre; pero ustedes me deshonran a mí. ⁵⁰Yo no busco mi propia gloria; pero hay uno que la busca, y él es el juez. ⁵¹Ciertamente les aseguro que el que cumple mi palabra, nunca morirá.

⁵²—¡Ahora estamos convencidos de que estás endemoniado! —exclamaron los judíos—. Abraham murió, y también los profetas, por tú sales diciendo que si alguno guarda tu palabra, nunca morirá. ⁵³¿Acaso eres tú mayor que nuestro padre Abraham? Él murió, y también murieron los profetas. ¿Quién te crees tú?

⁵⁴—Si yo me glorifico a mí mismo —les respondió Jesús—, mi gloria no significa nada. Pero quien me glorifica es mi Padre, el que ustedes dicen que es su Dios, ⁵⁵aunque no lo conocen. Yo, en cambio, sí lo conozco. Si dijera que no lo conozco, sería tan mentiroso como ustedes; pero lo conozco y cumplo su palabra.

³⁹"Abraham is our father," they answered.

"If you were Abraham's children," said Jesus, "then you would ᵛ do the things Abraham did. ⁴⁰As it is, you are determined to kill me, a man who has told you the truth that I heard from God. Abraham did not do such things. ⁴¹You are doing the things your own father does."

"We are not illegitimate children," they protested. "The only Father we have is God himself."

The Children of the Devil

⁴²Jesus said to them, "If God were your Father, you would love me, for I came from God and now am here. I have not come on my own; but he sent me. ⁴³Why is my language not clear to you? Because you are unable to hear what I say. ⁴⁴You belong to your father, the devil, and you want to carry out your father's desire. He was a murderer from the beginning, not holding to the truth, for there is no truth in him. When he lies, he speaks his native language, for he is a liar and the father of lies. ⁴⁵Yet because I tell the truth, you do not believe me! ⁴⁶Can any of you prove me guilty of sin? If I am telling the truth, why don't you believe me? ⁴⁷He who belongs to God hears what God says. The reason you do not hear is that you do not belong to God."

The Claims of Jesus About Himself

⁴⁸The Jews answered him, "Aren't we right in saying that you are a Samaritan and demon-possessed?"

⁴⁹"I am not possessed by a demon," said Jesus, "but I honor my Father and you dishonor me. ⁵⁰I am not seeking glory for myself; but there is one who seeks it, and he is the judge. ⁵¹I tell you the truth, if anyone keeps my word, he will never see death."

⁵²At this the Jews exclaimed, "Now we know that you are demon-possessed! Abraham died and so did the prophets, yet you say that if anyone keeps your word, he will never taste death. ⁵³Are you greater than our father Abraham? He died, and so did the prophets. Who do you think you are?"

⁵⁴Jesus replied, "If I glorify myself, my glory means nothing. My Father, whom you claim as your God, is the one who glorifies me. ⁵⁵Though you do not know him, I know him. If I said I did

ᵛ 39 Some early manuscripts *"If you are Abraham's children," said Jesus, "then*

56Abraham, el padre de ustedes, se regocijó al pensar que vería mi día; y lo vio y se alegró.

57—Ni a los cincuenta años llegas —le dijeron los judíos—, ¿y has visto a Abraham?

58—Ciertamente les aseguro que, antes de que Abraham naciera, ¡yo soy!

59Entonces los judíos tomaron piedras para arrojárselas, pero Jesús se escondió y salió inadvertido del templo.[ñ]

Jesús sana a un ciego de nacimiento

9 A su paso, Jesús vio a un hombre que era ciego de nacimiento. 2Y sus discípulos le preguntaron:

—Rabí, para que este hombre haya nacido ciego, ¿quién pecó, él o sus padres?

3—Ni él pecó, ni sus padres —respondió Jesús—, sino que esto sucedió para que la obra de Dios se hiciera evidente en su vida. 4Mientras sea de día, tenemos que llevar a cabo la obra del que me envió. Viene la noche cuando nadie puede trabajar. 5Mientras esté yo en el mundo, luz soy del mundo.

6Dicho esto, escupió en el suelo, hizo barro con la saliva y se lo untó en los ojos al ciego, diciéndole:

7—Ve y lávate en el estanque de Siloé (que significa: Enviado).

El ciego fue y se lavó, y al volver ya veía.

8Sus vecinos y los que lo habían visto pedir limosna decían: «¿No es éste el que se sienta a mendigar?» 9Unos aseguraban: «Sí, es él.» Otros decían: «No es él, sino que se le parece.» Pero él insistía: «Soy yo.»

10—¿Cómo entonces se te han abierto los ojos? —le preguntaron.

11—Ese hombre que se llama Jesús hizo un poco de barro, me lo untó en los ojos y me dijo: "Ve y lávate en Siloé." Así que fui, me lavé, y entonces pude ver.

12—¿Y dónde está ese hombre? —le preguntaron.

—No lo sé —respondió.

Las autoridades investigan la sanidad del ciego

13Llevaron ante los *fariseos al que había sido ciego. 14Era *sábado cuando Jesús hizo el barro y le abrió los ojos al ciego. 15Por eso los fariseos, a su vez, le preguntaron cómo había recibido la vista.

—Me untó barro en los ojos, me lavé, y ahora veo —respondió.

16Algunos de los fariseos comentaban: «Ese

not, I would be a liar like you, but I do know him and keep his word. 56Your father Abraham rejoiced at the thought of seeing my day; he saw it and was glad."

57"You are not yet fifty years old," the Jews said to him, "and you have seen Abraham!"

58"I tell you the truth," Jesus answered, "before Abraham was born, I am!" 59At this, they picked up stones to stone him, but Jesus hid himself, slipping away from the temple grounds.

Jesus Heals a Man Born Blind

9 As he went along, he saw a man blind from birth. 2His disciples asked him, "Rabbi, who sinned, this man or his parents, that he was born blind?"

3"Neither this man nor his parents sinned," said Jesus, "but this happened so that the work of God might be displayed in his life. 4As long as it is day, we must do the work of him who sent me. Night is coming, when no one can work. 5While I am in the world, I am the light of the world."

6Having said this, he spit on the ground, made some mud with the saliva, and put it on the man's eyes. 7"Go," he told him, "wash in the Pool of Siloam" (this word means Sent). So the man went and washed, and came home seeing.

8His neighbors and those who had formerly seen him begging asked, "Isn't this the same man who used to sit and beg?" 9Some claimed that he was.

Others said, "No, he only looks like him."

But he himself insisted, "I am the man."

10"How then were your eyes opened?" they demanded.

11He replied, "The man they call Jesus made some mud and put it on my eyes. He told me to go to Siloam and wash. So I went and washed, and then I could see."

12"Where is this man?" they asked him.

"I don't know," he said.

The Pharisees Investigate the Healing

13They brought to the Pharisees the man who had been blind. 14Now the day on which Jesus had made the mud and opened the man's eyes was a Sabbath. 15Therefore the Pharisees also asked him how he had received his sight. "He put mud on my eyes," the man replied, "and I washed, and now I see."

16Some of the Pharisees said, "This man is not from God, for he does not keep the Sabbath."

But others asked, "How can a sinner do such miraculous signs?" So they were divided.

[ñ]8:59 templo. Var. templo atravesando por en medio de ellos, y así se fue.

hombre no viene de parte de Dios, porque no respeta el sábado.» Otros objetaban: «¿Cómo puede un pecador hacer semejantes señales?» Y había desacuerdo entre ellos.

17Por eso interrogaron de nuevo al ciego:

—¿Y qué opinas tú de él? Fue a ti a quien te abrió los ojos.

—Yo digo que es profeta —contestó.

18Pero los judíos no creían que el hombre hubiera sido ciego y que ahora viera, y hasta llamaron a sus padres **19**y les preguntaron:

—¿Es éste su hijo, el que dicen ustedes que nació ciego? ¿Cómo es que ahora puede ver?

20—Sabemos que éste es nuestro hijo —contestaron los padres—, y sabemos también que nació ciego. **21**Lo que no sabemos es cómo ahora puede ver, ni quién le abrió los ojos. Pregúntenselo a él, que ya es mayor de edad y puede responder por sí mismo.

22Sus padres contestaron así por miedo a los judíos, pues ya éstos habían convenido que se expulsara de la sinagoga a todo el que reconociera que Jesús era el *Cristo. **23**Por eso dijeron sus padres: «Pregúntenselo a él, que ya es mayor de edad.»

24Por segunda vez llamaron los judíos al que había sido ciego, y le dijeron:

—Júralo por Dios.*o* A nosotros nos consta que ese hombre es *pecador.

25—Si es pecador, no lo sé —respondió el hombre—. Lo único que sé es que yo era ciego y ahora veo.

26Pero ellos le insistieron:

—¿Qué te hizo? ¿Cómo te abrió los ojos?

27—Ya les dije y no me hicieron caso. ¿Por qué quieren oírlo de nuevo? ¿Es que también ustedes quieren hacerse sus discípulos?

28Entonces lo insultaron y le dijeron:

—¡Discípulo de Jesús lo serás tú! ¡Nosotros somos discípulos de Moisés! **29**Y sabemos que a Moisés le habló Dios; pero de éste no sabemos ni de dónde salió.

30—¡Allí está lo sorprendente! —respondió el hombre—: que ustedes no sepan de dónde salió, y que a mí me haya abierto los ojos. **31**Sabemos que Dios no escucha a los pecadores, pero sí a los piadosos y a quienes hacen su voluntad. **32**Jamás se ha sabido que alguien le haya abierto los ojos a uno que nació ciego. **33**Si este hombre no viniera de parte de Dios, no podría hacer nada.

34Ellos replicaron:

—Tú, que naciste sumido en pecado, ¿vas a darnos lecciones?

Y lo expulsaron.

17Finally they turned again to the blind man, "What have you to say about him? It was your eyes he opened."

The man replied, "He is a prophet."

18The Jews still did not believe that he had been blind and had received his sight until they sent for the man's parents. **19**"Is this your son?" they asked. "Is this the one you say was born blind? How is it that now he can see?"

20"We know he is our son," the parents answered, "and we know he was born blind. **21**But how he can see now, or who opened his eyes, we don't know. Ask him. He is of age; he will speak for himself." **22**His parents said this because they were afraid of the Jews, for already the Jews had decided that anyone who acknowledged that Jesus was the Christ*w* would be put out of the synagogue. **23**That was why his parents said, "He is of age; ask him."

24A second time they summoned the man who had been blind. "Give glory to God,*x*" they said. "We know this man is a sinner."

25He replied, "Whether he is a sinner or not, I don't know. One thing I do know. I was blind but now I see!"

26Then they asked him, "What did he do to you? How did he open your eyes?"

27He answered, "I have told you already and you did not listen. Why do you want to hear it again? Do you want to become his disciples, too?"

28Then they hurled insults at him and said, "You are this fellow's disciple! We are disciples of Moses! **29**We know that God spoke to Moses, but as for this fellow, we don't even know where he comes from."

30The man answered, "Now that is remarkable! You don't know where he comes from, yet he opened my eyes. **31**We know that God does not listen to sinners. He listens to the godly man who does his will. **32**Nobody has ever heard of opening the eyes of a man born blind. **33**If this man were not from God, he could do nothing."

34To this they replied, "You were steeped in sin at birth; how dare you lecture us!" And they threw him out.

---

*o*9:24 *Júralo por Dios.* Lit. *Da gloria a Dios*; véase Jos 7:19.   *w*22 Or *Messiah*   *x*24 A solemn charge to tell the truth (see Joshua 7:19)

La ceguera espiritual

35Jesús se enteró de que habían expulsado a aquel hombre, y al encontrarlo le preguntó:

—¿Crees en el Hijo del hombre?

36—¿Quién es, Señor? Dímelo, para que crea en él.

37—Pues ya lo has visto —le contestó Jesús—; es el que está hablando contigo.

38—Creo, Señor —declaró el hombre.

Y, postrándose, lo adoró.

39Entonces Jesús dijo:

—Yo he venido a este mundo para juzgarlo, para que los ciegos vean, y los que ven se queden ciegos.

40Algunos fariseos que estaban con él, al oírlo hablar así, le preguntaron:

—¿Qué? ¿Acaso también nosotros somos ciegos?

41Jesús les contestó:

—Si fueran ciegos, no serían culpables de pecado, pero como afirman que ven, su pecado permanece.

Jesús, el buen pastor

10 »Ciertamente les aseguro que el que no entra por la puerta al redil de las ovejas, sino que trepa y se mete por otro lado, es un ladrón y un bandido. **2**El que entra por la puerta es el pastor de las ovejas. **3**El portero le abre la puerta, y las ovejas oyen su voz. Llama por nombre a las ovejas y las saca del redil. **4**Cuando ya ha sacado a todas las que son suyas, va delante de ellas, y las ovejas lo siguen porque reconocen su voz. **5**Pero a un desconocido jamás lo siguen; más bien, huyen de él porque no reconocen voces extrañas.

6Jesús les puso este ejemplo, pero ellos no captaron el sentido de sus palabras. **7**Por eso volvió a decirles: «Ciertamente les aseguro que yo soy la puerta de las ovejas. **8**Todos los que vinieron antes de mí eran unos ladrones y unos bandidos, pero las ovejas no les hicieron caso. **9**Yo soy la puerta; el que entre por esta puerta, que soy yo, será salvo.*p* Se moverá con entera libertad,*q* y hallará pastos. **10**El ladrón no viene más que a robar, matar y destruir; yo he venido para que tengan vida, y la tengan en abundancia.

11»Yo soy el buen pastor. El buen pastor da su *vida por las ovejas. **12**El asalariado no es el pastor, y a él no le pertenecen las ovejas. Cuando ve que el lobo se acerca, abandona las ovejas y huye; entonces el lobo ataca al rebaño y lo dispersa. **13**Y ese hombre huye porque, siendo asalariado, no le importan las ovejas.

14»Yo soy el buen pastor; conozco a mis ove-

Spiritual Blindness

35Jesus heard that they had thrown him out, and when he found him, he said, "Do you believe in the Son of Man?"

36"Who is he, sir?" the man asked. "Tell me so that I may believe in him."

37Jesus said, "You have now seen him; in fact, he is the one speaking with you."

38Then the man said, "Lord, I believe," and he worshiped him.

39Jesus said, "For judgment I have come into this world, so that the blind will see and those who see will become blind."

40Some Pharisees who were with him heard him say this and asked, "What? Are we blind too?"

41Jesus said, "If you were blind, you would not be guilty of sin; but now that you claim you can see, your guilt remains.

The Shepherd and His Flock

10 "I tell you the truth, the man who does not enter the sheep pen by the gate, but climbs in by some other way, is a thief and a robber. **2**The man who enters by the gate is the shepherd of his sheep. **3**The watchman opens the gate for him, and the sheep listen to his voice. He calls his own sheep by name and leads them out. **4**When he has brought out all his own, he goes on ahead of them, and his sheep follow him because they know his voice. **5**But they will never follow a stranger; in fact, they will run away from him because they do not recognize a stranger's voice." **6**Jesus used this figure of speech, but they did not understand what he was telling them.

7Therefore Jesus said again, "I tell you the truth, I am the gate for the sheep. **8**All who ever came before me were thieves and robbers, but the sheep did not listen to them. **9**I am the gate; whoever enters through me will be saved.*y* He will come in and go out, and find pasture. **10**The thief comes only to steal and kill and destroy; I have come that they may have life, and have it to the full.

11"I am the good shepherd. The good shepherd lays down his life for the sheep. **12**The hired hand is not the shepherd who owns the sheep. So when he sees the wolf coming, he abandons the sheep and runs away. Then the wolf attacks the flock and scatters it. **13**The man runs away because he is a hired hand and cares nothing for the sheep.

---

p **10:9** *será salvo.* Alt. *se mantendrá seguro.*   *q* **10:9** *Se moverá … libertad.* Lit. *Entrará y saldrá.*   *y* 9 Or *kept safe*

jas, y ellas me conocen a mí, 15así como el Padre me conoce a mí y yo lo conozco a él, y doy mi vida por las ovejas. 16Tengo otras ovejas que no son de este redil, y también a ellas debo traerlas. Así ellas escucharán mi voz, y habrá un solo rebaño y un solo pastor. 17Por eso me ama el Padre: porque entrego mi vida para volver a recibirla. 18Nadie me la arrebata, sino que yo la entrego por mi propia voluntad. Tengo autoridad para entregarla, y tengo también autoridad para volver a recibirla. Éste es el mandamiento que recibí de mi Padre.»

19De nuevo las palabras de Jesús fueron motivo de disensión entre los judíos. 20Muchos de ellos decían: «Está endemoniado y loco de remate. ¿Para qué hacerle caso?» 21Pero otros opinaban: «Estas palabras no son de un endemoniado. ¿Puede acaso un demonio abrirles los ojos a los ciegos?»

Jesús y la fiesta de la Dedicación

22Por esos días se celebraba en Jerusalén la fiesta de la Dedicación.r Era invierno, 23y Jesús andaba en el *templo, por el pórtico de Salomón. 24Entonces lo rodearon los judíos y le preguntaron:

—¿Hasta cuándo vas a tenernos en suspenso? Si tú eres el *Cristo, dínoslo con franqueza.

25—Ya se lo he dicho a ustedes, y no lo creen. Las obras que hago en nombre de mi Padre son las que me acreditan, 26pero ustedes no creen porque no son de mi rebaño. 27Mis ovejas oyen mi voz; yo las conozco y ellas me siguen. 28Yo les doy vida eterna, y nunca perecerán, ni nadie podrá arrebatármelas de la mano. 29Mi Padre, que me las ha dado, es más grande que todos;s y de la mano del Padre nadie las puede arrebatar. 30El Padre y yo somos uno.

31Una vez más los judíos tomaron piedras para arrojárselas, 32pero Jesús les dijo:

—Yo les he mostrado muchas obras irreprochables que proceden del Padre. ¿Por cuál de ellas me quieren apedrear?

33—No te apedreamos por ninguna de ellas sino por *blasfemia; porque tú, siendo hombre, te haces pasar por Dios.

34—¿Y acaso —respondió Jesús— no está escrito en su ley: "Yo he dicho que ustedes son dioses"?t 35Si Dios llamó "dioses" a aquellos para quienes vino la palabra (y la Escritura no puede ser quebrantada), 36¿por qué acusan de blasfemia a quien el Padre apartó para sí y envió al mundo? ¿Tan sólo porque dijo: "Yo soy el Hijo de Dios"? 37Si no hago las obras de mi Padre, no me

14"I am the good shepherd; I know my sheep and my sheep know me— 15just as the Father knows me and I know the Father—and I lay down my life for the sheep. 16I have other sheep that are not of this sheep pen. I must bring them also. They too will listen to my voice, and there shall be one flock and one shepherd. 17The reason my Father loves me is that I lay down my life—only to take it up again. 18No one takes it from me, but I lay it down of my own accord. I have authority to lay it down and authority to take it up again. This command I received from my Father."

19At these words the Jews were again divided. 20Many of them said, "He is demon-possessed and raving mad. Why listen to him?"

21But others said, "These are not the sayings of a man possessed by a demon. Can a demon open the eyes of the blind?"

The Unbelief of the Jews

22Then came the Feast of Dedicationz at Jerusalem. It was winter, 23and Jesus was in the temple area walking in Solomon's Colonnade. 24The Jews gathered around him, saying, "How long will you keep us in suspense? If you are the Christ,a tell us plainly."

25Jesus answered, "I did tell you, but you do not believe. The miracles I do in my Father's name speak for me, 26but you do not believe because you are not my sheep. 27My sheep listen to my voice; I know them, and they follow me. 28I give them eternal life, and they shall never perish; no one can snatch them out of my hand. 29My Father, who has given them to me, is greater than allb; no one can snatch them out of my Father's hand. 30I and the Father are one."

31Again the Jews picked up stones to stone him, 32but Jesus said to them, "I have shown you many great miracles from the Father. For which of these do you stone me?"

33"We are not stoning you for any of these," replied the Jews, "but for blasphemy, because you, a mere man, claim to be God."

34Jesus answered them, "Is it not written in your Law, 'I have said you are gods'c? 35If he called them 'gods,' to whom the word of God came—and the Scripture cannot be broken— 36what about the one whom the Father set apart as his very own and sent into the world? Why then do you accuse me of blas-

---

r 10:22 Es decir, Hanukkah.   s 10:29 Mi Padre ... todos. Var. Lo que mi Padre me ha dado es más grande que todo.   t 10:34 Sal 82:6

z 22 That is, Hanukkah   a 24 Or Messiah   b 29 Many early manuscripts What my Father has given me is greater than all   c 34 Psalm 82:6

crean. 38Pero si las hago, aunque no me crean a mí, crean a mis obras, para que sepan y entiendan que el Padre está en mí, y que yo estoy en el Padre.

39Nuevamente intentaron arrestarlo, pero él se les escapó de las manos.

40Volvió Jesús al otro lado del Jordán, al lugar donde Juan había estado bautizando antes; y allí se quedó. 41Mucha gente acudía a él, y decía: «Aunque Juan nunca hizo ninguna señal milagrosa, todo lo que dijo acerca de este hombre era verdad.» 42Y muchos en aquel lugar creyeron en Jesús.

Muerte de Lázaro

11 Había un hombre enfermo llamado Lázaro, que era de Betania, el pueblo de María y Marta, sus hermanas. 2María era la misma que ungió con perfume al Señor, y le secó los pies con sus cabellos. 3Las dos hermanas mandaron a decirle a Jesús: «Señor, tu amigo querido está enfermo.»

4Cuando Jesús oyó esto, dijo: «Esta enfermedad no terminará en muerte, sino que es para la gloria de Dios, para que por ella el Hijo de Dios sea glorificado.»

5Jesús amaba a Marta, a su hermana y a Lázaro. 6A pesar de eso, cuando oyó que Lázaro estaba enfermo, se quedó dos días más donde se encontraba. 7Después dijo a sus discípulos:

—Volvamos a Judea.

8—Rabí —objetaron ellos—, hace muy poco los judíos intentaron apedrearte, ¿y todavía quieres volver allá?

9—¿Acaso el día no tiene doce horas? —respondió Jesús—. El que anda de día no tropieza, porque tiene la luz de este mundo. 10Pero el que anda de noche sí tropieza, porque no tiene luz.

11Dicho esto, añadió:

—Nuestro amigo Lázaro duerme, pero voy a despertarlo.

12—Señor —respondieron sus discípulos—, si duerme, es que va a recuperarse.

13Jesús les hablaba de la muerte de Lázaro, pero sus discípulos pensaron que se refería al sueño natural. 14Por eso les dijo claramente:

—Lázaro ha muerto, 15y por causa de ustedes me alegro de no haber estado allí, para que crean. Pero vamos a verlo.

16Entonces Tomás, apodado el Gemelo,u dijo a los otros discípulos:

—Vayamos también nosotros, para morir con él.

Jesús consuela a las hermanas de Lázaro

17A su llegada, Jesús se encontró con que Lázaro llevaba ya cuatro días en el sepulcro.

u11:16 apodado el Gemelo. Lit. llamado Dídimos.

phemy because I said, 'I am God's Son'? 37Do not believe me unless I do what my Father does. 38But if I do it, even though you do not believe me, believe the miracles, that you may know and understand that the Father is in me, and I in the Father." 39Again they tried to seize him, but he escaped their grasp.

40Then Jesus went back across the Jordan to the place where John had been baptizing in the early days. Here he stayed 41and many people came to him. They said, "Though John never performed a miraculous sign, all that John said about this man was true." 42And in that place many believed in Jesus.

The Death of Lazarus

11 Now a man named Lazarus was sick. He was from Bethany, the village of Mary and her sister Martha. 2This Mary, whose brother Lazarus now lay sick, was the same one who poured perfume on the Lord and wiped his feet with her hair. 3So the sisters sent word to Jesus, "Lord, the one you love is sick."

4When he heard this, Jesus said, "This sickness will not end in death. No, it is for God's glory so that God's Son may be glorified through it." 5Jesus loved Martha and her sister and Lazarus. 6Yet when he heard that Lazarus was sick, he stayed where he was two more days.

7Then he said to his disciples, "Let us go back to Judea."

8"But Rabbi," they said, "a short while ago the Jews tried to stone you, and yet you are going back there?"

9Jesus answered, "Are there not twelve hours of daylight? A man who walks by day will not stumble, for he sees by this world's light. 10It is when he walks by night that he stumbles, for he has no light."

11After he had said this, he went on to tell them, "Our friend Lazarus has fallen asleep; but I am going there to wake him up."

12His disciples replied, "Lord, if he sleeps, he will get better." 13Jesus had been speaking of his death, but his disciples thought he meant natural sleep.

14So then he told them plainly, "Lazarus is dead, 15and for your sake I am glad I was not there, so that you may believe. But let us go to him."

16Then Thomas (called Didymus) said to the rest of the disciples, "Let us also go, that we may die with him."

Jesus Comforts the Sisters

17On his arrival, Jesus found that Lazarus had already been in the tomb for four days. 18Beth-

18Betania estaba cerca de Jerusalén, como a tres kilómetros^v de distancia, 19y muchos judíos habían ido a casa de Marta y de María, a darles el pésame por la muerte de su hermano. 20Cuando Marta supo que Jesús llegaba, fue a su encuentro; pero María se quedó en la casa.

21—Señor —le dijo Marta a Jesús—, si hubieras estado aquí, mi hermano no habría muerto. 22Pero yo sé que aun ahora Dios te dará todo lo que le pidas.

23—Tu hermano resucitará —le dijo Jesús.

24—Yo sé que resucitará en la resurrección, en el día final —respondió Marta.

25Entonces Jesús le dijo:

—Yo soy la resurrección y la vida. El que cree en mí vivirá, aunque muera; 26y todo el que vive y cree en mí no morirá jamás. ¿Crees esto?

27—Sí, Señor; yo creo que tú eres el *Cristo, el Hijo de Dios, el que había de venir al mundo.

28Dicho esto, Marta regresó a la casa y, llamando a su hermana María, le dijo en privado:

—El Maestro está aquí y te llama.

29Cuando María oyó esto, se levantó rápidamente y fue a su encuentro. 30Jesús aún no había entrado en el pueblo, sino que todavía estaba en el lugar donde Marta se había encontrado con él. 31Los judíos que habían estado con María en la casa, dándole el pésame, al ver que se había levantado y había salido de prisa, la siguieron, pensando que iba al sepulcro a llorar.

32Cuando María llegó adonde estaba Jesús y lo vio, se arrojó a sus pies y le dijo:

—Señor, si hubieras estado aquí, mi hermano no habría muerto.

33Al ver llorar a María y a los judíos que la habían acompañado, Jesús se turbó y se conmovió profundamente.

34—¿Dónde lo han puesto? —preguntó.

—Ven a verlo, Señor —le respondieron.

35Jesús lloró.

36—¡Miren cuánto lo quería! —dijeron los judíos.

37Pero algunos de ellos comentaban:

—Éste, que le abrió los ojos al ciego, ¿no podría haber impedido que Lázaro muriera?

Jesús resucita a Lázaro

38Conmovido una vez más, Jesús se acercó al sepulcro. Era una cueva cuya entrada estaba tapada con una piedra.

39—Quiten la piedra —ordenó Jesús.

Marta, la hermana del difunto, objetó:

—Señor, ya debe oler mal, pues lleva cuatro días allí.

any was less than two miles^d from Jerusalem, 19and many Jews had come to Martha and Mary to comfort them in the loss of their brother. 20When Martha heard that Jesus was coming, she went out to meet him, but Mary stayed at home.

21"Lord," Martha said to Jesus, "if you had been here, my brother would not have died. 22But I know that even now God will give you whatever you ask."

23Jesus said to her, "Your brother will rise again."

24Martha answered, "I know he will rise again in the resurrection at the last day."

25Jesus said to her, "I am the resurrection and the life. He who believes in me will live, even though he dies; 26and whoever lives and believes in me will never die. Do you believe this?"

27"Yes, Lord," she told him, "I believe that you are the Christ,^e the Son of God, who was to come into the world."

28And after she had said this, she went back and called her sister Mary aside. "The Teacher is here," she said, "and is asking for you." 29When Mary heard this, she got up quickly and went to him. 30Now Jesus had not yet entered the village, but was still at the place where Martha had met him. 31When the Jews who had been with Mary in the house, comforting her, noticed how quickly she got up and went out, they followed her, supposing she was going to the tomb to mourn there.

32When Mary reached the place where Jesus was and saw him, she fell at his feet and said, "Lord, if you had been here, my brother would not have died."

33When Jesus saw her weeping, and the Jews who had come along with her also weeping, he was deeply moved in spirit and troubled. 34"Where have you laid him?" he asked.

"Come and see, Lord," they replied.

35Jesus wept.

36Then the Jews said, "See how he loved him!"

37But some of them said, "Could not he who opened the eyes of the blind man have kept this man from dying?"

Jesus Raises Lazarus From the Dead

38Jesus, once more deeply moved, came to the tomb. It was a cave with a stone laid across the entrance. 39"Take away the stone," he said.

"But, Lord," said Martha, the sister of the dead man, "by this time there is a bad odor, for he has been there four days."

v11:18 tres kilómetros. Lit. quince *estadios.

d18 Greek fifteen stadia (about 3 kilometers)   e27 Or Messiah

⁴⁰—¿No te dije que si crees verás la gloria de Dios? —le contestó Jesús.

⁴¹Entonces quitaron la piedra. Jesús, alzando la vista, dijo:

—Padre, te doy gracias porque me has escuchado. ⁴²Ya sabía yo que siempre me escuchas, pero lo dije por la gente que está aquí presente, para que crean que tú me enviaste.

⁴³Dicho esto, gritó con todas sus fuerzas:

—¡Lázaro, sal fuera!

⁴⁴El muerto salió, con vendas en las manos y en los pies, y el rostro cubierto con un sudario.

—Quítenle las vendas y dejen que se vaya —les dijo Jesús.

La conspiración para matar a Jesús

⁴⁵Muchos de los judíos que habían ido a ver a María y que habían presenciado lo hecho por Jesús, creyeron en él. ⁴⁶Pero algunos de ellos fueron a ver a los *fariseos y les contaron lo que Jesús había hecho. ⁴⁷Entonces los jefes de los sacerdotes y los fariseos convocaron a una reunión del *Consejo.

—¿Qué vamos a hacer? —dijeron—. Este hombre está haciendo muchas señales milagrosas. ⁴⁸Si lo dejamos seguir así, todos van a creer en él, y vendrán los romanos y acabarán con nuestro lugar sagrado, e incluso con nuestra nación.

⁴⁹Uno de ellos, llamado Caifás, que ese año era el sumo sacerdote, les dijo:

—¡Ustedes no saben nada en absoluto! ⁵⁰No entienden que les conviene más que muera un solo hombre por el pueblo, y no que perezca toda la nación.

⁵¹Pero esto no lo dijo por su propia cuenta sino que, como era sumo sacerdote ese año, profetizó que Jesús moriría por la nación judía, ⁵²y no sólo por esa nación sino también por los hijos de Dios que estaban dispersos, para congregarlos y unificarlos. ⁵³Así que desde ese día convinieron en quitarle la vida.

⁵⁴Por eso Jesús ya no andaba en público entre los judíos. Se retiró más bien a una región cercana al desierto, a un pueblo llamado Efraín, donde se quedó con sus discípulos.

⁵⁵Faltaba poco para la Pascua judía, así que muchos subieron del campo a Jerusalén para su *purificación ceremonial antes de la Pascua. ⁵⁶Andaban buscando a Jesús, y mientras estaban en el *templo comentaban entre sí: «¿Qué les parece? ¿Acaso no vendrá a la fiesta?» ⁵⁷Por su parte, los jefes de los sacerdotes y los fariseos habían dado la orden de que si alguien llegaba a saber dónde estaba Jesús, debía denunciarlo para que lo arrestaran.

⁴⁰Then Jesus said, "Did I not tell you that if you believed, you would see the glory of God?"

⁴¹So they took away the stone. Then Jesus looked up and said, "Father, I thank you that you have heard me. ⁴²I knew that you always hear me, but I said this for the benefit of the people standing here, that they may believe that you sent me."

⁴³When he had said this, Jesus called in a loud voice, "Lazarus, come out!" ⁴⁴The dead man came out, his hands and feet wrapped with strips of linen, and a cloth around his face.

Jesus said to them, "Take off the grave clothes and let him go."

The Plot to Kill Jesus

⁴⁵Therefore many of the Jews who had come to visit Mary, and had seen what Jesus did, put their faith in him. ⁴⁶But some of them went to the Pharisees and told them what Jesus had done. ⁴⁷Then the chief priests and the Pharisees called a meeting of the Sanhedrin.

"What are we accomplishing?" they asked. "Here is this man performing many miraculous signs. ⁴⁸If we let him go on like this, everyone will believe in him, and then the Romans will come and take away both our place𝑓 and our nation."

⁴⁹Then one of them, named Caiaphas, who was high priest that year, spoke up, "You know nothing at all! ⁵⁰You do not realize that it is better for you that one man die for the people than that the whole nation perish."

⁵¹He did not say this on his own, but as high priest that year he prophesied that Jesus would die for the Jewish nation, ⁵²and not only for that nation but also for the scattered children of God, to bring them together and make them one. ⁵³So from that day on they plotted to take his life.

⁵⁴Therefore Jesus no longer moved about publicly among the Jews. Instead he withdrew to a region near the desert, to a village called Ephraim, where he stayed with his disciples.

⁵⁵When it was almost time for the Jewish Passover, many went up from the country to Jerusalem for their ceremonial cleansing before the Passover. ⁵⁶They kept looking for Jesus, and as they stood in the temple area they asked one another, "What do you think? Isn't he coming to the Feast at all?" ⁵⁷But the chief priests and Pharisees had given orders that if anyone found out where Jesus was, he should report it so that they might arrest him.

María unge a Jesús en Betania

12 Seis días antes de la Pascua llegó Jesús a Betania, donde vivía Lázaro, a quien Jesús había *resucitado. ²Allí se dio una cena en honor de Jesús. Marta servía, y Lázaro era uno de los que estaban a la mesa con él. ³María tomó entonces como medio litro de nardo puro, que era un perfume muy caro, y lo derramó sobre los pies de Jesús, secándoselos luego con sus cabellos. Y la casa se llenó de la fragancia del perfume.

⁴Judas Iscariote, que era uno de sus discípulos y que más tarde lo traicionaría, objetó:

⁵—¿Por qué no se vendió este perfume, que vale muchísimo dinero,ʷ para dárselo a los pobres?

⁶Dijo esto, no porque se interesara por los pobres sino porque era un ladrón y, como tenía a su cargo la bolsa del dinero, acostumbraba robarse lo que echaban en ella.

⁷—Déjala en paz —respondió Jesús—. Ella ha estado guardando este perfume para el día de mi sepultura.ˣ ⁸A los pobres siempre los tendrán con ustedes, pero a mí no siempre me tendrán.

⁹Mientras tanto, muchos de los judíos se enteraron de que Jesús estaba allí, y fueron a ver no sólo a Jesús sino también a Lázaro, a quien Jesús había resucitado. ¹⁰Entonces los jefes de los sacerdotes resolvieron matar también a Lázaro, ¹¹pues por su causa muchos se apartaban de los judíos y creían en Jesús.

La entrada triunfal

¹²Al día siguiente muchos de los que habían ido a la fiesta se enteraron de que Jesús se dirigía a Jerusalén; ¹³tomaron ramas de palma y salieron a recibirlo, gritando a voz en cuello:

—¡Hosanna!

—¡Bendito el que viene en el nombre del Señor!ʸ

—¡Bendito el Rey de Israel!

¹⁴Jesús encontró un burrito y se montó en él, como dice la Escritura:

¹⁵«No temas, oh hija de Sión;
mira, que aquí viene tu rey,
montado sobre un burrito.»ᶻ

Jesus Anointed at Bethany

12 Six days before the Passover, Jesus arrived at Bethany, where Lazarus lived, whom Jesus had raised from the dead. ²Here a dinner was given in Jesus' honor. Martha served, while Lazarus was among those reclining at the table with him. ³Then Mary took about a pintᵍ of pure nard, an expensive perfume; she poured it on Jesus' feet and wiped his feet with her hair. And the house was filled with the fragrance of the perfume.

⁴But one of his disciples, Judas Iscariot, who was later to betray him, objected, ⁵"Why wasn't this perfume sold and the money given to the poor? It was worth a year's wages.ʰ" ⁶He did not say this because he cared about the poor but because he was a thief; as keeper of the money bag, he used to help himself to what was put into it.

⁷"Leave her alone," Jesus replied. "It was intended that she should save this perfume for the day of my burial. ⁸You will always have the poor among you, but you will not always have me."

⁹Meanwhile a large crowd of Jews found out that Jesus was there and came, not only because of him but also to see Lazarus, whom he had raised from the dead. ¹⁰So the chief priests made plans to kill Lazarus as well, ¹¹for on account of him many of the Jews were going over to Jesus and putting their faith in him.

The Triumphal Entry

¹²The next day the great crowd that had come for the Feast heard that Jesus was on his way to Jerusalem. ¹³They took palm branches and went out to meet him, shouting,

"Hosanna!ⁱ"

"Blessed is he who comes in the name of the Lord!"ʲ

"Blessed is the King of Israel!"

¹⁴Jesus found a young donkey and sat upon it, as it is written,

¹⁵"Do not be afraid, O Daughter of Zion;
see, your king is coming,
seated on a donkey's colt."ᵏ

ʷ **12:5** perfume … dinero. Lit. perfume por trescientos *denarios. ˣ**12:7** Jesús—. Ella … sepultura. Var. Jesús— para que guarde [es decir, se acuerde de] esto el día de mi sepultura. ʸ**12:13** Sal 118:25,26 ᶻ**12:15** Zac 9:9

ᵍ3 Greek a litra (probably about 0.5 liter) ʰ5 Greek three hundred denarii ⁱ13 A Hebrew expression meaning "Save!" which became an exclamation of praise ʲ13 Psalm 118:25, 26 ᵏ15 Zech. 9:9

16Al principio, sus discípulos no entendieron lo que sucedía. Sólo después de que Jesús fue glorificado se dieron cuenta de que se había cumplido en él lo que de él ya estaba escrito.

17La gente que había estado con Jesús cuando él llamó a Lázaro del sepulcro y lo resucitó de entre los muertos, seguía difundiendo la noticia. 18Muchos que se habían enterado de la señal realizada por Jesús salían a su encuentro. 19Por eso los *fariseos comentaban entre sí: «Como pueden ver, así no vamos a lograr nada. ¡Miren cómo lo sigue todo el mundo!»

Jesús predice su muerte

20Entre los que habían subido a adorar en la fiesta había algunos *griegos. 21Éstos se acercaron a Felipe, que era de Betsaida de Galilea, y le pidieron:

—Señor, queremos ver a Jesús.

22Felipe fue a decírselo a Andrés, y ambos fueron a decírselo a Jesús.

23—Ha llegado la hora de que el Hijo del hombre sea glorificado —les contestó Jesús—. 24Ciertamente les aseguro que si el grano de trigo no cae en tierra y muere, se queda solo. Pero si muere, produce mucho fruto. 25El que se apega a su *vida la pierde; en cambio, el que aborrece su vida en este mundo, la conserva para la vida eterna. 26Quien quiera servirme, debe seguirme; y donde yo esté, allí también estará mi siervo. A quien me sirva, mi Padre lo honrará.

27»Ahora todo mi ser está angustiado, ¿y acaso voy a decir: "Padre, sálvame de esta hora difícil"? ¡Si precisamente para afrontarla he venido! 28¡Padre, glorifica tu nombre!

Se oyó entonces, desde el cielo, una voz que decía: «Ya lo he glorificado, y volveré a glorificarlo.» 29La multitud que estaba allí, y que oyó la voz, decía que había sido un trueno; otros decían que un ángel le había hablado.

30—Esa voz no vino por mí sino por ustedes —dijo Jesús—. 31El juicio de este mundo ha llegado ya, y el príncipe de este mundo va a ser expulsado. 32Pero yo, cuando sea levantado de la tierra, atraeré a todos a mí mismo.

33Con esto daba Jesús a entender de qué manera iba a morir.

34—De la ley hemos sabido —le respondió la gente— que el *Cristo permanecerá para siempre; ¿cómo, pues, dices que el Hijo del hombre tiene que ser levantado? ¿Quién es ese Hijo del hombre?

35—Ustedes van a tener la luz sólo un poco más de tiempo —les dijo Jesús—. Caminen mientras tienen la luz, antes de que los envuelvan las tinieblas. El que camina en las tinieblas no sabe a dónde va. 36Mientras tienen la luz, crean en ella, para que sean hijos de la luz.

16At first his disciples did not understand all this. Only after Jesus was glorified did they realize that these things had been written about him and that they had done these things to him.

17Now the crowd that was with him when he called Lazarus from the tomb and raised him from the dead continued to spread the word. 18Many people, because they had heard that he had given this miraculous sign, went out to meet him. 19So the Pharisees said to one another, "See, this is getting us nowhere. Look how the whole world has gone after him!"

Jesus Predicts His Death

20Now there were some Greeks among those who went up to worship at the Feast. 21They came to Philip, who was from Bethsaida in Galilee, with a request. "Sir," they said, "we would like to see Jesus." 22Philip went to tell Andrew; Andrew and Philip in turn told Jesus.

23Jesus replied, "The hour has come for the Son of Man to be glorified. 24I tell you the truth, unless a kernel of wheat falls to the ground and dies, it remains only a single seed. But if it dies, it produces many seeds. 25The man who loves his life will lose it, while the man who hates his life in this world will keep it for eternal life. 26Whoever serves me must follow me; and where I am, my servant also will be. My Father will honor the one who serves me.

27"Now my heart is troubled, and what shall I say? 'Father, save me from this hour'? No, it was for this very reason I came to this hour. 28Father, glorify your name!"

Then a voice came from heaven, "I have glorified it, and will glorify it again." 29The crowd that was there and heard it said it had thundered; others said an angel had spoken to him.

30Jesus said, "This voice was for your benefit, not mine. 31Now is the time for judgment on this world; now the prince of this world will be driven out. 32But I, when I am lifted up from the earth, will draw all men to myself." 33He said this to show the kind of death he was going to die.

34The crowd spoke up, "We have heard from the Law that the Christ[1] will remain forever, so how can you say, 'The Son of Man must be lifted up'? Who is this 'Son of Man'?"

35Then Jesus told them, "You are going to have the light just a little while longer. Walk while you have the light, before darkness overtakes you. The man who walks in the dark does not know where he is going. 36Put your trust in the light while you have it, so that you may

[1]34 Or Messiah

Cuando terminó de hablar, Jesús se fue y se escondió de ellos.

Los judíos siguen en su incredulidad

37A pesar de haber hecho Jesús todas estas señales en presencia de ellos, todavía no creían en él. **38**Así se cumplió lo dicho por el profeta Isaías:

«Señor, ¿quién ha creído a nuestro mensaje,
y a quién se le ha revelado el poder del Señor?»*a*

39Por eso no podían creer, pues también había dicho Isaías:

40«Les ha cegado los ojos
y endurecido el corazón,
para que no vean con los ojos,
ni entiendan con el corazón
ni se conviertan; y yo los sane.»*b*

41Esto lo dijo Isaías porque vio la gloria de Jesús y habló de él.

42Sin embargo, muchos de ellos, incluso de entre los jefes, creyeron en él, pero no lo confesaban porque temían que los *fariseos los expulsaran de la sinagoga. **43**Preferían recibir honores de los hombres más que de parte de Dios.

44«El que cree en mí —clamó Jesús con voz fuerte—, cree no sólo en mí sino en el que me envió. **45**Y el que me ve a mí, ve al que me envió. **46**Yo soy la luz que ha venido al mundo, para que todo el que crea en mí no viva en tinieblas.

47»Si alguno escucha mis palabras, pero no las obedece, no seré yo quien lo juzgue; pues no vine a juzgar al mundo sino a salvarlo. **48**El que me rechaza y no acepta mis palabras tiene quien lo juzgue. La palabra que yo he proclamado lo condenará en el día final. **49**Yo no he hablado por mi propia cuenta; el Padre que me envió me ordenó qué decir y cómo decirlo. **50**Y sé muy bien que su mandato es vida eterna. Así que todo lo que digo es lo que el Padre me ha ordenado decir.»

Jesús les lava los pies a sus discípulos

13 Se acercaba la fiesta de la Pascua. Jesús sabía que le había llegado la hora de abandonar este mundo para volver al Padre. Y habiendo amado a los suyos que estaban en el mundo, los amó hasta el fin.*c*

become sons of light." When he had finished speaking, Jesus left and hid himself from them.

The Jews Continue in Their Unbelief

37Even after Jesus had done all these miraculous signs in their presence, they still would not believe in him. **38**This was to fulfill the word of Isaiah the prophet:

"Lord, who has believed our message
and to whom has the arm of the Lord
been revealed?" *m*

39For this reason they could not believe, because, as Isaiah says elsewhere:

40"He has blinded their eyes
and deadened their hearts,
so they can neither see with their eyes,
nor understand with their hearts,
nor turn—and I would heal them." *n*

41Isaiah said this because he saw Jesus' glory and spoke about him.

42Yet at the same time many even among the leaders believed in him. But because of the Pharisees they would not confess their faith for fear they would be put out of the synagogue; **43**for they loved praise from men more than praise from God.

44Then Jesus cried out, "When a man believes in me, he does not believe in me only, but in the one who sent me. **45**When he looks at me, he sees the one who sent me. **46**I have come into the world as a light, so that no one who believes in me should stay in darkness.

47"As for the person who hears my words but does not keep them, I do not judge him. For I did not come to judge the world, but to save it. **48**There is a judge for the one who rejects me and does not accept my words; that very word which I spoke will condemn him at the last day. **49**For I did not speak of my own accord, but the Father who sent me commanded me what to say and how to say it. **50**I know that his command leads to eternal life. So whatever I say is just what the Father has told me to say."

Jesus Washes His Disciples' Feet

13 It was just before the Passover Feast. Jesus knew that the time had come for him to leave this world and go to the Father. Having loved his own who were in the world, he now showed them the full extent of his love.*o*

---

*a***12:38** Is 53:1   *b***12:40** Is 6:10   *c***13:1** *hasta el fin.* Alt. *hasta lo sumo.*

m 38 Isaiah 53:1   *n 40* Isaiah 6:10   *o 1* Or *he loved them to the last*

²Llegó la hora de la cena. El diablo ya había incitado a Judas Iscariote, hijo de Simón, para que traicionara a Jesús. ³Sabía Jesús que el Padre había puesto todas las cosas bajo su dominio, y que había salido de Dios y a él volvía; ⁴así que se levantó de la mesa, se quitó el manto y se ató una toalla a la cintura. ⁵Luego echó agua en un recipiente y comenzó a lavarles los pies a sus discípulos y a secárselos con la toalla que llevaba a la cintura.

⁶Cuando llegó a Simón Pedro, éste le dijo:

—¿Y tú, Señor, me vas a lavar los pies a mí?

⁷—Ahora no entiendes lo que estoy haciendo —le respondió Jesús—, pero lo entenderás más tarde.

⁸—¡No! —protestó Pedro—. ¡Jamás me lavarás los pies!

—Si no te los lavo,ᵈ no tendrás parte conmigo.

⁹—Entonces, Señor, ¡no sólo los pies sino también las manos y la cabeza!

¹⁰—El que ya se ha bañado no necesita lavarse más que los pies —le contestó Jesús—; pues ya todo su cuerpo está limpio. Y ustedes ya están limpios, aunque no todos.

¹¹Jesús sabía quién lo iba a traicionar, y por eso dijo que no todos estaban limpios.

¹²Cuando terminó de lavarles los pies, se puso el manto y volvió a su lugar. Entonces les dijo:

—¿Entienden lo que he hecho con ustedes? ¹³Ustedes me llaman Maestro y Señor, y dicen bien, porque lo soy. ¹⁴Pues si yo, el Señor y el Maestro, les he lavado los pies, también ustedes deben lavarse los pies los unos a los otros. ¹⁵Les he puesto el ejemplo, para que hagan lo mismo que yo he hecho con ustedes. ¹⁶Ciertamente les aseguro que ningún *siervo es más que su amo, y ningún mensajero es más que el que lo envió. ¹⁷¿Entienden esto? *Dichosos serán si lo ponen en práctica.

Jesús predice la traición de Judas

¹⁸»No me refiero a todos ustedes; yo sé a quiénes he escogido. Pero esto es para que se cumpla la Escritura: "El que comparte el pan conmigo me ha puesto la zancadilla."ᵉ

¹⁹»Les digo esto ahora, antes de que suceda, para que cuando suceda crean que yo soy. ²⁰Ciertamente les aseguro que el que recibe al que yo envío me recibe a mí, y el que me recibe a mí recibe al que me envió.

²¹Dicho esto, Jesús se angustió profundamente y declaró:

—Ciertamente les aseguro que uno de ustedes me va a traicionar.

²The evening meal was being served, and the devil had already prompted Judas Iscariot, son of Simon, to betray Jesus. ³Jesus knew that the Father had put all things under his power, and that he had come from God and was returning to God; ⁴so he got up from the meal, took off his outer clothing, and wrapped a towel around his waist. ⁵After that, he poured water into a basin and began to wash his disciples' feet, drying them with the towel that was wrapped around him.

⁶He came to Simon Peter, who said to him, "Lord, are you going to wash my feet?"

⁷Jesus replied, "You do not realize now what I am doing, but later you will understand."

⁸"No," said Peter, "you shall never wash my feet."

Jesus answered, "Unless I wash you, you have no part with me."

⁹"Then, Lord," Simon Peter replied, "not just my feet but my hands and my head as well!"

¹⁰Jesus answered, "A person who has had a bath needs only to wash his feet; his whole body is clean. And you are clean, though not every one of you." ¹¹For he knew who was going to betray him, and that was why he said not every one was clean.

¹²When he had finished washing their feet, he put on his clothes and returned to his place. "Do you understand what I have done for you?" he asked them. ¹³"You call me 'Teacher' and 'Lord,' and rightly so, for that is what I am. ¹⁴Now that I, your Lord and Teacher, have washed your feet, you also should wash one another's feet. ¹⁵I have set you an example that you should do as I have done for you. ¹⁶I tell you the truth, no servant is greater than his master, nor is a messenger greater than the one who sent him. ¹⁷Now that you know these things, you will be blessed if you do them.

Jesus Predicts His Betrayal

¹⁸"I am not referring to all of you; I know those I have chosen. But this is to fulfill the scripture: 'He who shares my bread has lifted up his heel against me.'ᵖ

¹⁹"I am telling you now before it happens, so that when it does happen you will believe that I am He. ²⁰I tell you the truth, whoever accepts anyone I send accepts me; and whoever accepts me accepts the one who sent me."

²¹After he had said this, Jesus was troubled in spirit and testified, "I tell you the truth, one of you is going to betray me."

ᵈ13:8 *te los lavo.* Lit. *te lavo.*   ᵉ13:18 Sal 41:9   ᵖ18 Psalm 41:9

22 Los discípulos se miraban unos a otros sin
saber a cuál de ellos se refería. 23 Uno de ellos,
el discípulo a quien Jesús amaba, estaba a su
lado. 24 Simón Pedro le hizo señas a ese discípulo y le dijo:

—Pregúntale a quién se refiere.

25 —Señor, ¿quién es? —preguntó él, recli-
nándose sobre Jesús.

26 —Aquel a quien yo le dé este pedazo de pan
que voy a mojar en el plato —le contestó Jesús.

Acto seguido, mojó el pedazo de pan y se lo dio
a Judas Iscariote, hijo de Simón. 27 Tan pronto
como Judas tomó el pan, Satanás entró en él.

—Lo que vas a hacer, hazlo pronto —le dijo
Jesús.

28 Ninguno de los que estaban a la mesa entendió por qué le dijo eso Jesús. 29 Como Judas era
el encargado del dinero, algunos pensaron que
Jesús le estaba diciendo que comprara lo necesario para la fiesta, o que diera algo a los pobres.
30 En cuanto Judas tomó el pan, salió de allí. Ya
era de noche.

Jesús predice la negación de Pedro

31 Cuando Judas hubo salido, Jesús dijo:

—Ahora es glorificado el Hijo del hombre, y
Dios es glorificado en él. 32 Si Dios es glorificado en él,[f] Dios glorificará al Hijo en sí mismo,
y lo hará muy pronto.

33 »Mis queridos hijos, poco tiempo me queda
para estar con ustedes. Me buscarán, y lo que
antes les dije a los judíos, ahora se lo digo a
ustedes: Adonde yo voy, ustedes no pueden ir.

34 »Este mandamiento nuevo les doy: que se
amen los unos a los otros. Así como yo los he
amado, también ustedes deben amarse los unos
a los otros. 35 De este modo todos sabrán que son
mis discípulos, si se aman los unos a los otros.

36 —¿Y a dónde vas, Señor? —preguntó Simón Pedro.

—Adonde yo voy, no puedes seguirme ahora,
pero me seguirás más tarde.

37 —Señor —insistió Pedro—, ¿por qué no
puedo seguirte ahora? Por ti daré hasta la *vida.

38 —¿Tú darás la vida por mí? ¡De veras te
aseguro que antes de que cante el gallo, me
negarás tres veces!

Jesús consuela a sus discípulos

14 »No se angustien. Confíen en Dios, y
confíen también en mí.[g] 2 En el hogar de
mi Padre hay muchas viviendas; si no fuera así,
ya se lo habría dicho a ustedes. Voy a preparar-
les un lugar. 3 Y si me voy y se lo preparo, vendré
para llevármelos conmigo. Así ustedes estarán

[f] 13:32 Var. no incluye: *Si Dios es glorificado en él.*
[g] 14:1 *Confíen … en mí.* Alt. *Ustedes confían en Dios; confíen tambien en mí.*

22 His disciples stared at one another, at a loss
to know which of them he meant. 23 One of them,
the disciple whom Jesus loved, was reclining
next to him. 24 Simon Peter motioned to this
disciple and said, "Ask him which one he
means."

25 Leaning back against Jesus, he asked him,
"Lord, who is it?"

26 Jesus answered, "It is the one to whom I will
give this piece of bread when I have dipped it in
the dish." Then, dipping the piece of bread, he
gave it to Judas Iscariot, son of Simon. 27 As
soon as Judas took the bread, Satan entered into
him.

"What you are about to do, do quickly," Jesus
told him, 28 but no one at the meal understood
why Jesus said this to him. 29 Since Judas had
charge of the money, some thought Jesus was
telling him to buy what was needed for the Feast,
or to give something to the poor. 30 As soon as
Judas had taken the bread, he went out. And it
was night.

Jesus Predicts Peter's Denial

31 When he was gone, Jesus said, "Now is the
Son of Man glorified and God is glorified in
him. 32 If God is glorified in him,[q] God will
glorify the Son in himself, and will glorify him
at once.

33 "My children, I will be with you only a little
longer. You will look for me, and just as I told
the Jews, so I tell you now: Where I am going,
you cannot come.

34 "A new command I give you: Love one
another. As I have loved you, so you must love
one another. 35 By this all men will know that
you are my disciples, if you love one another."

36 Simon Peter asked him, "Lord, where are
you going?"

Jesus replied, "Where I am going, you cannot
follow now, but you will follow later."

37 Peter asked, "Lord, why can't I follow you
now? I will lay down my life for you."

38 Then Jesus answered, "Will you really lay
down your life for me? I tell you the truth, before
the rooster crows, you will disown me three
times!

Jesus Comforts His Disciples

14 "Do not let your hearts be troubled. Trust
in God[r]; trust also in me. 2 In my Father's
house are many rooms; if it were not so, I would
have told you. I am going there to prepare a place
for you. 3 And if I go and prepare a place for you,

[q] 32 Many early manuscripts do not have *If God is glorified in him.* [r] 1 Or *You trust in God*

donde yo esté. 4Ustedes ya conocen el camino para ir adonde yo voy.

Jesús, el camino al Padre

5Dijo entonces Tomás:

—Señor, no sabemos a dónde vas, así que ¿cómo podemos conocer el camino?

6—Yo soy el camino, la verdad y la vida —le contestó Jesús—. Nadie llega al Padre sino por mí. 7Si ustedes realmente me conocieran, conocerían*h* también a mi Padre. Y ya desde este momento lo conocen y lo han visto.

8—Señor —dijo Felipe—, muéstranos al Padre y con eso nos basta.

9—¡Pero, Felipe! ¿Tanto tiempo llevo ya entre ustedes, y todavía no me conoces? El que me ha visto a mí, ha visto al Padre. ¿Cómo puedes decirme: "Muéstranos al Padre"? 10¿Acaso no crees que yo estoy en el Padre, y que el Padre está en mí? Las palabras que yo les comunico, no las hablo como cosa mía, sino que es el Padre, que está en mí, el que realiza sus obras. 11Créanme cuando les digo que yo estoy en el Padre y que el Padre está en mí; o al menos créanme por las obras mismas. 12Ciertamente les aseguro que el que cree en mí las obras que yo hago también él las hará, y aun las hará mayores, porque yo vuelvo al Padre. 13Cualquier cosa que ustedes pidan en mi nombre, yo la haré; así será glorificado el Padre en el Hijo. 14Lo que pidan en mi nombre, yo lo haré.

Jesús promete el Espíritu Santo

15»Si ustedes me aman, obedecerán mis mandamientos. 16Y yo le pediré al Padre, y él les dará otro *Consolador para que los acompañe siempre: 17el Espíritu de verdad, a quien el mundo no puede aceptar porque no lo ve ni lo conoce. Pero ustedes sí lo conocen, porque vive con ustedes y estará*j* en ustedes. 18No los voy a dejar huérfanos; volveré a ustedes. 19Dentro de poco el mundo ya no me verá más, pero ustedes sí me verán. Y porque yo vivo, también ustedes vivirán. 20En aquel día ustedes se darán cuenta de que yo estoy en mi Padre, y ustedes en mí, y yo en ustedes. 21¿Quién es el que me ama? El que hace suyos mis mandamientos y los obedece. Y al que me ama, mi Padre lo amará, y yo también lo amaré y me manifestaré a él.

22Judas (no el Iscariote) le dijo:

—¿Por qué, Señor, estás dispuesto a manifestarte a nosotros, y no al mundo?

23Le contestó Jesús:

—El que me ama, obedecerá mi palabra, y mi Padre lo amará, y haremos nuestra vivienda en

I will come back and take you to be with me that you also may be where I am. 4You know the way to the place where I am going."

Jesus the Way to the Father

5Thomas said to him, "Lord, we don't know where you are going, so how can we know the way?"

6Jesus answered, "I am the way and the truth and the life. No one comes to the Father except through me. 7If you really knew me, you would know*s* my Father as well. From now on, you do know him and have seen him."

8Philip said, "Lord, show us the Father and that will be enough for us."

9Jesus answered: "Don't you know me, Philip, even after I have been among you such a long time? Anyone who has seen me has seen the Father. How can you say, 'Show us the Father'? 10Don't you believe that I am in the Father, and that the Father is in me? The words I say to you are not just my own. Rather, it is the Father, living in me, who is doing his work. 11Believe me when I say that I am in the Father and the Father is in me; or at least believe on the evidence of the miracles themselves. 12I tell you the truth, anyone who has faith in me will do what I have been doing. He will do even greater things than these, because I am going to the Father. 13And I will do whatever you ask in my name, so that the Son may bring glory to the Father. 14You may ask me for anything in my name, and I will do it.

Jesus Promises the Holy Spirit

15"If you love me, you will obey what I command. 16And I will ask the Father, and he will give you another Counselor to be with you forever— 17the Spirit of truth. The world cannot accept him, because it neither sees him nor knows him. But you know him, for he lives with you and will be*t* in you. 18I will not leave you as orphans; I will come to you. 19Before long, the world will not see me anymore, but you will see me. Because I live, you also will live. 20On that day you will realize that I am in my Father, and you are in me, and I am in you. 21Whoever has my commands and obeys them, he is the one who loves me. He who loves me will be loved by my Father, and I too will love him and show myself to him."

22Then Judas (not Judas Iscariot) said, "But, Lord, why do you intend to show yourself to us and not to the world?"

23Jesus replied, "If anyone loves me, he will obey my teaching. My Father will love him, and

---

*h*14:7 *me conocieran, conocerían.* Var. *me han conocido, conocerán.*   *j*14:17 *estará.* Var. *está.*

s 7 Some early manuscripts *If you really have known me, you will know*   *t* 17 Some early manuscripts *and is*

él. 24El que no me ama, no obedece mis palabras. Pero estas palabras que ustedes oyen no son mías sino del Padre, que me envió.

25»Todo esto lo digo ahora que estoy con ustedes. 26Pero el Consolador, el Espíritu Santo, a quien el Padre enviará en mi nombre, les enseñará todas las cosas y les hará recordar todo lo que les he dicho. 27La paz les dejo; mi paz les doy. Yo no se la doy a ustedes como la da el mundo. No se angustien ni se acobarden.

28»Ya me han oído decirles: "Me voy, pero vuelvo a ustedes." Si me amaran, se alegrarían de que voy al Padre, porque el Padre es más grande que yo. 29Y les he dicho esto ahora, antes de que suceda, para que cuando suceda, crean. 30Ya no hablaré más con ustedes, porque viene el príncipe de este mundo. Él no tiene ningún dominio sobre mí, 31pero el mundo tiene que saber que amo al Padre, y que hago exactamente lo que él me ha ordenado que haga.

»¡Levántense, vámonos de aquí!

Jesús, la vid verdadera

15 »Yo soy la vid verdadera, y mi Padre es el labrador. 2Toda rama que en mí no da fruto, la corta; pero toda rama que da fruto la poda j para que dé más fruto todavía. 3Ustedes ya están limpios por la palabra que les he comunicado. 4Permanezcan en mí, y yo permaneceré en ustedes. Así como ninguna rama puede dar fruto por sí misma, sino que tiene que permanecer en la vid, así tampoco ustedes pueden dar fruto si no permanecen en mí.

5»Yo soy la vid y ustedes son las ramas. El que permanece en mí, como yo en él, dará mucho fruto; separados de mí no pueden ustedes hacer nada. 6El que no permanece en mí es desechado y se seca, como las ramas que se recogen, se arrojan al fuego y se queman. 7Si permanecen en mí y mis palabras permanecen en ustedes, pidan lo que quieran, y se les concederá. 8Mi Padre es glorificado cuando ustedes dan mucho fruto y muestran así que son mis discípulos.

9»Así como el Padre me ha amado a mí, también yo los he amado a ustedes. Permanezcan en mi amor. 10Si obedecen mis mandamientos, permanecerán en mi amor, así como yo he obedecido los mandamientos de mi Padre y permanezco en su amor. 11Les he dicho esto para que tengan mi alegría y así su alegría sea completa. 12Y éste es mi mandamiento: que se amen los unos a los otros, como yo los he amado. 13Nadie tiene amor más grande que el dar la *vida por sus amigos. 14Ustedes son mis amigos si hacen lo que yo les mando. 15Ya no los llamo *siervos, porque el siervo no está al tanto de lo

we will come to him and make our home with him. 24He who does not love me will not obey my teaching. These words you hear are not my own; they belong to the Father who sent me.

25"All this I have spoken while still with you. 26But the Counselor, the Holy Spirit, whom the Father will send in my name, will teach you all things and will remind you of everything I have said to you. 27Peace I leave with you; my peace I give you. I do not give to you as the world gives. Do not let your hearts be troubled and do not be afraid.

28"You heard me say, 'I am going away and I am coming back to you.' If you loved me, you would be glad that I am going to the Father, for the Father is greater than I. 29I have told you now before it happens, so that when it does happen you will believe. 30I will not speak with you much longer, for the prince of this world is coming. He has no hold on me, 31but the world must learn that I love the Father and that I do exactly what my Father has commanded me.

"Come now; let us leave.

The Vine and the Branches

15 "I am the true vine, and my Father is the gardener. 2He cuts off every branch in me that bears no fruit, while every branch that does bear fruit he prunes u so that it will be even more fruitful. 3You are already clean because of the word I have spoken to you. 4Remain in me, and I will remain in you. No branch can bear fruit by itself; it must remain in the vine. Neither can you bear fruit unless you remain in me.

5"I am the vine; you are the branches. If a man remains in me and I in him, he will bear much fruit; apart from me you can do nothing. 6If anyone does not remain in me, he is like a branch that is thrown away and withers; such branches are picked up, thrown into the fire and burned. 7If you remain in me and my words remain in you, ask whatever you wish, and it will be given you. 8This is to my Father's glory, that you bear much fruit, showing yourselves to be my disciples.

9"As the Father has loved me, so have I loved you. Now remain in my love. 10If you obey my commands, you will remain in my love, just as I have obeyed my Father's commands and remain in his love. 11I have told you this so that my joy may be in you and that your joy may be complete. 12My command is this: Love each other as I have loved you. 13Greater love has no one than this, that he lay down his life for his friends. 14You are my friends if you do what I command. 15I no longer call you servants, because a servant

---

j 15:2 *poda.* Alt. *limpia.*   u 2 The Greek for *prunes* also means *cleans.*

que hace su amo; los he llamado amigos, porque todo lo que a mi Padre le oí decir se lo he dado a conocer a ustedes. 16No me escogieron ustedes a mí, sino que yo los escogí a ustedes y los comisioné para que vayan y den fruto, un fruto que perdure. Así el Padre les dará todo lo que le pidan en mi nombre. 17Éste es mi mandamiento: que se amen los unos a los otros.

Jesús y sus discípulos aborrecidos por el mundo

18»Si el mundo los aborrece, tengan presente que antes que a ustedes, me aborreció a mí. 19Si fueran del mundo, el mundo los querría como a los suyos. Pero ustedes no son del mundo, sino que yo los he escogido de entre el mundo. Por eso el mundo los aborrece. 20Recuerden lo que les dije: "Ningún *siervo es más que su amo."k Si a mí me han perseguido, también a ustedes los perseguirán. Si han obedecido mis enseñanzas, también obedecerán las de ustedes. 21Los tratarán así por causa de mi nombre, porque no conocen al que me envió. 22Si yo no hubiera venido ni les hubiera hablado, no serían culpables de pecado. Pero ahora no tienen excusa por su pecado. 23El que me aborrece a mí, también aborrece a mi Padre. 24Si yo no hubiera hecho entre ellos las obras que ningún otro antes ha realizado, no serían culpables de pecado. Pero ahora las han visto, y sin embargo a mí y a mi Padre nos han aborrecido. 25Pero esto sucede para que se cumpla lo que está escrito en la ley de ellos: "Me odiaron sin motivo."l

26»Cuando venga el *Consolador, que yo les enviaré de parte del Padre, el Espíritu de verdad que procede del Padre, él testificará acerca de mí. 27Y también ustedes darán testimonio porque han estado conmigo desde el principio.

16 »Todo esto les he dicho para que no flaquee su fe. 2Los expulsarán de las sinagogas; y hasta viene el día en que cualquiera que los mate pensará que le está prestando un servicio a Dios. 3Actuarán de este modo porque no nos han conocido ni al Padre ni a mí. 4Y les digo esto para que cuando llegue ese día se acuerden de que ya se lo había advertido. Sin embargo, no les dije esto al principio porque yo estaba con ustedes.

La obra del Espíritu Santo

5»Ahora vuelvo al que me envió, pero ninguno de ustedes me pregunta: "¿A dónde vas?" 6Al contrario, como les he dicho estas cosas, se han entristecido mucho. 7Pero les digo la verdad: Les conviene que me vaya porque, si no lo hago, el *Consolador no vendrá a ustedes; en

does not know his master's business. Instead, I have called you friends, for everything that I learned from my Father I have made known to you. 16You did not choose me, but I chose you and appointed you to go and bear fruit—fruit that will last. Then the Father will give you whatever you ask in my name. 17This is my command: Love each other.

The World Hates the Disciples

18"If the world hates you, keep in mind that it hated me first. 19If you belonged to the world, it would love you as its own. As it is, you do not belong to the world, but I have chosen you out of the world. That is why the world hates you. 20Remember the words I spoke to you: 'No servant is greater than his master.'v If they persecuted me, they will persecute you also. If they obeyed my teaching, they will obey yours also. 21They will treat you this way because of my name, for they do not know the One who sent me. 22If I had not come and spoken to them, they would not be guilty of sin. Now, however, they have no excuse for their sin. 23He who hates me hates my Father as well. 24If I had not done among them what no one else did, they would not be guilty of sin. But now they have seen these miracles, and yet they have hated both me and my Father. 25But this is to fulfill what is written in their Law: 'They hated me without reason.'w

26"When the Counselor comes, whom I will send to you from the Father, the Spirit of truth who goes out from the Father, he will testify about me. 27And you also must testify, for you have been with me from the beginning.

16 "All this I have told you so that you will not go astray. 2They will put you out of the synagogue; in fact, a time is coming when anyone who kills you will think he is offering a service to God. 3They will do such things because they have not known the Father or me. 4I have told you this, so that when the time comes you will remember that I warned you. I did not tell you this at first because I was with you.

The Work of the Holy Spirit

5"Now I am going to him who sent me, yet none of you asks me, 'Where are you going?' 6Because I have said these things, you are filled with grief. 7But I tell you the truth: It is for your good that I am going away. Unless I go away, the Counselor will not come to you; but if I go, I will send him to you. 8When he

cambio, si me voy, se lo enviaré a ustedes. 8Y cuando él venga, convencerá al mundo de su error*m* en cuanto al pecado, a la justicia y al juicio; 9en cuanto al pecado, porque no creen en mí; 10en cuanto a la justicia, porque voy al Padre y ustedes ya no podrán verme; 11y en cuanto al juicio, porque el príncipe de este mundo ya ha sido juzgado.

12»Muchas cosas me quedan aún por decirles, que por ahora no podrían soportar. 13Pero cuando venga el Espíritu de la verdad, él los guiará a toda la verdad, porque no hablará por su propia cuenta sino que dirá sólo lo que oiga y les anunciará las cosas por venir. 14Él me glorificará porque tomará de lo mío y se lo dará a conocer a ustedes. 15Todo cuanto tiene el Padre es mío. Por eso les dije que el Espíritu tomará de lo mío y se lo dará a conocer a ustedes.

16»Dentro de poco ya no me verán; pero un poco después volverán a verme.

La despedida de Jesús

17Algunos de sus discípulos comentaban entre sí:

«¿Qué quiere decir con eso de que "dentro de poco ya no me verán", y "un poco después volverán a verme", y "porque voy al Padre"?» 18E insistían: «¿Qué quiere decir con eso de "dentro de poco"? No sabemos de qué habla.»

19Jesús se dio cuenta de que querían hacerle preguntas acerca de esto, así que les dijo:

—¿Se están preguntando qué quise decir cuando dije: "Dentro de poco ya no me verán", y "un poco después volverán a verme"? 20Ciertamente les aseguro que ustedes llorarán de dolor, mientras que el mundo se alegrará. Se pondrán tristes, pero su tristeza se convertirá en alegría. 21La mujer que está por dar a luz siente dolores porque ha llegado su momento, pero en cuanto nace la criatura se olvida de su angustia por la alegría de haber traído al mundo un nuevo ser. 22Lo mismo les pasa a ustedes: Ahora están tristes, pero cuando vuelva a verlos se alegrarán, y nadie les va a quitar esa alegría. 23En aquel día ya no me preguntarán nada. Ciertamente les aseguro que mi Padre les dará todo lo que le pidan en mi nombre. 24Hasta ahora no han pedido nada en mi nombre. Pidan y recibirán, para que su alegría sea completa.

25»Les he dicho todo esto por medio de comparaciones, pero viene la hora en que ya no les hablaré así, sino que les hablaré claramente acerca de mi Padre. 26En aquel día pedirán en mi nombre. Y no digo que voy a rogar por

comes, he will convict the world of guilt*x* in regard to sin and righteousness and judgment: 9in regard to sin, because men do not believe in me; 10in regard to righteousness, because I am going to the Father, where you can see me no longer; 11and in regard to judgment, because the prince of this world now stands condemned.

12"I have much more to say to you, more than you can now bear. 13But when he, the Spirit of truth, comes, he will guide you into all truth. He will not speak on his own; he will speak only what he hears, and he will tell you what is yet to come. 14He will bring glory to me by taking from what is mine and making it known to you. 15All that belongs to the Father is mine. That is why I said the Spirit will take from what is mine and make it known to you.

16"In a little while you will see me no more, and then after a little while you will see me."

The Disciples' Grief Will Turn to Joy

17Some of his disciples said to one another, "What does he mean by saying, 'In a little while you will see me no more, and then after a little while you will see me,' and 'Because I am going to the Father'?" 18They kept asking, "What does he mean by 'a little while'? We don't understand what he is saying."

19Jesus saw that they wanted to ask him about this, so he said to them, "Are you asking one another what I meant when I said, 'In a little while you will see me no more, and then after a little while you will see me'? 20I tell you the truth, you will weep and mourn while the world rejoices. You will grieve, but your grief will turn to joy. 21A woman giving birth to a child has pain because her time has come; but when her baby is born she forgets the anguish because of her joy that a child is born into the world. 22So with you: Now is your time of grief, but I will see you again and you will rejoice, and no one will take away your joy. 23In that day you will no longer ask me anything. I tell you the truth, my Father will give you whatever you ask in my name. 24Until now you have not asked for anything in my name. Ask and you will receive, and your joy will be complete.

25"Though I have been speaking figuratively, a time is coming when I will no longer use this kind of language but will tell you plainly about my Father. 26In that day you will ask in my name. I am not saying that I will ask the Father

---

m 16:8 *convencerá … error.* Alt. *pondrá en evidencia la culpa del mundo.*

x 8 Or *will expose the guilt of the world*

ustedes al Padre, 27ya que el Padre mismo los ama porque me han amado y han creído que yo he venido de parte de Dios. 28Salí del Padre y vine al mundo; ahora dejo de nuevo el mundo y vuelvo al Padre.

29—Ahora sí estás hablando directamente, sin vueltas ni rodeos —le dijeron sus discípulos—. 30Ya podemos ver que sabes todas las cosas, y que ni siquiera necesitas que nadie te haga preguntas. Por esto creemos que saliste de Dios.

31—¿Hasta ahora me creen?*n* —contestó Jesús—. 32Miren que la hora viene, y ya está aquí, en que ustedes serán dispersados, y cada uno se irá a su propia casa y a mí me dejarán solo. Sin embargo, solo no estoy, porque el Padre está conmigo. 33Yo les he dicho estas cosas para que en mí hallen paz. En este mundo afrontarán aflicciones, pero ¡anímense! Yo he vencido al mundo.

Jesús ora por sí mismo

17 Después de que Jesús dijo esto, dirigió la mirada al cielo y oró así:

«Padre, ha llegado la hora. Glorifica a tu Hijo, para que tu Hijo te glorifique a ti, 2ya que le has conferido autoridad sobre todo *mortal para que él les conceda vida eterna a todos los que le has dado. 3Y ésta es la vida eterna: que te conozcan a ti, el único Dios verdadero, y a *Jesucristo, a quien tú has enviado. 4Yo te he glorificado en la tierra, y he llevado a cabo la obra que me encomendaste. 5Y ahora, Padre, glorifícame en tu presencia con la gloria que tuve contigo antes de que el mundo existiera.

Jesús ora por sus discípulos

6»A los que me diste del mundo les he revelado quién eres.*ñ* Eran tuyos; tú me los diste y ellos han obedecido tu palabra. 7Ahora saben que todo lo que me has dado viene de ti, 8porque les he entregado las palabras que me diste, y ellos las aceptaron; saben con certeza que salí de ti, y han creído que tú me enviaste. 9Ruego por ellos. No ruego por el mundo, sino por los que me has dado, porque son tuyos. 10Todo lo que yo tengo es tuyo, y todo lo que tú tienes es mío; y por medio de ellos he sido glorificado. 11Ya no voy a estar por más tiempo en el mundo, pero ellos están todavía en el mundo, y yo vuelvo a ti.

»Padre santo, protégelos con el poder de tu nombre, el nombre que me diste, para que sean uno, lo mismo que nosotros. 12Mientras estaba con ellos, los protegía y los preservaba me-

on your behalf. 27No, the Father himself loves you because you have loved me and have believed that I came from God. 28I came from the Father and entered the world; now I am leaving the world and going back to the Father."

29Then Jesus' disciples said, "Now you are speaking clearly and without figures of speech. 30Now we can see that you know all things and that you do not even need to have anyone ask you questions. This makes us believe that you came from God."

31"You believe at last!"*y* Jesus answered. 32"But a time is coming, and has come, when you will be scattered, each to his own home. You will leave me all alone. Yet I am not alone, for my Father is with me.

33"I have told you these things, so that in me you may have peace. In this world you will have trouble. But take heart! I have overcome the world."

Jesus Prays for Himself

17 After Jesus said this, he looked toward heaven and prayed:

"Father, the time has come. Glorify your Son, that your Son may glorify you. 2For you granted him authority over all people that he might give eternal life to all those you have given him. 3Now this is eternal life: that they may know you, the only true God, and Jesus Christ, whom you have sent. 4I have brought you glory on earth by completing the work you gave me to do. 5And now, Father, glorify me in your presence with the glory I had with you before the world began.

Jesus Prays for His Disciples

6"I have revealed you*z* to those whom you gave me out of the world. They were yours; you gave them to me and they have obeyed your word. 7Now they know that everything you have given me comes from you. 8For I gave them the words you gave me and they accepted them. They knew with certainty that I came from you, and they believed that you sent me. 9I pray for them. I am not praying for the world, but for those you have given me, for they are yours. 10All I have is yours, and all you have is mine. And glory has come to me through them. 11I will remain in the world no longer, but they are still in the world, and I am coming to you. Holy Father, protect them by the power of your name—the name you gave me—so that they may be one as we are

---

*n*16:31 ¿Hasta ... creen? Alt. ¿Ahora creen?   *ñ*17:6 quién eres. Lit. tu nombre; también en v. 26.   *y*31 Or "Do you now believe?"   *z*6 Greek your name; also in verse 26

diante el nombre que me diste, y ninguno se perdió sino aquel que nació para perderse, a fin de que se cumpliera la Escritura.

13»Ahora vuelvo a ti, pero digo estas cosas mientras todavía estoy en el mundo, para que tengan mi alegría en plenitud. 14Yo les he entregado tu palabra, y el mundo los ha odiado porque no son del mundo, como tampoco yo soy del mundo. 15No te pido que los quites del mundo, sino que los protejas del maligno. 16Ellos no son del mundo, como tampoco lo soy yo. 17*Santifícalos en la verdad; tu palabra es la verdad. 18Como tú me enviaste al mundo, yo los envío también al mundo. 19Y por ellos me santifico a mí mismo, para que también ellos sean santificados en la verdad.

Jesús ora por todos los creyentes

20»No ruego sólo por éstos. Ruego también por los que han de creer en mí por el mensaje de ellos, 21para que todos sean uno. Padre, así como tú estás en mí y yo en ti, permite que ellos también estén en nosotros, para que el mundo crea que tú me has enviado. 22Yo les he dado la gloria que me diste, para que sean uno, así como nosotros somos uno: 23yo en ellos y tú en mí. Permite que alcancen la *perfección en la unidad, y así el mundo reconozca que tú me enviaste y que los has amado a ellos tal como me has amado a mí.

24»Padre, quiero que los que me has dado estén conmigo donde yo estoy. Que vean mi gloria, la gloria que me has dado porque me amaste desde antes de la creación del mundo.

25»Padre justo, aunque el mundo no te conoce, yo sí te conozco, y éstos reconocen que tú me enviaste. 26Yo les he dado a conocer quién eres, y seguiré haciéndolo, para que el amor con que me has amado esté en ellos, y yo mismo esté en ellos.»

Arresto de Jesús

18 Cuando Jesús terminó de orar, salió con sus discípulos y cruzó el arroyo de Cedrón. Al otro lado había un huerto en el que entró con sus discípulos.

2También Judas, el que lo traicionaba, conocía aquel lugar, porque muchas veces Jesús se había reunido allí con sus discípulos. 3Así que Judas llegó al huerto, a la cabeza de un destacamento⁰ de soldados y guardias de los jefes de los sacerdotes y de los *fariseos. Llevaban antorchas, lámparas y armas.

4Jesús, que sabía todo lo que le iba a suceder, les salió al encuentro.

one. 12While I was with them, I protected them and kept them safe by that name you gave me. None has been lost except the one doomed to destruction so that Scripture would be fulfilled.

13"I am coming to you now, but I say these things while I am still in the world, so that they may have the full measure of my joy within them. 14I have given them your word and the world has hated them, for they are not of the world any more than I am of the world. 15My prayer is not that you take them out of the world but that you protect them from the evil one. 16They are not of the world, even as I am not of it. 17Sanctifyᵃ them by the truth; your word is truth. 18As you sent me into the world, I have sent them into the world. 19For them I sanctify myself, that they too may be truly sanctified.

Jesus Prays for All Believers

20"My prayer is not for them alone. I pray also for those who will believe in me through their message, 21that all of them may be one, Father, just as you are in me and I am in you. May they also be in us so that the world may believe that you have sent me. 22I have given them the glory that you gave me, that they may be one as we are one: 23I in them and you in me. May they be brought to complete unity to let the world know that you sent me and have loved them even as you have loved me.

24"Father, I want those you have given me to be with me where I am, and to see my glory, the glory you have given me because you loved me before the creation of the world.

25"Righteous Father, though the world does not know you, I know you, and they know that you have sent me. 26I have made you known to them, and will continue to make you known in order that the love you have for me may be in them and that I myself may be in them."

Jesus Arrested

18 When he had finished praying, Jesus left with his disciples and crossed the Kidron Valley. On the other side there was an olive grove, and he and his disciples went into it.

2Now Judas, who betrayed him, knew the place, because Jesus had often met there with his disciples. 3So Judas came to the grove, guiding a detachment of soldiers and some officials from the chief priests and Pharisees. They were carrying torches, lanterns and weapons.

⁰ 18:3 un destacamento. Lit. una cohorte (que tenía 600 soldados).

ᵃ 17 Greek hagiazo (set apart for sacred use or make holy); also in verse 19

—¿A quién buscan? —les preguntó.

5—A Jesús de Nazaret —contestaron.

—Yo soy.

Judas, el traidor, estaba con ellos. 6Cuando Jesús les dijo: «Yo soy», dieron un paso atrás y se desplomaron.

7—¿A quién buscan? —volvió a preguntarles Jesús.

—A Jesús de Nazaret —repitieron.

8—Ya les dije que yo soy. Si es a mí a quien buscan, dejen que éstos se vayan.

9Esto sucedió para que se cumpliera lo que había dicho: «De los que me diste ninguno se perdió.»*p*

10Simón Pedro, que tenía una espada, la desenfundó e hirió al siervo del sumo sacerdote, cortándole la oreja derecha. (El siervo se llamaba Malco.)

11—¡Vuelve esa espada a su funda! —le ordenó Jesús a Pedro—. ¿Acaso no he de beber el trago amargo que el Padre me da a beber?

Jesús ante Anás

12Entonces los soldados, con su comandante, y los guardias de los judíos, arrestaron a Jesús. Lo ataron 13y lo llevaron primeramente a Anás, que era suegro de Caifás, el sumo sacerdote de aquel año. 14Caifás era el que había aconsejado a los judíos que era preferible que muriera un solo hombre por el pueblo.

Pedro niega a Jesús

15Simón Pedro y otro discípulo seguían a Jesús. Y como el otro discípulo era conocido del sumo sacerdote, entró en el patio del sumo sacerdote con Jesús; 16Pedro, en cambio, tuvo que quedarse afuera, junto a la puerta. El discípulo conocido del sumo sacerdote volvió entonces a salir, habló con la portera de turno y consiguió que Pedro entrara.

17—¿No eres tú también uno de los discípulos de ese hombre? —le preguntó la portera.

—No lo soy —respondió Pedro.

18Los criados y los guardias estaban de pie alrededor de una fogata que habían hecho para calentarse, pues hacía frío. Pedro también estaba de pie con ellos, calentándose.

Jesús ante el sumo sacerdote

19Mientras tanto, el sumo sacerdote interrogaba a Jesús acerca de sus discípulos y de sus enseñanzas.

20—Yo he hablado abiertamente al mundo —respondió Jesús—. Siempre he enseñado en las sinagogas o en el *templo, donde se congregan todos los judíos. En secreto no he dicho nada.

4Jesus, knowing all that was going to happen to him, went out and asked them, "Who is it you want?"

5"Jesus of Nazareth," they replied.

"I am he," Jesus said. (And Judas the traitor was standing there with them.) 6When Jesus said, "I am he," they drew back and fell to the ground.

7Again he asked them, "Who is it you want?" And they said, "Jesus of Nazareth."

8"I told you that I am he," Jesus answered. "If you are looking for me, then let these men go." 9This happened so that the words he had spoken would be fulfilled: "I have not lost one of those you gave me." *b*

10Then Simon Peter, who had a sword, drew it and struck the high priest's servant, cutting off his right ear. (The servant's name was Malchus.)

11Jesus commanded Peter, "Put your sword away! Shall I not drink the cup the Father has given me?"

Jesus Taken to Annas

12Then the detachment of soldiers with its commander and the Jewish officials arrested Jesus. They bound him 13and brought him first to Annas, who was the father-in-law of Caiaphas, the high priest that year. 14Caiaphas was the one who had advised the Jews that it would be good if one man died for the people.

Peter's First Denial

15Simon Peter and another disciple were following Jesus. Because this disciple was known to the high priest, he went with Jesus into the high priest's courtyard, 16but Peter had to wait outside at the door. The other disciple, who was known to the high priest, came back, spoke to the girl on duty there and brought Peter in.

17"You are not one of his disciples, are you?" the girl at the door asked Peter.

He replied, "I am not."

18It was cold, and the servants and officials stood around a fire they had made to keep warm. Peter also was standing with them, warming himself.

The High Priest Questions Jesus

19Meanwhile, the high priest questioned Jesus about his disciples and his teaching.

20"I have spoken openly to the world," Jesus replied. "I always taught in synagogues or at the temple, where all the Jews come together. I said

---

p 18:9 Jn 6:39　　　　　　　*b* 9 John 6:39

21¿Por qué me interrogas a mí? ¡Interroga a los que me han oído hablar! Ellos deben saber lo que dije.

22Apenas dijo esto, uno de los guardias que estaba allí cerca le dio una bofetada y le dijo:

—¿Así contestas al sumo sacerdote?

23—Si he dicho algo malo —replicó Jesús—, demuéstramelo. Pero si lo que dije es correcto, ¿por qué me pegas?

24Entonces Anás lo envió,*q* todavía atado, a Caifás, el sumo sacerdote.

Pedro niega de nuevo a Jesús

25Mientras tanto, Simón Pedro seguía de pie, calentándose.

—¿No eres tú también uno de sus discípulos? —le preguntaron.

—No lo soy —dijo Pedro, negándolo.

26—¿Acaso no te vi en el huerto con él? —insistió uno de los siervos del sumo sacerdote, pariente de aquel a quien Pedro le había cortado la oreja.

27Pedro volvió a negarlo, y en ese instante cantó el gallo.

Jesús ante Pilato

28Luego los judíos llevaron a Jesús de la casa de Caifás al palacio del gobernador romano.*r* Como ya amanecía, los judíos no entraron en el palacio, pues de hacerlo se *contaminarían ritualmente y no podrían comer la Pascua. 29Así que Pilato salió a interrogarlos:

—¿De qué delito acusan a este hombre?

30—Si no fuera un malhechor —respondieron—, no te lo habríamos entregado.

31—Pues llévenselo ustedes y júzguenlo según su propia ley —les dijo Pilato.

—Nosotros no tenemos ninguna autoridad para ejecutar a nadie —objetaron los judíos.

32Esto sucedió para que se cumpliera lo que Jesús había dicho, al indicar la clase de muerte que iba a sufrir.

33Pilato volvió a entrar en el palacio y llamó a Jesús.

—¿Eres tú el rey de los judíos? —le preguntó.

34—¿Eso lo dices tú —le respondió Jesús—, o es que otros te han hablado de mí?

35—¿Acaso soy judío? —replicó Pilato—. Han sido tu propio pueblo y los jefes de los sacerdotes los que te entregaron a mí. ¿Qué has hecho?

36—Mi reino no es de este mundo —contestó Jesús—. Si lo fuera, mis propios guardias pelearían para impedir que los judíos me arrestaran. Pero mi reino no es de este mundo.

37—¡Así que eres rey! —le dijo Pilato.

nothing in secret. 21Why question me? Ask those who heard me. Surely they know what I said."

22When Jesus said this, one of the officials nearby struck him in the face. "Is this the way you answer the high priest?" he demanded.

23"If I said something wrong," Jesus replied, "testify as to what is wrong. But if I spoke the truth, why did you strike me?" 24Then Annas sent him, still bound, to Caiaphas the high priest.*c*

Peter's Second and Third Denials

25As Simon Peter stood warming himself, he was asked, "You are not one of his disciples, are you?"

He denied it, saying, "I am not."

26One of the high priest's servants, a relative of the man whose ear Peter had cut off, challenged him, "Didn't I see you with him in the olive grove?" 27Again Peter denied it, and at that moment a rooster began to crow.

Jesus Before Pilate

28Then the Jews led Jesus from Caiaphas to the palace of the Roman governor. By now it was early morning, and to avoid ceremonial uncleanness the Jews did not enter the palace; they wanted to be able to eat the Passover. 29So Pilate came out to them and asked, "What charges are you bringing against this man?"

30"If he were not a criminal," they replied, "we would not have handed him over to you."

31Pilate said, "Take him yourselves and judge him by your own law."

"But we have no right to execute anyone," the Jews objected. 32This happened so that the words Jesus had spoken indicating the kind of death he was going to die would be fulfilled.

33Pilate then went back inside the palace, summoned Jesus and asked him, "Are you the king of the Jews?"

34"Is that your own idea," Jesus asked, "or did others talk to you about me?"

35"Am I a Jew?" Pilate replied. "It was your people and your chief priests who handed you over to me. What is it you have done?"

36Jesus said, "My kingdom is not of this world. If it were, my servants would fight to prevent my arrest by the Jews. But now my kingdom is from another place."

---

q 18:24 *Entonces … envió.* Alt. *Ahora bien, Anás lo había enviado.*   *r* 18:28 *al … romano.* Lit. *al pretorio.*

c 24 Or *(Now Annas had sent him, still bound, to Caiaphas the high priest.)*

—Eres tú quien dice que soy rey. Yo para esto nací, y para esto vine al mundo: para dar testimonio de la verdad. Todo el que está de parte de la verdad escucha mi voz.

38—¿Y qué es la verdad? —preguntó Pilato. Dicho esto, salió otra vez a ver a los judíos.

—Yo no encuentro que éste sea culpable de nada —declaró—. **39**Pero como ustedes tienen la costumbre de que les suelte a un preso durante la Pascua, ¿quieren que les suelte al "rey de los judíos"?

40—¡No, no sueltes a ése; suelta a Barrabás! —volvieron a gritar desaforadamente.

Y Barrabás era un bandido.[s]

La sentencia

19 Pilato tomó entonces a Jesús y mandó que lo azotaran. **2**Los soldados, que habían tejido una corona de espinas, se la pusieron a Jesús en la cabeza y lo vistieron con un manto de color púrpura.

3—¡Viva el rey de los judíos! —le gritaban, mientras se le acercaban para abofetearlo.

4Pilato volvió a salir.

—Aquí lo tienen —dijo a los judíos—. Lo he sacado para que sepan que no lo encuentro culpable de nada.

5Cuando salió Jesús, llevaba puestos la corona de espinas y el manto de color púrpura.

—¡Aquí tienen al hombre! —les dijo Pilato.

6Tan pronto como lo vieron, los jefes de los sacerdotes y los guardias gritaron a voz en cuello:

—¡Crucifícalo! ¡Crucifícalo!

—Pues llévenselo y crucifíquenlo ustedes —replicó Pilato—. Por mi parte, no lo encuentro culpable de nada.

7—Nosotros tenemos una ley, y según esa ley debe morir, porque se ha hecho pasar por Hijo de Dios —insistieron los judíos.

8Al oír esto, Pilato se atemorizó aún más, **9**así que entró de nuevo en el palacio y le preguntó a Jesús:

—¿De dónde eres tú?

Pero Jesús no le contestó nada.

10—¿Te niegas a hablarme? —le dijo Pilato—. ¿No te das cuenta de que tengo poder para ponerte en libertad o para mandar que te crucifiquen?

11—No tendrías ningún poder sobre mí si no se te hubiera dado de arriba —le contestó Jesús—. Por eso el que me puso en tus manos es culpable de un pecado más grande.

12Desde entonces Pilato procuraba poner en libertad a Jesús, pero los judíos gritaban desaforadamente:

—Si dejas en libertad a este hombre, no eres

37"You are a king, then!" said Pilate.

Jesus answered, "You are right in saying I am a king. In fact, for this reason I was born, and for this I came into the world, to testify to the truth. Everyone on the side of truth listens to me."

38"What is truth?" Pilate asked. With this he went out again to the Jews and said, "I find no basis for a charge against him. **39**But it is your custom for me to release to you one prisoner at the time of the Passover. Do you want me to release 'the king of the Jews'?"

40They shouted back, "No, not him! Give us Barabbas!" Now Barabbas had taken part in a rebellion.

Jesus Sentenced to be Crucified

19 Then Pilate took Jesus and had him flogged. **2**The soldiers twisted together a crown of thorns and put it on his head. They clothed him in a purple robe **3**and went up to him again and again, saying, "Hail, king of the Jews!" And they struck him in the face.

4Once more Pilate came out and said to the Jews, "Look, I am bringing him out to you to let you know that I find no basis for a charge against him." **5**When Jesus came out wearing the crown of thorns and the purple robe, Pilate said to them, "Here is the man!"

6As soon as the chief priests and their officials saw him, they shouted, "Crucify! Crucify!"

But Pilate answered, "You take him and crucify him. As for me, I find no basis for a charge against him."

7The Jews insisted, "We have a law, and according to that law he must die, because he claimed to be the Son of God."

8When Pilate heard this, he was even more afraid, **9**and he went back inside the palace. "Where do you come from?" he asked Jesus, but Jesus gave him no answer. **10**"Do you refuse to speak to me?" Pilate said. "Don't you realize I have power either to free you or to crucify you?"

11Jesus answered, "You would have no power over me if it were not given to you from above. Therefore the one who handed me over to you is guilty of a greater sin."

12From then on, Pilate tried to set Jesus free, but the Jews kept shouting, "If you let this man go, you are no friend of Caesar. Anyone who claims to be a king opposes Caesar."

13When Pilate heard this, he brought Jesus out and sat down on the judge's seat at a place

---

[s] **18:40** *bandido.* Alt. *insurgente.*

amigo del *emperador. Cualquiera que pretende ser rey se hace su enemigo.

¹³Al oír esto, Pilato llevó a Jesús hacia fuera y se sentó en el tribunal, en un lugar al que llamaban el Empedrado (que en arameo se dice Gabatá). ¹⁴Era el día de la preparación para la Pascua, cerca del mediodía.ᵗ

—Aquí tienen a su rey —dijo Pilato a los judíos.

¹⁵—¡Fuera! ¡Fuera! ¡Crucifícalo! —vociferaron.

—¿Acaso voy a crucificar a su rey? —replicó Pilato.

—No tenemos más rey que el emperador romano —contestaron los jefes de los sacerdotes.

¹⁶Entonces Pilato se lo entregó para que lo crucificaran, y los soldados se lo llevaron.

La crucifixión

¹⁷Jesús salió cargando su propia cruz hacia el lugar de la Calavera (que en arameo se llama Gólgota). ¹⁸Allí lo crucificaron, y con él a otros dos, uno a cada lado y Jesús en medio.

¹⁹Pilato mandó que se pusiera sobre la cruz un letrero en el que estuviera escrito: «JESÚS DE NAZARET, REY DE LOS JUDÍOS.» ²⁰Muchos de los judíos lo leyeron, porque el sitio en que crucificaron a Jesús estaba cerca de la ciudad. El letrero estaba escrito en arameo, latín y griego.

²¹—No escribas "Rey de los judíos" —protestaron ante Pilato los jefes de los sacerdotes judíos—. Era él quien decía ser rey de los judíos.

²²—Lo que he escrito, escrito queda —les contestó Pilato.

²³Cuando los soldados crucificaron a Jesús, tomaron su manto y lo partieron en cuatro partes, una para cada uno de ellos. Tomaron también la túnica, la cual no tenía costura, sino que era de una sola pieza, tejida de arriba abajo.

²⁴—No la dividamos —se dijeron unos a otros—. Echemos suertes para ver a quién le toca.

Y así lo hicieron los soldados. Esto sucedió para que se cumpliera la Escritura que dice:

«Se repartieron entre ellos mi manto,
y sobre mi ropa echaron suertes.»ᵘ

²⁵Junto a la cruz de Jesús estaban su madre, la hermana de su madre, María la esposa de Cleofas, y María Magdalena. ²⁶Cuando Jesús vio a su madre, y a su lado al discípulo a quien él amaba, dijo a su madre:

known as the Stone Pavement (which in Aramaic is Gabbatha). ¹⁴It was the day of Preparation of Passover Week, about the sixth hour.

"Here is your king," Pilate said to the Jews.

¹⁵But they shouted, "Take him away! Take him away! Crucify him!"

"Shall I crucify your king?" Pilate asked.

"We have no king but Caesar," the chief priests answered.

¹⁶Finally Pilate handed him over to them to be crucified.

The Crucifixion

So the soldiers took charge of Jesus. ¹⁷Carrying his own cross, he went out to the place of the Skull (which in Aramaic is called Golgotha). ¹⁸Here they crucified him, and with him two others—one on each side and Jesus in the middle.

¹⁹Pilate had a notice prepared and fastened to the cross. It read: JESUS OF NAZARETH, THE KING OF THE JEWS. ²⁰Many of the Jews read this sign, for the place where Jesus was crucified was near the city, and the sign was written in Aramaic, Latin and Greek. ²¹The chief priests of the Jews protested to Pilate, "Do not write 'The King of the Jews,' but that this man claimed to be king of the Jews."

²²Pilate answered, "What I have written, I have written."

²³When the soldiers crucified Jesus, they took his clothes, dividing them into four shares, one for each of them, with the undergarment remaining. This garment was seamless, woven in one piece from top to bottom.

²⁴"Let's not tear it," they said to one another. "Let's decide by lot who will get it."

This happened that the scripture might be fulfilled which said,

"They divided my garments among them
and cast lots for my clothing."ᵈ

So this is what the soldiers did.

²⁵Near the cross of Jesus stood his mother, his mother's sister, Mary the wife of Clopas, and Mary Magdalene. ²⁶When Jesus saw his mother there, and the disciple whom he loved standing nearby, he said to his mother, "Dear woman, here is your son," ²⁷and to the disciple, "Here

---

ᵗ **19:14** *del mediodía.* Alt. *de las seis de la mañana* (si se cuentan las horas a partir de la medianoche, según la hora romana). Lit. *de la hora sexta*; véase nota en 1:39.
ᵘ **19:24** Sal 22:18   ᵈ **24** Psalm 22:18

—Mujer, ahí tienes a tu hijo.

27Luego dijo al discípulo:

—Ahí tienes a tu madre.

Y desde aquel momento ese discípulo la recibió en su casa.

Muerte de Jesús

28Después de esto, como Jesús sabía que ya todo había terminado, y para que se cumpliera la Escritura, dijo:

—Tengo sed.

29Había allí una vasija llena de vinagre; así que empaparon una esponja en el vinagre, la pusieron en una caña^v y se la acercaron a la boca. 30Al probar Jesús el vinagre, dijo:

—Todo se ha cumplido.

Luego inclinó la cabeza y entregó el espíritu.

31Era el día de la preparación para la Pascua. Los judíos no querían que los cuerpos permanecieran en la cruz en *sábado, por ser éste un día muy solemne. Así que le pidieron a Pilato ordenar que les quebraran las piernas a los crucificados y bajaran sus cuerpos. 32Fueron entonces los soldados y le quebraron las piernas al primer hombre que había sido crucificado con Jesús, y luego al otro. 33Pero cuando se acercaron a Jesús y vieron que ya estaba muerto, no le quebraron las piernas, 34sino que uno de los soldados le abrió el costado con una lanza, y al instante le brotó sangre y agua. 35El que lo vio ha dado testimonio de ello, y su testimonio es verídico. Él sabe que dice la verdad, para que también ustedes crean. 36Estas cosas sucedieron para que se cumpliera la Escritura: «No le quebrarán ningún hueso»^{w} 37y, como dice otra Escritura: «Mirarán al que han traspasado.»^{x}

Sepultura de Jesús

38Después de esto, José de Arimatea le pidió a Pilato el cuerpo de Jesús. José era discípulo de Jesús, aunque en secreto por miedo a los judíos. Con el permiso de Pilato, fue y retiró el cuerpo. 39También Nicodemo, el que antes había visitado a Jesús de noche, llegó con unos treinta y cuatro kilos^y de una mezcla de mirra y áloe. 40Ambos tomaron el cuerpo de Jesús y, conforme a la costumbre judía de dar sepultura, lo envolvieron en vendas con las especias aromáticas. 41En el lugar donde crucificaron a Jesús había un huerto, y en el huerto un sepulcro nuevo en el que todavía no se había sepultado a nadie. 42Como era el día judío de la preparación, y el sepulcro estaba cerca, pusieron allí a Jesús.

is your mother." From that time on, this disciple took her into his home.

The Death of Jesus

28Later, knowing that all was now completed, and so that the Scripture would be fulfilled, Jesus said, "I am thirsty." 29A jar of wine vinegar was there, so they soaked a sponge in it, put the sponge on a stalk of the hyssop plant, and lifted it to Jesus' lips. 30When he had received the drink, Jesus said, "It is finished." With that, he bowed his head and gave up his spirit.

31Now it was the day of Preparation, and the next day was to be a special Sabbath. Because the Jews did not want the bodies left on the crosses during the Sabbath, they asked Pilate to have the legs broken and the bodies taken down. 32The soldiers therefore came and broke the legs of the first man who had been crucified with Jesus, and then those of the other. 33But when they came to Jesus and found that he was already dead, they did not break his legs. 34Instead, one of the soldiers pierced Jesus' side with a spear, bringing a sudden flow of blood and water. 35The man who saw it has given testimony, and his testimony is true. He knows that he tells the truth, and he testifies so that you also may believe. 36These things happened so that the scripture would be fulfilled: "Not one of his bones will be broken," ^{e} 37and, as another scripture says, "They will look on the one they have pierced." ^{f}

The Burial of Jesus

38Later, Joseph of Arimathea asked Pilate for the body of Jesus. Now Joseph was a disciple of Jesus, but secretly because he feared the Jews. With Pilate's permission, he came and took the body away. 39He was accompanied by Nicodemus, the man who earlier had visited Jesus at night. Nicodemus brought a mixture of myrrh and aloes, about seventy-five pounds.^{g} 40Taking Jesus' body, the two of them wrapped it, with the spices, in strips of linen. This was in accordance with Jewish burial customs. 41At the place where Jesus was crucified, there was a garden, and in the garden a new tomb, in which no one had ever been laid. 42Because it was the Jewish day of Preparation and since the tomb was nearby, they laid Jesus there.

---

^{v}**19:29** *una caña*. Lit. *una rama de hisopo*.
^{w}**19:36** Éx 12:46; Nm 9:12; Sal 34:20 ^{x}**19:37** Zac 12:10
^{y}**19:39** *unos … kilos*. Lit. *como cien litrai*.

^{e}**36** Exodus 12:46; Num. 9:12; Psalm 34:20 ^{f}**37** Zech. 12:10 ^{g}**39** Greek *a hundred litrai* (about 34 kilograms)

El sepulcro vacío

20 El primer día de la semana, muy de mañana, cuando todavía estaba oscuro, María Magdalena fue al sepulcro y vio que habían quitado la piedra que cubría la entrada. **2**Así que fue corriendo a ver a Simón Pedro y al otro discípulo, a quien Jesús amaba, y les dijo:

—¡Se han llevado del sepulcro al Señor, y no sabemos dónde lo han puesto!

3Pedro y el otro discípulo se dirigieron entonces al sepulcro. **4**Ambos fueron corriendo, pero como el otro discípulo corría más aprisa que Pedro, llegó primero al sepulcro. **5**Inclinándose, se asomó y vio allí las vendas, pero no entró. **6**Tras él llegó Simón Pedro, y entró en el sepulcro. Vio allí las vendas **7**y el sudario que había cubierto la cabeza de Jesús, aunque el sudario no estaba con las vendas sino enrollado en un lugar aparte. **8**En ese momento entró también el otro discípulo, el que había llegado primero al sepulcro; y vio y creyó. **9**Hasta entonces no habían entendido la Escritura, que dice que Jesús tenía que resucitar.

Jesús se aparece a María Magdalena

10Los discípulos regresaron a su casa, **11**pero María se quedó afuera, llorando junto al sepulcro. Mientras lloraba, se inclinó para mirar dentro del sepulcro, **12**y vio a dos ángeles vestidos de blanco, sentados donde había estado el cuerpo de Jesús, uno a la cabecera y otro a los pies.

13—¿Por qué lloras, mujer? —le preguntaron los ángeles.

—Es que se han llevado a mi Señor, y no sé dónde lo han puesto —les respondió.

14Apenas dijo esto, volvió la mirada y allí vio a Jesús de pie, aunque no sabía que era él. **15**Jesús le dijo:

—¿Por qué lloras, mujer? ¿A quién buscas?

Ella, pensando que se trataba del que cuidaba el huerto, le dijo:

—Señor, si usted se lo ha llevado, dígame dónde lo ha puesto, y yo iré por él.

16—María —le dijo Jesús.

Ella se volvió y exclamó:

—¡Raboni! (que en arameo significa: Maestro).

17—Suéltame,[z] porque todavía no he vuelto al Padre. Ve más bien a mis hermanos y diles: "Vuelvo a mi Padre, que es Padre de ustedes; a mi Dios, que es Dios de ustedes."

18María Magdalena fue a darles la noticia a los discípulos. «¡He visto al Señor!», exclamaba, y les contaba lo que él le había dicho.

The Empty Tomb

20 Early on the first day of the week, while it was still dark, Mary Magdalene went to the tomb and saw that the stone had been removed from the entrance. **2**So she came running to Simon Peter and the other disciple, the one Jesus loved, and said, "They have taken the Lord out of the tomb, and we don't know where they have put him!"

3So Peter and the other disciple started for the tomb. **4**Both were running, but the other disciple outran Peter and reached the tomb first. **5**He bent over and looked in at the strips of linen lying there but did not go in. **6**Then Simon Peter, who was behind him, arrived and went into the tomb. He saw the strips of linen lying there, **7**as well as the burial cloth that had been around Jesus' head. The cloth was folded up by itself, separate from the linen. **8**Finally the other disciple, who had reached the tomb first, also went inside. He saw and believed. **9**(They still did not understand from Scripture that Jesus had to rise from the dead.)

Jesus Appears to Mary Magdalene

10Then the disciples went back to their homes, **11**but Mary stood outside the tomb crying. As she wept, she bent over to look into the tomb **12**and saw two angels in white, seated where Jesus' body had been, one at the head and the other at the foot.

13They asked her, "Woman, why are you crying?"

"They have taken my Lord away," she said, "and I don't know where they have put him." **14**At this, she turned around and saw Jesus standing there, but she did not realize that it was Jesus.

15"Woman," he said, "why are you crying? Who is it you are looking for?"

Thinking he was the gardener, she said, "Sir, if you have carried him away, tell me where you have put him, and I will get him."

16Jesus said to her, "Mary."

She turned toward him and cried out in Aramaic, "Rabboni!" (which means Teacher).

17Jesus said, "Do not hold on to me, for I have not yet returned to the Father. Go instead to my brothers and tell them, 'I am returning to my Father and your Father, to my God and your God.'"

18Mary Magdalene went to the disciples with the news: "I have seen the Lord!" And she told them that he had said these things to her.

---

[z] **20:17** *Suéltame.* Lit. *No me toques.*

Jesús se aparece a sus discípulos

19Al atardecer de aquel primer día de la semana, estando reunidos los discípulos a puerta cerrada por temor a los judíos, entró Jesús y, poniéndose en medio de ellos, los saludó.

—¡La paz sea con ustedes!

20Dicho esto, les mostró las manos y el costado. Al ver al Señor, los discípulos se alegraron.

21—¡La paz sea con ustedes! —repitió Jesús—. Como el Padre me envió a mí, así yo los envío a ustedes.

22Acto seguido, sopló sobre ellos y les dijo:

—Reciban el Espíritu Santo. **23**A quienes les perdonen sus pecados, les serán perdonados; a quienes no se los perdonen, no les serán perdonados.

Jesús se aparece a Tomás

24Tomás, al que apodaban el Gemelo,*a* y que era uno de los doce, no estaba con los discípulos cuando llegó Jesús. **25**Así que los otros discípulos le dijeron:

—¡Hemos visto al Señor!

—Mientras no vea yo la marca de los clavos en sus manos, y meta mi dedo en las marcas y mi mano en su costado, no lo creeré —repuso Tomás.

26Una semana más tarde estaban los discípulos de nuevo en la casa, y Tomás estaba con ellos. Aunque las puertas estaban cerradas, Jesús entró y, poniéndose en medio de ellos, los saludó.

—¡La paz sea con ustedes!

27Luego le dijo a Tomás:

—Pon tu dedo aquí y mira mis manos. Acerca tu mano y métela en mi costado. Y no seas incrédulo, sino hombre de fe.

28—¡Señor mío y Dios mío! —exclamó Tomás.

29—Porque me has visto, has creído —le dijo Jesús—; *dichosos los que no han visto y sin embargo creen.

30Jesús hizo muchas otras señales milagrosas en presencia de sus discípulos, las cuales no están registradas en este libro. **31**Pero éstas se han escrito para que ustedes crean que Jesús es el *Cristo, el Hijo de Dios, y para que al creer en su nombre tengan vida.

Jesús y la pesca milagrosa

21 Después de esto Jesús se apareció de nuevo a sus discípulos, junto al lago de Tiberíades.*b* Sucedió de esta manera: **2**Estaban juntos Simón Pedro, Tomás (al que apodaban el

Jesus Appears to His Disciples

19On the evening of that first day of the week, when the disciples were together, with the doors locked for fear of the Jews, Jesus came and stood among them and said, "Peace be with you!" **20**After he said this, he showed them his hands and side. The disciples were overjoyed when they saw the Lord.

21Again Jesus said, "Peace be with you! As the Father has sent me, I am sending you." **22**And with that he breathed on them and said, "Receive the Holy Spirit. **23**If you forgive anyone his sins, they are forgiven; if you do not forgive them, they are not forgiven."

Jesus Appears to Thomas

24Now Thomas (called Didymus), one of the Twelve, was not with the disciples when Jesus came. **25**So the other disciples told him, "We have seen the Lord!"

But he said to them, "Unless I see the nail marks in his hands and put my finger where the nails were, and put my hand into his side, I will not believe it."

26A week later his disciples were in the house again, and Thomas was with them. Though the doors were locked, Jesus came and stood among them and said, "Peace be with you!" **27**Then he said to Thomas, "Put your finger here; see my hands. Reach out your hand and put it into my side. Stop doubting and believe."

28Thomas said to him, "My Lord and my God!"

29Then Jesus told him, "Because you have seen me, you have believed; blessed are those who have not seen and yet have believed."

30Jesus did many other miraculous signs in the presence of his disciples, which are not recorded in this book. **31**But these are written that you may*h* believe that Jesus is the Christ, the Son of God, and that by believing you may have life in his name.

Jesus and the Miraculous Catch of Fish

21 Afterward Jesus appeared again to his disciples, by the Sea of Tiberias.*i* It happened this way: **2**Simon Peter, Thomas (called Didymus), Nathanael from Cana in Galilee, the sons of Zebedee, and two other

---

a **20:24** *apodaban el Gemelo.* Lit. *llamaban Dídimos.*
b **21:1** Es decir, el mar de Galilea.

h **31** Some manuscripts *may continue to*　*i* **1** That is, Sea of Galilee

Gemelo[c]), Natanael, el de Caná de Galilea, los hijos de Zebedeo, y otros dos discípulos.

3—Me voy a pescar —dijo Simón Pedro.

—Nos vamos contigo —contestaron ellos.

Salieron, pues, de allí y se embarcaron, pero esa noche no pescaron nada.

4Al despuntar el alba Jesús se hizo presente en la orilla, pero los discípulos no se dieron cuenta de que era él.

5—Muchachos, ¿no tienen algo de comer? —les preguntó Jesús.

—No —respondieron ellos.

6—Tiren la red a la derecha de la barca, y pescarán algo.

Así lo hicieron, y era tal la cantidad de pescados que ya no podían sacar la red.

7—¡Es el Señor! —dijo a Pedro el discípulo a quien Jesús amaba.

Tan pronto como Simón Pedro le oyó decir: «Es el Señor», se puso la ropa, pues estaba semidesnudo, y se tiró al agua. 8Los otros discípulos lo siguieron en la barca, arrastrando la red llena de pescados, pues estaban a escasos cien metros[d] de la orilla. 9Al desembarcar, vieron unas brasas con un pescado encima, y un pan.

10—Traigan algunos de los pescados que acaban de sacar —les dijo Jesús.

11Simón Pedro subió a bordo y arrastró hasta la orilla la red, la cual estaba llena de pescados de buen tamaño. Eran ciento cincuenta y tres, pero a pesar de ser tantos la red no se rompió.

12—Vengan a desayunar —les dijo Jesús.

Ninguno de los discípulos se atrevía a preguntarle: «¿Quién eres tú?», porque sabían que era el Señor. 13Jesús se acercó, tomó el pan y se lo dio a ellos, e hizo lo mismo con el pescado. 14Ésta fue la tercera vez que Jesús se apareció a sus discípulos después de haber *resucitado.

Jesús restituye a Pedro

15Cuando terminaron de desayunar, Jesús le preguntó a Simón Pedro:

—Simón, hijo de Juan, ¿me amas más que éstos?

—Sí, Señor, tú sabes que te quiero —contestó Pedro.

—Apacienta mis corderos —le dijo Jesús.

16Y volvió a preguntarle:

—Simón, hijo de Juan, ¿me amas?

—Sí, Señor, tú sabes que te quiero.

—Cuida de mis ovejas.

17Por tercera vez Jesús le preguntó:

—Simón, hijo de Juan, ¿me quieres?

disciples were together. 3"I'm going out to fish," Simon Peter told them, and they said, "We'll go with you." So they went out and got into the boat, but that night they caught nothing.

4Early in the morning, Jesus stood on the shore, but the disciples did not realize that it was Jesus.

5He called out to them, "Friends, haven't you any fish?"

"No," they answered.

6He said, "Throw your net on the right side of the boat and you will find some." When they did, they were unable to haul the net in because of the large number of fish.

7Then the disciple whom Jesus loved said to Peter, "It is the Lord!" As soon as Simon Peter heard him say, "It is the Lord," he wrapped his outer garment around him (for he had taken it off) and jumped into the water. 8The other disciples followed in the boat, towing the net full of fish, for they were not far from shore, about a hundred yards.[j] 9When they landed, they saw a fire of burning coals there with fish on it, and some bread.

10Jesus said to them, "Bring some of the fish you have just caught."

11Simon Peter climbed aboard and dragged the net ashore. It was full of large fish, 153, but even with so many the net was not torn. 12Jesus said to them, "Come and have breakfast." None of the disciples dared ask him, "Who are you?" They knew it was the Lord. 13Jesus came, took the bread and gave it to them, and did the same with the fish. 14This was now the third time Jesus appeared to his disciples after he was raised from the dead.

Jesus Reinstates Peter

15When they had finished eating, Jesus said to Simon Peter, "Simon son of John, do you truly love me more than these?"

"Yes, Lord," he said, "you know that I love you."

Jesus said, "Feed my lambs."

16Again Jesus said, "Simon son of John, do you truly love me?"

He answered, "Yes, Lord, you know that I love you."

Jesus said, "Take care of my sheep."

17The third time he said to him, "Simon son of John, do you love me?"

---

c21:2 apodaban el Gemelo. Lit. llamaban Dídimos.
d21:8 a escasos cien metros. Lit. a unos doscientos *codos.   j8 Greek about two hundred cubits (about 90 meters)

A Pedro le dolió que por tercera vez Jesús le hubiera preguntado: «¿Me quieres?» Así que le dijo:

—Señor, tú lo sabes todo; tú sabes que te quiero.

—Apacienta mis ovejas —le dijo Jesús—. 18De veras te aseguro que cuando eras más joven te vestías tú mismo e ibas adonde querías; pero cuando seas viejo, extenderás las manos y otro te vestirá y te llevará adonde no quieras ir.

19Esto dijo Jesús para dar a entender la clase de muerte con que Pedro glorificaría a Dios. Después de eso añadió:

—¡Sígueme!

20Al volverse, Pedro vio que los seguía el discípulo a quien Jesús amaba, el mismo que en la cena se había reclinado sobre Jesús y le había dicho: «Señor, ¿quién es el que va a traicionarte?» 21Al verlo, Pedro preguntó:

—Señor, ¿y éste, qué?

22—Si quiero que él permanezca vivo hasta que yo vuelva, ¿a ti qué? Tú sígueme no más.

23Por este motivo corrió entre los hermanos el rumor de que aquel discípulo no moriría. Pero Jesús no dijo que no moriría, sino solamente: «Si quiero que él permanezca vivo hasta que yo vuelva, ¿a ti qué?»

24Éste es el discípulo que da testimonio de estas cosas, y las escribió. Y estamos convencidos de que su testimonio es verídico.

25Jesús hizo también muchas otras cosas, tantas que, si se escribiera cada una de ellas, pienso que los libros escritos no cabrían en el mundo entero.

Peter was hurt because Jesus asked him the third time, "Do you love me?" He said, "Lord, you know all things; you know that I love you."

Jesus said, "Feed my sheep. 18I tell you the truth, when you were younger you dressed yourself and went where you wanted; but when you are old you will stretch out your hands, and someone else will dress you and lead you where you do not want to go." 19Jesus said this to indicate the kind of death by which Peter would glorify God. Then he said to him, "Follow me!"

20Peter turned and saw that the disciple whom Jesus loved was following them. (This was the one who had leaned back against Jesus at the supper and had said, "Lord, who is going to betray you?") 21When Peter saw him, he asked, "Lord, what about him?"

22Jesus answered, "If I want him to remain alive until I return, what is that to you? You must follow me." 23Because of this, the rumor spread among the brothers that this disciple would not die. But Jesus did not say that he would not die; he only said, "If I want him to remain alive until I return, what is that to you?"

24This is the disciple who testifies to these things and who wrote them down. We know that his testimony is true.

25Jesus did many other things as well. If every one of them were written down, I suppose that even the whole world would not have room for the books that would be written.

Hechos de los Apóstoles

Acts

Jesús llevado al cielo

1 Estimado Teófilo, en mi primer libro me referí a todo lo que Jesús comenzó a hacer y enseñar ²hasta el día en que fue llevado al cielo, luego de darles instrucciones por medio del Espíritu Santo a los apóstoles que había escogido. ³Después de padecer la muerte, se les presentó dándoles muchas pruebas convincentes de que estaba vivo. Durante cuarenta días se les apareció y les habló acerca del reino de Dios. ⁴Una vez, mientras comía con ellos, les ordenó:

—No se alejen de Jerusalén, sino esperen la promesa del Padre, de la cual les he hablado: ⁵Juan bautizó con*ᵃ* agua, pero dentro de pocos días ustedes serán bautizados con el Espíritu Santo.

⁶Entonces los que estaban reunidos con él le preguntaron:

—Señor, ¿es ahora cuando vas a restablecer el reino a Israel?

⁷—No les toca a ustedes conocer la hora ni el momento determinados por la autoridad misma del Padre —les contestó Jesús—. ⁸Pero cuando venga el Espíritu Santo sobre ustedes, recibirán poder y serán mis testigos tanto en Jerusalén como en toda Judea y Samaria, y hasta los confines de la tierra.

⁹Habiendo dicho esto, mientras ellos lo miraban, fue llevado a las alturas hasta que una nube lo ocultó de su vista. ¹⁰Ellos se quedaron mirando fijamente al cielo mientras él se alejaba. De repente, se les acercaron dos hombres vestidos de blanco, que les dijeron:

¹¹—Galileos, ¿qué hacen aquí mirando al cielo? Este mismo Jesús, que ha sido llevado de entre ustedes al cielo, vendrá otra vez de la misma manera que lo han visto irse.

Elección de Matías para reemplazar a Judas

¹²Entonces regresaron a Jerusalén desde el monte llamado de los Olivos, situado aproximadamente a un kilómetro de la ciudad.*ᵇ* ¹³Cuando llegaron, subieron al lugar donde se alojaban.

Jesus Taken Up Into Heaven

1 In my former book, Theophilus, I wrote about all that Jesus began to do and to teach ²until the day he was taken up to heaven, after giving instructions through the Holy Spirit to the apostles he had chosen. ³After his suffering, he showed himself to these men and gave many convincing proofs that he was alive. He appeared to them over a period of forty days and spoke about the kingdom of God. ⁴On one occasion, while he was eating with them, he gave them this command: "Do not leave Jerusalem, but wait for the gift my Father promised, which you have heard me speak about. ⁵For John baptized with*ᵃ* water, but in a few days you will be baptized with the Holy Spirit."

⁶So when they met together, they asked him, "Lord, are you at this time going to restore the kingdom to Israel?"

⁷He said to them: "It is not for you to know the times or dates the Father has set by his own authority. ⁸But you will receive power when the Holy Spirit comes on you; and you will be my witnesses in Jerusalem, and in all Judea and Samaria, and to the ends of the earth."

⁹After he said this, he was taken up before their very eyes, and a cloud hid him from their sight.

¹⁰They were looking intently up into the sky as he was going, when suddenly two men dressed in white stood beside them. ¹¹"Men of Galilee," they said, "why do you stand here looking into the sky? This same Jesus, who has been taken from you into heaven, will come back in the same way you have seen him go into heaven."

Matthias Chosen to Replace Judas

¹²Then they returned to Jerusalem from the hill called the Mount of Olives, a Sabbath day's walk*ᵇ* from the city. ¹³When they arrived, they

---

ᵃ1:5 con. Alt. en.   ᵇ1:12 situado ... ciudad. Lit. que está cerca de Jerusalén, camino de un *sábado (es decir, lo que la ley permitía caminar en el día de reposo).

ᵃ5 Or in   ᵇ12 That is, about 3/4 mile (about 1,100 meters)

Estaban allí Pedro, Juan, *Jacobo, Andrés, Felipe, Tomás, Bartolomé, Mateo, Jacobo hijo de Alfeo, Simón el Zelote y Judas hijo de Jacobo. 14Todos, en un mismo espíritu, se dedicaban a la oración, junto con las mujeres y con los hermanos de Jesús y su madre María.

15Por aquellos días Pedro se puso de pie en medio de los creyentes,c que eran un grupo como de ciento veinte personas, 16y les dijo: «Hermanos, tenía que cumplirse la Escritura que, por boca de David, había predicho el Espíritu Santo en cuanto a Judas, el que sirvió de guía a los que arrestaron a Jesús. 17Judas se contaba entre los nuestros y participaba en nuestro ministerio. 18(Con el dinero que obtuvo por su crimen, Judas compró un terreno; allí cayó de cabeza, se reventó, y se le salieron las vísceras. 19Todos en Jerusalén se enteraron de ello, así que aquel terreno fue llamado Acéldama, que en su propio idioma quiere decir "Campo de Sangre".)

20»Porque en el libro de los Salmos —continuó Pedro— está escrito:

»"Que su lugar quede desierto,
   y que nadie lo habite." d

También está escrito:

»"Que otro se haga cargo de su oficio." e

21-22Por tanto, es preciso que se una a nosotros un testigo de la resurrección, uno de los que nos acompañaban todo el tiempo que el Señor Jesús vivió entre nosotros, desde que Juan bautizaba hasta el día en que Jesús fue llevado de entre nosotros.»

23Así que propusieron a dos: a José, llamado Barsabás, apodado el Justo, y a Matías. 24Y oraron así: «Señor, tú que conoces el corazón de todos, muéstranos a cuál de estos dos has elegido 25para que se haga cargo del servicio apostólico que Judas dejó para irse al lugar que le correspondía.» 26Luego echaron suertes y la elección recayó en Matías; así que él fue reconocido junto con los once apóstoles.

El Espíritu Santo desciende en Pentecostés

2 Cuando llegó el día de Pentecostés, estaban todos juntos en el mismo lugar. 2De repente, vino del cielo un ruido como el de una violenta ráfaga de viento y llenó toda la casa donde estaban reunidos. 3Se les aparecieron entonces

went upstairs to the room where they were staying. Those present were Peter, John, James and Andrew; Philip and Thomas, Bartholomew and Matthew; James son of Alphaeus and Simon the Zealot, and Judas son of James. 14They all joined together constantly in prayer, along with the women and Mary the mother of Jesus, and with his brothers.

15In those days Peter stood up among the believersc (a group numbering about a hundred and twenty) 16and said, "Brothers, the Scripture had to be fulfilled which the Holy Spirit spoke long ago through the mouth of David concerning Judas, who served as guide for those who arrested Jesus— 17he was one of our number and shared in this ministry."

18(With the reward he got for his wickedness, Judas bought a field; there he fell headlong, his body burst open and all his intestines spilled out. 19Everyone in Jerusalem heard about this, so they called that field in their language Akeldama, that is, Field of Blood.)

20"For," said Peter, "it is written in the book of Psalms,

" 'May his place be deserted;
    let there be no one to dwell in it,' d

and,

" 'May another take his place of leadership.' e

21Therefore it is necessary to choose one of the men who have been with us the whole time the Lord Jesus went in and out among us, 22beginning from John's baptism to the time when Jesus was taken up from us. For one of these must become a witness with us of his resurrection."

23So they proposed two men: Joseph called Barsabbas (also known as Justus) and Matthias. 24Then they prayed, "Lord, you know everyone's heart. Show us which of these two you have chosen 25to take over this apostolic ministry, which Judas left to go where he belongs." 26Then they cast lots, and the lot fell to Matthias; so he was added to the eleven apostles.

The Holy Spirit Comes at Pentecost

2 When the day of Pentecost came, they were all together in one place. 2Suddenly a sound like the blowing of a violent wind came from heaven and filled the whole house where they were sitting. 3They saw what seemed to be

---

c1:15 creyentes. Lit. hermanos.   d1:20 Sal 69:25
e1:20 Sal 109:8

c15 Greek brothers   d20 Psalm 69:25   e20 Psalm 109:8

unas lenguas como de fuego que se repartieron y se posaron sobre cada uno de ellos. **4**Todos fueron llenos del Espíritu Santo y comenzaron a hablar en diferentes *lenguas, según el Espíritu les concedía expresarse.

5Estaban de visita en Jerusalén judíos piadosos, procedentes de todas las naciones de la tierra. **6**Al oír aquel bullicio, se agolparon y quedaron todos pasmados porque cada uno los escuchaba hablar en su propio idioma. **7**Desconcertados y maravillados, decían: «¿No son galileos todos estos que están hablando? **8**¿Cómo es que cada uno ·de nosotros los oye hablar en su lengua materna? **9**Partos, medos y elamitas; habitantes de Mesopotamia, de Judea y de Capadocia, del Ponto y de *Asia, **10**de Frigia y de Panfilia, de Egipto y de las regiones de Libia cercanas a Cirene; visitantes llegados de Roma; **11**judíos y *prosélitos; cretenses y árabes: ¡todos por igual los oímos proclamar en nuestra propia lengua las maravillas de Dios!»

12Desconcertados y perplejos, se preguntaban: «¿Qué quiere decir esto?» **13**Otros se burlaban y decían: «Lo que pasa es que están borrachos.»

Pedro se dirige a la multitud

14Entonces Pedro, con los once, se puso de pie y dijo a voz en cuello: «Compatriotas judíos y todos ustedes que están en Jerusalén, déjenme explicarles lo que sucede; presten atención a lo que les voy a decir. **15**Éstos no están borrachos, como suponen ustedes. ¡Apenas son las nueve de la mañana!ᶠ **16**En realidad lo que pasa es lo que anunció el profeta Joel:

17»"Sucederá que en los últimos días
  —dice Dios—,
    derramaré mi Espíritu sobre todo el género *humano.
    Los hijos y las hijas de ustedes profetizarán,
    tendrán visiones los jóvenes
    y sueños los ancianos.
18En esos días derramaré mi Espíritu
    aun sobre mis *siervos y mis siervas,
    y profetizarán.
19Arriba en el cielo y abajo en la tierra
    mostraré prodigios:
    sangre, fuego y nubes de humo.
20El sol se convertirá en tinieblas
    y la luna en sangre
    antes que llegue el día del Señor,
    día grande y esplendoroso.
21Y todo el que invoque el nombre del Señor
    será salvo."ᵍ

tongues of fire that separated and came to rest on each of them. **4**All of them were filled with the Holy Spirit and began to speak in other tongues,ᶠ as the Spirit enabled them.

5Now there were staying in Jerusalem Godfearing Jews from every nation under heaven. **6**When they heard this sound, a crowd came together in bewilderment, because each one heard them speaking in his own language. **7**Utterly amazed, they asked: "Are not all these men who are speaking Galileans? **8**Then how is it that each of us hears them in his own native language? **9**Parthians, Medes and Elamites; residents of Mesopotamia, Judea and Cappadocia, Pontus and Asia, **10**Phrygia and Pamphylia, Egypt and the parts of Libya near Cyrene; visitors from Rome **11**(both Jews and converts to Judaism); Cretans and Arabs—we hear them declaring the wonders of God in our own tongues!" **12**Amazed and perplexed, they asked one another, "What does this mean?"

13Some, however, made fun of them and said, "They have had too much wine.ᵍ"

Peter Addresses the Crowd

14Then Peter stood up with the Eleven, raised his voice and addressed the crowd: "Fellow Jews and all of you who live in Jerusalem, let me explain this to you; listen carefully to what I say. **15**These men are not drunk, as you suppose! It's only nine in the morning! **16**No, this is what was spoken by the prophet Joel:

17"'In the last days, God says,
    I will pour out my Spirit on all people.
    Your sons and daughters will prophesy,
    your young men will see visions,
    your old men will dream dreams.
18Even on my servants, both men and women,
    I will pour out my Spirit in those days,
    and they will prophesy.
19I will show wonders in the heaven above
    and signs on the earth below,
    blood and fire and billows of smoke.
20The sun will be turned to darkness
    and the moon to blood
    before the coming of the great and glorious day of the Lord.
21And everyone who calls
    on the name of the Lord will be saved.'ʰ

ᶠ**2:15** *son las nueve de la mañana.* Lit. *es la hora tercera del día.* ᵍ**2:21** Jl 2:28-32

ᶠ*4* Or *languages*; also in verse 11 ᵍ*13* Or *sweet wine* ʰ*21* Joel 2:28-32

²²»Pueblo de Israel, escuchen esto: Jesús de Nazaret fue un hombre acreditado por Dios ante ustedes con milagros, señales y prodigios, los cuales realizó Dios entre ustedes por medio de él, como bien lo saben. ²³Éste fue entregado según el determinado propósito y el previo conocimiento de Dios; y por medio de gente malvada,ʰ ustedes lo mataron, clavándolo en la cruz. ²⁴Sin embargo, Dios lo resucitó, librándolo de las angustias de la muerte, porque era imposible que la muerte lo mantuviera bajo su dominio. ²⁵En efecto, David dijo de él:

»"Veía yo al Señor siempre delante de mí,
    porque él está a mi *derecha
    para que no caiga.
²⁶Por eso mi corazón se alegra, y canta con
    gozo mi lengua;
    mi cuerpo también vivirá en esperanza.
²⁷No dejarás que mi *vida termine en el
    sepulcro;ⁱ
    no permitirás que tu santo sufra corrup-
    ción.
²⁸Me has dado a conocer los caminos de la
    vida;
    me llenarás de alegría en tu presencia."ʲ

²⁹»Hermanos, permítanme hablarles con franqueza acerca del patriarca David, que murió y fue sepultado, y cuyo sepulcro está entre nosotros hasta el día de hoy. ³⁰Era profeta y sabía que Dios le había prometido bajo juramento poner en el trono a uno de sus descendientes.ᵏ ³¹Fue así como previó lo que iba a suceder. Refiriéndose a la resurrección del *Mesías, afirmó que Dios no dejaría que su vida terminara en el sepulcro, ni que su fin fuera la corrupción. ³²A este Jesús, Dios lo resucitó, y de ello todos nosotros somos testigos. ³³Exaltado por el poderˡ de Dios, y habiendo recibido del Padre el Espíritu Santo prometido, ha derramado esto que ustedes ahora ven y oyen. ³⁴David no subió al cielo, y sin embargo declaró:

»"Dijo el Señor a mi Señor:
    Siéntate a mi derecha,
³⁵hasta que ponga a tus enemigos
    por estrado de tus pies."ᵐ

³⁶»Por tanto, sépalo bien todo Israel que a este Jesús, a quien ustedes crucificaron, Dios lo ha hecho Señor y Mesías.»

²²"Men of Israel, listen to this: Jesus of Nazareth was a man accredited by God to you by miracles, wonders and signs, which God did among you through him, as you yourselves know. ²³This man was handed over to you by God's set purpose and foreknowledge; and you, with the help of wicked men,ⁱ put him to death by nailing him to the cross. ²⁴But God raised him from the dead, freeing him from the agony of death, because it was impossible for death to keep its hold on him. ²⁵David said about him:

"'I saw the Lord always before me.
    Because he is at my right hand,
    I will not be shaken.
²⁶Therefore my heart is glad and my tongue
    rejoices;
    my body also will live in hope,
²⁷because you will not abandon me to the
    grave,
    nor will you let your Holy One see de-
    cay.
²⁸You have made known to me the paths of
    life;
    you will fill me with joy in your pres-
    ence.'ʲ

²⁹"Brothers, I can tell you confidently that the patriarch David died and was buried, and his tomb is here to this day. ³⁰But he was a prophet and knew that God had promised him on oath that he would place one of his descendants on his throne. ³¹Seeing what was ahead, he spoke of the resurrection of the Christ,ᵏ that he was not abandoned to the grave, nor did his body see decay. ³²God has raised this Jesus to life, and we are all witnesses of the fact. ³³Exalted to the right hand of God, he has received from the Father the promised Holy Spirit and has poured out what you now see and hear. ³⁴For David did not ascend to heaven, and yet he said,

"'The Lord said to my Lord:
    "Sit at my right hand
³⁵until I make your enemies
    a footstool for your feet." 'ˡ

³⁶"Therefore let all Israel be assured of this:

ʰ2:23 gente malvada. Lit. quienes carecían de la ley.
ⁱ2:27 sepulcro. Lit. *Hades; también en v. 31.
ʲ2:28 Sal 16:8-11   ᵏ2:30 Sal 132:11   ˡ2:33 por el poder.
Alt. a la derecha.   ᵐ2:35 Sal 110:1

ⁱ23 Or of those not having the law (that is, Gentiles)
ʲ28 Psalm 16:8-11   ᵏ31 Or Messiah. "The Christ" (Greek)
and "the Messiah" (Hebrew) both mean "the Anointed
One"; also in verse 36.   ˡ35 Psalm 110:1

37Cuando oyeron esto, todos se sintieron profundamente conmovidos y les dijeron a Pedro y a los otros apóstoles:

—Hermanos, ¿qué debemos hacer?

38—*Arrepiéntase y bautícese cada uno de ustedes en el nombre de *Jesucristo para perdón de sus pecados —les contestó Pedro—, y recibirán el don del Espíritu Santo. **39**En efecto, la promesa es para ustedes, para sus hijos y para todos los extranjeros,*n* es decir, para todos aquellos a quienes el Señor nuestro Dios quiera llamar.

40Y con muchas otras razones les exhortaba insistentemente:

—¡Sálvense de esta generación perversa!

La comunidad de los creyentes

41Así, pues, los que recibieron su mensaje fueron bautizados, y aquel día se unieron a la iglesia unas tres mil personas. **42**Se mantenían firmes en la enseñanza de los apóstoles, en la comunión, en el partimiento del pan y en la oración. **43**Todos estaban asombrados por los muchos prodigios y señales que realizaban los apóstoles. **44**Todos los creyentes estaban juntos y tenían todo en común: **45**vendían sus propiedades y posesiones, y compartían sus bienes entre sí según la necesidad de cada uno. **46**No dejaban de reunirse en el *templo ni un solo día. De casa en casa partían el pan y compartían la comida con alegría y generosidad, **47**alabando a Dios y disfrutando de la estimación general del pueblo. Y cada día el Señor añadía al grupo los que iban siendo salvos.

Pedro sana a un mendigo lisiado

3 Un día subían Pedro y Juan al *templo a las tres de la tarde,*ñ* que es la hora de la oración. **2**Junto a la puerta llamada Hermosa había un hombre lisiado de nacimiento, al que todos los días dejaban allí para que pidiera limosna a los que entraban en el templo. **3**Cuando éste vio que Pedro y Juan estaban por entrar, les pidió limosna. **4**Pedro, con Juan, mirándolo fijamente, le dijo:

—¡Míranos!

5El hombre fijó en ellos la mirada, esperando recibir algo.

6—No tengo plata ni oro —declaró Pedro—, pero lo que tengo te doy. En el nombre de *Jesucristo de Nazaret, ¡levántate y anda!

7Y tomándolo por la mano derecha, lo levantó. Al instante los pies y los tobillos del hombre cobraron fuerza. **8**De un salto se puso en pie y comenzó a caminar. Luego entró con ellos en el templo con sus propios pies, saltando y alabando

God has made this Jesus, whom you crucified, both Lord and Christ."

37When the people heard this, they were cut to the heart and said to Peter and the other apostles, "Brothers, what shall we do?"

38Peter replied, "Repent and be baptized, every one of you, in the name of Jesus Christ for the forgiveness of your sins. And you will receive the gift of the Holy Spirit. **39**The promise is for you and your children and for all who are far off—for all whom the Lord our God will call."

40With many other words he warned them; and he pleaded with them, "Save yourselves from this corrupt generation." **41**Those who accepted his message were baptized, and about three thousand were added to their number that day.

The Fellowship of the Believers

42They devoted themselves to the apostles' teaching and to the fellowship, to the breaking of bread and to prayer. **43**Everyone was filled with awe, and many wonders and miraculous signs were done by the apostles. **44**All the believers were together and had everything in common. **45**Selling their possessions and goods, they gave to anyone as he had need. **46**Every day they continued to meet together in the temple courts. They broke bread in their homes and ate together with glad and sincere hearts, **47**praising God and enjoying the favor of all the people. And the Lord added to their number daily those who were being saved.

Peter Heals the Crippled Beggar

3 One day Peter and John were going up to the temple at the time of prayer—at three in the afternoon. **2**Now a man crippled from birth was being carried to the temple gate called Beautiful, where he was put every day to beg from those going into the temple courts. **3**When he saw Peter and John about to enter, he asked them for money. **4**Peter looked straight at him, as did John. Then Peter said, "Look at us!" **5**So the man gave them his attention, expecting to get something from them.

6Then Peter said, "Silver or gold I do not have, but what I have I give you. In the name of Jesus Christ of Nazareth, walk." **7**Taking him by the right hand, he helped him up, and instantly the man's feet and ankles became strong. **8**He jumped to his feet and began to walk. Then he went with them into the temple courts, walking

---

n 2:39 los extranjeros. Lit. los que están lejos.   *ñ 3:1 las tres de la tarde. Lit. la hora novena.*

a Dios. ⁹Cuando todo el pueblo lo vio caminar y alabar a Dios, ¹⁰lo reconocieron como el mismo hombre que acostumbraba pedir limosna sentado junto a la puerta llamada Hermosa, y se llenaron de admiración y asombro por lo que le había ocurrido.

Pedro se dirige a los espectadores

¹¹Mientras el hombre seguía aferrado a Pedro y a Juan, toda la gente, que no salía de su asombro, corrió hacia ellos al lugar conocido como Pórtico de Salomón. ¹²Al ver esto, Pedro les dijo: «Pueblo de Israel, ¿por qué les sorprende lo que ha pasado? ¿Por qué nos miran como si, por nuestro propio poder o virtud, hubiéramos hecho caminar a este hombre? ¹³El Dios de Abraham, de Isaac y de Jacob, el Dios de nuestros antepasados, ha glorificado a su siervo Jesús. Ustedes lo entregaron y lo rechazaron ante Pilato, aunque éste había decidido soltarlo. ¹⁴Rechazaron al Santo y Justo, y pidieron que se indultara a un asesino. ¹⁵Mataron al autor de la vida, pero Dios lo *levantó de entre los muertos, y de eso nosotros somos testigos. ¹⁶Por la fe en el nombre de Jesús, él ha restablecido a este hombre a quien ustedes ven y conocen. Esta fe que viene por medio de Jesús lo ha sanado por completo, como les consta a ustedes.

¹⁷»Ahora bien, hermanos, yo sé que ustedes y sus dirigentes actuaron así por ignorancia. ¹⁸Pero de este modo Dios cumplió lo que de antemano había anunciado por medio de todos los profetas: que su *Mesías tenía que padecer. ¹⁹Por tanto, para que sean borrados sus pecados, *arrepiéntanse y vuélvanse a Dios, a fin de que vengan tiempos de descanso de parte del Señor, ²⁰enviándoles el Mesías que ya había sido preparado para ustedes, el cual es Jesús. ²¹Es necesario que él permanezca en el cielo hasta que llegue el tiempo de la restauración de todas las cosas, como Dios lo ha anunciado desde hace siglos por medio de sus *santos profetas. ²²Moisés dijo: "El Señor su Dios hará surgir para ustedes, de entre sus propios hermanos, a un profeta como yo; presten atención a todo lo que les diga. ²³Porque quien no le haga caso será eliminado del pueblo." ᵒ

²⁴»En efecto, a partir de Samuel todos los profetas han anunciado estos días. ²⁵Ustedes, pues, son herederos de los profetas y del pacto que Dios estableció con nuestros antepasados al decirle a Abraham: "Todos los pueblos del mundo serán bendecidos por medio de tu descendencia." ᵖ ²⁶Cuando Dios resucitó a su siervo, lo envió primero a ustedes para darles la bendición de que cada uno se convierta de sus maldades.»

and jumping, and praising God. ⁹When all the people saw him walking and praising God, ¹⁰they recognized him as the same man who used to sit begging at the temple gate called Beautiful, and they were filled with wonder and amazement at what had happened to him.

Peter Speaks to the Onlookers

¹¹While the beggar held on to Peter and John, all the people were astonished and came running to them in the place called Solomon's Colonnade. ¹²When Peter saw this, he said to them: "Men of Israel, why does this surprise you? Why do you stare at us as if by our own power or godliness we had made this man walk? ¹³The God of Abraham, Isaac and Jacob, the God of our fathers, has glorified his servant Jesus. You handed him over to be killed, and you disowned him before Pilate, though he had decided to let him go. ¹⁴You disowned the Holy and Righteous One and asked that a murderer be released to you. ¹⁵You killed the author of life, but God raised him from the dead. We are witnesses of this. ¹⁶By faith in the name of Jesus, this man whom you see and know was made strong. It is Jesus' name and the faith that comes through him that has given this complete healing to him, as you can all see.

¹⁷"Now, brothers, I know that you acted in ignorance, as did your leaders. ¹⁸But this is how God fulfilled what he had foretold through all the prophets, saying that his Christ ᵐ would suffer. ¹⁹Repent, then, and turn to God, so that your sins may be wiped out, that times of refreshing may come from the Lord, ²⁰and that he may send the Christ, who has been appointed for you—even Jesus. ²¹He must remain in heaven until the time comes for God to restore everything, as he promised long ago through his holy prophets. ²²For Moses said, 'The Lord your God will raise up for you a prophet like me from among your own people; you must listen to everything he tells you. ²³Anyone who does not listen to him will be completely cut off from among his people.' ⁿ

²⁴"Indeed, all the prophets from Samuel on, as many as have spoken, have foretold these days. ²⁵And you are heirs of the prophets and of the covenant God made with your fathers. He said to Abraham, 'Through your offspring all peoples on earth will be blessed.' ᵒ ²⁶When God raised up his servant, he sent him first to you to bless you by turning each of you from your wicked ways."

ᵐ18 Or Messiah; also in verse 20   ⁿ23 Deut. 18:15,18,19
ᵒ25 Gen. 22:18; 26:4

ᵒ3:23 Lv 23:29; Dt 18:15,18,19   ᵖ3:25 Gn 22:18; 26:4

Pedro y Juan ante el Consejo

4 Mientras Pedro y Juan le hablaban a la gente, se les presentaron los sacerdotes, el capitán de la guardia del *templo y los saduceos. 2Estaban muy disgustados porque los apóstoles enseñaban a la gente y proclamaban la resurrección, que se había hecho evidente en el caso de Jesús. 3Prendieron a Pedro y a Juan y, como ya anochecía, los metieron en la cárcel hasta el día siguiente. 4Pero muchos de los que oyeron el mensaje creyeron, y el número de éstos llegaba a unos cinco mil.

5Al día siguiente se reunieron en Jerusalén los gobernantes, los *ancianos y los *maestros de la ley. 6Allí estaban el sumo sacerdote Anás, Caifás, Juan, Alejandro y los otros miembros de la familia del sumo sacerdote. 7Hicieron que Pedro y Juan comparecieran ante ellos y comenzaron a interrogarlos:

—¿Con qué poder, o en nombre de quién, hicieron ustedes esto?

8Pedro, lleno del Espíritu Santo, les respondió:

—Gobernantes del pueblo y ancianos: 9Hoy se nos procesa por haber favorecido a un inválido, ¡y se nos pregunta cómo fue sanado! 10Sepan, pues, todos ustedes y todo el pueblo de Israel que este hombre está aquí delante de ustedes, sano gracias al nombre de *Jesucristo de Nazaret, crucificado por ustedes pero *resucitado por Dios. 11Jesucristo es "la piedra que desecharon ustedes los constructores, y que ha llegado a ser la piedra angular".q 12De hecho, en ningún otro hay salvación, porque no hay bajo el cielo otro nombre dado a los hombres mediante el cual podamos ser salvos.

13Los gobernantes, al ver la osadía con que hablaban Pedro y Juan, y al darse cuenta de que eran gente sin estudios ni preparación, quedaron asombrados y reconocieron que habían estado con Jesús. 14Además, como vieron que los acompañaba el hombre que había sido sanado, no tenían nada que alegar. 15Así que les mandaron que se retiraran del *Consejo, y se pusieron a deliberar entre sí: 16«¿Qué vamos a hacer con estos sujetos? Es un hecho que por medio de ellos ha ocurrido un milagro evidente; todos los que viven en Jerusalén lo saben, y no podemos negarlo. 17Pero para evitar que este asunto siga divulgándose entre la gente, vamos a amenazarlos para que no vuelvan a hablar de ese nombre a nadie.»

18Los llamaron y les ordenaron terminantemente que dejaran de hablar y enseñar acerca del nombre de Jesús. 19Pero Pedro y Juan replicaron:

Peter and John Before the Sanhedrin

4 The priests and the captain of the temple guard and the Sadducees came up to Peter and John while they were speaking to the people. 2They were greatly disturbed because the apostles were teaching the people and proclaiming in Jesus the resurrection of the dead. 3They seized Peter and John, and because it was evening, they put them in jail until the next day. 4But many who heard the message believed, and the number of men grew to about five thousand.

5The next day the rulers, elders and teachers of the law met in Jerusalem. 6Annas the high priest was there, and so were Caiaphas, John, Alexander and the other men of the high priest's family. 7They had Peter and John brought before them and began to question them: "By what power or what name did you do this?"

8Then Peter, filled with the Holy Spirit, said to them: "Rulers and elders of the people! 9If we are being called to account today for an act of kindness shown to a cripple and are asked how he was healed, 10then know this, you and all the people of Israel: It is by the name of Jesus Christ of Nazareth, whom you crucified but whom God raised from the dead, that this man stands before you healed. 11He is

" 'the stone you builders rejected,
　　which has become the capstone.p'q

12Salvation is found in no one else, for there is no other name under heaven given to men by which we must be saved."

13When they saw the courage of Peter and John and realized that they were unschooled, ordinary men, they were astonished and they took note that these men had been with Jesus. 14But since they could see the man who had been healed standing there with them, there was nothing they could say. 15So they ordered them to withdraw from the Sanhedrin and then conferred together. 16"What are we going to do with these men?" they asked. "Everybody living in Jerusalem knows they have done an outstanding miracle, and we cannot deny it. 17But to stop this thing from spreading any further among the people, we must warn these men to speak no longer to anyone in this name."

18Then they called them in again and commanded them not to speak or teach at all in the name of Jesus. 19But Peter and John replied,

—¿Es justo delante de Dios obedecerlos a ustedes en vez de obedecerlo a él? ¡Júzguenlo ustedes mismos! 20Nosotros no podemos dejar de hablar de lo que hemos visto y oído.

21Después de nuevas amenazas, los dejaron irse. Por causa de la gente, no hallaban manera de castigarlos: todos alababan a Dios por lo que había sucedido, 22pues el hombre que había sido milagrosamente sanado tenía más de cuarenta años.

La oración de los creyentes

23Al quedar libres, Pedro y Juan volvieron a los suyos y les relataron todo lo que les habían dicho los jefes de los sacerdotes y los *ancianos. 24Cuando lo oyeron, alzaron unánimes la voz en oración a Dios: «Soberano Señor, creador del cielo y de la tierra, del mar y de todo lo que hay en ellos, 25tú, por medio del Espíritu Santo, dijiste en labios de nuestro padre David, tu siervo:

» " ¿Por qué se sublevan las *naciones
    y en vano conspiran los pueblos?
26 Los reyes de la tierra se rebelan
    y los gobernantes se confabulan
  contra el Señor
  y contra su ungido." r

27En efecto, en esta ciudad se reunieron Herodes y Poncio Pilato, con los *gentiles y con el pueblos de Israel, contra tu santo siervo Jesús, a quien ungiste 28para hacer lo que de antemano tu poder y tu voluntad habían determinado que sucediera. 29Ahora, Señor, toma en cuenta sus amenazas y concede a tus *siervos el proclamar tu palabra sin temor alguno. 30Por eso, extiende tu mano para sanar y hacer señales y prodigios mediante el nombre de tu santo siervo Jesús.»

31Después de haber orado, tembló el lugar en que estaban reunidos; todos fueron llenos del Espíritu Santo, y proclamaban la palabra de Dios sin temor alguno.

Los creyentes comparten sus bienes

32Todos los creyentes eran de un solo sentir y pensar. Nadie consideraba suya ninguna de sus posesiones, sino que las compartían. 33Los apóstoles, a su vez, con gran poder seguían dando testimonio de la resurrección del Señor Jesús. La gracia de Dios se derramaba abundantemente sobre todos ellos, 34pues no había ningún necesitado en la comunidad. Quienes poseían casas o terrenos los vendían, llevaban el dinero de las ventas 35y lo entregaban a los

"Judge for yourselves whether it is right in God's sight to obey you rather than God. 20For we cannot help speaking about what we have seen and heard."

21After further threats they let them go. They could not decide how to punish them, because all the people were praising God for what had happened. 22For the man who was miraculously healed was over forty years old.

The Believers' Prayer

23On their release, Peter and John went back to their own people and reported all that the chief priests and elders had said to them. 24When they heard this, they raised their voices together in prayer to God. "Sovereign Lord," they said, "you made the heaven and the earth and the sea, and everything in them. 25You spoke by the Holy Spirit through the mouth of your servant, our father David:

" 'Why do the nations rage
    and the peoples plot in vain?
26 The kings of the earth take their stand
    and the rulers gather together
  against the Lord
  and against his Anointed One.r's

27Indeed Herod and Pontius Pilate met together with the Gentiles and the peoplet of Israel in this city to conspire against your holy servant Jesus, whom you anointed. 28They did what your power and will had decided beforehand should happen. 29Now, Lord, consider their threats and enable your servants to speak your word with great boldness. 30Stretch out your hand to heal and perform miraculous signs and wonders through the name of your holy servant Jesus."

31After they prayed, the place where they were meeting was shaken. And they were all filled with the Holy Spirit and spoke the word of God boldly.

The Believers Share Their Possessions

32All the believers were one in heart and mind. No one claimed that any of his possessions was his own, but they shared everything they had. 33With great power the apostles continued to testify to the resurrection of the Lord Jesus, and much grace was upon them all. 34There were no needy persons among them. For from time to time those who owned lands or houses sold them, brought the money from the

---

r4:26 ungido. Lit. *Cristo; Sal 2:1-2. s4:27 el pueblo. Lit. los pueblos.

r26 That is, Christ or Messiah   s26 Psalm 2:1,2   t27 The Greek is plural.

apóstoles para que se distribuyera a cada uno según su necesidad.

36José, un levita natural de Chipre, a quien los apóstoles llamaban Bernabé (que significa: Consolador*f*), **37**vendió un terreno que poseía, llevó el dinero y lo puso a disposición de los apóstoles.

Ananías y Safira

5 **1-2**Un hombre llamado Ananías también vendió una propiedad y, en complicidad con su esposa Safira, se quedó con parte del dinero y puso el resto a disposición de los apóstoles.

3—Ananías —le reclamó Pedro—, ¿cómo es posible que Satanás haya llenado tu corazón para que le mintieras al Espíritu Santo y te quedaras con parte del dinero que recibiste por el terreno? **4**¿Acaso no era tuyo antes de venderlo? Y una vez vendido, ¿no estaba el dinero en tu poder? ¿Cómo se te ocurrió hacer esto? ¡No has mentido a los hombres sino a Dios!

5Al oír estas palabras, Ananías cayó muerto. Y un gran temor se apoderó de todos los que se enteraron de lo sucedido. **6**Entonces se acercaron los más jóvenes, envolvieron el cuerpo, se lo llevaron y le dieron sepultura.

7Unas tres horas más tarde entró la esposa, sin saber lo que había ocurrido.

8—Dime —le preguntó Pedro—, ¿vendieron ustedes el terreno por tal precio?

—Sí —dijo ella—, por tal precio.

9—¿Por qué se pusieron de acuerdo para poner a *prueba al Espíritu del Señor? —le recriminó Pedro—. ¡Mira! Los que sepultaron a tu esposo acaban de regresar y ahora te llevarán a ti.

10En ese mismo instante ella cayó muerta a los pies de Pedro. Entonces entraron los jóvenes y, al verla muerta, se la llevaron y le dieron sepultura al lado de su esposo. **11**Y un gran temor se apoderó de toda la iglesia y de todos los que se enteraron de estos sucesos.

Los apóstoles sanan a muchas personas

12Por medio de los apóstoles ocurrían muchas señales y prodigios entre el pueblo; y todos los creyentes se reunían de común acuerdo en el Pórtico de Salomón. **13**Nadie entre el pueblo se atrevía a juntarse con ellos, aunque los elogiaban. **14**Y seguía aumentando el número de los que creían y aceptaban al Señor. **15**Era tal la multitud de hombres y mujeres, que hasta sacaban a los enfermos a las plazas y los ponían en colchonetas y camillas para que, al pasar Pedro, por lo menos su sombra cayera sobre alguno de ellos. **16**También de los pueblos vecinos a Jeru-

sales **35**and put it at the apostles' feet, and it was distributed to anyone as he had need.

36Joseph, a Levite from Cyprus, whom the apostles called Barnabas (which means Son of Encouragement), **37**sold a field he owned and brought the money and put it at the apostles' feet.

Ananias and Sapphira

5 Now a man named Ananias, together with his wife Sapphira, also sold a piece of property. **2**With his wife's full knowledge he kept back part of the money for himself, but brought the rest and put it at the apostles' feet.

3Then Peter said, "Ananias, how is it that Satan has so filled your heart that you have lied to the Holy Spirit and have kept for yourself some of the money you received for the land? **4**Didn't it belong to you before it was sold? And after it was sold, wasn't the money at your disposal? What made you think of doing such a thing? You have not lied to men but to God."

5When Ananias heard this, he fell down and died. And great fear seized all who heard what had happened. **6**Then the young men came forward, wrapped up his body, and carried him out and buried him.

7About three hours later his wife came in, not knowing what had happened. **8**Peter asked her, "Tell me, is this the price you and Ananias got for the land?"

"Yes," she said, "that is the price."

9Peter said to her, "How could you agree to test the Spirit of the Lord? Look! The feet of the men who buried your husband are at the door, and they will carry you out also."

10At that moment she fell down at his feet and died. Then the young men came in and, finding her dead, carried her out and buried her beside her husband. **11**Great fear seized the whole church and all who heard about these events.

The Apostles Heal Many

12The apostles performed many miraculous signs and wonders among the people. And all the believers used to meet together in Solomon's Colonnade. **13**No one else dared join them, even though they were highly regarded by the people. **14**Nevertheless, more and more men and women believed in the Lord and were added to their number. **15**As a result, people brought the sick into the streets and laid them on beds and mats so that at least Peter's shadow might fall on some of them as he passed by. **16**Crowds gathered also from the towns

*f*4:36 *Consolador*. Lit. *Hijo de consolación*.

salén acudían multitudes que llevaban personas enfermas y atormentadas por *espíritus malignos, y todas eran sanadas.

Persiguen a los apóstoles

17El sumo sacerdote y todos sus partidarios, que pertenecían a la secta de los saduceos, se llenaron de envidia. 18Entonces arrestaron a los apóstoles y los metieron en la cárcel común. 19Pero en la noche un ángel del Señor abrió las puertas de la cárcel y los sacó. 20«Vayan —les dijo—, preséntense en el *templo y comuniquen al pueblo todo este mensaje de vida.»

21Conforme a lo que habían oído, al amanecer entraron en el templo y se pusieron a enseñar. Cuando llegaron el sumo sacerdote y sus partidarios, convocaron al *Consejo, es decir, a la asamblea general de los *ancianos de Israel, y mandaron traer de la cárcel a los apóstoles. 22Pero al llegar los guardias a la cárcel, no los encontraron. Así que volvieron con el siguiente informe: 23«Encontramos la cárcel cerrada, con todas las medidas de seguridad, y a los guardias firmes a las puertas; pero cuando abrimos, no encontramos a nadie adentro.»

24Al oírlo, el capitán de la guardia del templo y los jefes de los sacerdotes se quedaron perplejos, preguntándose en qué terminaría todo aquello. 25En esto, se presentó alguien que les informó: «¡Miren! Los hombres que ustedes metieron en la cárcel están en el templo y siguen enseñando al pueblo.» 26Fue entonces el capitán con sus guardias y trajo a los apóstoles sin recurrir a la fuerza, porque temían ser apedreados por la gente. 27Los condujeron ante el Consejo, y el sumo sacerdote les reclamó:

28—Terminantemente les hemos prohibido enseñar en ese nombre. Sin embargo, ustedes han llenado a Jerusalén con sus enseñanzas, y se han propuesto echarnos la culpa a nosotros de la muerte[u] de ese hombre.

29—¡Es necesario obedecer a Dios antes que a los hombres! —respondieron Pedro y los demás apóstoles—. 30El Dios de nuestros antepasados resucitó a Jesús, a quien ustedes mataron colgándolo de un madero. 31Por su poder,[v] Dios lo exaltó como Príncipe y Salvador, para que diera a Israel *arrepentimiento y perdón de pecados. 32Nosotros somos testigos de estos acontecimientos, y también lo es el Espíritu Santo que Dios ha dado a quienes le obedecen.

33A los que oyeron esto se les subió la sangre a la cabeza y querían matarlos. 34Pero un *fariseo llamado Gamaliel, *maestro de la ley muy

around Jerusalem, bringing their sick and those tormented by evil[u] spirits, and all of them were healed.

The Apostles Persecuted

17Then the high priest and all his associates, who were members of the party of the Sadducees, were filled with jealousy. 18They arrested the apostles and put them in the public jail. 19But during the night an angel of the Lord opened the doors of the jail and brought them out. 20"Go, stand in the temple courts," he said, "and tell the people the full message of this new life."

21At daybreak they entered the temple courts, as they had been told, and began to teach the people.

When the high priest and his associates arrived, they called together the Sanhedrin—the full assembly of the elders of Israel—and sent to the jail for the apostles. 22But on arriving at the jail, the officers did not find them there. So they went back and reported, 23"We found the jail securely locked, with the guards standing at the doors; but when we opened them, we found no one inside." 24On hearing this report, the captain of the temple guard and the chief priests were puzzled, wondering what would come of this.

25Then someone came and said, "Look! The men you put in jail are standing in the temple courts teaching the people." 26At that, the captain went with his officers and brought the apostles. They did not use force, because they feared that the people would stone them.

27Having brought the apostles, they made them appear before the Sanhedrin to be questioned by the high priest. 28"We gave you strict orders not to teach in this name," he said. "Yet you have filled Jerusalem with your teaching and are determined to make us guilty of this man's blood."

29Peter and the other apostles replied: "We must obey God rather than men! 30The God of our fathers raised Jesus from the dead—whom you had killed by hanging him on a tree. 31God exalted him to his own right hand as Prince and Savior that he might give repentance and forgiveness of sins to Israel. 32We are witnesses of these things, and so is the Holy Spirit, whom God has given to those who obey him."

33When they heard this, they were furious and wanted to put them to death. 34But a Pharisee named Gamaliel, a teacher of the law, who was

---

u 5:28 muerte. Lit. sangre.   v 5:31 Por su poder. Alt. A su derecha.

u 16 Greek unclean

respetado por todo el pueblo, se puso de pie en el Consejo y mandó que hicieran salir por un momento a los apóstoles. ³⁵Luego dijo: «Hombres de Israel, piensen dos veces en lo que están a punto de hacer con estos hombres. ³⁶Hace algún tiempo surgió Teudas, jactándose de ser alguien, y se le unieron unos cuatrocientos hombres. Pero lo mataron y todos sus seguidores se dispersaron y allí se acabó todo. ³⁷Después de él surgió Judas el galileo, en los días del censo, y logró que la gente lo siguiera. A él también lo mataron, y todos sus secuaces se dispersaron. ³⁸En este caso les aconsejo que dejen a estos hombres en paz. ¡Suéltenlos! Si lo que se proponen y hacen es de origen humano, fracasará; ³⁹pero si es de Dios, no podrán destruirlos, y ustedes se encontrarán luchando contra Dios.»

Se dejaron persuadir por Gamaliel. ⁴⁰Entonces llamaron a los apóstoles y, luego de azotarlos, les ordenaron que no hablaran más en el nombre de Jesús. Después de eso los soltaron.

⁴¹Así, pues, los apóstoles salieron del Consejo, llenos de gozo por haber sido considerados dignos de sufrir afrentas por causa del Nombre. ⁴²Y día tras día, en el templo y de casa en casa, no dejaban de enseñar y anunciar las buenas *nuevas de que Jesús es el *Mesías.

Elección de los siete

6 En aquellos días, al aumentar el número de los discípulos, se quejaron los judíos de habla griega contra los de habla aramea[w] de que sus viudas eran desatendidas en la distribución diaria de los alimentos. ²Así que los doce reunieron a toda la comunidad de discípulos y les dijeron: «No está bien que nosotros los apóstoles descuidemos el ministerio de la palabra de Dios para servir las mesas. ³Hermanos, escojan de entre ustedes a siete hombres de buena reputación, llenos del Espíritu y de sabiduría, para encargarles esta responsabilidad. ⁴Así nosotros nos dedicaremos de lleno a la oración y al ministerio de la palabra.»

⁵Esta propuesta agradó a toda la asamblea. Escogieron a Esteban, hombre lleno de fe y del Espíritu Santo, y a Felipe, a Prócoro, a Nicanor, a Timón, a Parmenas y a Nicolás, un prosélito de Antioquía. ⁶Los presentaron a los apóstoles, quienes oraron y les impusieron las manos.

⁷Y la palabra de Dios se difundía: el número de los discípulos aumentaba considerablemente en Jerusalén, e incluso muchos de los sacerdotes obedecían a la fe.

honored by all the people, stood up in the Sanhedrin and ordered that the men be put outside for a little while. ³⁵Then he addressed them: "Men of Israel, consider carefully what you intend to do to these men. ³⁶Some time ago Theudas appeared, claiming to be somebody, and about four hundred men rallied to him. He was killed, all his followers were dispersed, and it all came to nothing. ³⁷After him, Judas the Galilean appeared in the days of the census and led a band of people in revolt. He too was killed, and all his followers were scattered. ³⁸Therefore, in the present case I advise you: Leave these men alone! Let them go! For if their purpose or activity is of human origin, it will fail. ³⁹But if it is from God, you will not be able to stop these men; you will only find yourselves fighting against God."

⁴⁰His speech persuaded them. They called the apostles in and had them flogged. Then they ordered them not to speak in the name of Jesus, and let them go.

⁴¹The apostles left the Sanhedrin, rejoicing because they had been counted worthy of suffering disgrace for the Name. ⁴²Day after day, in the temple courts and from house to house, they never stopped teaching and proclaiming the good news that Jesus is the Christ.[v]

The Choosing of the Seven

6 In those days when the number of disciples was increasing, the Grecian Jews among them complained against the Hebraic Jews because their widows were being overlooked in the daily distribution of food. ²So the Twelve gathered all the disciples together and said, "It would not be right for us to neglect the ministry of the word of God in order to wait on tables. ³Brothers, choose seven men from among you who are known to be full of the Spirit and wisdom. We will turn this responsibility over to them ⁴and will give our attention to prayer and the ministry of the word."

⁵This proposal pleased the whole group. They chose Stephen, a man full of faith and of the Holy Spirit; also Philip, Procorus, Nicanor, Timon, Parmenas, and Nicolas from Antioch, a convert to Judaism. ⁶They presented these men to the apostles, who prayed and laid their hands on them.

⁷So the word of God spread. The number of disciples in Jerusalem increased rapidly, and a large number of priests became obedient to the faith.

---

w 6:1 los judíos … aramea. Lit. los helenistas contra los hebreos.

v 42 Or Messiah

Arresto de Esteban

8Esteban, hombre lleno de la gracia y del poder de Dios, hacía grandes prodigios y señales milagrosas entre el pueblo. **9**Con él se pusieron a discutir ciertos individuos de la sinagoga llamada de los Libertos, donde había judíos de Cirene y de Alejandría, de Cilicia y de la provincia de *Asia. **10**Como no podían hacer frente a la sabiduría ni al Espíritu con que hablaba Esteban, **11**instigaron a unos hombres a decir: «Hemos oído a Esteban *blasfemar contra Moisés y contra Dios.»

12Agitaron al pueblo, a los *ancianos y a los *maestros de la ley. Se apoderaron de Esteban y lo llevaron ante el *Consejo. **13**Presentaron testigos falsos, que declararon: «Este hombre no deja de hablar contra este lugar santo y contra la ley. **14**Le hemos oído decir que ese Jesús de Nazaret destruirá este lugar y cambiará las tradiciones que nos dejó Moisés.»

15Todos los que estaban sentados en el Consejo fijaron la mirada en Esteban y vieron que su rostro se parecía al de un ángel.

Discurso de Esteban ante el Consejo

7 —¿Son ciertas estas acusaciones? —le preguntó el sumo sacerdote.

2Él contestó:

—Hermanos y padres, ¡escúchenme! El Dios de la gloria se apareció a nuestro padre Abraham cuando éste aún vivía en Mesopotamia, antes de radicarse en Jarán. **3**"Deja tu tierra y a tus parientes —le dijo Dios—, y ve a la tierra que yo te mostraré." ˣ

4»Entonces salió de la tierra de los caldeos y se estableció en Jarán. Desde allí, después de la muerte de su padre, Dios lo trasladó a esta tierra donde ustedes viven ahora. **5**No le dio herencia alguna en ella, ni siquiera dónde plantar el pie, pero le prometió dársela en posesión a él y a su descendencia, aunque Abraham no tenía ni un solo hijo todavía. **6**Dios le dijo así: "Tus descendientes vivirán como extranjeros en tierra extraña, donde serán esclavizados y maltratados durante cuatrocientos años. **7**Pero sea cual sea la nación que los esclavice, yo la castigaré, y luego tus descendientes saldrán de esa tierra y me adorarán en este lugar." ʸ **8**Hizo con Abraham el pacto que tenía por señal la circuncisión. Así, cuando Abraham tuvo a su hijo Isaac, lo circuncidó a los ocho días de nacido, e Isaac a Jacob, y Jacob a los doce patriarcas.

9»Por envidia los patriarcas vendieron a José

Stephen Seized

8Now Stephen, a man full of God's grace and power, did great wonders and miraculous signs among the people. **9**Opposition arose, however, from members of the Synagogue of the Freedmen (as it was called)—Jews of Cyrene and Alexandria as well as the provinces of Cilicia and Asia. These men began to argue with Stephen, **10**but they could not stand up against his wisdom or the Spirit by whom he spoke.

11Then they secretly persuaded some men to say, "We have heard Stephen speak words of blasphemy against Moses and against God."

12So they stirred up the people and the elders and the teachers of the law. They seized Stephen and brought him before the Sanhedrin. **13**They produced false witnesses, who testified, "This fellow never stops speaking against this holy place and against the law. **14**For we have heard him say that this Jesus of Nazareth will destroy this place and change the customs Moses handed down to us."

15All who were sitting in the Sanhedrin looked intently at Stephen, and they saw that his face was like the face of an angel.

Stephen's Speech to the Sanhedrin

7 Then the high priest asked him, "Are these charges true?"

2To this he replied: "Brothers and fathers, listen to me! The God of glory appeared to our father Abraham while he was still in Mesopotamia, before he lived in Haran. **3**'Leave your country and your people,' God said, 'and go to the land I will show you.' ʷ

4"So he left the land of the Chaldeans and settled in Haran. After the death of his father, God sent him to this land where you are now living. **5**He gave him no inheritance here, not even a foot of ground. But God promised him that he and his descendants after him would possess the land, even though at that time Abraham had no child. **6**God spoke to him in this way: 'Your descendants will be strangers in a country not their own, and they will be enslaved and mistreated four hundred years. **7**But I will punish the nation they serve as slaves,' God said, 'and afterward they will come out of that country and worship me in this place.' ˣ **8**Then he gave Abraham the covenant of circumcision. And Abraham became the father of Isaac and circumcised him eight days after his birth. Later Isaac became the father of Jacob, and Jacob became the father of the twelve patriarchs.

ˣ7:3 Gn 12:1   ʸ7:7 Gn 15:13,14; Éx 3:12   ʷ3 Gen. 12:1   ˣ7 Gen. 15:13,14

como esclavo, quien fue llevado a Egipto; pero Dios estaba con él [10]y lo libró de todas sus desgracias. Le dio sabiduría para ganarse el favor del faraón, rey de Egipto, que lo nombró gobernador del país y del palacio real.

11»Hubo entonces un hambre que azotó a todo Egipto y a Canaán, causando mucho sufrimiento, y nuestros antepasados no encontraban alimentos. 12Al enterarse Jacob de que había comida en Egipto, mandó allá a nuestros antepasados en una primera visita. 13En la segunda, José se dio a conocer a sus hermanos, y el faraón supo del origen de José. 14Después de esto, José mandó llamar a su padre Jacob y a toda su familia, setenta y cinco personas en total. 15Bajó entonces Jacob a Egipto, y allí murieron él y nuestros antepasados. 16Sus restos fueron llevados a Siquén y puestos en el sepulcro que a buen precio Abraham había comprado a los hijos de Jamor en Siquén.

17»Cuando ya se acercaba el tiempo de que se cumpliera la promesa que Dios le había hecho a Abraham, el pueblo crecía y se multiplicaba en Egipto. 18Por aquel entonces subió al trono de Egipto un nuevo rey que no sabía nada de José. 19Este rey usó de artimañas con nuestro pueblo y oprimió a nuestros antepasados, obligándolos a dejar abandonados a sus hijos recién nacidos para que murieran.

20»En aquel tiempo nació Moisés, y fue agradable a los ojos de Dios.[z] Por tres meses se crió en la casa de su padre 21y, al quedar abandonado, la hija del faraón lo adoptó y lo crió como a su propio hijo. 22Así Moisés fue instruido en toda la sabiduría de los egipcios, y era poderoso en palabra y en obra.

23»Cuando cumplió cuarenta años, Moisés tuvo el deseo de allegarse a sus hermanos israelitas. 24Al ver que un egipcio maltrataba a uno de ellos, acudió en su defensa y lo vengó matando al egipcio. 25Moisés suponía que sus hermanos reconocerían que Dios iba a liberarlos por medio de él, pero ellos no lo comprendieron así. 26Al día siguiente, Moisés sorprendió a dos israelitas que estaban peleando. Trató de reconciliarlos, diciéndoles: "Señores, ustedes son hermanos; ¿por qué quieren hacerse daño?"

27»Pero el que estaba maltratando al otro empujó a Moisés y le dijo: "¿Y quién te nombró a ti gobernante y juez sobre nosotros? 28¿Acaso quieres matarme a mí, como mataste ayer al egipcio?"[a] 29Al oír esto, Moisés huyó a Madián; allí vivió como extranjero y tuvo dos hijos.

30»Pasados cuarenta años, se le apareció un ángel en el desierto cercano al monte Sinaí, en

9"Because the patriarchs were jealous of Joseph, they sold him as a slave into Egypt. But God was with him 10and rescued him from all his troubles. He gave Joseph wisdom and enabled him to gain the goodwill of Pharaoh king of Egypt; so he made him ruler over Egypt and all his palace.

11"Then a famine struck all Egypt and Canaan, bringing great suffering, and our fathers could not find food. 12When Jacob heard that there was grain in Egypt, he sent our fathers on their first visit. 13On their second visit, Joseph told his brothers who he was, and Pharaoh learned about Joseph's family. 14After this, Joseph sent for his father Jacob and his whole family, seventy-five in all. 15Then Jacob went down to Egypt, where he and our fathers died. 16Their bodies were brought back to Shechem and placed in the tomb that Abraham had bought from the sons of Hamor at Shechem for a certain sum of money.

17"As the time drew near for God to fulfill his promise to Abraham, the number of our people in Egypt greatly increased. 18Then another king, who knew nothing about Joseph, became ruler of Egypt. 19He dealt treacherously with our people and oppressed our forefathers by forcing them to throw out their newborn babies so that they would die.

20"At that time Moses was born, and he was no ordinary child.[y] For three months he was cared for in his father's house. 21When he was placed outside, Pharaoh's daughter took him and brought him up as her own son. 22Moses was educated in all the wisdom of the Egyptians and was powerful in speech and action.

23"When Moses was forty years old, he decided to visit his fellow Israelites. 24He saw one of them being mistreated by an Egyptian, so he went to his defense and avenged him by killing the Egyptian. 25Moses thought that his own people would realize that God was using him to rescue them, but they did not. 26The next day Moses came upon two Israelites who were fighting. He tried to reconcile them by saying, 'Men, you are brothers; why do you want to hurt each other?'

27"But the man who was mistreating the other pushed Moses aside and said, 'Who made you ruler and judge over us? 28Do you want to kill me as you killed the Egyptian yesterday?'[z] 29When Moses heard this, he fled to Midian, where he settled as a foreigner and had two sons.

30"After forty years had passed, an angel appeared to Moses in the flames of a burning bush

---

[z] 7:20 fue … Dios. Alt. era sumamente hermoso.
[a] 7:28 Éx 2:14

[y] 20 Or was fair in the sight of God [z] 28 Exodus 2:14

las llamas de una zarza que ardía. ³¹Moisés se asombró de lo que veía. Al acercarse para observar, oyó la voz del Señor: ³²"Yo soy el Dios de tus antepasados, el Dios de Abraham, de Isaac y de Jacob." ᵇ Moisés se puso a temblar de miedo, y no se atrevía a mirar.

³³»Le dijo el Señor: "Quítate las sandalias, porque estás pisando tierra santa. ³⁴Ciertamente he visto la opresión que sufre mi pueblo en Egipto. Los he escuchado quejarse, así que he descendido para librarlos. Ahora ven y te enviaré de vuelta a Egipto." ᶜ

³⁵»A este mismo Moisés, a quien habían rechazado diciéndole: "¿Y quién te nombró gobernante y juez?", Dios lo envió para ser gobernante y libertador, mediante el poder del ángel que se le apareció en la zarza. ³⁶Él los sacó de Egipto haciendo prodigios y señales milagrosas tanto en la tierra de Egipto como en el Mar Rojo, y en el desierto durante cuarenta años.

³⁷»Este Moisés les dijo a los israelitas: "Dios hará surgir para ustedes, de entre sus propios hermanos, un profeta como yo." ᵈ ³⁸Este mismo Moisés estuvo en la asamblea en el desierto, con el ángel que le habló en el monte Sinaí, y con nuestros antepasados. Fue también él quien recibió palabras de vida para comunicárnoslas a nosotros.

³⁹»Nuestros antepasados no quisieron obedecerlo a él, sino que lo rechazaron. Lo que realmente deseaban era volver a Egipto, ⁴⁰por lo cual le dijeron a Aarón: "Tienes que hacernos dioses que vayan delante de nosotros, porque a ese Moisés que nos sacó de Egipto, ¡no sabemos qué pudo haberle pasado!" ᵉ

⁴¹»Entonces se hicieron un ídolo en forma de becerro. Le ofrecieron sacrificios y tuvieron fiesta en honor de la obra de sus manos. ⁴²Pero Dios les volvió la espalda y los entregó a que rindieran culto a los astros. Así está escrito en el libro de los profetas:

»"Casa de Israel, ¿acaso me ofrecieron ustedes sacrificios y ofrendas durante los cuarenta años en el desierto?
⁴³Por el contrario, ustedes se hicieron cargo del tabernáculo de Moloc, de la estrella del dios Refán, y de las imágenes que hicieron para adorarlas.
Por lo tanto, los mandaré al exilio" ᶠ más allá de Babilonia.

⁴⁴»Nuestros antepasados tenían en el desierto el tabernáculo del testimonio, hecho como Dios

in the desert near Mount Sinai. ³¹When he saw this, he was amazed at the sight. As he went over to look more closely, he heard the Lord's voice: ³²'I am the God of your fathers, the God of Abraham, Isaac and Jacob.' ᵃ Moses trembled with fear and did not dare to look.

³³"Then the Lord said to him, 'Take off your sandals; the place where you are standing is holy ground. ³⁴I have indeed seen the oppression of my people in Egypt. I have heard their groaning and have come down to set them free. Now come, I will send you back to Egypt.' ᵇ

³⁵"This is the same Moses whom they had rejected with the words, 'Who made you ruler and judge?' He was sent to be their ruler and deliverer by God himself, through the angel who appeared to him in the bush. ³⁶He led them out of Egypt and did wonders and miraculous signs in Egypt, at the Red Seaᶜ and for forty years in the desert.

³⁷"This is that Moses who told the Israelites, 'God will send you a prophet like me from your own people.' ᵈ ³⁸He was in the assembly in the desert, with the angel who spoke to him on Mount Sinai, and with our fathers; and he received living words to pass on to us.

³⁹"But our fathers refused to obey him. Instead, they rejected him and in their hearts turned back to Egypt. ⁴⁰They told Aaron, 'Make us gods who will go before us. As for this fellow Moses who led us out of Egypt—we don't know what has happened to him!' ᵉ ⁴¹That was the time they made an idol in the form of a calf. They brought sacrifices to it and held a celebration in honor of what their hands had made. ⁴²But God turned away and gave them over to the worship of the heavenly bodies. This agrees with what is written in the book of the prophets:

"'Did you bring me sacrifices and offerings
 forty years in the desert, O house of Israel?
⁴³You have lifted up the shrine of Molech
 and the star of your god Rephan,
 the idols you made to worship.
Therefore I will send you into exile' ᶠ
 beyond Babylon.

⁴⁴"Our forefathers had the tabernacle of the Testimony with them in the desert. It had been made as God directed Moses, according to the pattern he had seen. ⁴⁵Having received the

ᵇ7:32 Éx 3:6 ᶜ7:34 Éx 3:5,7,8,10 ᵈ7:37 Dt 18:15
ᵉ7:40 Éx 32:1 ᶠ7:43 Am 5:25-27

ᵃ32 Exodus 3:6 ᵇ34 Exodus 3:5,7,8,10 ᶜ36 That is,
Sea of Reeds ᵈ37 Deut. 18:15 ᵉ40 Exodus 32:1
ᶠ43 Amos 5:25-27

le había ordenado a Moisés, según el modelo que éste había visto. ⁴⁵Después de haber recibido el tabernáculo, lo trajeron consigo bajo el mando de Josué, cuando conquistaron la tierra de las naciones que Dios expulsó de la presencia de ellos. Allí permaneció hasta el tiempo de David, ⁴⁶quien disfrutó del favor de Dios y pidió que le permitiera proveer una morada para el Dios*g* de Jacob. ⁴⁷Pero fue Salomón quien construyó la casa.

⁴⁸»Sin embargo, el Altísimo no habita en casas construidas por manos humanas. Como dice el profeta:

⁴⁹»"El cielo es mi trono,
    y la tierra, el estrado de mis pies.
  ¿Qué clase de casa me construirán?
        —dice el Señor—.
  ¿O qué lugar de descanso?
⁵⁰¿No es mi mano la que ha hecho todas
    estas cosas?" *h*

⁵¹»¡Tercos, duros de corazón y torpes de oídos! *i* Ustedes son iguales que sus antepasados: ¡Siempre resisten al Espíritu Santo! ⁵²¿A cuál de los profetas no persiguieron sus antepasados? Ellos mataron a los que de antemano anunciaron la venida del Justo, y ahora a éste lo han traicionado y asesinado ⁵³ustedes, que recibieron la ley promulgada por medio de ángeles y no la han obedecido.

Muerte de Esteban

⁵⁴Al oír esto, rechinando los dientes montaron en cólera contra él. ⁵⁵Pero Esteban, lleno del Espíritu Santo, fijó la mirada en el cielo y vio la gloria de Dios, y a Jesús de pie a la *derecha de Dios.

⁵⁶—¡Veo el cielo abierto —exclamó—, y al Hijo del hombre de pie a la derecha de Dios!

⁵⁷Entonces ellos, gritando a voz en cuello, se taparon los oídos y todos a una se abalanzaron sobre él, ⁵⁸lo sacaron a empellones fuera de la ciudad y comenzaron a apedrearlo. Los acusadores le encargaron sus mantos a un joven llamado Saulo.

⁵⁹Mientras lo apedreaban, Esteban oraba.

—Señor Jesús —decía—, recibe mi espíritu.

⁶⁰Luego cayó de rodillas y gritó:

—¡Señor, no les tomes en cuenta este pecado! Cuando hubo dicho esto, murió.

tabernacle, our fathers under Joshua brought it with them when they took the land from the nations God drove out before them. It remained in the land until the time of David, ⁴⁶who enjoyed God's favor and asked that he might provide a dwelling place for the God of Jacob.*g* ⁴⁷But it was Solomon who built the house for him.

⁴⁸"However, the Most High does not live in houses made by men. As the prophet says:

⁴⁹ " 'Heaven is my throne,
      and the earth is my footstool.
    What kind of house will you build for me?
                      says the Lord.
    Or where will my resting place be?
⁵⁰ Has not my hand made all these things?' *h*

⁵¹"You stiff-necked people, with uncircumcised hearts and ears! You are just like your fathers: You always resist the Holy Spirit! ⁵²Was there ever a prophet your fathers did not persecute? They even killed those who predicted the coming of the Righteous One. And now you have betrayed and murdered him— ⁵³you who have received the law that was put into effect through angels but have not obeyed it."

The Stoning of Stephen

⁵⁴When they heard this, they were furious and gnashed their teeth at him. ⁵⁵But Stephen, full of the Holy Spirit, looked up to heaven and saw the glory of God, and Jesus standing at the right hand of God. ⁵⁶"Look," he said, "I see heaven open and the Son of Man standing at the right hand of God."

⁵⁷At this they covered their ears and, yelling at the top of their voices, they all rushed at him, ⁵⁸dragged him out of the city and began to stone him. Meanwhile, the witnesses laid their clothes at the feet of a young man named Saul.

⁵⁹While they were stoning him, Stephen prayed, "Lord Jesus, receive my spirit." ⁶⁰Then he fell on his knees and cried out, "Lord, do not hold this sin against them." When he had said this, he fell asleep.

---

g 7:46 *para el Dios.* Var. *para la casa* (es decir, la familia). *h* 7:50 Is 66:1,2   *i* 7:51 *¡Tercos … oídos!* Lit. *¡Duros de cuello e incircuncisos en los corazones y los oídos!*

g 46 Some early manuscripts *the house of Jacob*
h 50 Isaiah 66:1,2

8

Y Saulo estaba allí, aprobando la muerte de Esteban.

La iglesia perseguida y dispersa

Aquel día se desató una gran persecución contra la iglesia en Jerusalén, y todos, excepto los apóstoles, se dispersaron por las regiones de Judea y Samaria. ²Unos hombres piadosos sepultaron a Esteban e hicieron gran duelo por él. ³Saulo, por su parte, causaba estragos en la iglesia: entrando de casa en casa, arrastraba a hombres y mujeres y los metía en la cárcel.

Felipe en Samaria

⁴Los que se habían dispersado predicaban la palabra por dondequiera que iban. ⁵Felipe bajó a una ciudad de Samaria y les anunciaba al *Mesías. ⁶Al oír a Felipe y ver las señales milagrosas que realizaba, mucha gente se reunía y todos prestaban atención a su mensaje. ⁷De muchos endemoniados los *espíritus malignos salían dando alaridos, y un gran número de paralíticos y cojos quedaban sanos. ⁸Y aquella ciudad se llenó de alegría.

Simón el hechicero

⁹Ya desde antes había en esa ciudad un hombre llamado Simón que, jactándose de ser un gran personaje, practicaba la hechicería y asombraba a la gente de Samaria. ¹⁰Todos, desde el más pequeño hasta el más grande, le prestaban atención y exclamaban: «¡Este hombre es al que llaman el Gran Poder de Dios!»

¹¹Lo seguían porque por mucho tiempo los había tenido deslumbrados con sus artes mágicas. ¹²Pero cuando creyeron a Felipe, que les anunciaba las buenas *nuevas del reino de Dios y el nombre de *Jesucristo, tanto hombres como mujeres se bautizaron. ¹³Simón mismo creyó y, después de bautizarse, seguía a Felipe por todas partes, asombrado de los grandes milagros y señales que veía.

¹⁴Cuando los apóstoles que estaban en Jerusalén se enteraron de que los samaritanos habían aceptado la palabra de Dios, les enviaron a Pedro y a Juan. ¹⁵Éstos, al llegar, oraron por ellos para que recibieran el Espíritu Santo, ¹⁶porque el Espíritu aún no había descendido sobre ninguno de ellos; solamente habían sido bautizados en el nombre del Señor Jesús. ¹⁷Entonces Pedro y Juan les impusieron las manos, y ellos recibieron el Espíritu Santo.

¹⁸Al ver Simón que mediante la imposición de las manos de los apóstoles se daba el Espíritu Santo, les ofreció dinero ¹⁹y les pidió:

—Denme también a mí ese poder, para que todos a quienes yo les imponga las manos reciban el Espíritu Santo.

8

And Saul was there, giving approval to his death.

The Church Persecuted and Scattered

On that day a great persecution broke out against the church at Jerusalem, and all except the apostles were scattered throughout Judea and Samaria. ²Godly men buried Stephen and mourned deeply for him. ³But Saul began to destroy the church. Going from house to house, he dragged off men and women and put them in prison.

Philip in Samaria

⁴Those who had been scattered preached the word wherever they went. ⁵Philip went down to a city in Samaria and proclaimed the Christ^i there. ⁶When the crowds heard Philip and saw the miraculous signs he did, they all paid close attention to what he said. ⁷With shrieks, evil^j spirits came out of many, and many paralytics and cripples were healed. ⁸So there was great joy in that city.

Simon the Sorcerer

⁹Now for some time a man named Simon had practiced sorcery in the city and amazed all the people of Samaria. He boasted that he was someone great, ¹⁰and all the people, both high and low, gave him their attention and exclaimed, "This man is the divine power known as the Great Power." ¹¹They followed him because he had amazed them for a long time with his magic. ¹²But when they believed Philip as he preached the good news of the kingdom of God and the name of Jesus Christ, they were baptized, both men and women. ¹³Simon himself believed and was baptized. And he followed Philip everywhere, astonished by the great signs and miracles he saw.

¹⁴When the apostles in Jerusalem heard that Samaria had accepted the word of God, they sent Peter and John to them. ¹⁵When they arrived, they prayed for them that they might receive the Holy Spirit, ¹⁶because the Holy Spirit had not yet come upon any of them; they had simply been baptized into^k the name of the Lord Jesus. ¹⁷Then Peter and John placed their hands on them, and they received the Holy Spirit.

¹⁸When Simon saw that the Spirit was given at the laying on of the apostles' hands, he offered them money ¹⁹and said, "Give me also this ability so that everyone on whom I lay my hands may receive the Holy Spirit."

20—¡Que tu dinero perezca contigo —le contestó Pedro—, porque intentaste comprar el don de Dios con dinero! 21No tienes arte ni parte en este asunto, porque no eres íntegro delante de Dios. 22Por eso, *arrepiéntete de tu maldad y ruega al Señor. Tal vez te perdone el haber tenido esa mala intención. 23Veo que vas camino a la amargura y a la esclavitud del pecado.

24—Rueguen al Señor por mí —respondió Simón—, para que no me suceda nada de lo que han dicho.

25Después de testificar y proclamar la palabra del Señor, Pedro y Juan se pusieron en camino de vuelta a Jerusalén, y de paso predicaron el *evangelio en muchas poblaciones de los samaritanos.

Felipe y el etíope

26Un ángel del Señor le dijo a Felipe: «Ponte en marcha hacia el sur, por el camino del desierto que baja de Jerusalén a Gaza.» 27Felipe emprendió el viaje, y resulta que se encontró con un etíope *eunuco, alto funcionario encargado de todo el tesoro de la Candace, reina de los etíopes. Éste había ido a Jerusalén para adorar 28y, en el viaje de regreso a su país, iba sentado en su carro, leyendo el libro del profeta Isaías. 29El Espíritu le dijo a Felipe: «Acércate y júntate a ese carro.»

30Felipe se acercó de prisa al carro y, al oír que el hombre leía al profeta Isaías, le preguntó:

—¿Acaso entiende usted lo que está leyendo?

31—¿Y cómo voy a entenderlo —contestó— si nadie me lo explica?

Así que invitó a Felipe a subir y sentarse con él. 32El pasaje de la Escritura que estaba leyendo era el siguiente:

«Como oveja, fue llevado al matadero;
　y como cordero que enmudece ante su
　　trasquilador,
　ni siquiera abrió su boca.
33 Lo humillaron y no le hicieron justicia.
　¿Quién describirá su descendencia?
　Porque su vida fue arrancada de la tierra.»j

34—Dígame usted, por favor, ¿de quién habla aquí el profeta, de sí mismo o de algún otro? —le preguntó el eunuco a Felipe.

35Entonces Felipe, comenzando con ese mismo pasaje de la Escritura, le anunció las buenas *nuevas acerca de Jesús. 36Mientras iban por el camino, llegaron a un lugar donde había agua, y dijo el eunuco:

20Peter answered: "May your money perish with you, because you thought you could buy the gift of God with money! 21You have no part or share in this ministry, because your heart is not right before God. 22Repent of this wickedness and pray to the Lord. Perhaps he will forgive you for having such a thought in your heart. 23For I see that you are full of bitterness and captive to sin."

24Then Simon answered, "Pray to the Lord for me so that nothing you have said may happen to me."

25When they had testified and proclaimed the word of the Lord, Peter and John returned to Jerusalem, preaching the gospel in many Samaritan villages.

Philip and the Ethiopian

26Now an angel of the Lord said to Philip, "Go south to the road—the desert road—that goes down from Jerusalem to Gaza." 27So he started out, and on his way he met an Ethiopian l eunuch, an important official in charge of all the treasury of Candace, queen of the Ethiopians. This man had gone to Jerusalem to worship, 28and on his way home was sitting in his chariot reading the book of Isaiah the prophet. 29The Spirit told Philip, "Go to that chariot and stay near it."

30Then Philip ran up to the chariot and heard the man reading Isaiah the prophet. "Do you understand what you are reading?" Philip asked.

31"How can I," he said, "unless someone explains it to me?" So he invited Philip to come up and sit with him.

32The eunuch was reading this passage of Scripture:

"He was led like a sheep to the slaughter,
　and as a lamb before the shearer is silent,
　so he did not open his mouth.
33 In his humiliation he was deprived of
　　justice.
　Who can speak of his descendants?
　For his life was taken from the earth." m

34The eunuch asked Philip, "Tell me, please, who is the prophet talking about, himself or someone else?" 35Then Philip began with that very passage of Scripture and told him the good news about Jesus.

36As they traveled along the road, they came to some water and the eunuch said, "Look, here

---

j8:33 Is 53:7,8　　　　　l27 That is, from the upper Nile region　　m33 Isaiah 53:7,8

—Mire usted, aquí hay agua. ¿Qué impide que yo sea bautizado?[k]

38Entonces mandó parar el carro, y ambos bajaron al agua, y Felipe lo bautizó. 39Cuando subieron del agua, el Espíritu del Señor se llevó de repente a Felipe. El eunuco no volvió a verlo, pero siguió alegre su camino. 40En cuanto a Felipe, apareció en Azoto, y se fue predicando el *evangelio en todos los pueblos hasta que llegó a Cesarea.

Conversión de Saulo

9 Mientras tanto, Saulo, respirando aún amenazas de muerte contra los discípulos del Señor, se presentó al sumo sacerdote 2y le pidió cartas de extradición para las sinagogas de Damasco. Tenía la intención de encontrar y llevarse presos a Jerusalén a todos los que pertenecieran al Camino, fueran hombres o mujeres. 3En el viaje sucedió que, al acercarse a Damasco, una luz del cielo relampagueó de repente a su alrededor. 4Él cayó al suelo y oyó una voz que le decía:

—Saulo, Saulo, ¿por qué me persigues?

5—¿Quién eres, Señor? —preguntó.

—Yo soy Jesús, a quien tú persigues —le contestó la voz—. 6Levántate y entra en la ciudad, que allí se te dirá lo que tienes que hacer.

7Los hombres que viajaban con Saulo se detuvieron atónitos, porque oían la voz pero no veían a nadie. 8Saulo se levantó del suelo, pero cuando abrió los ojos no podía ver, así que lo tomaron de la mano y lo llevaron a Damasco. 9Estuvo ciego tres días, sin comer ni beber nada.

10Había en Damasco un discípulo llamado Ananías, a quien el Señor llamó en una visión.

—¡Ananías!

—Aquí estoy, Señor.

11—Anda, ve a la casa de Judas, en la calle llamada Derecha, y pregunta por un tal Saulo de Tarso. Está orando, 12y ha visto en una visión a un hombre llamado Ananías, que entra y pone las manos sobre él para que recobre la vista.

13Entonces Ananías respondió:

—Señor, he oído hablar mucho de ese hombre y de todo el mal que ha causado a tus *santos en Jerusalén. 14Y ahora lo tenemos aquí, autorizado por los jefes de los sacerdotes, para llevarse presos a todos los que invocan tu nombre.

15—¡Ve! —insistió el Señor—, porque ese hombre es mi instrumento escogido para dar a conocer mi nombre tanto a las *naciones y a sus reyes como al pueblo de Israel. 16Yo le mostraré cuánto tendrá que padecer por mi nombre.

is water. Why shouldn't I be baptized?" [n 38]And he gave orders to stop the chariot. Then both Philip and the eunuch went down into the water and Philip baptized him. 39When they came up out of the water, the Spirit of the Lord suddenly took Philip away, and the eunuch did not see him again, but went on his way rejoicing. 40Philip, however, appeared at Azotus and traveled about, preaching the gospel in all the towns until he reached Caesarea.

Saul's Conversion

9 Meanwhile, Saul was still breathing out murderous threats against the Lord's disciples. He went to the high priest 2and asked him for letters to the synagogues in Damascus, so that if he found any there who belonged to the Way, whether men or women, he might take them as prisoners to Jerusalem. 3As he neared Damascus on his journey, suddenly a light from heaven flashed around him. 4He fell to the ground and heard a voice say to him, "Saul, Saul, why do you persecute me?"

5"Who are you, Lord?" Saul asked.

"I am Jesus, whom you are persecuting," he replied. 6"Now get up and go into the city, and you will be told what you must do."

7The men traveling with Saul stood there speechless; they heard the sound but did not see anyone. 8Saul got up from the ground, but when he opened his eyes he could see nothing. So they led him by the hand into Damascus. 9For three days he was blind, and did not eat or drink anything.

10In Damascus there was a disciple named Ananias. The Lord called to him in a vision, "Ananias!"

"Yes, Lord," he answered.

11The Lord told him, "Go to the house of Judas on Straight Street and ask for a man from Tarsus named Saul, for he is praying. 12In a vision he has seen a man named Ananias come and place his hands on him to restore his sight."

13"Lord," Ananias answered, "I have heard many reports about this man and all the harm he has done to your saints in Jerusalem. 14And he has come here with authority from the chief priests to arrest all who call on your name."

15But the Lord said to Ananias, "Go! This man is my chosen instrument to carry my name before the Gentiles and their kings and before the people of Israel. 16I will show him how much he must suffer for my name."

---

[k] 8:36 bautizado? Var. bautizado? / 37 —Si cree usted de todo corazón, bien puede —le dijo Felipe. / —Creo que Jesucristo es el Hijo de Dios —contestó el hombre.

[n] 36 Some late manuscripts baptized?" 37 Philip said, "If you believe with all your heart, you may." The eunuch answered, "I believe that Jesus Christ is the Son of God."

17 Ananías se fue y, cuando llegó a la casa, le impuso las manos a Saulo y le dijo: «Hermano Saulo, el Señor Jesús, que se te apareció en el camino, me ha enviado para que recobres la vista y seas lleno del Espíritu Santo.» 18 Al instante cayó de los ojos de Saulo algo como escamas, y recobró la vista. Se levantó y fue bautizado; 19 y habiendo comido, recobró las fuerzas.

Saulo en Damasco y en Jerusalén

Saulo pasó varios días con los discípulos que estaban en Damasco, 20 y en seguida se dedicó a predicar en las sinagogas, afirmando que Jesús es el Hijo de Dios. 21 Todos los que le oían se quedaban asombrados, y preguntaban: «¿No es éste el que en Jerusalén perseguía a muerte a los que invocan ese nombre? ¿Y no ha venido aquí para llevárselos presos y entregarlos a los jefes de los sacerdotes?» 22 Pero Saulo cobraba cada vez más fuerza y confundía a los judíos que vivían en Damasco, demostrándoles que Jesús es el *Mesías.

23 Después de muchos días, los judíos se pusieron de acuerdo para hacerlo desaparecer, 24 pero Saulo se enteró de sus maquinaciones. Día y noche vigilaban de cerca las puertas de la ciudad con el fin de eliminarlo. 25 Pero sus discípulos se lo llevaron de noche y lo bajaron en un canasto por una abertura en la muralla.

26 Cuando llegó a Jerusalén, trataba de juntarse con los discípulos, pero todos tenían miedo de él, porque no creían que de veras fuera discípulo. 27 Entonces Bernabé lo tomó a su cargo y lo llevó a los apóstoles. Saulo les describió en detalle cómo en el camino había visto al Señor, el cual le había hablado, y cómo en Damasco había predicado con libertad en el nombre de Jesús. 28 Así que se quedó con ellos, y andaba por todas partes en Jerusalén, hablando abiertamente en el nombre del Señor. 29 Conversaba y discutía con los judíos de habla griega,ⁱ pero ellos se proponían eliminarlo. 30 Cuando se enteraron de ello los hermanos, se lo llevaron a Cesarea y de allí lo mandaron a Tarso.

31 Mientras tanto, la iglesia disfrutaba de paz a la vez que se consolidaba en toda Judea, Galilea y Samaria, pues vivía en el temor del Señor. E iba creciendo en número, fortalecida por el Espíritu Santo.

Eneas y Dorcas

32 Pedro, que estaba recorriendo toda la región, fue también a visitar a los *santos que vivían en Lida. 33 Allí encontró a un paralítico llamado Eneas, que llevaba ocho años en cama.

17 Then Ananias went to the house and entered it. Placing his hands on Saul, he said, "Brother Saul, the Lord—Jesus, who appeared to you on the road as you were coming here—has sent me so that you may see again and be filled with the Holy Spirit." 18 Immediately, something like scales fell from Saul's eyes, and he could see again. He got up and was baptized, 19 and after taking some food, he regained his strength.

Saul in Damascus and Jerusalem

Saul spent several days with the disciples in Damascus. 20 At once he began to preach in the synagogues that Jesus is the Son of God. 21 All those who heard him were astonished and asked, "Isn't he the man who raised havoc in Jerusalem among those who call on this name? And hasn't he come here to take them as prisoners to the chief priests?" 22 Yet Saul grew more and more powerful and baffled the Jews living in Damascus by proving that Jesus is the Christ.ᵒ

23 After many days had gone by, the Jews conspired to kill him, 24 but Saul learned of their plan. Day and night they kept close watch on the city gates in order to kill him. 25 But his followers took him by night and lowered him in a basket through an opening in the wall.

26 When he came to Jerusalem, he tried to join the disciples, but they were all afraid of him, not believing that he really was a disciple. 27 But Barnabas took him and brought him to the apostles. He told them how Saul on his journey had seen the Lord and that the Lord had spoken to him, and how in Damascus he had preached fearlessly in the name of Jesus. 28 So Saul stayed with them and moved about freely in Jerusalem, speaking boldly in the name of the Lord. 29 He talked and debated with the Grecian Jews, but they tried to kill him. 30 When the brothers learned of this, they took him down to Caesarea and sent him off to Tarsus.

31 Then the church throughout Judea, Galilee and Samaria enjoyed a time of peace. It was strengthened; and encouraged by the Holy Spirit, it grew in numbers, living in the fear of the Lord.

Aeneas and Dorcas

32 As Peter traveled about the country, he went to visit the saints in Lydda. 33 There he found a man named Aeneas, a paralytic who had been bedridden for eight years. 34 "Aeneas," Peter

34«Eneas —le dijo Pedro—, *Jesucristo te sana. Levántate y tiende tu cama.» Y al instante se levantó. 35Todos los que vivían en Lida y en Sarón lo vieron, y se convirtieron al Señor.

36Había en Jope una discípula llamada Tabita (que traducido es Dorcas*m*). Ésta se esmeraba en hacer buenas obras y en ayudar a los pobres. 37Sucedió que en esos días cayó enferma y murió. Pusieron el cadáver, después de lavarlo, en un cuarto de la planta alta. 38Y como Lida estaba cerca de Jope, los discípulos, al enterarse de que Pedro se encontraba en Lida, enviaron a dos hombres a rogarle: «¡Por favor, venga usted a Jope en seguida!»

39Sin demora, Pedro se fue con ellos, y cuando llegó lo llevaron al cuarto de arriba. Todas las viudas se presentaron, llorando y mostrándole las túnicas y otros vestidos que Dorcas había hecho cuando aún estaba con ellas.

40Pedro hizo que todos salieran del cuarto; luego se puso de rodillas y oró. Volviéndose hacia la muerta, dijo: «Tabita, levántate.» Ella abrió los ojos y, al ver a Pedro, se incorporó. 41Él, tomándola de la mano, la levantó. Luego llamó a los *creyentes y a las viudas, a quienes la presentó viva. 42La noticia se difundió por todo Jope, y muchos creyeron en el Señor. 43Pedro se quedó en Jope un buen tiempo, en casa de un tal Simón, que era curtidor.

Cornelio manda llamar a Pedro

10 Vivía en Cesarea un centurión llamado Cornelio, del regimiento conocido como el Italiano. 2Él y toda su familia eran devotos y temerosos de Dios. Realizaba muchas obras de beneficencia para el pueblo de Israel y oraba a Dios constantemente. 3Un día, como a las tres de la tarde,*n* tuvo una visión. Vio claramente a un ángel de Dios que se le acercaba y le decía:

—¡Cornelio!

4—¿Qué quieres, Señor? —le preguntó Cornelio, mirándolo fijamente y con mucho miedo.

—Dios ha recibido tus oraciones y tus obras de beneficencia como una ofrenda —le contestó el ángel—. 5Envía de inmediato a algunos hombres a Jope para que hagan venir a un tal Simón, apodado Pedro. 6Él se hospeda con Simón el curtidor, que tiene su casa junto al mar.

7Después de que se fue el ángel que le había hablado, Cornelio llamó a dos de sus siervos y a un soldado devoto de los que le servían regularmente. 8Les explicó todo lo que había sucedido y los envió a Jope.

said to him, "Jesus Christ heals you. Get up and take care of your mat." Immediately Aeneas got up. 35All those who lived in Lydda and Sharon saw him and turned to the Lord.

36In Joppa there was a disciple named Tabitha (which, when translated, is Dorcas*p*), who was always doing good and helping the poor. 37About that time she became sick and died, and her body was washed and placed in an upstairs room. 38Lydda was near Joppa; so when the disciples heard that Peter was in Lydda, they sent two men to him and urged him, "Please come at once!"

39Peter went with them, and when he arrived he was taken upstairs to the room. All the widows stood around him, crying and showing him the robes and other clothing that Dorcas had made while she was still with them.

40Peter sent them all out of the room; then he got down on his knees and prayed. Turning toward the dead woman, he said, "Tabitha, get up." She opened her eyes, and seeing Peter she sat up. 41He took her by the hand and helped her to her feet. Then he called the believers and the widows and presented her to them alive. 42This became known all over Joppa, and many people believed in the Lord. 43Peter stayed in Joppa for some time with a tanner named Simon.

Cornelius Calls for Peter

10 At Caesarea there was a man named Cornelius, a centurion in what was known as the Italian Regiment. 2He and all his family were devout and God-fearing; he gave generously to those in need and prayed to God regularly. 3One day at about three in the afternoon he had a vision. He distinctly saw an angel of God, who came to him and said, "Cornelius!"

4Cornelius stared at him in fear. "What is it, Lord?" he asked.

The angel answered, "Your prayers and gifts to the poor have come up as a memorial offering before God. 5Now send men to Joppa to bring back a man named Simon who is called Peter. 6He is staying with Simon the tanner, whose house is by the sea."

7When the angel who spoke to him had gone, Cornelius called two of his servants and a devout soldier who was one of his attendants. 8He told them everything that had happened and sent them to Joppa.

---

*m*9:36 Tanto *Tabita* (arameo) como *Dorcas* (griego) significan *gacela*.   *n*10:3 *las tres de la tarde*. Lit. *la hora novena*; también en v. 30.

*p*36 Both *Tabitha* (Aramaic) and *Dorcas* (Greek) mean *gazelle*.

La visión de Pedro

9Al día siguiente, mientras ellos iban de camino y se acercaban a la ciudad, Pedro subió a la azotea a orar. Era casi el mediodía.*ñ* **10**Tuvo hambre y quiso algo de comer. Mientras se lo preparaban, le sobrevino un éxtasis. **11**Vio el cielo abierto y algo parecido a una gran sábana que, suspendida por las cuatro puntas, descendía hacia la tierra. **12**En ella había toda clase de cuadrúpedos, como también reptiles y aves.

13—Levántate, Pedro; mata y come —le dijo una voz.

14—¡De ninguna manera, Señor! —replicó Pedro—. Jamás he comido nada *impuro o inmundo.

15Por segunda vez le insistió la voz:

—Lo que Dios ha purificado, tú no lo llames impuro.

16Esto sucedió tres veces, y en seguida la sábana fue recogida al cielo.

17Pedro no atinaba a explicarse cuál podría ser el significado de la visión. Mientras tanto, los hombres enviados por Cornelio, que estaban preguntando por la casa de Simón, se presentaron a la puerta. **18**Llamando, averiguaron si allí se hospedaba Simón, apodado Pedro.

19Mientras Pedro seguía reflexionando sobre el significado de la visión, el Espíritu le dijo: «Mira, Simón, tres*o* hombres te buscan. **20**Date prisa, baja y no dudes en ir con ellos, porque yo los he enviado.»

21Pedro bajó y les dijo a los hombres:

—Aquí estoy; yo soy el que ustedes buscan. ¿Qué asunto los ha traído por acá?

22Ellos le contestaron:

—Venimos de parte del centurión Cornelio, un hombre justo y temeroso de Dios, respetado por todo el pueblo judío. Un ángel de Dios le dio instrucciones de invitarlo a usted a su casa para escuchar lo que usted tiene que decirle.

23Entonces Pedro los invitó a pasar y los hospedó.

Pedro en casa de Cornelio

Al día siguiente, Pedro se fue con ellos acompañado de algunos creyentes de Jope. **24**Un día después llegó a Cesarea. Cornelio estaba esperándolo con los parientes y amigos íntimos que había reunido. **25**Al llegar Pedro a la casa, Cornelio salió a recibirlo y, postrándose delante de él, le rindió homenaje. **26**Pero Pedro hizo que se levantara, y le dijo:

Peter's Vision

9About noon the following day as they were on their journey and approaching the city, Peter went up on the roof to pray. **10**He became hungry and wanted something to eat, and while the meal was being prepared, he fell into a trance. **11**He saw heaven opened and something like a large sheet being let down to earth by its four corners. **12**It contained all kinds of four-footed animals, as well as reptiles of the earth and birds of the air. **13**Then a voice told him, "Get up, Peter. Kill and eat."

14"Surely not, Lord!" Peter replied. "I have never eaten anything impure or unclean."

15The voice spoke to him a second time, "Do not call anything impure that God has made clean."

16This happened three times, and immediately the sheet was taken back to heaven.

17While Peter was wondering about the meaning of the vision, the men sent by Cornelius found out where Simon's house was and stopped at the gate. **18**They called out, asking if Simon who was known as Peter was staying there.

19While Peter was still thinking about the vision, the Spirit said to him, "Simon, three*q* men are looking for you. **20**So get up and go downstairs. Do not hesitate to go with them, for I have sent them."

21Peter went down and said to the men, "I'm the one you're looking for. Why have you come?"

22The men replied, "We have come from Cornelius the centurion. He is a righteous and God-fearing man, who is respected by all the Jewish people. A holy angel told him to have you come to his house so that he could hear what you have to say." **23**Then Peter invited the men into the house to be his guests.

Peter at Cornelius' House

The next day Peter started out with them, and some of the brothers from Joppa went along. **24**The following day he arrived in Caesarea. Cornelius was expecting them and had called together his relatives and close friends. **25**As Peter entered the house, Cornelius met him and fell at his feet in reverence. **26**But Peter made

---

*ñ*10:9 *casi el mediodía.* Lit. *alrededor de la hora sexta.*
*o*10:19 Var. no incluye *tres* (un ms. antiguo dice: *dos*).

q 19 One early manuscript *two*; other manuscripts do not have the number.

—Ponte de pie, que sólo soy un hombre como tú.

27Pedro entró en la casa conversando con él, y encontró a muchos reunidos.

28Entonces les habló así:

—Ustedes saben muy bien que nuestra ley prohíbe que un judío se junte con un extranjero o lo visite. Pero Dios me ha hecho ver que a nadie debo llamar *impuro o inmundo. 29Por eso, cuando mandaron por mí, vine sin poner ninguna objeción. Ahora permítanme preguntarles: ¿para qué me hicieron venir?

30Cornelio contestó:

—Hace cuatro días a esta misma hora, las tres de la tarde, estaba yo en casa orando.P De repente apareció delante de mí un hombre vestido con ropa brillante, 31y me dijo: "Cornelio, Dios ha oído tu oración y se ha acordado de tus obras de beneficencia. 32Por lo tanto, envía a alguien a Jope para hacer venir a Simón, apodado Pedro, que se hospeda en casa de Simón el curtidor, junto al mar." 33Así que inmediatamente mandé a llamarte, y tú has tenido la bondad de venir. Ahora estamos todos aquí, en la presencia de Dios, para escuchar todo lo que el Señor te ha encomendado que nos digas.

34Pedro tomó la palabra, y dijo:

—Ahora comprendo que en realidad para Dios no hay favoritismos, 35sino que en toda nación él ve con agrado a los que le temen y actúan con justicia. 36Dios envió su mensaje al pueblo de Israel, anunciando las buenas *nuevas de la paz por medio de *Jesucristo, que es el Señor de todos. 37Ustedes conocen este mensaje que se difundió por toda Judea, comenzando desde Galilea, después del bautismo que predicó Juan. 38Me refiero a Jesús de Nazaret: cómo lo ungió Dios con el Espíritu Santo y con poder, y cómo anduvo haciendo el bien y sanando a todos los que estaban oprimidos por el diablo, porque Dios estaba con él. 39Nosotros somos testigos de todo lo que hizo en la tierra de los judíos y en Jerusalén. Lo mataron, colgándolo de un madero, 40pero Dios lo resucitó al tercer día y dispuso que se apareciera, 41no a todo el pueblo, sino a nosotros, testigos previamente escogidos por Dios, que comimos y bebimos con él después de su *resurrección. 42Él nos mandó a predicar al pueblo y a dar solemne testimonio de que ha sido nombrado por Dios como juez de vivos y muertos. 43De él dan testimonio todos los profetas, que todo el que cree en él recibe, por medio de su nombre, el perdón de los pecados.

44Mientras Pedro estaba todavía hablando, el Espíritu Santo descendió sobre todos los que

him get up. "Stand up," he said, "I am only a man myself."

27Talking with him, Peter went inside and found a large gathering of people. 28He said to them: "You are well aware that it is against our law for a Jew to associate with a Gentile or visit him. But God has shown me that I should not call any man impure or unclean. 29So when I was sent for, I came without raising any objection. May I ask why you sent for me?"

30Cornelius answered: "Four days ago I was in my house praying at this hour, at three in the afternoon. Suddenly a man in shining clothes stood before me 31and said, 'Cornelius, God has heard your prayer and remembered your gifts to the poor. 32Send to Joppa for Simon who is called Peter. He is a guest in the home of Simon the tanner, who lives by the sea.' 33So I sent for you immediately, and it was good of you to come. Now we are all here in the presence of God to listen to everything the Lord has commanded you to tell us."

34Then Peter began to speak: "I now realize how true it is that God does not show favoritism 35but accepts men from every nation who fear him and do what is right. 36You know the message God sent to the people of Israel, telling the good news of peace through Jesus Christ, who is Lord of all. 37You know what has happened throughout Judea, beginning in Galilee after the baptism that John preached— 38how God anointed Jesus of Nazareth with the Holy Spirit and power, and how he went around doing good and healing all who were under the power of the devil, because God was with him.

39"We are witnesses of everything he did in the country of the Jews and in Jerusalem. They killed him by hanging him on a tree, 40but God raised him from the dead on the third day and caused him to be seen. 41He was not seen by all the people, but by witnesses whom God had already chosen—by us who ate and drank with him after he rose from the dead. 42He commanded us to preach to the people and to testify that he is the one whom God appointed as judge of the living and the dead. 43All the prophets testify about him that everyone who believes in him receives forgiveness of sins through his name."

44While Peter was still speaking these words, the Holy Spirit came on all who heard the message. 45The circumcised believers who had come with Peter were astonished that the gift of the Holy Spirit had been

P 10:30 en casa orando. Var. en casa ayunando y orando.

escuchaban el mensaje. 45Los defensores de la circuncisión que habían llegado con Pedro se quedaron asombrados de que el don del Espíritu Santo se hubiera derramado también sobre los *gentiles, 46pues los oían hablar en *lenguas y alabar a Dios. Entonces Pedro respondió:

47—¿Acaso puede alguien negar el agua para que sean bautizados estos que han recibido el Espíritu Santo lo mismo que nosotros?

48Y mandó que fueran bautizados en el nombre de Jesucristo. Entonces le pidieron que se quedara con ellos algunos días.

Pedro explica su comportamiento

11 Los apóstoles y los hermanos de toda Judea se enteraron de que también los *gentiles habían recibido la palabra de Dios. 2Así que cuando Pedro subió a Jerusalén, los defensores de la circuncisión lo criticaron 3diciendo:

—Entraste en casa de hombres incircuncisos y comiste con ellos.

4Entonces Pedro comenzó a explicarles paso a paso lo que había sucedido:

5—Yo estaba orando en la ciudad de Jope y tuve en éxtasis una visión. Vi que del cielo descendía algo parecido a una gran sábana que, suspendida por las cuatro puntas, bajaba hasta donde yo estaba. 6Me fijé en lo que había en ella, y vi cuadrúpedos, fieras, reptiles y aves. 7Luego oí una voz que me decía: "Levántate, Pedro; mata y come." 8Repliqué: "¡De ninguna manera, Señor! Jamás ha entrado en mi boca nada *impuro o inmundo." 9Por segunda vez insistió la voz del cielo: "Lo que Dios ha purificado, tú no lo llames impuro." 10Esto sucedió tres veces, y luego todo volvió a ser llevado al cielo.

11»En aquel momento se presentaron en la casa donde yo estaba tres hombres que desde Cesarea habían sido enviados a verme. 12El Espíritu me dijo que fuera con ellos sin dudar. También fueron conmigo estos seis hermanos, y entramos en la casa de aquel hombre. 13Él nos contó cómo en su casa se le había aparecido un ángel que le dijo: "Manda a alguien a Jope para hacer venir a Simón, apodado Pedro. 14Él te traerá un mensaje mediante el cual serán salvos tú y toda tu familia."

15»Cuando comencé a hablarles, el Espíritu Santo descendió sobre ellos tal como al principio descendió sobre nosotros. 16Entonces recordé lo que había dicho el Señor: "Juan bautizó con*q* agua, pero ustedes serán bautizados con el Espíritu Santo." 17Por tanto, si Dios les ha dado a ellos el mismo don que a nosotros al creer en

poured out even on the Gentiles. 46For they heard them speaking in tongues*r* and praising God.

Then Peter said, 47"Can anyone keep these people from being baptized with water? They have received the Holy Spirit just as we have." 48So he ordered that they be baptized in the name of Jesus Christ. Then they asked Peter to stay with them for a few days.

Peter Explains His Actions

11 The apostles and the brothers throughout Judea heard that the Gentiles also had received the word of God. 2So when Peter went up to Jerusalem, the circumcised believers criticized him 3and said, "You went into the house of uncircumcised men and ate with them."

4Peter began and explained everything to them precisely as it had happened: 5"I was in the city of Joppa praying, and in a trance I saw a vision. I saw something like a large sheet being let down from heaven by its four corners, and it came down to where I was. 6I looked into it and saw four-footed animals of the earth, wild beasts, reptiles, and birds of the air. 7Then I heard a voice telling me, 'Get up, Peter. Kill and eat.'

8"I replied, 'Surely not, Lord! Nothing impure or unclean has ever entered my mouth.'

9"The voice spoke from heaven a second time, 'Do not call anything impure that God has made clean.' 10This happened three times, and then it was all pulled up to heaven again.

11"Right then three men who had been sent to me from Caesarea stopped at the house where I was staying. 12The Spirit told me to have no hesitation about going with them. These six brothers also went with me, and we entered the man's house. 13He told us how he had seen an angel appear in his house and say, 'Send to Joppa for Simon who is called Peter. 14He will bring you a message through which you and all your household will be saved.'

15"As I began to speak, the Holy Spirit came on them as he had come on us at the beginning. 16Then I remembered what the Lord had said: 'John baptized with*s* water, but you will be baptized with the Holy Spirit.' 17So if God gave them the same gift as he gave us, who believed in the Lord Jesus Christ, who was I to think that I could oppose God?"

el Señor *Jesucristo, ¿quién soy yo para pretender estorbar a Dios?

18 Al oír esto, se apaciguaron y alabaron a Dios
diciendo:

—¡Así que también a los gentiles les ha concedido Dios el *arrepentimiento para vida!

La iglesia en Antioquía

19 Los que se habían dispersado a causa de la
persecución que se desató por el caso de Esteban
llegaron hasta Fenicia, Chipre y Antioquía, sin
anunciar a nadie el mensaje excepto a los judíos.
20 Sin embargo, había entre ellos algunas personas de Chipre y de Cirene que, al llegar a Antioquía, comenzaron a hablarles también a los de
habla griega, anunciándoles las buenas *nuevas
acerca del Señor Jesús. 21 El poder del Señor
estaba con ellos, y un gran número creyó y se
convirtió al Señor.

22 La noticia de estos sucesos llegó a oídos de
la iglesia de Jerusalén, y mandaron a Bernabé a
Antioquía. 23 Cuando él llegó y vio las eviden-
cias de la gracia de Dios, se alegró y animó a
todos a hacerse el firme propósito de permanecer fieles al Señor, 24 pues era un hombre bueno,
lleno del Espíritu Santo y de fe. Un gran número
de personas aceptó al Señor.

25 Después partió Bernabé para Tarso en busca
de Saulo, 26 y cuando lo encontró, lo llevó a
Antioquía. Durante todo un año se reunieron los
dos con la iglesia y enseñaron a mucha gente.
Fue en Antioquía donde a los discípulos se les
llamó «cristianos» por primera vez.

27 Por aquel tiempo unos profetas bajaron de
Jerusalén a Antioquía. 28 Uno de ellos, llamado
Ágabo, se puso de pie y predijo por medio del
Espíritu que iba a haber una gran hambre en todo
el mundo, lo cual sucedió durante el reinado de
Claudio. 29 Entonces decidieron que cada uno de
los discípulos, según los recursos de cada cual,
enviaría ayuda a los hermanos que vivían en
Judea. 30 Así lo hicieron, mandando su ofrenda
a los *ancianos por medio de Bernabé y de
Saulo.

Pedro escapa milagrosamente de la cárcel

12 En ese tiempo el rey Herodes hizo arrestar a algunos de la iglesia con el fin de
maltratarlos. 2 A *Jacobo, hermano de Juan, lo
mandó matar a espada. 3 Al ver que esto agrada-
ba a los judíos, procedió a prender también a
Pedro. Esto sucedió durante la fiesta de los
Panes sin levadura. 4 Después de arrestarlo, lo
metió en la cárcel y lo puso bajo la vigilancia de
cuatro grupos de cuatro soldados cada uno. Tenía la intención de hacerlo comparecer en juicio
público después de la Pascua. 5 Pero mientras

18 When they heard this, they had no further
objections and praised God, saying, "So then,
God has granted even the Gentiles repentance
unto life."

The Church in Antioch

19 Now those who had been scattered by the
persecution in connection with Stephen traveled
as far as Phoenicia, Cyprus and Antioch, telling
the message only to Jews. 20 Some of them,
however, men from Cyprus and Cyrene, went to
Antioch and began to speak to Greeks also,
telling them the good news about the Lord Jesus.
21 The Lord's hand was with them, and a great
number of people believed and turned to the
Lord.

22 News of this reached the ears of the church
at Jerusalem, and they sent Barnabas to Antioch.
23 When he arrived and saw the evidence of the
grace of God, he was glad and encouraged them
all to remain true to the Lord with all their hearts.
24 He was a good man, full of the Holy Spirit and
faith, and a great number of people were brought
to the Lord.

25 Then Barnabas went to Tarsus to look for
Saul, 26 and when he found him, he brought him
to Antioch. So for a whole year Barnabas and
Saul met with the church and taught great numbers of people. The disciples were called Chris-
tians first at Antioch.

27 During this time some prophets came down
from Jerusalem to Antioch. 28 One of them,
named Agabus, stood up and through the Spirit
predicted that a severe famine would spread
over the entire Roman world. (This happened
during the reign of Claudius.) 29 The disciples,
each according to his ability, decided to provide
help for the brothers living in Judea. 30 This they
did, sending their gift to the elders by Barnabas
and Saul.

Peter's Miraculous Escape From Prison

12 It was about this time that King Herod
arrested some who belonged to the
church, intending to persecute them. 2 He had
James, the brother of John, put to death with
the sword. 3 When he saw that this pleased the
Jews, he proceeded to seize Peter also. This
happened during the Feast of Unleavened
Bread. 4 After arresting him, he put him in
prison, handing him over to be guarded by
four squads of four soldiers each. Herod intended to bring him out for public trial after
the Passover.

5 So Peter was kept in prison, but the church
was earnestly praying to God for him.

mantenían a Pedro en la cárcel, la iglesia oraba constante y fervientemente a Dios por él.

6La misma noche en que Herodes estaba a punto de sacar a Pedro para someterlo a juicio, éste dormía entre dos soldados, sujeto con dos cadenas. Unos guardias vigilaban la entrada de la cárcel. 7De repente apareció un ángel del Señor y una luz resplandeció en la celda. Despertó a Pedro con unas palmadas en el costado y le dijo: «¡Date prisa, levántate!» Las cadenas cayeron de las manos de Pedro. 8Le dijo además el ángel: «Vístete y cálzate las sandalias.» Así lo hizo, y el ángel añadió: «Échate la capa encima y sígueme.»

9Pedro salió tras él, pero no sabía si realmente estaba sucediendo lo que el ángel hacía. Le parecía que se trataba de una visión. 10Pasaron por la primera y la segunda guardia, y llegaron al portón de hierro que daba a la ciudad. El portón se les abrió por sí solo, y salieron. Caminaron unas cuadras, y de repente el ángel lo dejó solo.

11Entonces Pedro volvió en sí y se dijo: «Ahora estoy completamente seguro de que el Señor ha enviado a su ángel para librarme del poder de Herodes y de todo lo que el pueblo judío esperaba.»

12Cuando cayó en cuenta de esto, fue a casa de María, la madre de Juan, apodado Marcos, donde muchas personas estaban reunidas orando. 13Llamó a la puerta de la calle, y salió a responder una sierva llamada Rode. 14Al reconocer la voz de Pedro, se puso tan contenta que volvió corriendo sin abrir.

—¡Pedro está a la puerta! —exclamó.

15—¡Estás loca! —le dijeron.

Ella insistía en que así era, pero los otros decían:

—Debe de ser su ángel.

16Entre tanto, Pedro seguía llamando. Cuando abrieron la puerta y lo vieron, quedaron pasmados. 17Con la mano Pedro les hizo señas de que se callaran, y les contó cómo el Señor lo había sacado de la cárcel.

—Cuéntenles esto a Jacobo y a los hermanos —les dijo.

Luego salió y se fue a otro lugar.

18Al amanecer se produjo un gran alboroto entre los soldados respecto al paradero de Pedro. 19Herodes hizo averiguaciones, pero al no encontrarlo, les tomó declaración a los guardias y mandó matarlos. Después viajó de Judea a Cesarea y se quedó allí.

Muerte de Herodes

20Herodes estaba furioso con los de Tiro y de Sidón, pero ellos se pusieron de acuerdo y se presentaron ante él. Habiéndose ganado el favor de Blasto, camarero del rey, pidieron paz, por-

6The night before Herod was to bring him to trial, Peter was sleeping between two soldiers, bound with two chains, and sentries stood guard at the entrance. 7Suddenly an angel of the Lord appeared and a light shone in the cell. He struck Peter on the side and woke him up. "Quick, get up!" he said, and the chains fell off Peter's wrists.

8Then the angel said to him, "Put on your clothes and sandals." And Peter did so. "Wrap your cloak around you and follow me," the angel told him. 9Peter followed him out of the prison, but he had no idea that what the angel was doing was really happening; he thought he was seeing a vision. 10They passed the first and second guards and came to the iron gate leading to the city. It opened for them by itself, and they went through it. When they had walked the length of one street, suddenly the angel left him.

11Then Peter came to himself and said, "Now I know without a doubt that the Lord sent his angel and rescued me from Herod's clutches and from everything the Jewish people were anticipating."

12When this had dawned on him, he went to the house of Mary the mother of John, also called Mark, where many people had gathered and were praying. 13Peter knocked at the outer entrance, and a servant girl named Rhoda came to answer the door. 14When she recognized Peter's voice, she was so overjoyed she ran back without opening it and exclaimed, "Peter is at the door!"

15"You're out of your mind," they told her. When she kept insisting that it was so, they said, "It must be his angel."

16But Peter kept on knocking, and when they opened the door and saw him, they were astonished. 17Peter motioned with his hand for them to be quiet and described how the Lord had brought him out of prison. "Tell James and the brothers about this," he said, and then he left for another place.

18In the morning, there was no small commotion among the soldiers as to what had become of Peter. 19After Herod had a thorough search made for him and did not find him, he cross-examined the guards and ordered that they be executed.

Herod's Death

Then Herod went from Judea to Caesarea and stayed there a while. 20He had been quarreling with the people of Tyre and Sidon; they now joined together and sought an audience with him. Having secured the support of Blastus, a trusted personal servant of the king, they asked

que su región dependía del país del rey para obtener sus provisiones.

21El día señalado, Herodes, ataviado con su ropaje real y sentado en su trono, le dirigió un discurso al pueblo. 22La gente gritaba: «¡Voz de un dios, no de hombre!» 23Al instante un ángel del Señor lo hirió, porque no le había dado la gloria a Dios; y Herodes murió comido de gusanos.

24Pero la palabra de Dios seguía extendiéndose y difundiéndose.

25Cuando Bernabé y Saulo cumplieron su servicio, regresaron deʳ Jerusalén llevando con ellos a Juan, llamado también Marcos.

Despedida de Bernabé y Saulo

13 En la iglesia de Antioquía eran profetas y maestros Bernabé; Simeón, apodado el Negro; Lucio de Cirene; Manaén, que se había criado con Herodes el tetrarca; y Saulo. 2Mientras ayunaban y participaban en el culto al Señor, el Espíritu Santo dijo: «Apártenme ahora a Bernabé y a Saulo para el trabajo al que los he llamado.»

3Así que después de ayunar, orar e imponerles las manos, los despidieron.

En Chipre

4Bernabé y Saulo, enviados por el Espíritu Santo, bajaron a Seleucia, y de allí navegaron a Chipre. 5Al llegar a Salamina, predicaron la palabra de Dios en las sinagogas de los judíos. Tenían también a Juan como ayudante.

6Recorrieron toda la isla hasta Pafos. Allí se encontraron con un hechicero, un falso profeta judío llamado Barjesús, 7que estaba con el gobernadorˢ Sergio Paulo. El gobernador, hombre inteligente, mandó llamar a Bernabé y a Saulo, en un esfuerzo por escuchar la palabra de Dios. 8Pero Elimas el hechicero (que es lo que significa su nombre) se les oponía y procuraba apartar de la fe al gobernador. 9Entonces Saulo, o sea Pablo, lleno del Espíritu Santo, clavó los ojos en Elimas y le dijo: 10«¡Hijo del diablo y enemigo de toda justicia, lleno de todo tipo de engaño y de fraude! ¿Nunca dejarás de torcer los caminos rectos del Señor? 11Ahora la mano del Señor está contra ti; vas a quedarte ciego y por algún tiempo no podrás ver la luz del sol.»

Al instante cayeron sobre él sombra y oscuridad, y comenzó a buscar a tientas quien lo llevara de la mano. 12Al ver lo sucedido, el gobernador creyó, maravillado de la enseñanza acerca del Señor.

for peace, because they depended on the king's country for their food supply.

21On the appointed day Herod, wearing his royal robes, sat on his throne and delivered a public address to the people. 22They shouted, "This is the voice of a god, not of a man." 23Immediately, because Herod did not give praise to God, an angel of the Lord struck him down, and he was eaten by worms and died.

24But the word of God continued to increase and spread.

25When Barnabas and Saul had finished their mission, they returned fromᵗ Jerusalem, taking with them John, also called Mark.

Barnabas and Saul Sent Off

13 In the church at Antioch there were prophets and teachers: Barnabas, Simeon called Niger, Lucius of Cyrene, Manaen (who had been brought up with Herod the tetrarch) and Saul. 2While they were worshiping the Lord and fasting, the Holy Spirit said, "Set apart for me Barnabas and Saul for the work to which I have called them." 3So after they had fasted and prayed, they placed their hands on them and sent them off.

On Cyprus

4The two of them, sent on their way by the Holy Spirit, went down to Seleucia and sailed from there to Cyprus. 5When they arrived at Salamis, they proclaimed the word of God in the Jewish synagogues. John was with them as their helper.

6They traveled through the whole island until they came to Paphos. There they met a Jewish sorcerer and false prophet named Bar-Jesus, 7who was an attendant of the proconsul, Sergius Paulus. The proconsul, an intelligent man, sent for Barnabas and Saul because he wanted to hear the word of God. 8But Elymas the sorcerer (for that is what his name means) opposed them and tried to turn the proconsul from the faith. 9Then Saul, who was also called Paul, filled with the Holy Spirit, looked straight at Elymas and said, 10"You are a child of the devil and an enemy of everything that is right! You are full of all kinds of deceit and trickery. Will you never stop perverting the right ways of the Lord? 11Now the hand of the Lord is against you. You are going to be blind, and for a time you will be unable to see the light of the sun."

Immediately mist and darkness came over him, and he groped about, seeking someone to lead him by the hand. 12When the proconsul saw what had happened, he believed, for he was amazed at the teaching about the Lord.

ʳ 12:25 regresaron de. Var. regresaron a.
ˢ 13:7 gobernador. Lit. procónsul; también en vv. 8 y 12.

ᵗ 25 Some manuscripts to

En Antioquía de Pisidia

13Pablo y sus compañeros se hicieron a la mar desde Pafos, y llegaron a Perge de Panfilia. Juan se separó de ellos y regresó a Jerusalén; 14ellos, por su parte, siguieron su viaje desde Perge hasta Antioquía de Pisidia. El *sábado entraron en la sinagoga y se sentaron. 15Al terminar la lectura de la ley y los profetas, los jefes de la sinagoga mandaron a decirles: «Hermanos, si tienen algún mensaje de aliento para el pueblo, hablen.»

16Pablo se puso en pie, hizo una señal con la mano y dijo: «Escúchenme, israelitas, y ustedes, los *gentiles temerosos de Dios: 17El Dios de este pueblo de Israel escogió a nuestros antepasados y engrandeció al pueblo mientras vivían como extranjeros en Egipto. Con gran poder los sacó de aquella tierra 18y soportó su mal proceder¹ en el desierto unos cuarenta años. 19Luego de destruir siete naciones en Canaán, dio a su pueblo la tierra de ellas en herencia. 20Todo esto duró unos cuatrocientos cincuenta años.

»Después de esto, Dios les asignó jueces hasta los días del profeta Samuel. 21Entonces pidieron un rey, y Dios les dio a Saúl, hijo de Quis, de la tribu de Benjamín, que gobernó por cuarenta años. 22Tras destituir a Saúl, les puso por rey a David, de quien dio este testimonio: "He encontrado en David, hijo de Isaí, un hombre conforme a mi corazón; él realizará todo lo que yo quiero."

23»De los descendientes de éste, conforme a la promesa, Dios ha provisto a Israel un salvador, que es Jesús. 24Antes de la venida de Jesús, Juan predicó un bautismo de *arrepentimiento a todo el pueblo de Israel. 25Cuando estaba completando su carrera, Juan decía: "¿Quién suponen ustedes que soy? No soy aquél. Miren, después de mí viene uno a quien no soy digno ni siquiera de desatarle las sandalias."

26»Hermanos, descendientes de Abraham, y ustedes, los gentiles temerosos de Dios: a nosotros se nos ha enviado este mensaje de salvación. 27Los habitantes de Jerusalén y sus gobernantes no reconocieron a Jesús. Por tanto, al condenarlo, cumplieron las palabras de los profetas que se leen todos los sábados. 28Aunque no encontraron ninguna causa digna de muerte, le pidieron a Pilato que lo mandara a ejecutar. 29Después de llevar a cabo todas las cosas que estaban escritas acerca de él, lo bajaron del madero y lo sepultaron. 30Pero Dios lo *levantó de entre los muertos. 31Durante muchos días lo vieron los que habían subido con él de Galilea a Jerusalén, y ellos son ahora sus testigos ante el pueblo.

32»Nosotros les anunciamos a ustedes las buenas *nuevas respecto a la promesa hecha a nues-

In Pisidian Antioch

13From Paphos, Paul and his companions sailed to Perga in Pamphylia, where John left them to return to Jerusalem. 14From Perga they went on to Pisidian Antioch. On the Sabbath they entered the synagogue and sat down. 15After the reading from the Law and the Prophets, the synagogue rulers sent word to them, saying, "Brothers, if you have a message of encouragement for the people, please speak."

16Standing up, Paul motioned with his hand and said: "Men of Israel and you Gentiles who worship God, listen to me! 17The God of the people of Israel chose our fathers; he made the people prosper during their stay in Egypt, with mighty power he led them out of that country, 18he endured their conductᵘ for about forty years in the desert, 19he overthrew seven nations in Canaan and gave their land to his people as their inheritance. 20All this took about 450 years.

"After this, God gave them judges until the time of Samuel the prophet. 21Then the people asked for a king, and he gave them Saul son of Kish, of the tribe of Benjamin, who ruled forty years. 22After removing Saul, he made David their king. He testified concerning him: 'I have found David son of Jesse a man after my own heart; he will do everything I want him to do.'

23"From this man's descendants God has brought to Israel the Savior Jesus, as he promised. 24Before the coming of Jesus, John preached repentance and baptism to all the people of Israel. 25As John was completing his work, he said: 'Who do you think I am? I am not that one. No, but he is coming after me, whose sandals I am not worthy to untie.'

26"Brothers, children of Abraham, and you God-fearing Gentiles, it is to us that this message of salvation has been sent. 27The people of Jerusalem and their rulers did not recognize Jesus, yet in condemning him they fulfilled the words of the prophets that are read every Sabbath. 28Though they found no proper ground for a death sentence, they asked Pilate to have him executed. 29When they had carried out all that was written about him, they took him down from the tree and laid him in a tomb. 30But God raised him from the dead, 31and for many days he was seen by those who had traveled with him from Galilee to Jerusalem. They are now his witnesses to our people.

32"We tell you the good news: What God promised our fathers

---

¹13:18 soportó su mal proceder. Var. los cuidó.   ᵘ18 Some manuscripts and cared for them

tros antepasados. ³³Dios nos la ha cumplido plenamente a nosotros, los descendientes de ellos, al resucitar a Jesús. Como está escrito en el segundo salmo:

»"Tú eres mi hijo;
    hoy mismo te he engendrado." *u*

³⁴Dios lo *resucitó para que no volviera jamás a la corrupción. Así se cumplieron estas palabras:

»"Yo les daré las bendiciones santas y se-
    guras prometidas a David." *v*

³⁵Por eso dice en otro pasaje:

»"No permitirás que el fin de tu santo sea
    la corrupción." *w*

³⁶»Ciertamente David, después de servir a su propia generación conforme al propósito de Dios, murió, fue sepultado con sus antepasados, y su cuerpo sufrió la corrupción. ³⁷Pero aquel a quien Dios resucitó no sufrió la corrupción de su cuerpo.

³⁸»Por tanto, hermanos, sepan que por medio de Jesús se les anuncia a ustedes el perdón de los pecados. ³⁹Ustedes no pudieron ser *justificados de esos pecados por la ley de Moisés, pero todo el que cree es justificado por medio de Jesús. ⁴⁰Tengan cuidado, no sea que les suceda lo que han dicho los profetas:

⁴¹»"¡Miren, burlones!
    ¡Asómbrense y desaparezcan!
  Estoy por hacer en estos días una obra
    que ustedes nunca creerán,
    aunque alguien se la explique." *x*»

⁴²Al salir ellos de la sinagoga, los invitaron a que el siguiente sábado les hablaran más de estas cosas. ⁴³Cuando se disolvió la asamblea, muchos judíos y prosélitos fieles acompañaron a Pablo y a Bernabé, los cuales en su conversación con ellos les instaron a perseverar en la gracia de Dios.

⁴⁴El siguiente sábado casi toda la ciudad se congregó para oír la palabra del Señor. ⁴⁵Pero cuando los judíos vieron a las multitudes, se llenaron de celos y contradecían con maldiciones lo que Pablo decía.

⁴⁶Pablo y Bernabé les contestaron valientemente: «Era necesario que les anunciáramos la palabra de Dios primero a ustedes. Como la rechazan y no se consideran dignos de la vida eterna, ahora vamos a dirigirnos a los gentiles.

³²"We tell you the good news: What God promised our fathers ³³he has fulfilled for us, their children, by raising up Jesus. As it is written in the second Psalm:

"'You are my Son;
    today I have become your Father.' *v w*

³⁴The fact that God raised him from the dead, never to decay, is stated in these words:

"'I will give you the holy and sure bless-
    ings promised to David.' *x*

³⁵So it is stated elsewhere:

"'You will not let your Holy One see de-
    cay.' *y*

³⁶"For when David had served God's purpose in his own generation, he fell asleep; he was buried with his fathers and his body decayed. ³⁷But the one whom God raised from the dead did not see decay.

³⁸"Therefore, my brothers, I want you to know that through Jesus the forgiveness of sins is proclaimed to you. ³⁹Through him everyone who believes is justified from everything you could not be justified from by the law of Moses. ⁴⁰Take care that what the prophets have said does not happen to you:

⁴¹"'Look, you scoffers,
    wonder and perish,
  for I am going to do something in your
    days
  that you would never believe,
    even if someone told you.' *z*"

⁴²As Paul and Barnabas were leaving the synagogue, the people invited them to speak further about these things on the next Sabbath. ⁴³When the congregation was dismissed, many of the Jews and devout converts to Judaism followed Paul and Barnabas, who talked with them and urged them to continue in the grace of God.

⁴⁴On the next Sabbath almost the whole city gathered to hear the word of the Lord. ⁴⁵When the Jews saw the crowds, they were filled with jealousy and talked abusively against what Paul was saying.

⁴⁶Then Paul and Barnabas answered them boldly: "We had to speak the word of God to

---

u 13:33 Sal 2:7   *v* 13:34 Is 55:3   *w* 13:35 Sal 16:10
x 13:41 Hab 1:5

v 33 Or *have begotten you*   *w 33* Psalm 2:7   *x 34* Isaiah 55:3
y 35 Psalm 16:10   *z 41* Hab. 1:5

47Así nos lo ha mandado el Señor:

» "Te he puesto por luz para las *naciones,
a fin de que lleves mi salvación hasta
los confines de la tierra."ʸ»

48Al oír esto, los gentiles se alegraron y cele-braron la palabra del Señor; y creyeron todos los que estaban destinados a la vida eterna.

49La palabra del Señor se difundía por toda la región. 50Pero los judíos incitaron a mujeres muy distinguidas y favorables al judaísmo, y a los hombres más prominentes de la ciudad, y provocaron una persecución contra Pablo y Bernabé. Por tanto, los expulsaron de la región. 51Ellos, por su parte, se sacudieron el polvo de los pies en señal de protesta contra la ciudad, y se fueron a Iconio. 52Y los discípulos quedaron llenos de alegría y del Espíritu Santo.

En Iconio

14 En Iconio, Pablo y Bernabé entraron, como de costumbre, en la sinagoga judía y hablaron de tal manera que creyó una multitud de judíos y de *griegos. 2Pero los judíos incrédulos incitaron a los *gentiles y les amargaron el ánimo contra los hermanos. 3En todo caso, Pablo y Bernabé pasaron allí bastante tiempo, hablando valientemente en el nombre del Señor, quien confirmaba el mensaje de su gracia, haciendo señales y prodigios por medio de ellos. 4La gente de la ciudad estaba dividida: unos estaban de parte de los judíos, y otros de parte de los apóstoles. 5Hubo un complot tanto de los gentiles como de los judíos, apoyados por sus dirigentes, para mal-tratarlos y apedrearlos. 6Al darse cuenta de esto, los apóstoles huyeron a Listra y a Derbe, ciudades de Licaonia, y a sus alrededores, 7donde siguieron anunciando las buenas *nuevas.

En Listra y Derbe

8En Listra vivía un hombre lisiado de naci-miento, que no podía mover las piernas y nunca había caminado. Estaba sentado, 9escuchando a Pablo, quien al reparar en él y ver que tenía fe para ser sanado, 10le ordenó con voz fuerte:
—¡Ponte en pie y enderézate!

El hombre dio un salto y empezó a caminar. 11Al ver lo que Pablo había hecho, la gente comenzó a gritar en el idioma de Licaonia:
—¡Los dioses han tomado forma humana y han venido a visitarnos!

12A Bernabé lo llamaban Zeus, y a Pablo, Hermes, porque era el que dirigía la palabra. 13El sacerdote de Zeus, el dios cuyo templo

you first. Since you reject it and do not consider yourselves worthy of eternal life, we now turn to the Gentiles. 47For this is what the Lord has commanded us:

" 'I have made youᵃ a light for the Gen-tiles,
that youᵇ may bring salvation to the
ends of the earth.'ᶜ"

48When the Gentiles heard this, they were glad and honored the word of the Lord; and all who were appointed for eternal life believed.

49The word of the Lord spread through the whole region. 50But the Jews incited the God-fearing women of high standing and the leading men of the city. They stirred up persecution against Paul and Barnabas, and expelled them from their region. 51So they shook the dust from their feet in protest against them and went to Iconium. 52And the disciples were filled with joy and with the Holy Spirit.

In Iconium

14 At Iconium Paul and Barnabas went as usual into the Jewish synagogue. There they spoke so effectively that a great number of Jews and Gentiles believed. 2But the Jews who refused to believe stirred up the Gentiles and poisoned their minds against the brothers. 3So Paul and Barnabas spent considerable time there, speaking boldly for the Lord, who con-firmed the message of his grace by enabling them to do miraculous signs and wonders. 4The people of the city were divided; some sided with the Jews, others with the apostles. 5There was a plot afoot among the Gentiles and Jews, together with their leaders, to mistreat them and stone them. 6But they found out about it and fled to the Lycaonian cities of Lystra and Derbe and to the surrounding country, 7where they continued to preach the good news.

In Lystra and Derbe

8In Lystra there sat a man crippled in his feet, who was lame from birth and had never walked. 9He listened to Paul as he was speaking. Paul looked directly at him, saw that he had faith to be healed 10and called out, "Stand up on your feet!" At that, the man jumped up and began to walk.

11When the crowd saw what Paul had done, they shouted in the Lycaonian language, "The gods have come down to us in human form!"

ʸ13:47 Is 49:6

ᵃ47 The Greek is singular.   ᵇ47 The Greek is singular.
ᶜ47 Isaiah 49:6

estaba a las afueras de la ciudad, llevó toros y guirnaldas a las puertas y, con toda la multitud, quería ofrecerles sacrificios.

14Al enterarse de esto los apóstoles Bernabé y Pablo, se rasgaron las vestiduras y se lanzaron por entre la multitud, gritando:

15—Señores, ¿por qué hacen esto? Nosotros también somos hombres mortales como ustedes. Las buenas *nuevas que les anunciamos es que dejen estas cosas sin valor y se vuelvan al Dios viviente, que hizo el cielo, la tierra, el mar y todo lo que hay en ellos. 16En épocas pasadas él permitió que todas las *naciones siguieran su propio camino. 17Sin embargo, no ha dejado de dar testimonio de sí mismo haciendo el bien, dándoles lluvias del cielo y estaciones fructíferas, proporcionándoles comida y alegría de corazón. 18A pesar de todo lo que dijeron, a duras penas evitaron que la multitud les ofreciera sacrificios.

19En eso llegaron de Antioquía y de Iconio unos judíos que hicieron cambiar de parecer a la multitud. Apedrearon a Pablo y lo arrastraron fuera de la ciudad, creyendo que estaba muerto. 20Pero cuando lo rodearon los discípulos, él se levantó y volvió a entrar en la ciudad. Al día siguiente, partió para Derbe en compañía de Bernabé.

El regreso a Antioquía de Siria

21Después de anunciar las buenas *nuevas en aquella ciudad y de hacer muchos discípulos, Pablo y Bernabé regresaron a Listra, a Iconio y a Antioquía, 22fortaleciendo a los discípulos y animándolos a perseverar en la fe. «Es necesario pasar por muchas dificultades para entrar en el reino de Dios», les decían. 23En cada iglesia nombraron *ancianos y, con oración y ayuno, los encomendaron al Señor, en quien habían creído. 24Atravesando Pisidia, llegaron a Panfilia, 25y cuando terminaron de predicar la palabra en Perge, bajaron a Atalía.

26De Atalía navegaron a Antioquía, donde se los había encomendado a la gracia de Dios para la obra que ya habían realizado. 27Cuando llegaron, reunieron a la iglesia e informaron de todo lo que Dios había hecho por medio de ellos, y de cómo había abierto la puerta de la fe a los *gentiles. 28Y se quedaron allí mucho tiempo con los discípulos.

El concilio de Jerusalén

15 Algunos que habían llegado de Judea a Antioquía se pusieron a enseñar a los hermanos: «A menos que ustedes se circunciden, conforme a la tradición de Moisés, no pueden ser salvos.» 2Esto provocó un altercado y un serio debate de Pablo y Bernabé con ellos. Entonces se decidió que Pablo y Bernabé, y algu-

12Barnabas they called Zeus, and Paul they called Hermes because he was the chief speaker. 13The priest of Zeus, whose temple was just outside the city, brought bulls and wreaths to the city gates because he and the crowd wanted to offer sacrifices to them.

14But when the apostles Barnabas and Paul heard of this, they tore their clothes and rushed out into the crowd, shouting: 15"Men, why are you doing this? We too are only men, human like you. We are bringing you good news, telling you to turn from these worthless things to the living God, who made heaven and earth and sea and everything in them. 16In the past, he let all nations go their own way. 17Yet he has not left himself without testimony: He has shown kindness by giving you rain from heaven and crops in their seasons; he provides you with plenty of food and fills your hearts with joy." 18Even with these words, they had difficulty keeping the crowd from sacrificing to them.

19Then some Jews came from Antioch and Iconium and won the crowd over. They stoned Paul and dragged him outside the city, thinking he was dead. 20But after the disciples had gathered around him, he got up and went back into the city. The next day he and Barnabas left for Derbe.

The Return to Antioch in Syria

21They preached the good news in that city and won a large number of disciples. Then they returned to Lystra, Iconium and Antioch, 22strengthening the disciples and encouraging them to remain true to the faith. "We must go through many hardships to enter the kingdom of God," they said. 23Paul and Barnabas appointed eldersd for them in each church and, with prayer and fasting, committed them to the Lord, in whom they had put their trust. 24After going through Pisidia, they came into Pamphylia, 25and when they had preached the word in Perga, they went down to Attalia.

26From Attalia they sailed back to Antioch, where they had been committed to the grace of God for the work they had now completed. 27On arriving there, they gathered the church together and reported all that God had done through them and how he had opened the door of faith to the Gentiles. 28And they stayed there a long time with the disciples.

The Council at Jerusalem

15 Some men came down from Judea to Antioch and were teaching the brothers: "Unless you are circumcised, according to the

d23 Or Barnabas ordained elders; or Barnabas had elders elected

nos otros creyentes, subieran a Jerusalén para tratar este asunto con los apóstoles y los *ancianos. ³Enviados por la iglesia, al pasar por Fenicia y Samaria contaron cómo se habían convertido los *gentiles. Estas noticias llenaron de alegría a todos los creyentes. ⁴Al llegar a Jerusalén, fueron muy bien recibidos tanto por la iglesia como por los apóstoles y los ancianos, a quienes informaron de todo lo que Dios había hecho por medio de ellos.

⁵Entonces intervinieron algunos creyentes que pertenecían a la secta de los *fariseos y afirmaron:

—Es necesario circuncidar a los gentiles y exigirles que obedezcan la ley de Moisés.

⁶Los apóstoles y los ancianos se reunieron para examinar este asunto. ⁷Después de una larga discusión, Pedro tomó la palabra:

—Hermanos, ustedes saben que desde un principio Dios me escogió de entre ustedes para que por mi boca los gentiles oyeran el mensaje del *evangelio y creyeran. ⁸Dios, que conoce el corazón humano, mostró que los aceptaba dándoles el Espíritu Santo, lo mismo que a nosotros. ⁹Sin hacer distinción alguna entre nosotros y ellos, purificó sus corazones por la fe. ¹⁰Entonces, ¿por qué tratan ahora de provocar a Dios poniendo sobre el cuello de esos discípulos un yugo que ni nosotros ni nuestros antepasados hemos podido soportar? ¹¹¡No puede ser! Más bien, como ellos, creemos que somos salvosᶻ por la gracia de nuestro Señor Jesús.

¹²Toda la asamblea guardó silencio para escuchar a Bernabé y a Pablo, que les contaron las señales y prodigios que Dios había hecho por medio de ellos entre los gentiles. ¹³Cuando terminaron, *Jacobo tomó la palabra y dijo:

—Hermanos, escúchenme. ¹⁴*Simónᵃ nos ha expuesto cómo Dios desde el principio tuvo a bien escoger de entre los gentiles un pueblo para honra de su nombre. ¹⁵Con esto concuerdan las palabras de los profetas, tal como está escrito:

¹⁶»"Después de esto volveré
   y reedificaré la choza caída de David.
  Reedificaré sus ruinas,
   y la restauraré,
¹⁷para que busque al Señor el resto de la
    *humanidad,
   todas las *naciones que llevan mi nombre.
¹⁸Así dice el Señor, que hace estas cosas"ᵇ
  conocidas desde tiempos antiguos.ᶜ

custom taught by Moses, you cannot be saved." ²This brought Paul and Barnabas into sharp dispute and debate with them. So Paul and Barnabas were appointed, along with some other believers, to go up to Jerusalem to see the apostles and elders about this question. ³The church sent them on their way, and as they traveled through Phoenicia and Samaria, they told how the Gentiles had been converted. This news made all the brothers very glad. ⁴When they came to Jerusalem, they were welcomed by the church and the apostles and elders, to whom they reported everything God had done through them.

⁵Then some of the believers who belonged to the party of the Pharisees stood up and said, "The Gentiles must be circumcised and required to obey the law of Moses."

⁶The apostles and elders met to consider this question. ⁷After much discussion, Peter got up and addressed them: "Brothers, you know that some time ago God made a choice among you that the Gentiles might hear from my lips the message of the gospel and believe. ⁸God, who knows the heart, showed that he accepted them by giving the Holy Spirit to them, just as he did to us. ⁹He made no distinction between us and them, for he purified their hearts by faith. ¹⁰Now then, why do you try to test God by putting on the necks of the disciples a yoke that neither we nor our fathers have been able to bear? ¹¹No! We believe it is through the grace of our Lord Jesus that we are saved, just as they are."

¹²The whole assembly became silent as they listened to Barnabas and Paul telling about the miraculous signs and wonders God had done among the Gentiles through them. ¹³When they finished, James spoke up: "Brothers, listen to me. ¹⁴Simonᵉ has described to us how God at first showed his concern by taking from the Gentiles a people for himself. ¹⁵The words of the prophets are in agreement with this, as it is written:

¹⁶" 'After this I will return
   and rebuild David's fallen tent.
  Its ruins I will rebuild,
   and I will restore it,
¹⁷that the remnant of men may seek the
    Lord,
   and all the Gentiles who bear my name,
  says the Lord, who does these things'ᶠ
¹⁸ that have been known for ages.ᵍ

ᶻ**15:11** *que somos salvos.* Alt. *a fin de ser salvos.*
ᵃ**15:14** *Simón.* Lit. *Simeón.*   ᵇ**15:18** Am 9:11,12
ᶜ**15:18** "... *que hace ... antiguos.* Var. "... *que hace todas estas cosas"; conocidas del Señor son todas sus obras desde tiempos antiguos.*

ᵉ*14* Greek *Simeon,* a variant of *Simon;* that is, Peter
ᶠ*17* Amos 9:11,12   ᵍ*17,18* Some manuscripts *things'* — /
18known to the Lord for ages is his work

19»Por lo tanto, yo considero que debemos dejar de ponerles trabas a los gentiles que se convierten a Dios. 20Más bien debemos escribirles que se abstengan de lo *contaminado por los ídolos, de la inmoralidad sexual, de la carne de animales estrangulados y de sangre. 21En efecto, desde tiempos antiguos Moisés siempre ha tenido en cada ciudad quien lo predique y lo lea en las sinagogas todos los *sábados.

Carta del concilio a los creyentes gentiles

22Entonces los apóstoles y los *ancianos, de común acuerdo con toda la iglesia, decidieron escoger a algunos de ellos y enviarlos a Antioquía con Pablo y Bernabé. Escogieron a Judas, llamado Barsabás, y a Silas, que tenían buena reputación entre los hermanos. 23Con ellos mandaron la siguiente carta:

Los apóstoles y los ancianos,

a nuestros hermanos *gentiles en Antioquía, Siria y Cilicia:

Saludos.

24Nos hemos enterado de que algunos de los nuestros, sin nuestra autorización, los han inquietado a ustedes, alarmándoles con lo que les han dicho. 25Así que de común acuerdo hemos decidido escoger a algunos hombres y enviarlos a ustedes con nuestros queridos hermanos Pablo y Bernabé, 26quienes han arriesgado su *vida por el nombre de nuestro Señor *Jesucristo. 27Por tanto, les enviamos a Judas y a Silas para que les confirmen personalmente lo que les escribimos. 28Nos pareció bien al Espíritu Santo y a nosotros no imponerles a ustedes ninguna carga aparte de los siguientes requisitos: 29abstenerse de lo sacrificado a los ídolos, de sangre, de la carne de animales estrangulados y de la inmoralidad sexual. Bien harán ustedes si evitan estas cosas.

Con nuestros mejores deseos.

30Una vez despedidos, ellos bajaron a Antioquía, donde reunieron a la congregación y entregaron la carta. 31Los creyentes la leyeron y se alegraron por su mensaje alentador. 32Judas y Silas, que también eran profetas, hablaron extensamente para animarlos y fortalecerlos. 33Después de pasar algún tiempo allí, los hermanos los despidieron en paz, para que regresaran a quienes los habían enviado.d 35Pablo y Berna-

19"It is my judgment, therefore, that we should not make it difficult for the Gentiles who are turning to God. 20Instead we should write to them, telling them to abstain from food polluted by idols, from sexual immorality, from the meat of strangled animals and from blood. 21For Moses has been preached in every city from the earliest times and is read in the synagogues on every Sabbath."

The Council's Letter to Gentile Believers

22Then the apostles and elders, with the whole church, decided to choose some of their own men and send them to Antioch with Paul and Barnabas. They chose Judas (called Barsabbas) and Silas, two men who were leaders among the brothers. 23With them they sent the following letter:

The apostles and elders, your brothers,

To the Gentile believers in Antioch, Syria and Cilicia:

Greetings.

24We have heard that some went out from us without our authorization and disturbed you, troubling your minds by what they said. 25So we all agreed to choose some men and send them to you with our dear friends Barnabas and Paul— 26men who have risked their lives for the name of our Lord Jesus Christ. 27Therefore we are sending Judas and Silas to confirm by word of mouth what we are writing. 28It seemed good to the Holy Spirit and to us not to burden you with anything beyond the following requirements: 29You are to abstain from food sacrificed to idols, from blood, from the meat of strangled animals and from sexual immorality. You will do well to avoid these things.

Farewell.

30The men were sent off and went down to Antioch, where they gathered the church together and delivered the letter. 31The people read it and were glad for its encouraging message. 32Judas and Silas, who themselves were prophets, said much to encourage and strengthen the brothers. 33After spending some time there, they were sent off by the brothers with the blessing of peace to return to those who had sent them.h

---

d15:33 enviado. Var. enviado, 34pero Silas decidió quedarse.

h33 Some manuscripts them, 34but Silas decided to remain there

bé permanecieron en Antioquía, enseñando y anunciando la palabra del Señor en compañía de muchos otros.

Desacuerdo entre Pablo y Bernabé

36Algún tiempo después, Pablo le dijo a Bernabé: «Volvamos a visitar a los creyentes en todas las ciudades en donde hemos anunciado la palabra del Señor, y veamos cómo están.» **37**Resulta que Bernabé quería llevar con ellos a Juan Marcos, **38**pero a Pablo no le pareció prudente llevarlo, porque los había abandonado en Panfilia y no había seguido con ellos en el trabajo. **39**Se produjo entre ellos un conflicto tan serio que acabaron por separarse. Bernabé se llevó a Marcos y se embarcó rumbo a Chipre, **40**mientras que Pablo escogió a Silas. Después de que los hermanos lo encomendaron a la gracia del Señor, Pablo partió **41**y viajó por Siria y Cilicia, consolidando a las iglesias.

Timoteo se une a Pablo y a Silas

16 Llegó Pablo a Derbe y después a Listra, donde se encontró con un discípulo llamado Timoteo, hijo de una mujer judía creyente, pero de padre *griego. **2**Los hermanos en Listra y en Iconio hablaban bien de Timoteo, **3**así que Pablo decidió llevárselo. Por causa de los judíos que vivían en aquella región, lo circuncidó, pues todos sabían que su padre era griego. **4**Al pasar por las ciudades, entregaban los acuerdos tomados por los apóstoles y los *ancianos de Jerusalén, para que los pusieran en práctica. **5**Y así las iglesias se fortalecían en la fe y crecían en número día tras día.

La visión de Pablo del hombre macedonio

6Atravesaron la región de Frigia y Galacia, ya que el Espíritu Santo les había impedido que predicaran la palabra en la provincia de *Asia. **7**Cuando llegaron cerca de Misia, intentaron pasar a Bitinia, pero el Espíritu de Jesús no se lo permitió. **8**Entonces, pasando de largo por Misia, bajaron a Troas. **9**Durante la noche Pablo tuvo una visión en la que un hombre de Macedonia, puesto de pie, le rogaba: «Pasa a Macedonia y ayúdanos.» **10**Después de que Pablo tuvo la visión, en seguida nos preparamos para partir hacia Macedonia, convencidos de que Dios nos había llamado a anunciar el *evangelio a los macedonios.

Conversión de Lidia en Filipos

11Zarpando de Troas, navegamos directamente a Samotracia, y al día siguiente a Neápolis. **12**De allí fuimos a Filipos, que es una colonia romana y la ciudad principal de ese distrito de

Disagreement Between Paul and Barnabas

35But Paul and Barnabas remained in Antioch, where they and many others taught and preached the word of the Lord.

36Some time later Paul said to Barnabas, "Let us go back and visit the brothers in all the towns where we preached the word of the Lord and see how they are doing." **37**Barnabas wanted to take John, also called Mark, with them, **38**but Paul did not think it wise to take him, because he had deserted them in Pamphylia and had not continued with them in the work. **39**They had such a sharp disagreement that they parted company. Barnabas took Mark and sailed for Cyprus, **40**but Paul chose Silas and left, commended by the brothers to the grace of the Lord. **41**He went through Syria and Cilicia, strengthening the churches.

Timothy Joins Paul and Silas

16 He came to Derbe and then to Lystra, where a disciple named Timothy lived, whose mother was a Jewess and a believer, but whose father was a Greek. **2**The brothers at Lystra and Iconium spoke well of him. **3**Paul wanted to take him along on the journey, so he circumcised him because of the Jews who lived in that area, for they all knew that his father was a Greek. **4**As they traveled from town to town, they delivered the decisions reached by the apostles and elders in Jerusalem for the people to obey. **5**So the churches were strengthened in the faith and grew daily in numbers.

Paul's Vision of the Man of Macedonia

6Paul and his companions traveled throughout the region of Phrygia and Galatia, having been kept by the Holy Spirit from preaching the word in the province of Asia. **7**When they came to the border of Mysia, they tried to enter Bithynia, but the Spirit of Jesus would not allow them to. **8**So they passed by Mysia and went down to Troas. **9**During the night Paul had a vision of a man of Macedonia standing and begging him, "Come over to Macedonia and help us." **10**After Paul had seen the vision, we got ready at once to leave for Macedonia, concluding that God had called us to preach the gospel to them.

Lydia's Conversion in Philippi

11From Troas we put out to sea and sailed straight for Samothrace, and the next day on to Neapolis. **12**From there we traveled to Philippi, a Roman colony and the leading city of that

Macedonia. En esa ciudad nos quedamos varios días.

13El *sábado salimos a las afueras de la ciudad, y fuimos por la orilla del río, donde esperábamos encontrar un lugar de oración. Nos sentamos y nos pusimos a conversar con las mujeres que se habían reunido. 14Una de ellas, que se llamaba Lidia, adoraba a Dios. Era de la ciudad de Tiatira y vendía telas de púrpura. Mientras escuchaba, el Señor le abrió el corazón para que respondiera al mensaje de Pablo. 15Cuando fue bautizada con su familia, nos hizo la siguiente invitación: «Si ustedes me consideran creyente en el Señor, vengan a hospedarse en mi casa.» Y nos persuadió.

Pablo y Silas en la cárcel

16Una vez, cuando íbamos al lugar de oración, nos salió al encuentro una joven esclava que tenía un espíritu de adivinación. Con sus poderes ganaba mucho dinero para sus amos. 17Nos seguía a Pablo y a nosotros, gritando:

—Estos hombres son *siervos del Dios Altísimo, y les anuncian a ustedes el camino de salvación.

18Así continuó durante muchos días. Por fin Pablo se molestó tanto que se volvió y reprendió al espíritu:

—¡En el nombre de *Jesucristo, te ordeno que salgas de ella!

Y en aquel mismo momento el espíritu la dejó.

19Cuando los amos de la joven se dieron cuenta de que se les había esfumado la esperanza de ganar dinero, echaron mano a Pablo y a Silas y los arrastraron a la plaza, ante las autoridades. 20Los presentaron ante los magistrados y dijeron:

—Estos hombres son judíos, y están alborotando a nuestra ciudad, 21enseñando costumbres que a los romanos se nos prohíbe admitir o practicar.

22Entonces la multitud se amotinó contra Pablo y Silas, y los magistrados mandaron que les arrancaran la ropa y los azotaran. 23Después de darles muchos golpes, los echaron en la cárcel, y ordenaron al carcelero que los custodiara con la mayor seguridad. 24Al recibir tal orden, éste los metió en el calabozo interior y les sujetó los pies en el cepo.

25A eso de la medianoche, Pablo y Silas se pusieron a orar y a cantar himnos a Dios, y los otros presos los escuchaban. 26De repente se produjo un terremoto tan fuerte que la cárcel se estremeció hasta sus cimientos. Al instante se abrieron todas las puertas y a los presos se les soltaron las cadenas. 27El carcelero despertó y, al ver las puertas de la cárcel de par en par, sacó la espada y estuvo a punto de matarse, porque pensaba que los presos se habían escapado. Pero Pablo le gritó:

district of Macedonia. And we stayed there several days.

13On the Sabbath we went outside the city gate to the river, where we expected to find a place of prayer. We sat down and began to speak to the women who had gathered there. 14One of those listening was a woman named Lydia, a dealer in purple cloth from the city of Thyatira, who was a worshiper of God. The Lord opened her heart to respond to Paul's message. 15When she and the members of her household were baptized, she invited us to her home. "If you consider me a believer in the Lord," she said, "come and stay at my house." And she persuaded us.

Paul and Silas in Prison

16Once when we were going to the place of prayer, we were met by a slave girl who had a spirit by which she predicted the future. She earned a great deal of money for her owners by fortune-telling. 17This girl followed Paul and the rest of us, shouting, "These men are servants of the Most High God, who are telling you the way to be saved." 18She kept this up for many days. Finally Paul became so troubled that he turned around and said to the spirit, "In the name of Jesus Christ I command you to come out of her!" At that moment the spirit left her.

19When the owners of the slave girl realized that their hope of making money was gone, they seized Paul and Silas and dragged them into the marketplace to face the authorities. 20They brought them before the magistrates and said, "These men are Jews, and are throwing our city into an uproar 21by advocating customs unlawful for us Romans to accept or practice."

22The crowd joined in the attack against Paul and Silas, and the magistrates ordered them to be stripped and beaten. 23After they had been severely flogged, they were thrown into prison, and the jailer was commanded to guard them carefully. 24Upon receiving such orders, he put them in the inner cell and fastened their feet in the stocks.

25About midnight Paul and Silas were praying and singing hymns to God, and the other prisoners were listening to them. 26Suddenly there was such a violent earthquake that the foundations of the prison were shaken. At once all the prison doors flew open, and everybody's chains came loose. 27The jailer woke up, and when he saw the prison doors open, he drew his sword and was about to kill himself because he thought the prisoners had

28—¡No te hagas ningún daño! ¡Todos estamos aquí!

29El carcelero pidió luz, entró precipitadamente y se echó temblando a los pies de Pablo y de Silas. **30**Luego los sacó y les preguntó:

—Señores, ¿qué tengo que hacer para ser salvo?

31—Cree en el Señor Jesús; así tú y tu familia serán salvos —le contestaron.

32Luego les expusieron la palabra de Dios a él y a todos los demás que estaban en su casa. **33**A esas horas de la noche, el carcelero se los llevó y les lavó las heridas; en seguida fueron bautizados él y toda su familia. **34**El carcelero los llevó a su casa, les sirvió comida y se alegró mucho junto con toda su familia por haber creído en Dios.

35Al amanecer, los magistrados mandaron a unos guardias al carcelero con esta orden: «Suelta a esos hombres.» **36**El carcelero, entonces, le informó a Pablo:

—Los magistrados han ordenado que los suelte. Así que pueden irse. Vayan en paz.

37Pero Pablo respondió a los guardias:

—¿Cómo? A nosotros, que somos ciudadanos romanos, que nos han azotado públicamente y sin proceso alguno, y nos han echado en la cárcel, ¿ahora quieren expulsarnos a escondidas? ¡Nada de eso! Que vengan ellos personalmente a escoltarnos hasta la salida.

38Los guardias comunicaron la respuesta a los magistrados. Éstos se asustaron cuando oyeron que Pablo y Silas eran ciudadanos romanos, **39**así que fueron a presentarles sus disculpas. Los escoltaron desde la cárcel, pidiéndoles que se fueran de la ciudad. **40**Al salir de la cárcel, Pablo y Silas se dirigieron a la casa de Lidia, donde se vieron con los hermanos y los animaron. Después se fueron.

En Tesalónica

17 Atravesando Anfípolis y Apolonia, Pablo y Silas llegaron a Tesalónica, donde había una sinagoga de los judíos. **2**Como era su costumbre, Pablo entró en la sinagoga y tres *sábados seguidos discutió con ellos. Basándose en las Escrituras, **3**les explicaba y demostraba que era necesario que el *Mesías padeciera y *resucitara. Les decía: «Este Jesús que les anuncio es el Mesías.» **4**Algunos de los judíos se convencieron y se unieron a Pablo y a Silas, como también lo hicieron un buen número de mujeres prominentes y muchos *griegos que adoraban a Dios.

5Pero los judíos, llenos de envidia, reclutaron a unos maleantes callejeros, con los que armaron una turba y empezaron a alborotar la ciudad. Asaltaron la casa de Jasón en busca de Pablo y Silas, con el fin de procesarlos públicamente. **6**Pero como no los encontraron, arrastraron a

escaped. **28**But Paul shouted, "Don't harm yourself! We are all here!"

29The jailer called for lights, rushed in and fell trembling before Paul and Silas. **30**He then brought them out and asked, "Sirs, what must I do to be saved?"

31They replied, "Believe in the Lord Jesus, and you will be saved—you and your household." **32**Then they spoke the word of the Lord to him and to all the others in his house. **33**At that hour of the night the jailer took them and washed their wounds; then immediately he and all his family were baptized. **34**The jailer brought them into his house and set a meal before them; he was filled with joy because he had come to believe in God—he and his whole family.

35When it was daylight, the magistrates sent their officers to the jailer with the order: "Release those men." **36**The jailer told Paul, "The magistrates have ordered that you and Silas be released. Now you can leave. Go in peace."

37But Paul said to the officers: "They beat us publicly without a trial, even though we are Roman citizens, and threw us into prison. And now do they want to get rid of us quietly? No! Let them come themselves and escort us out."

38The officers reported this to the magistrates, and when they heard that Paul and Silas were Roman citizens, they were alarmed. **39**They came to appease them and escorted them from the prison, requesting them to leave the city. **40**After Paul and Silas came out of the prison, they went to Lydia's house, where they met with the brothers and encouraged them. Then they left.

In Thessalonica

17 When they had passed through Amphipolis and Apollonia, they came to Thessalonica, where there was a Jewish synagogue. **2**As his custom was, Paul went into the synagogue, and on three Sabbath days he reasoned with them from the Scriptures, **3**explaining and proving that the Christ[i] had to suffer and rise from the dead. "This Jesus I am proclaiming to you is the Christ,[j]" he said. **4**Some of the Jews were persuaded and joined Paul and Silas, as did a large number of God-fearing Greeks and not a few prominent women.

5But the Jews were jealous; so they rounded up some bad characters from the marketplace, formed a mob and started a riot in the city. They rushed to Jason's house in search of Paul and Silas in order to bring them out to the crowd.[k]

---

i 3 Or *Messiah   j 3* Or *Messiah   k 5* Or *the assembly of the people*

Jasón y a algunos otros hermanos ante las autoridades de la ciudad, gritando: «¡Estos que han trastornado el mundo entero han venido también acá, 7y Jasón los ha recibido en su casa! Todos ellos actúan en contra de los decretos del *emperador, afirmando que hay otro rey, uno que se llama Jesús.» 8Al oír esto, la multitud y las autoridades de la ciudad se alborotaron; 9entonces éstas exigieron fianza a Jasón y a los demás para dejarlos en libertad.

En Berea

10Tan pronto como se hizo de noche, los hermanos enviaron a Pablo y a Silas a Berea, quienes al llegar se dirigieron a la sinagoga de los judíos. 11Éstos eran de sentimientos más nobles que los de Tesalónica, de modo que recibieron el mensaje con toda avidez y todos los días examinaban las Escrituras para ver si era verdad lo que se les anunciaba. 12Muchos de los judíos creyeron, y también un buen número de *griegos, incluso mujeres distinguidas y no pocos hombres.

13Cuando los judíos de Tesalónica se enteraron de que también en Berea estaba Pablo predicando la palabra de Dios, fueron allá para agitar y alborotar a las multitudes. 14En seguida los hermanos enviaron a Pablo hasta la costa, pero Silas y Timoteo se quedaron en Berea. 15Los que acompañaban a Pablo lo llevaron hasta Atenas. Luego regresaron con instrucciones de que Silas y Timoteo se reunieran con él tan pronto como les fuera posible.

En Atenas

16Mientras Pablo los esperaba en Atenas, le dolió en el alma ver que la ciudad estaba llena de ídolos. 17Así que discutía en la sinagoga con los judíos y con los *griegos que adoraban a Dios, y a diario hablaba en la plaza con los que se encontraban por allí. 18Algunos filósofos epicúreos y estoicos entablaron conversación con él. Unos decían: «¿Qué querrá decir este charlatán?» Otros comentaban: «Parece que es predicador de dioses extranjeros.» Decían esto porque Pablo les anunciaba las buenas *nuevas de Jesús y de la resurrección. 19Entonces se lo llevaron a una reunión del Areópago.

—¿Se puede saber qué nueva enseñanza es esta que usted presenta? —le preguntaron—. 20Porque nos viene usted con ideas que nos suenan extrañas, y queremos saber qué significan.

21Es que todos los atenienses y los extranjeros que vivían allí se pasaban el tiempo sin hacer otra cosa más que escuchar y comentar las últimas novedades.

22Pablo se puso en medio del Areópago y tomó la palabra:

—¡Ciudadanos atenienses! Observo que uste-

6But when they did not find them, they dragged Jason and some other brothers before the city officials, shouting: "These men who have caused trouble all over the world have now come here, 7and Jason has welcomed them into his house. They are all defying Caesar's decrees, saying that there is another king, one called Jesus." 8When they heard this, the crowd and the city officials were thrown into turmoil. 9Then they made Jason and the others post bond and let them go.

In Berea

10As soon as it was night, the brothers sent Paul and Silas away to Berea. On arriving there, they went to the Jewish synagogue. 11Now the Bereans were of more noble character than the Thessalonians, for they received the message with great eagerness and examined the Scriptures every day to see if what Paul said was true. 12Many of the Jews believed, as did also a number of prominent Greek women and many Greek men.

13When the Jews in Thessalonica learned that Paul was preaching the word of God at Berea, they went there too, agitating the crowds and stirring them up. 14The brothers immediately sent Paul to the coast, but Silas and Timothy stayed at Berea. 15The men who escorted Paul brought him to Athens and then left with instructions for Silas and Timothy to join him as soon as possible.

In Athens

16While Paul was waiting for them in Athens, he was greatly distressed to see that the city was full of idols. 17So he reasoned in the synagogue with the Jews and the God-fearing Greeks, as well as in the marketplace day by day with those who happened to be there. 18A group of Epicurean and Stoic philosophers began to dispute with him. Some of them asked, "What is this babbler trying to say?" Others remarked, "He seems to be advocating foreign gods." They said this because Paul was preaching the good news about Jesus and the resurrection. 19Then they took him and brought him to a meeting of the Areopagus, where they said to him, "May we know what this new teaching is that you are presenting? 20You are bringing some strange ideas to our ears, and we want to know what they mean." 21(All the Athenians and the foreigners who lived there spent their time doing nothing but talking about and listening to the latest ideas.)

22Paul then stood up in the meeting of the Areopagus and said: "Men of Athens! I see that in every way you are very religious. 23For as I

des son sumamente religiosos en todo lo que hacen. 23 Al pasar y fijarme en sus lugares sagrados, encontré incluso un altar con esta inscripción: A UN DIOS DESCONOCIDO. Pues bien, eso que ustedes adoran como algo desconocido es lo que yo les anuncio.

24 »El Dios que hizo el mundo y todo lo que hay en él es Señor del cielo y de la tierra. No vive en templos construidos por hombres, 25 ni se deja servir por manos *humanas, como si necesitara de algo. Por el contrario, él es quien da a todos la vida, el aliento y todas las cosas. 26 De un solo hombre hizo todas las naciones^e para que habitaran toda la tierra; y determinó los períodos de su historia y las fronteras de sus territorios. 27 Esto lo hizo Dios para que todos lo busquen y, aunque sea a tientas, lo encuentren. En verdad, él no está lejos de ninguno de nosotros, 28 "puesto que en él vivimos, nos movemos y existimos". Como algunos de sus propios poetas griegos han dicho: "De él somos descendientes."

29 »Por tanto, siendo descendientes de Dios, no debemos pensar que la divinidad sea como el oro, la plata o la piedra: escultura hecha como resultado del ingenio y de la destreza del *ser humano. 30 Pues bien, Dios pasó por alto aquellos tiempos de tal ignorancia, pero ahora manda a todos, en todas partes, que se *arrepientan. 31 Él ha fijado un día en que juzgará al mundo con justicia, por medio del hombre que ha designado. De ello ha dado pruebas a todos al *levantarlo de entre los muertos.

32 Cuando oyeron de la resurrección, unos se burlaron; pero otros le dijeron:

—Queremos que usted nos hable en otra ocasión sobre este tema.

33 En ese momento Pablo salió de la reunión. 34 Algunas personas se unieron a Pablo y creyeron. Entre ellos estaba Dionisio, miembro del Areópago, también una mujer llamada Dámaris, y otros más.

En Corinto

18 Después de esto, Pablo se marchó de Atenas y se fue a Corinto. 2 Allí se encontró con un judío llamado Aquila, natural del Ponto, y con su esposa Priscila. Hacía poco habían llegado de Italia, porque Claudio había mandado que todos los judíos fueran expulsados de Roma. Pablo fue a verlos 3 y, como hacía tiendas de campaña al igual que ellos, se quedó para que trabajaran juntos. 4 Todos los *sábados discutía en la sinagoga, tratando de persuadir a judíos y a *griegos.

5 Cuando Silas y Timoteo llegaron de Macedonia, Pablo se dedicó exclusivamente a la pre-

walked around and looked carefully at your objects of worship, I even found an altar with this inscription: TO AN UNKNOWN GOD. Now what you worship as something unknown I am going to proclaim to you.

24 "The God who made the world and everything in it is the Lord of heaven and earth and does not live in temples built by hands. 25 And he is not served by human hands, as if he needed anything, because he himself gives all men life and breath and everything else. 26 From one man he made every nation of men, that they should inhabit the whole earth; and he determined the times set for them and the exact places where they should live. 27 God did this so that men would seek him and perhaps reach out for him and find him, though he is not far from each one of us. 28 'For in him we live and move and have our being.' As some of your own poets have said, 'We are his offspring.'

29 "Therefore since we are God's offspring, we should not think that the divine being is like gold or silver or stone—an image made by man's design and skill. 30 In the past God overlooked such ignorance, but now he commands all people everywhere to repent. 31 For he has set a day when he will judge the world with justice by the man he has appointed. He has given proof of this to all men by raising him from the dead."

32 When they heard about the resurrection of the dead, some of them sneered, but others said, "We want to hear you again on this subject." 33 At that, Paul left the Council. 34 A few men became followers of Paul and believed. Among them was Dionysius, a member of the Areopagus, also a woman named Damaris, and a number of others.

In Corinth

18 After this, Paul left Athens and went to Corinth. 2 There he met a Jew named Aquila, a native of Pontus, who had recently come from Italy with his wife Priscilla, because Claudius had ordered all the Jews to leave Rome. Paul went to see them, 3 and because he was a tentmaker as they were, he stayed and worked with them. 4 Every Sabbath he reasoned in the synagogue, trying to persuade Jews and Greeks.

5 When Silas and Timothy came from Macedonia, Paul devoted himself exclusively to preaching, testifying to the Jews that Jesus was the Christ.^l 6 But when the Jews opposed Paul

---

^e 17:26 *todas las naciones.* Alt. *todo el género humano.*   ^l 5 Or *Messiah*; also in verse 28

dicación, testificándoles a los judíos que Jesús era el *Mesías. 6Pero cuando los judíos se opusieron a Pablo y lo insultaron, éste se sacudió la ropa en señal de protesta y les dijo: «¡Caiga la sangre de ustedes sobre su propia cabeza! Estoy libre de responsabilidad. De ahora en adelante me dirigiré a los *gentiles.»

7Entonces Pablo salió de la sinagoga y se fue a la casa de un tal Ticio Justo, que adoraba a Dios y que vivía al lado de la sinagoga. 8Crispo, el jefe de la sinagoga, creyó en el Señor con toda su familia. También creyeron y fueron bautizados muchos de los corintios que oyeron a Pablo.

9Una noche el Señor le dijo a Pablo en una visión: «No tengas miedo; sigue hablando y no te calles, 10pues estoy contigo. Aunque te ataquen, no voy a dejar que nadie te haga daño, porque tengo mucha gente en esta ciudad.» 11Así que Pablo se quedó allí un año y medio, enseñando entre el pueblo la palabra de Dios.

12Mientras Galión era gobernador*f* de Acaya, los judíos a una atacaron a Pablo y lo condujeron al tribunal.

13—Este hombre —denunciaron ellos— anda persuadiendo a la gente a adorar a Dios de una manera que va en contra de nuestra ley.

14Pablo ya iba a hablar cuando Galión les dijo:

—Si ustedes los judíos estuvieran entablando una demanda sobre algún delito o algún crimen grave, sería razonable que los escuchara. 15Pero como se trata de cuestiones de palabras, de nombres y de su propia ley, arréglense entre ustedes. No quiero ser juez de tales cosas.

16Así que mandó que los expulsaran del tribunal. 17Entonces se abalanzaron todos sobre Sóstenes, el jefe de la sinagoga, y lo golpearon delante del tribunal. Pero Galión no le dio ninguna importancia al asunto.

Priscila, Aquila y Apolos

18Pablo permaneció en Corinto algún tiempo más. Después se despidió de los hermanos y emprendió el viaje rumbo a Siria, acompañado de Priscila y Aquila. En Cencreas, antes de embarcarse, se hizo rapar la cabeza a causa de un voto que había hecho. 19Al llegar a Éfeso, Pablo se separó de sus acompañantes y entró en la sinagoga, donde se puso a discutir con los judíos. 20Éstos le pidieron que se quedara más tiempo con ellos. Él no accedió, 21pero al despedirse les prometió: «Ya volveré, si Dios quiere.» Y zarpó de Éfeso. 22Cuando desembarcó en Cesarea, subió a Jerusalén a saludar a la iglesia y luego bajó a Antioquía.

23Después de pasar algún tiempo allí, Pablo se

and became abusive, he shook out his clothes in protest and said to them, "Your blood be on your own heads! I am clear of my responsibility. From now on I will go to the Gentiles."

7Then Paul left the synagogue and went next door to the house of Titius Justus, a worshiper of God. 8Crispus, the synagogue ruler, and his entire household believed in the Lord; and many of the Corinthians who heard him believed and were baptized.

9One night the Lord spoke to Paul in a vision: "Do not be afraid; keep on speaking, do not be silent. 10For I am with you, and no one is going to attack and harm you, because I have many people in this city." 11So Paul stayed for a year and a half, teaching them the word of God.

12While Gallio was proconsul of Achaia, the Jews made a united attack on Paul and brought him into court. 13"This man," they charged, "is persuading the people to worship God in ways contrary to the law."

14Just as Paul was about to speak, Gallio said to the Jews, "If you Jews were making a complaint about some misdemeanor or serious crime, it would be reasonable for me to listen to you. 15But since it involves questions about words and names and your own law—settle the matter yourselves. I will not be a judge of such things." 16So he had them ejected from the court. 17Then they all turned on Sosthenes the synagogue ruler and beat him in front of the court. But Gallio showed no concern whatever.

Priscilla, Aquila and Apollos

18Paul stayed on in Corinth for some time. Then he left the brothers and sailed for Syria, accompanied by Priscilla and Aquila. Before he sailed, he had his hair cut off at Cenchrea because of a vow he had taken. 19They arrived at Ephesus, where Paul left Priscilla and Aquila. He himself went into the synagogue and reasoned with the Jews. 20When they asked him to spend more time with them, he declined. 21But as he left, he promised, "I will come back if it is God's will." Then he set sail from Ephesus. 22When he landed at Caesarea, he went up and greeted the church and then went down to Antioch.

23After spending some time in Antioch, Paul set out from there and traveled from place to place throughout the region of Galatia and Phrygia, strengthening all the disciples.

24Meanwhile a Jew named Apollos, a native of Alexandria, came to Ephesus. He was a

---

*f*18:12 *gobernador*. Lit. *procónsul*.

fue a visitar una por una las congregacionesᵍ de Galacia y Frigia, animando a todos los discípulos.

24Por aquel entonces llegó a Éfeso un judío llamado Apolos, natural de Alejandría. Era un hombre ilustrado y convincente en el uso de las Escrituras. 25Había sido instruido en el camino del Señor, y con gran fervorʰ hablaba y enseñaba con la mayor exactitud acerca de Jesús, aunque conocía sólo el bautismo de Juan. 26Comenzó a hablar valientemente en la sinagoga. Al oírlo Priscila y Aquila, lo tomaron a su cargo y le explicaron con mayor precisión el camino de Dios.

27Como Apolos quería pasar a Acaya, los hermanos lo animaron y les escribieron a los discípulos de allá para que lo recibieran. Cuando llegó, ayudó mucho a quienes por la gracia habían creído, 28pues refutaba vigorosamente en público a los judíos, demostrando por las Escrituras que Jesús es el *Mesías.

Pablo en Éfeso

19 Mientras Apolos estaba en Corinto, Pablo recorrió las regiones del interior y llegó a Éfeso. Allí encontró a algunos discípulos.

2—¿Recibieron ustedes el Espíritu Santo cuando creyeron? —les preguntó.

—No, ni siquiera hemos oído hablar del Espíritu Santo —respondieron.

3—Entonces, ¿qué bautismo recibieron?

—El bautismo de Juan.

4Pablo les explicó:

—El bautismo de Juan no era más que un bautismo de *arrepentimiento. Él le decía al pueblo que creyera en el que venía después de él, es decir, en Jesús.

5Al oír esto, fueron bautizados en el nombre del Señor Jesús. 6Cuando Pablo les impuso las manos, el Espíritu Santo vino sobre ellos, y empezaron a hablar en *lenguas y a profetizar. 7Eran en total unos doce hombres.

8Pablo entró en la sinagoga y habló allí con toda valentía durante tres meses. Discutía acerca del reino de Dios, tratando de convencerlos, 9pero algunos se negaron obstinadamente a creer, y ante la congregación hablaban mal del Camino. Así que Pablo se alejó de ellos y formó un grupo aparte con los discípulos; y a diario debatía en la escuela de Tirano. 10Esto continuó por espacio de dos años, de modo que todos los judíos y los *griegos que vivían en la provincia de *Asia llegaron a escuchar la palabra del Señor.

11Dios hacía milagros extraordinarios por medio de Pablo, 12a tal grado que a los enfermos

learned man, with a thorough knowledge of the Scriptures. 25He had been instructed in the way of the Lord, and he spoke with great fervorᵐ and taught about Jesus accurately, though he knew only the baptism of John. 26He began to speak boldly in the synagogue. When Priscilla and Aquila heard him, they invited him to their home and explained to him the way of God more adequately.

27When Apollos wanted to go to Achaia, the brothers encouraged him and wrote to the disciples there to welcome him. On arriving, he was a great help to those who by grace had believed. 28For he vigorously refuted the Jews in public debate, proving from the Scriptures that Jesus was the Christ.

Paul in Ephesus

19 While Apollos was at Corinth, Paul took the road through the interior and arrived at Ephesus. There he found some disciples 2and asked them, "Did you receive the Holy Spirit whenⁿ you believed?"

They answered, "No, we have not even heard that there is a Holy Spirit."

3So Paul asked, "Then what baptism did you receive?"

"John's baptism," they replied.

4Paul said, "John's baptism was a baptism of repentance. He told the people to believe in the one coming after him, that is, in Jesus." 5On hearing this, they were baptized intoᵒ the name of the Lord Jesus. 6When Paul placed his hands on them, the Holy Spirit came on them, and they spoke in tonguesᵖ and prophesied. 7There were about twelve men in all.

8Paul entered the synagogue and spoke boldly there for three months, arguing persuasively about the kingdom of God. 9But some of them became obstinate; they refused to believe and publicly maligned the Way. So Paul left them. He took the disciples with him and had discussions daily in the lecture hall of Tyrannus. 10This went on for two years, so that all the Jews and Greeks who lived in the province of Asia heard the word of the Lord.

11God did extraordinary miracles through Paul, 12so that even handkerchiefs and aprons that had touched him were taken to the sick, and their illnesses were cured and the evil spirits left them.

ᵍ18:23 una por una las congregaciones. Lit. por orden la región.   ʰ18:25 con gran fervor. Lit. con fervor en el Espíritu.

ᵐ25 Or with fervor in the Spirit   ⁿ2 Or after   ᵒ5 Or in   ᵖ6 Or other languages

les llevaban pañuelos y delantales que habían tocado el cuerpo de Pablo, y quedaban sanos de sus enfermedades, y los espíritus malignos salían de ellos.

13Algunos judíos que andaban expulsando espíritus malignos intentaron invocar sobre los endemoniados el nombre del Señor Jesús. Decían: «¡En el nombre de Jesús, a quien Pablo predica, les ordeno que salgan!» 14Esto lo hacían siete hijos de un tal Esceva, que era uno de los jefes de los sacerdotes judíos.

15Un día el *espíritu maligno les replicó: «Conozco a Jesús, y sé quién es Pablo, pero ustedes ¿quiénes son?» 16Y abalanzándose sobre ellos, el hombre que tenía el espíritu maligno los dominó a todos. Los maltrató con tanta violencia que huyeron de la casa desnudos y heridos.

17Cuando se enteraron los judíos y los griegos que vivían en Éfeso, el temor se apoderó de todos ellos, y el nombre del Señor Jesús era glorificado. 18Muchos de los que habían creído llegaban ahora y confesaban públicamente sus prácticas malvadas. 19Un buen número de los que practicaban la hechicería juntaron sus libros en un montón y los quemaron delante de todos. Cuando calcularon el precio de aquellos libros, resultó un total de cincuenta mil monedas de plata.*i* 20Así la palabra del Señor crecía y se difundía con poder arrollador.

21Después de todos estos sucesos, Pablo tomó la determinación de ir a Jerusalén, pasando por Macedonia y Acaya. Decía: «Después de estar allí, tengo que visitar Roma.» 22Entonces envió a Macedonia a dos de sus ayudantes, Timoteo y Erasto, mientras él se quedaba por algún tiempo en la provincia de Asia.

El disturbio en Éfeso

23Por aquellos días se produjo un gran disturbio a propósito del Camino. 24Un platero llamado Demetrio, que hacía figuras en plata del templo de Artemisa,*j* proporcionaba a los artesanos no poca ganancia. 25Los reunió con otros obreros del ramo, y les dijo:

—Compañeros, ustedes saben que obtenemos buenos ingresos de este oficio. 26Les consta además que el tal Pablo ha logrado persuadir a mucha gente, no sólo en Éfeso sino en casi toda la provincia de *Asia. Él sostiene que no son dioses los que se hacen con las manos. 27Ahora bien, no sólo hay el peligro de que se desprestigie nuestro oficio, sino también de que el templo de la gran diosa Artemisa sea menospreciado, y que la diosa misma, a quien adoran toda la

13Some Jews who went around driving out evil spirits tried to invoke the name of the Lord Jesus over those who were demon-possessed. They would say, "In the name of Jesus, whom Paul preaches, I command you to come out." 14Seven sons of Sceva, a Jewish chief priest, were doing this. 15One day₁ the evil spirit answered them, "Jesus I know, and I know about Paul, but who are you?" 16Then the man who had the evil spirit jumped on them and overpowered them all. He gave them such a beating that they ran out of the house naked and bleeding.

17When this became known to the Jews and Greeks living in Ephesus, they were all seized with fear, and the name of the Lord Jesus was held in high honor. 18Many of those who believed now came and openly confessed their evil deeds. 19A number who had practiced sorcery brought their scrolls together and burned them publicly. When they calculated the value of the scrolls, the total came to fifty thousand drachmas.*q* 20In this way the word of the Lord spread widely and grew in power.

21After all this had happened, Paul decided to go to Jerusalem, passing through Macedonia and Achaia. "After I have been there," he said, "I must visit Rome also." 22He sent two of his helpers, Timothy and Erastus, to Macedonia, while he stayed in the province of Asia a little longer.

The Riot in Ephesus

23About that time there arose a great disturbance about the Way. 24A silversmith named Demetrius, who made silver shrines of Artemis, brought in no little business for the craftsmen. 25He called them together, along with the workmen in related trades, and said: "Men, you know we receive a good income from this business. 26And you see and hear how this fellow Paul has convinced and led astray large numbers of people here in Ephesus and in practically the whole province of Asia. He says that man-made gods are no gods at all. 27There is danger not only that our trade will lose its good name, but also that the temple of the great goddess Artemis will be discredited, and the goddess herself, who is worshiped throughout the province of Asia and the world, will be robbed of her divine majesty."

---

i 19:19 *monedas de plata.* Es decir, *dracmas.
j* 19:24 Nombre griego de la Diana de los romanos; también en vv. 27,28,34 y 35.

q 19 A drachma was a silver coin worth about a day's wages.

provincia de Asia y el mundo entero, sea despojada de su divina majestad.

28Al oír esto, se enfurecieron y comenzaron a gritar:

—¡Grande es Artemisa de los efesios!

29En seguida toda la ciudad se alborotó. La turba en masa se precipitó en el teatro, arrastrando a Gayo y a Aristarco, compañeros de viaje de Pablo, que eran de Macedonia. **30**Pablo quiso presentarse ante la multitud, pero los discípulos no se lo permitieron. **31**Incluso algunas autoridades de la provincia, que eran amigos de Pablo, le enviaron un recado, rogándole que no se arriesgara a entrar en el teatro.

32Había confusión en la asamblea. Cada uno gritaba una cosa distinta, y la mayoría ni siquiera sabía para qué se habían reunido. **33**Los judíos empujaron a un tal Alejandro hacia adelante, y algunos de entre la multitud lo sacaron para que tomara la palabra. Él agitó la mano para pedir silencio y presentar su defensa ante el pueblo. **34**Pero cuando se dieron cuenta de que era judío, todos se pusieron a gritar al unísono como por dos horas:

—¡Grande es Artemisa de los efesios!

35El secretario del concejo municipal logró calmar a la multitud y dijo:

—Ciudadanos de Éfeso, ¿acaso no sabe todo el mundo que la ciudad de Éfeso es guardiana del templo de la gran Artemisa y de su estatua bajada del cielo? **36**Ya que estos hechos son innegables, es preciso que ustedes se calmen y no hagan nada precipitadamente. **37**Ustedes han traído a estos hombres, aunque ellos no han cometido ningún sacrilegio ni han *blasfemado contra nuestra diosa. **38**Así que si Demetrio y sus compañeros de oficio tienen alguna queja contra alguien, para eso hay tribunales y gobernadores.*k* Vayan y presenten allí sus acusaciones unos contra otros. **39**Si tienen alguna otra demanda, que se resuelva en legítima asamblea. **40**Tal y como están las cosas, con los sucesos de hoy corremos el riesgo de que nos acusen de causar disturbios. ¿Qué razón podríamos dar de este alboroto, si no hay ninguna?

41Dicho esto, despidió la asamblea.

Recorrido por Macedonia y Grecia

20 Cuando cesó el alboroto, Pablo mandó llamar a los discípulos y, después de animarlos, se despidió y salió rumbo a Macedonia. **2**Recorrió aquellas regiones, alentando a los creyentes en muchas ocasiones, y por fin llegó a Grecia, **3**donde se quedó tres meses. Como los judíos tramaban un atentado contra él cuando estaba a punto de embarcarse para Siria, decidió

28When they heard this, they were furious and began shouting: "Great is Artemis of the Ephesians!" **29**Soon the whole city was in an uproar. The people seized Gaius and Aristarchus, Paul's traveling companions from Macedonia, and rushed as one man into the theater. **30**Paul wanted to appear before the crowd, but the disciples would not let him. **31**Even some of the officials of the province, friends of Paul, sent him a message begging him not to venture into the theater.

32The assembly was in confusion: Some were shouting one thing, some another. Most of the people did not even know why they were there. **33**The Jews pushed Alexander to the front, and some of the crowd shouted instructions to him. He motioned for silence in order to make a defense before the people. **34**But when they realized he was a Jew, they all shouted in unison for about two hours: "Great is Artemis of the Ephesians!"

35The city clerk quieted the crowd and said: "Men of Ephesus, doesn't all the world know that the city of Ephesus is the guardian of the temple of the great Artemis and of her image, which fell from heaven? **36**Therefore, since these facts are undeniable, you ought to be quiet and not do anything rash. **37**You have brought these men here, though they have neither robbed temples nor blasphemed our goddess. **38**If, then, Demetrius and his fellow craftsmen have a grievance against anybody, the courts are open and there are proconsuls. They can press charges. **39**If there is anything further you want to bring up, it must be settled in a legal assembly. **40**As it is, we are in danger of being charged with rioting because of today's events. In that case we would not be able to account for this commotion, since there is no reason for it." **41**After he had said this, he dismissed the assembly.

Through Macedonia and Greece

20 When the uproar had ended, Paul sent for the disciples and, after encouraging them, said good-by and set out for Macedonia. **2**He traveled through that area, speaking many words of encouragement to the people, and finally arrived in Greece, **3**where he stayed three months. Because the Jews made a plot against him just as he was about to sail for Syria, he decided to go back through Macedonia. **4**He was accompanied by Sopater son of Pyrrhus from Berea, Aristarchus and Secundus from Thessalonica, Gaius from Derbe, Timothy also, and

---

k **19:38** *gobernadores.* Lit. *procónsules.*

regresar por Macedonia. 4Lo acompañaron Só-pater hijo de Pirro, de Berea; Aristarco y Segundo, de Tesalónica; Gayo, de Derbe; Timoteo; y por último, Tíquico y Trófimo, de la provincia de *Asia. 5Éstos se adelantaron y nos esperaron en Troas. 6Pero nosotros zarpamos de Filipos después de la fiesta de los Panes sin levadura, y a los cinco días nos reunimos con los otros en Troas, donde pasamos siete días.

Visita de Pablo a Troas

7El primer día de la semana nos reunimos para partir el pan. Como iba a salir al día siguiente, Pablo estuvo hablando a los creyentes, y prolongó su discurso hasta la medianoche. 8En el cuarto del piso superior donde estábamos reunidos había muchas lámparas. 9Un joven llamado Eutico, que estaba sentado en una ventana, comenzó a dormirse mientras Pablo alargaba su discurso. Cuando se quedó profundamente dormido, se cayó desde el tercer piso y lo recogieron muerto. 10Pablo bajó, se echó sobre el joven y lo abrazó. «¡No se alarmen! —les dijo—. ¡Está vivo!» 11Luego volvió a subir, partió el pan y comió. Siguió hablando hasta el amanecer, y entonces se fue. 12Al joven se lo llevaron vivo a su casa, para gran consuelo de todos.

Pablo se despide de los ancianos de Éfeso

13Nosotros, por nuestra parte, nos embarcamos anticipadamente y zarpamos para Asón, donde íbamos a recoger a Pablo. Así se había planeado, ya que él iba a hacer esa parte del viaje por tierra. 14Cuando se encontró con nosotros en Asón, lo tomamos a bordo y fuimos a Mitilene. 15Desde allí zarpamos al día siguiente y llegamos frente a Quío. Al otro día cruzamos en dirección a Samos, y un día después llegamos a Mileto. 16Pablo había decidido pasar de largo a Éfeso para no demorarse en la provincia de *Asia, porque tenía prisa por llegar a Jerusalén para el día de Pentecostés, si fuera posible.

17Desde Mileto, Pablo mandó llamar a los *ancianos de la iglesia de Éfeso. 18Cuando llegaron, les dijo: «Ustedes saben cómo me porté todo el tiempo que estuve con ustedes, desde el primer día que vine a la provincia de Asia. 19He servido al Señor con toda humildad y con lágrimas, a pesar de haber sido sometido a duras *pruebas por las maquinaciones de los judíos. 20Ustedes saben que no he vacilado en predicarles nada que les fuera de provecho, sino que les he enseñado públicamente y en las casas. 21A judíos y a *griegos les he instado a convertirse a Dios y a creer en nuestro Señor Jesús.

Tychicus and Trophimus from the province of Asia. 5These men went on ahead and waited for us at Troas. 6But we sailed from Philippi after the Feast of Unleavened Bread, and five days later joined the others at Troas, where we stayed seven days.

Eutychus Raised From the Dead at Troas

7On the first day of the week we came together to break bread. Paul spoke to the people and, because he intended to leave the next day, kept on talking until midnight. 8There were many lamps in the upstairs room where we were meeting. 9Seated in a window was a young man named Eutychus, who was sinking into a deep sleep as Paul talked on and on. When he was sound asleep, he fell to the ground from the third story and was picked up dead. 10Paul went down, threw himself on the young man and put his arms around him. "Don't be alarmed," he said. "He's alive!" 11Then he went upstairs again and broke bread and ate. After talking until daylight, he left. 12The people took the young man home alive and were greatly comforted.

Paul's Farewell to the Ephesian Elders

13We went on ahead to the ship and sailed for Assos, where we were going to take Paul aboard. He had made this arrangement because he was going there on foot. 14When he met us at Assos, we took him aboard and went on to Mitylene. 15The next day we set sail from there and arrived off Kios. The day after that we crossed over to Samos, and on the following day arrived at Miletus. 16Paul had decided to sail past Ephesus to avoid spending time in the province of Asia, for he was in a hurry to reach Jerusalem, if possible, by the day of Pentecost.

17From Miletus, Paul sent to Ephesus for the elders of the church. 18When they arrived, he said to them: "You know how I lived the whole time I was with you, from the first day I came into the province of Asia. 19I served the Lord with great humility and with tears, although I was severely tested by the plots of the Jews. 20You know that I have not hesitated to preach anything that would be helpful to you but have taught you publicly and from house to house. 21I have declared to both Jews and Greeks that they must turn to God in repentance and have faith in our Lord Jesus.

22"And now, compelled by the Spirit, I am going to Jerusalem, not knowing what will hap-

22»Y ahora tengan en cuenta que voy a Jerusalén obligado[l] por el Espíritu, sin saber lo que allí me espera. 23Lo único que sé es que en todas las ciudades el Espíritu Santo me asegura que me esperan prisiones y sufrimientos. 24Sin embargo, considero que mi *vida carece de valor para mí mismo, con tal de que termine mi carrera y lleve a cabo el servicio que me ha encomendado el Señor Jesús, que es el de dar testimonio del *evangelio de la gracia de Dios.

25»Escuchen, yo sé que ninguno de ustedes, entre quienes he andado predicando el reino de Dios, volverá a verme. 26Por tanto, hoy les declaro que soy inocente de la sangre de todos, 27porque sin vacilar les he proclamado todo el propósito de Dios. 28Tengan cuidado de sí mismos y de todo el rebaño sobre el cual el Espíritu Santo los ha puesto como *obispos para pastorear la iglesia de Dios,[m] que él adquirió con su propia sangre.[n] 29Sé que después de mi partida entrarán en medio de ustedes lobos feroces que procurarán acabar con el rebaño. 30Aun de entre ustedes mismos se levantarán algunos que enseñarán falsedades para arrastrar a los discípulos que los sigan. 31Así que estén alerta. Recuerden que día y noche, durante tres años, no he dejado de amonestar con lágrimas a cada uno en particular.

32»Ahora los encomiendo a Dios y al mensaje de su gracia, mensaje que tiene poder para edificarlos y darles herencia entre todos los *santificados. 33No he codiciado ni la plata ni el oro ni la ropa de nadie. 34Ustedes mismos saben bien que estas manos se han ocupado de mis propias necesidades y de las de mis compañeros. 35Con mi ejemplo les he mostrado que es preciso trabajar duro para ayudar a los necesitados, recordando las palabras del Señor Jesús: "Hay más *dicha en dar que en recibir." »

36Después de decir esto, Pablo se puso de rodillas con todos ellos y oró. 37Todos lloraban inconsolablemente mientras lo abrazaban y lo besaban. 38Lo que más los entristecía era su declaración de que ellos no volverían a verlo. Luego lo acompañaron hasta el barco.

Rumbo a Jerusalén

21 Después de separarnos de ellos, zarpamos y navegamos directamente a Cos. Al día siguiente fuimos a Rodas, y de allí a Pátara. 2Como encontramos un barco que iba para Fenicia, subimos a bordo y zarpamos. 3Después de avistar Chipre y de pasar al sur de la isla, navegamos hacia Siria y llegamos a Tiro, donde el barco tenía que descargar. 4Allí encontramos a los dis-

pen to me there. 23I only know that in every city the Holy Spirit warns me that prison and hardships are facing me. 24However, I consider my life worth nothing to me, if only I may finish the race and complete the task the Lord Jesus has given me—the task of testifying to the gospel of God's grace.

25"Now I know that none of you among whom I have gone about preaching the kingdom will ever see me again. 26Therefore, I declare to you today that I am innocent of the blood of all men. 27For I have not hesitated to proclaim to you the whole will of God. 28Keep watch over yourselves and all the flock of which the Holy Spirit has made you overseers.[r] Be shepherds of the church of God,[s] which he bought with his own blood. 29I know that after I leave, savage wolves will come in among you and will not spare the flock. 30Even from your own number men will arise and distort the truth in order to draw away disciples after them. 31So be on your guard! Remember that for three years I never stopped warning each of you night and day with tears.

32"Now I commit you to God and to the word of his grace, which can build you up and give you an inheritance among all those who are sanctified. 33I have not coveted anyone's silver or gold or clothing. 34You yourselves know that these hands of mine have supplied my own needs and the needs of my companions. 35In everything I did, I showed you that by this kind of hard work we must help the weak, remembering the words the Lord Jesus himself said: 'It is more blessed to give than to receive.' "

36When he had said this, he knelt down with all of them and prayed. 37They all wept as they embraced him and kissed him. 38What grieved them most was his statement that they would never see his face again. Then they accompanied him to the ship.

On to Jerusalem

21 After we had torn ourselves away from them, we put out to sea and sailed straight to Cos. The next day we went to Rhodes and from there to Patara. 2We found a ship crossing over to Phoenicia, went on board and set sail. 3After sighting Cyprus and passing to the south of it, we sailed on to Syria. We landed

---

[l] 20:22 *obligado.* Lit. *atado.* [m] 20:28 *de Dios.* Var. *del Señor.* [n] 20:28 *su propia sangre.* Var. *la sangre de su propio hijo.*

[r] 28 Traditionally *bishops* [s] 28 Many manuscripts *of the Lord*

cípulos y nos quedamos con ellos siete días. Ellos, por medio del Espíritu, exhortaron a Pablo a que no subiera a Jerusalén. 5Pero al cabo de algunos días, partimos y continuamos nuestro viaje. Todos los discípulos, incluso las mujeres y los niños, nos acompañaron hasta las afueras de la ciudad, y allí en la playa nos arrodillamos y oramos. 6Luego de despedirnos, subimos a bordo y ellos regresaron a sus hogares.

7Nosotros continuamos nuestro viaje en barco desde Tiro y arribamos a Tolemaida, donde saludamos a los hermanos y nos quedamos con ellos un día. 8Al día siguiente salimos y llegamos a Cesarea, y nos hospedamos en casa de Felipe el evangelista, que era uno de los siete; 9éste tenía cuatro hijas solteras que profetizaban.

10Llevábamos allí varios días, cuando bajó de Judea un profeta llamado Ágabo. 11Éste vino a vernos y, tomando el cinturón de Pablo, se ató con él de pies y manos, y dijo:

—Así dice el Espíritu Santo: "De esta manera atarán los judíos de Jerusalén al dueño de este cinturón, y lo entregarán en manos de los *gentiles."

12Al oír esto, nosotros y los de aquel lugar le rogamos a Pablo que no subiera a Jerusalén.

13—¿Por qué lloran? ¡Me parten el alma! —respondió Pablo—. Por el nombre del Señor Jesús estoy dispuesto no sólo a ser atado sino también a morir en Jerusalén.

14Como no se dejaba convencer, desistimos exclamando:

—¡Que se haga la voluntad del Señor!

15Después de esto, acabamos los preparativos y subimos a Jerusalén. 16Algunos de los discípulos de Cesarea nos acompañaron y nos llevaron a la casa de Mnasón, donde íbamos a alojarnos. Éste era de Chipre, y uno de los primeros discípulos.

Llegada de Pablo a Jerusalén

17Cuando llegamos a Jerusalén, los creyentes nos recibieron calurosamente. 18Al día siguiente Pablo fue con nosotros a ver a *Jacobo, y todos los *ancianos estaban presentes. 19Después de saludarlos, Pablo les relató detalladamente lo que Dios había hecho entre los *gentiles por medio de su ministerio.

20Al oírlo, alabaron a Dios. Luego le dijeron a Pablo: «Ya ves, hermano, cuántos miles de judíos han creído, y todos ellos siguen aferrados a la ley. 21Ahora bien, han oído decir que tú enseñas que se aparten de Moisés todos los judíos que viven entre los gentiles. Les recomiendas que no circunciden a sus hijos ni vivan según nuestras costumbres. 22¿Qué vamos a hacer? Sin duda se van a enterar de que has llegado. 23Por eso, será mejor que sigas nuestro

at Tyre, where our ship was to unload its cargo. 4Finding the disciples there, we stayed with them seven days. Through the Spirit they urged Paul not to go on to Jerusalem. 5But when our time was up, we left and continued on our way. All the disciples and their wives and children accompanied us out of the city, and there on the beach we knelt to pray. 6After saying good-by to each other, we went aboard the ship, and they returned home.

7We continued our voyage from Tyre and landed at Ptolemais, where we greeted the brothers and stayed with them for a day. 8Leaving the next day, we reached Caesarea and stayed at the house of Philip the evangelist, one of the Seven. 9He had four unmarried daughters who prophesied.

10After we had been there a number of days, a prophet named Agabus came down from Judea. 11Coming over to us, he took Paul's belt, tied his own hands and feet with it and said, "The Holy Spirit says, 'In this way the Jews of Jerusalem will bind the owner of this belt and will hand him over to the Gentiles.'"

12When we heard this, we and the people there pleaded with Paul not to go up to Jerusalem. 13Then Paul answered, "Why are you weeping and breaking my heart? I am ready not only to be bound, but also to die in Jerusalem for the name of the Lord Jesus." 14When he would not be dissuaded, we gave up and said, "The Lord's will be done."

15After this, we got ready and went up to Jerusalem. 16Some of the disciples from Caesarea accompanied us and brought us to the home of Mnason, where we were to stay. He was a man from Cyprus and one of the early disciples.

Paul's Arrival at Jerusalem

17When we arrived at Jerusalem, the brothers received us warmly. 18The next day Paul and the rest of us went to see James, and all the elders were present. 19Paul greeted them and reported in detail what God had done among the Gentiles through his ministry.

20When they heard this, they praised God. Then they said to Paul: "You see, brother, how many thousands of Jews have believed, and all of them are zealous for the law. 21They have been informed that you teach all the Jews who live among the Gentiles to turn away from Moses, telling them not to circumcise their children or live according to our customs. 22What shall we do? They will certainly hear that you have come, 23so do what we tell you. There are four men with us who have made a

consejo. Hay aquí entre nosotros cuatro hombres que tienen que cumplir un voto. 24Llévatelos, toma parte en sus ritos de *purificación y paga los gastos que corresponden al voto de rasurarse la cabeza. Así todos sabrán que no son ciertos esos informes acerca de ti, sino que tú también vives en obediencia a la ley. 25En cuanto a los creyentes gentiles, ya les hemos comunicado por escrito nuestra decisión de que se abstengan de lo sacrificado a los ídolos, de sangre, de la carne de animales estrangulados y de la inmoralidad sexual.»

26Al día siguiente Pablo se llevó a los hombres y se purificó con ellos. Luego entró en el *templo para dar aviso de la fecha en que vencería el plazo de la purificación y se haría la ofrenda por cada uno de ellos.

Arresto de Pablo

27Cuando estaban a punto de cumplirse los siete días, unos judíos de la provincia de *Asia vieron a Pablo en el *templo. Alborotaron a toda la multitud y le echaron mano, 28gritando: «¡Israelitas! ¡Ayúdennos! Éste es el individuo que anda por todas partes enseñando a toda la gente contra nuestro pueblo, nuestra ley y este lugar. Además, hasta ha metido a unos *griegos en el templo, y ha profanado este lugar santo.»

29Ya antes habían visto en la ciudad a Trófimo el efesio en compañía de Pablo, y suponían que Pablo lo había metido en el templo.

30Toda la ciudad se alborotó. La gente se precipitó en masa, agarró a Pablo y lo sacó del templo a rastras, e inmediatamente se cerraron las puertas. 31Estaban por matarlo, cuando se le informó al comandante del batallón romano que toda la ciudad de Jerusalén estaba amotinada. 32En seguida tomó algunos centuriones con sus tropas, y bajó corriendo hacia la multitud. Al ver al comandante y a sus soldados, los amotinados dejaron de golpear a Pablo.

33El comandante se abrió paso, lo arrestó y ordenó que lo sujetaran con dos cadenas. Luego preguntó quién era y qué había hecho. 34Entre la multitud cada uno gritaba una cosa distinta. Como el comandante no pudo averiguar la verdad a causa del alboroto, mandó que condujeran a Pablo al cuartel. 35Cuando Pablo llegó a las gradas, los soldados tuvieron que llevárselo en vilo debido a la violencia de la turba. 36El pueblo en masa iba detrás gritando: «¡Que lo maten!»

Pablo se dirige a la multitud

37Cuando los soldados estaban a punto de meterlo en el cuartel, Pablo le preguntó al comandante:

—¿Me permite decirle algo?

vow. 24Take these men, join in their purification rites and pay their expenses, so that they can have their heads shaved. Then everybody will know there is no truth in these reports about you, but that you yourself are living in obedience to the law. 25As for the Gentile believers, we have written to them our decision that they should abstain from food sacrificed to idols, from blood, from the meat of strangled animals and from sexual immorality."

26The next day Paul took the men and purified himself along with them. Then he went to the temple to give notice of the date when the days of purification would end and the offering would be made for each of them.

Paul Arrested

27When the seven days were nearly over, some Jews from the province of Asia saw Paul at the temple. They stirred up the whole crowd and seized him, 28shouting, "Men of Israel, help us! This is the man who teaches all men everywhere against our people and our law and this place. And besides, he has brought Greeks into the temple area and defiled this holy place." 29(They had previously seen Trophimus the Ephesian in the city with Paul and assumed that Paul had brought him into the temple area.)

30The whole city was aroused, and the people came running from all directions. Seizing Paul, they dragged him from the temple, and immediately the gates were shut. 31While they were trying to kill him, news reached the commander of the Roman troops that the whole city of Jerusalem was in an uproar. 32He at once took some officers and soldiers and ran down to the crowd. When the rioters saw the commander and his soldiers, they stopped beating Paul.

33The commander came up and arrested him and ordered him to be bound with two chains. Then he asked who he was and what he had done. 34Some in the crowd shouted one thing and some another, and since the commander could not get at the truth because of the uproar, he ordered that Paul be taken into the barracks. 35When Paul reached the steps, the violence of the mob was so great he had to be carried by the soldiers. 36The crowd that followed kept shouting, "Away with him!"

Paul Speaks to the Crowd

37As the soldiers were about to take Paul into the barracks, he asked the commander, "May I say something to you?"

—¿Hablas griego? —replicó el comandante—. 38¿No eres el egipcio que hace algún tiempo provocó una rebelión y llevó al desierto a
cuatro mil guerrilleros?

39—No, yo soy judío, natural de Tarso, una
ciudad muy importante de Cilicia —le respondió Pablo—. Por favor, permítame hablarle al
pueblo.

40Con el permiso del comandante, Pablo se
puso de pie en las gradas e hizo una señal con la
mano a la multitud. Cuando todos guardaron
silencio, les dijo en arameo:ñ

22 «Padres y hermanos, escuchen ahora mi
defensa.»

2Al oír que les hablaba en arameo, guardaron
más silencio.

Pablo continuó: 3«Yo soy judío, nacido en
Tarso de Cilicia, pero criado en esta ciudad.
Bajo la tutela de Gamaliel recibí instrucción
cabal en la ley de nuestros antepasados, y fui tan
celoso de Dios como cualquiera de ustedes lo es
hoy día. 4Perseguí a muerte a los seguidores de
este Camino, arrestando y echando en la cárcel
a hombres y mujeres por igual, 5y así lo pueden
atestiguar el sumo sacerdote y todo el *Consejo
de *ancianos. Incluso obtuve de parte de ellos
cartas de extradición para nuestros hermanos
judíos en Damasco, y fui allá con el fin de traer
presos a Jerusalén a los que encontrara, para que
fueran castigados.

6»Sucedió que a eso del mediodía, cuando me
acercaba a Damasco, una intensa luz del cielo
relampagueó de repente a mi alrededor. 7Caí al
suelo y oí una voz que me decía: "Saulo, Saulo,
¿por qué me persigues?" 8"¿Quién eres,
Señor?", pregunté. "Yo soy Jesús de Nazaret, a
quien tú persigues", me contestó él. 9Los que
me acompañaban vieron la luz, pero no perci-
bieron la voz del que me hablaba. 10"¿Qué debo
hacer, Señor?", le pregunté. "Levántate —dijo
el Señor—, y entra en Damasco. Allí se te dirá
todo lo que se ha dispuesto que hagas." 11Mis
compañeros me llevaron de la mano hasta Damasco porque el resplandor de aquella luz me
había dejado ciego.

12»Vino a verme un tal Ananías, hombre devoto que observaba la ley y a quien respetaban
mucho los judíos que allí vivían. 13Se puso a mi
lado y me dijo: "Hermano Saulo, ¡recibe la vista!" Y en aquel mismo instante recobré la vista y
pude verlo. 14Luego dijo: "El Dios de nuestros
antepasados te ha escogido para que conozcas su
voluntad, y para que veas al Justo y oigas las
palabras de su boca. 15Tú le serás testigo ante toda
persona de lo que has visto y oído. 16Y ahora,

"Do you speak Greek?" he replied. 38"Aren't
you the Egyptian who started a revolt and led
four thousand terrorists out into the desert some
time ago?"

39Paul answered, "I am a Jew, from Tarsus in
Cilicia, a citizen of no ordinary city. Please let
me speak to the people."

40Having received the commander's permission, Paul stood on the steps and motioned to the
crowd. When they were all silent, he said to
them in Aramaic/:

22 "Brothers and fathers, listen now to
my defense." 2When they heard him
speak to them in Aramaic, they became very
quiet.

Then Paul said: 3"I am a Jew, born in Tarsus
of Cilicia, but brought up in this city. Under
Gamaliel I was thoroughly trained in the law of
our fathers and was just as zealous for God as
any of you are today. 4I persecuted the followers
of this Way to their death, arresting both men
and women and throwing them into prison, 5as
also the high priest and all the Council can
testify. I even obtained letters from them to their
brothers in Damascus, and went there to bring
these people as prisoners to Jerusalem to be
punished.

6"About noon as I came near Damascus,
suddenly a bright light from heaven flashed
around me. 7I fell to the ground and heard a
voice say to me, 'Saul! Saul! Why do you
persecute me?'

8"'Who are you, Lord?' I asked.

"'I am Jesus of Nazareth, whom you are
persecuting,' he replied. 9My companions saw
the light, but they did not understand the voice
of him who was speaking to me.

10"'What shall I do, Lord?' I asked.

"'Get up,' the Lord said, 'and go into Damascus. There you will be told all that you have been
assigned to do.' 11My companions led me by the
hand into Damascus, because the brilliance of
the light had blinded me.

12"A man named Ananias came to see me. He
was a devout observer of the law and highly
respected by all the Jews living there. 13He stood
beside me and said, 'Brother Saul, receive your
sight!' And at that very moment I was able to
see him.

14"Then he said: 'The God of our fathers has
chosen you to know his will and to see the
Righteous One and to hear words from his
mouth. 15You will be his witness to all men of
what you have seen and heard. 16And now what

ñ 21:40 *arameo.* Lit. *el dialecto hebreo*; también en 22:2.   ᵗ 40 Or possibly *Hebrew*; also in 22:2

¿qué esperas? Levántate, bautízate y lávate de tus pecados, invocando su nombre."

17»Cuando volví a Jerusalén, mientras oraba en el *templo tuve una visión 18y vi al Señor que me hablaba: "¡Date prisa! Sal inmediatamente de Jerusalén, porque no aceptarán tu testimonio acerca de mí." 19"Señor —le respondí—, ellos saben que yo andaba de sinagoga en sinagoga encarcelando y azotando a los que creen en ti; 20y cuando se derramaba la sangre de tu testigo*o* Esteban, ahí estaba yo, dando mi aprobación y cuidando la ropa de quienes lo mataban." 21Pero el Señor me replicó: "Vete; yo te enviaré lejos, a los *gentiles." »

Pablo el ciudadano romano

22La multitud estuvo escuchando a Pablo hasta que pronunció esas palabras. Entonces levantaron la voz y gritaron: «¡Bórralo de la tierra! ¡Ese tipo no merece vivir!»

23Como seguían gritando, tirando sus mantos y arrojando polvo al aire, 24el comandante ordenó que metieran a Pablo en el cuartel. Mandó que lo interrogaran a latigazos con el fin de averiguar por qué gritaban así contra él. 25Cuando lo estaban sujetando con cadenas para azotarlo, Pablo le dijo al centurión que estaba allí:

—¿Permite la ley que ustedes azoten a un ciudadano romano antes de ser juzgado?

26Al oír esto, el centurión fue y avisó al comandante.

—¿Qué va a hacer usted? Resulta que ese hombre es ciudadano romano.

27El comandante se acercó a Pablo y le dijo:

—Dime, ¿eres ciudadano romano?

—Sí, lo soy.

28—A mí me costó una fortuna adquirir mi ciudadanía —le dijo el comandante.

—Pues yo la tengo de nacimiento —replicó Pablo.

29Los que iban a interrogarlo se retiraron en seguida. Al darse cuenta de que Pablo era ciudadano romano, el comandante mismo se asustó de haberlo encadenado.

Pablo ante el Consejo

30Al día siguiente, como el comandante quería saber con certeza de qué acusaban los judíos a Pablo, lo desató y mandó que se reunieran los jefes de los sacerdotes y el *Consejo en pleno. Luego llevó a Pablo para que compareciera ante ellos.

23 Pablo se quedó mirando fijamente al Consejo y dijo:

—Hermanos, hasta hoy yo he actuado delante de Dios con toda buena conciencia.

are you waiting for? Get up, be baptized and wash your sins away, calling on his name.'

17"When I returned to Jerusalem and was praying at the temple, I fell into a trance 18and saw the Lord speaking. 'Quick!' he said to me. 'Leave Jerusalem immediately, because they will not accept your testimony about me.'

19"'Lord,' I replied, 'these men know that I went from one synagogue to another to imprison and beat those who believe in you. 20And when the blood of your martyr*u* Stephen was shed, I stood there giving my approval and guarding the clothes of those who were killing him.'

21"Then the Lord said to me, 'Go; I will send you far away to the Gentiles.'"

Paul the Roman Citizen

22The crowd listened to Paul until he said this. Then they raised their voices and shouted, "Rid the earth of him! He's not fit to live!"

23As they were shouting and throwing off their cloaks and flinging dust into the air, 24the commander ordered Paul to be taken into the barracks. He directed that he be flogged and questioned in order to find out why the people were shouting at him like this. 25As they stretched him out to flog him, Paul said to the centurion standing there, "Is it legal for you to flog a Roman citizen who hasn't even been found guilty?"

26When the centurion heard this, he went to the commander and reported it. "What are you going to do?" he asked. "This man is a Roman citizen."

27The commander went to Paul and asked, "Tell me, are you a Roman citizen?"

"Yes, I am," he answered.

28Then the commander said, "I had to pay a big price for my citizenship."

"But I was born a citizen," Paul replied.

29Those who were about to question him withdrew immediately. The commander himself was alarmed when he realized that he had put Paul, a Roman citizen, in chains.

Before the Sanhedrin

30The next day, since the commander wanted to find out exactly why Paul was being accused by the Jews, he released him and ordered the chief priests and all the Sanhedrin to assemble. Then he brought Paul and had him stand before them.

23 Paul looked straight at the Sanhedrin and said, "My brothers, I have fulfilled my duty to God in all good conscience to this

2 Ante esto, el sumo sacerdote Ananías ordenó
a los que estaban cerca de Pablo que lo golpea-
ran en la boca.

3 —¡Hipócrita,[p] a usted también lo va a golpear Dios! —reaccionó Pablo—. ¡Ahí está sentado para juzgarme según la ley!, ¿y usted mismo viola la ley al mandar que me golpeen?

4 Los que estaban junto a Pablo le interpelaron:
—¿Cómo te atreves a insultar al sumo sacerdote de Dios?

5 —Hermanos, no me había dado cuenta de
que es el sumo sacerdote —respondió Pablo—;
de hecho está escrito: "No hables mal del jefe
de tu pueblo." [q]

6 Pablo, sabiendo que unos de ellos eran saduceos y los demás *fariseos, exclamó en el Consejo:

—Hermanos, yo soy fariseo de pura cepa. Me
están juzgando porque he puesto mi esperanza
en la resurrección de los muertos.

7 Apenas dijo esto, surgió un altercado entre
los fariseos y los saduceos, y la asamblea quedó
dividida. 8 (Los saduceos sostienen que no hay
resurrección, ni ángeles ni espíritus; los fariseos, en cambio, reconocen todo esto.)

9 Se produjo un gran alboroto, y algunos de los
*maestros de la ley que eran fariseos se pusieron
de pie y protestaron. «No encontramos ningún
delito en este hombre —dijeron—. ¿Acaso no
podría haberle hablado un espíritu o un ángel?»
10 Se tornó tan violento el altercado que el comandante tuvo miedo de que hicieran pedazos a
Pablo. Así que ordenó a los soldados que bajaran
para sacarlo de allí por la fuerza y llevárselo al
cuartel.

11 A la noche siguiente el Señor se apareció a
Pablo, y le dijo: «¡Ánimo! Así como has dado
testimonio de mí en Jerusalén, es necesario que
lo des también en Roma.»

Conspiración para matar a Pablo

12 Muy de mañana los judíos tramaron una
conspiración y juraron bajo maldición no comer
ni beber hasta que lograran matar a Pablo. 13 Más
de cuarenta hombres estaban implicados en esta
conspiración. 14 Se presentaron ante los jefes de
los sacerdotes y los *ancianos, y les dijeron:

—Nosotros hemos jurado bajo maldición no
comer nada hasta que logremos matar a Pablo.
15 Ahora, con el respaldo del *Consejo, pídanle
al comandante que haga comparecer al reo ante
ustedes, con el pretexto de obtener información
más precisa sobre su caso. Nosotros estaremos
listos para matarlo en el camino.

16 Pero cuando el hijo de la hermana de Pablo
se enteró de esta emboscada, entró en el cuartel

day." 2 At this the high priest Ananias ordered
those standing near Paul to strike him on the
mouth. 3 Then Paul said to him, "God will strike
you, you whitewashed wall! You sit there to
judge me according to the law, yet you yourself
violate the law by commanding that I be
struck!"

4 Those who were standing near Paul said,
"You dare to insult God's high priest?"

5 Paul replied, "Brothers, I did not realize
that he was the high priest; for it is written:
'Do not speak evil about the ruler of your
people.' [v]"

6 Then Paul, knowing that some of them were
Sadducees and the others Pharisees, called out
in the Sanhedrin, "My brothers, I am a Pharisee,
the son of a Pharisee. I stand on trial because of
my hope in the resurrection of the dead." 7 When
he said this, a dispute broke out between the
Pharisees and the Sadducees, and the assembly
was divided. 8 (The Sadducees say that there is
no resurrection, and that there are neither angels
nor spirits, but the Pharisees acknowledge them
all.)

9 There was a great uproar, and some of the
teachers of the law who were Pharisees stood up
and argued vigorously. "We find nothing wrong
with this man," they said. "What if a spirit or an
angel has spoken to him?" 10 The dispute became so violent that the commander was afraid
Paul would be torn to pieces by them. He ordered the troops to go down and take him away
from them by force and bring him into the
barracks.

11 The following night the Lord stood near
Paul and said, "Take courage! As you have
testified about me in Jerusalem, so you must also
testify in Rome."

The Plot to Kill Paul

12 The next morning the Jews formed a con-
spiracy and bound themselves with an oath not
to eat or drink until they had killed Paul.
13 More than forty men were involved in this
plot. 14 They went to the chief priests and elders and said, "We have taken a solemn oath
not to eat anything until we have killed Paul.
15 Now then, you and the Sanhedrin petition
the commander to bring him before you on the
pretext of wanting more accurate information
about his case. We are ready to kill him before
he gets here."

16 But when the son of Paul's sister heard of
this plot, he went into the barracks and told Paul.

[p] **23:3** *Hipócrita.* Lit. *Pared blanqueada.* [q] **23:5** Éx 22:28

[v] *5* Exodus 22:28

y avisó a Pablo. **17**Éste llamó entonces a uno de los centuriones y le pidió:

—Lleve a este joven al comandante, porque tiene algo que decirle.

18Así que el centurión lo llevó al comandante, y le dijo:

—El preso Pablo me llamó y me pidió que le trajera este joven, porque tiene algo que decirle.

19El comandante tomó de la mano al joven, lo llevó aparte y le preguntó:

—¿Qué quieres decirme?

20—Los judíos se han puesto de acuerdo para pedirle a usted que mañana lleve a Pablo ante el Consejo con el pretexto de obtener información más precisa acerca de él. **21**No se deje convencer, porque más de cuarenta de ellos lo esperan emboscados. Han jurado bajo maldición no comer ni beber hasta que hayan logrado matarlo. Ya están listos; sólo aguardan a que usted les conceda su petición.

22El comandante despidió al joven con esta advertencia:

—No le digas a nadie que me has informado de esto.

Trasladan a Pablo a Cesarea

23Entonces el comandante llamó a dos de sus centuriones y les ordenó:

—Alisten un destacamento de doscientos soldados de infantería, setenta de caballería y doscientos lanceros para que vayan a Cesarea esta noche a las nueve.*r* **24**Y preparen cabalgaduras para llevar a Pablo sano y salvo al gobernador Félix.

25Además, escribió una carta en estos términos:

26Claudio Lisias,

a su excelencia el gobernador Félix:

Saludos.

27Los judíos prendieron a este hombre y estaban a punto de matarlo, pero yo llegué con mis soldados y lo rescaté, porque me había enterado de que es ciudadano romano. **28**Yo quería saber de qué lo acusaban, así que lo llevé al *Consejo judío. **29**Descubrí que lo acusaban de algunas cuestiones de su ley, pero no había contra él cargo alguno que mereciera la muerte o la cárcel. **30**Cuando me informaron que se tramaba una conspiración contra este hombre, decidí enviarlo a usted en seguida. También les ordené a sus acusadores que ex-

17Then Paul called one of the centurions and said, "Take this young man to the commander; he has something to tell him." **18**So he took him to the commander.

The centurion said, "Paul, the prisoner, sent for me and asked me to bring this young man to you because he has something to tell you."

19The commander took the young man by the hand, drew him aside and asked, "What is it you want to tell me?"

20He said: "The Jews have agreed to ask you to bring Paul before the Sanhedrin tomorrow on the pretext of wanting more accurate information about him. **21**Don't give in to them, because more than forty of them are waiting in ambush for him. They have taken an oath not to eat or drink until they have killed him. They are ready now, waiting for your consent to their request."

22The commander dismissed the young man and cautioned him, "Don't tell anyone that you have reported this to me."

Paul Transferred to Caesarea

23Then he called two of his centurions and ordered them, "Get ready a detachment of two hundred soldiers, seventy horsemen and two hundred spearmen*w* to go to Caesarea at nine tonight. **24**Provide mounts for Paul so that he may be taken safely to Governor Felix."

25He wrote a letter as follows:

26Claudius Lysias,

To His Excellency, Governor Felix:

Greetings.

27This man was seized by the Jews and they were about to kill him, but I came with my troops and rescued him, for I had learned that he is a Roman citizen. **28**I wanted to know why they were accusing him, so I brought him to their Sanhedrin. **29**I found that the accusation had to do with questions about their law, but there was no charge against him that deserved death or imprisonment. **30**When I was informed of a plot to be carried out against the man, I sent him to you at once. I also ordered his accusers to present to you their case against him.

*r***23:23** esta … nueve. Lit. *a la tercera hora de la noche.*   *w**23* The meaning of the Greek for this word is uncertain.

pongan delante de usted los cargos que tengan contra él.

³¹Así que los soldados, según se les había ordenado, tomaron a Pablo y lo llevaron de noche hasta Antípatris. ³²Al día siguiente dejaron que la caballería siguiera con él mientras ellos volvían al cuartel. ³³Cuando la caballería llegó a Cesarea, le entregaron la carta al gobernador y le presentaron también a Pablo. ³⁴Félix leyó la carta y le preguntó de qué provincia era. Al enterarse de que Pablo era de Cilicia, ³⁵le dijo: «Te daré audiencia cuando lleguen tus acusadores.» Y ordenó que lo dejaran bajo custodia en el palacio de Herodes.

El proceso ante Félix

24 Cinco días después, el sumo sacerdote Ananías bajó a Cesarea con algunos de los *ancianos y un abogado llamado Tértulo, para presentar ante el gobernador las acusaciones contra Pablo. ²Cuando se hizo comparecer al acusado, Tértulo expuso su caso ante Félix:

—Excelentísimo Félix, bajo su mandato hemos disfrutado de un largo período de paz, y gracias a la previsión suya se han llevado a cabo reformas en pro de esta nación. ³En todas partes y en toda ocasión reconocemos esto con profunda gratitud. ⁴Pero a fin de no importunarlo más, le ruego que, con la bondad que lo caracteriza, nos escuche brevemente. ⁵Hemos descubierto que este hombre es una plaga que por todas partes anda provocando disturbios entre los judíos. Es cabecilla de la secta de los nazarenos. ⁶Incluso trató de profanar el *templo; por eso lo prendimos. ⁸Usted⁵ mismo, al interrogarlo, podrá cerciorarse de la verdad de todas las acusaciones que presentamos contra él.

⁹Los judíos corroboraron la acusación, afirmando que todo esto era cierto. ¹⁰Cuando el gobernador, con un gesto, le concedió la palabra, Pablo respondió:

—Sé que desde hace muchos años usted ha sido juez de esta nación; así que de buena gana presento mi defensa. ¹¹Usted puede comprobar fácilmente que no hace más de doce días que subí a Jerusalén para adorar. ¹²Mis acusadores no me encontraron discutiendo con nadie en el templo, ni promoviendo motines entre la gente en las sinagogas ni en ninguna otra parte de la ciudad. ¹³Tampoco pueden probarle a usted las cosas de que ahora me acusan. ¹⁴Sin embargo, esto sí

³¹So the soldiers, carrying out their orders, took Paul with them during the night and brought him as far as Antipatris. ³²The next day they let the cavalry go on with him, while they returned to the barracks. ³³When the cavalry arrived in Caesarea, they delivered the letter to the governor and handed Paul over to him. ³⁴The governor read the letter and asked what province he was from. Learning that he was from Cilicia, ³⁵he said, "I will hear your case when your accusers get here." Then he ordered that Paul be kept under guard in Herod's palace.

The Trial Before Felix

24 Five days later the high priest Ananias went down to Caesarea with some of the elders and a lawyer named Tertullus, and they brought their charges against Paul before the governor. ²When Paul was called in, Tertullus presented his case before Felix: "We have enjoyed a long period of peace under you, and your foresight has brought about reforms in this nation. ³Everywhere and in every way, most excellent Felix, we acknowledge this with profound gratitude. ⁴But in order not to weary you further, I would request that you be kind enough to hear us briefly.

⁵"We have found this man to be a troublemaker, stirring up riots among the Jews all over the world. He is a ringleader of the Nazarene sect ⁶and even tried to desecrate the temple; so we seized him. ⁸By ˣ examining him yourself you will be able to learn the truth about all these charges we are bringing against him."

⁹The Jews joined in the accusation, asserting that these things were true.

¹⁰When the governor motioned for him to speak, Paul replied: "I know that for a number of years you have been a judge over this nation; so I gladly make my defense. ¹¹You can easily verify that no more than twelve days ago I went up to Jerusalem to worship. ¹²My accusers did not find me arguing with anyone at the temple, or stirring up a crowd in the synagogues or anywhere else in the city. ¹³And they cannot prove to you the charges they are now making against me. ¹⁴However, I admit that I worship

---

ˢ 24:6-8 *prendimos.* ⁸ *Usted.* Var. *prendimos y quisimos juzgarlo según nuestra ley.* ⁷ *Pero el comandante Lisias intervino, y con mucha fuerza lo arrebató de nuestras manos* ⁸ *y mandó que sus acusadores se presentaran ante usted. Usted*

ˣ 6-8 *Some manuscripts* him and wanted to judge him according to our law. ⁷ But the commander, Lysias, came and with the use of much force snatched him from our hands ⁸ and ordered his accusers to come before you. By

confieso: que adoro al Dios de nuestros antepasados siguiendo este Camino que mis acusadores llaman secta, pues estoy de acuerdo con todo lo que enseña la ley y creo lo que está escrito en los profetas. 15Tengo en Dios la misma esperanza que estos hombres profesan, de que habrá una resurrección de los justos y de los injustos. 16En todo esto procuro conservar siempre limpia mi conciencia delante de Dios y de los hombres.

17»Después de una ausencia de varios años, volví a Jerusalén para traerle donativos a mi pueblo y presentar ofrendas. 18En esto estaba, habiéndome ya *purificado, cuando me encontraron en el templo. No me acompañaba ninguna multitud, ni estaba implicado en ningún disturbio. 19Los que me vieron eran algunos judíos de la provincia de *Asia, y son ellos los que deberían estar delante de usted para formular sus acusaciones, si es que tienen algo contra mí. 20De otro modo, estos que están aquí deberían declarar qué delito hallaron en mí cuando comparecí ante el *Consejo, 21a no ser lo que exclamé en presencia de ellos: "Es por la resurrección de los muertos por lo que hoy me encuentro procesado delante de ustedes."

22Entonces Félix, que estaba bien informado del Camino, suspendió la sesión.

—Cuando venga el comandante Lisias, deciré su caso —les dijo.

23Luego le ordenó al centurión que mantuviera custodiado a Pablo, pero que le diera cierta libertad y permitiera que sus amigos lo atendieran.

24Algunos días después llegó Félix con su esposa Drusila, que era judía. Mandó llamar a Pablo y lo escuchó hablar acerca de la fe en *Cristo Jesús. 25Al disertar Pablo sobre la justicia, el dominio propio y el juicio venidero, Félix tuvo miedo y le dijo: «¡Basta por ahora! Puedes retirarte. Cuando sea oportuno te mandaré llamar otra vez.» 26Félix también esperaba que Pablo le ofreciera dinero; por eso mandaba llamarlo con frecuencia y conversaba con él.

27Transcurridos dos años, Félix tuvo como sucesor a Porcio Festo, pero como Félix quería congraciarse con los judíos, dejó preso a Pablo.

El proceso ante Festo

25 Tres días después de llegar a la provincia, Festo subió de Cesarea a Jerusalén. 2Entonces los jefes de los sacerdotes y los dirigentes de los judíos presentaron sus acusaciones contra Pablo. 3Insistentemente le pidieron a Festo que les hiciera el favor de trasladar a Pablo a Jerusalén. Lo cierto es que ellos estaban preparando una emboscada para matarlo en el camino. 4Festo respondió: «Pablo está preso en Cesarea, y yo mismo partiré en breve para allá. 5Que vayan conmigo algunos de los dirigentes de

the God of our fathers as a follower of the Way, which they call a sect. I believe everything that agrees with the Law and that is written in the Prophets, 15and I have the same hope in God as these men, that there will be a resurrection of both the righteous and the wicked. 16So I strive always to keep my conscience clear before God and man.

17"After an absence of several years, I came to Jerusalem to bring my people gifts for the poor and to present offerings. 18I was ceremonially clean when they found me in the temple courts doing this. There was no crowd with me, nor was I involved in any disturbance. 19But there are some Jews from the province of Asia, who ought to be here before you and bring charges if they have anything against me. 20Or these who are here should state what crime they found in me when I stood before the Sanhedrin— 21unless it was this one thing I shouted as I stood in their presence: 'It is concerning the resurrection of the dead that I am on trial before you today.'"

22Then Felix, who was well acquainted with the Way, adjourned the proceedings. "When Lysias the commander comes," he said, "I will decide your case." 23He ordered the centurion to keep Paul under guard but to give him some freedom and permit his friends to take care of his needs.

24Several days later Felix came with his wife Drusilla, who was a Jewess. He sent for Paul and listened to him as he spoke about faith in Christ Jesus. 25As Paul discoursed on righteousness, self-control and the judgment to come, Felix was afraid and said, "That's enough for now! You may leave. When I find it convenient, I will send for you." 26At the same time he was hoping that Paul would offer him a bribe, so he sent for him frequently and talked with him.

27When two years had passed, Felix was succeeded by Porcius Festus, but because Felix wanted to grant a favor to the Jews, he left Paul in prison.

The Trial Before Festus

25 Three days after arriving in the province, Festus went up from Caesarea to Jerusalem, 2where the chief priests and Jewish leaders appeared before him and presented the charges against Paul. 3They urgently requested Festus, as a favor to them, to have Paul transferred to Jerusalem, for they were preparing an ambush to kill him along the way. 4Festus answered, "Paul is being held at Caesarea, and I myself am going there soon. 5Let some of your

ustedes y formulen allí sus acusaciones contra él, si es que ha hecho algo malo.»

⁶Después de pasar entre los judíos unos ocho o diez días, Festo bajó a Cesarea, y al día siguiente convocó al tribunal y mandó que le trajeran a Pablo. ⁷Cuando éste se presentó, los judíos que habían bajado de Jerusalén lo rodearon, formulando contra él muchas acusaciones graves que no podían probar.

⁸Pablo se defendía:

—No he cometido ninguna falta, ni contra la ley de los judíos ni contra el templo ni contra el *emperador.

⁹Pero Festo, queriendo congraciarse con los judíos, le preguntó:

—¿Estás dispuesto a subir a Jerusalén para ser juzgado allí ante mí?

¹⁰Pablo contestó:

—Ya estoy ante el tribunal del emperador, que es donde se me debe juzgar. No les he hecho ningún agravio a los judíos, como usted sabe muy bien. ¹¹Si soy culpable de haber hecho algo que merezca la muerte, no me niego a morir. Pero si no son ciertas las acusaciones que estos judíos formulan contra mí, nadie tiene el derecho de entregarme a ellos para complacerlos. ¡Apelo al emperador!

¹²Después de consultar con sus asesores, Festo declaró:

—Has apelado al emperador. ¡Al emperador irás!

Festo consulta al rey Agripa

¹³Pasados algunos días, el rey Agripa y Berenice llegaron a Cesarea para saludar a Festo. ¹⁴Como se entretuvieron allí varios días, Festo le presentó al rey el caso de Pablo.

—Hay aquí un hombre —le dijo— que Félix dejó preso. ¹⁵Cuando fui a Jerusalén, los jefes de los sacerdotes y los *ancianos de los judíos presentaron acusaciones contra él y exigieron que se le condenara. ¹⁶Les respondí que no es costumbre de los romanos entregar a ninguna persona sin antes concederle al acusado un careo con sus acusadores, y darle la oportunidad de defenderse de los cargos. ¹⁷Cuando acudieron a mí, no dilaté el caso, sino que convoqué al tribunal el día siguiente y mandé traer a este hombre. ¹⁸Al levantarse para hablar, sus acusadores no alegaron en su contra ninguno de los delitos que yo había supuesto. ¹⁹Más bien, tenían contra él algunas cuestiones tocantes a su propia religión y sobre un tal Jesús, ya muerto, que Pablo sostiene que está vivo. ²⁰Yo no sabía cómo investigar tales cuestiones, así que le pregunté si estaba dispuesto a ir a Jerusalén para ser juzgado allí con respecto a esos cargos. ²¹Pero como Pablo apeló para que se le reservara el

leaders come with me and press charges against the man there, if he has done anything wrong."

⁶After spending eight or ten days with them, he went down to Caesarea, and the next day he convened the court and ordered that Paul be brought before him. ⁷When Paul appeared, the Jews who had come down from Jerusalem stood around him, bringing many serious charges against him, which they could not prove.

⁸Then Paul made his defense: "I have done nothing wrong against the law of the Jews or against the temple or against Caesar."

⁹Festus, wishing to do the Jews a favor, said to Paul, "Are you willing to go up to Jerusalem and stand trial before me there on these charges?"

¹⁰Paul answered: "I am now standing before Caesar's court, where I ought to be tried. I have not done any wrong to the Jews, as you yourself know very well. ¹¹If, however, I am guilty of doing anything deserving death, I do not refuse to die. But if the charges brought against me by these Jews are not true, no one has the right to hand me over to them. I appeal to Caesar!"

¹²After Festus had conferred with his council, he declared: "You have appealed to Caesar. To Caesar you will go!"

Festus Consults King Agrippa

¹³A few days later King Agrippa and Bernice arrived at Caesarea to pay their respects to Festus. ¹⁴Since they were spending many days there, Festus discussed Paul's case with the king. He said: "There is a man here whom Felix left as a prisoner. ¹⁵When I went to Jerusalem, the chief priests and elders of the Jews brought charges against him and asked that he be condemned.

¹⁶"I told them that it is not the Roman custom to hand over any man before he has faced his accusers and has had an opportunity to defend himself against their charges. ¹⁷When they came here with me, I did not delay the case, but convened the court the next day and ordered the man to be brought in. ¹⁸When his accusers got up to speak, they did not charge him with any of the crimes I had expected. ¹⁹Instead, they had some points of dispute with him about their own religion and about a dead man named Jesus who Paul claimed was alive. ²⁰I was at a loss how to investigate such matters; so I asked if he would be willing to go to Jerusalem and stand trial there on these charges. ²¹When Paul made his appeal to be held over for the Emperor's deci-

fallo al emperador,[t] ordené que quedara deteni- do hasta ser remitido a Roma.[u]

22—A mí también me gustaría oír a ese hom- bre —le dijo Agripa a Festo.

—Pues mañana mismo lo oirá usted —le con- testó Festo.

Pablo ante Agripa

23Al día siguiente Agripa y Berenice se pre- sentaron con gran pompa, y entraron en la sala de la audiencia acompañados por oficiales de alto rango y por las personalidades más distin- guidas de la ciudad. Festo mandó que le trajeran a Pablo, **24**y dijo:

—Rey Agripa y todos los presentes: Aquí tie- nen a este hombre. Todo el pueblo judío me ha presentado una demanda contra él, tanto en Jeru- salén como aquí en Cesarea, pidiendo a gritos su muerte. **25**He llegado a la conclusión de que él no ha hecho nada que merezca la muerte, pero como apeló al emperador, he decidido enviarlo a Roma. **26**El problema es que no tengo definido nada que escribir al soberano acerca de él. Por eso lo he hecho comparecer ante ustedes, y especialmente delante de usted, rey Agripa, para que como resultado de esta investigación tenga yo algunos datos para mi carta; **27**me parece absurdo enviar un preso sin especificar los cargos contra él.

26 Entonces Agripa le dijo a Pablo:
—Tienes permiso para defenderte.

Pablo hizo un ademán con la mano y comenzó así su defensa:

2—Rey Agripa, para mí es un privilegio pre- sentarme hoy ante usted para defenderme de las acusaciones de los judíos, **3**sobre todo porque usted está bien informado de todas las tradicio- nes y controversias de los judíos. Por eso le ruego que me escuche con paciencia.

4»Todos los judíos saben cómo he vivido desde que era niño, desde mi edad temprana entre mi gente y también en Jerusalén. **5**Ellos me conocen desde hace mucho tiempo y pueden atestiguar, si quieren, que viví como *fariseo, de acuerdo con la secta más estricta de nuestra religión. **6**Y ahora me juzgan por la esperanza que tengo en la promesa que Dios hizo a nues- tros antepasados. **7**Ésta es la promesa que nues- tras doce tribus esperan alcanzar rindiendo culto a Dios con diligencia día y noche. Es por esta esperanza, oh rey, por lo que me acusan los judíos. **8**¿Por qué les parece a ustedes increíble que Dios resucite a los muertos?

9»Pues bien, yo mismo estaba convencido de que debía hacer todo lo posible por combatir el nombre de Jesús de Nazaret. **10**Eso es precisa-

Paul Before Agrippa

23The next day Agrippa and Bernice came with great pomp and entered the audience room with the high ranking officers and the leading men of the city. At the command of Festus, Paul was brought in. **24**Festus said: "King Agrippa, and all who are present with us, you see this man! The whole Jewish com- munity has petitioned me about him in Jeru- salem and here in Caesarea, shouting that he ought not to live any longer. **25**I found he had done nothing deserving of death, but because he made his appeal to the Emperor I decided to send him to Rome. **26**But I have nothing definite to write to His Majesty about him. Therefore I have brought him before all of you, and especially before you, King Agrippa, so that as a result of this investigation I may have something to write. **27**For I think it is unreasonable to send on a prisoner without specifying the charges against him."

26 Then Agrippa said to Paul, "You have permission to speak for yourself." So Paul motioned with his hand and began his defense: **2**"King Agrippa, I consider myself for- tunate to stand before you today as I make my defense against all the accusations of the Jews, **3**and especially so because you are well ac- quainted with all the Jewish customs and con- troversies. Therefore, I beg you to listen to me patiently.

4"The Jews all know the way I have lived ever since I was a child, from the beginning of my life in my own country, and also in Jerusalem. **5**They have known me for a long time and can testify, if they are willing, that according to the strictest sect of our religion, I lived as a Pharisee. **6**And now it is because of my hope in what God has promised our fathers that I am on trial today. **7**This is the promise our twelve tribes are hoping to see fulfilled as they earnestly serve God day and night. O king, it is because of this hope that the Jews are accusing me. **8**Why should any of you consider it incredible that God raises the dead?

9"I too was convinced that I ought to do all that was possible to oppose the name of Jesus of Nazareth. **10**And that is just what I did in Jeru- salem. On the authority of the chief priests I put many of the saints in prison, and when they were

---

[t]**25:21** *al emperador*. Lit. *al augusto*; también en v. 25.
[u]**25:21** *a Roma*. Lit. *al* *césar.

mente lo que hice en Jerusalén. Con la autoridad de los jefes de los sacerdotes metí en la cárcel a muchos de los *santos, y cuando los mataban, yo manifestaba mi aprobación. ¹¹Muchas veces anduve de sinagoga en sinagoga castigándolos para obligarlos a *blasfemar. Mi obsesión contra ellos me llevaba al extremo de perseguirlos incluso en ciudades del extranjero.

¹²»En uno de esos viajes iba yo hacia Damasco con la autoridad y la comisión de los jefes de los sacerdotes. ¹³A eso del mediodía, oh rey, mientras iba por el camino, vi una luz del cielo, más refulgente que el sol, que con su resplandor nos envolvió a mí y a mis acompañantes. ¹⁴Todos caímos al suelo, y yo oí una voz que me decía en arameo:ᵛ "Saulo, Saulo, ¿por qué me persigues? ¿Qué sacas con darte cabezazos contra la pared?"ʷ ¹⁵Entonces pregunté: "¿Quién eres, Señor?" "Yo soy Jesús, a quien tú persigues —me contestó el Señor—. ¹⁶Ahora, ponte en pie y escúchame. Me he aparecido a ti con el fin de designarte siervo y testigo de lo que has visto de mí y de lo que te voy a revelar. ¹⁷Te libraré de tu propio pueblo y de los *gentiles. Te envío a éstos ¹⁸para que les abras los ojos y se conviertan de las tinieblas a la luz, y del poder de Satanás a Dios, a fin de que, por la fe en mí, reciban el perdón de los pecados y la herencia entre los *santificados."

¹⁹»Así que, rey Agripa, no fui desobediente a esa visión celestial. ²⁰Al contrario, comenzando con los que estaban en Damasco, siguiendo con los que estaban en Jerusalén y en toda Judea, y luego con los gentiles, a todos les prediqué que se *arrepintieran y se convirtieran a Dios, y que demostraran su arrepentimiento con sus buenas obras. ²¹Sólo por eso los judíos me prendieron en el *templo y trataron de matarme. ²²Pero Dios me ha ayudado hasta hoy, y así me mantengo firme, testificando a grandes y pequeños. No he dicho sino lo que los profetas y Moisés ya dijeron que sucedería: ²³que el *Cristo padecería y que, siendo el primero en resucitar, proclamaría la luz a su propio pueblo y a los gentiles.

²⁴Al llegar Pablo a este punto de su defensa, Festo interrumpió.

—¡Estás loco, Pablo! —le gritó—. El mucho estudio te ha hecho perder la cabeza.

²⁵—No estoy loco, excelentísimo Festo —contestó Pablo—. Lo que digo es cierto y sensato. ²⁶El rey está familiarizado con estas cosas, y por eso hablo ante él con tanto atrevimiento. Estoy convencido de que nada de esto ignora, porque no sucedió en un rincón. ²⁷Rey

put to death, I cast my vote against them. ¹¹Many a time I went from one synagogue to another to have them punished, and I tried to force them to blaspheme. In my obsession against them, I even went to foreign cities to persecute them.

¹²"On one of these journeys I was going to Damascus with the authority and commission of the chief priests. ¹³About noon, O king, as I was on the road, I saw a light from heaven, brighter than the sun, blazing around me and my companions. ¹⁴We all fell to the ground, and I heard a voice saying to me in Aramaic,ʸ 'Saul, Saul, why do you persecute me? It is hard for you to kick against the goads.'

¹⁵"Then I asked, 'Who are you, Lord?'

"'I am Jesus, whom you are persecuting,' the Lord replied. ¹⁶'Now get up and stand on your feet. I have appeared to you to appoint you as a servant and as a witness of what you have seen of me and what I will show you. ¹⁷I will rescue you from your own people and from the Gentiles. I am sending you to them ¹⁸to open their eyes and turn them from darkness to light, and from the power of Satan to God, so that they may receive forgiveness of sins and a place among those who are sanctified by faith in me.'

¹⁹"So then, King Agrippa, I was not disobedient to the vision from heaven. ²⁰First to those in Damascus, then to those in Jerusalem and in all Judea, and to the Gentiles also, I preached that they should repent and turn to God and prove their repentance by their deeds. ²¹That is why the Jews seized me in the temple courts and tried to kill me. ²²But I have had God's help to this very day, and so I stand here and testify to small and great alike. I am saying nothing beyond what the prophets and Moses said would happen— ²³that the Christᶻ would suffer and, as the first to rise from the dead, would proclaim light to his own people and to the Gentiles."

²⁴At this point Festus interrupted Paul's defense. "You are out of your mind, Paul!" he shouted. "Your great learning is driving you insane."

²⁵"I am not insane, most excellent Festus," Paul replied. "What I am saying is true and reasonable. ²⁶The king is familiar with these things, and I can speak freely to him. I am convinced that none of this has escaped his notice, because it was not done in a corner. ²⁷King Agrippa, do you believe the prophets? I know you do."

ᵛ26:14 *arameo.* Lit. *el dialecto hebreo.*   ʷ26:14 *¿Qué sacas ... pared?* Lit. *Te es difícil dar coces contra el aguijón.*   ʸ14 Or *Hebrew*   ᶻ23 Or *Messiah*

Agripa, ¿cree usted en los profetas? ¡A mí me consta que sí!

28—Un poco más y me convences a hacerme cristiano[x]—le dijo Agripa.

29—Sea por poco o por mucho —le replicó Pablo—, le pido a Dios que no sólo usted, sino también todos los que me están escuchando hoy, lleguen a ser como yo, aunque sin estas cadenas.

30Se levantó el rey, y también el gobernador, Berenice y los que estaban sentados con ellos. 31Al retirarse, decían entre sí:

—Este hombre no ha hecho nada que merezca la muerte ni la cárcel.

32Y Agripa le dijo a Festo:

—Se podría poner en libertad a este hombre si no hubiera apelado al *emperador.

Pablo viaja a Roma

27 Cuando se decidió que navegáramos rumbo a Italia, entregaron a Pablo y a algunos otros presos a un centurión llamado Julio, que pertenecía al batallón imperial. 2Subimos a bordo de un barco, con matrícula de Adramitio, que estaba a punto de zarpar hacia los puertos de la provincia de *Asia, y nos hicimos a la mar. Nos acompañaba Aristarco, un macedonio de Tesalónica.

3Al día siguiente hicimos escala en Sidón; y Julio, con mucha amabilidad, le permitió a Pablo visitar a sus amigos para que lo atendieran. 4Desde Sidón zarpamos y navegamos al abrigo de Chipre, porque los vientos nos eran contrarios. 5Después de atravesar el mar frente a las costas de Cilicia y Panfilia, arribamos a Mira de Licia. 6Allí el centurión encontró un barco de Alejandría que iba para Italia, y nos hizo subir a bordo. 7Durante muchos días la navegación fue lenta, y a duras penas llegamos frente a Gnido. Como el viento nos era desfavorable para seguir el rumbo trazado, navegamos al amparo de Creta, frente a Salmona. 8Seguimos con dificultad a lo largo de la costa y llegamos a un lugar llamado Buenos Puertos, cerca de la ciudad de Lasea.

9Se había perdido mucho tiempo, y era peligrosa la navegación por haber pasado ya la fiesta del ayuno.[y] Así que Pablo les advirtió: 10«Señores, veo que nuestro viaje va a ser desastroso y que va a causar mucho perjuicio tanto para el barco y su carga como para nuestras propias *vidas.» 11Pero el centurión, en vez de hacerle caso, siguió el consejo del timonel y del dueño del barco. 12Como el puerto no era adecuado para invernar, la mayoría decidió que debíamos

28Then Agrippa said to Paul, "Do you think that in such a short time you can persuade me to be a Christian?"

29Paul replied, "Short time or long—I pray God that not only you but all who are listening to me today may become what I am, except for these chains."

30The king rose, and with him the governor and Bernice and those sitting with them. 31They left the room, and while talking with one another, they said, "This man is not doing anything that deserves death or imprisonment."

32Agrippa said to Festus, "This man could have been set free if he had not appealed to Caesar."

Paul Sails for Rome

27 When it was decided that we would sail for Italy, Paul and some other prisoners were handed over to a centurion named Julius, who belonged to the Imperial Regiment. 2We boarded a ship from Adramyttium about to sail for ports along the coast of the province of Asia, and we put out to sea. Aristarchus, a Macedonian from Thessalonica, was with us.

3The next day we landed at Sidon; and Julius, in kindness to Paul, allowed him to go to his friends so they might provide for his needs. 4From there we put out to sea again and passed to the lee of Cyprus because the winds were against us. 5When we had sailed across the open sea off the coast of Cilicia and Pamphylia, we landed at Myra in Lycia. 6There the centurion found an Alexandrian ship sailing for Italy and put us on board. 7We made slow headway for many days and had difficulty arriving off Cnidus. When the wind did not allow us to hold our course, we sailed to the lee of Crete, opposite Salmone. 8We moved along the coast with difficulty and came to a place called Fair Havens, near the town of Lasea.

9Much time had been lost, and sailing had already become dangerous because by now it was after the Fast.[a] So Paul warned them, 10"Men, I can see that our voyage is going to be disastrous and bring great loss to ship and cargo, and to our own lives also." 11But the centurion, instead of listening to what Paul said, followed the advice of the pilot and of the owner of the ship. 12Since the harbor was

---

seguir adelante, con la esperanza de llegar a Fenice, puerto de Creta que da al suroeste y al noroeste, y pasar allí el invierno.

La tempestad

13Cuando comenzó a soplar un viento suave del sur, creyeron que podían conseguir lo que querían, así que levaron anclas y navegaron junto a la costa de Creta. 14Poco después se nos vino encima un viento huracanado, llamado Nordeste, que venía desde la isla. 15El barco quedó atrapado por la tempestad y no podía hacerle frente al viento, así que nos dejamos llevar a la deriva. 16Mientras pasábamos al abrigo de un islote llamado Cauda, a duras penas pudimos sujetar el bote salvavidas. 17Después de subirlo a bordo, amarraron con sogas todo el casco del barco para reforzarlo. Temiendo que fueran a encallar en los bancos de arena de la Sirte, echaron el ancla flotante y dejaron el barco a la deriva. 18Al día siguiente, dado que la tempestad seguía arremetiendo con mucha fuerza contra nosotros, comenzaron a arrojar la carga por la borda. 19Al tercer día, con sus propias manos arrojaron al mar los aparejos del barco. 20Como pasaron muchos días sin que aparecieran ni el sol ni las estrellas, y la tempestad seguía arreciando, perdimos al fin toda esperanza de salvarnos.

21Llevábamos ya mucho tiempo sin comer, así que Pablo se puso en medio de todos y dijo: «Señores, debían haber seguido mi consejo y no haber zarpado de Creta; así se habrían ahorrado este perjuicio y esta pérdida. 22Pero ahora los exhorto a cobrar ánimo, porque ninguno de ustedes perderá la *vida; sólo se perderá el barco. 23Anoche se me apareció un ángel del Dios a quien pertenezco y a quien sirvo, 24y me dijo: "No tengas miedo, Pablo. Tienes que comparecer ante el *emperador; y Dios te ha concedido la vida de todos los que navegan contigo." 25Así que ¡ánimo, señores! Confío en Dios que sucederá tal y como se me dijo. 26Sin embargo, tenemos que encallar en alguna isla.»

El naufragio

27Ya habíamos pasado catorce noches a la deriva por el mar Adriático,z cuando a eso de la medianoche los marineros presintieron que se aproximaban a tierra. 28Echaron la sonda y encontraron que el agua tenía unos treinta y siete metros de profundidad. Más adelante volvieron a echar la sonda y encontraron que tenía cerca de veintisiete metrosa de profundidad. 29Te-

unsuitable to winter in, the majority decided that we should sail on, hoping to reach Phoenix and winter there. This was a harbor in Crete, facing both southwest and northwest.

The Storm

13When a gentle south wind began to blow, they thought they had obtained what they wanted; so they weighed anchor and sailed along the shore of Crete. 14Before very long, a wind of hurricane force, called the "northeaster," swept down from the island. 15The ship was caught by the storm and could not head into the wind; so we gave way to it and were driven along. 16As we passed to the lee of a small island called Cauda, we were hardly able to make the lifeboat secure. 17When the men had hoisted it aboard, they passed ropes under the ship itself to hold it together. Fearing that they would run aground on the sandbars of Syrtis, they lowered the sea anchor and let the ship be driven along. 18We took such a violent battering from the storm that the next day they began to throw the cargo overboard. 19On the third day, they threw the ship's tackle overboard with their own hands. 20When neither sun nor stars appeared for many days and the storm continued raging, we finally gave up all hope of being saved.

21After the men had gone a long time without food, Paul stood up before them and said: "Men, you should have taken my advice not to sail from Crete; then you would have spared yourselves this damage and loss. 22But now I urge you to keep up your courage, because not one of you will be lost; only the ship will be destroyed. 23Last night an angel of the God whose I am and whom I serve stood beside me 24and said, 'Do not be afraid, Paul. You must stand trial before Caesar; and God has graciously given you the lives of all who sail with you.' 25So keep up your courage, men, for I have faith in God that it will happen just as he told me. 26Nevertheless, we must run aground on some island."

The Shipwreck

27On the fourteenth night we were still being driven across the Adriaticb Sea, when about midnight the sailors sensed they were approaching land. 28They took soundings and found that the water was a hundred and twenty feetc deep. A short time later they took soundings again and found it was ninety feetd deep. 29Fearing that we

---

z27:27 En la antigüedad el nombre Adriático se refería a una zona que se extendía muy al sur de Italia. a27:28 treinta y siete metros ... veintisiete metros. Lit. veinte *brazas ... quince brazas.

b27 In ancient times the name referred to an area extending well south of Italy. c28 Greek twenty orguias (about 37 meters) d28 Greek fifteen orguias (about 27 meters)

miendo que fuéramos a estrellarnos contra las rocas, echaron cuatro anclas por la popa y se pusieron a rogar que amaneciera. 30En un intento por escapar del barco, los marineros comenzaron a bajar el bote salvavidas al mar, con el pretexto de que iban a echar algunas anclas desde la proa. 31Pero Pablo les advirtió al centurión y a los soldados: «Si ésos no se quedan en el barco, no podrán salvarse ustedes.» 32Así que los soldados cortaron las amarras del bote salvavidas y lo dejaron caer al agua.

33Estaba a punto de amanecer cuando Pablo animó a todos a tomar alimento: «Hoy hace ya catorce días que ustedes están con la vida en un hilo, y siguen sin probar bocado. 34Les ruego que coman algo, pues lo necesitan para sobrevivir. Ninguno de ustedes perderá ni un solo cabello de la cabeza.» 35Dicho esto, tomó pan y dio gracias a Dios delante de todos. Luego lo partió y comenzó a comer. 36Todos se animaron y también comieron. 37Éramos en total doscientas setenta y seis personas en el barco. 38Una vez satisfechos, aligeraron el barco echando el trigo al mar.

39Cuando amaneció, no reconocieron la tierra, pero vieron una bahía que tenía playa, donde decidieron encallar el barco a como diera lugar. 40Cortaron las anclas y las dejaron caer en el mar, desatando a la vez las amarras de los timones. Luego izaron a favor del viento la vela de proa y se dirigieron a la playa. 41Pero el barco fue a dar en un banco de arena y encalló. La proa se encajó en el fondo y quedó varada, mientras la popa se hacía pedazos al embate de las olas.

42Los soldados pensaron matar a los presos para que ninguno escapara a nado. 43Pero el centurión quería salvarle la vida a Pablo, y les impidió llevar a cabo el plan. Dio orden de que los que pudieran nadar saltaran primero por la borda para llegar a tierra, 44y de que los demás salieran valiéndose de tablas o de restos del barco. De esta manera todos llegamos sanos y salvos a tierra.

En la isla de Malta

28 Una vez a salvo, nos enteramos de que la isla se llamaba Malta. 2Los isleños nos trataron con toda clase de atenciones. Encendieron una fogata y nos invitaron a acercarnos, porque estaba lloviendo y hacía frío. 3Sucedió que Pablo recogió un montón de leña y la estaba echando al fuego, cuando una víbora que huía del calor se le prendió en la mano. 4Al ver la serpiente colgada de la mano de Pablo, los isleños se pusieron a comentar entre sí: «Sin duda este hombre es un asesino, pues aunque se salvó del mar, la justicia divina no va a consentir que siga con vida.» 5Pero Pablo sacudió la mano y la serpiente cayó en el fuego, y él no sufrió ningún

would be dashed against the rocks, they dropped four anchors from the stern and prayed for daylight. 30In an attempt to escape from the ship, the sailors let the lifeboat down into the sea, pretending they were going to lower some anchors from the bow. 31Then Paul said to the centurion and the soldiers, "Unless these men stay with the ship, you cannot be saved." 32So the soldiers cut the ropes that held the lifeboat and let it fall away.

33Just before dawn Paul urged them all to eat. "For the last fourteen days," he said, "you have been in constant suspense and have gone without food—you haven't eaten anything. 34Now I urge you to take some food. You need it to survive. Not one of you will lose a single hair from his head." 35After he said this, he took some bread and gave thanks to God in front of them all. Then he broke it and began to eat. 36They were all encouraged and ate some food themselves. 37Altogether there were 276 of us on board. 38When they had eaten as much as they wanted, they lightened the ship by throwing the grain into the sea.

39When daylight came, they did not recognize the land, but they saw a bay with a sandy beach, where they decided to run the ship aground if they could. 40Cutting loose the anchors, they left them in the sea and at the same time untied the ropes that held the rudders. Then they hoisted the foresail to the wind and made for the beach. 41But the ship struck a sandbar and ran aground. The bow stuck fast and would not move, and the stern was broken to pieces by the pounding of the surf.

42The soldiers planned to kill the prisoners to prevent any of them from swimming away and escaping. 43But the centurion wanted to spare Paul's life and kept them from carrying out their plan. He ordered those who could swim to jump overboard first and get to land. 44The rest were to get there on planks or on pieces of the ship. In this way everyone reached land in safety.

Ashore on Malta

28 Once safely on shore, we found out that the island was called Malta. 2The islanders showed us unusual kindness. They built a fire and welcomed us all because it was raining and cold. 3Paul gathered a pile of brushwood and, as he put it on the fire, a viper, driven out by the heat, fastened itself on his hand. 4When the islanders saw the snake hanging from his hand, they said to each other, "This man must be a murderer; for though he escaped from the sea, Justice has not allowed him to live." 5But Paul shook the snake off into the fire and suf-

daño. 6La gente esperaba que se hinchara o cayera muerto de repente, pero después de esperar un buen rato y de ver que nada extraño le sucedía, cambiaron de parecer y decían que era un dios.

7Cerca de allí había una finca que pertenecía a Publio, el funcionario principal de la isla. Éste nos recibió en su casa con amabilidad y nos hospedó durante tres días. 8El padre de Publio estaba en cama, enfermo con fiebre y disentería. Pablo entró a verlo y, después de orar, le impuso las manos y lo sanó. 9Como consecuencia de esto, los demás enfermos de la isla también acudían y eran sanados. 10Nos colmaron de muchas atenciones y nos proveyeron de todo lo necesario para el viaje.

Llegada a Roma

11Al cabo de tres meses en la isla, zarpamos en un barco que había invernado allí. Era una nave de Alejandría que tenía por insignia a los dioses Dióscuros.*b* 12Hicimos escala en Siracusa, donde nos quedamos tres días. 13Desde allí navegamos bordeando la costa y llegamos a Regio. Al día siguiente se levantó el viento del sur, y al segundo día llegamos a Poteoli. 14Allí encontramos a algunos creyentes que nos invitaron a pasar una semana con ellos. Y por fin llegamos a Roma. 15Los hermanos de Roma, habiéndose enterado de nuestra situación, salieron hasta el Foro de Apio y Tres Tabernas a recibirnos. Al verlos, Pablo dio gracias a Dios y cobró ánimo. 16Cuando llegamos a Roma, a Pablo se le permitió tener su domicilio particular, con un soldado que lo custodiara.

Pablo predica bajo custodia en Roma

17Tres días más tarde, Pablo convocó a los dirigentes de los judíos. Cuando estuvieron reunidos, les dijo:

—A mí, hermanos, a pesar de no haber hecho nada contra mi pueblo ni contra las costumbres de nuestros antepasados, me arrestaron en Jerusalén y me entregaron a los romanos. 18Éstos me interrogaron y quisieron soltarme por no ser yo culpable de ningún delito que mereciera la muerte. 19Cuando los judíos se opusieron, me vi obligado a apelar al *emperador, pero no porque tuviera alguna acusación que presentar contra mi nación. 20Por este motivo he pedido verlos y hablar con ustedes. Precisamente por la esperanza de Israel estoy encadenado.

21—Nosotros no hemos recibido ninguna carta de Judea que tenga que ver contigo —le contestaron ellos—, ni ha llegado ninguno de

fered no ill effects. 6The people expected him to swell up or suddenly fall dead, but after waiting a long time and seeing nothing unusual happen to him, they changed their minds and said he was a god.

7There was an estate nearby that belonged to Publius, the chief official of the island. He welcomed us to his home and for three days entertained us hospitably. 8His father was sick in bed, suffering from fever and dysentery. Paul went in to see him and, after prayer, placed his hands on him and healed him. 9When this had happened, the rest of the sick on the island came and were cured. 10They honored us in many ways and when we were ready to sail, they furnished us with the supplies we needed.

Arrival at Rome

11After three months we put out to sea in a ship that had wintered in the island. It was an Alexandrian ship with the figurehead of the twin gods Castor and Pollux. 12We put in at Syracuse and stayed there three days. 13From there we set sail and arrived at Rhegium. The next day the south wind came up, and on the following day we reached Puteoli. 14There we found some brothers who invited us to spend a week with them. And so we came to Rome. 15The brothers there had heard that we were coming, and they traveled as far as the Forum of Appius and the Three Taverns to meet us. At the sight of these men Paul thanked God and was encouraged. 16When we got to Rome, Paul was allowed to live by himself, with a soldier to guard him.

Paul Preaches at Rome Under Guard

17Three days later he called together the leaders of the Jews. When they had assembled, Paul said to them: "My brothers, although I have done nothing against our people or against the customs of our ancestors, I was arrested in Jerusalem and handed over to the Romans. 18They examined me and wanted to release me, because I was not guilty of any crime deserving death. 19But when the Jews objected, I was compelled to appeal to Caesar—not that I had any charge to bring against my own people. 20For this reason I have asked to see you and talk with you. It is because of the hope of Israel that I am bound with this chain."

21They replied, "We have not received any letters from Judea concerning you, and none of the brothers who have come from there has

---

*b*28:11 Dioses gemelos de la mitología griega, probablemente Cástor y Pólux

los hermanos de allá con malos informes o que haya hablado mal de ti. **22**Pero queremos oír tu punto de vista, porque lo único que sabemos es que en todas partes se habla en contra de esa secta.

23Señalaron un día para reunirse con Pablo, y acudieron en mayor número a la casa donde estaba alojado. Desde la mañana hasta la tarde estuvo explicándoles y testificándoles acerca del reino de Dios y tratando de convencerlos respecto a Jesús, partiendo de la ley de Moisés y de los profetas. **24**Unos se convencieron por lo que él decía, pero otros se negaron a creer. **25**No pudieron ponerse de acuerdo entre sí, y comenzaron a irse cuando Pablo añadió esta última declaración: «Con razón el Espíritu Santo les habló a sus antepasados por medio del profeta Isaías diciendo:

26»"Ve a este pueblo y dile:
'Por mucho que oigan, no entenderán;
por mucho que vean, no percibirán.'
27Porque el corazón de este pueblo se ha
vuelto insensible;
se les han embotado los oídos,
y se les han cerrado los ojos.
De lo contrario, verían con los ojos,
oirían con los oídos,
entenderían con el corazón
y se convertirían, y yo los sanaría." *c*

28»Por tanto, quiero que sepan que esta salvación de Dios se ha enviado a los *gentiles, y ellos sí escucharán.»*d*

30Durante dos años completos permaneció Pablo en la casa que tenía alquilada, y recibía a todos los que iban a verlo. **31**Y predicaba el reino de Dios y enseñaba acerca del Señor *Jesucristo sin impedimento y sin temor alguno.

reported or said anything bad about you. **22**But we want to hear what your views are, for we know that people everywhere are talking against this sect."

23They arranged to meet Paul on a certain day, and came in even larger numbers to the place where he was staying. From morning till evening he explained and declared to them the kingdom of God and tried to convince them about Jesus from the Law of Moses and from the Prophets. **24**Some were convinced by what he said, but others would not believe. **25**They disagreed among themselves and began to leave after Paul had made this final statement: "The Holy Spirit spoke the truth to your forefathers when he said through Isaiah the prophet:

26" 'Go to this people and say,
"You will be ever hearing but never
understanding;
you will be ever seeing but never perceiving."
27For this people's heart has become
calloused;
they hardly hear with their ears,
and they have closed their eyes.
Otherwise they might see with their eyes,
hear with their ears,
understand with their hearts
and turn, and I would heal them.'*e*

28"Therefore I want you to know that God's salvation has been sent to the Gentiles, and they will listen!" *f*

30For two whole years Paul stayed there in his own rented house and welcomed all who came to see him. **31**Boldly and without hindrance he preached the kingdom of God and taught about the Lord Jesus Christ.

*c*28:27 Is 6:9,10   *d*28:28 *escucharán.»* Var. *escucharán.»*
29*Después que él dijo esto, los judíos se fueron, discutiendo acaloradamente entre ellos.*

*e*27 Isaiah 6:9,10   *f*28 Some manuscripts *listen!"* **29***After he said this, the Jews left, arguing vigorously among themselves.*

Carta a los Romanos

1 Pablo, *siervo de *Cristo Jesús, llamado a ser apóstol, apartado para anunciar el *evangelio de Dios, 2que por medio de sus profetas ya había prometido en las sagradas Escrituras. 3Este evangelio habla de su Hijo, que según la *naturaleza humana era descendiente de David, 4pero que según el Espíritu de *santidad fue designado*a* con poder Hijo de Dios por la resurrección. Él es Jesucristo nuestro Señor. 5Por medio de él, y en honor a su nombre, recibimos el don apostólico para persuadir a todas las *naciones que obedezcan a la fe.*b* 6Entre ellas están incluidos también ustedes, a quienes Jesucristo ha llamado.

7Les escribo a todos ustedes, los amados de Dios que están en Roma, que han sido llamados a ser *santos.

Que Dios nuestro Padre y el Señor Jesucristo les concedan gracia y paz.

Pablo anhela visitar Roma

8En primer lugar, por medio de Jesucristo doy gracias a mi Dios por todos ustedes, pues en el mundo entero se habla bien de su fe. 9Dios, a quien sirvo de corazón predicando el *evangelio de su Hijo, me es testigo de que los recuerdo a ustedes sin cesar. 10Siempre pido en mis oraciones que, si es la voluntad de Dios, por fin se me abra ahora el camino para ir a visitarlos. 11Tengo muchos deseos de verlos para impartirles algún don espiritual que los fortalezca; 12mejor dicho, para que unos a otros nos animemos con la fe que compartimos. 13Quiero que sepan, hermanos, que aunque hasta ahora no he podido visitarlos, muchas veces me he propuesto hacerlo, para recoger algún fruto entre ustedes, tal como lo he recogido entre las otras naciones. 14Estoy en deuda con todos, sean cultos o incultos,*c* instruidos o ignorantes. 15De allí mi gran anhelo de predicarles el evangelio también a ustedes que están en Roma.

16A la verdad, no me avergüenzo del evangelio, pues es poder de Dios para la salvación de todos los que creen: de los judíos primeramente, pero también de los *gentiles. 17De hecho, en el

Romans

1 Paul, a servant of Christ Jesus, called to be an apostle and set apart for the gospel of God— 2the gospel he promised beforehand through his prophets in the Holy Scriptures 3regarding his Son, who as to his human nature was a descendant of David, 4and who through the Spirit*a* of holiness was declared with power to be the Son of God*b* by his resurrection from the dead: Jesus Christ our Lord. 5Through him and for his name's sake, we received grace and apostleship to call people from among all the Gentiles to the obedience that comes from faith. 6And you also are among those who are called to belong to Jesus Christ.

7To all in Rome who are loved by God and called to be saints:

Grace and peace to you from God our Father and from the Lord Jesus Christ.

Paul's Longing to Visit Rome

8First, I thank my God through Jesus Christ for all of you, because your faith is being reported all over the world. 9God, whom I serve with my whole heart in preaching the gospel of his Son, is my witness how constantly I remember you 10in my prayers at all times; and I pray that now at last by God's will the way may be opened for me to come to you.

11I long to see you so that I may impart to you some spiritual gift to make you strong— 12that is, that you and I may be mutually encouraged by each other's faith. 13I do not want you to be unaware, brothers, that I planned many times to come to you (but have been prevented from doing so until now) in order that I might have a harvest among you, just as I have had among the other Gentiles.

14I am obligated both to Greeks and non-Greeks, both to the wise and the foolish. 15That is why I am so eager to preach the gospel also to you who are at Rome.

16I am not ashamed of the gospel, because it is the power of God for the salvation of everyone who believes: first for the Jew, then for the Gentile. 17For in the gospel a righteousness

---

*a*1:4 *según el Espíritu de *santidad fue designado.* Alt. *según su espíritu de santidad fue declarado.*   *b*1:5 *para ... la fe.* Lit. *para la obediencia de la fe entre todas las naciones.* *c*1:14 *sean cultos o incultos.* Lit. *griegos y bárbaros.*

*a*4 Or *who as to his spirit*   *b*4 Or *was appointed to be the Son of God with power*

evangelio se revela la justicia que proviene de Dios, la cual es por fe de principio a fin,^d tal como está escrito: «El justo vivirá por la fe.»^e

La ira de Dios contra la humanidad

18Ciertamente, la ira de Dios viene revelándose desde el cielo contra toda impiedad e injusticia de los *seres humanos, que con su maldad obstruyen la verdad. **19**Me explico: lo que se puede conocer acerca de Dios es evidente para ellos, pues él mismo se lo ha revelado. **20**Porque desde la creación del mundo las cualidades invisibles de Dios, es decir, su eterno poder y su naturaleza divina, se perciben claramente a través de lo que él creó, de modo que nadie tiene excusa. **21**A pesar de haber conocido a Dios, no lo glorificaron como a Dios ni le dieron gracias, sino que se extraviaron en sus inútiles razonamientos, y se les oscureció su insensato corazón. **22**Aunque afirmaban ser sabios, se volvieron necios **23**y cambiaron la gloria del Dios inmortal por imágenes que eran réplicas del hombre mortal, de las aves, de los cuadrúpedos y de los reptiles.

24Por eso Dios los entregó a los malos deseos de sus corazones, que conducen a la impureza sexual, de modo que degradaron sus cuerpos los unos con los otros. **25**Cambiaron la verdad de Dios por la mentira, adorando y sirviendo a los seres creados antes que al Creador, quien es bendito por siempre. Amén.

26Por tanto, Dios los entregó a pasiones vergonzosas. En efecto, las mujeres cambiaron las relaciones naturales por las que van contra la naturaleza. **27**Así mismo los hombres dejaron las relaciones naturales con la mujer y se encendieron en pasiones lujuriosas los unos con los otros. Hombres con hombres cometieron actos indecentes, y en sí mismos recibieron el castigo que merecía su perversión.

28Además, como estimaron que no valía la pena tomar en cuenta el conocimiento de Dios, él a su vez los entregó a la depravación mental, para que hicieran lo que no debían hacer. **29**Se han llenado de toda clase de maldad, perversidad, avaricia y depravación. Están repletos de envidia, homicidios, disensiones, engaño y malicia. Son chismosos, **30**calumniadores, enemigos de Dios, insolentes, soberbios y arrogantes; se ingenian maldades; se rebelan contra sus padres; **31**son insensatos, desleales, insensibles, despiadados. **32**Saben bien que, según el justo decreto de Dios, quienes practican tales cosas merecen la muerte; sin embargo, no sólo siguen practicándolas sino que incluso aprueban a quienes las practican.

from God is revealed, a righteousness that is by faith from first to last,^c just as it is written: "The righteous will live by faith." ^d

God's Wrath Against Mankind

18The wrath of God is being revealed from heaven against all the godlessness and wickedness of men who suppress the truth by their wickedness, **19**since what may be known about God is plain to them, because God has made it plain to them. **20**For since the creation of the world God's invisible qualities—his eternal power and divine nature—have been clearly seen, being understood from what has been made, so that men are without excuse.

21For although they knew God, they neither glorified him as God nor gave thanks to him, but their thinking became futile and their foolish hearts were darkened. **22**Although they claimed to be wise, they became fools **23**and exchanged the glory of the immortal God for images made to look like mortal man and birds and animals and reptiles.

24Therefore God gave them over in the sinful desires of their hearts to sexual impurity for the degrading of their bodies with one another. **25**They exchanged the truth of God for a lie, and worshiped and served created things rather than the Creator—who is forever praised. Amen.

26Because of this, God gave them over to shameful lusts. Even their women exchanged natural relations for unnatural ones. **27**In the same way the men also abandoned natural relations with women and were inflamed with lust for one another. Men committed indecent acts with other men, and received in themselves the due penalty for their perversion.

28Furthermore, since they did not think it worthwhile to retain the knowledge of God, he gave them over to a depraved mind, to do what ought not to be done. **29**They have become filled with every kind of wickedness, evil, greed and depravity. They are full of envy, murder, strife, deceit and malice. They are gossips, **30**slanderers, God-haters, insolent, arrogant and boastful; they invent ways of doing evil; they disobey their parents; **31**they are senseless, faithless, heartless, ruthless. **32**Although they know God's righteous decree that those who do such things deserve death, they not only continue to do these very things but also approve of those who practice them.

^d1:17 por fe … fin. Lit. de fe a fe.   ^e1:17 Hab 2:4   ^c17 Or is from faith to faith   ^d17 Hab. 2:4

El justo juicio de Dios

2 Por tanto, no tienes excusa tú, quienquiera que seas, cuando juzgas a los demás, pues al juzgar a otros te condenas a ti mismo, ya que practicas las mismas cosas. ²Ahora bien, sabemos que el juicio de Dios contra los que practican tales cosas se basa en la verdad. ³¿Piensas entonces que vas a escapar del juicio de Dios, tú que juzgas a otros y sin embargo haces lo mismo que ellos? ⁴¿No ves que desprecias las riquezas de la bondad de Dios, de su tolerancia y de su paciencia, al no reconocer que su bondad quiere llevarte al *arrepentimiento?

⁵Pero por tu obstinación y por tu corazón empedernido sigues acumulando castigo contra ti mismo para el día de la ira, cuando Dios revelará su justo juicio. ⁶Porque Dios «pagará a cada uno según lo que merezcan sus obras».ᶠ ⁷Él dará vida eterna a los que, perseverando en las buenas obras, buscan gloria, honor e inmortalidad. ⁸Pero los que por egoísmo rechazan la verdad para aferrarse a la maldad, recibirán el gran castigo de Dios. ⁹Habrá sufrimiento y angustia para todos los que hacen el mal, los judíos primeramente, y también los *gentiles; ¹⁰pero gloria, honor y paz para todos los que hacen el bien, los judíos primeramente, y también los gentiles. ¹¹Porque con Dios no hay favoritismos.

¹²Todos los que han pecado sin conocer la ley, también perecerán sin la ley; y todos los que han pecado conociendo la ley, por la ley serán juzgados. ¹³Porque Dios no considera justos a los que oyen la ley sino a los que la cumplen. ¹⁴De hecho, cuando los gentiles, que no tienen la ley, cumplen por naturaleza lo que la ley exige,ᵍ ellos son ley para sí mismos, aunque no tengan la ley. ¹⁵Éstos muestran que llevan escrito en el corazón lo que la ley exige, como lo atestigua su conciencia, pues sus propios pensamientos algunas veces los acusan y otras veces los excusan. ¹⁶Así sucederá el día en que, por medio de Jesucristo, Dios juzgará los secretos de toda persona, como lo declara mi *evangelio.

Los judíos y la ley

¹⁷Ahora bien, tú que llevas el nombre de judío; que dependes de la ley y te *jactas de tu relación con Dios; ¹⁸que conoces su voluntad y sabes discernir lo que es mejor porque eres instruido por la ley; ¹⁹que estás convencido de ser guía de los ciegos y luz de los que están en

God's Righteous Judgment

2 You, therefore, have no excuse, you who pass judgment on someone else, for at whatever point you judge the other, you are condemning yourself, because you who pass judgment do the same things. ²Now we know that God's judgment against those who do such things is based on truth. ³So when you, a mere man, pass judgment on them and yet do the same things, do you think you will escape God's judgment? ⁴Or do you show contempt for the riches of his kindness, tolerance and patience, not realizing that God's kindness leads you toward repentance?

⁵But because of your stubbornness and your unrepentant heart, you are storing up wrath against yourself for the day of God's wrath, when his righteous judgment will be revealed. ⁶God "will give to each person according to what he has done."ᵉ ⁷To those who by persistence in doing good seek glory, honor and immortality, he will give eternal life. ⁸But for those who are self-seeking and who reject the truth and follow evil, there will be wrath and anger. ⁹There will be trouble and distress for every human being who does evil: first for the Jew, then for the Gentile; ¹⁰but glory, honor and peace for everyone who does good: first for the Jew, then for the Gentile. ¹¹For God does not show favoritism.

¹²All who sin apart from the law will also perish apart from the law, and all who sin under the law will be judged by the law. ¹³For it is not those who hear the law who are righteous in God's sight, but it is those who obey the law who will be declared righteous. ¹⁴(Indeed, when Gentiles, who do not have the law, do by nature things required by the law, they are a law for themselves, even though they do not have the law, ¹⁵since they show that the requirements of the law are written on their hearts, their consciences also bearing witness, and their thoughts now accusing, now even defending them.) ¹⁶This will take place on the day when God will judge men's secrets through Jesus Christ, as my gospel declares.

The Jews and the Law

¹⁷Now you, if you call yourself a Jew; if you rely on the law and brag about your relationship to God; ¹⁸if you know his will and approve of what is superior because you are instructed by the law; ¹⁹if you are convinced that you are a guide for the blind, a light for those who are in

---

ᶠ2:6 Sal 62:12; Pr 24:12   ᵍ2:14 *que no tienen ... exige.* Alt. *que por naturaleza no tienen la ley, cumplen lo que la ley exige.*

ᵉ6 Psalm 62:12; Prov. 24:12

la oscuridad, [20]instructor de los ignorantes, maestro de los sencillos, pues tienes en la ley la esencia misma del conocimiento y de la verdad; [21]en fin, tú que enseñas a otros, ¿no te enseñas a ti mismo? Tú que predicas contra el robo, ¿robas? [22]Tú que dices que no se debe cometer adulterio, ¿adulteras? Tú que aborreces a los ídolos, ¿robas de sus templos? [23]Tú que te jactas de la ley, ¿deshonras a Dios quebrantando la ley? [24]Así está escrito: «Por causa de ustedes se *blasfema el nombre de Dios entre los *gentiles.»[h]

[25]La circuncisión tiene valor si observas la ley; pero si la quebrantas, vienes a ser como un *incircunciso. [26]Por lo tanto, si los gentiles cumplen[i] los requisitos de la ley, ¿no se les considerará como si estuvieran circuncidados? [27]El que no está físicamente circuncidado, pero obedece la ley, te condenará a ti que, a pesar de tener el mandamiento escrito[j] y la circuncisión, quebrantas la ley.

[28]Lo exterior no hace a nadie judío, ni consiste la circuncisión en una señal en el cuerpo. [29]El verdadero judío lo es interiormente; y la circuncisión es la del corazón, la que realiza el Espíritu, no el mandamiento escrito. Al que es judío así, lo alaba Dios y no la gente.

Fidelidad de Dios

3 Entonces, ¿qué se gana con ser judío, o qué valor tiene la circuncisión? [2]Mucho, desde cualquier punto de vista. En primer lugar, a los judíos se les confiaron las palabras mismas de Dios.

[3]Pero entonces, si a algunos les faltó la fe, ¿acaso su falta de fe anula la *fidelidad de Dios? [4]¡De ninguna manera! Dios es siempre veraz, aunque el hombre sea mentiroso. Así está escrito:

«Por eso, eres justo en tu sentencia,
y triunfarás cuando te juzguen.»[k]

[5]Pero si nuestra injusticia pone de relieve la justicia de Dios, ¿qué diremos? ¿Que Dios es injusto al descargar sobre nosotros su ira? (Hablo en términos humanos.) [6]¡De ninguna manera! Si así fuera, ¿cómo podría Dios juzgar al mundo? [7]Alguien podría objetar: «Si mi mentira destaca la verdad de Dios y así aumenta su gloria, ¿por qué todavía se me juzga como pecador? [8]¿Por qué no decir: Hagamos lo malo para que venga lo bueno?» Así nos calumnian algunos, asegurando que eso es lo que enseñamos. ¡Pero bien merecida se tienen la condenación!

the dark, [20]an instructor of the foolish, a teacher of infants, because you have in the law the embodiment of knowledge and truth— [21]you, then, who teach others, do you not teach yourself? You who preach against stealing, do you steal? [22]You who say that people should not commit adultery, do you commit adultery? You who abhor idols, do you rob temples? [23]You who brag about the law, do you dishonor God by breaking the law? [24]As it is written: "God's name is blasphemed among the Gentiles because of you." [f]

[25]Circumcision has value if you observe the law, but if you break the law, you have become as though you had not been circumcised. [26]If those who are not circumcised keep the law's requirements, will they not be regarded as though they were circumcised? [27]The one who is not circumcised physically and yet obeys the law will condemn you who, even though you have the[g] written code and circumcision, are a lawbreaker.

[28]A man is not a Jew if he is only one outwardly, nor is circumcision merely outward and physical. [29]No, a man is a Jew if he is one inwardly; and circumcision is circumcision of the heart, by the Spirit, not by the written code. Such a man's praise is not from men, but from God.

God's Faithfulness

3 What advantage, then, is there in being a Jew, or what value is there in circumcision? [2]Much in every way! First of all, they have been entrusted with the very words of God.

[3]What if some did not have faith? Will their lack of faith nullify God's faithfulness? [4]Not at all! Let God be true, and every man a liar. As it is written:

"So that you may be proved right when
    you speak
and prevail when you judge." [h]

[5]But if our unrighteousness brings out God's righteousness more clearly, what shall we say? That God is unjust in bringing his wrath on us? (I am using a human argument.) [6]Certainly not! If that were so, how could God judge the world? [7]Someone might argue, "If my falsehood enhances God's truthfulness and so increases his glory, why am I still condemned as a sinner?" [8]Why not say—as we are being slanderously reported as saying and as some claim that we say—"Let us do evil that good may result"? Their condemnation is deserved.

---

[h]**2:24** Is 52:5; Ez 36:22   [i]**2:26** *si … cumplen.* Lit. *si la incircuncisión guarda.*   [j]**2:27** *el mandamiento escrito.* Lit. *la letra;* también en v. 29.   [k]**3:4** Sal 51:4

[f]24 Isaiah 52:5; Ezek. 36:22   [g]27 Or *who, by means of a*   [h]4 Psalm 51:4

No hay un solo justo

9¿A qué conclusión llegamos? ¿Acaso los
judíos somos mejores? ¡De ninguna manera!
Ya hemos demostrado que tanto los judíos como los *gentiles están bajo el pecado. 10Así
está escrito:

«No hay un solo justo, ni siquiera uno;
11 no hay nadie que entienda,
nadie que busque a Dios.
12 Todos se han descarriado,
a una se han corrompido.
No hay nadie que haga lo bueno;
¡no hay uno solo!»[l]
13 «Su garganta es un sepulcro abierto;
con su lengua profieren engaños.»[m]
«¡Veneno de víbora hay en sus labios!»[n]
14 «Llena está su boca de maldiciones y de
amargura.»[ñ]
15 «Veloces son sus pies para ir a derramar
sangre;
16 dejan ruina y miseria en sus caminos,
17 y no conocen la senda de la paz.»[o]
18 «No hay temor de Dios delante de sus
ojos.»[p]

19Ahora bien, sabemos que todo lo que dice
la ley, lo dice a quienes están sujetos a ella, para
que todo el mundo se calle la boca y quede
convicto delante de Dios. 20Por tanto, nadie será
*justificado en presencia de Dios por hacer las
obras que exige la ley; más bien, mediante la ley
cobramos conciencia del pecado.

La justicia mediante la fe

21Pero ahora, sin la mediación de la ley, se ha
manifestado la justicia de Dios, de la que dan
testimonio la ley y los profetas. 22Esta justicia
de Dios llega, mediante la *fe en Jesucristo, a
todos los que creen. De hecho, no hay distinción,
23pues todos han pecado y están privados de la
gloria de Dios, 24pero por su gracia son *justificados gratuitamente mediante la redención que
Cristo Jesús efectuó.[q] 25Dios lo ofreció como un
sacrificio de *expiación[r] que se recibe por la fe
en su sangre, para así demostrar su justicia.
Anteriormente, en su paciencia, Dios había pasado por alto los pecados; 26pero en el tiempo
presente ha ofrecido a Jesucristo para manifestar
su justicia. De este modo Dios es justo y, a la
vez, el que justifica a los que tienen fe en Jesús.

No One is Righteous

9What shall we conclude then? Are we any
better[i]? Not at all! We have already made the
charge that Jews and Gentiles alike are all under
sin. 10As it is written:

"There is no one righteous, not even one;
11 there is no one who understands,
no one who seeks God.
12 All have turned away,
they have together become worthless;
there is no one who does good,
not even one."[j]
13 "Their throats are open graves;
their tongues practice deceit."[k]
"The poison of vipers is on their lips."[l]
14 "Their mouths are full of cursing and
bitterness."[m]
15 "Their feet are swift to shed blood;
16 ruin and misery mark their ways,
17 and the way of peace they do not know."[n]
18 "There is no fear of God before their
eyes."[o]

19Now we know that whatever the law says,
it says to those who are under the law, so that
every mouth may be silenced and the whole
world held accountable to God. 20Therefore no
one will be declared righteous in his sight by
observing the law; rather, through the law we
become conscious of sin.

Righteousness Through Faith

21But now a righteousness from God, apart
from law, has been made known, to which the
Law and the Prophets testify. 22This righteousness from God comes through faith in Jesus
Christ to all who believe. There is no difference,
23for all have sinned and fall short of the glory
of God, 24and are justified freely by his grace
through the redemption that came by Christ
Jesus. 25God presented him as a sacrifice of
atonement,[p] through faith in his blood. He did
this to demonstrate his justice, because in his
forbearance he had left the sins committed beforehand unpunished— 26he did it to demonstrate his justice at the present time, so as to be
just and the one who justifies those who have
faith in Jesus.

[l]**3:12** Sal 14:1-3; 53:1-3; Ec 7:20 [m]**3:13** Sal 5:9
[n]**3:13** Sal 140:3 [ñ]**3:14** Sal 10:7 [o]**3:17** Is 59:7,8
[p]**3:18** Sal 36:1 [q]**3:24** *redención … efectuó.* Lit. *redención en Cristo Jesús.* [r]**3:25** *un sacrificio de *expiación.* Lit. *propiciación.*

[i]*9* Or *worse* [j]*12* Psalms 14:1-3; 53:1-3; Eccles. 7:20
[k]*13* Psalm 5:9 [l]*13* Psalm 140:3 [m]*14* Psalm 10:7
[n]*17* Isaiah 59:7,8 [o]*18* Psalm 36:1 [p]*25* Or *as the one who would turn aside his wrath, taking away sin*

27¿Dónde, pues, está la *jactancia? Queda excluida. ¿Por cuál principio? ¿Por el de la observancia de la ley? No, sino por el de la fe. 28Porque sostenemos que todos somos justificados por la fe, y no por las obras que la ley exige. 29¿Es acaso Dios sólo Dios de los judíos? ¿No lo es también de los *gentiles? Sí, también es Dios de los gentiles, 30pues no hay más que un solo Dios. Él justificará por la fe a los que están circuncidados y, mediante esa misma fe, a los que no lo están. 31¿Quiere decir que anulamos la ley con la fe? ¡De ninguna manera! Más bien, confirmamos la ley.

Abraham, justificado por la fe

4 Entonces, ¿qué diremos en el caso de nuestro antepasado Abraham?*s 2En realidad, si Abraham hubiera sido *justificado por las obras, habría tenido de qué *jactarse, pero no delante de Dios. 3Pues ¿qué dice la Escritura? «Le creyó Abraham a Dios, y esto se le tomó en cuenta como justicia.»*t'

4Ahora bien, cuando alguien trabaja, no se le toma en cuenta el salario como un favor sino como una deuda. 5Sin embargo, al que no trabaja, sino que cree en el que justifica al malvado, se le toma en cuenta la fe como justicia. 6David dice lo mismo cuando habla de la dicha de aquel a quien Dios le atribuye justicia sin la mediación de las obras:

7 «¡*Dichosos aquellos
    a quienes se les perdonan las transgresiones
    y se les cubren los pecados!
8 ¡Dichoso aquel
    cuyo pecado el Señor no tomará en
      cuenta!»*u

9¿Acaso se ha reservado esta dicha sólo para los que están circuncidados? ¿Acaso no es también para los *gentiles?*v Hemos dicho que a Abraham se le tomó en cuenta la fe como justicia. 10¿Bajo qué circunstancias sucedió esto? ¿Fue antes o después de ser circuncidado? ¡Antes, y no después! 11Es más, cuando todavía no estaba circuncidado, recibió la señal de la circuncisión como sello de la justicia que se le había tomado en cuenta por la fe. Por tanto, Abraham es padre de todos los que creen, aunque no hayan sido circuncidados, y a éstos se les toma en cuenta su fe como justicia. 12Y también es padre de aquellos que, además de haber sido

27Where, then, is boasting? It is excluded. On what principle? On that of observing the law? No, but on that of faith. 28For we maintain that a man is justified by faith apart from observing the law. 29Is God the God of Jews only? Is he not the God of Gentiles too? Yes, of Gentiles too, 30since there is only one God, who will justify the circumcised by faith and the uncircumcised through that same faith. 31Do we, then, nullify the law by this faith? Not at all! Rather, we uphold the law.

Abraham Justified by Faith

4 What then shall we say that Abraham, our forefather, discovered in this matter? 2If, in fact, Abraham was justified by works, he had something to boast about—but not before God. 3What does the Scripture say? "Abraham believed God, and it was credited to him as righteousness."*q

4Now when a man works, his wages are not credited to him as a gift, but as an obligation. 5However, to the man who does not work but trusts God who justifies the wicked, his faith is credited as righteousness. 6David says the same thing when he speaks of the blessedness of the man to whom God credits righteousness apart from works:

7 "Blessed are they
    whose transgressions are forgiven,
    whose sins are covered.
8 Blessed is the man
    whose sin the Lord will never count
      against him."*r

9Is this blessedness only for the circumcised, or also for the uncircumcised? We have been saying that Abraham's faith was credited to him as righteousness. 10Under what circumstances was it credited? Was it after he was circumcised, or before? It was not after, but before! 11And he received the sign of circumcision, a seal of the righteousness that he had by faith while he was still uncircumcised. So then, he is the father of all who believe but have not been circumcised, in order that righteousness might be credited to them. 12And he is also the father of the circumcised who not only are circumcised but who also walk in the footsteps of the faith that our father Abraham had before he was circumcised.

s4:1 ¿qué … Abraham? Lit. ¿qué diremos que descubrió Abraham, nuestro antepasado según la *carne?
t4:3 Gn 15:6; también en v. 22   u4:8 Sal 32:1,2
v4:9 los *gentiles. Lit. la *incircuncisión.   q3 Gen. 15:6; also in verse 22   r8 Psalm 32:1,2

circuncidados, siguen las huellas de nuestro padre Abraham, quien creyó cuando todavía era incircunciso.

13En efecto, no fue mediante la ley como Abraham y su descendencia recibieron la promesa de que él sería heredero del mundo, sino mediante la fe, la cual se le tomó en cuenta como justicia. **14**Porque si los que viven por la ley fueran los herederos, entonces la fe no tendría ya ningún valor y la promesa no serviría de nada. **15**La ley, en efecto, acarrea castigo. Pero donde no hay ley, tampoco hay transgresión.

16Por eso la promesa viene por la fe, a fin de que por la gracia quede garantizada para toda la descendencia de Abraham; esta promesa no es sólo para los que son de la ley sino para los que son también de la fe de Abraham, quien es el padre que tenemos en común **17**delante de Dios, tal como está escrito: «Te he confirmado como padre de muchas naciones.»ʷ Así que Abraham creyó en el Dios que da vida a los muertos y que llama las cosas que no son como si ya existieran.

18Contra toda esperanza, Abraham creyó y esperó, y de este modo llegó a ser padre de muchas naciones, tal como se le había dicho: «¡Así de numerosa será tu descendencia!»ˣ **19**Su fe no flaqueó, aunque reconocía que su cuerpo estaba como muerto, pues ya tenía unos cien años, y que también estaba muerta la matriz de Sara. **20**Ante la promesa de Dios no vaciló como un incrédulo, sino que se reafirmó en su fe y dio gloria a Dios, **21**plenamente convencido de que Dios tenía poder para cumplir lo que había prometido. **22**Por eso se le tomó en cuenta su fe como justicia. **23**Y esto de que «se le tomó en cuenta» no se escribió sólo para Abraham, **24**sino también para nosotros. Dios tomará en cuenta nuestra fe como justicia, pues creemos en aquel que *levantó de entre los muertos a Jesús nuestro Señor. **25**Él fue entregado a la muerte por nuestros pecados, y resucitó para nuestra justificación.

Paz y alegría

5 En consecuencia, ya que hemos sido *justificados mediante la fe, tenemosʸ paz con Dios por medio de nuestro Señor Jesucristo. **2**También por medio de él, y mediante la fe, tenemos acceso a esta gracia en la cual nos mantenemos firmes. Así que nos *regocijamos en la esperanza de alcanzar la gloria de Dios. **3**Y no sólo en esto, sino también en nuestros sufrimientos, porque sabemos que el sufrimiento produce perseverancia; **4**la perseverancia, entereza de carácter; la entereza de carácter, espe-

13It was not through law that Abraham and his offspring received the promise that he would be heir of the world, but through the righteousness that comes by faith. **14**For if those who live by law are heirs, faith has no value and the promise is worthless, **15**because law brings wrath. And where there is no law there is no transgression.

16Therefore, the promise comes by faith, so that it may be by grace and may be guaranteed to all Abraham's offspring—not only to those who are of the law but also to those who are of the faith of Abraham. He is the father of us all. **17**As it is written: "I have made you a father of many nations."ˢ He is our father in the sight of God, in whom he believed—the God who gives life to the dead and calls things that are not as though they were.

18Against all hope, Abraham in hope believed and so became the father of many nations, just as it had been said to him, "So shall your offspring be."ᵗ **19**Without weakening in his faith, he faced the fact that his body was as good as dead—since he was about a hundred years old—and that Sarah's womb was also dead. **20**Yet he did not waver through unbelief regarding the promise of God, but was strengthened in his faith and gave glory to God, **21**being fully persuaded that God had power to do what he had promised. **22**This is why "it was credited to him as righteousness." **23**The words "it was credited to him" were written not for him alone, **24**but also for us, to whom God will credit righteousness—for us who believe in him who raised Jesus our Lord from the dead. **25**He was delivered over to death for our sins and was raised to life for our justification.

Peace and Joy

5 Therefore, since we have been justified through faith, weᵘ have peace with God through our Lord Jesus Christ, **2**through whom we have gained access by faith into this grace in which we now stand. And weᵛ rejoice in the hope of the glory of God. **3**Not only so, but weʷ also rejoice in our sufferings, because we know that suffering produces perseverance; **4**perseverance, character; and character,

ranza. ⁵Y esta esperanza no nos defrauda, porque Dios ha derramado su amor en nuestro corazón por el Espíritu Santo que nos ha dado.

⁶A la verdad, como éramos incapaces de salvarnos,ᶻ en el tiempo señalado Cristo murió por los malvados. ⁷Difícilmente habrá quien muera por un justo, aunque tal vez haya quien se atreva a morir por una persona buena. ⁸Pero Dios demuestra su amor por nosotros en esto: en que cuando todavía éramos pecadores, Cristo murió por nosotros.

⁹Y ahora que hemos sido justificados por su sangre, ¡con cuánta más razón, por medio de él, seremos salvados del castigo de Dios! ¹⁰Porque si, cuando éramos enemigos de Dios, fuimos reconciliados con él mediante la muerte de su Hijo, ¡con cuánta más razón, habiendo sido reconciliados, seremos salvados por su vida! ¹¹Y no sólo esto, sino que también nos regocijamos en Dios por nuestro Señor Jesucristo, pues gracias a él ya hemos recibido la reconciliación.

De Adán, la muerte; de Cristo, la vida

¹²Por medio de un solo hombre el pecado entró en el mundo, y por medio del pecado entró la muerte; fue así como la muerte pasó a toda la *humanidad, porque todos pecaron.ᵃ ¹³Antes de promulgarse la ley, ya existía el pecado en el mundo. Es cierto que el pecado no se toma en cuenta cuando no hay ley; ¹⁴sin embargo, desde Adán hasta Moisés la muerte reinó, incluso sobre los que no pecaron quebrantando un mandato, como lo hizo Adán, quien es figura de aquel que había de venir.

¹⁵Pero la transgresión de Adán no puede compararse con la gracia de Dios. Pues si por la transgresión de un solo hombre murieron todos, ¡cuánto más el don que vino por la gracia de un solo hombre, Jesucristo, abundó para todos! ¹⁶Tampoco se puede comparar la dádiva de Dios con las consecuencias del pecado de Adán. El juicio que lleva a la condenación fue resultado de un solo pecado, pero la dádiva que lleva a la *justificación tiene que ver conᵇ una multitud de transgresiones. ¹⁷Pues si por la transgresión de un solo hombre reinó la muerte, con mayor razón los que reciben en abundancia la gracia y el don de la justicia reinarán en vida por medio de un solo hombre, Jesucristo.

¹⁸Por tanto, así como una sola transgresión causó la condenación de todos, también un solo acto de justicia produjo la justificación que da

hope. ⁵And hope does not disappoint us, because God has poured out his love into our hearts by the Holy Spirit, whom he has given us.

⁶You see, at just the right time, when we were still powerless, Christ died for the ungodly. ⁷Very rarely will anyone die for a righteous man, though for a good man someone might possibly dare to die. ⁸But God demonstrates his own love for us in this: While we were still sinners, Christ died for us.

⁹Since we have now been justified by his blood, how much more shall we be saved from God's wrath through him! ¹⁰For if, when we were God's enemies, we were reconciled to him through the death of his Son, how much more, having been reconciled, shall we be saved through his life! ¹¹Not only is this so, but we also rejoice in God through our Lord Jesus Christ, through whom we have now received reconciliation.

Death Through Adam, Life Through Christ

¹²Therefore, just as sin entered the world through one man, and death through sin, and in this way death came to all men, because all sinned— ¹³for before the law was given, sin was in the world. But sin is not taken into account when there is no law. ¹⁴Nevertheless, death reigned from the time of Adam to the time of Moses, even over those who did not sin by breaking a command, as did Adam, who was a pattern of the one to come.

¹⁵But the gift is not like the trespass. For if the many died by the trespass of the one man, how much more did God's grace and the gift that came by the grace of the one man, Jesus Christ, overflow to the many! ¹⁶Again, the gift of God is not like the result of the one man's sin: The judgment followed one sin and brought condemnation, but the gift followed many trespasses and brought justification. ¹⁷For if, by the trespass of the one man, death reigned through that one man, how much more will those who receive God's abundant provision of grace and of the gift of righteousness reign in life through the one man, Jesus Christ.

¹⁸Consequently, just as the result of one trespass was condemnation for all men, so also the result of one act of righteousness was justifica-

---

ᶻ5:6 como … salvarnos. Lit. cuando todavía éramos débiles.
ᵃ5:12 En el griego este versículo es la primera parte de una oración comparativa que se reinicia y concluye en el v. 18.
ᵇ5:16 resultado … con. Alt. resultado del pecado de uno solo, pero la dádiva que lleva a la justificación fue resultado de.

vida a todos. 19Porque así como por la desobediencia de uno solo muchos fueron constituidos
pecadores, también por la obediencia de uno
solo muchos serán constituidos justos.

20En lo que atañe a la ley, ésta intervino para
que aumentara la transgresión. Pero allí donde
abundó el pecado, sobreabundó la gracia, 21a fin
de que, así como reinó el pecado en la muerte,
reine también la gracia que nos trae justificación
y vida eterna por medio de Jesucristo nuestro
Señor.

Muertos al pecado, vivos en Cristo

6 ¿Qué concluiremos? ¿Vamos a persistir en
el pecado, para que la gracia abunde? 2¡De
ninguna manera! Nosotros, que hemos muerto al
pecado, ¿cómo podemos seguir viviendo en él?
3¿Acaso no saben ustedes que todos los que
fuimos bautizados para unirnos con Cristo Jesús,
en realidad fuimos bautizados para participar en
su muerte? 4Por tanto, mediante el bautismo fuimos sepultados con él en su muerte, a fin de que,
así como Cristo *resucitó por el poderc del Padre,
también nosotros llevemos una vida nueva.

5En efecto, si hemos estado unidos con él en
su muerte, sin duda también estaremos unidos
con él en su resurrección. 6Sabemos que nuestra
vieja naturaleza fue crucificada con él para que
nuestro cuerpo pecaminoso perdiera su poder,
de modo que ya no siguiéramos siendo esclavos
del pecado; 7porque el que muere queda liberado del pecado.

8Ahora bien, si hemos muerto con Cristo, con-
fiamos que también viviremos con él. 9Pues sabemos que Cristo, por haber sido *levantado de
entre los muertos, ya no puede volver a morir; la
muerte ya no tiene dominio sobre él. 10En cuanto
a su muerte, murió al pecado una vez y para
siempre; en cuanto a su vida, vive para Dios.

11De la misma manera, también ustedes considérense muertos al pecado, pero vivos para Dios
en Cristo Jesús. 12Por lo tanto, no permitan ustedes que el pecado reine en su cuerpo mortal, ni
obedezcan a sus malos deseos. 13No ofrezcan los
miembros de su cuerpo al pecado como instrumentos de injusticia; al contrario, ofrézcanse más
bien a Dios como quienes han vuelto de la muerte
a la vida, presentando los miembros de su cuerpo
como instrumentos de justicia. 14Así el pecado no
tendrá dominio sobre ustedes, porque ya no están
bajo la ley sino bajo la gracia.

Esclavos de la justicia

15Entonces, ¿qué? ¿Vamos a pecar porque no
estamos ya bajo la ley sino bajo la gracia? ¡De

tion that brings life for all men. 19For just as
through the disobedience of the one man the
many were made sinners, so also through the
obedience of the one man the many will be made
righteous.

20The law was added so that the trespass
might increase. But where sin increased, grace
increased all the more, 21so that, just as sin
reigned in death, so also grace might reign
through righteousness to bring eternal life
through Jesus Christ our Lord.

Dead to Sin, Alive in Christ

6 What shall we say, then? Shall we go on
sinning so that grace may increase? 2By
no means! We died to sin; how can we live in
it any longer? 3Or don't you know that all of
us who were baptized into Christ Jesus were
baptized into his death? 4We were therefore
buried with him through baptism into death in
order that, just as Christ was raised from the
dead through the glory of the Father, we too
may live a new life.

5If we have been united with him like this
in his death, we will certainly also be united
with him in his resurrection. 6For we know
that our old self was crucified with him so that
the body of sin might be done away with,x that
we should no longer be slaves to sin— 7be-
cause anyone who has died has been freed
from sin.

8Now if we died with Christ, we believe that
we will also live with him. 9For we know that
since Christ was raised from the dead, he cannot
die again; death no longer has mastery over him.
10The death he died, he died to sin once for all;
but the life he lives, he lives to God.

11In the same way, count yourselves dead to
sin but alive to God in Christ Jesus. 12Therefore
do not let sin reign in your mortal body so that
you obey its evil desires. 13Do not offer the parts
of your body to sin, as instruments of wickedness, but rather offer yourselves to God, as those
who have been brought from death to life; and
offer the parts of your body to him as instruments of righteousness. 14For sin shall not be
your master, because you are not under law, but
under grace.

Slaves to Righteousness

15What then? Shall we sin because we are not
under law but under grace? By no means!

---

c6:4 el poder. Lit. la gloria.   x6 Or be rendered powerless

ninguna manera! ¹⁶¿Acaso no saben ustedes que, cuando se entregan a alguien para obedecerlo, son *esclavos de aquel a quien obedecen? Claro que lo son, ya sea del pecado que lleva a la muerte, o de la obediencia que lleva a la justicia. ¹⁷Pero gracias a Dios que, aunque antes eran esclavos del pecado, ya se han sometido de corazón a la enseñanza^d que les fue transmitida. ¹⁸En efecto, habiendo sido liberados del pecado, ahora son ustedes esclavos de la justicia.

¹⁹Hablo en términos humanos, por las limitaciones de su *naturaleza humana. Antes ofrecían ustedes los miembros de su cuerpo para servir a la impureza, que lleva más y más a la maldad; ofrézcanlos ahora para servir a la justicia que lleva a la *santidad. ²⁰Cuando ustedes eran esclavos del pecado, estaban libres del dominio de la justicia. ²¹¿Qué fruto cosechaban entonces? ¡Cosas que ahora los avergüenzan y que conducen a la muerte! ²²Pero ahora que han sido liberados del pecado y se han puesto al servicio de Dios, cosechan la santidad que conduce a la vida eterna. ²³Porque la paga del pecado es muerte, mientras que la dádiva de Dios es vida eterna en Cristo Jesús, nuestro Señor.

Analogía tomada del matrimonio

7 Hermanos, les hablo como a quienes conocen la ley. ¿Acaso no saben que uno está sujeto a la ley solamente en vida? ²Por ejemplo, la casada está ligada por ley a su esposo sólo mientras éste vive; pero si su esposo muere, ella queda libre de la ley que la unía a su esposo. ³Por eso, si se casa con otro hombre mientras su esposo vive, se le considera adúltera. Pero si muere su esposo, ella queda libre de esa ley, y no es adúltera aunque se case con otro hombre.

⁴Así mismo, hermanos míos, ustedes murieron a la ley mediante el cuerpo crucificado de Cristo, a fin de pertenecer al que fue *levantado de entre los muertos. De este modo daremos fruto para Dios. ⁵Porque cuando nuestra *naturaleza pecaminosa aún nos dominaba,^e las malas pasiones que la ley nos despertaba actuaban en los miembros de nuestro cuerpo, y dábamos fruto para muerte. ⁶Pero ahora, al morir a lo que nos tenía subyugados, hemos quedado libres de la ley, a fin de servir a Dios con el nuevo poder que nos da el Espíritu, y no por medio del antiguo mandamiento escrito.

Conflicto con el pecado

⁷¿Qué concluiremos? ¿Que la ley es pecado? ¡De ninguna manera! Sin embargo, si no fuera

¹⁶Don't you know that when you offer yourselves to someone to obey him as slaves, you are slaves to the one whom you obey—whether you are slaves to sin, which leads to death, or to obedience, which leads to righteousness? ¹⁷But thanks be to God that, though you used to be slaves to sin, you wholeheartedly obeyed the form of teaching to which you were entrusted. ¹⁸You have been set free from sin and have become slaves to righteousness.

¹⁹I put this in human terms because you are weak in your natural selves. Just as you used to offer the parts of your body in slavery to impurity and to ever-increasing wickedness, so now offer them in slavery to righteousness leading to holiness. ²⁰When you were slaves to sin, you were free from the control of righteousness. ²¹What benefit did you reap at that time from the things you are now ashamed of? Those things result in death! ²²But now that you have been set free from sin and have become slaves to God, the benefit you reap leads to holiness, and the result is eternal life. ²³For the wages of sin is death, but the gift of God is eternal life in^y Christ Jesus our Lord.

An Illustration From Marriage

7 Do you not know, brothers—for I am speaking to men who know the law—that the law has authority over a man only as long as he lives? ²For example, by law a married woman is bound to her husband as long as he is alive, but if her husband dies, she is released from the law of marriage. ³So then, if she marries another man while her husband is still alive, she is called an adulteress. But if her husband dies, she is released from that law and is not an adulteress, even though she marries another man.

⁴So, my brothers, you also died to the law through the body of Christ, that you might belong to another, to him who was raised from the dead, in order that we might bear fruit to God. ⁵For when we were controlled by the sinful nature,^z the sinful passions aroused by the law were at work in our bodies, so that we bore fruit for death. ⁶But now, by dying to what once bound us, we have been released from the law so that we serve in the new way of the Spirit, and not in the old way of the written code.

Struggling With Sin

⁷What shall we say, then? Is the law sin? Certainly not! Indeed I would not have known

---

^d 6:17 *a la enseñanza.* Lit. *al modelo de enseñanza.*
^e 7:5 *cuando … dominaba.* Lit. *cuando estábamos en la* *carne.*

^y 23 Or *through*   ^z 5 Or *the flesh*; also in verse 25

por la ley, no me habría dado cuenta de lo que es el pecado. Por ejemplo, nunca habría sabido yo lo que es codiciar si la ley no hubiera dicho: «No codicies.»ᶠ 8Pero el pecado, aprovechando la oportunidad que le proporcionó el mandamiento, despertó en mí toda clase de codicia. Porque aparte de la ley el pecado está muerto. 9En otro tiempo yo tenía vida aparte de la ley; pero cuando vino el mandamiento, cobró vida el pecado y yo morí. 10Se me hizo evidente que el mismo mandamiento que debía haberme dado vida me llevó a la muerte; 11porque el pecado se aprovechó del mandamiento, me engañó, y por medio de él me mató.

12Concluimos, pues, que la ley es santa, y que el mandamiento es santo, justo y bueno. 13Pero entonces, ¿lo que es bueno se convirtió en muerte para mí? ¡De ninguna manera! Más bien fue el pecado lo que, valiéndose de lo bueno, me produjo la muerte; ocurrió así para que el pecado se manifestara claramente, o sea, para que mediante el mandamiento se demostrara lo extremadamente malo que es el pecado.

14Sabemos, en efecto, que la ley es espiritual. Pero yo soy meramente *humano, y estoy vendido como esclavo al pecado. 15No entiendo lo que me pasa, pues no hago lo que quiero, sino lo que aborrezco. 16Ahora bien, si hago lo que no quiero, estoy de acuerdo en que la ley es buena; 17pero, en ese caso, ya no soy yo quien lo lleva a cabo sino el pecado que habita en mí. 18Yo sé que en mí, es decir, en mi *naturaleza pecaminosa, nada bueno habita. Aunque deseo hacer lo bueno, no soy capaz de hacerlo. 19De hecho, no hago el bien que quiero, sino el mal que no quiero. 20Y si hago lo que no quiero, ya no soy yo quien lo hace sino el pecado que habita en mí.

21Así que descubro esta ley: que cuando quiero hacer el bien, me acompaña el mal. 22Porque en lo íntimo de mi ser me deleito en la ley de Dios; 23pero me doy cuenta de que en los miembros de mi cuerpo hay otra ley, que es la ley del pecado. Esta ley lucha contra la ley de mi mente, y me tiene cautivo. 24¡Soy un pobre miserable! ¿Quién me librará de este cuerpo mortal? 25¡Gracias a Dios por medio de Jesucristo nuestro Señor!

En conclusión, con la mente yo mismo me someto a la ley de Dios, pero mi *naturaleza pecaminosa está sujeta a la ley del pecado.

Vida mediante el Espíritu

8 Por lo tanto, ya no hay ninguna condenación para los que están unidos a Cristo Jesús,ᵍ 2pues por medio de él la ley del Espíritu

what sin was except through the law. For I would not have known what coveting really was if the law had not said, "Do not covet." ᵃ 8But sin, seizing the opportunity afforded by the commandment, produced in me every kind of covetous desire. For apart from law, sin is dead. 9Once I was alive apart from law; but when the commandment came, sin sprang to life and I died. 10I found that the very commandment that was intended to bring life actually brought death.

11For sin, seizing the opportunity afforded by the commandment, deceived me, and through the commandment put me to death. 12So then, the law is holy, and the commandment is holy, righteous and good. 13Did that which is good, then, become death to me? By no means! But in order that sin might be recognized as sin, it produced death in me through what was good, so that through the commandment sin might become utterly sinful.

14We know that the law is spiritual; but I am unspiritual, sold as a slave to sin. 15I do not understand what I do. For what I want to do I do not do, but what I hate I do. 16And if I do what I do not want to do, I agree that the law is good. 17As it is, it is no longer I myself who do it, but it is sin living in me. 18I know that nothing good lives in me, that is, in my sinful nature.ᵇ For I have the desire to do what is good, but I cannot carry it out. 19For what I do is not the good I want to do; no, the evil I do not want to do—this I keep on doing. 20Now if I do what I do not want to do, it is no longer I who do it, but it is sin living in me that does it.

21So I find this law at work: When I want to do good, evil is right there with me. 22For in my inner being I delight in God's law; 23but I see another law at work in the members of my body, waging war against the law of my mind and making me a prisoner of the law of sin at work within my members. 24What a wretched man I am! Who will rescue me from this body of death? 25Thanks be to God—through Jesus Christ our Lord!

So then, I myself in my mind am a slave to God's law, but in the sinful nature a slave to the law of sin.

Life Through the Spirit

8 Therefore, there is now no condemnation for those who are in Christ Jesus,ᶜ 2because through Christ Jesus the law of the Spirit of life set me free from the law of sin and death. 3For

ᶠ7:7 Éx 20:17; Dt 5:21   ᵍ8:1 Jesús. Var. Jesús, los que no viven según la naturaleza pecaminosa sino según el Espíritu (véase v. 4).

ᵃ7 Exodus 20:17; Deut. 5:21   ᵇ18 Or my flesh   ᶜ1 Some later manuscripts Jesus, who do not live according to the sinful nature but according to the Spirit,

de vida me[h] ha liberado de la ley del pecado y de la muerte. 3En efecto, la ley no pudo liberarnos porque la *naturaleza pecaminosa anuló su poder; por eso Dios envió a su propio Hijo en condición semejante a nuestra condición de pecadores,[i] para que se ofreciera en sacrificio por el pecado. Así condenó Dios al pecado en la naturaleza humana, 4a fin de que las justas demandas de la ley se cumplieran en nosotros, que no vivimos según la naturaleza pecaminosa sino según el Espíritu.

5Los que viven conforme a la naturaleza pecaminosa fijan la mente en los deseos de tal naturaleza; en cambio, los que viven conforme al Espíritu fijan la mente en los deseos del Espíritu. 6La mentalidad pecaminosa es muerte, mientras que la mentalidad que proviene del Espíritu es vida y paz. 7La mentalidad pecaminosa es enemiga de Dios, pues no se somete a la ley de Dios, ni es capaz de hacerlo. 8Los que viven según la naturaleza pecaminosa no pueden agradar a Dios.

9Sin embargo, ustedes no viven según la naturaleza pecaminosa sino según el Espíritu, si es que el Espíritu de Dios vive en ustedes. Y si alguno no tiene el Espíritu de Cristo, no es de Cristo. 10Pero si Cristo está en ustedes, el cuerpo está muerto a causa del pecado, pero el Espíritu que está en ustedes es vida[j] a causa de la justicia. 11Y si el Espíritu de aquel que *levantó a Jesús de entre los muertos vive en ustedes, el mismo que levantó a Cristo de entre los muertos también dará vida a sus cuerpos mortales por medio de su Espíritu, que vive en ustedes.

12Por tanto, hermanos, tenemos una obligación, pero no es la de vivir conforme a la naturaleza pecaminosa. 13Porque si ustedes viven conforme a ella, morirán; pero si por medio del Espíritu dan muerte a los malos hábitos del cuerpo, vivirán. 14Porque todos los que son guiados por el Espíritu de Dios son hijos de Dios. 15Y ustedes no recibieron un espíritu que de nuevo los esclavice al miedo, sino el Espíritu que los adopta como hijos y les permite clamar: «¡*Abba! ¡Padre!» 16El Espíritu mismo le asegura a nuestro espíritu que somos hijos de Dios. 17Y si somos hijos, somos herederos; herederos de Dios y coherederos con Cristo, pues si ahora sufrimos con él, también tendremos parte con él en su gloria.

La gloria futura

18De hecho, considero que en nada se compararan los sufrimientos actuales con la gloria que habrá de revelarse en nosotros. 19La creación aguarda con ansiedad la revelación de los hijos de

what the law was powerless to do in that it was weakened by the sinful nature,[d] God did by sending his own Son in the likeness of sinful man to be a sin offering.[e] And so he condemned sin in sinful man,[f] 4in order that the righteous requirements of the law might be fully met in us, who do not live according to the sinful nature but according to the Spirit.

5Those who live according to the sinful nature have their minds set on what that nature desires; but those who live in accordance with the Spirit have their minds set on what the Spirit desires. 6The mind of sinful man[g] is death, but the mind controlled by the Spirit is life and peace; 7the sinful mind[h] is hostile to God. It does not submit to God's law, nor can it do so. 8Those controlled by the sinful nature cannot please God.

9You, however, are controlled not by the sinful nature but by the Spirit, if the Spirit of God lives in you. And if anyone does not have the Spirit of Christ, he does not belong to Christ. 10But if Christ is in you, your body is dead because of sin, yet your spirit is alive because of righteousness. 11And if the Spirit of him who raised Jesus from the dead is living in you, he who raised Christ from the dead will also give life to your mortal bodies through his Spirit, who lives in you.

12Therefore, brothers, we have an obligation—but it is not to the sinful nature, to live according to it. 13For if you live according to the sinful nature, you will die; but if by the Spirit you put to death the misdeeds of the body, you will live, 14because those who are led by the Spirit of God are sons of God. 15For you did not receive a spirit that makes you a slave again to fear, but you received the Spirit of sonship.[i] And by him we cry, "Abba,[j] Father." 16The Spirit himself testifies with our spirit that we are God's children. 17Now if we are children, then we are heirs—heirs of God and co-heirs with Christ, if indeed we share in his sufferings in order that we may also share in his glory.

Future Glory

18I consider that our present sufferings are not worth comparing with the glory that will be revealed in us. 19The creation waits in eager expectation for the sons of God to be revealed.

---

[h]8:2 me. Var. te.   [i]8:3 en condición semejante ... pecadores. Lit. en semejanza de *carne de pecado.   [j]8:10 el Espíritu ... vida. Alt. el espíritu de ustedes vive.

[d]3 Or the flesh; also in verses 4, 5, 8, 9, 12 and 13   [e]3 Or man, for sin   [f]3 Or in the flesh   [g]6 Or mind set on the flesh   [h]7 Or The mind set on the flesh   [i]15 Or adoption   [j]15 Aramaic for Father

Dios, 20porque fue sometida a la frustración. Esto no sucedió por su propia voluntad, sino por la del que así lo dispuso. Pero queda la firme esperanza 21de que la creación misma ha de ser liberada de la corrupción que la esclaviza, para así alcanzar la gloriosa libertad de los hijos de Dios.

22Sabemos que toda la creación todavía gime a una, como si tuviera dolores de parto. 23Y no sólo ella, sino también nosotros mismos, que tenemos las *primicias del Espíritu, gemimos interiormente, mientras aguardamos nuestra adopción como hijos, es decir, la redención de nuestro cuerpo. 24Porque en esa esperanza fuimos salvados. Pero la esperanza que se ve, ya no es esperanza. ¿Quién espera lo que ya tiene? 25Pero si esperamos lo que todavía no tenemos, en la espera mostramos nuestra constancia.

26Así mismo, en nuestra debilidad el Espíritu acude a ayudarnos. No sabemos qué pedir, pero el Espíritu mismo intercede por nosotros con gemidos que no pueden expresarse con palabras. 27Y Dios, que examina los corazones, sabe cuál es la intención del Espíritu, porque el Espíritu intercede por los *creyentes conforme a la voluntad de Dios.

Más que vencedores

28Ahora bien, sabemos que Dios dispone todas las cosas para el bien de quienes lo aman,k los que han sido llamados de acuerdo con su propósito. 29Porque a los que Dios conoció de antemano, también los predestinó a ser transformados según la imagen de su Hijo, para que él sea el primogénito entre muchos hermanos. 30A los que predestinó, también los llamó; a los que llamó, también los *justificó; y a los que justificó, también los glorificó.

31¿Qué diremos frente a esto? Si Dios está de nuestra parte, ¿quién puede estar en contra nuestra? 32El que no escatimó ni a su propio Hijo, sino que lo entregó por todos nosotros, ¿cómo no habrá de darnos generosamente, junto con él, todas las cosas? 33¿Quién acusará a los que Dios ha escogido? Dios es el que justifica. 34¿Quién condenará? Cristo Jesús es el que murió, e incluso *resucitó, y está a la *derecha de Dios e intercede por nosotros. 35¿Quién nos apartará del amor de Cristo? ¿La tribulación, o la angustia, la persecución, el hambre, la indigencia, el peligro, o la violencia? 36Así está escrito:

«Por tu causa siempre nos llevan a la
muerte;
¡nos tratan como a ovejas para el matadero!»l

20For the creation was subjected to frustration, not by its own choice, but by the will of the one who subjected it, in hope 21thatk the creation itself will be liberated from its bondage to decay and brought into the glorious freedom of the children of God.

22We know that the whole creation has been groaning as in the pains of childbirth right up to the present time. 23Not only so, but we ourselves, who have the firstfruits of the Spirit, groan inwardly as we wait eagerly for our adoption as sons, the redemption of our bodies. 24For in this hope we were saved. But hope that is seen is no hope at all. Who hopes for what he already has? 25But if we hope for what we do not yet have, we wait for it patiently.

26In the same way, the Spirit helps us in our weakness. We do not know what we ought to pray for, but the Spirit himself intercedes for us with groans that words cannot express. 27And he who searches our hearts knows the mind of the Spirit, because the Spirit intercedes for the saints in accordance with God's will.

More Than Conquerors

28And we know that in all things God works for the good of those who love him,l whom have been called according to his purpose. 29For those God foreknew he also predestined to be conformed to the likeness of his Son, that he might be the firstborn among many brothers. 30And those he predestined, he also called; those he called, he also justified; those he justified, he also glorified.

31What, then, shall we say in response to this? If God is for us, who can be against us? 32He who did not spare his own Son, but gave him up for us all—how will he not also, along with him, graciously give us all things? 33Who will bring any charge against those whom God has chosen? It is God who justifies. 34Who is he that condemns? Christ Jesus, who died—more than that, who was raised to life—is at the right hand of God and is also interceding for us. 35Who shall separate us from the love of Christ? Shall trouble or hardship or persecution or famine or nakedness or danger or sword? 36As it is written:

"For your sake we face death all day long;
we are considered as sheep to be slaughtered." n

---

k8:28 Dios ... aman. Var. todo actúa para el bien de quienes aman a Dios. l8:36 Sal 44:22

37Sin embargo, en todo esto somos más que vencedores por medio de aquel que nos amó. **38**Pues estoy convencido de que ni la muerte ni la vida, ni los ángeles ni los demonios,[m] ni lo presente ni lo por venir, ni los poderes, **39**ni lo alto ni lo profundo, ni cosa alguna en toda la creación, podrá apartarnos del amor que Dios nos ha manifestado en Cristo Jesús nuestro Señor.

La elección soberana de Dios

9 Digo la verdad en Cristo; no miento. Mi conciencia me lo confirma en el Espíritu Santo. **2**Me invade una gran tristeza y me embarga un continuo dolor. **3**Desearía yo mismo ser maldecido y separado de Cristo por el bien de mis hermanos, los de mi propia raza, **4**el pueblo de Israel. De ellos son la adopción como hijos, la gloria divina, los pactos, la ley, y el privilegio de adorar a Dios y contar con sus promesas. **5**De ellos son los patriarcas, y de ellos, según la *naturaleza humana, nació Cristo, quien es Dios sobre todas las cosas. ¡Alabado sea por siempre![n] Amén.

6Ahora bien, no digamos que la Palabra de Dios ha fracasado. Lo que sucede es que no todos los que descienden de Israel son Israel. **7**Tampoco por ser descendientes de Abraham son todos hijos suyos. Al contrario: «Tu descendencia se establecerá por medio de Isaac.»[ñ] **8**En otras palabras, los hijos de Dios no son los descendientes *naturales; más bien, se considera descendencia de Abraham a los hijos de la promesa. **9**Y la promesa es ésta: «Dentro de un año vendré, y para entonces Sara tendrá un hijo.»[o]

10No sólo eso. También sucedió que los hijos de Rebeca tuvieron un mismo padre, que fue nuestro antepasado Isaac. **11**Sin embargo, antes de que los mellizos nacieran, o hicieran algo bueno o malo, y para confirmar el propósito de la elección divina, **12**no en base a las obras sino al llamado de Dios, se le dijo a ella: «El mayor servirá al menor.»[p] **13**Y así está escrito: «Amé a Jacob, pero aborrecí a Esaú.»[q]

14¿Qué concluiremos? ¿Acaso es Dios injusto? ¡De ninguna manera! **15**Es un hecho que a Moisés le dice:

> «Tendré clemencia de quien yo quiera tenerla,
> y seré compasivo con quien yo quiera serlo.»[r]

37No, in all these things we are more than conquerors through him who loved us. **38**For I am convinced that neither death nor life, neither angels nor demons,[o] neither the present nor the future, nor any powers, **39**neither height nor depth, nor anything else in all creation, will be able to separate us from the love of God that is in Christ Jesus our Lord.

God's Sovereign Choice

9 I speak the truth in Christ—I am not lying, my conscience confirms it in the Holy Spirit— **2**I have great sorrow and unceasing anguish in my heart. **3**For I could wish that I myself were cursed and cut off from Christ for the sake of my brothers, those of my own race, **4**the people of Israel. Theirs is the adoption as sons; theirs the divine glory, the covenants, the receiving of the law, the temple worship and the promises. **5**Theirs are the patriarchs, and from them is traced the human ancestry of Christ, who is God over all, forever praised![p] Amen.

6It is not as though God's word had failed. For not all who are descended from Israel are Israel. **7**Nor because they are his descendants are they all Abraham's children. On the contrary, "It is through Isaac that your offspring will be reckoned."[q] **8**In other words, it is not the natural children who are God's children, but it is the children of the promise who are regarded as Abraham's offspring. **9**For this was how the promise was stated: "At the appointed time I will return, and Sarah will have a son."[r]

10Not only that, but Rebekah's children had one and the same father, our father Isaac. **11**Yet, before the twins were born or had done anything good or bad—in order that God's purpose in election might stand: **12**not by works but by him who calls—she was told, "The older will serve the younger."[s] **13**Just as it is written: "Jacob I loved, but Esau I hated."[t]

14What then shall we say? Is God unjust? Not at all! **15**For he says to Moses,

> "I will have mercy on whom I have mercy,
> and I will have compassion on whom I have compassion."[u]

---

[m] **8:38** *demonios*. Alt. *gobernantes celestiales.*　[n] **9:5** *Cristo … siempre!* Alt. *Cristo. ¡Dios, que está sobre todas las cosas, sea alabado por siempre!*　[ñ] **9:7** Gn 21:12　[o] **9:9** Gn 18:10,14　[p] **9:12** Gn 25:23　[q] **9:13** Mal 1:2,3　[r] **9:15** Éx 33:19

[o] 38 Or *nor heavenly rulers*　[p] 5 Or *Christ, who is over all. God be forever praised!* Or *Christ. God who is over all be forever praised!*　[q] 7 Gen. 21:12　[r] 9 Gen. 18:10,14　[s] 12 Gen. 25:23　[t] 13 Mal. 1:2,3　[u] 15 Exodus 33:19

16Por lo tanto, la elección no depende del deseo ni del esfuerzo humano sino de la misericordia de Dios. 17Porque la Escritura le dice al faraón: «Te he levantado precisamente para mostrar en ti mi poder, y para que mi nombre sea proclamado por toda la tierra.»s 18Así que Dios tiene misericordia de quien él quiere tenerla, y endurece a quien él quiere endurecer.

19Pero tú me dirás: «Entonces, ¿por qué todavía nos echa la culpa Dios? ¿Quién puede oponerse a su voluntad?» 20Respondo: ¿Quién eres tú para pedirle cuentas a Dios? «¿Acaso le dirá la olla de barro al que la modeló: "¿Por qué me hiciste así?"»t' 21¿No tiene derecho el alfarero de hacer del mismo barro unas vasijas para usos especiales y otras para fines ordinarios?

22¿Y qué si Dios, queriendo mostrar su ira y dar a conocer su poder, soportó con mucha paciencia a los que eran objeto de su castigou y estaban destinados a la destrucción? 23¿Qué si lo hizo para dar a conocer sus gloriosas riquezas a los que eran objeto de su misericordia, y a quienes de antemano preparó para esa gloria? 24Ésos somos nosotros, a quienes Dios llamó no sólo de entre los judíos sino también de entre los *gentiles. 25Así lo dice Dios en el libro de Oseas:

«Llamaré "mi pueblo" a los que no son
     mi pueblo;
  y llamaré "mi amada" a la que no es mi
     amada»,v
26«Y sucederá que en el mismo lugar donde
     se les dijo:
  "Ustedes no son mi pueblo",
  serán llamados "hijos del Dios
     viviente".»w

27Isaías, por su parte, proclama respecto de Israel:

«Aunque los israelitas sean tan numerosos
     como la arena del mar,
  sólo el remanente será salvo;
28porque plenamente y sin demora
  el Señor cumplirá su sentencia en la tie-
     rra.»x

29Así había dicho Isaías:

«Si el Señor Todopoderoso
  no nos hubiera dejado descendientes,
  seríamos ya como Sodoma,
  nos pareceríamos a Gomorra.»y

16It does not, therefore, depend on man's desire or effort, but on God's mercy. 17For the Scripture says to Pharaoh: "I raised you up for this very purpose, that I might display my power in you and that my name might be proclaimed in all the earth." v 18Therefore God has mercy on whom he wants to have mercy, and he hardens whom he wants to harden.

19One of you will say to me: "Then why does God still blame us? For who resists his will?" 20But who are you, O man, to talk back to God? "Shall what is formed say to him who formed it, 'Why did you make me like this?'" w 21Does not the potter have the right to make out of the same lump of clay some pottery for noble purposes and some for common use?

22What if God, choosing to show his wrath and make his power known, bore with great patience the objects of his wrath—prepared for destruction? 23What if he did this to make the riches of his glory known to the objects of his mercy, whom he prepared in advance for glory— 24even us, whom he also called, not only from the Jews but also from the Gentiles? 25As he says in Hosea:

"I will call them 'my people' who are not
     my people;
  and I will call her 'my loved one' who
     is not my loved one," x
26and,

"It will happen that in the very place
     where it was said to them,
  'You are not my people,'
  they will be called 'sons of the living
     God.'" y

27Isaiah cries out concerning Israel:

"Though the number of the Israelites be
     like the sand by the sea,
  only the remnant will be saved.
28For the Lord will carry out
  his sentence on earth with speed and fi-
     nality." z

29It is just as Isaiah said previously:

"Unless the Lord Almighty
  had left us descendants,
  we would have become like Sodom,
  we would have been like Gomorrah." a

s9:17 Éx 9:16   t9:20 Is 29:16; 45:9   u9:22 objeto de su castigo. Lit. vasijas de ira.   v9:25 Os 2:23   w9:26 Os 1:10   x9:28 Is 10:22,23   y9:29 Is 1:9

v17 Exodus 9:16   w20 Isaiah 29:16; 45:9   x25 Hosea 2:23   y26 Hosea 1:10   z28 Isaiah 10:22,23   a29 Isaiah 1:9

Incredulidad de Israel

30¿Qué concluiremos? Pues que los *gentiles, que no buscaban la justicia, la han alcanzado. Me refiero a la justicia que es por la fe. **31**En cambio Israel, que iba en busca de una ley que le diera justicia, no ha alcanzado esa justicia. **32**¿Por qué no? Porque no la buscaron mediante la fe sino mediante las obras, como si fuera posible alcanzarla así. Por eso tropezaron con la «piedra de tropiezo», **33**como está escrito:

«Miren que pongo en Sión una piedra de
> tropiezo
y una roca que hace *caer;
pero el que confíe en él no será
> defraudado.»^z

10 Hermanos, el deseo de mi corazón, y mi oración a Dios por los israelitas, es que lleguen a ser salvos. **2**Puedo declarar en favor de ellos que muestran celo por Dios, pero su celo no se basa en el conocimiento. **3**No conociendo la justicia que proviene de Dios, y procurando establecer la suya propia, no se sometieron a la justicia de Dios. **4**De hecho, Cristo es el fin de la ley, para que todo el que cree reciba la justicia.

5Así describe Moisés la justicia que se basa en la ley: «Quien practique estas cosas vivirá por ellas.»^a **6**Pero la justicia que se basa en la fe afirma: «No digas en tu corazón: "¿Quién subirá al cielo?"^b (es decir, para hacer bajar a Cristo), **7**o "¿Quién bajará al *abismo?"» (es decir, para hacer subir a Cristo de entre los muertos). **8**¿Qué afirma entonces? «La palabra está cerca de ti; la tienes en la boca y en el corazón.»^c Ésta es la palabra de fe que predicamos: **9**que si confiesas con tu boca que Jesús es el Señor, y crees en tu corazón que Dios lo *levantó de entre los muertos, serás salvo. **10**Porque con el corazón se cree para ser *justificado, pero con la boca se confiesa para ser salvo. **11**Así dice la Escritura: «Todo el que confíe en él no será jamás defraudado.»^d **12**No hay diferencia entre judíos y *gentiles, pues el mismo Señor es Señor de todos y bendice abundantemente a cuantos lo invocan, **13**porque «todo el que invoque el nombre del Señor será salvo».^e

14Ahora bien, ¿cómo invocarán a aquel en quien no han creído? ¿Y cómo creerán en aquel de quien no han oído? ¿Y cómo oirán si no hay quien les predique? **15**¿Y quién predicará sin ser

Israel's Unbelief

30What then shall we say? That the Gentiles, who did not pursue righteousness, have obtained it, a righteousness that is by faith; **31**but Israel, who pursued a law of righteousness, has not attained it. **32**Why not? Because they pursued it not by faith but as if it were by works. They stumbled over the "stumbling stone." **33**As it is written:

"See, I lay in Zion a stone that causes
> men to stumble
and a rock that makes them fall,
and the one who trusts in him will never
> be put to shame." ^b

10 Brothers, my heart's desire and prayer to God for the Israelites is that they may be saved. **2**For I can testify about them that they are zealous for God, but their zeal is not based on knowledge. **3**Since they did not know the righteousness that comes from God and sought to establish their own, they did not submit to God's righteousness. **4**Christ is the end of the law so that there may be righteousness for everyone who believes.

5Moses describes in this way the righteousness that is by the law: "The man who does these things will live by them." ^c **6**But the righteousness that is by faith says: "Do not say in your heart, 'Who will ascend into heaven?'^d" (that is, to bring Christ down) **7**"or 'Who will descend into the deep?'^e" (that is, to bring Christ up from the dead). **8**But what does it say? "The word is near you; it is in your mouth and in your heart," ^f that is, the word of faith we are proclaiming: **9**That if you confess with your mouth, "Jesus is Lord," and believe in your heart that God raised him from the dead, you will be saved. **10**For it is with your heart that you believe and are justified, and it is with your mouth that you confess and are saved. **11**As the Scripture says, "Anyone who trusts in him will never be put to shame." ^g **12**For there is no difference between Jew and Gentile—the same Lord is Lord of all and richly blesses all who call on him, **13**for, "Everyone who calls on the name of the Lord will be saved." ^h

14How, then, can they call on the one they have not believed in? And how can they believe in the one of whom they have not heard? And how can they hear without someone preaching to them? **15**And how can they

---

^z**9:33** Is 8:14; 28:16   ^a**10:5** Lv 18:5   ^b**10:6** Dt 30:12
^c**10:8** Dt 30:14   ^d**10:11** Is 28:16   ^e**10:13** Jl 2:32

^b33 Isaiah 8:14; 28:16   ^c5 Lev. 18:5   ^d6 Deut. 30:12
^e7 Deut. 30:13   ^f8 Deut. 30:14   ^g11 Isaiah 28:16
^h13 Joel 2:32

enviado? Así está escrito: «¡Qué hermoso es recibir al mensajero que trae*f* buenas *nuevas!»

16Sin embargo, no todos los israelitas aceptaron las buenas nuevas. Isaías dice: «Señor, ¿quién ha creído a nuestro mensaje?»*g* 17Así que la fe viene como resultado de oír el mensaje, y el mensaje que se oye es la palabra de Cristo.*h* 18Pero pregunto: ¿Acaso no oyeron? ¡Claro que sí!

«Por toda la tierra se difundió su voz,
    ¡sus palabras llegan hasta los confines
        del mundo!»*i*

19Pero insisto: ¿Acaso no entendió Israel? En primer lugar, Moisés dice:

«Yo haré que ustedes sientan envidia de
    los que no son nación;
voy a irritarlos con una nación insensata.»*j*

20Luego Isaías se atreve a decir:

«Dejé que me hallaran los que no me bus-
    caban;
    me di a conocer a los que no pregunta-
        ban por mí.»*k*

21En cambio, respecto de Israel, dice:

«Todo el día extendí mis manos
    hacia un pueblo desobediente y rebel-
        de.»*l*

El remanente de Israel

11 Por lo tanto, pregunto: ¿Acaso rechazó Dios a su pueblo? ¡De ninguna manera! Yo mismo soy israelita, descendiente de Abraham, de la tribu de Benjamín. 2Dios no rechazó a su pueblo, al que de antemano conoció. ¿No saben lo que relata la Escritura en cuanto a Elías? Acusó a Israel delante de Dios: 3«Señor, han matado a tus profetas y han derribado tus altares. Yo soy el único que ha quedado con vida, ¡y ahora quieren matarme a mí también!»*m* 4¿Y qué le contestó la voz divina? «He apartado para mí siete mil hombres, los que no se han arrodillado ante Baal.»*n* 5Así también hay en la actualidad un remanente escogido por gracia. 6Y si es por gracia, ya no es por obras; porque en tal caso la gracia ya no sería gracia.*ñ*

preach unless they are sent? As it is written, "How beautiful are the feet of those who bring good news!" *i*

16But not all the Israelites accepted the good news. For Isaiah says, "Lord, who has believed our message?"*j* 17Consequently, faith comes from hearing the message, and the message is heard through the word of Christ. 18But I ask: Did they not hear? Of course they did:

"Their voice has gone out into all the
    earth,
    their words to the ends of the world." *k*

19Again I ask: Did Israel not understand? First, Moses says,

"I will make you envious by those who
    are not a nation;
    I will make you angry by a nation that
        has no understanding." *l*

20And Isaiah boldly says,

"I was found by those who did not seek
    me;
    I revealed myself to those who did not
        ask for me." *m*

21But concerning Israel he says,

"All day long I have held out my hands
    to a disobedient and obstinate people." *n*

The Remnant of Israel

11 I ask then: Did God reject his people? By no means! I am an Israelite myself, a descendant of Abraham, from the tribe of Benjamin. 2God did not reject his people, whom he foreknew. Don't you know what the Scripture says in the passage about Elijah—how he appealed to God against Israel: 3"Lord, they have killed your prophets and torn down your altars; I am the only one left, and they are trying to kill me"*o*? 4And what was God's answer to him? "I have reserved for myself seven thousand who have not bowed the knee to Baal." *p* 5So too, at the present time there is a remnant chosen by grace. 6And if by grace, then it is no longer by works; if it were, grace would no longer be grace.*q*

---

f **10:15** *¡Qué hermoso ... trae.* Lit. *¡Qué hermosos son los pies de los que anuncian;* Is 52:7.   *g* **10:16** Is 53:1   *h* **10:17** *Cristo.* Var. *Dios.*   *i* **10:18** Sal 19:4   *j* **10:19** Dt 32:21   *k* **10:20** Is 65:1   *l* **10:21** Is 65:2   *m* **11:3** 1R 19:10,14   *n* **11:4** 1R 19:18   *ñ* **11:6** *no sería gracia.* Var. *no sería gracia. Pero si es por obras, ya no es por gracia; porque en tal caso la obra ya no sería obra.*

i 15 Isaiah 52:7   *j 16* Isaiah 53:1   *k 18* Psalm 19:4   *l 19* Deut. 32:21   *m 20* Isaiah 65:1   *n 21* Isaiah 65:2   *o 3* 1 Kings 19:10,14   *p 4* 1 Kings 19:18   *q 6* Some manuscripts *by grace. But if by works, then it is no longer grace; if it were, work would no longer be work.*

7¿Qué concluiremos? Pues que Israel no consiguió lo que tanto deseaba, pero sí lo consiguieron los elegidos. Los demás fueron endurecidos, 8como está escrito:

«Dios les dio un espíritu insensible,
ojos con los que no pueden ver
y oídos con los que no pueden oír,
hasta el día de hoy.»[o]

9Y David dice:

«Que sus banquetes se les conviertan en
red y en trampa,
en *tropezadero y en castigo.
10Que se les nublen los ojos para que no
vean,
y se encorven sus espaldas para siempre.»[p]

Ramas injertadas

11Ahora pregunto: ¿Acaso tropezaron para no volver a levantarse? ¡De ninguna manera! Más bien, gracias a su transgresión ha venido la salvación a los *gentiles, para que Israel sienta celos. 12Pero si su transgresión ha enriquecido al mundo, es decir, si su fracaso ha enriquecido a los gentiles, ¡cuánto mayor será la riqueza que su plena restauración producirá!

13Me dirijo ahora a ustedes, los gentiles. Como apóstol que soy de ustedes, le hago honor a mi ministerio, 14pues quisiera ver si de algún modo despierto los celos de mi propio pueblo, para así salvar a algunos de ellos. 15Pues si el haberlos rechazado dio como resultado la reconciliación entre Dios y el mundo, ¿no será su restitución una vuelta a la vida? 16Si se consagra la parte de la masa que se ofrece como *primicias, también se consagra toda la masa; si la raíz es santa, también lo son las ramas.

17Ahora bien, es verdad que algunas de las ramas han sido desgajadas, y que tú, siendo de olivo silvestre, has sido injertado entre las otras ramas. Ahora participas de la savia nutritiva de la raíz del olivo. 18Sin embargo, no te vayas a creer mejor que las ramas originales. Y si te jactas de ello, ten en cuenta que no eres tú quien nutre a la raíz, sino que es la raíz la que te nutre a ti. 19Tal vez dirás: «Desgajaron unas ramas para que yo fuera injertado.» 20De acuerdo. Pero ellas fueron desgajadas por su falta de fe, y tú por la fe te mantienes firme. Así que no seas arrogante sino temeroso; 21porque si Dios no tuvo miramientos con las ramas originales, tampoco los tendrá contigo.

7What then? What Israel sought so earnestly it did not obtain, but the elect did. The others were hardened, 8as it is written:

"God gave them a spirit of stupor,
eyes so that they could not see
and ears so that they could not hear,
to this very day."[r]

9And David says:

"May their table become a snare and a
trap,
a stumbling block and a retribution for
them.
10May their eyes be darkened so they
cannot see,
and their backs be bent forever."[s]

Ingrafted Branches

11Again I ask: Did they stumble so as to fall beyond recovery? Not at all! Rather, because of their transgression, salvation has come to the Gentiles to make Israel envious. 12But if their transgression means riches for the world, and their loss means riches for the Gentiles, how much greater riches will their fullness bring!

13I am talking to you Gentiles. Inasmuch as I am the apostle to the Gentiles, I make much of my ministry 14in the hope that I may somehow arouse my own people to envy and save some of them. 15For if their rejection is the reconciliation of the world, what will their acceptance be but life from the dead? 16If the part of the dough offered as firstfruits is holy, then the whole batch is holy; if the root is holy, so are the branches.

17If some of the branches have been broken off, and you, though a wild olive shoot, have been grafted in among the others and now share in the nourishing sap from the olive root, 18do not boast over those branches. If you do, consider this: You do not support the root, but the root supports you. 19You will say then, "Branches were broken off so that I could be grafted in." 20Granted. But they were broken off because of unbelief, and you stand by faith. Do not be arrogant, but be afraid. 21For if God did not spare the natural branches, he will not spare you either.

---

o 11:8 Dt 29:4; Is 29:10   p 11:10 Sal 69:22,23   r 8 Deut. 29:4; Isaiah 29:10   s 10 Psalm 69:22,23

22Por tanto, considera la bondad y la severidad de Dios: severidad hacia los que cayeron y
bondad hacia ti. Pero si no te mantienes en su
bondad, tú también serás desgajado. 23Y si ellos
dejan de ser incrédulos, serán injertados, porque
Dios tiene poder para injertarlos de nuevo.
24Después de todo, si tú fuiste cortado de un
olivo silvestre, al que por naturaleza pertenecías,
y contra tu condición natural fuiste injertado en
un olivo cultivado, ¡con cuánta mayor facilidad
las ramas naturales de ese olivo serán injertadas
de nuevo en él!

Todo Israel será salvo

25Hermanos, quiero que entiendan este *misterio para que no se vuelvan presuntuosos. Parte
de Israel se ha endurecido, y así permanecerá
hasta que haya entrado la totalidad de los *gentiles. 26De esta manera todo Israel será salvo,
como está escrito:

«El redentor vendrá de Sión
y apartará de Jacob la impiedad.
27Y éste será mi pacto con ellos
cuando perdone sus pecados.»[q]

28Con respecto al *evangelio, los israelitas
son enemigos de Dios para bien de ustedes; pero
si tomamos en cuenta la elección, son amados
de Dios por causa de los patriarcas, 29porque las
dádivas de Dios son irrevocables, como lo es
también su llamamiento. 30De hecho, en otro
tiempo ustedes fueron desobedientes a Dios;
pero ahora, por la desobediencia de los israelitas, han sido objeto de su misericordia. 31Así
mismo, estos que han desobedecido recibirán
misericordia ahora, como resultado de la misericordia de Dios hacia ustedes. 32En fin, Dios ha
sujetado a todos a la desobediencia, con el fin de
tener misericordia de todos.

Doxología

33¡Qué profundas son las riquezas de la sabiduría y del conocimiento de Dios!

¡Qué indescifrables sus juicios
e impenetrables sus caminos!
34«¿Quién ha conocido la mente del Señor,
o quién ha sido su consejero?»[r]
35«¿Quién le ha dado primero a Dios,
para que luego Dios le pague?»[s]
36Porque todas las cosas proceden de él,
y existen por él y para él.
¡A él sea la gloria por siempre! Amén.

[q]**11:27** Is 59:20,21; 27:9; Jer 31:33,34 [r]**11:34** Is 40:13
[s]**11:35** Job 41:11

22Consider therefore the kindness and sternness of God: sternness to those who fell, but
kindness to you, provided that you continue in
his kindness. Otherwise, you also will be cut
off. 23And if they do not persist in unbelief,
they will be grafted in, for God is able to graft
them in again. 24After all, if you were cut out
of an olive tree that is wild by nature, and
contrary to nature were grafted into a cultivat-
ed olive tree, how much more readily will
these, the natural branches, be grafted into
their own olive tree!

All Israel Will Be Saved

25I do not want you to be ignorant of this
mystery, brothers, so that you may not be conceited: Israel has experienced a hardening in part
until the full number of the Gentiles has come
in. 26And so all Israel will be saved, as it is
written:

"The deliverer will come from Zion;
he will turn godlessness away from Jacob.
27And this is[t] my covenant with them
when I take away their sins."[u]

28As far as the gospel is concerned, they are
enemies on your account; but as far as election
is concerned, they are loved on account of the
patriarchs, 29for God's gifts and his call are
irrevocable. 30Just as you who were at one time
disobedient to God have now received mercy as
a result of their disobedience, 31so they too have
now become disobedient in order that they too
may now[v] receive mercy as a result of God's
mercy to you. 32For God has bound all men over
to disobedience so that he may have mercy on
them all.

Doxology

33Oh, the depth of the riches of the wisdom
and[w] knowledge of God!
How unsearchable his judgments,
and his paths beyond tracing out!
34"Who has known the mind of the Lord?
Or who has been his counselor?"[x]
35"Who has ever given to God,
that God should repay him?"[y]
36For from him and through him and to him
are all things.
To him be the glory forever! Amen.

[t]*27* Or *will be* [u]*27* Isaiah 59:20,21; 27:9; Jer. 31:33,34
[v]*31* Some manuscripts do not have *now.* [w]*33* Or *riches and the wisdom and the* [x]*34* Isaiah 40:13 [y]*35* Job 41:11

Sacrificios vivos

12 Por lo tanto, hermanos, tomando en cuenta la misericordia de Dios, les ruego que cada uno de ustedes, en adoración espiritual,$^{t'}$ ofrezca su cuerpo como sacrificio vivo, *santo y agradable a Dios. ²No se amolden al mundo actual, sino sean transformados mediante la renovación de su mente. Así podrán comprobar cuál es la voluntad de Dios, buena, agradable y perfecta.

³Por la gracia que se me ha dado, les digo a todos ustedes: Nadie tenga un concepto de sí más alto que el que debe tener, sino más bien piense de sí mismo con moderación, según la medida de fe que Dios le haya dado. ⁴Pues así como cada uno de nosotros tiene un solo cuerpo con muchos miembros, y no todos estos miembros desempeñan la misma función, ⁵también nosotros, siendo muchos, formamos un solo cuerpo en Cristo, y cada miembro está unido a todos los demás. ⁶Tenemos dones diferentes, según la gracia que se nos ha dado. Si el don de alguien es el de profecía, que lo use en proporción con su fe;^{u} ⁷si es el de prestar un servicio, que lo preste; si es el de enseñar, que enseñe; ⁸si es el de animar a otros, que los anime; si es el de socorrer a los necesitados, que dé con generosidad; si es el de dirigir, que dirija con esmero; si es el de mostrar compasión, que lo haga con alegría.

El amor

⁹El amor debe ser sincero. Aborrezcan el mal; aférrense al bien. ¹⁰Ámense los unos a los otros con amor fraternal, respetándose y honrándose mutuamente. ¹¹Nunca dejen de ser diligentes; antes bien, sirvan al Señor con el fervor que da el Espíritu. ¹²Alégrense en la esperanza, muestren paciencia en el sufrimiento, perseveren en la oración. ¹³Ayuden a los hermanos necesitados. Practiquen la hospitalidad. ¹⁴Bendigan a quienes los persigan; bendigan y no maldigan. ¹⁵Alégrense con los que están alegres; lloren con los que lloran. ¹⁶Vivan en armonía los unos con los otros. No sean arrogantes, sino háganse solidarios con los humildes.^{v} No se crean los únicos que saben.

¹⁷No paguen a nadie mal por mal. Procuren hacer lo bueno delante de todos. ¹⁸Si es posible, y en cuanto dependa de ustedes, vivan en paz con todos. ¹⁹No tomen venganza, hermanos míos, sino dejen el castigo en las manos de Dios,

Living Sacrifices

12 Therefore, I urge you, brothers, in view of God's mercy, to offer your bodies as living sacrifices, holy and pleasing to God—this is your spiritual^{z} act of worship. ²Do not conform any longer to the pattern of this world, but be transformed by the renewing of your mind. Then you will be able to test and approve what God's will is—his good, pleasing and perfect will.

³For by the grace given me I say to every one of you: Do not think of yourself more highly than you ought, but rather think of yourself with sober judgment, in accordance with the measure of faith God has given you. ⁴Just as each of us has one body with many members, and these members do not all have the same function, ⁵so in Christ we who are many form one body, and each member belongs to all the others. ⁶We have different gifts, according to the grace given us. If a man's gift is prophesying, let him use it in proportion to his^{a} faith. ⁷If it is serving, let him serve; if it is teaching, let him teach; ⁸if it is encouraging, let him encourage; if it is contributing to the needs of others, let him give generously; if it is leadership, let him govern diligently; if it is showing mercy, let him do it cheerfully.

Love

⁹Love must be sincere. Hate what is evil; cling to what is good. ¹⁰Be devoted to one another in brotherly love. Honor one another above yourselves. ¹¹Never be lacking in zeal, but keep your spiritual fervor, serving the Lord. ¹²Be joyful in hope, patient in affliction, faithful in prayer. ¹³Share with God's people who are in need. Practice hospitality.

¹⁴Bless those who persecute you; bless and do not curse. ¹⁵Rejoice with those who rejoice; mourn with those who mourn. ¹⁶Live in harmony with one another. Do not be proud, but be willing to associate with people of low position.^{b} Do not be conceited.

¹⁷Do not repay anyone evil for evil. Be careful to do what is right in the eyes of everybody. ¹⁸If it is possible, as far as it depends on you, live at peace with everyone. ¹⁹Do not take revenge, my friends, but leave room for God's wrath, for it is written: "It is mine to avenge;

---

^{t}12:1 *espiritual*. Alt. *racional.* ^{u}12:6 *en proporción con su fe*. Alt. *de acuerdo con la fe.* ^{v}12:16 *háganse … humildes.* Alt. *estén dispuestos a ocuparse en oficios humildes.*

^{z}1 Or *reasonable* ^{a}6 Or *in agreement with the* ^{b}16 Or *willing to do menial work*

porque está escrito: «Mía es la venganza; yo pagaré»,[w] dice el Señor. 20 Antes bien,

> «Si tu enemigo tiene hambre, dale de comer;
> si tiene sed, dale de beber.
> Actuando así, harás que se avergüence de su conducta.»[x]

21 No te dejes vencer por el mal; al contrario, vence el mal con el bien.

El respeto a las autoridades

13 Todos deben someterse a las autoridades públicas, pues no hay autoridad que Dios no haya dispuesto, así que las que existen fueron establecidas por él. 2 Por lo tanto, todo el que se opone a la autoridad se rebela contra lo que Dios ha instituido. Los que así proceden recibirán castigo. 3 Porque los gobernantes no están para infundir terror a los que hacen lo bueno sino a los que hacen lo malo. ¿Quieres librarte del miedo a la autoridad? Haz lo bueno, y tendrás su aprobación, 4 pues está al servicio de Dios para tu bien. Pero si haces lo malo, entonces debes tener miedo. No en vano lleva la espada, pues está al servicio de Dios para impartir justicia y castigar al malhechor. 5 Así que es necesario someterse a las autoridades, no sólo para evitar el castigo sino también por razones de conciencia.

6 Por eso mismo pagan ustedes impuestos, pues las autoridades están al servicio de Dios, dedicadas precisamente a gobernar. 7 Paguen a cada uno lo que le corresponda: si deben impuestos, paguen los impuestos; si deben contribuciones, paguen las contribuciones; al que deban respeto, muéstrenle respeto; al que deban honor, ríndanle honor.

La responsabilidad hacia los demás

8 No tengan deudas pendientes con nadie, a no ser la de amarse unos a otros. De hecho, quien ama al prójimo ha cumplido la ley. 9 Porque los mandamientos que dicen: «No cometas adulterio», «No mates», «No robes», «No codicies»,[y] y todos los demás mandamientos, se resumen en este precepto: «Ama a tu prójimo como a ti mismo.»[z] 10 El amor no perjudica al prójimo. Así que el amor es el cumplimiento de la ley.

11 Hagan todo esto estando conscientes del tiempo en que vivimos. Ya es hora de que despierten del sueño, pues nuestra salvación está ahora más cerca que cuando inicialmente creí-

I will repay,"[c] says the Lord. 20 On the contrary:

> "If your enemy is hungry, feed him;
> if he is thirsty, give him something to drink.
> In doing this, you will heap burning coals on his head."[d]

21 Do not be overcome by evil, but overcome evil with good.

Submission to the Authorities

13 Everyone must submit himself to the governing authorities, for there is no authority except that which God has established. The authorities that exist have been established by God. 2 Consequently, he who rebels against the authority is rebelling against what God has instituted, and those who do so will bring judgment on themselves. 3 For rulers hold no terror for those who do right, but for those who do wrong. Do you want to be free from fear of the one in authority? Then do what is right and he will commend you. 4 For he is God's servant to do you good. But if you do wrong, be afraid, for he does not bear the sword for nothing. He is God's servant, an agent of wrath to bring punishment on the wrongdoer. 5 Therefore, it is necessary to submit to the authorities, not only because of possible punishment but also because of conscience. 6 This is also why you pay taxes, for the authorities are God's servants, who give their full time to governing. 7 Give everyone what you owe him: If you owe taxes, pay taxes; if revenue, then revenue; if respect, then respect; if honor, then honor.

Love, for the Day is Near

8 Let no debt remain outstanding, except the continuing debt to love one another, for he who loves his fellowman has fulfilled the law. 9 The commandments, "Do not commit adultery," "Do not murder," "Do not steal," "Do not covet,"[e] and whatever other commandment there may be, are summed up in this one rule: "Love your neighbor as yourself."[f] 10 Love does no harm to its neighbor. Therefore love is the fulfillment of the law.

11 And do this, understanding the present time. The hour has come for you to wake up from your slumber, because our salvation is nearer now

---

w 12:19 Dt 32:35   x 12:20 harás ... conducta. Lit. ascuas de fuego amontonarás sobre su cabeza (Pr 25:21,22).   y 13:9 Éx 20:13-15,17; Dt 5:17-19,21   z 13:9 Lv 19:18

c 19 Deut. 32:35   d 20 Prov. 25:21,22   e 9 Exodus 20:13-15,17; Deut. 5:17-19,21   f 9 Lev. 19:18

mos. 12La noche está muy avanzada y ya se acerca el día. Por eso, dejemos a un lado las obras de la oscuridad y pongámonos la armadura de la luz. 13Vivamos decentemente, como a la luz del día, no en orgías y borracheras, ni en inmoralidad sexual y libertinaje, ni en disensiones y envidias. 14Más bien, revístanse ustedes del Señor Jesucristo, y no se preocupen por satisfacer los deseos de la *naturaleza pecaminosa.

Los débiles y los fuertes

14 Reciban al que es débil en la fe, pero no para entrar en discusiones. 2A algunos su fe les permite comer de todo, pero hay quienes son débiles en la fe, y sólo comen verduras. 3El que come de todo no debe menospreciar al que no come ciertas cosas, y el que no come de todo no debe condenar al que lo hace, pues Dios lo ha aceptado. 4¿Quién eres tú para juzgar al siervo de otro? Que se mantenga en pie, o que caiga, es asunto de su propio señor. Y se mantendrá en pie, porque el Señor tiene poder para sostenerlo.

5Hay quien considera que un día tiene más importancia que otro, pero hay quien considera iguales todos los días. Cada uno debe estar firme en sus propias opiniones. 6El que le da importancia especial a cierto día, lo hace para el Señor. El que come de todo, come para el Señor, y lo demuestra dándole gracias a Dios; y el que no come, para el Señor se abstiene, y también da gracias a Dios. 7Porque ninguno de nosotros vive para sí mismo, ni tampoco muere para sí. 8Si vivimos, para el Señor vivimos; y si morimos, para el Señor morimos. Así pues, sea que vivamos o que muramos, del Señor somos. 9Para esto mismo murió Cristo, y volvió a vivir, para ser Señor tanto de los que han muerto como de los que aún viven. 10Tú, entonces, ¿por qué juzgas a tu hermano? O tú, ¿por qué lo menosprecias? ¡Todos tendremos que comparecer ante el tribunal de Dios! 11Está escrito:

«Tan cierto como que yo vivo —dice el Señor—,
ante mí se doblará toda rodilla
y toda lengua confesará a Dios.»ᵃ

12Así que cada uno de nosotros tendrá que dar cuentas de sí a Dios.

13Por tanto, dejemos de juzgarnos unos a otros. Más bien, propónganse no poner *tropiezos ni obstáculos al hermano. 14Yo, de mi parte, estoy plenamente convencido en el Señor Jesús

than when we first believed. 12The night is nearly over; the day is almost here. So let us put aside the deeds of darkness and put on the armor of light. 13Let us behave decently, as in the daytime, not in orgies and drunkenness, not in sexual immorality and debauchery, not in dissension and jealousy. 14Rather, clothe yourselves with the Lord Jesus Christ, and do not think about how to gratify the desires of the sinful nature.ᵍ

The Weak and the Strong

14 Accept him whose faith is weak, without passing judgment on disputable matters. 2One man's faith allows him to eat everything, but another man, whose faith is weak, eats only vegetables. 3The man who eats everything must not look down on him who does not, and the man who does not eat everything must not condemn the man who does, for God has accepted him. 4Who are you to judge someone else's servant? To his own master he stands or falls. And he will stand, for the Lord is able to make him stand.

5One man considers one day more sacred than another; another man considers every day alike. Each one should be fully convinced in his own mind. 6He who regards one day as special, does so to the Lord. He who eats meat, eats to the Lord, for he gives thanks to God; and he who abstains, does so to the Lord and gives thanks to God. 7For none of us lives to himself alone and none of us dies to himself alone. 8If we live, we live to the Lord; and if we die, we die to the Lord. So, whether we live or die, we belong to the Lord.

9For this very reason, Christ died and returned to life so that he might be the Lord of both the dead and the living. 10You, then, why do you judge your brother? Or why do you look down on your brother? For we will all stand before God's judgment seat. 11It is written:

" 'As surely as I live,' says the Lord,
'every knee will bow before me;
every tongue will confess to God.'" ʰ

12So then, each of us will give an account of himself to God.

13Therefore let us stop passing judgment on one another. Instead, make up your mind not to put any stumbling block or obstacle in your brother's way. 14As one who is in the Lord

---

ᵃ14:11 Is 45:23   ᵍ14 Or the flesh   ʰ11 Isaiah 45:23

de que no hay nada *impuro en sí mismo. Si algo es impuro, lo es solamente para quien así lo considera. 15Ahora bien, si tu hermano se angustia por causa de lo que comes, ya no te comportas con amor. No destruyas, por causa de la comida, al hermano por quien Cristo murió. 16En una palabra, no den lugar a que se hable mal del bien que ustedes practican, 17porque el reino de Dios no es cuestión de comidas o bebidas sino de justicia, paz y alegría en el Espíritu Santo. 18El que de esta manera sirve a Cristo, agrada a Dios y es aprobado por sus semejantes.

19Por lo tanto, esforcémonos por promover todo lo que conduzca a la paz y a la mutua edificación. 20No destruyas la obra de Dios por causa de la comida. Todo alimento es puro; lo malo es hacer tropezar a otros por lo que uno come. 21Más vale no comer carne ni beber vino, ni hacer nada que haga *caer a tu hermano.

22Así que la convicción[b] que tengas tú al respecto, manténla como algo entre Dios y tú. *Dichoso aquel a quien su conciencia no lo acusa por lo que hace. 23Pero el que tiene dudas en cuanto a lo que come, se condena; porque no lo hace por convicción. Y todo lo que no se hace por convicción es pecado.

15 Los fuertes en la fe debemos apoyar a los débiles, en vez de hacer lo que nos agrada. 2Cada uno debe agradar al prójimo para su bien, con el fin de edificarlo. 3Porque ni siquiera Cristo se agradó a sí mismo sino que, como está escrito: «Sobre mí han recaído los insultos de tus detractores.»[c] 4De hecho, todo lo que se escribió en el pasado se escribió para enseñarnos, a fin de que, alentados por las Escrituras, perseveremos en mantener nuestra esperanza.

5Que el Dios que infunde aliento y perseverancia les conceda vivir juntos en armonía, conforme al ejemplo de Cristo Jesús, 6para que con un solo corazón y a una sola voz glorifiquen al Dios y Padre de nuestro Señor Jesucristo.

7Por tanto, acéptense mutuamente, así como Cristo los aceptó a ustedes para gloria de Dios. 8Les digo que Cristo se hizo servidor de los judíos[d] para demostrar la fidelidad de Dios, a fin de confirmar las promesas hechas a los patriarcas, 9y para que los *gentiles glorifiquen a Dios por su compasión, como está escrito:

«Por eso te alabaré entre las *naciones;
    cantaré salmos a tu nombre.»[e]

Jesus, I am fully convinced that no food[i] is unclean in itself. But if anyone regards something as unclean, then for him it is unclean. 15If your brother is distressed because of what you eat, you are no longer acting in love. Do not by your eating destroy your brother for whom Christ died. 16Do not allow what you consider good to be spoken of as evil. 17For the kingdom of God is not a matter of eating and drinking, but of righteousness, peace and joy in the Holy Spirit, 18because anyone who serves Christ in this way is pleasing to God and approved by men.

19Let us therefore make every effort to do what leads to peace and to mutual edification. 20Do not destroy the work of God for the sake of food. All food is clean, but it is wrong for a man to eat anything that causes someone else to stumble. 21It is better not to eat meat or drink wine or to do anything else that will cause your brother to fall.

22So whatever you believe about these things keep between yourself and God. Blessed is the man who does not condemn himself by what he approves. 23But the man who has doubts is condemned if he eats, because his eating is not from faith; and everything that does not come from faith is sin.

15 We who are strong ought to bear with the failings of the weak and not to please ourselves. 2Each of us should please his neighbor for his good, to build him up. 3For even Christ did not please himself but, as it is written: "The insults of those who insult you have fallen on me."[j] 4For everything that was written in the past was written to teach us, so that through endurance and the encouragement of the Scriptures we might have hope.

5May the God who gives endurance and encouragement give you a spirit of unity among yourselves as you follow Christ Jesus, 6so that with one heart and mouth you may glorify the God and Father of our Lord Jesus Christ.

7Accept one another, then, just as Christ accepted you, in order to bring praise to God. 8For I tell you that Christ has become a servant of the Jews[k] on behalf of God's truth, to confirm the promises made to the patriarchs 9so that the Gentiles may glorify God for his mercy, as it is written:

"Therefore I will praise you among the
    Gentiles;
I will sing hymns to your name."[l]

---

b 14:22 convicción. Lit. fe; también en v. 23.
c 15:3 Sal 69:9   d 15:8 de los judíos. Lit. de la *circuncisión.
e 15:9 2S 22:50; Sal 18:49

i 14 Or that nothing   j 3 Psalm 69:9   k 8 Greek circumcision
l 9 2 Samuel 22:50; Psalm 18:49

10En otro pasaje dice:

«Alégrense, naciones, con el pueblo de
Dios.»*f*

11Y en otra parte:

«¡Alaben al Señor, naciones todas!
¡Pueblos todos, cántenle alabanzas!»*g*

12A su vez, Isaías afirma:

«Brotará la raíz de Isaí,
el que se levantará para gobernar a las
naciones;
en él los pueblos pondrán su esperanza.»*h*

13Que el Dios de la esperanza los llene de toda
alegría y paz a ustedes que creen en él, para que
rebosen de esperanza por el poder del Espíritu
Santo.

Pablo, ministro de los gentiles

14Por mi parte, hermanos míos, estoy seguro
de que ustedes mismos rebosan de bondad,
abundan en conocimiento y están capacitados
para instruirse unos a otros. **15**Sin embargo, les
he escrito con mucha franqueza sobre algunos
asuntos, como para refrescarles la memoria. Me
he atrevido a hacerlo por causa de la gracia que
Dios me dio **16**para ser ministro de Cristo Jesús
a los *gentiles. Yo tengo el deber sacerdotal de
proclamar el *evangelio de Dios, a fin de que los
gentiles lleguen a ser una ofrenda aceptable a
Dios, *santificada por el Espíritu Santo.

17Por tanto, mi servicio a Dios es para mí
motivo de *orgullo en Cristo Jesús. **18**No me
atreveré a hablar de nada sino de lo que Cristo
ha hecho por medio de mí para que los gentiles
lleguen a obedecer a Dios. Lo ha hecho con
palabras y obras, **19**mediante poderosas señales
y milagros, por el poder del Espíritu de Dios. Así
que, habiendo comenzado en Jerusalén, he completado la proclamación del evangelio de Cristo
por todas partes, hasta la región de Iliria. **20**En
efecto, mi propósito ha sido predicar el evangelio donde Cristo no sea conocido, para no edificar sobre fundamento ajeno. **21**Más bien, como
está escrito:

«Los que nunca habían recibido noticia
de él, lo verán;
y entenderán los que no habían oído hablar de él.»*i*

10Again, it says,

"Rejoice, O Gentiles, with his people." *m*

11And again,

"Praise the Lord, all you Gentiles,
and sing praises to him, all you peoples." *n*

12And again, Isaiah says,

"The Root of Jesse will spring up,
one who will arise to rule over the nations;
the Gentiles will hope in him." *o*

13May the God of hope fill you with all joy
and peace as you trust in him, so that you may
overflow with hope by the power of the Holy
Spirit.

Paul the Minister to the Gentiles

14I myself am convinced, my brothers, that
you yourselves are full of goodness, complete
in knowledge and competent to instruct one
another. **15**I have written you quite boldly on
some points, as if to remind you of them again,
because of the grace God gave me **16**to be a
minister of Christ Jesus to the Gentiles with
the priestly duty of proclaiming the gospel of
God, so that the Gentiles might become an
offering acceptable to God, sanctified by the
Holy Spirit.

17Therefore I glory in Christ Jesus in my
service to God. **18**I will not venture to speak
of anything except what Christ has accomplished through me in leading the Gentiles to
obey God by what I have said and done— **19**by
the power of signs and miracles, through the
power of the Spirit. So from Jerusalem all the
way around to Illyricum, I have fully proclaimed the gospel of Christ. **20**It has always
been my ambition to preach the gospel where
Christ was not known, so that I would not be
building on someone else's foundation.
21Rather, as it is written:

"Those who were not told about him will
see,
and those who have not heard will understand." *p*

22Este trabajo es lo que muchas veces me ha impedido ir a visitarlos.

Pablo piensa visitar Roma

23Pero ahora que ya no me queda un lugar dónde trabajar en estas regiones, y como desde hace muchos años anhelo verlos, 24tengo planes de visitarlos cuando vaya rumbo a España. Espero que, después de que haya disfrutado de la compañía de ustedes por algún tiempo, me ayuden a continuar el viaje. 25Por ahora, voy a Jerusalén para llevar ayuda a los *hermanos, 26ya que Macedonia y Acaya tuvieron a bien hacer una colecta para los hermanos pobres de Jerusalén. 27Lo hicieron de buena voluntad, aunque en realidad era su obligación hacerlo. Porque si los *gentiles han participado de las bendiciones espirituales de los judíos, están en deuda con ellos para servirles con las bendiciones materiales. 28Así que, una vez que yo haya cumplido esta tarea y entregado en sus manos este fruto, saldré para España y de paso los visitaré a ustedes. 29Sé que, cuando los visite, iré con la abundante bendición de Cristo.

30Les ruego, hermanos, por nuestro Señor Jesucristo y por el amor del Espíritu, que se unan conmigo en esta lucha y que oren a Dios por mí. 31Pídanle que me libre de caer en manos de los incrédulos que están en Judea, y que los hermanos de Jerusalén reciban bien la ayuda que les llevo. 32De este modo, por la voluntad de Dios, llegaré a ustedes con alegría y podré descansar entre ustedes por algún tiempo. 33El Dios de paz sea con todos ustedes. Amén.

Saludos personales

16 Les recomiendo a nuestra hermana Febe, diaconisa de la iglesia de Cencreas. 2Les pido que la reciban dignamente en el Señor, como conviene hacerlo entre hermanos en la fe; préstenle toda la ayuda que necesite, porque ella ha ayudado a muchas personas, entre las que me cuento yo.

3Saluden a *Priscila y a Aquila, mis compañeros de trabajo en Cristo Jesús. 4Por salvarme la *vida, ellos arriesgaron la suya. Tanto yo como todas las iglesias de los *gentiles les estamos agradecidos.
5Saluden igualmente a la iglesia que se reúne en la casa de ellos.

Saluden a mi querido hermano Epeneto, el primer convertido a Cristo en la provincia de *Asia.j

22This is why I have often been hindered from coming to you.

Paul's Plan to Visit Rome

23But now that there is no more place for me to work in these regions, and since I have been longing for many years to see you, 24I plan to do so when I go to Spain. I hope to visit you while passing through and to have you assist me on my journey there, after I have enjoyed your company for a while. 25Now, however, I am on my way to Jerusalem in the service of the saints there. 26For Macedonia and Achaia were pleased to make a contribution for the poor among the saints in Jerusalem. 27They were pleased to do it, and indeed they owe it to them. For if the Gentiles have shared in the Jews' spiritual blessings, they owe it to the Jews to share with them their material blessings. 28So after I have completed this task and have made sure that they have received this fruit, I will go to Spain and visit you on the way. 29I know that when I come to you, I will come in the full measure of the blessing of Christ.

30I urge you, brothers, by our Lord Jesus Christ and by the love of the Spirit, to join me in my struggle by praying to God for me. 31Pray that I may be rescued from the unbelievers in Judea and that my service in Jerusalem may be acceptable to the saints there, 32so that by God's will I may come to you with joy and together with you be refreshed. 33The God of peace be with you all. Amen.

Personal Greetings

16 I commend to you our sister Phoebe, a servantq of the church in Cenchrea. 2I ask you to receive her in the Lord in a way worthy of the saints and to give her any help she may need from you, for she has been a great help to many people, including me.

3Greet Priscillar and Aquila, my fellow workers in Christ Jesus. 4They risked their lives for me. Not only I but all the churches of the Gentiles are grateful to them.
5Greet also the church that meets at their house.

Greet my dear friend Epenetus, who was the first convert to Christ in the province of Asia.

---

6 Saluden a María, que tanto ha trabajado por ustedes.

7 Saluden a Andrónico y a Junías,*k* mis parientes y compañeros de cárcel, destacados entre los apóstoles y convertidos a Cristo antes que yo.

8 Saluden a Amplias, mi querido hermano en el Señor.

9 Saluden a Urbano, nuestro compañero de trabajo en Cristo, y a mi querido hermano Estaquis.

10 Saluden a Apeles, que ha dado tantas pruebas de su fe en Cristo.

Saluden a los de la familia de Aristóbulo.

11 Saluden a Herodión, mi pariente.

Saluden a los de la familia de Narciso, fieles en el Señor.

12 Saluden a Trifena y a Trifosa, las cuales se esfuerzan trabajando por el Señor.

Saluden a mi querida hermana Pérsida, que ha trabajado muchísimo en el Señor.

13 Saluden a Rufo, distinguido creyente,*l* y a su madre, que ha sido también como una madre para mí.

14 Saluden a Asíncrito, a Flegonte, a Hermes, a Patrobas, a Hermas y a los hermanos que están con ellos.

15 Saluden a Filólogo, a Julia, a Nereo y a su hermana, a Olimpas y a todos los hermanos que están con ellos.

16 Salúdense unos a otros con un beso santo.

Todas las iglesias de Cristo les mandan saludos.

17 Les ruego, hermanos, que se cuiden de los que causan divisiones y dificultades, y van en contra de lo que a ustedes se les ha enseñado. Apártense de ellos. 18 Tales individuos no sirven a Cristo nuestro Señor, sino a sus propios deseos.*m* Con palabras suaves y lisonjeras engañan a los ingenuos. 19 Es cierto que ustedes viven en obediencia, lo que es bien conocido de todos y me alegra mucho; pero quiero que sean sagaces para el bien e inocentes para el mal.

20 Muy pronto el Dios de paz aplastará a Satanás bajo los pies de ustedes.

Que la gracia de nuestro Señor Jesús sea con ustedes.

21 Saludos de parte de Timoteo, mi compañero de trabajo, como también de Lucio, Jasón y Sosípater, mis parientes.

22 Yo, Tercio, que escribo esta carta, los saludo en el Señor.

6 Greet Mary, who worked very hard for you.

7 Greet Andronicus and Junias, my relatives who have been in prison with me. They are outstanding among the apostles, and they were in Christ before I was.

8 Greet Ampliatus, whom I love in the Lord.

9 Greet Urbanus, our fellow worker in Christ, and my dear friend Stachys.

10 Greet Apelles, tested and approved in Christ.

Greet those who belong to the household of Aristobulus.

11 Greet Herodion, my relative.

Greet those in the household of Narcissus who are in the Lord.

12 Greet Tryphena and Tryphosa, those women who work hard in the Lord.

Greet my dear friend Persis, another woman who has worked very hard in the Lord.

13 Greet Rufus, chosen in the Lord, and his mother, who has been a mother to me, too.

14 Greet Asyncritus, Phlegon, Hermes, Patrobas, Hermas and the brothers with them.

15 Greet Philologus, Julia, Nereus and his sister, and Olympas and all the saints with them.

16 Greet one another with a holy kiss.

All the churches of Christ send greetings.

17 I urge you, brothers, to watch out for those who cause divisions and put obstacles in your way that are contrary to the teaching you have learned. Keep away from them. 18 For such people are not serving our Lord Christ, but their own appetites. By smooth talk and flattery they deceive the minds of naive people. 19 Everyone has heard about your obedience, so I am full of joy over you; but I want you to be wise about what is good, and innocent about what is evil.

20 The God of peace will soon crush Satan under your feet.

The grace of our Lord Jesus be with you.

21 Timothy, my fellow worker, sends his greetings to you, as do Lucius, Jason and Sosipater, my relatives.

22 I, Tertius, who wrote down this letter, greet you in the Lord.

---

k **16:7** *Junías.* Alt. *Junia.* *l* **16:13** *distinguido creyente.* Lit. *escogido en el Señor.* *m* **16:18** *sus propios deseos.* Lit. *su propio estómago.*

23Saludos de parte de Gayo, de cuya hospitalidad disfrutamos yo y toda la iglesia de este lugar.

También les mandan saludos Erasto, que es el tesorero de la ciudad, y nuestro hermano Cuarto.[n]

25-26El Dios eterno ocultó su *misterio durante largos siglos, pero ahora lo ha revelado por medio de los escritos proféticos, según su propio mandato, para que todas las *naciones obedezcan a la fe.[ñ] ¡Al que puede fortalecerlos a ustedes conforme a mi *evangelio y a la predicación acerca de Jesucristo, 27al único sabio Dios, sea la gloria para siempre por medio de Jesucristo! Amén.

23Gaius, whose hospitality I and the whole church here enjoy, sends you his greetings.

Erastus, who is the city's director of public works, and our brother Quartus send you their greetings.[s]

25Now to him who is able to establish you by my gospel and the proclamation of Jesus Christ, according to the revelation of the mystery hidden for long ages past, 26but now revealed and made known through the prophetic writings by the command of the eternal God, so that all nations might believe and obey him— 27to the only wise God be glory forever through Jesus Christ! Amen.

n16:23 Cuarto. Var. Cuarto. 24La gracia de nuestro Señor Jesucristo sea con todos ustedes. Amén. ñ16:25-26 para … la fe. Lit. para la obediencia de la fe a todas las naciones.

s23 Some manuscripts their greetings. 24May the grace of our Lord Jesus Christ be with all of you. Amen.

Primera Carta a los Corintios

1 Corinthians

1 Pablo, llamado por la voluntad de Dios a ser apóstol de *Cristo Jesús, y nuestro hermano Sóstenes,

²a la iglesia de Dios que está en Corinto, a los que han sido *santificados en Cristo Jesús y llamados a ser su santo pueblo, junto con todos los que en todas partes invocan el nombre de nuestro Señor Jesucristo, Señor de ellos y de nosotros:

³Que Dios nuestro Padre y el Señor Jesucristo les concedan gracia y paz.

Acción de gracias

⁴Siempre doy gracias a Dios por ustedes, pues él, en Cristo Jesús, les ha dado su gracia. ⁵Unidos a Cristo ustedes se han llenado de toda riqueza, tanto en palabra como en conocimiento. ⁶Así se ha confirmado en ustedes nuestro testimonio acerca de Cristo, ⁷de modo que no les falta ningún don espiritual mientras esperan con ansias que se manifieste nuestro Señor Jesucristo. ⁸Él los mantendrá firmes hasta el fin, para que sean irreprochables en el día de nuestro Señor Jesucristo. ⁹Fiel es Dios, quien los ha llamado a tener comunión con su Hijo Jesucristo, nuestro Señor.

Divisiones en la iglesia

¹⁰Les suplico, hermanos, en el nombre de nuestro Señor Jesucristo, que todos vivan en armonía y que no haya divisiones entre ustedes, sino que se mantengan unidos en un mismo pensar y en un mismo propósito. ¹¹Digo esto, hermanos míos, porque algunos de la familia de Cloé me han informado que hay rivalidades entre ustedes. ¹²Me refiero a que unos dicen: «Yo sigo a Pablo»; otros afirman: «Yo, a Apolos»; otros: «Yo, a *Cefas»; y otros: «Yo, a Cristo.»

¹³¡Cómo! ¿Está dividido Cristo? ¿Acaso Pablo fue crucificado por ustedes? ¿O es que fueron bautizados en el nombre de Pablo? ¹⁴Gracias a Dios que no bauticé a ninguno de ustedes, excepto a Crispo y a Gayo, ¹⁵de modo que nadie puede decir que fue bautizado en mi nombre. ¹⁶Bueno, también bauticé a la familia de Estéfanas; fuera de éstos, no recuerdo haber bautizado a ningún otro. ¹⁷Pues Cristo no me envió a

1 Paul, called to be an apostle of Christ Jesus by the will of God, and our brother Sosthenes,

²To the church of God in Corinth, to those sanctified in Christ Jesus and called to be holy, together with all those everywhere who call on the name of our Lord Jesus Christ—their Lord and ours:

³Grace and peace to you from God our Father and the Lord Jesus Christ.

Thanksgiving

⁴I always thank God for you because of his grace given you in Christ Jesus. ⁵For in him you have been enriched in every way—in all your speaking and in all your knowledge— ⁶because our testimony about Christ was confirmed in you. ⁷Therefore you do not lack any spiritual gift as you eagerly wait for our Lord Jesus Christ to be revealed. ⁸He will keep you strong to the end, so that you will be blameless on the day of our Lord Jesus Christ. ⁹God, who has called you into fellowship with his Son Jesus Christ our Lord, is faithful.

Divisions in the Church

¹⁰I appeal to you, brothers, in the name of our Lord Jesus Christ, that all of you agree with one another so that there may be no divisions among you and that you may be perfectly united in mind and thought. ¹¹My brothers, some from Chloe's household have informed me that there are quarrels among you. ¹²What I mean is this: One of you says, "I follow Paul"; another, "I follow Apollos"; another, "I follow Cephas[a]"; still another, "I follow Christ."

¹³Is Christ divided? Was Paul crucified for you? Were you baptized into[b] the name of Paul? ¹⁴I am thankful that I did not baptize any of you except Crispus and Gaius, ¹⁵so no one can say that you were baptized into my name. ¹⁶(Yes, I also baptized the household of Stephanas; beyond that, I don't remember if I baptized anyone else.) ¹⁷For Christ did not send me to baptize,

---

a 12 That is, Peter   b 13 Or in; also in verse 15

bautizar sino a predicar el *evangelio, y eso sin discursos de sabiduría humana, para que la cruz de Cristo no perdiera su eficacia.

Cristo, sabiduría y poder de Dios

18Me explico: El mensaje de la cruz es una locura para los que se pierden; en cambio, para los que se salvan, es decir, para nosotros, este mensaje es el poder de Dios. 19Pues está escrito:

> «Destruiré la sabiduría de los sabios;
> frustraré la inteligencia de los inteligen-
> tes.»[a]

20¿Dónde está el sabio? ¿Dónde el erudito? ¿Dónde el filósofo de esta época? ¿No ha convertido Dios en locura la sabiduría de este mundo? 21Ya que Dios, en su sabio designio, dispuso que el mundo no lo conociera mediante la sabiduría humana, tuvo a bien salvar, mediante la locura de la predicación, a los que creen. 22Los judíos piden señales milagrosas y los *gentiles buscan sabiduría, 23mientras que nosotros predicamos a Cristo crucificado. Este mensaje es motivo de *tropiezo para los judíos, y es locura para los gentiles, 24pero para los que Dios ha llamado, lo mismo judíos que gentiles, Cristo es el poder de Dios y la sabiduría de Dios. 25Pues la locura de Dios es más sabia que la sabiduría humana, y la debilidad de Dios es más fuerte que la fuerza humana.

26Hermanos, consideren su propio llamamiento: No muchos de ustedes son sabios, según criterios meramente *humanos; ni son muchos los poderosos ni muchos los de noble cuna. 27Pero Dios escogió lo insensato del mundo para avergonzar a los sabios, y escogió lo débil del mundo para avergonzar a los poderosos. 28También escogió Dios lo más bajo y despreciado, y lo que no es nada, para anular lo que es, 29a fin de que en su presencia nadie pueda *jactarse. 30Pero gracias a él ustedes están unidos a Cristo Jesús, a quien Dios ha hecho nuestra sabiduría —es decir, nuestra *justificación, *santificación y redención— 31para que, como está escrito: «Si alguien ha de gloriarse, que se gloríe en el Señor.»[b]

2 Yo mismo, hermanos, cuando fui a anunciarles el testimonio[c] de Dios, no lo hice con gran elocuencia o sabiduría. 2Me propuse más bien, estando entre ustedes, no saber de cosa alguna, excepto de Jesucristo, y de éste crucificado. 3Es más, me presenté ante ustedes con tanta debilidad que temblaba de miedo. 4No les hablé ni les prediqué con palabras sabias y elo-

but to preach the gospel—not with words of human wisdom, lest the cross of Christ be emptied of its power.

Christ the Wisdom and Power of God

18For the message of the cross is foolishness to those who are perishing, but to us who are being saved it is the power of God. 19For it is written:

> "I will destroy the wisdom of the wise;
> the intelligence of the intelligent I will
> frustrate."[c]

20Where is the wise man? Where is the scholar? Where is the philosopher of this age? Has not God made foolish the wisdom of the world? 21For since in the wisdom of God the world through its wisdom did not know him, God was pleased through the foolishness of what was preached to save those who believe. 22Jews demand miraculous signs and Greeks look for wisdom, 23but we preach Christ crucified: a stumbling block to Jews and foolishness to Gentiles, 24but to those whom God has called, both Jews and Greeks, Christ the power of God and the wisdom of God. 25For the foolishness of God is wiser than man's wisdom, and the weakness of God is stronger than man's strength.

26Brothers, think of what you were when you were called. Not many of you were wise by human standards; not many were influential; not many were of noble birth. 27But God chose the foolish things of the world to shame the wise; God chose the weak things of the world to shame the strong. 28He chose the lowly things of this world and the despised things—and the things that are not—to nullify the things that are, 29so that no one may boast before him. 30It is because of him that you are in Christ Jesus, who has become for us wisdom from God—that is, our righteousness, holiness and redemption. 31Therefore, as it is written: "Let him who boasts boast in the Lord." [d]

2 When I came to you, brothers, I did not come with eloquence or superior wisdom as I proclaimed to you the testimony about God.[e] 2For I resolved to know nothing while I was with you except Jesus Christ and him crucified. 3I came to you in weakness and fear, and with much trembling. 4My message and my preaching were not with wise and persuasive

---

a1:19 Is 29:14　　b1:31 Jer 9:24　　c2:1 testimonio. Var. *misterio.

c19 Isaiah 29:14　　d31 Jer. 9:24　　e1 Some manuscripts as I proclaimed to you God's mystery

cuentes sino con demostración del poder del Espíritu, ⁵para que la fe de ustedes no dependiera de la sabiduría humana sino del poder de Dios.

Sabiduría procedente del Espíritu

⁶En cambio, hablamos con sabiduría entre los que han alcanzado madurez, *d* pero no con la sabiduría de este mundo ni con la de sus gobernantes, los cuales terminarán en nada. ⁷Más bien, exponemos el *misterio de la sabiduría de Dios, una sabiduría que ha estado escondida y que Dios había destinado para nuestra gloria desde la eternidad. ⁸Ninguno de los gobernantes de este mundo la entendió, porque de haberla entendido no habrían crucificado al Señor de la gloria. ⁹Sin embargo, como está escrito:

«Ningún ojo ha visto,
  ningún oído ha escuchado,
ninguna mente humana ha concebido
  lo que Dios ha preparado para quienes
  lo aman.»*e*

¹⁰Ahora bien, Dios nos ha revelado esto por medio de su Espíritu, pues el Espíritu lo examina todo, hasta las profundidades de Dios. ¹¹En efecto, ¿quién conoce los pensamientos del *ser humano sino su propio espíritu que está en él? Así mismo, nadie conoce los pensamientos de Dios sino el Espíritu de Dios. ¹²Nosotros no hemos recibido el espíritu del mundo sino el Espíritu que procede de Dios, para que entendamos lo que por su gracia él nos ha concedido. ¹³Esto es precisamente de lo que hablamos, no con las palabras que enseña la sabiduría humana sino con las que enseña el Espíritu, de modo que expresamos verdades espirituales en términos espirituales.*f* ¹⁴El que no tiene el Espíritu*g* no acepta lo que procede del Espíritu de Dios, pues para él es locura. No puede entenderlo, porque hay que discernirlo espiritualmente. ¹⁵En cambio, el que es espiritual lo juzga todo, aunque él mismo no está sujeto al juicio de nadie, porque

¹⁶«¿quién ha conocido la mente del Señor
  para que pueda instruirlo?»*h*

Nosotros, por nuestra parte, tenemos la mente de Cristo.

Wisdom From the Spirit

⁶We do, however, speak a message of wisdom among the mature, but not the wisdom of this age or of the rulers of this age, who are coming to nothing. ⁷No, we speak of God's secret wisdom, a wisdom that has been hidden and that God destined for our glory before time began. ⁸None of the rulers of this age understood it, for if they had, they would not have crucified the Lord of glory. ⁹However, as it is written:

"No eye has seen,
  no ear has heard,
no mind has conceived
what God has prepared for those who
  love him"*f*—

¹⁰but God has revealed it to us by his Spirit.

The Spirit searches all things, even the deep things of God. ¹¹For who among men knows the thoughts of a man except the man's spirit within him? In the same way no one knows the thoughts of God except the Spirit of God. ¹²We have not received the spirit of the world but the Spirit who is from God, that we may understand what God has freely given us. ¹³This is what we speak, not in words taught us by human wisdom but in words taught by the Spirit, expressing spiritual truths in spiritual words.*g* ¹⁴The man without the Spirit does not accept the things that come from the Spirit of God, for they are foolishness to him, and he cannot understand them, because they are spiritually discerned. ¹⁵The spiritual man makes judgments about all things, but he himself is not subject to any man's judgment:

¹⁶ "For who has known the mind of the Lord
  that he may instruct him?" *h*

But we have the mind of Christ.

---

d **2:6** *los que ... madurez.* Lit. *los* *perfectos.*   *e* **2:9** Is 64:4
f **2:13** *expresamos ... espirituales.* Alt. *interpretamos verdades espirituales a personas espirituales.*   *g* **2:14** *El que no tiene el Espíritu.* Lit. *El hombre* *síquico* (o *natural).*
h **2:16** Is 40:13

f 9 Isaiah 64:4   *g* 13 Or *Spirit, interpreting spiritual truths to spiritual men*   *h* 16 Isaiah 40:13

Sobre las divisiones en la iglesia

3 Yo, hermanos, no pude dirigirme a ustedes como a espirituales sino como a inmaduros,[i] apenas niños en Cristo. 2Les di leche porque no podían asimilar alimento sólido, ni pueden todavía, 3pues aún son inmaduros. Mientras haya entre ustedes celos y contiendas, ¿no serán inmaduros? ¿Acaso no se están comportando según criterios meramente *humanos? 4Cuando uno afirma: «Yo sigo a Pablo», y otro: «Yo sigo a Apolos», ¿no es porque están actuando con criterios humanos?[j]

5Después de todo, ¿qué es Apolos? ¿Y qué es Pablo? Nada más que servidores por medio de los cuales ustedes llegaron a creer, según lo que el Señor le asignó a cada uno. 6Yo sembré, Apolos regó, pero Dios ha dado el crecimiento. 7Así que no cuenta ni el que siembra ni el que riega, sino sólo Dios, quien es el que hace crecer. 8El que siembra y el que riega están al mismo nivel, aunque cada uno será recompensado según su propio trabajo. 9En efecto, nosotros somos colaboradores al servicio de Dios; y ustedes son el campo de cultivo de Dios, son el edificio de Dios.

10Según la gracia que Dios me ha dado, yo, como maestro constructor, eché los cimientos, y otro construye sobre ellos. Pero cada uno tenga cuidado de cómo construye, 11porque nadie puede poner un fundamento diferente del que ya está puesto, que es Jesucristo. 12Si alguien construye sobre este fundamento, ya sea con oro, plata y piedras preciosas, o con madera, heno y paja, 13su obra se mostrará tal cual es, pues el día del juicio la dejará al descubierto. El fuego la dará a conocer, y pondrá a prueba la calidad del trabajo de cada uno. 14Si lo que alguien ha construido permanece, recibirá su recompensa, 15pero si su obra es consumida por las llamas, él sufrirá pérdida. Será salvo, pero como quien pasa por el fuego.

16¿No saben que ustedes son templo de Dios y que el Espíritu de Dios habita en ustedes? 17Si alguno destruye el templo de Dios, él mismo será destruido por Dios; porque el templo de Dios es sagrado, y ustedes son ese templo.

18Que nadie se engañe. Si alguno de ustedes se cree sabio según las normas de esta época, hágase ignorante para así llegar a ser sabio. 19Porque a los ojos de Dios la sabiduría de este mundo es locura. Como está escrito: «Él atrapa a los sabios en su propia astucia»;[k] 20y también dice: «El Señor conoce los pensamientos de los sabios y sabe que son absurdos.»[l] 21Por lo tanto, ¡que nadie base su

On Divisions in the Church

3 Brothers, I could not address you as spiritual but as worldly—mere infants in Christ. 2I gave you milk, not solid food, for you were not yet ready for it. Indeed, you are still not ready. 3You are still worldly. For since there is jealousy and quarreling among you, are you not worldly? Are you not acting like mere men? 4For when one says, "I follow Paul," and another, "I follow Apollos," are you not mere men?

5What, after all, is Apollos? And what is Paul? Only servants, through whom you came to believe—as the Lord has assigned to each his task. 6I planted the seed, Apollos watered it, but God made it grow. 7So neither he who plants nor he who waters is anything, but only God, who makes things grow. 8The man who plants and the man who waters have one purpose, and each will be rewarded according to his own labor. 9For we are God's fellow workers; you are God's field, God's building.

10By the grace God has given me, I laid a foundation as an expert builder, and someone else is building on it. But each one should be careful how he builds. 11For no one can lay any foundation other than the one already laid, which is Jesus Christ. 12If any man builds on this foundation using gold, silver, costly stones, wood, hay or straw, 13his work will be shown for what it is, because the Day will bring it to light. It will be revealed with fire, and the fire will test the quality of each man's work. 14If what he has built survives, he will receive his reward. 15If it is burned up, he will suffer loss; he himself will be saved, but only as one escaping through the flames.

16Don't you know that you yourselves are God's temple and that God's Spirit lives in you? 17If anyone destroys God's temple, God will destroy him; for God's temple is sacred, and you are that temple.

18Do not deceive yourselves. If any one of you thinks he is wise by the standards of this age, he should become a "fool" so that he may become wise. 19For the wisdom of this world is foolishness in God's sight. As it is written: "He catches the wise in their craftiness"[i]; 20and again, "The Lord knows that the thoughts of the wise are futile."[j] 21So then,

i3:1 inmaduros. Lit. *carnales; también en v. 3.
j3:4 ¿no es … humanos? Lit. ¿no son ustedes hombres?
k3:19 Job 5:13   l3:20 Sal 94:11   i19 Job 5:13   j20 Psalm 94:11

*orgullo en el hombre! Al fin y al cabo, todo es de ustedes, 22ya sea Pablo, o Apolos, o *Cefas, o el universo, o la vida, o la muerte, o lo presente o lo por venir; todo es de ustedes, 23y ustedes son de Cristo, y Cristo es de Dios.

Apóstoles de Cristo

4 Que todos nos consideren servidores de Cristo, encargados de administrar los *misterios de Dios. 2Ahora bien, a los que reciben un encargo se les exige que demuestren ser dignos de confianza. 3Por mi parte, muy poco me preocupa que me juzguen ustedes o cualquier tribunal humano; es más, ni siquiera me juzgo a mí mismo. 4Porque aunque la conciencia no me remuerde, no por eso quedo absuelto; el que me juzga es el Señor. 5Por lo tanto, no juzguen nada antes de tiempo; esperen hasta que venga el Señor. Él sacará a la luz lo que está oculto en la oscuridad y pondrá al descubierto las intenciones de cada corazón. Entonces cada uno recibirá de Dios la alabanza que le corresponda.

6Hermanos, todo esto lo he aplicado a Apolos y a mí mismo para beneficio de ustedes, con el fin de que aprendan de nosotros aquello de «no ir más allá de lo que está escrito». Así ninguno de ustedes podrá engreírse de haber favorecido al uno en perjuicio del otro. 7¿Quién te distingue de los demás? ¿Qué tienes que no hayas recibido? Y si lo recibiste, ¿por qué presumes como si no te lo hubieran dado?

8¡Ya tienen todo lo que desean! ¡Ya se han enriquecido! ¡Han llegado a ser reyes, y eso sin nosotros! ¡Ojalá fueran de veras reyes para que también nosotros reináramos con ustedes! 9Por lo que veo, a nosotros los apóstoles Dios nos ha hecho desfilar en el último lugar, como a los sentenciados a muerte. Hemos llegado a ser un espectáculo para todo el universo, tanto para los ángeles como para los hombres. 10¡Por causa de Cristo, nosotros somos ignorantes; ustedes, en Cristo, son los inteligentes! ¡Los débiles somos nosotros; los fuertes son ustedes! ¡A ustedes se les estima; a nosotros se nos desprecia! 11Hasta el momento pasamos hambre, tenemos sed, nos falta ropa, se nos maltrata, no tenemos dónde vivir. 12Con estas manos no nos matamos trabajando. Si nos maldicen, bendecimos; si nos persiguen, lo soportamos; 13si nos calumnian, los tratamos con gentileza. Se nos considera la escoria de la tierra, la basura del mundo, y así hasta el día de hoy.

14No les escribo esto para avergonzarlos sino para amonestarlos, como a hijos míos amados. 15De hecho, aunque tuvieran ustedes miles de tutores en Cristo, padres sí que no tienen muchos, porque mediante el *evangelio yo fui el padre que los engendró en Cristo Jesús. 16Por

no more boasting about men! All things are yours, 22whether Paul or Apollos or Cephas[k] or the world or life or death or the present or the future—all are yours, 23and you are of Christ, and Christ is of God.

Apostles of Christ

4 So then, men ought to regard us as servants of Christ and as those entrusted with the secret things of God. 2Now it is required that those who have been given a trust must prove faithful. 3I care very little if I am judged by you or by any human court; indeed, I do not even judge myself. 4My conscience is clear, but that does not make me innocent. It is the Lord who judges me. 5Therefore judge nothing before the appointed time; wait till the Lord comes. He will bring to light what is hidden in darkness and will expose the motives of men's hearts. At that time each will receive his praise from God.

6Now, brothers, I have applied these things to myself and Apollos for your benefit, so that you may learn from us the meaning of the saying, "Do not go beyond what is written." Then you will not take pride in one man over against another. 7For who makes you different from anyone else? What do you have that you did not receive? And if you did receive it, why do you boast as though you did not?

8Already you have all you want! Already you have become rich! You have become kings—and that without us! How I wish that you really had become kings so that we might be kings with you! 9For it seems to me that God has put us apostles on display at the end of the procession, like men condemned to die in the arena. We have been made a spectacle to the whole universe, to angels as well as to men. 10We are fools for Christ, but you are so wise in Christ! We are weak, but you are strong! You are honored, we are dishonored! 11To this very hour we go hungry and thirsty, we are in rags, we are brutally treated, we are homeless. 12We work hard with our own hands. When we are cursed, we bless; when we are persecuted, we endure it; 13when we are slandered, we answer kindly. Up to this moment we have become the scum of the earth, the refuse of the world.

14I am not writing this to shame you, but to warn you, as my dear children. 15Even though you have ten thousand guardians in Christ, you do not have many fathers, for in Christ Jesus I became your father through the gospel. 16There-

k22 That is, Peter

tanto, les ruego que sigan mi ejemplo. [17]Con este propósito les envié a Timoteo, mi amado y fiel hijo en el Señor. Él les recordará mi manera de comportarme en Cristo Jesús, como enseño por todas partes y en todas las iglesias.

[18]Ahora bien, algunos de ustedes se han vuelto presuntuosos, pensando que no iré a verlos. [19]Lo cierto es que, si Dios quiere, iré a visitarlos muy pronto, y ya veremos no sólo cómo hablan sino cuánto poder tienen esos presumidos. [20]Porque el reino de Dios no es cuestión de palabras sino de poder. [21]¿Qué prefieren? ¿Que vaya a verlos con un látigo, o con amor y espíritu apacible?

¡Expulsen al hermano inmoral!

5 Es ya del dominio público que hay entre ustedes un caso de inmoralidad sexual que ni siquiera entre los *paganos se tolera, a saber, que uno de ustedes tiene por mujer a la esposa de su padre. [2]¡Y de esto se sienten orgullosos! ¿No debieran, más bien, haber lamentado lo sucedido y expulsado de entre ustedes al que hizo tal cosa? [3]Yo, por mi parte, aunque no estoy físicamente entre ustedes, sí estoy presente en espíritu, y ya he juzgado, como si estuviera presente, al que cometió este pecado. [4]Cuando se reúnan en el nombre de nuestro Señor Jesús, y con su poder yo los acompañe en espíritu, [5]entreguen a este hombre a Satanás para destrucción de su *naturaleza pecaminosa[m] a fin de que su espíritu sea salvo en el día del Señor.

[6]Hacen mal en *jactarse. ¿No se dan cuenta de que un poco de levadura hace fermentar toda la masa? [7]Deshágan se de la vieja levadura para que sean masa nueva, panes sin levadura, como lo son en realidad. Porque Cristo, nuestro Cordero pascual, ya ha sido sacrificado. [8]Así que celebremos nuestra Pascua no con la vieja levadura, que es la malicia y la perversidad, sino con pan sin levadura, que es la sinceridad y la verdad.

[9]Por cierta ya les he dicho que no se relacionen con personas inmorales. [10]Por supuesto, no me refería a la gente inmoral de este mundo, ni a los avaros, estafadores o idólatras. En tal caso, tendrían ustedes que salirse de este mundo. [11]Pero en esta carta quiero aclararles que no deben relacionarse con nadie que, llamándose hermano, sea inmoral o avaro, idólatra, calumniador, borracho o estafador. Con tal persona ni siquiera deben juntarse para comer.

[12]¿Acaso me toca a mí juzgar a los de afuera? ¿No son ustedes los que deben juzgar a los de adentro? [13]Dios juzgará a los de afuera. «Expulsen al malvado de entre ustedes.»[n]

fore I urge you to imitate me. [17]For this reason I am sending to you Timothy, my son whom I love, who is faithful in the Lord. He will remind you of my way of life in Christ Jesus, which agrees with what I teach everywhere in every church.

[18]Some of you have become arrogant, as if I were not coming to you. [19]But I will come to you very soon, if the Lord is willing, and then I will find out not only how these arrogant people are talking, but what power they have. [20]For the kingdom of God is not a matter of talk but of power. [21]What do you prefer? Shall I come to you with a whip, or in love and with a gentle spirit?

Expel the Immoral Brother!

5 It is actually reported that there is sexual immorality among you, and of a kind that does not occur even among pagans: A man has his father's wife. [2]And you are proud! Shouldn't you rather have been filled with grief and have put out of your fellowship the man who did this? [3]Even though I am not physically present, I am with you in spirit. And I have already passed judgment on the one who did this, just as if I were present. [4]When you are assembled in the name of our Lord Jesus and I am with you in spirit, and the power of our Lord Jesus is present, [5]hand this man over to Satan, so that the sinful nature[l] may be destroyed and his spirit saved on the day of the Lord.

[6]Your boasting is not good. Don't you know that a little yeast works through the whole batch of dough? [7]Get rid of the old yeast that you may be a new batch without yeast—as you really are. For Christ, our Passover lamb, has been sacrificed. [8]Therefore let us keep the Festival, not with the old yeast, the yeast of malice and wickedness, but with bread without yeast, the bread of sincerity and truth.

[9]I have written you in my letter not to associate with sexually immoral people— [10]not at all meaning the people of this world who are immoral, or the greedy and swindlers, or idolaters. In that case you would have to leave this world. [11]But now I am writing you that you must not associate with anyone who calls himself a brother but is sexually immoral or greedy, an idolater or a slanderer, a drunkard or a swindler. With such a man do not even eat.

[12]What business is it of mine to judge those outside the church? Are you not to judge those inside? [13]God will judge those outside. "Expel the wicked man from among you." [m]

---

m 5:5 *su *naturaleza pecaminosa*. Alt. *su cuerpo*. Lit. *la *carne*.   *n* 5:13 Dt 17:7; 19:19; 21:21; 22:21,24; 24:7

l 5 Or *that his body*; or *that the flesh*   *m* 13 Deut. 17:7; 19:19; 21:21; 22:21,24; 24:7

Pleitos entre creyentes

6 Si alguno de ustedes tiene un pleito con otro, ¿cómo se atreve a presentar demanda ante los inconversos, en vez de acudir a los *creyentes? ²¿Acaso no saben que los creyentes juzgarán al mundo? Y si ustedes han de juzgar al mundo, ¿cómo no van a ser capaces de juzgar casos insignificantes? ³¿No saben que aun a los ángeles los juzgaremos? ¡Cuánto más los asuntos de esta vida! ⁴Por tanto, si tienen pleitos sobre tales asuntos, ¿cómo es que nombran como jueces a los que no cuentan para nada ante la iglesia?ⁿ ⁵Digo esto para que les dé vergüenza. ¿Acaso no hay entre ustedes nadie lo bastante sabio como para juzgar un pleito entre creyentes? ⁶Al contrario, un hermano demanda a otro, ¡y esto ante los incrédulos!

⁷En realidad, ya es una grave falla el solo hecho de que haya pleitos entre ustedes. ¿No sería mejor soportar la injusticia? ¿No sería mejor dejar que los defrauden? ⁸Lejos de eso, son ustedes los que defraudan y cometen injusticias, ¡y conste que se trata de sus hermanos!

⁹¿No saben que los malvados no heredarán el reino de Dios? ¡No se dejen engañar! Ni los fornicarios, ni los idólatras, ni los adúlteros, ni los sodomitas, ni los pervertidos sexuales, ¹⁰ni los ladrones, ni los avaros, ni los borrachos, ni los calumniadores, ni los estafadores heredarán el reino de Dios. ¹¹Y eso eran algunos de ustedes. Pero ya han sido lavados, ya han sido *santificados, ya han sido *justificados en el nombre del Señor Jesucristo y por el Espíritu de nuestro Dios.

La inmoralidad sexual

¹²«Todo me está permitido», pero no todo es para mi bien. «Todo me está permitido», pero no dejaré que nada me domine. ¹³«Los alimentos son para el estómago y el estómago para los alimentos»; así es, y Dios los destruirá a ambos. Pero el cuerpo no es para la inmoralidad sexual sino para el Señor, y el Señor para el cuerpo. ¹⁴Con su poder Dios resucitó al Señor, y nos resucitará también a nosotros. ¹⁵¿No saben que sus cuerpos son miembros de Cristo mismo? ¿Tomaré acaso los miembros de Cristo para unirlos con una prostituta? ¡Jamás! ¹⁶¿No saben que el que se une a una prostituta se hace un solo cuerpo con ella? Pues la Escritura dice: «Los dos llegarán a ser un solo cuerpo.»ᵒ ¹⁷Pero el que se une al Señor se hace uno con él en espíritu.

Lawsuits Among Believers

6 If any of you has a dispute with another, dare he take it before the ungodly for judgment instead of before the saints? ²Do you not know that the saints will judge the world? And if you are to judge the world, are you not competent to judge trivial cases? ³Do you not know that we will judge angels? How much more the things of this life! ⁴Therefore, if you have disputes about such matters, appoint as judges even men of little account in the church!ⁿ ⁵I say this to shame you. Is it possible that there is nobody among you wise enough to judge a dispute between believers? ⁶But instead, one brother goes to law against another—and this in front of unbelievers!

⁷The very fact that you have lawsuits among you means you have been completely defeated already. Why not rather be wronged? Why not rather be cheated? ⁸Instead, you yourselves cheat and do wrong, and you do this to your brothers.

⁹Do you not know that the wicked will not inherit the kingdom of God? Do not be deceived: Neither the sexually immoral nor idolaters nor adulterers nor male prostitutes nor homosexual offenders ¹⁰nor thieves nor the greedy nor drunkards nor slanderers nor swindlers will inherit the kingdom of God. ¹¹And that is what some of you were. But you were washed, you were sanctified, you were justified in the name of the Lord Jesus Christ and by the Spirit of our God.

Sexual Immorality

¹²"Everything is permissible for me"—but not everything is beneficial. "Everything is permissible for me"—but I will not be mastered by anything. ¹³"Food for the stomach and the stomach for food"—but God will destroy them both. The body is not meant for sexual immorality, but for the Lord, and the Lord for the body. ¹⁴By his power God raised the Lord from the dead, and he will raise us also. ¹⁵Do you not know that your bodies are members of Christ himself? Shall I then take the members of Christ and unite them with a prostitute? Never! ¹⁶Do you not know that he who unites himself with a prostitute is one with her in body? For it is said, "The two will become one flesh."ᵒ ¹⁷But he who unites himself with the Lord is one with him in spirit.

18Huyan de la inmoralidad sexual. Todos los demás pecados que una persona comete quedan fuera de su cuerpo; pero el que comete inmoralidades sexuales peca contra su propio cuerpo. 19¿Acaso no saben que su cuerpo es templo del Espíritu Santo, quien está en ustedes y al que han recibido de parte de Dios? Ustedes no son sus propios dueños; 20fueron comprados por un precio. Por tanto, honren con su cuerpo a Dios.

Consejos matrimoniales

7 Paso ahora a los asuntos que me plantearon por escrito: «Es mejor no tener relaciones sexuales.»ᴾ 2Pero en vista de tanta inmoralidad, cada hombre debe tener su propia esposa, y cada mujer su propio esposo. 3El hombre debe cumplir su deber conyugal con su esposa, e igualmente la mujer con su esposo. 4La mujer ya no tiene derecho sobre su propio cuerpo, sino su esposo. Tampoco el hombre tiene derecho sobre su propio cuerpo, sino su esposa. 5No se nieguen el uno al otro, a no ser de común acuerdo, y sólo por un tiempo, para dedicarse a la oración. No tarden en volver a unirse nuevamente; de lo contrario, pueden caer en *tentación de Satanás, por falta de dominio propio. 6Ahora bien, esto lo digo como una concesión y no como una orden. 7En realidad, preferiría que todos fueran como yo. No obstante, cada uno tiene de Dios su propio don: éste posee uno; aquél, otro.

8A los solteros y a las viudas les digo que sería mejor que se quedaran como yo. 9Pero si no pueden dominarse, que se casen, porque es preferible casarse que quemarse de pasión.

10A los casados les doy la siguiente orden (no yo sino el Señor): que la mujer no se separe de su esposo. 11Sin embargo, si se separa, que no se vuelva a casar; de lo contrario, que se reconcilie con su esposo. Así mismo, que el hombre no se divorcie de su esposa.

12A los demás les digo yo (no es mandamiento del Señor): Si algún hermano tiene una esposa que no es creyente, y ella consiente en vivir con él, que no se divorcie de ella. 13Y si una mujer tiene un esposo que no es creyente, y él consiente en vivir con ella, que no se divorcie de él. 14Porque el esposo no creyente ha sido *santificado por la unión con su esposa, y la esposa no creyente ha sido santificada por la unión con su esposo creyente. Si así no fuera, sus hijos serían impuros, mientras que, de hecho, son santos.

15Sin embargo, si el cónyuge no creyente decide separarse, no se lo impidan. En tales circunstancias, el cónyuge creyente queda sin

18Flee from sexual immorality. All other sins a man commits are outside his body, but he who sins sexually sins against his own body. 19Do you not know that your body is a temple of the Holy Spirit, who is in you, whom you have received from God? You are not your own; 20you were bought at a price. Therefore honor God with your body.

Marriage

7 Now for the matters you wrote about: It is good for a man not to marry.ᴾ 2But since there is so much immorality, each man should have his own wife, and each woman her own husband. 3The husband should fulfill his marital duty to his wife, and likewise the wife to her husband. 4The wife's body does not belong to her alone but also to her husband. In the same way, the husband's body does not belong to him alone but also to his wife. 5Do not deprive each other except by mutual consent and for a time, so that you may devote yourselves to prayer. Then come together again so that Satan will not tempt you because of your lack of self-control. 6I say this as a concession, not as a command. 7I wish that all men were as I am. But each man has his own gift from God; one has this gift, another has that.

8Now to the unmarried and the widows I say: It is good for them to stay unmarried, as I am. 9But if they cannot control themselves, they should marry, for it is better to marry than to burn with passion.

10To the married I give this command (not I, but the Lord): A wife must not separate from her husband. 11But if she does, she must remain unmarried or else be reconciled to her husband. And a husband must not divorce his wife.

12To the rest I say this (I, not the Lord): If any brother has a wife who is not a believer and she is willing to live with him, he must not divorce her. 13And if a woman has a husband who is not a believer and he is willing to live with her, she must not divorce him. 14For the unbelieving husband has been sanctified through his wife, and the unbelieving wife has been sanctified through her believing husband. Otherwise your children would be unclean, but as it is, they are holy.

15But if the unbeliever leaves, let him do so. A believing man or woman is not bound in

---

ᴾ7:1 «Es … sexuales.» Alt. «Es mejor no casarse.» Lit. Es bueno para el hombre no tocar mujer.

ᴾ1 Or "It is good for a man not to have sexual relations with a woman."

obligación; Dios nos ha llamado a vivir en paz. **16**¿Cómo sabes tú, mujer, si acaso salvarás a tu esposo? ¿O cómo sabes tú, hombre, si acaso salvarás a tu esposa?

17En cualquier caso, cada uno debe vivir conforme a la condición que el Señor le asignó y a la cual Dios lo ha llamado. Ésta es la norma que establezco en todas las iglesias. **18**¿Fue llamado alguno estando ya *circuncidado? Que no disimule su condición. ¿Fue llamado alguno sin estar circuncidado? Que no se circuncide. **19**Para nada cuenta estar o no estar circuncidado; lo que importa es cumplir los mandatos de Dios. **20**Que cada uno permanezca en la condición en que estaba cuando Dios lo llamó. **21**¿Eras *esclavo cuando fuiste llamado? No te preocupes, aunque si tienes la oportunidad de conseguir tu libertad, aprovéchala. **22**Porque el que era esclavo cuando el Señor lo llamó es un liberto del Señor; del mismo modo, el que era libre cuando fue llamado es un esclavo de Cristo. **23**Ustedes fueron comprados por un precio; no se vuelvan esclavos de nadie. **24**Hermanos, cada uno permanezca ante Dios en la condición en que estaba cuando Dios lo llamó.

25En cuanto a las personas solteras,*q* no tengo ningún mandato del Señor, pero doy mi opinión como quien por la misericordia del Señor es digno de confianza. **26**Pienso que, a causa de la crisis actual, es bueno que cada persona se quede como está. **27**¿Estás casado? No procures divorciarte. ¿Estás soltero? No busques esposa. **28**Pero si te casas, no pecas; y si una joven*r* se casa, tampoco comete pecado. Sin embargo, los que se casan tendrán que pasar por muchos aprietos,*s* y yo quiero evitárselos.

29Lo que quiero decir, hermanos, es que nos queda poco tiempo. De aquí en adelante los que tienen esposa deben vivir como si no la tuvieran; **30**los que lloran, como si no lloraran; los que se alegran, como si no se alegraran; los que compran algo, como si no lo poseyeran; **31**los que disfrutan de las cosas de este mundo, como si no disfrutaran de ellas; porque este mundo, en su forma actual, está por desaparecer.

32Yo preferiría que estuvieran libres de preocupaciones. El soltero se preocupa de las cosas del Señor y de cómo agradarlo. **33**Pero el casado se preocupa de las cosas de este mundo y de cómo agradar a su esposa; **34**sus intereses están divididos. La mujer no casada, lo mismo que la joven soltera,*t* se preocupa*u* de las cosas del

such circumstances; God has called us to live in peace. **16**How do you know, wife, whether you will save your husband? Or, how do you know, husband, whether you will save your wife?

17Nevertheless, each one should retain the place in life that the Lord assigned to him and to which God has called him. This is the rule I lay down in all the churches. **18**Was a man already circumcised when he was called? He should not become uncircumcised. Was a man uncircumcised when he was called? He should not be circumcised. **19**Circumcision is nothing and uncircumcision is nothing. Keeping God's commands is what counts. **20**Each one should remain in the situation which he was in when God called him. **21**Were you a slave when you were called? Don't let it trouble you—although if you can gain your freedom, do so. **22**For he who was a slave when he was called by the Lord is the Lord's freedman; similarly, he who was a free man when he was called is Christ's slave. **23**You were bought at a price; do not become slaves of men. **24**Brothers, each man, as responsible to God, should remain in the situation God called him to.

25Now about virgins: I have no command from the Lord, but I give a judgment as one who by the Lord's mercy is trustworthy. **26**Because of the present crisis, I think that it is good for you to remain as you are. **27**Are you married? Do not seek a divorce. Are you unmarried? Do not look for a wife. **28**But if you do marry, you have not sinned; and if a virgin marries, she has not sinned. But those who marry will face many troubles in this life, and I want to spare you this.

29What I mean, brothers, is that the time is short. From now on those who have wives should live as if they had none; **30**those who mourn, as if they did not; those who are happy, as if they were not; those who buy something, as if it were not theirs to keep; **31**those who use the things of the world, as if not engrossed in them. For this world in its present form is passing away.

32I would like you to be free from concern. An unmarried man is concerned about the Lord's affairs—how he can please the Lord. **33**But a married man is concerned about the affairs of this world—how he can please his wife— **34**and his interests are divided. An unmarried woman or virgin is concerned about the Lord's affairs: Her aim is to be devoted to the

---

q **7:25** *personas solteras.* Lit. *vírgenes.*   *r* **7:28** *joven.* Lit. *virgen.*   *s* **7:28** *tendrán … aprietos.* Lit. *tendrán aflicción en la *carne.*   *t* **7:34** *La mujer … soltera.* Lit. *La mujer no casada y la virgen.*   *u* **7:33-34** *su esposa; … se preocupa.* Var. *su esposa.* **34** *También hay diferencia entre la esposa y la joven soltera. La que no es casada se preocupa.*

Señor; se afana por consagrarse al Señor tanto en cuerpo como en espíritu. Pero la casada se preocupa de las cosas de este mundo y de cómo agradar a su esposo. 35Les digo esto por su propio bien, no para ponerles restricciones sino para que vivan con decoro y plenamente dedicados al Señor.

36Si alguno piensa que no está tratando a su prometida^v como es debido, y ella ha llegado ya a su madurez, por lo cual él se siente obligado a casarse, que lo haga. Con eso no peca; que se casen. 37Pero el que se mantiene firme en su propósito, y no está dominado por sus impulsos sino que domina su propia voluntad, y ha resuelto no casarse con su prometida, también hace bien. 38De modo que el que se casa con su prometida hace bien, pero el que no se casa hace mejor.^w

39La mujer está ligada a su esposo mientras él vive; pero si el esposo muere, ella queda libre para casarse con quien quiera, con tal de que sea en el Señor. 40En mi opinión, ella será más feliz si no se casa, y creo que yo también tengo el Espíritu de Dios.

Lo sacrificado a los ídolos

8 En cuanto a lo sacrificado a los ídolos, es cierto que todos tenemos conocimiento. El conocimiento envanece, mientras que el amor edifica. 2El que cree que sabe algo, todavía no sabe como debiera saber. 3Pero el que ama a Dios es conocido por él.

4De modo que, en cuanto a comer lo sacrificado a los ídolos, sabemos que un ídolo no es absolutamente nada, y que hay un solo Dios. 5Pues aunque haya los así llamados dioses, ya sea en el cielo o en la tierra (y por cierto que hay muchos «dioses» y muchos «señores»), 6para nosotros no hay más que un solo Dios, el Padre, de quien todo procede y para el cual vivimos; y no hay más que un solo Señor, es decir, Jesucristo, por quien todo existe y por medio del cual vivimos.

7Pero no todos tienen conocimiento de esto. Algunos siguen tan acostumbrados a los ídolos, que comen carne a sabiendas de que ha sido sacrificada a un ídolo, y su conciencia se contamina por ser débil. 8Pero lo que comemos no nos acerca a Dios; no somos mejores por comer ni peores por no comer.

Lord in both body and spirit. But a married woman is concerned about the affairs of this world—how she can please her husband. 35I am saying this for your own good, not to restrict you, but that you may live in a right way in undivided devotion to the Lord.

36If anyone thinks he is acting improperly toward the virgin he is engaged to, and if she is getting along in years and he feels he ought to marry, he should do as he wants. He is not sinning. They should get married. 37But the man who has settled the matter in his own mind, who is under no compulsion but has control over his own will, and who has made up his mind not to marry the virgin—this man also does the right thing. 38So then, he who marries the virgin does right, but he who does not marry her does even better.^q

39A woman is bound to her husband as long as he lives. But if her husband dies, she is free to marry anyone she wishes, but he must belong to the Lord. 40In my judgment, she is happier if she stays as she is—and I think that I too have the Spirit of God.

Food Sacrificed to Idols

8 Now about food sacrificed to idols: We know that we all possess knowledge.^r Knowledge puffs up, but love builds up. 2The man who thinks he knows something does not yet know as he ought to know. 3But the man who loves God is known by God.

4So then, about eating food sacrificed to idols: We know that an idol is nothing at all in the world and that there is no God but one. 5For even if there are so-called gods, whether in heaven or on earth (as indeed there are many "gods" and many "lords"), 6yet for us there is but one God, the Father, from whom all things came and for whom we live; and there is but one Lord, Jesus Christ, through whom all things came and through whom we live.

7But not everyone knows this. Some people are still so accustomed to idols that when they eat such food they think of it as having been sacrificed to an idol, and since their conscience is weak, it is defiled. 8But food does not bring us near to God; we are no worse if we do not eat, and no better if we do.

---

^v7:36 *prometida.* Lit. *virgen;* también en vv. 37 y 38.
^w7:36-38 Alt. *36Si alguno piensa que no está tratando a su hija como es debido, y ella ha llegado a su madurez, por lo cual él se siente obligado a darla en matrimonio, que lo haga. Con eso no peca; que la dé en matrimonio. 37Pero el que se mantiene firme en su propósito, y no está dominado por sus impulsos sino que domina su propia voluntad, y ha resuelto mantener soltera a su hija, también hace bien. 38De modo que el que da a su hija en matrimonio hace bien, pero el que no la da en matrimonio hace mejor.*

^q36-38 Or *36If anyone thinks he is not treating his daughter properly, and if she is getting along in years, and he feels she ought to marry, he should do as he wants. He is not sinning. He should let her get married. 37But the man who has settled the matter in his own mind, who is under no compulsion but has control over his own will, and who has made up his mind to keep the virgin unmarried—this man also does the right thing. 38So then, he who gives his virgin in marriage does right, but he who does not give her in marriage does even better.* ^r1 Or *"We all possess knowledge," as you say*

⁹Sin embargo, tengan cuidado de que su libertad no se convierta en motivo de tropiezo para los débiles. ¹⁰Porque si alguien de conciencia débil te ve a ti, que tienes este conocimiento, comer en el templo de un ídolo, ¿no se sentirá animado a comer lo que ha sido sacrificado a los ídolos? ¹¹Entonces ese hermano débil, por quien Cristo murió, se perderá a causa de tu conocimiento. ¹²Al pecar así contra los hermanos, hiriendo su débil conciencia, pecan ustedes contra Cristo. ¹³Por lo tanto, si mi comida ocasiona la caída de mi hermano, no comeré carne jamás, para no hacerlo *caer en pecado.

Los derechos de un apóstol

9 ¿No soy libre? ¿No soy apóstol? ¿No he visto a Jesús nuestro Señor? ¿No son ustedes el fruto de mi trabajo en el Señor? ²Aunque otros no me reconozcan como apóstol, ¡para ustedes sí lo soy! Porque ustedes mismos son el sello de mi apostolado en el Señor.

³Ésta es mi defensa contra los que me critican: ⁴¿Acaso no tenemos derecho a comer y a beber? ⁵¿No tenemos derecho a viajar acompañados por una esposa creyente, como hacen los demás apóstoles y *Cefas y los hermanos del Señor? ⁶¿O es que sólo Bernabé y yo estamos obligados a ganarnos la vida con otros trabajos?

⁷¿Qué soldado presta servicio militar pagándose sus propios gastos? ¿Qué agricultor planta un viñedo y no come de sus uvas? ¿Qué pastor cuida un rebaño y no toma de la leche que ordeña? ⁸No piensen que digo esto solamente desde un punto de vista humano. ¿No lo dice también la ley? ⁹Porque en la ley de Moisés está escrito: «No le pongas bozal al buey mientras esté trillando.»ˣ ¿Acaso se preocupa Dios por los bueyes, ¹⁰o lo dice más bien por nosotros? Por supuesto que lo dice por nosotros, porque cuando el labrador ara y el segador trilla, deben hacerlo con la esperanza de participar de la cosecha. ¹¹Si hemos sembrado semilla espiritual entre ustedes, ¿será mucho pedir que cosechemos de ustedes lo material?ʸ ¹²Si otros tienen derecho a este sustento de parte de ustedes, ¿no lo tendremos aún más nosotros?

Sin embargo, no ejercimos este derecho, sino que lo soportamos todo con tal de no crear obstáculo al *evangelio de Cristo. ¹³¿No saben que los que sirven en el templo reciben su alimento del templo, y que los que atienden el altar participan de lo que se ofrece en el altar? ¹⁴Así también el Señor ha ordenado que quienes predican el evangelio vivan de este ministerio.

¹⁵Pero no me he aprovechado de ninguno de estos derechos, ni escribo de esta manera porque

⁹Be careful, however, that the exercise of your freedom does not become a stumbling block to the weak. ¹⁰For if anyone with a weak conscience sees you who have this knowledge eating in an idol's temple, won't he be emboldened to eat what has been sacrificed to idols? ¹¹So this weak brother, for whom Christ died, is destroyed by your knowledge. ¹²When you sin against your brothers in this way and wound their weak conscience, you sin against Christ. ¹³Therefore, if what I eat causes my brother to fall into sin, I will never eat meat again, so that I will not cause him to fall.

The Rights of an Apostle

9 Am I not free? Am I not an apostle? Have I not seen Jesus our Lord? Are you not the result of my work in the Lord? ²Even though I may not be an apostle to others, surely I am to you! For you are the seal of my apostleship in the Lord.

³This is my defense to those who sit in judgment on me. ⁴Don't we have the right to food and drink? ⁵Don't we have the right to take a believing wife along with us, as do the other apostles and the Lord's brothers and Cephasˢ? ⁶Or is it only I and Barnabas who must work for a living?

⁷Who serves as a soldier at his own expense? Who plants a vineyard and does not eat of its grapes? Who tends a flock and does not drink of the milk? ⁸Do I say this merely from a human point of view? Doesn't the Law say the same thing? ⁹For it is written in the Law of Moses: "Do not muzzle an ox while it is treading out the grain."ᵗ Is it about oxen that God is concerned? ¹⁰Surely he says this for us, doesn't he? Yes, this was written for us, because when the plowman plows and the thresher threshes, they ought to do so in the hope of sharing in the harvest. ¹¹If we have sown spiritual seed among you, is it too much if we reap a material harvest from you? ¹²If others have this right of support from you, shouldn't we have it all the more?

But we did not use this right. On the contrary, we put up with anything rather than hinder the gospel of Christ. ¹³Don't you know that those who work in the temple get their food from the temple, and those who serve at the altar share in what is offered on the altar? ¹⁴In the same way, the Lord has commanded that those who preach the gospel should receive their living from the gospel.

ˣ9:9 Dt 25:4   ʸ9:11 *lo material*. Lit. *las cosas *carnales*.   ˢ5 That is, Peter   ᵗ9 Deut. 25:4

quiera reclamarlos. Prefiero morir a que alguien me prive de este motivo de *orgullo. 16Sin embargo, cuando predico el evangelio, no tengo de qué enorgullecerme, ya que estoy bajo la obligación de hacerlo. ¡Ay de mí si no predico el evangelio! 17En efecto, si lo hiciera por mi propia voluntad, tendría recompensa; pero si lo hago por obligación, no hago más que cumplir la tarea que se me ha encomendado. 18¿Cuál es, entonces, mi recompensa? Pues que al predicar el evangelio pueda presentarlo gratuitamente, sin hacer valer mi derecho.

19Aunque soy libre respecto a todos, de todos me he hecho *esclavo para ganar a tantos como sea posible. 20Entre los judíos me volví judío, a fin de ganarlos a ellos. Entre los que viven bajo la ley me volví como los que están sometidos a ella (aunque yo mismo no vivo bajo la ley), a fin de ganar a éstos. 21Entre los que no tienen la ley me volví como los que están sin ley (aunque no estoy libre de la ley de Dios sino comprometido con la ley de Cristo), a fin de ganar a los que están sin ley. 22Entre los débiles me hice débil, a fin de ganar a los débiles. Me hice todo para todos, a fin de salvar a algunos por todos los medios posibles. 23Todo esto lo hago por causa del evangelio, para participar de sus frutos.

24¿No saben que en una carrera todos los corredores compiten, pero sólo uno obtiene el premio? Corran, pues, de tal modo que lo obtengan. 25Todos los deportistas se entrenan con mucha disciplina. Ellos lo hacen para obtener un premio que se echa a perder; nosotros, en cambio, por uno que dura para siempre. 26Así que yo no corro como quien no tiene meta; no lucho como quien da golpes al aire. 27Más bien, golpeo mi cuerpo y lo domino, no sea que, después de haber predicado a otros, yo mismo quede descalificado.

Advertencias basadas en la historia de Israel

10 No quiero que desconozcan, hermanos, que nuestros antepasados estuvieron todos bajo la nube y que todos atravesaron el mar. 2Todos ellos fueron bautizados en la nube y en el mar para unirse a Moisés. 3Todos también comieron el mismo alimento espiritual 4y tomaron la misma bebida espiritual, pues bebían de la roca espiritual que los acompañaba, y la roca era Cristo. 5Sin embargo, la mayoría de ellos no agradaron a Dios, y sus cuerpos quedaron tendidos en el desierto.

6Todo eso sucedió para servirnos de ejemplo,z a fin de que no nos apasionemos por lo malo,

15But I have not used any of these rights. And I am not writing this in the hope that you will do such things for me. I would rather die than have anyone deprive me of this boast. 16Yet when I preach the gospel, I cannot boast, for I am compelled to preach. Woe to me if I do not preach the gospel! 17If I preach voluntarily, I have a reward; if not voluntarily, I am simply discharging the trust committed to me. 18What then is my reward? Just this: that in preaching the gospel I may offer it free of charge, and so not make use of my rights in preaching it.

19Though I am free and belong to no man, I make myself a slave to everyone, to win as many as possible. 20To the Jews I became like a Jew, to win the Jews. To those under the law I became like one under the law (though I myself am not under the law), so as to win those under the law. 21To those not having the law I became like one not having the law (though I am not free from God's law but am under Christ's law), so as to win those not having the law. 22To the weak I became weak, to win the weak. I have become all things to all men so that by all possible means I might save some. 23I do all this for the sake of the gospel, that I may share in its blessings.

24Do you not know that in a race all the runners run, but only one gets the prize? Run in such a way as to get the prize. 25Everyone who competes in the games goes into strict training. They do it to get a crown that will not last; but we do it to get a crown that will last forever. 26Therefore I do not run like a man running aimlessly; I do not fight like a man beating the air. 27No, I beat my body and make it my slave so that after I have preached to others, I myself will not be disqualified for the prize.

Warnings From Israel's History

10 For I do not want you to be ignorant of the fact, brothers, that our forefathers were all under the cloud and that they all passed through the sea. 2They were all baptized into Moses in the cloud and in the sea. 3They all ate the same spiritual food 4and drank the same spiritual drink; for they drank from the spiritual rock that accompanied them, and that rock was Christ. 5Nevertheless, God was not pleased with most of them; their bodies were scattered over the desert.

6Now these things occurred as examplesu to keep us from setting our hearts on evil things as

---

z 10:6 ejemplo. Lit. tipo; también en v. 11.   u 6 Or types; also in verse 11

como lo hicieron ellos. 7No sean idólatras, como lo fueron algunos de ellos, según está escrito: «Se sentó el pueblo a comer y a beber, y se entregó al desenfreno.»ᵃ 8No cometamos inmoralidad sexual, como algunos lo hicieron, por lo que en un sólo día perecieron veintitrés mil. 9Tampoco pongamos a *prueba al Señor, como lo hicieron algunos y murieron víctimas de las serpientes. 10Ni murmuren contra Dios, como lo hicieron algunos y sucumbieron a manos del ángel destructor.

11Todo eso les sucedió para servir de ejemplo, y quedó escrito para advertencia nuestra, pues a nosotros nos ha llegado el fin de los tiempos. 12Por lo tanto, si alguien piensa que está firme, tenga cuidado de no caer. 13Ustedes no han sufrido ninguna *tentación que no sea común al género *humano. Pero Dios es fiel, y no permitirá que ustedes sean tentados más allá de lo que puedan aguantar. Más bien, cuando llegue la tentación, él les dará también una salida a fin de que puedan resistir.

Las fiestas idólatras y la Cena del Señor

14Por tanto, mis queridos hermanos, huyan de la idolatría. 15Me dirijo a personas sensatas; juzguen ustedes mismos lo que digo. 16Esa copa de bendición por la cual damos gracias,ᵇ ¿no significa que entramos en comunión con la sangre de Cristo? Ese pan que partimos, ¿no significa que entramos en comunión con el cuerpo de Cristo? 17Hay un solo pan del cual todos participamos; por eso, aunque somos muchos, formamos un solo cuerpo.

18Consideren al pueblo de Israel como tal:ᶜ ¿No entran en comunión con el altar los que comen de lo sacrificado? 19¿Qué quiero decir con esta comparación? ¿Que el sacrificio que los *gentiles ofrecen a los ídolos sea algo, o que el ídolo mismo sea algo? 20No, sino que cuando ellos ofrecen sacrificios, lo hacen para los demonios, no para Dios, y no quiero que ustedes entren en comunión con los demonios. 21No pueden beber de la copa del Señor y también de la copa de los demonios; no pueden participar de la mesa del Señor y también de la mesa de los demonios. 22¿O vamos a provocar a celos al Señor? ¿Somos acaso más fuertes que él?

La libertad del creyente

23«Todo está permitido», pero no todo es provechoso. «Todo está permitido», pero no todo es constructivo. 24Que nadie busque sus propios intereses sino los del prójimo.

they did. 7Do not be idolaters, as some of them were; as it is written: "The people sat down to eat and drink and got up to indulge in pagan revelry." ᵛ 8We should not commit sexual immorality, as some of them did—and in one day twenty-three thousand of them died. 9We should not test the Lord, as some of them did—and were killed by snakes. 10And do not grumble, as some of them did—and were killed by the destroying angel.

11These things happened to them as examples and were written down as warnings for us, on whom the fulfillment of the ages has come. 12So, if you think you are standing firm, be careful that you don't fall! 13No temptation has seized you except what is common to man. And God is faithful; he will not let you be tempted beyond what you can bear. But when you are tempted, he will also provide a way out so that you can stand up under it.

Idol Feasts and the Lord's Supper

14Therefore, my dear friends, flee from idolatry. 15I speak to sensible people; judge for yourselves what I say. 16Is not the cup of thanksgiving for which we give thanks a participation in the blood of Christ? And is not the bread that we break a participation in the body of Christ? 17Because there is one loaf, we, who are many, are one body, for we all partake of the one loaf.

18Consider the people of Israel: Do not those who eat the sacrifices participate in the altar? 19Do I mean then that a sacrifice offered to an idol is anything, or that an idol is anything? 20No, but the sacrifices of pagans are offered to demons, not to God, and I do not want you to be participants with demons. 21You cannot drink the cup of the Lord and the cup of demons too; you cannot have a part in both the Lord's table and the table of demons. 22Are we trying to arouse the Lord's jealousy? Are we stronger than he?

The Believer's Freedom

23"Everything is permissible"—but not everything is beneficial. "Everything is permissible"—but not everything is constructive. 24Nobody should seek his own good, but the good of others.

25Coman de todo lo que se vende en la carnicería, sin preguntar nada por motivos de conciencia, **26**porque «del Señor es la tierra y todo cuanto hay en ella».*d*

27Si algún incrédulo los invita a comer, y ustedes aceptan la invitación, coman de todo lo que les sirvan sin preguntar nada por motivos de conciencia. **28**Ahora bien, si alguien les dice: «Esto ha sido ofrecido en sacrificio a los ídolos», entonces no lo coman, por consideración al que se lo mencionó, y por motivos de conciencia.*e* **29**(Me refiero a la conciencia del otro, no a la de ustedes.) ¿Por qué se ha de juzgar mi libertad de acuerdo con la conciencia ajena? **30**Si con gratitud participo de la comida, ¿me van a condenar por comer algo por lo cual doy gracias a Dios?

31En conclusión, ya sea que coman o beban o hagan cualquier otra cosa, háganlo todo para la gloria de Dios. **32**No hagan *tropezar a nadie, ni a judíos, ni a *gentiles ni a la iglesia de Dios. **33**Hagan como yo, que procuro agradar a todos en todo. No busco mis propios intereses sino los de los demás, para que sean salvos.

11 Imítenme a mí, como yo imito a Cristo.

Decoro en el culto

2Los elogio porque se acuerdan de mí en todo y retienen las enseñanzas,*f* tal como se las transmití.

3Ahora bien, quiero que entiendan que Cristo es cabeza de todo hombre, mientras que el hombre es cabeza de la mujer y Dios es cabeza de Cristo. **4**Todo hombre que ora o profetiza con la cabeza cubierta*g* deshonra al que es su cabeza. **5**En cambio, toda mujer que ora o profetiza con la cabeza descubierta deshonra al que es su cabeza; es como si estuviera rasurada. **6**Si la mujer no se cubre la cabeza, que se corte también el cabello; pero si es vergonzoso para la mujer tener el pelo corto o la cabeza rasurada, que se la cubra. **7**El hombre no debe cubrirse la cabeza, ya que él es imagen y gloria de Dios, mientras que la mujer es gloria del hombre. **8**De hecho, el hombre no procede de la mujer sino la mujer del hombre; **9**ni tampoco fue creado el hombre a causa de la mujer, sino la mujer a causa del hombre. **10**Por esta razón, y a causa de los ángeles, la mujer debe llevar sobre la cabeza señal de autoridad.*h*

11Sin embargo, en el Señor, ni la mujer existe aparte del hombre ni el hombre aparte de la mujer.

25Eat anything sold in the meat market without raising questions of conscience, **26**for, "The earth is the Lord's, and everything in it." *w*

27If some unbeliever invites you to a meal and you want to go, eat whatever is put before you without raising questions of conscience. **28**But if anyone says to you, "This has been offered in sacrifice," then do not eat it, both for the sake of the man who told you and for conscience' sake*x*— **29**the other man's conscience, I mean, not yours. For why should my freedom be judged by another's conscience? **30**If I take part in the meal with thankfulness, why am I denounced because of something I thank God for?

31So whether you eat or drink or whatever you do, do it all for the glory of God. **32**Do not cause anyone to stumble, whether Jews, Greeks or the church of God— **33**even as I try to please everybody in every way. For I am not seeking my own good but the good of many, so that they may be saved.

11 Follow my example, as I follow the example of Christ.

Propriety in Worship

2I praise you for remembering me in everything and for holding to the teachings,*y* just as I passed them on to you.

3Now I want you to realize that the head of every man is Christ, and the head of the woman is man, and the head of Christ is God. **4**Every man who prays or prophesies with his head covered dishonors his head. **5**And every woman who prays or prophesies with her head uncovered dishonors her head—it is just as though her head were shaved. **6**If a woman does not cover her head, she should have her hair cut off; and if it is a disgrace for a woman to have her hair cut or shaved off, she should cover her head. **7**A man ought not to cover his head,*z* since he is the image and glory of God; but the woman is the glory of man. **8**For man did not come from woman, but woman from man; **9**neither was man created for woman, but woman for man. **10**For this reason, and because of the angels, the woman ought to have a sign of authority on her head.

11In the Lord, however, woman is not independent of man, nor is man independent of

---

*d***10:26** Sal 24:1   *e***10:28** conciencia. Var. conciencia, porque «del Señor es la tierra y todo cuanto hay en ella».   *f***11:2** enseñanzas. Alt. tradiciones.   *g***11:4** la cabeza cubierta. Alt. el cabello largo; también en el resto del pasaje.   *h***11:10** debe … autoridad. Lit. debe tener autoridad sobre la cabeza.

w 26 Psalm 24:1   *x 28* Some manuscripts conscience' sake, for "the earth is the Lord's and everything in it"   *y 2* Or traditions   *z 4-7* Or *4*Every man who prays or prophesies with long hair dishonors his head. *5*And every woman who prays or prophesies with no covering of hair, on her head dishonors her head—she is just like one of the "shorn women." *6*If a woman has no covering, let her be for now with short hair, but since it is a disgrace for a woman to have her hair shorn or shaved, she should grow it again. *7*A man ought not to have long hair

12Porque así como la mujer procede del hombre, también el hombre nace de la mujer; pero todo proviene de Dios. 13Juzguen ustedes mismos: ¿Es apropiado que la mujer ore a Dios sin cubrirse la cabeza? 14¿No les enseña el mismo orden natural de las cosas que es una vergüenza para el hombre dejarse crecer el cabello, 15mientras que es una gloria para la mujer llevar cabello largo? Es que a ella se le ha dado su cabellera como velo. 16Si alguien insiste en discutir este asunto, tenga en cuenta que nosotros no tenemos otra costumbre, ni tampoco las iglesias de Dios.

La Cena del Señor

17Al darles las siguientes instrucciones, no puedo elogiarlos, ya que sus reuniones traen más perjuicio que beneficio. 18En primer lugar, oigo decir que cuando se reúnen como iglesia hay divisiones entre ustedes, y hasta cierto punto lo creo. 19Sin duda, tiene que haber grupos sectarios entre ustedes, para que se demuestre quiénes cuentan con la aprobación de Dios. 20De hecho, cuando se reúnen, ya no es para comer la Cena del Señor, 21porque cada uno se adelanta a comer su propia cena, de manera que unos se quedan con hambre mientras otros se emborrachan. 22¿Acaso no tienen casas donde comer y beber? ¿O es que menosprecian a la iglesia de Dios y quieren avergonzar a los que no tienen nada? ¿Qué les diré? ¿Voy a elogiarlos por esto? ¡Claro que no!

23Yo recibí del Señor lo mismo que les transmití a ustedes: Que el Señor Jesús, la noche en que fue traicionado, tomó pan, 24y después de dar gracias, lo partió y dijo: «Este pan es mi cuerpo, que por ustedes entrego; hagan esto en memoria de mí.» 25De la misma manera, después de cenar, tomó la copa y dijo: «Esta copa es el nuevo pacto en mi sangre; hagan esto, cada vez que beban de ella, en memoria de mí.» 26Porque cada vez que comen este pan y beben de esta copa, proclaman la muerte del Señor hasta que él venga.

27Por lo tanto, cualquiera que coma el pan o beba de la copa del Señor de manera indigna, será culpable de pecar contra el cuerpo y la sangre del Señor. 28Así que cada uno debe examinarse a sí mismo antes de comer el pan y beber de la copa. 29Porque el que come y bebe sin discernir el cuerpo,*i* come y bebe su propia condena. 30Por eso hay entre ustedes muchos débiles y enfermos, e incluso varios han muerto. 31Si nos examináramos a nosotros mismos, no se nos juzgaría; 32pero si nos juzga el Señor, nos disciplina para que no seamos condenados con el mundo.

woman. 12For as woman came from man, so also man is born of woman. But everything comes from God. 13Judge for yourselves: Is it proper for a woman to pray to God with her head uncovered? 14Does not the very nature of things teach you that if a man has long hair, it is a disgrace to him, 15but that if a woman has long hair, it is her glory? For long hair is given to her as a covering. 16If anyone wants to be contentious about this, we have no other practice—nor do the churches of God.

The Lord's Supper

17In the following directives I have no praise for you, for your meetings do more harm than good. 18In the first place, I hear that when you come together as a church, there are divisions among you, and to some extent I believe it. 19No doubt there have to be differences among you to show which of you have God's approval. 20When you come together, it is not the Lord's Supper you eat, 21for as you eat, each of you goes ahead without waiting for anybody else. One remains hungry, another gets drunk. 22Don't you have homes to eat and drink in? Or do you despise the church of God and humiliate those who have nothing? What shall I say to you? Shall I praise you for this? Certainly not!

23For I received from the Lord what I also passed on to you: The Lord Jesus, on the night he was betrayed, took bread, 24and when he had given thanks, he broke it and said, "This is my body, which is for you; do this in remembrance of me." 25In the same way, after supper he took the cup, saying, "This cup is the new covenant in my blood; do this, whenever you drink it, in remembrance of me." 26For whenever you eat this bread and drink this cup, you proclaim the Lord's death until he comes.

27Therefore, whoever eats the bread or drinks the cup of the Lord in an unworthy manner will be guilty of sinning against the body and blood of the Lord. 28A man ought to examine himself before he eats of the bread and drinks of the cup. 29For anyone who eats and drinks without recognizing the body of the Lord eats and drinks judgment on himself. 30That is why many among you are weak and sick, and a number of you have fallen asleep. 31But if we judged ourselves, we would not come under judgment. 32When we are judged by the Lord, we are being disciplined so that we will not be condemned with the world.

33So then, my brothers, when you come together to eat, wait for each other. 34If anyone is

---

i 11:29 *cuerpo.* Var. *cuerpo del Señor.*

33 Así que, hermanos míos, cuando se reúnan para comer, espérense unos a otros. **34** Si alguno tiene hambre, que coma en su casa, para que las reuniones de ustedes no resulten dignas de condenación.

Los demás asuntos los arreglaré cuando los visite.

Los dones espirituales

12 En cuanto a los dones espirituales, hermanos, quiero que entiendan bien este asunto. **2** Ustedes saben que cuando eran *paganos se dejaban arrastrar hacia los ídolos mudos. **3** Por eso les advierto que nadie que esté hablando por el Espíritu de Dios puede maldecir a Jesús; ni nadie puede decir: «Jesús es el Señor» sino por el Espíritu Santo.

4 Ahora bien, hay diversos dones, pero un mismo Espíritu. **5** Hay diversas maneras de servir, pero un mismo Señor. **6** Hay diversas funciones, pero es un mismo Dios el que hace todas las cosas en todos.

7 A cada uno se le da una manifestación especial del Espíritu para el bien de los demás. **8** A unos Dios les da por el Espíritu palabra de sabiduría; a otros, por el mismo Espíritu, palabra de conocimiento; **9** a otros, fe por medio del mismo Espíritu; a otros, y por ese mismo Espíritu, dones para sanar enfermos; **10** a otros, poderes milagrosos; a otros, profecía; a otros, el discernir espíritus; a otros, el hablar en diversas *lenguas; y a otros, el interpretar lenguas. **11** Todo esto lo hace un mismo y único Espíritu, quien reparte a cada uno según él lo determina.

Un cuerpo con muchos miembros

12 De hecho, aunque el cuerpo es uno solo, tiene muchos miembros, y todos los miembros, no obstante ser muchos, forman un solo cuerpo. Así sucede con Cristo. **13** Todos fuimos bautizados por^j un solo Espíritu para constituir un solo cuerpo —ya seamos judíos o *gentiles, esclavos o libres—, y a todos se nos dio a beber de un mismo Espíritu.

14 Ahora bien, el cuerpo no consta de un solo miembro sino de muchos. **15** Si el pie dijera: «Como no soy mano, no soy del cuerpo», no por eso dejaría de ser parte del cuerpo. **16** Y si la oreja dijera: «Como no soy ojo, no soy del cuerpo», no por eso dejaría de ser parte del cuerpo. **17** Si todo el cuerpo fuera ojo, ¿qué sería del oído? Si todo el cuerpo fuera oído, ¿qué sería del olfato? **18** En realidad, Dios colocó cada miembro del cuerpo como mejor le pareció. **19** Si todos ellos fueran un solo miembro, ¿qué sería del cuerpo?

hungry, he should eat at home, so that when you meet together it may not result in judgment.

And when I come I will give further directions.

Spiritual Gifts

12 Now about spiritual gifts, brothers, I do not want you to be ignorant. **2** You know that when you were pagans, somehow or other you were influenced and led astray to mute idols. **3** Therefore I tell you that no one who is speaking by the Spirit of God says, "Jesus be cursed," and no one can say, "Jesus is Lord," except by the Holy Spirit.

4 There are different kinds of gifts, but the same Spirit. **5** There are different kinds of service, but the same Lord. **6** There are different kinds of working, but the same God works all of them in all men.

7 Now to each one the manifestation of the Spirit is given for the common good. **8** To one there is given through the Spirit the message of wisdom, to another the message of knowledge by means of the same Spirit, **9** to another faith by the same Spirit, to another gifts of healing by that one Spirit, **10** to another miraculous powers, to another prophecy, to another distinguishing between spirits, to another speaking in different kinds of tongues,^{a} and to still another the interpretation of tongues.^{b} **11** All these are the work of one and the same Spirit, and he gives them to each one, just as he determines.

12 The body is a unit, though it is made up of many parts; and though all its parts are many, they form one body. So it is with Christ. **13** For we were all baptized by^c one Spirit into one body—whether Jews or Greeks, slave or free—and we were all given the one Spirit to drink.

14 Now the body is not made up of one part but of many. **15** If the foot should say, "Because I am not a hand, I do not belong to the body," it would not for that reason cease to be part of the body. **16** And if the ear should say, "Because I am not an eye, I do not belong to the body," it would not for that reason cease to be part of the body. **17** If the whole body were an eye, where would the sense of hearing be? If the whole body were an ear, where would the sense of smell be? **18** But in fact God has arranged the parts in the body, every one of them, just as he wanted them to be. **19** If they were all one part, where would the

20Lo cierto es que hay muchos miembros, pero el cuerpo es uno solo.

21El ojo no puede decirle a la mano: «No te necesito.» Ni puede la cabeza decirles a los pies: «No los necesito.» **22**Al contrario, los miembros del cuerpo que parecen más débiles son indispensables, **23**y a los que nos parecen menos honrosos los tratamos con honra especial. Y se les trata con especial modestia a los miembros que nos parecen menos presentables, **24**mientras que los más presentables no requieren trato especial. Así Dios ha dispuesto los miembros de nuestro cuerpo, dando mayor honra a los que menos tenían, **25**a fin de que no haya división en el cuerpo, sino que sus miembros se preocupen por igual unos por otros. **26**Si uno de los miembros sufre, los demás comparten su sufrimiento; y si uno de ellos recibe honor, los demás se alegran con él.

27Ahora bien, ustedes son el cuerpo de Cristo, y cada uno es miembro de ese cuerpo. **28**En la iglesia Dios ha puesto, en primer lugar, apóstoles; en segundo lugar, profetas; en tercer lugar, maestros; luego los que hacen milagros; después los que tienen dones para sanar enfermos, los que ayudan a otros, los que administran y los que hablan en diversas *lenguas. **29**¿Son todos apóstoles? ¿Son todos profetas? ¿Son todos maestros? ¿Hacen todos milagros? **30**¿Tienen todos dones para sanar enfermos? ¿Hablan todos en lenguas? ¿Acaso interpretan todos? **31**Ustedes, por su parte, ambicionen[k] los mejores dones.

El amor

Ahora les voy a mostrar un camino más excelente.

13 Si hablo en *lenguas *humanas y angelicales, pero no tengo amor, no soy más que un metal que resuena o un platillo que hace ruido. **2**Si tengo el don de profecía y entiendo todos los *misterios y poseo todo conocimiento, y si tengo una fe que logra trasladar montañas, pero me falta el amor, no soy nada. **3**Si reparto entre los pobres todo lo que poseo, y si entrego mi cuerpo para que lo consuman las llamas,[l] pero no tengo amor, nada gano con eso.

4El amor es paciente, es bondadoso. El amor no es envidioso ni jactancioso ni orgulloso. **5**No se comporta con rudeza, no es egoísta, no se enoja fácilmente, no guarda rencor. **6**El amor no se deleita en la maldad sino que se regocija con la verdad. **7**Todo lo disculpa, todo lo cree, todo lo espera, todo lo soporta.

8El amor jamás se extingue, mientras que el don de profecía cesará, el de lenguas será silen-

20As it is, there are many parts, but one body. **21**The eye cannot say to the hand, "I don't need you!" And the head cannot say to the feet, "I don't need you!" **22**On the contrary, those parts of the body that seem to be weaker are indispensable, **23**and the parts that we think are less honorable we treat with special honor. And the parts that are unpresentable are treated with special modesty, **24**while our presentable parts need no special treatment. But God has combined the members of the body and has given greater honor to the parts that lacked it, **25**so that there should be no division in the body, but that its parts should have equal concern for each other. **26**If one part suffers, every part suffers with it; if one part is honored, every part rejoices with it.

27Now you are the body of Christ, and each one of you is a part of it. **28**And in the church God has appointed first of all apostles, second prophets, third teachers, then workers of miracles, also those having gifts of healing, those able to help others, those with gifts of administration, and those speaking in different kinds of tongues. **29**Are all apostles? Are all prophets? Are all teachers? Do all work miracles? **30**Do all have gifts of healing? Do all speak in tongues[d]? Do all interpret? **31**But eagerly desire[e] the greater gifts.

And now I will show you the most excellent way.

Love

13 If I speak in the tongues[f] of men and of angels, but have not love, I am only a resounding gong or a clanging cymbal. **2**If I have the gift of prophecy and can fathom all mysteries and all knowledge, and if I have a faith that can move mountains, but have not love, I am nothing. **3**If I give all I possess to the poor and surrender my body to the flames,[g] but have not love, I gain nothing.

4Love is patient, love is kind. It does not envy, it does not boast, it is not proud. **5**It is not rude, it is not self-seeking, it is not easily angered, it keeps no record of wrongs. **6**Love does not delight in evil but rejoices with the truth. **7**It always protects, always trusts, always hopes, always perseveres.

8Love never fails. But where there are prophecies, they will cease; where there are tongues,

[k]**12:31** ambicionen. Alt. ambicionan.   [l]**13:3** para … llamas. Var. para tener de qué *jactarme.

[d]**30** Or other languages   [e]**31** Or But you are eagerly desiring   [f]**1** Or languages   [g]**3** Some early manuscripts body that I may boast

ciado y el de conocimiento desaparecerá. 9Porque conocemos y profetizamos de manera imperfecta; 10pero cuando llegue lo perfecto, lo imperfecto desaparecerá. 11Cuando yo era niño, hablaba como niño, pensaba como niño, razonaba como niño; cuando llegué a ser adulto, dejé atrás las cosas de niño. 12Ahora vemos de manera indirecta y velada, como en un espejo; pero entonces veremos cara a cara. Ahora conozco de manera imperfecta, pero entonces conoceré tal y como soy conocido.

13Ahora, pues, permanecen estas tres virtudes: la fe, la esperanza y el amor. Pero la más excelente de ellas es el amor.

El don de lenguas y el de profecía

14 Empéñense en seguir el amor y ambicionen los dones espirituales, sobre todo el de profecía. 2Porque el que habla en *lenguas no habla a los demás sino a Dios. En realidad, nadie le entiende lo que dice, pues habla *misterios por el Espíritu.m 3En cambio, el que profetiza habla a los demás para edificarlos, animarlos y consolarlos. 4El que habla en lenguas se edifica a sí mismo; en cambio, el que profetiza edifica a la iglesia. 5Yo quisiera que todos ustedes hablaran en lenguas, pero mucho más que profetizaran. El que profetiza aventaja al que habla en lenguas, a menos que éste también interprete, para que la iglesia reciba edificación.

6Hermanos, si ahora fuera a visitarlos y les hablara en lenguas, ¿de qué les serviría, a menos que les presentara alguna revelación, conocimiento, profecía o enseñanza? 7Aun en el caso de los instrumentos musicales, tales como la flauta o el arpa, ¿cómo se reconocerá lo que tocan si no dan distintamente sus sonidos? 8Y si la trompeta no da un toque claro, ¿quién se va a preparar para la batalla? 9Así sucede con ustedes. A menos que su lengua pronuncie palabras comprensibles, ¿cómo se sabrá lo que dicen? Será como si hablaran al aire. 10¡Quién sabe cuántos idiomas hay en el mundo, y ninguno carece de sentido! 11Pero si no capto el sentido de lo que alguien dice, seré como un extranjero para el que me habla, y él lo será para mí. 12Por eso ustedes, ya que tanto ambicionan dones espirituales, procuren que éstos abunden para la edificación de la iglesia.

13Por esta razón, el que habla en lenguas pida en oración el don de interpretar lo que diga. 14Porque sí yo oro en lenguas, mi espíritu ora, pero mi entendimiento no se beneficia en nada. 15¿Qué debo hacer entonces? Pues orar con el espíritu, pero también con el entendimiento;

they will be stilled; where there is knowledge, it will pass away. 9For we know in part and we prophesy in part, 10but when perfection comes, the imperfect disappears. 11When I was a child, I talked like a child, I thought like a child, I reasoned like a child. When I became a man, I put childish ways behind me. 12Now we see but a poor reflection as in a mirror; then we shall see face to face. Now I know in part; then I shall know fully, even as I am fully known.

13And now these three remain: faith, hope and love. But the greatest of these is love.

Gifts of Prophecy and Tongues

14 Follow the way of love and eagerly desire spiritual gifts, especially the gift of prophecy. 2For anyone who speaks in a tongueh does not speak to men but to God. Indeed, no one understands him; he utters mysteries with his spirit.i 3But everyone who prophesies speaks to men for their strengthening, encouragement and comfort. 4He who speaks in a tongue edifies himself, but he who prophesies edifies the church. 5I would like every one of you to speak in tongues,j but I would rather have you prophesy. He who prophesies is greater than one who speaks in tongues,k unless he interprets, so that the church may be edified.

6Now, brothers, if I come to you and speak in tongues, what good will I be to you, unless I bring you some revelation or knowledge or prophecy or word of instruction? 7Even in the case of lifeless things that make sounds, such as the flute or harp, how will anyone know what tune is being played unless there is a distinction in the notes? 8Again, if the trumpet does not sound a clear call, who will get ready for battle? 9So it is with you. Unless you speak intelligible words with your tongue, how will anyone know what you are saying? You will just be speaking into the air. 10Undoubtedly there are all sorts of languages in the world, yet none of them is without meaning. 11If then I do not grasp the meaning of what someone is saying, I am a foreigner to the speaker, and he is a foreigner to me. 12So it is with you. Since you are eager to have spiritual gifts, try to excel in gifts that build up the church.

13For this reason anyone who speaks in a tongue should pray that he may interpret what he says. 14For if I pray in a tongue, my spirit prays, but my mind is unfruitful. 15So what shall I do? I will pray with my spirit, but I will also

---

h2 Or another language; also in verses 4, 13, 14, 19, 26 and 27   i2 Or by the Spirit   j5 Or other languages; also in verses 6, 18, 22, 23 and 39   k5 Or other languages; also in verses 6, 18, 22, 23 and 39

m14:2 por el Espíritu. Alt. en su espíritu.

cantar con el espíritu, pero también con el entendimiento. 16De otra manera, si alabas a Dios con el espíritu, ¿cómo puede quien no es instruido*n* decir «amén» a tu acción de gracias, puesto que no entiende lo que dices? 17En ese caso tu acción de gracias es admirable, pero no edifica al otro.

18Doy gracias a Dios porque hablo en lenguas más que todos ustedes. 19Sin embargo, en la iglesia prefiero emplear cinco palabras comprensibles y que me sirvan para instruir a los demás, que diez mil palabras en lenguas.

20Hermanos, no sean niños en su modo de pensar. Sean niños en cuanto a la malicia, pero adultos en su modo de pensar. 21En la ley está escrito:

«Por medio de gente de lengua extraña
    y por boca de extranjeros
hablaré a este pueblo,
    pero ni aun así me escucharán»,*ñ* dice el
    Señor.

22De modo que el hablar en lenguas es una señal, no para los creyentes sino para los incrédulos; en cambio, la profecía no es señal para los incrédulos sino para los creyentes. 23Así que, si toda la iglesia se reúne y todos hablan en lenguas, y entran algunos que no entienden o no creen, ¿no dirán que ustedes están locos? 24Pero si uno que no cree o uno que no entiende entra cuando todos están profetizando, se sentirá reprendido y juzgado por todos, 25y los secretos de su corazón quedarán al descubierto. Así que se postrará ante Dios y lo adorará, exclamando: «¡Realmente Dios está entre ustedes!»

Orden en los cultos

26¿Qué concluimos, hermanos? Que cuando se reúnan, cada uno puede tener un himno, una enseñanza, una revelación, un mensaje en *lenguas, o una interpretación. Todo esto debe hacerse para la edificación de la iglesia. 27Si se habla en lenguas, que hablen dos —o cuando mucho tres—, cada uno por turno; y que alguien interprete. 28Si no hay intérprete, que guarden silencio en la iglesia y cada uno hable para sí mismo y para Dios.

29En cuanto a los profetas, que hablen dos o tres, y que los demás examinen con cuidado lo dicho. 30Si alguien que está sentado recibe una revelación, el que esté hablando ceda la palabra. 31Así todos pueden profetizar por turno, para que todos reciban instrucción y aliento. 32El don

pray with my mind; I will sing with my spirit, but I will also sing with my mind. 16If you are praising God with your spirit, how can one who finds himself among those who do not understand*l* say "Amen" to your thanksgiving, since he does not know what you are saying? 17You may be giving thanks well enough, but the other man is not edified.

18I thank God that I speak in tongues more than all of you. 19But in the church I would rather speak five intelligible words to instruct others than ten thousand words in a tongue.

20Brothers, stop thinking like children. In regard to evil be infants, but in your thinking be adults. 21In the Law it is written:

"Through men of strange tongues
    and through the lips of foreigners
I will speak to this people,
    but even then they will not listen to
    me," *m*

says the Lord.

22Tongues, then, are a sign, not for believers but for unbelievers; prophecy, however, is for believers, not for unbelievers. 23So if the whole church comes together and everyone speaks in tongues, and some who do not understand*n* or some unbelievers come in, will they not say that you are out of your mind? 24But if an unbeliever or someone who does not understand*o* comes in while everybody is prophesying, he will be convinced by all that he is a sinner and will be judged by all, 25and the secrets of his heart will be laid bare. So he will fall down and worship God, exclaiming, "God is really among you!"

Orderly Worship

26What then shall we say, brothers? When you come together, everyone has a hymn, or a word of instruction, a revelation, a tongue or an interpretation. All of these must be done for the strengthening of the church. 27If anyone speaks in a tongue, two—or at the most three—should speak, one at a time, and someone must interpret. 28If there is no interpreter, the speaker should keep quiet in the church and speak to himself and God.

29Two or three prophets should speak, and the others should weigh carefully what is said. 30And if a revelation comes to someone who is sitting down, the first speaker should stop. 31For you can all prophesy in turn so that everyone may be instructed and encouraged.

---

*n*14:16 *quien no es instruido.* Lit. *el que ocupa el lugar del indocto.*   *ñ*14:21 Is 28:11,12

*l*16 Or *among the inquirers*   *m*21 Isaiah 28:11,12   *n*23 Or *some inquirers*   *o*24 Or *or some inquirer*

de profecía está^o bajo el control de los profetas, 33porque Dios no es un Dios de desorden sino de paz.

Como es costumbre en las congregaciones de los *creyentes, 34guarden las mujeres silencio en la iglesia, pues no les está permitido hablar. Que estén sumisas, como lo establece la ley. 35Si quieren saber algo, que se lo pregunten en casa a sus esposos; porque no está bien visto que una mujer hable en la iglesia.

36¿Acaso la palabra de Dios procedió de ustedes? ¿O son ustedes los únicos que la han recibido? 37Si alguno se cree profeta o espiritual, reconozca que esto que les escribo es mandato del Señor. 38Si no lo reconoce, tampoco él será reconocido.^p

39Así que, hermanos míos, ambicionen el don de profetizar, y no prohíban que se hable en lenguas. 40Pero todo debe hacerse de una manera apropiada y con orden.

La resurrección de Cristo

15 Ahora, hermanos, quiero recordarles el *evangelio que les prediqué, el mismo que recibieron y en el cual se mantienen firmes. 2Mediante este evangelio son salvos, si se aferran a la palabra que les prediqué. De otro modo, habrán creído en vano.

3Porque ante todo^q les transmití a ustedes lo que yo mismo recibí: que Cristo murió por nuestros pecados según las Escrituras, 4que fue sepultado, que resucitó al tercer día según las Escrituras, 5y que se apareció a *Cefas, y luego a los doce. 6Después se apareció a más de quinientos hermanos a la vez, la mayoría de los cuales vive todavía, aunque algunos han muerto. 7Luego se apareció a *Jacobo, más tarde a todos los apóstoles, 8y por último, como a uno nacido fuera de tiempo, se me apareció también a mí.

9Admito que yo soy el más insignificante de los apóstoles y que ni siquiera merezco ser llamado apóstol, porque perseguí a la iglesia de Dios. 10Pero por la gracia de Dios soy lo que soy, y la gracia que él me concedió no fue infructuosa. Al contrario, he trabajado con más tesón que todos ellos, aunque no yo sino la gracia de Dios que está conmigo. 11En fin, ya sea que se trate de mí o de ellos, esto es lo que predicamos, y esto es lo que ustedes han creído.

La resurrección de los muertos

12Ahora bien, si se predica que Cristo ha sido levantado de entre los muertos, ¿cómo dicen algunos de ustedes que no hay resurrección?

32The spirits of prophets are subject to the control of prophets. 33For God is not a God of disorder but of peace.

As in all the congregations of the saints, 34women should remain silent in the churches. They are not allowed to speak, but must be in submission, as the Law says. 35If they want to inquire about something, they should ask their own husbands at home; for it is disgraceful for a woman to speak in the church.

36Did the word of God originate with you? Or are you the only people it has reached? 37If anybody thinks he is a prophet or spiritually gifted, let him acknowledge that what I am writing to you is the Lord's command. 38If he ignores this, he himself will be ignored.^p

39Therefore, my brothers, be eager to prophesy, and do not forbid speaking in tongues. 40But everything should be done in a fitting and orderly way.

The Resurrection of Christ

15 Now, brothers, I want to remind you of the gospel I preached to you, which you received and on which you have taken your stand. 2By this gospel you are saved, if you hold firmly to the word I preached to you. Otherwise, you have believed in vain.

3For what I received I passed on to you as of first importance^q: that Christ died for our sins according to the Scriptures, 4that he was buried, that he was raised on the third day according to the Scriptures, 5and that he appeared to Peter,^r and then to the Twelve. 6After that, he appeared to more than five hundred of the brothers at the same time, most of whom are still living, though some have fallen asleep. 7Then he appeared to James, then to all the apostles, 8and last of all he appeared to me also, as to one abnormally born.

9For I am the least of the apostles and do not even deserve to be called an apostle, because I persecuted the church of God. 10But by the grace of God I am what I am, and his grace to me was not without effect. No, I worked harder than all of them—yet not I, but the grace of God that was with me. 11Whether, then, it was I or they, this is what we preach, and this is what you believed.

The Resurrection of the Dead

12But if it is preached that Christ has been raised from the dead, how can some of you say that there is no resurrection of the dead?

---

^o14:32 *El don ... está.* Lit. *Los espíritus de los profetas están.*
^p14:38 *tampoco ... reconocido.* Var. *que no lo reconozca.*
^q15:3 *ante todo.* Alt. *al principio.*

^p38 Some manuscripts *If he is ignorant of this, let him be ignorant*   ^q3 Or *you at the first*   ^r5 Greek *Cephas*

13Si no hay resurrección, entonces ni siquiera Cristo ha resucitado. 14Y si Cristo no ha resucitado, nuestra predicación no sirve para nada, como tampoco la fe de ustedes. 15Aún más, resultaríamos falsos testigos de Dios por haber testificado que Dios resucitó a Cristo, lo cual no habría sucedido, si en verdad los muertos no resucitan. 16Porque si los muertos no resucitan, tampoco Cristo ha resucitado. 17Y si Cristo no ha resucitado, la fe de ustedes es ilusoria y todavía están en sus pecados. 18En este caso, también están perdidos los que murieron en Cristo. 19Si la esperanza que tenemos en Cristo fuera sólo para esta vida, seríamos los más desdichados de todos los *mortales.

20Lo cierto es que Cristo ha sido *levantado de entre los muertos, como *primicias de los que murieron. 21De hecho, ya que la muerte vino por medio de un hombre, también por medio de un hombre viene la resurrección de los muertos. 22Pues así como en Adán todos mueren, también en Cristo todos volverán a vivir, 23pero cada uno en su debido orden: Cristo, las primicias; después, cuando él venga, los que le pertenecen. 24Entonces vendrá el fin, cuando él entregue el reino a Dios el Padre, luego de destruir todo dominio, autoridad y poder. 25Porque es necesario que Cristo reine hasta poner a todos sus enemigos debajo de sus pies. 26El último enemigo que será destruido es la muerte, 27pues Dios «ha sometido todo a su dominio».ʳ Al decir que «todo» ha quedado sometido a su dominio, es claro que no se incluye a Dios mismo, quien todo lo sometió a Cristo. 28Y cuando todo le sea sometido, entonces el Hijo mismo se someterá a aquel que le sometió todo, para que Dios sea todo en todos.

29Si no hay resurrección, ¿qué sacan los que se bautizan por los muertos? Si en definitiva los muertos no resucitan, ¿por qué se bautizan por ellos? 30Y nosotros, ¿por qué nos exponemos al peligro a todas horas? 31Que cada día muero, hermanos, es tan cierto como el *orgullo que siento por ustedes en Cristo Jesús nuestro Señor. 32¿Qué he ganado si, sólo por motivos humanos, en Éfeso luché contra las fieras? Si los muertos no resucitan,

    «comamos y bebamos,
       que mañana moriremos».ˢ

33No se dejen engañar: «Las malas compañías corrompen las buenas costumbres.» 34Vuelvan a su sano juicio, como conviene, y dejen de pecar. En efecto, hay algunos de ustedes que no

13If there is no resurrection of the dead, then not even Christ has been raised. 14And if Christ has not been raised, our preaching is useless and so is your faith. 15More than that, we are then found to be false witnesses about God, for we have testified about God that he raised Christ from the dead. But he did not raise him if in fact the dead are not raised. 16For if the dead are not raised, then Christ has not been raised either. 17And if Christ has not been raised, your faith is futile; you are still in your sins. 18Then those also who have fallen asleep in Christ are lost. 19If only for this life we have hope in Christ, we are to be pitied more than all men.

20But Christ has indeed been raised from the dead, the firstfruits of those who have fallen asleep. 21For since death came through a man, the resurrection of the dead comes also through a man. 22For as in Adam all die, so in Christ all will be made alive. 23But each in his own turn: Christ, the firstfruits; then, when he comes, those who belong to him. 24Then the end will come, when he hands over the kingdom to God the Father after he has destroyed all dominion, authority and power. 25For he must reign until he has put all his enemies under his feet. 26The last enemy to be destroyed is death. 27For he "has put everything under his feet."ˢ Now when it says that "everything" has been put under him, it is clear that this does not include God himself, who put everything under Christ. 28When he has done this, then the Son himself will be made subject to him who put everything under him, so that God may be all in all.

29Now if there is no resurrection, what will those do who are baptized for the dead? If the dead are not raised at all, why are people baptized for them? 30And as for us, why do we endanger ourselves every hour? 31I die every day—I mean that, brothers—just as surely as I glory over you in Christ Jesus our Lord. 32If I fought wild beasts in Ephesus for merely human reasons, what have I gained? If the dead are not raised,

    "Let us eat and drink,
       for tomorrow we die."ᵗ

33Do not be misled: "Bad company corrupts good character." 34Come back to your senses as you ought, and stop sinning; for there are some

---

tienen conocimiento de Dios; para vergüenza de ustedes lo digo.

El cuerpo resucitado

35Tal vez alguien pregunte: «¿Cómo resucitarán los muertos? ¿Con qué clase de cuerpo vendrán?» **36**¡Qué tontería! Lo que tú siembras no cobra vida a menos que muera. **37**No plantas el cuerpo que luego ha de nacer sino que siembras una simple semilla de trigo o de otro grano. **38**Pero Dios le da el cuerpo que quiso darle, y a cada clase de semilla le da un cuerpo propio. **39**No todos los cuerpos son iguales: hay cuerpos *humanos; también los hay de animales terrestres, de aves y de peces. **40**Así mismo hay cuerpos celestes y cuerpos terrestres; pero el esplendor de los cuerpos celestes es uno, y el de los cuerpos terrestres es otro. **41**Uno es el esplendor del sol, otro el de la luna y otro el de las estrellas. Cada estrella tiene su propio brillo.

42Así sucederá también con la resurrección de los muertos. Lo que se siembra en corrupción, resucita en incorrupción; **43**lo que se siembra en oprobio, resucita en gloria; lo que se siembra en debilidad, resucita en poder; **44**se siembra un cuerpo natural,*ᵗ* resucita un cuerpo espiritual. Si hay un cuerpo natural, también hay un cuerpo espiritual. **45**Así está escrito: «El primer hombre, Adán, se convirtió en un ser viviente»;*ᵘ* el último Adán, en el Espíritu que da vida. **46**No vino primero lo espiritual sino lo natural, y después lo espiritual. **47**El primer hombre era del polvo de la tierra; el segundo hombre, del cielo. **48**Como es aquel hombre terrenal, así son también los de la tierra; y como es el celestial, así son también los del cielo. **49**Y así como hemos llevado la imagen de aquel hombre terrenal, llevaremos*ᵛ* también la imagen del celestial.

50Les declaro, hermanos, que el cuerpo mortal*ʷ* no puede heredar el reino de Dios, ni lo corruptible puede heredar lo incorruptible. **51**Fíjense bien en el *misterio que les voy a revelar: No todos moriremos, pero todos seremos transformados, **52**en un instante, en un abrir y cerrar de ojos, al toque final de la trompeta. Pues sonará la trompeta y los muertos resucitarán con un cuerpo incorruptible, y nosotros seremos transformados. **53**Porque lo corruptible tiene que revestirse de lo incorruptible, y lo mortal, de inmortalidad. **54**Cuando lo corruptible se revista de lo incorruptible, y lo mortal, de inmortalidad, entonces se cumplirá lo que está escrito: «La muerte ha sido devorada por la victoria.»*ˣ*

who are ignorant of God—I say this to your shame.

The Resurrection Body

35But someone may ask, "How are the dead raised? With what kind of body will they come?" **36**How foolish! What you sow does not come to life unless it dies. **37**When you sow, you do not plant the body that will be, but just a seed, perhaps of wheat or of something else. **38**But God gives it a body as he has determined, and to each kind of seed he gives its own body. **39**All flesh is not the same: Men have one kind of flesh, animals have another, birds another and fish another. **40**There are also heavenly bodies and there are earthly bodies; but the splendor of the heavenly bodies is one kind, and the splendor of the earthly bodies is another. **41**The sun has one kind of splendor, the moon another and the stars another; and star differs from star in splendor.

42So will it be with the resurrection of the dead. The body that is sown is perishable, it is raised imperishable; **43**it is sown in dishonor, it is raised in glory; it is sown in weakness, it is raised in power; **44**it is sown a natural body, it is raised a spiritual body.

If there is a natural body, there is also a spiritual body. **45**So it is written: "The first man Adam became a living being" *ᵘ*; the last Adam, a life-giving spirit. **46**The spiritual did not come first, but the natural, and after that the spiritual. **47**The first man was of the dust of the earth, the second man from heaven. **48**As was the earthly man, so are those who are of the earth; and as is the man from heaven, so also are those who are of heaven. **49**And just as we have borne the likeness of the earthly man, so shall we*ᵛ* bear the likeness of the man from heaven.

50I declare to you, brothers, that flesh and blood cannot inherit the kingdom of God, nor does the perishable inherit the imperishable. **51**Listen, I tell you a mystery: We will not all sleep, but we will all be changed— **52**in a flash, in the twinkling of an eye, at the last trumpet. For the trumpet will sound, the dead will be raised imperishable, and we will be changed. **53**For the perishable must clothe itself with the imperishable, and the mortal with immortality. **54**When the perishable has been clothed with the imperishable, and the mortal with immortality, then the saying that is written will come true: "Death has been swallowed up in victory." *ʷ*

ᵗ **15:44** *natural.* Lit. **siquico*; también en v. 46.
ᵘ **15:45** Gn 2:7   *ᵛ* **15:49** *llevaremos.* Var. *llevemos.*
ʷ **15:50** *el cuerpo mortal.* Lit. **carne y sangre.*
ˣ **15:54** Is 25:8

ᵘ 45 Gen. 2:7   *ᵛ 49* Some early manuscripts *so let us*
ʷ 54 Isaiah 25:8

55 «¿Dónde está, oh muerte, tu victoria?
¿Dónde está, oh muerte, tu aguijón?»*y*

56 El aguijón de la muerte es el pecado, y el poder del pecado es la ley. 57 ¡Pero gracias a Dios, que nos da la victoria por medio de nuestro Señor Jesucristo!

58 Por lo tanto, mis queridos hermanos, manténganse firmes e inconmovibles, progresando siempre en la obra del Señor, conscientes de que su trabajo en el Señor no es en vano.

La colecta para el pueblo de Dios

16 En cuanto a la colecta para los *creyentes, sigan las instrucciones que di a las iglesias de Galacia. 2 El primer día de la semana, cada uno de ustedes aparte y guarde algún dinero conforme a sus ingresos, para que no se tengan que hacer colectas cuando yo vaya. 3 Luego, cuando llegue, daré cartas de presentación a los que ustedes hayan aprobado y los enviaré a Jerusalén con los donativos que hayan recogido. 4 Si conviene que yo también vaya, iremos juntos.

Encargos personales

5 Después de pasar por Macedonia, pues tengo que atravesar esa región, iré a verlos. 6 Es posible que me quede con ustedes algún tiempo, y tal vez pase allí el invierno, para que me ayuden a seguir el viaje a dondequiera que vaya. 7 Esta vez no quiero verlos sólo de paso; más bien, espero permanecer algún tiempo con ustedes, si el Señor así lo permite. 8 Pero me quedaré en Éfeso hasta Pentecostés, 9 porque se me ha presentado una gran oportunidad para un trabajo eficaz, a pesar de que hay muchos en mi contra.

10 Si llega Timoteo, procuren que se sienta cómodo entre ustedes, porque él trabaja como yo en la obra del Señor. 11 Por tanto, que nadie lo menosprecie. Ayúdenlo a seguir su viaje en paz para que pueda volver a reunirse conmigo, pues estoy esperándolo junto con los hermanos.

12 En cuanto a nuestro hermano Apolos, le rogué encarecidamente que en compañía de otros hermanos les hiciera una visita. No quiso de ninguna manera ir ahora, pero lo hará cuando se le presente la oportunidad.

13 Manténganse alerta; permanezcan firmes en la fe; sean valientes y fuertes. 14 Hagan todo con amor.

15 Bien saben que los de la familia de Estéfanas fueron los primeros convertidos de Acaya,*z* y que se han dedicado a servir a los *creyentes.

55 "Where, O death, is your victory?
Where, O death, is your sting?" *x*

56 The sting of death is sin, and the power of sin is the law. 57 But thanks be to God! He gives us the victory through our Lord Jesus Christ.

58 Therefore, my dear brothers, stand firm. Let nothing move you. Always give yourselves fully to the work of the Lord, because you know that your labor in the Lord is not in vain.

The Collection for God's People

16 Now about the collection for God's people: Do what I told the Galatian churches to do. 2 On the first day of every week, each one of you should set aside a sum of money in keeping with his income, saving it up, so that when I come no collections will have to be made. 3 Then, when I arrive, I will give letters of introduction to the men you approve and send them with your gift to Jerusalem. 4 If it seems advisable for me to go also, they will accompany me.

Personal Requests

5 After I go through Macedonia, I will come to you—for I will be going through Macedonia. 6 Perhaps I will stay with you awhile, or even spend the winter, so that you can help me on my journey, wherever I go. 7 I do not want to see you now and make only a passing visit; I hope to spend some time with you, if the Lord permits. 8 But I will stay on at Ephesus until Pentecost, 9 because a great door for effective work has opened to me, and there are many who oppose me.

10 If Timothy comes, see to it that he has nothing to fear while he is with you, for he is carrying on the work of the Lord, just as I am. 11 No one, then, should refuse to accept him. Send him on his way in peace so that he may return to me. I am expecting him along with the brothers.

12 Now about our brother Apollos: I strongly urged him to go to you with the brothers. He was quite unwilling to go now, but he will go when he has the opportunity.

13 Be on your guard; stand firm in the faith; be men of courage; be strong. 14 Do everything in love.

15 You know that the household of Stephanas were the first converts in Achaia, and they have devoted themselves to the service of the saints.

---

y 15:55 Os 13:14   *z* 16:15 los primeros convertidos de Acaya. Lit. las *primicias de Acaya.

x 55 Hosea 13:14

Les recomiendo, hermanos, 16que se pongan a disposición de aquéllos y de todo el que colabore en este arduo trabajo. 17Me alegré cuando llegaron Estéfanas, Fortunato y Acaico, porque ellos han suplido lo que ustedes no podían darme, 18ya que han tranquilizado mi espíritu y también el de ustedes. Tales personas merecen que se les exprese reconocimiento.

Saludos finales

19Las iglesias de la provincia de *Asia les mandan saludos. Aquila y *Priscila los saludan cordialmente en el Señor, como también la iglesia que se reúne en la casa de ellos. 20Todos los hermanos les mandan saludos. Salúdense unos a otros con un beso santo.

21Yo, Pablo, escribo este saludo de mi puño y letra.

22Si alguno no ama al Señor, quede bajo maldición. ¡*Marana ta!*a*

23Que la gracia del Señor Jesús sea con ustedes.

24Los amo a todos ustedes en Cristo Jesús. Amén.*b*

I urge you, brothers, 16to submit to such as these and to everyone who joins in the work, and labors at it. 17I was glad when Stephanas, Fortunatus and Achaicus arrived, because they have supplied what was lacking from you. 18For they refreshed my spirit and yours also. Such men deserve recognition.

Final Greetings

19The churches in the province of Asia send you greetings. Aquila and Priscilla*y* greet you warmly in the Lord, and so does the church that meets at their house. 20All the brothers here send you greetings. Greet one another with a holy kiss.

21I, Paul, write this greeting in my own hand.

22If anyone does not love the Lord—a curse be on him. Come, O Lord*z*!

23The grace of the Lord Jesus be with you.

24My love to all of you in Christ Jesus. Amen.*a*

---

a 16:22 ¡*Marana ta!* Expresión aramea que significa: «Ven, Señor»; otra posible lectura es *Maran ata*, que significa: «El Señor viene.»   *b* 16:24 Var. no incluye: *Amén.*

y 19 Greek *Prisca*, a variant of *Priscilla*   *z* 22 In Aramaic the expression *Come, O Lord* is *Marana tha*.   *a* 24 Some manuscripts do not have *Amen.*

Segunda Carta a los Corintios

2 Corinthians

1 Pablo, apóstol de *Cristo Jesús por la voluntad de Dios, y Timoteo nuestro hermano,

1 Paul, an apostle of Christ Jesus by the will of God, and Timothy our brother,

a la iglesia de Dios que está en Corinto y a todos los *santos en toda la región de Acaya:

To the church of God in Corinth, together with all the saints throughout Achaia:

²Que Dios nuestro padre y el Señor Jesucristo les concedan gracia y paz.

²Grace and peace to you from God our Father and the Lord Jesus Christ.

El Dios de toda consolación

The God of All Comfort

³Alabado sea el Dios y Padre de nuestro Señor Jesucristo, Padre misericordioso y Dios de toda consolación, ⁴quien nos consuela en todas nuestras tribulaciones para que con el mismo consuelo que de Dios hemos recibido, también nosotros podamos consolar a todos los que sufren. ⁵Pues así como participamos abundantemente en los sufrimientos de Cristo, así también por medio de él tenemos abundante consuelo. ⁶Si sufrimos, es para que ustedes tengan consuelo y salvación; y si somos consolados, es para que ustedes tengan el consuelo que los ayude a soportar con paciencia los mismos sufrimientos que nosotros padecemos. ⁷Firme es la esperanza que tenemos en cuanto a ustedes, porque sabemos que así como participan de nuestros sufrimientos, así también participan de nuestro consuelo.

³Praise be to the God and Father of our Lord Jesus Christ, the Father of compassion and the God of all comfort, ⁴who comforts us in all our troubles, so that we can comfort those in any trouble with the comfort we ourselves have received from God. ⁵For just as the sufferings of Christ flow over into our lives, so also through Christ our comfort overflows. ⁶If we are distressed, it is for your comfort and salvation; if we are comforted, it is for your comfort, which produces in you patient endurance of the same sufferings we suffer. ⁷And our hope for you is firm, because we know that just as you share in our sufferings, so also you share in our comfort.

⁸Hermanos, no queremos que desconozcan las aflicciones que sufrimos en la provincia de *Asia. Estábamos tan agobiados bajo tanta presión, que hasta perdimos la esperanza de salir con vida; ⁹nos sentíamos como sentenciados a muerte. Pero eso sucedió para que no confiáramos en nosotros mismos sino en Dios, que resucita a los muertos. ¹⁰Él nos libró y nos librará de tal peligro de muerte. En él tenemos puesta nuestra esperanza, y él seguirá librándonos. ¹¹Mientras tanto, ustedes nos ayudan orando por nosotros. Así muchos darán gracias a Dios por nosotrosᵃ a causa del don que se nos ha concedido en respuesta a tantas oraciones.

⁸We do not want you to be uninformed, brothers, about the hardships we suffered in the province of Asia. We were under great pressure, far beyond our ability to endure, so that we despaired even of life. ⁹Indeed, in our hearts we felt the sentence of death. But this happened that we might not rely on ourselves but on God, who raises the dead. ¹⁰He has delivered us from such a deadly peril, and he will deliver us. On him we have set our hope that he will continue to deliver us, ¹¹as you help us by your prayers. Then many will give thanks on ourᵃ behalf for the gracious favor granted us in answer to the prayers of many.

Pablo cambia de planes

Paul's Change of Plans

¹²Para nosotros, el motivo de *satisfacción es el testimonio de nuestra conciencia: Nos hemos comportado en el mundo, y especialmente entre

¹²Now this is our boast: Our conscience testifies that we have conducted ourselves in the world, and especially in our relations with you,

ustedes, con la *santidad y sinceridad que vienen de Dios. Nuestra conducta no se ha ajustado a la sabiduría *humana sino a la gracia de Dios. 13No estamos escribiéndoles nada que no puedan leer ni entender. Espero que comprenderán del todo, 14así como ya nos han comprendido en parte, que pueden sentirse *orgullosos de nosotros como también nosotros nos sentiremos orgullosos de ustedes en el día del Señor Jesús.

15Confiando en esto, quise visitarlos primero a ustedes para que recibieran una doble bendición; 16es decir, visitarlos de paso a Macedonia, y verlos otra vez a mi regreso de allá. Así podrían ayudarme a seguir el viaje a Judea. 17Al proponerme esto, ¿acaso lo hice a la ligera? ¿O es que hago mis planes según criterios meramente *humanos, de manera que diga «sí, sí» y «no, no» al mismo tiempo?

18Pero tan cierto como que Dios es fiel, el mensaje que les hemos dirigido no es «sí» y «no». 19Porque el Hijo de Dios, Jesucristo, a quien *Silvano, Timoteo y yo predicamos entre ustedes, no fue «sí» y «no»; en él siempre ha sido «sí». 20Todas las promesas que ha hecho Dios son «sí» en Cristo. Así que por medio de Cristo respondemos «amén» para la gloria de Dios. 21Dios es el que nòs mantiene firmes en Cristo, tanto a nosotros como a ustedes. Él nos ungió, 22nos selló como propiedad suya y puso su Espíritu en nuestro corazón, como garantía de sus promesas.

23¡Por mi *vida! Pongo a Dios por testigo de que es sólo por consideración a ustedes por lo que todavía no he ido a Corinto. 24No es que intentemos imponerles la fe, sino que deseamos contribuir a la alegría de ustedes, pues por la fe se mantienen firmes.

2 En efecto, decidí no hacerles otra visita que les causara tristeza. 2Porque si yo los entristezco, ¿quién me brindará alegría sino aquel a quien yo haya entristecido? 3Les escribí como lo hice para que, al llegar yo, los que debían alegrarme no me causaran tristeza. Estaba confiado de que todos ustedes harían suya mi alegría. 4Les escribí con gran tristeza y angustia de corazón, y con muchas lágrimas, no para entristecerlos sino para darles a conocer la profundidad del amor que les tengo.

Perdón para el pecador

5Si alguno ha causado tristeza, no me la ha causado sólo a mí; hasta cierto punto —y lo digo para no exagerar— se la ha causado a todos ustedes. 6Para él es suficiente el castigo que le impuso la mayoría. 7Más bien debieran perdonarlo y consolarlo para que no sea consumido por la excesiva tristeza. 8Por eso les ruego que reafirmen su amor hacia él. 9Con este propósito

in the holiness and sincerity that are from God. We have done so not according to worldly wisdom but according to God's grace. 13For we do not write you anything you cannot read or understand. And I hope that, 14as you have understood us in part, you will come to understand fully that you can boast of us just as we will boast of you in the day of the Lord Jesus.

15Because I was confident of this, I planned to visit you first so that you might benefit twice. 16I planned to visit you on my way to Macedonia and to come back to you from Macedonia, and then to have you send me on my way to Judea. 17When I planned this, did I do it lightly? Or do I make my plans in a worldly manner so that in the same breath I say, "Yes, yes" and "No, no"?

18But as surely as God is faithful, our message to you is not "Yes" and "No." 19For the Son of God, Jesus Christ, who was preached among you by me and Silas[b] and Timothy, was not "Yes" and "No," but in him it has always been "Yes." 20For no matter how many promises God has made, they are "Yes" in Christ. And so through him the "Amen" is spoken by us to the glory of God. 21Now it is God who makes both us and you stand firm in Christ. He anointed us, 22set his seal of ownership on us, and put his Spirit in our hearts as a deposit, guaranteeing what is to come.

23I call God as my witness that it was in order to spare you that I did not return to Corinth. 24Not that we lord it over your faith, but we work with you for your joy, because it is by faith you stand firm.

2 So I made up my mind that I would not make another painful visit to you. 2For if I grieve you, who is left to make me glad but you whom I have grieved? 3I wrote as I did so that when I came I should not be distressed by those who ought to make me rejoice. I had confidence in all of you, that you would all share my joy. 4For I wrote you out of great distress and anguish of heart and with many tears, not to grieve you but to let you know the depth of my love for you.

Forgiveness for the Sinner

5If anyone has caused grief, he has not so much grieved me as he has grieved all of you, to some extent—not to put it too severely. 6The punishment inflicted on him by the majority is sufficient for him. 7Now instead, you ought to forgive and comfort him, so that he will not be overwhelmed by excessive sorrow. 8I urge you, therefore, to reaffirm your love

les escribí: para ver si pasan la prueba de la completa obediencia. **10**A quien ustedes perdonen, yo también lo perdono. De hecho, si había algo que perdonar, lo he perdonado por consideración a ustedes en presencia de Cristo, **11**para que Satanás no se aproveche de nosotros, pues no ignoramos sus artimañas.

Ministros del nuevo pacto

12Ahora bien, cuando llegué a Troas para predicar el *evangelio de Cristo, descubrí que el Señor me había abierto las puertas. **13**Aun así, me sentí intranquilo por no haber encontrado allí a mi hermano Tito, por lo cual me despedí de ellos y me fui a Macedonia.

14Sin embargo, gracias a Dios que en Cristo siempre nos lleva triunfantes*b* y, por medio de nosotros, esparce por todas partes la fragancia de su conocimiento. **15**Porque para Dios nosotros somos el aroma de Cristo entre los que se salvan y entre los que se pierden. **16**Para éstos somos olor de muerte que los lleva a la muerte; para aquéllos, olor de vida que los lleva a la vida. ¿Y quién es competente para semejante tarea? **17**A diferencia de muchos, nosotros no somos de los que trafican con la palabra de Dios. Más bien, hablamos con sinceridad delante de él en Cristo, como enviados de Dios que somos.

3 ¿Acaso comenzamos otra vez a recomendarnos a nosotros mismos? ¿O acaso tenemos que presentarles o pedirles a ustedes cartas de recomendación, como hacen algunos? **2**Ustedes mismos son nuestra carta, escrita en nuestro corazón, conocida y leída por todos. **3**Es evidente que ustedes son una carta de Cristo, expedida*c* por nosotros, escrita no con tinta sino con el Espíritu del Dios viviente; no en tablas de piedra sino en tablas de carne, en los corazones.

4Ésta es la confianza que delante de Dios tenemos por medio de Cristo. **5**No es que nos consideremos competentes en nosotros mismos. Nuestra capacidad viene de Dios. **6**Él nos ha capacitado para ser servidores de un nuevo pacto, no el de la letra sino el del Espíritu; porque la letra mata, pero el Espíritu da vida.

La gloria del nuevo pacto

7El ministerio que causaba muerte, el que estaba grabado con letras en piedra, fue tan glorioso que los israelitas no podían mirar la cara de Moisés debido a la gloria que se reflejaba en su rostro, la cual ya se estaba extinguiendo. **8**Pues bien, si aquel ministerio fue así, ¿no será todavía más glorioso el ministerio del Espíritu?

for him. **9**The reason I wrote you was to see if you would stand the test and be obedient in everything. **10**If you forgive anyone, I also forgive him. And what I have forgiven—if there was anything to forgive—I have forgiven in the sight of Christ for your sake, **11**in order that Satan might not outwit us. For we are not unaware of his schemes.

Ministers of the New Covenant

12Now when I went to Troas to preach the gospel of Christ and found that the Lord had opened a door for me, **13**I still had no peace of mind, because I did not find my brother Titus there. So I said good-by to them and went on to Macedonia.

14But thanks be to God, who always leads us in triumphal procession in Christ and through us spreads everywhere the fragrance of the knowledge of him. **15**For we are to God the aroma of Christ among those who are being saved and those who are perishing. **16**To the one we are the smell of death; to the other, the fragrance of life. And who is equal to such a task? **17**Unlike so many, we do not peddle the word of God for profit. On the contrary, in Christ we speak before God with sincerity, like men sent from God.

3 Are we beginning to commend ourselves again? Or do we need, like some people, letters of recommendation to you or from you? **2**You yourselves are our letter, written on our hearts, known and read by everybody. **3**You show that you are a letter from Christ, the result of our ministry, written not with ink but with the Spirit of the living God, not on tablets of stone but on tablets of human hearts.

4Such confidence as this is ours through Christ before God. **5**Not that we are competent in ourselves to claim anything for ourselves, but our competence comes from God. **6**He has made us competent as ministers of a new covenant—not of the letter but of the Spirit; for the letter kills, but the Spirit gives life.

The Glory of the New Covenant

7Now if the ministry that brought death, which was engraved in letters on stone, came with glory, so that the Israelites could not look steadily at the face of Moses because of its glory, fading though it was, **8**will not the ministry of the Spirit be even more glorious? **9**If the minis-

---

*b***2:14** *nos lleva triunfantes.* Alt. *nos conduce en desfile victorioso.*   *c***3:3** *expedida.* Lit. *ministrada.*

9Si es glorioso el ministerio que trae condenación, ¡cuánto más glorioso será el ministerio que trae la justicia! **10**En efecto, lo que fue glorioso ya no lo es, si se le compara con esta excelsa gloria. **11**Y si vino con gloria lo que ya se estaba extinguiendo, ¡cuánto mayor será la gloria de lo que permanece!

12Así que, como tenemos tal esperanza, actuamos con plena confianza. **13**No hacemos como Moisés, quien se ponía un velo sobre el rostro para que los israelitas no vieran el fin del resplandor que se iba extinguiendo. **14**Sin embargo, la mente de ellos se embotó, de modo que hasta el día de hoy tienen puesto el mismo velo al leer el antiguo pacto. El velo no les ha sido quitado, porque sólo se quita en Cristo. **15**Hasta el día de hoy, siempre que leen a Moisés, un velo les cubre el corazón. **16**Pero cada vez que alguien se vuelve al Señor, el velo es quitado. **17**Ahora bien, el Señor es el Espíritu; y donde está el Espíritu del Señor, allí hay libertad. **18**Así, todos nosotros, que con el rostro descubierto reflejamos*d* como en un espejo la gloria del Señor, somos transformados a su semejanza con más y más gloria por la acción del Señor, que es el Espíritu.

Tesoros en vasijas de barro

4 Por esto, ya que por la misericordia de Dios tenemos este ministerio, no nos desanimamos. **2**Más bien, hemos renunciado a todo lo vergonzoso que se hace a escondidas; no actuamos con engaño ni torcemos la palabra de Dios. Al contrario, mediante la clara exposición de la verdad, nos recomendamos a toda conciencia *humana en la presencia de Dios. **3**Pero si nuestro *evangelio está encubierto, lo está para los que se pierden. **4**El dios de este mundo ha cegado la mente de estos incrédulos, para que no vean la luz del glorioso evangelio de Cristo, el cual es la imagen de Dios. **5**No nos predicamos a nosotros mismos sino a Jesucristo como Señor; nosotros no somos más que servidores de ustedes por causa de Jesús. **6**Porque Dios, que ordenó que la luz resplandeciera en las tinieblas,*e* hizo brillar su luz en nuestro corazón para que conociéramos la gloria de Dios que resplandece en el rostro de Cristo.

7Pero tenemos este tesoro en vasijas de barro para que se vea que tan sublime poder viene de Dios y no de nosotros. **8**Nos vemos atribulados en todo, pero no abatidos; perplejos, pero no desesperados; **9**perseguidos, pero no abandonados; derribados, pero no destruidos. **10**Dondequiera que vamos, siempre llevamos en nuestro cuerpo la muerte de Jesús, para que también su

try that condemns men is glorious, how much more glorious is the ministry that brings righteousness! **10**For what was glorious has no glory now in comparison with the surpassing glory. **11**And if what was fading away came with glory, how much greater is the glory of that which lasts!

12Therefore, since we have such a hope, we are very bold. **13**We are not like Moses, who would put a veil over his face to keep the Israelites from gazing at it while the radiance was fading away. **14**But their minds were made dull, for to this day the same veil remains when the old covenant is read. It has not been removed, because only in Christ is it taken away. **15**Even to this day when Moses is read, a veil covers their hearts. **16**But whenever anyone turns to the Lord, the veil is taken away. **17**Now the Lord is the Spirit, and where the Spirit of the Lord is, there is freedom. **18**And we, who with unveiled faces all reflect*c* the Lord's glory, are being transformed into his likeness with ever-increasing glory, which comes from the Lord, who is the Spirit.

Treasures in Jars of Clay

4 Therefore, since through God's mercy we have this ministry, we do not lose heart. **2**Rather, we have renounced secret and shameful ways; we do not use deception, nor do we distort the word of God. On the contrary, by setting forth the truth plainly we commend ourselves to every man's conscience in the sight of God. **3**And even if our gospel is veiled, it is veiled to those who are perishing. **4**The god of this age has blinded the minds of unbelievers, so that they cannot see the light of the gospel of the glory of Christ, who is the image of God. **5**For we do not preach ourselves, but Jesus Christ as Lord, and ourselves as your servants for Jesus' sake. **6**For God, who said, "Let light shine out of darkness," *d* made his light shine in our hearts to give us the light of the knowledge of the glory of God in the face of Christ.

7But we have this treasure in jars of clay to show that this all-surpassing power is from God and not from us. **8**We are hard pressed on every side, but not crushed; perplexed, but not in despair; **9**persecuted, but not abandoned; struck down, but not destroyed. **10**We always carry around in our body the death of Jesus,

---

*d***3:18** *reflejamos*. Alt. *contemplamos.*   *e***4:6** Gn 1:3   *c 18* Or *contemplate*   *d 6* Gen. 1:3

vida se manifieste en nuestro cuerpo. ¹¹Pues a nosotros, los que vivimos, siempre se nos entrega a la muerte por causa de Jesús, para que también su vida se manifieste en nuestro cuerpoᶠ mortal. ¹²Así que la muerte actúa en nosotros, y en ustedes la vida.

¹³Escrito está: «Creí, y por eso hablé.»ᵍ Con ese mismo espíritu de fe también nosotros creemos, y por eso hablamos. ¹⁴Pues sabemos que aquel que resucitó al Señor Jesús nos resucitará también a nosotros con él y nos llevará junto con ustedes a su presencia. ¹⁵Todo esto es por el bien de ustedes, para que la gracia que está alcanzando a más y más personas haga abundar la acción de gracias para la gloria de Dios.

¹⁶Por tanto, no nos desanimamos. Al contrario, aunque por fuera nos vamos desgastando, por dentro nos vamos renovando día tras día. ¹⁷Pues los sufrimientos ligeros y efímeros que ahora padecemos producen una gloria eterna que vale muchísimo más que todo sufrimiento. ¹⁸Así que no nos fijamos en lo visible sino en lo invisible, ya que lo que se ve es pasajero, mientras que lo que no se ve es eterno.

Nuestra morada celestial

5 De hecho, sabemos que si esta tienda de campaña en que vivimos se deshace, tenemos de Dios un edificio, una casa eterna en el cielo, no construida por manos humanas. ²Mientras tanto suspiramos, anhelando ser revestidos de nuestra morada celestial, ³porque cuando seamos revestidos, no se nos hallará desnudos. ⁴Realmente, vivimos en esta tienda de campaña, suspirando y agobiados, pues no deseamos ser desvestidos sino revestidos, para que lo mortal sea absorbido por la vida. ⁵Es Dios quien nos ha hecho para este fin y nos ha dado su Espíritu como garantía de sus promesas.

⁶Por eso mantenemos siempre la confianza, aunque sabemos que mientras vivamos en este cuerpo estaremos alejados del Señor. ⁷Vivimos por fe, no por vista. ⁸Así que nos mantenemos confiados, y preferiríamos ausentarnos de este cuerpo y vivir junto al Señor. ⁹Por eso nos empeñamos en agradarle, ya sea que vivamos en nuestro cuerpo o que lo hayamos dejado. ¹⁰Porque es necesario que todos comparezcamos ante el tribunal de Cristo, para que cada uno reciba lo que le corresponda, según lo bueno o malo que haya hecho mientras vivió en el cuerpo.

El ministerio de la reconciliación

¹¹Por tanto, como sabemos lo que es temer al Señor, tratamos de persuadir a todos, aunque

so that the life of Jesus may also be revealed in our body. ¹¹For we who are alive are always being given over to death for Jesus' sake, so that his life may be revealed in our mortal body. ¹²So then, death is at work in us, but life is at work in you.

¹³It is written: "I believed; therefore I have spoken."ᵉ With that same spirit of faith we also believe and therefore speak, ¹⁴because we know that the one who raised the Lord Jesus from the dead will also raise us with Jesus and present us with you in his presence. ¹⁵All this is for your benefit, so that the grace that is reaching more and more people may cause thanksgiving to overflow to the glory of God.

¹⁶Therefore we do not lose heart. Though outwardly we are wasting away, yet inwardly we are being renewed day by day. ¹⁷For our light and momentary troubles are achieving for us an eternal glory that far outweighs them all. ¹⁸So we fix our eyes not on what is seen, but on what is unseen. For what is seen is temporary, but what is unseen is eternal.

Our Heavenly Dwelling

5 Now we know that if the earthly tent we live in is destroyed, we have a building from God, an eternal house in heaven, not built by human hands. ²Meanwhile we groan, longing to be clothed with our heavenly dwelling, ³because when we are clothed, we will not be found naked. ⁴For while we are in this tent, we groan and are burdened, because we do not wish to be unclothed but to be clothed with our heavenly dwelling, so that what is mortal may be swallowed up by life. ⁵Now it is God who has made us for this very purpose and has given us the Spirit as a deposit, guaranteeing what is to come.

⁶Therefore we are always confident and know that as long as we are at home in the body we are away from the Lord. ⁷We live by faith, not by sight. ⁸We are confident, I say, and would prefer to be away from the body and at home with the Lord. ⁹So we make it our goal to please him, whether we are at home in the body or away from it. ¹⁰For we must all appear before the judgment seat of Christ, that each one may receive what is due him for the things done while in the body, whether good or bad.

The Ministry of Reconciliation

¹¹Since, then, we know what it is to fear the Lord, we try to persuade men. What we are is

ᶠ4:11 nuestro cuerpo. Lit. nuestra *carne.   ᵍ4:13 Sal 116:10   ᵉ13 Psalm 116:10

para Dios es evidente lo que somos, y espero que también lo sea para la conciencia de ustedes. 12No buscamos el recomendarnos otra vez a ustedes, sino que les damos una oportunidad de sentirse *orgullosos de nosotros, para que tengan con qué responder a los que se dejan llevar por las apariencias y no por lo que hay dentro del corazón. 13Si estamos locos, es por Dios; y si estamos cuerdos, es por ustedes. 14El amor de Cristo nos obliga, porque estamos convencidos de que uno murió por todos, y por consiguiente todos murieron. 15Y él murió por todos, para que los que viven ya no vivan para sí, sino para el que murió por ellos y fue resucitado.

16Así que de ahora en adelante no consideramos a nadie según criterios meramente *humanos.ʰ Aunque antes conocimos a Cristo de esta manera, ya no lo conocemos así. 17Por lo tanto, si alguno está en Cristo, es una nueva creación. ¡Lo viejo ha pasado, ha llegado ya lo nuevo! 18Todo esto proviene de Dios, quien por medio de Cristo nos reconcilió consigo mismo y nos dio el ministerio de la reconciliación: 19esto es, que en Cristo, Dios estaba reconciliando al mundo consigo mismo, no tomándole en cuenta sus pecados y encargándonos a nosotros el mensaje de la reconciliación. 20Así que somos embajadores de Cristo, como si Dios los exhortara a ustedes por medio de nosotros: «En nombre de Cristo les rogamos que se reconcilien con Dios.» 21Al que no cometió pecado alguno, por nosotros Dios lo trató como pecador,ⁱ para que en él recibiéramosʲ la justicia de Dios.

6 Nosotros, colaboradores de Dios, les rogamos que no reciban su gracia en vano. 2Porque él dice:

«En el momento propicio te escuché, y en el día de salvación te ayudé.»ᵏ

Les digo que éste es el momento propicio de Dios; ¡hoy es el día de salvación!

Privaciones de Pablo

3Por nuestra parte, a nadie damos motivo alguno de tropiezo, para que no se desacredite nuestro servicio. 4Más bien, en todo y con mucha paciencia nos acreditamos como servidores de Dios: en sufrimientos, privaciones y angustias; 5en azotes, cárceles y tumultos; en trabajos pesados, desvelos y hambre. 6Servimos con pureza, conocimiento, constancia y bondad; en el Espíritu Santo y en amor sincero; 7con palabras

plain to God, and I hope it is also plain to your conscience. 12We are not trying to commend ourselves to you again, but are giving you an opportunity to take pride in us, so that you can answer those who take pride in what is seen rather than in what is in the heart. 13If we are out of our mind, it is for the sake of God; if we are in our right mind, it is for you. 14For Christ's love compels us, because we are convinced that one died for all, and therefore all died. 15And he died for all, that those who live should no longer live for themselves but for him who died for them and was raised again.

16So from now on we regard no one from a worldly point of view. Though we once regarded Christ in this way, we do so no longer. 17Therefore, if anyone is in Christ, he is a new creation; the old has gone, the new has come! 18All this is from God, who reconciled us to himself through Christ and gave us the ministry of reconciliation: 19that God was reconciling the world to himself in Christ, not counting men's sins against them. And he has committed to us the message of reconciliation. 20We are therefore Christ's ambassadors, as though God were making his appeal through us. We implore you on Christ's behalf: Be reconciled to God. 21God made him who had no sin to be sinᶠ for us, so that in him we might become the righteousness of God.

6 As God's fellow workers we urge you not to receive God's grace in vain. 2For he says,

"In the time of my favor I heard you, and in the day of salvation I helped you."ᵍ

I tell you, now is the time of God's favor, now is the day of salvation.

Paul's Hardships

3We put no stumbling block in anyone's path, so that our ministry will not be discredited. 4Rather, as servants of God we commend ourselves in every way: in great endurance; in troubles, hardships and distresses; 5in beatings, imprisonments and riots; in hard work, sleepless nights and hunger; 6in purity, understanding, patience and kindness; in the Holy Spirit and in sincere love; 7in truthful speech

---

ʰ5:16 criterios ... humanos. Lit. la carne.   ⁱ5:21 lo trató como pecador. Alt. lo hizo sacrificio por el pecado. Lit. lo hizo pecado.   ʲ5:21 recibiéramos. Lit. llegáramos a ser.   ᵏ6:2 Is 49:8

ᶠ21 Or be a sin offering   ᵍ2 Isaiah 49:8

de verdad y con el poder de Dios; con armas de justicia, tanto ofensivas como defensivas;[l] 8por honra y por deshonra, por mala y por buena fama; veraces, pero tenidos por engañadores; 9conocidos, pero tenidos por desconocidos; como moribundos, pero aún con vida; golpeados, pero no muertos; 10aparentemente tristes, pero siempre alegres; pobres en apariencia, pero enriqueciendo a muchos; como si no tuviéramos nada, pero poseyéndolo todo.

11Hermanos corintios, les hemos hablado con toda franqueza; les hemos abierto de par en par nuestro corazón. 12Nunca les hemos negado nuestro afecto, pero ustedes sí nos niegan el suyo. 13Para corresponder del mismo modo —les hablo como si fueran mis hijos—, ¡abran también su corazón de par en par!

No formen yunta con los incrédulos

14No formen yunta con los incrédulos. ¿Qué tienen en común la justicia y la maldad? ¿O qué comunión puede tener la luz con la oscuridad? 15¿Qué armonía tiene Cristo con el diablo?[m] ¿Qué tiene en común un creyente con un incrédulo? 16¿En qué concuerdan el templo de Dios y los ídolos? Porque nosotros somos templo del Dios viviente. Como él ha dicho: «Viviré con ellos y caminaré entre ellos. Yo seré su Dios, y ellos serán mi pueblo.»[n] Por tanto, el Señor añade:

17«Salgan de en medio de ellos
   y apártense.
No toquen nada *impuro,
   y yo los recibiré.»[ñ]
18«Yo seré un padre para ustedes,
   y ustedes serán mis hijos y mis hijas,
      dice el Señor Todopoderoso.»[o]

7 Como tenemos estas promesas, queridos hermanos, purifiquémonos de todo lo que contamina el cuerpo y el espíritu, para completar en el temor de Dios la obra de nuestra *santificación.

La alegría de Pablo

2Hagan lugar para nosotros en su corazón. A nadie hemos agraviado, a nadie hemos corrompido, a nadie hemos explotado. 3No digo esto para condenarlos; ya les he dicho que tienen un lugar tan amplio en nuestro corazón que con ustedes viviríamos o moriríamos. 4Les tengo mucha confianza y me siento muy *orgulloso de ustedes. Estoy muy animado; en medio de todas nuestras aflicciones se desborda mi alegría.

and in the power of God; with weapons of righteousness in the right hand and in the left; 8through glory and dishonor, bad report and good report; genuine, yet regarded as impostors; 9known, yet regarded as unknown; dying, and yet we live on; beaten, and yet not killed; 10sorrowful, yet always rejoicing; poor, yet making many rich; having nothing, and yet possessing everything.

11We have spoken freely to you, Corinthians, and opened wide our hearts to you. 12We are not withholding our affection from you, but you are withholding yours from us. 13As a fair exchange—I speak as to my children—open wide your hearts also.

Do Not Be Yoked With Unbelievers

14Do not be yoked together with unbelievers. For what do righteousness and wickedness have in common? Or what fellowship can light have with darkness? 15What harmony is there between Christ and Belial[h]? What does a believer have in common with an unbeliever? 16What agreement is there between the temple of God and idols? For we are the temple of the living God. As God has said: "I will live with them and walk among them, and I will be their God, and they will be my people." [i]

17"Therefore come out from them
   and be separate,
                          says the Lord.
   Touch no unclean thing,
      and I will receive you."[j]
18"I will be a Father to you,
   and you will be my sons and daughters,
         says the Lord Almighty."[k]

7 Since we have these promises, dear friends, let us purify ourselves from everything that contaminates body and spirit, perfecting holiness out of reverence for God.

Paul's Joy

2Make room for us in your hearts. We have wronged no one, we have corrupted no one, we have exploited no one. 3I do not say this to condemn you; I have said before that you have such a place in our hearts that we would live or die with you. 4I have great confidence in you; I take great pride in you. I am greatly encouraged; in all our troubles my joy knows no bounds.

---

l6:7 ofensivas como defensivas. Lit. *en la mano derecha como en la izquierda.* *m6:15 el diablo.* Lit. *Beliar,* otra forma de *Belial.* *n6:16* Lv 26:12; Jer 32:38; Ez 37:27 *ñ6:17* Is 52:11; Ez 20:34,41 *o6:18* 2S 7:8,14; 1Cr 17:13

h15 Greek *Beliar,* a variant of *Belial* *i16* Lev. 26:12; Jer. 32:38; Ezek. 37:27 *j17* Isaiah 52:11; Ezek. 20:34,41 *k18* 2 Samuel 7:14; 7:8

5Cuando llegamos a Macedonia, nuestro cuerpo no tuvo ningún descanso, sino que nos vimos acosados por todas partes; conflictos por fuera, temores por dentro. 6Pero Dios, que consuela a los abatidos, nos consoló con la llegada de Tito, 7y no sólo con su llegada sino también con el consuelo que él había recibido de ustedes. Él nos habló del anhelo, de la profunda tristeza y de la honda preocupación que ustedes tienen por mí, lo cual me llenó de alegría.

8Si bien los entristecí con mi carta, no me pesa. Es verdad que antes me pesó, porque me di cuenta de que por un tiempo mi carta los había entristecido. 9Sin embargo, ahora me alegro, no porque se hayan entristecido sino porque su tristeza los llevó al *arrepentimiento. Ustedes se entristecieron tal como Dios lo quiere, de modo que nosotros de ninguna manera los hemos perjudicado. 10La tristeza que proviene de Dios produce el arrepentimiento que lleva a la salvación, de la cual no hay que arrepentirse, mientras que la tristeza del mundo produce la muerte. 11Fíjense lo que ha producido en ustedes esta tristeza que proviene de Dios: ¡qué empeño, qué afán por disculparse, qué indignación, qué temor, qué anhelo, qué preocupación, qué disposición para ver que se haga justicia! En todo han demostrado su inocencia en este asunto. 12Así que, a pesar de que les escribí, no fue por causa del ofensor ni del ofendido, sino más bien para que delante de Dios se dieran cuenta por ustedes mismos de cuánto interés tienen en nosotros. 13Todo esto nos reanima.

Además del consuelo que hemos recibido, nos alegró muchísimo el ver lo feliz que estaba Tito debido a que todos ustedes fortalecieron su espíritu. 14Ya le había dicho que me sentía orgulloso de ustedes, y no me han hecho quedar mal. Al contrario, así como todo lo que les dijimos es verdad, también resultaron ciertos los elogios que hice de ustedes delante de Tito. 15Y él los tiene aún más cariño al recordar que todos ustedes fueron obedientes y lo recibieron con temor y temblor. 16Me alegro de que puedo confiar plenamente en ustedes.

Estímulo a la generosidad

8 Ahora, hermanos, queremos que se enteren de la gracia que Dios ha dado a las iglesias de Macedonia. 2En medio de las pruebas más difíciles, su desbordante alegría y su extrema pobreza abundaron en rica generosidad. 3Soy testigo de que dieron espontáneamente tanto como podían, y aún más de lo que podían, 4rogándonos con insistencia que les concediéramos el privilegio de tomar parte en esta ayuda para los *santos. 5Incluso hicieron más de lo que esperábamos, ya que se entregaron a sí mismos, primeramente al Señor y después a nosotros,

5For when we came into Macedonia, this body of ours had no rest, but we were harassed at every turn—conflicts on the outside, fears within. 6But God, who comforts the downcast, comforted us by the coming of Titus, 7and not only by his coming but also by the comfort you had given him. He told us about your longing for me, your deep sorrow, your ardent concern for me, so that my joy was greater than ever.

8Even if I caused you sorrow by my letter, I do not regret it. Though I did regret it—I see that my letter hurt you, but only for a little while— 9yet now I am happy, not because you were made sorry, but because your sorrow led you to repentance. For you became sorrowful as God intended and so were not harmed in any way by us. 10Godly sorrow brings repentance that leads to salvation and leaves no regret, but worldly sorrow brings death. 11See what this godly sorrow has produced in you: what earnestness, what eagerness to clear yourselves, what indignation, what alarm, what longing, what concern, what readiness to see justice done. At every point you have proved yourselves to be innocent in this matter. 12So even though I wrote to you, it was not on account of the one who did the wrong or of the injured party, but rather that before God you could see for yourselves how devoted to us you are. 13By all this we are encouraged.

In addition to our own encouragement, we were especially delighted to see how happy Titus was, because his spirit has been refreshed by all of you. 14I had boasted to him about you, and you have not embarrassed me. But just as everything we said to you was true, so our boasting about you to Titus has proved to be true as well. 15And his affection for you is all the greater when he remembers that you were all obedient, receiving him with fear and trembling. 16I am glad I can have complete confidence in you.

Generosity Encouraged

8 And now, brothers, we want you to know about the grace that God has given the Macedonian churches. 2Out of the most severe trial, their overflowing joy and their extreme poverty welled up in rich generosity. 3For I testify that they gave as much as they were able, and even beyond their ability. Entirely on their own, 4they urgently pleaded with us for the privilege of sharing in this service to the saints. 5And they did not do as we expected, but they gave themselves first to the Lord and then to us

conforme a la voluntad de Dios. 6De modo que rogamos a Tito que llevara a feliz término esta obra de gracia entre ustedes, puesto que ya la había comenzado. 7Pero ustedes, así como sobresalen en todo —en fe, en palabras, en conocimiento, en dedicación y en su amor hacia nosotros*p*—, procuren también sobresalir en esta gracia de dar.

8No es que esté dándoles órdenes, sino que quiero probar la sinceridad de su amor en comparación con la dedicación de los demás. 9Ya conocen la gracia de nuestro Señor Jesucristo, que aunque era rico, por causa de ustedes se hizo pobre, para que mediante su pobreza ustedes llegaran a ser ricos.

10Aquí va mi consejo sobre lo que les conviene en este asunto: El año pasado ustedes fueron los primeros no sólo en dar sino también en querer hacerlo. 11Lleven ahora a feliz término la obra, para que, según sus posibilidades, cumplan con lo que de buena gana propusieron. 12Porque si uno lo hace de buena voluntad, lo que da es bien recibido según lo que tiene, y no según lo que no tiene.

13No se trata de que otros encuentren alivio mientras que ustedes sufren escasez; es más bien cuestión de igualdad. 14En las circunstancias actuales la abundancia de ustedes suplirá lo que ellos necesitan, para que a su vez la abundancia de ellos supla lo que ustedes necesitan. Así habrá igualdad, 15como está escrito: «Ni al que recogió mucho le sobraba, ni al que recogió poco le faltaba.»*q*

Tito enviado a Corinto

16Gracias a Dios que puso en el corazón de Tito la misma preocupación que yo tengo por ustedes. 17De hecho, cuando accedió a nuestra petición de ir a verlos, lo hizo con mucho entusiasmo y por su propia voluntad. 18Junto con él les enviamos al hermano que se ha ganado el reconocimiento de todas las iglesias por los servicios prestados al *evangelio. 19Además, las iglesias lo escogieron para que nos acompañe cuando llevemos la ofrenda, la cual administramos para honrar al Señor y demostrar nuestro ardiente deseo de servir. 20Queremos evitar cualquier crítica sobre la forma en que administramos este generoso donativo; 21porque procuramos hacer lo correcto, no sólo delante del Señor sino también delante de los demás.

22Con ellos les enviamos a nuestro hermano que nos ha demostrado con frecuencia y de muchas maneras que es diligente, y ahora lo es

in keeping with God's will. 6So we urged Titus, since he had earlier made a beginning, to bring also to completion this act of grace on your part. 7But just as you excel in everything—in faith, in speech, in knowledge, in complete earnestness and in your love for us*l*—see that you also excel in this grace of giving.

8I am not commanding you, but I want to test the sincerity of your love by comparing it with the earnestness of others. 9For you know the grace of our Lord Jesus Christ, that though he was rich, yet for your sakes he became poor, so that you through his poverty might become rich.

10And here is my advice about what is best for you in this matter: Last year you were the first not only to give but also to have the desire to do so. 11Now finish the work, so that your eager willingness to do it may be matched by your completion of it, according to your means. 12For if the willingness is there, the gift is acceptable according to what one has, not according to what he does not have.

13Our desire is not that others might be relieved while you are hard pressed, but that there might be equality. 14At the present time your plenty will supply what they need, so that in turn their plenty will supply what you need. Then there will be equality, 15as it is written: "He who gathered much did not have too much, and he who gathered little did not have too little."*m*

Titus Sent to Corinth

16I thank God, who put into the heart of Titus the same concern I have for you. 17For Titus not only welcomed our appeal, but he is coming to you with much enthusiasm and on his own initiative. 18And we are sending along with him the brother who is praised by all the churches for his service to the gospel. 19What is more, he was chosen by the churches to accompany us as we carry the offering, which we administer in order to honor the Lord himself and to show our eagerness to help. 20We want to avoid any criticism of the way we administer this liberal gift. 21For we are taking pains to do what is right, not only in the eyes of the Lord but also in the eyes of men.

22In addition, we are sending with them our brother who has often proved to us in many

---

aún más por la gran confianza que tiene en ustedes. 23En cuanto a Tito, es mi compañero y colaborador entre ustedes; y en cuanto a los otros hermanos, son enviados de las iglesias, son una honra para Cristo. 24Por tanto, den a estos hombres una prueba de su amor y muéstrenles por qué nos sentimos *orgullosos de ustedes, para testimonio ante las iglesias.

9 No hace falta que les escriba acerca de esta ayuda para los *santos, 2porque conozco la buena disposición que ustedes tienen. Esto lo he comentado con orgullo entre los macedonios, diciéndoles que desde el año pasado ustedes los de Acaya estaban preparados para dar. El entusiasmo de ustedes ha servido de estímulo a la mayoría de ellos. 3Con todo, les envío a estos hermanos para que en este asunto no resulte vano nuestro *orgullo por ustedes, sino que estén preparados, como ya he dicho que lo estarían, 4no sea que algunos macedonios vayan conmigo y los encuentren desprevenidos. En ese caso nosotros —por no decir nada de ustedes— nos avergonzaríamos por haber estado tan seguros. 5Así que me pareció necesario rogar a estos hermanos que se adelantaran a visitarlos y completaran los preparativos para esa generosa colecta que ustedes habían prometido. Entonces estará lista como una ofrenda generosa,r y no como una tacañería.

Sembrar con generosidad

6Recuerden esto: El que siembra escasamente, escasamente cosechará, y el que siembra en abundancia cosechará.s 7Cada uno debe dar según lo que haya decidido en su corazón, no de mala gana ni por obligación, porque Dios ama al que da con alegría. 8Y Dios puede hacer que toda gracia abunde para ustedes, de manera que siempre, en toda circunstancia, tengan todo lo necesario, y toda buena obra abunde en ustedes. 9Como está escrito:

«Repartió sus bienes entre los pobres;
    su justicia permanece para siempre.»t

10El que le suple semilla al que siembra también le suplirá pan para que coma, aumentará los cultivos y hará que ustedes produzcan una abundante cosecha de justicia. 11Ustedes serán enriquecidos en todo sentido para que en toda ocasión puedan ser generosos, y para que por medio de nosotros la generosidad de ustedes resulte en acciones de gracias a Dios.

12Esta ayuda que es un servicio sagrado no sólo suple las necesidades de los *santos sino

ways that he is zealous, and now even more so because of his great confidence in you. 23As for Titus, he is my partner and fellow worker among you; as for our brothers, they are representatives of the churches and an honor to Christ. 24Therefore show these men the proof of your love and the reason for our pride in you, so that the churches can see it.

9 There is no need for me to write to you about this service to the saints. 2For I know your eagerness to help, and I have been boasting about it to the Macedonians, telling them that since last year you in Achaia were ready to give; and your enthusiasm has stirred most of them to action. 3But I am sending the brothers in order that our boasting about you in this matter should not prove hollow, but that you may be ready, as I said you would be. 4For if any Macedonians come with me and find you unprepared, we—not to say anything about you—would be ashamed of having been so confident. 5So I thought it necessary to urge the brothers to visit you in advance and finish the arrangements for the generous gift you had promised. Then it will be ready as a generous gift, not as one grudgingly given.

Sowing Generously

6Remember this: Whoever sows sparingly will also reap sparingly, and whoever sows generously will also reap generously. 7Each man should give what he has decided in his heart to give, not reluctantly or under compulsion, for God loves a cheerful giver. 8And God is able to make all grace abound to you, so that in all things at all times, having all that you need, you will abound in every good work. 9As it is written:

"He has scattered abroad his gifts to the
        poor;
    his righteousness endures forever." n

10Now he who supplies seed to the sower and bread for food will also supply and increase your store of seed and will enlarge the harvest of your righteousness. 11You will be made rich in every way so that you can be generous on every occasion, and through us your generosity will result in thanksgiving to God.

12This service that you perform is not only supplying the needs of God's people but is also

---

r 9:5 una ofrenda generosa. Lit. una bendición.
s 9:6 siembra … cosechará. Lit. siembra en bendición, en
bendición cosechará.   t 9:9 Sal 112:9   n 9 Psalm 112:9

que también redunda en abundantes acciones de gracias a Dios. ¹³En efecto, al recibir esta demostración de servicio, ellos alabarán a Dios por la obediencia con que ustedes acompañan la confesión del *evangelio de Cristo, y por su generosa solidaridad con ellos y con todos. ¹⁴Además, en las oraciones de ellos por ustedes, expresarán el afecto que les tienen por la sobreabundante gracia que ustedes han recibido de Dios. ¹⁵¡Gracias a Dios por su don inefable!

Pablo defiende su ministerio

10 Por la ternura y la bondad de Cristo, yo, Pablo, apelo a ustedes personalmente; yo mismo que, según dicen, soy tímido cuando me encuentro cara a cara con ustedes pero atrevido cuando estoy lejos. ²Les ruego que cuando vaya no tenga que ser tan atrevido como me he propuesto ser con algunos que opinan que vivimos según criterios meramente *humanos, ³pues aunque vivimos en el *mundo, no libramos batallas como lo hace el mundo. ⁴Las armas con que luchamos no son del mundo, sino que tienen el poder divino para derribar fortalezas. ⁵Destruimos argumentos y toda altivez que se levanta contra el conocimiento de Dios, y llevamos cautivo todo pensamiento para que se someta a Cristo. ⁶Y estamos dispuestos a castigar cualquier acto de desobediencia una vez que yo pueda contar con la completa obediencia de ustedes.

⁷Fíjense en lo que está a la vista.ᵘ Si alguno está convencido de ser de Cristo, considere esto de nuevo: nosotros somos tan de Cristo como él. ⁸No me avergonzaré de *jactarme de nuestra autoridad más de la cuenta, autoridad que el Señor nos ha dado para la edificación y no para la destrucción de ustedes. ⁹No quiero dar la impresión de que trato de asustarlos con mis cartas, ¹⁰pues algunos dicen: «Sus cartas son duras y fuertes, pero él en persona no impresiona a nadie, y como orador es un fracaso.» ¹¹Tales personas deben darse cuenta de que lo que somos por escrito estando ausentes, lo seremos con hechos estando presentes.

¹²No nos atrevemos a igualarnos ni a compararnos con algunos que tanto se recomiendan a sí mismos. Al medirse con su propia medida y compararse unos con otros, no saben lo que hacen. ¹³Nosotros, por nuestra parte, no vamos a jactarnos más de lo debido. Nos limitaremos al campo que Dios nos ha asignado según su medida, en la cual también ustedes están incluidos. ¹⁴Si no hubiéramos estado antes entre ustedes, se podría alegar que estamos rebasando

overflowing in many expressions of thanks to God. ¹³Because of the service by which you have proved yourselves, men will praise God for the obedience that accompanies your confession of the gospel of Christ, and for your generosity in sharing with them and with everyone else. ¹⁴And in their prayers for you their hearts will go out to you, because of the surpassing grace God has given you. ¹⁵Thanks be to God for his indescribable gift!

Paul's Defense of His Ministry

10 By the meekness and gentleness of Christ, I appeal to you—I, Paul, who am "timid" when face to face with you, but "bold" when away! ²I beg you that when I come I may not have to be as bold as I expect to be toward some people who think that we live by the standards of this world. ³For though we live in the world, we do not wage war as the world does. ⁴The weapons we fight with are not the weapons of the world. On the contrary, they have divine power to demolish strongholds. ⁵We demolish arguments and every pretension that sets itself up against the knowledge of God, and we take captive every thought to make it obedient to Christ. ⁶And we will be ready to punish every act of disobedience, once your obedience is complete.

⁷You are looking only on the surface of things.ᵒ If anyone is confident that he belongs to Christ, he should consider again that we belong to Christ just as much as he. ⁸For even if I boast somewhat freely about the authority the Lord gave us for building you up rather than pulling you down, I will not be ashamed of it. ⁹I do not want to seem to be trying to frighten you with my letters. ¹⁰For some say, "His letters are weighty and forceful, but in person he is unimpressive and his speaking amounts to nothing." ¹¹Such people should realize that what we are in our letters when we are absent, we will be in our actions when we are present.

¹²We do not dare to classify or compare ourselves with some who commend themselves. When they measure themselves by themselves and compare themselves with themselves, they are not wise. ¹³We, however, will not boast beyond proper limits, but will confine our boasting to the field God has assigned to us, a field that reaches even to you. ¹⁴We are not going too far in our boasting, as would be the case if we

---

ᵘ10:7 *Fíjense ... vista.* Alt. *Ustedes se fijan en las apariencias.*

ᵒ7 Or *Look at the obvious facts*

estos límites, cuando lo cierto es que fuimos los primeros en llevarles el *evangelio de Cristo. 15No nos jactamos desmedidamente a costa del trabajo que otros han hecho. Al contrario, esperamos que, según vaya creciendo la fe de ustedes, también nuestro campo de acción entre ustedes se amplíe grandemente, 16para poder predicar el evangelio más allá de sus regiones, sin tener que jactarnos del trabajo ya hecho por otros. 17Más bien, «Si alguien ha de gloriarse, que se gloríe en el Señor».ᵛ 18Porque no es aprobado el que se recomienda a sí mismo sino aquel a quien recomienda el Señor.

Pablo y los falsos apóstoles

11 ¡Ojalá me aguanten unas cuantas tonterías! ¡Sí, aguántenmelas!ʷ 2El celo que siento por ustedes proviene de Dios, pues los tengo prometidos a un solo esposo, que es Cristo, para presentárselos como una virgen pura. 3Pero me temo que, así como la serpiente con su astucia engañó a Eva, los pensamientos de ustedes sean desviados de un compromiso puro yˣ sincero con Cristo. 4Si alguien llega a ustedes predicando a un Jesús diferente del que les hemos predicado nosotros, o si reciben un espíritu o un *evangelio diferentes de los que ya recibieron, a ése lo aguantan con facilidad. 5Pero considero que en nada soy inferior a esos «superapóstoles». 6Quizás yo sea un mal orador, pero tengo conocimiento. Esto se lo hemos demostrado a ustedes de una y mil maneras.

7¿Es que cometí un pecado al humillarme yo para enaltecerlos a ustedes, predicándoles el *evangelio de Dios gratuitamente? 8De hecho, despojé a otras iglesias al recibir de ellas ayuda para servirles a ustedes. 9Cuando estuve entre ustedes y necesité algo, no fui una carga para nadie, ya que los hermanos que llegaron de Macedonia suplieron mis necesidades. He evitado serles una carga en cualquier sentido, y seguiré evitándolo. 10Es tan cierto que la verdad de Cristo está en mí, como lo es que nadie en las regiones de Acaya podrá privarme de este motivo de *orgullo. 11¿Por qué? ¿Porque no los amo? ¡Dios sabe que sí! 12Pero seguiré haciendo lo que hago, a fin de quitar todo pretexto a aquellos que, buscando una oportunidad para hacerse iguales a nosotros, se *jactan de lo que hacen.

13Tales individuos son falsos apóstoles, obreros estafadores, que se disfrazan de apóstoles de Cristo. 14Y no es de extrañar, ya que Satanás mismo se disfraza de ángel de luz. 15Por eso no

had not come to you, for we did get as far as you with the gospel of Christ. 15Neither do we go beyond our limits by boasting of work done by others.ᵖ Our hope is that, as your faith continues to grow, our area of activity among you will greatly expand, 16so that we can preach the gospel in the regions beyond you. For we do not want to boast about work already done in another man's territory. 17But, "Let him who boasts boast in the Lord." ᑫ 18For it is not the one who commends himself who is approved, but the one whom the Lord commends.

Paul and the False Apostles

11 I hope you will put up with a little of my foolishness; but you are already doing that. 2I am jealous for you with a godly jealousy. I promised you to one husband, to Christ, so that I might present you as a pure virgin to him. 3But I am afraid that just as Eve was deceived by the serpent's cunning, your minds may somehow be led astray from your sincere and pure devotion to Christ. 4For if someone comes to you and preaches a Jesus other than the Jesus we preached, or if you receive a different spirit from the one you received, or a different gospel from the one you accepted, you put up with it easily enough. 5But I do not think I am in the least inferior to those "super-apostles." 6I may not be a trained speaker, but I do have knowledge. We have made this perfectly clear to you in every way.

7Was it a sin for me to lower myself in order to elevate you by preaching the gospel of God to you free of charge? 8I robbed other churches by receiving support from them so as to serve you. 9And when I was with you and needed something, I was not a burden to anyone, for the brothers who came from Macedonia supplied what I needed. I have kept myself from being a burden to you in any way, and will continue to do so. 10As surely as the truth of Christ is in me, nobody in the regions of Achaia will stop this boasting of mine. 11Why? Because I do not love you? God knows I do! 12And I will keep on doing what I am doing in order to cut the ground from under those who want an opportunity to be considered equal with us in the things they boast about. 13For such men are false apostles, deceitful workmen, masquerading as apostles

---

ᵛ10:17 Jer 9:24   ʷ11:1 ¡Sí, aguántenmelas! Alt. En realidad, ya me las están aguantando.   ˣ11:3 Var. no incluye: puro y.

ᵖ13-15 Or 13We, however, will not boast about things that cannot be measured, but we will boast according to the standard of measurement that the God of measure has assigned us—a measurement that relates even to you. 14 ... 15Neither do we boast about things that cannot be measured in regard to the work done by others.   ᑫ17 Jer. 9:24

es de sorprenderse que sus servidores se disfracen de servidores de la justicia. Su fin corresponderá con lo que merecen sus acciones.

Los sufrimientos de Pablo

¹⁶Lo repito: Que nadie me tenga por insensato. Pero aun cuando así me consideren, de todos modos recíbanme, para poder *jactarme un poco. ¹⁷Al jactarme tan confiadamente, no hablo como quisiera el Señor sino con insensatez. ¹⁸Ya que muchos se ufanan como lo hace el mundo,ʸ yo también lo haré. ¹⁹Por ser tan sensatos, ustedes de buena gana aguantan a los insensatos. ²⁰Aguantan incluso a cualquiera que los esclaviza, o los explota, o se aprovecha de ustedes, o se comporta con altanería, o les da de bofetadas. ²¹¡Para vergüenza mía, confieso que hemos sido demasiado débiles!

Si alguien se atreve a dárselas de algo, también yo me atrevo a hacerlo; lo digo como un insensato. ²²¿Son ellos hebreos? Pues yo también. ¿Son israelitas? También yo lo soy. ¿Son descendientes de Abraham? Yo también. ²³¿Son servidores de Cristo? ¡Qué locura! Yo lo soy más que ellos. He trabajado más arduamente, he sido encarcelado más veces, he recibido los azotes más severos, he estado en peligro de muerte repetidas veces. ²⁴Cinco veces recibí de los judíos los treinta y nueve azotes. ²⁵Tres veces me golpearon con varas, una vez me apedrearon, tres veces naufragué, y pasé un día y una noche como náufrago en alta mar. ²⁶Mi vida ha sido un continuo ir y venir de un sitio a otro; en peligros de ríos, peligros de bandidos, peligros de parte de mis compatriotas, peligros a manos de los *gentiles, peligros en la ciudad, peligros en el campo, peligros en el mar y peligros de parte de falsos hermanos. ²⁷He pasado muchos trabajos y fatigas, y muchas veces me he quedado sin dormir; he sufrido hambre y sed, y muchas veces me he quedado en ayunas; he sufrido frío y desnudez. ²⁸Y como si fuera poco, cada día pesa sobre mí la preocupación por todas las iglesias. ²⁹¿Cuando alguien se siente débil, no comparto yo su debilidad? ¿Y cuando a alguien se le hace *tropezar, no ardo yo de indignación?

³⁰Si me veo obligado a jactarme, me jactaré de mi debilidad. ³¹El Dios y Padre del Señor Jesús (¡sea por siempre alabado!) sabe que no miento. ³²En Damasco, el gobernador bajo el rey Aretas mandó que se vigilara la ciudad de los damascenos con el fin de arrestarme; ³³pero me bajaron en un canasto por una ventana de la muralla, y así escapé de las manos del gobernador.

of Christ. ¹⁴And no wonder, for Satan himself masquerades as an angel of light. ¹⁵It is not surprising, then, if his servants masquerade as servants of righteousness. Their end will be what their actions deserve.

Paul Boasts About His Sufferings

¹⁶I repeat: Let no one take me for a fool. But if you do, then receive me just as you would a fool, so that I may do a little boasting. ¹⁷In this self-confident boasting I am not talking as the Lord would, but as a fool. ¹⁸Since many are boasting in the way the world does, I too will boast. ¹⁹You gladly put up with fools since you are so wise! ²⁰In fact, you even put up with anyone who enslaves you or exploits you or takes advantage of you or pushes himself forward or slaps you in the face. ²¹To my shame I admit that we were too weak for that!

What anyone else dares to boast about—I am speaking as a fool—I also dare to boast about. ²²Are they Hebrews? So am I. Are they Israelites? So am I. Are they Abraham's descendants? So am I. ²³Are they servants of Christ? (I am out of my mind to talk like this.) I am more. I have worked much harder, been in prison more frequently, been flogged more severely, and been exposed to death again and again. ²⁴Five times I received from the Jews the forty lashes minus one. ²⁵Three times I was beaten with rods, once I was stoned, three times I was shipwrecked, I spent a night and a day in the open sea, ²⁶I have been constantly on the move. I have been in danger from rivers, in danger from bandits, in danger from my own countrymen, in danger from Gentiles; in danger in the city, in danger in the country, in danger at sea; and in danger from false brothers. ²⁷I have labored and toiled and have often gone without sleep; I have known hunger and thirst and have often gone without food; I have been cold and naked. ²⁸Besides everything else, I face daily the pressure of my concern for all the churches. ²⁹Who is weak, and I do not feel weak? Who is led into sin, and I do not inwardly burn?

³⁰If I must boast, I will boast of the things that show my weakness. ³¹The God and Father of the Lord Jesus, who is to be praised forever, knows that I am not lying. ³²In Damascus the governor under King Aretas had the city of the Damascenes guarded in order to arrest me. ³³But I was lowered in a basket from a window in the wall and slipped through his hands.

ʸ11:18 se ufanan … mundo. Lit. se *jactan según la *carne.

Visión y debilidad de Pablo

12 Me veo obligado a *jactarme, aunque nada se gane con ello. Paso a referirme a las visiones y revelaciones del Señor. ²Conozco a un seguidor de Cristo que hace catorce años fue llevado al tercer cielo (no sé si en el cuerpo o fuera del cuerpo; Dios lo sabe). ³Y sé que este hombre (no sé si en el cuerpo o aparte del cuerpo; Dios lo sabe) ⁴fue llevado al paraíso y escuchó cosas indecibles que a los *humanos no se nos permite expresar. ⁵De tal hombre podría hacer alarde; pero de mí no haré alarde sino de mis debilidades. ⁶Sin embargo, no sería insensato si decidiera jactarme, porque estaría diciendo la verdad. Pero no lo hago, para que nadie suponga que soy más de lo que aparento o de lo que digo.

⁷Para evitar que me volviera presumido por estas sublimes revelaciones, una espina me fue clavada en el cuerpo, es decir, un mensajero de Satanás, para que me atormentara. ⁸Tres veces le rogué al Señor que me la quitara; ⁹pero él me dijo: «Te basta con mi gracia, pues mi poder se perfecciona en la debilidad.» Por lo tanto, gustosamente haré más bien alarde de mis debilidades, para que permanezca sobre mí el poder de Cristo. ¹⁰Por eso me regocijo en debilidades, insultos, privaciones, persecuciones y dificultades que sufro por Cristo; porque cuando soy débil, entonces soy fuerte.

Preocupación de Pablo por los corintios

¹¹Me he portado como un insensato, pero ustedes me han obligado a ello. Ustedes debían haberme elogiado, pues de ningún modo soy inferior a los «superapóstoles», aunque yo no soy nada. ¹²Las marcas distintivas de un apóstol, tales como señales, prodigios y milagros, se dieron constantemente entre ustedes. ¹³¿En qué fueron ustedes inferiores a las demás iglesias? Pues sólo en que yo mismo nunca les fui una carga. ¡Perdónenme si los ofendo!

¹⁴Miren que por tercera vez estoy listo para visitarlos, y no les seré una carga, pues no me interesa lo que ustedes tienen sino lo que ustedes son. Después de todo, no son los hijos los que deben ahorrar para los padres, sino los padres para los hijos. ¹⁵Así que de buena gana gastaré todo lo que tengo, y hasta yo mismo me desgastaré del todo por ustedes. Si los amo hasta el extremo, ¿me amarán menos? ¹⁶En todo caso, no les he sido una carga. ¿Es que, como soy tan astuto, les tendí una trampa para estafarlos? ¹⁷¿Acaso los exploté por medio de alguno de mis enviados? ¹⁸Le rogué a Tito que fuera a verlos y con él envié al hermano. ¿Acaso se aprovechó Tito de ustedes? ¿No procedimos los dos con el mismo espíritu y seguimos el mismo camino?

Paul's Vision and His Thorn

12 I must go on boasting. Although there is nothing to be gained, I will go on to visions and revelations from the Lord. ²I know a man in Christ who fourteen years ago was caught up to the third heaven. Whether it was in the body or out of the body I do not know—God knows. ³And I know that this man—whether in the body or apart from the body I do not know, but God knows— ⁴was caught up to paradise. He heard inexpressible things, things that man is not permitted to tell. ⁵I will boast about a man like that, but I will not boast about myself, except about my weaknesses. ⁶Even if I should choose to boast, I would not be a fool, because I would be speaking the truth. But I refrain, so no one will think more of me than is warranted by what I do or say.

⁷To keep me from becoming conceited because of these surpassingly great revelations, there was given me a thorn in my flesh, a messenger of Satan, to torment me. ⁸Three times I pleaded with the Lord to take it away from me. ⁹But he said to me, "My grace is sufficient for you, for my power is made perfect in weakness." Therefore I will boast all the more gladly about my weaknesses, so that Christ's power may rest on me. ¹⁰That is why, for Christ's sake, I delight in weaknesses, in insults, in hardships, in persecutions, in difficulties. For when I am weak, then I am strong.

Paul's Concern for the Corinthians

¹¹I have made a fool of myself, but you drove me to it. I ought to have been commended by you, for I am not in the least inferior to the "super-apostles," even though I am nothing. ¹²The things that mark an apostle—signs, wonders and miracles—were done among you with great perseverance. ¹³How were you inferior to the other churches, except that I was never a burden to you? Forgive me this wrong!

¹⁴Now I am ready to visit you for the third time, and I will not be a burden to you, because what I want is not your possessions but you. After all, children should not have to save up for their parents, but parents for their children. ¹⁵So I will very gladly spend for you everything I have and expend myself as well. If I love you more, will you love me less? ¹⁶Be that as it may, I have not been a burden to you. Yet, crafty fellow that I am, I caught you by trickery! ¹⁷Did I exploit you through any of the men I sent you? ¹⁸I urged Titus to go to you and I sent our brother with him. Titus did not exploit you, did he? Did we not act in the same spirit and follow the same course?

19¿Todo este tiempo han venido pensando que nos estábamos justificando ante ustedes? ¡Más bien, hemos estado hablando delante de Dios en Cristo! Todo lo que hacemos, queridos hermanos, es para su edificación. **20**En realidad, me temo que cuando vaya a verlos no los encuentre como quisiera, ni ustedes me encuentren a mí como quisieran. Temo que haya peleas, celos, arrebatos de ira, rivalidades, calumnias, chismes, insultos y alborotos. **21**Temo que, al volver a visitarlos, mi Dios me humille delante de ustedes, y que yo tenga que llorar por muchos que han pecado desde hace algún tiempo pero no se han *arrepentido de la impureza, de la inmoralidad sexual y de los vicios a que se han entregado.

Advertencias finales

13 Ésta será la tercera vez que los visito. «Todo asunto se resolverá mediante el testimonio de dos o tres testigos.»*z* **2**Cuando estuve con ustedes por segunda vez les advertí, y ahora que estoy ausente se lo repito: Cuando vuelva a verlos, no seré indulgente con los que antes pecaron ni con ningún otro, **3**ya que están exigiendo una prueba de que Cristo habla por medio de mí. Él no se muestra débil en su trato con ustedes, sino que ejerce su poder entre ustedes. **4**Es cierto que fue crucificado en debilidad, pero ahora vive por el poder de Dios. De igual manera, nosotros participamos de su debilidad, pero por el poder de Dios viviremos con Cristo para ustedes.

5Examínense para ver si están en la fe; pruébense a sí mismos. ¿No se dan cuenta de que Cristo Jesús está en ustedes? ¡A menos que fracasen en la *prueba! **6**Espero que reconozcan que nosotros no hemos fracasado. **7**Pedimos a Dios que no hagan nada malo, no para demostrar mi éxito, sino para que hagan lo bueno, aunque parezca que nosotros hemos fracasado. **8**Pues nada podemos hacer contra la verdad, sino a favor de la verdad. **9**De hecho, nos alegramos cuando nosotros somos débiles y ustedes fuertes; y oramos a Dios para que los restaure plenamente. **10**Por eso les escribo todo esto en mi ausencia, para que cuando vaya no tenga que ser severo en el uso de mi autoridad, la cual el Señor me ha dado para edificación y no para destrucción.

Saludos finales

11En fin, hermanos, alégrense, busquen*a* su restauración, hagan caso de mi exhortación,

19Have you been thinking all along that we have been defending ourselves to you? We have been speaking in the sight of God as those in Christ; and everything we do, dear friends, is for your strengthening. **20**For I am afraid that when I come I may not find you as I want you to be, and you may not find me as you want me to be. I fear that there may be quarreling, jealousy, outbursts of anger, factions, slander, gossip, arrogance and disorder. **21**I am afraid that when I come again my God will humble me before you, and I will be grieved over many who have sinned earlier and have not repented of the impurity, sexual sin and debauchery in which they have indulged.

Final Warnings

13 This will be my third visit to you. "Every matter must be established by the testimony of two or three witnesses."*r* **2**I already gave you a warning when I was with you the second time. I now repeat it while absent: On my return I will not spare those who sinned earlier or any of the others, **3**since you are demanding proof that Christ is speaking through me. He is not weak in dealing with you, but is powerful among you. **4**For to be sure, he was crucified in weakness, yet he lives by God's power. Likewise, we are weak in him, yet by God's power we will live with him to serve you.

5Examine yourselves to see whether you are in the faith; test yourselves. Do you not realize that Christ Jesus is in you—unless, of course, you fail the test? **6**And I trust that you will discover that we have not failed the test. **7**Now we pray to God that you will not do anything wrong. Not that people will see that we have stood the test but that you will do what is right even though we may seem to have failed. **8**For we cannot do anything against the truth, but only for the truth. **9**We are glad whenever we are weak but you are strong; and our prayer is for your perfection. **10**This is why I write these things when I am absent, that when I come I may not have to be harsh in my use of authority—the authority the Lord gave me for building you up, not for tearing you down.

Final Greetings

11Finally, brothers, good-by. Aim for perfection, listen to my appeal, be of one mind, live in

---

*z***13:1** Dt 19:15   *a***13:11** *alégrense, busquen.* Alt. *los saludo. Busquen.*

r *1* Deut. 19:15

sean de un mismo sentir, vivan en paz. Y el Dios de amor y de paz estará con ustedes.

12Salúdense unos a otros con un beso santo. 13Todos los *santos les mandan saludos.

14Que la gracia del Señor Jesucristo, el amor de Dios y la comunión del Espíritu Santo sean con todos ustedes.

peace. And the God of love and peace will be with you.

12Greet one another with a holy kiss. 13All the saints send their greetings.

14May the grace of the Lord Jesus Christ, and the love of God, and the fellowship of the Holy Spirit be with you all.

Carta a los Gálatas

Galatians

1 Pablo, apóstol, no por investidura ni mediación *humanas, sino por *Jesucristo y por Dios Padre, que lo *levantó de entre los muertos; ²y todos los hermanos que están conmigo,

a las iglesias de Galacia:

³Que Dios nuestro Padre y el Señor Jesucristo les concedan gracia y paz. ⁴Jesucristo dio su vida por nuestros pecados para rescatarnos de este mundo malvado, según la voluntad de nuestro Dios y Padre, ⁵a quien sea la gloria por los siglos de los siglos. Amén.

No hay otro evangelio

⁶Me asombra que tan pronto estén dejando ustedes a quien los llamó por la gracia de Cristo, para pasarse a otro *evangelio. ⁷No es que haya otro evangelio, sino que ciertos individuos están sembrando confusión entre ustedes y quieren tergiversar el evangelio de Cristo. ⁸Pero aun si alguno de nosotros o un ángel del cielo les predicara un evangelio distinto del que les hemos predicado, ¡que caiga bajo maldición! ⁹Como ya lo hemos dicho, ahora lo repito: si alguien les anda predicando un evangelio distinto del que recibieron, ¡que caiga bajo maldición!

¹⁰¿Qué busco con esto: ganarme la aprobación *humana o la de Dios? ¿Piensan que procuro agradar a los demás? Si yo buscara agradar a otros, no sería *siervo de Cristo.

Pablo, llamado por Dios

¹¹Quiero que sepan, hermanos, que el *evangelio que yo predico no es invención *humana. ¹²No lo recibí ni lo aprendí de ningún *ser humano, sino que me llegó por revelación de Jesucristo. ¹³Ustedes ya están enterados de mi conducta cuando pertenecía al judaísmo, de la furia con que perseguía a la iglesia de Dios, tratando de destruirla. ¹⁴En la práctica del judaísmo, yo aventajaba a muchos de mis contemporáneos en mi celo exagerado por las tradiciones de mis antepasados. ¹⁵Sin embargo, Dios me había apartado desde el vientre de mi madre y me llamó por su gracia. Cuando él tuvo a bien ¹⁶revelarme a su Hijo para que yo lo predicara entre los *gentiles, no consulté con nadie. ¹⁷Tampoco subí a Jerusalén para ver a los que eran apóstoles antes que yo, sino que fui de

1 Paul, an apostle—sent not from men nor by man, but by Jesus Christ and God the Father, who raised him from the dead— ²and all the brothers with me,

To the churches in Galatia:

³Grace and peace to you from God our Father and the Lord Jesus Christ, ⁴who gave himself for our sins to rescue us from the present evil age, according to the will of our God and Father, ⁵to whom be glory for ever and ever. Amen.

No Other Gospel

⁶I am astonished that you are so quickly deserting the one who called you by the grace of Christ and are turning to a different gospel— ⁷which is really no gospel at all. Evidently some people are throwing you into confusion and are trying to pervert the gospel of Christ. ⁸But even if we or an angel from heaven should preach a gospel other than the one we preached to you, let him be eternally condemned! ⁹As we have already said, so now I say again: If anybody is preaching to you a gospel other than what you accepted, let him be eternally condemned!

¹⁰Am I now trying to win the approval of men, or of God? Or am I trying to please men? If I were still trying to please men, I would not be a servant of Christ.

Paul Called by God

¹¹I want you to know, brothers, that the gospel I preached is not something that man made up. ¹²I did not receive it from any man, nor was I taught it; rather, I received it by revelation from Jesus Christ. ¹³For you have heard of my previous way of life in Judaism, how intensely I persecuted the church of God and tried to destroy it. ¹⁴I was advancing in Judaism beyond many Jews of my own age and was extremely zealous for the traditions of my fathers. ¹⁵But when God, who set me apart from birth*a* and called me by his grace, was pleased ¹⁶to reveal his Son in me so that I might preach him among the Gentiles, I did not consult any man, ¹⁷nor did I go up to

a 15 Or *from my mother's womb*

inmediato a Arabia, de donde luego regresé a Damasco.

18Después de tres años, subí a Jerusalén para visitar a Pedro,[a] y me quedé con él quince días. 19No vi a ningún otro de los apóstoles; sólo vi a *Jacobo, el hermano del Señor. 20Dios me es testigo que en esto que les escribo no miento. 21Más tarde fui a las regiones de Siria y Cilicia. 22Pero en Judea las iglesias de[b] Cristo no me conocían personalmente. 23Sólo habían oído decir: «El que antes nos perseguía ahora predica la fe que procuraba destruir.» 24Y por causa mía glorificaban a Dios.

Los apóstoles aceptan a Pablo

2 Catorce años después subí de nuevo a Jerusalén, esta vez con Bernabé, llevando también a Tito. 2Fui en obediencia a una revelación, y me reuní en privado con los que eran reconocidos como dirigentes, y les expliqué el *evangelio que predico entre los *gentiles, para que todo mi esfuerzo no fuera en vano.[c] 3Ahora bien, ni siquiera Tito, que me acompañaba, fue obligado a circuncidarse, aunque era *griego. 4El problema era que algunos falsos hermanos se habían infiltrado entre nosotros para coartar la libertad que tenemos en Cristo Jesús a fin de esclavizarnos. 5Ni por un momento accedimos a someternos a ellos, pues queríamos que se preservara entre ustedes la integridad del evangelio.

6En cuanto a los que eran reconocidos como personas importantes —aunque no me interesa lo que fueran, porque Dios no juzga por las apariencias—, no me impusieron nada nuevo. 7Al contrario, reconocieron que a mí se me había encomendado predicar el evangelio a los gentiles, de la misma manera que se le había encomendado a Pedro predicarlo a los judíos.[d] 8El mismo Dios que facultó a Pedro como apóstol de los judíos[e] me facultó también a mí como apóstol de los gentiles. 9En efecto, *Jacobo, Pedro y Juan, que eran considerados columnas, al reconocer la gracia que yo había recibido, nos dieron la mano a Bernabé y a mí en señal de compañerismo, de modo que nosotros fuéramos a los gentiles y ellos a los judíos. 10Sólo nos pidieron que nos acordáramos de los pobres, y eso es precisamente lo que he venido haciendo con esmero.

Pablo se opone a Pedro

11Pues bien, cuando Pedro fue a Antioquía, le eché en cara su comportamiento condenable.

Jerusalem to see those who were apostles before I was, but I went immediately into Arabia and later returned to Damascus.

18Then after three years, I went up to Jerusalem to get acquainted with Peter[b] and stayed with him fifteen days. 19I saw none of the other apostles—only James, the Lord's brother. 20I assure you before God that what I am writing you is no lie. 21Later I went to Syria and Cilicia. 22I was personally unknown to the churches of Judea that are in Christ. 23They only heard the report: "The man who formerly persecuted us is now preaching the faith he once tried to destroy." 24And they praised God because of me.

Paul Accepted by the Apostles

2 Fourteen years later I went up again to Jerusalem, this time with Barnabas. I took Titus along also. 2I went in response to a revelation and set before them the gospel that I preach among the Gentiles. But I did this privately to those who seemed to be leaders, for fear that I was running or had run my race in vain. 3Yet not even Titus, who was with me, was compelled to be circumcised, even though he was a Greek. 4This matter arose because some false brothers had infiltrated our ranks to spy on the freedom we have in Christ Jesus and to make us slaves. 5We did not give in to them for a moment, so that the truth of the gospel might remain with you.

6As for those who seemed to be important—whatever they were makes no difference to me; God does not judge by external appearance—those men added nothing to my message. 7On the contrary, they saw that I had been entrusted with the task of preaching the gospel to the Gentiles,[c] just as Peter had been to the Jews.[d] 8For God, who was at work in the ministry of Peter as an apostle to the Jews, was also at work in my ministry as an apostle to the Gentiles. 9James, Peter[e] and John, those reputed to be pillars, gave me and Barnabas the right hand of fellowship when they recognized the grace given to me. They agreed that we should go to the Gentiles, and they to the Jews. 10All they asked was that we should continue to remember the poor, the very thing I was eager to do.

Paul Opposes Peter

11When Peter came to Antioch, I opposed him to his face, because he was clearly in the wrong.

[a]1:18 Aquí el autor usa *Cefas, nombre arameo de Pedro; también en 2:9,11,14. [b]1:22 de. Lit. en. [c]2:2 para … vano. Lit. para que yo no estuviera corriendo o hubiera corrido en vano. [d]2:7 el evangelio … judíos. Lit. el evangelio de la incircuncisión, como a Pedro el de la *circuncisión. [e]2:8 los judíos. Lit. la circuncisión; también en v. 9.

[b]18 Greek Cephas   [c]7 Greek uncircumcised   [d]7 Greek circumcised; also in verses 8 and 9   [e]9 Greek Cephas; also in verses 11 and 14

12Antes que llegaran algunos de parte de *Jacobo, Pedro solía comer con los *gentiles. Pero cuando aquéllos llegaron, comenzó a retraerse y a separarse de los gentiles por temor a los partidarios de la *circuncisión.ᶠ 13Entonces los demás judíos se unieron a Pedro en su *hipocresía, y hasta el mismo Bernabé se dejó arrastrar por esa conducta hipócrita.

14Cuando vi que no actuaban rectamente, como corresponde a la integridad del *evangelio, le dije a Pedro delante de todos: «Si tú, que eres judío, vives como si no lo fueras, ¿por qué obligas a los gentiles a practicar el judaísmo?

15»Nosotros somos judíos de nacimiento y no *"pecadores paganos". 16Sin embargo, al reconocer que nadie es *justificado por las obras que demanda la ley sino por la *fe en Jesucristo, también nosotros hemos puesto nuestra fe en Cristo Jesús, para ser justificados por la fe en él y no por las obras de la ley; porque por éstas nadie será justificado.

17»Ahora bien, cuando buscamos ser justificados porᵍ Cristo, se hace evidente que nosotros mismos somos pecadores. ¿Quiere esto decir que Cristo está al servicio del pecado? ¡De ninguna manera! 18Si uno vuelve a edificar lo que antes había destruido, se haceʰ transgresor. 19Yo, por mi parte, mediante la ley he muerto a la ley, a fin de vivir para Dios. 20He sido crucificado con Cristo, y ya no vivo yo sino que Cristo vive en mí. Lo que ahora vivo en el cuerpo, lo vivo por la fe en el Hijo de Dios, quien me amó y dio su vida por mí. 21No desecho la gracia de Dios. Si la justicia se obtuviera mediante la ley, Cristo habría muerto en vano.»ⁱ

La fe o la observancia de la ley

3 ¡Gálatas torpes! ¿Quién los ha hechizado a ustedes, ante quienes Jesucristo crucificado ha sido presentado tan claramente? 2Sólo quiero que me respondan a esto: ¿Recibieron el Espíritu por las obras que demanda la ley, o por la fe con que aceptaron el mensaje? 3¿Tan torpes son? Después de haber comenzado con el Espíritu, ¿pretenden ahora perfeccionarse con esfuerzos *humanos?ʲ 4¿Tanto sufrir, para nada?ᵏ ¡Si es que de veras fue para nada! 5Al darles Dios su Espíritu y hacer milagros entre ustedes, ¿lo hace por las obras que demanda la ley o por la fe con que han aceptado el mensaje? 6Así fue con Abraham: «Le creyó a Dios, y esto se le tomó en cuenta como justicia.»ˡ

12Before certain men came from James, he used to eat with the Gentiles. But when they arrived, he began to draw back and separate himself from the Gentiles because he was afraid of those who belonged to the circumcision group. 13The other Jews joined him in his hypocrisy, so that by their hypocrisy even Barnabas was led astray.

14When I saw that they were not acting in line with the truth of the gospel, I said to Peter in front of them all, "You are a Jew, yet you live like a Gentile and not like a Jew. How is it, then, that you force Gentiles to follow Jewish customs?

15"We who are Jews by birth and not 'Gentile sinners' 16know that a man is not justified by observing the law, but by faith in Jesus Christ. So we, too, have put our faith in Christ Jesus that we may be justified by faith in Christ and not by observing the law, because by observing the law no one will be justified.

17"If, while we seek to be justified in Christ, it becomes evident that we ourselves are sinners, does that mean that Christ promotes sin? Absolutely not! 18If I rebuild what I destroyed, I prove that I am a lawbreaker. 19For through the law I died to the law so that I might live for God. 20I have been crucified with Christ and I no longer live, but Christ lives in me. The life I live in the body, I live by faith in the Son of God, who loved me and gave himself for me. 21I do not set aside the grace of God, for if righteousness could be gained through the law, Christ died for nothing!"ᶠ

Faith or Observance of the Law

3 You foolish Galatians! Who has bewitched you? Before your very eyes Jesus Christ was clearly portrayed as crucified. 2I would like to learn just one thing from you: Did you receive the Spirit by observing the law, or by believing what you heard? 3Are you so foolish? After beginning with the Spirit, are you now trying to attain your goal by human effort? 4Have you suffered so much for nothing—if it really was for nothing? 5Does God give you his Spirit and work miracles among you because you observe the law, or because you believe what you heard?

6Consider Abraham: "He believed God, and it was credited to him as righteousness."ᵍ 7Understand, then, that those who believe are children of Abraham. 8The Scripture foresaw that God would justify the Gentiles by faith, and announced the gospel in advance to Abraham:

ᶠ2:12 *los partidarios de la circuncisión.* Alt. *los judíos.*
ᵍ2:17 *por.* Lit. *en.* ·ʰ2:18 *Si uno vuelve … se hace.* Lit. *Si vuelvo … me hago.* ⁱ2:21 Algunos intérpretes consideran que la cita termina al final del v. 14. ʲ3:3 *¿pretenden … humanos?* Lit. *¿se perfeccionan ahora con la *carne?* ᵏ3:4 *¿Tanto sufrir, para nada?* Alt. *¿Han tenido tan grandes experiencias en vano?* ˡ3:6 Gn 15:6

ᶠ21 Some interpreters end the quotation after verse 14.
ᵍ6 Gen. 15:6

7Por lo tanto, sepan que los descendientes de Abraham son aquellos que viven por la fe. 8En efecto, la Escritura, habiendo previsto que Dios *justificaría por la fe a las *naciones, anunció de antemano el *evangelio a Abraham: «Por medio de ti serán bendecidas todas las naciones.»^m 9Así que los que viven por la fe son bendecidos junto con Abraham, el hombre de fe.

10Todos los que viven por las obras que demanda la ley están bajo maldición, porque está escrito: «Maldito sea quien no practique fielmente todo lo que está escrito en el libro de la ley.»ⁿ 11Ahora bien, es evidente que por la ley nadie es justificado delante de Dios, porque «el justo vivirá por la fe».^ñ 12La ley no se basa en la fe; por el contrario, «quien practique estas cosas vivirá por ellas».^o 13Cristo nos rescató de la maldición de la ley al hacerse maldición por nosotros, pues está escrito: «Maldito todo el que es colgado de un madero.»^p 14Así sucedió, para que, por medio de Cristo Jesús, la bendición prometida a Abraham llegara a las naciones, y para que por la fe recibiéramos el Espíritu según la promesa.

La ley y la promesa

15Hermanos, voy a ponerles un ejemplo: aun en el caso de un pacto^q *humano, nadie puede anularlo ni añadirle nada una vez que ha sido ratificado. 16Ahora bien, las promesas se le hicieron a Abraham y a su descendencia. La Escritura no dice: «y a los descendientes», como refiriéndose a muchos, sino: «y a tu descendencia»,^r dando a entender uno solo, que es Cristo. 17Lo que quiero decir es esto: La ley, que vino cuatrocientos treinta años después, no anula el pacto que Dios había ratificado previamente; de haber sido así, quedaría sin efecto la promesa. 18Si la herencia se basa en la ley, ya no se basa en la promesa; pero Dios se la concedió gratuitamente a Abraham mediante una promesa.

19Entonces, ¿cuál era el propósito de la ley? Fue añadida por causa de^s las transgresiones hasta que viniera la descendencia a la cual se hizo la promesa. La ley se promulgó por medio de ángeles, por conducto de un mediador. 20Ahora bien, no hace falta mediador si hay una sola parte, y sin embargo Dios es uno solo. 21Si esto es así, ¿estará la ley en contra de las promesas de Dios? ¡De ninguna manera! Si se hubiera promulgado una ley capaz de dar vida, entonces sí que la justicia se basaría en la ley. 22Pero la Escritura declara que todo el mundo es

"All nations will be blessed through you." ^h 9So those who have faith are blessed along with Abraham, the man of faith.

10All who rely on observing the law are under a curse, for it is written: "Cursed is everyone who does not continue to do everything written in the Book of the Law." ⁱ 11Clearly no one is justified before God by the law, because, "The righteous will live by faith." ^j 12The law is not based on faith; on the contrary, "The man who does these things will live by them." ^k 13Christ redeemed us from the curse of the law by becoming a curse for us, for it is written: "Cursed is everyone who is hung on a tree." ^l 14He redeemed us in order that the blessing given to Abraham might come to the Gentiles through Christ Jesus, so that by faith we might receive the promise of the Spirit.

The Law and the Promise

15Brothers, let me take an example from everyday life. Just as no one can set aside or add to a human covenant that has been duly established, so it is in this case. 16The promises were spoken to Abraham and to his seed. The Scripture does not say "and to seeds," meaning many people, but "and to your seed," ^m meaning one person, who is Christ. 17What I mean is this: The law, introduced 430 years later, does not set aside the covenant previously established by God and thus do away with the promise. 18For if the inheritance depends on the law, then it no longer depends on a promise; but God in his grace gave it to Abraham through a promise.

19What, then, was the purpose of the law? It was added because of transgressions until the Seed to whom the promise referred had come. The law was put into effect through angels by a mediator. 20A mediator, however, does not represent just one party; but God is one.

21Is the law, therefore, opposed to the promises of God? Absolutely not! For if a law had been given that could impart life, then righteousness would certainly have come by the law. 22But the Scripture declares that the whole world is a prisoner of sin, so that what was promised, being given through faith in Jesus Christ, might be given to those who believe.

m 3:8 Gn 12:3; 18:18; 22:18   n 3:10 Dt 27:26
ñ 3:11 Hab 2:4   o 3:12 Lv 18:5   p 3:13 Dt 21:23
q 3:15 pacto. Alt. testamento.   r 3:16 Gn 12:7; 13:15; 24:7
s 3:19 por causa de. Alt. para manifestar, o para aumentar.

h 8 Gen. 12:3; 18:18; 22:18   i 10 Deut. 27:26
j 11 Hab. 2:4   k 12 Lev. 18:5   l 13 Deut. 21:23
m 16 Gen. 12:7; 13:15; 24:7

prisionero del pecado,ᵗ para que mediante la *fe en Jesucristo lo prometido se les conceda a los que creen.

²³Antes de venir esta fe, la ley nos tenía presos, encerrados hasta que la fe se revelara. ²⁴Así que la ley vino a ser nuestro guía encargado de conducirnos a Cristo,ᵘ para que fuéramos *justificados por la fe. ²⁵Pero ahora que ha llegado la fe, ya no estamos sujetos al guía.

Hijos de Dios

²⁶Todos ustedes son hijos de Dios mediante la *fe en Cristo Jesús, ²⁷porque todos los que han sido bautizados en Cristo se han revestido de Cristo. ²⁸Ya no hay judío ni *griego, esclavo ni libre, hombre ni mujer, sino que todos ustedes son uno solo en Cristo Jesús. ²⁹Y si ustedes pertenecen a Cristo, son la descendencia de Abraham y herederos según la promesa.

4 En otras palabras, mientras el heredero es menor de edad, en nada se diferencia de un *esclavo, a pesar de ser dueño de todo. ²Al contrario, está bajo el cuidado de tutores y administradores hasta la fecha fijada por su padre. ³Así también nosotros, cuando éramos menores, estábamos esclavizados por los *principiosᵛ de este mundo. ⁴Pero cuando se cumplió el plazo,ʷ Dios envió a su Hijo, nacido de una mujer, nacido bajo la ley, ⁵para rescatar a los que estaban bajo la ley, a fin de que fuéramos adoptados como hijos. ⁶Ustedes ya son hijos. Dios ha enviado a nuestros corazones el Espíritu de su Hijo, que clama: «¡*Abba! ¡Padre!» ⁷Así que ya no eres esclavo sino hijo; y como eres hijo, Dios te ha hecho también heredero.

Preocupación de Pablo por los gálatas

⁸Antes, cuando ustedes no conocían a Dios, eran esclavos de los que en realidad no son dioses. ⁹Pero ahora que conocen a Dios —o más bien que Dios los conoce a ustedes—, ¿cómo es que quieren regresar a esos *principios ineficaces y sin valor? ¿Quieren volver a ser esclavos de ellos? ¹⁰¡Ustedes siguen guardando los días de fiesta, meses, estaciones y años! ¹¹Temo por ustedes, que tal vez me haya estado esforzando en vano.

¹²Hermanos, yo me he identificado con ustedes. Les suplico que ahora se identifiquen conmigo. No es que me hayan ofendido en algo. ¹³Como bien saben, la primera vez que les prediqué el *evangelio fue debido a una enfermedad, ¹⁴y

²³Before this faith came, we were held prisoners by the law, locked up until faith should be revealed. ²⁴So the law was put in charge to lead us to Christⁿ that we might be justified by faith. ²⁵Now that faith has come, we are no longer under the supervision of the law.

Sons of God

²⁶You are all sons of God through faith in Christ Jesus, ²⁷for all of you who were baptized into Christ have clothed yourselves with Christ. ²⁸There is neither Jew nor Greek, slave nor free, male nor female, for you are all one in Christ Jesus. ²⁹If you belong to Christ, then you are Abraham's seed, and heirs according to the promise.

4 What I am saying is that as long as the heir is a child, he is no different from a slave, although he owns the whole estate. ²He is subject to guardians and trustees until the time set by his father. ³So also, when we were children, we were in slavery under the basic principles of the world. ⁴But when the time had fully come, God sent his Son, born of a woman, born under law, ⁵to redeem those under law, that we might receive the full rights of sons. ⁶Because you are sons, God sent the Spirit of his Son into our hearts, the Spirit who calls out, "Abba,ᵒ Father." ⁷So you are no longer a slave, but a son; and since you are a son, God has made you also an heir.

Paul's Concern for the Galatians

⁸Formerly, when you did not know God, you were slaves to those who by nature are not gods. ⁹But now that you know God—or rather are known by God—how is it that you are turning back to those weak and miserable principles? Do you wish to be enslaved by them all over again? ¹⁰You are observing special days and months and seasons and years! ¹¹I fear for you, that somehow I have wasted my efforts on you.

¹²I plead with you, brothers, become like me, for I became like you. You have done me no wrong. ¹³As you know, it was because of an illness that I first preached the gospel to

---

ᵗ3:22 declara … pecado. Lit. lo ha encerrado todo bajo pecado.   ᵘ3:24 la ley … Cristo. Alt. la ley fue nuestro guía hasta que vino Cristo.   ᵛ4:3 los principios. Alt. los poderes espirituales, o las normas; también en v. 9.   ʷ4:4 se cumplió el plazo. Lit. vino la plenitud del tiempo.

ⁿ24 Or charge until Christ came   ᵒ6 Aramaic for Father

aunque ésta fue una *prueba para ustedes, no me trataron con desprecio ni desdén. Al contrario, me recibieron como a un ángel de Dios, como si se tratara de Cristo Jesús. 15Pues bien, ¿qué pasó con todo ese entusiasmo? Me consta que, de haberles sido posible, se habrían sacado los ojos para dármelos. 16¡Y ahora resulta que por decirles la verdad me he vuelto su enemigo!

17Esos que muestran mucho interés por ganárselos a ustedes no abrigan buenas intenciones. Lo que quieren es alejarlos de nosotros para que ustedes se entreguen a ellos. 18Está bien mostrar interés, con tal de que ese interés sea bien intencionado y constante, y que no se manifieste sólo cuando yo estoy con ustedes. 19Queridos hijos, por quienes vuelvo a sufrir dolores de parto hasta que Cristo sea formado en ustedes, 20¡cómo quisiera estar ahora con ustedes y hablarles de otra manera, porque lo que están haciendo me tiene perplejo!

Agar y Sara

21Díganme ustedes, los que quieren estar bajo la ley: ¿por qué no le prestan atención a lo que la ley misma dice? 22¿Acaso no está escrito que Abraham tuvo dos hijos, uno de la esclava y otro de la libre? 23El de la esclava nació por decisión *humana, pero el de la libre nació en cumplimiento de una promesa.

24Ese relato puede interpretarse en sentido figurado: estas mujeres representan dos pactos. Uno, que es Agar, procede del monte Sinaí y tiene hijos que nacen para ser esclavos. 25Agar representa el monte Sinaí en Arabia, y corresponde a la actual ciudad de Jerusalén, porque junto con sus hijos vive en esclavitud. 26Pero la Jerusalén celestial es libre, y ésa es nuestra madre. 27Porque está escrito:

«Tú, mujer estéril que nunca has dado a luz,
¡grita de alegría!
Tú, que nunca tuviste dolores de parto,
¡prorrumpe en gritos de júbilo!
Porque más hijos que la casada
tendrá la desamparada.»*x*

28Ustedes, hermanos, al igual que Isaac, son hijos por la promesa. 29Y así como en aquel tiempo el hijo nacido por decisión humana persiguió al hijo nacido por el Espíritu, así también sucede ahora. 30Pero, ¿qué dice la Escritura? «¡Echa de aquí a la esclava y a su hijo! El hijo de la esclava jamás tendrá parte en la herencia con el hijo de la libre.»*y* 31Así que, hermanos, no somos hijos de la esclava sino de la libre.

you. 14Even though my illness was a trial to you, you did not treat me with contempt or scorn. Instead, you welcomed me as if I were an angel of God, as if I were Christ Jesus himself. 15What has happened to all your joy? I can testify that, if you could have done so, you would have torn out your eyes and given them to me. 16Have I now become your enemy by telling you the truth?

17Those people are zealous to win you over, but for no good. What they want is to alienate you [from us], so that you may be zealous for them. 18It is fine to be zealous, provided the purpose is good, and to be so always and not just when I am with you. 19My dear children, for whom I am again in the pains of childbirth until Christ is formed in you, 20how I wish I could be with you now and change my tone, because I am perplexed about you!

Hagar and Sarah

21Tell me, you who want to be under the law, are you not aware of what the law says? 22For it is written that Abraham had two sons, one by the slave woman and the other by the free woman. 23His son by the slave woman was born in the ordinary way; but his son by the free woman was born as the result of a promise.

24These things may be taken figuratively, for the women represent two covenants. One covenant is from Mount Sinai and bears children who are to be slaves: This is Hagar. 25Now Hagar stands for Mount Sinai in Arabia and corresponds to the present city of Jerusalem, because she is in slavery with her children. 26But the Jerusalem that is above is free, and she is our mother. 27For it is written:

"Be glad, O barren woman,
who bears no children;
break forth and cry aloud,
you who have no labor pains;
because more are the children of the
desolate woman
than of her who has a husband." *p*

28Now you, brothers, like Isaac, are children of promise. 29At that time the son born in the ordinary way persecuted the son born by the power of the Spirit. It is the same now. 30But what does the Scripture say? "Get rid of the slave woman and her son, for the slave woman's son will never share in the inheritance with the free woman's son." *q* 31Therefore, brothers, we are not children of the slave woman, but of the free woman.

*x*4:27 Is 54:1   *y*4:30 Gn 21:10   *p*27 Isaiah 54:1   *q*30 Gen. 21:10

Libertad en Cristo

5 Cristo nos libertó para que vivamos en libertad. Por lo tanto, manténganse firmes[z] y no se sometan nuevamente al yugo de esclavitud.

2Escuchen bien: yo, Pablo, les digo que si se hacen circuncidar, Cristo no les servirá de nada. 3De nuevo declaro que todo el que se hace circuncidar está obligado a practicar toda la ley. 4Aquellos de entre ustedes que tratan de ser *justificados por la ley, han roto con Cristo; han caído de la gracia. 5Nosotros, en cambio, por obra del Espíritu y mediante la fe, aguardamos con ansias la justicia que es nuestra esperanza. 6En Cristo Jesús de nada vale estar o no estar circuncidados; lo que vale es la fe que actúa mediante el amor.

7Ustedes estaban corriendo bien. ¿Quién los estorbó para que dejaran de obedecer a la verdad? 8Tal instigación no puede venir de Dios, que es quien los ha llamado. 9«Un poco de levadura fermenta toda la masa.» 10Yo por mi parte confío en el Señor que ustedes no pensarán de otra manera. El que los está perturbando será castigado, sea quien sea. 11Hermanos, si es verdad que yo todavía predico la circuncisión, ¿por qué se me sigue persiguiendo? Si tal fuera mi predicación, la cruz no *ofendería tanto. 12¡Ojalá que esos instigadores acabaran por mutilarse del todo!

13Les hablo así, hermanos, porque ustedes han sido llamados a ser libres; pero no se valgan de esa libertad para dar rienda suelta a sus *pasiones. Más bien sírvanse unos a otros con amor. 14En efecto, toda la ley se resume en un solo mandamiento: «Ama a tu prójimo como a ti mismo.»[a] 15Pero si siguen mordiéndose y devorándose, tengan cuidado, no sea que acaben por destruirse unos a otros.

La vida por el Espíritu

16Así que les digo: Vivan por el Espíritu, y no seguirán los deseos de la *naturaleza pecaminosa. 17Porque ésta desea lo que es contrario al Espíritu, y el Espíritu desea lo que es contrario a ella. Los dos se oponen entre sí, de modo que ustedes no pueden hacer lo que quieren. 18Pero si los guía el Espíritu, no están bajo la ley.

19Las obras de la naturaleza pecaminosa se conocen bien: inmoralidad sexual, impureza y libertinaje; 20idolatría y brujería; odio, discordia, celos, arrebatos de ira, rivalidades, disensiones, sectarismos 21y envidia; borracheras, or-

Freedom in Christ

5 It is for freedom that Christ has set us free. Stand firm, then, and do not let yourselves be burdened again by a yoke of slavery.

2Mark my words! I, Paul, tell you that if you let yourselves be circumcised, Christ will be of no value to you at all. 3Again I declare to every man who lets himself be circumcised that he is obligated to obey the whole law. 4You who are trying to be justified by law have been alienated from Christ; you have fallen away from grace. 5But by faith we eagerly await through the Spirit the righteousness for which we hope. 6For in Christ Jesus neither circumcision nor uncircumcision has any value. The only thing that counts is faith expressing itself through love.

7You were running a good race. Who cut in on you and kept you from obeying the truth? 8That kind of persuasion does not come from the one who calls you. 9"A little yeast works through the whole batch of dough." 10I am confident in the Lord that you will take no other view. The one who is throwing you into confusion will pay the penalty, whoever he may be. 11Brothers, if I am still preaching circumcision, why am I still being persecuted? In that case the offense of the cross has been abolished. 12As for those agitators, I wish they would go the whole way and emasculate themselves!

13You, my brothers, were called to be free. But do not use your freedom to indulge the sinful nature[r]; rather, serve one another in love. 14The entire law is summed up in a single command: "Love your neighbor as yourself."[s] 15If you keep on biting and devouring each other, watch out or you will be destroyed by each other.

Life by the Spirit

16So I say, live by the Spirit, and you will not gratify the desires of the sinful nature. 17For the sinful nature desires what is contrary to the Spirit, and the Spirit what is contrary to the sinful nature. They are in conflict with each other, so that you do not do what you want. 18But if you are led by the Spirit, you are not under law.

19The acts of the sinful nature are obvious: sexual immorality, impurity and debauchery; 20idolatry and witchcraft; hatred, discord, jealousy, fits of rage, selfish ambition, dissensions,

---

z5:1 *Cristo ... firmes.* Var. *Por lo tanto, manténganse firmes en la libertad con que Cristo nos liberó.*   a5:14 Lv 19:18

r13 Or *the flesh*; also in verses 16, 17, 19 and 24
s14 Lev. 19:18

gías, y otras cosas parecidas. Les advierto ahora, como antes lo hice, que los que practican tales cosas no heredarán el reino de Dios.

22 En cambio, el fruto del Espíritu es amor, alegría, paz, paciencia, amabilidad, bondad, *fidelidad, 23 humildad y dominio propio. No hay ley que condene estas cosas. 24 Los que son de Cristo Jesús han crucificado la naturaleza pecaminosa, con sus pasiones y deseos. 25 Si el Espíritu nos da vida, andemos guiados por el Espíritu. 26 No dejemos que la vanidad nos lleve a irritarnos y a envidiarnos unos a otros.

La ayuda mutua

6 Hermanos, si alguien es sorprendido en pecado, ustedes que son espirituales deben restaurarlo con una actitud humilde. Pero cuídese cada uno, porque también puede ser *tentado. 2 Ayúdense unos a otros a llevar sus cargas, y así cumplirán la ley de Cristo. 3 Si alguien cree ser algo, cuando en realidad no es nada, se engaña a sí mismo. 4 Cada cual examine su propia conducta; y si tiene algo de qué presumir, que no se compare con nadie. 5 Que cada uno cargue con su propia responsabilidad.

6 El que recibe instrucción en la palabra de Dios, comparta todo lo bueno con quien le enseña.

7 No se engañen: de Dios nadie se burla. Cada uno cosecha lo que siembra. 8 El que siembra para agradar a su *naturaleza pecaminosa, de esa misma naturaleza cosechará destrucción; el que siembra para agradar al Espíritu, del Espíritu cosechará vida eterna. 9 No nos cansemos de hacer el bien, porque a su debido tiempo cosecharemos si no nos damos por vencidos. 10 Por lo tanto, siempre que tengamos la oportunidad, hagamos bien a todos, y en especial a los de la familia de la fe.

No la circuncisión, sino una nueva creación

11 Miren que les escribo de mi puño y letra, ¡y con letras bien grandes!

12 Los que tratan de obligarlos a ustedes a circuncidarse lo hacen únicamente para dar una buena impresión y evitar ser perseguidos por causa de la cruz de Cristo. 13 Ni siquiera esos que están circuncidados obedecen la ley; lo que pasa es que quieren obligarlos a circuncidarse luego *jactarse de la señal que ustedes llevarían en el cuerpo.[b] 14 En cuanto a mí, jamás se me ocurra jactarme de otra cosa sino de la cruz de nuestro Señor Jesucristo, por quien[c] el mundo

factions 21 and envy; drunkenness, orgies, and the like. I warn you, as I did before, that those who live like this will not inherit the kingdom of God.

22 But the fruit of the Spirit is love, joy, peace, patience, kindness, goodness, faithfulness, 23 gentleness and self-control. Against such things there is no law. 24 Those who belong to Christ Jesus have crucified the sinful nature with its passions and desires. 25 Since we live by the Spirit, let us keep in step with the Spirit. 26 Let us not become conceited, provoking and envying each other.

Doing Good to All

6 Brothers, if someone is caught in a sin, you who are spiritual should restore him gently. But watch yourself, or you also may be tempted. 2 Carry each other's burdens, and in this way you will fulfill the law of Christ. 3 If anyone thinks he is something when he is nothing, he deceives himself. 4 Each one should test his own actions. Then he can take pride in himself, without comparing himself to somebody else, 5 for each one should carry his own load.

6 Anyone who receives instruction in the word must share all good things with his instructor.

7 Do not be deceived: God cannot be mocked. A man reaps what he sows. 8 The one who sows to please his sinful nature, from that nature[f] will reap destruction; the one who sows to please the Spirit, from the Spirit will reap eternal life. 9 Let us not become weary in doing good, for at the proper time we will reap a harvest if we do not give up. 10 Therefore, as we have opportunity, let us do good to all people, especially to those who belong to the family of believers.

Not Circumcision but a New Creation

11 See what large letters I use as I write to you with my own hand!

12 Those who want to make a good impression outwardly are trying to compel you to be circumcised. The only reason they do this is to avoid being persecuted for the cross of Christ. 13 Not even those who are circumcised obey the law, yet they want you to be circumcised that they may boast about your flesh.

---

[b] 6:13 *jactarse ... cuerpo.* Lit. *jactarse en la *carne.*
[c] 6:14 *por quien.* Alt. *por la cual.*

[f] 8 Or *his flesh, from the flesh*

ha sido crucificado para mí, y yo para el mundo. ¹⁵Para nada cuenta estar o no estar circuncidados; lo que importa es ser parte de una nueva creación. ¹⁶Paz y misericordia desciendan sobre todos los que siguen esta norma, y sobre el Israel de Dios.

¹⁷Por lo demás, que nadie me cause más problemas, porque yo llevo en el cuerpo las cicatrices de Jesús.

¹⁸Hermanos, que la gracia de nuestro Señor Jesucristo sea con el espíritu de cada uno de ustedes. Amén.

¹⁴May I never boast except in the cross of our Lord Jesus Christ, through which ᵘ the world has been crucified to me, and I to the world. ¹⁵Neither circumcision nor uncircumcision means anything; what counts is a new creation. ¹⁶Peace and mercy to all who follow this rule, even to the Israel of God.

¹⁷Finally, let no one cause me trouble, for I bear on my body the marks of Jesus.

¹⁸The grace of our Lord Jesus Christ be with your spirit, brothers. Amen.

Carta a los Efesios

1 Pablo, apóstol de *Cristo Jesús por la voluntad de Dios,

a los *santos y fieles[a] en Cristo Jesús que están en Éfeso:[b]

²Que Dios nuestro Padre y el Señor Jesucristo les concedan gracia y paz.

Bendiciones espirituales en Cristo

³Alabado sea Dios, Padre de nuestro Señor Jesucristo, que nos ha bendecido en las regiones celestiales con toda bendición espiritual en Cristo. ⁴Dios nos escogió en él antes de la creación del mundo, para que seamos santos y sin mancha delante de él. En amor ⁵nos predestinó para ser adoptados como hijos suyos por medio de Jesucristo, según el buen propósito de su voluntad, ⁶para alabanza de su gloriosa gracia, que nos concedió en su Amado. ⁷En él tenemos la redención mediante su sangre, el perdón de nuestros pecados, conforme a las riquezas de la gracia ⁸que Dios nos dio en abundancia con toda sabiduría y entendimiento. ⁹Él nos hizo conocer el *misterio de su voluntad conforme al buen propósito que de antemano estableció en Cristo, ¹⁰para llevarlo a cabo cuando se cumpliera el tiempo: reunir en él todas las cosas, tanto las del cielo como las de la tierra.

¹¹En Cristo también fuimos hechos herederos,[c] pues fuimos predestinados según el plan de aquel que hace todas las cosas conforme al designio de su voluntad, ¹²a fin de que nosotros, que ya hemos puesto nuestra esperanza en Cristo, seamos para alabanza de su gloria. ¹³En él también ustedes, cuando oyeron el mensaje de la verdad, el *evangelio que les trajo la salvación, y lo creyeron, fueron marcados con el sello que es el Espíritu Santo prometido. ¹⁴Éste garantiza nuestra herencia hasta que llegue la redención final del pueblo adquirido por Dios,[d] para alabanza de su gloria.

Acción de gracias e intercesión

¹⁵Por eso yo, por mi parte, desde que me enteré de la fe que tienen en el Señor Jesús y del amor

Ephesians

1 Paul, an apostle of Christ Jesus by the will of God,

To the saints in Ephesus,[a] the faithful[b] in Christ Jesus:

²Grace and peace to you from God our Father and the Lord Jesus Christ.

Spiritual Blessings in Christ

³Praise be to the God and Father of our Lord Jesus Christ, who has blessed us in the heavenly realms with every spiritual blessing in Christ. ⁴For he chose us in him before the creation of the world to be holy and blameless in his sight. In love ⁵he[c] predestined us to be adopted as his sons through Jesus Christ, in accordance with his pleasure and will— ⁶to the praise of his glorious grace, which he has freely given us in the One he loves. ⁷In him we have redemption through his blood, the forgiveness of sins, in accordance with the riches of God's grace ⁸that he lavished on us with all wisdom and understanding. ⁹And he[d] made known to us the mystery of his will according to his good pleasure, which he purposed in Christ, ¹⁰to be put into effect when the times will have reached their fulfillment—to bring all things in heaven and on earth together under one head, even Christ.

¹¹In him we were also chosen,[e] having been predestined according to the plan of him who works out everything in conformity with the purpose of his will, ¹²in order that we, who were the first to hope in Christ, might be for the praise of his glory. ¹³And you also were included in Christ when you heard the word of truth, the gospel of your salvation. Having believed, you were marked in him with a seal, the promised Holy Spirit, ¹⁴who is a deposit guaranteeing our inheritance until the redemption of those who are God's possession—to the praise of his glory.

Thanksgiving and Prayer

¹⁵For this reason, ever since I heard about your faith in the Lord Jesus and your love for

---

ᵃ1:1 *fieles.* Alt. *creyentes.*   ᵇ1:1 *los santos … Éfeso.* Var. *los santos que también son fieles en Cristo Jesús* (es decir, sin indicación de lugar).   ᶜ1:11 *fuimos hechos herederos.* Alt. *fuimos escogidos.*   ᵈ1:14 *hasta … Dios.* Alt. *hasta que lleguemos a adquirirla.*

ᵃ *1* Some early manuscripts do not have *in Ephesus.*   ᵇ *1* Or *believers who are*   ᶜ *5* Or *sight in love.* ⁵*He*   ᵈ *9* Or *us. With all wisdom and understanding,* ⁹*he*   ᵉ *11* Or *were made heirs*

que demuestran por todos los *santos, ¹⁶no he dejado de dar gracias por ustedes al recordarlos en mis oraciones. ¹⁷Pido que el Dios de nuestro Señor Jesucristo, el Padre glorioso, les dé el Espíritu de sabiduría y de revelación, para que lo conozcan mejor. ¹⁸Pido también que les sean iluminados los ojos del corazón para que sepan a qué esperanza él los ha llamado, cuál es la riqueza de su gloriosa herencia entre los santos, ¹⁹y cuán incomparable es la grandeza de su poder a favor de los que creemos. Ese poder es la fuerza grandiosa y eficaz ²⁰que Dios ejerció en Cristo cuando lo resucitó de entre los muertos y lo sentó a su *derecha en las regiones celestiales, ²¹muy por encima de todo gobierno y autoridad, poder y dominio, y de cualquier otro nombre que se invoque, no sólo en este mundo sino también en el venidero. ²²Dios sometió todas las cosas al dominio de Cristo,ᵉ y lo dio como cabeza de todo a la iglesia. ²³Ésta, que es su cuerpo, es la plenitud de aquel que lo llena todo por completo.

La vida en Cristo

2 En otro tiempo ustedes estaban muertos en sus transgresiones y pecados, ²en los cuales andaban conforme a los poderes de este mundo. Se conducían según el que gobierna las tinieblas, según el espíritu que ahora ejerce su poder en los que viven en la desobediencia. ³En ese tiempo también todos nosotros vivíamos como ellos, impulsados por nuestros deseos pecaminosos, siguiendo nuestra propia voluntad y nuestros propósitos.ᶠ Como los demás, éramos por naturaleza objeto de la ira de Dios. ⁴Pero Dios, que es rico en misericordia, por su gran amor por nosotros, ⁵nos dio vida con Cristo, aun cuando estábamos muertos en pecados. ¡Por gracia ustedes han sido salvados! ⁶Y en unión con Cristo Jesús, Dios nos resucitó y nos hizo sentar con él en las regiones celestiales, ⁷para mostrar en los tiempos venideros la incomparable riqueza de su gracia, que por su bondad derramó sobre nosotros en Cristo Jesús. ⁸Porque por gracia ustedes han sido salvados mediante la fe; esto no procede de ustedes, sino que es el regalo de Dios, ⁹no por obras, para que nadie se *jacte. ¹⁰Porque somos hechura de Dios, creados en Cristo Jesús para buenas obras, las cuales Dios dispuso de antemano a fin de que las pongamos en práctica.

Unidad en Cristo

¹¹Por lo tanto, recuerden ustedes los *gentiles de nacimiento —los que son llamados «incir-

all the saints, ¹⁶I have not stopped giving thanks for you, remembering you in my prayers. ¹⁷I keep asking that the God of our Lord Jesus Christ, the glorious Father, may give you the Spiritᶠ of wisdom and revelation, so that you may know him better. ¹⁸I pray also that the eyes of your heart may be enlightened in order that you may know the hope to which he has called you, the riches of his glorious inheritance in the saints, ¹⁹and his incomparably great power for us who believe. That power is like the working of his mighty strength, ²⁰which he exerted in Christ when he raised him from the dead and seated him at his right hand in the heavenly realms, ²¹far above all rule and authority, power and dominion, and every title that can be given, not only in the present age but also in the one to come. ²²And God placed all things under his feet and appointed him to be head over everything for the church, ²³which is his body, the fullness of him who fills everything in every way.

Made Alive in Christ

2 As for you, you were dead in your transgressions and sins, ²in which you used to live when you followed the ways of this world and of the ruler of the kingdom of the air, the spirit who is now at work in those who are disobedient. ³All of us also lived among them at one time, gratifying the cravings of our sinful natureᵍ and following its desires and thoughts. Like the rest, we were by nature objects of wrath. ⁴But because of his great love for us, God, who is rich in mercy, ⁵made us alive with Christ even when we were dead in transgressions—it is by grace you have been saved. ⁶And God raised us up with Christ and seated us with him in the heavenly realms in Christ Jesus, ⁷in order that in the coming ages he might show the incomparable riches of his grace, expressed in his kindness to us in Christ Jesus. ⁸For it is by grace you have been saved, through faith—and this not from yourselves, it is the gift of God— ⁹not by works, so that no one can boast. ¹⁰For we are God's workmanship, created in Christ Jesus to do good works, which God prepared in advance for us to do.

One in Christ

¹¹Therefore, remember that formerly you who are Gentiles by birth and called "uncircum-

---

ᵉ1:22 Dios … Cristo. Lit. Dios sujetó todas las cosas debajo de sus pies. ᶠ2:3 impulsados … propósitos. Lit. en los deseos de nuestra *carne, haciendo la voluntad de la carne y los pensamientos.

ᶠ17 Or a spirit   ᵍ3 Or our flesh

cuncisos» por aquellos que se llaman «de la *circuncisión», la cual se hace en el cuerpo por mano humana—, 12recuerden que en ese entonces ustedes estaban separados de Cristo, excluidos de la ciudadanía de Israel y ajenos a los pactos de la promesa, sin esperanza y sin Dios en el mundo. 13Pero ahora en Cristo Jesús, a ustedes que antes estaban lejos, Dios los ha acercado mediante la sangre de Cristo.

14Porque Cristo es nuestra paz: de los dos pueblos ha hecho uno solo, derribando mediante su sacrificio^g el muro de enemistad que nos separaba, 15pues anuló la ley con sus mandamientos y requisitos. Esto lo hizo para crear en sí mismo de los dos pueblos una nueva *humanidad al hacer la paz, 16para reconciliar con Dios a ambos en un solo cuerpo mediante la cruz, por la que dio muerte a la enemistad. 17Él vino y proclamó paz a ustedes que estaban lejos y paz a los que estaban cerca. 18Pues por medio de él tenemos acceso al Padre por un mismo Espíritu.

19Por lo tanto, ustedes ya no son extraños ni extranjeros, sino conciudadanos de los *santos y miembros de la familia de Dios, 20edificados sobre el fundamento de los apóstoles y los profetas, siendo Cristo Jesús mismo la piedra angular. 21En él todo el edificio, bien armado, se va levantando para llegar a ser un templo santo en el Señor. 22En él también ustedes son edificados juntamente para ser morada de Dios por su Espíritu.

Pablo y el misterio de Cristo

3 Por esta razón yo, Pablo, prisionero de Cristo Jesús por el bien de ustedes los *gentiles, me arrodillo en oración.^{h} 2Sin duda se han enterado del plan de la gracia de Dios que él me encomendó para ustedes, 3es decir, el *misterio que me dio a conocer por revelación, como ya les escribí brevemente. 4Al leer esto, podrán darse cuenta de que comprendo el misterio de Cristo. 5Ese misterio, que en otras generaciones no se les dio a conocer a los *seres humanos, ahora se les ha revelado por el Espíritu a los santos apóstoles y profetas de Dios; 6es decir, que los gentiles son, junto con Israel, beneficiarios de la misma herencia, miembros de un mismo cuerpo y participantes igualmente de la promesa en Cristo Jesús mediante el *evangelio.

7De este evangelio llegué a ser servidor como regalo que Dios, por su gracia, me dio conforme a su poder eficaz. 8Aunque soy el más insignificante de todos los *santos, recibí esta gracia de predicar a las *naciones las incalculables rique-

cised" by those who call themselves "the circumcision" (that done in the body by the hands of men)— 12remember that at that time you were separate from Christ, excluded from citizenship in Israel and foreigners to the covenants of the promise, without hope and without God in the world. 13But now in Christ Jesus you who once were far away have been brought near through the blood of Christ.

14For he himself is our peace, who has made the two one and has destroyed the barrier, the dividing wall of hostility, 15by abolishing in his flesh the law with its commandments and regulations. His purpose was to create in himself one new man out of the two, thus making peace, 16and in this one body to reconcile both of them to God through the cross, by which he put to death their hostility. 17He came and preached peace to you who were far away and peace to those who were near. 18For through him we both have access to the Father by one Spirit.

19Consequently, you are no longer foreigners and aliens, but fellow citizens with God's people and members of God's household, 20built on the foundation of the apostles and prophets, with Christ Jesus himself as the chief cornerstone. 21In him the whole building is joined together and rises to become a holy temple in the Lord. 22And in him you too are being built together to become a dwelling in which God lives by his Spirit.

Paul the Preacher to the Gentiles

3 For this reason I, Paul, the prisoner of Christ Jesus for the sake of you Gentiles— 2Surely you have heard about the administration of God's grace that was given to me for you, 3that is, the mystery made known to me by revelation, as I have already written briefly. 4In reading this, then, you will be able to understand my insight into the mystery of Christ, 5which was not made known to men in other generations as it has now been revealed by the Spirit to God's holy apostles and prophets. 6This mystery is that through the gospel the Gentiles are heirs together with Israel, members together of one body, and sharers together in the promise in Christ Jesus.

7I became a servant of this gospel by the gift of God's grace given me through the working of his power. 8Although I am less than the least of all God's people, this grace was given me: to preach to the Gentiles the unsearchable riches

---

^{g}2:14 *mediante su sacrificio.* Lit. *en su carne.* ^{h}3:1 En el griego este versículo termina con la palabra *gentiles*, y el tema se reinicia en el v. 14.

zas de Cristo, 9y de hacer entender a todos la realización del plan de Dios, el misterio que desde los tiempos eternos se mantuvo oculto en Dios, creador de todas las cosas. 10El fin de todo esto es que la sabiduría de Dios, en toda su diversidad, se dé a conocer ahora, por medio de la iglesia, a los poderes y autoridades en las regiones celestiales, 11conforme a su eterno propósito realizado en Cristo Jesús nuestro Señor. 12En él, mediante la fe, disfrutamos de libertad y confianza para acercarnos a Dios. 13Así que les pido que no se desanimen a causa de lo que sufro por ustedes, ya que estos sufrimientos míos son para ustedes un honor.

Oración por los efesios

14Por esta razón me arrodillo delante del Padre, 15de quien recibe nombre toda familia*i* en el cielo y en la tierra. 16Le pido que, por medio del Espíritu y con el poder que procede de sus gloriosas riquezas, los fortalezca a ustedes en lo íntimo de su ser, 17para que por fe Cristo habite en sus corazones. Y pido que, arraigados y cimentados en amor, 18puedan comprender, junto con todos los *santos, cuán ancho y largo, alto y profundo es el amor de Cristo; 19en fin, que conozcan ese amor que sobrepasa nuestro conocimiento, para que sean llenos de la plenitud de Dios.

20Al que puede hacer muchísimo más que todo lo que podamos imaginarnos o pedir, por el poder que obra eficazmente en nosotros, 21¡a él sea la gloria en la iglesia y en Cristo Jesús por todas las generaciones, por los siglos de los siglos! Amén.

Unidad en el cuerpo de Cristo

4 Por eso yo, que estoy preso por la causa del Señor, les ruego que vivan de una manera digna del llamamiento que han recibido, 2siempre humildes y amables, pacientes, tolerantes unos con otros en amor. 3Esfuércense por mantener la unidad del Espíritu mediante el vínculo de la paz. 4Hay un solo cuerpo y un solo Espíritu, así como también fueron llamados a una sola esperanza; 5un solo Señor, una sola fe, un solo bautismo; 6un solo Dios y Padre de todos, que está sobre todos y por medio de todos y en todos.

7Pero a cada uno de nosotros se nos ha dado gracia en la medida en que Cristo ha repartido los dones. 8Por esto dice:

«Cuando ascendió a lo alto,
    se llevó consigo a los cautivos
    y dio dones a los hombres.»*j*

of Christ, 9and to make plain to everyone the administration of this mystery, which for ages past was kept hidden in God, who created all things. 10His intent was that now, through the church, the manifold wisdom of God should be made known to the rulers and authorities in the heavenly realms, 11according to his eternal purpose which he accomplished in Christ Jesus our Lord. 12In him and through faith in him we may approach God with freedom and confidence. 13I ask you, therefore, not to be discouraged because of my sufferings for you, which are your glory.

A Prayer for the Ephesians

14For this reason I kneel before the Father, 15from whom his whole family*h* in heaven and on earth derives its name. 16I pray that out of his glorious riches he may strengthen you with power through his Spirit in your inner being, 17so that Christ may dwell in your hearts through faith. And I pray that you, being rooted and established in love, 18may have power, together with all the saints, to grasp how wide and long and high and deep is the love of Christ, 19and to know this love that surpasses knowledge—that you may be filled to the measure of all the fullness of God.

20Now to him who is able to do immeasurably more than all we ask or imagine, according to his power that is at work within us, 21to him be glory in the church and in Christ Jesus throughout all generations, for ever and ever! Amen.

Unity in the Body of Christ

4 As a prisoner for the Lord, then, I urge you to live a life worthy of the calling you have received. 2Be completely humble and gentle; be patient, bearing with one another in love. 3Make every effort to keep the unity of the Spirit through the bond of peace. 4There is one body and one Spirit—just as you were called to one hope when you were called— 5one Lord, one faith, one baptism; 6one God and Father of all, who is over all and through all and in all.

7But to each one of us grace has been given as Christ apportioned it. 8This is why it*i* says:

"When he ascended on high,
    he led captives in his train
    and gave gifts to men."*j*

---

*i*3:15 *familia.* Alt. *paternidad.*   *j*4:8 Sal 68:18   *h*15 Or *whom all fatherhood*   *i*8 Or *God*   *j*8 Psalm 68:18

- stop

9(¿Qué quiere decir eso de que «ascendió», sino que también descendió a las partes bajas, o sea, a la tierra?k 10El que descendió es el mismo que ascendió por encima de todos los cielos, para llenarlo todo.) 11Él mismo constituyó a unos, apóstoles; a otros, profetas; a otros, evangelistas; y a otros, pastores y maestros, 12a fin de capacitar al *pueblo de Dios para la obra de servicio, para edificar el cuerpo de Cristo. 13De este modo, todos llegaremos a la unidad de la fe y del conocimiento del Hijo de Dios, a una *humanidad *perfecta que se conforme a la plena estatura de Cristo.

14Así ya no seremos niños, zarandeados por las olas y llevados de aquí para allá por todo viento de enseñanza y por la astucia y los artificios de quienes emplean artimañas engañosas. 15Más bien, al vivir la verdad con amor, creceremos hasta ser en todo como aquel que es la cabeza, es decir, Cristo. 16Por su acción todo el cuerpo crece y se edifica en amor, sostenido y ajustado por todos los ligamentos, según la actividad propia de cada miembro.

Vivan como hijos de luz

17Así que les digo esto y les insisto en el Señor: no vivan más con pensamientos frívolos como los *paganos. 18A causa de la ignorancia que los domina y por la dureza de su corazón, éstos tienen oscurecido el entendimiento y están alejados de la vida que proviene de Dios. 19Han perdido toda vergüenza, se han entregado a la inmoralidad, y no se sacian de cometer toda clase de actos indecentes.

20No fue ésta la enseñanza que ustedes recibieron acerca de Cristo, 21si de veras se les habló y enseñó de Jesús según la verdad que está en él. 22Con respecto a la vida que antes llevaban, se les enseñó que debían quitarse el ropaje de la vieja naturaleza, la cual está corrompida por los deseos engañosos; 23ser renovados en la actitud de su mente; 24y ponerse el ropaje de la nueva naturaleza, creada a imagen de Dios, en verdadera justicia y *santidad.

25Por lo tanto, dejando la mentira, hable cada uno a su prójimo con la verdad, porque todos somos miembros de un mismo cuerpo. 26«Si se enojan, no pequen.»l No dejen que el sol se ponga estando aún enojados, 27ni den cabida al diablo. 28El que robaba, que no robe más, sino que trabaje honradamente con las manos para tener qué compartir con los necesitados.

29Eviten toda conversación obscena. Por el contrario, que sus palabras contribuyan a la

9(What does "he ascended" mean except that he also descended to the lower, earthly regionsk? 10He who descended is the very one who ascended higher than all the heavens, in order to fill the whole universe.) 11It was he who gave some to be apostles, some to be prophets, some to be evangelists, and some to be pastors and teachers, 12to prepare God's people for works of service, so that the body of Christ may be built up 13until we all reach unity in the faith and in the knowledge of the Son of God and become mature, attaining to the whole measure of the fullness of Christ.

14Then we will no longer be infants, tossed back and forth by the waves, and blown here and there by every wind of teaching and by the cunning and craftiness of men in their deceitful scheming. 15Instead, speaking the truth in love, we will in all things grow up into him who is the Head, that is, Christ. 16From him the whole body, joined and held together by every supporting ligament, grows and builds itself up in love, as each part does its work.

Living as Children of Light

17So I tell you this, and insist on it in the Lord, that you must no longer live as the Gentiles do, in the futility of their thinking. 18They are darkened in their understanding and separated from the life of God because of the ignorance that is in them due to the hardening of their hearts. 19Having lost all sensitivity, they have given themselves over to sensuality so as to indulge in every kind of impurity, with a continual lust for more.

20You, however, did not come to know Christ that way. 21Surely you heard of him and were taught in him in accordance with the truth that is in Jesus. 22You were taught, with regard to your former way of life, to put off your old self, which is being corrupted by its deceitful desires; 23to be made new in the attitude of your minds; 24and to put on the new self, created to be like God in true righteousness and holiness.

25Therefore each of you must put off falsehood and speak truthfully to his neighbor, for we are all members of one body. 26"In your anger do not sin"l: Do not let the sun go down while you are still angry, 27and do not give the devil a foothold. 28He who has been stealing must steal no longer, but must work, doing something useful with his own hands, that he may have something to share with those in need.

29Do not let any unwholesome talk come out of your mouths, but only what is helpful

k 4:9 las partes bajas, o sea, a la tierra? Alt. las partes bajas de la tierra? l 4:26 Sal 4:4   k 9 Or the depths of the earth l 26 Psalm 4:4

necesaria edificación y sean de bendición para quienes escuchan. 30No agravien al Espíritu Santo de Dios, con el cual fueron sellados para el día de la redención. 31Abandonen toda amargura, ira y enojo, gritos y calumnias, y toda forma de malicia. 32Más bien, sean bondadosos y compasivos unos con otros, y perdónense mutuamente, así como Dios los perdonó a ustedes en Cristo.

5 Por tanto, imiten a Dios, como hijos muy amados, 2y lleven una vida de amor, así como Cristo nos amó y se entregó por nosotros como ofrenda y sacrificio fragante para Dios.

3Entre ustedes ni siquiera debe mencionarse la inmoralidad sexual, ni ninguna clase de impureza o de avaricia, porque eso no es propio del *pueblo santo de Dios. 4Tampoco debe haber palabras indecentes, conversaciones necias ni chistes groseros, todo lo cual está fuera de lugar; haya más bien acción de gracias. 5Porque pueden estar seguros de que nadie que sea avaro (es decir, idólatra), inmoral o impuro tendrá herencia en el reino de Cristo y de Dios.*m* 6Que nadie los engañe con argumentaciones vanas, porque por esto viene el castigo de Dios sobre los que viven en la desobediencia. 7Así que no se hagan cómplices de ellos.

8Porque ustedes antes eran oscuridad, pero ahora son luz en el Señor. Vivan como hijos de luz 9(el fruto de la luz consiste en toda bondad, justicia y verdad) 10y comprueben lo que agrada al Señor. 11No tengan nada que ver con las obras infructuosas de la oscuridad, sino más bien denúncienlas, 12porque da vergüenza aun mencionar lo que los desobedientes hacen en secreto. 13Pero todo lo que la luz pone al descubierto se hace visible, 14porque la luz es lo que hace que todo sea visible. Por eso se dice:

«Despiértate, tú que duermes,
   *levántate de entre los muertos,
y te alumbrará Cristo.»

15Así que tengan cuidado de su manera de vivir. No vivan como necios sino como sabios, 16aprovechando al máximo cada momento oportuno, porque los días son malos. 17Por tanto, no sean insensatos, sino entiendan cuál es la voluntad del Señor. 18No se emborrachen con vino, que lleva al desenfreno. Al contrario, sean llenos del Espíritu. 19Anímense unos a otros con salmos, himnos y canciones espirituales. Canten y alaben al Señor con el corazón, 20dando siempre gracias a Dios el Padre por todo, en el nombre de nuestro Señor Jesucristo.

for building others up according to their needs, that it may benefit those who listen. 30And do not grieve the Holy Spirit of God, with whom you were sealed for the day of redemption. 31Get rid of all bitterness, rage and anger, brawling and slander, along with every form of malice. 32Be kind and compassionate to one another, forgiving each other, just as in Christ God forgave you.

5 Be imitators of God, therefore, as dearly loved children 2and live a life of love, just as Christ loved us and gave himself up for us as a fragrant offering and sacrifice to God.

3But among you there must not be even a hint of sexual immorality, or of any kind of impurity, or of greed, because these are improper for God's holy people. 4Nor should there be obscenity, foolish talk or coarse joking, which are out of place, but rather thanksgiving. 5For of this you can be sure: No immoral, impure or greedy person—such a man is an idolater—has any inheritance in the kingdom of Christ and of God.*m* 6Let no one deceive you with empty words, for because of such things God's wrath comes on those who are disobedient. 7Therefore do not be partners with them.

8For you were once darkness, but now you are light in the Lord. Live as children of light 9(for the fruit of the light consists in all goodness, righteousness and truth) 10and find out what pleases the Lord. 11Have nothing to do with the fruitless deeds of darkness, but rather expose them. 12For it is shameful even to mention what the disobedient do in secret. 13But everything exposed by the light becomes visible, 14for it is light that makes everything visible. This is why it is said:

"Wake up, O sleeper,
   rise from the dead,
and Christ will shine on you."

15Be very careful, then, how you live—not as unwise but as wise, 16making the most of every opportunity, because the days are evil. 17Therefore do not be foolish, but understand what the Lord's will is. 18Do not get drunk on wine, which leads to debauchery. Instead, be filled with the Spirit. 19Speak to one another with psalms, hymns and spiritual songs. Sing and make music in your heart to the Lord, 20always giving thanks to God the Father for everything, in the name of our Lord Jesus Christ.

---

m 5:5 *de Cristo y de Dios.* Alt. *de Cristo, que es Dios.*   *m* 5 Or *kingdom of the Christ and God*

Deberes conyugales

21Sométanse unos a otros, por reverencia a Cristo. 22Esposas, sométanse a sus propios esposos como al Señor. 23Porque el esposo es cabeza de su esposa, así como Cristo es cabeza y salvador de la iglesia, la cual es su cuerpo. 24Así como la iglesia se somete a Cristo, también las esposas deben someterse a sus esposos en todo.

25Esposos, amen a sus esposas, así como Cristo amó a la iglesia y se entregó por ella 26para hacerla santa. Él la purificó, lavándola con agua mediante la palabra, 27para presentársela a sí mismo como una iglesia radiante, sin mancha ni arruga ni ninguna otra imperfección, sino santa e intachable. 28Así mismo el esposo debe amar a su esposa como a su propio cuerpo. El que ama a su esposa se ama a sí mismo, 29pues nadie ha odiado jamás a su propio cuerpo; al contrario, lo alimenta y lo cuida, así como Cristo hace con la iglesia, 30porque somos miembros de su cuerpo. 31«Por eso dejará el hombre a su padre y a su madre, y se unirá a su esposa, y los dos llegarán a ser un solo cuerpo.»[n] 32Esto es un *misterio profundo; yo me refiero a Cristo y a la iglesia. 33En todo caso, cada uno de ustedes ame también a su esposa como a sí mismo, y que la esposa respete a su esposo.

Deberes filiales

6 Hijos, obedezcan en el Señor a sus padres, porque esto es justo. 2«Honra a tu padre y a tu madre —que es el primer mandamiento con promesa— 3para que te vaya bien y disfrutes de una larga vida en la tierra.»[ñ]

4Y ustedes, padres, no hagan enojar a sus hijos, sino críenlos según la disciplina e instrucción del Señor.

Deberes de los esclavos y de sus amos

5*Esclavos, obedezcan a sus amos terrenales con respeto y temor, y con integridad de corazón, como a Cristo. 6No lo hagan sólo cuando los estén mirando, como los que quieren ganarse el favor *humano, sino como esclavos de Cristo, haciendo de todo corazón la voluntad de Dios. 7Sirvan de buena gana, como quien sirve al Señor y no a los hombres, 8sabiendo que el Señor recompensará a cada uno por el bien que haya hecho, sea esclavo o sea libre.

9Y ustedes, amos, correspondan a esta actitud de sus esclavos, dejando de amenazarlos. Recuerden que tanto ellos como ustedes tienen un mismo Amo[o] en el cielo, y que con él no hay favoritismos.

21Submit to one another out of reverence for Christ.

Wives and Husbands

22Wives, submit to your husbands as to the Lord. 23For the husband is the head of the wife as Christ is the head of the church, his body, of which he is the Savior. 24Now as the church submits to Christ, so also wives should submit to their husbands in everything.

25Husbands, love your wives, just as Christ loved the church and gave himself up for her 26to make her holy, cleansing[n] her by the washing with water through the word, 27and to present her to himself as a radiant church, without stain or wrinkle or any other blemish, but holy and blameless. 28In this same way, husbands ought to love their wives as their own bodies. He who loves his wife loves himself. 29After all, no one ever hated his own body, but he feeds and cares for it, just as Christ does the church— 30for we are members of his body. 31"For this reason a man will leave his father and mother and be united to his wife, and the two will become one flesh."[o] 32This is a profound mystery—but I am talking about Christ and the church. 33However, each one of you also must love his wife as he loves himself, and the wife must respect her husband.

Children and Parents

6 Children, obey your parents in the Lord, for this is right. 2"Honor your father and mother"—which is the first commandment with a promise— 3"that it may go well with you and that you may enjoy long life on the earth."[p]

4Fathers, do not exasperate your children; instead, bring them up in the training and instruction of the Lord.

Slaves and Masters

5Slaves, obey your earthly masters with respect and fear, and with sincerity of heart, just as you would obey Christ. 6Obey them not only to win their favor when their eye is on you, but like slaves of Christ, doing the will of God from your heart. 7Serve wholeheartedly, as if you were serving the Lord, not men, 8because you know that the Lord will reward everyone for whatever good he does, whether he is slave or free.

9And masters, treat your slaves in the same way. Do not threaten them, since you know that he who is both their Master and yours is in heaven, and there is no favoritism with him.

---

[n] 5:31 Gn 2:24   [ñ] 6:3 Éx 20:12; Dt 5:16   [o] 6:9 *Amo*. Lit. Señor.

[n] 26 Or *having cleansed*   [o] 31 Gen. 2:24   [p] 3 Deut. 5:16

La armadura de Dios

10Por último, fortalézcanse con el gran poder del Señor. **11**Pónganse toda la armadura de Dios para que puedan hacer frente a las artimañas del diablo. **12**Porque nuestra lucha no es contra *seres humanos, sino contra poderes, contra autoridades, contra potestades que dominan este mundo de tinieblas, contra fuerzas espirituales malignas en las regiones celestiales. **13**Por lo tanto, pónganse toda la armadura de Dios, para que cuando llegue el día malo puedan resistir hasta el fin con firmeza. **14**Manténganse firmes, ceñidos con el cinturón de la verdad, protegidos por la coraza de justicia, **15**y calzados con la disposición de proclamar el *evangelio de la paz. **16**Además de todo esto, tomen el escudo de la fe, con el cual pueden apagar todas las flechas encendidas del maligno. **17**Tomen el casco de la salvación y la espada del Espíritu, que es la palabra de Dios.

18Oren en el Espíritu en todo momento, con peticiones y ruegos. Manténganse alerta y perseveren en oración por todos los *santos. **19**Oren también por mí para que, cuando hable, Dios me dé las palabras para dar a conocer con valor el *misterio del evangelio, **20**por el cual soy embajador en cadenas. Oren para que lo proclame valerosamente, como debo hacerlo.

Saludos finales

21Nuestro querido hermano Tíquico, fiel servidor en el Señor, les contará todo, para que también ustedes sepan cómo me va y qué estoy haciendo. **22**Lo envío a ustedes precisamente para que sepan cómo estamos y para que cobren ánimo.

23Que Dios el Padre y el Señor Jesucristo les concedan paz, amor y fe a los hermanos. **24**La gracia sea con todos los que aman a nuestro Señor Jesucristo con amor imperecedero.

The Armor of God

10Finally, be strong in the Lord and in his mighty power. **11**Put on the full armor of God so that you can take your stand against the devil's schemes. **12**For our struggle is not against flesh and blood, but against the rulers, against the authorities, against the powers of this dark world and against the spiritual forces of evil in the heavenly realms. **13**Therefore put on the full armor of God, so that when the day of evil comes, you may be able to stand your ground, and after you have done everything, to stand. **14**Stand firm then, with the belt of truth buckled around your waist, with the breastplate of righteousness in place, **15**and with your feet fitted with the readiness that comes from the gospel of peace. **16**In addition to all this, take up the shield of faith, with which you can extinguish all the flaming arrows of the evil one. **17**Take the helmet of salvation and the sword of the Spirit, which is the word of God. **18**And pray in the Spirit on all occasions with all kinds of prayers and requests. With this in mind, be alert and always keep on praying for all the saints.

19Pray also for me, that whenever I open my mouth, words may be given me so that I will fearlessly make known the mystery of the gospel, **20**for which I am an ambassador in chains. Pray that I may declare it fearlessly, as I should.

Final Greetings

21Tychicus, the dear brother and faithful servant in the Lord, will tell you everything, so that you also may know how I am and what I am doing. **22**I am sending him to you for this very purpose, that you may know how we are, and that he may encourage you.

23Peace to the brothers, and love with faith from God the Father and the Lord Jesus Christ. **24**Grace to all who love our Lord Jesus Christ with an undying love.

Carta a los Filipenses

Philippians

1 Pablo y Timoteo, *siervos de *Cristo Jesús,

a todos los *santos en Cristo Jesús que están en Filipos, junto con los *obispos y diáconos:

2 Que Dios nuestro Padre y el Señor Jesucristo les concedan gracia y paz.

Acción de gracias e intercesión

3 Doy gracias a mi Dios cada vez que me acuerdo de ustedes. 4 En todas mis oraciones por todos ustedes, siempre oro con alegría, 5 porque han participado en el *evangelio desde el primer día hasta ahora. 6 Estoy convencido de esto: el que comenzó tan buena obra en ustedes la irá *perfeccionando hasta el día de Cristo Jesús. 7 Es justo que yo piense así de todos ustedes porque los llevo[a] en el corazón; pues, ya sea que me encuentre preso o defendiendo y confirmando el evangelio, todos ustedes participan conmigo de la gracia que Dios me ha dado. 8 Dios es testigo de cuánto los quiero a todos con el entrañable amor de Cristo Jesús.

9 Esto es lo que pido en oración: que el amor de ustedes abunde cada vez más en conocimiento y en buen juicio, 10 para que disciernan lo que es mejor, y sean puros e irreprochables para el día de Cristo, 11 llenos del fruto de justicia que se produce por medio de Jesucristo, para gloria y alabanza de Dios.

El vivir es Cristo

12 Hermanos, quiero que sepan que, en realidad, lo que me ha pasado ha contribuido al avance del *evangelio. 13 Es más, se ha hecho evidente a toda la guardia del palacio[b] y a todos los demás que estoy encadenado por causa de Cristo. 14 Gracias a mis cadenas, ahora más que nunca la mayoría de los hermanos, confiados en el Señor, se han atrevido a anunciar sin temor la palabra de Dios.

15 Es cierto que algunos predican a Cristo por envidia y rivalidad, pero otros lo hacen con buenas intenciones. 16 Estos últimos lo hacen por amor, pues saben que he sido puesto para la defensa del evangelio. 17 Aquéllos predican a Cristo por ambición personal y no por motivos

1 Paul and Timothy, servants of Christ Jesus,

To all the saints in Christ Jesus at Philippi, together with the overseers[a] and deacons:

2 Grace and peace to you from God our Father and the Lord Jesus Christ.

Thanksgiving and Prayer

3 I thank my God every time I remember you. 4 In all my prayers for all of you, I always pray with joy 5 because of your partnership in the gospel from the first day until now, 6 being confident of this, that he who began a good work in you will carry it on to completion until the day of Christ Jesus.

7 It is right for me to feel this way about all of you, since I have you in my heart; for whether I am in chains or defending and confirming the gospel, all of you share in God's grace with me. 8 God can testify how I long for all of you with the affection of Christ Jesus.

9 And this is my prayer: that your love may abound more and more in knowledge and depth of insight, 10 so that you may be able to discern what is best and may be pure and blameless until the day of Christ, 11 filled with the fruit of righteousness that comes through Jesus Christ—to the glory and praise of God.

Paul's Chains Advance the Gospel

12 Now I want you to know, brothers, that what has happened to me has really served to advance the gospel. 13 As a result, it has become clear throughout the whole palace guard[b] and to everyone else that I am in chains for Christ. 14 Because of my chains, most of the brothers in the Lord have been encouraged to speak the word of God more courageously and fearlessly.

15 It is true that some preach Christ out of envy and rivalry, but others out of goodwill. 16 The latter do so in love, knowing that I am put here for the defense of the gospel. 17 The former preach Christ out of selfish ambition, not sin-

---

a 1:7 los llevo. Alt. me llevan.   b 1:13 a toda la guardia del palacio. Alt. en todo el palacio.

a 1 Traditionally bishops   b 13 Or whole palace

puros, creyendo que así van a aumentar las angustias que sufro en mi prisión.[c]

18¿Qué importa? Al fin y al cabo, y sea como sea, con motivos falsos o con sinceridad, se predica a Cristo. Por eso me alegro; es más, seguiré alegrándome 19porque sé que, gracias a las oraciones de ustedes y a la ayuda que me da el Espíritu de Jesucristo, todo esto resultará en mi liberación.[d] 20Mi ardiente anhelo y esperanza es que en nada seré avergonzado, sino que con toda libertad, ya sea que yo viva o muera, ahora como siempre, Cristo será exaltado en mi cuerpo. 21Porque para mí el vivir es Cristo y el morir es ganancia. 22Ahora bien, si seguir viviendo en este mundo[e] representa para mí un trabajo fructífero, ¿qué escogeré? ¡No lo sé! 23Me siento presionado por dos posibilidades: deseo partir y estar con Cristo, que es muchísimo mejor, 24pero por el bien de ustedes es preferible que yo permanezca en este mundo. 25Convencido de esto, sé que permaneceré y continuaré con todos ustedes para contribuir a su jubiloso avance en la fe. 26Así, cuando yo vuelva, su *satisfacción en Cristo Jesús abundará por causa mía.

27Pase lo que pase, compórtense de una manera digna del evangelio de Cristo. De este modo, ya sea que vaya a verlos o que, estando ausente, sólo tenga noticias de ustedes, sabré que siguen firmes en un mismo propósito, luchando unánimes por la fe del evangelio 28y sin temor alguno a sus adversarios, lo cual es para ellos señal de destrucción. Para ustedes, en cambio, es señal de salvación, y esto proviene de Dios. 29Porque a ustedes se les ha concedido no sólo creer en Cristo, sino también sufrir por él, 30pues sostienen la misma lucha que antes me vieron sostener, y que ahora saben que sigo sosteniendo.

Humillación y exaltación de Cristo

2 Por tanto, si sienten algún estímulo en su unión con Cristo, algún consuelo en su amor, algún compañerismo en el Espíritu, algún afecto entrañable, 2llénenme de alegría teniendo un mismo parecer, un mismo amor, unidos en alma y pensamiento. 3No hagan nada por egoísmo o vanidad; más bien, con humildad consideren a los demás como superiores a ustedes mismos. 4Cada uno debe velar no sólo por sus propios intereses sino también por los intereses de los demás.

5La actitud de ustedes debe ser como la de Cristo Jesús,

cerely, supposing that they can stir up trouble for me while I am in chains.[c] 18But what does it matter? The important thing is that in every way, whether from false motives or true, Christ is preached. And because of this I rejoice.

Yes, and I will continue to rejoice, 19for I know that through your prayers and the help given by the Spirit of Jesus Christ, what has happened to me will turn out for my deliverance.[d] 20I eagerly expect and hope that I will in no way be ashamed, but will have sufficient courage so that now as always Christ will be exalted in my body, whether by life or by death. 21For to me, to live is Christ and to die is gain. 22If I am to go on living in the body, this will mean fruitful labor for me. Yet what shall I choose? I do not know! 23I am torn between the two: I desire to depart and be with Christ, which is better by far; 24but it is more necessary for you that I remain in the body. 25Convinced of this, I know that I will remain, and I will continue with all of you for your progress and joy in the faith, 26so that through my being with you again your joy in Christ Jesus will overflow on account of me.

27Whatever happens, conduct yourselves in a manner worthy of the gospel of Christ. Then, whether I come and see you or only hear about you in my absence, I will know that you stand firm in one spirit, contending as one man for the faith of the gospel 28without being frightened in any way by those who oppose you. This is a sign to them that they will be destroyed, but that you will be saved—and that by God. 29For it has been granted to you on behalf of Christ not only to believe on him, but also to suffer for him, 30since you are going through the same struggle you saw I had, and now hear that I still have.

Imitating Christ's Humility

2 If you have any encouragement from being united with Christ, if any comfort from his love, if any fellowship with the Spirit, if any tenderness and compassion, 2then make my joy complete by being like-minded, having the same love, being one in spirit and purpose. 3Do nothing out of selfish ambition or vain conceit, but in humility consider others better than yourselves. 4Each of you should look not only to your own interests, but also to the interests of others.

5Your attitude should be the same as that of Christ Jesus:

---

c 1:16-17 Var. invierte el orden de vv. 16 y 17.
d 1:19 liberación. Alt. salvación.   e 1:22 este mundo. Lit. la *carne; también en v. 24.

c 16,17 Some late manuscripts have verses 16 and 17 in reverse order.   d 19 Or salvation

6 quien, siendo por naturaleza*f* Dios,
no consideró el ser igual a Dios como algo a qué aferrarse.
7 Por el contrario, se rebajó
voluntariamente,
tomando la naturaleza*g* de *siervo
y haciéndose semejante a los seres *humanos.
8 Y al manifestarse como hombre,
se humilló a sí mismo
y se hizo obediente hasta la muerte,
¡y muerte de cruz!
9 Por eso Dios lo exaltó hasta lo sumo
y le otorgó el nombre
que está sobre todo nombre,
10 para que ante el nombre de Jesús
se doble toda rodilla
en el cielo y en la tierra
y debajo de la tierra,
11 y toda lengua confiese que Jesucristo es
el Señor,
para gloria de Dios Padre.

Testimonio de luz

12 Así que, mis queridos hermanos, como han
obedecido siempre —no sólo en mi presencia
sino mucho más ahora en mi ausencia— lleven
a cabo su salvación con temor y temblor, 13 pues
Dios es quien produce en ustedes tanto el querer
como el hacer para que se cumpla su buena
voluntad.

14 Háganlo todo sin quejas ni contiendas, 15 para que sean intachables y puros, hijos de Dios
sin culpa en medio de una generación torcida y
depravada. En ella ustedes brillan como estrellas
en el firmamento, 16 manteniendo en alto*h* la
palabra de vida. Así en el día de Cristo me
sentiré *satisfecho de no haber corrido ni trabajado en vano. 17 Y aunque mi vida fuera derramada*i* sobre el sacrificio y servicio que proceden de su fe, me alegro y comparto con todos
ustedes mi alegría. 18 Así también ustedes, alégrense y compartan su alegría conmigo.

Dos colaboradores ejemplares

19 Espero en el Señor Jesús enviarles pronto a
Timoteo, para que también yo cobre ánimo al
recibir noticias de ustedes. 20 No tengo a nadie
más que, como él, se preocupe de veras por el
bienestar de ustedes, 21 pues todos los demás
buscan sus propios intereses y no los de Jesucristo. 22 Pero ustedes conocen bien la entereza
de carácter de Timoteo, que ha servido conmigo
en la obra del *evangelio, como un hijo junto a

6 Who, being in very nature*e* God,
did not consider equality with God
something to be grasped,
7 but made himself nothing,
taking the very nature*f* of a servant,
being made in human likeness.
8 And being found in appearance as a man,
he humbled himself
and became obedient to death—
even death on a cross!
9 Therefore God exalted him to the highest
place
and gave him the name that is above every name,
10 that at the name of Jesus every knee
should bow,
in heaven and on earth and under the
earth,
11 and every tongue confess that Jesus
Christ is Lord,
to the glory of God the Father.

Shining as Stars

12 Therefore, my dear friends, as you have
always obeyed—not only in my presence, but
now much more in my absence—continue to
work out your salvation with fear and trembling,
13 for it is God who works in you to will and to
act according to his good purpose.

14 Do everything without complaining or arguing, 15 so that you may become blameless and
pure, children of God without fault in a crooked
and depraved generation, in which you shine
like stars in the universe 16 as you hold out*g* the
word of life—in order that I may boast on the
day of Christ that I did not run or labor for
nothing. 17 But even if I am being poured out like
a drink offering on the sacrifice and service
coming from your faith, I am glad and rejoice
with all of you. 18 So you too should be glad and
rejoice with me.

Timothy and Epaphroditus

19 I hope in the Lord Jesus to send Timothy to
you soon, that I also may be cheered when I
receive news about you. 20 I have no one else like
him, who takes a genuine interest in your wel-
fare. 21 For everyone looks out for his own interests, not those of Jesus Christ. 22 But you know
that Timothy has proved himself, because as a
son with his father he has served with me in the
work of the gospel. 23 I hope, therefore, to send
him as soon as I see how things go with me.

---

f 2:6 *por naturaleza.* Lit. *en forma de.*   *g* 2:7 *la naturaleza.*
Lit. *la forma.*   *h* 2:16 *manteniendo en alto.* Alt. *ya que se
aferran a.*   *i* 2:17 *derramada.* Es decir, como libación.

e 6 Or *in the form of*   *f* 7 Or *the form*   *g* 16 Or *hold on to*

su padre. 23Así que espero enviárselo tan pronto como se aclaren mis asuntos. 24Y confío en el Señor que yo mismo iré pronto.

25Ahora bien, creo que es necesario enviarles de vuelta a Epafrodito, mi hermano, colaborador y compañero de lucha, a quien ustedes han enviado para atenderme en mis necesidades. 26Él los extraña mucho a todos y está afligido porque ustedes se enteraron de que estaba enfermo. 27En efecto, estuvo enfermo y al borde de la muerte; pero Dios se compadeció de él, y no sólo de él sino también de mí, para no añadir tristeza a mi tristeza. 28Así que lo envío urgentemente para que, al verlo de nuevo, ustedes se alegren y yo esté menos preocupado. 29Recíbanlo en el Señor con toda alegría y honren a los que son como él, 30porque estuvo a punto de morir por la obra de Cristo, arriesgando la *vida para suplir el servicio que ustedes no podían prestarme.

Plena confianza en Cristo

3 Por lo demás, hermanos míos, alégrense en el Señor. Para mí no es molestia volver a escribirles lo mismo, y a ustedes les da seguridad. 2Cuídense de esos *perros, cuídense de esos que hacen el mal, cuídense de esos que mutilan el cuerpo. 3Porque la *circuncisión somos nosotros, los que por medio del Espíritu de Dios adoramos, nos *enorgullecemos en Cristo Jesús y no ponemos nuestra confianza en esfuerzos *humanos. 4Yo mismo tengo motivos para tal confianza. Si cualquier otro cree tener motivos para confiar en esfuerzos humanos, yo más: 5circuncidado al octavo día, del pueblo de Israel, de la tribu de Benjamín, hebreo de pura cepa; en cuanto a la interpretación de la ley, *fariseo; 6en cuanto al celo, perseguidor de la iglesia; en cuanto a la justicia que la ley exige, intachable. 7Sin embargo, todo aquello que para mí era ganancia, ahora lo considero pérdida por causa de Cristo. 8Es más, todo lo considero pérdida por razón del incomparable valor de conocer a Cristo Jesús, mi Señor. Por él lo he perdido todo, y lo tengo por estiércol, a fin de ganar a Cristo 9y encontrarme unido a él. No quiero mi propia justicia que' procede de la ley, sino la que se obtiene mediante la *fe en Cristo, la justicia que procede de Dios, basada en la fe. 10Lo he perdido todo a fin de conocer a Cristo, experimentar el poder que se manifestó en su resurrección, participar en sus sufrimientos y llegar a ser semejante a él en su muerte. 11Así espero alcanzar la resurrección de entre los muertos.

Ciudadanos del cielo

12No es que ya lo haya conseguido todo, o que ya sea *perfecto. Sin embargo, sigo adelante esperando alcanzar aquello para lo cual Cristo

24And I am confident in the Lord that I myself will come soon.

25But I think it is necessary to send back to you Epaphroditus, my brother, fellow worker and fellow soldier, who is also your messenger, whom you sent to take care of my needs. 26For he longs for all of you and is distressed because you heard he was ill. 27Indeed he was ill, and almost died. But God had mercy on him, and not on him only but also on me, to spare me sorrow upon sorrow. 28Therefore I am all the more eager to send him, so that when you see him again you may be glad and I may have less anxiety. 29Welcome him in the Lord with great joy, and honor men like him, 30because he almost died for the work of Christ, risking his life to make up for the help you could not give me.

No Confidence in the Flesh

3 Finally, my brothers, rejoice in the Lord! It is no trouble for me to write the same things to you again, and it is a safeguard for you. 2Watch out for those dogs, those men who do evil, those mutilators of the flesh. 3For it is we who are the circumcision, we who worship by the Spirit of God, who glory in Christ Jesus, and who put no confidence in the flesh— 4though I myself have reasons for such confidence.

If anyone else thinks he has reasons to put confidence in the flesh, I have more: 5circumcised on the eighth day, of the people of Israel, of the tribe of Benjamin, a Hebrew of Hebrews; in regard to the law, a Pharisee; 6as for zeal, persecuting the church; as for legalistic righteousness, faultless.

7But whatever was to my profit I now consider loss for the sake of Christ. 8What is more, I consider everything a loss compared to the surpassing greatness of knowing Christ Jesus my Lord, for whose sake I have lost all things. I consider them rubbish, that I may gain Christ 9and be found in him, not having a righteousness of my own that comes from the law, but that which is through faith in Christ—the righteousness that comes from God and is by faith. 10I want to know Christ and the power of his resurrection and the fellowship of sharing in his sufferings, becoming like him in his death, 11and so, somehow, to attain to the resurrection from the dead.

Pressing on Toward the Goal

12Not that I have already obtained all this, or have already been made perfect, but I press on to take hold of that for which Christ Jesus took

Jesús me alcanzó a mí. 13Hermanos, no pienso que yo mismo lo haya logrado ya. Más bien, una cosa hago: olvidando lo que queda atrás y esforzándome por alcanzar lo que está delante, 14sigo avanzando hacia la meta para ganar el premio que Dios ofrece mediante su llamamiento celestial en Cristo Jesús.

15Así que, ¡escuchen los perfectos! Todos debemos*j* tener este modo de pensar. Y si en algo piensan de forma diferente, Dios les hará ver esto también. 16En todo caso, vivamos de acuerdo con lo que ya hemos alcanzado.*k*

17Hermanos, sigan todos mi ejemplo, y fíjense en los que se comportan conforme al modelo que les hemos dado. 18Como les he dicho a menudo, y ahora lo repito hasta con lágrimas, muchos se comportan como enemigos de la cruz de Cristo. 19Su destino es la destrucción, adoran al dios de sus propios deseos*l* y se enorgullecen de lo que es su vergüenza. Sólo piensan en lo terrenal. 20En cambio, nosotros somos ciudadanos del cielo, de donde anhelamos recibir al Salvador, el Señor Jesucristo. 21Él transformará nuestro cuerpo miserable para que sea como su cuerpo glorioso, mediante el poder con que somete a sí mismo todas las cosas.

4 Por lo tanto, queridos hermanos míos, a quienes amo y extraño mucho, ustedes que son mi alegría y mi corona, manténganse así firmes en el Señor.

Exhortaciones

2Ruego a Evodia y también a Síntique que se pongan de acuerdo en el Señor. 3Y a ti, mi fiel compañero,*m* te pido que ayudes a estas mujeres que han luchado a mi lado en la obra del *evangelio, junto con Clemente y los demás colaboradores míos, cuyos nombres están en el libro de la vida.

4Alégrense siempre en el Señor. Insisto: ¡Alégrense! 5Que su amabilidad sea evidente a todos. El Señor está cerca. 6No se inquieten por nada; más bien, en toda ocasión, con oración y ruego, presenten sus peticiones a Dios y denle gracias. 7Y la paz de Dios, que sobrepasa todo entendimiento, cuidará sus corazones y sus pensamientos en Cristo Jesús.

8Por último, hermanos, consideren bien todo lo verdadero, todo lo respetable, todo lo justo, todo lo puro, todo lo amable, todo lo digno de admiración, en fin, todo lo que sea excelente o merezca elogio. 9Pongan en práctica lo que de

hold of me. 13Brothers, I do not consider myself yet to have taken hold of it. But one thing I do: Forgetting what is behind and straining toward what is ahead, 14I press on toward the goal to win the prize for which God has called me heavenward in Christ Jesus.

15All of us who are mature should take such a view of things. And if on some point you think differently, that too God will make clear to you. 16Only let us live up to what we have already attained.

17Join with others in following my example, brothers, and take note of those who live according to the pattern we gave you. 18For, as I have often told you before and now say again even with tears, many live as enemies of the cross of Christ. 19Their destiny is destruction, their god is their stomach, and their glory is in their shame. Their mind is on earthly things. 20But our citizenship is in heaven. And we eagerly await a Savior from there, the Lord Jesus Christ, 21who, by the power that enables him to bring everything under his control, will transform our lowly bodies so that they will be like his glorious body.

4 Therefore, my brothers, you whom I love and long for, my joy and crown, that is how you should stand firm in the Lord, dear friends!

Exhortations

2I plead with Euodia and I plead with Syntyche to agree with each other in the Lord. 3Yes, and I ask you, loyal yokefellow,*h* help these women who have contended at my side in the cause of the gospel, along with Clement and the rest of my fellow workers, whose names are in the book of life.

4Rejoice in the Lord always. I will say it again: Rejoice! 5Let your gentleness be evident to all. The Lord is near. 6Do not be anxious about anything, but in everything, by prayer and petition, with thanksgiving, present your requests to God. 7And the peace of God, which transcends all understanding, will guard your hearts and your minds in Christ Jesus.

8Finally, brothers, whatever is true, whatever is noble, whatever is right, whatever is pure, whatever is lovely, whatever is admirable—if anything is excellent or praiseworthy—think about such things. 9Whatever you have learned

---

*j*3:15 *Así ... debemos.* Alt. *Así que los que somos perfectos debemos.*   *k*3:16 *alcanzado.* Var. *alcanzado, una misma regla, un mismo modo de pensar.*   *l*3:19 *adoran ... deseos.* Lit. *su dios es el estómago.*   *m*4:3 *mi fiel compañero.* Alt. *fiel Sicigo.*

*h*3 Or *loyal Syzygus*

mí han aprendido, recibido y oído, y lo que han visto en mí, y el Dios de paz estará con ustedes.

Gratitud por la ayuda recibida

10Me alegro muchísimo en el Señor de que al fin hayan vuelto a interesarse en mí. Claro está que tenían interés, sólo que no habían tenido la oportunidad de demostrarlo. 11No digo esto porque esté necesitado, pues he aprendido a estar satisfecho en cualquier situación en que me encuentre. 12Sé lo que es vivir en la pobreza, y lo que es vivir en la abundancia. He aprendido a vivir en todas y cada una de las circunstancias, tanto a quedar saciado como a pasar hambre, a tener de sobra como a sufrir escasez. 13Todo lo puedo en Cristo que me fortalece.

14Sin embargo, han hecho bien en participar conmigo en mi angustia. 15Y ustedes mismos, filipenses, saben que en el principio de la obra del *evangelio, cuando salí de Macedonia, ninguna iglesia participó conmigo en mis ingresos y gastos, excepto ustedes. 16Incluso a Tesalónica me enviaron ayuda una y otra vez para suplir mis necesidades. 17No digo esto porque esté tratando de conseguir más ofrendas, sino que trato de aumentar el crédito a su cuenta. 18Ya he recibido todo lo que necesito y aún más; tengo hasta de sobra ahora que he recibido de Epafrodito lo que me enviaron. Es una ofrenda fragante, un sacrificio que Dios acepta con agrado. 19Así que mi Dios les proveerá de todo lo que necesiten, conforme a las gloriosas riquezas que tiene en Cristo Jesús.

20A nuestro Dios y Padre sea la gloria por los siglos de los siglos. Amén.

Saludos finales

21Saluden a todos los *santos en Cristo Jesús. Los hermanos que están conmigo les mandan saludos. 22Saludos de parte de todos los santos, especialmente los de la casa del *emperador.

23Que la gracia del Señor Jesucristo sea con su espíritu. Amén.[n]

or received or heard from me, or seen in me—put it into practice. And the God of peace will be with you.

Thanks for Their Gifts

10I rejoice greatly in the Lord that at last you have renewed your concern for me. Indeed, you have been concerned, but you had no opportunity to show it. 11I am not saying this because I am in need, for I have learned to be content whatever the circumstances. 12I know what it is to be in need, and I know what it is to have plenty. I have learned the secret of being content in any and every situation, whether well fed or hungry, whether living in plenty or in want. 13I can do everything through him who gives me strength.

14Yet it was good of you to share in my troubles. 15Moreover, as you Philippians know, in the early days of your acquaintance with the gospel, when I set out from Macedonia, not one church shared with me in the matter of giving and receiving, except you only; 16for even when I was in Thessalonica, you sent me aid again and again when I was in need. 17Not that I am looking for a gift, but I am looking for what may be credited to your account. 18I have received full payment and even more; I am amply supplied, now that I have received from Epaphroditus the gifts you sent. They are a fragrant offering, an acceptable sacrifice, pleasing to God. 19And my God will meet all your needs according to his glorious riches in Christ Jesus.

20To our God and Father be glory for ever and ever. Amen.

Final Greetings

21Greet all the saints in Christ Jesus. The brothers who are with me send greetings. 22All the saints send you greetings, especially those who belong to Caesar's household.

23The grace of the Lord Jesus Christ be with your spirit. Amen.[i]

---

[n]4:23 Var. no incluye: Amén.　　　　　[i]23 Some manuscripts do not have Amen.

Carta a los Colosenses

1 Pablo, apóstol de *Cristo Jesús por la voluntad de Dios, y el hermano Timoteo,

2 a los *santos y fieles hermanos*a* en Cristo que están en Colosas:

Que Dios nuestro Padre les conceda*b* gracia y paz.

Acción de gracias e intercesión

3 Siempre que oramos por ustedes, damos gracias a Dios, el Padre de nuestro Señor Jesucristo, 4 pues hemos recibido noticias de su fe en Cristo Jesús y del amor que tienen por todos los *santos 5 a causa de la esperanza reservada para ustedes en el cielo. De esta esperanza ya han sabido por la palabra de verdad, que es el *evangelio 6 que ha llegado hasta ustedes. Este evangelio está dando fruto y creciendo en todo el mundo, como también ha sucedido entre ustedes desde el día en que supieron de la gracia de Dios y la comprendieron plenamente. 7 Así lo aprendieron de Epafras, nuestro querido colaborador*c* y fiel servidor de Cristo para el bien de ustedes.*d* 8 Fue él quien nos contó del amor que tienen en el Espíritu.

9 Por eso, desde el día en que lo supimos no hemos dejado de orar por ustedes. Pedimos que Dios les haga conocer plenamente su voluntad con toda sabiduría y comprensión espiritual, 10 para que vivan de manera digna del Señor, agradándole en todo. Esto implica dar fruto en toda buena obra, crecer en el conocimiento de Dios 11 y ser fortalecidos en todo sentido con su glorioso poder. Así perseverarán con paciencia en toda situación, 12 dando gracias con alegría al Padre. Él los*e* ha facultado para participar de la herencia de los santos en el reino de la luz. 13 Él nos libró del dominio de la oscuridad y nos trasladó al reino de su amado Hijo, 14 en quien tenemos redención,*f* el perdón de pecados.

La supremacía de Cristo

15 Él es la imagen del Dios invisible,
    el primogénito*g* de toda creación,

Colossians

1 Paul, an apostle of Christ Jesus by the will of God, and Timothy our brother,

2 To the holy and faithful*a* brothers in Christ at Colosse:

Grace and peace to you from God our Father.*b*

Thanksgiving and Prayer

3 We always thank God, the Father of our Lord Jesus Christ, when we pray for you, 4 because we have heard of your faith in Christ Jesus and of the love you have for all the saints— 5 the faith and love that spring from the hope that is stored up for you in heaven and that you have already heard about in the word of truth, the gospel 6 that has come to you. All over the world this gospel is bearing fruit and growing, just as it has been doing among you since the day you heard it and understood God's grace in all its truth. 7 You learned it from Epaphras, our dear fellow servant, who is a faithful minister of Christ on our*c* behalf, 8 and who also told us of your love in the Spirit.

9 For this reason, since the day we heard about you, we have not stopped praying for you and asking God to fill you with the knowledge of his will through all spiritual wisdom and understanding. 10 And we pray this in order that you may live a life worthy of the Lord and may please him in every way: bearing fruit in every good work, growing in the knowledge of God, 11 being strengthened with all power according to his glorious might so that you may have great endurance and patience, and joyfully 12 giving thanks to the Father, who has qualified you*d* to share in the inheritance of the saints in the kingdom of light. 13 For he has rescued us from the dominion of darkness and brought us into the kingdom of the Son he loves, 14 in whom we have redemption,*e* the forgiveness of sins.

The Supremacy of Christ

15 He is the image of the invisible God, the firstborn over all creation. 16 For by him all

---

a 1:2 *santos y fieles hermanos.* Alt. *santos hermanos creyentes.*   *b* 1:2 *Padre les conceda.* Var. *Padre y el Señor Jesucristo les concedan.*   *c* 1:7 *colaborador.* Lit. *coesclavo.* *d* 1:7 *de ustedes.* Var. *de nosotros.*   *e* 1:12 *los.* Var. *nos.* *f* 1:14 *redención.* Var. *redención mediante su sangre* (véase Ef 1:7).   *g* 1:15 *el primogénito.* Es decir, el que tiene anterioridad y preeminencia; también en v. 18.

a 2 Or *believing*   *b* 2 Some manuscripts *Father and the Lord Jesus Christ*   *c* 7 Some manuscripts *your*   *d* 12 Some manuscripts *us*   *e* 14 A few late manuscripts *redemption through his blood*

16 porque por medio de él fueron creadas
todas las cosas

en el cielo y en la tierra, visibles e invisibles,

sean tronos, poderes, principados o autoridades:

todo ha sido creado
por medio de él y para él.

17 Él es anterior a todas las cosas,
que por medio de él forman un todo coherente. *h*

18 Él es la cabeza del cuerpo,
que es la iglesia.

Él es el principio,
el primogénito de la resurrección,
para ser en todo el primero.

19 Porque a Dios le agradó habitar en él con
toda su plenitud

20 y, por medio de él, reconciliar consigo
todas las cosas,

tanto las que están en la tierra como las
que están en el cielo,

haciendo la paz mediante la sangre que
derramó en la cruz.

21 En otro tiempo ustedes, por su actitud y sus
malas acciones, estaban alejados de Dios y eran
sus enemigos. 22 Pero ahora Dios, a fin de presentarlos *santos, intachables e irreprochables
delante de él, los ha reconciliado en el cuerpo
mortal de Cristo mediante su muerte, 23 con tal
de que se mantengan firmes en la fe, bien cimentados y estables, sin abandonar la esperanza que
ofrece el *evangelio. Éste es el evangelio que
ustedes oyeron y que ha sido proclamado en toda
la creación debajo del cielo, y del que yo, Pablo,
he llegado a ser servidor.

Trabajo de Pablo por la iglesia

24 Ahora me alegro en medio de mis sufrimientos por ustedes, y voy completando en mí
mismo *i* lo que falta de las aflicciones de Cristo,
en favor de su cuerpo, que es la iglesia. 25 De ésta
llegué a ser servidor según el plan que Dios me
encomendó para ustedes: el dar cumplimiento a
la palabra de Dios, 26 anunciando el *misterio
que se ha mantenido oculto por siglos y generaciones, pero que ahora se ha manifestado a sus
*santos. 27 A éstos Dios se propuso dar a conocer
cuál es la gloriosa riqueza de este misterio entre
las *naciones, que es Cristo en ustedes, la esperanza de gloria.

28 A este Cristo proclamamos, aconsejando y
enseñando con toda sabiduría a todos los *seres

things were created: things in heaven and on
earth, visible and invisible, whether thrones or
powers or rulers or authorities; all things were
created by him and for him. 17 He is before all
things, and in him all things hold together.
18 And he is the head of the body, the church;
he is the beginning and the firstborn from
among the dead, so that in everything he might
have the supremacy. 19 For God was pleased
to have all his fullness dwell in him, 20 and
through him to reconcile to himself all things,
whether things on earth or things in heaven,
by making peace through his blood, shed on
the cross.

21 Once you were alienated from God and
were enemies in your minds because of *f* your
evil behavior. 22 But now he has reconciled
you by Christ's physical body through death
to present you holy in his sight, without blemish and free from accusation— 23 if you continue in your faith, established and firm, not
moved from the hope held out in the gospel.
This is the gospel that you heard and that has
been proclaimed to every creature under heav-
en, and of which I, Paul, have become a servant.

Paul's Labor for the Church

24 Now I rejoice in what was suffered for you,
and I fill up in my flesh what is still lacking in
regard to Christ's afflictions, for the sake of his
body, which is the church. 25 I have become its
servant by the commission God gave me to
present to you the word of God in its fullness—
26 the mystery that has been kept hidden for ages
and generations, but is now disclosed to the
saints. 27 To them God has chosen to make
known among the Gentiles the glorious riches
of this mystery, which is Christ in you, the hope
of glory.

28 We proclaim him, admonishing and teaching everyone with all wisdom, so that we may

---

h 1:17 *por medio … coherente.* Alt. *por medio de él
continúan existiendo.*   *i* 1:24 *en mi mismo.* Lit. *en mi *carne.*   *f* 21 Or *minds, as shown by*

humanos, para presentarlos a todos *perfectos en él. 29Con este fin trabajo y lucho fortalecido por el poder de Cristo que obra en mí.

2 Quiero que sepan qué gran lucha sostengo por el bien de ustedes y de los que están en Laodicea, y de tantos que no me conocen personalmente. 2Quiero que lo sepan para que cobren ánimo, permanezcan unidos por amor, y tengan toda la riqueza que proviene de la convicción y del entendimiento. Así conocerán el *misterio de Dios, es decir, a Cristo, 3en quien están escondidos todos los tesoros de la sabiduría y del conocimiento. 4Les digo esto para que nadie los engañe con argumentos capciosos. 5Aunque estoy físicamente ausente, los acompaño en espíritu, y me alegro al ver su buen orden y la firmeza de su fe en Cristo.

Libertad en Cristo

6Por eso, de la manera que recibieron a Cristo Jesús como Señor, vivan ahora en él, 7arraigados y edificados en él, confirmados en la fe como se les enseñó, y llenos de gratitud.

8Cuídense de que nadie los cautive con la vana y engañosa filosofía que sigue tradiciones *humanas, la que va de acuerdo con los *principios^j de este mundo y no conforme a Cristo.

9Toda la plenitud de la divinidad habita en forma corporal en Cristo; 10y en él, que es la cabeza de todo poder y autoridad, ustedes han recibido esa plenitud. 11Además, en él fueron *circuncidados, no por mano humana sino con la circuncisión que consiste en despojarse del cuerpo pecaminoso.^{k} Esta circuncisión la efectuó Cristo. 12Ustedes la recibieron al ser sepultados con él en el bautismo. En él también fueron resucitados mediante la fe en el poder de Dios, quien lo resucitó de entre los muertos.

13Antes de recibir esa circuncisión, ustedes estaban muertos en sus pecados. Sin embargo, Dios nos^l dio vida en unión con Cristo, al perdonarnos todos los pecados 14y anular la deuda^m que teníamos pendiente por los requisitos de la ley. Él anuló esa deuda que nos era adversa, clavándola en la cruz. 15Desarmó a los poderes y a las potestades, y por medio de Cristo^n los humilló en público al exhibirlos en su desfile triunfal.

16Así que nadie los juzgue a ustedes por lo que comen o beben, o con respecto a días de fiesta religiosa, de luna nueva o de reposo. 17Todo esto es una sombra de las cosas que están por venir; la realidad se halla en Cristo. 18No dejen que les

present everyone perfect in Christ. 29To this end I labor, struggling with all his energy, which so powerfully works in me.

2 I want you to know how much I am struggling for you and for those at Laodicea, and for all who have not met me personally. 2My purpose is that they may be encouraged in heart and united in love, so that they may have the full riches of complete understanding, in order that they may know the mystery of God, namely, Christ, 3in whom are hidden all the treasures of wisdom and knowledge. 4I tell you this so that no one may deceive you by fine-sounding arguments. 5For though I am absent from you in body, I am present with you in spirit and delight to see how orderly you are and how firm your faith in Christ is.

Freedom From Human Regulations Through Life With Christ

6So then, just as you received Christ Jesus as Lord, continue to live in him, 7rooted and built up in him, strengthened in the faith as you were taught, and overflowing with thankfulness.

8See to it that no one takes you captive through hollow and deceptive philosophy, which depends on human tradition and the basic principles of this world rather than on Christ.

9For in Christ all the fullness of the Deity lives in bodily form, 10and you have been given fullness in Christ, who is the head over every power and authority. 11In him you were also circumcised, in the putting off of the sinful nature,^{g} not with a circumcision done by the hands of men but with the circumcision done by Christ, 12having been buried with him in baptism and raised with him through your faith in the power of God, who raised him from the dead.

13When you were dead in your sins and in the uncircumcision of your sinful nature,^{h} God made you^i alive with Christ. He forgave us all our sins, 14having canceled the written code, with its regulations, that was against us and that stood opposed to us; he took it away, nailing it to the cross. 15And having disarmed the powers and authorities, he made a public spectacle of them, triumphing over them by the cross.^{j}

16Therefore do not let anyone judge you by what you eat or drink, or with regard to a religious festival, a New Moon celebration or a Sabbath day. 17These are a shadow of the things that were to come; the reality, however, is found in Christ. 18Do not let anyone who delights in

---

^{j}2:8 *los principios.* Alt. *los poderes espirituales,* o *las normas;* también en v. 20. ^{k}2:11 *cuerpo pecaminoso.* Lit. *cuerpo de la *carne.* ^{l}2:13 *nos.* Var. *les.* ^{m}2:14 *la deuda.* Lit. *el pagaré.* ^{n}2:15 *por medio de Cristo.* Alt. *mediante la cruz.*

^{g}11 Or *the flesh* ^{h}13 Or *your flesh* ^{i}13 Some manuscripts *us* ^{j}15 Or *them in him*

prive de esta realidad ninguno de esos que se ufanan en fingir humildad y adoración de ángeles. Los tales hacen alarde de lo que no han visto; y, envanecidos por su razonamiento *humano, [19]no se mantienen firmemente unidos a la Cabeza. Por la acción de ésta, todo el cuerpo, sostenido y ajustado mediante las articulaciones y ligamentos, va creciendo como Dios quiere.

[20]Si con Cristo ustedes ya han muerto a los principios de este mundo, ¿por qué, como si todavía pertenecieran al mundo, se someten a preceptos tales como: [21]«No tomes en tus manos, no pruebes, no toques»? [22]Estos preceptos, basados en reglas y enseñanzas humanas, se refieren a cosas que van a desaparecer con el uso. [23]Tienen sin duda apariencia de sabiduría, con su afectada piedad, falsa humildad y severo trato del cuerpo, pero de nada sirven frente a los apetitos de la naturaleza pecaminosa.[ñ]

Normas para una vida santa

3 Ya que han resucitado con Cristo, busquen las cosas de arriba, donde está Cristo sentado a la *derecha de Dios. [2]Concentren su atención en las cosas de arriba, no en las de la tierra, [3]pues ustedes han muerto y su vida está escondida con Cristo en Dios. [4]Cuando Cristo, que es la vida de ustedes,[o] se manifieste, entonces también ustedes serán manifestados con él en gloria.

[5]Por tanto, hagan morir todo lo que es propio de la naturaleza terrenal: inmoralidad sexual, impureza, bajas pasiones, malos deseos y avaricia, la cual es idolatría. [6]Por estas cosas viene el castigo de Dios.[p] [7]Ustedes las practicaron en otro tiempo, cuando vivían en ellas. [8]Pero ahora abandonen también todo esto: enojo, ira, malicia, calumnia y lenguaje obsceno. [9]Dejen de mentirse unos a otros, ahora que se han quitado el ropaje de la vieja naturaleza con sus vicios, [10]y se han puesto el de la nueva naturaleza, que se va renovando en conocimiento a imagen de su Creador. [11]En esta nueva naturaleza no hay *griego ni judío, *circunciso ni incircunciso, culto ni inculto,[q] esclavo ni libre, sino que Cristo es todo y está en todos.

[12]Por lo tanto, como escogidos de Dios, *santos y amados, revístanse de afecto entrañable y de bondad, humildad, amabilidad y paciencia, [13]de modo que se toleren unos a otros y se perdonen si alguno tiene queja contra otro. Así como el Señor los perdonó, perdonen también ustedes. [14]Por encima de todo, vístanse de amor, que es el vínculo perfecto.

false humility and the worship of angels disqualify you for the prize. Such a person goes into great detail about what he has seen, and his unspiritual mind puffs him up with idle notions. [19]He has lost connection with the Head, from whom the whole body, supported and held together by its ligaments and sinews, grows as God causes it to grow.

[20]Since you died with Christ to the basic principles of this world, why, as though you still belonged to it, do you submit to its rules: [21]"Do not handle! Do not taste! Do not touch!"? [22]These are all destined to perish with use, because they are based on human commands and teachings. [23]Such regulations indeed have an appearance of wisdom, with their self-imposed worship, their false humility and their harsh treatment of the body, but they lack any value in restraining sensual indulgence.

Rules for Holy Living

3 Since, then, you have been raised with Christ, set your hearts on things above, where Christ is seated at the right hand of God. [2]Set your minds on things above, not on earthly things. [3]For you died, and your life is now hidden with Christ in God. [4]When Christ, who is your[k] life, appears, then you also will appear with him in glory.

[5]Put to death, therefore, whatever belongs to your earthly nature: sexual immorality, impurity, lust, evil desires and greed, which is idolatry. [6]Because of these, the wrath of God is coming.[l] [7]You used to walk in these ways, in the life you once lived. [8]But now you must rid yourselves of all such things as these: anger, rage, malice, slander, and filthy language from your lips. [9]Do not lie to each other, since you have taken off your old self with its practices [10]and have put on the new self, which is being renewed in knowledge in the image of its Creator. [11]Here there is no Greek or Jew, circumcised or uncircumcised, barbarian, Scythian, slave or free, but Christ is all, and is in all.

[12]Therefore, as God's chosen people, holy and dearly loved, clothe yourselves with compassion, kindness, humility, gentleness and patience. [13]Bear with each other and forgive whatever grievances you may have against one another. Forgive as the Lord forgave you. [14]And over all these virtues put on love, which binds them all together in perfect unity.

ñ 2:23 *los apetitos de la naturaleza pecaminosa*. Lit. *la satisfacción de la* *carne.* *o*3:4 *de ustedes*. Var. *de nosotros.* *p*3:6 *de Dios*. Var. *de Dios sobre los que son desobedientes.* *q*3:11 *culto ni inculto*. Lit. *bárbaro, escita.*

*k*4 Some manuscripts *our* *l*6 Some early manuscripts *coming on those who are disobedient*

15Que gobierne en sus corazones la paz de Cristo, a la cual fueron llamados en un solo cuerpo. Y sean agradecidos. 16Que habite en ustedes la palabra de Cristo con toda su riqueza: instrúyanse y aconséjense unos a otros con toda sabiduría; canten salmos, himnos y canciones espirituales a Dios, con gratitud de corazón. 17Y todo lo que hagan, de palabra o de obra, háganlo en el nombre del Señor Jesús, dando gracias a Dios el Padre por medio de él.

Normas para la familia cristiana

18Esposas, sométanse a sus esposos, como conviene en el Señor.

19Esposos, amen a sus esposas y no sean duros con ellas.

20Hijos, obedezcan a sus padres en todo, porque esto agrada al Señor.

21Padres, no exasperen a sus hijos, no sea que se desanimen.

22*Esclavos, obedezcan en todo a sus amos terrenales, no sólo cuando ellos los estén mirando, como si ustedes quisieran ganarse el favor *humano, sino con integridad de corazón y por respeto al Señor. 23Hagan lo que hagan, trabajen de buena gana, como para el Señor y no como para nadie en este mundo, 24conscientes de que el Señor los recompensará con la herencia. Ustedes sirven a Cristo el Señor. 25El que hace el mal pagará por su propia maldad, y en esto no hay favoritismos.

4 Amos, proporcionen a sus esclavos lo que es justo y equitativo, conscientes de que ustedes también tienen un Amo en el cielo.

Instrucciones adicionales

2Dedíquense a la oración: perseveren en ella con agradecimiento 3y, al mismo tiempo, intercedan por nosotros a fin de que Dios nos abra las puertas para proclamar la palabra, el *misterio de Cristo por el cual estoy preso. 4Oren para que yo lo anuncie con claridad, como debo hacerlo. 5Compórtense sabiamente con los que no creen en Cristo,ʳ aprovechando al máximo cada momento oportuno. 6Que su conversación sea siempre amena y de buen gusto. Así sabrán cómo responder a cada uno.

Saludos finales

7Nuestro querido hermano Tíquico, fiel servidor y colaboradorˢ en el Señor, les contará en detalle cómo me va. 8Lo envío a ustedes precisamente para que tengan noticias de nosotros, y

15Let the peace of Christ rule in your hearts, since as members of one body you were called to peace. And be thankful. 16Let the word of Christ dwell in you richly as you teach and admonish one another with all wisdom, and as you sing psalms, hymns and spiritual songs with gratitude in your hearts to God. 17And whatever you do, whether in word or deed, do it all in the name of the Lord Jesus, giving thanks to God the Father through him.

Rules for Christian Households

18Wives, submit to your husbands, as is fitting in the Lord.

19Husbands, love your wives and do not be harsh with them.

20Children, obey your parents in everything, for this pleases the Lord.

21Fathers, do not embitter your children, or they will become discouraged.

22Slaves, obey your earthly masters in everything; and do it, not only when their eye is on you and to win their favor, but with sincerity of heart and reverence for the Lord. 23Whatever you do, work at it with all your heart, as working for the Lord, not for men, 24since you know that you will receive an inheritance from the Lord as a reward. It is the Lord Christ you are serving. 25Anyone who does wrong will be repaid for his wrong, and there is no favoritism.

4 Masters, provide your slaves with what is right and fair, because you know that you also have a Master in heaven.

Further Instructions

2Devote yourselves to prayer, being watchful and thankful. 3And pray for us, too, that God may open a door for our message, so that we may proclaim the mystery of Christ, for which I am in chains. 4Pray that I may proclaim it clearly, as I should. 5Be wise in the way you act toward outsiders; make the most of every opportunity. 6Let your conversation be always full of grace, seasoned with salt, so that you may know how to answer everyone.

Final Greetings

7Tychicus will tell you all the news about me. He is a dear brother, a faithful minister and fellow servant in the Lord. 8I am sending him to you for the express purpose that you may know

---

ʳ 4:5 los que no creen en Cristo. Lit. los de afuera.
ˢ 4:7 colaborador. Lit. coesclavo.

así cobren ánimo.ᵗ ⁹Va con Onésimo, querido y fiel hermano, que es uno de ustedes. Ellos los pondrán al tanto de todo lo que sucede aquí.

¹⁰Aristarco, mi compañero de cárcel, les manda saludos, como también Marcos, el primo de Bernabé. En cuanto a Marcos, ustedes ya han recibido instrucciones; si va a visitarlos, recíbanlo bien. ¹¹También los saluda Jesús, llamado el Justo. Éstos son los únicos judíos que colaboran conmigo en pro del reino de Dios, y me han sido de mucho consuelo. ¹²Les manda saludos Epafras, que es uno de ustedes. Este *siervo de Cristo Jesús está siempre luchando en oración por ustedes, para que, plenamente convencidos,ᵘ se mantengan firmes, cumpliendo en todo la voluntad de Dios. ¹³A mí me consta que él se preocupa mucho por ustedes y por los que están en Laodicea y en Hierápolis. ¹⁴Los saludan Lucas, el querido médico, y Demas. ¹⁵Saluden a los hermanos que están en Laodicea, como también a Ninfas y a la iglesia que se reúne en su casa.

¹⁶Una vez que se les haya leído a ustedes esta carta, que se lea también en la iglesia de Laodicea, y ustedes lean la carta dirigida a esa iglesia.

¹⁷Díganle a Arquipo que se ocupe de la tarea que recibió en el Señor, y que la lleve a cabo.

¹⁸Yo, Pablo, escribo este saludo de mi puño y letra. Recuerden que estoy preso. Que la gracia sea con ustedes.

about ourᵐ circumstances and that he may encourage your hearts. ⁹He is coming with Onesimus, our faithful and dear brother, who is one of you. They will tell you everything that is happening here.

¹⁰My fellow prisoner Aristarchus sends you his greetings, as does Mark, the cousin of Barnabas. (You have received instructions about him; if he comes to you, welcome him.) ¹¹Jesus, who is called Justus, also sends greetings. These are the only Jews among my fellow workers for the kingdom of God, and they have proved a comfort to me. ¹²Epaphras, who is one of you and a servant of Christ Jesus, sends greetings. He is always wrestling in prayer for you, that you may stand firm in all the will of God, mature and fully assured. ¹³I vouch for him that he is working hard for you and for those at Laodicea and Hierapolis. ¹⁴Our dear friend Luke, the doctor, and Demas send greetings. ¹⁵Give my greetings to the brothers at Laodicea, and to Nympha and the church in her house.

¹⁶After this letter has been read to you, see that it is also read in the church of the Laodiceans and that you in turn read the letter from Laodicea.

¹⁷Tell Archippus: "See to it that you complete the work you have received in the Lord."

¹⁸I, Paul, write this greeting in my own hand. Remember my chains. Grace be with you.

ᵗ4:8 *para que … ánimo.* Var. *para que él tenga noticias de ustedes, y los anime.* ᵘ4:12 *plenamente convencidos.* Alt. *perfectos y convencidos.*   ᵐ8 Some manuscripts *that he may know about your*

Primera Carta a los Tesalonicenses

1 Thessalonians

1 Pablo, *Silvano y Timoteo,

a la iglesia de los tesalonicenses que está en Dios el Padre y en el Señor *Jesucristo:

Gracia y paz a ustedes.ᵃ

1 Paul, Silasᵃ and Timothy,

To the church of the Thessalonians in God the Father and the Lord Jesus Christ:

Grace and peace to you.ᵇ

Acción de gracias por los tesalonicenses

²Siempre damos gracias a Dios por todos ustedes cuando los mencionamos en nuestras oraciones. ³Los recordamos constantemente delante de nuestro Dios y Padre a causa de la obra realizada por su fe, el trabajo motivado por su amor, y la constancia sostenida por su esperanza en nuestro Señor Jesucristo.

⁴Hermanos amados de Dios, sabemos que él los ha escogido, ⁵porque nuestro *evangelio les llegó no sólo con palabras sino también con poder, es decir, con el Espíritu Santo y con profunda convicción. Como bien saben, estuvimos entre ustedes buscando su bien. ⁶Ustedes se hicieron imitadores nuestros y del Señor cuando, a pesar de mucho sufrimiento, recibieron el mensaje con la alegría que infunde el Espíritu Santo. ⁷De esta manera se constituyeron en ejemplo para todos los creyentes de Macedonia y de Acaya. ⁸Partiendo de ustedes, el mensaje del Señor se ha proclamado no sólo en Macedonia y en Acaya sino en todo lugar; a tal punto se ha divulgado su fe en Dios que ya no es necesario que nosotros digamos nada. ⁹Ellos mismos cuentan de lo bien que ustedes nos recibieron, y de cómo se convirtieron a Dios dejando los ídolos para servir al Dios vivo y verdadero, ¹⁰y esperar del cielo a Jesús, su Hijo a quien *resucitó, que nos libra del castigo venidero.

Thanksgiving for the Thessalonians' Faith

²We always thank God for all of you, mentioning you in our prayers. ³We continually remember before our God and Father your work produced by faith, your labor prompted by love, and your endurance inspired by hope in our Lord Jesus Christ.

⁴For we know, brothers loved by God, that he has chosen you, ⁵because our gospel came to you not simply with words, but also with power, with the Holy Spirit and with deep conviction. You know how we lived among you for your sake. ⁶You became imitators of us and of the Lord; in spite of severe suffering, you welcomed the message with the joy given by the Holy Spirit. ⁷And so you became a model to all the believers in Macedonia and Achaia. ⁸The Lord's message rang out from you not only in Macedonia and Achaia—your faith in God has become known everywhere. Therefore we do not need to say anything about it, ⁹for they themselves report what kind of reception you gave us. They tell how you turned to God from idols to serve the living and true God, ¹⁰and to wait for his Son from heaven, whom he raised from the dead—Jesus, who rescues us from the coming wrath.

Ministerio de Pablo en Tesalónica

2 Hermanos, bien saben que nuestra visita a ustedes no fue un fracaso. ²Y saben también que, a pesar de las aflicciones e insultos que antes sufrimos en Filipos, cobramos confianza en nuestro Dios y nos atrevimos a comunicarles el *evangelio en medio de una gran lucha. ³Nuestra predicación no se origina en el error ni en malas intenciones, ni procura engañar a na-

Paul's Ministry in Thessalonica

2 You know, brothers, that our visit to you was not a failure. ²We had previously suffered and been insulted in Philippi, as you know, but with the help of our God we dared to tell you his gospel in spite of strong opposition. ³For the appeal we make does not

---

ᵃ1:1 *a ustedes.* Var. *a ustedes de nuestro Padre y del Señor Jesucristo.*

ᵃ1 Greek *Silvanus,* a variant of *Silas*   ᵇ1 Some early manuscripts *you from God our Father and the Lord Jesus Christ*

die. 4Al contrario, hablamos como hombres a quienes Dios aprobó y les confió el evangelio: no tratamos de agradar a la gente sino a Dios, que examina nuestro corazón. 5Como saben, nunca hemos recurrido a las adulaciones ni a las excusas para obtener dinero; Dios es testigo. 6Tampoco hemos buscado honores de nadie; ni de ustedes ni de otros. 7Aunque como apóstoles de Cristo hubiéramos podido ser exigentes con ustedes, los tratamos con delicadeza.*b* Como una madre*c* que amamanta y cuida a sus hijos, 8así nosotros, por el cariño que les tenemos, nos deleitamos en compartir con ustedes no sólo el evangelio de Dios sino también nuestra *vida. ¡Tanto llegamos a quererlos! 9Recordarán, hermanos, nuestros esfuerzos y fatigas para proclamarles el evangelio de Dios, y cómo trabajamos día y noche para no serles una carga.

10Dios y ustedes me son testigos de que nos comportamos con ustedes los creyentes en una forma santa, justa e irreprochable. 11Saben también que a cada uno de ustedes lo hemos tratado como trata a un padre a sus propios hijos. 12Los hemos animado, consolado y exhortado a llevar una vida digna de Dios, que los llama a su reino y a su gloria.

13Así que no dejamos de dar gracias a Dios, porque al oír ustedes la palabra de Dios que les predicamos, la aceptaron no como palabra *humana sino como lo que realmente es, palabra de Dios, la cual actúa en ustedes los creyentes. 14Ustedes, hermanos, siguieron el ejemplo de las iglesias de Dios en Cristo Jesús que están en Judea, ya que sufrieron a manos de sus compatriotas lo mismo que sufrieron aquellas iglesias a manos de los judíos. 15Éstos mataron al Señor Jesús y a los profetas, y a nosotros nos expulsaron. No agradan a Dios y son hostiles a todos, 16pues procuran impedir que prediquemos a los *gentiles para que sean salvos. Así en todo lo que hacen llegan al colmo de su pecado. Pero el castigo de Dios vendrá sobre ellos con toda severidad.*d*

Pablo anhela ver a los tesalonicenses

17Nosotros, hermanos, luego de estar separados de ustedes por algún tiempo, en lo físico pero no en lo espiritual, con ferviente anhelo hicimos todo lo humanamente posible por ir a verlos. 18Sí, deseábamos visitarlos —yo mismo, Pablo, más de una vez intenté ir—, pero Satanás nos lo impidió. 19En resumidas cuentas, ¿cuál es nuestra esperanza, alegría o motivo*e* de *orgullo

spring from error or impure motives, nor are we trying to trick you. 4On the contrary, we speak as men approved by God to be entrusted with the gospel. We are not trying to please men but God, who tests our hearts. 5You know we never used flattery, nor did we put on a mask to cover up greed—God is our witness. 6We were not looking for praise from men, not from you or anyone else.

As apostles of Christ we could have been a burden to you, 7but we were gentle among you, like a mother caring for her little children. 8We loved you so much that we were delighted to share with you not only the gospel of God but our lives as well, because you had become so dear to us. 9Surely you remember, brothers, our toil and hardship; we worked night and day in order not to be a burden to anyone while we preached the gospel of God to you.

10You are witnesses, and so is God, of how holy, righteous and blameless we were among you who believed. 11For you know that we dealt with each of you as a father deals with his own children, 12encouraging, comforting and urging you to live lives worthy of God, who calls you into his kingdom and glory.

13And we also thank God continually because, when you received the word of God, which you heard from us, you accepted it not as the word of men, but as it actually is, the word of God, which is at work in you who believe. 14For you, brothers, became imitators of God's churches in Judea, which are in Christ Jesus: You suffered from your own countrymen the same things those churches suffered from the Jews, 15who killed the Lord Jesus and the prophets and also drove us out. They displease God and are hostile to all men 16in their effort to keep us from speaking to the Gentiles so that they may be saved. In this way they always heap up their sins to the limit. The wrath of God has come upon them at last.*c*

Paul's Longing to See the Thessalonians

17But, brothers, when we were torn away from you for a short time (in person, not in thought), out of our intense longing we made every effort to see you. 18For we wanted to come to you—certainly I, Paul, did, again and again—but Satan stopped us. 19For what is our hope, our joy, or the crown in which we will

---

b 2:7 exigentes … delicadeza. Var. exigentes, fuimos niños entre ustedes. *c* 2:7 madre. Alt. nodriza. *d* 2:16 Pero … severidad. Lit. Pero la ira vino sobre ellos hasta el fin. *e* 2:19 motivo. Lit. corona.

c 16 Or them fully

delante de nuestro Señor Jesús para cuando él venga? ¿Quién más sino ustedes? 20Sí, ustedes son nuestro orgullo y alegría.

3 Por tanto, cuando ya no pudimos soportarlo más, pensamos que era mejor quedarnos solos en Atenas. 2Así que les enviamos a Timoteo, hermano nuestro y colaborador de Dios*f* en el *evangelio de Cristo, con el fin de afianzarlos y animarlos en la fe 3para que nadie fuera perturbado por estos sufrimientos. Ustedes mismos saben que se nos destinó para esto, 4pues cuando estábamos con ustedes les advertimos que íbamos a padecer sufrimientos. Y así sucedió. 5Por eso, cuando ya no pude soportarlo más, mandé a Timoteo a indagar acerca de su fe, no fuera que el *tentador los hubiera inducido a hacer lo malo y que nuestro trabajo hubiera sido en vano.

El informe alentador de Timoteo

6Ahora Timoteo acaba de volver de Tesalónica con buenas noticias de la fe y del amor de ustedes. Nos dice que conservan gratos recuerdos de nosotros y que tienen muchas ganas de vernos, tanto como nosotros a ustedes. 7Por eso, hermanos, en medio de todas nuestras angustias y sufrimientos ustedes nos han dado ánimo por su fe. 8¡Ahora sí que vivimos al saber que están firmes en el Señor! 9¿Cómo podemos agradecer bastante a nuestro Dios por ustedes y por toda la alegría que nos han proporcionado delante de él? 10Día y noche le suplicamos que nos permita verlos de nuevo para suplir lo que le falta a su fe.

11Que el Dios y Padre nuestro, y nuestro Señor Jesús, nos preparen el camino para ir a verlos. 12Que él Señor los haga crecer para que se amen más y más unos a otros, y a todos, tal como nosotros los amamos a ustedes. 13Que los fortalezca interiormente para que, cuando nuestro Señor Jesús venga con todos sus *santos, la santidad de ustedes sea intachable delante de nuestro Dios y Padre.

La vida que agrada a Dios

4 Por lo demás, hermanos, les pedimos encarecidamente en el nombre del Señor Jesús que sigan progresando en el modo de vivir que agrada a Dios, tal como lo aprendieron de nosotros. De hecho, ya lo están practicando. 2Ustedes saben cuáles son las instrucciones que les dimos de parte del Señor Jesús.

3La voluntad de Dios es que sean *santificados; que se aparten de la inmoralidad sexual; 4que cada uno aprenda a controlar su propio

glory in the presence of our Lord Jesus when he comes? Is it not you? 20Indeed, you are our glory and joy.

3 So when we could stand it no longer, we thought it best to be left by ourselves in Athens. 2We sent Timothy, who is our brother and God's fellow worker*d* in spreading the gospel of Christ, to strengthen and encourage you in your faith, 3so that no one would be unsettled by these trials. You know quite well that we were destined for them. 4In fact, when we were with you, we kept telling you that we would be persecuted. And it turned out that way, as you well know. 5For this reason, when I could stand it no longer, I sent to find out about your faith. I was afraid that in some way the tempter might have tempted you and our efforts might have been useless.

Timothy's Encouraging Report

6But Timothy has just now come to us from you and has brought good news about your faith and love. He has told us that you always have pleasant memories of us and that you long to see us, just as we also long to see you. 7Therefore, brothers, in all our distress and persecution we were encouraged about you because of your faith. 8For now we really live, since you are standing firm in the Lord. 9How can we thank God enough for you in return for all the joy we have in the presence of our God because of you? 10Night and day we pray most earnestly that we may see you again and supply what is lacking in your faith.

11Now may our God and Father himself and our Lord Jesus clear the way for us to come to you. 12May the Lord make your love increase and overflow for each other and for everyone else, just as ours does for you. 13May he strengthen your hearts so that you will be blameless and holy in the presence of our God and Father when our Lord Jesus comes with all his holy ones.

Living to Please God

4 Finally, brothers, we instructed you how to live in order to please God, as in fact you are living. Now we ask you and urge you in the Lord Jesus to do this more and more. 2For you know what instructions we gave you by the authority of the Lord Jesus.

3It is God's will that you should be sanctified: that you should avoid sexual immorality; 4that each of you should learn to control his own

---

f 3:2 *colaborador de Dios.* Var. *servidor de Dios*; otra var. *servidor de Dios y colaborador nuestro.*

d 2 Some manuscripts *brother and fellow worker*; other manuscripts *brother and God's servant*

cuerpo^g de una manera santa y honrosa, 5sin dejarse llevar por los malos deseos como hacen los *paganos, que no conocen a Dios; 6y que nadie perjudique a su hermano ni se aproveche de él en este asunto. El Señor castiga todo esto, como ya les hemos dicho y advertido. 7Dios no nos llamó a la impureza sino a la santidad; 8por tanto, el que rechaza estas instrucciones no rechaza a un hombre sino a Dios, quien les da a ustedes su Espíritu Santo.

9En cuanto al amor fraternal, no necesitan que les escribamos, porque Dios mismo les ha enseñado a amarse unos a otros. 10En efecto, ustedes aman a todos los hermanos que viven en Macedonia. No obstante, hermanos, les animamos a amarse aún más, 11a procurar vivir en paz con todos, a ocuparse de sus propias responsabilidades y a trabajar con sus propias manos. Así les he mandado, 12para que por su modo de vivir se ganen el respeto de los que no son creyentes, y no tengan que depender de nadie.

La venida del Señor

13Hermanos, no queremos que ignoren lo que va a pasar con los que ya han muerto,^{h} para que no se entristezcan como esos otros que no tienen esperanza. 14¿Acaso no creemos que Jesús murió y resucitó? Así también Dios resucitará con Jesús a los que han muerto en unión con él. 15Conforme a lo dicho por el Señor, afirmamos que nosotros, los que estemos vivos y hayamos quedado hasta la venida del Señor, de ninguna manera nos adelantaremos a los que hayan muerto. 16El Señor mismo descenderá del cielo con voz de mando, con voz de arcángel y con trompeta de Dios, y los muertos en Cristo resucitarán primero. 17Luego los que estemos vivos, los que hayamos quedado, seremos arrebatados junto con ellos en las nubes para encontrarnos con el Señor en el aire. Y así estaremos con el Señor para siempre. 18Por lo tanto, anímense unos a otros con estas palabras.

5 Ahora bien, hermanos, ustedes no necesitan que se les escriba acerca de tiempos y fechas, 2porque ya saben que el día del Señor llegará como ladrón en la noche. 3Cuando estén diciendo: «Paz y seguridad», vendrá de improviso sobre ellos la destrucción, como le llegan a la mujer encinta los dolores de parto. De ninguna manera podrán escapar.

4Ustedes, en cambio, hermanos, no están en la oscuridad para que ese día los sorprenda como un ladrón. 5Todos ustedes son hijos de la luz y del día. No somos de la noche ni de la oscuridad.

body^e in a way that is holy and honorable, 5not in passionate lust like the heathen, who do not know God; 6and that in this matter no one should wrong his brother or take advantage of him. The Lord will punish men for all such sins, as we have already told you and warned you. 7For God did not call us to be impure, but to live a holy life. 8Therefore, he who rejects this instruction does not reject man but God, who gives you his Holy Spirit.

9Now about brotherly love we do not need to write to you, for you yourselves have been taught by God to love each other. 10And in fact, you do love all the brothers throughout Macedonia. Yet we urge you, brothers, to do so more and more.

11Make it your ambition to lead a quiet life, to mind your own business and to work with your hands, just as we told you, 12so that your daily life may win the respect of outsiders and so that you will not be dependent on anybody.

The Coming of the Lord

13Brothers, we do not want you to be ignorant about those who fall asleep, or to grieve like the rest of men, who have no hope. 14We believe that Jesus died and rose again and so we believe that God will bring with Jesus those who have fallen asleep in him. 15According to the Lord's own word, we tell you that we who are still alive, who are left till the coming of the Lord, will certainly not precede those who have fallen asleep. 16For the Lord himself will come down from heaven, with a loud command, with the voice of the archangel and with the trumpet call of God, and the dead in Christ will rise first. 17After that, we who are still alive and are left will be caught up together with them in the clouds to meet the Lord in the air. And so we will be with the Lord forever. 18Therefore encourage each other with these words.

5 Now, brothers, about times and dates we do not need to write to you, 2for you know very well that the day of the Lord will come like a thief in the night. 3While people are saying, "Peace and safety," destruction will come on them suddenly, as labor pains on a pregnant woman, and they will not escape.

4But you, brothers, are not in darkness so that this day should surprise you like a thief. 5You are all sons of the light and sons of the day. We

---

^{g}4:4 aprenda … cuerpo. Alt. trate a su esposa, o consiga esposa. ^{h}4:13 han muerto. Lit. duermen; el mismo verbo en vv. 14 y 15.

^{e}4 Or learn to live with his own wife; or learn to acquire a wife

6No debemos, pues, dormirnos como los demás, sino mantenernos alerta y en nuestro sano juicio. 7Los que duermen, de noche duermen, y los que se emborrachan, de noche se emborrachan. 8Nosotros que somos del día, por el contrario, estemos siempre en nuestro sano juicio, protegidos por la coraza de la fe y del amor, y por el casco de la esperanza de salvación; 9pues Dios no nos destinó a sufrir el castigo sino a recibir la salvación por medio de nuestro Señor Jesucristo. 10Él murió por nosotros para que, en la vida o en la muerte,[i] vivamos junto con él. 11Por eso, anímense y edifíquense unos a otros, tal como lo vienen haciendo.

Instrucciones finales

12Hermanos, les pedimos que sean considerados con los que trabajan arduamente entre ustedes, y los guían y amonestan en el Señor. 13Ténganlos en alta estima, y ámenlos por el trabajo que hacen. Vivan en paz unos con otros. 14Hermanos, también les rogamos que amonesten a los holgazanes, estimulen a los desanimados, ayuden a los débiles y sean pacientes con todos. 15Asegúrense de que nadie pague mal por mal; más bien, esfuércense siempre por hacer el bien, no sólo entre ustedes sino a todos.

16Estén siempre alegres, 17oren sin cesar, 18den gracias a Dios en toda situación, porque esta es su voluntad para ustedes en Cristo Jesús.

19No apaguen el Espíritu, 20no desprecien las profecías, 21sométanlo todo a prueba, aférrense a lo bueno, 22eviten toda clase de mal.

23Que Dios mismo, el Dios de paz, los *santifique por completo, y conserve todo su ser —espíritu, alma y cuerpo— irreprochable para la venida de nuestro Señor Jesucristo. 24El que los llama es fiel, y así lo hará.

25Hermanos, oren también por nosotros. 26Saluden a todos los hermanos con un beso santo. 27Les encargo delante del Señor que lean esta carta a todos los hermanos.

28Que la gracia de nuestro Señor Jesucristo sea con ustedes.

do not belong to the night or to the darkness. 6So then, let us not be like others, who are asleep, but let us be alert and self-controlled. 7For those who sleep, sleep at night, and those who get drunk, get drunk at night. 8But since we belong to the day, let us be self-controlled, putting on faith and love as a breastplate, and the hope of salvation as a helmet. 9For God did not appoint us to suffer wrath but to receive salvation through our Lord Jesus Christ. 10He died for us so that, whether we are awake or asleep, we may live together with him. 11Therefore encourage one another and build each other up, just as in fact you are doing.

Final Instructions

12Now we ask you, brothers, to respect those who work hard among you, who are over you in the Lord and who admonish you. 13Hold them in the highest regard in love because of their work. Live in peace with each other. 14And we urge you, brothers, warn those who are idle, encourage the timid, help the weak, be patient with everyone. 15Make sure that nobody pays back wrong for wrong, but always try to be kind to each other and to everyone else.

16Be joyful always; 17pray continually; 18give thanks in all circumstances, for this is God's will for you in Christ Jesus.

19Do not put out the Spirit's fire; 20do not treat prophecies with contempt. 21Test everything. Hold on to the good. 22Avoid every kind of evil.

23May God himself, the God of peace, sanctify you through and through. May your whole spirit, soul and body be kept blameless at the coming of our Lord Jesus Christ. 24The one who calls you is faithful and he will do it.

25Brothers, pray for us. 26Greet all the brothers with a holy kiss. 27I charge you before the Lord to have this letter read to all the brothers.

28The grace of our Lord Jesus Christ be with you.

---

i5:10 en la vida o en la muerte. Lit. despiertos o dormidos.

Segunda Carta a los Tesalonicenses

2 Thessalonians

1 Pablo, *Silvano y Timoteo,

a la iglesia de los tesalonicenses, unida a Dios nuestro Padre y al Señor *Jesucristo:

2Que Dios el Padre y el Señor Jesucristo les concedan gracia y paz.

Acción de gracias y oración

3Hermanos, siempre debemos dar gracias a Dios por ustedes, como es justo, porque su fe se acrecienta cada vez más, y en cada uno de ustedes sigue abundando el amor hacia los otros. 4Así que nos sentimos orgullosos de ustedes ante las iglesias de Dios por la perseverancia y la fe que muestran al soportar toda clase de persecuciones y sufrimientos. 5Todo esto prueba que el juicio de Dios es justo, y por tanto él los considera dignos de su reino, por el cual están sufriendo.

6Dios, que es justo, pagará con sufrimiento a quienes los hacen sufrir a ustedes. 7Y a ustedes que sufren, les dará descanso, lo mismo que a nosotros. Esto sucederá cuando el Señor Jesús se manifieste desde el cielo entre llamas de fuego, con sus poderosos ángeles, 8para castigar a los que no conocen a Dios ni obedecen el *evangelio de nuestro Señor Jesús. 9Ellos sufrirán el castigo de la destrucción eterna, lejos de la presencia del Señor y de la majestad de su poder, 10el día en que venga para ser glorificado por medio de sus *santos y admirado por todos los que hayan creído, entre los cuales están ustedes porque creyeron el testimonio que les dimos.

11Por eso oramos constantemente por ustedes, para que nuestro Dios los considere dignos del llamamiento que les ha hecho, y por su poder *perfeccione toda disposición al bien y toda obra que realicen por la fe. 12Oramos así, de modo que el nombre de nuestro Señor Jesús sea glorificado por medio de ustedes, y ustedes por él, conforme a la gracia de nuestro Dios y del Señor Jesucristo.a

Manifestación y juicio del malvado

2 Ahora bien, hermanos, en cuanto a la venida de nuestro Señor Jesucristo y a nuestra

1 Paul, Silasa and Timothy,

To the church of the Thessalonians in God our Father and the Lord Jesus Christ:

2Grace and peace to you from God the Father and the Lord Jesus Christ.

Thanksgiving and Prayer

3We ought always to thank God for you, brothers, and rightly so, because your faith is growing more and more, and the love every one of you has for each other is increasing. 4Therefore, among God's churches we boast about your perseverance and faith in all the persecutions and trials you are enduring.

5All this is evidence that God's judgment is right, and as a result you will be counted worthy of the kingdom of God, for which you are suffering. 6God is just: He will pay back trouble to those who trouble you 7and give relief to you who are troubled, and to us as well. This will happen when the Lord Jesus is revealed from heaven in blazing fire with his powerful angels. 8He will punish those who do not know God and do not obey the gospel of our Lord Jesus. 9They will be punished with everlasting destruction and shut out from the presence of the Lord and from the majesty of his power 10on the day he comes to be glorified in his holy people and to be marveled at among all those who have believed. This includes you, because you believed our testimony to you.

11With this in mind, we constantly pray for you, that our God may count you worthy of his calling, and that by his power he may fulfill every good purpose of yours and every act prompted by your faith. 12We pray this so that the name of our Lord Jesus may be glorified in you, and you in him, according to the grace of our God and the Lord Jesus Christ.b

The Man of Lawlessness

2 Concerning the coming of our Lord Jesus Christ and our being gathered to him, we ask you, brothers, 2not to become easily un-

---

a1:12 Dios y del Señor Jesucristo. Alt. Dios y Señor, Jesucristo.

a1 Greek Silvanus, a variant of Silas   b12 Or God and Lord, Jesus Christ

reunión con él, les pedimos que [2]no pierdan la cabeza ni se alarmen por ciertas profecías,[b] ni por mensajes orales o escritos supuestamente nuestros, que digan: «¡Ya llegó el día del Señor!» [3]No se dejen engañar de ninguna manera, porque primero tiene que llegar la rebelión contra Dios[c] y manifestarse el hombre de maldad,[d] el destructor por naturaleza.[e] [4]Éste se opone y se levanta contra todo lo que lleva el nombre de Dios o es objeto de adoración, hasta el punto de adueñarse del templo de Dios y pretender ser Dios.

[5]¿No recuerdan que ya les hablaba de esto cuando estaba con ustedes? [6]Bien saben que hay algo que detiene a este hombre, a fin de que él se manifieste a su debido tiempo. [7]Es cierto que el *misterio de la maldad ya está ejerciendo su poder; pero falta que sea quitado de en medio el que ahora lo detiene. [8]Entonces se manifestará aquel malvado, a quien el Señor Jesús derrocará con el soplo de su boca y destruirá con el esplendor de su venida. [9]El malvado vendrá, por obra de Satanás, con toda clase de milagros, señales y prodigios falsos. [10]Con toda perversidad engañará a los que se pierden por haberse negado a amar la verdad y así ser salvos. [11]Por eso Dios permite que, por el poder del engaño, crean en la mentira. [12]Así serán condenados todos los que no creyeron en la verdad sino que se deleitaron en el mal.

Exhortación a la perseverancia

[13]Nosotros, en cambio, siempre debemos dar gracias a Dios por ustedes, hermanos amados por el Señor, porque desde el principio Dios los escogió[f] para ser salvos, mediante la obra *santificadora del Espíritu y la fe que tienen en la verdad. [14]Para esto Dios los llamó por nuestro *evangelio, a fin de que tengan parte en la gloria de nuestro Señor Jesucristo. [15]Así que, hermanos, sigan firmes y manténganse fieles a las enseñanzas[g] que, oralmente o por carta, les hemos transmitido.

[16]Que nuestro Señor Jesucristo mismo y Dios nuestro Padre, que nos amó y por su gracia nos dio consuelo eterno y una buena esperanza, [17]los anime y les fortalezca el corazón, para que tanto en palabra como en obra hagan todo lo que sea bueno.

settled or alarmed by some prophecy, report or letter supposed to have come from us, saying that the day of the Lord has already come. [3]Don't let anyone deceive you in any way, for that day will not come until the rebellion occurs and the man of lawlessness[c] is revealed, the man doomed to destruction. [4]He will oppose and will exalt himself over everything that is called God or is worshiped, so that he sets himself up in God's temple, proclaiming himself to be God.

[5]Don't you remember that when I was with you I used to tell you these things? [6]And now you know what is holding him back, so that he may be revealed at the proper time. [7]For the secret power of lawlessness is already at work; but the one who now holds it back will continue to do so till he is taken out of the way. [8]And then the lawless one will be revealed, whom the Lord Jesus will overthrow with the breath of his mouth and destroy by the splendor of his coming. [9]The coming of the lawless one will be in accordance with the work of Satan displayed in all kinds of counterfeit miracles, signs and wonders, [10]and in every sort of evil that deceives those who are perishing. They perish because they refused to love the truth and so be saved. [11]For this reason God sends them a powerful delusion so that they will believe the lie [12]and so that all will be condemned who have not believed the truth but have delighted in wickedness.

Stand Firm

[13]But we ought always to thank God for you, brothers loved by the Lord, because from the beginning God chose you[d] to be saved through the sanctifying work of the Spirit and through belief in the truth. [14]He called you to this through our gospel, that you might share in the glory of our Lord Jesus Christ. [15]So then, brothers, stand firm and hold to the teachings[e] we passed on to you, whether by word of mouth or by letter.

[16]May our Lord Jesus Christ himself and God our Father, who loved us and by his grace gave us eternal encouragement and good hope, [17]encourage your hearts and strengthen you in every good deed and word.

---

[b]2:2 por ciertas profecías. Lit. por espíritu.   [c]2:3 la rebelión contra Dios. Lit. la apostasía.   [d]2:3 maldad. Var. pecado.   [e]2:3 el destructor por naturaleza. Alt. el que está destinado a la destrucción. Lit. el hijo de la destrucción. [f]2:13 desde ... escogió. Var. Dios los escogió como sus *primicias.   [g]2:15 enseñanzas. Alt. tradiciones.

[c]3 Some manuscripts sin   [d]13 Some manuscripts because God chose you as his firstfruits   [e]15 Or traditions

Oración por la difusión del evangelio

3 Por último, hermanos, oren por nosotros para que el mensaje del Señor se difunda rápidamente y se le reciba con honor, tal como sucedió entre ustedes. 2Oren además para que seamos librados de personas perversas y malvadas, porque no todos tienen fe. 3Pero el Señor es fiel, y él los fortalecerá y los protegerá del maligno. 4Confiamos en el Señor de que ustedes cumplen y seguirán cumpliendo lo que les hemos enseñado. 5Que el Señor los lleve a amar como Dios ama, y a perseverar como Cristo perseveró.

Exhortación al trabajo

6Hermanos, en el nombre del Señor Jesucristo les ordenamos que se aparten de todo hermano que esté viviendo como un vago y no según las enseñanzas recibidas*h* de nosotros. 7Ustedes mismos saben cómo deben seguir nuestro ejemplo. Nosotros no vivimos como ociosos entre ustedes, 8ni comimos el pan de nadie sin pagarlo. Al contrario, día y noche trabajamos arduamente y sin descanso para no ser una carga a ninguno de ustedes. 9Y lo hicimos así, no porque no tuviéramos derecho a tal ayuda, sino para darles buen ejemplo. 10Porque incluso cuando estábamos con ustedes, les ordenamos: «El que no quiera trabajar, que tampoco coma.»

11Nos hemos enterado de que entre ustedes hay algunos que andan de vagos, sin trabajar en nada, y que sólo se ocupan de lo que no les importa. 12A tales personas les ordenamos y exhortamos en el Señor Jesucristo que tranquilamente se pongan a trabajar para ganarse la vida. 13Ustedes, hermanos, no se cansen de hacer el bien.

14Si alguno no obedece las instrucciones que les damos en esta carta, denúncienlo públicamente y no se relacionen con él, para que se avergüence. 15Sin embargo, no lo tengan por enemigo, sino amonéstenlo como a hermano.

Saludos finales

16Que el Señor de paz les conceda su paz siempre y en todas las circunstancias. El Señor sea con todos ustedes.

17Yo, Pablo, escribo este saludo de mi puño y letra. Ésta es la señal distintiva de todas mis cartas; así escribo yo.

18Que la gracia de nuestro Señor Jesucristo sea con todos ustedes.

Request for Prayer

3 Finally, brothers, pray for us that the message of the Lord may spread rapidly and be honored, just as it was with you. 2And pray that we may be delivered from wicked and evil men, for not everyone has faith. 3But the Lord is faithful, and he will strengthen and protect you from the evil one. 4We have confidence in the Lord that you are doing and will continue to do the things we command. 5May the Lord direct your hearts into God's love and Christ's perseverance.

Warning Against Idleness

6In the name of the Lord Jesus Christ, we command you, brothers, to keep away from every brother who is idle and does not live according to the teaching *f* you received from us. 7For you yourselves know how you ought to follow our example. We were not idle when we were with you, 8nor did we eat anyone's food without paying for it. On the contrary, we worked night and day, laboring and toiling so that we would not be a burden to any of you. 9We did this, not because we do not have the right to such help, but in order to make ourselves a model for you to follow. 10For even when we were with you, we gave you this rule: "If a man will not work, he shall not eat."

11We hear that some among you are idle. They are not busy; they are busybodies. 12Such people we command and urge in the Lord Jesus Christ to settle down and earn the bread they eat. 13And as for you, brothers, never tire of doing what is right.

14If anyone does not obey our instruction in this letter, take special note of him. Do not associate with him, in order that he may feel ashamed. 15Yet do not regard him as an enemy, but warn him as a brother.

Special Greetings

16Now may the Lord of peace himself give you peace at all times and in every way. The Lord be with all of you.

17I, Paul, write this greeting in my own hand, which is the distinguishing mark in all my letters. This is how I write.

18The grace of our Lord Jesus Christ be with you all.

---

*h*3:6 *las enseñanzas recibidas.* Alt. *la tradición recibida.*   *f*6 Or *tradition*

Primera Carta a Timoteo

1 Timothy

1 Pablo, apóstol de *Cristo Jesús por mandato de Dios nuestro Salvador y de Cristo
Jesús nuestra esperanza,

1 Paul, an apostle of Christ Jesus by the
command of God our Savior and of Christ
Jesus our hope,

²a Timoteo, mi verdadero hijo en la fe:

²To Timothy my true son in the faith:

Que Dios el Padre y Cristo Jesús nuestro
Señor te concedan gracia, misericordia y paz.

Grace, mercy and peace from God the Father
and Christ Jesus our Lord.

Advertencia contra los falsos maestros de la ley

Warning Against False Teachers of the Law

³Al partir para Macedonia, te encargué que
permanecieras en Éfeso y les ordenaras a algunos supuestos maestros que dejen de enseñar
doctrinas falsas ⁴y de prestar atención a leyendas y genealogías interminables. Esas cosas pro-
vocan controversias en vez de llevar adelante la
obra de Dios que es por la fe. ⁵Debes hacerlo así
para que el amor brote de un corazón limpio, de
una buena conciencia y de una fe sincera. ⁶Al-
gunos se han desviado de esa línea de conducta
y se han enredado en discusiones inútiles. ⁷Pre-
tenden ser maestros de la ley, pero en realidad
no saben de qué hablan ni entienden lo que con
tanta seguridad afirman.

³As I urged you when I went into Macedonia, stay there in Ephesus so that you may
command certain men not to teach false doctrines any longer ⁴nor to devote themselves to
myths and endless genealogies. These promote
controversies rather than·God's work—which
is by faith. ⁵The goal of this command is love,
which comes from a pure heart and a good
conscience and a sincere faith. ⁶Some have
wandered away from these and turned to
meaningless talk. ⁷They want to be teachers
of the law, but they do not know what they
are talking about or what they so confidently
affirm.

⁸Ahora bien, sabemos que la ley es buena, si se
aplica como es debido. ⁹Tengamos en cuenta que
la ley no se ha instituido para los justos sino para
los desobedientes y rebeldes, para los impíos y
pecadores, para los irreverentes y profanos. La
ley es para los que maltratan a sus propios padres,ᵃ para los asesinos, ¹⁰para los adúlteros y los
homosexuales, para los traficantes de esclavos,
los embusteros y los que juran en falso. En fin, la
ley es para todo lo que está en contra de la sana
doctrina ¹¹enseñada por el glorioso *evangelio
que el Dios bendito me ha confiado.

⁸We know that the law is good if one uses
it properly. ⁹We also know that lawᵃ is made
not for the righteous but for lawbreakers and
rebels, the ungodly and sinful, the unholy and
irreligious; for those who kill their fathers or
mothers, for murderers, ¹⁰for adulterers and
perverts, for slave traders and liars and perjur-
ers—and for whatever else is contrary to the
sound doctrine ¹¹that conforms to the glorious
gospel of the blessed God, which he entrusted
to me.

La gracia que el Señor dio a Pablo

The Lord's Grace to Paul

¹²Doy gracias al que me fortalece, Cristo
Jesús nuestro Señor, pues me consideró digno
de confianza al ponerme a su servicio. ¹³Ante-
riormente, yo era un *blasfemo, un perseguidor
y un insolente; pero Dios tuvo misericordia de
mí porque yo era un incrédulo y actuaba con
ignorancia. ¹⁴Pero la gracia de nuestro Señor se

¹²I thank Christ Jesus our Lord, who has
given me strength, that he considered me faithful, appointing me to his service. ¹³Even
though I was once a blasphemer and a perse-
cutor and a violent man, I was shown mercy
because I acted in ignorance and unbelief.
¹⁴The grace of our Lord was poured out on

ᵃ1:9 los que maltratan a sus propios padres. Lit. los
parricidas y matricidas.

ᵃ9 Or that the law

derramó sobre mí con abundancia, junto con la fe y el amor que hay en Cristo Jesús.

15Este mensaje es digno de crédito y merece ser aceptado por todos: que Cristo Jesús vino al mundo a salvar a los pecadores, de los cuales yo soy el primero. **16**Pero precisamente por eso Dios fue misericordioso conmigo, a fin de que en mí, el peor de los pecadores, pudiera Cristo Jesús mostrar su infinita bondad. Así vengo a ser ejemplo para los que, creyendo en él, recibirán la vida eterna. **17**Por tanto, al Rey eterno, inmortal, invisible, al único Dios, sea honor y gloria por los siglos de los siglos. Amén.

18Timoteo, hijo mío, te doy este encargo porque tengo en cuenta las profecías que antes se hicieron acerca de ti. Deseo que, apoyado en ellas, pelees la buena batalla **19**y mantengas la fe y una buena conciencia. Por no hacerle caso a su conciencia, algunos han naufragado en la fe. **20**Entre ellos están Himeneo y Alejandro, a quienes he entregado a Satanás para que aprendan a no blasfemar.

Instrucciones sobre la adoración

2 Así que recomiendo, ante todo, que se hagan plegarias, oraciones, súplicas y acciones de gracias por todos, **2**especialmente por los gobernantes*b* y por todas las autoridades, para que tengamos paz y tranquilidad, y llevemos una vida piadosa y digna. **3**Esto es bueno y agradable a Dios nuestro Salvador, **4**pues él quiere que todos sean salvos y lleguen a conocer la verdad. **5**Porque hay un solo Dios y un solo mediador entre Dios y los hombres, Jesucristo' hombre, **6**quien dio su vida como rescate por todos. Este testimonio Dios lo ha dado a su debido tiempo, **7**y para proclamarlo me nombró heraldo y apóstol. Digo la verdad y no miento: Dios me hizo maestro de los *gentiles para enseñarles la verdadera fe.

8Quiero, pues, que en todas partes los hombres levanten las manos al cielo con pureza de corazón, sin enojos ni contiendas.

9En cuanto a las mujeres, quiero que ellas se vistan decorosamente, con modestia y recato, sin peinados ostentosos, ni oro, ni perlas ni vestidos costosos. **10**Que se adornen más bien con buenas obras, como corresponde a mujeres que profesan servir a Dios.

11La mujer debe aprender con serenidad,*c* con toda sumisión. **12**No permito que la mujer enseñe al hombre y ejerza autoridad sobre él; debe mantenerse ecuánime.*d* **13**Porque primero fue formado Adán, y Eva después. **14**Además, no

me abundantly, along with the faith and love that are in Christ Jesus.

15Here is a trustworthy saying that deserves full acceptance: Christ Jesus came into the world to save sinners—of whom I am the worst. **16**But for that very reason I was shown mercy so that in me, the worst of sinners, Christ Jesus might display his unlimited patience as an example for those who would believe on him and receive eternal life. **17**Now to the King eternal, immortal, invisible, the only God, be honor and glory for ever and ever. Amen.

18Timothy, my son, I give you this instruction in keeping with the prophecies once made about you, so that by following them you may fight the good fight, **19**holding on to faith and a good conscience. Some have rejected these and so have shipwrecked their faith. **20**Among them are Hymenaeus and Alexander, whom I have handed over to Satan to be taught not to blaspheme.

Instructions on Worship

2 I urge, then, first of all, that requests, prayers, intercession and thanksgiving be made for everyone— **2**for kings and all those in authority, that we may live peaceful and quiet lives in all godliness and holiness. **3**This is good, and pleases God our Savior, **4**who wants all men to be saved and to come to a knowledge of the truth. **5**For there is one God and one mediator between God and men, the man Christ Jesus, **6**who gave himself as a ransom for all men—the testimony given in its proper time. **7**And for this purpose I was appointed a herald and an apostle—I am telling the truth, I am not lying—and a teacher of the true faith to the Gentiles.

8I want men everywhere to lift up holy hands in prayer, without anger or disputing.

9I also want women to dress modestly, with decency and propriety, not with braided hair or gold or pearls or expensive clothes, **10**but with good deeds, appropriate for women who profess to worship God.

11A woman should learn in quietness and full submission. **12**I do not permit a woman to teach or to have authority over a man; she must be silent. **13**For Adam was formed first, then Eve. **14**And Adam was not the one deceived; it was

---

*b***2:2** *gobernantes.* Lit. *reyes.* *c***2:11** *con serenidad.* Alt. *en silencio.* *d***2:12** *debe mantenerse ecuánime.* Alt. *debe guardar silencio.*

fue Adán el engañado, sino la mujer; y ella, una vez engañada, incurrió en pecado. 15Pero la mujer se salvará*e* siendo madre y permaneciendo con sensatez en la fe, el amor y la *santidad.

Obispos y diáconos

3 Se dice, y es verdad, que si alguno desea ser *obispo, a noble función aspira. 2Así que el obispo debe ser intachable, esposo de una sola mujer, moderado, sensato, respetable, hospitalario, capaz de enseñar; 3no debe ser borracho ni pendenciero, ni amigo del dinero, sino amable y apacible. 4Debe gobernar bien su casa y hacer que sus hijos le obedezcan con el debido respeto; 5porque el que no sabe gobernar su propia familia, ¿cómo podrá cuidar de la iglesia de Dios? 6No debe ser un recién convertido, no sea que se vuelva presuntuoso y caiga en la misma condenación en que cayó el diablo. 7Se requiere además que hablen bien de él los que no pertenecen a la iglesia,*f* para que no caiga en descrédito y en la trampa del diablo.

8Los diáconos, igualmente, deben ser honorables, sinceros, no amigos del mucho vino ni codiciosos de las ganancias mal habidas. 9Deben guardar, con una conciencia limpia, las grandes verdades*g* de la fe. 10Que primero sean puestos a prueba, y después, si no hay nada que reprocharles, que sirvan como diáconos.

11Así mismo, las esposas de los diáconos*h* deben ser honorables, no calumniadoras sino moderadas y dignas de toda confianza.

12El diácono debe ser esposo de una sola mujer y gobernar bien a sus hijos y su propia casa. 13Los que ejercen bien el diaconado se ganan un lugar de honor y adquieren mayor confianza para hablar de su fe en Cristo Jesús.

14Aunque espero ir pronto a verte, escribo estas instrucciones para que, 15si me retraso, sepas cómo hay que portarse en la casa de Dios, que es la iglesia del Dios viviente, columna y fundamento de la verdad. 16No hay duda de que es grande el *misterio de nuestra fe:*i*

Él*j* se manifestó como hombre;*k*
    fue vindicado por*l* el Espíritu,
visto por los ángeles,
    proclamado entre las *naciones,
creído en el mundo,
    recibido en la gloria.

the woman who was deceived and became a sinner. 15But women*b* will be saved*c* through childbearing—if they continue in faith, love and holiness with propriety.

Overseers and Deacons

3 Here is a trustworthy saying: If anyone sets his heart on being an overseer,*d* he desires a noble task. 2Now the overseer must be above reproach, the husband of but one wife, temperate, self-controlled, respectable, hospitable, able to teach, 3not given to drunkenness, not violent but gentle, not quarrelsome, not a lover of money. 4He must manage his own family well and see that his children obey him with proper respect. 5(If anyone does not know how to manage his own family, how can he take care of God's church?) 6He must not be a recent convert, or he may become conceited and fall under the same judgment as the devil. 7He must also have a good reputation with outsiders, so that he will not fall into disgrace and into the devil's trap.

8Deacons, likewise, are to be men worthy of respect, sincere, not indulging in much wine, and not pursuing dishonest gain. 9They must keep hold of the deep truths of the faith with a clear conscience. 10They must first be tested; and then if there is nothing against them, let them serve as deacons.

11In the same way, their wives*e* are to be women worthy of respect, not malicious talkers but temperate and trustworthy in everything.

12A deacon must be the husband of but one wife and must manage his children and his household well. 13Those who have served well gain an excellent standing and great assurance in their faith in Christ Jesus.

14Although I hope to come to you soon, I am writing you these instructions so that, 15if I am delayed, you will know how people ought to conduct themselves in God's household, which is the church of the living God, the pillar and foundation of the truth. 16Beyond all question, the mystery of godliness is great:

He*f* appeared in a body,*g*
    was vindicated by the Spirit,
was seen by angels,
    was preached among the nations,
was believed on in the world,
    was taken up in glory.

*e***2:15** *se salvará.* Alt. *será restaurada.* *f***3:7** *hablen ... iglesia.* Lit. *tenga buen testimonio de los de afuera.* *g***3:9** *las grandes verdades.* Lit. *el *misterio.* *h***3:11** *las esposas de los diáconos.* Alt. *las diaconisas.* *i***3:16** *de nuestra fe.* Lit. *de la piedad.* *j***3:16** *Él.* Lit. *Quien.* Var. *Dios.* *k***3:16** *como hombre.* Lit. *en la *carne.* *l***3:16** *vindicado por.* Lit. *justificado en.*

*b*15 Greek *she*   *c*15 Or *restored*   *d*1 Traditionally *bishop*; also in verse 2   *e*11 Or *way, deaconesses*   *f*16 Some manuscripts *God*   *g*16 Or *in the flesh*

Instrucciones a Timoteo

4 El Espíritu dice claramente que, en los últimos tiempos, algunos abandonarán la fe para seguir a inspiraciones engañosas y doctrinas diabólicas. [2]Tales enseñanzas provienen de embusteros hipócritas, que tienen la conciencia encallecida.[m] [3]Prohíben el matrimonio y no permiten comer ciertos alimentos que Dios ha creado para que los creyentes,[n] conocedores de la verdad, los coman con acción de gracias. [4]Todo lo que Dios ha creado es bueno, y nada es despreciable si se recibe con acción de gracias, [5]porque la palabra de Dios y la oración lo *santifican.

[6]Si enseñas estas cosas a los hermanos, serás un buen servidor de Cristo Jesús, nutrido con las verdades de la fe y de la buena enseñanza que paso a paso has seguido. [7]Rechaza las leyendas profanas y otros mitos semejantes.[ñ] Más bien, ejercítate en la piedad, [8]pues aunque el ejercicio físico trae algún provecho, la piedad es útil para todo, ya que incluye una promesa no sólo para la vida presente sino también para la venidera. [9]Este mensaje es digno de crédito y merece ser aceptado por todos. [10]En efecto, si trabajamos y nos esforzamos es porque hemos puesto nuestra esperanza en el Dios viviente, que es el Salvador de todos, especialmente de los que creen.

[11]Encarga y enseña estas cosas. [12]Que nadie te menosprecie por ser joven. Al contrario, que los creyentes vean en ti un ejemplo a seguir en la manera de hablar, en la conducta, y en amor, fe y pureza. [13]En tanto que llego, dedícate a la lectura pública de las Escrituras, y a enseñar y animar a los hermanos. [14]Ejercita el don que recibiste mediante profecía, cuando los *ancianos te impusieron las manos.

[15]Sé diligente en estos asuntos; entrégate de lleno a ellos, de modo que todos puedan ver que estás progresando. [16]Ten cuidado de tu conducta y de tu enseñanza. Persevera en todo ello, porque así te salvarás a ti mismo y a los que te escuchen.

Cómo tratar a viudas, ancianos y esclavos

5 No reprendas con dureza al anciano, sino aconséjalo como si fuera tu padre. Trata a los jóvenes como a hermanos; [2]a las ancianas, como a madres; a las jóvenes, como a hermanas, con toda pureza.

[3]Reconoce debidamente a las viudas que de veras están desamparadas. [4]Pero si una viuda tiene hijos o nietos, que éstos aprendan primero a cumplir sus obligaciones con su propia familia

Instructions to Timothy

4 The Spirit clearly says that in later times some will abandon the faith and follow deceiving spirits and things taught by demons. [2]Such teachings come through hypocritical liars, whose consciences have been seared as with a hot iron. [3]They forbid people to marry and order them to abstain from certain foods, which God created to be received with thanksgiving by those who believe and who know the truth. [4]For everything God created is good, and nothing is to be rejected if it is received with thanksgiving, [5]because it is consecrated by the word of God and prayer.

[6]If you point these things out to the brothers, you will be a good minister of Christ Jesus, brought up in the truths of the faith and of the good teaching that you have followed. [7]Have nothing to do with godless myths and old wives' tales; rather, train yourself to be godly. [8]For physical training is of some value, but godliness has value for all things, holding promise for both the present life and the life to come. [9]This is a trustworthy saying that deserves full acceptance [10](and for this we labor and strive), that we have put our hope in the living God, who is the Savior of all men, and especially of those who believe.

[11]Command and teach these things. [12]Don't let anyone look down on you because you are young, but set an example for the believers in speech, in life, in love, in faith and in purity. [13]Until I come, devote yourself to the public reading of Scripture, to preaching and to teaching. [14]Do not neglect your gift, which was given you through a prophetic message when the body of elders laid their hands on you.

[15]Be diligent in these matters; give yourself wholly to them, so that everyone may see your progress. [16]Watch your life and doctrine closely. Persevere in them, because if you do, you will save both yourself and your hearers.

Advice About Widows, Elders and Slaves

5 Do not rebuke an older man harshly, but exhort him as if he were your father. Treat younger men as brothers, [2]older women as mothers, and younger women as sisters, with absolute purity.

[3]Give proper recognition to those widows who are really in need. [4]But if a widow has children or grandchildren, these should learn first of all to put their religion into practice by

---

[m] **4:2** *encallecida.* Lit. *cauterizada.*   [n] **4:3** *creyentes.* Alt. *fieles.*   [ñ] **4:7** *Rechaza … semejantes.* Lit. *Rechaza los mitos profanos y de viejas.*

y correspondan así a sus padres y abuelos, porque eso agrada a Dios. 5La viuda desamparada, como ha quedado sola, pone su esperanza en Dios y persevera noche y día en sus oraciones y súplicas. 6En cambio, la viuda que se entrega al placer ya está muerta en vida. 7Encárgales estas cosas para que sean intachables. 8El que no provee para los suyos, y sobre todo para los de su propia casa, ha negado la fe y es peor que un incrédulo.

9En la lista de las viudas debe figurar únicamente la que tenga más de sesenta años, que haya sido fiel a su esposo,o 10y que sea reconocida por sus buenas obras, tales como criar hijos, practicar la hospitalidad, lavar los pies de los *creyentes, ayudar a los que sufren y aprovechar toda oportunidad para hacer el bien.

11No incluyas en esa lista a las viudas más jóvenes, porque cuando sus pasiones las alejan de Cristo, les da por casarse. 12Así resultan culpables de faltar a su primer compromiso. 13Además se acostumbran a estar ociosas y andar de casa en casa. Y no sólo se vuelven holgazanas sino también chismosas y entrometidas, hablando de lo que no deben. 14Por eso exhorto a las viudas jóvenes a que se casen y tengan hijos, y a que lleven bien su hogar y no den lugar a las críticas del enemigo. 15Y es que algunas ya se han descarriado para seguir a Satanás.

16Si alguna creyente tiene viudas en su familia, debe ayudarlas para que no sean una carga a la iglesia; así la iglesia podrá atender a las viudas desamparadas.

17Los *ancianos que dirigen bien los asuntos de la iglesia son dignos de doble honor,p especialmente los que dedican sus esfuerzos a la predicación y a la enseñanza. 18Pues la Escritura dice: «No le pongas bozal al buey mientras esté trillando»,q y «El trabajador merece que se le pague su salario».r 19No admitas ninguna acusación contra un anciano, a no ser que esté respaldada por dos o tres testigos. 20A los que pecan, repréndelos en público para que sirva de escarmiento.

21Te insto delante de Dios, de Cristo Jesús y de los santos ángeles, a que sigas estas instrucciones sin dejarte llevar de prejuicios ni favoritismos.

22No te apresures a imponerle las manos a nadie, no sea que te hagas cómplice de pecados ajenos. Consérvate puro.

caring for their own family and so repaying their parents and grandparents, for this is pleasing to God. 5The widow who is really in need and left all alone puts her hope in God and continues night and day to pray and to ask God for help. 6But the widow who lives for pleasure is dead even while she lives. 7Give the people these instructions, too, so that no one may be open to blame. 8If anyone does not provide for his relatives, and especially for his immediate family, he has denied the faith and is worse than an unbeliever.

9No widow may be put on the list of widows unless she is over sixty, has been faithful to her husband,h 10and is well known for her good deeds, such as bringing up children, showing hospitality, washing the feet of the saints, helping those in trouble and devoting herself to all kinds of good deeds.

11As for younger widows, do not put them on such a list. For when their sensual desires overcome their dedication to Christ, they want to marry. 12Thus they bring judgment on themselves, because they have broken their first pledge. 13Besides, they get into the habit of being idle and going about from house to house. And not only do they become idlers, but also gossips and busybodies, saying things they ought not to. 14So I counsel younger widows to marry, to have children, to manage their homes and to give the enemy no opportunity for slander. 15Some have in fact already turned away to follow Satan.

16If any woman who is a believer has widows in her family, she should help them and not let the church be burdened with them, so that the church can help those widows who are really in need.

17The elders who direct the affairs of the church well are worthy of double honor, especially those whose work is preaching and teaching. 18For the Scripture says, "Do not muzzle the ox while it is treading out the grain,"i and "The worker deserves his wages."j 19Do not entertain an accusation against an elder unless it is brought by two or three witnesses. 20Those who sin are to be rebuked publicly, so that the others may take warning.

21I charge you, in the sight of God and Christ Jesus and the elect angels, to keep these instructions without partiality, and to do nothing out of favoritism.

22Do not be hasty in the laying on of hands, and do not share in the sins of others. Keep yourself pure.

---

o 5:9 que haya sido fiel a su esposo. Alt. que no haya tenido más de un esposo.   p 5:17 honor. Alt. honorario.   q 5:18 Dt 25:4   r 5:18 Lc 10:7

h 9 Or has had but one husband   i 18 Deut. 25:4   j 18 Luke 10:7

23No sigas bebiendo sólo agua; toma también un poco de vino a causa de tu mal de estómago y tus frecuentes enfermedades.

24Los pecados de algunos son evidentes aun antes de ser investigados, mientras que los pecados de otros se descubren después. 25De igual manera son evidentes las buenas obras, y aunque estén ocultas, tarde o temprano se manifestarán.ˢ

6 Todos los que aún son esclavos deben reconocer que sus amos merecen todo respeto; así evitarán que se hable mal del nombre de Dios y de nuestra enseñanza. 2Los que tienen amos creyentes no deben faltarles al respeto por ser hermanos. Al contrario, deben servirles todavía mejor, porque los que se benefician de sus servicios son creyentes y hermanos queridos. Esto es lo que debes enseñar y recomendar.

El amor al dinero

3Si alguien enseña falsas doctrinas, apartándose de la sana enseñanza de nuestro Señor Jesucristo y de la doctrina que se ciñe a la verdadera religión,ᵗ 4es un obstinado que nada entiende. Ese tal padece del afán enfermizo de provocar discusiones inútiles que generan envidias, discordias, insultos, suspicacias 5y altercados entre personas de mente depravada, carentes de la verdad. Éste es de los que piensan que la religión es un medio de obtener ganancias. 6Es cierto que con la verdadera religión se obtienen grandes ganancias, pero sólo si uno está satisfecho con lo que tiene. 7Porque nada trajimos a este mundo, y nada podemos llevarnos. 8Así que, si tenemos ropa y comida, contentémonos con eso. 9Los que quieren enriquecerse caen en la *tentación y se vuelven esclavos de sus muchos deseos. Estos afanes insensatos y dañinos hunden a la gente en la ruina y en la destrucción. 10Porque el amor al dinero es la raíz de toda clase de males. Por codiciarlo, algunos se han desviado de la fe y se han causado muchísimos sinsabores.

Encargo de Pablo a Timoteo

11Tú, en cambio, hombre de Dios, huye de todo eso, y esmérate en seguir la justicia, la piedad, la fe, el amor, la constancia y la humildad. 12Pelea la buena batalla de la fe; haz tuya la vida eterna, a la que fuiste llamado y por la cual hiciste aquella admirable declaración de fe delante de muchos testigos. 13Teniendo a Dios por testigo, el cual da vida a todas las cosas, y a Cristo Jesús, que dio su admirable testimonio delante de Poncio Pilato, te encargo 14que guar-

23Stop drinking only water, and use a little wine because of your stomach and your frequent illnesses.

24The sins of some men are obvious, reaching the place of judgment ahead of them; the sins of others trail behind them. 25In the same way, good deeds are obvious, and even those that are not cannot be hidden.

6 All who are under the yoke of slavery should consider their masters worthy of full respect, so that God's name and our teaching may not be slandered. 2Those who have believing masters are not to show less respect for them because they are brothers. Instead, they are to serve them even better, because those who benefit from their service are believers, and dear to them. These are the things you are to teach and urge on them.

Love of Money

3If anyone teaches false doctrines and does not agree to the sound instruction of our Lord Jesus Christ and to godly teaching, 4he is conceited and understands nothing. He has an unhealthy interest in controversies and quarrels about words that result in envy, strife, malicious talk, evil suspicions 5and constant friction between men of corrupt mind, who have been robbed of the truth and who think that godliness is a means to financial gain.

6But godliness with contentment is great gain. 7For we brought nothing into the world, and we can take nothing out of it. 8But if we have food and clothing, we will be content with that. 9People who want to get rich fall into temptation and a trap and into many foolish and harmful desires that plunge men into ruin and destruction. 10For the love of money is a root of all kinds of evil. Some people, eager for money, have wandered from the faith and pierced themselves with many griefs.

Paul's Charge to Timothy

11But you, man of God, flee from all this, and pursue righteousness, godliness, faith, love, endurance and gentleness. 12Fight the good fight of the faith. Take hold of the eternal life to which you were called when you made your good confession in the presence of many witnesses. 13In the sight of God, who gives life to everything, and of Christ Jesus, who while testifying before Pontius Pilate made the good confession, I charge you 14to keep this

---

ˢ 5:25 y aunque … se manifestarán. Alt. y si son malas, no podrán quedar ocultas.   ᵗ 6:3 la verdadera religión. Lit. la piedad; también en vv. 5 y 6.

des este mandato sin mancha ni reproche hasta la venida de nuestro Señor Jesucristo, ¹⁵la cual Dios a su debido tiempo hará que se cumpla.

Al único y bendito Soberano,
Rey de reyes y Señor de señores,
¹⁶al único inmortal,
que vive en luz inaccesible,
a quien nadie ha visto ni puede ver,
a él sea el honor y el poder eternamente.
Amén.

¹⁷A los ricos de este mundo, mándales que no sean arrogantes ni pongan su esperanza en las riquezas, que son tan inseguras, sino en Dios, que nos provee de todo en abundancia para que lo disfrutemos. ¹⁸Mándales que hagan el bien, que sean ricos en buenas obras, y generosos, dispuestos a compartir lo que tienen. ¹⁹De este modo atesorarán para sí un seguro caudal para el futuro y obtendrán la vida verdadera.

²⁰Timoteo, ¡cuida bien lo que se te ha confiado! Evita las discusiones profanas e inútiles, y los argumentos de la falsa ciencia. ²¹Algunos, por abrazarla, se han desviado de la fe.

Que la gracia sea con ustedes.

command without spot or blame until the appearing of our Lord Jesus Christ, ¹⁵which God will bring about in his own time—God, the blessed and only Ruler, the King of kings and Lord of lords, ¹⁶who alone is immortal and who lives in unapproachable light, whom no one has seen or can see. To him be honor and might forever. Amen.

¹⁷Command those who are rich in this present world not to be arrogant nor to put their hope in wealth, which is so uncertain, but to put their hope in God, who richly provides us with everything for our enjoyment. ¹⁸Command them to do good, to be rich in good deeds, and to be generous and willing to share. ¹⁹In this way they will lay up treasure for themselves as a firm foundation for the coming age, so that they may take hold of the life that is truly life.

²⁰Timothy, guard what has been entrusted to your care. Turn away from godless chatter and the opposing ideas of what is falsely called knowledge, ²¹which some have professed and in so doing have wandered from the faith.

Grace be with you.

Segunda Carta a Timoteo

1 Pablo, apóstol de *Cristo Jesús por la voluntad de Dios, según la promesa de vida que tenemos en Cristo Jesús,

²a mi querido hijo Timoteo:

Que Dios el Padre y Cristo Jesús nuestro Señor te concedan gracia, misericordia y paz.

Exhortación a la fidelidad

³Al recordarte de día y de noche en mis oraciones, siempre doy gracias a Dios, a quien sirvo con una conciencia limpia como lo hicieron mis antepasados. ⁴Y al acordarme de tus lágrimas, anhelo verte para llenarme de alegría. ⁵Traigo a la memoria tu fe sincera, la cual animó primero a tu abuela Loida y a tu madre Eunice, y ahora te anima a ti. De eso estoy convencido. ⁶Por eso te recomiendo que avives la llama del don de Dios que recibiste cuando te impuse las manos. ⁷Pues Dios no nos ha dado un espíritu de timidez, sino de poder, de amor y de dominio propio.

⁸Así que no te avergüences de dar testimonio de nuestro Señor, ni tampoco de mí, que por su causa soy prisionero. Al contrario, tú también, con el poder de Dios, debes soportar sufrimientos por el *evangelio. ⁹Pues Dios nos salvó y nos llamó a una vida *santa, no por nuestras propias obras, sino por su propia determinación y gracia. Nos concedió este favor en Cristo Jesús antes del comienzo del tiempo; ¹⁰y ahora lo ha revelado con la venida de nuestro Salvador Cristo Jesús, quien destruyó la muerte y sacó a la luz la vida incorruptible mediante el evangelio. ¹¹De este evangelio he sido yo designado heraldo, apóstol y maestro. ¹²Por ese motivo padezco estos sufrimientos. Pero no me avergüenzo, porque sé en quién he creído, y estoy seguro de que tiene poder para guardar hasta aquel día lo que le he confiado.ᵃ

¹³Con fe y amor en Cristo Jesús, sigue el ejemplo de la sana doctrina que de mí aprendiste. ¹⁴Con el poder del Espíritu Santo que vive en nosotros, cuida la preciosa enseñanzaᵇ que se te ha confiado.

2 Timothy

1 Paul, an apostle of Christ Jesus by the will of God, according to the promise of life that is in Christ Jesus,

²To Timothy, my dear son:

Grace, mercy and peace from God the Father and Christ Jesus our Lord.

Encouragement to Be Faithful

³I thank God, whom I serve, as my forefathers did, with a clear conscience, as night and day I constantly remember you in my prayers. ⁴Recalling your tears, I long to see you, so that I may be filled with joy. ⁵I have been reminded of your sincere faith, which first lived in your grandmother Lois and in your mother Eunice and, I am persuaded, now lives in you also. ⁶For this reason I remind you to fan into flame the gift of God, which is in you through the laying on of my hands. ⁷For God did not give us a spirit of timidity, but a spirit of power, of love and of self-discipline.

⁸So do not be ashamed to testify about our Lord, or ashamed of me his prisoner. But join with me in suffering for the gospel, by the power of God, ⁹who has saved us and called us to a holy life—not because of anything we have done but because of his own purpose and grace. This grace was given us in Christ Jesus before the beginning of time, ¹⁰but it has now been revealed through the appearing of our Savior, Christ Jesus, who has destroyed death and has brought life and immortality to light through the gospel. ¹¹And of this gospel I was appointed a herald and an apostle and a teacher. ¹²That is why I am suffering as I am. Yet I am not ashamed, because I know whom I have believed, and am convinced that he is able to guard what I have entrusted to him for that day.

¹³What you heard from me, keep as the pattern of sound teaching, with faith and love in Christ Jesus. ¹⁴Guard the good deposit that was entrusted to you—guard it with the help of the Holy Spirit who lives in us.

ᵃ1:12 lo que le he confiado. Alt. lo que me ha confiado.
ᵇ1:14 la preciosa enseñanza. Lit. el buen depósito.

15Ya sabes que todos los de la provincia de *Asia me han abandonado, incluso Figelo y Hermógenes.

16Que el Señor le conceda misericordia a la familia de Onesíforo, porque muchas veces me dio ánimo y no se avergonzó de mis cadenas. 17Al contrario, cuando estuvo en Roma me buscó sin descanso hasta encontrarme. 18Que el Señor le conceda hallar misericordia divina en aquel día. Tú conoces muy bien los muchos servicios que me prestó en Éfeso.

2 Así que tú, hijo mío, fortalécete por la gracia que tenemos en Cristo Jesús. 2Lo que me has oído decir en presencia de muchos testigos, encomiéndalo a creyentes dignos de confianza, que a su vez estén capacitados para enseñar a otros. 3Comparte nuestros sufrimientos, como buen soldado de Cristo Jesús. 4Ningún soldado que quiera agradar a su superior se enreda en cuestiones civiles. 5Así mismo, el atleta no recibe la corona de vencedor si no compite según el reglamento. 6El labrador que trabaja duro tiene derecho a recibir primero parte de la cosecha. 7Reflexiona en lo que te digo, y el Señor te dará una mayor comprensión de todo esto.

8No dejes de recordar a Jesucristo, descendiente de David, *levantado de entre los muertos. Este es mi *evangelio, 9por el que sufro al extremo de llevar cadenas como un criminal. Pero la palabra de Dios no está encadenada. 10Así que todo lo soporto por el bien de los elegidos, para que también ellos alcancen la gloriosa y eterna salvación que tenemos en Cristo Jesús.

11Este mensaje es digno de crédito:

Si morimos con él,
   también viviremos con él;
12si resistimos,
   también reinaremos con él.
Si lo negamos,
   también él nos negará;
13si somos infieles,
   él sigue siendo fiel,
   ya que no puede negarse a sí mismo.

Un obrero aprobado por Dios

14No dejes de recordarles esto. Adviérteles delante de Dios que eviten las discusiones inútiles, pues no sirven nada más que para destruir a los oyentes. 15Esfuérzate por presentarte a Dios aprobado, como obrero que no tiene de qué avergonzarse y que interpreta rectamente la palabra de verdad. 16Evita las palabrerías profanas, porque los que se dan a ellas se alejan cada vez más de la vida piadosa, 17y sus enseñanzas se extienden como gangrena. Entre ellos están Himeneo y Fileto, 18que se han desviado de la verdad. Andan diciendo que la resurrección ya

15You know that everyone in the province of Asia has deserted me, including Phygelus and Hermogenes.

16May the Lord show mercy to the household of Onesiphorus, because he often refreshed me and was not ashamed of my chains. 17On the contrary, when he was in Rome, he searched hard for me until he found me. 18May the Lord grant that he will find mercy from the Lord on that day! You know very well in how many ways he helped me in Ephesus.

2 You then, my son, be strong in the grace that is in Christ Jesus. 2And the things you have heard me say in the presence of many witnesses entrust to reliable men who will also be qualified to teach others. 3Endure hardship with us like a good soldier of Christ Jesus. 4No one serving as a soldier gets involved in civilian affairs—he wants to please his commanding officer. 5Similarly, if anyone competes as an athlete, he does not receive the victor's crown unless he competes according to the rules. 6The hardworking farmer should be the first to receive a share of the crops. 7Reflect on what I am saying, for the Lord will give you insight into all this.

8Remember Jesus Christ, raised from the dead, descended from David. This is my gospel, 9for which I am suffering even to the point of being chained like a criminal. But God's word is not chained. 10Therefore I endure everything for the sake of the elect, that they too may obtain the salvation that is in Christ Jesus, with eternal glory.

11Here is a trustworthy saying:

If we died with him,
   we will also live with him;
12 if we endure,
   we will also reign with him.
If we disown him,
   he will also disown us;
13 if we are faithless,
   he will remain faithful,
   for he cannot disown himself.

A Workman Approved by God

14Keep reminding them of these things. Warn them before God against quarreling about words; it is of no value, and only ruins those who listen. 15Do your best to present yourself to God as one approved, a workman who does not need to be ashamed and who correctly handles the word of truth. 16Avoid godless chatter, because those who indulge in it will become more and more ungodly. 17Their teaching will spread like gangrene. Among them are Hymenaeus and Philetus, 18who have wandered away from the truth. They say that the resurrection has already

tuvo lugar, y así trastornan la fe de algunos. 19A pesar de todo, el fundamento de Dios es sólido y se mantiene firme, pues está sellado con esta inscripción: «El Señor conoce a los suyos»,^{c} y esta otra: «Que se aparte de la maldad todo el que invoca el nombre del Señor».^{d}

20En una casa grande no sólo hay vasos de oro y de plata sino también de madera y de barro, unos para los usos más nobles y otros para los usos más bajos. 21Si alguien se mantiene limpio, llegará a ser un vaso noble, *santificado, útil para el Señor y preparado para toda obra buena.

22Huye de las malas pasiones de la juventud, y esmérate en seguir la justicia, la fe, el amor y la paz, junto con los que invocan al Señor con un corazón limpio. 23No tengas nada que ver con discusiones necias y sin sentido, pues ya sabes que terminan en pleitos. 24Y un *siervo del Señor no debe andar peleando; más bien, debe ser amable con todos, capaz de enseñar y no propenso a irritarse. 25Así, humildemente, debe corregir a los adversarios, con la esperanza de que Dios les conceda el *arrepentimiento para conocer la verdad, 26de modo que se despierten y escapen de la trampa en que el diablo los tiene cautivos, sumisos a su voluntad.

La impiedad en los últimos días

3 Ahora bien, ten en cuenta que en los últimos días vendrán tiempos difíciles. 2La gente estará llena de egoísmo y avaricia; serán jactanciosos, arrogantes, *blasfemos, desobedientes a los padres, ingratos, impíos, 3insensibles, implacables, calumniadores, libertinos, despiadados, enemigos de todo lo bueno, 4traicioneros, impetuosos, vanidosos y más amigos del placer que de Dios. 5Aparentarán ser piadosos, pero su conducta desmentirá el poder de la piedad. ¡Con esa gente ni te metas!

6Así son los que van de casa en casa cautivando a mujeres débiles cargadas de pecados, que se dejan llevar de toda clase de pasiones. 7Ellas siempre están aprendiendo, pero nunca logran conocer la verdad. 8Del mismo modo que Janes y Jambres se opusieron a Moisés, también esa gente se opone a la verdad. Son personas de mente depravada, reprobadas en la fe. 9Pero no llegarán muy lejos, porque todo el mundo se dará cuenta de su insensatez, como pasó con aquellos dos.

Encargo de Pablo a Timoteo

10Tú, en cambio, has seguido paso a paso mis enseñanzas, mi manera de vivir, mi propósito,

taken place, and they destroy the faith of some. 19Nevertheless, God's solid foundation stands firm, sealed with this inscription: "The Lord knows those who are his,"^{a} and, "Everyone who confesses the name of the Lord must turn away from wickedness."

20In a large house there are articles not only of gold and silver, but also of wood and clay; some are for noble purposes and some for ignoble. 21If a man cleanses himself from the latter, he will be an instrument for noble purposes, made holy, useful to the Master and prepared to do any good work.

22Flee the evil desires of youth, and pursue righteousness, faith, love and peace, along with those who call on the Lord out of a pure heart. 23Don't have anything to do with foolish and stupid arguments, because you know they produce quarrels. 24And the Lord's servant must not quarrel; instead, he must be kind to everyone, able to teach, not resentful. 25Those who oppose him he must gently instruct, in the hope that God will grant them repentance leading them to a knowledge of the truth, 26and that they will come to their senses and escape from the trap of the devil, who has taken them captive to do his will.

Godlessness in the Last Days

3 But mark this: There will be terrible times in the last days. 2People will be lovers of themselves, lovers of money, boastful, proud, abusive, disobedient to their parents, ungrateful, unholy, 3without love, unforgiving, slanderous, without self-control, brutal, not lovers of the good, 4treacherous, rash, conceited, lovers of pleasure rather than lovers of God— 5having a form of godliness but denying its power. Have nothing to do with them.

6They are the kind who worm their way into homes and gain control over weak-willed women, who are loaded down with sins and are swayed by all kinds of evil desires, 7always learning but never able to acknowledge the truth. 8Just as Jannes and Jambres opposed Moses, so also these men oppose the truth—men of depraved minds, who, as far as the faith is concerned, are rejected. 9But they will not get very far because, as in the case of those men, their folly will be clear to everyone.

Paul's Charge to Timothy

10You, however, know all about my teaching, my way of life, my purpose, faith, patience,

---

mi fe, mi paciencia, mi amor, mi constancia, 11mis persecuciones y mis sufrimientos. Estás enterado de lo que sufrí en Antioquía, Iconio y Listra, y de las persecuciones que soporté. Y de todas ellas me libró el Señor. 12Así mismo serán perseguidos todos los que quieran llevar una vida piadosa en Cristo Jesús, 13mientras que esos malvados embaucadores irán de mal en peor, engañando y siendo engañados. 14Pero tú, permanece firme en lo que has aprendido y de lo cual estás convencido, pues sabes de quiénes lo aprendiste. 15Desde tu niñez conoces las Sagradas Escrituras, que pueden darte la sabiduría necesaria para la salvación mediante la fe en Cristo Jesús. 16Toda la Escritura es inspirada por Dios y útil para enseñar, para reprender, para corregir y para instruir en la justicia, 17a fin de que el siervo de Dios esté enteramente capacitado para toda buena obra.

4 En presencia de Dios y de Cristo Jesús, que ha de venir en su reino y que juzgará a los vivos y a los muertos, te doy este solemne encargo: 2Predica la Palabra; persiste en hacerlo, sea o no sea oportuno; corrige, reprende y anima con mucha paciencia, sin dejar de enseñar. 3Porque llegará el tiempo en que no van a tolerar la sana doctrina, sino que, llevados de sus propios deseos, se rodearán de maestros que les digan las novelerías que quieren oír. 4Dejarán de escuchar la verdad y se volverán a los mitos. 5Tú, por el contrario, sé prudente en todas las circunstancias, soporta los sufrimientos, dedícate a la evangelización; cumple con los deberes de tu ministerio.

6Yo, por mi parte, ya estoy a punto de ser ofrecido como un sacrificio, y el tiempo de mi partida ha llegado. 7He peleado la buena batalla, he terminado la carrera, me he mantenido en la fe. 8Por lo demás me espera la corona de justicia que el Señor, el juez justo, me otorgará en aquel día; y no sólo a mí, sino también a todos los que con amor hayan esperado su venida.

Instrucciones personales

9Haz todo lo posible por venir a verme cuanto antes, 10pues Demas, por amor a este mundo, me ha abandonado y se ha ido a Tesalónica. Crescente se ha ido a Galacia y Tito a Dalmacia. 11Sólo Lucas está conmigo. Recoge a Marcos y tráelo contigo, porque me es de ayuda en mi ministerio. 12A Tíquico lo mandé a Éfeso. 13Cuando vengas, trae la capa que dejé en Troas, en casa de Carpo; trae también los libros, especialmente los pergaminos.

14Alejandro el herrero me ha hecho mucho daño. El Señor le dará su merecido. 15Tú también cuídate de él, porque se opuso tenazmente a nuestro mensaje.

love, endurance, 11persecutions, sufferings—what kinds of things happened to me in Antioch, Iconium and Lystra, the persecutions I endured. Yet the Lord rescued me from all of them. 12In fact, everyone who wants to live a godly life in Christ Jesus will be persecuted, 13while evil men and impostors will go from bad to worse, deceiving and being deceived. 14But as for you, continue in what you have learned and have become convinced of, because you know those from whom you learned it, 15and how from infancy you have known the holy Scriptures, which are able to make you wise for salvation through faith in Christ Jesus. 16All Scripture is God-breathed and is useful for teaching, rebuking, correcting and training in righteousness, 17so that the man of God may be thoroughly equipped for every good work.

4 In the presence of God and of Christ Jesus, who will judge the living and the dead, and in view of his appearing and his kingdom, I give you this charge: 2Preach the Word; be prepared in season and out of season; correct, rebuke and encourage—with great patience and careful instruction. 3For the time will come when men will not put up with sound doctrine. Instead, to suit their own desires, they will gather around them a great number of teachers to say what their itching ears want to hear. 4They will turn their ears away from the truth and turn aside to myths. 5But you, keep your head in all situations, endure hardship, do the work of an evangelist, discharge all the duties of your ministry.

6For I am already being poured out like a drink offering, and the time has come for my departure. 7I have fought the good fight, I have finished the race, I have kept the faith. 8Now there is in store for me the crown of righteousness, which the Lord, the righteous Judge, will award to me on that day—and not only to me, but also to all who have longed for his appearing.

Personal Remarks

9Do your best to come to me quickly, 10for Demas, because he loved this world, has deserted me and has gone to Thessalonica. Crescens has gone to Galatia, and Titus to Dalmatia. 11Only Luke is with me. Get Mark and bring him with you, because he is helpful to me in my ministry. 12I sent Tychicus to Ephesus. 13When you come, bring the cloak that I left with Carpus at Troas, and my scrolls, especially the parchments.

14Alexander the metalworker did me a great deal of harm. The Lord will repay him for what he has done. 15You too should be on your guard against him, because he strongly opposed our message.

16En mi primera defensa, nadie me respaldó, sino que todos me abandonaron. Que no les sea tomado en cuenta. 17Pero el Señor estuvo a mi lado y me dio fuerzas para que por medio de mí se llevara a cabo la predicación del mensaje y lo oyeran todos los *paganos. Y fui librado de la boca del león. 18El Señor me librará de todo mal y me preservará para su reino celestial. A él sea la gloria por los siglos de los siglos. Amén.

Saludos finales

19Saludos a *Priscila y a Aquila, y a la familia de Onesíforo. 20Erasto se quedó en Corinto; a Trófimo lo dejé enfermo en Mileto. 21Haz todo lo posible por venir antes del invierno. Te mandan saludos Eubulo, Pudente, Lino, Claudia y todos los hermanos. 22El Señor esté con tu espíritu. Que la gracia sea con ustedes.

16At my first defense, no one came to my support, but everyone deserted me. May it not be held against them. 17But the Lord stood at my side and gave me strength, so that through me the message might be fully proclaimed and all the Gentiles might hear it. And I was delivered from the lion's mouth. 18The Lord will rescue me from every evil attack and will bring me safely to his heavenly kingdom. To him be glory for ever and ever. Amen.

Final Greetings

19Greet Priscilla *b* and Aquila and the household of Onesiphorus. 20Erastus stayed in Corinth, and I left Trophimus sick in Miletus. 21Do your best to get here before winter. Eubulus greets you, and so do Pudens, Linus, Claudia and all the brothers.

22The Lord be with your spirit. Grace be with you.

b 19 Greek *Prisca,* a variant of *Priscilla*

Carta a Tito

1 Pablo, *siervo de Dios y apóstol de Jesucristo, llamado para que, mediante la fe, los elegidos de Dios lleguen a conocer la verdadera religión.[a] 2Nuestra esperanza es la vida eterna, la cual Dios, que no miente, ya había prometido antes de la creación. 3Ahora, a su debido tiempo, él ha cumplido esta promesa mediante la predicación que se me ha confiado por orden de Dios nuestro Salvador.

4A Tito, mi verdadero hijo en esta fe que compartimos:

Que Dios el Padre y Cristo Jesús nuestro Salvador te concedan gracia y paz.

Tarea de Tito en Creta

5Te dejé en Creta para que pusieras en orden lo que quedaba por hacer y en cada pueblo nombraras[b] *ancianos de la iglesia, de acuerdo con las instrucciones que te di. 6El anciano debe ser intachable, esposo de una sola mujer; sus hijos deben ser creyentes,[c] libres de sospecha de libertinaje o de desobediencia. 7El *obispo tiene a su cargo la obra de Dios, y por lo tanto debe ser intachable: no arrogante, ni iracundo, ni borracho, ni violento, ni codicioso de ganancias mal habidas. 8Al contrario, debe ser hospitalario, amigo del bien, sensato, justo, santo y disciplinado. 9Debe apegarse a la palabra fiel, según la enseñanza que recibió, de modo que también pueda exhortar a otros con la sana doctrina y refutar a los que se opongan.

10Y es que hay muchos rebeldes, charlatanes y engañadores, especialmente los partidarios de la *circuncisión. 11A ésos hay que taparles la boca, ya que están arruinando familias enteras al enseñar lo que no se debe; y lo hacen para obtener ganancias mal habidas. 12Fue precisamente uno de sus propios profetas el que dijo: «Los cretenses son siempre mentirosos, malas bestias, glotones perezosos.» 13¡Y es la verdad! Por eso, repréndelos con severidad a fin de que sean sanos en la fe 14y no hagan caso de leyendas judías ni de lo que exigen esos que rechazan la verdad. 15Para los puros todo es puro, pero para los corruptos e incrédulos no hay nada puro. Al

Titus

1 Paul, a servant of God and an apostle of Jesus Christ for the faith of God's elect and the knowledge of the truth that leads to godliness— 2a faith and knowledge resting on the hope of eternal life, which God, who does not lie, promised before the beginning of time, 3and at his appointed season he brought his word to light through the preaching entrusted to me by the command of God our Savior,

4To Titus, my true son in our common faith:

Grace and peace from God the Father and Christ Jesus our Savior.

Titus' Task on Crete

5The reason I left you in Crete was that you might straighten out what was left unfinished and appoint[a] elders in every town, as I directed you. 6An elder must be blameless, the husband of but one wife, a man whose children believe and are not open to the charge of being wild and disobedient. 7Since an overseer[b] is entrusted with God's work, he must be blameless—not overbearing, not quick-tempered, not given to drunkenness, not violent, not pursuing dishonest gain. 8Rather he must be hospitable, one who loves what is good, who is self-controlled, upright, holy and disciplined. 9He must hold firmly to the trustworthy message as it has been taught, so that he can encourage others by sound doctrine and refute those who oppose it.

10For there are many rebellious people, mere talkers and deceivers, especially those of the circumcision group. 11They must be silenced, because they are ruining whole households by teaching things they ought not to teach—and that for the sake of dishonest gain. 12Even one of their own prophets has said, "Cretans are always liars, evil brutes, lazy gluttons." 13This testimony is true. Therefore, rebuke them sharply, so that they will be sound in the faith 14and will pay no attention to Jewish myths or to the commands of those who reject the truth. 15To the pure, all things are pure, but to those who are corrupted and do

---

[a]1:1 la verdadera religión. Lit. la verdad que es según la piedad.   [b]1:5 nombraras. Alt. ordenaras.   [c]1:6 creyentes. Alt. fieles.

[a]5 Or ordain   [b]7 Traditionally bishop

contrario, tienen corrompidas la mente y la conciencia. 16Profesan conocer a Dios, pero con sus acciones lo niegan; son abominables, desobedientes e incapaces de hacer nada bueno.

Lo que se debe enseñar

2 Tú, en cambio, predica lo que va de acuerdo con la sana doctrina. 2A los *ancianos, enséñales que sean moderados, respetables, sensatos, e íntegros en la fe, en el amor y en la constancia.

3A las ancianas, enséñales que sean reverentes en su conducta, y no calumniadoras ni adictas al mucho vino. Deben enseñar lo bueno 4y aconsejar a las jóvenes a amar a sus esposos y a sus hijos, 5a ser sensatas y puras, cuidadosas del hogar, bondadosas y sumisas a sus esposos, para que no se hable mal de la palabra de Dios.

6A los jóvenes, exhórtalos a ser sensatos. 7Con tus buenas obras, dales tú mismo ejemplo en todo. Cuando enseñes, hazlo con integridad y seriedad, 8y con un mensaje sano e intachable. Así se avergonzará cualquiera que se oponga, pues no podrá decir nada malo de nosotros.

9Enseña a los *esclavos a someterse en todo a sus amos, a procurar agradarles y a no ser respondones. 10No deben robarles sino demostrar que son dignos de toda confianza, para que en todo hagan honor a la enseñanza de Dios nuestro Salvador.

11En verdad, Dios ha manifestado a toda la *humanidad su gracia, la cual trae salvación 12y nos enseña a rechazar la impiedad y las pasiones mundanas. Así podremos vivir en este mundo con justicia, piedad y dominio propio, 13mientras aguardamos la bendita esperanza, es decir, la gloriosa venida de nuestro gran Dios y Salvador Jesucristo. 14Él se entregó por nosotros para rescatarnos de toda maldad y purificar para sí un pueblo elegido, dedicado a hacer el bien.

15Esto es lo que debes enseñar. Exhorta y reprende con toda autoridad. Que nadie te menosprecie.

La conducta del creyente

3 Recuérdales a todos que deben mostrarse obedientes y sumisos ante los gobernantes y las autoridades. Siempre deben estar dispuestos a hacer lo bueno: 2a no hablar mal de nadie, sino a buscar la paz y ser respetuosos, demostrando plena humildad en su trato con todo el mundo.

3En otro tiempo también nosotros éramos necios y desobedientes. Estábamos descarriados y éramos esclavos de todo género de pasiones y placeres. Vivíamos en la malicia y en la envidia. Éramos detestables y nos odiábamos unos a otros. 4Pero cuando se manifestaron la bondad y el amor de Dios nuestro Salvador, 5él nos

not believe, nothing is pure. In fact, both their minds and consciences are corrupted. 16They claim to know God, but by their actions they deny him. They are detestable, disobedient and unfit for doing anything good.

What Must Be Taught to Various Groups

2 You must teach what is in accord with sound doctrine. 2Teach the older men to be temperate, worthy of respect, self-controlled, and sound in faith, in love and in endurance.

3Likewise, teach the older women to be reverent in the way they live, not to be slanderers or addicted to much wine, but to teach what is good. 4Then they can train the younger women to love their husbands and children, 5to be self-controlled and pure, to be busy at home, to be kind, and to be subject to their husbands, so that no one will malign the word of God.

6Similarly, encourage the young men to be self-controlled. 7In everything set them an example by doing what is good. In your teaching show integrity, seriousness 8and soundness of speech that cannot be condemned, so that those who oppose you may be ashamed because they have nothing bad to say about us.

9Teach slaves to be subject to their masters in everything, to try to please them, not to talk back to them, 10and not to steal from them, but to show that they can be fully trusted, so that in every way they will make the teaching about God our Savior attractive.

11For the grace of God that brings salvation has appeared to all men. 12It teaches us to say "No" to ungodliness and worldly passions, and to live self-controlled, upright and godly lives in this present age, 13while we wait for the blessed hope—the glorious appearing of our great God and Savior, Jesus Christ, 14who gave himself for us to redeem us from all wickedness and to purify for himself a people that are his very own, eager to do what is good.

15These, then, are the things you should teach. Encourage and rebuke with all authority. Do not let anyone despise you.

Doing What is Good

3 Remind the people to be subject to rulers and authorities, to be obedient, to be ready to do whatever is good, 2to slander no one, to be peaceable and considerate, and to show true humility toward all men.

3At one time we too were foolish, disobedient, deceived and enslaved by all kinds of passions and pleasures. We lived in malice and envy, being hated and hating one another. 4But when the kindness and love of God our Savior

salvó, no por nuestras propias obras de justicia sino por su misericordia. Nos salvó mediante el lavamiento de la regeneración y de la renovación por el Espíritu Santo, 6el cual fue derramado abundantemente sobre nosotros por medio de Jesucristo nuestro Salvador. 7Así lo hizo para que, *justificados por su gracia, llegáramos a ser herederos que abrigan la esperanza de recibir la vida eterna. 8Este mensaje es digno de confianza, y quiero que lo recalques, para que los que han creído en Dios se empeñen en hacer buenas obras. Esto es excelente y provechoso para todos.

9Evita las necias controversias y genealogías, las discusiones y peleas sobre la ley, porque carecen de provecho y de sentido. 10Al que cause divisiones, amonéstalo dos veces, y después evítalo. 11Puedes estar seguro de que tal individuo se condena a sí mismo por ser un perverso pecador.

Instrucciones personales y saludos finales

12Tan pronto como te haya enviado a Artemas o a Tíquico, haz todo lo posible por ir a Nicópolis a verme, pues he decidido pasar allí el invierno. 13Ayuda en todo lo que puedas al abogado Zenas y a Apolos, de modo que no les falte nada para su viaje. 14Que aprendan los nuestros a empeñarse en hacer buenas obras, a fin de que atiendan a lo que es realmente necesario y no lleven una vida inútil.

15Saludos de parte de todos los que me acompañan. Saludos a los que nos aman en la fe.

Que la gracia sea con todos ustedes.

appeared, 5he saved us, not because of righteous things we had done, but because of his mercy. He saved us through the washing of rebirth and renewal by the Holy Spirit, 6whom he poured out on us generously through Jesus Christ our Savior, 7so that, having been justified by his grace, we might become heirs having the hope of eternal life. 8This is a trustworthy saying. And I want you to stress these things, so that those who have trusted in God may be careful to devote themselves to doing what is good. These things are excellent and profitable for everyone.

9But avoid foolish controversies and genealogies and arguments and quarrels about the law, because these are unprofitable and useless. 10Warn a divisive person once, and then warn him a second time. After that, have nothing to do with him. 11You may be sure that such a man is warped and sinful; he is self-condemned.

Final Remarks

12As soon as I send Artemas or Tychicus to you, do your best to come to me at Nicopolis, because I have decided to winter there. 13Do everything you can to help Zenas the lawyer and Apollos on their way and see that they have everything they need. 14Our people must learn to devote themselves to doing what is good, in order that they may provide for daily necessities and not live unproductive lives.

15Everyone with me sends you greetings. Greet those who love us in the faith.

Grace be with you all.

Carta a Filemón

Philemon

¹Pablo, prisionero de *Cristo Jesús, y el hermano Timoteo,

a ti, querido Filemón, compañero de trabajo, ²a la hermana Apia, a Arquipo nuestro compañero de lucha, y a la iglesia que se reúne en tu casa:

³Que Dios nuestro Padre y el Señor Jesucristo les concedan gracia y paz.

Acción de gracias y petición

⁴Siempre doy gracias a mi Dios al recordarte en mis oraciones, ⁵porque tengo noticias de tu amor y tu *fidelidad hacia el Señor Jesús y hacia todos los creyentes. ⁶Pido a Dios que el compañerismo que brota de tu fe sea eficaz para la causa de Cristo mediante el reconocimiento de todo lo bueno que compartimos. ⁷Hermano, tu amor me ha alegrado y animado mucho porque has reconfortado el corazón de los *santos.

Intercesión de Pablo por Onésimo

⁸Por eso, aunque en Cristo tengo la franqueza suficiente para ordenarte lo que debes hacer, ⁹prefiero rogártelo en nombre del amor. Yo, Pablo, ya anciano y ahora, además, prisionero de Cristo Jesús, ¹⁰te suplico por mi hijo Onésimo,ᵃ quien llegó a ser hijo mío mientras yo estaba preso. ¹¹En otro tiempo te era inútil, pero ahora nos es útil tanto a ti como a mí.

¹²Te lo envío de vuelta, y con él va mi propio corazón. ¹³Yo hubiera querido retenerlo para que me sirviera en tu lugar mientras estoy preso por causa del *evangelio. ¹⁴Sin embargo, no he querido hacer nada sin tu consentimiento, para que tu favor no sea por obligación sino espontáneo. ¹⁵Tal vez por eso Onésimo se alejó de ti por algún tiempo, para que ahora lo recibas para siempre, ¹⁶ya no como a esclavo, sino como algo mejor: como a un hermano querido, muy especial para mí, pero mucho más para ti, como persona y como hermano en el Señor.

¹⁷De modo que, si me tienes por compañero, recíbelo como a mí mismo. ¹⁸Si te ha perjudicado o te debe algo, cárgalo a mi cuenta. ¹⁹Yo,

¹Paul, a prisoner of Christ Jesus, and Timothy our brother,

To Philemon our dear friend and fellow worker, ²to Apphia our sister, to Archippus our fellow soldier and to the church that meets in your home:

³Grace to you and peace from God our Father and the Lord Jesus Christ.

Thanksgiving and Prayer

⁴I always thank my God as I remember you in my prayers, ⁵because I hear about your faith in the Lord Jesus and your love for all the saints. ⁶I pray that you may be active in sharing your faith, so that you will have a full understanding of every good thing we have in Christ. ⁷Your love has given me great joy and encouragement, because you, brother, have refreshed the hearts of the saints.

Paul's Plea for Onesimus

⁸Therefore, although in Christ I could be bold and order you to do what you ought to do, ⁹yet I appeal to you on the basis of love. I then, as Paul—an old man and now also a prisoner of Christ Jesus— ¹⁰I appeal to you for my son Onesimus,ᵃ who became my son while I was in chains. ¹¹Formerly he was useless to you, but now he has become useful both to you and to me.

¹²I am sending him—who is my very heart—back to you. ¹³I would have liked to keep him with me so that he could take your place in helping me while I am in chains for the gospel. ¹⁴But I did not want to do anything without your consent, so that any favor you do will be spontaneous and not forced. ¹⁵Perhaps the reason he was separated from you for a little while was that you might have him back for good— ¹⁶no longer as a slave, but better than a slave, as a dear brother. He is very dear to me but even dearer to you, both as a man and as a brother in the Lord.

¹⁷So if you consider me a partner, welcome him as you would welcome me. ¹⁸If he has done you any wrong or owes you anything, charge it

---

ᵃ10 *Onésimo* significa *útil*.

ᵃ10 *Onesimus* means *useful*.

Pablo, lo escribo de mi puño y letra: te lo pagaré; por no decirte que tú mismo me debes lo que eres. 20Sí, hermano, ¡que reciba yo de ti algún beneficio en el Señor! Reconforta mi corazón en Cristo. 21Te escribo confiado en tu obediencia, seguro de que harás aún más de lo que te pido.

22Además de eso, prepárame alojamiento, porque espero que Dios les conceda el tenerme otra vez con ustedes en respuesta a sus oraciones.

23Te mandan saludos Epafras, mi compañero de cárcel en Cristo Jesús, 24y también Marcos, Aristarco, Demas y Lucas, mis compañeros de trabajo.

25Que la gracia del Señor Jesucristo sea con su espíritu.

to me. 19I, Paul, am writing this with my own hand. I will pay it back—not to mention that you owe me your very self. 20I do wish, brother, that I may have some benefit from you in the Lord; refresh my heart in Christ. 21Confident of your obedience, I write to you, knowing that you will do even more than I ask.

22And one thing more: Prepare a guest room for me, because I hope to be restored to you in answer to your prayers.

23Epaphras, my fellow prisoner in Christ Jesus, sends you greetings. 24And so do Mark, Aristarchus, Demas and Luke, my fellow workers.

25The grace of the Lord Jesus Christ be with your spirit.

Carta a los Hebreos

El Hijo, superior a los ángeles

1 Dios, que muchas veces y de varias maneras habló a nuestros antepasados en otras épocas por medio de los profetas, **2** en estos días finales nos ha hablado por medio de su Hijo. A éste lo designó heredero de todo, y por medio de él hizo el universo. **3** El Hijo es el resplandor de la gloria de Dios, la fiel imagen de lo que él es, y el que sostiene todas las cosas con su palabra poderosa. Después de llevar a cabo la purificación de los pecados, se sentó a la *derecha de la Majestad en las alturas. **4** Así llegó a ser superior a los ángeles en la misma medida en que el nombre que ha heredado supera en excelencia al de ellos.

5 Porque, ¿a cuál de los ángeles dijo Dios jamás:

«Tú eres mi hijo;
hoy mismo te he engendrado»;[a]

y en otro pasaje:

«Yo seré su padre,
y él será mi hijo»?[b]

6 Además, al introducir a su Primogénito en el mundo, Dios dice:

«Que lo adoren todos los ángeles de Dios.»[c]

7 En cuanto a los ángeles dice:

«Él hace de los vientos sus ángeles,
y de las llamas de fuego sus servidores.»[d]

8 Pero con respecto al Hijo dice:

«Tu trono, oh Dios, permanece por los siglos de los siglos,
y el cetro de tu reino es un cetro de justicia.
9 Has amado la justicia y odiado la maldad;
por eso Dios, tu Dios, te ha ungido con aceite de alegría,
exaltándote por encima de tus compañeros.»[e]

Hebrews

The Son Superior to Angels

1 In the past God spoke to our forefathers through the prophets at many times and in various ways, **2** but in these last days he has spoken to us by his Son, whom he appointed heir of all things, and through whom he made the universe. **3** The Son is the radiance of God's glory and the exact representation of his being, sustaining all things by his powerful word. After he had provided purification for sins, he sat down at the right hand of the Majesty in heaven. **4** So he became as much superior to the angels as the name he has inherited is superior to theirs.

5 For to which of the angels did God ever say,

"You are my Son;
today I have become your Father[a]"[b]?

Or again,

"I will be his Father,
and he will be my Son"[c]?

6 And again, when God brings his firstborn into the world, he says,

"Let all God's angels worship him."[d]

7 In speaking of the angels he says,

"He makes his angels winds,
his servants flames of fire."[e]

8 But about the Son he says,

"Your throne, O God, will last for ever and ever,
and righteousness will be the scepter of your kingdom.
9 You have loved righteousness and hated wickedness;
therefore God, your God, has set you above your companions
by anointing you with the oil of joy."[f]

10También dice:

«En el principio, oh Señor, tú afirmaste la
tierra,
y los cielos son la obra de tus manos.
11Ellos perecerán, pero tú permaneces para
siempre.
Todos ellos se desgastarán como un vestido.
12Los doblarás como un manto,
y cambiarán como ropa que se muda;
pero tú eres siempre el mismo,
y tus años no tienen fin.»*f*

13¿A cuál de los ángeles dijo Dios jamás:
«Siéntate a mi derecha,
hasta que ponga a tus enemigos
por estrado de tus pies»?*g*

14¿No son todos los ángeles espíritus dedicados
al servicio divino, enviados para ayudar a los
que han de heredar la salvación?

Advertencia a prestar atención

2 Por eso es necesario que prestemos más
atención a lo que hemos oído, no sea que
perdamos el rumbo. **2**Porque si el mensaje anunciado por los ángeles tuvo validez, y toda
transgresión y desobediencia recibió su justo castigo, **3**¿cómo escaparemos nosotros si descuida-
mos una salvación tan grande? Esta salvación fue
anunciada primeramente por el Señor, y los que la
oyeron nos la confirmaron. **4**A la vez, Dios ratifi-
có su testimonio acerca de ella con señales, prodigios, diversos milagros y dones distribuidos por
el Espíritu Santo según su voluntad.

Jesús, hecho igual a sus hermanos

5Dios no puso bajo el dominio de los ángeles
el mundo venidero del que estamos hablando.
6Como alguien ha atestiguado en algún lugar:

«¿Qué es el hombre, para que en él pienses?
¿Qué es el *ser humano,*h para que lo tomes en cuenta?
7Lo hiciste un poco*i* menor que los ángeles,
y lo coronaste de gloria y de honra;
8 ¡todo lo sometiste a su dominio!»*j*

Si Dios puso bajo él todas las cosas, entonces no
hay nada que no le esté sujeto. Ahora bien, es
cierto que todavía no vemos que todo le esté
sujeto. **9**Sin embargo, vemos a Jesús, que fue
hecho un poco inferior a los ángeles, coronado

10He also says,

"In the beginning, O Lord, you laid the
foundations of the earth,
and the heavens are the work of your
hands. ·
11 They will perish, but you remain;
they will all wear out like a garment.
12 You will roll them up like a robe;
like a garment they will be changed.
But you remain the same,
and your years will never end."*g*

13To which of the angels did God ever say,
"Sit at my right hand
until I make your enemies
a footstool for your feet"*h*?

14Are not all angels ministering spirits sent to
serve those who will inherit salvation?

Warning to Pay Attention

2 We must pay more careful attention,
therefore, to what we have heard, so that
we do not drift away. **2**For if the message
spoken by angels was binding, and every vio-
lation and disobedience received its just punishment, **3**how shall we escape if we ignore
such a great salvation? This salvation, which
was first announced by the Lord, was confirmed to us by those who heard him. **4**God
also testified to it by signs, wonders and various miracles, and gifts of the Holy Spirit distributed according to his will.

Jesus Made Like His Brothers

5It is not to angels that he has subjected the
world to come, about which we are speaking.
6But there is a place where someone has testified:

"What is man that you are mindful of
him,
the son of man that you care for him?
7 You made him a little*i* lower than the
angels;
you crowned him with glory and honor
8 and put everything under his feet."*j*

In putting everything under him, God left nothing that is not subject to him. Yet at present we
do not see everything subject to him. **9**But we
see Jesus, who was made a little lower than the

---

f 1:12 Sal 102:25-27   *g* 1:13 Sal 110:1   *h* 2:6 *el *ser
humano.* Lit. *o hijo de hombre.* *i* 2:7 *un poco.* Alt. *por un
poco de tiempo;* también en v. 9.   *j* 2:8 Sal 8:4-6

g 12 Psalm 102:25-27   *h* 13 Psalm 110:1   *i* 7 Or *him for a
little while*; also in verse 9   *j* 8 Psalm 8:4-6

de gloria y honra por haber padecido la muerte. Así, por la gracia de Dios, la muerte que él sufrió resulta en beneficio de todos.

10En efecto, a fin de llevar a muchos hijos a la gloria, convenía que Dios, para quien y por medio de quien todo existe, *perfeccionara mediante el sufrimiento al autor de la salvación de ellos. 11Tanto el que *santifica como los que son santificados tienen un mismo origen, por lo cual Jesús no se avergüenza de llamarlos hermanos, 12cuando dice:

> «Proclamaré tu nombre a mis hermanos;
> en medio de la congregación te alabaré.»k

13En otra parte dice:

> «Yo confiaré en él.»l

Y añade:

> «Aquí me tienen, con los hijos que Dios
> me ha dado.»m

14Por tanto, ya que ellos son de carne y hueso,n él también compartió esa naturaleza humana para anular, mediante la muerte, al que tiene el dominio de la muerte —es decir, al diablo—, 15y librar a todos los que por temor a la muerte estaban sometidos a esclavitud durante toda la vida. 16Pues, ciertamente, no vino en auxilio de los ángeles sino de los descendientes de Abraham. 17Por eso era preciso que en todo se asemejara a sus hermanos, para ser un sumo sacerdote fiel y misericordioso al servicio de Dios, a fin de *expiarñ los pecados del pueblo. 18Por haber sufrido él mismo la *tentación, puede socorrer a los que son tentados.

Jesús, superior a Moisés

3 Por lo tanto, hermanos, ustedes que han sido *santificados y que tienen parte en el mismo llamamiento celestial, consideren a Jesús, apóstol y sumo sacerdote de la fe que profesamos. 2Él fue fiel al que lo nombró, como lo fue también Moisés en toda la casa de Dios. 3De hecho, Jesús ha sido estimado digno de mayor honor que Moisés, así como el constructor de una casa recibe mayor honor que la casa misma. 4Porque toda casa tiene su constructor, pero el constructor de todo es Dios. 5Moisés fue fiel como siervo en toda la casa de Dios, para dar testimonio de lo que Dios diría en el futuro. 6*Cristo, en cambio, es fiel como Hijo al frente

angels, now crowned with glory and honor because he suffered death, so that by the grace of God he might taste death for everyone.

10In bringing many sons to glory, it was fitting that God, for whom and through whom everything exists, should make the author of their salvation perfect through suffering. 11Both the one who makes men holy and those who are made holy are of the same family. So Jesus is not ashamed to call them brothers. 12He says,

> "I will declare your name to my brothers;
> in the presence of the congregation I
> will sing your praises." k

13And again,

> "I will put my trust in him." l

And again he says,

> "Here am I, and the children God has given me." m

14Since the children have flesh and blood, he too shared in their humanity so that by his death he might destroy him who holds the power of death—that is, the devil— 15and free those who all their lives were held in slavery by their fear of death. 16For surely it is not angels he helps, but Abraham's descendants. 17For this reason he had to be made like his brothers in every way, in order that he might become a merciful and faithful high priest in service to God, and that he might make atonement forn the sins of the people. 18Because he himself suffered when he was tempted, he is able to help those who are being tempted.

Jesus Greater Than Moses

3 Therefore, holy brothers, who share in the heavenly calling, fix your thoughts on Jesus, the apostle and high priest whom we confess. 2He was faithful to the one who appointed him, just as Moses was faithful in all God's house. 3Jesus has been found worthy of greater honor than Moses, just as the builder of a house has greater honor than the house itself. 4For every house is built by someone, but God is the builder of everything. 5Moses was faithful as a servant in all God's house, testifying to what would be said in the future. 6But Christ is faithful as a son over God's house. And we are his

---

k2:12 Sal 22:22   l2:13 Is 8:17   m2:13 Is 8:18
n2:14 carne y hueso. Lit. sangre y carne.   ñ2:17 expiar. Lit. hacer propiciación por.

k12 Psalm 22:22   l13 Isaiah 8:17   m13 Isaiah 8:18
n17 Or and that he might turn aside God's wrath, taking away

de la casa de Dios. Y esa casa somos nosotros, con tal que mantengamos*º* nuestra confianza y la esperanza que nos *enorgullece.

Advertencia contra la incredulidad

7Por eso, como dice el Espíritu Santo:

«Si ustedes oyen hoy su voz,
8 no endurezcan el corazón
como sucedió en la rebelión,
en aquel día de *prueba en el desierto.
9Allí sus antepasados me *tentaron y me
pusieron a prueba,
a pesar de haber visto mis obras cuarenta años.
10Por eso me enojé con aquella generación,
y dije: "Siempre se descarría su corazón,
y no han reconocido mis caminos."
11Así que, en mi enojo, hice este juramento:
"Jamás entrarán en mi reposo." »*p*

12Cuídense, hermanos, de que ninguno de ustedes tenga un corazón pecaminoso e incrédu-lo que los haga apartarse del Dios vivo. 13Más bien, mientras dure ese «hoy», anímense unos a otros cada día, para que ninguno de ustedes se endurezca por el engaño del pecado. 14Hemos llegado a tener parte con *Cristo, con tal que retengamos firme hasta el fin la confianza que tuvimos al principio. 15Como se acaba de decir:

«Si ustedes oyen hoy su voz,
no endurezcan el corazón
como sucedió en la rebelión.»*q*

16Ahora bien, ¿quiénes fueron los que oyeron y se rebelaron? ¿No fueron acaso todos los que salieron de Egipto guiados por Moisés? 17¿Y con quiénes se enojó Dios durante cuarenta años? ¿No fue acaso con los que pecaron, los cuales cayeron muertos en el desierto? 18¿Y a quiénes juró Dios que jamás entrarían en su reposo, sino a los que desobedecieron?*r* 19Como podemos ver, no pudieron entrar por causa de su incredulidad.

Reposo del pueblo de Dios

4 Cuidémonos, por tanto, no sea que, aunque la promesa de entrar en su reposo sigue vigente, alguno de ustedes parezca quedarse atrás. 2Porque a nosotros, lo mismo que a ellos, se nos ha anunciado la buena *noticia; pero el mensaje que escucharon no les sirvió de nada, porque no se unieron en la fe a*s* los que habían

house, if we hold on to our courage and the hope of which we boast.

Warning Against Unbelief

7So, as the Holy Spirit says:

"Today, if you hear his voice,
8 do not harden your hearts
as you did in the rebellion,
during the time of testing in the desert,
9where your fathers tested and tried me
and for forty years saw what I did.
10That is why I was angry with that
generation,
and I said, 'Their hearts are always going astray,
and they have not known my ways.'
11So I declared on oath in my anger,
'They shall never enter my rest.'"*o*

12See to it, brothers, that none of you has a sinful, unbelieving heart that turns away from the living God. 13But encourage one another daily, as long as it is called Today, so that none of you may be hardened by sin's deceitfulness. 14We have come to share in Christ if we hold firmly till the end the confidence we had at first. 15As has just been said:

"Today, if you hear his voice,
do not harden your hearts
as you did in the rebellion."*p*

16Who were they who heard and rebelled? Were they not all those Moses led out of Egypt? 17And with whom was he angry for forty years? Was it not with those who sinned, whose bodies fell in the desert? 18And to whom did God swear that they would never enter his rest if not to those who disobeyed*q*? 19So we see that they were not able to enter, because of their unbelief.

A Sabbath-Rest for the People of God

4 Therefore, since the promise of entering his rest still stands, let us be careful that none of you be found to have fallen short of it. 2For we also have had the gospel preached to us, just as they did; but the message they heard was of no value to them, because those who heard did not combine it with faith.*r*

*º*3:6 mantengamos. Var. mantengamos firme hasta el fin.
*p*3:11 Sal 95:7-11   *q*3:15 Sal 95:7,8   *r*3:18 los que desobedecieron. Alt. los que no creyeron.   *s*4:2 no se unieron en la fe a. Var. no se combinó con fe para.

*o*11 Psalm 95:7-11   *p*15 Psalm 95:7,8   *q*18 Or disbelieved   *r*2 Many manuscripts because they did not share in the faith of those who obeyed

prestado atención a ese mensaje. ³En tal reposo entramos los que somos creyentes, conforme Dios ha dicho:

«Así que, en mi enojo, hice este juramento: "Jamás entrarán en mi reposo." »ᵗ

Es cierto que su trabajo quedó terminado con la creación del mundo, ⁴pues en algún lugar se ha dicho así del séptimo día: «Y en el séptimo día reposó Dios de todas sus obras.»ᵘ ⁵Y en el pasaje citado también dice: «Jamás entrarán en mi reposo.»

⁶Sin embargo, todavía falta que algunos entren en ese reposo, y los primeros a quienes se les anunció la buena noticia no entraron por causa de su desobediencia. ⁷Por eso, Dios volvió a fijar un día, que es «hoy», cuando mucho después declaró por medio de David lo que ya se ha mencionado:

«Si ustedes oyen hoy su voz,
    no endurezcan el corazón.»ᵛ

⁸Si Josué les hubiera dado el reposo, Dios no habría hablado posteriormente de otro día. ⁹Por consiguiente, queda todavía un reposo especialʷ para el pueblo de Dios; ¹⁰porque el que entra en el reposo de Dios descansa también de sus obras, así como Dios descansó de las suyas. ¹¹Esforcémonos, pues, por entrar en ese reposo, para que nadie caiga al seguir aquel ejemplo de desobediencia.

¹²Ciertamente, la palabra de Dios es viva y poderosa, y más cortante que cualquier espada de dos filos. Penetra hasta lo más profundo del alma y del espíritu, hasta la médula de los huesos,ˣ y juzga los pensamientos y las intenciones del corazón. ¹³Ninguna cosa creada escapa a la vista de Dios. Todo está al descubierto, expuesto a los ojos de aquel a quien hemos de rendir cuentas.

Jesús, el gran sumo sacerdote

¹⁴Por lo tanto, ya que en Jesús, el Hijo de Dios, tenemos un gran sumo sacerdote que ha atravesado los cielos, aferrémonos a la fe que profesamos. ¹⁵Porque no tenemos un sumo sacerdote incapaz de compadecerse de nuestras debilidades, sino uno que ha sido *tentado en todo de la misma manera que nosotros, aunque sin pecado. ¹⁶Así que acerquémonos confiadamente al trono de la gracia para recibir misericordia y hallar la gracia que nos ayude en el momento que más la necesitemos.

³Now we who have believed enter that rest, just as God has said,

"So I declared on oath in my anger,
    'They shall never enter my rest.'"ˢ

And yet his work has been finished since the creation of the world. ⁴For somewhere he has spoken about the seventh day in these words: "And on the seventh day God rested from all his work."ᵗ ⁵And again in the passage above he says, "They shall never enter my rest."

⁶It still remains that some will enter that rest, and those who formerly had the gospel preached to them did not go in, because of their disobedience. ⁷Therefore God again set a certain day, calling it Today, when a long time later he spoke through David, as was said before:

"Today, if you hear his voice,
    do not harden your hearts."ᵘ

⁸For if Joshua had given them rest, God would not have spoken later about another day. ⁹There remains, then, a Sabbath-rest for the people of God; ¹⁰for anyone who enters God's rest also rests from his own work, just as God did from his. ¹¹Let us, therefore, make every effort to enter that rest, so that no one will fall by following their example of disobedience.

¹²For the word of God is living and active. Sharper than any double-edged sword, it penetrates even to dividing soul and spirit, joints and marrow; it judges the thoughts and attitudes of the heart. ¹³Nothing in all creation is hidden from God's sight. Everything is uncovered and laid bare before the eyes of him to whom we must give account.

Jesus the Great High Priest

¹⁴Therefore, since we have a great high priest who has gone through the heavens,ᵛ Jesus the Son of God, let us hold firmly to the faith we profess. ¹⁵For we do not have a high priest who is unable to sympathize with our weaknesses, but we have one who has been tempted in every way, just as we are—yet was without sin. ¹⁶Let us then approach the throne of grace with confidence, so that we may receive mercy and find grace to help us in our time of need.

ᵗ4:3 Sal 95:11; también en v. 5   ᵘ4:4 Gn 2:2
ᵛ4:7 Sal 95:7,8   ʷ4:9 un reposo especial. Lit. un sabático.
ˣ4:12 Penetra … huesos. Lit. Penetra hasta la división de
alma y espíritu, y de articulaciones y médulas.

ˢ3 Psalm 95:11; also in verse 5   ᵗ4 Gen. 2:2
ᵘ7 Psalm 95:7,8   ᵛ14 Or gone into heaven

5 Todo sumo sacerdote es escogido de entre los hombres. Él mismo es nombrado para representar a su pueblo ante Dios, y ofrecer dones y sacrificios por los pecados. ²Puede tratar con paciencia a los ignorantes y extraviados, ya que él mismo está sujeto a las debilidades humanas. ³Por tal razón se ve obligado a ofrecer sacrificios por sus propios pecados, como también por los del pueblo.

⁴Nadie ocupa ese cargo por iniciativa propia; más bien, lo ocupa el que es llamado por Dios, como sucedió con Aarón. ⁵Tampoco *Cristo se glorificó a sí mismo haciéndose sumo sacerdote, sino que Dios le dijo:

«Tú eres mi hijo;
hoy mismo te he engendrado.»ʸ

⁶Y en otro pasaje dice:

«Tú eres sacerdote para siempre,
según el orden de Melquisedec.»ᶻ

⁷En los días de su vida *mortal, Jesús ofreció oraciones y súplicas con fuerte clamor y lágrimas al que podía salvarlo de la muerte, y fue escuchado por su reverente sumisión. ⁸Aunque era Hijo, mediante el sufrimiento aprendió a obedecer; ⁹y consumada su *perfección, llegó a ser autor de salvación eterna para todos los que le obedecen, ¹⁰y Dios lo nombró sumo sacerdote según el orden de Melquisedec.

Advertencia contra la apostasía

¹¹Sobre este tema tenemos mucho que decir aunque es difícil explicarlo, porque a ustedes lo que les entra por un oído les sale por el otro.ᵃ ¹²En realidad, a estas alturas ya deberían ser maestros, y sin embargo necesitan que alguien vuelva a enseñarles las verdades más elementales de la palabra de Dios. Dicho de otro modo, necesitan leche en vez de alimento sólido. ¹³El que sólo se alimenta de leche es inexperto en el mensaje de justicia; es como un niño de pecho. ¹⁴En cambio, el alimento sólido es para los adultos, para los que tienen la capacidad de distinguir entre lo bueno y lo malo, pues han ejercitado su facultad de percepción espiritual.

6 Por eso, dejando a un lado las enseñanzas elementales acerca de *Cristo, avancemos hacia la madurez. No volvamos a poner los fundamentos, tales como el *arrepentimiento de las obras que conducen a la muerte, la fe en Dios, ²la instrucción sobre bautismos, la imposición

5 Every high priest is selected from among men and is appointed to represent them in matters related to God, to offer gifts and sacrifices for sins. ²He is able to deal gently with those who are ignorant and are going astray, since he himself is subject to weakness. ³This is why he has to offer sacrifices for his own sins, as well as for the sins of the people.

⁴No one takes this honor upon himself; he must be called by God, just as Aaron was. ⁵So Christ also did not take upon himself the glory of becoming a high priest. But God said to him,

"You are my Son;
today I have become your Father.ʷ" ˣ

⁶And he says in another place,

"You are a priest forever,
in the order of Melchizedek." ʸ

⁷During the days of Jesus' life on earth, he offered up prayers and petitions with loud cries and tears to the one who could save him from death, and he was heard because of his reverent submission. ⁸Although he was a son, he learned obedience from what he suffered ⁹and, once made perfect, he became the source of eternal salvation for all who obey him ¹⁰and was designated by God to be high priest in the order of Melchizedek.

Warning Against Falling Away

¹¹We have much to say about this, but it is hard to explain because you are slow to learn. ¹²In fact, though by this time you ought to be teachers, you need someone to teach you the elementary truths of God's word all over again. You need milk, not solid food! ¹³Anyone who lives on milk, being still an infant, is not acquainted with the teaching about righteousness. ¹⁴But solid food is for the mature, who by constant use have trained themselves to distinguish good from evil.

6 Therefore let us leave the elementary teachings about Christ and go on to maturity, not laying again the foundation of repentance from acts that lead to death,ᶻ and of faith in God, ²instruction about baptisms, the

---

ʸ5:5 Sal 2:7   ᶻ5:6 Sal 110:4   ᵃ5:11 a ustedes ... por el otro. Lit. se han vuelto torpes en los oídos.

ʷ5 Or have begotten you   ˣ5 Psalm 2:7   ʸ6 Psalm 110:4   ᶻ1 Or from useless rituals

de manos, la resurrección de los muertos y el juicio eterno. ³Así procederemos, si Dios lo permite.

⁴⁻⁶Es imposible que renueven su arrepentimiento aquellos que han sido una vez iluminados, que han saboreado el don celestial, que han tenido parte en el Espíritu Santo y que han experimentado la buena palabra de Dios y los poderes del mundo venidero, y después de todo esto se han apartado. Es imposible, porque así vuelven a crucificar, para su propio mal, al Hijo de Dios, y lo exponen a la vergüenza pública.

⁷Cuando la tierra bebe la lluvia que con frecuencia cae sobre ella, y produce una buena cosecha para los que la cultivan, recibe bendición de Dios. ⁸En cambio, cuando produce espinos y cardos, no vale nada; está a punto de ser maldecida, y acabará por ser quemada.

⁹En cuanto a ustedes, queridos hermanos, aunque nos expresamos así, estamos seguros de que les espera lo mejor, es decir, lo que atañe a la salvación. ¹⁰Porque Dios no es injusto como para olvidarse de las obras y del amor que, para su gloria,ᵇ ustedes han mostrado sirviendo a los *santos, como lo siguen haciendo. ¹¹Deseamos, sin embargo, que cada uno de ustedes siga mostrando ese mismo empeño hasta la realización final y completa de su esperanza. ¹²No sean perezosos; más bien, imiten a quienes por su fe y paciencia heredan las promesas.

La certeza de la promesa de Dios

¹³Cuando Dios hizo su promesa a Abraham, como no tenía a nadie superior por quien jurar, juró por sí mismo, ¹⁴y dijo: «Te bendeciré en gran manera y multiplicaré tu descendencia.»ᶜ ¹⁵Y así, después de esperar con paciencia, Abraham recibió lo que se le había prometido.

¹⁶Los *seres humanos juran por alguien superior a ellos mismos, y el juramento, al confirmar lo que se ha dicho, pone punto final a toda discusión. ¹⁷Por eso Dios, queriendo demostrar claramente a los herederos de la promesa que su propósito es inmutable, la confirmó con un juramento. ¹⁸Lo hizo así para que, mediante la promesa y el juramento, que son dos realidades inmutables en las cuales es imposible que Dios mienta, tengamos un estímulo poderoso los que, buscando refugio, nos aferramos a la esperanza que está delante de nosotros. ¹⁹Tenemos como firme y segura ancla del alma una esperanza que penetra hasta detrás de la cortina del *santuario, ²⁰hasta donde Jesús, el precursor, entró por nosotros, llegando a ser sumo sacerdote para siempre, según el orden de Melquisedec.

laying on of hands, the resurrection of the dead, and eternal judgment. ³And God permitting, we will do so.

⁴It is impossible for those who have once been enlightened, who have tasted the heavenly gift, who have shared in the Holy Spirit, ⁵who have tasted the goodness of the word of God and the powers of the coming age, ⁶if they fall away, to be brought back to repentance, becauseᵃ to their loss they are crucifying the Son of God all over again and subjecting him to public disgrace.

⁷Land that drinks in the rain often falling on it and that produces a crop useful to those for whom it is farmed receives the blessing of God. ⁸But land that produces thorns and thistles is worthless and is in danger of being cursed. In the end it will be burned.

⁹Even though we speak like this, dear friends, we are confident of better things in your case—things that accompany salvation. ¹⁰God is not unjust; he will not forget your work and the love you have shown him as you have helped his people and continue to help them. ¹¹We want each of you to show this same diligence to the very end, in order to make your hope sure. ¹²We do not want you to become lazy, but to imitate those who through faith and patience inherit what has been promised.

The Certainty of God's Promise

¹³When God made his promise to Abraham, since there was no one greater for him to swear by, he swore by himself, ¹⁴saying, "I will surely bless you and give you many descendants."ᵇ ¹⁵And so after waiting patiently, Abraham received what was promised.

¹⁶Men swear by someone greater than themselves, and the oath confirms what is said and puts an end to all argument. ¹⁷Because God wanted to make the unchanging nature of his purpose very clear to the heirs of what was promised, he confirmed it with an oath. ¹⁸God did this so that, by two unchangeable things in which it is impossible for God to lie, we who have fled to take hold of the hope offered to us may be greatly encouraged. ¹⁹We have this hope as an anchor for the soul, firm and secure. It enters the inner sanctuary behind the curtain, ²⁰where Jesus, who went before us, has entered on our behalf. He has become a high priest forever, in the order of Melchizedek.

ᵇ6:10 *gloria.* Lit. *nombre.*   ᶜ6:14 Gn 22:17   ᵃ6 Or *repentance while*   ᵇ14 Gen. 22:17

El sacerdocio de Melquisedec

7 Este Melquisedec, rey de Salén y sacerdote del Dios Altísimo, salió al encuentro de Abraham, que regresaba de derrotar a los reyes, y lo bendijo. 2Abraham, a su vez, le dio la décima parte de todo. El nombre Melquisedec significa, en primer lugar, «rey de justicia» y, además, «rey de Salén», esto es, «rey de paz». 3No tiene padre ni madre ni genealogía; no tiene comienzo ni fin, pero a semejanza del Hijo de Dios, permanece como sacerdote para siempre.

4Consideren la grandeza de ese hombre, a quien nada menos que el patriarca Abraham dio la décima parte del botín. 5Ahora bien, los descendientes de Leví que reciben el sacerdocio tienen, por ley, el mandato de cobrar los diezmos del pueblo, es decir, de sus hermanos, aunque éstos también son descendientes de Abraham. 6En cambio, Melquisedec, que no era descendiente de Leví, recibió los diezmos de Abraham y bendijo al que tenía las promesas. 7Es indiscutible que la persona que bendice es superior a la que recibe la bendición. 8En el caso de los levitas, los diezmos los reciben hombres mortales; en el otro caso, los recibe Melquisedec, de quien se da testimonio de que vive. 9Hasta podría decirse que Leví, quien ahora recibe los diezmos, los pagó por medio de Abraham, 10ya que Leví estaba presente en su antepasado Abraham cuando Melquisedec le salió al encuentro.

Jesús, semejante a Melquisedec

11Si hubiera sido posible alcanzar la *perfección mediante el sacerdocio levítico (pues bajo éste se le dio la ley al pueblo), ¿qué necesidad había de que más adelante surgiera otro sacerdote, según el orden de Melquisedec y no según el de Aarón? 12Porque cuando cambia el sacerdocio, también tiene que cambiarse la ley. 13En efecto, Jesús, de quien se dicen estas cosas, era de otra tribu, de la cual nadie se ha dedicado al servicio del altar. 14Es evidente que nuestro Señor procedía de la tribu de Judá, respecto a la cual nada dijo Moisés con relación al sacerdocio. 15Y lo que hemos dicho resulta aún más evidente si, a semejanza de Melquisedec, surge otro sacerdote 16que ha llegado a serlo, no conforme a un requisito legal respecto a linaje *humano, sino conforme al poder de una vida indestructible. 17Pues de él se da testimonio:

«Tú eres sacerdote para siempre,
    según el orden de Melquisedec.»d
18Por una parte, la ley anterior queda anulada

Melchizedek the Priest

7 This Melchizedek was king of Salem and priest of God Most High. He met Abraham returning from the defeat of the kings and blessed him, 2and Abraham gave him a tenth of everything. First, his name means "king of righteousness"; then also, "king of Salem" means "king of peace." 3Without father or mother, without genealogy, without beginning of days or end of life, like the Son of God he remains a priest forever.

4Just think how great he was: Even the patriarch Abraham gave him a tenth of the plunder! 5Now the law requires the descendants of Levi who become priests to collect a tenth from the people—that is, their brothers—even though their brothers are descended from Abraham. 6This man, however, did not trace his descent from Levi, yet he collected a tenth from Abraham and blessed him who had the promises. 7And without doubt the lesser person is blessed by the greater. 8In the one case, the tenth is collected by men who die; but in the other case, by him who is declared to be living. 9One might even say that Levi, who collects the tenth, paid the tenth through Abraham, 10because when Melchizedek met Abraham, Levi was still in the body of his ancestor.

Jesus Like Melchizedek

11If perfection could have been attained through the Levitical priesthood (for on the basis of it the law was given to the people), why was there still need for another priest to come—one in the order of Melchizedek, not in the order of Aaron? 12For when there is a change of the priesthood, there must also be a change of the law. 13He of whom these things are said belonged to a different tribe, and no one from that tribe has ever served at the altar. 14For it is clear that our Lord descended from Judah, and in regard to that tribe Moses said nothing about priests. 15And what we have said is even more clear if another priest like Melchizedek appears, 16one who has become a priest not on the basis of a regulation as to his ancestry but on the basis of the power of an indestructible life. 17For it is declared:

"You are a priest forever,
    in the order of Melchizedek." c

por ser inútil e ineficaz, ¹⁹ya que no *perfeccionó nada. Y por la otra, se introduce una esperanza mejor, mediante la cual nos acercamos a Dios.

²⁰¡Y no fue sin juramento! Los otros sacerdotes llegaron a serlo sin juramento, ²¹mientras que éste llegó a serlo con el juramento de aquel que le dijo:

«El Señor ha jurado,
   y no cambiará de parecer:
"Tú eres sacerdote para siempre."»

²²Por tanto, Jesús ha llegado a ser el que garantiza un pacto superior.

²³Ahora bien, como a aquellos sacerdotes la muerte les impedía seguir ejerciendo sus funciones, ha habido muchos de ellos; ²⁴pero como Jesús permanece para siempre, su sacerdocio es imperecedero. ²⁵Por eso también puede salvar por completoᵉ a los que por medio de él se acercan a Dios, ya que vive siempre para interceder por ellos.

²⁶Nos convenía tener un sumo sacerdote así: santo, irreprochable, puro, apartado de los pecadores y exaltado sobre los cielos. ²⁷A diferencia de los otros sumos sacerdotes, él no tiene que ofrecer sacrificios día tras día, primero por sus propios pecados y luego por los del pueblo; porque él ofreció el sacrificio una sola vez y para siempre cuando se ofreció a sí mismo. ²⁸De hecho, la ley designa como sumos sacerdotes a hombres débiles; pero el juramento, posterior a la ley, designa al Hijo, quien ha sido hecho *perfecto para siempre.

El sumo sacerdote de un nuevo pacto

8 Ahora bien, el punto principal de lo que venimos diciendo es que tenemos tal sumo sacerdote, aquel que se sentó a la *derecha del trono de la Majestad en el cielo, ²el que sirve en el *santuario, es decir, en el verdadero tabernáculo levantado por el Señor y no por ningún *ser humano.

³A todo sumo sacerdote se le nombra para presentar ofrendas y sacrificios, por lo cual es necesario que también tenga algo que ofrecer. ⁴Si Jesús estuviera en la tierra, no sería sacerdote, pues aquí ya hay sacerdotes que presentan las ofrendas en conformidad con la ley. ⁵Estos sacerdotes sirven en un santuario que es copia y sombra del que está en el cielo, tal como se le advirtió a Moisés cuando estaba a punto de construir el tabernáculo: «Asegúrate de hacerlo todo según el modelo que se te ha mostrado en la montaña.»ᶠ ⁶Pero el servicio sacerdotal que Jesús ha recibido es superior al de ellos, así

¹⁸The former regulation is set aside because it was weak and useless ¹⁹(for the law made nothing perfect), and a better hope is introduced, by which we draw near to God.

²⁰And it was not without an oath! Others became priests without any oath, ²¹but he became a priest with an oath when God said to him:

"The Lord has sworn
   and will not change his mind:
'You are a priest forever.'" ᵈ

²²Because of this oath, Jesus has become the guarantee of a better covenant.

²³Now there have been many of those priests, since death prevented them from continuing in office; ²⁴but because Jesus lives forever, he has a permanent priesthood. ²⁵Therefore he is able to save completelyᵉ those who come to God through him, because he always lives to intercede for them.

²⁶Such a high priest meets our need—one who is holy, blameless, pure, set apart from sinners, exalted above the heavens. ²⁷Unlike the other high priests, he does not need to offer sacrifices day after day, first for his own sins, and then for the sins of the people. He sacrificed for their sins once for all when he offered himself. ²⁸For the law appoints as high priests men who are weak; but the oath, which came after the law, appointed the Son, who has been made perfect forever.

The High Priest of a New Covenant

8 The point of what we are saying is this: We do have such a high priest, who sat down at the right hand of the throne of the Majesty in heaven, ²and who serves in the sanctuary, the true tabernacle set up by the Lord, not by man.

³Every high priest is appointed to offer both gifts and sacrifices, and so it was necessary for this one also to have something to offer. ⁴If he were on earth, he would not be a priest, for there are already men who offer the gifts prescribed by the law. ⁵They serve at a sanctuary that is a copy and shadow of what is in heaven. This is why Moses was warned when he was about to build the tabernacle: "See to it that you make everything according to the pattern shown you on the mountain." ᶠ ⁶But

---

ᵉ7:25 por completo. Alt. para siempre.   ᶠ8:5 Éx 25:40   ᵈ21 Psalm 110:4   ᵉ25 Or forever   ᶠ5 Exodus 25:40

como el pacto del cual es mediador es superior al antiguo, puesto que se basa en mejores promesas.

7Efectivamente, si ese primer pacto hubiera sido *perfecto, no habría lugar para un segundo pacto. 8Pero Dios, reprochándoles sus defectos, dijo:

«Vienen días —dice el Señor—,
  en que haré un nuevo pacto
con la casa de Israel
  y con la casa de Judá.
9No será un pacto
  como el que hice con sus antepasados
el día en que los tomé de la mano
  y los saqué de Egipto,
ya que ellos no permanecieron fieles a mi
    pacto,
  y yo los abandoné
                —dice el Señor—.
10Éste es el pacto que después de aquel
    tiempo
  haré con la casa de Israel —dice el
    Señor—:
Pondré mis leyes en su mente
  y las escribiré en su corazón.
Yo seré su Dios,
  y ellos serán mi pueblo.
11Ya no tendrá nadie que enseñar a su
    prójimo,
  ni dirá nadie a su hermano: "¡Conoce al
    Señor!",
porque todos, desde el más pequeño hasta
    el más grande,
  me conocerán.
12Yo les perdonaré sus iniquidades,
  y nunca más me acordaré de sus peca-
    dos.»g

13Al llamar «nuevo» a ese pacto, ha declarado obsoleto al anterior; y lo que se vuelve obsoleto y envejece ya está por desaparecer.

El culto en el tabernáculo terrenal

9 Ahora bien, el primer pacto tenía sus normas para el culto, y un *santuario terrenal. 2En efecto, se habilitó un tabernáculo de tal modo que en su primera parte, llamada el Lugar Santo, estaban el candelabro, la mesa y los panes consagrados. 3Tras la segunda cortina estaba la parte llamada el Lugar Santísimo, 4el cual tenía el altar de oro para el incienso y el arca del pacto, toda recubierta de oro. Dentro del arca había una urna de oro que contenía el maná, la vara de Aarón que había retoñado, y las tablas del pacto.

the ministry Jesus has received is as superior to theirs as the covenant of which he is mediator is superior to the old one, and it is founded on better promises.

7For if there had been nothing wrong with that first covenant, no place would have been sought for another. 8But God found fault with the people and saidg:

"The time is coming, declares the Lord,
  when I will make a new covenant
with the house of Israel
  and with the house of Judah.
9It will not be like the covenant
  I made with their forefathers
when I took them by the hand
  to lead them out of Egypt,
because they did not remain faithful to
    my covenant,
  and I turned away from them,
               declares the Lord.
10This is the covenant I will make with the
    house of Israel
  after that time, declares the Lord.
I will put my laws in their minds
  and write them on their hearts.
I will be their God,
  and they will be my people.
11No longer will a man teach his neighbor,
  or a man his brother, saying, 'Know the
    Lord,'
because they will all know me,
  from the least of them to the greatest.
12For I will forgive their wickedness
  and will remember their sins no
    more." h

13By calling this covenant "new," he has made the first one obsolete; and what is obsolete and aging will soon disappear.

Worship in the Earthly Tabernacle

9 Now the first covenant had regulations for worship and also an earthly sanctuary. 2A tabernacle was set up. In its first room were the lampstand, the table and the consecrated bread; this was called the Holy Place. 3Behind the second curtain was a room called the Most Holy Place, 4which had the golden altar of incense and the gold-covered ark of the covenant. This ark contained the gold jar of manna, Aaron's staff that had budded, and

g8:12 Jer 31:31-34

g8 Some manuscripts may be translated fault and said to the people.   h12 Jer. 31:31-34

5Encima del arca estaban los *querubines de la gloria, que cubrían con su sombra el lugar de la *expiación.h Pero ahora no se puede hablar de eso en detalle.

6Así dispuestas todas estas cosas, los sacerdotes entran continuamente en la primera parte del tabernáculo para celebrar el culto. 7Pero en la segunda parte entra únicamente el sumo sacerdote, y sólo una vez al año, provisto siempre de sangre que ofrece por sí mismo y por los pecados de ignorancia cometidos por el pueblo. 8Con esto el Espíritu Santo da a entender que, mientras siga en pie el primer tabernáculo, aún no se habrá revelado el camino que conduce al Lugar Santísimo. 9Esto nos ilustra hoy día que las ofrendas y los sacrificios que allí se ofrecen no tienen poder alguno para *perfeccionar la conciencia de los que celebran ese culto. 10No se trata más que de reglas externas relacionadas con alimentos, bebidas y diversas ceremonias de *purificación, válidas sólo hasta el tiempo señalado para reformarlo todo.

La sangre de Cristo

11*Cristo, por el contrario, al presentarse como sumo sacerdote de los bienes definitivos i en el tabernáculo más excelente y *perfecto, no hecho por manos humanas (es decir, que no es de esta creación), 12entró una sola vez y para siempre en el Lugar Santísimo. No lo hizo con sangre de machos cabríos y becerros, sino con su propia sangre, logrando así un rescate eterno. 13La sangre de machos cabríos y de toros, y las cenizas de una novilla rociadas sobre personas *impuras, las *santifican de modo que quedan *limpias por fuera. 14Si esto es así, ¡cuánto más la sangre de Cristo, quien por medio del Espíritu eterno se ofreció sin mancha a Dios, purificará nuestra conciencia de las obras que conducen a la muerte, a fin de que sirvamos al Dios viviente!

15Por eso Cristo es mediador de un nuevo pacto, para que los llamados reciban la herencia eterna prometida, ahora que él ha muerto para liberarlos de los pecados cometidos bajo el primer pacto.

16En el caso de un testamento,j es necesario constatar la muerte del testador, 17pues un testamento sólo adquiere validez cuando el testador muere, y no entra en vigor mientras vive. 18De ahí que ni siquiera el primer pacto se haya establecido sin sangre. 19Después de promulgar todos los mandamientos de la ley a todo el pueblo, Moisés tomó la sangre de los becerros

the stone tablets of the covenant. 5Above the ark were the cherubim of the Glory, overshadowing the atonement cover.i But we cannot discuss these things in detail now.

6When everything had been arranged like this, the priests entered regularly into the outer room to carry on their ministry. 7But only the high priest entered the inner room, and that only once a year, and never without blood, which he offered for himself and for the sins the people had committed in ignorance. 8The Holy Spirit was showing by this that the way into the Most Holy Place had not yet been disclosed as long as the first tabernacle was still standing. 9This is an illustration for the present time, indicating that the gifts and sacrifices being offered were not able to clear the conscience of the worshiper. 10They are only a matter of food and drink and various ceremonial washings—external regulations applying until the time of the new order.

The Blood of Christ

11When Christ came as high priest of the good things that are already here,j he went through the greater and more perfect tabernacle that is not man-made, that is to say, not a part of this creation. 12He did not enter by means of the blood of goats and calves; but he entered the Most Holy Place once for all by his own blood, having obtained eternal redemption. 13The blood of goats and bulls and the ashes of a heifer sprinkled on those who are ceremonially unclean sanctify them so that they are outwardly clean. 14How much more, then, will the blood of Christ, who through the eternal Spirit offered himself unblemished to God, cleanse our consciences from acts that lead to death,k so that we may serve the living God!

15For this reason Christ is the mediator of a new covenant, that those who are called may receive the promised eternal inheritance—now that he has died as a ransom to set them free from the sins committed under the first covenant.

16In the case of a will,l it is necessary to prove the death of the one who made it, 17because a will is in force only when somebody has died; it never takes effect while the one who made it is living. 18This is why even the first covenant was not put into effect without blood. 19When Moses had proclaimed every

---

h9:5 el lugar de la expiación. Lit. el *propiciatorio.
i9:11 definitivos. Var. venideros. j9:16 En griego la misma palabra se emplea para pacto y para testamento; también en v. 17.

i5 Traditionally the mercy seat j11 Some early manuscripts are to come k14 Or from useless rituals l16 Same Greek word as covenant; also in verse 17

junto con agua, lana escarlata y ramas de hisopo, y roció el libro de la ley y a todo el pueblo, [20]diciendo: «Ésta es la sangre del pacto que Dios ha mandado que ustedes cumplan.»[k] [21]De la misma manera roció con la sangre el tabernáculo y todos los objetos que se usaban en el culto. [22]De hecho, la ley exige que casi todo sea purificado con sangre, pues sin derramamiento de sangre no hay perdón.

[23]Así que era necesario que las copias de las realidades celestiales fueran purificadas con esos sacrificios, pero que las realidades mismas lo fueran con sacrificios superiores a aquéllos. [24]En efecto, Cristo no entró en un santuario hecho por manos humanas, simple copia del verdadero santuario, sino en el cielo mismo, para presentarse ahora ante Dios en favor nuestro. [25]Ni entró en el cielo para ofrecerse vez tras vez, como entra el sumo sacerdote en el Lugar Santísimo cada año con sangre ajena. [26]Si así fuera, Cristo habría tenido que sufrir muchas veces desde la creación del mundo. Al contrario, ahora, al final de los tiempos, se ha presentado una sola vez y para siempre a fin de acabar con el pecado mediante el sacrificio de sí mismo. [27]Y así como está establecido que los seres *humanos mueran una sola vez, y después venga el juicio, [28]también Cristo fue ofrecido en sacrificio una sola vez para quitar los pecados de muchos; y aparecerá por segunda vez, ya no para cargar con pecado alguno, sino para traer salvación a quienes lo esperan.

El sacrificio de Cristo, ofrecido una vez y para siempre

10 La ley es sólo una sombra de los bienes venideros, y no la presencia[l] misma de estas realidades. Por eso nunca puede, mediante los mismos sacrificios que se ofrecen sin cesar año tras año, hacer *perfectos a los que adoran. [2]De otra manera, ¿no habrían dejado ya de hacerse sacrificios? Pues los que rinden culto, *purificados de una vez por todas, ya no se habrían sentido culpables de pecado. [3]Pero esos sacrificios son un recordatorio anual de los pecados, [4]ya que es imposible que la sangre de los toros y de los machos cabríos quite los pecados. [5]Por eso, al entrar en el mundo, *Cristo dijo:

«A ti no te complacen sacrificios ni ofrendas;
en su lugar, me preparaste un cuerpo;
[6]no te agradaron ni holocaustos
ni sacrificios por el pecado.
[7]Por eso dije: "Aquí me tienes

commandment of the law to all the people, he took the blood of calves, together with water, scarlet wool and branches of hyssop, and sprinkled the scroll and all the people. [20]He said, "This is the blood of the covenant, which God has commanded you to keep."[m] [21]In the same way, he sprinkled with the blood both the tabernacle and everything used in its ceremonies. [22]In fact, the law requires that nearly everything be cleansed with blood, and without the shedding of blood there is no forgiveness.

[23]It was necessary, then, for the copies of the heavenly things to be purified with these sacrifices, but the heavenly things themselves with better sacrifices than these. [24]For Christ did not enter a man-made sanctuary that was only a copy of the true one; he entered heaven itself, now to appear for us in God's presence. [25]Nor did he enter heaven to offer himself again and again, the way the high priest enters the Most Holy Place every year with blood that is not his own. [26]Then Christ would have had to suffer many times since the creation of the world. But now he has appeared once for all at the end of the ages to do away with sin by the sacrifice of himself. [27]Just as man is destined to die once, and after that to face judgment, [28]so Christ was sacrificed once to take away the sins of many people; and he will appear a second time, not to bear sin, but to bring salvation to those who are waiting for him.

Christ's Sacrifice Once for All

10 The law is only a shadow of the good things that are coming—not the realities themselves. For this reason it can never, by the same sacrifices repeated endlessly year after year, make perfect those who draw near to worship. [2]If it could, would they not have stopped being offered? For the worshipers would have been cleansed once for all, and would no longer have felt guilty for their sins. [3]But those sacrifices are an annual reminder of sins, [4]because it is impossible for the blood of bulls and goats to take away sins.

[5]Therefore, when Christ came into the world, he said:

"Sacrifice and offering you did not desire,
but a body you prepared for me;
[6]with burnt offerings and sin offerings
you were not pleased.

---

[k]9:20 Éx 24:8   [l]10:1 *presencia*. Lit. *imagen*.   [m]20 Exodus 24:8

—como el libro dice de mí—.
He venido, oh Dios, a hacer tu
   voluntad." »*m*

⁸Primero dijo: «Sacrificios y ofrendas, holocaustos y expiaciones no te complacen ni fueron
de tu agrado» (a pesar de que la ley exigía que
se ofrecieran). ⁹Luego añadió: «Aquí me tienes:
He venido a hacer tu voluntad.» Así quitó lo
primero para establecer lo segundo. ¹⁰Y en virtud de esa voluntad somos *santificados mediante el sacrificio del cuerpo de *Jesucristo,
ofrecido una vez y para siempre.

¹¹Todo sacerdote celebra el culto día tras día
ofreciendo repetidas veces los mismos sacrificios, que nunca pueden quitar los pecados. ¹²Pero este sacerdote, después de ofrecer por los
pecados un solo sacrificio para siempre, se sentó
a la *derecha de Dios, ¹³en espera de que sus
enemigos sean puestos por estrado de sus pies.
¹⁴Porque con un solo sacrificio ha hecho perfectos para siempre a los que está santificando.

¹⁵También el Espíritu Santo nos da testimonio
de ello. Primero dice:

¹⁶ «Éste es el pacto que haré con ellos
   después de aquel tiempo —dice el
     Señor—:
   Pondré mis leyes en su corazón,
   y las escribiré en su mente.»*n*

¹⁷Después añade:

«Y nunca más me acordaré de sus pecados y maldades.»*ñ*

¹⁸Y cuando éstos han sido perdonados, ya no
hace falta otro sacrificio por el pecado.

Llamada a la perseverancia

¹⁹Así que, hermanos, mediante la sangre de
Jesús, tenemos plena libertad para entrar en el
Lugar Santísimo, ²⁰por el camino nuevo y vivo
que él nos ha abierto a través de la cortina, es
decir, a través de su cuerpo; ²¹y tenemos además
un gran sacerdote al frente de la familia de Dios.
²²Acerquémonos, pues, a Dios con corazón sincero y con la plena seguridad que da la fe,
interiormente purificados de una conciencia
culpable y exteriormente lavados con agua pura.
²³Mantengamos firme la esperanza que profesamos, porque fiel es el que hizo la promesa.
²⁴Preocupémonos los unos por los otros, a fin de
estimularnos al amor y a las buenas obras. ²⁵No

⁷Then I said, 'Here I am—it is written
   about me in the scroll—
I have come to do your will, O God.' " *n*

⁸First he said, "Sacrifices and offerings, burnt
offerings and sin offerings you did not desire,
nor were you pleased with them" (although the
law required them to be made). ⁹Then he said,
"Here I am, I have come to do your will." He
sets aside the first to establish the second. ¹⁰And
by that will, we have been made holy through
the sacrifice of the body of Jesus Christ once for
all.

¹¹Day after day every priest stands and per-
forms his religious duties; again and again he
offers the same sacrifices, which can never
take away sins. ¹²But when this priest had
offered for all time one sacrifice for sins, he
sat down at the right hand of God. ¹³Since that
time he waits for his enemies to be made his
footstool, ¹⁴because by one sacrifice he has
made perfect forever those who are being
made holy.

¹⁵The Holy Spirit also testifies to us about
this. First he says:

¹⁶ "This is the covenant I will make with
   them
   after that time, says the Lord.
I will put my laws in their hearts,
   and I will write them on their minds." *o*

¹⁷Then he adds:

"Their sins and lawless acts
   I will remember no more." *p*

¹⁸And where these have been forgiven, there
is no longer any sacrifice for sin. ¹⁹Therefore,
brothers, since we have confidence to enter the
Most Holy Place by the blood of Jesus, ²⁰by
a new and living way opened for us through
the curtain, that is, his body, ²¹and since we
have a great priest over the house of God, ²²let
us draw near to God with a sincere heart in
full assurance of faith, having our hearts sprinkled to cleanse us from a guilty conscience
and having our bodies washed with pure water.
²³Let us hold unswervingly to the hope we
profess, for he who promised is faithful. ²⁴And
let us consider how we may spur one another

---

dejemos de congregarnos, como acostumbran hacerlo algunos, sino animémonos unos a otros, y con mayor razón ahora que vemos que aquel día se acerca.

26Si después de recibir el conocimiento de la verdad pecamos obstinadamente, ya no hay sacrificio por los pecados. 27Sólo queda una terrible expectativa de juicio, el fuego ardiente que ha de devorar a los enemigos de Dios. 28Cualquiera que rechazaba la ley de Moisés moría irremediablemente por el testimonio de dos o tres testigos. 29¿Cuánto mayor castigo piensan ustedes que merece el que ha pisoteado al Hijo de Dios, que ha profanado la sangre del pacto por la cual había sido *santificado, y que ha insultado al Espíritu de la gracia? 30Pues conocemos al que dijo: «Mía es la venganza; yo pagaré»;[o] y también: «El Señor juzgará a su pueblo.»[p] 31¡Terrible cosa es caer en las manos del Dios vivo!

32Recuerden aquellos días pasados cuando ustedes, después de haber sido iluminados, sostuvieron una dura lucha y soportaron mucho sufrimiento. 33Unas veces se vieron expuestos públicamente al insulto y a la persecución; otras veces se solidarizaron con los que eran tratados de igual manera. 34También se compadecieron de los encarcelados, y cuando a ustedes les confiscaron sus bienes, lo aceptaron con alegría, conscientes de que tenían un patrimonio mejor y más permanente.

35Así que no pierdan la confianza, porque ésta será grandemente recompensada. 36Ustedes necesitan perseverar para que, después de haber cumplido la voluntad de Dios, reciban lo que él ha prometido. 37Pues dentro de muy poco tiempo,

«el que ha de venir vendrá, y no tardará.
38 Pero mi justo[q] vivirá por la fe.
Y si se vuelve atrás,
no será de mi agrado.»[r]

39Pero nosotros no somos de los que se vuelven atrás y acaban por perderse, sino de los que tienen fe y preservan su *vida.

Por la fe

11 Ahora bien, la fe es la garantía de lo que se espera, la certeza de lo que no se ve. 2Gracias a ella fueron aprobados los antiguos.

3Por la fe entendemos que el universo fue formado por la palabra de Dios, de modo que lo visible no provino de lo que se ve.

4Por la fe Abel ofreció a Dios un sacrificio

on toward love and good deeds. 25Let us not give up meeting together, as some are in the habit of doing, but let us encourage one another—and all the more as you see the Day approaching.

26If we deliberately keep on sinning after we have received the knowledge of the truth, no sacrifice for sins is left, 27but only a fearful expectation of judgment and of raging fire that will consume the enemies of God. 28Anyone who rejected the law of Moses died without mercy on the testimony of two or three witnesses. 29How much more severely do you think a man deserves to be punished who has trampled the Son of God under foot, who has treated as an unholy thing the blood of the covenant that sanctified him, and who has insulted the Spirit of grace? 30For we know him who said, “It is mine to avenge; I will repay,”[q] and again, “The Lord will judge his people.”[r] 31It is a dreadful thing to fall into the hands of the living God.

32Remember those earlier days after you had received the light, when you stood your ground in a great contest in the face of suffering. 33Sometimes you were publicly exposed to insult and persecution; at other times you stood side by side with those who were so treated. 34You sympathized with those in prison and joyfully accepted the confiscation of your property, because you knew that you yourselves had better and lasting possessions.

35So do not throw away your confidence; it will be richly rewarded. 36You need to persevere so that when you have done the will of God, you will receive what he has promised. 37For in just a very little while,

“He who is coming will come and will
not delay.
38 But my righteous one[s] will live by faith.
And if he shrinks back,
I will not be pleased with him.”[t]

39But we are not of those who shrink back and are destroyed, but of those who believe and are saved.

By Faith

11 Now faith is being sure of what we hope for and certain of what we do not see. 2This is what the ancients were commended for.

3By faith we understand that the universe was formed at God’s command, so that what is seen was not made out of what was visible. 4By faith

[o]**10:30** Dt 32:35 [p]**10:30** Dt 32:36; Sal 135:14 [q]**10:38** *mi justo*. Var. *el justo*. [r]**10:38** Hab 2:3,4

[q]*30* Deut. 32:35 [r]*30* Deut. 32:36; Psalm 135:14 [s]*38* One early manuscript *But the righteous* [t]*38* Hab. 2:3,4

más aceptable que el de Caín, por lo cual recibió testimonio de ser justo, pues Dios aceptó su ofrenda. Y por la fe Abel, a pesar de estar muerto, habla todavía.

5Por la fe Enoc fue sacado de este mundo sin experimentar la muerte; no fue hallado porque Dios se lo llevó, pero antes de ser llevado recibió testimonio de haber agradado a Dios. 6En realidad, sin fe es imposible agradar a Dios, ya que cualquiera que se acerca a Dios tiene que creer que él existe y que recompensa a quienes lo buscan.

7Por la fe Noé, advertido sobre cosas que aún no se veían, con temor reverente construyó un arca para salvar a su familia. Por esa fe condenó al mundo y llegó a ser heredero de la justicia que viene por la fe.

8Por la fe Abraham, cuando fue llamado para ir a un lugar que más tarde recibiría como herencia, obedeció y salió sin saber a dónde iba. 9Por la fe se radicó como extranjero en la tierra prometida, y habitó en tiendas de campaña con Isaac y Jacob, herederos también de la misma promesa, 10porque esperaba la ciudad de cimientos sólidos, de la cual Dios es arquitecto y constructor.

11Por la fe Abraham, a pesar de su avanzada edad y de que Sara misma era estéril,ˢ recibió fuerza para tener hijos, porque consideró fiel al que le había hecho la promesa. 12Así que de este solo hombre, ya en decadencia, nacieron descendientes numerosos como las estrellas del cielo e incontables como la arena a la orilla del mar.

13Todos ellos vivieron por la fe, y murieron sin haber recibido las cosas prometidas; más bien, las reconocieron a lo lejos, y confesaron que eran extranjeros y peregrinos en la tierra. 14Al expresarse así, claramente dieron a entender que andaban en busca de una patria. 15Si hubieran estado pensando en aquella patria de donde habían emigrado, habrían tenido oportunidad de regresar a ella. 16Antes bien, anhelaban una patria mejor, es decir, la celestial. Por lo tanto, Dios no se avergonzó de ser llamado su Dios, y les preparó una ciudad.

17Por la fe Abraham, que había recibido las promesas, fue puesto a *prueba y ofreció a Isaac, su hijo único, 18a pesar de que Dios le había dicho: «Tu *descendencia se establecerá por medio de Isaac.»ᵗ 19Consideraba Abraham que Dios tiene poder hasta para resucitar a los muertos, y así, en sentido figurado, recobró a Isaac de entre los muertos.

20Por la fe Isaac bendijo a Jacob y a Esaú,

Abel offered God a better sacrifice than Cain did. By faith he was commended as a righteous man, when God spoke well of his offerings. And by faith he still speaks, even though he is dead.

5By faith Enoch was taken from this life, so that he did not experience death; he could not be found, because God had taken him away. For before he was taken, he was commended as one who pleased God. 6And without faith it is impossible to please God, because anyone who comes to him must believe that he exists and that he rewards those who earnestly seek him.

7By faith Noah, when warned about things not yet seen, in holy fear built an ark to save his family. By his faith he condemned the world and became heir of the righteousness that comes by faith.

8By faith Abraham, when called to go to a place he would later receive as his inheritance, obeyed and went, even though he did not know where he was going. 9By faith he made his home in the promised land like a stranger in a foreign country; he lived in tents, as did Isaac and Jacob, who were heirs with him of the same promise. 10For he was looking forward to the city with foundations, whose architect and builder is God.

11By faith Abraham, even though he was past age—and Sarah herself was barren—was enabled to become a father because heᵘ considered him faithful who had made the promise. 12And so from this one man, and he as good as dead, came descendants as numerous as the stars in the sky and as countless as the sand on the seashore.

13All these people were still living by faith when they died. They did not receive the things promised; they only saw them and welcomed them from a distance. And they admitted that they were aliens and strangers on earth. 14People who say such things show that they are looking for a country of their own. 15If they had been thinking of the country they had left, they would have had opportunity to return. 16Instead, they were longing for a better country—a heavenly one. Therefore God is not ashamed to be called their God, for he has prepared a city for them.

17By faith Abraham, when God tested him, offered Isaac as a sacrifice. He who had received the promises was about to sacrifice his one and only son, 18even though God had said to him, "It is through Isaac that your offspringᵛ will be reckoned." ʷ 19Abraham reasoned that God could raise the dead, and figuratively speaking, he did receive Isaac back from death.

ˢ 11:11 Por … estéril. Alt. Por la fe incluso Sara, a pesar de su avanzada edad y de que era estéril.　ᵗ 11:18 Gn 21:12

ᵘ 11 Or By faith even Sarah, who was past age, was enabled to bear children because she　ᵛ 18 Greek seed　ʷ 18 Gen. 21:12

previendo lo que les esperaba en el futuro.

²¹Por la fe Jacob, cuando estaba a punto de morir, bendijo a cada uno de los hijos de José, y adoró apoyándose en la punta de su bastón.

²²Por la fe José, al fin de su vida, se refirió a la salida de los israelitas de Egipto y dio instrucciones acerca de sus restos mortales.

²³Por la fe Moisés, recién nacido, fue escondido por sus padres durante tres meses, porque vieron que era un niño precioso, y no tuvieron miedo del edicto del rey.

²⁴Por la fe Moisés, ya adulto, renunció a ser llamado hijo de la hija del faraón. ²⁵Prefirió ser maltratado con el pueblo de Dios a disfrutar de los efímeros placeres del pecado. ²⁶Consideró que el oprobio por causa del *Mesías era una mayor riqueza que los tesoros de Egipto, porque tenía la mirada puesta en la recompensa. ²⁷Por la fe salió de Egipto sin tenerle miedo a la ira del rey, pues se mantuvo firme como si estuviera viendo al Invisible. ²⁸Por la fe celebró la Pascua y el rociamiento de la sangre, para que el exterminador de los primogénitos no tocara a los de Israel.

²⁹Por la fe el pueblo cruzó el Mar Rojo como por tierra seca; pero cuando los egipcios intentaron cruzarlo, se ahogaron.

³⁰Por la fe cayeron las murallas de Jericó, después de haber marchado el pueblo siete días a su alrededor.

³¹Por la fe la prostituta Rajab no murió junto con los desobedientes,ᵘ pues había recibido en paz a los espías.

³²¿Qué más voy a decir? Me faltaría tiempo para hablar de Gedeón, Barac, Sansón, Jefté, David, Samuel y los profetas, ³³los cuales por la fe conquistaron reinos, hicieron justicia y alcanzaron lo prometido; cerraron bocas de leones, ³⁴apagaron la furia de las llamas y escaparon del filo de la espada; sacaron fuerzas de flaqueza; se mostraron valientes en la guerra y pusieron en fuga a ejércitos extranjeros. ³⁵Hubo mujeres que por la resurrección recobraron a sus muertos. Otros, en cambio, fueron muertos a golpes, pues para alcanzar una mejor resurrección no aceptaron que los pusieran en libertad. ³⁶Otros sufrieron la prueba de burlas y azotes, e incluso de cadenas y cárceles. ³⁷Fueron apedreados,ᵛ aserrados por la mitad, asesinados a filo de espada. Anduvieron fugitivos de aquí para allá, cubiertos de pieles de oveja y de cabra, pasando necesidades, afligidos y maltratados. ³⁸¡El mundo no merecía gente así! Anduvieron sin rumbo por desiertos y montañas, por cuevas y cavernas.

³⁹Aunque todos obtuvieron un testimonio fa-

²⁰By faith Isaac blessed Jacob and Esau in regard to their future.

²¹By faith Jacob, when he was dying, blessed each of Joseph's sons, and worshiped as he leaned on the top of his staff.

²²By faith Joseph, when his end was near, spoke about the exodus of the Israelites from Egypt and gave instructions about his bones.

²³By faith Moses' parents hid him for three months after he was born, because they saw he was no ordinary child, and they were not afraid of the king's edict.

²⁴By faith Moses, when he had grown up, refused to be known as the son of Pharaoh's daughter. ²⁵He chose to be mistreated along with the people of God rather than to enjoy the pleasures of sin for a short time. ²⁶He regarded disgrace for the sake of Christ as of greater value than the treasures of Egypt, because he was looking ahead to his reward. ²⁷By faith he left Egypt, not fearing the king's anger; he persevered because he saw him who is invisible. ²⁸By faith he kept the Passover and the sprinkling of blood, so that the destroyer of the firstborn would not touch the firstborn of Israel.

²⁹By faith the people passed through the Red Seaˣ as on dry land; but when the Egyptians tried to do so, they were drowned.

³⁰By faith the walls of Jericho fell, after the people had marched around them for seven days.

³¹By faith the prostitute Rahab, because she welcomed the spies, was not killed with those who were disobedient.ʸ

³²And what more shall I say? I do not have time to tell about Gideon, Barak, Samson, Jephthah, David, Samuel and the prophets, ³³who through faith conquered kingdoms, administered justice, and gained what was promised; who shut the mouths of lions, ³⁴quenched the fury of the flames, and escaped the edge of the sword; whose weakness was turned to strength; and who became powerful in battle and routed foreign armies. ³⁵Women received back their dead, raised to life again. Others were tortured and refused to be released, so that they might gain a better resurrection. ³⁶Some faced jeers and flogging, while still others were chained and put in prison. ³⁷They were stonedᶻ; they were sawed in two; they were put to death by the sword. They went about in sheepskins and goatskins, destitute, persecuted and mistreated— ³⁸the world was not worthy of them. They wandered in deserts and mountains, and in caves and holes in the ground.

ᵘ**11:31** *desobedientes.* Alt. *incrédulos.*   ᵛ**11:37** *apedreados.* Var. *apedreados, puestos a prueba.*

ˣ*29* That is, Sea of Reeds   ʸ*31* Or *unbelieving*   ᶻ*37* Some early manuscripts *stoned; they were put to the test;*

vorable mediante la fe, ninguno de ellos vio el cumplimiento de la promesa. **40**Esto sucedió para que ellos no llegaran a la meta*w* sin nosotros, pues Dios nos había preparado algo mejor.

Dios disciplina a sus hijos

12 Por tanto, también nosotros, que estamos rodeados de una multitud tan grande de testigos, despojémonos del lastre que nos estorba, en especial del pecado que nos asedia, y corramos con perseverancia la carrera que tenemos por delante. **2**Fijemos la mirada en Jesús, el iniciador y *perfeccionador de nuestra fe, quien por el gozo que le esperaba, soportó la cruz, menospreciando la vergüenza que ella significaba, y ahora está sentado a la *derecha del trono de Dios. **3**Así, pues, consideren a aquel que perseveró frente a tanta oposición por parte de los pecadores, para que no se cansen ni pierdan el ánimo.

4En la lucha que ustedes libran contra el pecado, todavía no han tenido que resistir hasta derramar su sangre. **5**Y ya han olvidado por completo las palabras de aliento que como a hijos se les dirige:

«Hijo mío, no tomes a la ligera la disciplina del Señor
ni te desanimes cuando te reprenda,
6porque el Señor disciplina a los que ama,
y azota a todo el que recibe como hijo.»*x*

7Lo que soportan es para su disciplina, pues Dios los está tratando como a hijos. ¿Qué hijo hay a quien el padre no disciplina? **8**Si a ustedes se les deja sin la disciplina que todos reciben, entonces son bastardos y no hijos legítimos. **9**Después de todo, aunque nuestros padres *humanos nos disciplinaban, los respetábamos. ¿No hemos de someternos, con mayor razón, al Padre de los espíritus, para que vivamos? **10**En efecto, nuestros padres nos disciplinaban por un breve tiempo, como mejor les parecía; pero Dios lo hace para nuestro bien, a fin de que participemos de su *santidad. **11**Ciertamente, ninguna disciplina, en el momento de recibirla, parece agradable, sino más bien penosa; sin embargo, después produce una cosecha de justicia y paz para quienes han sido entrenados por ella.

12Por tanto, renueven las fuerzas de sus manos cansadas y de sus rodillas debilitadas. **13**«Hagan sendas derechas para sus pies»,*y* para que la pierna coja no se disloque sino que se sane.

39These were all commended for their faith, yet none of them received what had been promised. **40**God had planned something better for us so that only together with us would they be made perfect.

God Disciplines His Sons

12 Therefore, since we are surrounded by such a great cloud of witnesses, let us throw off everything that hinders and the sin that so easily entangles, and let us run with perseverance the race marked out for us. **2**Let us fix our eyes on Jesus, the author and perfecter of our faith, who for the joy set before him endured the cross, scorning its shame, and sat down at the right hand of the throne of God. **3**Consider him who endured such opposition from sinful men, so that you will not grow weary and lose heart.

4In your struggle against sin, you have not yet resisted to the point of shedding your blood. **5**And you have forgotten that word of encouragement that addresses you as sons:

"My son, do not make light of the Lord's discipline,
and do not lose heart when he rebukes you,
6because the Lord disciplines those he loves,
and he punishes everyone he accepts as a son." *a*

7Endure hardship as discipline; God is treating you as sons. For what son is not disciplined by his father? **8**If you are not disciplined (and everyone undergoes discipline), then you are illegitimate children and not true sons. **9**Moreover, we have all had human fathers who disciplined us and we respected them for it. How much more should we submit to the Father of our spirits and live! **10**Our fathers disciplined us for a little while as they thought best; but God disciplines us for our good, that we may share in his holiness. **11**No discipline seems pleasant at the time, but painful. Later on, however, it produces a harvest of righteousness and peace for those who have been trained by it.

12Therefore, strengthen your feeble arms and weak knees. **13**"Make level paths for your feet," *b* so that the lame may not be disabled, but rather healed.

---

w **11:40** *meta. Alt. perfección.*   *x* **12:6** Pr 3:11,12
y **12:13** Pr 4:26

a6 Prov. 3:11,12   *b13* Prov. 4:26

Advertencia a los que rechazan a Dios

14Busquen la paz con todos, y la *santidad, sin la cual nadie verá al Señor. 15Asegúrense de que nadie deje de alcanzar la gracia de Dios; de que ninguna raíz amarga brote y cause dificultades y corrompa a muchos; 16y de que nadie sea inmoral ni profano como Esaú, quien por un solo plato de comida vendió sus derechos de hijo mayor.z 17Después, como ya saben, cuando quiso heredar esa bendición, fue rechazado: No se le dio lugar para el *arrepentimiento, aunque con lágrimas buscó la bendición.

18Ustedes no se han acercado a una montaña que se pueda tocar o que esté ardiendo en fuego; ni a oscuridad, tinieblas y tormenta; 19ni a sonido de trompeta, ni a tal clamor de palabras que quienes lo oyeron suplicaron que no se les hablara más, 20porque no podían soportar esta orden: «¡Será apedreado todo el que toque la montaña, aunque sea un animal!»a 21Tan terrible era este espectáculo que Moisés dijo: «Estoy temblando de miedo.»b

22Por el contrario, ustedes se han acercado al monte Sión, a la Jerusalén celestial, la ciudad del Dios viviente. Se han acercado a millares y millares de ángeles, a una asamblea gozosa, 23a la iglesia de los primogénitos inscritos en el cielo. Se han acercado a Dios, el juez de todos; a los espíritus de los justos que han llegado a la *perfección; 24a Jesús, el mediador de un nuevo pacto; y a la sangre rociada, que habla con más fuerza que la de Abel.

25Tengan cuidado de no rechazar al que habla, pues si no escaparon aquellos que rechazaron al que los amonestaba en la tierra, mucho menos escaparemos nosotros si le volvemos la espalda al que nos amonesta desde el cielo. 26En aquella ocasión, su voz conmovió la tierra, pero ahora ha prometido: «Una vez más haré que se estremezca no sólo la tierra sino también el cielo.»c 27La frase «una vez más» indica la transformaciónd de las cosas movibles, es decir, las creadas, para que permanezca lo inconmovible.

28Así que nosotros, que estamos recibiendo un reino inconmovible, seamos agradecidos. Inspirados por esta gratitud, adoremos a Dios como a él le agrada, con temor reverente, 29porque nuestro «Dios es fuego consumidor».e

Exhortaciones finales

13 Sigan amándose unos a otros fraternalmente. 2No se olviden de practicar la hospitalidad, pues gracias a ella algunos, sin

Warning Against Refusing God

14Make every effort to live in peace with all men and to be holy; without holiness no one will see the Lord. 15See to it that no one misses the grace of God and that no bitter root grows up to cause trouble and defile many. 16See that no one is sexually immoral, or is godless like Esau, who for a single meal sold his inheritance rights as the oldest son. 17Afterward, as you know, when he wanted to inherit this blessing, he was rejected. He could bring about no change of mind, though he sought the blessing with tears.

18You have not come to a mountain that can be touched and that is burning with fire; to darkness, gloom and storm; 19to a trumpet blast or to such a voice speaking words that those who heard it begged that no further word be spoken to them, 20because they could not bear what was commanded: "If even an animal touches the mountain, it must be stoned." c 21The sight was so terrifying that Moses said, "I am trembling with fear." d

22But you have come to Mount Zion, to the heavenly Jerusalem, the city of the living God. You have come to thousands upon thousands of angels in joyful assembly, 23to the church of the firstborn, whose names are written in heaven. You have come to God, the judge of all men, to the spirits of righteous men made perfect, 24to Jesus the mediator of a new covenant, and to the sprinkled blood that speaks a better word than the blood of Abel.

25See to it that you do not refuse him who speaks. If they did not escape when they refused him who warned them on earth, how much less will we, if we turn away from him who warns us from heaven? 26At that time his voice shook the earth, but now he has promised, "Once more I will shake not only the earth but also the heavens." e 27The words "once more" indicate the removing of what can be shaken—that is, created things—so that what cannot be shaken may remain.

28Therefore, since we are receiving a kingdom that cannot be shaken, let us be thankful, and so worship God acceptably with reverence and awe, 29for our "God is a consuming fire." f

Concluding Exhortations

13 Keep on loving each other as brothers. 2Do not forget to entertain strangers, for by so doing some people have entertained angels

---

z 12:16 sus derechos de hijo mayor. Lit. su primogenitura. a 12:20 Éx 19:12,13   b 12:21 Dt 9:19   c 12:26 Hag 2:6 d 12:27 transformación. Alt. remoción.   e 12:29 Dt 4:24

c 20 Exodus 19:12,13   d 21 Deut. 9:19   e 26 Haggai 2:6 f 29 Deut. 4:24

saberlo, hospedaron ángeles. ³Acuérdense de los presos, como si ustedes fueran sus compañeros de cárcel, y también de los que son maltratados, como si fueran ustedes mismos los que sufren.

⁴Tengan todos en alta estima el matrimonio y la fidelidad conyugal, porque Dios juzgará a los adúlteros y a todos los que cometen inmoralidades sexuales. ⁵Manténganse libres del amor al dinero, y conténtense con lo que tienen, porque Dios ha dicho:

«Nunca te dejaré;
jamás te abandonaré.»ᶠ

⁶Así que podemos decir con toda confianza:

«El Señor es quien me ayuda; no temeré.
¿Qué me puede hacer un simple mortal?»ᵍ

⁷Acuérdense de sus dirigentes, que les comunicaron la palabra de Dios. Consideren cuál fue el resultado de su estilo de vida, e imiten su fe. ⁸*Jesucristo es el mismo ayer y hoy y por los siglos.

⁹No se dejen llevar por ninguna clase de enseñanzas extrañas. Conviene que el corazón sea fortalecido por la gracia, y no por alimentos rituales que de nada aprovechan a quienes los comen.

¹⁰Nosotros tenemos un altar del cual no tienen derecho a comer los que ofician en el tabernáculo. ¹¹Porque el sumo sacerdote introduce la sangre de los animales en el Lugar Santísimo como sacrificio por el pecado, pero los cuerpos de esos animales se queman fuera del campamento. ¹²Por eso también Jesús, para *santificar al pueblo mediante su propia sangre, sufrió fuera de la puerta de la ciudad. ¹³Por lo tanto, salgamos a su encuentro fuera del campamento, llevando la deshonra que él llevó, ¹⁴pues aquí no tenemos una ciudad permanente, sino que buscamos la ciudad venidera.

¹⁵Así que ofrezcamos continuamente a Dios, por medio de Jesucristo, un sacrificio de alabanza, es decir, el fruto de los labios que confiesan su nombre. ¹⁶No se olviden de hacer el bien y de compartir con otros lo que tienen, porque ésos son los sacrificios que agradan a Dios.

¹⁷Obedezcan a sus dirigentes y sométanse a ellos, pues cuidan de ustedes como quienes tienen que rendir cuentas. Obedézcanlos a fin de que ellos cumplan su tarea con alegría y sin quejarse, pues el quejarse no les trae ningún provecho.

without knowing it. ³Remember those in prison as if you were their fellow prisoners, and those who are mistreated as if you yourselves were suffering.

⁴Marriage should be honored by all, and the marriage bed kept pure, for God will judge the adulterer and all the sexually immoral. ⁵Keep your lives free from the love of money and be content with what you have, because God has said,

"Never will I leave you;
never will I forsake you." ᵍ

⁶So we say with confidence,

"The Lord is my helper; I will not be
afraid.
What can man do to me?" ʰ

⁷Remember your leaders, who spoke the word of God to you. Consider the outcome of their way of life and imitate their faith. ⁸Jesus Christ is the same yesterday and today and forever.

⁹Do not be carried away by all kinds of strange teachings. It is good for our hearts to be strengthened by grace, not by ceremonial foods, which are of no value to those who eat them. ¹⁰We have an altar from which those who minister at the tabernacle have no right to eat.

¹¹The high priest carries the blood of animals into the Most Holy Place as a sin offering, but the bodies are burned outside the camp. ¹²And so Jesus also suffered outside the city gate to make the people holy through his own blood. ¹³Let us, then, go to him outside the camp, bearing the disgrace he bore. ¹⁴For here we do not have an enduring city, but we are looking for the city that is to come.

¹⁵Through Jesus, therefore, let us continually offer to God a sacrifice of praise—the fruit of lips that confess his name. ¹⁶And do not forget to do good and to share with others, for with such sacrifices God is pleased. ¹⁷Obey your leaders and submit to their authority. They keep watch over you as men who must give an account. Obey them so that their work will be a joy, not a burden, for that would be of no advantage to you.

ᶠ**13:5** Dt 31:6   ᵍ**13:6** Sal 118:6,7   ᵍ5 Deut. 31:6   ʰ6 Psalm 118:6,7

18Oren por nosotros, porque estamos seguros de tener la conciencia tranquila y queremos portarnos honradamente en todo. 19Les ruego encarecidamente que oren para que cuanto antes se me permita estar de nuevo con ustedes.

20El Dios que da la paz levantó de entre los muertos al gran Pastor de las ovejas, a nuestro Señor Jesús, por la sangre del pacto eterno. 21Que él los capacite en todo lo bueno para hacer su voluntad. Y que, por medio de Jesucristo, Dios cumpla en nosotros lo que le agrada. A él sea la gloria por los siglos de los siglos. Amén.

22Hermanos, les ruego que reciban bien estas palabras de exhortación, ya que les he escrito brevemente.

23Quiero que sepan que nuestro hermano Timoteo ha sido puesto en libertad. Si llega pronto, iré con él a verlos.

24Saluden a todos sus dirigentes y a todos los *santos. Los de Italia les mandan saludos.

25Que la gracia sea con todos ustedes.

18Pray for us. We are sure that we have a clear conscience and desire to live honorably in every way. 19I particularly urge you to pray so that I may be restored to you soon.

20May the God of peace, who through the blood of the eternal covenant brought back from the dead our Lord Jesus, that great Shepherd of the sheep, 21equip you with everything good for doing his will, and may he work in us what is pleasing to him, through Jesus Christ, to whom be glory for ever and ever. Amen.

22Brothers, I urge you to bear with my word of exhortation, for I have written you only a short letter.

23I want you to know that our brother Timothy has been released. If he arrives soon, I will come with him to see you.

24Greet all your leaders and all God's people. Those from Italy send you their greetings.

25Grace be with you all.

Carta de Santiago

1 *Santiago, *siervo de Dios y del Señor
*Jesucristo,

a las doce tribus que se hallan dispersas por el
mundo:

Saludos.

Pruebas y tentaciones

2 Hermanos míos, considérense muy dichosos cuando tengan que enfrentarse con diversas *pruebas, 3 pues ya saben que la prueba de
su fe produce constancia. 4 Y la constancia debe llevar a feliz término la obra, para que sean
*perfectos e íntegros, sin que les falte nada.
5 Si a alguno de ustedes le falta sabiduría, pí-
dasela a Dios, y él se la dará, pues Dios da a
todos generosamente sin menospreciar a nadie. 6 Pero que pida con fe, sin dudar, porque
quien duda es como las olas del mar, agitadas
y llevadas de un lado a otro por el viento.
7 Quien es así no piense que va a recibir cosa
alguna del Señor; 8 es indeciso e inconstante
en todo lo que hace.

9 El hermano de condición humilde debe sentirse *orgulloso de su alta dignidad, 10 y el rico,
de su humilde condición. El rico pasará como la
flor del campo. 11 El sol, cuando sale, seca la
planta con su calor abrasador. A ésta se le cae la
flor y pierde su belleza. Así se marchitará también el rico en todas sus empresas.

12 *Dichoso el que resiste la *tentación porque, al salir aprobado, recibirá la corona de la
vida que Dios ha prometido a quienes lo aman.

13 Que nadie, al ser tentado, diga: «Es Dios
quien me tienta.» Porque Dios no puede ser
tentado por el mal, ni tampoco tienta él a nadie.
14 Todo lo contrario, cada uno es tentado cuando
sus propios malos deseos lo arrastran y seducen.
15 Luego, cuando el deseo ha concebido, engen-
dra el pecado; y el pecado, una vez que ha sido
consumado, da a luz la muerte.

16 Mis queridos hermanos, no se engañen.
17 Toda buena dádiva y todo don perfecto descienden de lo alto, donde está el Padre que
creó las lumbreras celestes, y que no cambia
como los astros ni se mueve como las sombras.
18 Por su propia voluntad nos hizo nacer mediante la palabra de verdad, para que fuéramos
como los primeros y mejores frutos de su creación.

James

1 James, a servant of God and of the Lord
Jesus Christ,

To the twelve tribes scattered among the nations:

Greetings.

Trials and Temptations

2 Consider it pure joy, my brothers, whenever you face trials of many kinds, 3 because
you know that the testing of your faith devel-
ops perseverance. 4 Perseverance must finish
its work so that you may be mature and complete, not lacking anything. 5 If any of you
lacks wisdom, he should ask God, who gives
generously to all without finding fault, and it
will be given to him. 6 But when he asks, he
must believe and not doubt, because he who
doubts is like a wave of the sea, blown and
tossed by the wind. 7 That man should not
think he will receive anything from the Lord;
8 he is a double-minded man, unstable in all
he does.

9 The brother in humble circumstances ought
to take pride in his high position. 10 But the one
who is rich should take pride in his low position,
because he will pass away like a wild flower.
11 For the sun rises with scorching heat and
withers the plant; its blossom falls and its beauty
is destroyed. In the same way, the rich man will
fade away even while he goes about his business.

12 Blessed is the man who perseveres under
trial, because when he has stood the test, he will
receive the crown of life that God has promised
to those who love him.

13 When tempted, no one should say, "God is
tempting me." For God cannot be tempted by
evil, nor does he tempt anyone; 14 but each one
is tempted when, by his own evil desire, he is
dragged away and enticed. 15 Then, after desire
has conceived, it gives birth to sin; and sin, when
it is full-grown, gives birth to death.

16 Don't be deceived, my dear brothers. 17 Every good and perfect gift is from above, coming
down from the Father of the heavenly lights,
who does not change like shifting shadows. 18 He
chose to give us birth through the word of truth,
that we might be a kind of firstfruits of all he
created.

Hay que poner en práctica la palabra

19Mis queridos hermanos, tengan presente esto: Todos deben estar listos para escuchar, y ser lentos para hablar y para enojarse; **20**pues la ira *humana no produce la vida justa que Dios quiere. **21**Por esto, despójense de toda inmundicia y de la maldad que tanto abunda, para que puedan recibir con humildad la palabra sembrada en ustedes, la cual tiene poder para salvarles la *vida.

22No se contenten sólo con escuchar la palabra, pues así se engañan ustedes mismos. Llévenla a la práctica. **23**El que escucha la palabra pero no la pone en práctica es como el que se mira el rostro en un espejo **24**y, después de mirarse, se va y se olvida en seguida de cómo es. **25**Pero quien se fija atentamente en la ley perfecta que da libertad, y persevera en ella, no olvidando lo que ha oído sino haciéndolo, recibirá bendición al practicarla.

26Si alguien se cree religioso pero no le pone freno a su lengua, se engaña a sí mismo, y su religión no sirve para nada. **27**La religión pura y sin mancha delante de Dios nuestro Padre es ésta: atender a los huérfanos y a las viudas en sus aflicciones, y conservarse limpio de la corrupción del mundo.

Prohibición del favoritismo

2 Hermanos míos, la fe que tienen en nuestro glorioso Señor *Jesucristo no debe dar lugar a favoritismos. **2**Supongamos que en el lugar donde se reúnen entra un hombre con anillo de oro y ropa elegante, y entra también un pobre desharrapado. **3**Si atienden bien al que lleva ropa elegante y le dicen: «Siéntese usted aquí, en este lugar cómodo», pero al pobre le dicen: «Quédate ahí de pie» o «Siéntate en el suelo, a mis pies», **4**¿acaso no hacen discriminación entre ustedes, juzgando con malas intenciones?

5Escuchen, mis queridos hermanos: ¿No ha escogido Dios a los que son pobres según el mundo para que sean ricos en la fe y hereden el reino que prometió a quienes lo aman? **6**¡Pero ustedes han menospreciado al pobre! ¿No son los ricos quienes los explotan a ustedes y los arrastran ante los tribunales? **7**¿No son ellos los que *blasfeman el buen nombre de aquel a quien ustedes pertenecen?

8Hacen muy bien si de veras cumplen la ley suprema de la Escritura: «Ama a tu prójimo como a ti mismo»;*a* **9**pero si muestran algún favoritismo, pecan y son culpables, pues la misma ley los acusa de ser transgresores. **10**Porque

Listening and Doing

19My dear brothers, take note of this: Everyone should be quick to listen, slow to speak and slow to become angry, **20**for man's anger does not bring about the righteous life that God desires. **21**Therefore, get rid of all moral filth and the evil that is so prevalent and humbly accept the word planted in you, which can save you.

22Do not merely listen to the word, and so deceive yourselves. Do what it says. **23**Anyone who listens to the word but does not do what it says is like a man who looks at his face in a mirror **24**and, after looking at himself, goes away and immediately forgets what he looks like. **25**But the man who looks intently into the perfect law that gives freedom, and continues to do this, not forgetting what he has heard, but doing it—he will be blessed in what he does.

26If anyone considers himself religious and yet does not keep a tight rein on his tongue, he deceives himself and his religion is worthless. **27**Religion that God our Father accepts as pure and faultless is this: to look after orphans and widows in their distress and to keep oneself from being polluted by the world.

Favoritism Forbidden

2 My brothers, as believers in our glorious Lord Jesus Christ, don't show favoritism. **2**Suppose a man comes into your meeting wearing a gold ring and fine clothes, and a poor man in shabby clothes also comes in. **3**If you show special attention to the man wearing fine clothes and say, "Here's a good seat for you," but say to the poor man, "You stand there" or "Sit on the floor by my feet," **4**have you not discriminated among yourselves and become judges with evil thoughts?

5Listen, my dear brothers: Has not God chosen those who are poor in the eyes of the world to be rich in faith and to inherit the kingdom he promised those who love him? **6**But you have insulted the poor. Is it not the rich who are exploiting you? Are they not the ones who are dragging you into court? **7**Are they not the ones who are slandering the noble name of him to whom you belong?

8If you really keep the royal law found in Scripture, "Love your neighbor as yourself," *a* you are doing right. **9**But if you show favoritism, you sin and are convicted by the law as lawbreakers. **10**For whoever keeps the whole

---

*a***2:8** Lv 19:18   *a**8** Lev. 19:18

el que cumple con toda la ley pero falla en un solo punto ya es culpable de haberla quebrantado toda. ¹¹Pues el que dijo: «No cometas adulterio»,ᵇ también dijo: «No mates.»ᶜ Si no cometes adulterio, pero matas, ya has violado la ley.

¹²Hablen y pórtense como quienes han de ser juzgados por la ley que nos da libertad, ¹³porque habrá un juicio sin compasión para el que actúe sin compasión. ¡La compasión triunfa en el juicio!

La fe y las obras

¹⁴Hermanos míos, ¿de qué le sirve a uno alegar que tiene fe, si no tiene obras? ¿Acaso podrá salvarlo esa fe? ¹⁵Supongamos que un hermano o una hermana no tienen con qué vestirse y carecen del alimento diario, ¹⁶y uno de ustedes les dice: «Que les vaya bien; abríguense y coman hasta saciarse», pero no les da lo necesario para el cuerpo. ¿De qué servirá eso? ¹⁷Así también la fe por sí sola, si no tiene obras, está muerta.

¹⁸Sin embargo, alguien dirá: «Tú tienes fe, y yo tengo obras.»

Pues bien, muéstrame tu fe sin las obras, y yo te mostraré la fe por mis obras. ¹⁹¿Tú crees que hay un solo Dios? ¡Magnífico! También los demonios lo creen, y tiemblan.

²⁰¡Qué tonto eres! ¿Quieres convencerte de que la fe sin obras es estéril?ᵈ ²¹¿No fue declarado justo nuestro padre Abraham por lo que hizo cuando ofreció sobre el altar a su hijo Isaac? ²²Ya lo ves: Su fe y sus obras actuaban conjuntamente, y su fe llegó a la *perfección por las obras que hizo. ²³Así se cumplió la Escritura que dice: «Le creyó Abraham a Dios, y esto se le tomó en cuenta como justicia»,ᵉ y fue llamado amigo de Dios. ²⁴Como pueden ver, a una persona se le declara justa por las obras, y no sólo por la fe.

²⁵De igual manera, ¿no fue declarada justa por las obras aun la prostituta Rajab, cuando hospedó a los espías y les ayudó a huir por otro camino? ²⁶Pues como el cuerpo sin el espíritu está muerto, así también la fe sin obras está muerta.

Hay que domar la lengua

3 Hermanos míos, no pretendan muchos de ustedes ser maestros, pues, como saben, seremos juzgados con más severidad. ²Todos fallamos mucho. Si alguien nunca falla en lo que dice, es una persona *perfecta, capaz también de controlar todo su cuerpo.

law and yet stumbles at just one point is guilty of breaking all of it. ¹¹For he who said, "Do not commit adultery," ᵇ also said, "Do not murder." ᶜ If you do not commit adultery but do commit murder, you have become a lawbreaker.

¹²Speak and act as those who are going to be judged by the law that gives freedom, ¹³because judgment without mercy will be shown to anyone who has not been merciful. Mercy triumphs over judgment!

Faith and Deeds

¹⁴What good is it, my brothers, if a man claims to have faith but has no deeds? Can such faith save him? ¹⁵Suppose a brother or sister is without clothes and daily food. ¹⁶If one of you says to him, "Go, I wish you well; keep warm and well fed," but does nothing about his physical needs, what good is it? ¹⁷In the same way, faith by itself, if it is not accompanied by action, is dead.

¹⁸But someone will say, "You have faith; I have deeds."

Show me your faith without deeds, and I will show you my faith by what I do. ¹⁹You believe that there is one God. Good! Even the demons believe that—and shudder.

²⁰You foolish man, do you want evidence that faith without deeds is useless ᵈ? ²¹Was not our ancestor Abraham considered righteous for what he did when he offered his son Isaac on the altar? ²²You see that his faith and his actions were working together, and his faith was made complete by what he did. ²³And the scripture was fulfilled that says, "Abraham believed God, and it was credited to him as righteousness," ᵉ and he was called God's friend. ²⁴You see that a person is justified by what he does and not by faith alone.

²⁵In the same way, was not even Rahab the prostitute considered righteous for what she did when she gave lodging to the spies and sent them off in a different direction? ²⁶As the body without the spirit is dead, so faith without deeds is dead.

Taming the Tongue

3 Not many of you should presume to be teachers, my brothers, because you know that we who teach will be judged more strictly. ²We all stumble in many ways. If anyone is never at fault in what he says, he is a perfect man, able to keep his whole body in check.

ᵇ**2:11** Éx 20:14; Dt 5:18   ᶜ**2:11** Éx 20:13; Dt 5:17   ᵈ**2:20** *es estéril.* Var. *está muerta.*   ᵉ**2:23** Gn 15:6

ᵇ*11* Exodus 20:14; Deut. 5:18   ᶜ*11* Exodus 20:13; Deut. 5:17   ᵈ*20* Some early manuscripts *dead*   ᵉ*23* Gen. 15:6

3Cuando ponemos freno en la boca de los caballos para que nos obedezcan, podemos controlar todo el animal. 4Fíjense también en los barcos. A pesar de ser tan grandes y de ser impulsados por fuertes vientos, se gobiernan por un pequeño timón a voluntad del piloto. 5Así también la lengua es un miembro muy pequeño del cuerpo, pero hace alarde de grandes hazañas. ¡Imagínense qué gran bosque se incendia con tan pequeña chispa! 6También la lengua es un fuego, un mundo de maldad. Siendo uno de nuestros órganos, contamina todo el cuerpo y, encendida por el infierno,*f* prende a su vez fuego a todo el curso de la vida.

7El *ser humano sabe domar y, en efecto, ha domado toda clase de fieras, de aves, de reptiles y de bestias marinas; 8pero nadie puede domar la lengua. Es un mal irrefrenable, lleno de veneno mortal.

9Con la lengua bendecimos a nuestro Señor y Padre, y con ella maldecimos a las personas, creadas a imagen de Dios. 10De una misma boca salen bendición y maldición. Hermanos míos, esto no debe ser así. 11¿Puede acaso brotar de una misma fuente agua dulce y agua salada?*g* 12Hermanos míos, ¿acaso puede dar aceitunas una higuera o higos una vid? Pues tampoco una fuente de agua salada puede dar agua dulce.

Dos clases de sabiduría

13¿Quién es sabio y entendido entre ustedes? Que lo demuestre con su buena conducta, mediante obras hechas con la humildad que le da su sabiduría. 14Pero si ustedes tienen envidias amargas y rivalidades en el corazón, dejen de presumir y de faltar a la verdad. 15Ésa no es la sabiduría que desciende del cielo, sino que es terrenal, puramente *humana y diabólica. 16Porque donde hay envidias y rivalidades, también hay confusión y toda clase de acciones malvadas.

17En cambio, la sabiduría que desciende del cielo es ante todo pura, y además pacífica, bondadosa, dócil, llena de compasión y de buenos frutos, imparcial y sincera. 18En fin, el fruto de la justicia se siembra en paz para*h* los que hacen la paz.

Sométanse a Dios

4 ¿De dónde surgen las guerras y los conflictos entre ustedes? ¿No es precisamente de las pasiones que luchan dentro de ustedes mismos?*i* 2Desean algo y no lo consiguen. Matan y sienten envidia, y no pueden obtener lo que quieren. Riñen y se hacen la guerra. No tienen,

3When we put bits into the mouths of horses to make them obey us, we can turn the whole animal. 4Or take ships as an example. Although they are so large and are driven by strong winds, they are steered by a very small rudder wherever the pilot wants to go. 5Likewise the tongue is a small part of the body, but it makes great boasts. Consider what a great forest is set on fire by a small spark. 6The tongue also is a fire, a world of evil among the parts of the body. It corrupts the whole person, sets the whole course of his life on fire, and is itself set on fire by hell.

7All kinds of animals, birds, reptiles and creatures of the sea are being tamed and have been tamed by man, 8but no man can tame the tongue. It is a restless evil, full of deadly poison.

9With the tongue we praise our Lord and Father, and with it we curse men, who have been made in God's likeness. 10Out of the same mouth come praise and cursing. My brothers, this should not be. 11Can both fresh water and salt*f* water flow from the same spring? 12My brothers, can a fig tree bear olives, or a grapevine bear figs? Neither can a salt spring produce fresh water.

Two Kinds of Wisdom

13Who is wise and understanding among you? Let him show it by his good life, by deeds done in the humility that comes from wisdom. 14But if you harbor bitter envy and selfish ambition in your hearts, do not boast about it or deny the truth. 15Such "wisdom" does not come down from heaven but is earthly, unspiritual, of the devil. 16For where you have envy and selfish ambition, there you find disorder and every evil practice.

17But the wisdom that comes from heaven is first of all pure; then peace-loving, considerate, submissive, full of mercy and good fruit, impartial and sincere. 18Peacemakers who sow in peace raise a harvest of righteousness.

Submit Yourselves to God

4 What causes fights and quarrels among you? Don't they come from your desires that battle within you? 2You want something but don't get it. You kill and covet, but you cannot have what you want. You quarrel and fight. You do not have, because you do not ask God. 3When you ask, you do not receive, because you ask

---

*f*3:6 *el infierno*. Lit. *la *Gehenna*.   *g*3:11 *salada*. Lit. *amarga* (véase también v. 12).   *h*3:18 *para*. Alt. *por*. *i*4:1 *luchan … mismos*. Lit. *hacen guerra en sus miembros*.

*f*11 Greek *bitter* (see also verse 14)

porque no piden. 3Y cuando piden, no reciben porque piden con malas intenciones, para satisfacer sus propias pasiones.

4¡Oh gente adúltera! ¿No saben que la amistad con el mundo es enemistad con Dios? Si alguien quiere ser amigo del mundo se vuelve enemigo de Dios. 5¿O creen que la Escritura dice en vano que Dios ama celosamente al espíritu que hizo morar en nosotros?*j* 6Pero él nos da mayor ayuda con su gracia. Por eso dice la Escritura:

«Dios se opone a los orgullosos,
     pero da gracia a los humildes.»*k*

7Así que sométanse a Dios. Resistan al diablo, y él huirá de ustedes. 8Acérquense a Dios, y él se acercará a ustedes. ¡Pecadores, límpiense las manos! ¡Ustedes los inconstantes, purifiquen su corazón! 9Reconozcan sus miserias, lloren y laméntense. Que su risa se convierta en llanto, y su alegría en tristeza. 10Humíllense delante del Señor, y él los exaltará.

11Hermanos, no hablen mal unos de otros. Si alguien habla mal de su hermano, o lo juzga, habla mal de la ley y la juzga. Y si juzgas la ley, ya no eres cumplidor de la ley, sino su juez. 12No hay más que un solo legislador y juez, aquel que puede salvar y destruir. Tú, en cambio, ¿quién eres para juzgar a tu prójimo?

Alarde sobre el mañana

13Ahora escuchen esto, ustedes que dicen: «Hoy o mañana iremos a tal o cual ciudad, pasaremos allí un año, haremos negocios y ganaremos dinero.» 14¡Y eso que ni siquiera saben qué sucederá mañana! ¿Qué es su vida? Ustedes son como la niebla, que aparece por un momento y luego se desvanece. 15Más bien, debieran decir: «Si el Señor quiere, viviremos y haremos esto o aquello.» 16Pero ahora se *jactan en sus fanfarronerías. Toda esta jactancia es mala. 17Así que comete pecado todo el que sabe hacer el bien y no lo hace.

Advertencia a los ricos opresores

5 Ahora escuchen, ustedes los ricos: ¡lloren a gritos por las calamidades que se les vienen encima! 2Se ha podrido su riqueza, y sus ropas están comidas por la polilla. 3Se han oxidado su oro y su plata. Ese óxido dará testimonio contra ustedes y consumirá como fuego sus cuerpos. Han amontonado riquezas, ¡y eso que estamos en los últimos tiempos! 4Oigan cómo clama contra ustedes el salario no pagado a los

with wrong motives, that you may spend what you get on your pleasures.

4You adulterous people, don't you know that friendship with the world is hatred toward God? Anyone who chooses to be a friend of the world becomes an enemy of God. 5Or do you think Scripture says without reason that the spirit he caused to live in us envies intensely?*g* 6But he gives us more grace. That is why Scripture says:

"God opposes the proud
     but gives grace to the humble." *h*

7Submit yourselves, then, to God. Resist the devil, and he will flee from you. 8Come near to God and he will come near to you. Wash your hands, you sinners, and purify your hearts, you double-minded. 9Grieve, mourn and wail. Change your laughter to mourning and your joy to gloom. 10Humble yourselves before the Lord, and he will lift you up.

11Brothers, do not slander one another. Anyone who speaks against his brother or judges him speaks against the law and judges it. When you judge the law, you are not keeping it, but sitting in judgment on it. 12There is only one Lawgiver and Judge, the one who is able to save and destroy. But you—who are you to judge your neighbor?

Boasting About Tomorrow

13Now listen, you who say, "Today or tomorrow we will go to this or that city, spend a year there, carry on business and make money." 14Why, you do not even know what will happen tomorrow. What is your life? You are a mist that appears for a little while and then vanishes. 15Instead, you ought to say, "If it is the Lord's will, we will live and do this or that." 16As it is, you boast and brag. All such boasting is evil. 17Anyone, then, who knows the good he ought to do and doesn't do it, sins.

Warning to Rich Oppressors

5 Now listen, you rich people, weep and wail because of the misery that is coming upon you. 2Your wealth has rotted, and moths have eaten your clothes. 3Your gold and silver are corroded. Their corrosion will testify against you and eat your flesh like fire. You have hoarded wealth in the last days. 4Look! The wages you failed to pay the workmen who mowed your fields are crying out against you. The cries of the

---

j 4:5 *Dios … nosotros.* Alt. *el espíritu que él hizo morar en nosotros envidia intensamente,* o *el Espíritu que él hizo morar en nosotros ama celosamente.*   *k* 4:6 Pr 3:34

g 5 Or *that God jealously longs for the spirit that he made to live in us*; or *that the Spirit he caused to live in us longs jealously*   *h* 6 Prov. 3:34

obreros que les trabajaron sus campos. El clamor de esos trabajadores ha llegado a oídos del Señor Todopoderoso. **5**Ustedes han llevado en este mundo una vida de lujo y de placer desenfrenado. Lo que han hecho es engordar para el día de la matanza.*l* **6**Han condenado y matado al justo sin que él les ofreciera resistencia.

Paciencia en los sufrimientos

7Por tanto, hermanos, tengan paciencia hasta la venida del Señor. Miren cómo espera el agricultor a que la tierra dé su precioso fruto y con qué paciencia aguarda las temporadas de lluvia. **8**Así también ustedes, manténganse firmes y aguarden con paciencia la venida del Señor, que ya se acerca. **9**No se quejen unos de otros, hermanos, para que no sean juzgados. ¡El juez ya está a la puerta!

10Hermanos, tomen como ejemplo de sufrimiento y de paciencia a los profetas que hablaron en el nombre del Señor. **11**En verdad, consideramos *dichosos a los que perseveraron. Ustedes han oído hablar de la perseverancia de Job, y han visto lo que al final le dio el Señor. Es que el Señor es muy compasivo y misericordioso.

12Sobre todo, hermanos míos, no juren ni por el cielo ni por la tierra ni por ninguna otra cosa. Que su «sí» sea «sí», y su «no», «no», para que no sean condenados.

La oración de fe

13¿Está afligido alguno entre ustedes? Que ore. ¿Está alguno de buen ánimo? Que cante alabanzas. **14**¿Está enfermo alguno de ustedes? Haga llamar a los *ancianos de la iglesia para que oren por él y lo unjan con aceite en el nombre del Señor. **15**La oración de fe sanará al enfermo y el Señor lo levantará. Y si ha pecado, su pecado se le perdonará. **16**Por eso, confiésense unos a otros sus pecados, y oren unos por otros, para que sean sanados. La oración del justo es poderosa y eficaz.

17Elías era un hombre con debilidades como las nuestras. Con fervor oró que no lloviera, y no llovió sobre la tierra durante tres años y medio. **18**Volvió a orar, y el cielo dio su lluvia y la tierra produjo sus frutos.

19Hermanos míos, si alguno de ustedes se extravía de la verdad, y otro lo hace volver a ella, **20**recuerden que quien hace volver a un pecador de su extravío, lo salvará de la muerte y cubrirá muchísimos pecados.

harvesters have reached the ears of the Lord Almighty. **5**You have lived on earth in luxury and self-indulgence. You have fattened yourselves in the day of slaughter.*i* **6**You have condemned and murdered innocent men, who were not opposing you.

Patience in Suffering

7Be patient, then, brothers, until the Lord's coming. See how the farmer waits for the land to yield its valuable crop and how patient he is for the autumn and spring rains. **8**You too, be patient and stand firm, because the Lord's coming is near. **9**Don't grumble against each other, brothers, or you will be judged. The Judge is standing at the door!

10Brothers, as an example of patience in the face of suffering, take the prophets who spoke in the name of the Lord. **11**As you know, we consider blessed those who have persevered. You have heard of Job's perseverance and have seen what the Lord finally brought about. The Lord is full of compassion and mercy.

12Above all, my brothers, do not swear—not by heaven or by earth or by anything else. Let your "Yes" be yes, and your "No," no, or you will be condemned.

The Prayer of Faith

13Is any one of you in trouble? He should pray. Is anyone happy? Let him sing songs of praise. **14**Is any one of you sick? He should call the elders of the church to pray over him and anoint him with oil in the name of the Lord. **15**And the prayer offered in faith will make the sick person well; the Lord will raise him up. If he has sinned, he will be forgiven. **16**Therefore confess your sins to each other and pray for each other so that you may be healed. The prayer of a righteous man is powerful and effective.

17Elijah was a man just like us. He prayed earnestly that it would not rain, and it did not rain on the land for three and a half years. **18**Again he prayed, and the heavens gave rain, and the earth produced its crops. **19**My brothers, if one of you should wander from the truth and someone should bring him back, **20**remember this: Whoever turns a sinner from the error of his way will save him from death and cover over a multitude of sins.

---

*l*5:5 *Lo ... matanza.* Alt. *Han engordado como en un banquete.*

*i*5 Or *yourselves as in a day of feasting*

Primera Carta de Pedro

1 Peter

1 Pedro, apóstol de *Jesucristo,

a los elegidos, extranjeros dispersos por el Ponto, Galacia, Capadocia, *Asia y Bitinia, 2según la previsióna de Dios el Padre, mediante la obra *santificadora del Espíritu, para obedecer a Jesucristo y ser redimidosb por su sangre:

Que abunden en ustedes la gracia y la paz.

Alabanza a Dios por una esperanza viva

3¡Alabado sea Dios, Padre de nuestro Señor Jesucristo! Por su gran misericordia, nos ha hecho nacer de nuevo mediante la resurrección de Jesucristo, para que tengamos una esperanza viva 4y recibamos una herencia indestructible, incontaminada e inmarchitable. Tal herencia está reservada en el cielo para ustedes, 5a quienes el poder de Dios protege mediante la fe hasta que llegue la salvación que se ha de revelar en los últimos tiempos. 6Esto es para ustedes motivo de gran alegría, a pesar de que hasta ahora han tenido que sufrir diversas *pruebas por un tiempo. 7El oro, aunque perecedero, se acrisola al fuego. Así también la fe de ustedes, que vale mucho más que el oro, al ser acrisolada por las pruebas demostrará que es digna de aprobación, gloria y honor cuando Jesucristo se revele. 8Ustedes lo aman a pesar de no haberlo visto; y aunque no lo ven ahora, creen en él y se alegran con un gozo indescriptible y glorioso, 9pues están obteniendo la meta de su fe, que es su salvación.

10Los profetas, que anunciaron la gracia reservada para ustedes, estudiaron y observaron esta salvación. 11Querían descubrir a qué tiempo y a cuáles circunstancias se refería el Espíritu de *Cristo, que estaba en ellos, cuando testificó de antemano acerca de los sufrimientos de Cristo y de la gloria que vendría después de éstos. 12A ellos se les reveló que no se estaban sirviendo a sí mismos, sino que les servían a ustedes. Hablaban de las cosas que ahora les han anunciado los que les predicaron el *evangelio por medio del Espíritu Santo enviado del cielo. Aun los mismos ángeles anhelan contemplar esas cosas.

1 Peter, an apostle of Jesus Christ,

To God's elect, strangers in the world, scattered throughout Pontus, Galatia, Cappadocia, Asia and Bithynia, 2who have been chosen according to the foreknowledge of God the Father, through the sanctifying work of the Spirit, for obedience to Jesus Christ and sprinkling by his blood:

Grace and peace be yours in abundance.

Praise to God for a Living Hope

3Praise be to the God and Father of our Lord Jesus Christ! In his great mercy he has given us new birth into a living hope through the resurrection of Jesus Christ from the dead, 4and into an inheritance that can never perish, spoil or fade—kept in heaven for you, 5who through faith are shielded by God's power until the coming of the salvation that is ready to be revealed in the last time. 6In this you greatly rejoice, though now for a little while you may have had to suffer grief in all kinds of trials. 7These have come so that your faith—of greater worth than gold, which perishes even though refined by fire—may be proved genuine and may result in praise, glory and honor when Jesus Christ is revealed. 8Though you have not seen him, you love him; and even though you do not see him now, you believe in him and are filled with an inexpressible and glorious joy, 9for you are receiving the goal of your faith, the salvation of your souls.

10Concerning this salvation, the prophets, who spoke of the grace that was to come to you, searched intently and with the greatest care, 11trying to find out the time and circumstances to which the Spirit of Christ in them was pointing when he predicted the sufferings of Christ and the glories that would follow. 12It was revealed to them that they were not serving themselves but you, when they spoke of the things that have now been told you by those who have preached the gospel to you by the Holy Spirit sent from heaven. Even angels long to look into these things.

---

a1:2 la previsión. Lit. el conocimiento previo.
b1:2 redimidos. Lit. rociados.

Sean santos

13Por eso, dispónganse para actuar con inteligencia;[c] tengan dominio propio; pongan su esperanza completamente en la gracia que se les dará cuando se revele *Jesucristo. 14Como hijos obedientes, no se amolden a los malos deseos que tenían antes, cuando vivían en la ignorancia. 15Más bien, sean ustedes *santos en todo lo que hagan, como también es santo quien los llamó; 16pues está escrito: «Sean santos, porque yo soy santo.»[d] 17Ya que invocan como Padre al que juzga con imparcialidad las obras de cada uno, vivan con temor reverente mientras sean peregrinos en este mundo. 18Como bien saben, ustedes fueron rescatados de la vida absurda que heredaron de sus antepasados. El precio de su rescate no se pagó con cosas perecederas, como el oro o la plata, 19sino con la preciosa sangre de Cristo, como de un cordero sin mancha y sin defecto. 20Cristo, a quien Dios escogió antes de la creación del mundo, se ha manifestado en estos últimos tiempos en beneficio de ustedes. 21Por medio de él ustedes creen en Dios, que lo *resucitó y glorificó, de modo que su fe y su esperanza están puestas en Dios.

22Ahora que se han purificado obedeciendo a la verdad y tienen un amor sincero por sus hermanos, ámense de todo corazón[e] los unos a los otros. 23Pues ustedes han nacido de nuevo, no de simiente perecedera, sino de simiente imperecedera, mediante la palabra de Dios que vive y permanece. 24Porque

«todo *mortal es como la hierba,
   y toda su gloria como la flor del campo;
   la hierba se seca y la flor se cae,
25   pero la palabra del Señor permanece
     para siempre.»[f]

Y ésta es la palabra del evangelio que se les ha anunciado a ustedes.

2 Por lo tanto, abandonando toda maldad y todo engaño, hipocresía, envidias y toda calumnia, 2deseen con ansias la leche pura de la palabra,[g] como niños recién nacidos. Así, por medio de ella, crecerán en su salvación, 3ahora que han probado lo bueno que es el Señor.

La piedra viva y su pueblo escogido

4*Cristo es la piedra viva, rechazada por los *seres humanos pero escogida y preciosa ante

Be Holy

13Therefore, prepare your minds for action; be self-controlled; set your hope fully on the grace to be given you when Jesus Christ is revealed. 14As obedient children, do not conform to the evil desires you had when you lived in ignorance. 15But just as he who called you is holy, so be holy in all you do; 16for it is written: "Be holy, because I am holy." [a]

17Since you call on a Father who judges each man's work impartially, live your lives as strangers here in reverent fear. 18For you know that it was not with perishable things such as silver or gold that you were redeemed from the empty way of life handed down to you from your forefathers, 19but with the precious blood of Christ, a lamb without blemish or defect. 20He was chosen before the creation of the world, but was revealed in these last times for your sake. 21Through him you believe in God, who raised him from the dead and glorified him, and so your faith and hope are in God.

22Now that you have purified yourselves by obeying the truth so that you have sincere love for your brothers, love one another deeply, from the heart.[b] 23For you have been born again, not of perishable seed, but of imperishable, through the living and enduring word of God. 24For,

"All men are like grass,
   and all their glory is like the flowers of
     the field;
   the grass withers and the flowers fall,
25   but the word of the Lord stands
     forever." [c]

And this is the word that was preached to you.

2 Therefore, rid yourselves of all malice and all deceit, hypocrisy, envy, and slander of every kind. 2Like newborn babies, crave pure spiritual milk, so that by it you may grow up in your salvation, 3now that you have tasted that the Lord is good.

The Living Stone and a Chosen People

4As you come to him, the living Stone—rejected by men but chosen by God and precious

c1:13 dispónganse ... inteligencia. Lit. ceñidos los lomos de su mente.   d1:16 Lv 11:44,45; 19:2; 20:7; Is 40:6-8 e1:22 de todo corazón. Var. con corazón puro.   f1:25 Is 40:6-8   g2:2 leche pura de la palabra. Alt. leche espiritual pura.

a16 Lev. 11:44,45; 19:2; 20:7   b22 Some early manuscripts from a pure heart   c25 Isaiah 40:6-8

Dios. Al acercarse a él, ⁵también ustedes son como piedras vivas, con las cuales se está edificando una casa espiritual. De este modo llegan a ser un sacerdocio *santo, para ofrecer sacrificios espirituales que Dios acepta por medio de Jesucristo. ⁶Así dice la Escritura:

«Miren que pongo en Sión
    una piedra principal escogida y preciosa,
y el que confíe en ella
    no será jamás defraudado.»ʰ

⁷Para ustedes los creyentes, esta piedra es preciosa; pero para los incrédulos,

«la piedra que desecharon los constructores
    ha llegado a ser la piedra angular»,ⁱ

⁸y también:

«una piedra de *tropiezo
    y una roca que hace *caer.»ʲ

Tropiezan al desobedecer la palabra, para lo cual estaban destinados.
   ⁹Pero ustedes son linaje escogido, real sacerdocio, nación santa, pueblo que pertenece a Dios, para que proclamen las obras maravillosas de aquel que los llamó de las tinieblas a su luz admirable. ¹⁰Ustedes antes ni siquiera eran pueblo, pero ahora son pueblo de Dios; antes no habían recibido misericordia, pero ahora ya la han recibido.
   ¹¹Queridos hermanos, les ruego como a extranjeros y peregrinos en este mundo, que se aparten de los deseos pecaminososᵏ que combaten contra la *vida. ¹²Mantengan entre los incrédulosˡ una conducta tan ejemplar que, aunque los acusen de hacer el mal, ellos observen las buenas obras de ustedes y glorifiquen a Dios en el día de la salvación.ᵐ

Sumisión a los gobernantes y a los superiores

¹³Sométanse por causa del Señor a toda autoridad humana, ya sea al rey como suprema autoridad, ¹⁴o a los gobernadores que él envía para castigar a los que hacen el mal y reconocer a los que hacen el bien. ¹⁵Porque ésta es la voluntad de Dios: que, practicando el bien, hagan callar la ignorancia de los insensatos. ¹⁶Eso es actuar como personas libres que no se valen de su libertad para disimular la maldad, sino que

to him— ⁵you also, like living stones, are being built into a spiritual house to be a holy priesthood, offering spiritual sacrifices acceptable to God through Jesus Christ. ⁶For in Scripture it says:

"See, I lay a stone in Zion,
    a chosen and precious cornerstone,
and the one who trusts in him
    will never be put to shame." ᵈ

⁷Now to you who believe, this stone is precious. But to those who do not believe,

"The stone the builders rejected
    has become the capstone,ᵉ" ᶠ

⁸and,

"A stone that causes men to stumble
    and a rock that makes them fall." ᵍ

They stumble because they disobey the message—which is also what they were destined for.
   ⁹But you are a chosen people, a royal priesthood, a holy nation, a people belonging to God, that you may declare the praises of him who called you out of darkness into his wonderful light. ¹⁰Once you were not a people, but now you are the people of God; once you had not received mercy, but now you have received mercy.
   ¹¹Dear friends, I urge you, as aliens and strangers in the world, to abstain from sinful desires, which war against your soul. ¹²Live such good lives among the pagans that, though they accuse you of doing wrong, they may see your good deeds and glorify God on the day he visits us.

Submission to Rulers and Masters

¹³Submit yourselves for the Lord's sake to every authority instituted among men: whether to the king, as the supreme authority, ¹⁴or to governors, who are sent by him to punish those who do wrong and to commend those who do right. ¹⁵For it is God's will that by doing good you should silence the ignorant talk of foolish men. ¹⁶Live as free men, but do not use your freedom as a cover-up for evil; live as servants of God. ¹⁷Show proper respect to everyone:

ʰ2:6 Is 28:16   ⁱ2:7 Sal 118:22   ʲ2:8 Is 8:14
ᵏ2:11 pecaminosos. Lit. *carnales.   ˡ2:12 incrédulos. Lit. *gentiles.   ᵐ2:12 de la salvación. Alt. del juicio. Lit. de la visitación.

ᵈ6 Isaiah 28:16   ᵉ7 Or cornerstone   ᶠ7 Psalm 118:22
ᵍ8 Isaiah 8:14

viven como *siervos de Dios. [17]Den a todos el debido respeto: amen a los hermanos, teman a Dios, respeten al rey.

[18]Criados, sométanse con todo respeto a sus amos, no sólo a los buenos y comprensivos sino también a los insoportables. [19]Porque es digno de elogio que, por sentido de responsabilidad delante de Dios, se soporten las penalidades, aun sufriendo injustamente. [20]Pero ¿cómo pueden ustedes atribuirse mérito alguno si soportan que los maltraten por hacer el mal? En cambio, si sufren por hacer el bien, eso merece elogio delante de Dios. [21]Para esto fueron llamados, porque *Cristo sufrió por ustedes, dándoles ejemplo para que sigan sus pasos.

[22]«Él no cometió ningún pecado,
    ni hubo engaño en su boca.»[n]

[23]Cuando proferían insultos contra él, no replicaba con insultos; cuando padecía, no amenazaba, sino que se entregaba a aquel que juzga con justicia. [24]Él mismo, en su cuerpo, llevó al madero nuestros pecados, para que muramos al pecado y vivamos para la justicia. Por sus heridas ustedes han sido sanados. [25]Antes eran ustedes como ovejas descarriadas, pero ahora han vuelto al Pastor que cuida[n] de sus vidas.

Deberes conyugales

3 Así mismo, esposas, sométanse a sus esposos, de modo que si algunos de ellos no creen en la palabra, puedan ser ganados más por el comportamiento de ustedes que por sus palabras, [2]al observar su conducta íntegra y respetuosa. [3]Que la belleza de ustedes no sea la externa, que consiste en adornos tales como peinados ostentosos, joyas de oro y vestidos lujosos. [4]Que su belleza sea más bien la incorruptible, la que procede de lo íntimo del corazón y consiste en un espíritu suave y apacible. Ésta sí que tiene mucho valor delante de Dios. [5]Así se adornaban en tiempos antiguos las *santas mujeres que esperaban en Dios, cada una sumisa a su esposo. [6]Tal es el caso de Sara, que obedecía a Abraham y lo llamaba su señor. Ustedes son hijas de ella si hacen el bien y viven sin ningún temor.

[7]De igual manera, ustedes esposos, sean comprensivos en su vida conyugal, tratando cada uno a su esposa con respeto, ya que como mujer es más delicada,[o] y ambos son herederos del grato don de la vida. Así nada estorbará las oraciones de ustedes.

Love the brotherhood of believers, fear God, honor the king.

[18]Slaves, submit yourselves to your masters with all respect, not only to those who are good and considerate, but also to those who are harsh. [19]For it is commendable if a man bears up under the pain of unjust suffering because he is conscious of God. [20]But how is it to your credit if you receive a beating for doing wrong and endure it? But if you suffer for doing good and you endure it, this is commendable before God. [21]To this you were called, because Christ suffered for you, leaving you an example, that you should follow in his steps.

[22]"He committed no sin,
    and no deceit was found in his mouth." [h]

[23]When they hurled their insults at him, he did not retaliate; when he suffered, he made no threats. Instead, he entrusted himself to him who judges justly. [24]He himself bore our sins in his body on the tree, so that we might die to sins and live for righteousness; by his wounds you have been healed. [25]For you were like sheep going astray, but now you have returned to the Shepherd and Overseer of your souls.

Wives and Husbands

3 Wives, in the same way be submissive to your husbands so that, if any of them do not believe the word, they may be won over without words by the behavior of their wives, [2]when they see the purity and reverence of your lives. [3]Your beauty should not come from outward adornment, such as braided hair and the wearing of gold jewelry and fine clothes. [4]Instead, it should be that of your inner self, the unfading beauty of a gentle and quiet spirit, which is of great worth in God's sight. [5]For this is the way the holy women of the past who put their hope in God used to make themselves beautiful. They were submissive to their own husbands, [6]like Sarah, who obeyed Abraham and called him her master. You are her daughters if you do what is right and do not give way to fear.

[7]Husbands, in the same way be considerate as you live with your wives, and treat them with respect as the weaker partner and as heirs with you of the gracious gift of life, so that nothing will hinder your prayers.

---

[n]2:22 Is 53:9   [n]2:25 Pastor que cuida. Lit. Pastor y *Obispo.   [o]3:7 ya que ... delicada. Lit. como a vaso más frágil.

[h]22 Isaiah 53:9

Sufriendo por hacer el bien

8En fin, vivan en armonía los unos con los otros; compartan penas y alegrías, practiquen el amor fraternal, sean compasivos y humildes. **9**No devuelvan mal por mal ni insulto por insulto; más bien, bendigan, porque para esto fueron llamados, para heredar una bendición. **10**En efecto,

«el que quiera amar la vida
y gozar de días felices,
que refrene su lengua de hablar el mal
y sus labios de proferir engaños;
11que se aparte del mal y haga el bien;
que busque la paz y la siga.
12Porque los ojos del Señor están sobre los
justos,
y sus oídos, atentos a sus oraciones;
pero el rostro del Señor está contra los
que hacen el mal.»*p*

13Y a ustedes, ¿quién les va a hacer daño si se esfuerzan por hacer el bien? **14**¡*Dichosos si sufren por causa de la justicia! «No teman lo que ellos temen,*q* ni se dejen asustar.»*r* **15**Más bien, honren en su corazón a *Cristo como Señor. Estén siempre preparados para responder a todo el que les pida razón de la esperanza que hay en ustedes. **16**Pero háganlo con gentileza y respeto, manteniendo la conciencia limpia, para que los que hablan mal de la buena conducta de ustedes en Cristo, se avergüencen de sus calumnias. **17**Si es la voluntad de Dios, es preferible sufrir por hacer el bien que por hacer el mal.

18Porque Cristo murió por los pecados una vez por todas, el justo por los injustos, a fin de llevarlos a ustedes a Dios. Él sufrió ʃa muerte en su *cuerpo, pero el Espíritu hizo que volviera a la vida.*s* **19**Por medio del Espíritu fue y predicó a los espíritus encarcelados, **20**que en los tiempos antiguos, en los días de Noé, desobedecieron, cuando Dios esperaba con paciencia mientras se construía el arca. En ella sólo pocas personas, ocho en total, se salvaron mediante el agua, **21**la cual simboliza el bautismo que ahora los salva también a ustedes. El bautismo no consiste en la limpieza del cuerpo, sino en el compromiso de tener una buena conciencia delante de Dios. Esta salvación es posible por la resurrección de Jesucristo, **22**quien subió al cielo y tomó su lugar a la *derecha de Dios, y a quien están sometidos los ángeles, las autoridades y los poderes.

Suffering for Doing Good

8Finally, all of you, live in harmony with one another; be sympathetic, love as brothers, be compassionate and humble. **9**Do not repay evil with evil or insult with insult, but with blessing, because to this you were called so that you may inherit a blessing. **10**For,

"Whoever would love life
and see good days
must keep his tongue from evil
and his lips from deceitful speech.
11He must turn from evil and do good;
he must seek peace and pursue it.
12For the eyes of the Lord are on the
righteous
and his ears are attentive to their
prayer,
but the face of the Lord is against those
who do evil." *i*

13Who is going to harm you if you are eager to do good? **14**But even if you should suffer for what is right, you are blessed. "Do not fear what they fear*j*; do not be frightened." *k* **15**But in your hearts set apart Christ as Lord. Always be prepared to give an answer to everyone who asks you to give the reason for the hope that you have. But do this with gentleness and respect, **16**keeping a clear conscience, so that those who speak maliciously against your good behavior in Christ may be ashamed of their slander. **17**It is better, if it is God's will, to suffer for doing good than for doing evil.

18For Christ died for sins once for all, the righteous for the unrighteous, to bring you to God. He was put to death in the body but made alive by the Spirit, **19**through whom *l* also he went and preached to the spirits in prison **20**who disobeyed long ago when God waited patiently in the days of Noah while the ark was being built. In it only a few people, eight in all, were saved through water, **21**and this water symbolizes baptism that now saves you also—not the removal of dirt from the body but the pledge *m* of a good conscience toward God. It saves you by the resurrection of Jesus Christ, **22**who has gone into heaven and is at God's right hand—with angels, authorities and powers in submission to him.

---

*p***3:12** Sal 34:12-16   *q***3:14** *lo que ellos temen.* Alt. *sus amenazas.*   *r***3:14** Is 8:12   *s***3:18** *pero ... vida.* Alt. *pero volvió a la vida en su espíritu.*

i12 Psalm 34:12-16   *j14* Or *not fear their threats*
k14 Isaiah 8:12   *l18,19* Or *alive in the spirit,* *19through which*   *m21* Or *response*

Viviendo el ejemplo de Cristo

4 Por tanto, ya que *Cristo sufrió en el cuerpo, asuman también ustedes la misma actitud; porque el que ha sufrido en el *cuerpo ha roto con el pecado, 2para vivir el resto de su vida terrenal no satisfaciendo sus pasiones *humanas sino cumpliendo la voluntad de Dios. 3Pues ya basta con el tiempo que han desperdiciado haciendo lo que agrada a los incrédulos,¹' entregados al desenfreno, a las pasiones, a las borracheras, a las orgías, a las parrandas y a las idolatrías abominables. 4A ellos les parece extraño que ustedes ya no corran con ellos en ese mismo desbordamiento de inmoralidad, y por eso los insultan. 5Pero ellos tendrán que rendirle cuentas a aquel que está preparado para juzgar a los vivos y a los muertos. 6Por esto también se les predicó el *evangelio aun a los muertos, para que, a pesar de haber sido juzgados según criterios *humanos en lo que atañe al cuerpo, vivan conforme a Dios en lo que atañe al espíritu.ᵘ

7Ya se acerca el fin de todas las cosas. Así que, para orar bien, manténganse sobrios y con la mente despejada. 8Sobre todo, ámense los unos a los otros profundamente, porque el amor cubre multitud de pecados. 9Practiquen la hospitalidad entre ustedes sin quejarse. 10Cada uno ponga al servicio de los demás el don que haya recibido, administrando fielmente la gracia de Dios en sus diversas formas. 11El que habla, hágalo como quien expresa las palabras mismas de Dios; el que presta algún servicio, hágalo como quien tiene el poder de Dios. Así Dios será en todo alabado por medio de Jesucristo, a quien sea la gloria y el poder por los siglos de los siglos. Amén.

Sufriendo por seguir a Cristo

12Queridos hermanos, no se extrañen del fuego de la *prueba que están soportando, como si fuera algo insólito. 13Al contrario, alégrense de tener parte en los sufrimientos de *Cristo, para que también sea inmensa su alegría cuando se revele la gloria de Cristo. 14*Dichosos ustedes si los insultan por causa del nombre de Cristo, porque el glorioso Espíritu de Dios reposa sobre ustedes. 15Que ninguno tenga que sufrir por asesino, ladrón o delincuente, ni siquiera por entrometido. 16Pero si alguien sufre por ser cristiano, que no se avergüence, sino que alabe a Dios por llevar el nombre de Cristo. 17Porque es tiempo de que el juicio comience por la familia de Dios; y si comienza por nosotros, ¡cuál no será el fin de los que se rebelan contra el *evangelio de Dios!

Living for God

4 Therefore, since Christ suffered in his body, arm yourselves also with the same attitude, because he who has suffered in his body is done with sin. 2As a result, he does not live the rest of his earthly life for evil human desires, but rather for the will of God. 3For you have spent enough time in the past doing what pagans choose to do—living in debauchery, lust, drunkenness, orgies, carousing and detestable idolatry. 4They think it strange that you do not plunge with them into the same flood of dissipation, and they heap abuse. on you. 5But they will have to give account to him who is ready to judge the living and the dead. 6For this is the reason the gospel was preached even to those who are now dead, so that they might be judged according to men in regard to the body, but live according to God in regard to the spirit.

7The end of all things is near. Therefore be clear minded and self-controlled so that you can pray. 8Above all, love each other deeply, because love covers over a multitude of sins. 9Offer hospitality to one another without grumbling. 10Each one should use whatever gift he has received to serve others, faithfully administering God's grace in its various forms. 11If anyone speaks, he should do it as one speaking the very words of God. If anyone serves, he should do it with the strength God provides, so that in all things God may be praised through Jesus Christ. To him be the glory and the power for ever and ever. Amen.

Suffering for Being a Christian

12Dear friends, do not be surprised at the painful trial you are suffering, as though something strange were happening to you. 13But rejoice that you participate in the sufferings of Christ, so that you may be overjoyed when his glory is revealed. 14If you are insulted because of the name of Christ, you are blessed, for the Spirit of glory and of God rests on you. 15If you suffer, it should not be as a murderer or thief or any other kind of criminal, or even as a meddler. 16However, if you suffer as a Christian, do not be ashamed, but praise God that you bear that name. 17For it is time for judgment to begin with the family of God; and if it begins with us, what will the outcome be for those who do not obey the gospel of God? 18And,

---

ᵗ4:3 *incrédulos.* Lit. *gentiles.*   ᵘ4:6 *en lo que atañe al espíritu.* Alt. *en el Espíritu.*

18«Si el justo a duras penas se salva,
¿qué será del impío y del pecador?»ᵛ

19Así pues, los que sufren según la voluntad de Dios, entréguense a su fiel Creador y sigan practicando el bien.

Exhortación a los ancianos y a los jóvenes

5 A los *ancianos que están entre ustedes, yo, que soy anciano como ellos, testigo de los sufrimientos de *Cristo y partícipe con ellos de la gloria que se ha de revelar, les ruego esto: 2cuiden como pastores el rebaño de Dios que está a su cargo, no por obligación ni por ambición de dinero, sino con afán de servir, como Dios quiere. 3No sean tiranos con los que están a su cuidado, sino sean ejemplos para el rebaño. 4Así, cuando aparezca el Pastor supremo, ustedes recibirán la inmarcesible corona de gloria.

5Así mismo, jóvenes, sométanse a los ancianos. Revístanse todos de humildad en su trato mutuo, porque

«Dios se opone a los orgullosos,
pero da gracia a los humildes».ʷ

6Humíllense, pues, bajo la poderosa mano de Dios, para que él los exalte a su debido tiempo. 7Depositen en él toda ansiedad, porque él cuida de ustedes.

8Practiquen el dominio propio y manténganse alerta. Su enemigo el diablo ronda como león rugiente, buscando a quién devorar. 9Resístanlo, manteniéndose firmes en la fe, sabiendo que sus hermanos en todo el mundo están soportando la misma clase de sufrimientos.

10Y después de que ustedes hayan sufrido un poco de tiempo, Dios mismo, el Dios de toda gracia que los llamó a su gloria eterna en Cristo, los restaurará y los hará fuertes, firmes y estables. 11A él sea el poder por los siglos de los siglos. Amén.

Saludos finales

12Con la ayuda de *Silvano, a quien considero un hermano fiel, les he escrito brevemente, para animarlos y confirmarles que ésta es la verdadera gracia de Dios. Manténganse firmes en ella.

13Saludos de parte de la que está en Babilonia, escogida como ustedes, y también de mi hijo Marcos. 14Salúdense los unos a los otros con un beso de amor fraternal.

Paz a todos ustedes que están en *Cristo.

To Elders and Young Men

"If it is hard for the righteous to be saved, what will become of the ungodly and the sinner?" ⁿ

19So then, those who suffer according to God's will should commit themselves to their faithful Creator and continue to do good.

5 To the elders among you, I appeal as a fellow elder, a witness of Christ's sufferings and one who also will share in the glory to be revealed: 2Be shepherds of God's flock that is under your care, serving as overseers—not because you must, but because you are willing, as God wants you to be; not greedy for money, but eager to serve; 3not lording it over those entrusted to you, but being examples to the flock. 4And when the Chief Shepherd appears, you will receive the crown of glory that will never fade away.

5Young men, in the same way be submissive to those who are older. All of you, clothe yourselves with humility toward one another, because,

"God opposes the proud
but gives grace to the humble." ᵒ

6Humble yourselves, therefore, under God's mighty hand, that he may lift you up in due time. 7Cast all your anxiety on him because he cares for you.

8Be self-controlled and alert. Your enemy the devil prowls around like a roaring lion looking for someone to devour. 9Resist him, standing firm in the faith, because you know that your brothers throughout the world are undergoing the same kind of sufferings.

10And the God of all grace, who called you to his eternal glory in Christ, after you have suffered a little while, will himself restore you and make you strong, firm and steadfast. 11To him be the power for ever and ever. Amen.

Final Greetings

12With the help of Silas,ᵖ whom I regard as a faithful brother, I have written to you briefly, encouraging you and testifying that this is the true grace of God. Stand fast in it. 13She who is in Babylon, chosen together with you, sends you her greetings, and so does my son Mark. 14Greet one another with a kiss of love. Peace to all of you who are in Christ.

v4:18 Pr 11:31   w5:5 Pr 3:34

n18 Prov. 11:31   o5 Prov. 3:34   p12 Greek Silvanus, a variant of Silas

Segunda Carta de Pedro

2 Peter

1 Simón Pedro, *siervo y apóstol de *Jesu-cristo,

1 Simon Peter, a servant and apostle of Jesus Christ,

a los que por la justicia de nuestro Dios y Salvador Jesucristo han recibido una fe tan pre-ciosa como la nuestra.

To those who through the righteousness of our God and Savior Jesus Christ have received a faith as precious as ours:

2Que abunden en ustedes la gracia y la paz por medio del conocimiento que tienen de Dios y de Jesús nuestro Señor.

2Grace and peace be yours in abundance through the knowledge of God and of Jesus our Lord.

Firmeza en el llamamiento y en la elección

Making One's Calling and Election Sure

3Su divino poder, al darnos el conocimiento de aquel que nos llamó por su propia gloria y potencia, nos ha concedido todas las cosas que necesitamos para vivir como Dios manda.*a* 4Así Dios nos ha entregado sus preciosas y magnífi-cas promesas para que ustedes, luego de escapar de la corrupción que hay en el mundo debido a los malos deseos, lleguen a tener parte en la naturaleza divina.*b*
5Precisamente por eso, esfuércense por aña-dir a su fe, virtud; a su virtud, entendimiento; 6al entendimiento, dominio propio; al dominio propio, constancia; a la constancia, devoción a Dios; 7a la devoción a Dios, afecto fraternal; y al afecto fraternal, amor. 8Porque estas cua-lidades, si abundan en ustedes, les harán crecer en el conocimiento de nuestro Señor Jesu-cristo, y evitarán que sean inútiles e improduc-tivos. 9En cambio, el que no las tiene es tan corto de vista que ya ni ve, y se olvida de que ha sido limpiado de sus antiguos pecados. 10Por lo tanto, hermanos, esfuércense más to-davía por asegurarse del llamado de Dios, que fue quien los eligió. Si hacen estas cosas, no caerán jamás, 11y se les abrirán de par en par las puertas del reino eterno de nuestro Señor y Salvador Jesucristo.

3His divine power has given us everything we need for life and godliness through our knowl-edge of him who called us by his own glory and goodness. 4Through these he has given us his very great and precious promises, so that through them you may participate in the divine nature and escape the corruption in the world caused by evil desires.
5For this very reason, make every effort to add to your faith goodness; and to goodness, knowledge; 6and to knowledge, self-control; and to self-control, perseverance; and to per-severance, godliness; 7and to godliness, broth-erly kindness; and to brotherly kindness, love. 8For if you possess these qualities in increas-ing measure, they will keep you from being ineffective and unproductive in your knowl-edge of our Lord Jesus Christ. 9But if anyone does not have them, he is nearsighted and blind, and has forgotten that he has been cleansed from his past sins.
10Therefore, my brothers, be all the more eager to make your calling and election sure. For if you do these things, you will never fall, 11and you will receive a rich welcome into the eternal kingdom of our Lord and Savior Jesus Christ.

La veracidad de la Escritura

Prophecy of Scripture

12Por eso siempre les recordaré estas cosas, por más que las sepan y estén afianzados en la verdad que ahora tienen. 13Además, considero

12So I will always remind you of these things, even though you know them and are firmly established in the truth you now have.

---

*a*1:3 *para vivir como Dios manda.* Lit. *para la vida y la piedad.*   *b*1:4 *lleguen … divina.* Alt. *lleguen a ser colaboradores con Dios.*

que tengo la obligación de refrescarles la memoria mientras viva en esta habitación pasajera que es mi cuerpo; 14porque sé que dentro de poco tendré que abandonarlo, según me lo ha manifestado nuestro Señor *Jesucristo. 15También me esforzaré con empeño para que aun después de mi partida*c* ustedes puedan recordar estas cosas en todo tiempo.

16Cuando les dimos a conocer la venida de nuestro Señor Jesucristo en todo su poder, no estábamos siguiendo sutiles cuentos supersticiosos sino dando testimonio de su grandeza, que vimos con nuestros propios ojos. 17Él recibió honor y gloria de parte de Dios el Padre, cuando desde la majestuosa gloria se le dirigió aquella voz que dijo: «Éste es mi Hijo amado; estoy muy complacido con él.»*d* 18Nosotros mismos oímos esa voz que vino del cielo cuando estábamos con él en el monte santo. 19Esto ha venido a confirmarnos la palabra*e* de los profetas, a la cual ustedes hacen bien en prestar atención, como a una lámpara que brilla en un lugar oscuro, hasta que despunte el día y salga el lucero de la mañana en sus corazones. 20Ante todo, tengan muy presente que ninguna profecía de la Escritura surge de la interpretación particular de nadie. 21Porque la profecía no ha tenido su origen en la voluntad *humana, sino que los profetas hablaron de parte de Dios, impulsados por el Espíritu Santo.

Los falsos maestros y su destrucción

2 En el pueblo judío hubo falsos profetas, y también entre ustedes habrá falsos maestros que encubiertamente introducirán herejías destructivas, al extremo de negar al mismo Señor que los rescató. Esto les traerá una pronta destrucción. 2Muchos los seguirán en sus prácticas vergonzosas, y por causa de ellos se difamará el camino de la verdad. 3Llevados por la avaricia, estos maestros los explotarán a ustedes con palabras engañosas. Desde hace mucho tiempo su condenación está preparada y su destrucción los acecha.

4Dios no perdonó a los ángeles cuando pecaron, sino que los arrojó al *abismo, metiéndolos en tenebrosas cavernas*f* y reservándolos para el juicio. 5Tampoco perdonó al mundo antiguo cuando mandó un diluvio sobre los impíos, aunque protegió a ocho personas, incluyendo a Noé, predicador de la justicia. 6Además, condenó a las ciudades de Sodoma y Gomorra, y las redujo a cenizas, poniéndolas como escarmiento para los impíos. 7Por otra parte, libró al justo Lot, que se hallaba abrumado por la vida desenfrenada de

13I think it is right to refresh your memory as long as I live in the tent of this body, 14because I know that I will soon put it aside, as our Lord Jesus Christ has made clear to me. 15And I will make every effort to see that after my departure you will always be able to remember these things.

16We did not follow cleverly invented stories when we told you about the power and coming of our Lord Jesus Christ, but we were eyewitnesses of his majesty. 17For he received honor and glory from God the Father when the voice came to him from the Majestic Glory, saying, "This is my Son, whom I love; with him I am well pleased." *a* 18We ourselves heard this voice that came from heaven when we were with him on the sacred mountain.

19And we have the word of the prophets made more certain, and you will do well to pay attention to it, as to a light shining in a dark place, until the day dawns and the morning star rises in your hearts. 20Above all, you must understand that no prophecy of Scripture came about by the prophet's own interpretation. 21For prophecy never had its origin in the will of man, but men spoke from God as they were carried along by the Holy Spirit.

False Teachers and Their Destruction

2 But there were also false prophets among the people, just as there will be false teachers among you. They will secretly introduce destructive heresies, even denying the sovereign Lord who bought them—bringing swift destruction on themselves. 2Many will follow their shameful ways and will bring the way of truth into disrepute. 3In their greed these teachers will exploit you with stories they have made up. Their condemnation has long been hanging over them, and their destruction has not been sleeping.

4For if God did not spare angels when they sinned, but sent them to hell,*b* putting them into gloomy dungeons*c* to be held for judgment; 5if he did not spare the ancient world when he brought the flood on its ungodly people, but protected Noah, a preacher of righteousness, and seven others; 6if he condemned the cities of Sodom and Gomorrah by burning them to ashes, and made them an example of what is going to happen to the ungodly; 7and if he rescued Lot, a righteous man, who was distressed by the

*c*1:15 partida. Lit. éxodo.   *d*1:17 Mt 17:5; Mr 9:7; Lc 9:35
*e*1:19 Esto … palabra. Lit. También tenemos la muy segura palabra.   *f*2:4 cavernas. Var. cadenas.

*a*17 Matt. 17:5; Mark 9:7; Luke 9:35   *b*4 Greek Tartarus
*c*4 Some manuscripts into chains of darkness

esos perversos, **8**pues este justo, que convivía con ellos y amaba el bien, día tras día sentía que se le despedazaba el alma por las obras inicuas que veía y oía. **9**Todo esto demuestra que el Señor sabe librar de la *prueba a los que viven como Dios quiere, y reservar a los impíos para castigarlos en el día del juicio. **10**Esto les espera sobre todo a los que siguen los corrompidos deseos de la *naturaleza humana y desprecian la autoridad del Señor.

¡Atrevidos y arrogantes que son! No tienen reparo en insultar a los seres celestiales, **11**mientras que los ángeles, a pesar de superarlos en fuerza y en poder, no pronuncian contra tales seres ninguna acusación insultante en la presencia del Señor. **12**Pero aquéllos *blasfeman en asuntos que no entienden. Como animales irracionales, se guían únicamente por el instinto, y nacieron para ser atrapados y degollados. Lo mismo que esos animales, perecerán también en su corrupción **13**y recibirán el justo pago por sus injusticias. Su concepto de placer es entregarse a las pasiones desenfrenadas en pleno día. Son manchas y suciedad, que gozan de sus placeres mientras los acompañan a ustedes en sus comidas. **14**Tienen los ojos llenos de adulterio y son insaciables en el pecar; seducen a las personas inconstantes; son expertos en la avaricia, ¡hijos de maldición! **15**Han abandonado el camino recto, y se han extraviado para seguir la senda de Balán, hijo de Bosor,*g* a quien le encantaba el salario de la injusticia. **16**Pero fue reprendido por su maldad: su burra —una muda bestia de carga— habló con voz humana y refrenó la locura del profeta.

17Estos individuos son fuentes sin agua, niebla empujada por la tormenta, para quienes está reservada la más densa oscuridad. **18**Pronunciando discursos arrogantes y sin sentido, seducen con los instintos *naturales desenfrenados a quienes apenas comienzan a apartarse de los que viven en el error. **19**Les prometen libertad, cuando ellos mismos son *esclavos de la corrupción, ya que cada uno es esclavo de aquello que lo ha dominado. **20**Si habiendo escapado de la contaminación del mundo por haber conocido a nuestro Señor y Salvador *Jesucristo, vuelven a enredarse en ella y son vencidos, terminan en peores condiciones que al principio. **21**Más les hubiera valido no conocer el camino de la justicia, que abandonarlo después de haber conocido el santo mandamiento que se les dio. **22**En su caso ha sucedido lo que acertadamente afirman estos proverbios: «El *perro vuelve a su vómito»,*h* y «la puerca lavada, a revolcarse en el lodo».

filthy lives of lawless men **8**(for that righteous man, living among them day after day, was tormented in his righteous soul by the lawless deeds he saw and heard)— **9**if this is so, then the Lord knows how to rescue godly men from trials and to hold the unrighteous for the day of judgment, while continuing their punishment.*d* **10**This is especially true of those who follow the corrupt desire of the sinful nature*e* and despise authority.

Bold and arrogant, these men are not afraid to slander celestial beings; **11**yet even angels, although they are stronger and more powerful, do not bring slanderous accusations against such beings in the presence of the Lord. **12**But these men blaspheme in matters they do not understand. They are like brute beasts, creatures of instinct, born only to be caught and destroyed, and like beasts they too will perish.

13They will be paid back with harm for the harm they have done. Their idea of pleasure is to carouse in broad daylight. They are blots and blemishes, reveling in their pleasures while they feast with you.*f* **14**With eyes full of adultery, they never stop sinning; they seduce the unstable; they are experts in greed—an accursed brood! **15**They have left the straight way and wandered off to follow the way of Balaam son of Beor, who loved the wages of wickedness. **16**But he was rebuked for his wrongdoing by a donkey—a beast without speech—who spoke with a man's voice and restrained the prophet's madness.

17These men are springs without water and mists driven by a storm. Blackest darkness is reserved for them. **18**For they mouth empty, boastful words and, by appealing to the lustful desires of sinful human nature, they entice people who are just escaping from those who live in error. **19**They promise them freedom, while they themselves are slaves of depravity—for a man is a slave to whatever has mastered him. **20**If they have escaped the corruption of the world by knowing our Lord and Savior Jesus Christ and are again entangled in it and overcome, they are worse off at the end than they were at the beginning. **21**It would have been better for them not to have known the way of righteousness, than to have known it and then to turn their backs on the sacred command that was passed on to them. **22**Of them the proverbs are true: "A dog returns to its vomit,"*g* and, "A sow that is washed goes back to her wallowing in the mud."

---

d9 Or *unrighteous for punishment until the day of judgment*
e10 Or *the flesh*   *f13* Some manuscripts *in their love feasts*
g22 Prov. 26:11

El día del Señor

3 Queridos hermanos, ésta es ya la segunda carta que les escribo. En las dos he procurado refrescarles la memoria para que, con una mente íntegra, ²recuerden las palabras que los *santos profetas pronunciaron en el pasado, y el mandamiento que dio nuestro Señor y Salvador por medio de los apóstoles.

³Ante todo, deben saber que en los últimos días vendrá gente burlona que, siguiendo sus malos deseos, se mofará: ⁴«¿Qué hubo de esa promesa de su venida? Nuestros padres murieron, y nada ha cambiado desde el principio de la creación.» ⁵Pero intencionalmente olvidan que desde tiempos antiguos, por la palabra de Dios, existía el cielo y también la tierra, que surgió del agua y mediante el agua. ⁶Por la palabra y el agua, el mundo de aquel entonces pereció inundado. ⁷Y ahora, por esa misma palabra, el cielo y la tierra están guardados para el fuego, reservados para el día del juicio y de la destrucción de los impíos.

⁸Pero no olviden, queridos hermanos, que para el Señor un día es como mil años, y mil años como un día. ⁹El Señor no tarda en cumplir su promesa, según entienden algunos la tardanza. Más bien, él tiene paciencia con ustedes, porque no quiere que nadie perezca sino que todos se *arrepientan.

¹⁰Pero el día del Señor vendrá como un ladrón. En aquel día los cielos desaparecerán con un estruendo espantoso, los elementos serán destruidos por el fuego, y la tierra, con todo lo que hay en ella, será quemada.ⁱ

¹¹Ya que todo será destruido de esa manera, ¿no deberían vivir ustedes como Dios manda, siguiendo una conducta intachable ¹²y esperando ansiosamenteʲ la venida del día de Dios? Ese día los cielos serán destruidos por el fuego, y los elementos se derretirán con el calor de las llamas. ¹³Pero, según su promesa, esperamos un cielo nuevo y una tierra nueva, en los que habite la justicia.

¹⁴Por eso, queridos hermanos, mientras esperan estos acontecimientos, esfuércense para que Dios los halle sin mancha y sin defecto, y en paz con él. ¹⁵Tengan presente que la paciencia de nuestro Señor significa salvación, tal como les escribió también nuestro querido hermano Pablo, con la sabiduría que Dios le dio. ¹⁶En todas sus cartas se refiere a estos mismos temas. Hay en ellas algunos puntos difíciles de entender, que los ignorantes e inconstantes tergiversan,

The Day of the Lord

3 Dear friends, this is now my second letter to you. I have written both of them as reminders to stimulate you to wholesome thinking. ²I want you to recall the words spoken in the past by the holy prophets and the command given by our Lord and Savior through your apostles.

³First of all, you must understand that in the last days scoffers will come, scoffing and following their own evil desires. ⁴They will say, "Where is this 'coming' he promised? Ever since our fathers died, everything goes on as it has since the beginning of creation." ⁵But they deliberately forget that long ago by God's word the heavens existed and the earth was formed out of water and by water. ⁶By these waters also the world of that time was deluged and destroyed. ⁷By the same word the present heavens and earth are reserved for fire, being kept for the day of judgment and destruction of ungodly men.

⁸But do not forget this one thing, dear friends: With the Lord a day is like a thousand years, and a thousand years are like a day. ⁹The Lord is not slow in keeping his promise, as some understand slowness. He is patient with you, not wanting anyone to perish, but everyone to come to repentance.

¹⁰But the day of the Lord will come like a thief. The heavens will disappear with a roar; the elements will be destroyed by fire, and the earth and everything in it will be laid bare.ʰ

¹¹Since everything will be destroyed in this way, what kind of people ought you to be? You ought to live holy and godly lives ¹²as you look forward to the day of God and speed its coming.ⁱ That day will bring about the destruction of the heavens by fire, and the elements will melt in the heat. ¹³But in keeping with his promise we are looking forward to a new heaven and a new earth, the home of righteousness.

¹⁴So then, dear friends, since you are looking forward to this, make every effort to be found spotless, blameless and at peace with him. ¹⁵Bear in mind that our Lord's patience means salvation, just as our dear brother Paul also wrote you with the wisdom that God gave him. ¹⁶He writes the same way in all his letters, speaking in them of these matters. His letters contain some things that are hard to understand, which ignorant and unstable people distort, as

---

ⁱ3:10 será quemada. Var. quedará al descubierto.
ʲ3:12 esperando ansiosamente. Alt. esperando y apresurando.

ʰ10 Some manuscripts be burned up   ⁱ12 Or as you wait eagerly for the day of God to come

como lo hacen también con las demás Escrituras, para su propia perdición.

[17] Así que ustedes, queridos hermanos, puesto que ya saben esto de antemano, manténganse alerta, no sea que, arrastrados por el error de esos libertinos, pierdan la estabilidad y caigan. [18] Más bien, crezcan en la gracia y en el conocimiento de nuestro Señor y Salvador *Jesucristo. ¡A él sea la gloria ahora y para siempre! Amén.[k]

they do the other Scriptures, to their own destruction.

[17] Therefore, dear friends, since you already know this, be on your guard so that you may not be carried away by the error of lawless men and fall from your secure position. [18] But grow in the grace and knowledge of our Lord and Savior Jesus Christ. To him be glory both now and forever! Amen.

---

[k] 3:18 Var. no incluye: *Amén*.

Primera Carta de Juan

El Verbo de vida

1 Lo que ha sido desde el principio, lo que hemos oído, lo que hemos visto con nuestros propios ojos, lo que hemos contemplado, lo que hemos tocado con las manos, esto les anunciamos respecto al *Verbo que es vida. ²Esta vida se manifestó. Nosotros la hemos visto y damos testimonio de ella, y les anunciamos a ustedes la vida eterna que estaba con el Padre y que se nos ha manifestado. ³Les anunciamos lo que hemos visto y oído, para que también ustedes tengan comunión con nosotros. Y nuestra comunión es con el Padre y con su Hijo *Jesucristo. ⁴Les escribimos estas cosas para que nuestra alegría[a] sea completa.

Caminemos en la luz

⁵Éste es el mensaje que hemos oído de él y que les anunciamos: Dios es luz y en él no hay ninguna oscuridad. ⁶Si afirmamos que tenemos comunión con él, pero vivimos en la oscuridad, mentimos y no ponemos en práctica la verdad. ⁷Pero si vivimos en la luz, así como él está en la luz, tenemos comunión unos con otros, y la sangre de su Hijo Jesucristo nos limpia de todo pecado.

⁸Si afirmamos que no tenemos pecado, nos engañamos a nosotros mismos y no tenemos la verdad. ⁹Si confesamos nuestros pecados, Dios, que es fiel y justo, nos los perdonará y nos limpiará de toda maldad. ¹⁰Si afirmamos que no hemos pecado, lo hacemos pasar por mentiroso y su palabra no habita en nosotros.

2 Mis queridos hijos, les escribo estas cosas para que no pequen. Pero si alguno peca, tenemos ante el Padre a un *intercesor, a *Jesucristo, el Justo. ²Él es el sacrificio por el perdón de[b] nuestros pecados, y no sólo por los nuestros sino por los de todo el mundo.

³¿Cómo sabemos si hemos llegado a conocer a Dios? Si obedecemos sus mandamientos. ⁴El que afirma: «Lo conozco», pero no obedece sus mandamientos, es un mentiroso y no tiene la verdad. ⁵En cambio, el amor de Dios se manifiesta plenamente[c] en la vida del que obedece su

1 John

The Word of Life

1 That which was from the beginning, which we have heard, which we have seen with our eyes, which we have looked at and our hands have touched—this we proclaim concerning the Word of life. ²The life appeared; we have seen it and testify to it, and we proclaim to you the eternal life, which was with the Father and has appeared to us. ³We proclaim to you what we have seen and heard, so that you also may have fellowship with us. And our fellowship is with the Father and with his Son, Jesus Christ. ⁴We write this to make our[a] joy complete.

Walking in the light

⁵This is the message we have heard from him and declare to you: God is light; in him there is no darkness at all. ⁶If we claim to have fellowship with him yet walk in the darkness, we lie and do not live by the truth. ⁷But if we walk in the light, as he is in the light, we have fellowship with one another, and the blood of Jesus, his Son, purifies us from all[b] sin.

⁸If we claim to be without sin, we deceive ourselves and the truth is not in us. ⁹If we confess our sins, he is faithful and just and will forgive us our sins and purify us from all unrighteousness. ¹⁰If we claim we have not sinned, we make him out to be a liar and his word has no place in our lives.

2 My dear children, I write this to you so that you will not sin. But if anybody does sin, we have one who speaks to the Father in our defense—Jesus Christ, the Righteous One. ²He is the atoning sacrifice for our sins, and not only for ours but also for[c] the sins of the whole world.

³We know that we have come to know him if we obey his commands. ⁴The man who says, "I know him," but does not do what he commands is a liar, and the truth is not in him. ⁵But if anyone obeys his word, God's love[d] is truly

---

a 1:4 nuestra alegría. Var. la alegría de ustedes.   b 2:2 el sacrificio por el perdón de. Lit. la *propiciación por.   c 2:5 se manifiesta plenamente. Lit. se ha *perfeccionado.

a 4 Some manuscripts your   b 7 Or every   c 2 Or He is the one who turns aside God's wrath, taking away our sins, and not only ours but also   d 5 Or word, love for God

palabra. De este modo sabemos que estamos unidos a él: 6el que afirma que permanece en él, debe vivir como él vivió.

7Queridos hermanos, lo que les escribo no es un mandamiento nuevo, sino uno antiguo que han tenido desde el principio. Este mandamiento antiguo es el mensaje que ya oyeron. 8Por otra parte, lo que les escribo es un mandamiento nuevo, cuya verdad se manifiesta tanto en la vida de *Cristo como en la de ustedes, porque la oscuridad se va desvaneciendo y ya brilla la luz verdadera.

9El que afirma que está en la luz, pero odia a su hermano, todavía está en la oscuridad. 10El que ama a su hermano permanece en la luz, y no hay nada en su vida*d* que lo haga *tropezar. 11Pero el que odia a su hermano está en la oscuridad y en ella vive, y no sabe a dónde va porque la oscuridad no lo deja ver.

12Les escribo a ustedes, queridos hijos,
    porque sus pecados han sido perdonados
        por el nombre de Cristo.
13Les escribo a ustedes, padres,
    porque han conocido al que es desde el
        principio.
Les escribo a ustedes, jóvenes,
    porque han vencido al maligno.
Les he escrito a ustedes, queridos hijos,
    porque han conocido al Padre.
14Les he escrito a ustedes, padres,
    porque han conocido al que es desde el
        principio.
Les he escrito a ustedes, jóvenes,
    porque son fuertes,
    y la palabra de Dios permanece en ustedes,
    y han vencido al maligno.

No amemos al mundo

15No amen al mundo ni nada de lo que hay en él. Si alguien ama al mundo, no tiene el amor del Padre. 16Porque nada de lo que hay en el mundo —los malos deseos del *cuerpo, la codicia de los ojos y la arrogancia de la vida— proviene del Padre sino del mundo. 17El mundo se acaba con sus malos deseos, pero el que hace la voluntad de Dios permanece para siempre.

Cuidémonos de los anticristos

18Queridos hijos, ésta es la hora final, y así como ustedes oyeron que el anticristo vendría, muchos son los anticristos que han surgido ya. Por eso nos damos cuenta de que ésta es la hora final. 19Aunque salieron de entre nosotros, en realidad no eran de los nuestros; si lo hubieran

made complete in him. This is how we know we are in him: 6Whoever claims to live in him must walk as Jesus did.

7Dear friends, I am not writing you a new command but an old one, which you have had since the beginning. This old command is the message you have heard. 8Yet I am writing you a new command; its truth is seen in him and you, because the darkness is passing and the true light is already shining.

9Anyone who claims to be in the light but hates his brother is still in the darkness. 10Whoever loves his brother lives in the light, and there is nothing in him*e* to make him stumble. 11But whoever hates his brother is in the darkness and walks around in the darkness; he does not know where he is going, because the darkness has blinded him.

12I write to you, dear children,
    because your sins have been forgiven on
        account of his name.
13I write to you, fathers,
    because you have known him who is
        from the beginning.
I write to you, young men,
    because you have overcome the evil one.
I write to you, dear children,
    because you have known the Father.
14I write to you, fathers,
    because you have known him who is
        from the beginning.
I write to you, young men,
    because you are strong,
    and the word of God lives in you,
    and you have overcome the evil one.

Do Not Love the World

15Do not love the world or anything in the world. If anyone loves the world, the love of the Father is not in him. 16For everything in the world—the cravings of sinful man, the lust of his eyes and the boasting of what he has and does—comes not from the Father but from the world. 17The world and its desires pass away, but the man who does the will of God lives forever.

Warning Against Antichrists

18Dear children, this is the last hour; and as you have heard that the antichrist is coming, even now many antichrists have come. This is how we know it is the last hour. 19They went out from us, but they did not really belong to us. For

---

*d*2:10 *en su vida.* Alt. *en la luz.*   *e*10 Or *it*

sido, se habrían quedado con nosotros. Su salida sirvió para comprobar que ninguno de ellos era de los nuestros.

20 Todos ustedes, en cambio, han recibido unción del Santo, de manera que conocen la verdad.*e* 21 No les escribo porque ignoren la verdad, sino porque la conocen y porque ninguna mentira procede de la verdad. 22 ¿Quién es el mentiroso sino el que niega que Jesús es el *Cristo? Es el anticristo, el que niega al Padre y al Hijo. 23 Todo el que niega al Hijo no tiene al Padre; el que reconoce al Hijo tiene también al Padre.

24 Permanezca en ustedes lo que han oído desde el principio, y así ustedes*f* permanecerán también en el Hijo y en el Padre. 25 Ésta es la promesa que él nos dio: la vida eterna.

26 Estas cosas les escribo acerca de los que procuran engañarlos. 27 En cuanto a ustedes, la unción que de él recibieron permanece en ustedes, y no necesitan que nadie les enseñe. Esa unción es auténtica —no es falsa— y les enseña todas las cosas. Permanezcan en él, tal y como él les enseñó.

Permanezcamos en Dios

28 Y ahora, queridos hijos, permanezcamos*g* en él para que, cuando se manifieste, podamos presentarnos ante él confiadamente, seguros de no ser avergonzados en su venida.

29 Si reconocen que *Jesucristo es justo, reconozcan también que todo el que practica la justicia ha nacido de él.

3 ¡Fíjense qué gran amor nos ha dado el Padre, que se nos llame hijos de Dios! ¡Y lo somos! El mundo no nos conoce, precisamente porque no lo conoció a él. 2 Queridos hermanos, ahora somos hijos de Dios, pero todavía no se ha manifestado lo que habremos de ser. Sabemos, sin embargo, que cuando Cristo venga seremos semejantes a él, porque lo veremos tal como él es. 3 Todo el que tiene esta esperanza en Cristo, se purifica a sí mismo, así como él es puro.

4 Todo el que comete pecado quebranta la ley; de hecho, el pecado es transgresión de la ley. 5 Pero ustedes saben que Jesucristo se manifestó para quitar nuestros pecados. Y él no tiene pecado. 6 Todo el que permanece en él, no practica el pecado.*h* Todo el que practica el pecado, no lo ha visto ni lo ha conocido.

7 Queridos hijos, que nadie los engañe. El que practica la justicia es justo, así como él es justo. 8 El que practica el pecado es del diablo, porque

---

if they had belonged to us, they would have remained with us; but their going showed that none of them belonged to us.

20 But you have an anointing from the Holy One, and all of you know the truth.*f* 21 I do not write to you because you do not know the truth, but because you do know it and because no lie comes from the truth. 22 Who is the liar? It is the man who denies that Jesus is the Christ. Such a man is the antichrist—he denies the Father and the Son. 23 No one who denies the Son has the Father; whoever acknowledges the Son has the Father also.

24 See that what you have heard from the beginning remains in you. If it does, you also will remain in the Son and in the Father. 25 And this is what he promised us—even eternal life.

26 I am writing these things to you about those who are trying to lead you astray. 27 As for you, the anointing you received from him remains in you, and you do not need anyone to teach you. But as his anointing teaches you about all things and as that anointing is real, not counterfeit—just as it has taught you, remain in him.

Children of God

28 And now, dear children, continue in him, so that when he appears we may be confident and unashamed before him at his coming.

29 If you know that he is righteous, you know that everyone who does what is right has been born of him.

3 How great is the love the Father has lavished on us, that we should be called children of God! And that is what we are! The reason the world does not know us is that it did not know him. 2 Dear friends, now we are children of God, and what we will be has not yet been made known. But we know that when he appears,*g* we shall be like him, for we shall see him as he is. 3 Everyone who has this hope in him purifies himself, just as he is pure.

4 Everyone who sins breaks the law; in fact, sin is lawlessness. 5 But you know that he appeared so that he might take away our sins. And in him is no sin. 6 No one who lives in him keeps on sinning. No one who continues to sin has either seen him or known him.

7 Dear children, do not let anyone lead you astray. He who does what is right is righteous, just as he is righteous. 8 He who does what is

---

e 2:20 *la verdad.* Var. *todas las cosas.*   *f* 2:24 *principio …
ustedes.* Lit. *principio. Si permanece en ustedes lo que han
oído desde el principio, ustedes*   *g* 2:28 *permanezcamos.* Lit.
permanezcan.   *h* 3:6 *no practica el pecado.* Alt. *no peca.*

f 20 Some manuscripts *and you know all things*   *g* 2 Or *when
it is made known*

el diablo ha estado pecando desde el principio. El Hijo de Dios fue enviado precisamente para destruir las obras del diablo. 9Ninguno que haya nacido de Dios practica el pecado, porque la semilla de Dios permanece en él; no puede practicar el pecado,*i* porque ha nacido de Dios. 10Así distinguimos entre los hijos de Dios y los hijos del diablo: el que no practica la justicia no es hijo de Dios; ni tampoco lo es el que no ama a su hermano.

Amémonos los unos a los otros

11Éste es el mensaje que han oído desde el principio: que nos amemos los unos a los otros. 12No seamos como Caín que, por ser del maligno, asesinó a su hermano. ¿Y por qué lo hizo? Porque sus propias obras eran malas, y las de su hermano justas. 13Hermanos, no se extrañen si el mundo los odia. 14Nosotros sabemos que hemos pasado de la muerte a la vida porque amamos a nuestros hermanos. El que no ama permanece en la muerte. 15Todo el que odia a su hermano es un asesino, y ustedes saben que en ningún asesino permanece la vida eterna.

16En esto conocemos lo que es el amor: en que Jesucristo entregó su *vida por nosotros. Así también nosotros debemos entregar la vida por nuestros hermanos. 17Si alguien que posee bienes materiales ve que su hermano está pasando necesidad, y no tiene compasión de él, ¿cómo se puede decir que el amor de Dios habita en él? 18Queridos hijos, no amemos de palabra ni de labios para afuera, sino con hechos y de verdad.

19En esto sabremos que somos de la verdad, y nos sentiremos seguros delante de él: 20que aunque nuestro corazón nos condene, Dios es más grande que nuestro corazón y lo sabe todo. 21Queridos hermanos, si el corazón no nos condena, tenemos confianza delante de Dios, 22y recibimos todo lo que le pedimos porque obedecemos sus mandamientos y hacemos lo que le agrada. 23Y éste es su mandamiento: que creamos en el nombre de su Hijo Jesucristo, y que nos amemos los unos a los otros, pues así lo ha dispuesto. 24El que obedece sus mandamientos permanece en Dios, y Dios en él. ¿Cómo sabemos que él permanece en nosotros? Por el Espíritu que nos dio.

Vivamos en el Espíritu

4 Queridos hermanos, no crean a cualquiera que pretenda estar inspirado por el Espíritu,*j* sino sométanlo a prueba para ver si es de Dios, porque han salido por el mundo muchos falsos profetas. 2En esto pueden discernir quién

sinful is of the devil, because the devil has been sinning from the beginning. The reason the Son of God appeared was to destroy the devil's work. 9No one who is born of God will continue to sin, because God's seed remains in him; he cannot go on sinning, because he has been born of God. 10This is how we know who the children of God are and who the children of the devil are: Anyone who does not do what is right is not a child of God; nor is anyone who does not love his brother.

Love one another

11This is the message you heard from the beginning: We should love one another. 12Do not be like Cain, who belonged to the evil one and murdered his brother. And why did he murder him? Because his own actions were evil and his brother's were righteous. 13Do not be surprised, my brothers, if the world hates you. 14We know that we have passed from death to life, because we love our brothers. Anyone who does not love remains in death. 15Anyone who hates his brother is a murderer, and you know that no murderer has eternal life in him.

16This is how we know what love is: Jesus Christ laid down his life for us. And we ought to lay down our lives for our brothers. 17If anyone has material possessions and sees his brother in need but has no pity on him, how can the love of God be in him? 18Dear children, let us not love with words or tongue but with actions and in truth. 19This then is how we know that we belong to the truth, and how we set our hearts at rest in his presence 20whenever our hearts condemn us. For God is greater than our hearts, and he knows everything.

21Dear friends, if our hearts do not condemn us, we have confidence before God 22and receive from him anything we ask, because we obey his commands and do what pleases him. 23And this is his command: to believe in the name of his Son, Jesus Christ, and to love one another as he commanded us. 24Those who obey his commands live in him, and he in them. And this is how we know that he lives in us: We know it by the Spirit he gave us.

Test the Spirits

4 Dear friends, do not believe every spirit, but test the spirits to see whether they are from God, because many false prophets have gone out into the world. 2This is how you can

---

i 3:9 *no puede practicar el pecado.* Alt. *no puede pecar.*
j 4:1 *no crean ... por el Espíritu.* Lit. *no crean a todo espíritu.*

tiene el Espíritu de Dios: todo profeta[k] que reconoce que *Jesucristo ha venido en cuerpo humano, es de Dios; [3]todo profeta que no reconoce a Jesús, no es de Dios sino del anticristo. Ustedes han oído que éste viene; en efecto, ya está en el mundo.

[4]Ustedes, queridos hijos, son de Dios y han vencido a esos falsos profetas, porque el que está en ustedes es más poderoso que el que está en el mundo. [5]Ellos son del mundo; por eso hablan desde el punto de vista del mundo, y el mundo los escucha. [6]Nosotros somos de Dios, y todo el que conoce a Dios nos escucha; pero el que no es de Dios no nos escucha. Así distinguimos entre el Espíritu de la verdad y el espíritu del engaño.

Permanezcamos en el amor

[7]Queridos hermanos, amémonos los unos a los otros, porque el amor viene de Dios, y todo el que ama ha nacido de él y lo conoce. [8]El que no ama no conoce a Dios, porque Dios es amor. [9]Así manifestó Dios su amor entre nosotros: en que envió a su Hijo unigénito al mundo para que vivamos por medio de él. [10]En esto consiste el amor: no en que nosotros hayamos amado a Dios, sino en que él nos amó y envió a su Hijo para que fuera ofrecido como sacrificio por el perdón de[l] nuestros pecados. [11]Queridos hermanos, ya que Dios nos ha amado así, también nosotros debemos amarnos los unos a los otros. [12]Nadie ha visto jamás a Dios, pero si nos amamos los unos a los otros, Dios permanece entre nosotros, y entre[m] nosotros su amor se ha manifestado plenamente.[n]

[13]¿Cómo sabemos que permanecemos en él, y que él permanece en nosotros? Porque nos ha dado de su Espíritu. [14]Y nosotros hemos visto y declaramos que el Padre envió a su Hijo para ser el Salvador del mundo. [15]Si alguien reconoce que Jesús es el Hijo de Dios, Dios permanece en él, y él en Dios. [16]Y nosotros hemos llegado a saber y creer que Dios nos ama.

Dios es amor. El que permanece en amor, permanece en Dios, y Dios en él. [17]Ese amor se manifiesta plenamente[ñ] entre nosotros para que en el día del juicio comparezcamos con toda confianza, porque en este mundo hemos vivido como vivió Jesús. En el amor no hay temor, [18]sino que el amor *perfecto echa fuera el temor. El que teme espera el castigo, así que no ha sido perfeccionado en el amor.

recognize the Spirit of God: Every spirit that acknowledges that Jesus Christ has come in the flesh is from God, [3]but every spirit that does not acknowledge Jesus is not from God. This is the spirit of the antichrist, which you have heard is coming and even now is already in the world.

[4]You, dear children, are from God and have overcome them, because the one who is in you is greater than the one who is in the world. [5]They are from the world and therefore speak from the viewpoint of the world, and the world listens to them. [6]We are from God, and whoever knows God listens to us; but whoever is not from God does not listen to us. This is how we recognize the Spirit[h] of truth and the spirit of falsehood.

God's Love and Ours

[7]Dear friends, let us love one another, for love comes from God. Everyone who loves has been born of God and knows God. [8]Whoever does not love does not know God, because God is love. [9]This is how God showed his love among us: He sent his one and only Son[i] into the world that we might live through him. [10]This is love: not that we loved God, but that he loved us and sent his Son as an atoning sacrifice for[j] our sins. [11]Dear friends, since God so loved us, we also ought to love one another. [12]No one has ever seen God; but if we love one another, God lives in us and his love is made complete in us.

[13]We know that we live in him and he in us, because he has given us of his Spirit. [14]And we have seen and testify that the Father has sent his Son to be the Savior of the world. [15]If anyone acknowledges that Jesus is the Son of God, God lives in him and he in God. [16]And so we know and rely on the love God has for us.

God is love. Whoever lives in love lives in God, and God in him. [17]In this way, love is made complete among us so that we will have confidence on the day of judgment, because in this world we are like him. [18]There is no fear in love. But perfect love drives out fear, because fear has to do with punishment. The one who fears is not made perfect in love.

---

[k]4:2 *profeta.* Lit. *espíritu;* también en v. 3. [l]4:10 *sacrificio por el perdón de.* Lit. *propiciación por.* [m]4:12 *entre … entre.* Alt. *en … en.* [n]4:12 *se ha manifestado plenamente.* Lit. *se ha *perfeccionado.* [ñ]4:17 *se manifiesta plenamente.* Lit. *se ha perfeccionado.*

[h]6 Or *spirit* [i]9 Or *his only begotten Son* [j]10 Or *as the one who would turn aside his wrath, taking away*

19Nosotros amamos a Dios porque él nos amó primero. **20**Si alguien afirma: «Yo amo a Dios», pero odia a su hermano, es un mentiroso; pues el que no ama a su hermano, a quien ha visto, no puede amar a Dios, a quien no ha visto. **21**Y. él nos ha dado este mandamiento: el que ama a Dios, ame también a su hermano.

Vivamos en la fe

5 Todo el que cree que Jesús es el *Cristo, ha nacido de Dios, y todo el que ama al padre, ama también a sus hijos. **2**Así, cuando amamos a Dios y cumplimos sus mandamientos, sabemos que amamos a los hijos de Dios. **3**En esto consiste el amor a Dios: en que obedezcamos sus mandamientos. Y éstos no son difíciles de cumplir, **4**porque todo el que ha nacido de Dios vence al mundo. Ésta es la victoria que vence al mundo: nuestra fe. **5**¿Quién es el que vence al mundo sino el que cree que Jesús es el Hijo de Dios?

6Éste es el que vino mediante agua y sangre, Jesucristo; no sólo mediante agua, sino mediante agua y sangre. El Espíritu es quien da testimonio de esto, porque el Espíritu es la verdad. **7**Tres son los que dan testimonio, **8**y los tres están de acuerdo: el Espíritu*o*, el agua y la sangre. **9**Aceptamos el testimonio *humano, pero el testimonio de Dios vale mucho más, precisamente porque es el testimonio de Dios, que él ha dado acerca de su Hijo. **10**El que cree en el Hijo de Dios acepta este testimonio. El que no cree a Dios lo hace pasar por mentiroso, por no haber creído el testimonio que Dios ha dado acerca de su Hijo. **11**Y el testimonio es éste: que Dios nos ha dado vida eterna, y esa vida está en su Hijo. **12**El que tiene al Hijo, tiene la vida; el que no tiene al Hijo de Dios, no tiene la vida.

Observaciones finales

13Les escribo estas cosas a ustedes que creen en el nombre del Hijo de Dios, para que sepan que tienen vida eterna. **14**Ésta es la confianza que tenemos al acercarnos a Dios: que si pedimos conforme a su voluntad, él nos oye. **15**Y si sabemos que Dios oye todas nuestras oraciones, podemos estar seguros de que ya tenemos lo que le hemos pedido.

16Si alguno ve a su hermano cometer un pecado que no lleva a la muerte, ore por él y Dios le dará vida. Me refiero a quien comete un pecado que no lleva a la muerte. Hay un pecado

19We love because he first loved us. **20**If anyone says, "I love God," yet hates his brother, he is a liar. For anyone who does not love his brother, whom he has seen, cannot love God, whom he has not seen. **21**And he has given us this command: Whoever loves God must also love his brother.

Faith in the Son of God

5 Everyone who believes that Jesus is the Christ is born of God, and everyone who loves the father loves his child as well. **2**This is how we know that we love the children of God: by loving God and carrying out his commands. **3**This is love for God: to obey his commands. And his commands are not burdensome, **4**for everyone born of God overcomes the world. This is the victory that has overcome the world, even our faith. **5**Who is it that overcomes the world? Only he who believes that Jesus is the Son of God.

6This is the one who came by water and blood—Jesus Christ. He did not come by water only, but by water and blood. And it is the Spirit who testifies, because the Spirit is the truth. **7**For there are three that testify: **8**the*k* Spirit, the water and the blood; and the three are in agreement. **9**We accept man's testimony, but God's testimony is greater because it is the testimony of God, which he has given about his Son. **10**Anyone who believes in the Son of God has this testimony in his heart. Anyone who does not believe God has made him out to be a liar, because he has not believed the testimony God has given about his Son. **11**And this is the testimony: God has given us eternal life, and this life is in his Son. **12**He who has the Son has life; he who does not have the Son of God does not have life.

Concluding Remarks

13I write these things to you who believe in the name of the Son of God so that you may know that you have eternal life. **14**This is the confidence we have in approaching God: that if we ask anything according to his will, he hears us. **15**And if we know that he hears us—whatever we ask—we know that we have what we asked of him.

16If anyone sees his brother commit a sin that does not lead to death, he should pray and God will give him life. I refer to those whose sin does not lead to death. There is a sin that leads to

---

o **5:7-8** *testimonio ... Espíritu.* Var. *testimonio en el cielo: el Padre, el Verbo y el Espíritu Santo, y estos tres son uno.* **8** *Y hay tres que dan testimonio en la tierra: el Espíritu* (este pasaje se encuentra en mss. posteriores de la Vulgata, pero no está en ningún ms. griego anterior al siglo XVI).

k 7,8 Late manuscripts of the Vulgate *testify in heaven: the Father, the Word and the Holy Spirit, and these three are one.* **8** *And there are three that testify on earth: the* (not found in any Greek manuscript before the sixteenth century)

que sí lleva a la muerte, y en ese caso no digo que se ore por él. ¹⁷Toda maldad es pecado, pero hay pecado que no lleva a la muerte.

¹⁸Sabemos que el que ha nacido de Dios no está en pecado: *Jesucristo, que nació de Dios, lo protege, y el maligno no llega a tocarlo. ¹⁹Sabemos que somos hijos de Dios, y que el mundo entero está bajo el control del maligno. ²⁰También sabemos que el Hijo de Dios ha venido y nos ha dado entendimiento para que conozcamos al Dios verdadero. Y estamos con el Verdadero, con*ᵖ* su Hijo Jesucristo. Éste es el Dios verdadero y la vida eterna.

²¹Queridos hijos, apártense de los ídolos.

death. I am not saying that he should pray about that. ¹⁷All wrongdoing is sin, and there is sin that does not lead to death.

¹⁸We know that anyone born of God does not continue to sin; the one who was born of God keeps him safe, and the evil one cannot harm him. ¹⁹We know that we are children of God, and that the whole world is under the control of the evil one. ²⁰We know also that the Son of God has come and has given us understanding, so that we may know him who is true. And we are in him who is true—even in his Son Jesus Christ. He is the true God and eternal life.

²¹Dear children, keep yourselves from idols.

*p***5:20** con. Alt. *por medio de.*

Segunda Carta de Juan

2 John

¹El *anciano,

a la iglesia elegida y a sus miembros,ᵃ a quienes amo en la verdad —y no sólo yo sino todos los que han conocido la verdad—, ²a causa de esa verdad que permanece en nosotros y que estará con nosotros para siempre:

³La gracia, la misericordia y la paz de Dios el Padre y de *Jesucristo, el Hijo del Padre, estarán con nosotros en verdad y en amor.

⁴Me alegré muchísimo al encontrarme con algunos de ustedesᵇ que están practicando la verdad, según el mandamiento que nos dio el Padre. ⁵Y ahora, hermanos, les ruego que nos amemos los unos a los otros. Y no es que lesᶜ esté escribiendo un mandamiento nuevo sino el que hemos tenido desde el principio. ⁶En esto consiste el amor: en que pongamos en práctica sus mandamientos. Y éste es el mandamiento: que vivan en este amor, tal como ustedes lo han escuchado desde el principio.

⁷Es que han salido por el mundo muchos engañadores que no reconocen que Jesucristo ha venido en cuerpo humano. El que así actúa es el engañador y el anticristo. ⁸Cuídense de no echar a perder el fruto de nuestro trabajo;ᵈ procuren más bien recibir la recompensa completa. ⁹Todo el que se descarría y no permanece en la enseñanza de Cristo, no tiene a Dios; el que permanece en la enseñanzaᵉ sí tiene al Padre y al Hijo. ¹⁰Si alguien los visita y no lleva esta enseñanza, no lo reciban en casa ni le den la bienvenida, ¹¹pues quien le da la bienvenida se hace cómplice de sus malas obras.

¹²Aunque tengo muchas cosas que decirles, no he querido hacerlo por escrito, pues espero visitarlos y hablar personalmente con ustedes para que nuestra alegría sea completa.

¹³Los miembros de la iglesia hermana, la elegida, lesᶠ mandan saludos.

¹The elder,

To the chosen lady and her children, whom I love in the truth—and not I only, but also all who know the truth— ²because of the truth, which lives in us and will be with us forever:

³Grace, mercy and peace from God the Father and from Jesus Christ, the Father's Son, will be with us in truth and love.

⁴It has given me great joy to find some of your children walking in the truth, just as the Father commanded us. ⁵And now, dear lady, I am not writing you a new command but one we have had from the beginning. I ask that we love one another. ⁶And this is love: that we walk in obedience to his commands. As you have heard from the beginning, his command is that you walk in love.

⁷Many deceivers, who do not acknowledge Jesus Christ as coming in the flesh, have gone out into the world. Any such person is the deceiver and the antichrist. ⁸Watch out that you do not lose what you have worked for, but that you may be rewarded fully. ⁹Anyone who runs ahead and does not continue in the teaching of Christ does not have God; whoever continues in the teaching has both the Father and the Son. ¹⁰If anyone comes to you and does not bring this teaching, do not take him into your house or welcome him. ¹¹Anyone who welcomes him shares in his wicked work.

¹²I have much to write to you, but I do not want to use paper and ink. Instead, I hope to visit you and talk with you face to face, so that our joy may be complete.

¹³The children of your chosen sister send their greetings.

ᵃ1 la iglesia ... miembros. Lit. la señora elegida y a sus hijos. ᵇ4 ustedes. Lit. tus hijos. ᶜ5 hermanos, les ruego ... Y no es que les. Lit. señora, te ruego ... Y no es que te. ᵈ8 el fruto de nuestro trabajo. Lit. lo que hemos trabajado. Var. lo que ustedes han trabajado. ᵉ9 enseñanza. Var. enseñanza de Cristo. ᶠ13 Los miembros ... les. Lit. Los hijos de tu hermana, la elegida, te.

Tercera Carta de Juan

3 John

¹El *anciano,

al querido hermano Gayo, a quien amo en la verdad.

²Querido hermano, oro para que te vaya bien en todos tus asuntos y goces de buena salud, así como prosperas espiritualmente. ³Me alegré mucho cuando vinieron unos hermanos y dieron testimonio de tu fidelidad,ᵃ y de cómo estás poniendo en práctica la verdad. ⁴Nada me produce más alegría que oír que mis hijos practican la verdad.

⁵Querido hermano, te comportas fielmente en todo lo que haces por los hermanos, aunque no los conozcas.ᵇ ⁶Delante de la iglesia ellos han dado testimonio de tu amor. Harás bien en ayudarlos a seguir su viaje, como es digno de Dios. ⁷Ellos salieron por causa del Nombre, sin nunca recibir nada de los *paganos; ⁸nosotros, por lo tanto, debemos brindarles hospitalidad, y así colaborar con ellos en la verdad.

⁹Le escribí algunas líneas a la iglesia, pero Diótrefes, a quien le encanta ser el primero entre ellos, no nos recibe. ¹⁰Por eso, si voy no dejaré de reprocharle su comportamiento, ya que, con palabras malintencionadas, habla contra nosotros sólo por hablar. Como si fuera poco, ni siquiera recibe a los hermanos, y a quienes quieren hacerlo, no los deja y los expulsa de la iglesia.

¹¹Querido hermano, no imites lo malo sino lo bueno. El que hace lo bueno es de Dios; el que hace lo malo no ha visto a Dios. ¹²En cuanto a Demetrio, todos dan buen testimonio de él, incluso la verdad misma. También nosotros lo recomendamos, y bien sabes que nuestro testimonio es verdadero.

¹³Tengo muchas cosas que decirte, pero prefiero no hacerlo por escrito; ¹⁴espero verte muy pronto, y entonces hablaremos personalmente.

¹⁵La paz sea contigo. Tus amigos aquí te mandan saludos. Saluda a los amigos allá, a cada uno en particular.

¹The elder,

To my dear friend Gaius, whom I love in the truth.

²Dear friend, I pray that you may enjoy good health and that all may go well with you, even as your soul is getting along well. ³It gave me great joy to have some brothers come and tell about your faithfulness to the truth and how you continue to walk in the truth. ⁴I have no greater joy than to hear that my children are walking in the truth.

⁵Dear friend, you are faithful in what you are doing for the brothers, even though they are strangers to you. ⁶They have told the church about your love. You will do well to send them on their way in a manner worthy of God. ⁷It was for the sake of the Name that they went out, receiving no help from the pagans. ⁸We ought therefore to show hospitality to such men so that we may work together for the truth.

⁹I wrote to the church, but Diotrephes, who loves to be first, will have nothing to do with us. ¹⁰So if I come, I will call attention to what he is doing, gossiping maliciously about us. Not satisfied with that, he refuses to welcome the brothers. He also stops those who want to do so and puts them out of the church.

¹¹Dear friend, do not imitate what is evil but what is good. Anyone who does what is good is from God. Anyone who does what is evil has not seen God. ¹²Demetrius is well spoken of by everyone—and even by the truth itself. We also speak well of him, and you know that our testimony is true.

¹³I have much to write you, but I do not want to do so with pen and ink. ¹⁴I hope to see you soon, and we will talk face to face.

Peace to you. The friends here send their greetings. Greet the friends there by name.

ᵃ3 *fidelidad.* Lit. *verdad.*   ᵇ5 *aunque no los conozcas.* Alt. *aunque para ti sean extraños.*

Carta de Judas

¹Judas, *siervo de *Jesucristo y hermano de *Jacobo,

a los que son amados por Dios el Padre, guardados por^a Jesucristo y llamados a la salvación:

²Que reciban misericordia, paz y amor en abundancia.

Pecado y condenación de los impíos

³Queridos hermanos, he deseado intensamente escribirles acerca de la salvación que tenemos en común, y ahora siento la necesidad de hacerlo para rogarles que sigan luchando vigorosamente por la fe encomendada una vez por todas a los *santos. ⁴El problema es que se han infiltrado entre ustedes ciertos individuos que desde hace mucho tiempo han estado señalados^b para condenación. Son impíos que cambian en libertinaje la gracia de nuestro Dios y niegan a Jesucristo, nuestro único Soberano y Señor.

⁵Aunque ustedes ya saben muy bien todo esto, quiero recordarles que el Señor,^c después de liberar de la tierra de Egipto a su pueblo, destruyó a los que no creían. ⁶Y a los ángeles que no mantuvieron su posición de autoridad, sino que abandonaron su propia morada, los tiene perpetuamente encarcelados en oscuridad para el juicio del gran Día. ⁷Así también Sodoma y Gomorra y las ciudades vecinas son puestas como escarmiento, al sufrir el castigo de un fuego eterno, por haber practicado, como aquéllos, inmoralidad sexual y vicios contra la naturaleza.

⁸De la misma manera estos individuos, llevados por sus delirios, contaminan su *cuerpo, desprecian la autoridad y maldicen a los seres celestiales. ⁹Ni siquiera el arcángel Miguel, cuando argumentaba con el diablo disputándole el cuerpo de Moisés, se atrevió a pronunciar contra él un juicio de maldición, sino que dijo: «¡Que el Señor te reprenda!» ¹⁰Éstos, en cambio, maldicen todo lo que no entienden; y como animales irracionales, lo que entienden por instinto es precisamente lo que los corrompe.

¹¹¡Ay de los que siguieron el camino de Caín!

Jude

¹Jude, a servant of Jesus Christ and a brother of James,

To those who have been called, who are loved by God the Father and kept by^a Jesus Christ:

²Mercy, peace and love be yours in abundance.

The sin and doom of Godless men

³Dear friends, although I was very eager to write to you about the salvation we share, I felt I had to write and urge you to contend for the faith that was once for all entrusted to the saints. ⁴For certain men whose condemnation was written about^b long ago have secretly slipped in among you. They are godless men, who change the grace of our God into a license for immorality and deny Jesus Christ our only Sovereign and Lord.

⁵Though you already know all this, I want to remind you that the Lord^c delivered his people out of Egypt, but later destroyed those who did not believe. ⁶And the angels who did not keep their positions of authority but abandoned their own home—these he has kept in darkness, bound with everlasting chains for judgment on the great Day. ⁷In a similar way, Sodom and Gomorrah and the surrounding towns gave themselves up to sexual immorality and perversion. They serve as an example of those who suffer the punishment of eternal fire.

⁸In the very same way, these dreamers pollute their own bodies, reject authority and slander celestial beings. ⁹But even the archangel Michael, when he was disputing with the devil about the body of Moses, did not dare to bring a slanderous accusation against him, but said, "The Lord rebuke you!" ¹⁰Yet these men speak abusively against whatever they do not understand; and what things they do understand by instinct, like unreasoning animals—these are the very things that destroy them.

---

^a1 por. Alt. para   ^b4 señalados. Lit. inscritos de antemano.
^c5 el Señor. Var. Jesús.

^a1 Or for; or in   ^b4 Or men who were marked out for condemnation   ^c5 Some early manuscripts Jesus

Por ganar dinero se entregaron al error de Balán y perecieron en la rebelión de Coré. 12Estos individuos son un peligro oculto:*d* sin ningún respeto convierten en parrandas las fiestas de amor fraternal que ustedes celebran. Buscan sólo su propio provecho.*e* Son nubes sin agua, llevadas por el viento. Son árboles que no dan fruto cuando debieran darlo; están doblemente muertos, arrancados de raíz. 13Son violentas olas del mar, que arrojan la espuma de sus actos vergonzosos. Son estrellas fugaces, para quienes está reservada eternamente la más densa oscuridad.

14También Enoc, el séptimo patriarca a partir de Adán, profetizó acerca de ellos: «Miren, el Señor viene con millares y millares de sus ángeles*f* 15para someter a juicio a todos y para reprender a todos los pecadores impíos por todas las malas obras que han cometido, y por todas las injurias que han proferido contra él.» 16Estos individuos son refunfuñadores y criticones; se dejan llevar por sus propias pasiones; hablan con arrogancia y adulan a los demás para sacar ventaja.

Exhortación a la perseverancia

17Ustedes, queridos hermanos, recuerden el mensaje anunciado anteriormente por los apóstoles de nuestro Señor Jesucristo. 18Ellos les decían: «En los últimos tiempos habrá burladores que vivirán según sus propias pasiones impías.» 19Éstos son los que causan divisiones y se dejan llevar por sus propios instintos, pues no tienen el Espíritu.

20-21Ustedes, en cambio, queridos hermanos, manténganse en el amor de Dios, edificándose sobre la base de su santísima fe y orando en el Espíritu Santo, mientras esperan que nuestro Señor Jesucristo, en su misericordia, les conceda vida eterna.

22 Tengan compasión de los que dudan; 23a otros, sálvenlos arrebatándolos del fuego. Compadézcanse de los demás, pero tengan cuidado; aborrezcan hasta la ropa que haya sido contaminada por su *cuerpo.

Doxología

24¡Al único Dios, nuestro Salvador, que puede guardarlos para que no *caigan, y establecerlos sin tacha y con gran alegría ante su gloriosa presencia, 25sea la gloria, la majestad, el dominio y la autoridad, por medio de Jesucristo nuestro Señor, antes de todos los siglos, ahora y para siempre! Amén.

11Woe to them! They have taken the way of Cain; they have rushed for profit into Balaam's error; they have been destroyed in Korah's rebellion.

12These men are blemishes at your love feasts, eating with you without the slightest qualm—shepherds who feed only themselves. They are clouds without rain, blown along by the wind; autumn trees, without fruit and uprooted—twice dead. 13They are wild waves of the sea, foaming up their shame; wandering stars, for whom blackest darkness has been reserved forever.

14Enoch, the seventh from Adam, prophesied about these men: "See, the Lord is coming with thousands upon thousands of his holy ones 15to judge everyone, and to convict all the ungodly of all the ungodly acts they have done in the ungodly way, and of all the harsh words ungodly sinners have spoken against him." 16These men are grumblers and faultfinders; they follow their own evil desires; they boast about themselves and flatter others for their own advantage.

A call to persevere

17But, dear friends, remember what the apostles of our Lord Jesus Christ foretold. 18They said to you, "In the last times there will be scoffers who will follow their own ungodly desires." 19These are the men who divide you, who follow mere natural instincts and do not have the Spirit.

20But you, dear friends, build yourselves up in your most holy faith and pray in the Holy Spirit. 21Keep yourselves in God's love as you wait for the mercy of our Lord Jesus Christ to bring you to eternal life.

22Be merciful to those who doubt; 23snatch others from the fire and save them; to others show mercy, mixed with fear—hating even the clothing stained by corrupted flesh.

Doxology

24To him who is able to keep you from falling and to present you before his glorious presence without fault and with great joy— 25to the only God our Savior be glory, majesty, power and authority, through Jesus Christ our Lord, before all ages, now and forevermore! Amen.

---

d 12 *un peligro oculto.* Lit. *escollos,* o *manchas.*
e 12 *Buscan ... provecho.* Lit. *Se pastorean a sí mismos.*
f 14 *ángeles.* Lit. **santos.*

Apocalipsis

Prólogo

1 Ésta es la revelación de *Jesucristo, que
Dios le dio para mostrar a sus *siervos lo
que sin demora tiene que suceder. Jesucristo
envió a su ángel para dar a conocer la revelación
a su siervo Juan, 2quien por su parte da fe de la
verdad, escribiendo todo lo que vio, a saber, la
palabra de Dios y el testimonio de Jesucristo.
3*Dichoso el que lee y dichosos los que escuchan las palabras de este mensaje profético y
hacen caso de lo que aquí está escrito, porque el
tiempo de su cumplimiento está cerca.

Saludos y doxología

4Yo, Juan, escribo a las siete iglesias que están
en la provincia de *Asia:

Gracia y paz a ustedes de parte de aquel que
es y que era y que ha de venir; y de parte de los
siete espíritus que están delante de su trono; 5y
de parte de *Jesucristo, el testigo fiel, el primogénito de la resurrección, el soberano de los
reyes de la tierra.

Al que nos ama
    y que por su sangre
    nos ha librado de nuestros pecados,
6al que ha hecho de nosotros un reino,
    sacerdotes al servicio de Dios su Padre,
    ¡a él sea la gloria y el poder
    por los siglos de los siglos! Amén.

7¡Miren que viene en las nubes!
    Y todos lo verán con sus propios ojos,
    incluso quienes lo traspasaron;
    y por él harán lamentación
    todos los pueblos de la tierra.
                    ¡Así será! Amén.

8«Yo soy el Alfa y la Omega —dice el Señor
Dios—, el que es y que era y que ha de venir, el
Todopoderoso.»

Alguien semejante al Hijo del hombre

9Yo, Juan, hermano de ustedes y compañero
en el sufrimiento, en el reino y en la perseverancia que tenemos en unión con Jesús, estaba en la
isla de Patmos por causa de la palabra de Dios y
del testimonio de Jesús. 10En el día del Señor
vino sobre mí el Espíritu, y oí detrás de mí una

Revelation

Prologue

1 The revelation of Jesus Christ, which God
gave him to show his servants what must
soon take place. He made it known by sending
his angel to his servant John, 2who testifies to
everything he saw—that is, the word of God and
the testimony of Jesus Christ. 3Blessed is the
one who reads the words of this prophecy, and
blessed are those who hear it and take to heart
what is written in it, because the time is near.

Greetings and doxology

4John,

To the seven churches in the province of Asia:

Grace and peace to you from him who is, and
who was, and who is to come, and from the
seven spirits a before his throne, 5and from Jesus
Christ, who is the faithful witness, the firstborn
from the dead, and the ruler of the kings of the
earth.

To him who loves us and has freed us from
our sins by his blood, 6and has made us to be a
kingdom and priests to serve his God and Father—to him be glory and power for ever and
ever! Amen.

7Look, he is coming with the clouds,
    and every eye will see him,
    even those who pierced him;
    and all the peoples of the earth will
        mourn because of him.
                    So shall it be! Amen.

8"I am the Alpha and the Omega," says the
Lord God, "who is, and who was, and who is to
come, the Almighty."

One like a Son of Man

9I, John, your brother and companion in the
suffering and kingdom and patient endurance
that are ours in Jesus, was on the island of
Patmos because of the word of God and the
testimony of Jesus. 10On the Lord's Day I was
in the Spirit, and I heard behind me a loud voice

a4 Or the sevenfold Spirit

voz fuerte, como de trompeta, 11que decía: «Escribe en un libro lo que veas y envíalo a las siete iglesias: a Éfeso, a Esmirna, a Pérgamo, a Tiatira, a Sardis, a Filadelfia y a Laodicea.»

12Me volví para ver de quién era la voz que me hablaba y, al volverme, vi siete candelabros de oro. 13En medio de los candelabros estaba alguien «semejante al Hijo del hombre»,*a* vestido con una túnica que le llegaba hasta los pies y ceñido con una banda de oro a la altura del pecho. 14Su cabellera lucía blanca como la lana, como la nieve; y sus ojos resplandecían como llama de fuego. 15Sus pies parecían bronce al rojo vivo en un horno, y su voz era tan fuerte como el estruendo de una catarata. 16En su mano derecha tenía siete estrellas, y de su boca salía una aguda espada de dos filos. Su rostro era como el sol cuando brilla en todo su esplendor.

17Al verlo, caí a sus pies como muerto; pero él, poniendo su mano derecha sobre mí, me dijo: «No tengas miedo. Yo soy el Primero y el Último, 18y el que vive. Estuve muerto, pero ahora vivo por los siglos de los siglos, y tengo las llaves de la muerte y del infierno.*b*

19»Escribe, pues, lo que has visto, lo que sucede ahora y lo que sucederá después. 20Ésta es la explicación del *misterio de las siete estrellas que viste en mi mano derecha, y de los siete candelabros de oro: las siete estrellas son los ángeles*c* de las siete iglesias, y los siete candelabros son las siete iglesias.

A la iglesia de Éfeso

2 »Escribe al ángel*d* de la iglesia de Éfeso:

Esto dice el que tiene las siete estrellas en su mano derecha y se pasea en medio de los siete candelabros de oro: 2Conozco tus obras, tu duro trabajo y tu perseverancia. Sé que no puedes soportar a los malvados, y que has puesto a *prueba a los que dicen ser apóstoles pero no lo son; y has descubierto que son falsos. 3Has perseverado y sufrido por mi nombre, sin desanimarte.

4Sin embargo, tengo en tu contra que has abandonado tu primer amor. 5¡Recuerda de dónde has caído! *Arrepiéntete y vuelve a practicar las obras que hacías al principio. Si no te arrepientes, iré y quitaré de su lugar tu candelabro. 6Pero tienes a tu favor que aborreces las prácticas de los nicolaítas, las cuales yo también aborrezco.

7El que tenga oídos, que oiga lo que el Espíritu dice a las iglesias. Al que salga ven-

like a trumpet, 11which said: "Write on a scroll what you see and send it to the seven churches: to Ephesus, Smyrna, Pergamum, Thyatira, Sardis, Philadelphia and Laodicea."

12I turned around to see the voice that was speaking to me. And when I turned I saw seven golden lampstands, 13and among the lampstands was someone "like a son of man,"*b* dressed in a robe reaching down to his feet and with a golden sash around his chest. 14His head and hair were white like wool, as white as snow, and his eyes were like blazing fire. 15His feet were like bronze glowing in a furnace, and his voice was like the sound of rushing waters. 16In his right hand he held seven stars, and out of his mouth came a sharp double-edged sword. His face was like the sun shining in all its brilliance.

17When I saw him, I fell at his feet as though dead. Then he placed his right hand on me and said: "Do not be afraid. I am the First and the Last. 18I am the Living One; I was dead, and behold I am alive for ever and ever! And I hold the keys of death and Hades.

19"Write, therefore, what you have seen, what is now and what will take place later. 20The mystery of the seven stars that you saw in my right hand and of the seven golden lampstands is this: The seven stars are the angels*c* of the seven churches, and the seven lampstands are the seven churches.

To the church in Ephesus

2 "To the angel*d* of the church in Ephesus write:

These are the words of him who holds the seven stars in his right hand and walks among the seven golden lampstands: 2I know your deeds, your hard work and your perseverance. I know that you cannot tolerate wicked men, that you have tested those who claim to be apostles but are not, and have found them false. 3You have persevered and have endured hardships for my name, and have not grown weary.

4Yet I hold this against you: You have forsaken your first love. 5Remember the height from which you have fallen! Repent and do the things you did at first. If you do not repent, I will come to you and remove your lampstand from its place. 6But you have this in your favor: You hate the practices of the Nicolaitans, which I also hate.

7He who has an ear, let him hear what the Spirit says to the churches. To him who over-

*a*1:13 Dn 7:13   *b*1:18 *infierno.* Lit. *Hades.*
*c*1:20 *ángeles.* Alt. *mensajeros.*   *d*2:1 *ángel.* Alt. *mensajero;* también en vv. 8, 12 y 18.

*b*13 Daniel 7:13   *c*20 Or *messengers*   *d*1 Or *messenger;* also in verses 8, 12 and 18

cedor le daré derecho a comer del árbol de la vida, que está en el paraíso de Dios.

A la iglesia de Esmirna

8«Escribe al ángel de la iglesia de Esmirna:

Esto dice el Primero y el Último, el que murió y volvió a vivir: 9Conozco tus sufrimientos y tu pobreza. ¡Sin embargo, eres rico! Sé cómo te calumnian los que dicen ser judíos pero que, en realidad, no son más que una sinagoga de Satanás. 10No tengas miedo de lo que estás por sufrir. Te advierto que a algunos de ustedes el diablo los meterá en la cárcel para ponerlos a *prueba, y sufrirán persecución durante diez días. Sé fiel hasta la muerte, y yo te daré la corona de la vida.

11El que tenga oídos, que oiga lo que el Espíritu dice a las iglesias. El que salga vencedor no sufrirá daño alguno de la segunda muerte.

A la iglesia de Pérgamo

12»Escribe al ángel de la iglesia de Pérgamo:

Esto dice el que tiene la aguda espada de dos filos: 13Sé dónde vives: allí donde Satanás tiene su trono. Sin embargo, sigues fiel a mi nombre. No renegaste de tu fe en mí, ni siquiera en los días en que Antipas, mi testigo fiel, sufrió la muerte en esa ciudad donde vive Satanás.

14No obstante, tengo unas cuantas cosas en tu contra: que toleras ahí a los que se aferran a la doctrina de Balán, el que enseñó a Balac a poner *tropiezos a los israelitas, incitándolos a comer alimentos sacrificados a los ídolos y a cometer inmoralidades sexuales. 15Toleras así mismo a los que sostienen la doctrina de los nicolaítas. 16Por lo tanto, ¡*arrepiéntete! De otra manera, iré pronto a ti para pelear contra ellos con la espada que sale de mi boca.

17El que tenga oídos, que oiga lo que el Espíritu dice a las iglesias. Al que salga vencedor le daré del maná escondido, y le daré también una piedrecita blanca en la que está escrito un nombre nuevo que sólo conoce el que lo recibe.

A la iglesia de Tiatira

18«Escribe al ángel de la iglesia de Tiatira:

Esto dice el Hijo de Dios, el que tiene ojos que resplandecen como llamas de fuego y pies que parecen bronce al rojo vivo: 19Conozco tus obras, tu amor y tu fe, tu servicio y tu perseverancia, y sé que tus últimas obras son más abundantes que las primeras.

comes, I will give the right to eat from the tree of life, which is in the paradise of God.

To the Church in Smyrna

8"To the angel of the church in Smyrna write:

These are the words of him who is the First and the Last, who died and came to life again. 9I know your afflictions and your poverty— yet you are rich! I know the slander of those who say they are Jews and are not, but are a synagogue of Satan. 10Do not be afraid of what you are about to suffer. I tell you, the devil will put some of you in prison to test you, and you will suffer persecution for ten days. Be faithful, even to the point of death, and I will give you the crown of life. 11He who has an ear, let him hear what the Spirit says to the churches. He who overcomes will not be hurt at all by the second death.

To the Church in Pergamum

12"To the angel of the church in Pergamum write:

These are the words of him who has the sharp, double-edged sword. 13I know where you live—where Satan has his throne. Yet you remain true to my name. You did not renounce your faith in me, even in the days of Antipas, my faithful witness, who was put to death in your city—where Satan lives.

14Nevertheless, I have a few things against you: You have people there who hold to the teaching of Balaam, who taught Balak to entice the Israelites to sin by eating food sacrificed to idols and by committing sexual immorality. 15Likewise you also have those who hold to the teaching of the Nicolaitans. 16Repent therefore! Otherwise, I will soon come to you and will fight against them with the sword of my mouth. 17He who has an ear, let him hear what the Spirit says to the churches. To him who overcomes, I will give some of the hidden manna. I will also give him a white stone with a new name written on it, known only to him who receives it.

To the Church in Thyatira

18"To the angel of the church in Thyatira write:

These are the words of the Son of God, whose eyes are like blazing fire and whose feet are like burnished bronze. 19I know your deeds, your love and faith, your service and perseverance, and that you are now doing more than you did at first.

20Sin embargo, tengo en tu contra que toleras a Jezabel, esa mujer que dice ser profetisa. Con su enseñanza engaña a mis *siervos, pues los induce a cometer inmoralidades sexuales y a comer alimentos sacrificados a los ídolos. **21**Le he dado tiempo para que se *arrepienta de su inmoralidad, pero no quiere hacerlo. **22**Por eso la voy a postrar en un lecho de dolor, y a los que cometen adulterio con ella los haré sufrir terriblemente, a menos que se arrepientan de lo que aprendieron de ella. **23**A los hijos de esa mujer los heriré de muerte. Así sabrán todas las iglesias que yo soy el que escudriña la mente y el corazón; y a cada uno de ustedes lo trataré de acuerdo con sus obras. **24**Ahora, al resto de los que están en Tiatira, es decir, a ustedes que no siguen esa enseñanza ni han aprendido los mal llamados "profundos secretos de Satanás", les digo que ya no les impondré ninguna otra carga. **25**Eso sí, retengan con firmeza lo que ya tienen, hasta que yo venga.

26Al que salga vencedor y cumpla mi voluntad*e* hasta el fin, le daré autoridad sobre las *naciones **27**—así como yo la he recibido de mi Padre— y

> "él las gobernará con puño de hierro;*f*
> las hará pedazos como a vasijas de
> barro".*g*

28También le daré la estrella de la mañana. **29**El que tenga oídos, que oiga lo que el Espíritu dice a las iglesias.

A la iglesia de Sardis

3 »Escribe al ángel*h* de la iglesia de Sardis:

Esto dice el que tiene los siete espíritus de Dios y las siete estrellas: Conozco tus obras; tienes fama de estar vivo, pero en realidad estás muerto. **2**¡Despierta! Reaviva lo que aún es rescatable,*i* pues no he encontrado que tus obras sean perfectas delante de mi Dios. **3**Así que recuerda lo que has recibido y oído; obedécelo y *arrepiéntete. Si no te mantienes despierto, cuando menos lo esperes caeré sobre ti como un ladrón.

4Sin embargo, tienes en Sardis a unos cuantos que no se han manchado la ropa. Ellos, por ser dignos, andarán conmigo vestidos de blanco. **5**El que salga vencedor se vestirá de blanco. Jamás borraré su nombre del libro de la

20Nevertheless, I have this against you: You tolerate that woman Jezebel, who calls herself a prophetess. By her teaching she misleads my servants into sexual immorality and the eating of food sacrificed to idols. **21**I have given her time to repent of her immorality, but she is unwilling. **22**So I will cast her on a bed of suffering, and I will make those who commit adultery with her suffer intensely, unless they repent of her ways. **23**I will strike her children dead. Then all the churches will know that I am he who searches hearts and minds, and I will repay each of you according to your deeds. **24**Now I say to the rest of you in Thyatira, to you who do not hold to her teaching and have not learned Satan's so-called deep secrets (I will not impose any other burden on you): **25**Only hold on to what you have until I come.

26To him who overcomes and does my will to the end, I will give authority over the nations—

> **27**'He will rule them with an iron scepter;
> he will dash them to pieces like pottery'*e*—

just as I have received authority from my Father. **28**I will also give him the morning star. **29**He who has an ear, let him hear what the Spirit says to the churches.

To the Church in Sardis

3 "To the angel*f* of the church in Sardis write:

These are the words of him who holds the seven spirits*g* of God and the seven stars. I know your deeds; you have a reputation of being alive, but you are dead. **2**Wake up! Strengthen what remains and is about to die, for I have not found your deeds complete in the sight of my God. **3**Remember, therefore, what you have received and heard; obey it, and repent. But if you do not wake up, I will come like a thief, and you will not know at what time I will come to you.

4Yet you have a few people in Sardis who have not soiled their clothes. They will walk with me, dressed in white, for they are worthy. **5**He who overcomes will, like them, be dressed in white. I will never blot out his name from the book of life, but will acknowledge his name before my Father and his angels. **6**He

---

*e*2:26 *cumpla mi voluntad.* Lit. *guarde mis obras.*
*f*2:27 *gobernará ... hierro.* Lit. *pastoreará con cetro de hierro.*   *g*2:27 Sal 2:9   *h*3:1 *ángel.* Alt. *mensajero;* también en vv. 7 y 14.   *i*3:2 *Reaviva ... rescatable.* Lit. *Fortalece las otras cosas que están por morir.*

*e*27 Psalm 2:9   *f*1 Or *messenger;* also in verses 7 and 14
*g*1 Or *the sevenfold Spirit*

vida, sino que reconoceré su nombre delante de mi Padre y delante de sus ángeles. ⁶El que tenga oídos, que oiga lo que el Espíritu dice a las iglesias.

A la iglesia de Filadelfia

⁷»Escribe al ángel de la iglesia de Filadelfia:

Esto dice el Santo, el Verdadero, el que tiene la llave de David, el que abre y nadie puede cerrar, el que cierra y nadie puede abrir: ⁸Conozco tus obras. Mira que delante de ti he dejado abierta una puerta que nadie puede cerrar. Ya sé que tus fuerzas son pocas, pero has obedecido mi palabra y no has renegado de mi nombre. ⁹Voy a hacer que los de la sinagoga de Satanás, que dicen ser judíos pero que en realidad mienten, vayan y se postren a tus pies, y reconozcan que yo te he amado. ¹⁰Ya que has guardado mi mandato de ser constante, yo por mi parte te guardaré de la hora de *tentación, que vendrá sobre el mundo entero para poner a prueba a los que viven en la tierra.

¹¹Vengo pronto. Aférrate a lo que tienes, para que nadie te quite la corona. ¹²Al que salga vencedor lo haré columna del templo de mi Dios, y ya no saldrá jamás de allí. Sobre él grabaré el nombre de mi Dios y el nombre de la nueva Jerusalén, ciudad de mi Dios, la que baja del cielo de parte de mi Dios; y también grabaré sobre él mi nombre nuevo. ¹³El que tenga oídos, que oiga lo que el Espíritu dice a las iglesias.

A la iglesia de Laodicea

¹⁴»Escribe al ángel de la iglesia de Laodicea:

Esto dice el Amén, el testigo fiel y veraz, el soberano*ʲ* de la creación de Dios: ¹⁵Conozco tus obras; sé que no eres ni frío ni caliente. ¡Ojalá fueras lo uno o lo otro! ¹⁶Por tanto, como no eres ni frío ni caliente, sino tibio, estoy por vomitarte de mi boca. ¹⁷Dices: "Soy rico; me he enriquecido y no me hace falta nada"; pero no te das cuenta de que el infeliz y miserable, el pobre, ciego y desnudo eres tú. ¹⁸Por eso te aconsejo que de mí compres oro refinado por el fuego, para que te hagas rico; ropas blancas para que te vistas y cubras tu vergonzosa desnudez; y colirio para que te lo pongas en los ojos y recobres la vista.

¹⁹Yo reprendo y disciplino a todos los que amo. Por lo tanto, sé fervoroso y *arrepiéntete. ²⁰Mira que estoy a la puerta y llamo. Si alguno

who has an ear, let him hear what the Spirit says to the churches.

To the Church in Philadelphia

⁷"To the angel of the church in Philadelphia write:

These are the words of him who is holy and true, who holds the key of David. What he opens no one can shut, and what he shuts no one can open. ⁸I know your deeds. See, I have placed before you an open door that no one can shut. I know that you have little strength, yet you have kept my word and have not denied my name. ⁹I will make those who are of the synagogue of Satan, who claim to be Jews though they are not, but are liars—I will make them come and fall down at your feet and acknowledge that I have loved you. ¹⁰Since you have kept my command to endure patiently, I will also keep you from the hour of trial that is going to come upon the whole world to test those who live on the earth.

¹¹I am coming soon. Hold on to what you have, so that no one will take your crown. ¹²Him who overcomes I will make a pillar in the temple of my God. Never again will he leave it. I will write on him the name of my God and the name of the city of my God, the new Jerusalem, which is coming down out of heaven from my God; and I will also write on him my new name. ¹³He who has an ear, let him hear what the Spirit says to the churches.

To the Church in Laodicea

¹⁴"To the angel of the church in Laodicea write:

These are the words of the Amen, the faithful and true witness, the ruler of God's creation. ¹⁵I know your deeds, that you are neither cold nor hot. I wish you were either one or the other! ¹⁶So, because you are lukewarm—neither hot nor cold—I am about to spit you out of my mouth. ¹⁷You say, 'I am rich; I have acquired wealth and do not need a thing.' But you do not realize that you are wretched, pitiful, poor, blind and naked. ¹⁸I counsel you to buy from me gold refined in the fire, so you can become rich; and white clothes to wear, so you can cover your shameful nakedness; and salve to put on your eyes, so you can see.

¹⁹Those whom I love I rebuke and discipline. So be earnest, and repent. ²⁰Here I am! I stand at the door and knock. If anyone hears my voice and opens the door, I will come in and eat with him, and he with me.

ʲ3:14 soberano. Lit. *comienzo* u *origen.*

oye mi voz y abre la puerta, entraré, y cenaré con él, y él conmigo.

21 Al que salga vencedor le daré el derecho de sentarse conmigo en mi trono, como también yo vencí y me senté con mi Padre en su trono. 22 El que tenga oídos, que oiga lo que el Espíritu dice a las iglesias.»

El trono en el cielo

4 Después de esto miré, y allí en el cielo había una puerta abierta. Y la voz que me había hablado antes con sonido como de trompeta me dijo: «Sube acá: voy a mostrarte lo que tiene que suceder después de esto.» 2 Al instante vino sobre mí el Espíritu y vi un trono en el cielo, y a alguien sentado en el trono. 3 El que estaba sentado tenía un aspecto semejante a una piedra de jaspe y de cornalina. Alrededor del trono había un arco iris que se asemejaba a una esmeralda. 4 Rodeaban al trono otros veinticuatro tronos, en los que estaban sentados veinticuatro *ancianos vestidos de blanco y con una corona de oro en la cabeza. 5 Del trono salían relámpagos, estruendos[k] y truenos. Delante del trono ardían siete antorchas de fuego, que son los siete espíritus de Dios, 6 y había algo parecido a un mar de vidrio, como de cristal transparente.

En el centro, alrededor del trono, había cuatro seres vivientes cubiertos de ojos por delante y por detrás. 7 El primero de los seres vivientes era semejante a un león; el segundo, a un toro; el tercero tenía rostro como de hombre; el cuarto era semejante a un águila en vuelo. 8 Cada uno de ellos tenía seis alas y estaba cubierto de ojos, por encima y por debajo de las alas. Y día y noche repetían sin cesar:

«Santo, santo, santo
es el Señor Dios Todopoderoso,
el que era y que es y que ha de venir.»

9 Cada vez que estos seres vivientes daban gloria, honra y acción de gracias al que estaba sentado en el trono, al que vive por los siglos de los siglos, 10 los veinticuatro ancianos se postraban ante él y adoraban al que vive por los siglos de los siglos. Y rendían sus coronas delante del trono exclamando:

11 «Digno eres, Señor y Dios nuestro,
de recibir la gloria, la honra y el poder,
porque tú creaste todas las cosas;
por tu voluntad existen
y fueron creadas.»

21 To him who overcomes, I will give the right to sit with me on my throne, just as I overcame and sat down with my Father on his throne. 22 He who has an ear, let him hear what the Spirit says to the churches."

The Throne in Heaven

4 After this I looked, and there before me was a door standing open in heaven. And the voice I had first heard speaking to me like a trumpet said, "Come up here, and I will show you what must take place after this." 2 At once I was in the Spirit, and there before me was a throne in heaven with someone sitting on it. 3 And the one who sat there had the appearance of jasper and carnelian. A rainbow, resembling an emerald, encircled the throne. 4 Surrounding the throne were twenty-four other thrones, and seated on them were twenty-four elders. They were dressed in white and had crowns of gold on their heads. 5 From the throne came flashes of lightning, rumblings and peals of thunder. Before the throne, seven lamps were blazing. These are the seven spirits[h] of God. 6 Also before the throne there was what looked like a sea of glass, clear as crystal.

In the center, around the throne, were four living creatures, and they were covered with eyes, in front and in back. 7 The first living creature was like a lion, the second was like an ox, the third had a face like a man, the fourth was like a flying eagle. 8 Each of the four living creatures had six wings and was covered with eyes all around, even under his wings. Day and night they never stop saying:

"Holy, holy, holy
is the Lord God Almighty,
who was, and is, and is to come."

9 Whenever the living creatures give glory, honor and thanks to him who sits on the throne and who lives for ever and ever, 10 the twenty-four elders fall down before him who sits on the throne, and worship him who lives for ever and ever. They lay their crowns before the throne and say:

11 "You are worthy, our Lord and God,
to receive glory and honor and power,
for you created all things,
and by your will they were created
and have their being."

---

k 4:5 *estruendos*. Lit. *voces*; y así en otros pasajes semejantes.   h 5 Or *the sevenfold Spirit*

El rollo escrito y el Cordero

5 En la mano derecha del que estaba sentado en el trono vi un rollo escrito por ambos lados y sellado con siete sellos. ²También
vi a un ángel poderoso que proclamaba a gran
voz: «¿Quién es digno de romper los sellos y
de abrir el rollo?» ³Pero ni en el cielo ni en
la tierra, ni debajo de la tierra, hubo nadie
capaz de abrirlo ni de examinar su contenido.
⁴Y lloraba yo mucho porque no se había encontrado a nadie que fuera digno de abrir el
rollo ni de examinar su contenido. ⁵Uno de los
*ancianos me dijo: «¡Deja de llorar, que ya el
León de la tribu de Judá, la Raíz de David, ha
vencido! Él sí puede abrir el rollo y sus siete
sellos.»

⁶Entonces vi, en medio de los cuatro seres
vivientes y del trono y los ancianos, a un Cordero que estaba de pie y parecía haber sido sacrificado. Tenía siete cuernos y siete ojos, que son
los siete espíritus de Dios enviados por toda la
tierra. ⁷Se acercó y recibió el rollo de la mano
derecha del que estaba sentado en el trono.
⁸Cuando lo tomó, los cuatro seres vivientes y los
veinticuatro ancianos se postraron delante del
Cordero. Cada uno tenía un arpa y copas de oro
llenas de incienso, que son las oraciones del
*pueblo de Dios. ⁹Y entonaban este nuevo cán-
tico:

«Digno eres de recibir el rollo escrito
    y de romper sus sellos,
porque fuiste sacrificado,
    y con tu sangre compraste para Dios
    gente de toda raza, lengua, pueblo y na-
        ción.
¹⁰De ellos hiciste un reino;
    los hiciste sacerdotes al servicio de nues-
        tro Dios,
    y reinarán sobre la tierra.»

¹¹Luego miré, y oí la voz de muchos ángeles
que estaban alrededor del trono, de los seres
vivientes y de los ancianos. El número de ellos
era millares de millares y millones de millones.
¹²Cantaban con todas sus fuerzas:

«¡Digno es el Cordero, que ha sido sacrifi-
        cado,
    de recibir el poder,
    la riqueza y la sabiduría,
    la fortaleza y la honra,
    la gloria y la alabanza!»

¹³Y oí a cuanta criatura hay en el cielo, y en
la tierra, y debajo de la tierra y en el mar, a todos
en la creación, que cantaban:

The Scroll and the Lamb

5 Then I saw in the right hand of him who
sat on the throne a scroll with writing on
both sides and sealed with seven seals. ²And
I saw a mighty angel proclaiming in a loud
voice, "Who is worthy to break the seals and
open the scroll?" ³But no one in heaven or on
earth or under the earth could open the scroll
or even look inside it. ⁴I wept and wept because no one was found who was worthy to
open the scroll or look inside. ⁵Then one of
the elders said to me, "Do not weep! See, the
Lion of the tribe of Judah, the Root of David,
has triumphed. He is able to open the scroll
and its seven seals."

⁶Then I saw a Lamb, looking as if it had
been slain, standing in the center of the throne,
encircled by the four living creatures and the
elders. He had seven horns and seven eyes,
which are the seven spirits[i] of God sent out
into all the earth. ⁷He came and took the scroll
from the right hand of him who sat on the
throne. ⁸And when he had taken it, the four
living creatures and the twenty-four elders fell
down before the Lamb. Each one had a harp
and they were holding golden bowls full of
incense, which are the prayers of the saints.
⁹And they sang a new song:

"You are worthy to take the scroll
    and to open its seals,
because you were slain,
    and with your blood you purchased men
        for God
    from every tribe and language and peo-
        ple and nation.
¹⁰You have made them to be a kingdom and
        priests to serve our God,
    and they will reign on the earth."

¹¹Then I looked and heard the voice of many
angels, numbering thousands upon thousands,
and ten thousand times ten thousand. They encircled the throne and the living creatures and
the elders. ¹²In a loud voice they sang:

"Worthy is the Lamb, who was slain,
    to receive power and wealth and wisdom
        and strength
    and honor and glory and praise!"

¹³Then I heard every creature in heaven and
on earth and under the earth and on the sea, and
all that is in them, singing:

---

i 6 Or the sevenfold Spirit

«¡Al que está sentado en el trono y al Cordero,
sean la alabanza y la honra, la gloria y el
poder,
por los siglos de los siglos!»

14Los cuatro seres vivientes exclamaron:
«¡Amén!», y los ancianos se postraron y adoraron.

Los sellos

6 Vi cuando el Cordero rompió el primero de
los siete sellos, y oí a uno de los cuatro seres
vivientes, que gritaba con voz de trueno:
«¡Ven!» 2Miré, ¡y apareció un caballo blanco!
El jinete llevaba un arco; se le dio una corona, y
salió como vencedor, para seguir venciendo.

3Cuando el Cordero rompió el segundo sello,
oí al segundo ser viviente, que gritaba: «¡Ven!»
4En eso salió otro caballo, de color rojo encendido. Al jinete se le entregó una gran espada; se
le permitió quitar la paz de la tierra y hacer que
sus habitantes se mataran unos a otros.

5Cuando el Cordero rompió el tercer sello, oí
al tercero de los seres vivientes, que gritaba:
«¡Ven!» Miré, ¡y apareció un caballo negro! El
jinete tenía una balanza en la mano. 6Y oí como
una voz en medio de los cuatro seres vivientes,
que decía: «Un kilo de trigo, o tres kilos de
cebada, por el salario de un día; pero no afectes
el precio del aceite y del vino.»l

7Cuando el Cordero rompió el cuarto sello, oí
la voz del cuarto ser viviente, que gritaba:
«¡Ven!» 8Miré, ¡y apareció un caballo amari-
llento! El jinete se llamaba Muerte, y el Infier-
nom lo seguía de cerca. Y se les otorgó poder
sobre la cuarta parte de la tierra, para matar por
medio de la espada, el hambre, las epidemias y
las fieras de la tierra.

9Cuando el Cordero rompió el quinto sello, vi
debajo del altar las almas de los que habían
sufrido el martirio por causa de la palabra de Dios
y por mantenerse fieles en su testimonio. 10Grita-
ban a gran voz: «¿Hasta cuándo, Soberano Señor,
santo y veraz, seguirás sin juzgar a los habitantes
de la tierra y sin vengar nuestra muerte?» 11En-
tonces cada uno de ellos recibió ropas blancas, y
se les dijo que esperaran un poco más, hasta que
se completara el número de sus consiervos y
hermanos que iban a sufrir el martirio como ellos.

12Vi que el Cordero rompió el sexto sello, y
se produjo un gran terremoto. El sol se oscureció
como si se hubiera vestido de luto,n la luna

"To him who sits on the throne and to the
Lamb
be praise and honor and glory and power,
for ever and ever!"

14The four living creatures said, "Amen," and
the elders fell down and worshiped.

The Seals

6 I watched as the Lamb opened the first of
the seven seals. Then I heard one of the four
living creatures say in a voice like thunder,
"Come!" 2I looked, and there before me was a
white horse! Its rider held a bow, and he was
given a crown, and he rode out as a conqueror
bent on conquest.

3When the Lamb opened the second seal, I
heard the second living creature say, "Come!"
4Then another horse came out, a fiery red one.
Its rider was given power to take peace from the
earth and to make men slay each other. To him
was given a large sword.

5When the Lamb opened the third seal, I heard
the third living creature say, "Come!" I looked,
and there before me was a black horse! Its rider
was holding a pair of scales in his hand. 6Then
I heard what sounded like a voice among the four
living creatures, saying, "A quartj of wheat for
a day's wages,k and three quarts of barley for a
day's wages,l and do not damage the oil and the
wine!"

7When the Lamb opened the fourth seal, I
heard the voice of the fourth living creature say,
"Come!" 8I looked, and there before me was a
pale horse! Its rider was named Death, and
Hades was following close behind him. They
were given power over a fourth of the earth to
kill by sword, famine and plague, and by the
wild beasts of the earth.

9When he opened the fifth seal, I saw under
the altar the souls of those who had been slain
because of the word of God and the testimony
they had maintained. 10They called out in a loud
voice, "How long, Sovereign Lord, holy and
true, until you judge the inhabitants of the earth
and avenge our blood?" 11Then each of them
was given a white robe, and they were told to
wait a little longer, until the number of their
fellow servants and brothers who were to be
killed as they had been was completed.

12I watched as he opened the sixth seal.
There was a great earthquake. The sun turned

---

l6:6 por el salario … vino. Lit. por un *denario, y no dañes
el aceite ni el vino. m6:8 Infierno. Lit. *Hades. n6:12 se
oscureció … luto. Lit. se puso negro como un saco hecho de
pelo (es decir, pelo de cabra).

j6 Greek a choinix (probably about a liter) k6 Greek a
denarius l6 Greek a denarius

entera se tornó roja como la sangre, 13y las estrellas del firmamento cayeron sobre la tierra, como caen los higos verdes de la higuera sacudida por el vendaval. 14El firmamento desapareció como cuando se enrolla un pergamino, y todas las montañas y las islas fueron removidas de su lugar.

15Los reyes de la tierra, los magnates, los jefes militares, los ricos, los poderosos, y todos los demás, esclavos y libres, se escondieron en las cuevas y entre las peñas de las montañas. 16Todos gritaban a las montañas y a las peñas: «¡Caigan sobre nosotros y escóndannos de la mirada del que está sentado en el trono y de la ira del Cordero, 17porque ha llegado el gran día del castigo! ¿Quién podrá mantenerse en pie?»

Los 144.000 sellados

7 Después de esto vi a cuatro ángeles en los cuatro ángulos de la tierra. Estaban allí de pie, deteniendo los cuatro vientos para que éstos no se desataran sobre la tierra, el mar y los árboles. 2Vi también a otro ángel que venía del oriente con el sello del Dios vivo. Gritó con voz potente a los cuatro ángeles a quienes se les había permitido hacer daño a la tierra y al mar: 3«¡No hagan daño ni a la tierra, ni al mar ni a los árboles, hasta que hayamos puesto un sello en la frente de los *siervos de nuestro Dios!» 4Y oí el número de los que fueron sellados: ciento cuarenta y cuatro mil de todas las tribus de Israel.

5De la tribu de Judá fueron sellados doce mil;
de la tribu de Rubén, doce mil;
de la tribu de Gad, doce mil;
6de la tribu de Aser, doce mil;
de la tribu de Neftalí, doce mil;
de la tribu de Manasés, doce mil;
7de la tribu de Simeón, doce mil;
de la tribu de Leví, doce mil;
de la tribu de Isacar, doce mil;
8de la tribu de Zabulón, doce mil;
de la tribu de José, doce mil;
de la tribu de Benjamín, doce mil.

La gran multitud con túnicas blancas

9Después de esto miré, y apareció una multitud tomada de todas las naciones, tribus, pueblos y lenguas; era tan grande que nadie podía contarla. Estaban de pie delante del trono y del Cordero, vestidos de túnicas blancas y con ramas de palma en la mano. 10Gritaban a gran voz:

«¡La salvación viene de nuestro Dios,
que está sentado en el trono,
y del Cordero!»

---

black like sackcloth made of goat hair, the whole moon turned blood red, 13and the stars in the sky fell to earth, as late figs drop from a fig tree when shaken by a strong wind. 14The sky receded like a scroll, rolling up, and every mountain and island was removed from its place.

15Then the kings of the earth, the princes, the generals, the rich, the mighty, and every slave and every free man hid in caves and among the rocks of the mountains. 16They called to the mountains and the rocks, "Fall on us and hide us from the face of him who sits on the throne and from the wrath of the Lamb! 17For the great day of their wrath has come, and who can stand?"

144,000 Sealed

7 After this I saw four angels standing at the four corners of the earth, holding back the four winds of the earth to prevent any wind from blowing on the land or on the sea or on any tree. 2Then I saw another angel coming up from the east, having the seal of the living God. He called out in a loud voice to the four angels who had been given power to harm the land and the sea: 3"Do not harm the land or the sea or the trees until we put a seal on the foreheads of the servants of our God." 4Then I heard the number of those who were sealed: 144,000 from all the tribes of Israel.

5From the tribe of Judah 12,000 were sealed,
from the tribe of Reuben 12,000,
from the tribe of Gad 12,000,
6from the tribe of Asher 12,000,
from the tribe of Naphtali 12,000,
from the tribe of Manasseh 12,000,
7from the tribe of Simeon 12,000,
from the tribe of Levi 12,000,
from the tribe of Issachar 12,000,
8from the tribe of Zebulun 12,000,
from the tribe of Joseph 12,000,
from the tribe of Benjamin 12,000.

The Great Multitude in White Robes

9After this I looked and there before me was a great multitude that no one could count, from every nation, tribe, people and language, standing before the throne and in front of the Lamb. They were wearing white robes and were holding palm branches in their hands. 10And they cried out in a loud voice:

"Salvation belongs to our God,
who sits on the throne,
and to the Lamb."

11Todos los ángeles estaban de pie alrededor del trono, de los *ancianos y de los cuatro seres vivientes. Se postraron rostro en tierra delante del trono, y adoraron a Dios 12diciendo:

«¡Amén!
La alabanza, la gloria,
la sabiduría, la acción de gracias,
la honra, el poder y la fortaleza
son de nuestro Dios por los siglos de los
    siglos.
¡Amén!»

13Entonces uno de los ancianos me preguntó:
—Esos que están vestidos de blanco, ¿quiénes son, y de dónde vienen?
14—Eso usted lo sabe, mi señor —respondí.
Él me dijo:

—Aquéllos son los que están saliendo de
    la gran tribulación;
han lavado y blanqueado sus túnicas en
    la sangre del Cordero.
15Por eso, están delante del trono de Dios,
    y día y noche le sirven en su templo;
y el que está sentado en el trono
    les dará refugio en su santuario.ñ
16Ya no sufrirán hambre ni sed.
    No los abatirá el sol ni ningún calor
        abrasador.
17Porque el Cordero que está en el trono los
        pastoreará
    y los guiará a fuentes de agua viva;
y Dios les enjugará toda lágrima de sus ojos.

El séptimo sello y el incensario de oro

8 Cuando el Cordero rompió el séptimo sello, hubo silencio en el cielo como por media hora.
2Y vi a los siete ángeles que están de pie delante de Dios, a los cuales se les dieron siete trompetas.
3Se acercó otro ángel y se puso de pie frente al altar. Tenía un incensario de oro, y se le entregó mucho incienso para ofrecerlo, junto con las oraciones de todo el *pueblo de Dios, sobre el altar de oro que está delante del trono.
4Y junto con esas oraciones, subió el humo del incienso desde la mano del ángel hasta la presencia de Dios. 5Luego el ángel tomó el incensario y lo llenó con brasas del altar, las cuales arrojó sobre la tierra; y se produjeron truenos, estruendos,o relámpagos y un terremoto.

11All the angels were standing around the throne and around the elders and the four living creatures. They fell down on their faces before the throne and worshiped God, 12saying:

"Amen!
Praise and glory
and wisdom and thanks and honor
and power and strength
be to our God for ever and ever.
Amen!"

13Then one of the elders asked me, "These in white robes—who are they, and where did they come from?"
14I answered, "Sir, you know."
And he said, "These are they who have come out of the great tribulation; they have washed their robes and made them white in the blood of the Lamb. 15Therefore,

"they are before the throne of God
    and serve him day and night in his tem-
        ple;
and he who sits on the throne will spread
    his tent over them.
16Never again will they hunger;
    never again will they thirst.
The sun will not beat upon them,
    nor any scorching heat.
17For the Lamb at the center of the throne
        will be their shepherd;
    he will lead them to springs of living wa-
        ter.
And God will wipe away every tear from
    their eyes."

The Seventh Seal and the Golden Censer

8 When he opened the seventh seal, there was silence in heaven for about half an hour.
2And I saw the seven angels who stand before God, and to them were given seven trumpets.
3Another angel, who had a golden censer, came and stood at the altar. He was given much incense to offer, with the prayers of all the saints, on the golden altar before the throne. 4The smoke of the incense, together with the prayers of the saints, went up before God from the angel's hand. 5Then the angel took the censer, filled it with fire from the altar, and hurled it on the earth; and there came peals of thunder, rumblings, flashes of lightning and an earthquake.

ñ **7:15** les dará … santuario. Lit. extenderá su tienda sobre ellos.   o **8:5** estruendos. Lit. voces.

Las trompetas

⁶Los siete ángeles que tenían las siete trompetas se dispusieron a tocarlas.

⁷Tocó el primero su trompeta, y fueron arrojados sobre la tierra granizo y fuego mezclados con sangre. Y se quemó la tercera parte de la tierra, la tercera parte de los árboles y toda la hierba verde.

⁸Tocó el segundo ángel su trompeta, y fue arrojado al mar algo que parecía una enorme montaña envuelta en llamas. La tercera parte del mar se convirtió en sangre, ⁹y murió la tercera parte de las criaturas que viven en el mar; también fue destruida la tercera parte de los barcos.

¹⁰Tocó el tercer ángel su trompeta, y una enorme estrella, que ardía como una antorcha, cayó desde el cielo sobre la tercera parte de los ríos y sobre los manantiales. ¹¹La estrella se llama Amargura.ᵖ Y la tercera parte de las aguas se volvió amarga, y por causa de esas aguas murió mucha gente.

¹²Tocó el cuarto ángel su trompeta, y fue asolada la tercera parte del sol, de la luna y de las estrellas, de modo que se oscureció la tercera parte de ellos. Así quedó sin luz la tercera parte del día y la tercera parte de la noche.

¹³Seguí observando, y oí un águila que volaba en medio del cielo y gritaba fuertemente: «¡Ay! ¡Ay! ¡Ay de los habitantes de la tierra cuando suenen las tres trompetas que los últimos tres ángeles están a punto de tocar!»

9 Tocó el quinto ángel su trompeta, y vi que había caído del cielo a la tierra una estrella, a la cual se le entregó la llave del pozo del *abismo. ²Lo abrió, y del pozo subió una humareda, como la de un horno gigantesco; y la humareda oscureció el sol y el aire. ³De la humareda descendieron langostas sobre la tierra, y se les dio poder como el que tienen los escorpiones de la tierra. ⁴Se les ordenó que no dañaran la hierba de la tierra, ni ninguna planta ni ningún árbol, sino sólo a las personas que no llevaran en la frente el sello de Dios. ⁵No se les dio permiso para matarlas sino sólo para torturarlas durante cinco meses. Su tormento es como el producido por la picadura de un escorpión. ⁶En aquellos días la gente buscará la muerte, pero no la encontrará; desearán morir, pero la muerte huirá de ellos.

⁷El aspecto de las langostas era como de caballos equipados para la guerra. Llevaban en la cabeza algo que parecía una corona de oro, y su cara se asemejaba a un rostro humano. ⁸Su crin parecía cabello de mujer, y sus dientes eran

The Trumpets

⁶Then the seven angels who had the seven trumpets prepared to sound them.

⁷The first angel sounded his trumpet, and there came hail and fire mixed with blood, and it was hurled down upon the earth. A third of the earth was burned up, a third of the trees were burned up, and all the green grass was burned up.

⁸The second angel sounded his trumpet, and something like a huge mountain, all ablaze, was thrown into the sea. A third of the sea turned into blood, ⁹a third of the living creatures in the sea died, and a third of the ships were destroyed.

¹⁰The third angel sounded his trumpet, and a great star, blazing like a torch, fell from the sky on a third of the rivers and on the springs of water— ¹¹the name of the star is Wormwood.ᵐ A third of the waters turned bitter, and many people died from the waters that had become bitter.

¹²The fourth angel sounded his trumpet, and a third of the sun was struck, a third of the moon, and a third of the stars, so that a third of them turned dark. A third of the day was without light, and also a third of the night.

¹³As I watched, I heard an eagle that was flying in midair call out in a loud voice: "Woe! Woe! Woe to the inhabitants of the earth, because of the trumpet blasts about to be sounded by the other three angels!"

9 The fifth angel sounded his trumpet, and I saw a star that had fallen from the sky to the earth. The star was given the key to the shaft of the Abyss. ²When he opened the Abyss, smoke rose from it like the smoke from a gigantic furnace. The sun and sky were darkened by the smoke from the Abyss. ³And out of the smoke locusts came down upon the earth and were given power like that of scorpions of the earth. ⁴They were told not to harm the grass of the earth or any plant or tree, but only those people who did not have the seal of God on their foreheads. ⁵They were not given power to kill them, but only to torture them for five months. And the agony they suffered was like that of the sting of a scorpion when it strikes a man. ⁶During those days men will seek death, but will not find it; they will long to die, but death will elude them.

⁷The locusts looked like horses prepared for battle. On their heads they wore something like crowns of gold, and their faces resembled human faces. ⁸Their hair was like women's hair, and their teeth were like lions' teeth. ⁹They had

como de león. 9Llevaban coraza como de hierro, y el ruido de sus alas se escuchaba como el estruendo de carros de muchos caballos que se lanzan a la batalla. 10Tenían cola y aguijón como de escorpión; y en la cola tenían poder para torturar a la gente durante cinco meses. 11El rey que los dirigía era el ángel del abismo, que en hebreo se llama Abadón y en griego Apolión.*q*

12El primer ¡ay! ya pasó, pero vienen todavía otros dos.

13Tocó el sexto ángel su trompeta, y oí una voz que salía de entre los cuernos del altar de oro que está delante de Dios. 14A este ángel que tenía la trompeta, la voz le dijo: «Suelta a los cuatro ángeles que están atados a la orilla del gran río Éufrates.» 15Así que los cuatro ángeles que habían sido preparados precisamente para esa hora, y ese día, mes y año, quedaron sueltos para matar a la tercera parte de la *humanidad. 16Oí que el número de las tropas de caballería llegaba a doscientos millones.

17Así vi en la visión a los caballos y a sus jinetes: Tenían coraza de color rojo encendido, azul violeta y amarillo como azufre. La cabeza de los caballos era como de león, y por la boca echaban fuego, humo y azufre. 18La tercera parte de la humanidad murió a causa de las tres plagas de fuego, humo y azufre que salían de la boca de los caballos. 19Es que el poder de los caballos radicaba en su boca y en su cola; pues sus colas, semejantes a serpientes, tenían cabezas con las que hacían daño.

20El resto de la humanidad, los que no murieron a causa de estas plagas, tampoco se *arrepintieron de sus malas acciones ni dejaron de adorar a los demonios y a los ídolos de oro, plata, bronce, piedra y madera, los cuales no pueden ver ni oír ni caminar. 21Tampoco se arrepintieron de sus asesinatos ni de sus artes mágicas, inmoralidad sexual y robos.

El ángel y el rollo pequeño

10 Después vi a otro ángel poderoso que bajaba del cielo envuelto en una nube. Un arco iris rodeaba su cabeza; su rostro era como el sol, y sus piernas parecían columnas de fuego. 2Llevaba en la mano un pequeño rollo escrito que estaba abierto. Puso el pie derecho sobre el mar y el izquierdo sobre la tierra, 3y dio un grito tan fuerte que parecía el rugido de un león. Entonces los siete truenos levantaron también sus voces. 4Una vez que hablaron los siete truenos, estaba yo por escribir, pero oí una voz del cielo que me decía: «Guarda en secreto lo que han dicho los siete truenos, y no lo escribas.»

breastplates like breastplates of iron, and the sound of their wings was like the thundering of many horses and chariots rushing into battle. 10They had tails and stings like scorpions, and in their tails they had power to torment people for five months. 11They had as king over them the angel of the Abyss, whose name in Hebrew is Abaddon, and in Greek, Apollyon.*n*

12The first woe is past; two other woes are yet to come.

13The sixth angel sounded his trumpet, and I heard a voice coming from the horns*o* of the golden altar that is before God. 14It said to the sixth angel who had the trumpet, "Release the four angels who are bound at the great river Euphrates." 15And the four angels who had been kept ready for this very hour and day and month and year were released to kill a third of mankind. 16The number of the mounted troops was two hundred million. I heard their number.

17The horses and riders I saw in my vision looked like this: Their breastplates were fiery red, dark blue, and yellow as sulfur. The heads of the horses resembled the heads of lions, and out of their mouths came fire, smoke and sulfur. 18A third of mankind was killed by the three plagues of fire, smoke and sulfur that came out of their mouths. 19The power of the horses was in their mouths and in their tails; for their tails were like snakes, having heads with which they inflict injury.

20The rest of mankind that were not killed by these plagues still did not repent of the work of their hands; they did not stop worshiping demons, and idols of gold, silver, bronze, stone and wood—idols that cannot see or hear or walk. 21Nor did they repent of their murders, their magic arts, their sexual immorality or their thefts.

The Angel and the Little Scroll

10 Then I saw another mighty angel coming down from heaven. He was robed in a cloud, with a rainbow above his head; his face was like the sun, and his legs were like fiery pillars. 2He was holding a little scroll, which lay open in his hand. He planted his right foot on the sea and his left foot on the land, 3and he gave a loud shout like the roar of a lion. When he shouted, the voices of the seven thunders spoke. 4And when the seven thunders spoke, I was about to write; but I heard a voice from heaven say, "Seal up what the seven thunders have said and do not write it down."

---

*q*9:11 *Abadón* y *Apolión* significan *Destructor.*

n11 Abaddon and *Apollyon* mean *Destroyer.*   *o13* That is, projections

5 El ángel que yo había visto de pie sobre el mar y sobre la tierra levantó al cielo su mano derecha 6 y juró por el que vive por los siglos de los siglos, el que creó el cielo, la tierra, el mar y todo lo que hay en ellos, y dijo: «¡El tiempo ha terminado! 7 En los días en que hable el séptimo ángel, cuando comience a tocar su trompeta, se cumplirá el designio *secreto de Dios, tal y como lo anunció a sus *siervos los profetas.»

8 La voz del cielo que yo había escuchado se dirigió a mí de nuevo: «Acércate al ángel que está de pie sobre el mar y sobre la tierra, y toma el rollo que tiene abierto en la mano.»

9 Me acerqué al ángel y le pedí que me diera el rollo. Él me dijo: «Tómalo y cómetelo. Te amargará las entrañas, pero en la boca te sabrá dulce como la miel.» 10 Lo tomé de la mano del ángel y me lo comí. Me supo dulce como la miel, pero al comérmelo se me amargaron las entrañas. 11 Entonces se me ordenó: «Tienes que volver a profetizar acerca de muchos pueblos, naciones, lenguas y reyes.»

Los dos testigos

11 Se me dio una caña que servía para medir, y se me ordenó: «Levántate y mide el templo de Dios y el altar, y calcula cuántos pueden adorar allí. 2 Pero no incluyas el atrio exterior del templo; no lo midas, porque ha sido entregado a las naciones paganas, las cuales pisotearán la ciudad santa durante cuarenta y dos meses. 3 Por mi parte, yo encargaré a mis dos testigos que, vestidos de luto,ʳ profeticen durante mil doscientos sesenta días.» 4 Estos dos testigos son los dos olivos y los dos candelabros que permanecen delante del Señor de la tierra. 5 Si alguien quiere hacerles daño, ellos lanzan fuego por la boca y consumen a sus enemigos. Así habrá de morir cualquiera que intente hacerles daño. 6 Estos testigos tienen poder para cerrar el cielo a fin de que no llueva mientras estén profetizando; y tienen poder para convertir las aguas en sangre y para azotar la tierra, cuantas veces quieran, con toda clase de plagas.

7 Ahora bien, cuando hayan terminado de dar su testimonio, la bestia que sube del *abismo les hará la guerra, los vencerá y los matará. 8 Sus cadáveres quedarán tendidos en la plaza de la gran ciudad, llamada en sentido figuradoˢ Sodoma y Egipto, donde también fue crucificado su Señor. 9 Y gente de todo pueblo, tribu, lengua y nación contemplará sus cadáveres por tres días y medio, y no permitirá que se les dé sepultura.

5 Then the angel I had seen standing on the sea and on the land raised his right hand to heaven. 6 And he swore by him who lives for ever and ever, who created the heavens and all that is in them, the earth and all that is in it, and the sea and all that is in it, and said, "There will be no more delay! 7 But in the days when the seventh angel is about to sound his trumpet, the mystery of God will be accomplished, just as he announced to his servants the prophets."

8 Then the voice that I had heard from heaven spoke to me once more: "Go, take the scroll that lies open in the hand of the angel who is standing on the sea and on the land."

9 So I went to the angel and asked him to give me the little scroll. He said to me, "Take it and eat it. It will turn your stomach sour, but in your mouth it will be as sweet as honey." 10 I took the little scroll from the angel's hand and ate it. It tasted as sweet as honey in my mouth, but when I had eaten it, my stomach turned sour. 11 Then I was told, "You must prophesy again about many peoples, nations, languages and kings."

The Two Witnesses

11 I was given a reed like a measuring rod and was told, "Go and measure the temple of God and the altar, and count the worshipers there. 2 But exclude the outer court; do not measure it, because it has been given to the Gentiles. They will trample on the holy city for 42 months. 3 And I will give power to my two witnesses, and they will prophesy for 1,260 days, clothed in sackcloth." 4 These are the two olive trees and the two lampstands that stand before the Lord of the earth. 5 If anyone tries to harm them, fire comes from their mouths and devours their enemies. This is how anyone who wants to harm them must die. 6 These men have power to shut up the sky so that it will not rain during the time they are prophesying; and they have power to turn the waters into blood and to strike the earth with every kind of plague as often as they want.

7 Now when they have finished their testimony, the beast that comes up from the Abyss will attack them, and overpower and kill them. 8 Their bodies will lie in the street of the great city, which is figuratively called Sodom and Egypt, where also their Lord was crucified. 9 For three and a half days men from every people, tribe, language and nation will gaze on their bodies and refuse them

---

ʳ 11:3 *luto.* Lit. *cilicio.* ˢ 11:8 *en sentido figurado.* Lit. *espiritualmente.*

10Los habitantes de la tierra se alegrarán de su muerte y harán fiesta e intercambiarán regalos, porque estos dos profetas les estaban haciendo la vida imposible.

11Pasados los tres días y medio, entró en ellos un aliento de vida enviado por Dios, y se pusieron de pie, y quienes los observaban quedaron sobrecogidos de terror. 12Entonces los dos testigos oyeron una potente voz del cielo que les decía: «Suban acá.» Y subieron al cielo en una nube, a la vista de sus enemigos.

13En ese mismo instante se produjo un violento terremoto y se derrumbó la décima parte de la ciudad. Perecieron siete mil personas, pero los sobrevivientes, llenos de temor, dieron gloria al Dios del cielo.

14El segundo ¡ay! ya pasó, pero se acerca el tercero.

La séptima trompeta

15Tocó el séptimo ángel su trompeta, y en el cielo resonaron fuertes voces que decían:

«El reino del mundo ha pasado a ser de
    nuestro Señor y de su *Cristo,
  y él reinará por los siglos de los siglos.»

16Los veinticuatro *ancianos que estaban sentados en sus tronos delante de Dios se postraron rostro en tierra y adoraron a Dios 17diciendo:

«Señor, Dios Todopoderoso,
  que eres y que eras,*¹*
te damos gracias porque has asumido tu
  gran poder
y has comenzado a reinar.
18Las *naciones se han enfurecido;
  pero ha llegado tu castigo,
el momento de juzgar a los muertos,
  y de recompensar a tus *siervos los profetas,
a tus *santos y a los que temen tu nombre,
  sean grandes o pequeños,
y de destruir a los que destruyen la tierra.»

19Entonces se abrió en el cielo el templo de Dios; allí se vio el arca de su pacto, y hubo relámpagos, estruendos, truenos, un terremoto y una fuerte granizada.

La mujer y el dragón

12 Apareció en el cielo una señal maravillosa: una mujer revestida del sol, con la luna debajo de sus pies y con una corona de doce estrellas en la cabeza. 2Estaba encinta y gritaba

burial. 10The inhabitants of the earth will gloat over them and will celebrate by sending each other gifts, because these two prophets had tormented those who live on the earth.

11But after the three and a half days a breath of life from God entered them, and they stood on their feet, and terror struck those who saw them. 12Then they heard a loud voice from heaven saying to them, "Come up here." And they went up to heaven in a cloud, while their enemies looked on.

13At that very hour there was a severe earthquake and a tenth of the city collapsed. Seven thousand people were killed in the earthquake, and the survivors were terrified and gave glory to the God of heaven.

14The second woe has passed; the third woe is coming soon.

The Seventh Trumpet

15The seventh angel sounded his trumpet, and there were loud voices in heaven, which said:

"The kingdom of the world has become the
    kingdom of our Lord and of his Christ,
  and he will reign for ever and ever."

16And the twenty-four elders, who were seated on their thrones before God, fell on their faces and worshiped God, 17saying:

"We give thanks to you, Lord God Almighty,
  the One who is and who was,
because you have taken your great power
  and have begun to reign.
18 The nations were angry; and your wrath
  has come.
The time has come for judging the dead,
  and for rewarding your servants the
    prophets
and your saints and those who reverence
    your name,
  both small and great—
and for destroying those who destroy the
    earth."

19Then God's temple in heaven was opened, and within his temple was seen the ark of his covenant. And there came flashes of lightning, rumblings, peals of thunder, an earthquake and a great hailstorm.

The Woman and the Dragon

12 A great and wondrous sign appeared in heaven: a woman clothed with the sun, with the moon under her feet and a crown of twelve stars on her head. 2She was preg-

---

¹11:17 eras. Var. *eras y que has de venir.*

por los dolores y angustias del parto. ³Y apareció en el cielo otra señal: un enorme dragón de color rojo encendido que tenía siete cabezas y diez cuernos, y una diadema en cada cabeza. ⁴Con la cola arrastró la tercera parte de las estrellas del cielo y las arrojó sobre la tierra. Cuando la mujer estaba a punto de dar a luz, el dragón se plantó delante de ella para devorar a su hijo tan pronto como naciera. ⁵Ella dio a luz un hijo varón que gobernará a todas las *naciones con puño de hierro.ᵘ Pero su hijo fue arrebatado y llevado hasta Dios, que está en su trono. ⁶Y la mujer huyó al desierto, a un lugar que Dios le había preparado para que allí la sustentaran durante mil doscientos sesenta días.

⁷Se desató entonces una guerra en el cielo: Miguel y sus ángeles combatieron al dragón; éste y sus ángeles, a su vez, les hicieron frente, ⁸pero no pudieron vencer, y ya no hubo lugar para ellos en el cielo. ⁹Así fue expulsado el gran dragón, aquella serpiente antigua que se llama Diablo y Satanás, y que engaña al mundo entero. Junto con sus ángeles, fue arrojado a la tierra.

¹⁰Luego oí en el cielo un gran clamor:

«Han llegado ya la salvación y el poder y
    el reino de nuestro Dios;
ha llegado ya la autoridad de su *Cristo.
Porque ha sido expulsado
    el acusador de nuestros hermanos,
    el que los acusaba día y noche delante
    de nuestro Dios.
¹¹Ellos lo han vencido
    por medio de la sangre del Cordero
    y por el mensaje del cual dieron testimo-
    nio;
no valoraron tanto su *vida
    como para evitar la muerte.
¹²Por eso, ¡alégrense, cielos,
    y ustedes que los habitan!
Pero ¡ay de la tierra y del mar!
El diablo, lleno de furor, ha descendido
    a ustedes,
porque sabe que le queda poco tiempo.»

¹³Cuando el dragón se vio arrojado a la tierra, persiguió a la mujer que había dado a luz al varón. ¹⁴Pero a la mujer se le dieron las dos alas de la gran águila, para que volara al desierto, al lugar donde sería sustentada durante un tiempo y tiempos y medio tiempo, lejos de la vista de la serpiente. ¹⁵La serpiente, persiguiendo a la mujer, arrojó por sus fauces agua como un río, para que la corriente la arrastrara. ¹⁶Pero la tierra

nant and cried out in pain as she was about to give birth. ³Then another sign appeared in heaven: an enormous red dragon with seven heads and ten horns and seven crowns on his heads. ⁴His tail swept a third of the stars out of the sky and flung them to the earth. The dragon stood in front of the woman who was about to give birth, so that he might devour her child the moment it was born. ⁵She gave birth to a son, a male child, who will rule all the nations with an iron scepter. And her child was snatched up to God and to his throne. ⁶The woman fled into the desert to a place prepared for her by God, where she might be taken care of for 1,260 days.

⁷And there was war in heaven. Michael and his angels fought against the dragon, and the dragon and his angels fought back. ⁸But he was not strong enough, and they lost their place in heaven. ⁹The great dragon was hurled down—that ancient serpent called the devil, or Satan, who leads the whole world astray. He was hurled to the earth, and his angels with him.

¹⁰Then I heard a loud voice in heaven say:

"Now have come the salvation and the
    power and the kingdom of our God,
    and the authority of his Christ.
For the accuser of our brothers,
    who accuses them before our God day
    and night,
    has been hurled down.
¹¹They overcame him
    by the blood of the Lamb
    and by the word of their testimony;
they did not love their lives so much
    as to shrink from death.
¹²Therefore rejoice, you heavens
    and you who dwell in them!
But woe to the earth and the sea,
    because the devil has gone down to you!
He is filled with fury,
    because he knows that his time is short."

¹³When the dragon saw that he had been hurled to the earth, he pursued the woman who had given birth to the male child. ¹⁴The woman was given the two wings of a great eagle, so that she might fly to the place prepared for her in the desert, where she would be taken care of for a time, times and half a time, out of the serpent's reach. ¹⁵Then from his mouth the serpent spewed water like a river, to overtake the woman and sweep her away with the torrent. ¹⁶But

---

ᵘ 12:5 *gobernará ... con puño de hierro.* Lit. *pastoreará ... con cetro de hierro.*

ayudó a la mujer: abrió la boca y se tragó el río que el dragón había arrojado por sus fauces. 17Entonces el dragón se enfureció contra la mujer, y se fue a hacer guerra contra el resto de sus descendientes, los cuales obedecen los mandamientos de Dios y se mantienen fieles al testimonio de Jesús.

13 Y el dragón se plantó*v* a la orilla del mar.

La bestia que surge del mar

Entonces vi que del mar subía una bestia, la cual tenía diez cuernos y siete cabezas. En cada cuerno tenía una diadema, y en cada cabeza un nombre *blasfemo contra Dios. 2La bestia parecía un leopardo, pero tenía patas como de oso y fauces como de león. El dragón le confirió a la bestia su poder, su trono y gran autoridad. 3Una de las cabezas de la bestia parecía haber sufrido una herida mortal, pero esa herida ya había sido sanada. El mundo entero, fascinado, iba tras la bestia 4y adoraba al dragón porque había dado su autoridad a la bestia. También adoraban a la bestia y decían: «¿Quién como la bestia? ¿Quién puede combatirla?»

5A la bestia se le permitió hablar con arrogancia y proferir blasfemias contra Dios, y se le confirió autoridad para actuar durante cuarenta y dos meses. 6Abrió la boca para blasfemar contra Dios, para maldecir su nombre y su morada y a los que viven en el cielo. 7También se le permitió hacer la guerra a los *santos y vencerlos, y se le dio autoridad sobre toda raza, pueblo, lengua y nación. 8A la bestia la adorarán todos los habitantes de la tierra, aquellos cuyos nombres no han sido escritos en el libro de la vida, el libro del Cordero que fue sacrificado desde la creación del mundo.*w*

9El que tenga oídos, que oiga.

10El que deba ser llevado cautivo,
　　a la cautividad irá.
El que deba morir*x* a espada,
　　a filo de espada morirá.

¡En esto consisten*y* la perseverancia y la *fidelidad de los santos!

La bestia que sube de la tierra

11Después vi que de la tierra subía otra bestia. Tenía dos cuernos como de cordero, pero hablaba como dragón. 12Ejercía toda la autoridad de

the earth helped the woman by opening its mouth and swallowing the river that the dragon had spewed out of his mouth. 17Then the dragon was enraged at the woman and went off to make war against the rest of her offspring—those who obey God's commandments and hold to the testimony of Jesus.

13 And the dragon*p* stood on the shore of the sea.

The Beast out of the Sea

And I saw a beast coming out of the sea. He had ten horns and seven heads, with ten crowns on his horns, and on each head a blasphemous name. 2The beast I saw resembled a leopard, but had feet like those of a bear and a mouth like that of a lion. The dragon gave the beast his power and his throne and great authority. 3One of the heads of the beast seemed to have had a fatal wound, but the fatal wound had been healed. The whole world was astonished and followed the beast. 4Men worshiped the dragon because he had given authority to the beast, and they also worshiped the beast and asked, "Who is like the beast? Who can make war against him?"

5The beast was given a mouth to utter proud words and blasphemies and to exercise his authority for forty-two months. 6He opened his mouth to blaspheme God, and to slander his name and his dwelling place and those who live in heaven. 7He was given power to make war against the saints and to conquer them. And he was given authority over every tribe, people, language and nation. 8All inhabitants of the earth will worship the beast—all whose names have not been written in the book of life belonging to the Lamb that was slain from the creation of the world.*q*

9He who has an ear, let him hear.

10If anyone is to go into captivity,
　　into captivity he will go.
If anyone is to be killed*r* with the sword,
　　with the sword he will be killed.

This calls for patient endurance and faithfulness on the part of the saints.

The Beast out of the Earth

11Then I saw another beast, coming out of the earth. He had two horns like a lamb, but he spoke like a dragon. 12He exercised all the

---

v 13:1 *el dragón se plantó.* Var. *yo estaba de pie.*
w 13:8 *escritos … mundo.* Alt. *escritos desde la creación del mundo en el libro de la vida, el libro del Cordero que fue sacrificado.* *x* 13:10 *que deba morir.* Var. *que mata.*
y 13:10 *En esto consisten.* Alt. *Aquí se verán.*

p 1 Some late manuscripts *And I*　*q* 8 Or *written from the creation of the world in the book of life belonging to the Lamb that was slain*　*r* 10 Some manuscripts *anyone kills*

la primera bestia en presencia de ella, y hacía que la tierra y sus habitantes adoraran a la primera bestia, cuya herida mortal había sido sanada. ¹³También hacía grandes señales milagrosas, incluso la de hacer caer fuego del cielo a la tierra, a la vista de todos. ¹⁴Con estas señales que se le permitió hacer en presencia de la primera bestia, engañó a los habitantes de la tierra. Les ordenó que hicieran una imagen en honor de la bestia que, después de ser herida a espada, revivió. ¹⁵Se le permitió infundir vida a la imagen de la primera bestia, para que hablara y mandara matar a quienes no adoraran la imagen. ¹⁶Además logró que a todos, grandes y pequeños, ricos y pobres, libres y esclavos, se les pusiera una marca en la mano derecha o en la frente, ¹⁷de modo que nadie pudiera comprar ni vender, a menos que llevara la marca, que es el nombre de la bestia o el número de ese nombre.

¹⁸En esto consiste² la sabiduría: el que tenga entendimiento, calcule el número de la bestia, pues es número de un ser *humano: seiscientos sesenta y seis.

El Cordero y los 144.000

14 Luego miré, y apareció el Cordero. Estaba de pie sobre el monte Sión, en compañía de ciento cuarenta y cuatro mil personas que llevaban escrito en la frente el nombre del Cordero y de su Padre. ²Oí un sonido que venía del cielo, como el estruendo de una catarata y el retumbar de un gran trueno. El sonido se parecía al de músicos que tañen sus arpas. ³Y cantaban un himno nuevo delante del trono y delante de los cuatro seres vivientes y de los *ancianos. Nadie podía aprender aquel himno, aparte de los ciento cuarenta y cuatro mil que habían sido rescatados de la tierra. ⁴Éstos se mantuvieron puros, sin contaminarse con ritos sexuales.ᵃ Son los que siguen al Cordero por dondequiera que va. Fueron rescatados como los primeros frutos de la *humanidad para Dios y el Cordero. ⁵No se encontró mentira alguna en su boca, pues son intachables.

Los tres ángeles

⁶Luego vi a otro ángel que volaba en medio del cielo, y que llevaba el *evangelio eterno para anunciarlo a los que viven en la tierra, a toda nación, raza, lengua y pueblo. ⁷Gritaba a gran voz: «Teman a Dios y denle gloria, porque ha llegado la hora de su juicio. Adoren al que hizo el cielo, la tierra, el mar y los manantiales.»

authority of the first beast on his behalf, and made the earth and its inhabitants worship the first beast, whose fatal wound had been healed. ¹³And he performed great and miraculous signs, even causing fire to come down from heaven to earth in full view of men. ¹⁴Because of the signs he was given power to do on behalf of the first beast, he deceived the inhabitants of the earth. He ordered them to set up an image in honor of the beast who was wounded by the sword and yet lived. ¹⁵He was given power to give breath to the image of the first beast, so that it could speak and cause all who refused to worship the image to be killed. ¹⁶He also forced everyone, small and great, rich and poor, free and slave, to receive a mark on his right hand or on his forehead, ¹⁷so that no one could buy or sell unless he had the mark, which is the name of the beast or the number of his name.

¹⁸This calls for wisdom. If anyone has insight, let him calculate the number of the beast, for it is man's number. His number is 666.

The Lamb and the 144,000

14 Then I looked, and there before me was the Lamb, standing on Mount Zion, and with him 144,000 who had his name and his Father's name written on their foreheads. ²And I heard a sound from heaven like the roar of rushing waters and like a loud peal of thunder. The sound I heard was like that of harpists playing their harps. ³And they sang a new song before the throne and before the four living creatures and the elders. No one could learn the song except the 144,000 who had been redeemed from the earth. ⁴These are those who did not defile themselves with women, for they kept themselves pure. They follow the Lamb wherever he goes. They were purchased from among men and offered as firstfruits to God and the Lamb. ⁵No lie was found in their mouths; they are blameless.

The Three Angels

⁶Then I saw another angel flying in midair, and he had the eternal gospel to proclaim to those who live on the earth—to every nation, tribe, language and people. ⁷He said in a loud voice, "Fear God and give him glory, because the hour of his judgment has come. Worship him who made the heavens, the earth, the sea and the springs of water."

---

² **13:18** *En esto consiste.* Alt. *Aquí se verá.*   ᵃ **14:4** *Éstos ... sexuales.* Lit. *Éstos no se contaminaron con mujeres, pues son vírgenes.*

8Lo seguía un segundo ángel que gritaba: «¡Ya cayó! Ya cayó la gran Babilonia, la que hizo que todas las *naciones bebieran el excitante vino[b] de su adulterio.»

9Los seguía un tercer ángel que clamaba a grandes voces: «Si alguien adora a la bestia y a su imagen, y se deja poner en la frente o en la mano la marca de la bestia, 10beberá también el vino del furor de Dios, que en la copa de su ira está puro, no diluido. Será atormentado con fuego y azufre, en presencia de los santos ángeles y del Cordero. 11El humo de ese tormento sube por los siglos de los siglos. No habrá descanso ni de día ni de noche para el que adore a la bestia y su imagen, ni para quien se deje poner la marca de su nombre.» 12¡En esto consiste[c] la perseverancia de los *santos, los cuales obedecen los mandamientos de Dios y se mantienen fieles a Jesús!

13Entonces oí una voz del cielo, que decía: «Escribe: *Dichosos los que de ahora en adelante mueren en el Señor.»

«Sí —dice el Espíritu—, ellos descansarán de sus fatigosas tareas, pues sus obras los acompañan.»

La cosecha de la tierra

14Miré, y apareció una nube blanca, sobre la cual estaba sentado alguien «semejante al Hijo del hombre».[d] En la cabeza tenía una corona de oro, y en la mano, una hoz afilada. 15Entonces salió del templo otro ángel y le gritó al que estaba sentado en la nube: «Mete la hoz y recoge la cosecha; ya es tiempo de segar, pues la cosecha de la tierra está madura.» 16Así que el que estaba sentado sobre la nube pasó la hoz, y la tierra fue segada.

17Del templo que está en el cielo salió otro ángel, que también llevaba una hoz afilada. 18Del altar salió otro ángel, que tenía autoridad sobre el fuego, y le gritó al que llevaba la hoz afilada: «Mete tu hoz y corta los racimos del viñedo de la tierra, porque sus uvas ya están maduras.» 19El ángel pasó la hoz sobre la tierra, recogió las uvas y las echó en el gran lagar de la ira de Dios. 20Las uvas fueron exprimidas fuera de la ciudad, y del lagar salió sangre, la cual llegó hasta los frenos de los caballos en una extensión de trescientos kilómetros.[e]

Siete ángeles con siete plagas

15 Vi en el cielo otra señal grande y maravillosa: siete ángeles con las siete plagas, que son las últimas, pues con ellas se consumará la ira de Dios. 2Vi también un mar como

8A second angel followed and said, "Fallen! Fallen is Babylon the Great, which made all the nations drink the maddening wine of her adulteries."

9A third angel followed them and said in a loud voice: "If anyone worships the beast and his image and receives his mark on the forehead or on the hand, 10he, too, will drink of the wine of God's fury, which has been poured full strength into the cup of his wrath. He will be tormented with burning sulfur in the presence of the holy angels and of the Lamb. 11And the smoke of their torment rises for ever and ever. There is no rest day or night for those who worship the beast and his image, or for anyone who receives the mark of his name." 12This calls for patient endurance on the part of the saints who obey God's commandments and remain faithful to Jesus.

13Then I heard a voice from heaven say, "Write: Blessed are the dead who die in the Lord from now on."

"Yes," says the Spirit, "they will rest from their labor, for their deeds will follow them."

The Harvest of the Earth

14I looked, and there before me was a white cloud, and seated on the cloud was one "like a son of man"[s] with a crown of gold on his head and a sharp sickle in his hand. 15Then another angel came out of the temple and called in a loud voice to him who was sitting on the cloud, "Take your sickle and reap, because the time to reap has come, for the harvest of the earth is ripe." 16So he who was seated on the cloud swung his sickle over the earth, and the earth was harvested.

17Another angel came out of the temple in heaven, and he too had a sharp sickle. 18Still another angel, who had charge of the fire, came from the altar and called in a loud voice to him who had the sharp sickle, "Take your sharp sickle and gather the clusters of grapes from the earth's vine, because its grapes are ripe." 19The angel swung his sickle on the earth, gathered its grapes and threw them into the great winepress of God's wrath. 20They were trampled in the winepress outside the city, and blood flowed out of the press, rising as high as the horses' bridles for a distance of 1,600 stadia.[t]

Seven Angels with Seven Plagues

15 I saw in heaven another great and marvelous sign: seven angels with the seven last plagues—last, because with them God's wrath is completed. 2And I saw what looked like

---

[b] 14:8 el excitante vino. Lit. el vino del furor.   [c] 14:12 En esto consiste. Alt. Aquí se verá.   [d] 14:14 Dn 7:13   [e] 14:20 trescientos kilómetros. Lit. mil seiscientos *estadios.

[s] 14 Daniel 7:13   [t] 20 That is, about 180 miles (about 300 kilometers)

de vidrio mezclado con fuego. De pie, a la orilla del mar, estaban los que habían vencido a la bestia, a su imagen y al número de su nombre. Tenían las arpas que Dios les había dado, ³y cantaban el himno de Moisés, *siervo de Dios, y el himno del Cordero:

«Grandes y maravillosas son tus obras,
  Señor, Dios Todopoderoso.
Justos y verdaderos son tus caminos,
  Rey de las *naciones.ᶠ
⁴¿Quién no te temerá, oh Señor?
  ¿Quién no glorificará tu nombre?
Sólo tú eres santo.
Todas las naciones vendrán
  y te adorarán,
porque han salido a la luz
  las obras de tu justicia.»

⁵Después de esto miré, y en el cielo se abrió el templo, el tabernáculo del testimonio. ⁶Del templo salieron los siete ángeles que llevaban las siete plagas. Estaban vestidos de lino limpio y resplandeciente, y ceñidos con bandas de oro a la altura del pecho. ⁷Uno de los cuatro seres vivientes dio a cada uno de los siete ángeles una copa de oro llena del furor de Dios, quien vive por los siglos de los siglos. ⁸El templo se llenó del humo que procedía de la gloria y del poder de Dios, y nadie podía entrar allí hasta que se terminaran las siete plagas de los siete ángeles.

Las siete copas de la ira de Dios

16 Oí una voz que desde el templo decía a gritos a los siete ángeles: «¡Vayan y derramen sobre la tierra las siete copas del furor de Dios!»

²El primer ángel fue y derramó su copa sobre la tierra, y a toda la gente que tenía la marca de la bestia y que adoraba su imagen le salió una llaga maligna y repugnante.

³El segundo ángel derramó su copa sobre el mar, y el mar se convirtió en sangre como de gente masacrada, y murió todo ser viviente que había en el mar.

⁴El tercer ángel derramó su copa sobre los ríos y los manantiales, y éstos se convirtieron en sangre. ⁵Oí que el ángel de las aguas decía:

«Justo eres tú, el Santo,
  que eres y que eras,
  porque juzgas así:
⁶ellos derramaron la sangre de *santos y
    de profetas,
  y tú les has dado a beber sangre, como
    se lo merecen.»

a sea of glass mixed with fire and, standing beside the sea, those who had been victorious over the beast and his image and over the number of his name. They held harps given them by God ³and sang the song of Moses the servant of God and the song of the Lamb:

"Great and marvelous are your deeds,
  Lord God Almighty.
Just and true are your ways,
  King of the ages.
⁴Who will not fear you, O Lord,
  and bring glory to your name?
For you alone are holy.
All nations will come
  and worship before you,
for your righteous acts have been
    revealed."

⁵After this I looked and in heaven the temple, that is, the tabernacle of the Testimony, was opened. ⁶Out of the temple came the seven angels with the seven plagues. They were dressed in clean, shining linen and wore golden sashes around their chests. ⁷Then one of the four living creatures gave to the seven angels seven golden bowls filled with the wrath of God, who lives for ever and ever. ⁸And the temple was filled with smoke from the glory of God and from his power, and no one could enter the temple until the seven plagues of the seven angels were completed.

The Seven Bowls of God's Wrath

16 Then I heard a loud voice from the temple saying to the seven angels, "Go, pour out the seven bowls of God's wrath on the earth." ²The first angel went and poured out his bowl on the land, and ugly and painful sores broke out on the people who had the mark of the beast and worshiped his image.

³The second angel poured out his bowl on the sea, and it turned into blood like that of a dead man, and every living thing in the sea died.

⁴The third angel poured out his bowl on the rivers and springs of water, and they became blood. ⁵Then I heard the angel in charge of the waters say:

"You are just in these judgments,
  you who are and who were, the Holy
    One,
  because you have so judged;
⁶ for they have shed the blood of your
    saints and prophets,
  and you have given them blood to drink
    as they deserve."

ᶠ15:3 *de las naciones.* Var. *de los siglos.*

7Oí también que el altar respondía:

«Así es, Señor, Dios Todopoderoso,
verdaderos y justos son tus juicios.»

8El cuarto ángel derramó su copa sobre el sol, al cual se le permitió quemar con fuego a la gente. 9Todos sufrieron terribles quemaduras, pero ni así se *arrepintieron; en vez de darle gloria a Dios, que tiene poder sobre esas plagas, maldijeron su nombre.

10El quinto ángel derramó su copa sobre el trono de la bestia, y el reino de la bestia quedó sumido en la oscuridad. La gente se mordía la lengua de dolor 11y, por causa de sus padecimientos y de sus llagas, maldecían al Dios del cielo, pero no se arrepintieron de sus malas obras.

12El sexto ángel derramó su copa sobre el gran río Éufrates, y se secaron sus aguas para abrir paso a los reyes del oriente. 13Y vi salir de la boca del dragón, de la boca de la bestia y de la boca del falso profeta tres espíritus malignos que parecían ranas. 14Son espíritus de demonios que hacen señales milagrosas y que salen a reunir a los reyes del mundo entero para la batalla del gran día del Dios Todopoderoso.

15«¡Cuidado! ¡Vengo como un ladrón! *Dichoso el que se mantenga despierto, con su ropa a la mano, no sea que ande desnudo y sufra vergüenza por su desnudez.»

16Entonces los espíritus de los demonios reunieron a los reyes en el lugar que en hebreo se llama Armagedón.

17El séptimo ángel derramó su copa en el aire, y desde el trono del templo salió un vozarrón que decía: «¡Se acabó!» 18Y hubo relámpagos, estruendos, truenos y un violento terremoto. Nunca, desde que el género *humano existe en la tierra, se había sentido un terremoto tan grande y violento. 19La gran ciudad se partió en tres, y las ciudades de las *naciones se desplomaron. Dios se acordó de la gran Babilonia y le dio a beber de la copa llena del vino del furor de su castigo. 20Entonces huyeron todas las islas y desaparecieron las montañas. 21Del cielo cayeron sobre la gente enormes granizos, de casi cuarenta kilos cada uno.g Y maldecían a Dios por esa terrible plaga.

La mujer montada en la bestia

17 Uno de los siete ángeles que tenían las siete copas se me acercó y me dijo: «Ven, y te mostraré el castigo de la gran prostituta que está sentada sobre muchas aguas. 2Con

7And I heard the altar respond:

"Yes, Lord God Almighty,
true and just are your judgments."

8The fourth angel poured out his bowl on the sun, and the sun was given power to scorch people with fire. 9They were seared by the intense heat and they cursed the name of God, who had control over these plagues, but they refused to repent and glorify him.

10The fifth angel poured out his bowl on the throne of the beast, and his kingdom was plunged into darkness. Men gnawed their tongues in agony 11and cursed the God of heaven because of their pains and their sores, but they refused to repent of what they had done.

12The sixth angel poured out his bowl on the great river Euphrates, and its water was dried up to prepare the way for the kings from the East. 13Then I saw three evilu spirits that looked like frogs; they came out of the mouth of the dragon, out of the mouth of the beast and out of the mouth of the false prophet. 14They are spirits of demons performing miraculous signs, and they go out to the kings of the whole world, to gather them for the battle on the great day of God Almighty.

15"Behold, I come like a thief! Blessed is he who stays awake and keeps his clothes with him, so that he may not go naked and be shamefully exposed."

16Then they gathered the kings together to the place that in Hebrew is called Armageddon.

17The seventh angel poured out his bowl into the air, and out of the temple came a loud voice from the throne, saying, "It is done!" 18Then there came flashes of lightning, rumblings, peals of thunder and a severe earthquake. No earthquake like it has ever occurred since man has been on earth, so tremendous was the quake. 19The great city split into three parts, and the cities of the nations collapsed. God remembered Babylon the Great and gave her the cup filled with the wine of the fury of his wrath. 20Every island fled away and the mountains could not be found. 21From the sky huge hailstones of about a hundred pounds each fell upon men. And they cursed God on account of the plague of hail, because the plague was so terrible.

The Woman and the Beast

17 One of the seven angels who had the seven bowls came and said to me, "Come, I will show you the punishment of the great prostitute, who sits on many waters. 2With

---

g 16:21 granizos … cada uno. Lit. granizos como *talentos.   u 13 Greek unclean

ella cometieron adulterio los reyes de la tierra, y los habitantes de la tierra se embriagaron con el vino de su inmoralidad.»

³Luego el ángel me llevó en el Espíritu a un desierto. Allí vi a una mujer montada en una bestia escarlata. La bestia estaba cubierta de nombres *blasfemos contra Dios, y tenía siete cabezas y diez cuernos. ⁴La mujer estaba vestida de púrpura y escarlata, y adornada con oro, piedras preciosas y perlas. Tenía en la mano una copa de oro llena de abominaciones y de la inmundicia de sus adulterios. ⁵En la frente llevaba escrito un nombre misterioso:

LA GRAN BABILONIA
MADRE DE LAS PROSTITUTAS
Y DE LAS ABOMINABLES IDOLATRÍAS
DE LA TIERRA.

⁶Vi que la mujer se había emborrachado con la sangre de los *santos y de los mártires de Jesús.

Al verla, quedé sumamente asombrado. ⁷Entonces el ángel me dijo: «¿Por qué te asombras? Yo te explicaré el misterio de esa mujer y de la bestia de siete cabezas y diez cuernos en la que va montada. ⁸La bestia que has visto es la que antes era pero ya no es, y está a punto de subir del *abismo, pero va rumbo a la destrucción. Los habitantes de la tierra, cuyos nombres, desde la creación del mundo, no han sido escritos en el libro de la vida, se asombrarán al ver a la bestia, porque antes era pero ya no es, y sin embargo reaparecerá.

⁹¡En esto consisten[h] el entendimiento y la sabiduría! Las siete cabezas son siete colinas sobre las que está sentada esa mujer. ¹⁰También son siete reyes: cinco han caído, uno está gobernando, el otro no ha llegado todavía; pero cuando llegue, es preciso que dure poco tiempo. ¹¹La bestia, que antes era pero ya no es, es el octavo rey. Está incluido entre los siete, y va rumbo a la destrucción.

¹²»Los diez cuernos que has visto son diez reyes que todavía no han comenzado a reinar, pero que por una hora recibirán autoridad como reyes, junto con la bestia. ¹³Éstos tienen un mismo propósito, que es poner su poder y autoridad a disposición de la bestia. ¹⁴Le harán la guerra al Cordero, pero el Cordero los vencerá, porque es Señor de señores y Rey de reyes, y los que están con él son sus llamados, sus escogidos y sus fieles.»

¹⁵Además el ángel me dijo: «Las aguas que has visto, donde está sentada la prostituta, son pueblos, multitudes, naciones y lenguas. ¹⁶Los

her the kings of the earth committed adultery and the inhabitants of the earth were intoxicated with the wine of her adulteries."

³Then the angel carried me away in the Spirit into a desert. There I saw a woman sitting on a scarlet beast that was covered with blasphemous names and had seven heads and ten horns. ⁴The woman was dressed in purple and scarlet, and was glittering with gold, precious stones and pearls. She held a golden cup in her hand, filled with abominable things and the filth of her adulteries. ⁵This title was written on her forehead:

MYSTERY
BABYLON THE GREAT
THE MOTHER OF PROSTITUTES
AND OF THE ABOMINATIONS OF THE EARTH.

⁶I saw that the woman was drunk with the blood of the saints, the blood of those who bore testimony to Jesus.

When I saw her, I was greatly astonished. ⁷Then the angel said to me: "Why are you astonished? I will explain to you the mystery of the woman and of the beast she rides, which has the seven heads and ten horns. ⁸The beast, which you saw, once was, now is not, and will come up out of the Abyss and go to his destruction. The inhabitants of the earth whose names have not been written in the book of life from the creation of the world will be astonished when they see the beast, because he once was, now is not, and yet will come.

⁹"This calls for a mind with wisdom. The seven heads are seven hills on which the woman sits. ¹⁰They are also seven kings. Five have fallen, one is, the other has not yet come; but when he does come, he must remain for a little while. ¹¹The beast who once was, and now is not, is an eighth king. He belongs to the seven and is going to his destruction.

¹²"The ten horns you saw are ten kings who have not yet received a kingdom, but who for one hour will receive authority as kings along with the beast. ¹³They have one purpose and will give their power and authority to the beast. ¹⁴They will make war against the Lamb, but the Lamb will overcome them because he is Lord of lords and King of kings—and with him will be his called, chosen and faithful followers."

¹⁵Then the angel said to me, "The waters you saw, where the prostitute sits, are peoples, multitudes, nations and languages. ¹⁶The beast

---

[h] 17:9 En esto consisten. Alt. Aquí se verán.

diez cuernos y la bestia que has visto le co-
brarán odio a la prostituta. Causarán su ruina
y la dejarán desnuda; devorarán su cuerpo y
la destruirán con fuego, 17porque Dios les ha
puesto en el corazón que lleven a cabo su
divino propósito. Por eso, y de común acuerdo,
ellos le entregarán a la bestia el poder que
tienen de gobernar, hasta que se cumplan las
palabras de Dios. 18La mujer que has visto es
aquella gran ciudad que tiene poder de gobernar sobre los reyes de la tierra.»

La caída de Babilonia

18 Después de esto vi a otro ángel que
bajaba del cielo. Tenía mucho poder, y
la tierra se iluminó con su resplandor. 2Gritó a
gran voz:

«¡Ha caído! ¡Ha caído la gran Babilonia!
Se ha convertido en morada de demonios
y en guarida de todo espíritu *maligno,
en nido de toda ave *impura y detestable.
3Porque todas las *naciones han bebido
el excitante vino de su adulterio;
los reyes de la tierra cometieron adulterio
con ella,
y los comerciantes de la tierra se enriquecieron
a costa de lo que ella despilfarraba en
sus lujos.»

4Luego oí otra voz del cielo que decía:

«Salgan de ella, pueblo mío,
para que no sean cómplices de sus pecados,
ni los alcance ninguna de sus plagas;
5pues sus pecados se han amontonado
hasta el cielo,
y de sus injusticias se ha acordado Dios.
6Páguenle con la misma moneda;
denle el doble de lo que ha cometido,
y en la misma copa en que ella preparó
bebida
mézclenle una doble porción.
7En la medida en que ella se entregó a la
vanagloria y al arrogante lujo
denle tormento y aflicción;
porque en su corazón se jacta:
"Estoy sentada como reina;
no soy viuda ni sufriré jamás."
8Por eso, en un solo día le sobrevendrán
sus plagas:
pestilencia, aflicción y hambre.
Será consumida por el fuego,
porque poderoso es el Señor Dios que la
juzga.»

and the ten horns you saw will hate the prostitute. They will bring her to ruin and leave
her naked; they will eat her flesh and burn her
with fire. 17For God has put it into their hearts
to accomplish his purpose by agreeing to give
the beast their power to rule, until God's words
are fulfilled. 18The woman you saw is the
great city that rules over the kings of the
earth."

18 After this I saw another angel coming
down from heaven. He had great authority, and the earth was illuminated by his splendor. 2With a mighty voice he shouted:

"Fallen! Fallen is Babylon the Great!
She has become a home for demons
and a haunt for every evil^v spirit,
a haunt for every unclean and detestable
bird.
3For all the nations have drunk
the maddening wine of her adulteries.
The kings of the earth committed adultery
with her,
and the merchants of the earth grew rich
from her excessive luxuries."

4Then I heard another voice from heaven
say:

"Come out of her, my people,
so that you will not share in her sins,
so that you will not receive any of her
plagues;
5for her sins are piled up to heaven,
and God has remembered her crimes.
6Give back to her as she has given;
pay her back double for what she has
done.
Mix her a double portion from her own
cup.
7Give her as much torture and grief
as the glory and luxury she gave
herself.
In her heart she boasts,
'I sit as queen; I am not a widow,
and I will never mourn.'
8Therefore in one day her plagues will
overtake her:
death, mourning and famine.
She will be consumed by fire,
for mighty is the Lord God who judges
her.

^{v}2 Greek unclean

9Cuando los reyes de la tierra que cometieron adulterio con ella y compartieron su lujo vean el humo del fuego que la consume, llorarán de dolor por ella. 10Aterrorizados al ver semejante castigo, se mantendrán a distancia y gritarán:

«¡Ay! ¡Ay de ti, la gran ciudad,
Babilonia, ciudad poderosa,
porque en una sola hora ha llegado tu
juicio!»

11Los comerciantes de la tierra llorarán y harán duelo por ella, porque ya no habrá quien les compre sus mercaderías: 12artículos de oro, plata, piedras preciosas y perlas; lino fino, púrpura, telas de seda y escarlata; toda clase de maderas de cedro; los más variados objetos, hechos de marfil, de madera preciosa, de bronce, de hierro y de mármol; 13cargamentos de canela y especias aromáticas; de incienso, mirra y perfumes; de vino y aceite; de harina refinada y trigo; de ganado vacuno y de corderos; de caballos y carruajes; y hasta de seres *humanos, vendidos como esclavos.

14Y dirán: «Se ha apartado de ti el fruto que con toda el alma codiciabas. Has perdido todas tus cosas suntuosas y espléndidas, y nunca las recuperarás.» 15Los comerciantes que vendían estas mercaderías y se habían enriquecido a costa de ella se mantendrán a distancia, aterrorizados al ver semejante castigo. Llorarán y harán lamentación:

16«¡Ay! ¡Ay de la gran ciudad,
vestida de lino fino, de púrpura y escarlata,
y adornada con oro, piedras preciosas y
perlas,
17porque en una sola hora ha quedado
destruida toda tu riqueza!»

Todos los capitanes de barco, los pasajeros, los marineros y todos los que viven del mar se detendrán a lo lejos. 18Al ver el humo del fuego que la consume, exclamarán: «¿Hubo jamás alguna ciudad como esta gran ciudad?» 19Harán duelo,i llorando y lamentándose a gritos:

«¡Ay! ¡Ay de la gran ciudad, ·
con cuya opulencia se enriquecieron
todos los dueños de flotas navieras!
¡En una sola hora ha quedado destruida!
20¡Alégrate, oh cielo, por lo que le ha
sucedido!
¡Alégrense también ustedes, *santos,
apóstoles y profetas!,

9"When the kings of the earth who committed adultery with her and shared her luxury see the smoke of her burning, they will weep and mourn over her. 10Terrified at her torment, they will stand far off and cry:

" 'Woe! Woe, O great city,
O Babylon, city of power!
In one hour your doom has come!'

11"The merchants of the earth will weep and mourn over her because no one buys their cargoes any more— 12cargoes of gold, silver, precious stones and pearls; fine linen, purple, silk and scarlet cloth; every sort of citron wood, and articles of every kind made of ivory, costly wood, bronze, iron and marble; 13cargoes of cinnamon and spice, of incense, myrrh and frankincense, of wine and olive oil, of fine flour and wheat; cattle and sheep; horses and carriages; and bodies and souls of men.

14"They will say, 'The fruit you longed for is gone from you. All your riches and splendor have vanished, never to be recovered.' 15The merchants who sold these things and gained their wealth from her will stand far off, terrified at her torment. They will weep and mourn 16and cry out:

" 'Woe! Woe, O great city,
dressed in fine linen, purple and scarlet,
and glittering with gold, precious stones
and pearls!
17In one hour such great wealth has been
brought to ruin!'

"Every sea captain, and all who travel by ship, the sailors, and all who earn their living from the sea, will stand far off. 18When they see the smoke of her burning, they will exclaim, 'Was there ever a city like this great city?' 19They will throw dust on their heads, and with weeping and mourning cry out:

" 'Woe! Woe, O great city,
where all who had ships on the sea
became rich through her wealth!
In one hour she has been brought to ruin!
20Rejoice over her, O heaven!
Rejoice, saints and apostles and prophets!

---

i18:19 Harán duelo. Lit. Se echaron polvo en la cabeza.

porque Dios, al juzgarla,
les ha hecho justicia a ustedes.»

21Entonces un ángel poderoso levantó una piedra del tamaño de una gran rueda de molino, y la arrojó al mar diciendo:

«Así también tú, Babilonia, gran ciudad,
serás derribada con la misma violencia,
y desaparecerás de la faz de la tierra.
22Jamás volverá a oírse en ti
la música de los cantantes
y de arpas, flautas y trompetas.
Jamás volverá a hallarse en ti
ningún tipo de artesano.
Jamás volverá a oírse en ti
el ruido de la rueda de molino.
23Jamás volverá a brillar en ti
la luz de ninguna lámpara.
Jamás volverá a sentirse en ti
el regocijo de las nupcias.*j*
Porque tus comerciantes
eran los magnates del mundo,
porque con tus hechicerías
engañaste a todas las naciones,
24porque en ti se halló sangre de profetas y
de santos,
y de todos los que han sido asesinados
en la tierra.»

¡Aleluya!

19 Después de esto oí en el cielo un tremendo bullicio, como el de una inmensa multitud que exclamaba:

«¡Aleluya!
La salvación, la gloria y el poder son de
nuestro Dios,
2 pues sus juicios son verdaderos y justos:
ha condenado a la famosa prostituta
que con sus adulterios corrompía la tierra;
ha vindicado la sangre de los *siervos de
Dios derramada por ella.»

3Y volvieron a exclamar:

«¡Aleluya!
El humo de ella sube por los siglos de los
siglos.»

4Entonces los veinticuatro *ancianos y los cuatro seres vivientes se postraron y adoraron a Dios, que estaba sentado en el trono, y dijeron:

«¡Amén, Aleluya!»

j **18:23** *el regocijo de las nupcias.* Lit. *la voz del novio y de la novia.*

God has judged her for the way she
treated you.'"

21Then a mighty angel picked up a boulder the size of a large millstone and threw it into the sea, and said:

"With such violence
the great city of Babylon will be thrown
down,
never to be found again.
22The music of harpists and musicians,
flute players and trumpeters,
will never be heard in you again.
No workman of any trade
will ever be found in you again.
The sound of a millstone
will never be heard in you again.
23The light of a lamp will never shine in
you again.
The voice of bridegroom and bride
will never be heard in you again.
Your merchants were the world's great
men.
By your magic spell all the nations were
led astray.
24In her was found the blood of prophets
and of the saints,
and of all who have been killed on the
earth."

Hallelujah!

19 After this I heard what sounded like the roar of a great multitude in heaven shouting:

"Hallelujah!
Salvation and glory and power belong to
our God,
2 for true and just are his judgments.
He has condemned the great prostitute
who corrupted the earth by her adulteries.
He has avenged on her the blood of his
servants."

3And again they shouted:

"Hallelujah!
The smoke from her goes up for ever and
ever."

4The twenty-four elders and the four living creatures fell down and worshiped God, who was seated on the throne. And they cried:

"Amen, Hallelujah!"

5Y del trono salió una voz que decía:

> «¡Alaben ustedes a nuestro Dios,
> todos sus siervos, grandes y pequeños,
> que con reverente temor le sirven!»

6Después oí voces como el rumor de una inmensa multitud, como el estruendo de una catarata y como el retumbar de potentes truenos, que exclamaban:

> «¡Aleluya!
> Ya ha comenzado a reinar el Señor,
> nuestro Dios Todopoderoso.
> 7¡Alegrémonos y regocijémonos
> y démosle gloria!
> Ya ha llegado el día de las bodas del
> Cordero.
> Su novia se ha preparado,
> 8y se le ha concedido vestirse
> de lino fino, limpio y resplandeciente.»
> (El lino fino representa las acciones justas de los
> *santos.)

9El ángel me dijo: «Escribe: "¡*Dichosos los que han sido convidados a la cena de las bodas del Cordero!"» Y añadió: «Estas son las palabras verdaderas de Dios.»

10Me postré a sus pies para adorarlo. Pero él me dijo: «¡No, cuidado! Soy un siervo como tú y como tus hermanos que se mantienen fieles al testimonio de Jesús. ¡Adora sólo a Dios! El testimonio de Jesús es el espíritu que inspira la profecía.»

El jinete del caballo blanco

11Luego vi el cielo abierto, y apareció un caballo blanco. Su jinete se llama Fiel y Verdadero. Con justicia dicta sentencia y hace la guerra. 12Sus ojos resplandecen como llamas de fuego, y muchas diademas ciñen su cabeza. Lleva escrito un nombre que nadie conoce sino sólo él. 13Está vestido de un manto teñido en sangre, y su nombre es «el *Verbo de Dios». 14Lo siguen los ejércitos del cielo, montados en caballos blancos y vestidos de lino fino, blanco y limpio. 15De su boca sale una espada afilada, con la que herirá a las *naciones. «Las gobernará con puño de hierro.»k Él mismo exprime uvas en el lagar del furor del castigo que viene de Dios Todopoderoso. 16En su manto y sobre el muslo lleva escrito este nombre:

REY DE REYES Y SEÑOR DE SEÑORES.

5Then a voice came from the throne, saying:

> "Praise our God,
> all you his servants,
> you who fear him,
> both small and great!"

6Then I heard what sounded like a great multitude, like the roar of rushing waters and like loud peals of thunder, shouting:

> "Hallelujah!
> For our Lord God Almighty reigns.
> 7Let us rejoice and be glad
> and give him glory!
> For the wedding of the Lamb has come,
> and his bride has made herself ready.
> 8Fine linen, bright and clean,
> was given her to wear."
> (Fine linen stands for the righteous acts of the saints.)

9Then the angel said to me, "Write: 'Blessed are those who are invited to the wedding supper of the Lamb!'" And he added, "These are the true words of God."

10At this I fell at his feet to worship him. But he said to me, "Do not do it! I am a fellow servant with you and with your brothers who hold to the testimony of Jesus. Worship God! For the testimony of Jesus is the spirit of prophecy."

The Rider on the White Horse

11I saw heaven standing open and there before me was a white horse, whose rider is called Faithful and True. With justice he judges and makes war. 12His eyes are like blazing fire, and on his head are many crowns. He has a name written on him that no one knows but he himself. 13He is dressed in a robe dipped in blood, and his name is the Word of God. 14The armies of heaven were following him, riding on white horses and dressed in fine linen, white and clean. 15Out of his mouth comes a sharp sword with which to strike down the nations. "He will rule them with an iron scepter."w He treads the winepress of the fury of the wrath of God Almighty. 16On his robe and on his thigh he has this name written:

KING OF KINGS AND LORD OF LORDS.

---

k**19:15** *gobernará ... hierro.* Lit. *pastoreará con cetro de hierro;* Sal 2:9.   w *15* Psalm 2:9

17Vi a un ángel que, parado sobre el sol, gritaba a todas las aves que vuelan en medio del cielo: «Vengan, reúnanse para la gran cena de Dios, 18para que coman carne de reyes, de jefes militares y de magnates; carne de caballos y de sus jinetes; carne de toda clase de gente, libres y esclavos, grandes y pequeños.»

19Entonces vi a la bestia y a los reyes de la tierra con sus ejércitos, reunidos para hacer guerra contra el jinete de aquel caballo y contra su ejército. 20Pero la bestia fue capturada junto con el falso profeta. Éste es el que hacía señales milagrosas en presencia de ella, con las cuales engañaba a los que habían recibido la marca de la bestia y adoraban su imagen. Los dos fueron arrojados vivos al lago de fuego y azufre. 21Los demás fueron exterminados por la espada que salía de la boca del que montaba a caballo, y todas las aves se hartaron de la carne de ellos.

Los mil años

20 Vi además a un ángel que bajaba del cielo con la llave del *abismo y una gran cadena en la mano. 2Sujetó al dragón, a aquella serpiente antigua que es el diablo y Satanás, y lo encadenó por mil años. 3Lo arrojó al abismo, lo encerró y tapó la salida para que no engañara más a las *naciones, hasta que se cumplieran los mil años. Después habrá de ser soltado por algún tiempo.

4Entonces vi tronos donde se sentaron los que recibieron autoridad para juzgar. Vi también las almas de los que habían sido decapitados por causa del testimonio de Jesús y por la palabra de Dios. No habían adorado a la bestia ni a su imagen, ni se habían dejado poner su marca en la frente ni en la mano. Volvieron a vivir y reinaron con *Cristo mil años. 5Ésta es la primera resurrección; los demás muertos no volvieron a vivir hasta que se cumplieron los mil años. 6*Dichosos y santos los que tienen parte en la primera resurrección. La segunda muerte no tiene poder sobre ellos, sino que serán sacerdotes de Dios y de Cristo, y reinarán con él mil años.

Juicio final de Satanás

7Cuando se cumplan los mil años, Satanás será liberado de su prisión, 8y saldrá para engañar a las *naciones que están en los cuatro ángulos de la tierra —a Gog y a Magog—, a fin de reunirlas para la batalla. Su número será como el de las arenas del mar. 9Marcharán a lo largo y a lo ancho de la tierra, y rodearán el campamento del *pueblo de Dios, la ciudad que él ama. Pero caerá fuego del cielo y los consumirá por completo. 10El diablo, que los había

17And I saw an angel standing in the sun, who cried in a loud voice to all the birds flying in midair, "Come, gather together for the great supper of God, 18so that you may eat the flesh of kings, generals, and mighty men, of horses and their riders, and the flesh of all people, free and slave, small and great."

19Then I saw the beast and the kings of the earth and their armies gathered together to make war against the rider on the horse and his army. 20But the beast was captured, and with him the false prophet who had performed the miraculous signs on his behalf. With these signs he had deluded those who had received the mark of the beast and worshiped his image. The two of them were thrown alive into the fiery lake of burning sulfur. 21The rest of them were killed with the sword that came out of the mouth of the rider on the horse, and all the birds gorged themselves on their flesh.

The Thousand Years

20 And I saw an angel coming down out of heaven, having the key to the Abyss and holding in his hand a great chain. 2He seized the dragon, that ancient serpent, who is the devil, or Satan, and bound him for a thousand years. 3He threw him into the Abyss, and locked and sealed it over him, to keep him from deceiving the nations anymore until the thousand years were ended. After that, he must be set free for a short time.

4I saw thrones on which were seated those who had been given authority to judge. And I saw the souls of those who had been beheaded because of their testimony for Jesus and because of the word of God. They had not worshiped the beast or his image and had not received his mark on their foreheads or their hands. They came to life and reigned with Christ a thousand years. 5(The rest of the dead did not come to life until the thousand years were ended.) This is the first resurrection. 6Blessed and holy are those who have part in the first resurrection. The second death has no power over them, but they will be priests of God and of Christ and will reign with him for a thousand years.

Satan's Doom

7When the thousand years are over, Satan will be released from his prison 8and will go out to deceive the nations in the four corners of the earth—Gog and Magog—to gather them for battle. In number they are like the sand on the seashore. 9They marched across the breadth of the earth and surrounded the camp of God's people, the city he loves. But fire came down from heaven and devoured them. 10And the devil, who deceived them, was thrown into the

engañado, será arrojado al lago de fuego y azufre, donde también habrán sido arrojados la bestia y el falso profeta. Allí serán atormentados día y noche por los siglos de los siglos.

Juicio de los muertos

11Luego vi un gran trono blanco y a alguien que estaba sentado en él. De su presencia huyeron la tierra y el cielo, sin dejar rastro alguno. 12Vi también a los muertos, grandes y pequeños, de pie delante del trono. Se abrieron unos libros, y luego otro, que es el libro de la vida. Los muertos fueron juzgados según lo que habían hecho, conforme a lo que estaba escrito en los libros. 13El mar devolvió sus muertos; la muerte y el infierno*l* devolvieron los suyos; y cada uno fue juzgado según lo que había hecho. 14La muerte y el infierno fueron arrojados al lago de fuego. Este lago de fuego es la muerte segunda. 15Aquel cuyo nombre no estaba escrito en el libro de la vida era arrojado al lago de fuego.

La nueva Jerusalén

21 Después vi un cielo nuevo y una tierra nueva, porque el primer cielo y la primera tierra habían dejado de existir, lo mismo que el mar. 2Vi además la ciudad santa, la nueva Jerusalén, que bajaba del cielo, procedente de Dios, preparada como una novia hermosamente vestida para su prometido. 3Oí una potente voz que provenía del trono y decía: «¡Aquí, entre los seres *humanos, está la morada de Dios! Él acampará en medio de ellos, y ellos serán su pueblo; Dios mismo estará con ellos y será su Dios. 4Él les enjugará toda lágrima de los ojos. Ya no habrá muerte, ni llanto, ni lamento ni dolor, porque las primeras cosas han dejado de existir.»

5El que estaba sentado en el trono dijo: «¡Yo hago nuevas todas las cosas!» Y añadió: «Escribe, porque estas palabras son verdaderas y dignas de confianza.»

6También me dijo: «Ya todo está hecho. Yo soy el Alfa y la Omega, el Principio y el Fin. Al que tenga sed le daré a beber gratuitamente de la fuente del agua de la vida. 7El que salga vencedor heredará todo esto, y yo seré su Dios y él será mi hijo. 8Pero los cobardes, los incrédulos, los abominables, los asesinos, los que cometen inmoralidades sexuales, los que practican artes mágicas, los idólatras y todos los mentirosos recibirán como herencia el lago de fuego y azufre. Ésta es la segunda muerte.»

9Se acercó uno de los siete ángeles que tenían las siete copas llenas con las últimas siete plagas.

lake of burning sulfur, where the beast and the false prophet had been thrown. They will be tormented day and night for ever and ever.

The Dead Are Judged

11Then I saw a great white throne and him who was seated on it. Earth and sky fled from his presence, and there was no place for them. 12And I saw the dead, great and small, standing before the throne, and books were opened. Another book was opened, which is the book of life. The dead were judged according to what they had done as recorded in the books. 13The sea gave up the dead that were in it, and death and Hades gave up the dead that were in them, and each person was judged according to what he had done. 14Then death and Hades were thrown into the lake of fire. The lake of fire is the second death. 15If anyone's name was not found written in the book of life, he was thrown into the lake of fire.

The New Jerusalem

21 Then I saw a new heaven and a new earth, for the first heaven and the first earth had passed away, and there was no longer any sea. 2I saw the Holy City, the new Jerusalem, coming down out of heaven from God, prepared as a bride beautifully dressed for her husband. 3And I heard a loud voice from the throne saying, "Now the dwelling of God is with men, and he will live with them. They will be his people, and God himself will be with them and be their God. 4He will wipe every tear from their eyes. There will be no more death or mourning or crying or pain, for the old order of things has passed away."

5He who was seated on the throne said, "I am making everything new!" Then he said, "Write this down, for these words are trustworthy and true."

6He said to me: "It is done. I am the Alpha and the Omega, the Beginning and the End. To him who is thirsty I will give to drink without cost from the spring of the water of life. 7He who overcomes will inherit all this, and I will be his God and he will be my son. 8But the cowardly, the unbelieving, the vile, the murderers, the sexually immoral, those who practice magic arts, the idolaters and all liars—their place will be in the fiery lake of burning sulfur. This is the second death."

9One of the seven angels who had the seven bowls full of the seven last plagues came and

---

*l*20:13 *infierno*. Lit. **Hades*; también en v. 14.

Me habló así: «Ven, que te voy a presentar a la novia, la esposa del Cordero.» [10]Me llevó en el Espíritu a una montaña grande y elevada, y me mostró la ciudad santa, Jerusalén, que bajaba del cielo, procedente de Dios. [11]Resplandecía con la gloria de Dios, y su brillo era como el de una piedra preciosa, semejante a una piedra de jaspe transparente. [12]Tenía una muralla grande y alta, y doce puertas custodiadas por doce ángeles, en las que estaban escritos los nombres de las doce tribus de Israel. [13]Tres puertas daban al este, tres al norte, tres al sur y tres al oeste. [14]La muralla de la ciudad tenía doce cimientos, en los que estaban los nombres de los doce apóstoles del Cordero.

[15]El ángel que hablaba conmigo llevaba una caña de oro para medir la ciudad, sus puertas y su muralla. [16]La ciudad era cuadrada; medía lo mismo de largo que de ancho. El ángel midió la ciudad con la caña, y tenía dos mil doscientos kilómetros:[m] su longitud, su anchura y su altura eran iguales. [17]Midió también la muralla, y tenía sesenta y cinco metros,[n] según las medidas humanas que el ángel empleaba. [18]La muralla estaba hecha de jaspe, y la ciudad era de oro puro, semejante a cristal pulido. [19]Los cimientos de la muralla de la ciudad estaban decorados con toda clase de piedras preciosas: el primero con jaspe, el segundo con zafiro, el tercero con ágata, el cuarto con esmeralda, [20]el quinto con ónice, el sexto con cornalina, el séptimo con crisólito, el octavo con berilo, el noveno con topacio, el décimo con crisoprasa, el undécimo con jacinto y el duodécimo con amatista.[ñ] [21]Las doce puertas eran doce perlas, y cada puerta estaba hecha de una sola perla. La calle[o] principal de la ciudad era de oro puro, como cristal transparente.

[22]No vi ningún templo en la ciudad, porque el Señor Dios Todopoderoso y el Cordero son su templo. [23]La ciudad no necesita ni sol ni luna que la alumbren, porque la gloria de Dios la ilumina, y el Cordero es su lumbrera. [24]Las *naciones caminarán a la luz de la ciudad, y los reyes de la tierra le entregarán sus espléndidas riquezas.[p] [25]Sus puertas estarán abiertas todo el día, pues allí no habrá noche. [26]Y llevarán a ella todas las riquezas[q] y el honor de las *naciones. [27]Nunca entrará en ella nada impuro, ni los idólatras ni los farsantes, sino sólo aquellos que tienen su nombre escrito en el libro de la vida, el libro del Cordero.

said to me, "Come, I will show you the bride, the wife of the Lamb." [10]And he carried me away in the Spirit to a mountain great and high, and showed me the Holy City, Jerusalem, coming down out of heaven from God. [11]It shone with the glory of God, and its brilliance was like that of a very precious jewel, like a jasper, clear as crystal. [12]It had a great, high wall with twelve gates, and with twelve angels at the gates. On the gates were written the names of the twelve tribes of Israel. [13]There were three gates on the east, three on the north, three on the south and three on the west. [14]The wall of the city had twelve foundations, and on them were the names of the twelve apostles of the Lamb.

[15]The angel who talked with me had a measuring rod of gold to measure the city, its gates and its walls. [16]The city was laid out like a square, as long as it was wide. He measured the city with the rod and found it to be 12,000 stadia[x] in length, and as wide and high as it is long. [17]He measured its wall and it was 144 cubits[y] thick,[z] by man's measurement, which the angel was using. [18]The wall was made of jasper, and the city of pure gold, as pure as glass. [19]The foundations of the city walls were decorated with every kind of precious stone. The first foundation was jasper, the second sapphire, the third chalcedony, the fourth emerald, [20]the fifth sardonyx, the sixth carnelian, the seventh chrysolite, the eighth beryl, the ninth topaz, the tenth chrysoprase, the eleventh jacinth, and the twelfth amethyst.[a] [21]The twelve gates were twelve pearls, each gate made of a single pearl. The great street of the city was of pure gold, like transparent glass.

[22]I did not see a temple in the city, because the Lord God Almighty and the Lamb are its temple. [23]The city does not need the sun or the moon to shine on it, for the glory of God gives it light, and the Lamb is its lamp. [24]The nations will walk by its light, and the kings of the earth will bring their splendor into it. [25]On no day will its gates ever be shut, for there will be no night there. [26]The glory and honor of the nations will be brought into it. [27]Nothing impure will ever enter it, nor will anyone who does what is shameful or deceitful, but only those whose names are written in the Lamb's book of life.

---

[m]21:16 *dos mil doscientos kilómetros.* Lit. *doce mil *estadios.*
[n]21:17 *sesenta y cinco metros.* Lit. *ciento cuarenta y cuatro *codos.*   [ñ]21:20 No se sabe con certeza la identificación precisa de algunas de estas piedras.   [o]21:21 *calle.* Alt. *plaza.*
[p]21:24 *entregarán … riquezas.* Lit. *llevarán su gloria.*
[q]21:26 *todas las riquezas.* Lit. *la gloria.*

[x]16 That is, about 1,400 miles (about 2,200 kilometers)
[y]17 That is, about 200 feet (about 65 meters)   [z]17 Or *high*
[a]20 The precise identification of some of these precious stones is uncertain.

El río de vida

22 Luego el ángel me mostró un río de agua de vida, claro como el cristal, que salía del trono de Dios y del Cordero, ²y corría por el centro de la calle*ʳ* principal de la ciudad. A cada lado del río estaba el árbol de la vida, que produce doce cosechas al año, una por mes; y las hojas del árbol son para la salud de las *naciones. ³Ya no habrá maldición. El trono de Dios y del Cordero estará en la ciudad. Sus *siervos lo adorarán; ⁴lo verán cara a cara, y llevarán su nombre en la frente. ⁵Ya no habrá noche; no necesitarán luz de lámpara ni de sol, porque el Señor Dios los alumbrará. Y reinarán por los siglos de los siglos.

⁶El ángel me dijo: «Estas palabras son verdaderas y dignas de confianza. El Señor, el Dios que inspira a los profetas,*ˢ* ha enviado a su ángel para mostrar a sus siervos lo que tiene que suceder sin demora.»

Cristo viene pronto

⁷«¡Miren que vengo pronto! *Dichoso el que cumple las palabras del mensaje profético de este libro.»

⁸Yo, Juan, soy el que vio y oyó todas estas cosas. Y cuando lo vi y oí, me postré para adorar al ángel que me había estado mostrando todo esto. ⁹Pero él me dijo: «¡No, cuidado! Soy un siervo como tú, como tus hermanos los profetas y como todos los que cumplen las palabras de este libro. ¡Adora sólo a Dios!»

¹⁰También me dijo: «No guardes en secreto las palabras del mensaje profético de este libro, porque el tiempo de su cumplimiento está cerca. ¹¹Deja que el malo siga haciendo el mal y que el vil siga envileciéndose; deja que el justo siga practicando la justicia y que el *santo siga santificándose.»

¹²«¡Miren que vengo pronto! Traigo conmigo mi recompensa, y le pagaré a cada uno según lo que haya hecho. ¹³Yo soy el Alfa y la Omega, el Primero y el Último, el Principio y el Fin.

¹⁴»Dichosos los que lavan sus ropas para tener derecho al árbol de la vida y para poder entrar por las puertas de la ciudad. ¹⁵Pero afuera se quedarán los *perros, los que practican las artes mágicas, los que cometen inmoralidades sexuales, los asesinos, los idólatras y todos los que aman y practican la mentira.

¹⁶»Yo, Jesús, he enviado a mi ángel para darles

The River of Life

22 Then the angel showed me the river of the water of life, as clear as crystal, flowing from the throne of God and of the Lamb ²down the middle of the great street of the city. On each side of the river stood the tree of life, bearing twelve crops of fruit, yielding its fruit every month. And the leaves of the tree are for the healing of the nations. ³No longer will there be any curse. The throne of God and of the Lamb will be in the city, and his servants will serve him. ⁴They will see his face, and his name will be on their foreheads. ⁵There will be no more night. They will not need the light of a lamp or the light of the sun, for the Lord God will give them light. And they will reign for ever and ever. ⁶The angel said to me, "These words are trustworthy and true. The Lord, the God of the spirits of the prophets, sent his angel to show his servants the things that must soon take place."

Jesus Is Coming

⁷"Behold, I am coming soon! Blessed is he who keeps the words of the prophecy in this book."

⁸I, John, am the one who heard and saw these things. And when I had heard and seen them, I fell down to worship at the feet of the angel who had been showing them to me. ⁹But he said to me, "Do not do it! I am a fellow servant with you and with your brothers the prophets and of all who keep the words of this book. Worship God!"

¹⁰Then he told me, "Do not seal up the words of the prophecy of this book, because the time is near. ¹¹Let him who does wrong continue to do wrong; let him who is vile continue to be vile; let him who does right continue to do right; and let him who is holy continue to be holy."

¹²"Behold, I am coming soon! My reward is with me, and I will give to everyone according to what he has done. ¹³I am the Alpha and the Omega, the First and the Last, the Beginning and the End.

¹⁴"Blessed are those who wash their robes, that they may have the right to the tree of life and may go through the gates into the city. ¹⁵Outside are the dogs, those who practice magic arts, the sexually immoral, the murderers, the idolaters and everyone who loves and practices falsehood.

¹⁶"I, Jesus, have sent my angel to give you*ᵇ* this testimony for the churches. I am the Root

a ustedes testimonio de estas cosas que conciernen a las iglesias. Yo soy la raíz y la descendencia de David, la brillante estrella de la mañana.»

17El Espíritu y la novia dicen: «¡Ven!»; y el que escuche diga: «¡Ven!» El que tenga sed, venga; y el que quiera, tome gratuitamente del agua de la vida.

18A todo el que escuche las palabras del mensaje profético de este libro le advierto esto: Si alguno le añade algo, Dios le añadirá a él las plagas descritas en este libro. 19Y si alguno quita palabras de este libro de profecía, Dios le quitará su parte del árbol de la vida y de la ciudad santa, descritos en este libro.

20El que da testimonio de estas cosas, dice: «Sí, vengo pronto.»

Amén. ¡Ven, Señor Jesús!

21Que la gracia del Señor Jesús sea con todos. Amén.

and the Offspring of David, and the bright Morning Star."

17The Spirit and the bride say, "Come!" And let him who hears say, "Come!" Whoever is thirsty, let him come; and whoever wishes, let him take the free gift of the water of life.

18I warn everyone who hears the words of the prophecy of this book: If anyone adds anything to them, God will add to him the plagues described in this book. 19And if anyone takes words away from this book of prophecy, God will take away from him his share in the tree of life and in the holy city, which are described in this book.

20He who testifies to these things says, "Yes, I am coming soon."

Amen. Come, Lord Jesus.

21The grace of the Lord Jesus be with God's people. Amen.